Michael Stürner

Europäisches Vertragsrecht

Ius Communitatis

Herausgegeben von
Prof. Dr. Dr. Stefan Grundmann, LL.M. (Berkeley)

Michael Stürner

Europäisches Vertragsrecht

Institutionelle und methodische Grundlagen, materielles Recht, Kollisionsrecht

DE GRUYTER

Prof. Dr. **Michael Stürner**, M.Jur. (Oxford), Lehrstuhl für Bürgerliches Recht, Internationales Privatrecht und Rechtsvergleichung an der Universität Konstanz sowie Richter am Oberlandesgericht Karlsruhe.

ISBN 978-3-11-071823-2
e-ISBN (PDF) 978-3-11-071869-0
e-ISBN (EPUB) 978-3-11-071874-4

Library of Congress Control Number: 2020948130

Bibliografische Information der Deutschen Nationalbibliothek
Die Deutsche Nationalbibliothek verzeichnet diese Publikation in der Deutschen Nationalbibliografie; detaillierte bibliografische Daten sind im Internet über http://dnb.dnb.de abrufbar.

Einbandabbildung: akg-images: „Bauhaustreppe“, 1932, Oskar Schlemmer
Satz: jürgen ullrich typosatz, Nördlingen
Druck und Bindung: CPI books GmbH, Leck

www.degruyter.com

Für Juliane, Delia und Greta

Vorwort

Das Privatrecht der Europäischen Union befindet sich in einer Sinnkrise. Nach vielen Jahren einer fortschreitenden Integration hat die in den Gründungsverträgen vorgezeichnete und auch später betonte Entwicklung hin zu einer immer dichteren Harmonisierung heute stark an Dynamik verloren. War es nach einer Vielzahl von sektoriellen Rechtsakten vor einigen Jahren noch mit großer Anstrengung gelungen, mit der Verbraucherrechte-Richtlinie ein horizontales Instrument zu verabschieden, so ließ sich dies politisch nur unter Herauslösung der für das Privatrecht so zentralen Materie des Kaufrechts erreichen. Der Vorschlag für ein Gemeinsames Europäisches Kaufrecht (GEK), dessen Optionalität eine vermeintlich so elegante Alternative zu der rechtspolitischen Gratwanderung vollharmonisierender Legistik zu bieten schien, fand bekanntlich ein eher unrühmliches Ende. In den nachfolgenden Jahren rang man um die Form, in welche die Konkursmasse des GEK gegossen werden sollte. Im Rahmen der Digitalen Agenda der EU-Kommission wurde schließlich zum einen ein Sonderregime für Verträge über die Bereitstellung digitaler Inhalte und Dienstleistungen in Kraft gesetzt. Ein zweiter Vorschlag hatte sich vor allem dem Online-Warenhandel gewidmet. Doch ließ sich die darin geplante kaufrechtliche Sonderbehandlung von Online- und anderen Fernabsatzgeschäften kaum allein mit dem in diesem Sektor vermuteten Wachstumspotenzial rechtfertigen. Die nun geltende Richtlinie verwirklicht einen vollharmonisierenden Ansatz für weite Bereiche des Verbraucherkaufrechts, wenngleich sie inhaltlich nur wenige Neuerungen bringt. So lässt sich das Privatrecht der EU weiterhin als der oft zitierte Flickenteppich – oder optimistischer: als pointilistisches Gemälde – charakterisieren.

Die Rechtswissenschaft hat diese Entwicklungen europaweit kritisch, aber auch konstruktiv begleitet. Sie löst sich mehr und mehr von einer rein dogmatischen Betrachtung des nationalen Rechts und öffnet sich der vergleichenden Perspektive. Eine solchermaßen europäische Jurisprudenz kann den Boden bereiten für eine bessere Rechtssetzung auf Unionsebene. Hierzu möchte auch das vorliegende Werk einen Beitrag leisten. Wenn es sich dabei im Wesentlichen dem deutschen Recht als Referenzebene für die Wechselwirkungen zwischen Unionsrecht und nationalem Recht widmet, so ist das naturgemäß der Fachnähe des Autors, daneben aber auch dem dahingehenden Informationsbedürfnis der deutschsprachigen Leserschaft geschuldet. An geeigneten Stellen werden aber immer wieder Bezüge zu anderen Rechtsordnungen hergestellt. Eine umfassendere Berücksichtigung der Besonderheiten weiterer Mitgliedstaaten hätte freilich den Rahmen dieses Buches gesprengt. Dessen vorrangiges Erkenntnisinteresse gilt dem Privatrecht der Europäischen Union, konkreter noch: dessen Regelungen mit Bezug zum Vertragsrecht. Mit diesem Werk wird der Versuch unternommen, den Rechtsstoff des acquis communautaire zu ordnen und systematisch aufzubereiten, gleichzeitig aber auch dessen offenkundige Widersprüche und Auslassungen jedenfalls ein Stück weit zu glätten und zu überbrücken. Das kann nur unter Bezugnahme auf gemeinsame Rechtstraditionen und -prinzipien der Mitglied-

https://doi.org/10.1515/9783110718690-203

staaten – den acquis commun – gelingen. In den Blick zu nehmen ist dazu weiter das Internationale Privatrecht einschließlich des Internationalen Zivilprozessrechts, das bereits in weitaus höherem Maße vereinheitlicht ist als das Sachrecht. Vielfach zeigen sich hier Bruchlinien, etwa hinsichtlich des Verbraucherbegriffs; doch bietet sich gerade in diesem Bereich ein reicher Fundus an Erfahrung mit autonomer Auslegung, der für andere Bereiche des Privatrechts fruchtbar gemacht werden kann.

Dieses Buch hat eine lange Entstehungsgeschichte. Es schöpft aus der Erfahrung von zahlreichen Vorlesungen, Übungen und Seminaren zum Europäischen Privatrecht, zur Rechtsvergleichung, zum Internationalen Privat- und Verfahrensrecht, aber auch zum allgemeinen Bürgerlichen Recht, das ohne seine europäischen Bezüge heute nicht mehr sinnvoll unterrichtet werden kann. Forschung und Lehre gehen Hand in Hand und befruchten sich wechselseitig: Nicht selten fließen Anregungen aus Vorlesungen in Forschungsvorhaben ein; umgekehrt profitiert der akademische Unterricht von eigenen wissenschaftlichen Vorarbeiten. Mit den Jahren wuchs das Manuskript in Umfang und Reichweite, dies aber durchaus nicht linear. Der Blickwinkel wurde bewusst weit gewählt: Alle vertragsbezogenen Aspekte des Unionsrechts verdienen Berücksichtigung. Die Endphase der Manuskripterstellung fiel in das Corona-Jahr. Ein Forschungsaufenthalt an der University of Cambridge im Frühjahr und Sommer 2020 ermöglichte trotz der massiven Einschränkungen durch die Pandemie ein konzentriertes Arbeiten – dem Gastgeber in Cambridge, Prof. Dr. Jens M. Scherpe, MA (Cantab), M.Jur. (Oxon), sei herzlich für die freundliche Aufnahme gedankt. Das Werk befindet sich im Wesentlichen auf dem Stand von August 2020. Nachfolgende Entwicklungen konnten punktuell noch berücksichtigt werden.

Viele Personen haben zum Gelingen dieses Werks beigetragen. Allen voran danke ich meinem verehrten akademischen Lehrer Prof. Dr. Heinz-Peter Mansel für die stetige und nachhaltige Förderung. Er hat mich bereits zu Beginn meiner Kölner Assistentenzeit mit der Konzeption und Durchführung einer Vorlesung zum Europäischen Privatrecht betraut und damit den Grundstein gelegt für die andauernde Befassung mit diesem faszinierenden Rechtsgebiet. Hinsichtlich Struktur und Methodik des Werks haben mich viele Diskussionen mit Prof. Dr. Marc-Philippe Weller vorangebracht; die Sicht der notariellen Praxis brachte Dr. Christoph Moes, LL.M. (Harvard) ein. Wertvolle Anregungen lieferte der rege Austausch mit Priv.-Doz. Dr. Christoph Wendelstein und Dr. Adrian Hemler. Einen großen Anteil am Gelingen des Werkes hatten die Mitarbeiterinnen und Mitarbeiter am Konstanzer Lehrstuhl. Für wertvolle Unterstützung bei der Manuskripterstellung und beim Lektorat danke ich Maria Kaufhold, Christian Funk und Julius Azzola. Das Sachverzeichnis haben Julius Azzola, Christian Funk und Johannes Veigel selbstständig und akribisch erstellt. Bei der Materialbeschaffung, der Fahnenkorrektur und der Erstellung des Abkürzungsverzeichnisses haben Bernhard Bohner, Carolin Dedek, Philipp Hartmann, Sebastian Hub, Florian Reiners und Theresa Zink tatkräftig mitgeholfen; hierfür gebührt ihnen mein herzlicher Dank.

Dem Herausgeber der Ius-Communitatis-Reihe, Prof. Dr. Dr. Stefan Grundmann, LL.M. (Berkeley), sei gedankt für immerwährende Geduld und Zuspruch auch in Phasen, in denen es kaum Fortschritte zu vermelden gab. Für die hervorragende Betreuung bei der Drucklegung danke ich schließlich dem Verlag Walter de Gruyter und hier stellvertretend Friederike Buhl, LL.M.

Wissenschaft lebt vom fortwährenden Diskurs. Kritik und Anregungen sind daher stets willkommen (michael.stuerner@uni-konstanz.de).

Konstanz, im Dezember 2020 Michael Stürner

Inhaltsübersicht

Inhaltsverzeichnis

Zweiter Teil: Materielles Vertragsrecht

Vierter Teil:
Europäisches Vertragsrecht im Gesamtkontext

Abkürzungsverzeichnis[1]

a. A.	andere Ansicht
ABGB	Allgemeines bürgerliches Gesetzbuch (Österreich)
ABl.	Amtsblatt
abl.	ablehnend
Abs.	Absatz
A.C./AC	Law Reports, Appeal Cases (Third Series)
AcP	Archiv für die civilistische Praxis
ACQP	Acquis Principles
ADG	Antidiskriminierungsgesetz (Entwurf)
ADR	Alternative Dispute Resolution
ADR-RL	Richtlinie 2013/11/EU über alternative Streitbeilegung in Verbraucherangelegenheiten
a. E.	am Ende
AEUV	Vertrag über die Arbeitsweise der Europäischen Union i. d. F. des Vertrags von Lissabon
a. F.	alte Fassung
AG	Aktiengesellschaft; Amtsgericht
AGB	Allgemeine Geschäftsbedingungen
AGBG	Gesetz zur Regelung des Rechts der Allgemeinen Geschäftsbedingungen (aufgehoben)
AGG	Allgemeines Gleichbehandlungsgesetz
AL	Ad Legendum (Zeitschrift)
All ER	All England Law Reports
Alt.	Alternative
Am.J.Comp.L.	American Journal of Comparative Law
Anm.	Anmerkung
AnwBl	Anwaltsblatt
AöR	Archiv des öffentlichen Rechts
arg.	Argument
Art.	Artikel
Aufl.	Auflage
B2B	Business-to-Business
B2C	Business-to-Consumer
BAG	Bundesarbeitsgericht
BAGE	Sammlung der Entscheidungen des Bundesarbeitsgerichts
BauR	Zeitschrift für das gesamte öffentliche und zivile Baurecht
BB	Betriebs-Berater (Zeitschrift)

1 Hinweis zur Zitierweise der Unionsrechtsakte: Die Abkürzungen für die Rechtsakte der Europäischen Union beziehen sich auf die jeweils aktuelle Fassung. Soweit eine frühere Textfassung gemeint ist, wird dies gesondert gekennzeichnet. Eine Liste aller für das Vertragsrecht bedeutsamen Rechtsakte des Unionsrechts findet sich in § 9 Rn. 1; die wichtigsten Verordnungen des Kollisionsrechts sind gesondert in § 31 Rn. 3 aufgeführt. Die dort aufgeführten Verordnungen und Richtlinien werden im Abkürzungsverzeichnis i. d. R. nicht nachgewiesen.

https://doi.org/10.1515/9783110718690-206

Bekl.	Beklagte(r)
BeckOGK	Beck'scher online Großkommentar zum BGB
BeckRS	Beck Rechtssache
BFH	Bundesfinanzhof
BG	Bundesgericht (Schweiz)
BGB	Bürgerliches Gesetzbuch
BGE	Sammlung der Entscheidungen des Schweizerischen Bundesgerichts
BGBl.	Bundesgesetzblatt
BGH	Bundesgerichtshof
BGHZ	Sammlung der Entscheidungen des Bundesgerichtshofs in Zivilsachen
BIP	Bruttoinlandsprodukt
BKR	Zeitschrift für Bank- und Kapitalmarktrecht
BLJ	Bucerius Law Journal
BRAO	Bundesrechtsanwaltsordnung
BR-Drucks.	Bundesrats-Drucksache
Bsp.	Beispiel
BT-Drucks.	Bundestags-Drucksache
BUrlG	Mindesturlaubsgesetz für Arbeitnehmer (Bundesurlaubsgesetz)
BVerfG	Bundesverfassungsgericht
BVerfGE	Sammlung der Entscheidungen des Bundesverfassungsgerichts
BVerwGE	Sammlung der Entscheidungen des Bundesverwaltungsgerichts
bzgl.	bezüglich
bzw.	beziehungsweise
C2C	Consumer-to-Consumer
C. A.	Court of Appeal
Cal. L. Rev.	California Law Review
c.c.	Codice Civile (Italien)
CEFL	Commission on European Family Law
CESL	Common European Sales Law
CFR	Common Frame of Reference
Ch.	Law Reports, Chancery Division
ChD	Chancery Division
c.i.c.	culpa in contrahendo
CISG	United Nations Convention on Contracts for the International Sale of Goods
civ	civil
CJQ	Civil Justice Quarterly
Clev. St. L. Rev.	Cleveland State Law Review
CML Rev.	Common Market Law Review
CMR	Convention relative au contrat de transport international de marchandises par route
COM	Commission documents (European Commission)
CoPECL	Common Principles of European Contract Law
Cornell Int'l L.J.	Cornell International Law Journal
CPR	Civil Procedure Rules (England)
CR	Computer und Recht
DAR	Deutsches Autorecht
DB	Der Betrieb

DCFR	Draft Common Frame of Reference
DGVZ	Deutsche Gerichtsvollzieher Zeitung
d. h.	das heißt
DNotZ	Deutsche Notarzeitschrift
DRiZ	Deutsche Richterzeitschrift
DSGVO	Datenschutzgrundverordnung
DVBl	Deutsches Verwaltungsblatt
E	Entwurf
e.a.	et alii
EBLR	European Business Law Review
ECHR	European Court of Human Rights
ECLI	European Case Law Identifier
EG	Vertrag zur Gründung einer Europäischen Gemeinschaft i. d. F. des Vertrags von Amsterdam (1998)
EGV	Vertrag zur Gründung der Europäischen Gemeinschaft
EGBGB	Einführungsgesetz zum Bürgerlichen Gesetzbuch
EGMR	Europäischer Gerichtshof für Menschenrechte
Einl.	Einleitung
EJCCL	European Journal of Commercial Contract Law
EKG	Haager Einheitliches Kaufgesetz
ELI	European Law Institute
EMRK	Europäische Menschenrechtskonvention
endg.	endgültig
EnzEuR	Enzyklopädie des Europarechts
EPÜ	Europäisches Patentübereinkommen
ERA	Europäische Rechtsakademie
ERCL	European Review of Contract Law
ERPL	European Review of Private Law
EPRS	European Parliamentary Research Service
etc.	et cetera
EU	Europäische Union
EuBagatellVO	Verordnung (EG) Nr. 861/2007 des Europäischen Parlaments und des Rates vom 11.7.2007 zur Einführung eines europäischen Verfahrens für geringfügige Forderungen
EuCML	Journal of European Consumer and Market Law
EuG	Europäisches Gericht Erster Instanz
EuGH	Europäischer Gerichtshof
EuGRZ	Europäische Grundrechte-Zeitschrift
EuGVÜ	Übereinkommen über die gerichtliche Zuständigkeit und die Vollstreckung gerichtlicher Entscheidungen in Zivil- und Handelssachen vom 27.9.1968
EuGVVO	Verordnung (EU) Nr. 1215/2012 des Europäischen Parlaments und des Rates vom 12.12.2012 über die gerichtliche Zuständigkeit und die Anerkennung und Vollstreckung von Entscheidungen in Zivil- und Handelssachen (Neufassung)
EULA	End User Licence Agreement
EuMahnVO	Verordnung (EU) Nr. 2015/2421 des Europäischen Parlaments und des Rates vom 16.12.2015 zur Änderung der Verordnung (EG) Nr. 861/2007 zur Einführung eines europäischen Verfahrens für geringfügige Forderungen und

	der Verordnung (EG) Nr. 1896/2006 zur Einführung eines Europäischen Mahnverfahrens
EuR	Zeitschrift für Europarecht
Europa dir. priv.	Europa e Diritto Privato
EUV	Vertrag über die Europäische Union i. d. F. des Vertrags von Lissabon (2007)
euvr	Zeitschrift für Europäisches Unternehmens- und Verbraucherrecht
EuVTVO	Verordnung (EG) Nr. 805/2004 des Europäischen Parlaments und des Rates vom 21.4.2004 zur Einführung eines Europäischen Vollstreckungstitels für unbestrittene Forderungen
EuZA	Europäische Zeitschrift für Arbeitsrecht
e.V.	eingetragener Verein
EVÜ	Übereinkommen von Rom über das auf vertragliche Schuldverhältnisse anzuwendende Recht vom 19.6.1980
EuZW	Europäische Zeitschrift für Wirtschaftsrecht
EWG	Europäische Wirtschaftsgemeinschaft
EWGV	Vertrag zur Gründung der Europäischen Wirtschaftsgemeinschaft
EWHC	Entscheidungen des High Court of London
EWIV	Europäische wirtschaftliche Interessenvereinigung
EWS	Europäisches Wirtschafts- und Steuerrecht (Zeitschrift)
EZB	Europäische Zentralbank
f.	folgend
ff.	folgende
FamFG	Gesetz über das Verfahren in Familiensachen und in den Angelegenheiten der freiwilligen Gerichtsbarkeit
FamRZ	Zeitschrift für das gesamte Familienrecht
FernabsG	Fernabsatzgesetz (nicht mehr in Kraft)
Fn.	Fußnote
FS	Festschrift
GA	Generalanwalt, Generalanwältin
GEK	Gemeinsames Europäisches Kaufrecht
GEK-VO	Verordnung über ein Gemeinsames Europäisches Kaufrecht (Vorschlag)
GG	Grundgesetz
ggf.	gegebenenfalls
GmbH	Gesellschaft mit beschränkter Haftung
GmbHR	GmbH-Rundschau
GO-EP	Geschäftsordnung des Europäischen Parlaments
GPR	Zeitschrift für das Privatrecht der Europäischen Union
GPÜ	Gemeinschaftspatentübereinkommen
GRCh	Charta der Grundrechte der Europäischen Union
grds.	grundsätzlich
GrS	Großer Senat
GRUR	Gewerblicher Rechtsschutz und Urheberrecht
GRUR Int	Gewerblicher Rechtsschutz und Urheberrecht Internationaler Teil
GRUR-Prax	Gewerblicher Rechtsschutz und Urheberrecht, Praxis im Immaterialgüter- und Wettbewerbsrecht
GRUR RR	Gewerblicher Rechtsschutz und Urheberrecht Rechtsprechungs-Report

grZGB	Griechisches Zivilgesetzbuch
GS	Gedächtnisschrift
GWB	Gesetz gegen Wettbewerbsbeschränkungen
Habil.	Habilitation
Haustür-RL	Haustürwiderrufs-Richtlinie
HGB	Handelsgesetzbuch
H. L./HL	House of Lords
h.M.	herrschende Meinung
HRR	Höchstrichterliche Rechtsprechung (Zeitschrift)
Hrsg.	Herausgeber
HS.	Halbsatz
HWiG	Haustürwiderrufsgesetz (nicht mehr in Kraft)
ICANN	International Corporation for Assigned Names and Numbers
ICLQ	International and Comparative Law Quarterly
i.d.R.	in der Regel
i.E.	im Ergebnis
i.e.S.	im engeren Sinne
IHR	Internationales Handelsrecht (Zeitschrift)
IMCO	Ausschuss für Binnenmarkt und Verbraucherschutz des Europäischen Parlaments
Ind. J. Global L. Stud.	Indiana Journal of Global Legal Studies
insbes.	insbesondere
int.	international
IPR	Internationales Privatrecht
IPRax	Praxis des internationalen Privat- und Verfahrensrechts
IPRG	Bundesgesetz über das Internationale Privatrecht
IPRspr	Die deutsche Rechtsprechung auf dem Gebiete des Internationalen Privatrechts
i.S.d.	im Sinne des
i.S.v.	im Sinne von
i.V.m.	in Verbindung mit
IWRZ	Zeitschrift für Internationales Wirtschaftsrecht
i.w.S.	im weiteren Sinne
IZVR	Internationales Zivilverfahrensrecht
JbItalR	Jahrbuch für Italienisches Recht
JbJZRWiss	Jahrbuch junger Zivilrechtswissenschaftler
JPrivIntL	Journal of Private International Law
JURA	Juristische Ausbildung (Zeitschrift)
JURA (JK)	JURA-Kartei
JURI	Rechtsausschuss des Europäischen Parlaments
JuS	Juristische Schulung (Zeitschrift)
JZ	Juristenzeitung
KG	Kammergericht; Kommanditgesellschaft
km	Kilometer
KMU	Kleine und mittlere Unternehmen

KOM	Kommissionsdokument (Europäische Kommission)
K&R	Kommunikation und Recht (Zeitschrift)
krit.	kritisch
KTS	Zeitschrift für Insolvenzrecht
KWG	Kreditwesengesetz
LugÜ	Luganer Übereinkommen über die gerichtliche Zuständigkeit und die Vollstreckung gerichtlicher Entscheidungen in Zivil- und Handelssachen vom 30.10.2007
LG	Landgericht (Deutschland)
L.J.	Law Journal
LMK	Kommentierte BGH-Rechtsprechung Lindenmaier Möhring
LS	Leitsatz
Ltd.	Limited
LuftVG	Luftverkehrsgesetz
MdEP	Mitglied des Europäischen Parlaments
MDR	Monatsschrift für deutsches Recht
MEZ	Mitteleuropäische Zeit
Mich. L. Rev.	Michigan Law Review
Mio.	Million(en)
MLR	Modern Law Review
MMR	Multimedia und Recht
m.N.	mit Nachweis
MüKo	Münchener Kommentar
m.w.N.	mit weiteren Nachweisen
m.W.v.	mit Wirkung vom
n.F.	neue Fassung
NIPR	Nederlands internationaal privaatrecht
NJ	Neue Justiz
NJOZ	Neue Juristische Online Zeitschrift
NJW	Neue Juristische Wochenschrift
NJW-aktuell	Neue Juristische Wochenschrift aktuell
NJW-RR	Neue Juristische Wochenschrift Rechtsprechungsreport
Nr.	Nummer
NVersZ	Neue Zeitschrift für Versicherung und Recht
NZA	Neue Zeitschrift für Arbeitsrecht
NZG	Neue Zeitschrift für Gesellschaftsrecht
NZM	Neue Zeitschrift für Mietrecht
NZV	Neue Zeitschrift für Verkehrsrecht
o.ä.	oder ähnliches
ODR	Online Dispute Resolution
ODR-VO	Verordnung (EU) Nr. 524/2013 des Europäischen Parlaments und des Rates vom 21.5.2013 über die Online-Beilegung verbraucherrechtlicher Streitigkeiten
Ohio St. J. Disp. Res.	Ohio State Journal on Dispute Resolution
ÖJZ	Österreichische Juristen-Zeitung

OGH	Oberster Gerichtshof (Österreich)
OLG	Oberlandesgericht
PECL	Principles of European Contract Law
PICC	Principles of International Commercial Contracts
ProdH-RL	Produkthaftungsrichtlinie
ProdHG	Produkthaftungsgesetz
PWW	Prütting/Wegen/Weinreich, BGB-Kommentar
QB	Law Reports Queen's Bench Division
RabelsZ	Rabels Zeitschrift für ausländisches und internationales Privatrecht
Rass. dir. civ.	Rassegna di diritto civile
RdA	Recht der Arbeit
RegE	Regierungsentwurf
Rev. crit. DIP	Revue critique de droit international privé
Rev. trim. dr. civ.	Revue trimestrielle de droit civil
RGZ	Entscheidungen des Reichsgerichts in Zivilsachen
Riv. dir. civ.	Rivista di diritto civile
RIW	Recht der Internationalen Wirtschaft
RL	Richtlinie
Rn.	Randnummer
RRa	Reiserecht aktuell
Rs.	Rechtssache
Rspr.	Rechtsprechung
RVG	Rechtsanwaltsvergütungsgesetz
s.	siehe
S.	Satz, Seite
s.a.	siehe auch
SCE	Societas Cooperativa Europaea
SchiedsVZ	Neue Zeitschrift für Schiedsverfahren
SchRModG	Gesetz zur Modernisierung des Schuldrechts
SE	Societas Europaea
sec.	section
Slg.	Sammlung der Entscheidungen des EuGH
SME	Small and Medium Enterprise
st. Rspr.	ständige Rechtsprechung
str.	streitig
s.o.	siehe oben
sog.	sogenannte(n)
s.u.	siehe unten
TzBfG	Teilzeit- und Befristungsgesetz
TzWrG	Teilzeit-Wohnrechtegesetz
u.a.	unter anderem
UAbs.	Unterabsatz
UG	Gesetz zur Umsetzung

UKlagG	Unterlassungsklagengesetz
UmweltHG	Umwelthaftungsgesetz
UN	Vereinte Nationen
UNCITRAL	United Nations Commission On International Trade Law
UNIDROIT	Institut international pour l'unification du droit privé
Unif. L. Rev.	Uniform Law Review
US	Vereinigte Staaten
u. U.	unter Umständen
UWG	Gesetz gegen den unlauteren Wettbewerb
v.	versus
Var.	Variante
VerbrKrG	Verbraucherkreditgesetz
verb. Rs.	verbundene Rechtssachen
Verf.	Verfasser
VerfO	Verfahrensordnung
VersR	Versicherungsrecht
vgl.	vergleiche
VGKRL	Verbrauchsgüterkauf-Richtlinie
VO	Verordnung
VRRL	Verbraucherrechterichtlinie
VSBG	Verbraucherstreitbeilegungsgesetz
VuR	Verbraucher und Recht (Zeitschrift)
Wash.U.L.Rev.	Washington University Law Review
WLR	Weekly Law Reports
WM	Wertpapiermitteilungen (Zeitschrift)
WpHG	Wertpapierhandelsgesetz
WpÜG	Wertpapiererwerbs- und Übernahmegesetz
WRP	Wettbewerb in Recht und Praxis (Zeitschrift)
WZGA	Abkommen zwischen der Bundesrepublik Deutschland und der Französischen Republik über den Güterstand der Wahl-Zugewinngemeinschaft
Yale L.J.	Yale Law Journal
z. B.	zum Beispiel
ZEuP	Zeitschrift für Europäisches Privatrecht
ZEuS	Zeitschrift für europarechtliche Studien
ZfPW	Zeitschrift für die gesamte Privatrechtswissenschaft
ZfRV	Zeitschrift für Rechtsvergleichung, internationales Privatrecht und Europarecht
ZGB	Zivilgesetzbuch
ZGR	Zeitschrift für Gesellschaftsrecht
ZGS	Zeitschrift für das gesamte Schuldrecht
ZHR	Zeitschrift für das gesamte Handels- und Wirtschaftsrecht
ZJS	Zeitschrift für das juristische Studium
ZIP	Zeitschrift für Wirtschaftsrecht
ZKM	Zeitschrift für Konfliktmanagement
ZLW	Zeitschrift für Luft- und Weltraumrecht

ZPO	Zivilprozessordnung
ZRP	Zeitschrift für Rechtspolitik
ZSR	Zeitschrift für Schweizerisches Recht
ZUM	Zeitschrift für Urheber- und Medienrecht
ZVertriebsR	Zeitschrift für Vertriebsrecht
ZVglRWiss	Zeitschrift für vergleichende Rechtswissenschaft
ZZP	Zeitschrift für Zivilprozess
ZZPInt	Zeitschrift für Zivilprozess International

Allgemeines Literatur- und Quellenverzeichnis

1. Textsammlungen

- *Amstutz/Pichonnaz/Probst/Werro*, Droit privé européen. Directives choisies, 2. Aufl., Stämpfli, Bern 2011
- *Artz/Staudinger*, Europäisches Verfahrens-, Kollisions- und Privatrecht, C.F. Müller, Heidelberg 2010
- *Grolimund/Mosimann*, Internationales Privat- und Zivilverfahrensrecht der Europäischen Union, 2. Aufl., Dike-Verlag, Zürich/St. Gallen 2015
- *Grundmann/Riesenhuber*, Textsammlung Europäisches Privatrecht. Vertrags- und Schuldrecht, Arbeitsrecht, Gesellschaftsrecht, 3. Aufl., De Gruyter, Berlin/New York 2020
- *Jayme/Hausmann*, Internationales Privat- und Verfahrensrecht – Textausgabe, 20. Aufl., C.H. Beck, München 2020
- *Pechstein/Domröse*, Europarecht – Textsammlung, 3. Aufl., Mohr Siebeck, Tübingen 2018
- *Schulze/Zimmermann*, Europäisches Privatrecht – Basistexte, 6. Aufl., Nomos-Verlag, Baden-Baden 2020

2. Wissenschaftliche Entwürfe

- *von Bar/Clive/Schulte-Nölke* (Hrsg.), Principles, Definitions and Model Rules of European Private Law. Draft Common Frame of Reference (DCFR), Full Edition, Sellier, München 2009
- *Beale/Lando*, The Principles of European Contract Law, Part I, Performance, Non Performance and Remedies, Prepared by the Commission on European Contract Law, Dordrecht 1995
- *von Bar/Zimmermann* (Hrsg. und Übersetzer), Grundregeln des Europäischen Vertragsrechts, Teile I und II, München 2002
- *von Bar/Zimmermann* (Hrsg. und Übersetzer), Grundregeln des Europäischen Vertragsrechts, Teil III, München 2005
- *Gandolfi* (Hrsg.), Code Européen des Contrats, Avant-projet, Livre Premier, Mailand 2001
- *Jansen/Zimmermann* (Hrsg.), Commentaries on European Contract Laws, Oxford University Press, Oxford 2018
- *Lando/Beale* (Hrsg.), Principles of European Contract Law, Parts I and II, Den Haag 2000
- *Lando/Clive/Prüm/Zimmermann* (Hrsg.), Principles of European Contract Law, Part III, Den Haag 2003

3. Fall- und Entscheidungssammlungen; Übungsbücher

- *Brödermann/Rosengarten*, Internationales Privat- und Zivilverfahrensrecht (IPR/IZVR). Anleitung zur systematischen Fallbearbeitung, 8. Aufl., Vahlen, München 2019
- *Coester-Waltjen/Mäsch*, Übungen in internationalem Privatrecht und Rechtsvergleichung, 5. Aufl., De Gruyter, Berlin/New York 2017
- *Franck/Möslein*, Fälle zum Europäischen Privat- und Wirtschaftsrecht, C.H. Beck, München 2005
- *Fuchs/Hau/Thorn*, Fälle zum Internationalen Privatrecht, 5. Aufl. 2019
- *Hartkamp/Sieburgh/Devroe*, Cases, Materials and Text on European Law and Private Law, Hart, Oxford 2017

https://doi.org/10.1515/9783110718690-207

- *Kadner Graziano*, Europäisches Vertragsrecht: Übungen zur Rechtsvergleichung und Harmonisierung des Rechts, Nomos-Verlag, Baden-Baden, 2008
- *Rauscher*, Klausurenkurs im Internationalen Privatrecht, 4. Aufl. 2019
- *Rösler*, Internationales Privatrecht (Reihe Prüfe dein Wissen), 6. Aufl. 2020
- *Schulze/Engel/Jones*, Casebook Europäisches Privatrecht, Nomos-Verlag, Baden-Baden 2000

4. Lehrbücher, Einführungen

a) Zum Europäischen Privatrecht

- *Heiderhoff*, Europäisches Privatrecht, 5. Aufl., C.F. Müller, Heidelberg 2020
- *Herresthal*, § 2: Vertragsrecht, in: Langenbucher (Hrsg.), Europäisches Privat- und Wirtschaftsrecht, 4. Aufl., Nomos-Verlag, Baden-Baden 2017
- *Langenbucher*, § 1: Europarechtliche Methodenlehre, in: Langenbucher (Hrsg.), Europäisches Privat- und Wirtschaftsrecht, 4. Aufl., Nomos-Verlag, Baden-Baden 2017
- *Ranieri*, Europäisches Obligationenrecht – Ein Handbuch mit Texten und Materialien, 3. Aufl., Springer, Wien 2009
- *Riesenhuber*, EU-Vertragsrecht, Mohr Siebeck, Tübingen 2013
- *Schulze/Zoll*, Europäisches Vertragsrecht, 2. Aufl., Nomos-Verlag, Baden-Baden 2017
- *Schulze/Zoll*, European Contract Law, 2. Aufl., C.H. Beck/Hart/Nomos, Baden-Baden 2018
- *Weatherill*, Contract Law of the Internal Market, Intersentia, Antwerpen 2016

b) Zum Europäischen IPR

- *Bach/Huber*, Internationales Privat- und Prozessrecht, C.H. Beck, München 2020
- *von Bar/Mankowski*, Internationales Privatrecht, Band 2: Besonderer Teil, 2. Aufl., C.H. Beck, München 2019
- *van Calster*, European Private International Law, 3. Aufl., Hart, Oxford/Portland 2021
- *von Hoffmann/Thorn*, Internationales Privatrecht, 9. Aufl., C.H. Beck, München 2007
- *Hüßtege/Ganz*, Internationales Privatrecht einschließlich Grundzüge des Internationalen Verfahrensrechts, 5. Aufl., C.H. Beck, München 2013
- *Junker*, Internationales Privatrecht, 4. Aufl., C.H. Beck, München 2021
- *Kienle*, Internationales Privatrecht, 2. Aufl., Verlag Franz Vahlen, München 2010
- *Koch/Magnus/Winkler von Mohrenfels*, IPR und Rechtsvergleichung, 4. Aufl., C.H. Beck, München 2010
- *Köhler*, Examinatorium Internationales Privatrecht, 2. Aufl., Nomos-Verlag, Baden-Baden 2020
- *Rauscher*, Internationales Privatrecht. Mit internationalem Verfahrensrecht, 5. Aufl., C.F. Müller, Heidelberg 2017
- *Rogerson*, Collier's Conflict of Laws, 4. Aufl., Cambridge University Press, Cambridge 2013
- *Stone* on Private International Law in the European Union, 4. Aufl., Edward Elgar Publishing, Cheltenham 2018
- *Stürner*, § 8: Internationales Privatrecht, in: Langenbucher (Hrsg.), Europäisches Privat- und Wirtschaftsrecht, 4. Aufl., Nomos-Verlag, Baden-Baden 2017
- *Torremans* (Hrsg.), Cheshire, North & Fawcett, Private International Law, 15. Aufl., Oxford University Press, Oxford 2017

5. Monographien, Handbücher, Sammelbände

a) Zum Europäischen Privatrecht

- *Alpa/Andenæs*, Grundlagen des Europäischen Privatrechts, Springer, 2010
- *Andenæs/Baasch Andersen*, Theory and Practice of Harmonization, Edward Elgar Publishing, Cheltenham 2012
- *Arnold* (Hrsg.), Grundlagen eines europäischen Vertragsrechts, Sellier, München 2014
- *Baldauf*, Richtlinienverstoß und Verschiebung der Contra-legem-Grenze im Privatrechtsverhältnis. Der Konflikt zwischen Richtlinie und nationalem Recht bei der Rechtsanwendung, Tübingen 2013
- *Baldus/Müller-Graff* (Hrsg.), Die Generalklausel im Europäischen Privatrecht. Zur Leistungsfähigkeit der deutschen Wissenschaft aus romanischer Perspektive, München 2006
- *Basedow/Hopt/Zimmermann* (Hrsg.) Handwörterbuch des Europäischen Privatrechts (2 Bände), Mohr Siebeck, Tübingen 2009 (Studienausgabe 2011)
- *Behme e.a.* (Hrsg.), Perspektiven einer europäischen Privatrechtswissenschaft, JbJZRWiss 2016, Nomos-Verlag, Baden-Baden 2017
- *Beil*, Personale Differenzierung im Kaufrecht. Rechtsvergleichende Studie unter Einbeziehung deutscher und französischer Regelungen und internationaler Regelwerke (CISG, UNIDROIT PICC, CESL, CFR), Mohr Siebeck, Tübingen 2018
- *Bischoff*, Die Europäische Gemeinschaft und die Konventionen des einheitlichen Privatrechts, Mohr Siebeck, Tübingen 2010
- *Bron*, Rechtsangleichung des Privatrechts auf Ebene der Europäischen Union, Nomos-Verlag, Baden-Baden 2011
- *Cauffman/Smits* (Hrsg.), The Citizen in European Private Law: Norm-setting, Enforcement and Choice, Intersentia, Antwerpen 2016
- *Collins* (Hrsg.), The EU Charter of Fundamental Rights and European Contract Law, Intersentia, Antwerpen 2017
- *Dannemann/Vogenauer* (Hrsg.), The Common European Sales Law in Context: Interactions with English and German Law, Oxford University Press, Oxford 2013
- *Dastis*, Das Rücktrittsrecht des Käufers im Europäischen Privatrecht, Nomos-Verlag, Baden-Baden 2017
- *De Cristofaro/de Franceschi* (Hrsg.), Consumer Sales Law in Europe – After the Implementation of the Consumer Sales Directive, Intersentia, Antwerpen 2016
- *Drexler*, Die richtlinienkonforme Interpretation in Deutschland und Frankreich, Nomos-Verlag, Baden-Baden 2012
- *Ebers*, Rechte, Rechtsbehelfe und Sanktionen im Unionsprivatrecht, Mohr Siebeck, Tübingen 2016
- *Eidenmüller/Faust/Grigoleit/Jansen/Wagner/Zimmermann*, Revision des Verbraucher-acquis, Mohr Siebeck, Tübingen 2011
- *Franzen*, Privatrechtsangleichung durch die Europäische Gemeinschaft, De Gruyter, Berlin/New York 1999
- *Fries*, Verbraucherrechtsdurchsetzung, Mohr Siebeck, Tübingen 2016
- *Gebauer*, Grundfragen der Europäisierung des Privatrechts. Eine Untersuchung nationaler Ansätze unter Berücksichtigung des italienischen und des deutschen Rechts, Heidelberg 1998
- *Gebauer/Teichmann* (Hrsg.), Enzyklopädie des Europarechts Band 6: Europäisches Privat- und Unternehmensrecht, Nomos-Verlag, Baden-Baden 2016

- *Gebauer/Wiedmann* (Hrsg.), Zivilrecht unter europäischem Einfluss. Die richtlinienkonforme Auslegung des BGB und anderer Gesetze, Kommentierung der wichtigsten EU-Verordnungen, 2. Aufl., Boorberg-Verlag, Stuttgart 2010
- *Goanţă*, Convergence in European Consumer Sales Law. A Comparative and Numerical Approach, Intersentia, Antwerpen 2016
- *Grundmann*, Europäisches Schuldvertragsrecht – das Europäische Recht der Unternehmensgeschäfte (nebst Texten und Materialien zur Rechtsangleichung), De Gruyter, Berlin/New York 1999
- *Grundmann* (Hrsg.), Systembildung und Systemlücken in Kerngebieten des Europäischen Privatrechts – Gesellschaftsrecht, Arbeitsrecht, Schuldvertragsrecht, Mohr Siebeck, Tübingen 2000
- *Grundmann* (Hrsg.), European Contract Law in the Digital Age, Intersentia, Antwerpen 2018
- *Grundmann/Bianca* (Hrsg.), EU Kaufrechts-Richtlinie – Kommentar, Otto Schmidt, Köln 2002
- *Gsell/Herresthal* (Hrsg.), Vollharmonisierung im Privatrecht – Die Konzeption der Richtlinie am Scheideweg?, Mohr Siebeck, Tübingen 2010
- *Gutman*, The Constitutional Foundations of European Contract Law: A Comparative Analysis, Oxford University Press, Oxford 2014
- *Hartkamp*, European Law and National Private Law, 2. Aufl., Intersentia, Antwerpen 2016
- *Heiderhoff/Lohsse/Schulze* (Hrsg.), EU-Grundrechte und Privatrecht, Nomos-Verlag, Baden-Baden 2016
- *Heinze*, Schadensersatz im Unionsprivatrecht. Eine Studie zu Effektivität und Durchsetzung des Europäischen Privatrechts am Beispiel des Haftungsrechts, Mohr Siebeck, Tübingen 2017
- *Helleringer/Purnhagen* (Hrsg.), Towards a European Legal Culture, C.H. Beck/Hart/Nomos, Baden-Baden 2014
- *Henke*, Enthält die Liste des Anhangs der Klauselrichtlinie 93/13/EWG Grundregeln des Europäischen Vertragsrechts?, Mohr Siebeck, Tübingen 2010
- *Henninger*, Europäisches Privatrecht und Methode. Entwurf einer rechtsvergleichend gewonnenen juristischen Methodenlehre, Mohr Siebeck, Tübingen 2009
- *Herresthal*, Rechtsfortbildung im europarechtlichen Bezugsrahmen, Methoden, Kompetenzen, Grenzen; dargestellt am Beispiel des Privatrechts, C. H. Beck, München 2006
- *Höpfner*, Die systemkonforme Auslegung: Zur Auflösung einfachgesetzlicher, verfassungsrechtlicher und europarechtlicher Widersprüche im Recht, Mohr Siebeck, Tübingen 2008
- *Jansen*, Binnenmarkt, Privatrecht und Europäische Identität. Eine historische und methodische Bestandsaufnahme, Mohr Siebeck, Tübingen 2004
- *Jud/Wendehorst*, (Hrsg.), Neuordnung des Verbraucherprivatrechts in Europa? Zum Vorschlag einer Richtlinie über Rechte der Verbraucher, Wien 2009
- *Leible*, Wege zu einem europäischen Privatrecht, Habilitationsschrift Bayreuth 2001
- *Letto-Vanamo/Smits*, (Hrsg.), Coherence and Fragmentation in European Private Law, München 2012
- *van Leeuwen*, European Standardisation of Services and its Impact on Private Law. Paradoxes of Convergence, Hart, Oxford 2017
- *Lein*, Die Verzögerung der Leistung im europäischen Vertragsrecht, Mohr Siebeck, Tübingen 2015
- *von Leuken*, Private Law and the Internal Market. Direct Horizontal Effect of the Treaty Provisions on Free Movement, Intersentia, Antwerpen 2017
- *Lippstreu*, Wege der Rechtsangleichung im Vertragsrecht. Vollharmonisierung, Mindestharmonisierung, optionales Instrument, Tübingen 2014
- *Lohse*, Rechtsangleichungsprozesse in der Europäischen Union. Instrumente, Funktionsmechanismen und Wirkparameter effektiver Harmonisierung, Mohr Siebeck, Tübingen 2017
- *Lurger*, Grundfragen der Vereinheitlichung des Vertragsrechts in der Europäischen Union, Springer, Wien 2002

- *Lüttringhaus*, Vertragsfreiheit und ihre Materialisierung im Europäischen Binnenmarkt – Die Verbürgung und Materialisierung unionaler Vertragsfreiheit im Zusammenspiel von EU-Privatrecht, BGB und ZPO, Mohr Siebeck, Tübingen 2018
- *Martens*, Methodenlehre des Unionsrechts, Mohr Siebeck, Tübingen 2013
- *Metzger*, Extra legem, intra ius. Allgemeine Rechtsgrundsätze im europäischen Privatrecht, Mohr Siebeck, Tübingen 2009
- *Micklitz/Sieburgh* (Hrsg.), Primary EU Law and Private Law Concepts, Intersentia, Antwerpen 2017
- *Miller*, The Emergence of EU Contract Law – Exploring Europeanization, Oxford 2011
- *Mittwoch*, Vollharmonisierung und Europäisches Privatrecht – Methode, Implikationen und Durchführung, Berlin 2013
- *Mörsdorf*, Ungleichbehandlung als Norm. Eine dogmatische Analyse des unional determinierten Antidiskriminierungsrechts in Deutschland, Mohr Siebeck, Tübingen 2018
- *Müller-Graff* (Hrsg.), Gemeinsames Privatrecht in der Europäischen Gemeinschaft, Nomos-Verlag, 2. Aufl., Nomos-Verlag, Baden-Baden 1999
- *Niglia*, The Struggle for European Private Law. A Critique of Codification, Hart, Oxford 2017
- *Perner*, Grundfreiheiten, Grundrechte-Charta und Privatrecht, Mohr Siebeck, Tübingen 2013
- *Reich*, General Principles of EU Civil Law, Intersentia, Antwerpen 2013
- *Remien*, Zwingendes Vertragsrecht und Grundfreiheiten des EG-Vertrags, Mohr Siebeck, Tübingen 2003
- *Riehm*, Der Grundsatz der Naturalerfüllung, Mohr Siebeck, Tübingen 2015
- *Riesenhuber* (Hrsg.), Europäische Methodenlehre. Grundfragen der Methoden des Europäischen Privatrechts, 3. Aufl., De Gruyter, Berlin 2015
- *Riesenhuber*, System und Prinzipien des Europäischen Vertragsrechts, Berlin 2003
- *Rosentritt*, Die Gefahrtragung im europäischen und internationalen Kaufrecht. CISG, INCO-Terms, Vorschlag für ein Gemeinsames Europäisches Kaufrecht, Verbraucherrechterichtlinie und deutsches Recht in vergleichender Perspektive, Mohr Siebeck, Tübingen 2018
- *Rybarz*, Billigkeitserwägungen im Kontext des Europäischen Privatrechts, Mohr Siebeck, Tübingen 2011
- *van Schagen*, The Development of European Private Law in a Multilevel Legal Order, Intersentia, Antwerpen 2016
- *Schmidt*, Der Vertragsschluss. Ein Vergleich zwischen dem deutschen, französischen, englischen Recht und dem CESL, Mohr Siebeck, Tübingen 2013
- *Schmidt-Kessel* (Hrsg.), Der Gemeinsame Referenzrahmen, Entstehung, Inhalte, Anwendung, Sellier, München 2009
- *Schmidt-Kessel* (Hrsg.), Ein einheitliches europäisches Kaufrecht? Eine Analyse des Vorschlags der Kommission, Sellier, München 2012
- *Schröder*, Der Unternehmerregress beim Verbrauchsgüterkauf im Falle von grenzüberschreitenden Handelskäufen. Eine rechtsvergleichende und kollisionsrechtliche Betrachtung unter Berücksichtigung des deutschen und österreichischen Rechts sowie des UN-Kaufrechts, des DCFR und des Vorschlags für ein GEK, Mohr Siebeck, Tübingen 2017
- *Schulte-Nölke/Zoll/Jansen/Schulze* (Hrsg.), Der Entwurf für ein optionales europäisches Kaufrecht, Sellier, München 2012
- *Schulze/Staudenmayer* (Hrsg.), Digital Revolution: Challenges for Contract Law in Practice, Nomos-Verlag, Baden-Baden 2016
- *Schulze/Staudenmayer* (Hrsg.), EU Digital Law: Article-by-Article Commentary, Nomos-Verlag, Baden-Baden 2020
- *Schulze/von Bar/Schulte-Nölke* (Hrsg.), Der akademische Entwurf für einen Gemeinsamen Referenzrahmen, Mohr Siebeck, Tübingen 2008
- *Sonnentag*, Das Rückgewährschuldverhältnis, Mohr Siebeck, Tübingen 2016

- *Sponholz*, Die unionsrechtlichen Vorgaben zu den Rechtsfolgen von Diskriminierungen im Privatrechtsverkehr, Nomos-Verlag, Baden-Baden 2017
- *Starke*, EU-Grundrechte und Vertragsrecht, Mohr Siebeck, Tübingen 2016
- *Stempel*, Treu und Glauben im Unionsprivatrecht, Mohr Siebeck, Tübingen 2016
- *Stürner*, Der Grundsatz der Verhältnismäßigkeit im Vertragsrecht, Mohr Siebeck, Tübingen 2010
- *Stürner* (Hrsg.), Vollharmonisierung im europäischen Verbraucherrecht?, München 2010
- *Tamm*, Verbraucherschutzrecht. Europäisierung und Materialisierung des deutschen Zivilrechts und die Herausbildung eines Verbraucherschutzprinzips, Mohr Siebeck, Tübingen 2011
- *Twigg-Flesner* (Hrsg.), Research Handbook on EU Consumer and Contract Law, 2016
- *Twigg-Flesner* (Hrsg.), The Cambridge Companion to European Union Private Law, Cambridge University Press, Cambridge 2010
- *Wagner*, Der Einfluss Europas auf das BGB. Gesetzgebungstechnik europarechtlich veranlasster Änderungsgesetze, Duncker&Humblot, Berlin 2017
- *Zoppel*, Europäische Diskriminierungsverbote und Privatrecht, Mohr Siebeck, Tübingen 2015

b) Zum Europäischen IPR

- *Arnold* (Hrsg.), Grundfragen des Europäischen Kollisionsrechts, Mohr Siebeck, Tübingen 2016
- *Basedow/Rühl/Ferrari/de Miguel Asensio* (Hrsg.), Encyclopedia of Private International Law, Edward Elgar, Cheltenham 2017
- *Baur/Mansel* (Hrsg.), Systemwechsel im Europäischen Kollisionsrecht, C. H. Beck, München 2002
- *Bernitt*, Die Anknüpfung von Vorfragen im europäischen Kollisionsrecht, Mohr Siebeck, Tübingen 2010
- *Bruinier*, Der Einfluss der Grundfreiheiten auf das Internationale Privatrecht, Peter Lang, Frankfurt a. M. 2003
- *Calliess/Renner* (Hrsg.), Rome Regulations - Commentary, 3. Aufl., Wolters Kluwer, Alphen aan den Rijn 2020
- *Fallon/Lagarde/Poillot-Peruzzetto*, Quelle architecture pour un code européen de droit international privé?, Peter Lang, Frankfurt a. M. 2011
- *Guinchard* (Hrsg.), Rome I and Rome II in Practice, Intersentia, Antwerpen 2020
- *Hauser*, Eingriffsnormen in der Rom I-Verordnung, Mohr Siebeck, Tübingen 2012
- *von Hein/Rühl* (Hrsg.), Kohärenz im Internationalen Privat- und Verfahrensrecht der Europäischen Union, Mohr Siebeck, Tübingen 2016
- *von Hein/Kieninger/Rühl* (Hrsg.), How European is European Private International Law? Sources, Court Practice, Academic Discourse, Intersentia, Antwerpen 2019
- *Hemler*, Die Methodik der „Eingriffsnorm" im modernen Kollisionsrecht – zugleich ein Beitrag zum Internationalen Öffentlichen Recht und zur Natur des ordre public, Mohr Siebeck, Tübingen 2019
- *Köhler*, Eingriffsnormen – Der »unfertige Teil« des europäischen IPR, Mohr Siebeck, Tübingen 2013
- *Kroll-Ludwigs*, Die Rolle der Parteiautonomie im europäischen Kollisionsrecht, Mohr Siebeck, Tübingen 2013
- *Leible/Unberath* (Hrsg.), Brauchen wir eine Rom 0-Verordnung?, Jenaer Wissenschaftliche Verlagsgesellschaft, Jena 2013
- *Leifeld*, Das Anerkennungsprinzip im Kollisionsrechtssystem des internationalen Privatrechts, Mohr Siebeck, Tübingen 2010

- *Lüttringhaus*, Grenzüberschreitender Diskriminierungsschutz – Das internationale Privatrecht der Antidiskriminierung, Mohr Siebeck, Tübingen 2010
- *Nehne*, Methodik und allgemeine Lehren des europäischen Internationalen Privatrechts, Mohr Siebeck, Tübingen 2012
- *Nietner*, Internationaler Entscheidungseinklang im europäischen Kollisionsrecht, Mohr Siebeck, Tübingen 2016
- *Rentsch*, Der gewöhnliche Aufenthalt im System des Europäischen Kollisionsrechts, Mohr Siebeck, Tübingen 2017
- *Repasi*, Wirkungsweise des unionsrechtlichen Anwendungsvorrangs im autonomen IPR, Mohr Siebeck, Tübingen 2018
- *Rühl*, Statut und Effizienz. Ökonomische Grundlagen des Internationalen Privatrechts, Mohr Siebeck, Tübingen 2011
- *Schilling*, Binnenmarktkollisionsrecht, De Gruyter, Berlin 2006
- *Schwemmer*, Anknüpfungsprinzipien im europäischen Kollisionsrecht. Integrationspolitische Zielsetzungen und das Prinzip der engsten Verbindung, Mohr Siebeck, Tübingen 2018
- *Stone/Farah* (Hrsg.), Research Handbook on EU Private International Law, Edward Elgar, Cheltenham 2015
- *Thoma*, Die Europäisierung und die Vergemeinschaftung des nationalen ordre public, Mohr Siebeck, Tübingen 2007
- *Trüten*, Die Entwicklungen des Internationalen Privatrechts in der Europäischen Union. Auf dem Weg zu einem europäischen IPR-Gesetz, Nomos/Stämpfli, Baden-Baden/Basel 2015
- *Weller* (Hrsg.), Europäisches Kollisionsrecht, Nomos-Verlag, Baden-Baden 2016
- *Wilke*, A Conceptual Analysis of European Private International Law. The General Issues in the EU and its Member States, Intersentia, Antwerpen 2019

6. Zeitschriften

- Common Market Law Review CML Rev.
- Contratto e impresa / Europa
- Europäisches Wirtschafts- und Steuerrecht (EWR)
- European Review of Contract Law (ERCL)
- European Review of Private Law (ERPL)
- Europäische Zeitschrift für Wirtschaftsrecht (EuZW)
- Praxis des Internationalen Privat- und Verfahrensrechts (IPRax)
- Journal of European Consumer and Market Law (EuCML) (früher: Zeitschrift für Europäisches Unternehmens- und Verbraucherrecht, euvr)
- Journal of Private International Law (JPIL)
- Rabels Zeitschrift für ausländisches und internationales Privatrecht (RabelsZ)
- Revue des contrats
- Yearbook of Private International Law
- Zeitschrift für das Privatrecht der Europäischen Union (GPR) (früher: Zeitschrift für Gemeinschaftsprivatrecht)
- Zeitschrift für Europäisches Privatrecht (ZEuP)

7. Rechtsprechungsübersichten

a) Zum Europäischen Privatrecht

aa) In der ZEuP

Kohler/Seyr/Puffer-Mariette, ZEuP 2020, 366 (zur Rspr. des EuGH im Jahre 2018); *Kohler/Seyr/Puffer-Mariette*, ZEuP 2019, 126 (zur Rspr. des EuGH im Jahre 2017); *Kohler/Seyr/Puffer-Mariette*, ZEuP 2018, 177 (zur Rspr. des EuGH im Jahre 2016); *Kohler/Seyr/Maderbacher*, ZEuP 2017, 431 (zur Rspr. des EuGH im Jahre 2015); *Kohler/Puffer-Mariette/Maderbacher*, ZEuP 2016, 464 (zur Rspr. des EuGH im Jahre 2014); *Kohler/Seyr/Puffer-Mariette*, ZEuP 2015, 335 (zur Rspr. des EuGH im Jahre 2013); *Kohler/Puffer-Mariette*, ZEuP 2014, 696 (EuGH und Privatrecht, ein Rückblick nach 60 Jahren); *Kohler/Seyr/Puffer-Mariette*, ZEuP 2014, 116 (zur Rspr. des EuGH im Jahre 2012); *Kohler/Seyr/Puffer-Mariette*, ZEuP 2013, 323 (zur Rspr. des EuGH im Jahre 2011); *Kohler/Seyr/Puffer-Mariette*, ZEuP 2011, 874 (zur Rspr. des EuGH im Jahre 2010); *Kohler/Seyr/Puffer-Mariette*, ZEuP 2011, 145 (zur Rspr. des EuGH im Jahre 2009); *Kohler/Knapp*, ZEuP 2010, 620 (zur Rspr. des EuGH im Jahre 2008); *Kohler/Denkinger/Seyr*, ZEuP 2009, 322 (zur Rspr. des EuGH im Jahre 2007); *Kohler/Knapp*, ZEuP 2007, 484 (zur Rspr. des EuGH im Jahre 2005); *Kohler/Knapp*, ZEuP 2004, 705 (zur Rspr. des EuGH im Jahre 2002).

bb) In der EWS

Kas/Micklitz, EWS 2018, 181 und 241 (Rechtsprechungsübersicht zum Europäischen Vertrags- und Deliktsrecht, 2014–2018); *Kas/Micklitz*, EWS 2013, 314 und 353 (Rechtsprechungsübersicht zum Europäischen Vertrags- und Deliktsrecht, 2008–2013); *Micklitz*, EWS 2008, 353 (Rechtsprechung zum Europäischen Verbraucherrecht – Vertrags- und Deliktsrecht, Aufbereitung der Rechtssachen im Anschluss an EWS 2006, 1); *Micklitz*, EWS 2006, 1 (Rechtsprechungsübersicht zum Europäischen Verbraucherrecht: Vertrags- und Deliktsrecht).

cc) In der GPR

- Länderberichte **England** von *Twigg-Flesner*, GPR 2003/04, 249; GPR 2003/04, 123
- Länderberichte **Frankreich** von *Klötgen/Mansuy*, GPR 2020, 158 (*Klötgen*); GPR 2020, 2; GPR 2019, 154; GPR 2019, 2; GPR 2018, 130; GPR 2018, 2; GPR 2017, 106; GPR 2016, 271; GPR 2015, 164; GPR 2014, 249; GPR 2014, 80; GPR 2013, 259; GPR 2013, 79; GPR 2012, 242; GPR 2012, 70; GPR 2011, 247; GPR 2011, 69; GPR 2010, 218; GPR 2010, 65; GPR 2008, 234; GPR 2007, 222 (*Klötgen*); GPR 2007, 16 (*Mansuy*); GPR 2006, 174 (*Klötgen*); GPR 2006, 115 (*Klötgen*); GPR 2006, 19 (*Mansuy/Schmied*); GPR 2005, 172 (*Mansuy*); GPR 2005, 114; GPR 2005, 65 (*Klötgen/Mansuy/Cachard*); GPR 2003/04, 250 (*Klötgen/Mansuy/Cachard*); GPR 2003/04, 177; GPR 2003/04, 122 (*Klötgen/Cachard*); GPR 2003/04, 72 (*Klötgen/Mansuy/Cachard/Lambert*)
- Länderberichte **Italien** von *Omodei Salè*, GPR 2020, 271 (*Omodei Salè/Gatti*); GPR 2020, 176 (*Omodei Salè/Gatti*); GPR 2020, 10 (*Omodei Salè/Gatti*); GPR 2019, 162 (*Omodei Salè/Gatti*); GPR 2019, 51 (*Omodei Salè/Gatti*); GPR 2018, 183; GPR 2018, 61; GPR 2017, 163; GPR 2017, 81; GPR 2016, 164; GPR 2016, 21; GPR 2015, 219; GPR 2014, 307; GPR 2013, 316; GPR 2013, 139; GPR 2012, 308; GPR 2011, 287; GPR 2011, 121; GPR 2010, 277; GPR 2010, 146; GPR 2008, 11; GPR 2007, 112; GPR 2006, 69; GPR 2005, 115; GPR 2003/04, 251; GPR 2003/04, 175; GPR 2003/04, 73

- Länderberichte **Österreich** von *Faber*, GPR 2019, 215; GPR 2018, 180
- Länderberichte **Polen** von *Tereszkiewicz*, GPR 2011, 284 (*Tereszkiewicz/Bobrzyński*); GPR 2010, 225
- Länderberichte **Spanien** von *Gascón Inchausti*, GPR 2009, 74 (*Martínez Santos*); GPR 2008, 10 (*Gascón Inchausti*); GPR 2007, 168 (*Gascón Inchausti*); GPR 2007, 15 (*Gascón Inchausti*); GPR 2006, 17 (*Gascón Inchausti*); GPR 2005, 117 (*Gascón Inchausti*); GPR 2005, 16
- Länderberichte **Tschechien** von *Semelová*, GPR 2017, 165; GPR 2016, 166; GPR 2015, 173; GPR 2014, 136; GPR 2013, 85; von *Navrátilová*, GPR 2012, 64; GPR 2011, 74; GPR 2010, 70
- Länderberichte **Ungarn** von *Harsági*, GPR 2020, 210; GPR 2019, 218; GPR 2018, 216; GPR 2017, 227; GPR 2016, 220; GPR 2015, 221; GPR 2014, 209; GPR 2013, 203; GPR 2012, 189; GPR 2011, 166; GPR 2010, 170.

b) Zum Europäischen IPR

aa) In der ZEuP

Martiny, Europäisches Internationales Schuldrecht – Feinarbeit an Rom I- und Rom II-Verordnungen, ZEuP 2018, 218; *Martiny*, Europäisches Internationales Schuldrecht – Rom I- und Rom II-Verordnungen in der Bewährung, ZEuP 2015, 838; *Martiny*, Europäisches Internationales Schuldrecht – Kampf um Kohärenz und Weiterentwicklung, ZEuP 2013, 838; *Martiny*, Neuanfang im Europäischen Internationalen Vertragsrecht mit der Rom I-Verordnung, ZEuP 2010, 747; *Martiny*, Europäisches Internationales Vertragsrecht in Erwartung der Rom I-Verordnung, ZEuP 2008, 79; *Martiny*, Neue Impulse im Europäischen Internationalen Vertragsrecht, ZEuP 2006, 60; *Martiny*, Europäisches Internationales Vertragsrecht vor der Reform, ZEuP 2003, 590; *Martiny*, Internationales Vertragsrecht im Schatten des Europäischen Gemeinschaftsrecht, ZEuP 2001, 308; *Martiny*, Europäisches Internationales Vertragsrecht – Ausbau und Konsolidierung, ZEuP 1999, 246; *Martiny*, Europäisches Internationales Vertragsrecht – Erosion der Römischen Konvention?, ZEuP 1997, 107; *Martiny*, Internationales Vertragsrecht zwischen Rechtsgefälle und Vereinheitlichung. Zum Römischen Übereinkommen vom 19. Juni 1980, ZEuP 1995, 67.

bb) In der IPRax

Mansel/Thorn/Wagner, Europäisches Kollisionsrecht 2019: Konsolidierung und Multilateralisierung, IPRax 2020, 97; *Mansel/Thorn/Wagner*, Europäisches Kollisionsrecht 2018: Endspurt!, IPRax 2019, 85; *Mansel/Thorn/Wagner*, Europäisches Kollisionsrecht 2017: Morgenstunde der Staatsverträge?, IPRax 2018, 121; *Mansel/Thorn/Wagner*, Europäisches Kollisionsrecht 2016: Brexit ante portas!, IPRax 2017, 1; *Mansel/Thorn/Wagner*, Europäisches Kollisionsrecht 2015: Neubesinnung, IPRax 2016, 1; *Mansel/Thorn/Wagner*, Europäisches Kollisionsrecht 2014: Jahr des Umbruchs, IPRax 2015, 1; *Mansel/Thorn/Wagner*, Europäisches Kollisionsrecht 2013: Atempause im status quo, IPRax 2014, 1; *Mansel/Thorn/Wagner*, Europäisches Kollisionsrecht 2012: Voranschreiten des Kodifikationsprozesses – Flickenteppich des Einheitsrechts, IPRax 2013, 1; *Mansel/Thorn/Wagner*, Europäisches Kollisionsrecht 2011: Gegenläufige Entwicklungen, IPRax 2012, 1; *Mansel/Thorn/Wagner*, Europäisches Kollisionsrecht 2010: Verstärkte Zusammenarbeit als Motor der Vereinheitlichung?, IPRax 2011, 1; *Mansel/Thorn/Wagner*, Europäisches Kollisionsrecht 2009: Hoffnungen durch den Vertrag von Lissabon, IPRax 2010, 1; *Mansel/Thorn/Wagner*, Europäisches Kollisionsrecht 2008: Fundamente der Europäischen IPR-Kodifikation, IPRax 2009, 1; *Jayme/Kohler*, Europäisches Kollisionsrecht 2007: Windstille im Erntefeld der Integration,

IPRax 2007, 493; *Jayme/Kohler*, Europäisches Kollisionsrecht 2006: Eurozentrismus ohne Kodifikationsidee?, IPRax 2006, 573; *Jayme/Kohler*, Europäisches Kollisionsrecht 2005: Hegemonialgesten auf dem Weg zu einer Gesamtvereinheitlichung, IPRax 2005, 481; *Jayme/Kohler*, Europäisches Kollisionsrecht 2004:Territoriale Erweiterung und methodische Rückgriffe, IPRax 2004, 481; *Jayme/Kohler*, Europäisches Kollisionsrecht 2003 – Der Verfassungskonvent und das Internationale Privat- und Verfahrensrecht, IPRax 2003, 485; *Jayme/Kohler*, Europäisches Kollisionsrecht 2002: Zur Wiederkehr des Internationalen Privatrechts, IPRax 2002, 461; *Jayme/Kohler*, Europäisches Kollisionsrecht 2001: Anerkennungsprinzip statt IPR?, IPRax 2001, 501; *Jayme/Kohler*, Europäisches Kollisionsrecht 2000: Interlokales Privatrecht oder universelles Gemeinschaftsrecht?, IPRax 2000, 454; *Jayme/Kohler*, Europäisches Kollisionsrecht 1999 – Die Abendstunde der Staatsverträge, IPRax 1999, 401; *Jayme/Kohler*, Europäisches Kollisionsrecht 1998: Kulturelle Unterschiede und Parallelaktionen, IPRax 1998, 417; *Jayme/Kohler*, Europäisches Kollisionsrecht 1997 – Vergemeinschaftung durch „Säulenwechsel"?, IPRax 1997, 385; *Jayme/Kohler*, Europäisches Kollisionsrecht 1996 – Anpassung und Transformation der nationalen Rechte, IPRax 1996, 377; *Jayme/Kohler*, Europäisches Kollisionsrecht 1995 – Der Dialog der Quellen, IPRax 1995, 343; *Jayme/Kohler*, Europäisches Kollisionsrecht 1994 – Quellenpluralismus und offene Kontraste, IPRax 1994, 405; *Jayme/Kohler*, Das Internationale Privat- und Verfahrensrecht der EG 1993 – Spannungen zwischen Staatsverträgen und Richtlinien, IPRax 1993, 357; *Jayme/Kohler*, Das Internationale Privat- und Verfahrensrecht der EG nach Maastricht, IPRax 1992, 346; *Jayme/Kohler*, Das Internationale Privat- und Verfahrensrecht der EG 1991 – Harmonisierungsmodell oder Mehrspurigkeit des Kollisionsrechts, IPRax 1991, 361; *Jayme/Kohler*, Das Internationale Privat- und Verfahrensrecht der EG auf dem Wege zum Binnenmarkt, IPRax 1990, 353; *Jayme/Kohler*, Das Internationale Privat- und Verfahrensrecht der EG – Stand 1989, IPRax 1989, 337; *Jayme/Kohler*, Das Internationale Privat- und Verfahrensrecht der Europäischen Gemeinschaft – Jüngste Entwicklungen, IPRax 1988, 133; *Jayme/Kohler*, Zum Stand des internationalen Privat- und Verfahrensrechts der Europäischen Gemeinschaft, IPRax 1985, 65.

cc) In der GPR

Arnold/Zwirlein-Forschner, Die Entwicklung der Rechtsprechung zum Europäischen Internationalen Privatrecht, GPR 2019, 262; *Arnold/Zwirlein*, Die Entwicklung der Rechtsprechung zum Internationalen Privatrecht, GPR 2018, 221; *Arnold*, Die Entwicklung der Rechtsprechung zum Internationalen Privatrecht, GPR 2017, 29; *Pabst*, Entwicklungen im europäischen und völkervertraglichen Kollisionsrecht 2011–2012, GPR 2013, 171; *Rauscher/Pabst*, Entwicklungen im europäischen und völkervertraglichen Kollisionsrecht 2009–2010, GPR 2011, 41; *Rauscher/Pabst*, Entwicklungen im europäischen und völkervertraglichen Kollisionsrecht 2008–2009, GPR 2009, 294; *Rauscher/Pabst*, Entwicklungen im europäischen und völkervertraglichen Kollisionsrecht 2007–2008, GPR 2008, 302; *Rauscher/Pabst*, Entwicklungen im europäischen und völkervertraglichen Kollisionsrecht 2005–2007, GPR 2007, 244.

dd) In der NJW

Rauscher, Die Entwicklung des Internationalen Privatrechts 2019 bis 2020, NJW 2020, 3632; *Rauscher*, Die Entwicklung des Internationalen Privatrechts 2018 bis 2019, NJW 2019, 3486; *Rauscher*, Die Entwicklung des Internationalen Privatrechts 2017 bis 2018, NJW 2018, 3421; *Rauscher*, Die Entwicklung des Internationalen Privatrechts 2016 bis 2017, NJW 2017, 3486; *Rauscher*, Die Entwicklung des Internationalen Privatrechts 2015 bis 2016, NJW 2016, 3493; *Rauscher*, Die

Entwicklung des internationalen Privatrechts 2014 bis 2015, NJW 2015, 3551; *Rauscher*, Die Entwicklung des Internationalen Privatrechts 2013–2014, NJW 2014, 3619; *Rauscher/Pabst*, Die Entwicklung des Internationalen Privatrechts 2012–2013, NJW 2013, 3692; *Rauscher/Pabst*, Die Entwicklung des Internationalen Privatrechts 2011–2012, NJW 2012, 3490; *Rauscher/Pabst*, Die Rechtsprechung zum Internationalen Privatrecht 2010–2011, NJW 2011, 3547; *Rauscher/Pabst*, Die Rechtsprechung zum Internationalen Privatrecht 2009–2010, NJW 2010, 3487; *Rauscher/Pabst*, Die Rechtsprechung zum Internationalen Privatrecht 2008–2009, NJW 2009, 3614; *Rauscher/Pabst*, Die Rechtsprechung zum Internationalen Privatrecht 2007–2008, NJW 2008, 3477; *Rauscher/Pabst*, Die Rechtsprechung zum Internationalen Privatrecht 2005–2007, NJW 2007, 3541.

8. Quellen im Internet

a) EuGH-Urteile

Sämtliche Entscheidungen des EuGH lassen sich auf der Seite des Gerichts recherchieren: http://curia.europa.eu/juris/recherche.jsf?language=de

b) EU-Rechtsakte

Eine Datenbank zu sämtlichen EU-Rechtsakten findet sich auf der Seite der EU-Kommission (auch Amtsblatt der EU, Verträge, Rechtsvorschriften): http://eur-lex.europa.eu/homepage.html

Auch die Seite des Rates enthält die vom Europäischen Rat bzw. vom Rat der EU seit 1999 verfassten Dokumente: http://www.consilium.europa.eu/de/documents-publications/

c) Gesetzgebungsverfahren

Der Fortgang von Gesetzgebungsverfahren in der EU lässt sich im System EUR-Lex nachvollziehen: https://eur-lex.europa.eu/advanced-search-form.html?locale=de

Laufende Arbeiten der in den einzelnen Ausschüssen anhängigen Legislativverfahren des Europäischen Parlaments lassen sich hier nachverfolgen: http://www.europarl.europa.eu/committees/de/juri/documents/work-in-progress.

d) Sonstige Informationen

Pressemeldungen der Europäischen Kommission – Vertretung in Deutschland: https://ec.europa.eu/germany/news_de

Allgemeine Pressemeldungen der Europäischen Kommission: http://ec.europa.eu/newsroom/just/news-overview.cfm

Erster Teil: Institutionelle und methodische Grundlagen

1. Kapitel: Grundlagen und Grundbegriffe

§ 1 Funktion und Ziele einer Privatrechtsharmonisierung

Literatur: *Hallstein*, Angleichung des Privat- und Prozeßrechts in der Europäischen Wirtschaftsgemeinschaft, RabelsZ 28 (1964), 211; *Stürner*, Das Privatrecht der Europäischen Union, JURA 2016, 1133

Systematische Übersicht

I. Verwirklichung des Binnenmarktes

1 Eines der Hauptziele der Europäischen Union ist die Verwirklichung eines Binnenmarktes (Art. 3 Abs. 3 S. 1 EUV). Dieser Binnenmarkt umfasst einen Raum ohne Binnengrenzen, in dem der freie Verkehr von Waren, Personen, Dienstleistungen und Kapital gewährleistet ist. Die EU hat die Kompetenz, die zu diesem Zweck erforderlichen Maßnahmen zu erlassen (Art. 26 Abs. 1 AEUV). Grundlegende Bedeutung für die Ausübung der genannten Grundfreiheiten kommt dem Privatrecht, insbesondere dem Vertragsrecht zu. Der Vertrag ist in einer Marktwirtschaft das rechtliche Medium des Austausches von Waren und Dienstleistungen. Seine Regelung steht folglich im Mittelpunkt eines rechtspolitischen Ansatzes, der das Funktionieren des Binnenmarktes gewährleisten soll.

2 Das war freilich nicht immer so. In den ersten Dekaden nach der Gründung der damaligen Europäischen Wirtschaftsgemeinschaft (EWG) am 25. März 1957 ging es hauptsächlich um die Beseitigung von direkten Behinderungen der Grundfreiheiten durch protektionistische Gesetzgebung in den Mitgliedstaaten. Allerdings war bereits Mitte der 1960er Jahre die Harmonisierung des Privatrechts vorhergesehen worden vom damaligen Präsidenten der Kommission, *Walter Hallstein*.[1] Die ersten Richtlinien mit direktem Privatrechtsbezug folgten dann erst in den 1980er Jahren.[2] Heute sind weite Bereiche des Vertragsrechts, insbesondere des Verbraucherrechts,[3] starken eu-

1 *Hallstein*, RabelsZ 28 (1964), 211.
2 Zur Geschichte der Privatrechtsharmonisierung in Europa unten § 3.
3 Dazu bereits die Beiträge von *Stürner*, JURA 2015, 30, 341, 690, 1045, JURA 2016, 26, 374 und 739.

https://doi.org/10.1515/9783110718690-001

ropäischen Einflüssen unterworfen. Mit dieser Harmonisierung werden im Wesentlichen zwei Ziele verfolgt: (1) die Vereinheitlichung der Schutzstandards auf der Nachfragerseite im Binnenmarkt zur Stärkung des Vertrauens in den Binnenmarkt sowie (2) die Vereinheitlichung der Wettbewerbsbedingungen für Unternehmen zur Schaffung eines „level playing field" für alle Marktteilnehmer. Aus der Zusammenschau beider Perspektiven kann gefolgert werden, dass die Harmonisierung des Europäischen Vertragsrechts eine Vereinheitlichung der allgemeinen Marktbedingungen herbeiführen soll.

1. Vereinheitlichung der Schutzstandards: „Verbraucherrecht"

Literatur: *De Hoon/Mak*, Consumer Empowerment Strategies – A Rights-Oriented Approach Versus a Needs-Oriented Approach, ZEuP 2011, 518; *Micklitz*, Europäisches Regulierungsprivatrecht: Plädoyer für ein neues Denken, GPR 2009, 254 (Teil I) sowie GPR 2010, 2 (Teil II); *Stürner*, Grundstrukturen des Verbrauchervertrags, JURA 2015, 30; *Wendehorst*, Regulierungsprivatrecht. Verhaltenssteuerung durch Privatrecht am Beispiel des europäischen Verbrauchervertragsrechts, in: Schumann (Hrsg.), Das erziehende Gesetz, 2014, S. 113

3 Vorrangiges Ziel der Rechtsakte des europäischen Vertragsrechts ist die Herstellung eines in allen Mitgliedstaaten hohen Verbraucherschutzniveaus. Das europäische Vertragsrecht verwirklicht damit auch ein Postulat des Primärrechts, das in Art. 169 AEUV die Förderung der Interessen der Verbraucher als Zielvorgabe der Union ausruft. Nach lange vorherrschender Sichtweise war diese Vorgabe durch die Herbeiführung eines einheitlichen Mindestniveaus zu verwirklichen.[4] In der Begründung für das legislative Tätigwerden stellte die EU-Kommission dabei häufig die Binnenmarkfinalität in den Vordergrund: Die in den Mitgliedstaaten unterschiedlich ausgeprägten rechtlichen Rahmenbedingungen für Vertragsschlüsse könnten das Funktionieren des Binnenmarktes behindern, da sie dazu geeignet seien, die Verbraucher von der grenzüberschreitenden Nachfrage nach Produkten und Dienstleistungen abzuhalten.[5] Finden Verbraucher aber in allen Mitgliedstaaten ein einheitliches Mindestschutzniveau vor, so die Argumentation, dann werden sie viel eher den Binnenmarkt nutzen. Gleichzeitig ermöglicht es das Konzept der Mindestharmonisierung den Mitgliedstaaten, solche nationalen Regelungen einzuführen oder aufrecht zu erhalten, die für Verbraucher günstiger sind.[6] Man kann dies als Regulierungsprivatrecht bezeichnen[7] und dem europäischen Verbraucherrecht edukatorische Zwecke zuschreiben.[8]

---

4 Zum Konzept der Mindestharmonisierung unten § 2 Rn. 68 ff.

5 ErwGr. Nr. 2–6 Klausel-RL; ErwGr. Nr. 3–5 VGKRL.

6 Beispiele: Art. 8 Haustür-RL, Art. 8 Klausel-RL, Art. 8 Abs. 2 VGKRL, Art. 14 Fernabs-RL.

7 So namentlich *Micklitz*, GPR 2009, 254, GPR 2010, 2.

8 So *Wendehorst*, in: Schumann, Das erziehende Gesetz, 2014, S. 113, 115 ff. Zu überindividuellen Zielen im Privatrecht unten § 2 Rn. 33 ff.

Nachdem der bei grenzüberschreitenden Verträgen zwischen Unternehmern und Verbrauchern regelmäßig einschlägige Art. 6 Rom I-VO jedenfalls in vielen Fällen[9] das Recht am Wohnsitz des Verbrauchers zur Anwendung beruft, könnte darin sogar ein Anreiz für die Mitgliedstaaten gesehen werden, das Verbraucherschutzniveau besonders hoch auszugestalten, um die rechtlichen Rahmenbedingungen für die eigenen Verbraucher im grenzüberschreitenden Rechtsverkehr möglichst günstig auszugestalten. Doch bleiben solche Überlegungen theoretisch: Da sich eine Erhöhung des Verbraucherschutzniveaus immer auch für reine Inlandssachverhalte auswirkt und diese jedenfalls in großen Mitgliedstaaten den weitaus überwiegenden Anteil der Verbraucherverträge ausmachen, griffe das rechtspolitische Argument des Schutzes der eigenen Verbraucher gegenüber den ausländischen Anbietern nicht durch. Denn in gleichem Maße müssten sich auch die heimischen Unternehmer auf das erhöhte Verbraucherschutzniveau einstellen. Vorbehaltlich einer differenzierenden Behandlung von Inlands- und Binnenmarktsachverhalten, die zwar europarechtlich als Inländerdiskriminierung im Ansatz möglich erscheint,[10] aber verfassungsrechtlich (Art. 3 Abs. 1 GG!) begründungsbedürftig wäre und rechtspolitisch regelmäßig keinen akzeptablen Regulierungsansatz bietet, sind die Anreizwirkungen, die das Konzept der Mindestharmonisierung auf die Steigerung des Verbraucherschutzniveaus auszuüben vermag, mithin durchaus beschränkt. 4

Das Konzept der Mindestharmonisierung bewirkt aus Sicht der Mitgliedstaaten einen vergleichsweise geringen Eingriff in die dort geltenden Regeln des Vertragsrechts. Da es jedoch keine vollständige Harmonisierung herbeiführt, sind die rechtlichen Regeln jenseits des durch Richtlinienrecht herbeigeführten Mindestschutzstandards zumeist wieder uneinheitlich, sodass die ursprünglich bekämpfte Rechtszersplitterung – wenn auch auf höherem Niveau – fortbesteht. Die neueren Rechtsakte der EU im Bereich des Privatrechts folgen daher regelmäßig dem Konzept der Vollharmonisierung.[11] 5

2. Vereinheitlichung der Wettbewerbsbedingungen für Unternehmen: „Unternehmensaußenrecht“

Mit der Rechtsangleichung im Verbraucherrecht werden zugleich die Wettbewerbsbedingungen für die im Binnenmarkt tätigen Unternehmen vereinheitlicht. Man kann das Verbraucherrecht daher auch als „Unternehmensaußenrecht“ ansehen.[12] Jede Er- 6

9 Dazu näher unten § 32 Rn. 39 ff., dort auch zum Begriff des Ausrichtens der unternehmerischen Tätigkeit auf den Wohnsitzstaat des Verbrauchers.

10 S. etwa *Wollenschläger*, in: von Mangoldt/Klein/Starck, Grundgesetz, 7. Aufl. 2018, Art. 3 Rn. 221 m.N.; grundlegend dazu *Epiney*, Umgekehrte Diskriminierungen, 1994.

11 Namentlich die VerbrKr-RL II, die Timesharing-RL II, die VRRL, die Warenkauf-RL und die Digitale-Inhalte-RL. Näher unten § 2 Rn. 71 ff.

12 *Grundmann*, Europäisches Schuldvertragsrecht, 1999, S. 12ff.

höhung des Verbraucherschutzniveaus zieht insoweit gleichzeitig eine Änderung der Marktbedingungen für die Unternehmer auf der Anbieterseite nach sich. So zwingt etwa die Einführung von Informationspflichten für Verbraucherverträge[13] die Unternehmerseite zur Anpassung der Modalitäten des Vertragsschlusses. Die Schaffung von Widerrufsrechten für Verbraucherverträge[14] verursacht Kosten, die das vom Unternehmer angebotene Produkt letztlich verteuern dürften.[15]

7 Der Binnenmarkt eröffnet indessen selbstverständlich nicht nur die Möglichkeit, Geschäfte mit Endabnehmern, also Verbrauchern, zu tätigen. Die Regulierung erstreckt sich gleichermaßen auf den Handel zwischen Unternehmern. Zentrale Bedeutung kommt dabei den Regelungen gegen den unlauteren Wettbewerb zu, insbesondere der Richtlinie über unlautere Geschäftspraktiken,[16] den teils primärrechtlich verankerten Regelungen im Bereich des Kartellrechts,[17] aber auch der Produkthaftungs-Richtlinie.[18] Dieser Bereich kann als Marktöffnungs- und Wettbewerbsrecht bezeichnet werden.[19] Das Vertragsrecht im engeren Sinne hat dabei nur eine rudimentäre Regelung erfahren. Zu nennen ist etwas das Handelsvertreterrecht, wo mit der Handelsvertreter-Richtlinie[20] eine Reihe von Regelungen getroffen wurden hinsichtlich der vertraglichen Pflichten der Parteien, der Provision, der Vertragsbeendigung oder dem Ausgleichsanspruch.[21]

8 Eine weitergehende Vereinheitlichung des Handelsrechts steht jedoch noch aus – ein angesichts der zentralen Bedeutung dieser Materie für einen Binnenmarkt durchaus erstaunlicher Befund.[22] Eine deutsch-französische Initiative hat sich die Schaffung des wissenschaftlichen Entwurfs eines Europäischen Handelsgesetzbuches zum Ziel gesetzt.[23] Das Ziel dieser von der Fondation pour le droit continental und der Association Henri Capitant unterstützten Arbeitsgruppe ist es, in zwölf verschiedenen Bereichen des Handels- und Wirtschaftsrechts konkrete Regelungsvorschläge zur Har-

---

13 Insbesondere durch die VRRL, näher dazu unten § 9 Rn. 9 ff.

14 Beispiele: VRRL, VerbrKr-RL II, Timesharing-RL II. Näher dazu unten § 14.

15 Dazu *Eidenmüller*, AcP 210 (2010), 67, 71 ff.

16 Richtlinie 2005/29/EG des Europäischen Parlaments und des Rates vom 11. Mai 2005 über unlautere Geschäftspraktiken im binnenmarktinternen Geschäftsverkehr zwischen Unternehmen und Verbrauchern.

17 Siehe die Regelungen in Art. 101, 102 AEUV. Nachweise zum einschlägigen Sekundärrecht etwa bei *Brömmelmeyer*, in: Frankfurter Kommentar zu EUV, GRC und AEUV, 2017, Art. 101 AEUV Vor Rn. 1.

18 Richtlinie 85/374/EWG des Rates vom 25. Juli 1985 zur Angleichung der Rechts- und Verwaltungsvorschriften der Mitgliedstaaten über die Haftung für fehlerhafte Produkte.

19 So der Titel des Werkes von *Behrens*, Europäisches Marktöffnungs- und Wettbewerbsrecht, 2017.

20 Richtlinie 86/653/EWG des Rates vom 18. Dezember 1986 zur Koordinierung der Rechtsvorschriften der Mitgliedstaaten betreffend die selbständigen Handelsvertreter.

21 Siehe dazu näher unten § 27.

22 Siehe allgemein zur internationalen Rechtsvereinheitlichung des Handelsrechts *Salger*, IWRZ 2018, 99.

23 Dazu *Lehmann*, ZHR 181 (2017), 9; *Lehmann*, GPR 2017, 262; *Riesenhuber*, GPR 2017, 270; *Dupichot*, ZEuP 2017, 145.

monisierung auf Unionsebene zu unterbreiten.[24] Das Recht des Handelsvertrags selbst soll allerdings nach derzeitigem Stand nicht Teil der Arbeiten sein. In ihrem Weißbuch zur Zukunft Europas hat die EU-Kommission das Szenario eines Wirtschaftsgesetzbuches für diejenigen Mitgliedstaaten, die sich beteiligen wollen, immerhin erwähnt.[25]

3. Vereinheitlichung der allgemeinen Marktbedingungen: „Marktteilnehmerrecht"

Sinnvollerweise berücksichtigt die Rechtsangleichung im Binnenmarkt die Belange 9
aller Marktteilnehmer. Insbesondere das Vertragsrecht enthält die Rahmenbedingungen für eine Teilnahme am Binnenmarkt, sei es als Verbraucher, sei es als Unternehmer. Man kann insoweit übergeordnet von einem Marktteilnehmerrecht sprechen, als dessen Teil das Vertragsrecht zwingende und nicht-zwingende Regeln enthält, die für die Marktakteure bei der Teilnahme am Markt gelten.

II. Einheitlicher Rechtsraum

Durch die Vielzahl der Regelungen, die in den vergangenen Jahrzehnten auf europäi- 10
scher Ebene in Kraft gesetzt wurden, ist ein einheitlicher Rechtsraum entstanden. Damit ist jedoch nicht viel mehr gesagt, als dass gewisse Standards und Regeln im gesamten Binnenmarkt gelten. Keinesfalls kann die EU verglichen werden mit dem einheitlichen Rechtsraum, der in einem Staat besteht. Vielfach bestehen in der Union nur punktuelle oder auch gar keine Regelungen. Teilweise wurden zur Versinnbildlichung die Metaphern des „Flickenteppichs", des „pointillistischen Gemäldes" oder der „Inseln im Meer" verwendet.[26] Ansätzen zu einer stärker horizontalen Harmonisierung war bislang kaum Erfolg beschieden.[27] Indessen bilden sich mehr und mehr allgemeine Rechtsgrundsätze heraus, die an die Stelle einer weitergehenden Rechtsangleichung im Binnenmarkt treten. Eine zentrale Rolle kommt dabei dem EuGH zu, der durch teilweise robuste Rechtsfortbildung mit zur Herausbildung eines Besitzstandes an Rechtsprinzipien beigetragen hat, die auch für den Bereich des Vertragsrechts enorme Bedeutung gewonnen haben.

---

24 Siehe dazu auch unten § 4 Rn. 45 ff.

25 Weißbuch zur Zukunft Europas. Die EU der 27 im Jahr 2025 – Überlegungen und Szenarien, 1. März 2017, COM(2017) 2025, S. 21. Dort heißt es: „Eine Gruppe von Ländern erarbeitet ein gemeinsames „Wirtschaftsgesetzbuch", in dem gesellschaftsrechtliche, handelsrechtliche und vergleichbare Vorschriften vereinheitlicht werden, sodass Unternehmen jeder Größenordnung einfach über Grenzen hinweg tätig sein können." Zu den daraus folgenden Perspektiven *Lehmann*, ERPL 2020, 73.

26 Siehe dazu auch unten § 34 Rn. 2 ff.

27 Näher zur Entwicklung unten § 34 Rn. 8 ff.

III. Die Rolle des Vertragsrechts im Binnenmarkt

11 Das Europäische Vertragsrecht hat im Binnenmarkt eine doppelte Bedeutung: Es ist einerseits Grundlage für die wirtschaftliche Tätigkeit der Marktteilnehmer. Ohne Vertragsrecht ist kein marktwirtschaftlicher Austausch von Waren, Dienstleistungen und Kapital denkbar. Das Vertragsrecht dient damit unmittelbar der Verwirklichung der Grundfreiheiten. Auf der anderen Seite behindern die Regelungen des Vertragsrechts, jedenfalls dann, wenn sie zwingend ausgestaltet sind, auch potentiell den Markt: Das nicht harmonisierte Recht sorgt für Ungleichheiten zwischen den Rechtsordnungen der Mitgliedstaaten, die Hindernisse für den grenzüberschreitenden Handel aufzustellen vermögen. Dieses Spannungsverhältnis haben Gesetzgebung, Rechtsprechung und Wissenschaft aufzulösen.

§ 2 Begriff und Gegenstand des Europäischen Vertragsrechts

Literatur: *Baldus e.a.*, Forum: Gemeinschaftsprivatrecht, Unionsprivatrecht, Europäisches Privatrecht?, GPR 2011, 270; *Basedow*, Grundlagen des europäischen Privatrechts, in: Kieninger/Remien (Hrsg.), Privat- und Wirtschaftsrecht im Zeichen der Europäischen Integration, 2004, S. 101; *Gebauer*, Grundfragen der Europäisierung des Privatrechts, 1998, §§ 7–11; *Gsell*, Zivilrechtsanwendung im Europäischen Mehrebenensystem, AcP 214 (2014), 99; *Herresthal*, Vertragsrecht, in: Langenbucher, Europäisches Privat- und Wirtschaftsrecht, 4. Aufl. 2017, § 2; *Müller-Graff* (Hrsg.), Privatrecht und Europäisches Gemeinschaftsrecht – Gemeinschaftsprivatrecht, 2. Aufl. 1991; *Riesenhuber*, EU-Vertragsrecht, 2013, § 2; *Schulze*, European Private Law – Current Status and Perspectives, 2011; *Stürner*, Das Privatrecht der Europäischen Union, JURA 2016, 1133; *Zaccaria*, Il Diritto privato europeo nell'epoca del postmodernismo, in: Mélanges Fritz Sturm, Band II, 1999, S. 1311

Systematische Übersicht

https://doi.org/10.1515/9783110718690-002

I. Europäisches Vertragsrecht als Teil des Europäischen Privatrechts

1 Das Europäische Vertragsrecht bildet einen Ausschnitt aus dem Normenkomplex des Europäischen Privatrechts. Wenig Klarheit besteht hinsichtlich der Terminologie, da beide Begriffe nicht einheitlich verwendet werden.[1] Dies betrifft vornehmlich die Frage, was eine privatrechtliche Norm als europäisch qualifiziert. Auch die Vorstellungen darüber, was zum Privatrecht gehört, divergieren von Mitgliedstaat zu Mitgliedstaat teils erheblich.

1. Unionsprivatrecht und europäisches Konventionsprivatrecht

a) Gemeinschaftsprivatrecht bzw. Unionsprivatrecht

2 Als Europäisches Privatrecht im engeren oder formellen Sinne wird das von der EU gesetzte Recht mit privatrechtlichem Inhalt bezeichnet. Es handelt sich dabei insbesondere um Sekundärrecht. Gebräuchlich sind auch die Bezeichnungen Unionsprivatrecht bzw. früher Gemeinschaftsprivatrecht oder ius communitatis. Auch das Primärrecht kann privatrechtsbezogene Inhalte haben. Dies gilt zunächst für das Kartellverbot des Art. 101 AEUV, aber auch für die Grundfreiheiten, die als übergeordnete Prinzipien bestimmte Ausgestaltungen des Privatrechts gebieten oder verbieten können.[2] Auch durch Richterrecht entwickelte Regeln und Grundsätze können zum EU-Privatrecht gerechnet werden. Allerdings handelt es sich hier im strengen Sinne bereits um einen Grenzfall, sofern die richterrechtlichen Regeln vom EuGH auf rechtsvergleichender Zusammenschau der mitgliedstaatlichen Rechtsordnungen und nicht im Wege der Auslegung und Rechtsfortbildung von Unionsrecht geschaffen werden. Insoweit erscheint eine Zuordnung zum formal betrachteten Unionsprivatrecht nicht selbstverständlich.

3 Der vor allem von *Müller-Graff* geprägte Begriff des Gemeinschaftsprivatrechts[3] hat auch nach Inkrafttreten des Vertrags von Lissabon am 1. Dezember 2009 und der

1 Dazu auch *Gsell*, AcP 214 (2014), 99, 102.
2 Zu den Rechtsquellen unten § 6 Rn. 2 ff.
3 *Müller-Graff* (Hrsg.), Privatrecht und Europäisches Gemeinschaftsrecht – Gemeinschaftsprivatrecht, 1989; 2. Aufl. 1991.

dadurch bewirkten Verschmelzung von EG und EU seine Wirkkraft behalten. Seine zunehmende Ersetzung durch den Begriff *Unionsprivatrecht* dient vor allem der formalen Kennzeichnung von Privatrecht, das durch die Europäische Union gesetzt wurde. Jedenfalls solange Bereiche supranationaler und intergouvernementaler Zusammenarbeit fortbestehen, erscheint es durchaus nicht falsch, den Begriff des Gemeinschaftsprivatrechts zur Kennzeichnung supranational in den Mitgliedstaaten geltenden Privatrechts weiterzuverwenden.[4]

b) Konventionalprivatrecht

Literatur: *Bischoff*, Die Europäische Gemeinschaft und die Konventionen des einheitlichen Privatrechts, 2010

Vom Unionsprivatrecht zu unterscheiden ist das sog. Konventionalprivatrecht. Dieses bezeichnet völkerrechtliche Konventionen mit privatrechtlichen Inhalten, die die EU-Staaten im Rahmen der intergouvernementalen Zusammenarbeit schließen. Sie haben nicht die Rechtsqualität von Unionsrecht, da sie außerhalb der im Primärrecht verankerten Kompetenzen liegen, sondern von den teilnehmenden Staaten aufgrund ihrer Souveränität auf dem Boden des Völkerrechts geschlossen wurden. Praktisch hat das Konventionalprivatrecht indessen kaum noch Bedeutung, da mittlerweile weite Teile der einschlägigen Rechtsbereiche vergemeinschaftet wurden. Als Beispiele für Konventionalprivatrecht sind etwa das Europäische Patentübereinkommen (EPÜ) oder das Gemeinschaftspatentübereinkommen (GPÜ) zu nennen. 4

Im Bereich des Kollisionsrechts zählte das zwischen den damaligen Mitgliedstaaten im Wege der intergouvernementalen Zusammenarbeit geschlossene Römische Schuldvertragsübereinkommen (EVÜ)[5] zu den zentralen Rechtsakten des Konventionalprivatrechts. Es diente der Vereinheitlichung des internationalen Schuldvertragsrechts und wurde im deutschen Recht in den Art. 27–37 EGBGB a.F. umgesetzt. Die Vergemeinschaftung der Kompetenz für die Justizielle Zusammenarbeit zugunsten der Union in Art. 81 Abs. 2 lit. c AEUV durch den Vertrag von Amsterdam[6] führte dann 5

4 Für Beibehaltung des Begriffs Gemeinschaftsprivatrecht *Müller-Graff*, GPR 2008, 105; *Streinz*, in: Stürner (Hrsg.), Vollharmonisierung im Europäischen Verbraucherrecht?, 2010, S. 23, 26 Fn. 17. Beide Begriffe verwendet *Basedow*, Stichwort „Gemeinschaftsprivatrecht/Unionsprivatrecht", in: Handwörterbuch des Europäischen Privatrechts, Band I, 2009, S. 680 ff. Siehe auch die entsprechenden Beiträge in GPR 2011, 270 ff., sowie jüngst wieder *Müller-Graff*, GPR 2020, 157.

5 Übereinkommen von Rom über das auf vertragliche Schuldverhältnisse anzuwendende Recht vom 19. Juni 1980, in Kraft getreten am 1.4.1991.

6 Zur Entwicklung *Stürner*, in: Frankfurter Kommentar zu EUV, GRC und AEUV, 2017, Art. 81 AEUV Rn. 2 ff.

zur weitgehenden[7] Ablösung des EVÜ durch den Erlass der Rom I-VO.[8] Ob dem EVÜ durch den Austritt Großbritanniens aus der EU (sog. Brexit) wieder Bedeutung zukommen könnte, ist umstritten.[9]

6 Erweitert man den Fokus auf das Verfahrensrecht, so ist das Europäische Gerichtsstands- und Vollstreckungsübereinkommen (Brüsseler Übereinkommen oder EuGVÜ)[10] in den Blick zu nehmen. Das ebenfalls auf Basis intergouvernementaler Zusammenarbeit geschaffene Übereinkommen enthält Vorschriften zur internationalen Zuständigkeit, der Anerkennung und Vollstreckung sowie zur Regelung von positiven Kompetenzkonflikten in Zivil- und Handelssachen. Auch hier erfolgte die Vergemeinschaftung durch Überführung in eine EU-Verordnung, der Europäischen Gerichtsstands- und Vollstreckungsverordnung (Brüssel I-VO oder EuGVVO).[11]

2. Gemeineuropäisches Privatrecht oder ius commune

7 In Abgrenzung zu dem am positiven Recht orientierten Terminus des Unionsprivatrechts bezeichnet der Begriff gemeineuropäisches Privatrecht (oder ius commune) die Summe derjenigen Rechtssätze, die den europäischen Staaten – in historischer und vergleichender Perspektive – gemein sind.[12] Freilich lässt sich hier keine scharfe Abgrenzung treffen, dies sowohl hinsichtlich der Frage, was europäisch ist (nur EU-Staaten oder auch etwa die Schweiz),[13] als auch in Bezug auf die Definition dessen, was für die Gemeinsamkeit eines Rechtssatzes eigentlich erforderlich ist. Gewisse Anhalts-

---

7 Dieses gilt im Verhältnis zwischen der EU und Dänemark fort.

8 Dazu unten § 32.

9 Dafür *Dickinson*, JPrivIntL 12 (2016), 195, 204; *Ungerer*, in: Kramme/Baldus/Schmidt-Kessel (Hrsg.), Brexit. Privat- und wirtschaftsrechtliche Folgen, 2. Aufl. 2020, S. 605, 617 ff.; *Lehmann/Zetzsche*, JZ 2017, 62, 64 f.; dagegen *Hess*, IPRax 2016, 409, 417; *Rühl*, JZ 2017, 72, 74 f., jeweils m.w.N. Zu den Konsequenzen des Brexit auch unten § 3 Rn. 47 ff.

10 Übereinkommen über die gerichtliche Zuständigkeit und die Vollstreckung gerichtlicher Entscheidungen in Zivil- und Handelssachen vom 27.9.1968; in Kraft getreten am 1.2.1973.

11 Verordnung (EG) Nr. 44/2001 des Rates vom 22.12.2000 über die gerichtliche Zuständigkeit und die Anerkennung und Vollstreckung von Entscheidungen in Zivil- und Handelssachen, ABl. 2001, L 12/1. Mittlerweile wurde die Verordnung einer Revision unterzogen. In Kraft ist nun die Verordnung (EU) Nr. 1215/2012 des Europäischen Parlaments und des Rates vom 12.12.2012 über die gerichtliche Zuständigkeit und die Anerkennung und Vollstreckung von Entscheidungen in Zivil- und Handelssachen (Neufassung), ABl. 2012, L 351/1 (EuGVVO II oder Brüssel Ia-VO). Zu prozessualen Fragen näher unten § 35 Rn. 55.

12 *Gebauer*, Grundfragen der Europäisierung des Privatrechts, 1998, S. 62 ff.; *Riesenhuber*, System und Prinzipien des Europäischen Vertragsrechts, 2003, S. 44 ff. Ein rechtsvergleichender Ansatz unter Einbeziehung des gemeineuropäischen Privatrechts liegt etwa dem Werk von *Kötz*, Europäisches Vertragsrecht, 2. Aufl. 2015, zugrunde.

13 Kein Teil des gemeineuropäischen Privatrechts wären jedoch etwa die UNIDROIT Principles of International Commercial Contracts (PICC), da sie sich nicht allein aus europäischen Rechtsprinzipien speisen. Zu ihnen unten § 2 Rn. 102.

punkte lassen sich europäischen Vereinheitlichungsprojekten entnehmen, die durch verschiedene Wissenschaftlergruppen geschaffen wurden. Beispiele sind die Principles of European Contract Law (PECL)[14] oder der Draft Common Frame of Reference (DCFR),[15] die nach der Intention ihrer Verfasser den jeweiligen Stand des gemeineuropäischen Privatrechts wiedergeben sollen.[16] Man kann die Summe dieser Rechtssätze auch als europäisches Privatrecht im weiteren oder materiellen Sinne bezeichnen. Ihre Bedeutung geht teilweise über diejenige von rein wissenschaftlichen Texten hinaus. Dies gilt vor allem dann, wenn es sich um Entwürfe handelt, die im Hinblick auf eine mögliche Legislativinitiative geschaffen wurden, wie dies insbesondere beim DCFR der Fall war.[17]

Die Unschärfe des Begriffs des gemeineuropäischen Privatrechts zeigt sich ins- 8
besondere dann, wenn man mit einer verbreiteten Ansicht auch nationale Rechtsprinzipien, soweit sie den europäischen Rechtsordnungen gemeinsam sind, dazu zählen möchte.[18] Dies dürfte nur für wenige Prinzipien wie etwa dem Grundsatz pacta sunt servanda unproblematisch möglich sein. Bereits für den Grundsatz von Treu und Glauben oder das Verbot des Rechtsmissbrauchs wird ein Konsens deutlich schwieriger zu finden sein.[19] Hier zeigt sich, dass dieses Normenreservoir in erster Linie zur Domäne der Rechtsvergleichung gehört.

3. Oberbegriff: Europäisches Privatrecht

Verbreitet wird in der Wissenschaft daher der Begriff des Europäischen Privatrechts 9
(European Private Law; droit privé européen) verwendet.[20] Er geht grundsätzlich vom formellen Begriff des Unionsprivatrechts aus, wie er oben beschrieben wurde, also der Gesamtheit derjenigen Normen mit privatrechtlichem Inhalt, die der EU-Gesetzgeber erlassen hat.[21] Gleichzeitig bezieht er aber stets die materielle Dimension in die Betrachtung mit ein, ohne dabei in eine primär rechtsvergleichende Betrachung der gemeineuropäischen Wurzeln des Privatrechts zu verfallen. Nur diese umfassen-

---

14 Zu ihnen *Zimmermann*, JURA 2005, 289 und 441 und unten § 4 Rn. 2ff.

15 Dazu unten § 3 Rn. 14ff.

16 Dazu und zu weiteren Vereinheitlichungsprojekten näher unten § 4.

17 Siehe noch unten § 3 Rn. 14ff.

18 Nach *Flessner*, JZ 2002, 14, 15 fallen hingegen sämtliche Normen der Landesprivatrechte unter den Begriff des Europäischen Privatrechts. Die Zuordnung wird damit jedoch konturlos; sie zeigt nicht deutlich genug, dass das Europäische Privatrecht eine noch im Entstehen begriffene Rechtsordnung ist.

19 Dazu *Stürner*, Der Grundsatz der Verhältnismäßigkeit im Schuldvertragsrecht, 2010, S. 414ff. sowie unten §§ 10, 11.

20 Etwa *Heiderhoff*, Europäisches Privatrecht, 5. Aufl. 2020, Rn. 1.

21 Diesem Ansatz folgen etwa die systematischen Werke von *Grundmann*, *Heiderhoff* und *Riesenhuber*. Kritisch hierzu in seiner Besprechung von *Riesenhuber*, System und Prinzipien des Europäischen Vertragsrechts, 2003 *Möllers*, JZ 2004, 1067, 1068: „enger positivistischer Ansatz“.

dere Sichtweise vermag die dichte Verwobenheit der verschiedenen Ebenen aufzunehmen, aus denen sich das Europäische Privatrecht zusammensetzt. Der Hauptteil des Unionsprivatrechts speist sich aus Richtlinienrecht, das wiederum der Umsetzung in das jeweilige mitgliedstaatliche Recht bedarf.[22] Letztlich zeigt sich die Realität der Existenz des Europäischen Privatrechts ganz überwiegend im nationalen Recht. Nationale Umsetzungsnormen lassen sich folglich sinnvollerweise nicht ausblenden bei der Betrachtung des europäischen acquis communautaire. Diesem Buch liegt daher ein weiter Begriff des Europäischen Privatrechts zugrunde.[23] Eine trennscharfe Abgrenzung zu der engeren, rein unionsprivatrechtlichen Perspektive erscheint indessen weder notwendig noch sinnvoll.[24] Das Europäische Privatrecht ist eine dynamische Materie. Was gestern noch eine rein mitgliedstaatliche Materie war, kann morgen schon zum acquis communautaire gehören. Dies zeigt insbesondere die Normierung der digitalen Inhalte und ihrer rechtlichen Behandlung, die mehr und mehr Eingang in das Unionsprivatrecht finden, insbesondere deswegen, weil einzelne Mitgliedstaaten diesbezüglich ausdrückliche Regelungen geschaffen haben und andere nicht.[25]

II. Europäisches Vertragsrecht

Literatur: *Alpa*, Conceptions and Definitions of Contract. Some Thoughts on the Differences in English and German Law, IWRZ 2019, 51; *Gutmann*, Gibt es ein Konzept des Vertrags im europäischen Vertragsrecht?, in: Arnold (Hrsg.), Grundlagen eines europäischen Vertragsrechts, 2014, S. 19; *Kähler*, Zum Vertragsbegriff im Europarecht, in: Arnold (Hrsg.), Grundlagen eines europäischen Vertragsrechts, 2014, S. 79; *Kieninger*, Europäische Vertragsrechtsvereinheitlichung aus rechtsökonomischer Sicht, in: FS Hans-Bernd Schäfer, 2008, S. 353

1. Ausgangspunkt

10 Entsprechend dieser für das Europäische Privatrecht gefundenen Begrifflichkeiten gilt es nun, den Fokus auf das Europäische Vertragsrecht zu verengen. In einem engeren, formellen Sinne handelt es sich dabei um das positive, auf unionale Rechtsquellen zurückzuführende Vertragsrecht. Nach dem eben Ausgeführten erscheint es aber auch hier unerlässlich, das mitgliedstaatliche Recht mit in den Untersuchungsgegenstand einzubeziehen, dies jedenfalls soweit es der Umsetzung von Unionsrecht dient oder jedenfalls Unionsbezug aufweist. Betrachtet man den Untersuchungsgegenstand von

22 Dazu näher unten § 8.

23 Siehe zur Begriffsbildung auch *Jansen*, Stichwort „Europäisches Privatrecht“, in: Handwörterbuch des Europäischen Privatrechts, 2009; *Zaccaria*, in: Mélanges Fritz Sturm, Band II, 1999, S. 1311.

24 Als „schillernd“ bezeichnet *Franzen* (GPR 2020, 280) den Begriff „europäisches Privatrecht“.

25 Dazu unten § 23.

seinen Einzelheiten her, so bildet das Vertragsrecht denjenigen Teil des Privatrechts, der sich mit dem Zustandekommen, der Wirksamkeit und dem Inhalt von Verträgen befasst. Die Frage, was ein Vertrag eigentlich genau ist, lässt sich sehr unterschiedlich beantworten. Diese Diskussion kann an dieser Stelle nicht im Einzelnen nachgezeichnet werden. Jedenfalls im Prozess der Entstehung des Privatrechts der Europäischen Union gab es keine Debatte über den Vertragsbegriff als solchen; eine übergreifende Definition existiert nicht.[26] So kann man knapp formulieren: „Die Antwort auf die Frage, ob es ein Konzept des Vertrags im europäischen Vertragsrecht gibt, lautet: nein."[27]

2. Verschiedene Annäherungen an den Vertrag

a) Rechtsphilosophische Betrachtung

Der Vertrag ist ein von der Rechtsordnung bereitgehaltenes Mittel zur Regelung recht- 11
lich relevanter privater Angelegenheiten. Dabei kommt in einer freien Marktwirtschaft der Gewährleistung privatautonomer Gestaltungsmöglichkeit überragende Bedeutung zu.[28] Sie ist unmittelbare Folge der Anerkennung eines jeden Rechtssubjekts als Person und basiert auf der philosophischen Idee der Achtung der Mitmenschen als selbstbestimmte Persönlichkeiten.[29] Kennzeichnend ist die Selbstbindung, die der Vertragsschluss herbeiführt. Im französischen Code civil findet sich hierzu die klassische Formulierung: „Les conventions légalement formées tiennent lieu de loi à ceux qui les ont faites." (Art. 1103 Code civil).[30] Das ist im Grundsatz auch im Unionsrecht anerkannt, auch wenn dies unausgesprochen bleibt. Insofern ist die rechtsphilosophische Aufarbeitung des Vertragsbegriffs vor allem der Rechtswissenschaft überlassen.[31]

b) Ökonomische Betrachtung

Man kann sich dem Vertrag auch ökonomisch nähern. Die ökonomische Analyse des 12
Vertragsrechts[32] betrachtet die Folgen, die ein Vertrag und seine Durchführung unter

26 Zur Vielfalt der Vertragsbegriffe im Unionsprivatrecht *Kähler*, in: Arnold, Grundlagen eines europäischen Vertragsrechts, 2014, S. 79. Dazu noch unten § 3.

27 *Gutmann*, in: Arnold, Grundlagen eines europäischen Vertragsrechts, 2014, S. 19.

28 Siehe dazu unten § 10.

29 Siehe auch BVerfGE 49, 286, 298: „Art. 1 Abs. 1 GG schützt die Würde des Menschen, wie er sich in seiner Individualität selbst begreift und seiner selbst bewußt wird. Hierzu gehört, daß der Mensch über sich selbst verfügen und sein Schicksal eigenverantwortlich gestalten kann."

30 Zur Geltung des Grundsatzes pacta sunt servanda im Unionsrecht unten § 10 Rn. 4ff.

31 Siehe dazu *Arnold*, in: Arnold, Grundlagen eines europäischen Vertragsrechts, 2014, S. 1, 13ff.

32 Zur grundsätzlichen Kritik an den Prämissen und dem Geltungsanspruch der ökonomischen Analyse des Rechts schon früh *Horn*, AcP 176 (1976), 307; vgl. weiter *Fezer*, JZ 1986, 817, 821ff.; *dens.*, JZ 1988, 223; *Rittner*, JZ 2005, 668.

Effizienzgesichtspunkten haben. Dies kann sie grundsätzlich unabhängig von der tatsächlichen normativen Ausgestaltung des geltenden Vertragsrechts tun. So kann etwa abstrakt gefragt werden, unter welchen Voraussetzungen der Bruch einer vertraglichen Verpflichtung ökonomisch gesehen effizient ist (efficient breach).[33] Umgekehrt kann das Recht aber auch so ausgestaltet werden, dass eine ökonomisch erwünschte Wirkung erzielt wird. Ganz grundsätzlich funktioniert der Güteraustausch am besten, wenn die Parteien möglichst frei sind, Verträge abzuschließen; hierdurch wird die Wohlfahrt gesteigert.[34] Danach liegt es an jedem Marktteilnehmer selbst zu entscheiden, was für ihn von Nutzen ist. In Bezug auf das Vertragsrecht nimmt die ökonomische Analyse des Rechts eine liberale Grundhaltung ein: Einen funktionierenden Markt vorausgesetzt, beinhaltet der Vertrag für sie einen zwischen den (rationalen, nutzenmaximierenden) Parteien optimalen Interessenausgleich, da diese selbst am besten ihre Interessen zu vertreten imstande sind.[35]

13 Die klassische ökonomische Analyse des Rechts geht davon aus, dass die einzelnen Marktteilnehmer rational handeln mit dem Ziel, ihren Eigennutz zu steigern, und dass der Zweck des Rechts in einer Steuerung dieses Verhaltens im Sinne einer effizienten Allokation knapper Ressourcen besteht.[36] Transaktionskosten werden in der Regel ausgeblendet. Zur Ermittlung der Effizienz rechtlicher Regeln werden unterschiedliche Wege befürwortet, die aber im Ausgangspunkt jeweils auf der Annahme basieren, dass alle Marktteilnehmer informiert sind und auf der Basis dieser Information rational und nutzenmaximierend handeln.[37] Anklänge an diese Theorie finden sich etwa im Informationsmodell des europäischen Vertragsrechts.[38]

c) Funktional-sachorientierte Definition: Vertrag als freiwillig eingegangene Verpflichtung

14 Die dargestellten Ansätze markieren in erster Linie unterschiedliche Perspektiven, sie sind keineswegs zwingend gegensätzlich. Sehr viel technischer mutet die Umschrei-

---

33 Dazu noch unten § 18 Rn. 39 ff.

34 Dazu zusammenfassend *Kötz*, JuS 2003, 209.

35 Vgl. *Smith*, Contract Theory, 2004, S. 110; *Unberath*, Die Vertragsverletzung, 2007, S. 136 f.; *E. Posner*, 112 Yale L.J. 829, 863 (2003).

36 Vgl. nur *Schäfer/Ott*, Lehrbuch der ökonomischen Analyse des Zivilrechts, 4. Aufl. 2005, S. 3 ff.; *Taupitz*, AcP 196 (1996), 114, 117 f.; kritisch zum neoklassischen Modell etwa *Smith*, Contract Theory, 2004, S. 119 ff.

37 Seit einiger Zeit diskutiert wird insbesondere ein behavioristischer Ansatz, der das Modell des homo oeconomicus nach kognitionspsychologischen Erkenntnissen modifiziert, dazu *Korobkin/Ulen*, 88 Cal. L. Rev. 1053 (2000); *Eidenmüller*, JZ 2005, 216; *Lurger*, in: Arnold, Grundlagen eines europäischen Vertragsrechts, 2014, S. 101, 118 ff.

38 Unten § 12 Rn. 1 ff.

bung des Vertrags durch den EuGH an. Dieser sieht den Vertrag im Rahmen des Gerichtsstandes des Erfüllungsortes in Art. 7 Nr. 1 lit. a Brüssel Ia-VO schlicht als „freiwillig eingegangene Verpflichtung" an.[39] Für die Zwecke des Internationalen Privat- und Verfahrensrechts lassen sich hiermit brauchbare Ergebnisse erzielen.[40]

Das bedeutet nicht zwingend, dass damit ein einheitlicher Vertragsbegriff für das 15
Unionsrecht bestehen müsste.[41] Vielmehr ist für jeden Sekundärrechtsakt im Ausgangspunkt nach dessen Regelungsanliegen zu fragen – dies kann eine unterschiedliche Auslegung ähnlicher oder gleicher Rechtsbegriffe bedingen.[42] Hinsichtlich des Vertragsbegriffs in den Richtlinien und Verordnungen des materiellen Unionsprivatrechts besteht wegen des punktuellen Regelungsansatzes, der dort noch immer verfolgt wird,[43] nicht unbedingt die Notwendigkeit der Herausbildung übergreifender Begrifflichkeiten. So beschränkt sich die zentrale Verbraucherrechte-Richtlinie darauf, einzelne Vertragstypen in ihren Eigenheiten zu umschreiben (Kaufvertrag, Dienstleistungsvertrag, Fernabsatzvertrag etc., Art. 2 Nr. 5–8 VRRL), ohne aber zum Kern des Vertragsbegriffs selbst vorzustoßen.

Insgesamt unterscheidet sich der Vertragsbegriff des Unionsrechts kaum von 16
demjenigen des deutschen Rechts. Dort wird der Vertrag als privatautonome Regelung eines Rechtsverhältnisses durch Rechtsgeschäft aufgrund des übereinstimmenden Willens von mindestens zwei Parteien verstanden.[44] Der auf rechtsvergleichender Basis entstandene Draft Common Frame of Reference[45] enthält in Art. II.–1:101 eine ganz ähnliche Definition: „(1) A contract is an agreement which is intended to give rise to a binding legal relationship or to have some other legal effect. It is a bilateral or multilateral juridical act." Weil das Unionsprivatrecht noch immer nur eine fragmentarische Regelung gefunden hat, lässt sich vielleicht sagen, dass der dortige Vertragsbegriff unfertiger ist als derjenige der nationalen Rechtsordnungen. Insofern besteht wohl in der Tendenz eine größere Offenheit, da das dogmatische Korsett weitaus weniger eng anliegt. Doch nähert sich das Unionsrecht neuartigen Phänomenen wie etwa den Verträgen unter Einschaltung Dritter, insbesondere Online-Vermittlerplattformen, weniger von der vertragsrechtlichen als eher von der regulatorischen Ebene.[46]

---

39 EuGH, 17.6.1992, Rs. C-26/91 – *Handte*, Slg. 1992, I-3967, Rn. 15; seither st. Rspr.; vgl. die Nachweise bei Rauscher/*Leible*, EuZPR/EuIPR, 5. Aufl. 2021, Art. 7 Brüssel Ia-VO Rn. 20.

40 Siehe auch unten § 32 Rn. 4ff. und § 35 Rn. 89ff.; zur Abgrenzung zu außervertraglichen Schuldverhältnissen sogleich Rn. 17ff.

41 Dazu noch unten § 34 Rn. 44ff.

42 Zum Verbraucherbegriff sogleich Rn. 20ff.

43 Siehe § 34 Rn. 1ff.

44 So die klassische Formulierung bei *Flume*, Allgemeiner Teil des Bürgerlichen Rechts, Band II: Das Rechtsgeschäft, 4. Aufl. 1992, § 33, 2 (S. 602).

45 Dazu § 3 Rn. 14ff.

46 Siehe dazu noch § 23 Rn. 61ff.

Ein neuer Zugang zum Vertragsrecht, wie ihn etwa die Lehre von den Vertragsnetzen befürwortet hat, liegt darin nicht.[47]

3. Abgrenzung zum Deliktsrecht

Literatur: *Martín-Casals* (Hrsg.), The Borderlines of Tort Law: Interactions with Contract Law, 2019; *Riehm*, Gesetzliche Schuldverhältnisse, in: Langenbucher, Europäisches Privat- und Wirtschaftsrecht, 4. Aufl. 2017, § 3 Rn. 35 ff.

17 Die Abgrenzung zwischen Vertrag und Delikt gehört zu den Dauerthemen der zivilistischen Dogmatik.[48] Sie gewinnt vor allem dann an Bedeutung, wenn das eine Regime andere Haftungsvoraussetzungen aufstellt als das andere. Das zeigt sich besonders deutlich am deutschen BGB: Hier ist die deliktische Haftung für reine Vermögensschäden (pure economic loss) im Gegensatz zum Vertragsrecht auf besondere Ausnahmefälle beschränkt, die etwa Vorsatz (bei § 826 BGB) oder eine besondere Qualität des Eingriffs (bei Verletzung des Rechts am eingerichteten und ausgeübten Gewerbebetrieb als sonstiges Recht in § 823 Abs. 1 BGB) erfordern. Entsprechend groß erscheint das Bedürfnis, die so empfundenen Schutzlücken im Haftungssystem anderweitig auszugleichen, etwa über die Figur des Vertrags mit Schutzwirkung zugunsten Dritter oder Ausweitungen der Haftung für vorvertragliches Verhalten (culpa in contrahendo).

18 Im europäischen Privatrecht herrscht nach wie vor ein punktueller Regelungsansatz vor. Eine übergreifende Abgrenzung von Vertrag und Delikt ist daher weder nötig noch möglich. Im Bereich der außervertraglichen Schuldverhältnisse finden sich ohnehin nur sehr wenige Regelungen; zu nennen ist insbesondere die Produkthaftungs-Richtlinie.[49] Abgrenzungsfragen entstehen daher weniger zwischen den dogmatischen Makro-Kategorien Vertrag und Delikt, sondern vielmehr hinsichtlich des sachlichen Anwendungsbereichs eines bestimmten Sekundärrechtsaktes.

19 Anders liegen die Dinge indessen im Bereich des Internationalen Privat- und Verfahrensrechts. Dort liegen mit den Verordnungen Rom I und Rom II sowie der Brüssel Ia-VO umfassende Regelwerke vor, die jeweils für vertragliche und für deliktische Schuldverhältnisse besondere Anknüpfungsregeln enthalten, sodass es hier einer ge-

---

47 Vgl. zum Themenbereich etwa *Rohe*, Netzverträge – Rechtsprobleme komplexer Vertragsverbindungen, 1998; *Eberl-Borges*, AcP 203 (2003), 633; *Grundmann*, AcP 207 (2007), 718; aus kollisionsrechtlicher Sicht *Grušić*, ICLQ 65 (2016), 581.

48 S. etwa *Kegel*, Vertrag und Delikt, 2002.

49 Richtlinie 85/374/EWG des Rates vom 25. Juli 1985 zur Angleichung der Rechts- und Verwaltungsvorschriften der Mitgliedstaaten über die Haftung für fehlerhafte Produkte, ABl. EG 1985 Nr. L 210/29. Für weitere Beispiele siehe *Riehm*, in: Langenbucher, Europäisches Privat- und Wirtschaftsrecht, 4. Aufl. 2017, § 3 Rn. 39.

nerellen Abgrenzung bedarf. Dies wird an späterer Stelle zu vertiefen sein.[50] Bereits erwähnt wurde, dass der EuGH den Vertrag als freiwillig eingegangene Verpflichtung definiert;[51] als außervertraglich sieht er demgegenüber solche Schuldverhältnisse an, die nicht unter den Vertragsbegriff fallen.[52]

4. Verbraucher und Unternehmer im Binnenmarkt

Literatur: *Augenhofer*, Die Reform des Verbraucherrechts durch den „New Deal" – ein Schritt zu einer effektiven Rechtsdurchsetzung?, EuZW 2019, 5; *Bülow*, Der Begriff des Verbrauchers in europäischen Rechtsakten und im deutschen Recht, insbesondere bei den Zahlungsdiensten, in: FS Müller-Graff, 2015, S. 170; *Gsell*, Verbraucherrealitäten und Verbraucherrecht im Wandel, JZ 2012, 809; *I. Hoffmann*, Die Verbraucherrolle. Zur Frage nach den maßgeblichen Kriterien im materiellen Recht und im Prozessrecht, 2019; *Micklitz*, in: Verhandlungen des 69. Deutschen Juristentages, Band I: Gutachten A: Brauchen Konsumenten und Unternehmen eine neue Architektur des Verbraucherrechts?, 2012; *Piekenbrock/Ludwig*, Zum deutschen und europäischen Verbraucherbegriff, GPR 2010, 114; *van Schagen/Weatherill* (Hrsg.), Better Regulation in EU Contract Law. The Fitness Check and the New Deal for Consumers, 2019; *Schulte-Nölke*, The Brave New World of EU Consumer Law – Without Consumers, or Even Without Law?, EuCML 2015, 135

Europäisches Vertragsrecht ist im Kern zu weiten Teilen Verbraucherrecht. Zwar gilt 20
im Bereich des Privatrechts der Grundsatz der Vertragsfreiheit, nach *Flumes* bekannter Diktion „das Prinzip der Selbstgestaltung der Rechtsverhältnisse durch den einzelnen nach seinem Willen".[53] Schon lange ist indessen anerkannt, dass die darin liegende formale Sichtweise einer Vertragsgerechtigkeit die ökonomische und soziale Realität nicht ausreichend widerspiegelt. So greift das Recht heute vielfach in das Vertragsgefüge in Form von zwingenden oder halbzwingenden Vorschriften ein. Dies gilt insbesondere für das Arbeitsrecht, das Mietrecht, und seit einiger Zeit in besonderem Maße für das Verbraucherrecht.

a) Die Schutzwürdigkeit des Verbrauchers

Entscheidende Anstöße für die Stärkung des Verbraucherschutzes kamen aus Brüssel. 21
Als eine der ersten verbraucherschützenden Richtlinien führte die üblicherweise als

50 Siehe unten § 32 Rn. 4ff. und § 35 Rn. 89ff.

51 EuGH, 17.6.1992, Rs. C-26/91 – *Handte*, Slg. 1992, I-3967, Rn. 15; seither st. Rspr.

52 EuGH, 27.9.1988, Rs. 189/87 – *Kalfelis*, Slg. 1988, 5565, Rn. 17; EuGH, 13.3.2014, Rs. C-548/12 – *Brogsitter*, ECLI:EU:C:2014:148, Rn. 20; EuGH, 24.11.2020, Rs. C-59/19 - *Wikingerhof*, ECLI:EU:C:2020:950, Rn. 23.

53 *Flume*, Allgemeiner Teil des Bürgerlichen Rechts, Band II: Das Rechtsgeschäft, 4. Aufl. 1992, § 1, 1 und 5 (S. 1, 6); ebenso *Canaris*, AcP 200 (2000), 273, 277.

Haustürwiderrufs-Richtlinie bezeichnete Richtlinie 85/577/EWG[54] im Jahre 1985 ein Widerrufsrecht des Verbrauchers hinsichtlich solcher Verträge ein, die in sogenannten Haustürsituationen geschlossen wurden. Zahlreiche weitere Rechtsakte folgten.[55] Aus europäischer Sicht dient die Angleichung der Verbraucherschutzvorschriften der Verwirklichung des Binnenmarktes; Art. 38 der Grundrechtecharta weist dem Ziel eines hohen Verbraucherschutzniveaus gar Verfassungsrang zu.[56] Hierdurch soll vor allem das Vertrauen der Verbraucher in den Binnenmarkt gestärkt werden.[57] Mittlerweile gehört der vertragliche Verbraucherschutz zum akzeptierten Kernbereich einer modernen Rechtsordnung, wie vor allem die als übergreifender (horizontaler) Rechtsakt gedachte Richtlinie 2011/83/EU vom 25.10.2011 über Rechte der Verbraucher zeigt.[58]

22 Dessen ungeachtet besteht keine Einigkeit hinsichtlich der dogmatischen Legitimation des Verbraucherschutzes. Traditionell wurde zumeist pauschal davon gesprochen, dass der Verbraucher dem Unternehmer unterlegen sei und daher vom Recht besonders geschützt werden müsse; es dominierten sozialpolitische Zwecksetzungen.[59] Ökonomische Modelle sehen Informationsasymmetrien und rechtfertigen das gesetzgeberische Eingreifen durch Marktversagen.[60] Für den EU-Gesetzgeber steht beim Verbraucherschutz vor allem dessen Bedeutung für den Binnenmarkt im Vordergrund. Dies schreibt Art. 38 GRCh fest; es ergibt sich aber auch aus den primärrechtlichen Vorgaben in Art. 169 Abs. 1 AEUV sowie Art. 114 Abs. 3 AEUV, wonach bei allen Initiativen im Rahmen des Binnenmarktes u.a. ein hohes Verbraucherschutzniveau sicherzustellen ist.

b) Der Verbraucherbegriff

23 Zentrale Bedeutung kommt dem Verbraucherbegriff zu.[61] Zahlreiche Rechtsakte unionaler Herkunft enthalten entsprechende Definitionsnormen. So definiert Art. 2 Nr. 2

---

54 Richtlinie 85/577/EWG des Rates vom 20. Dezember 1985 betreffend den Verbraucherschutz im Falle von außerhalb von Geschäftsräumen geschlossenen Verträgen.

55 Zur Entwicklung etwa *Gsell*, in: Staudinger-Eckpfeiler, 6. Aufl. 2018, Teil L Rn. 1ff.

56 Siehe auch die Regelung in Art. 12, 169 AEUV.

57 Dies zeigt sich etwa bei der Begründung vollharmonisierender Richtlinien, siehe unten § 2 Rn. 71ff.

58 ABl EU Nr. L 304 v. 22.11.2011, 64, hierzu *Lerm*, GPR 2012, 166; *Unger*, ZEuP 2012, 270; *Janal*, WM 2012, 2314; *Grundmann*, JZ 2013, 53 sowie unten § 9 Rn. 9ff.

59 Eingehend dazu *Heiderhoff*, Grundstrukturen des nationalen und europäischen Verbrauchervertragsrechts, 2004, S. 257ff. Zum Schwächerenschutz im Europäischen Vertragsrecht noch unten § 11 Rn. 18ff.

60 Grundlegend *Dauner-Lieb*, Verbraucherschutz durch Ausbildung eines Sonderprivatrechts für Verbraucher, 1983. Guter Überblick über die verschiedenen Ansätze bei *von Vogel*, Verbrauchervertragsrecht und allgemeines Vertragsrecht, 2006, S. 39ff.

61 Dazu etwa *Gsell*, JZ 2012, 809; *Hoffmann*, Die Verbraucherrolle, 2019. Siehe auch die weiteren Ausführungen unten § 34 Rn. 41ff.

Warenkauf-RL den Verbraucher als „jede natürliche Person, die in Bezug auf von dieser Richtlinie erfasste Verträge zu Zwecken handelt, die außerhalb ihrer gewerblichen, geschäftlichen, handwerklichen oder beruflichen Tätigkeit liegen". Diese beiden Voraussetzungen – nur natürliche Personen; keine berufliche oder gewerbliche Zwecksetzung – finden sich durchweg in allen relevanten Richtlinien.[62]

Im deutschen Recht enthält § 13 BGB eine Definitionsnorm, die wesentlich darauf **24**
abstellt, dass mit dem konkreten Vertragsschluss eine nicht-gewerbliche Zwecksetzung verfolgt wird. Der Schutz, der dem Verbraucher zuteil wird, ist damit situativ:[63] Auch ein Kaufmann kann Verbraucher sein, wenn er Möbel für sein Eigenheim kauft; gleichermaßen unterfällt ein Rechtsanwalt dem Schutzregime des Verbraucherrechts, wenn er ein Privatdarlehen aufnimmt.[64] Die Beschränkung auf natürliche Personen, die das Richtlinienrecht durchzieht,[65] findet sich auch hier wieder. Gleichwohl finden sich Stimmen, die für eine Ausdehnung des Verbraucherbegriffes auf Idealvereine eintreten.[66] Eine derartige Ausweitung ist jedenfalls im Anwendungsbereich von mindestharmonisierenden Richtlinien ganz grundsätzlich möglich.[67] Auch vollharmonisierende Richtlinien enthalten teils entsprechende Öffnungsklauseln, dies zeigt etwa Erwägungsgrund Nr. 13 VRRL. Der deutsche Gesetzgeber hat hiervon ausweislich § 13 BGB generell nicht Gebrauch gemacht, sodass dessen analoge Anwendung schwer fällt.

Anders zeigt sich die Lage hinsichtlich gemeinschaftlich handelnden natürlichen **25**
Personen, denen in ihrer Gesamtheit keine Rechtsfähigkeit zukommt: Diese sind bei Vorliegen der sonstigen Voraussetzungen jeweils einzeln als Verbraucher anzusehen. Mithin können etwa nach deutschem Recht bestehende Bruchteilsgemeinschaften und Innengesellschaften bürgerlichen Rechts, aber auch eheliche Gütergemeinschaften oder Erbengemeinschaften in den Genuss von verbraucherschützenden Vorschriften kommen.[68] Konsequenterweise hört dieser Schutz dort auf, wo die Rechtsfähigkeit

---

62 Übersicht bei BeckOGK-BGB/*Alexander* (Stand 1.4.2020), § 13 Rn. 126–129. Zu Einzelheiten siehe die Erläuterungen bei den betreffenden Richtlinien.

63 Für ein „bewegliches System" mit unterschiedlichen Verbrauchertypen *Micklitz*, in: Verhandlungen des 69. Deutschen Juristentages, 2012, S. 36 ff., 104 ff.; *ders.*, NJW-Beilage 3/2012, S. 77. Kritisch dazu *Gsell*, JZ 2012, 809, 816.

64 So zur Klausel-Richtlinie EuGH, 3.9.2015, Rs. C-110/14 – *Volksbank România*, EuZW 2015, 767, Rn. 14 ff.

65 So etwa Art. 2 lit. b Klausel-RL, dazu EuGH, 22.11.2001, Rs. C-541/99 und C-542/99 – *Cape und Idealservice MN RE*, ECLI:EU:C:2001:625, Rn. 16; EuGH, 2.4.2020, Rs. C-329/19 – *Condominio di Milano*, WM 2020, 881, Rn. 24 ff.

66 Offen dafür etwa MüKo-BGB/*Micklitz*, 8. Aufl. 2018, § 13 Rn. 15 m.N.

67 Siehe für die Klausel-RL EuGH, 2.4.2020, Rs. C-329/19 – *Condominio di Milano*, WM 2020, 881, Rn. 34.

68 MüKo-BGB/*Micklitz*, 8. Aufl. 2018, § 13 Rn. 17 m.N.

und damit die Verselbstständigung der Personenmehrheit beginnt, sodass insbesondere die Außen-GbR[69] nicht als Verbraucher anzusehen ist.[70]

26 In zeitlicher Hinsicht ist grundsätzlich aus Schutzzweckerwägungen heraus die Entäußerung der auf den Vertragsschluss gerichteten Willenserklärung seitens des Verbrauchers maßgeblich, da bis dahin die nach einschlägigen Richtlinien zur Verfügung zu stellenden Informationen beim Verbraucher angekommen sein müssen, jedenfalls aber der Zeitpunkt des Vertragsschlusses. Bei rein formaler Betrachtung könnten Existenzgründer damit als Verbraucher angesehen werden. In prozessualem Kontext hat der EuGH dies indessen abgelehnt; entscheidend sei der Zusammenhang mit der in Aussicht genommenen beruflichen oder gewerblichen Tätigkeit, sei diese auch erst in Zukunft geplant.[71] Dies ist zwar nicht per se für den Bereich des materiellen Rechts verbindlich, doch zeigen neuere Richtlinien insoweit eine ähnliche Linie: So stellt es die Warenkauf-Richtlinie den Mitgliedstaaten frei, Existenzgründer in den Schutzbereich des umgesetzten Richtlinienrechts einzubeziehen (Erwägungsgrund Nr. 21 Warenkauf-RL). Im Umkehrschluss dürfte sich ergeben, dass die Richtlinie sie nicht erfasst. Im deutschen Recht ist die Beurteilung uneinheitlich.[72] Die explizit auf Existenzgründer zugeschnittene Regelung des § 513 BGB jedenfalls bietet methodische Handhabe für den Umkehrschluss, dass § 13 BGB diese nicht erfassen soll.[73]

27 Umstritten ist auch die Frage, ob nach Vertragsschluss ein Verlust der Verbrauchereigenschaft eintreten kann. Das wird vor allem bei Dauerschuldverhältnissen eine Rolle spielen, aber etwa auch beim Kauf, wenn der privat erworbene Laptop nach Existenzgründung nunmehr beruflich genutzt wird und zu diesem Zeitpunkt ein Mangel auftritt. Wiederum im verfahrensrechtlichen Kontext bejaht der EuGH die Verlustmöglichkeit im Grundsatz[74] unter Hinweis auf das Erfordernis einer engen Auslegung der Art. 17–19 Brüssel Ia-VO. Dessen ungeachtet sei der Verbraucherbegriff „von den Kenntnissen und Informationen, über die die betreffende Person tatsächlich verfügt, unabhängig“, sodass ihr „weder die Expertise, die diese Person im Bereich der genannten Dienste erwerben kann, noch ihr Engagement bei der Vertretung der Rechte und Interessen der Nutzer solcher Dienste die Verbrauchereigenschaft [...] nehmen“ könne.[75] Das scheint die gegenteilige Schlussfolgerung nahezulegen, nämlich eine statische Betrachtung, die allein auf die Verbrauchereigenschaft zum Zeitpunkt des

---

69 Dieser wird Rechtsfähigkeit zugesprochen seit BGHZ 146, 341 („ARGE Weißes Ross“).

70 Jauernig/*Mansel*, 18. Aufl. 2021, § 13 Rn. 2 m. w. N.

71 EuGH, 3.7.1997, Rs. C-269/95 – *Benincasa*, Slg. 1997, I-3767, Rn. 17.

72 Näher MüKo-BGB/*Micklitz*, 8. Aufl. 2018, § 13 Rn. 62ff.

73 Siehe BGH NJW 2005, 1273; anderes gilt nur für Verträge, die lediglich der Vorbereitung der Existenzgründungsentscheidung dienen: Insoweit kann Verbrauchereigenschaft bestehen, s. BGH NJW 2008, 435.

74 EuGH, 25.1.2018, Rs. C-498/16 – *Schrems/Facebook*, ECLI:EU:C:2018:37, Rn. 37.

75 EuGH, 25.1.2018, Rs. C-498/16 – *Schrems/Facebook*, ECLI:EU:C:2018:37, Rn. 39.

Vertragsschlusses abstellt. Nur eine solche erscheint in der Tat – jenseits von Fällen des Rechtsmissbrauchs – nicht nur für das Verfahrensrecht, sondern für sämtliche Bereiche des Verbraucherrechts vorzugswürdig.

Schwierigkeiten bereiten schließlich Verträge mit gemischter Zwecksetzung (sog. dual use), so etwa der Kauf eines Laptops durch einen Rechtsanwalt, der für dienstliche Auswärtstermine ebenso genutzt werden soll wie für private Korrespondenz. Legte man die Rechtsprechung des EuGH zum Verbraucherbegriff im Bereich des internationalen Verfahrensrechts zugrunde, so griffen die einschlägigen Vorschriften nur dann, wenn der beruflich-gewerbliche Zweck derart nebensächlich ist, dass er im Gesamtzusammenhang des betreffenden Geschäfts nur eine ganz untergeordnete Rolle spielt.[76] Die im Kontext des Vertragsrechts vielfach maßgebliche VRRL lässt hingegen bei Verträgen mit doppelter Zwecksetzung ausreichen, dass der gewerbliche Zweck nicht überwiegt.[77] Auch dies zeigt, dass im europäischen Sekundärrecht kein einheitlicher Verbraucherbegriff besteht. Stets ist der konkrete Vertrag mitsamt seinem europarechtlichen Kontext entscheidend. **28**

c) Schutzumfang

Der Verbraucherschutz im Vertragsrecht besteht keineswegs umfassend, er erstreckt sich zum einen auf einzelne Vertragstypen bzw. -inhalte sowie zum anderen auf bestimmte Modalitäten des Vertragsschlusses. Hier zeigt sich wieder die in erster Linie punktuelle Regulierung im Wege bereichsspezifischen Richtlinienrechts. **29**

In die Gruppe der vertragstypenbezogenen Regelungen gehören dabei insbesondere Verbrauchsgüterkaufverträge (Verbrauchsgüterkauf-Richtlinie, Umsetzung insb. in den §§ 474ff. BGB), Teilzeit-Wohnrechteverträge (Timesharing-Richtlinie, Umsetzung in den §§ 481ff. BGB), Darlehensverträge und Finanzierungshilfen (Verbraucherkredit-Richtlinie, Umsetzung in den §§ 491ff., §§ 506ff. BGB), Ratenlieferungsverträge (VRRL, Umsetzung in § 510 BGB), Darlehensvermittlungsverträge (Verbraucherkredit-Richtlinie und Wohnimmobilienkredit-Richtlinie, Umsetzung in den §§ 655a ff. BGB) und Gewinnzusagen (§ 661a BGB[78]). Eine Sonderstellung nimmt die Kontrolle Allgemeiner Geschäftsbedingungen ein (Klausel-Richtlinie, Umsetzung in den §§ 305ff. **30**

---

76 EuGH, 20.1.2005, Rs. C-464/01 – *Gruber*, Slg. 2005, I-439, Rn. 32f.; EuGH, 25.1.2018, Rs. C-498/16 – *Schrems/Facebook*, ECLI:EU:C:2018:37, Rn. 32; EuGH, 14.2.2019, Rs. C-630/17 – *Milivojević*, ECLI:EU:C:2019:123, Rn. 91. Siehe dazu auch § 35 Rn. 84.

77 ErwGr. Nr. 17 VRRL. Anders lauten indessen ErwGr. Nr. 22 Warenkauf-RL sowie ErwGr. Nr. 17 Digitale-Inhalte-RL, die beide die Einbeziehung von Dual-use-Verträgen lediglich in das Ermessen der Mitgliedstaaten stellen, siehe dazu unten § 22 Rn. 21 sowie § 23 Rn. 24.

78 Die Norm wurde anlässlich der Umsetzung der Fernabsatz-RL in das BGB eingefügt; sie hat jedoch keinen unmittelbaren europarechtlichen Hintergrund. Die dogmatische Einordnung der Gewinnzusagen ist allerdings umstritten. Der Leistungsanspruch wird teils deliktisch, teils rechtsgeschäftlich, teils geschäftsähnlich eingeordnet, siehe dazu *Lorenz*, NJW 2006, 472 sowie unten § 32 Rn. 4.

BGB), die zwar primär, aber nicht exklusiv für Verträge zwischen Unternehmern und Verbrauchern eingreift.

31 Die Gruppe der Regelungen zu den Modalitäten des Vertragsschlusses besteht im Wesentlichen aus Fernabsatzverträgen (§ 312c BGB) und außerhalb von Geschäftsräumen geschlossenen Verträgen (§ 312b BGB), die beide auf die VRRL zurückgehen. In Umsetzung dieser Richtlinie wurden daneben in den §§ 312ff., 355ff. BGB allgemeine Regelungen zum Verbrauchervertrag in das BGB aufgenommen.

d) Schutzmechanismen

32 Der vertragliche Verbraucherschutz setzt an ganz unterschiedlichen Stellen an. Zentrale Bedeutung kommt den Informationspflichten des Unternehmers und dem Widerrufsrecht des Verbrauchers zu.[79] Weitere Vorschriften verhindern die Überwälzung von als unangemessen empfundenen Kosten auf den Verbraucher. Daneben greifen verbraucherschützende Mechanismen etwa im Bereich des Allgemeinen Schuldrechts in § 241a BGB – eine Norm, die indessen eher dem Lauterkeitsrecht als dem Vertragsrecht zuzuordnen ist –, im Internationalen Privatrecht (Art. 6 Rom I-VO[80]), im Bereich der Rechtsdurchsetzung (Art. 17ff. Brüssel Ia-VO; Unterlassungsklagen-RL bzw. UKlaG[81]) sowie durch die Förderung alternativer Streitschlichtungsmechanismen (ADR-RL und ODR-VO sowie VSBG[82]).

5. Überindividuelle Ziele im Vertragsrecht

Literatur: *Arnold*, Vertrag und Verteilung. Die Bedeutung der iustitia distributiva im Vertragsrecht, 2014; *Bach/Wöbbeking*, Das Haltbarkeitserfordernis der Warenkauf-RL als neuer Hebel für mehr Nachhaltigkeit?, NJW 2020, 2672; *Halfmeier*, Nachhaltiges Privatrecht, AcP 216 (2016), 717; *Hellgardt*, Regulierung und Privatrecht. Staatliche Verhaltenssteuerung mittels Privatrecht und ihre Bedeutung für Rechtswissenschaft, Gesetzgebung und Rechtsanwendung, 2016; *Keirsbilck/Terryn* (Hrsg.), Consumer Protection in a Circular Economy, 2019; *Lurger*, Gerechtigkeitskonzepte für ein europäisches Vertragsrecht und Instrumente zu ihrer Umsetzung, in: Arnold, Grundlagen eines europäischen Vertragsrechts, 2014, S. 101; *V. Mak/Lujinovic*, Towards a Circular Economy in EU Consumer Markets – Legal Possibilities and Legal Challenges and the Dutch Example, EuCML 2019, 4; *Micklitz*, Squaring the Circle? Reconciling Consumer Law and the Circular Economy, EuCML 2019, 229; *Wendehorst*, Regulierungsprivatrecht. Verhaltenssteuerung durch Privatrecht am Beispiel des europäischen Verbrauchervertragsrechts, in: Schumann (Hrsg.), Das erziehende Gesetz, 2014, S. 113

79 Dazu unten § 12.
80 Dazu unten § 32 Rn. 39ff.
81 Dazu unten § 35 Rn. 56, 82ff.
82 Dazu *Stürner*, GPR 2014, 122 sowie unten § 37.

a) Distributive Elemente

33 Nach klassischer Auffassung beschränkt sich der Zweck des Vertragsrechts in der Ermöglichung eines fairen und interessengerechten Austausches von Leistungen. Immer häufiger jedoch finden sich Forderungen, wonach auch die Normen des Privatrechts zur Erreichung überindividueller Zwecke dienstbar gemacht werden sollen. Hier geht es im Wesentlichen um die Frage der Verteilungsgerechtigkeit, mithin um die Berechtigung distributiver Elemente im Vertragsrecht. Im Grundsatz besteht Einigkeit, dass Verteilungsaufgaben vom öffentlichen Recht, insbesondere etwa vom Steuerrecht, übernommen werden müssen. Denn die Verteilungsgerechtigkeit kollidiert potentiell mit der Vertragsfreiheit; ein Marktteilnehmer muss sich gerade nicht zweckfinal verhalten, er kann auch irrational handeln und sich seine Vertragspartner aussuchen. Dies hat die Rechtsordnung zu respektieren.[83]

34 Dennoch sind in jüngerer Zeit immer weitere Ausnahmen zu dieser Grundregel geschaffen worden.[84] Es handelt sich dabei um Normen, die politische Schutzerwägungen in das vertragliche Austauschverhältnis hineinbringen, etwa im Bereich des Arbeitnehmerschutzes,[85] des Verbraucherschutzes[86] oder verstärkt auch bei der Antidiskriminierungsgesetzgebung.[87] Auch der DCFR sieht sich als Instrument der Austauschgerechtigkeit (iustitia commutativa),[88] akzeptiert aber distributive Elemente insbesondere dann, wenn sie zum Schutz des Verbrauchers erforderlich sind.[89] Die Förderung einer auf Privatautonomie und Wettbewerb ausgerichteten Privatrechtsordnung (die also die kommutative Gerechtigkeit fördert), trägt wesentlich zur Erreichung von Verteilungsgerechtigkeit bei, indem sie den Bürgern einen leichten Zugang zu Gütern und Dienstleistungen ermöglicht. Die Einfügung distributiver Elemente in das Privatrecht muss daher Ausnahmecharakter haben.[90]

---

83 Dezidiert *Honsell*, in: FS Mayer-Maly, 2002, S. 287, 294 ff.; ebenso im Grundsatz auch *Canaris*, Die Bedeutung der iustitia distributiva im deutschen Vertragsrecht, 1997, S. 13 ff., 33, 73. Zum Begriff der Vertragsgerechtigkeit im europäischen Privatrecht *Lurger*, in: Arnold, Grundlagen eines europäischen Vertragsrechts, 2014, S. 101, 103 ff. Siehe dazu auch unten § 11 Rn. 7 ff.

84 Grundlegend dazu *Arnold*, Vertrag und Verteilung. Die Bedeutung der iustitia distributiva im Vertragsrecht, 2014, S. 263 ff., 297 ff.

85 *Canaris*, Die Bedeutung der iustitia distributiva im deutschen Vertragsrecht, 1997, S. 35 ff., 63 ff., 78 ff.

86 Hiergegen grundsätzlich *G. Wagner*, ZEuP 2007, 180, 200 ff., 208 ff. (das Vertragsrecht sei ungeeignet zur Umverteilung, da sich jede entsprechende Maßnahme in entsprechend höheren Preisen auswirke und die Zielrichtung daher ins Gegenteil verkehre); positiv dagegen *Hesselink*, ERCL 2005, 44, 52. Zum „edukatorischen" Charakter des europäischen Verbraucherprivatrechts *Wendehorst*, in: Schumann, Das erziehende Gesetz, 2014, S. 113.

87 Dazu eingehend unten § 11 Rn. 7 ff. sowie §§ 19, 20.

88 Dazu noch unten § 11 Rn. 13.

89 *Von Bar/Clive/Schulte-Nölke*, DCFR 2008 Interim Edition, Introduction Nr. 24. Kritisch dazu *Eidenmüller/Faust/Grigoleit/Jansen/Wagner/Zimmermann*, JZ 2008, 529, 534 f.

90 *Canaris*, Die Bedeutung der iustitia distributiva im deutschen Vertragsrecht, 1997, S. 35 ff., nennt Mehrheitsbeschlüsse im Gesellschaftsrecht, Monopol- oder marktbeherrschende Unternehmen und das Arbeitsrecht als mögliche Anwendungsbereiche. Zur Ungeeignetheit des Vertragsrechts als Vertei-

b) Nachhaltigkeit

35 Der Begriff der Nachhaltigkeit ist kein Rechtsbegriff; er fand etwa in der Forstwirtschaft Anwendung und bedeutete dort, dass nicht mehr Holz geschlagen werden durfte als nachwachsen kann. Im modernen Kontext dient der Begriff eher als Projektionsfläche für alle als gut und richtig verstandenen Ziele einer verantwortungsvollen Politik und Wirtschaft. Insofern ist es schwierig, von einem „nachhaltigen Vertragsrecht" zu sprechen. Allenfalls können einzelne Facetten der Nachhaltigkeit thematisiert werden.[91]

36 Die EU bekennt sich zu den 17 Zielen der Vereinten Nationen für nachhaltige Entwicklung (United Nations Sustainable Development Goals – UNSDG) von 2015, mit der bis 2030 in den Bereichen Soziales, Umwelt und Wirtschaft eine Transformation der Volkswirtschaften hin zu einer nachhaltigeren Entwicklung vollzogen werden soll.[92] Solche Entwicklungen können das Vertragsrecht in vielerlei Hinsicht beeinflussen. Wenn die bisherige Strategie der EU das Funktionieren des Binnenmarktes stets an erster Stelle sah, so dürfte diesbezüglich eine gegenläufige Entwicklung eingeleitet worden sein, auch wenn die Kommission immer wieder betont, dass sich die Ziele eines wirtschaftlichen Wachstums und einer nachhaltigen Entwicklung nicht widersprechen.

37 Damit liegen die Dinge wohl anders als beim Verbraucherschutz: Dessen starke Betonung seit den 1990er Jahren darf nicht darüber hinwegtäuschen, dass auch dieses Postulat letztlich stets der Stärkung des Binnenmarkts zu dienen bestimmt war, was sich bereits aus dem entsprechend formulierten Kompetenztitel in Art. 169 AEUV ergibt, der auf die allgemeine Binnenmarktklausel des Art. 114 AEUV verweist.[93] So lässt sich ein stetes Bemühen erkennen, die Leitsterne Binnenmarkt und Verbraucherschutz mit dem Gedanken eines nachhaltigen Wachstums zu verbinden. So formuliert etwa Erwägungsgrund Nr. 32 Warenkauf-RL: „Die Gewährleistung einer längeren Haltbarkeit von Waren ist wichtig für die Förderung nachhaltigerer Verbrauchergewohnheiten und einer Kreislaufwirtschaft." Das Recht auf Nacherfüllung des Verbrauchers bei Vertragswidrigkeit der Ware findet seine Rechtfertigung nicht etwa ausschließlich in der vertraglichen Abrede, sondern wird zusätzlich durch Gesichtspunkte der Nachhaltigkeit legitimiert: „Wird dem Verbraucher die Möglichkeit geboten, eine Nachbesserung zu verlangen, dürfte dies einen nachhaltigen Verbrauch fördern und zur Verlängerung der Haltbarkeit von Produkten beitragen." (Erwägungsgrund Nr. 48 Warenkauf-RL).[94]

---

lungsmechanismus eingehend *Eidenmüller*, Effizienz als Rechtsprinzip, 4. Aufl. 2015, S. 273 ff., 283 ff. Zur entsprechenden Debatte um die Funktion des Vertragsrechts im anglo-amerikanischen Raum *Zumbansen*, 14 Ind. J. Global L. Stud. 191 (2007); zur „Contract Governance" aus deutscher Sicht *Möslein*, JZ 2010, 72; *Grundmann/Möslein/Riesenhuber* (Hrsg.), Contract governance: dimensions in law and interdisciplinary research, 2015; *Lurger*, in: Arnold, Grundlagen eines europäischen Vertragsrechts, 2014, S. 101, 115 ff.

91 Ansätze bei *Halfmeier*, AcP 216 (2016), 717.

92 Nähere Informationen finden sich unter https://sustainabledevelopment.un.org/.

93 Näher unten § 6 Rn. 17.

94 Für ein an Nachhaltigkeitsüberlegungen ausgerichtetes Verbraucherrecht *Micklitz*, EuCML 2019, 229.

38 Die EU-Kommission schlägt nun in ihrem Aktionsplan für die Kreislaufwirtschaft vom 11. März 2020[95] die Einführung eines „Rechts auf Reparatur" vor.[96] Sollte dieses dereinst in die Warenkauf-Richtlinie eingefügt werden,[97] so würde das den Charakter des Kaufvertrags als Austauschvertrag verändern und mehr in Richtung eines Dauerschuldverhältnisses ausgestalten.[98] Zu vermuten steht, dass die rechtstatsächliche Bedeutung des Kaufvertrages mit einer steigenden Verfügbarkeit von Sharing- oder Leasingangeboten ohnehin abnehmen könnte.[99]

39 Ein weiteres Beispiel für die zunehmende Argumentation mit Nachhaltigkeit im Vertragsrecht betrifft den Verbraucherwiderruf. Die Vielzahl der Retouren bei Verbrauchergeschäften haben den Widerruf bei Fernabsatzverträgen in Misskredit gebracht, da der Transport CO_2-Emissionen verursacht und die zurückgegebenen Waren vielfach schlicht vernichtet werden.[100] Eine ökonomisch orientierte Lösung dieses Problems bestünde darin, den Widerruf zu verteuern, indem nicht nur die Rücksendekosten (Art. 14 Abs. 1 UAbs. 2 VRRL), sondern auch die Hinsendekosten (anders im Moment Art. 13 Abs. 2 VRRL) dem Verbraucher in Rechnung gestellt würden. Dies würde allerdings zu Lasten des Verbraucherschutzniveaus gehen. So setzen die Lösungsvorschläge insgesamt eher auf der regulatorischen Ebene an. So soll eine Obhutspflicht im Kreislaufwirtschaftsgesetz eingeführt werden. Nach dem Entwurf eines Gesetzes zur Umsetzung der Abfallrahmenrichtlinie der Europäischen Union vom 20.5.2020 dürften Retouren nur noch vernichtet werden, wenn dies etwa aus Sicherheits- oder Gesundheitsgründen nötig ist.[101]

40 Der Gedanke der Nachhaltigkeit findet schließlich neuerdings auch affirmativ Verwendung, ohne primäres Regelungsziel zu sein: Der Regierungsentwurf eines Gesetzes für faire Verbraucherverträge vom 16.12.2020[102] schlägt u. a. die Streichung von § 476 Abs. 2 Alt. 2 BGB vor, wonach eine vertragliche Verkürzung der Verjährungsfrist auf bis zu ein Jahr beim Kauf gebrauchter Sachen möglich ist. Nach der Rechtsprechung des EuGH verstößt dies gegen die Vorgaben der Verbrauchsgüterkauf-Richtlinie.[103] Nachdem eine richtlinienkonforme Rechtsanwendung hier methodisch auf unüberwindbare Schwierigkeiten stößt, musste der Gesetzgeber tätig werden. Der Regierungsentwurf versäumt aber nicht darauf hinzuweisen, dass durch die vorgeschlagenen Änderungen,

---

95 Ein neuer Aktionsplan für die Kreislaufwirtschaft. Für ein saubereres und wettbewerbsfähigeres Europa, COM(2020) 98 final.

96 COM(2020) 98 final, S. 6.

97 S. dafür *Terryn*, in: Keirsbilck/Terryn, Consumer Protection in a Circular Economy, 2019, S. 127; *Kieninger*, ZEuP 2020, 264, 274 ff.

98 Dazu *Kitz*, Die Dauerschuld im Kauf, 2004; s.a. *Hübner*, ZfPW 2018, 227, 248.

99 So *Zoll*, in: Keirsbilck/Terryn, Consumer Protection in a Circular Economy, 2019, S. 149.

100 S. etwa Der Spiegel vom 12.6.2019 („Die Retourenrepublik").

101 § 23 Abs. 2 Nr. 11 KrWG-E, BT-Drucks. 19/19373, S. 60.

102 Siehe https://www.bmjv.de/SharedDocs/Gesetzgebungsverfahren/DE/Faire_Verbrauchervertraege.html [abgerufen am 23.12.2020].

103 EuGH, 13.7.2017, Rs. C-133/16 – *Ferenschild*, JZ 2018, 298, s. dazu unten § 22 Rn. 73 ff.

„unter anderem im Interesse eines nachhaltigen Konsums, die Marktfähigkeit gebrauchter Sachen gefördert werden“ soll, was im Einklang mit Ziel 12 der UNSDG sowie dem dritten Leitprinzip der Deutschen Nachhaltigkeitsstrategie stehe.[104]

6. Die Rolle von Vereinheitlichungsprojekten

41 Die Bedeutung von akademischen Vereinheitlichungsprojekten als Teil des gemeineuropäischen Privatrechts wurde bereits erwähnt.[105] Besonders intensiv hat sich die europäische Rechtswissenschaft mit dem Vertragsrecht befasst. Dies lässt sich zum einen mit der zentralen Bedeutung der Institution des Vertrags innerhalb des Privatrechts erklären. Zum anderen ist das Vertragsrecht einer vergleichenden Betrachtung weitaus zugänglicher als andere Materien wie etwa das Sachenrecht,[106] das Familienrecht[107] oder das Erbrecht,[108] in denen entweder eine starke Verbundenheit mit institutionellen Gegebenheiten wie der Existenz von Registern wie im Immobiliarsachenrecht oder starke rechtskulturelle Eigenheiten der jeweiligen Systeme wie im Familien- und auch im Erbrecht eine vergleichende Betrachtung erschweren.

42 Letztlich mag aber auch ein Grund darin zu finden sein, dass der politische Wille zur Vereinheitlichung gerade des Vertragsrechts auf europäischer Ebene deutlich stärker ausgeprägt war als in anderen Bereichen. So hatte das Europäische Parlament bereits im Jahre 1989 in einer „Entschließung zu den Bemühungen um eine Angleichung des Privatrechts der Mitgliedstaaten“[109] eine Harmonisierung der Privatrechtsordnungen gefordert, bis hin zum Beginn der „erforderlichen Vorbereitungsarbeiten zur Ausarbeitung eines einheitlichen Europäischen Gesetzbuches für das Privatrecht“; gemeint war hier vor allem das Schuldrecht. Die Kommission, die zunächst eher zurückhaltender agierte, widmete sich dann zu Beginn des neuen Jahrhunderts intensiv der Harmonisierung des Vertragsrechts, angefangen mit einer Mitteilung zum Europäischen Vertragsrecht vom 11. Juli 2001,[110] die dann zur Ausarbeitung des DCFR führte.[111]

---

104 RegE eines Gesetzes für faire Verbraucherverträge vom 16.12.2020, S. 15.

105 Oben Rn. 7.

106 Siehe dazu *von Bar*, Gemeineuropäisches Sachenrecht Band I: Grundlagen, Gegenstände sachenrechtlichen Rechtsschutzes, Arten und Erscheinungsformen subjektiver Sachenrechte, 2015; *ders.*, Gemeineuropäisches Sachenrecht Band 2: Besitz, Erwerb und Schutz subjektiver Sachenrechte, 2019.

107 Hier sind die Arbeiten der Commission on European Family Law (CEFL) zu nennen, näher https://ceflonline.net/. Siehe dazu auch unten § 2 Rn. 91.

108 Zu nennen sind hier *Reid/de Waal/Zimmermann* (Hrsg.), Comparative Succession Law I: Testamentary Formalities, 2011; *dies.*, Comparative Succession Law II: Intestate Succession, 2015; *dies.*, Comparative Succession Law III: Mandatory Family Protection, 2020.

109 Vom 26.5.1989, ABl. C 158 vom 26.6.1989, S. 400.

110 Mitteilung der Kommission der Europäischen Gemeinschaften an den Rat und das Europäische Parlament zum Europäischen Vertragsrecht vom 11.7.2001, KOM(2001) 398 endg.

111 Zu diesem ausführlich unten § 3 Rn. 14 ff.

Pionierarbeit leistete insoweit die Commission on European Contract Law, auch – nach ihrem Initiator, dem dänischen Rechtsprofessor *Ole Lando* – als Lando-Gruppe bekannt geworden, die sich in den frühen 1980er Jahren konstituierte. Die Principles of European Contract Law[112] als Ergebnis der Tätigkeit dieser Gruppe, die in drei Teilen veröffentlicht wurden,[113] hatten einen nicht zu unterschätzenden Einfluss insbesondere auch auf die Gesetzgebungstätigkeit in den osteuropäischen Neumitgliedstaaten der EU. Es ist vor allem diese Verwobenheit mit dem positiven Recht, die eine Beschäftigung mit den akademischen Entwürfen auch im Rahmen eines Buches, das sich primär mit dem geltenden europäischen Vertragsrecht auseinandersetzt, sinnvoll und lohnend erscheinen lässt.[114] **43**

III. Sachbereiche des Europäischen Vertragsrechts

Das Europäische Vertragsrecht zerfällt wiederum – bei weiter Betrachtung – in zwei Teilbereiche: Es konstituiert sich zum einen aus dem Europäischen Vertragsrecht im engeren Sinne als Summe aller materiellrechtlichen Normen, und zum anderen aus dem europäischen internationalen Vertragsrecht, also der Gesamtheit derjenigen Regeln, die bei Sachverhalten mit grenzüberschreitendem Bezug das auf den Vertrag anwendbare (Sach-)Recht erst bestimmen. **44**

1. Materielles europäisches Vertragsrecht

Zum materiellen Vertragsrecht gehören diejenigen Normen, aus denen sich Rechte und Pflichten der Rechtsunterworfenen ergeben. Dies kann auch indirekt geschehen, sodass insbesondere auch Richtlinien mit privatrechtlichem Inhalt hierher gehören, aus denen sich Rechte und Pflichten regelmäßig erst nach einer Umsetzung in das mitgliedstaatliche Recht ergeben. **45**

---

112 Siehe dazu einführend *Zimmermann*, JURA 2005, 289 und 441 sowie unten § 4 Rn. 2ff.

113 *Beale/Lando*, The Principles of European Contract Law, Part I, Performance, Non Performance and Remedies, 1995, deutsche Übersetzung in ZEuP 1995, 864; *Lando/Beale*, Principles of European Contract Law, Parts I and II, 2000, als deutsche Übersetzung erschienen in: *von Bar/Zimmermann*, Grundregeln des Europäischen Vertragsrechts, Teile I und II, 2002; *Lando/Clive/Prüm/Zimmermann*, Principles of European Contract Law, Part III, 2003, als deutsche Übersetzung erschienen in: *von Bar/Zimmermann*, Grundregeln des Europäischen Vertragsrechts, Teil III, 2005.

114 Näher zu den akademischen Entwürfen unten § 4.

2. Internationales Vertragsrecht

46 Im Gegensatz dazu befassen sich die Regeln des internationalen Vertragsrechts nicht mit dem Bestand und dem Inhalt von vertraglichen Rechten und Pflichten;[115] sie greifen auf einer Vorstufe dazu ein, indem sie den bei Sachverhalten mit grenzüberschreitendem Bezug bestehenden „Konflikt" zwischen verschiedenen Rechtsordnungen durch Berufung einer (oder mehrerer) anwendbarer Sachrechte lösen. Im Ausgangspunkt setzt jeder Staat solche Kollisionsregeln autonom fest. Dies kann zu divergierenden Anknüpfungen führen und mittelbar wiederum unterschiedliche Ausgangspositionen für die Binnenmarktakteure schaffen. Die Harmonisierung des Binnenmarktes im Sinne eines Marktteilnehmerrechts erfasst folglich auch das Kollisionsrecht. Wegweisend für die Kollisionsrechtsvereinheitlichung war das Römische Schuldvertragsübereinkommen von 1980 (EVÜ),[116] das mangels Kompetenz der EG noch im Wege der intergouvernementalen Zusammenarbeit als völkerrechtlicher Vertrag geschaffen wurde. Es enthält einheitliche Kollisionsregeln für vertragliche Schuldverhältnisse, die in Deutschland in den Art. 27–37 EGBGB a. F. umgesetzt worden waren.

47 Mit dem Vertrag von Amsterdam hat die EG weitreichende Kompetenzen für die Justizielle Zusammenarbeit hinzugewonnen, die auch das Internationale Privatrecht umfassen (Art. 81 Abs. 2 lit. c AEUV).[117] Nach längeren Vorarbeiten trat am 17. Dezember 2009 die Rom I-VO über das auf vertragliche Schuldverhältnisse anwendbare Recht in Kraft.[118] Sie baut auf dem EVÜ auf und entwickelt dieses maßvoll weiter.[119]

48 Mit in den Blick genommen werden muss auch die Rom II-VO über das auf außervertragliche Schuldverhältnisse anwendbare Recht.[120] Diese regelt das Rechtsinstitut der culpa in contrahendo, das auf europäischer Ebene – anders als dies überwiegend für das deutsche Recht gesehen wurde – als außervertragliches Schuldverhältnis qualifiziert wird (Art. 2 Abs. 1, 12 Rom II-VO). Die Verordnung folgt damit der Rechtsprechung des EuGH zum Deliktsgerichtsstand des Art. 5 Nr. 3 Brüssel I-VO (heute: Art. 7 Nr. 2 Brüssel Ia-VO), die den Anspruch aus culpa in contrahendo jedenfalls dann deliktisch qualifiziert, wenn es nicht zum Vertragsschluss gekommen ist.[121] Art. 12 Abs. 1 Rom II-VO sieht allerdings eine akzessorische Anknüpfung an das (hypothetische) Vertragsstatut vor. Nur dann, wenn sich dieses nicht ermitteln lässt, kommt das Deliktsstatut zur Anwendung (Art. 12 Abs. 2 Rom II-VO).[122]

---

115 Eingehend dazu unten § 29.

116 Übereinkommen von Rom über das auf vertragliche Schuldverhältnisse anzuwendende Recht vom 19. Juni 1980, in Kraft getreten am 1.4.1991.

117 Näher *Stürner*, in: Frankfurter Kommentar zu EUV, GRC und AEUV, 2017, Art. 81 AEUV Rn. 1ff.

118 Verordnung (EG) Nr. 593/2008 des Europäischen Parlaments und des Rates vom 17.6.2008 über das auf vertragliche Schuldverhältnisse anzuwendende Recht (Rom I), ABl. 2008, L 177/6.

119 Siehe unten § 32.

120 Verordnung (EG) Nr. 864/2007 des Europäischen Parlaments und des Rates vom 11.7.2007 über das auf außervertragliche Schuldverhältnisse anzuwendende Recht („Rom II"), ABl. 2007, L 199/40.

121 EuGH, 17.9.2002, Rs. C-334/00 – *Tacconi*, IPRax 2003, 143.

122 Näher unten § 32 Rn. 84ff.

IV. Rechtsangleichung und Rechtsvereinheitlichung der Europäischen Union

Literatur: *Andenæs/Baasch Andersen* (Hrsg.), Theory and Practice of Harmonisation, 2011; *von Danwitz*, Die Aufgabe des Gerichtshofes bei der Entfaltung des europäischen Zivil- und Zivilverfahrensrechts, ZEuP 2010, 463; *Grundmann*, Europäisches Vertragsrecht – Quo vadis?, JZ 2005, 860; *Gsell/Herresthal* (Hrsg.), Vollharmonisierung im Privatrecht: Die Konzeption der Richtlinie am Scheideweg?, 2010; *Jud/Wendehorst* (Hrsg.), Neuordnung des Verbraucherprivatrechts in Europa? Zum Vorschlag einer Richtlinie über Rechte der Verbraucher, 2009; *Lohse*, Rechtsangleichungsprozesse in der Europäischen Union, 2017; *Riesenhuber*, Auf dem Weg zu einem europäischen Privatrecht, in: Hopt/Tzouganatos (Hrsg.), Das Europäische Wirtschaftsrecht vor neuen Herausforderungen, 2014, S. 183; *Sanchez Lasaballett*, Conceptualizing harmonization: the case for contract law, Unif. L. Rev., Vol. 24, 2019, 73; *van Schagen*, The Development of European Private Law in a Multilevel Legal Order, 2016; *Stürner* (Hrsg.), Vollharmonisierung im Europäischen Verbraucherrecht?, 2010

1. Harmonisierungsziele

Die Harmonisierung der rechtlichen Regeln ist ein zentrales Anliegen in der Europäischen Union. Die Union, so bestimmt Art. 26 Abs. 1 AEUV, „erlässt die erforderlichen Maßnahmen, um […] den Binnenmarkt zu verwirklichen beziehungsweise dessen Funktionieren zu gewährleisten“. Kern des Binnenmarktes ist der Abbau aller Binnengrenzen, um die Freizügigkeit von Waren, Personen, Dienstleistungen und Kapital zu gewährleisten (Art. 26 Abs. 2 AEUV). Auch Rechtsregeln können Hindernisse für den Binnenmarkt aufstellen. Im Bereich des Privatrechts wird mit hoher Regelmäßigkeit zur Begründung von Rechtsakten auf die Notwendigkeit der Beseitigung von Rechtszersplitterung im Binnenmarkt hingewiesen, die als solche ein potentielles Hindernis für die Grundfreiheiten darstelle.[123] Hierzu stehen die Regelungsinstrumente der Verordnung und der Richtlinie zur Verfügung, um eine vollständige oder teilweise Harmonisierung herbeizuführen.[124] 49

2. Harmonisierungswege

Zur Überwindung rechtlicher Unterschiede im Binnenmarkt bestehen zwei strukturell verschiedene Wege: die Harmonisierung des Internationalen Privatrechts einerseits und die Angleichung des Sachrechts andererseits. Zur Schaffung einheitlicher Kollisionsregeln besteht eine Kompetenz in Art. 81 Abs. 2 lit. c AEUV. In Bezug auf die Sach- 50

---

123 So etwa die Begründung des Vorschlags der Kommission vom 8.10.2008 für eine Richtlinie über Rechte der Verbraucher, KOM(2008) 614 endg., S. 3.

124 Teilweise wird der Vorwurf erhoben, dass die Harmonisierung als theoretisches Konzept nicht ausreichend erforscht oder definiert sei, s. *Sanchez Lasaballett*, Unif. L. Rev., Vol. 24 (2019), 73, 75 ff. Dem kann nur punktuell nachgegangen werden, etwa in Bezug auf die Frage, ob vollharmonisierende Richtlinien den Binnenmarkt stärker zu fördern geeignet sind als mindestharmonisierende, s. unten § 2 Rn. 67 ff.

rechtsvereinheitlichung ist die Rechtssetzungskompetenz hingegen nicht für das Vertragsrecht insgesamt gegeben, sondern besteht nur punktuell, insbesondere für den Bereich des Verbraucherschutzes in Art. 114, 169 Abs. 2 lit. a AEUV.

a) Kollisionsrechtsvereinheitlichung

51 Die Vorteile einer (bloßen) Kollisionsrechtsvereinheitlichung liegen auf der Hand: Da die Sachrechtsordnungen der Mitgliedstaaten im Grundsatz unangetastet bleiben, fällt der Eingriff in die nationalen Privatrechtssysteme relativ gering aus. Die Vielfalt der Rechtssysteme und der nationalen Rechtskulturen bleibt so weitgehend erhalten. Gleichzeitig wird die notwendige Einheitlichkeit der Rechtsanwendung dadurch gewahrt, dass unabhängig von der gerichtlichen Zuständigkeit auf einen bestimmten Sachverhalt immer dasselbe Sachrecht zur Anwendung berufen wird. Dies gilt jedenfalls dann, wenn die Kollisionsrechtsvereinheitlichung mit einer Harmonisierung der Vorschriften über die gerichtliche Zuständigkeit einhergeht. Auf diese Weise bleibt auch das Innovationspotential erhalten, das die Verschiedenheit der Rechtsordnungen erst hervorbringt: Auch und gerade in einem Binnenmarkt stehen die Mitgliedstaaten im Wettbewerb, der nicht nur hinsichtlich der Wirtschafts- und Steuersysteme, sondern insbesondere auch hinsichtlich ihrer Rechtssysteme sichtbar wird.[125] Im Bereich des Vertragsrechts zeigt sich dies etwa im Bereich der Digitalgüter: Hier haben einzelne Mitgliedstaaten bereits Regelungen verabschiedet, wodurch sie Standards gesetzt haben, die in diesem rasch wachsenden Wirtschaftsbereich nicht ohne Auswirkung auf das legislatorische Verhalten anderer Gesetzgeber geblieben sind: Die EU-Kommission hat dies zum Anlass genommen, ihrerseits Harmonisierungsmaßnahmen vorzuschlagen,[126] die nach einem langwierigen Legislativverfahren nunmehr verabschiedet wurden.[127]

52 Dem stehen indessen auch Nachteile gegenüber: Eine reine Kollisionsrechtsvereinheitlichung belässt die Unterschiede im sachrechtlichen Bereich und behebt damit die Rechtsunsicherheit seitens der Marktteilnehmer nur im Ansatz. Die durch das harmonisierte Kollisionsrecht herbeigeführte Koordinierung des anwendbaren Sachrechts bleibt insoweit theoretisch, als sie eine Einheitlichkeit der Kollisionsrechtsanwendung durch alle mitgliedstaatlichen Gerichte voraussetzt. Auch birgt die erforderliche Rechtswahl durchaus Risiken, dies einerseits in kautelarjuristischer Hin-

---

125 So etwa im Bereich der Streitschlichtung, s. *Duve/Rösch*, ZVglRWiss 114 (2015), 387; *G. Wagner*, Rechtsstandort Deutschland im Wettbewerb – Impulse für Justiz und Schiedsgerichtsbarkeit, 2017, S. 183ff.; *Stürner*, JZ 2019, 1122.

126 Vorschlag für eine Richtlinie des Europäischen Parlaments und des Rates über bestimmte vertragsrechtliche Aspekte der Bereitstellung digitaler Inhalte, COM(2015) 634 final.

127 Richtlinie (EU) 2019/770 des Europäischen Parlaments und des Rates vom 20. Mai 2019 über bestimmte vertragsrechtliche Aspekte der Bereitstellung digitaler Inhalte und digitaler Dienstleistungen, ABl. 2019 L 136, 1. Siehe dazu unten § 23 Rn. 14ff.

sicht, andererseits auch deswegen, weil gerade im Verhältnis Unternehmer zu Verbraucher die Rechtswahl nicht unbeschränkt bleiben kann.[128] Ein einheitliches Vertragsstatut für sämtliche Geschäfte bleibt daher für einen im Binnenmarkt tätigen Unternehmer faktisch eine Illusion. Eine Harmonisierung des Kollisionsrechts in der EU würde damit letztlich nicht alle potentiellen Hindernisse für den Binnenmarkt aus dem Weg räumen.

b) Sachrechtsvereinheitlichung

Eine vollständige Vereinheitlichung des Sachrechts hätte – theoretisch – die Bedeutungslosigkeit des Kollisionsrechts im Bereich des Binnenmarktes zur Folge:[129] Dieses verliert seine praktische Berechtigung, wenn und soweit für verschiedene Staaten ein einheitliches Sachrecht gilt.[130] Doch jenseits der Frage, ob eine solche vollständige Vereinheitlichung auch nur des Vertragsrechts überhaupt wünschenswert wäre, so besteht doch jedenfalls derzeit schon keine umfassende Kompetenz der EU für diesen Bereich. Das Prinzip der begrenzten Einzelermächtigung sieht eine inhaltlich beschränkte Übertragung von Kompetenzen von den Mitgliedstaaten auf die Union vor. Das Vertragsrecht als solches befindet sich nicht unter den Kompetenztiteln des AEUV. Eine vollständige Harmonisierung wäre vor diesem Hintergrund nur im Rahmen der bestehenden Kompetenzgrundlagen, insbesondere im Verbraucherrecht, möglich.[131] 53

c) Das Mischsystem des geltenden Rechts und seine partiellen Defizite

Angesichts dieser Ausgangslage verwundert es wenig, dass der EU-Gesetzgeber eine kombinierte Harmonisierung verfolgt: Einerseits wird die Kollisionsrechtsvereinheitlichung sehr intensiv vorangetrieben. Diesbezüglich enthält Art. 81 Abs. 2 lit. c AEUV eine umfassende Kompetenzgrundlage. Dies hat dazu geführt, dass das internationale Privatrecht der vertraglichen und außervertraglichen Schuldverhältnisse mit den beiden Verordnungen Rom I und Rom II nahezu vollständig harmonisiert ist. Selbst in weiteren Bereichen des Privatrechts, etwa dem Unterhaltsrecht, dem Scheidungsrecht, dem Güterrecht und dem Erbrecht, bestehen mittlerweile einheitliche Kollisionsregeln, auch wenn die einschlägigen Verordnungen im familienrechtlichen Bereich teils nur im Wege der Verstärkten Zusammenarbeit realisiert werden konnten und damit nur für einen Teil der Mitgliedstaaten gelten.[132] 54

---

128 Siehe dazu unten § 32 Rn. 52ff.

129 An dieser Stelle nicht zu klären ist die Frage, ob Kollisionsrecht überhaupt nur dann eine Existenzberechtigung hat, wenn und soweit es unterschiedliche Sachrechtsordnungen gibt, s. dazu etwa *Kegel/Schurig*, Internationales Privatrecht, 9. Aufl. 2004, § 1 III.

130 Dazu und zu den Grenzen unten § 29 Rn. 4.

131 Näher zu den einzelnen Kompetenzen im Bereich des Privat- und Vertragsrechts unten § 6 Rn. 10ff.

132 Näher unten § 31.

55 Gleichzeitig treibt der EU-Gesetzgeber die Sachrechtsvereinheitlichung vor allem durch Richtlinien voran. Beide Ansätze sind nicht unbedingt aufeinander abgestimmt, weder zeitlich noch inhaltlich. Vor allem ältere Richtlinien enthalten kollisionsrechtliche Bestimmungen, die nicht in die neuen Verordnungen zum IPR integriert wurden.[133] Zentralbegriffe wie derjenigen des Vertrags oder des Verbrauchers sind nicht unbedingt deckungsgleich.[134]

56 Beide Harmonisierungswege scheinen regelrecht in Konkurrenz zueinander zu stehen. So hat die Kommission im Entwurf der Richtlinie über Verbraucherrechte der kurz zuvor in Kraft getretenen Rom I-VO bescheinigt, sie sei nicht geeignet, die im Binnenmarkt konstatierte Rechtszersplitterung zu beseitigen.[135] Teilweise stehen kollisionsrechtliche Bestimmungen der Sachrechtsvereinheitlichung sogar entgegen, so insbesondere im Fall des Vorschlags für ein Gemeinsames Europäisches Kaufrecht, dessen Verhältnis zur Verbraucherkollisionsnorm des Art. 6 Rom I-VO äußerst heikel war.[136]

3. Harmonisierungsgrad

57 Während im Kollisionsrecht jedenfalls seit der Vergemeinschaftung der entsprechenden Legislativkompetenz ausschließlich im Verordnungswege harmonisiert wird, finden sich im Bereich des Sachrechts sehr unterschiedliche Ansätze. Üblicherweise wird zwischen Rechtsvereinheitlichung (harmonisation) einerseits und bloßer Rechtsangleichung (approximation) andererseits unterschieden.[137] Während die Rechtsvereinheitlichung die Schaffung oder das Vorhandensein einheitlicher Rechtsnormen bezeichnet, ist die Rechtsangleichung ebenfalls auf die Beseitigung von Unterschieden zwischen Rechtsordnungen gerichtet, zielt aber nicht auf vollständige Vereinheitlichung, sondern nur auf eine Annäherung der unterschiedlichen Rechtsregeln.

58 Der Begriff der Harmonisierung wird dabei uneinheitlich verwendet und dient teilweise als Oberbegriff für Rechtsvereinheitlichung und Rechtsangleichung. Dies zeigt das Begriffspaar Voll- und Mindestharmonisierung im Recht der Europäischen Union: Mit ersterem ist eine Rechtsvereinheitlichung durch eine Richtlinie gemeint, die den Mitgliedstaaten keine Möglichkeit lässt, vom vorgegebenen Standard ab-

---

133 Siehe die Aufzählung in Art. 46b EGBGB.

134 Dazu unten § 34 Rn. 37 ff.

135 KOM(2008) 614 endg., S. 2.

136 Dazu etwa *Gebauer* (Hrsg.), Gemeinsames Europäisches Kaufrecht – Anwendungsbereich und kollisionsrechtliche Einbettung, 2013; siehe weiter *Stürner*, GPR 2011, 236; *Busch*, EuZW 2011, 655; *Fornasier*, RabelsZ 76 (2012), 401; *Stadler*, AcP 212 (2012), 473, 475 ff. Eingehend zur Fragestellung unten § 32 Rn. 13.

137 Zur Terminologie bereits *Kropholler*, Internationales Einheitsrecht, 1975, S. 17 ff.; s.a. *Sanchez Lasaballett*, Unif. L. Rev., Vol. 24 (2019), 73, 95 ff.

zuweichen. Letzteres hingegen eröffnet den Mitgliedstaaten einen Spielraum, gegebenenfalls auch abweichende Regelungen zu treffen. Eine Harmonisierung kann auf verschiedenen Wegen erfolgen: Sie kann durch höherrangiges Recht bestimmt werden („top-down approach"), also insbesondere durch Europa- oder Völkerrecht, oder aber im Wege einer autonomen Angleichung ohne derartige verbindliche Vorgaben („bottom-up approach").

a) Rechtsangleichung: Richtlinienrecht

Rechtsangleichung des Sachrechts im Binnenmarkt wird durch Richtlinienrecht be- 59
wirkt. Richtlinien setzen nur das zu erreichende Ergebnis verbindlich fest, lassen aber Spielraum hinsichtlich der Art und Weise, wie dieses Ergebnis erreicht wird (Art. 288 Abs. 3 AEUV). Im Bereich des Sachrechts ist dies bei weitem der bevorzugte Harmonisierungsansatz. Auch hier muss gleichwohl differenziert werden, da Richtlinien den Mitgliedstaaten mal mehr, mal weniger Spielraum bei der Umsetzung lassen. Man spricht dann von mindest- bzw. vollharmonisierenden Richtlinien.[138]

b) Rechtsvereinheitlichung: Verordnungsrecht, Primärrecht und Konventionsrecht

Die Rechtsvereinheitlichung setzt dagegen verbindliche Standards und lässt den Mit- 60
gliedstaaten keinerlei Spielraum bei der Umsetzung. Rechtstechnisch wird zumeist die Verordnung eingesetzt, die direkt und unmittelbar wirkt und daher anders als die Richtlinie keinerlei Umsetzung bedarf (Art. 288 Abs. 2 AEUV). Sie dominiert die Harmonisierung im Bereich des Kollisionsrechts. Im Sachrecht hingegen sind es die kompetenzrechtlichen Maßgaben der Subsidiarität und vor allem der Verhältnismäßigkeit, die einer Rechtsvereinheitlichung im Verordnungswege Schranken setzen. So findet man dort ganz überwiegend Richtlinienrecht,[139] das allerdings durch vollharmonisierende Ausgestaltung im Ergebnis recht nah an die Verordnung herankommen kann.

Eine unechte Rechtsvereinheitlichung kann durch optionale Verordnungen her- 61
beigeführt werden.[140] Diese lassen keinen Umsetzungsspielraum, sind aber parteifakultativ ausgestaltet, sodass der durch sie gesetzte rechtliche Standard im Belieben der Vertragsparteien steht. Ein solcher Ansatz wurde etwa mit dem Gemeinsamen Europäischen Kaufrecht verfolgt, das indessen derzeit nicht mehr auf der politischen Tagesordnung steht.

---

138 Dazu unten Rn. 67ff.

139 Eine erwähnenswerte Ausnahme bildet insbesondere die FluggastVO, dazu unten § 28.

140 Dazu unten Rn. 84ff.

62 Rechtsvereinheitlichung kann auch durch Primärrecht herbeigeführt werden. Privatrechtliche Normen sind hier allerdings selten zu finden. Ein Beispiel bildet das Kartellverbot des Art. 101 AEUV.

63 Auch das Konventionalprivatrecht[141] führt im Ergebnis zu einer Rechtsvereinheitlichung. Zwar wirken völkerrechtliche Konventionen – anders als EU-Verordnungen – nicht direkt und unmittelbar in den mitgliedstaatlichen Rechtsordnungen. Auch wenn sie die Vertragsstaaten im Außenverhältnis zu den anderen Vertragsstaaten binden (Art. 26 Wiener Vertragsrechtskonvention), bedarf es regelmäßig erst einer Transformation in innerstaatliches Recht.[142] Gleichwohl besteht dabei keinerlei Umsetzungsspielraum, Abweichungen von den Vorgaben der Konvention stellen Völkerrechtsverstöße dar.[143] Hingewiesen sei allerdings darauf, dass solche Verstöße faktisch meist sanktionslos bleiben.[144] Vielfach bestehen ohnehin Vorbehaltsmöglichkeiten, so etwa in Art. 22 EVÜ.

4. Methoden und Techniken der Harmonisierung

64 Positivrechtliche Regelsetzung ist nur eine Möglichkeit der Harmonisierung. Es sind verschiedene Methoden und Techniken der Harmonisierung zu unterscheiden.[145]

a) Positive und negative Harmonisierung

65 Das Begriffspaar positive und negative Harmonisierung soll keine Bewertung gelungener oder zu missbilligender Legislativakte ausdrücken. Von positiver Harmonisierung kann man vielmehr sprechen in Bezug auf das positiv von der EU gesetzte Recht. Der Bereich der negativen Harmonisierung umfasst dagegen sämtliche Vorgaben für das mitgliedstaatliche Recht, die jenseits dieser positiv gesetzten, regelbasierten Harmonisierungsschritte bestehen.[146] Hier geht es vor allem um die Einwirkung des Primärrechts in Form der Grundfreiheiten, des Diskriminierungsverbots und der

---

141 Zum Begriff oben § 2 Rn. 4ff.

142 Zum Verhältnis Völkerrecht zu nationalem Recht vgl. Art. 25 und 59 Abs. 2 GG; darin drückt sich eine gemäßigt dualistische Grundauffassung aus, s. BVerfGE 111, 307, 318 (Görgülü).

143 Diese sog. Treaty Overrides stellen Verstöße gegen den in Art. 26 und 27 des Wiener Vertragsrechtsübereinkommens verankerten Grundsatz pacta sunt servanda dar.

144 Das Wiener Vertragsrechtsübereinkommen gibt in Art. 60 Abs. 1 bei erheblicher Verletzung (material breach) eines zweiseitigen Vertrags durch eine Vertragspartei der anderen das Recht auf Suspendierung oder Beendigung des Vertrags.

145 *Sanchez Lasaballett*, Unif. L. Rev., Vol. 24 (2019), 73, 83ff. nennt drei unterschiedliche Wege, wie Harmonisierung herbeigeführt werden kann: anhand von neuen Gesetzen, anhand von allgemeinen Rechtsgrundsätzen sowie anhand von Modellgesetzen.

146 Zur Unterscheidung *Gebauer*, Grundfragen der Europäisierung des Privatrechts, 1998, S. 84f.; *Franzen*, Privatrechtsangleichung durch die Europäische Gemeinschaft, 1999, S. 10f.; *Lohse*, Rechtsangleichungsprozesse in der Europäischen Union, S. 60ff.

Grundrechtecharta auf das mitgliedstaatliche Privatrecht. Vor allem der EuGH als vielzitierter „Motor der Harmonisierung“ hat die negative Harmonisierung durch eine integrationsfreundliche Auslegung der genannten Rechtsprinzipien entscheidend vorangetrieben – und ist dabei vielfach kritisiert worden.[147]

b) Legislative und judikative Harmonisierung

In ähnlicher Weise lässt sich zwischen legislativer und judikativer Harmonisierung 66
unterscheiden, je nachdem, von welcher Institution der Impuls ausgeht.[148] Mit der judikativen Harmonisierung ist dabei mehr gemeint als nur der enge Bereich des Richterrechts, also des von Gerichten neu geschaffenen Rechts.[149] Der Begriff umfasst gleichermaßen die Determinierung des Inhalts von Richtlinien und Verordnungen als Folge der Auslegung durch den EuGH und die dadurch induzierte Veränderung des mitgliedstaatlichen Privatrechts.[150]

c) Mindest- und Vollharmonisierung

Hinsichtlich des Harmonisierungsgrades kann unterschieden werden zwischen Min- 67
destharmonisierung einerseits und Vollharmonisierung andererseits. Dazwischen besteht die Mischform der gezielten Vollharmonisierung (targeted full harmonisation).[151]

aa) Mindestharmonisierung

Lange Zeit war im Bereich des Richtlinienrechts das Prinzip der Mindestharmonisie- 68
rung vorherrschend. Dabei gibt die Richtlinie nur einen Minimalstandard vor, den die Mitgliedstaaten im Rahmen der Umsetzung übererfüllen können. In welcher Hinsicht ein Hinausgehen über den Mindeststandard möglich ist, ergibt sich aus dem Zweck der Richtlinie und wird dort meist ausdrücklich geregelt. So erlaubt die Mindestharmonisierung bei verbraucherschützenden Richtlinien eine stärkere Privilegierung der Verbraucher.

Ganz offensichtlich hat dieser Ansatz den Vorteil, dass er den Mitgliedstaaten ei- 69
nen recht großen Umsetzungsspielraum belässt. Dies gibt ihnen die Möglichkeit, die interne Systemkohärenz zu wahren, indem sie etwa Fristen, die zur Ausübung von Ge-

---

147 Beispielhaft EuGH, 22.11.2005, Rs. C-144/04 – *Mangold*, Slg. 2005, I-9981 und dazu die Fundamentalkritik von *Gerken/Rieble/Roth/Stein/Streinz*, „Mangold“ als ausbrechender Rechtsakt, 2009.

148 *Sanchez Lasaballett*, Unif. L. Rev., Vol. 24 (2019), 73, 80ff. differenziert zwischen vier Impulsgebern: Markt, öffentliche Ordnung, Rechtswissenschaft und Rechtspraxis.

149 Zu dessen Zulässigkeit und Bedeutung im Europäischen Privatrecht unten § 7.

150 Dazu *Franzen*, Privatrechtsangleichung durch die Europäische Gemeinschaft, 1999, S. 12ff., 291ff.

151 Dazu *Mittwoch*, Vollharmonisierung und Europäisches Privatrecht, 2013; *Lippstreu*, Wege der Rechtsangleichung im Vertragsrecht, 2014.

staltungsrechten wie Rücktritt oder Widerruf bestehen, einheitlich ausgestalten, sei es im harmonisierten, sei es im nicht harmonisierten Bereich. Gleichzeitig können eigene rechtspolitische Ziele, etwa ein besonders hohes Verbraucherschutzniveau, auf diese Weise weiterverfolgt werden. Als Nebeneffekt stellt sich der bereits beschriebene Wettbewerb der Rechtsordnungen ein, den die Mindestharmonisierung nachhaltig anzufachen geeignet ist, indem sie gewisse Standards verbindlich ausgestaltet, aber nicht nach oben begrenzt.

70 Gleichwohl hat diese Harmonisierungsform damit meist den Nebeneffekt, dass sie gerade nicht zur Herstellung einheitlicher Wettbewerbsbedingungen (neudeutsch: level playing field) führt, sondern den rechtlichen Flickenteppich als solchen im Raum des Rechts ausgerollt lässt.[152] Betrachtet man das Privatrecht als Teil des Marktordnungsrechts, so kann ein solcher Zustand nicht befriedigen, da je nach Mitgliedstaat, zu dem ein Marktteilnehmer Zugang sucht, die rechtlichen Rahmenbedingungen durchaus unterschiedlich sein können. Der mit der Mindestharmonisierung verbundene Spielraum der Mitgliedstaaten, zugunsten der Verbraucher strengere Schutzvorschriften einzuführen, hat aus Sicht der Kommission dazu geführt, dass ein für Verbraucher wie Unternehmer gleichermaßen unübersichtliches rechtliches Panorama entstanden ist, das den grenzüberschreitenden Handel behindert.

bb) Vollharmonisierung

71 Die Kommission hat daher im Bereich des Verbraucherrechts mit dem Vorschlag einer sog. Horizontalrichtlinie über Rechte der Verbraucher[153] einen Paradigmenwechsel zur Vollharmonisierung eingeleitet. In diesem Richtlinienvorschlag sollten die vier zentralen Rechtsakte auf dem Gebiet des Verbrauchervertragsrechts – Haustürwiderrufs-Richtlinie, Fernabsatz-Richtlinie, Klausel-Richtlinie und Verbrauchsgüterkauf-Richtlinie – zusammengefasst und modernisiert werden.[154] Dieses Vorhaben konnte aber letztlich nur in Ansätzen umgesetzt werden.[155] Doch hat sich Vollharmonisierung als Regelmodell für das Sachrecht mittlerweile durchgesetzt. Bei der Vollharmonisierung ist den Mitgliedstaaten eine Übererfüllung der Schutzvorgaben nicht möglich. Auf diese Weise nähert sich die Richtlinie der Verordnung an, auch wenn die vollharmonisierende Richtlinie nach wie vor einen Umsetzungsakt erfordert.[156]

152 Dazu *Riesenhuber*, in: Hopt/Tzouganatos, Das Europäische Wirtschaftsrecht vor neuen Herausforderungen, 2014, S. 183, 199ff.

153 KOM(2008) 614 endg.

154 Zur Entwicklung *Stürner*, in: ders. (Hrsg.), Vollharmonisierung im Verbraucherrecht?, 2010, S. 3.

155 Durch die Richtlinie 2011/83/EU vom 25.10.2011 über Rechte der Verbraucher. Dazu unten § 9 Rn. 9ff.

156 Grundlegend zur Umsetzung vollharmonisierender Richtlinien *Riehm*, in: Zimmermann/Kopp/Busch/McGuire (Hrsg.), Europäische Methodik: Konvergenz und Diskrepanz nationalen und europäischen Privatrechts, JbJZRWiss 2009, 2010, S. 159.

Der Wechsel von der Mindest- zur Vollharmonisierung innerhalb einer sachlichen Regelungsmaterie kann gleichzeitig dazu führen, dass die zur Stützung der zunächst herbeigeführten Mindestharmonisierung verwendete Begründung der Verbesserung des Binnenmarktes nachträglich praktisch ad absurdum geführt wird. So wurde etwa bei der Verbrauchsgüterkauf-Richtlinie argumentiert, der durch die Mindestharmonisierung herbeigeführte Eingriff in die mitgliedstaatlichen Rechtsordnungen sei vergleichsweise gering;[157] überdies werde das Verbrauchervertrauen in den Binnenmarkt gerade dadurch gestärkt, dass die Mitgliedstaaten ein höheres Schutzniveau vorsehen könnten.[158] 72

Für die Vollharmonisierung wird demgegenüber angeführt, dass sie für alle Marktteilnehmer des Binnenmarktes gleiche rechtliche Voraussetzungen schaffe.[159] Das ist jedoch nur im Ansatz richtig: Denn zum einen verbleibt den Mitgliedstaaten durch die Harmonisierungstechnik der Richtlinie durchaus ein gewisser Spielraum bei der Umsetzung. So wurde die vollharmonisierende Verbraucherrechte-Richtlinie in Deutschland im Kern in das allgemeine Vertragsrecht integriert (§§ 312ff., 355ff. BGB), findet sich in anderen Mitgliedstaaten jedoch in besonderen Verbrauchergesetzbüchern wieder (Frankreich, Italien, teilweise auch Österreich) oder wird ganz eigenständig geregelt (England). Das mag man noch als einen strukturellen Gesichtspunkt ohne durchgreifende inhaltliche Auswirkungen auffassen. 73

Doch zum anderen gelten aufgrund des beschränkten sachlichen Anwendungsbereichs vollharmonisierender Richtlinien vielfach auch Regelungen des allgemeinen Vertragsrechts (so hinsichtlich des Vertragsschlusses, der Willensmängel, der Stellvertretung oder des Bestehens von Schadensersatzansprüchen), welches überwiegend nicht harmonisiert wurde. Diesbezüglich besteht also gerade kein „level playing field". 74

Lässt man diese Gesichtspunkte außer Acht, so hat die Schaffung gleicher Marktbedingungen durch Vollharmonisierung doch einen Nachteil: Sie birgt die Gefahr einer Versteinerung des Rechts, indem sie einen Wettbewerb der Mitgliedstaaten um das beste Verbraucherrecht faktisch unterbindet. Dies lässt sich etwa am Beispiel des Kaufrechts verdeutlichen: Im Zuge der Umsetzung der mindestharmonisierenden Verbrauchsgüterkauf-Richtlinie führte diese Regelungstechnik zum Erlass von im Vergleich zu den Richtlinienvorgaben teilweise deutlich verbraucherfreundlicheren Regelungen in den mitgliedstaatlichen Rechtsordnungen, etwa dahin, dass dem Ver- 75

157 So unter Verweis auf das Subsidiaritätsprinzip die Begründung des Kommissionsvorschlags für eine Richtlinie des Europäischen Parlaments und des Rates über den Verbrauchsgüterkauf und -garantien vom 18.6.1996, KOM(95) 520 endg., S. 11.

158 Siehe ErwGr. Nr. 5 zur VGKRL: „Die Schaffung eines gemeinsamen Mindestsockels von Verbraucherrechten, die unabhängig vom Ort des Kaufs der Waren in der Gemeinschaft gelten, stärkt das Vertrauen der Verbraucher und gestattet es ihnen, die durch die Schaffung des Binnenmarkts gebotenen Vorzüge besser zu nutzen."

159 ErwGr. Nr. 8 und 9 des Vorschlags der Fernabsatz-Kauf-RL; ErwGr. Nr. 7 VRRL.

braucher die Wahl der Abhilfemöglichkeit frei überlassen wird oder dass eine längere Verjährungsfrist besteht.[160] Die vollharmonisierende Neufassung der Richtlinie wird das Verbraucherschutzniveau nunmehr auf absehbare Zeit einheitlich festschreiben.[161]

76 Dies hat im Bereich des Kaufrechts zur Konsequenz, dass Verbraucher in einigen dieser Mitgliedstaaten rechtlich schlechter stehen als zuvor, da besonders verbraucherfreundliche Regelungen nicht mehr zulässig sind. Die Kommission war sich dieses Umstandes durchaus bewusst,[162] maß ihm jedoch im Vergleich zur Schaffung einheitlicher Voraussetzungen im Binnenmarkt geringere Bedeutung zu. Die von der Kommission verfochtene Annahme, dass die Vollharmonisierung Wohlfahrtsgewinne schafft, ist indessen zumindest zweifelhaft.[163]

77 Das Konzept der Vollharmonisierung ist keineswegs neu: Die älteste vollharmonisierende Richtlinie im Bereich des Privatrechts stammt bereits aus dem Jahr 1985; es handelt sich um die Produkthaftungs-Richtlinie.[164] Dass sie vollharmonisierend ist, steht allerdings erst seit 2002 wirklich fest: In diesem Jahr hatte der EuGH über die Richtlinienkonformität von Regelungen des französischen und des griechischen Rechts zu entscheiden, die eine Haftung des Produzenten für solche Schäden, die durch den Produktfehler an anderen Sachen als dem Produkt selbst hervorgerufen wurden, auch ohne den von der Richtlinie vorgesehenen Selbstbehalt von 500 €[165] vorsahen.[166] Der EuGH bejahte einen Verstoß, obwohl die betreffenden Regelungen des nationalen Rechts günstiger für den Geschädigten waren als von der Richtlinie vorgesehen, da die Produkthaftungs-Richtlinie vollharmonisierend sei. Der EuGH stützte sich dabei unter anderem auf einen Vergleich mit der Klausel-Richtlinie, die im Gegensatz zur Produkthaftungs-Richtlinie eine ausdrückliche Mindestharmonisierungsklausel enthält.[167]

---

160 Siehe die Beispiele im Kommissionsvorschlag, COM(2015) 635 final, S. 6f.

161 Zur Warenkauf-RL unten § 22 Rn. 13ff.

162 Kommissionsvorschlag, COM(2015) 635 final, S. 12. Siehe auch den Hinweis von *Riesenhuber*, in: Hopt/Tzouganatos, Das Europäische Wirtschaftsrecht vor neuen Herausforderungen, 2014, S. 183, 199: Es sei einfacher, sich auf niedrigere Standards zu einigen als auf höhere.

163 Siehe dazu *Mittwoch*, Vollharmonisierung und Europäisches Privatrecht, 2013, S. 177ff.

164 Richtlinie 85/374/EWG des Rates vom 25. Juli 1985 zur Angleichung der Rechts- und Verwaltungsvorschriften der Mitgliedstaaten über die Haftung für fehlerhafte Produkte (ABl. L 210, S. 29).

165 Art. 9 Abs. 1 lit. b RL 85/374/EWG sieht einen Selbstbehalt von 500 € vor.

166 EuGH, 25.4.2002, Rs. C-52/00 – *Kommission/Frankreich*, Slg. 2002, I-3827; EuGH, 25.4.2002, Rs. C-154/00 – *Kommission/Griechenland*, Slg. 2002, I-3879. Vgl. auch die weitere Entscheidung EuGH, 25.4.2002, Rs. C-183/00 – *González Sánchez*, Slg. 2002, I-3901.

167 In einem gewissen Widerspruch dazu steht die Entscheidung EuGH, 4.6.2009, Rs. C-285/08 – *Moteurs Leroy Somer*, EuZW 2009, 501; dazu *Kupferberg*, GPR 2010, 78. Hier wurde eine Regelung des französischen Rechts, die im Gegensatz zu Art. 9 lit. b ProdH-RL einen Ersatzanspruch auch für gewerblich genutzte Sachen vorsieht, für richtlinienkonform gehalten. Begründet wurde das mit der verbraucherschützenden Zielrichtung der Richtlinie, die eine Einbeziehung von gewerblich genutzten Sachen nicht ausschließe. Eingehend zur Produkthaftungs-Richtlinie *Riehm*, EuZW 2010, 567.

Ausdrücklich vollharmonisierende Richtlinien sind dagegen allesamt neueren 78
Datums. Es handelt sich dabei im hier interessierenden Bereich des Privatrechts insbesondere um die neugefasste Verbraucherkredit-Richtlinie,[168] die revidierte Timesharing-Richtlinie,[169] die Lauterkeits-Richtlinie[170] sowie mit Einschränkungen auch um die Zahlungsdienste-Richtlinie,[171] die in den §§ 675c–675z BGB umgesetzt wurde. Stereotyp wird darin immer dieselbe Begründung verwendet, wie sie etwa im 3. Erwägungsgrund zur Timesharing-Richtlinie formuliert wird. Dort wird zur Verbesserung der Rechtssicherheit und zur Verwirklichung des Binnenmarktes eine weitere Rechtsangleichung gefordert. Aus diesen Postulaten wird direkt das Erfordernis einer Vollharmonisierung abgeleitet.[172] Ob sich diese ratio auf das Verbraucherrecht insgesamt übertragen lässt, erscheint angesichts der sektoriellen Beschränkung dieser Materien durchaus fraglich: Friktionen mit nicht harmonisierten Bereichen sind dort eher weniger zu befürchten.[173] Doch werden inhaltlich ähnliche Begründungsansätze für die Notwendigkeit der Vollharmonisierung auch bei allen neueren Richtlinien im Bereich des Verbraucherrechts genannt.[174]

cc) Gezielte Vollharmonisierung

Eine Mischform ist die sog. gezielte Vollharmonisierung (targeted full harmonisation), 79
bei der in Bezug auf einzelne Sachbereiche durch Optionsklauseln die Abweichung

168 Richtlinie 2008/48/EG des Europäischen Parlaments und des Rates vom 23. April 2008 über Verbraucherkreditverträge und zur Aufhebung der Richtlinie 87/102/EWG des Rates, ABl. EG Nr. L 133, S. 66. Siehe dazu *Riehm/Schreindorfer*, GPR 2008, 244; *Gsell/Schellhase*, JZ 2009, 20; zur Umsetzung ins deutsche Recht *Derleder*, NJW 2009, 3195, 3198ff. Siehe dazu unten § 24.

169 Richtlinie 2008/122/EG des Europäischen Parlaments und des Rates vom 14. Januar 2009 über den Schutz der Verbraucher im Hinblick auf bestimmte Aspekte von Teilzeitnutzungsverträgen, Verträgen über langfristige Urlaubsprodukte sowie Wiederverkaufs- und Tauschverträgen, ABl. EG Nr. L 33, S. 10; zum Gesetzgebungsverfahren *Busch*, GPR 2008, 13. Siehe dazu unten § 26.

170 Richtlinie 2005/29/EG des Europäischen Parlaments und des Rates vom 11. Mai 2005 über unlautere Geschäftspraktiken im binnenmarktinternen Geschäftsverkehr zwischen Unternehmen und Verbrauchern und zur Änderung der Richtlinie 84/450/EWG des Rates, der Richtlinien 97/7/EG, 98/27/EG und 2002/65/EG des Europäischen Parlaments und des Rates sowie der Verordnung (EG) Nr. 2006/2004 des Europäischen Parlaments und des Rates (Richtlinie über unlautere Geschäftspraktiken), ABl. EG Nr. L 149, S. 22. Dazu und zur Umsetzung etwa *Brömmelmeyer*, GRUR 2007, 295; *Köhler*, NJW 2008, 3032; *Busch*, GPR 2008, 158; *Leistner*, ZEuP 2009, 56.

171 Richtlinie 2007/64/EG des Europäischen Parlaments und des Rates vom 13. November 2007 über Zahlungsdienste im Binnenmarkt, zur Änderung der Richtlinien 97/7/EG, 2002/65/EG, 2005/60/EG und 2006/48/EG sowie zur Aufhebung der Richtlinie 97/5/EG, ABl. EG Nr. L 319, S. 1. Siehe zur Umsetzung ins deutsche Recht *Derleder*, NJW 2009, 3195. Siehe dazu unten § 9 Rn. 7 und § 18 Rn. 44.

172 ErwGr. Nr. 3 der Timesharing-RL 2008/122/EG; vergleichbar ErwGr. Nr. 7–9 der Verbraucherkredit-Richtlinie 2008/48/EG sowie ErwGr. Nr. 4, 11–13 der Lauterkeits-RL 2005/29/EG; vgl. jedoch auch die Ausnahmebestimmung in ErwGr. Nr. 34 der Zahlungsdienste-RL 2007/64/EG.

173 Dazu *Obergfell*, in: Stürner (Hrsg.), Vollharmonisierung im Verbraucherrecht?, 2010, S. 159.

174 Siehe etwa ErwGr. Nr. 3 Warenkauf-RL.

vom ansonsten vorgeschriebenen Harmonisierungsniveau erlaubt wird. Neuere Richtlinien folgen meist letzterem Ansatz. Hier verbleiben den Mitgliedstaaten größere Spielräume als bei der reinen Vollharmonisierung: Diese entstehen einerseits durch den begrenzten Anwendungsbereich der Richtlinien, andererseits – und das ist entscheidend – durch Optionsklauseln, die den Mitgliedstaaten in manchen Bereichen die Möglichkeiten geben, vom vorgegebenen Standard abzuweichen. Es kommt daher für die Frage der verbleibenden mitgliedstaatlichen Regelungsspielräume auf die Abgrenzung an, ob sich ein Regelungsbereich außerhalb oder innerhalb des Anwendungsbereichs der Richtlinie befindet. Im ersteren Fall besteht eine uneingeschränkte Kompetenz der Mitgliedstaaten, im letzteren dagegen nur dann, soweit die Richtlinienvorgaben keine Sperrwirkung entfalten.[175] Wesentlich verkompliziert wird die Lage, je weiter durch die Einfügung großzügiger Öffnungsklauseln von einer „reinen" Vollharmonisierung abgewichen wird. Es erscheint in gewisser Weise widersprüchlich, die Vollharmonisierung mit der bestehenden Rechtszersplitterung zu begründen, dann aber weite Bereiche der Richtlinie über Optionsklauseln davon wiederum auszunehmen.[176] Insgesamt ist die Regelungstechnik der gezielten Vollharmonisierung als Produkt der Brüsseler Kompromisskultur wohl unvermeidlich. Das soll nicht verdecken, dass für einzelne Teilbereiche eine Vollharmonisierung praktisch durchaus sinnvoll erscheint, insbesondere in eher technischen Fragen wie dem Widerrufsrecht oder der Verjährung.[177]

d) Differenzierte Integration

80 Der Teleologie des Binnenmarktbegriffs inhärent, so möchte man meinen, ist stets das Bestreben, das Recht *aller* Mitgliedstaaten zu harmonisieren. Ein „Europa der zwei Geschwindigkeiten", wie es schon seit einiger Zeit angesichts immer größerer Schwierigkeiten, im Entscheidungsprozess Sachthemen von nationalen politischen Interessen zu trennen, propagiert wird, scheint damit in unauflösbarem Widerspruch zu stehen.

81 Gleichwohl hat die Union mit zwischenzeitlich 28, nach dem Brexit nurmehr noch 27 Mitgliedstaaten eine Größe erreicht, die jeden noch so unbedeutenden Rechtsakt zur Zerreißprobe werden lässt. Nachdem sich im Bereich der Justiziellen Zusammenarbeit einige Mitgliedstaaten deutlich zurückgezogen haben, stand die Union vor der Aufgabe, eine vertiefte Kooperation integrationswilliger Mitgliedstaaten zu ermöglichen. Dies hat bereits der Vertrag von Amsterdam mit dem Instrument der Verstärkten Zusammenarbeit (nunmehr Art. 20 EUV, 326 ff. AEUV) zu erreichen versucht. Danach können einzelne Mitgliedstaaten – es müssen mindestens neun sein (Art. 20 Abs. 2 EUV) – vom Rat zur Durchführung weiterer Maßnahmen ermächtigt werden, dies al-

175 Eingehend zur Unterscheidung *Riehm*, in: Gsell/Herresthal (Hrsg.), Vollharmonisierung im Privatrecht, 2009, S. 83, 90 ff., 100 ff.

176 Dazu *Loos*, in: Stürner (Hrsg.), Vollharmonisierung im Verbraucherrecht?, 2010, S. 47.

177 Siehe dazu *Oehler*, in: Stürner (Hrsg.), Vollharmonisierung im Verbraucherrecht?, 2010, S. 99.

lerdings nur unter der Voraussetzung, „dass die mit dieser Zusammenarbeit angestrebten Ziele von der Union in ihrer Gesamtheit nicht innerhalb eines vertretbaren Zeitraums verwirklicht werden können" (Art. 20 Abs. 2 EUV).

Die Verstärkte Zusammenarbeit ist demnach subsidiär zum regulären Integrati- 82
onsprozess. Die Rom III-VO zum Scheidungskollisionsrecht ist das erste für den Bereich des Privatrechts relevante Beispiel für das Misslingen einer unionsweiten Harmonisierung.[178] Der von der Kommission im Jahre 2006 vorgelegte Verordnungsvorschlag scheiterte letztlich nach langen Diskussionen im Jahre 2008 am Widerstand Schwedens. In der Folge stellten zehn Mitgliedstaaten einen Antrag auf Durchführung einer Verstärkten Zusammenarbeit.[179] Nach anfänglichem Zögern stimmte die Kommission schließlich dem Vorhaben im März 2010 zu; die Annahme der Verordnung durch den Rat erfolgte dann kurz vor Weihnachten 2010.[180] Mittlerweile haben seit Inkrafttreten der Verordnung am 21. Juni 2012[181] insgesamt 17 Mitgliedstaaten ein einheitliches Scheidungskollisionsrecht.[182]

Ist die Verstärkte Zusammenarbeit nun Fluch oder Segen für die Europäische Jus- 83
tizielle Zusammenarbeit? Namhafte Kommentatoren äußern sich verhalten positiv: Zwar führe sie zu einer Regionalisierung des Europäischen Kollisionsrechts; dies sei aber allemal einem Stillstand im Prozess der Harmonisierung vorzuziehen.[183] Die abgestufte oder differenzierte Integration[184] bietet in der Tat einen Ausweg aus einer legistischen Sackgasse, aus der man ansonsten nur durch immer weitere Kompromisse entkommen könnte, die das eigentliche Regelungsziel kaum noch zu verwirklichen vermögen. Nur am Rande sei bemerkt, dass eine abgestufte Integration außerhalb der Justiziellen Zusammenarbeit längst Realität ist, man denke nur an die Europäische Währungsunion oder das Schengener Abkommen.

e) Optionale Harmonisierung

Literatur: *von Bar*, Privatrecht europäisch denken!, JZ 2014, 473; *Stürner*, Der deutsch-französische Wahlgüterstand als Modell für die europäische Rechtsvereinheitlichung, JZ 2011, 545

178 Daneben sind zu nennen die EuGüVO sowie die EuPartVO.

179 Zum Procedere *Kohler*, FamRZ 2008, 1673, 1678, 1681; *Fiorini*, ICLQ 59 (2010), 1143.

180 Vgl. Art. 3 Nr. 1 Rom III-VO i. V. m. Beschluss 2010/405/EU des Rates vom 12.7.2010 über die Ermächtigung zu einer Verstärkten Zusammenarbeit im Bereich des auf die Ehescheidung und Trennung ohne Auflösung des Ehebandes anzuwendenden Rechts, ABl. 2010, L 189/12.

181 Vgl. im Einzelnen Art. 18 Rom III-VO.

182 Teilnehmende Mitgliedstaaten sind danach: Belgien, Bulgarien, Deutschland, Spanien, Frankreich, Italien, Lettland, Luxemburg, Ungarn, Malta, Österreich, Portugal, Rumänien und Slowenien. Nachfolgend haben auch Litauen, Griechenland und Estland die Teilnahme erklärt.

183 *Mansel/Thorn/Wagner*, IPRax 2011, 1, 2, 30.

184 So der programmatische Titel des Tagungsbandes von *Jung/Baldus* (Hrsg.), Differenzierte Integration im Gemeinschaftsprivatrecht, 2007.

84 Eine differenzierte Integration kann auch außerhalb zwingenden europäischen Rechts ablaufen. Vermehrt setzt der EU-Gesetzgeber auf Regelungsinstrumente, die nicht zu einer verbindlichen Rechtsvereinheitlichung oder -angleichung führen, sondern die den Parteien als sogenannte optionale Instrumente zur Verfügung stehen. So wurden im Gesellschaftsrecht mit der Europäischen Wirtschaftlichen Interessenvereinigung (EWIV), der Societas Europaea (Europäische Aktiengesellschaft, SE) und der Societas Cooperativa Europaea (Europäische Genossenschaft, SCE) supranationale Gesellschaftsformen geschaffen, die die Geltung der herkömmlichen Gesellschaftsformen auf mitgliedstaatlicher Ebene unberührt lassen, also kein *verbindliches* einheitliches Gesellschaftsrecht schaffen.[185] Es steht aber beispielsweise im Falle der SE jeder Aktiengesellschaft mit Sitz in der EU frei, sich einer solchen Gesellschaftsform zu bedienen. Dass der damit verbundene Anschein der Internationalität durchaus reizvoll ist, zeigt sich an einer Reihe von Großkonzernen, die in ihren Holding-Gesellschaften einen Formwechsel zur SE vollzogen haben.[186]

85 Ähnliche Entwicklungen lassen sich auch im Bereich der Justiziellen Zusammenarbeit beobachten. Seit einiger Zeit besteht die Möglichkeit, grenzüberschreitende Forderungen in einem Europäischen Mahnverfahren oder bis zu einem Streitwert von 5000 € in einem Europäischen Bagatellverfahren einzuklagen.[187] Auch diese Verfahrensarten lassen das mitgliedstaatliche Recht unberührt, treten aber – und das ist durchaus beabsichtigt – in Konkurrenz etwa zu einem Mahnverfahren nach deutschem Recht oder dem vereinfachten Verfahren nach § 495a ZPO.

86 Die verbindende Idee hinter diesen optionalen Instrumenten ist, dass durch die Bereitstellung von supranationalen Rechtsnormen den Parteien für ihre wirtschaftliche Aktivität im Binnenmarkt einheitliche Regeln zur Verfügung gestellt werden, deren Wahl für sie von Vorteil ist. Gleichzeitig wird der Regelungsspielraum der Mitgliedstaaten durch diese Instrumente jedenfalls nicht direkt eingeschränkt. Es wird aber insoweit ein gewisser Anpassungsdruck ausgeübt, als mit steigender Akzeptanz eines optionalen Instruments beim „Rechtsnachfrager", also den Teilnehmern am Wirtschaftsverkehr, das konkurrierende nationale Recht unter Rechtfertigungsdruck gerät.[188]

---

185 Der Vorschlag einer Verordnung über das Statut der Europäischen Privatgesellschaft für kleinere und mittlere Unternehmen – SPE, KOM(2008) 396 hat sich nicht durchgesetzt; aus ihm ist die Idee einer Societas Unius Personae (SUP) hervorgegangen, eine Art von Einpersonengesellschaft mit eigener Rechtsfähigkeit, COM(2014) 212. Doch wurde auch dieser Vorschlag mittlerweile von der Kommission zurückgezogen, s. ABl 2018 C 233/7. Ebenfalls zurückgezogen wurde der Vorschlag einer Verordnung über das Statut der Europäischen Stiftung (FE), COM(2012) 35, s. ABl 2015 C 80/21.

186 Zu den weiteren Hintergründen *Habersack*, JbItalR 21 (2009), S. 19, 21 ff.

187 Dazu *Stürner*, in: EnzEuR, Band 3, 2. Aufl. 2021, § 23.

188 Dazu noch unten § 34 Rn. 14 ff.

5. Abgrenzung: Rechtsharmonisierung außerhalb des Unionsrechts

a) Echte Harmonisierung

aa) UN-Kaufrecht

Das UN-Kaufrecht (CISG)[189] ist seit dem 1. Januar 1988 in Kraft und gilt weltweit mittlerweile in 94 Staaten.[190] Für die Bundesrepublik Deutschland ist das Übereinkommen seit dem 1. Januar 1991 geltendes Recht.[191] Es ist Teil der deutschen Rechtsordnung und ipso iure anwendbar, sobald die Voraussetzungen des Art. 1 Abs. 1 lit. a CISG gegeben sind, ohne dass es einer gesonderten Rechtswahl der Parteien bedarf.[192] Erforderlich ist danach nur, dass die Parteien eines grenzüberschreitenden Warenkaufs ihre Niederlassungen in verschiedenen Vertragsstaaten haben. Daneben ist das UN-Kaufrecht auch dann anwendbar, wenn das Kollisionsrecht der lex fori auf das Recht eines Vertragsstaates verweist, sei es, weil es eine Rechtswahl der Parteien akzeptiert oder weil der Vertrag dort seinen Schwerpunkt hat, Art. 1 Abs. 1 lit. b CISG.[193] **87**

Angesichts dieser Voraussetzungen und des weltweit fortschreitenden Ratifizierungsprozesses stünde zu erwarten, dass die Bedeutung des UN-Kaufrechts für den internationalen Warenkauf weiter steigt.[194] In der Rechtspraxis ist dies aber nicht unbedingt der Fall.[195] Noch immer wird im grenzüberschreitenden Rechtsverkehr oftmals von der in Art. 6 CISG eingeräumten Möglichkeit Gebrauch gemacht, das UN-Kauf- **88**

---

189 Übereinkommen der Vereinten Nationen vom 11.4.1980 über Verträge über den internationalen Warenkauf.

190 Stand: Oktober 2020. Eine Liste aller Vertragsstaaten findet sich unter https://uncitral.un.org/en/texts/salegoods/conventions/sale_of_goods/cisg/status.

191 BGBl. 1989 II, S. 586.

192 Vgl. BGHZ 134, 201, 206; BGHZ 96, 313, 322f. (noch zum EKG); Schlechtriem/Schwenzer/Schroeter/*Ferrari*, Kommentar zum Einheitlichen UN-Kaufrecht, 7. Aufl. 2019, vor Art. 1–6 Rn. 34; *Schlechtriem/Schroeter*, Internationales UN-Kaufrecht, 6. Aufl. 2016, S. 5. Einer Vorschaltung des deutschen Internationalen Privatrechts bedarf es nicht, BGHZ 134, 201, 206. Anders offenbar ein Teil der französischen Rechtsprechung, wonach Verhandlungen der Parteien zum unvereinheitlichten französischen Recht als Ausschluss des CISG gewertet wurde, vgl. die Entscheidung der Cour de Cassation v. 26.6.2001, CISG-online Nr. 598 und 600 und hierzu *Reifner*, IHR 2002, 52.

193 Vgl. OLG Düsseldorf IHR 2005, 24; OLG Karlsruhe IHR 2004, 62. Einige Vertragsstaaten (u.a. die USA und China) haben gem. Art. 95 CISG Vorbehalte gegen die Anwendung von Art. 1 Abs. 1 lit. b CISG erklärt.

194 Das CISG wurde bereits als „bisher bedeutendste privatrechtsvereinheitlichende Konvention" bezeichnet, vgl. Staudinger/*Magnus* (2018), Einl. zum CISG Rn. 1; ähnlich *Meyer*, RabelsZ 69 (2005), 457, 458 („eines der erfolgreichsten Projekte der Rechtsvereinheitlichung") sowie *Janssen*, ERPL 13 (2005), 463.

195 Vgl. dazu die Umfrage von *Meyer*, RabelsZ 69 (2005), 457, 466ff., 472; hiernach gaben etwa zwei Drittel der 479 an der Umfrage teilnehmenden Rechtsanwälte an, UN-Kaufrecht regelmäßig auszuschließen. Etwa ein Drittel bezieht das UN-Kaufrecht ausdrücklich oder stillschweigend mit ein. Vgl. im Übrigen auch *R. Koch*, NJW 2000, 910; *Stadie/Nietzer*, MDR 2002, 428, 431; *Grundmann*, in: Grundmann/Bianca (Hrsg.), EU-Kaufrechts-Richtlinie, 2002, Einl. Rn. 5; *Regula/Kannowski*, IHR 2004, 45.

recht auszuschließen;[196] lange Zeit ließ sich sagen, das UN-Kaufrecht komme regelmäßig nur dann zur Anwendung, wenn es den Parteien – aus welchen Gründen auch immer – nicht gelänge, es abzuwählen.[197] Einen gewissen Umschwung hat aus deutscher Sicht die Schuldrechtsmodernisierung 2001 gebracht,[198] die eine deutliche Annäherung von CISG und BGB nach sich zog.[199]

bb) Andere schuldrechtliche Konventionen

89 Im Bereich des Vertragsrechts kann neben dem CISG noch das Übereinkommen über den Beförderungsvertrag im internationalen Straßengüterverkehr genannt werden (CMR – Convention relative au contrat de transport international de marchandises par route). Es trat am 2. Juli 1961 in Kraft und gilt mittlerweile für 58 Vertragsstaaten.[200]

cc) Exkurs: Harmonisierung außerhalb des Schuldvertragsrechts

Literatur: *Dethloff*, Der deutsch-französische Wahlgüterstand – Wegbereiter für eine Angleichung des Familienrechts?, RabelsZ 76 (2012), 509; *Martiny*, Der neue deutsch-französische Wahlgüterstand – Ein Beispiel optionaler bilateraler Familienrechtsvereinheitlichung, ZEuP 2011, 577; *Mecke*, Güterrechtliche Grundsatzfragen, AcP 211 (2011), 886; *Stürner*, Der deutsch-französische Wahlgüterstand als Modell für die europäische Rechtsvereinheitlichung, JZ 2011, 545

90 Verschiedentlich wurden bilaterale Vereinheitlichungsprojekte vorangetrieben, um einen möglichen Boden zu bereiten für eine großflächigere Harmonisierung. Ein Beispiel hierfür bietet der sog. deutsch-französische Wahlgüterstand. Nach § 1519 BGB steht es den Ehegatten offen, durch Ehevertrag den Güterstand der Wahl-Zugewinngemeinschaft zu vereinbaren. In diesem Fall gelten die Vorschriften des Abkommens vom 4. Februar 2010 zwischen der Bundesrepublik Deutschland und der Französischen Republik über den Güterstand der Wahl-Zugewinngemeinschaft (WZGA).[201] Der deutsch-französische Wahlgüterstand verwirklicht ein Modell der Zugewinngemein-

---

196 Möchte man das CISG nicht selbst als eigene Rechtsordnung in diesem Sinne begreifen, stellt diese Norm damit eine Ausnahme zum kollisionsrechtlichen Grundsatz dar, dass eine Rechtsordnung nur insgesamt gewählt oder abbedungen werden kann.

197 Vgl. *Schillo*, IHR 2003, 257, 259; *Regula/Kannowski*, IHR 2004, 45; *Meyer*, RabelsZ 69 (2005), 457, 462 Fn. 24, 473; humoristisch dazu *Koller*, ZEuP 2020, 1045.

198 So sehen die Muster-AGB vieler Interessenverbände keine generelle Abwahl des CISG mehr vor, s. *Schlechtriem/Schroeter*, Internationales UN-Kaufrecht, 6. Aufl. 2016, Rn. 16.

199 Dazu *Grundmann*, AcP 202 (2002), 40.

200 Stand Oktober 2020, siehe https://treaties.un.org/Pages/ViewDetails.aspx?src=TREATY&mtdsg_no=XI-B-11&chapter=11&clang=_en.

201 BGBl. II vom 22.3.2012, S. 178.

schaft (Art. 2 WZGA). Er orientiert sich damit an den Regelungen des gesetzlichen Güterstandes nach deutschem Recht. Auch das französische Recht kennt den Güterstand der Zugewinngemeinschaft (régime de participation aux acquêts), allerdings nicht als Regelform der ehelichen Vermögensbehandlung, sondern lediglich als durch Ehevertrag zu vereinbarende Gestaltungsmöglichkeit. Wird nichts vereinbart, so besteht nach französischem Recht zwischen den Ehegatten eine Errungenschaftsgemeinschaft (communauté reduite aux acquêts[202]).

Das deutsch-französische Abkommen sollte eine Initialzündung für die weitere 91
Harmonisierung des Familienrechts sein.[203] Voraussetzung hierfür ist eine Offenheit für weitere Rechtstraditionen. Der Boden hierfür ist schon bereitet: Seit etwa 2000 arbeitet eine internationale Expertengruppe, die Commission on European Family Law (CEFL), an der Erstellung von Prinzipien des Europäischen Familienrechts.[204] In der Arbeitsgruppe sind Wissenschaftler aus über 20 Rechtsordnungen vertreten, die systematisch-rechtsvergleichend den gemeinsamen Kern der europäischen Familienrechtstraditionen zu ermitteln versuchen. Am Ende dieser Entwicklung könnte der wissenschaftliche Entwurf des optionalen Modells einer „Europäischen Ehe" stehen.[205] Das deutsch-französische Abkommen könnte mit den Arbeiten der (rein akademischen) Commission on European Family Law zusammengeführt werden, um damit eine breitere rechtsvergleichende Grundlage für ein revidiertes Abkommen zu erhalten.[206] Dieses wiederum könnte für eine größere Zahl von Staaten attraktiv sein. Die politische Signalwirkung, die dem deutsch-französischen Wahlgüterstand insoweit zugeschrieben wurde,[207] hat sich indessen kaum bestätigt. Ebenfalls nicht bewahrheitet hat sich die Befürchtung, es könnten nunmehr andere Staaten nachziehen und eigene binationale Güterstände vereinbaren, die dann ganz im Sinne eines Wettbewerbs der Rechtsordnungen in Konkurrenz zum deutsch-französischen Wahlgüterstand treten würden; es könne zu einem „race of unification models" kommen, was zu einem „uncontrolled chaos of bilateral cooperation and unregulated competition" führen würde.[208]

---

202 Art. 1387, 1400–1471 Code civil.

203 So der Titel der Pressemitteilung der damaligen Bundesjustizministerin *Leutheusser-Schnarrenberger* zum Kabinettsbeschluss vom 13.1.2010 zum deutsch-französischen Wahlgüterstand; ebenso *Meyer*, FamRZ 2010, 612, 617.

204 Dazu etwa *Boele-Woelki*, RabelsZ 73 (2009), 241; *Martiny*, in: Lipp/Schumann/Veit (Hrsg.), Die Zugewinngemeinschaft – ein europäisches Modell?, 2009, S. 39; *Boele-Woelki/Martiny*, ZEuP 2009, 679.

205 Dafür namentlich *Dethloff*, AcP 204 (2004), 544, 564ff.; *dies.*, StAZ 2006, 253, 256ff.; *dies.*, ZEuP 2007, 992, 1000.

206 Aus Sicht von Deutschland und Frankreich wäre eine Einbindung der CEFL sogar wünschenswert: *Meyer*, FamRZ 2010, 612, 617.

207 *Stürner*, JZ 2011, 545, 554; ähnlich die Einschätzung von *Meyer*, FamRZ 2010, 612, 617.

208 *Fötschl*, ERPL 2010, 881, 888.

b) Harmonisierung durch „Soft Law“

aa) Versuch einer Begriffsbestimmung

92 Der Terminus Soft Law gehört zu den eher schillernden Begriffen des Rechts. Bezeichnenderweise gibt es keine deutsche Übersetzung. So fungiert er gemeinhin als Sammelbecken für sämtliche Regeln unterhalb des formell gesetzten bzw. geltenden Rechts, das man insoweit als Hard Law bezeichnen kann. Darüber, was Recht – soft oder hard – eigentlich ist, lässt sich auch nach Jahrhunderten rechtswissenschaftlicher und philosophischer Forschung kein Konsens erzielen. „Noch immer suchen Juristen eine Definition zu ihrem Begriffe von Recht“, formulierte *Kant* Ende des 18. Jahrhunderts,[209] und das dürfte heute noch ebenso zutreffen. Man kann es ultrarealistisch sehen wie *Oliver Wendell Holmes*, der von Recht sprach als der zutreffenden Vorhersage dessen, was die Gerichte wirklich entscheiden.[210] Man kann auf die Durchsetzbarkeit abstellen wie *Kelsen*, der im Zwangsmoment das entscheidende Kriterium sah.[211]

93 Man kann so weit gehen wie die Postmoderne, deren Vertreter gerade für ein im Ausgangspunkt nicht-hierarchisches Nebeneinander verschiedener Rechtsordnungen oder Rechtstraditionen innerhalb eines sozialen Systems eintreten. Ein solcher Rechtspluralismus lässt sich auf *Eugen Ehrlich* zurückführen.[212] Die multiethnische Zusammensetzung seiner Heimat, dem Herzogtum Bukowina, mit ihren unterschiedlichen auch rechtlichen Traditionen und Bräuchen führte *Ehrlich* zur Forderung nach der verstärkten Berücksichtigung der Rechtswirklichkeit, in seiner Formulierung: des „lebenden Rechts“. Das Phänomen der Globalisierung hat der Idee des Rechtspluralismus neuen Nährboden gegeben.[213] Sie wurde unter anderem von Vertretern der postmodernen Theorie,[214] der Rechtsanthropologie[215] und auch von der Systemtheorie[216] aufgegriffen; *Teubner* hat den Begriff der „Globalen Bukowina“ geprägt.[217]

94 Inhaltlich geht es bei Soft Law insbesondere um Berücksichtigung und Rang nichtstaatlich geschaffener Normen, also etwa indigenen oder religiösen Ursprungs, aber auch Normgefügen, die von privaten Regelgebern gesetzt wurden. Zentrale Fragen betreffen dabei vor allem die Steuerung und Ordnung der Vielschichtigkeit der Rechtsquellen. Nimmt man die Rechtsvielfalt nicht nur als tatsächliches Phänomen

---

209 *Kant*, Kritik der Reinen Vernunft, B 759 Anmerkung.

210 *Oliver Wendell Holmes*, The Path of the Law, Band X, 1897, S. 460.

211 *Kelsen*, Reine Rechtslehre, 1960, S. 34 ff.

212 Grundlegung der Soziologie des Rechtes, 1913.

213 Zusammenfassend *Michaels*, Annual Review of Law and Social Science 5 (2009), 243; *Berman*, 80 Southern California Law Review 1155 (2007).

214 *Santos*, 14 Journal of Law and Society 293 (1987); siehe auch *Jayme*, Identité culturelle et intégration: le droit international privé postmoderne. Cours général de droit international privé, Recueil des cours, tome 251 (1995), S. 9.

215 *Riles*, 56 American Journal of Comparative Law 605 (2008).

216 Etwa *Teubner*, 5 Cardozo Law Rev., 1443 (1992).

217 *Teubner*, Rechtshistorisches Journal 15 (1996), 255 und in Global Law Without a State, 1997, S. 3.

zur Kenntnis, sondern fragt nach den normativen Implikationen, so gilt es, wie auch immer geartete Voraussetzungen zu definieren, welche Regel wann zur Anwendung gelangt.

Als Differenzierungskriterium für das Soft Law wird häufig die im Unterschied zum Hard Law fehlende Einklagbarkeit oder Sanktionslosigkeit der ihm entstammenden Normen genannt.[218] Doch ist das kein wirklich trennscharfes Kriterium: Eine Reihe von Normen, die man ohne weiteres zum Hard Law rechnen würde, lösen ebenfalls keine einklagbaren Verpflichtungen aus, man denke etwa an die im BGB normierten Naturalobligationen wie Spiel und Wette oder die Heiratsvermittlung. Umgekehrt kann ein Verstoß gegen Verhaltensstandards des Soft Law durchaus eine Haftung auslösen.[219] 95

So wird man sich vielleicht auf eine pragmatische Arbeitsdefinition von Recht einigen können, die als Recht die Gesamtheit aller geltenden Normen ansieht, d. h. solcher Normen, die von einem Gesetzgeber erlassen und/oder von den Gerichten angewendet werden.[220] Unterhalb dieses so definierten Hard Law beginnt das Soft Law. Doch lässt sich bei den dort versammelten „Normen" vielfach sogar streiten, ob es sich überhaupt um „Law" handelt, wenn man Instrumente betrachtet, die aus privater oder halbprivater Urheberschaft stammen.[221] Dies gilt etwa für Modellgesetze oder -regeln wie das UNCITRAL-Modellgesetz zur internationalen Handelsschiedsgerichtsbarkeit von 1985, das mittlerweile weltweit 84 Staaten bzw. 117 Jurisdiktionen[222] als Vorbild für deren Schiedsverfahrensrecht diente, die UNIDROIT Principles of International Commercial Contracts (PICC), die Principles of European Contract Law (PECL), die ELI/UNIDROIT European Rules of Civil Procedure, oder für weitgehend ungeschriebene Handelsbräuche wie die lex mercatoria oder private Normungen wie die International Financial Reporting Standards (IFRS). Letztlich wird jeder Einzelfall gesondert zu betrachten sein. 96

Instrumente des Soft Law erfreuen sich heute durchaus großer Beliebtheit. Fragt man nach den Gründen, so muss man nicht so weit gehen, das Vage, Ungefähre und Unverbindliche des Soft Law zum Kennzeichen einer Zeit zu erheben, in der vielenorts postmoderne Beliebigkeit herrscht. Doch scheint es durchaus der schleichenden Dekonstruktion der Nachkriegsordnung mit einigen wenigen Supermächten und klaren Trennungen zwischen Ost und West und klaren Tendenzen weg vom Multilateralismus zu entsprechen, dass die Regelsetzung schwieriger wird und sich Kompromisse vielleicht überhaupt nur dann erzielen lassen, wenn sie nicht zu verbindlichen Ver- 97

218 *Röhl/Röhl*, Allgemeine Rechtslehre, 3. Aufl. 2008, S. 222 (Soft Law = sanktionsloses Recht?); s.a. *Schwarze*, EuR 2011, 3.

219 Dazu aus der Perspektive des IPR unten § 30 Rn. 9 ff.

220 So *Rüthers/Fischer/Birk*, Rechtstheorie, 11. Aufl. 2020, Rn. 53.

221 Tietje/*Nowrot*, Internationales Wirtschaftsrecht, 2. Aufl. 2015, § 2 Rn. 77 ff.: kein Soft Law.

222 Stand Oktober 2020, siehe https://uncitral.un.org/en/texts/arbitration/modellaw/commercial_arbitration/status.

pflichtungen führen. Positiv gewendet: Soft Law überzeugt im besten Fall imperio rationis und nicht kraft Geltungsanordnung einer supranationalen Organisation.[223]

98 Auf einer etwas anderen Ebene wird Soft Law im Sinne einer eskalierenden Normgebung eingesetzt: als Vorstufe einer „echten" Regelsetzung mit Ankündigungs- bzw. – je nach Perspektive – Warnfunktion. Dies lässt sich etwa im EU-Recht beobachten, wo zunächst in einem als regelungsbedürftig erkannten Bereich Grün- oder Weißbücher oder auch Aktionspläne veröffentlicht werden, denen sich möglicherweise eine Empfehlung der Kommission anschließt, die als solche unverbindlich ist und nach obiger Arbeitsdefinition damit zum Soft Law gerechnet werden kann. Die echte Regelsetzung in Richtlinien- oder auch Verordnungsform folgt dann regelmäßig einige Jahre später; sie wirkt dann nicht mehr überraschend und lässt sich leichter durchsetzen.

99 Schließlich kann sich Soft Law auch als eine Möglichkeit der partizipativen Regelsetzung erweisen. Sie führt zur Delegation von Kompetenzen auf Experten ohne erkennbare politische Agenda, was die inhaltliche Autorität des Produkts erhöht und die politische Durchsetzbarkeit des dahinter stehenden Regelungsdesiderats möglicherweise erleichtert.

bb) Autoharmonisierung durch Soft Law

100 Für einen mitgliedstaatlichen Gesetzgeber wird der Anstoß zur Rechtsangleichung regelmäßig „von oben" kommen, vor allem in Form einer EU-Richtlinie. Das schließt aber nicht aus, dass eine Harmonisierung auch aus autonomen Motiven heraus betrieben wird. Mögliche Gründe hierfür könnten vor allem in dem Bestreben liegen, eine moderne und international wettbewerbsfähige Rechtsordnung zur Verfügung zu stellen. Dies soll die Attraktivität des heimischen Rechts stärken, das angesichts vielfach bestehender Rechtswahlmöglichkeiten unter Druck gerät.[224] Das geht so weit, dass seitens westlicher Industriestaaten offensiv für die Qualität des eigenen Rechts geworben wird, etwa durch ein Konsortium aus Berufsverbänden, Richterverbänden und der Wirtschaft mit Unterstützung des Bundesministeriums der Justiz und für Verbraucherschutz für „Law Made in Germany". Ähnlich geht die französische „Fondation pour le droit continental" vor.[225] Recht wird hier offen als Produkt angesehen, für das

223 Dezidiert *Zweigert/Kötz*, Einführung in die Rechtsvergleichung, 3. Aufl. 1996, S. 24: „So willkommen alle Ideen sind, die eine intensivere Rechtsharmonisierung anstreben, im ganzen scheint uns das Verfahren der Modellgesetze, die mit großer rechtsvergleichender Sorgfalt erarbeitet worden sind, das zukunftsträchtigste zu sein."

224 Dies gilt vor allem dann, wenn sich die Parteiautonomie auch auf die Wahl des Gerichtsstandortes bezieht, wie dies etwa in Art. 25 Brüssel Ia-VO für die EU der Fall ist (dazu unten § 35 Rn. 95ff.). Gleiches gilt für die Möglichkeit, im Wege einer Schiedsvereinbarung von vornherein staatliche Gerichte zu derogieren, vgl. etwa §§ 1029, 1032 Abs. 1 ZPO.

225 Siehe zu beidem *Vogenauer*, ERPL 2013, 30; *Kischel*, Rechtsvergleichung, 2015, S. 144ff.

sich das rechtssuchende Publikum entscheidet, wenn das Preis-Leistungs-Verhältnis stimmt.[226]

Doch betreffen solche Initiativen regelmäßig den internationalen Handelsverkehr. In anderen Bereichen des Privatrechts, vor allem bei Beteiligung von Verbrauchern, wird sich eine autonome Harmonisierung vielfach als Folge der Rechtsangleichung durch EU-Richtlinien ergeben. Seit der Rekodifizierung vieler Nebengesetze im Zuge der Schuldrechtsmodernisierung 2001 hat der deutsche Gesetzgeber eine ganze Reihe solcher Richtlinien „überschießend" in der Weise umgesetzt, dass die Vorgaben des Unionsrechts über deren eigentlichen Geltungsbereich hinaus in das nationale Recht übertragen wurden.[227] In solchen Fällen ist es die Systemgerechtigkeit, mithin das Postulat der inneren Einheitlichkeit und Widerspruchsfreiheit der Rechtsordnung, die eine Übererfüllung der Richtlinienvorgaben bedingt. 101

cc) UNIDROIT-Prinzipien

Literatur: *Brödermann*, UNIDROIT Grundregeln in der internationalen Vertragsgestaltung. 10 Thesen zur gezielten Nutzung der UNIDROIT Principles, IWRZ 2019, 7; *Brödermann*, UNIDROIT Principles of International Commercial Contracts – An Article-by-Article Commentary, 2018; *Vogenauer* (Hrsg.), Commentary on the UNIDROIT Principles of International Commercial Contracts (PICC), 2. Aufl. 2015; *Erler/Schmidt-Kessel*, The Use of the UPICC in Order to Interpret or Supplement German Contract Law, in: Schmidt-Kessel (Hrsg.), German National Reports on the 20th International Congress of Comparative Law, 2018, S. 39

Die UNIDROIT Principles of International Commercial Contracts (PICC) wurden erstmals 1994 veröffentlicht; die aktuelle Fassung datiert von 2016. Auch bei den PICC handelt es sich um Soft Law ohne die Inkraftsetzung eines demokratisch legitimierten Gesetzgebers. Eine kollisionsrechtliche Wahl der PICC ist daher nicht möglich.[228] Gleichwohl erfreuen sich die Principles einiger Beliebtheit, dies sowohl im Bereich der internationalen Vertragsgestaltung[229] als auch bei der Neuschaffung von Gesetzen, so etwa bei der Reform des estnischen Obligationenrechts.[230] Als Referenzrahmen für die Auslegung von Verträgen, etwa im Rahmen der im Handelsverkehr geltenden Gewohnheiten und Gebräuche, auf die nach § 346 HGB Rücksicht zu nehmen 102

226 *Eidenmüller*, JZ 2009, 641; *Basedow*, 62 American Journal of Comparative Law, 821 (2014).

227 Dazu vor allem *Habersack/Mayer*, in: Riesenhuber, Europäische Methodenlehre, 3. Aufl. 2015, § 14; näher unten § 8 Rn. 88 ff.

228 Siehe dazu unten § 32 Rn. 16.

229 Dezidiert *Brödermann*, IWRZ 2019, 7.

230 S. *Kull/Torga*, in: Kull (Hrsg.). Development of Estonian Contract and Company Law in the Context of Harmonized EU Law, 2010, S. 43.

ist, haben die PICC in der deutschen Rechtsprechung allerdings kaum Verwendung gefunden.[231]

dd) PECL und DCFR

Literatur: *Stadler*, Struktur, Stil und Regelungstechnik des DCFR, in: FS Schwenzer, 2011, S. 1605

103 Versuche, einen ähnlichen Regelungsrahmen für das europäische Privatrecht zu schaffen, waren nur bedingt erfolgreich. Mit dem von der Europäischen Kommission geförderten Gemeinsamen Referenzrahmen (Draft Common Frame of Reference, DCFR[232]), der auf den Principles of European Contract Law (PECL) aufbaut,[233] sollte eine kohärentere Regelsetzung auf EU-Ebene erreicht werden. Auf rechtspolitischer Ebene hat sich dieser Ansatz allerdings nicht durchsetzen können. So bleibt der DCFR ein akademisches Modellgesetzbuch, das allerdings gerade für kleinere Mitgliedstaaten hinsichtlich der Modernisierung ihrer bürgerlichen Vermögensrechtsordnungen durchaus Vorbildfunktion entfalten könnte.[234] Auch hier ist wieder auf Estland zu verweisen, das bei der Neuordnung seines Obligationenrechts auf eine Vielzahl von Inspirationsquellen zurückgegriffen hat, darunter auch solche des Soft Law.[235]

---

231 Näher *Erler/Schmidt-Kessel*, in: Schmidt-Kessel (Hrsg.), German National Reports on the 20th International Congress of Comparative Law, 2018, S. 39 m. w. N. auch zur durchaus vorhandenen Literatur.

232 S. *von Bar/Clive/Schulte-Nölke*, Principles, Definitions and Model Rules of European Private Law. Draft Common Frame of Reference (DCFR), Full Edition, 2009.

233 Dazu unten § 4 Rn. 2ff. (PECL) und § 3 Rn. 14ff. (DCFR).

234 Siehe dazu etwa *Jung*, in: Schmidt-Kessel (Hrsg.), Der Gemeinsame Referenzrahmen, 2009, S. 255, 258ff.

235 Dazu *Kull*, Juridica International 1999, 147; *dies.*, Juridica International 2004, 32.

§ 3 Die Entwicklung des Europäischen Vertragsrechts

Literatur: *Beale*, The story of EU contract law – from 2001 to 2014, in: Twigg-Flesner (Hrsg.), Research Handbook on EU Consumer and Contract Law, 2016, S. 431; *Cantero Gamito/Micklitz* (Hrsg.), The Role of the EU in Transnational Legal Ordering: Standards, Contracts and Codes, 2020; *Ernst*, Der „Common Frame of Reference" aus juristischer Sicht, AcP 208 (2008), 248; *Gebauer*, Grundfragen der Europäisierung des Privatrechts, 1998; *Gómez*, The Harmonization of Contract Law through European Rules: a Law and Economics Perspective, ERCL 2008, 89; *Grundmann*, Europäisches Vertragsrecht – Quo vadis?, JZ 2005, 860; *Hamza*, Bemerkungen zur Angleichung des Privatrechts in Europa, in: FS Müller-Graff, 2015, S. 59; *Honsell*, Die Erosion des Privatrechts durch das Europarecht, ZIP 2008, 621; *Jansen/Zimmermann*, Vertragsschluss und Irrtum im europäischen Vertragsrecht: Textstufen transnationaler Modellregelungen, AcP 210 (2010), 196; *Kötz*, Europäisches Vertragsrecht, 2. Aufl. 2015, § 1; *Kramer*, Internationale, europäische und schweizerische Perspektiven des Vertragsrechts, JBl 2012, 750; *Leutheusser-Schnarrenberger*, Europäisches Zivilrecht – die nächsten Etappen, ZEuP 2011, 451; *Mance*, The Common Frame of Reference, ZEuP 2010, 457; *Mittwoch*, Die Vereinheitlichung des Privatrechts in Europa – auf dem Weg zu einem Europäischen Zivilgesetzbuch?, JuS 2010, 767; *Niglia*, The Struggle for European Private Law. A Critique of Codification, 2017; *Vogenauer/Weatherill*, Eine empirische Untersuchung zur Angleichung des Vertragsrechts in der EG, JZ 2005, 870; *Zimmermann*, Römisches Recht und europäische Kultur, JZ 2007, 1

Systematische Übersicht

https://doi.org/10.1515/9783110718690-003

I. Das ius commune als Vorläufer des Europäischen Privatrechts

Literatur: *Bürge*, Das römische Recht als Grundlage für das Zivilrecht im künftigen Europa, in: Ranieri (Hrsg.), Die Europäisierung der Rechtswissenschaft, 2002, S. 19; *Coing*, Von Bologna bis Brüssel – Europäische Gemeinsamkeiten in Vergangenheit, Gegenwart und Zukunft, 1989; *ders.*, Die ursprüngliche Einheit der europäischen Rechtswissenschaft, 1968; *ders.*, Europäisches Privatrecht I, 1985, und II, 1989; *Gebauer*, Grundfragen der Europäisierung des Privatrechts, 1998, §§ 1–6; *Zimmermann*, Das römisch-kanonische ius commune als Grundlage europäischer Rechtseinheit, JZ 1992, 8; *Zimmermann*, The Law of Obligations. Roman Foundations of the Civilian Tradition, 1996

1. Die Entwicklung eines „Gemeinen“ Rechts

1 Aus der Rezeption des römischen und des kanonischen Rechts war ab dem 11. und 12. Jahrhundert bereits ein „gemeineuropäisches“ Recht (ius commune) entstanden. Grundlage waren der corpus iuris civilis, eine unter der Ägide von Kaiser Justinian im 6. Jahrhundert zusammengestellte Gesetzessammlung, sowie kanonische Quellensammlungen. Das ius commune hatte die Funktion eines „Ersatzrechtssystems“ für die lückenhaften Partikularrechte. Kennzeichen der Entwicklung war eine europaweit überwiegend einheitliche rechtswissenschaftliche Ausbildung, die europaweite Gültigkeit der Wissenschaftssprache Latein sowie die Besetzung von Schlüsselpositionen durch Juristen. Diese tendierten vielfach dazu, das aus der Ausbildung bekannte ius commune anzuwenden statt des lokalen Rechts. Die recht hohe Mobilität der Gelehrten trug ein Übriges zur Verbreitung des ius commune bei.[1] Die Rezeption begann in den neu gegründeten Universitäten Oberitaliens, vor allem in Bologna im 11. und 12. Jahrhundert, ab dem 13. Jahrhundert auch in Padua und Neapel.[2] In diesem Sinne gab es bereits im Mittelalter ein „europäisches“ Privatrecht.

2 Auch England blieb von dieser Entwicklung nicht unberührt: An den bis ins 19. Jahrhundert einzigen beiden Universitäten Oxford und Cambridge wurde nur römisches Recht und nicht das Common Law gelehrt – letzteres wurde im Kern als reine Praxismaterie angesehen. Der Bedarf einer Rezeption des ius commune in der Praxis bestand aber nicht so ausgeprägt wie auf dem Kontinent, da das Common Law gerade auch durch die historische Kontinuität und die im Königreich bestehende Rechtsein-

1 Beispiele bei *Zimmermann*, JZ 1992, 8, 11.
2 Überblick bei *Zimmermann*, JZ 1992, 8.

heit eine im Vergleich etwa zu den deutschen Partikularrechten recht ausgereifte Rechtsordnung war.[3] In Schottland lässt sich dagegen seit dem 16. Jahrhundert eine Rezeption des ius commune nachweisen.[4]

2. Nationalisierung der Privatrechtsordnungen durch Kodifikationen

Ab dem späten 17. Jahrhundert erfolgte dann wieder eine verstärkte Zuwendung zu den lokalen Rechten; der Rechtsunterricht wurde in der jeweiligen Landessprache abgehalten. Damit einher ging eine zunehmende Nationalisierung im 18. Jahrhundert. Die Aufklärung, die französische Revolution und die Schaffung des code civil 1804 markierte dann die wohl entscheidende Abkehr von einer Rechtswissenschaft, die bis dahin durchaus als europäisch bezeichnet werden konnte: Ihre Ablösung wurde ausgelöst durch die Kodifikationsidee und den Nationalstaatsgedanken.[5] Bereits zuvor waren mit dem Codex Maximilianeus Bavaricus civilis von 1756 und dem Preußischen Allgemeinen Landrecht von 1794 naturrechtliche Gesetzeskodifikationen erlassen worden; später folgte das österreichische ABGB von 1812. Diese verkörperten das Ideal des bürgerlichen Staates: Ein Gesetzbuch regelt Rechte und Pflichten aller Bürger; es verkörpert mithin die Zivilverfassung. Noch heute wird der französische code civil als „die wahre politische Verfassung Frankreichs“ bezeichnet.[6] Dem Vertrag und der Vertragsfreiheit kommt dabei zentrale Bedeutung zu,[7] gibt er doch den Bürgern das Mittel zur freien Gestaltung ihrer rechtlichen Belange an die Hand.[8] Recht und Rechtswissenschaft orientierten sich vornehmlich national; die europäische Dimension der Jurisprudenz ging zunehmend verloren. 3

3. Die historische Betrachtung als Mittel zum Verständnis der Gegenwart

Eine vor allem in Deutschland verbreitete Strömung der europäischen Privatrechtswissenschaft stützt sich auf das historische Verständnis der Rechtsentwicklung in Eu- 4

3 Zu den historischen Verbindungen zwischen Common Law und Civil Law *Zimmermann*, ZEuP 1993, 4; *Zimmermann*, JZ 2007, 1, 11f.

4 Siehe nur *Zimmermann/MacLeod*, Stichwort „Schottisches Privatrecht“, in: Handwörterbuch des Europäischen Privatrechts, 2009.

5 Zu dieser Epoche *Gebauer*, Grundfragen der Europäisierung des Privatrechts, 1998, S. 48ff.

6 *Carbonnier*, Le Code civil, in: Nora (Hrsg.), Les lieux de mémoire, Band 2, 1986, S. 309 (code civil als „la véritable constitution politique de la France“). Kritisch dazu *Cabrillac*, Le Code civil est-il la véritable constitution de la France?, (2005) 39 Revue juridique Thémis, 245.

7 So lässt *Richard Wagner* im Rheingold (1869) den Riesen Fasolt gegenüber Wotan ausrufen: „Verträgen halte Treu'! Was du bist, bist du nur durch Verträge [...].“ Auch wenn dieser Vertrag einen kaum zu billigenden Inhalt hatte – Wotan hatte die „Abtretung“ der Göttin Freia an Fafner und Fasolt als Entgelt für den Bau der schlüsselfertigen Götterburg versprochen –, so spiegelt die Äußerung zumindest den Zeitgeist wider.

8 Zur Bedeutung des Vertrags für die Gesellschaft *Max Weber*, Wirtschaft und Gesellschaft, 1922, S. 412ff.

ropa, um daraus im Wesentlichen drei Dinge abzuleiten: Erstens geht es um den Gedanken der Legitimation einer europäischen Rechtsvereinheitlichung: Was über Jahrhunderte bereits gelebte Rechtswirklichkeit war, kann auch heute wieder die Basis für eine europäische Rechtseinheit bilden. So lässt sich nach *Reinhard Zimmermann* das gegenwärtige Stadium „als bloßes Durchgangsstadium begreifen auf dem Weg zu einem erneuten usus modernus pandectarum".[9] Zweitens aber wendet sich diese Ansicht damit gegen einen in erster Linie technisch-neutralen Harmonisierungsansatz unter ausschließlicher Marktorientierung, wie dies im Kern der Vorgehensweise der EU-Kommission entspricht. Sie fordert eine stärkere inhaltliche Durchdringung des europäischen Rechtsstoffes jenseits des oberflächlich Trennenden. Dies führt, drittens, zu einer Forderung nach einer Orientierung an langfristigen Zielen; Großprojekte wie der DCFR, die in wenigen Jahren zu einer Veröffentlichung getrieben wurden, stoßen eher auf Skepsis.[10]

5 Eine Reminiszenz an die Entstehung der mittelalterlichen Universitäten und die hohe Durchlässigkeit der damaligen Akademiker bietet auch der sog. Bologna-Prozess: Dieser wurde durch eine Erklärung der EU-Bildungsminister am 19. Juni 1999 in Bologna angestoßen; es wurde die Absicht erklärt, bis 2010 einen Europäischen Hochschulraum zu schaffen durch die Einführung vergleichbarer Hochschulabschlüsse und gegenseitige Anerkennung der erbrachten Leistungen, die Umstellung auf ein gestuftes System aus Bachelor und Master, eine erhöhte Mobilität von Studierenden und Lehrenden sowie die Herausbildung einer europäischen Dimension der Hochschulausbildung.[11] Auf diese für die Universitäten so einschneidenden Neuerungen kann an dieser Stelle nicht näher eingegangen werden. Bekanntlich beruht die deutsche Juristenausbildung nach wie vor auf dem Modell des Einheitsjuristen; eine Umstellung auf das Bachelor-Master-System fand – letztlich wohl zu Recht – nicht statt. Freilich geht dies einher mit einer sehr starken Fokussierung auf das deutsche Recht; eine Internationalisierung des vermittelten Rechtsstoffes zeigt sich nur in Ansätzen und auch dies zumeist nicht im Bereich des Pflichtfachstoffes, sondern lediglich in den universitären Schwerpunktbereichen.[12]

II. Das Fernziel einer europäischen Kodifikation

Literatur: *Gutman*, The Constitutional Foundations of European Contract Law: A Comparative Analysis, 2014, S. 156; *Lando*, Does the European Union need a Civil Code?, RIW 2003, 1; *Lehmann*,

---

9 *Zimmermann*, JZ 1992, 8, 20; ähnlich *Coing*, NJW 1990, 937, 940 mit der Forderung nach Herausbildung einer europäischen Rechtswissenschaft nach historischem Vorbild.

10 Dazu noch unten Rn. 14 ff.

11 Dazu etwa *Jeep*, JZ 2006, 459.

12 Zu den dennoch vorhandenen Ansätzen *Stürner*, in: FS Müller-Graff, 2015, S. 1476; *Stürner*, in: Schmidt-Kessel (Hrsg.), German National Reports on the 19th International Congress of Comparative Law, 2014, S. 135 sowie näher unten § 5 sowie zum IPR § 29 Rn. 27 ff.

Braucht Europa ein Handelsgesetzbuch?, ZHR 181 (2017), 9; *Lehmann*, EU Law-Making 2.0: The Prospect of a European Business Code, ERPL 2020, 73; *Niglia*, The Struggle for European Private Law. A Critique of Codification, 2017; *Riesenhuber*, Und jetzt ein Europäisches Wirtschaftsgesetzbuch?, GPR 2017, 270; *Zaccaria*, Il futuro del diritto privato europeo, Studium Iuris 2007, 1299; *Pichonnaz*, Europäisches Privatrecht: Eine Vereinheitlichung beginnt im Geiste, in: GS Huguenin, 2018, S. 325

1. Kodifikation und Binnenmarkt

In gewisser Weise läge es in der Logik der Entwicklung des Binnenmarktes, auf eine Kodifikation im Bereich des bürgerlichen Vermögensrechts zuzusteuern. Die bereits für die Vollharmonisierung angeführten Argumente[13] – etwa Vermeidung von Rechtszersplitterung, Rechtssicherheit, Reduzierung von Transaktionskosten – gälten erst Recht auch für eine umfassende Rechtsangleichung. 6

Die Rechtslehre vertritt hierzu sehr unterschiedliche Ansichten. Auf der einen Seite stehen diejenigen Autoren, die Wert auf die Anerkennung rechtskultureller Unterschiede innerhalb der Union legen; diese dürften nicht durch legislatorische Maßnahmen nivelliert werden.[14] Auch wurde in Frage gestellt, ob die EU überhaupt eine Legislativkompetenz für ein solches Vorhaben hätte.[15] Die Gegenansicht verweist auf die unifikatorische Kraft der großen Kodifikationen und will diesen Gedanken auf den europäischen Rechtsraum übertragen.[16] Vor allem ab etwa Mitte der 1990er Jahre bis zum Erscheinen des DCFR im Jahre 2008 herrschte eine eher optimistische Grundstimmung. Davon zeugen zahlreiche Tagungen und Sammelbände zum Thema Europäische Privatrechtsvereinheitlichung.[17] Habilitationsschriften befassten sich mit den Grundlagen der Europäisierung des Privatrechts;[18] ungezählte Dissertationen arbeiteten Teilaspekte auf.[19] „Europa, zeig, was Du kannst!" formulierte etwa *Winfried Tilman*.[20] 7

---

13 Siehe oben § 2 Rn. 71ff.

14 Vgl. allgemein etwa *Schulze*, ZEuP 1993, 442, 473; *Collins*, ERPL 1995, 353; *Sandrock*, JZ 1996, 1, 6ff.; *Markesinis*, ERPL 1997, 519; *Berger*, ERPL 2001, 21, 24ff.; *Luther*, RabelsZ 45 (1981), 253 (zum Eherecht); vgl. in anderem Zusammenhang auch *Flume*, ZIP 2000, 1427, 1429 (BGB als „Kulturdenkmal"). Radikal gegen jede Rechtsvereinheitlichung *Legrand*, (1997) 60 MLR 44 und öfter.

15 Dazu unten § 6 Rn. 18ff.

16 Vgl. z.B. *Basedow*, (1996) 33 CML Rev. 1169, 1181ff.; *ders.*, ERPL 2001, 35, 40ff.; *Lando*, ERPL 1997, 525, 531f.; *Drobnig*, in: Martiny/Witzleb (Hrsg.), Auf dem Wege zu einem Europäischen Zivilgesetzbuch, 1999, S. 109, 116ff.; *Schwintowski*, JZ 2002, 205.

17 Grundlegend vor allem *Müller-Graff* (Hrsg.), Gemeinsames Privatrecht in der Europäischen Gemeinschaft, 2. Aufl. 1999; siehe weiter etwa *Martiny/Witzleb* (Hrsg.), Auf dem Wege zu einem Europäischen Zivilgesetzbuch, 1999.

18 Etwa *Franzen*, Privatrechtsangleichung durch die Europäische Gemeinschaft, 1999; *Leible*, Wege zu einem Europäischen Privatrecht, Habil. 2001; *Lurger*, Grundfragen der Vereinheitlichung des Vertragsrechts in der Europäischen Union, 2002; *Riesenhuber*, System und Prinzipien des Europäischen Vertragsrechts, 2003.

19 Grundlegender Ansatz insbesondere bei *Gebauer*, Grundfragen der Europäisierung des Privatrechts, 1998.

20 *Tilman*, ZEuP 1997, 595, 598.

8 Doch hat die jüngere Vergangenheit gezeigt, dass es politisch derzeit keine Mehrheit für ein solch ambitioniertes Projekt wie ein europäisches Zivilgesetzbuch gäbe. Dessen ungeachtet ist auf eine Reihe von wissenschaftlichen Inititativen hinzuweisen, die sich mit der systematischen Zusammenstellung oder gar Synthetisierung von Rechtsregeln europäischer Provenienz befassen.[21]

9 Etwas positiver zeigt sich die Situation möglicherweise im Bereich des Handelsrechts.[22] Im Weißbuch „Die Zukunft Europas" vom 1. März 2017[23] wurde eine Kodifikation ausdrücklich als mögliches Szenario aufgefasst, wenn auch lediglich im Rahmen einer differenzierten Integration („Wer mehr will, tut mehr"). Dort heißt es: „Eine Gruppe von Ländern erarbeitet ein gemeinsames ‚Wirtschaftsgesetzbuch', in dem gesellschaftsrechtliche, handelsrechtliche und vergleichbare Vorschriften vereinheitlicht werden, sodass Unternehmen jeder Größenordnung einfach über Grenzen hinweg tätig sein können."[24] Doch zunächst gilt es, die bisherige Entwicklung darzustellen.

2. Die Entschließung des Europäischen Parlaments

10 Bereits im Jahre 1989 hatte das Europäische Parlament in einer „Entschließung zu den Bemühungen um eine Angleichung des Privatrechts der Mitgliedstaaten"[25] eine Harmonisierung der Privatrechtsordnungen gefordert, bis hin zum Beginn der „erforderlichen Vorbereitungsarbeiten zur Ausarbeitung eines einheitlichen Europäischen Gesetzbuches für das Privatrecht". Da das alleinige Initiativrecht für legislative Maßnahmen bei der Kommission liegt, blieb es zunächst bei diesem Appell. Konkrete Vorschläge wurden nicht unterbreitet.

3. Der Aktionsplan der Kommission und spätere Mitteilungen

11 Nachhaltige Beschleunigung erfuhr dieses Desiderat erst durch die Mitteilung der Kommission zum Europäischen Vertragsrecht vom 11. Juli 2001.[26] Hierin stellte die Kommission verschiedene Optionen für eine weitere Harmonisierung des europäischen Vertragsrechts vor, die von einem Absehen von weiteren Maßnahmen bis hin zum Erlass neuer Rechtsvorschriften auf EG-Ebene reichten.[27]

---

21 Dazu unten § 4.

22 *Lehmann*, ZHR 181 (2017), 9; *Lehmann*, GPR 2017, 262.

23 COM(2017) 2025 final.

24 Weißbuch, COM(2017) 2025, S. 12. Zu der diesem Passus zugrundeliegenden deutsch-französischen Initiative unten § 4 Rn. 45 ff.

25 Vom 26.5.1989, ABl. C 158 vom 26.6.1989, S. 400.

26 Mitteilung der Kommission der Europäischen Gemeinschaften an den Rat und das Europäische Parlament zum Europäischen Vertragsrecht vom 11.7.2001, KOM(2001) 398 endg.

27 KOM(2001) 398, S. 14 ff.

Unter Berücksichtigung der zahlreichen Reaktionen auf die Mitteilung stellte die Kommission in ihrem „Aktionsplan – ein kohärentes europäisches Vertragsrecht“[28] vom 15. März 2003 ein Modell vor, das zur Vereinheitlichung des Vertragsrechts zum einen die Überarbeitung und Konsolidierung des bestehenden gemeinschaftsrechtlichen acquis, zum anderen aber die Schaffung eines „Gemeinsamen Referenzrahmens“ vorsah, der gemeinsame Grundsätze und Begriffe im Bereich des europäischen Vertragsrechts festlegen und primär an die Gemeinschaftsorgane gerichtet sein sollte. Dieser Referenzrahmen sollte seinerseits als Basis für ein „Optionelles Instrument“ dienen, also ein von den Parteien wählbares Regelwerk.[29] In einer Mitteilung vom 11. Oktober 2004 präzisierte die Kommission diese Vorgehensweise nochmals.[30] 12

Mit der Ausarbeitung eines so verstandenen „Gemeinsamen Referenzrahmens“ (Draft Common Frame of Reference; DCFR) wurde das „Joint Network on European Private Law (CoPECL)“ unter Förderung durch das 6. EU-Forschungsrahmenprogramm betraut.[31] Über die Arbeiten des CoPECL-Netzwerks gaben verschiedene Fortschrittsberichte der Kommission Auskunft.[32] Hauptmitglieder des CoPECL-Netzwerks waren die Study Group on a European Civil Code, die als Nachfolgegruppe der Com- 13

28 KOM(2003) 68 endg. S. dazu *Najork/Schmidt-Kessel*, GPR 2003/04, 5; aus rechtstatsächlicher Sicht auch *Vogenauer/Weatherill*, JZ 2005, 870, 874ff.

29 KOM(2003) 68 endg., S. 27f.

30 Mitteilung der Kommission an das Europäische Parlament und den Rat. Europäisches Vertragsrecht und Überarbeitung des gemeinschaftlichen Besitzstands – weiteres Vorgehen, KOM(2004) 651 endg. Hierzu *Lando*, RIW 2005, 1; *Staudenmayer*, EuZW 2005, 103; *ders.*, ERPL 2005, 95. Zu den Perspektiven der Vertragsrechtsvereinheitlichung auch *Grundmann*, JZ 2005, 860, 867ff.

31 Zur Arbeitsweise des Netzwerks u.a., teils kritisch, *Schulte-Nölke*, in: Schmidt-Kessel, Der Gemeinsame Referenzrahmen, 2009, S. 9; *Lando*, ERCL 2007, 245; *Schulze*, in: ders., Common Frame of Reference and Existing EC Contract Law, 2009, S. 3; *Ernst*, AcP 208 (2008), 248; *Pfeiffer*, AcP 208 (2008), 227; *Micklitz*, GPR 2007, 2; *Hirsch*, ZIP 2007, 937, 939f.; *Mance*, EBLR 2007, 77, 92ff. Überzogen gegen jede Rechtsvereinheitlichung *Legrand*, Journal of Comparative Law 1 (2006), 13.

32 Erster jährlicher Fortschrittsbericht zum europäischen Vertragsrecht und zur Überprüfung des gemeinschaftlichen Besitzstands vom 23.9.2005, KOM(2005) 456 endg.; Zweiter Fortschrittsbericht zum Gemeinsamen Referenzrahmen vom 25.7.2007, KOM(2007) 447 endg.; vgl. daneben die Stellungnahmen des Parlaments: Entschließung des Europäischen Parlaments zum Europäischen Vertragsrecht und zur Überarbeitung des gemeinschaftlichen Besitzstands vom 23.3.2006, 2005/2022(INI), P6_TA (2006)0109, ZEuP 2006, 908; Entschließung des Europäischen Parlaments zum Europäischen Vertragsrecht vom 7.9.2006, 2006/2603(RSP), P6_TA(2006)0352; Entschließung des Europäischen Parlaments zum Europäischen Vertragsrecht vom 12.12.2007, P6_TA(2007)0615; Entschließung des Europäischen Parlaments zum Gemeinsamen Referenzrahmen für das Europäische Vertragsrecht vom 3.9.2008, P6_TA-PROV(2008)0397. Vgl. zur Entwicklung etwa *von Bar*, in: FS Jayme, 2004, S. 1217; *Pfeiffer*, in: Kieninger/Remien (Hrsg.), Privat- und Wirtschaftsrecht im Zeichen der Europäischen Integration, 2004, S. 123; *Dauner-Lieb*, NJW 2004, 1431; *von Bar/Schulte-Nölke*, ZRP 2005, 165; *Staudenmayer*, EuZW 2005, 103; *Schulze*, ZRP 2006, 155; *Jansen*, JZ 2006, 536, 539ff.

mission of European Contract Law die Arbeit an den PECL fortführte und ausbaute,[33] und die European Research Group on Existing EC Private Law (Acquis Group), deren Ziel es ist, das geltende Gemeinschaftsprivatrecht in kohärenter Form zusammenzufassen.[34] Beide Gruppen und ihre Arbeitsweise werden an späterer Stelle beschrieben.[35]

III. Das Scheitern der großen Idee: der Draft Common Frame of Reference (DCFR)

Literatur: *von Bar/Schulte-Nölke*, Gemeinsamer Referenzrahmen für europäisches Schuld- und Sachenrecht, ZRP 2005, 165; *Basedow*, Kodifikationsrausch und kollidierende Konzepte, ZEuP 2008, 673; *Eidenmüller/Faust/Grigoleit/Jansen/Wagner/Zimmermann*, Der Gemeinsame Referenzrahmen für das Europäische Privatrecht – Wertungsfragen und Kodifikationsprobleme, JZ 2008, 529; *Ernst*, Der „Common Frame of Reference" aus juristischer Sicht, AcP 208 (2008), 248; *Jansen*, Traditionsbegründung im europäischen Privatrecht, JZ 2006, 536; *Jansen/Zimmermann*, „A European Civil Code in all but name": discussing the nature and purposes of the draft common frame of reference, (2010) 69 Cambridge Law Journal 98; *Mance*, Is Europe Aiming to Civilise the Common Law?, European Business Law Review 18 (2007), 77; *Pfeiffer*, Von den Principles of European Contract Law zum Draft Common Frame of Reference, ZEuP 2008, 679; *Schulze/von Bar/Schulte-Nölke* (Hrsg.), Der akademische Entwurf für einen Gemeinsamen Referenzrahmen, 2008; *Stadler*, Struktur, Stil und Regelungstechnik des DCFR, in: FS Schwenzer, 2011, S. 1605

1. Inhalt

14 Der Draft Common Frame of Reference (DCFR) versteht sich als Modell für eine europäische Kodifikation des Vermögensrechts, was zu der Außenwahrnehmung geführt hat, es handele sich um „a European civil code in all but name".[36] Während die PECL ein rein wissenschaftliches Projekt sind, das sich ganz vorrangig der Herausarbeitung gemeinsamer europäischer Rechtsgrundsätze verpflichtet fühlt, wurde mit dem DCFR insofern eine neue Stufe der Rechtsvereinheitlichung auf europäischer Ebene erreicht, als erstmals der konkrete Anstoß zur Harmonisierung des Vertragsrechts von Seiten der EG-Organe kam.

15 Der Draft Common Frame of Reference beinhaltet Regelungen, die weit über das Vertragsrecht hinausgehen und im Wesentlichen das gesamte Vermögensrecht um-

---

33 Zur Arbeit der Study Group etwa *von Bar*, in: FS Henrich, 2000, S. 1; *McGuire*, ZfRV 2006, 163; *Schmidt-Kessel*, Stichwort „Study Group on a European Civil Code", in: Handwörterbuch des Europäischen Privatrechts, Band II, S. 1453 ff.

34 Dazu *Schulte-Nölke*, ZGS 2002, 261; *Grigoleit/Tomasic*, Stichwort „Acquis Principles", in: Handwörterbuch des Europäischen Privatrechts, Band I, 2009, S. 12 ff.

35 Unten § 4 Rn. 23 ff. und Rn. 30 ff.

36 *Jansen/Zimmermann*, (2010) 69 Cambridge Law Journal 98.

fassen.[37] Er speist sich aus zwei Hauptquellen:[38] Zum einen dienen die PECL in der von der Study Group überarbeiteten und wesentlich erweiterten Fassung[39] als Grundlage des DCFR,[40] zum anderen wurde der gemeinschaftsrechtliche Besitzstand, wie er sich auf der Basis der Arbeit der Acquis Gruppe darstellte, integriert.[41] In seiner Endversion, der sogenannten Full Edition, die im Oktober 2009 erschienen ist, enthält der DCFR im Stile der PECL Kommentare und rechtsvergleichende Anmerkungen zu den einzelnen Vorschriften. Er sollte nach der Intention seiner Verfasser die Grundlage für einen möglichen „politischen CFR" bilden,[42] aber unabhängig von der Art und Weise der Umsetzung durch die Organe der Gemeinschaft als selbstständiges akademisches Referenzmodell („akademischer CFR") dienen.[43]

2. Mögliche Einsatzbereiche

In welcher Form der DCFR von den Gemeinschaftsorganen umgesetzt oder verwendet **16**
werden würde, war zunächst offen. Nachdem die Kommission die Arbeiten am DCFR unter dem 6. Forschungsrahmenprogramm gefördert hatte, deutete anfangs vieles auf eine rasche Nutzbarmachung des Modellgesetzes bei der Schaffung eines europäischen Vertragsrechtsinstruments hin. In den Jahren danach schien sich die Kommission dann aber eher von diesem Projekt abzuwenden. Nachdem das Fernziel eines Europäischen Vertragsgesetzbuches spätestens seit dem ersten Fortschrittsbericht vom 23. Septem-

37 Dazu etwa *Eidenmüller/Faust/Grigoleit/Jansen/Wagner/Zimmermann*, JZ 2008, 529; *Pfeiffer*, AcP 208 (2008), 227; *Ernst*, AcP 208 (2008), 248; *Gómez*, ERCL 2008, 89; *Schulze/Wilhelmsson*, ERCL 2008, 154; *Zimmermann*, Stichwort „Common Frame of Reference", in: Handwörterbuch des Europäischen Privatrechts, Band I, 2009, S. 276 ff. Vorher bereits etwa *Beale*, ERCL 2007, 257.

38 Vgl. auch *Eidenmüller/Faust/Grigoleit/Jansen/Wagner/Zimmermann*, JZ 2008, 529, 532 f.

39 Parallel zur Entstehung des DCFR, aber innerhalb des CoPECL-Netzwerks, hat sich eine Gruppe von französischen Wissenschaftlern um die Revision der PECL und um die Herausarbeitung terminologischer Gemeinsamkeiten im europäischen Vertragsrecht bemüht: *Association Henri Capitant/Société de législation comparée* (Hrsg.), Projet de Cadre commun de référence – Terminologie contractuelle commune sowie Principes contractuels communs, beide 2008.

40 Zu Gemeinsamkeiten und Unterschieden *Pfeiffer*, ZEuP 2008, 679.

41 Dazu *Schulte-Nölke*, in: Schulze/von Bar/Schulte-Nölke, Der akademische Entwurf für einen Gemeinsamen Referenzrahmen, 2008, S. 47. Bemerkenswert ist, dass sowohl Study Group als auch Acquis Gruppe unabhängig von der Erstellung des Common Frame of Reference ihre Arbeit in eigenständigen Publikationen veröffentlichen, vgl. *von Bar/Clive/Schulte-Nölke*, DCFR 2008 Interim Edition, Introduction Nr. 55 ff. Zu den Acquis Principles kritisch *Jansen/Zimmermann*, JZ 2007, 1113.

42 *Von Bar/Clive/Schulte-Nölke*, DCFR 2008 Interim Edition, Introduction Nr. 6, 60 ff.; *von Bar/Clive*, DCFR 2009 FE, Introduction Nr. 6.

43 Dazu *von Bar*, in: Schmidt-Kessel, Der Gemeinsame Referenzrahmen, 2009, S. 23; *Schulze*, in: Schulze/von Bar/Schulte-Nölke, Der akademische Entwurf für einen Gemeinsamen Referenzrahmen, 2008, S. 1; *Schulte-Nölke*, in: Schulze, Common Frame of Reference and Existing EC Contract Law, 2009, S. 47.

ber 2005[44] jedenfalls offiziell nicht mehr formuliert worden war[45] und sich die Kommission auf eine Revision des Verbraucher-acquis konzentrierte,[46] musste es schon vor Veröffentlichung des DCFR als unwahrscheinlich gelten, dass es einen umfassenden „politischen CFR" geben könnte.[47] Die Kommission schien den (politischen) CFR ausschließlich als internes Hilfsmittel für privatrechtliche Richtlinien und nicht als eigenständiges Referenzmodell zu sehen.[48] Ebenso war die Haltung des Europäischen Rates im Stockholmer Programm, wonach der Gemeinsame Referenzrahmen „ein nicht verbindliches Paket von Grundprinzipien, Begriffsbestimmungen und Mustervorschriften sein sollte, das von den Gesetzgebern auf Unionsebene herangezogen werden soll, um mehr Kohärenz und Qualität im Gesetzgebungsprozess zu gewährleisten".[49]

17 Vorgeschlagen wurde eine Verwendung von Teilen des DCFR als Modell für die Überarbeitung und systematische Verbindung („horizontal approach") von insgesamt acht der bereits erlassenen Verbraucherschutzrichtlinien,[50] was dessen Funktion als „Werkzeugkasten" („toolbox") unterstrichen hätte.[51] Freilich mag das Bild der toolbox nicht recht passen, da der DCFR im Ergebnis eher als ein Reservoir an Bausteinen für Rechtsinstrumente konzipiert ist und ihm damit insoweit die Funktion eines Normenspeichers zukommt.[52]

---

44 KOM(2005) 456 endg.

45 Zur Entwicklung *Schmidt-Kessel*, Stichwort „Europäisches Zivilgesetzbuch", in: Handwörterbuch des Europäischen Privatrechts, Band I, 2009, S. 553f.

46 Grünbuch Verbraucher-acquis v. 8.2.2007, KOM(2006) 744 endg. Am 8.10.2008 hatte die Kommission einen Vorschlag für eine Richtlinie über Rechte des Verbrauchers vorgelegt, die vier zentrale Verbraucherschutzrichtlinien (Haustürwiderrufs-Richtlinie, Klausel-Richtlinie, Fernabsatz-Richtlinie und Verbrauchsgüterkauf-Richtlinie) zusammenfasst und im Sinne einer Vollharmonisierung modifiziert, KOM(2008) 614 endg. Siehe dazu u. a. *Effer-Uhe/Watson*, GPR 2009, 7; *Tettinger*, ZGS 2009, 106; *Micklitz/Reich*, EuZW 2009, 279; *Reich*, ZEuP 2010, 7; *Smits*, ERPL 2010, 5; *Hondius*, ERPL 2010, 103 sowie die Tagungsbände von *Jud/Wendehorst*, Neuordnung des Verbraucherprivatrechts in Europa?; *Gsell/Herresthal*, Vollharmonisierung im Privatrecht; *Stürner*, Vollharmonisierung im Europäischen Verbraucherrecht?, 2010. Zum Schicksal des Vorschlags unten Rn. 21ff.

47 Ein optionales Instrument in Form einer Verordnung mit Opt-in-Charakter befürwortet etwa *Leible*, BB 2008, 1469, 1471ff.; ebenso für den Bereich des Bankrechts *Lehmann*, EJCCL 2009, 173, 177ff. Sehr zweifelhaft ist auch nach dem Inkrafttreten des Vertrags von Lissabon, ob überhaupt eine Kompetenz der EU für den Erlass einer so weit reichenden Privatrechtskodifikation wie dem DCFR bestünde. Siehe dazu etwa *Ludwigs*, EuR 2006, 370; zusammenfassend *Schmidt-Kessel*, Stichwort „Europäisches Zivilgesetzbuch", in: Handwörterbuch des Europäischen Privatrechts, Band I, 2009, S. 554. Dazu noch unten § 6 Rn. 18ff.

48 So die Kommissarin *Kuneva* in einer Plenarsitzung des Europäischen Parlaments am 1.9.2008 auf eine mündliche Anfrage des MdEP *Lehne*, vgl. die entsprechende Mitteilung in NJW 2008, Heft 41, S. XXIV.

49 Vom 10./11.12.2009 (Dok. Nr. 17024/09, S. 33).

50 *Ernst*, AcP 208 (2008), 248, 275.

51 *Von Bar/Clive/Schulte-Nölke*, DCFR 2008 Interim Edition, Introduction Nr. 76.

52 *Ernst*, AcP 208 (2008), 248, 277; ähnlich *Herresthal*, in: Langenbucher, Europäisches Privat- und Wirtschaftsrecht, 4. Aufl. 2017, § 2 Rn. 4. Siehe dazu noch unten § 34 Rn. 13.

Davon unabhängig hätte ein fertig gestellter CFR wie die PECL in der Praxis als Bezugspunkt zur Ermittlung gemeinsamer Rechtsprinzipien des Gemeinschaftsrechts dienen können: Enthält das geltende Privatrecht der Union keine klare Regelung eines bestimmten Problems, so könnte es naheliegen, die Auslegung des betreffenden Instruments durch einen Vergleich mit der entsprechenden Regelung im CFR abzustützen. Dies zeigt sich in verschiedenen Schlussanträgen seit 2008.[53] So nahm Generalanwältin *Trstenjak* hinsichtlich der Frage der Akzessorietät der Zinsen zur Hauptforderung auf Art. III.-3:708 (1) DCFR Bezug.[54] Dies geschah allerdings mit dem Hinweis, dass der DCFR derzeit nicht Teil des geltenden Gemeinschaftsrechts sei.[55] In einem weiteren Schlussantrag ging es um die Voraussetzungen des Vertragsschlusses; hier nahm Generalanwältin *Trstenjak* Bezug auf das „Fachdokument *Draft Common Frame of Reference* (Entwurf eines Gemeinsamen Referenzrahmens)“ und fügte wohl zur Erhöhung von dessen Autorität hinzu, dass dieses „in Zukunft möglicherweise den Ausgangspunkt einer einheitlichen Regelung des europäischen Privatrechts bilden wird“.[56] 18

Da dieser jedoch als ein reines Soft-Law-Modell ausgestaltet ist, war die Befürchtung geäußert worden, dass der Rückgriff auf den CFR bei der Auslegung von Gemeinschaftsrecht etwa durch den EuGH vorschnell und ergebnisorientiert erfolgen könnte, ohne die bestehenden positivrechtlichen Vorgaben hinreichend zu beachten.[57] Das hat sich bislang soweit ersichtlich nicht bewahrheitet; die Bezugnahmen in den Schlussanträgen sind vereinzelt geblieben und sehen DCFR oder PECL jedenfalls nicht als formelle Rechtsquelle. Unter Berücksichtigung dieser Kautelen stellt der DCFR je- 19

---

53 S. neben den in den nachfolgenden Fußnoten genannten (ohne Anspruch auf Vollständigkeit) etwa EuGH, Schlussanträge der GA *Trstenjak* vom 7.5.2009, Rs. C-227/08 – *Martín*, ECLI:EU:C:2009:295, Rn. 51 (zur Nichtigkeit und Anfechtbarkeit von Verträgen); EuGH, Schlussanträge der GA *Trstenjak* vom 4.9.2008, Rs. C-445/06 – *Danske Slagterier*, ECLI:EU:C:2008:464, Rn. 94 mit Fn. 57 (zur dreijährigen Verjährungsfrist); EuGH, Schlussanträge der GA *Trstenjak* vom 8.9.2009, Rs. C-215/08 – *Friz*, ECLI:EU:C:2009:522, Rn. 69 mit Fn. 62 (Rückabwicklung nach Verbraucherwiderruf); EuGH, Schlussanträge der GA *Trstenjak* vom 24.3.2010, Rs. C-540/08 – *Mediaprint*, ECLI:EU:C:2010:161, Rn. 33 mit Fn. 7 (für Berücksichtigung der „Vorgaben“ des DCFR bei der Reform des Lauterkeits- und des Vertragsrechts in der EU); EuGH, Schlussanträge des GA *Cruz Villalón* vom 15.11.2012, Rs. C-103/11 P – *Systran*, ECLI:EU:C:2012:714, Rn. 72 mit Fn. 24 (zur Vertragsauslegung); EuGH, Schlussanträge der GA *Kokott* vom 24.10.2013, Rs. C-396/12 – *van der Ham*, ECLI:EU:C:2013:698, Rn. 77 mit Fn. 39 (zur Zurechnung des Verschuldens eines Dritten); EuGH, Schlussanträge des GA *Saugmandsgaard Øe* vom 7.4.2016, Rs. C-149/15 – *Wathelet*, ECLI:EU:C:2016:217, Rn. 29 mit Fn. 6, Rn. 32 mit Fn. 9, 10 und Rn. 51 mit Fn. 22 (Vermittler kann aus Sicht des Verbrauchers als Verkäufer anzusehen sein). Weitere Nachweise bei *Basedow*, AcP 210 (2010), 157, 185 Fn. 103.

54 Schlussanträge vom 11.6.2008, Rs. C-275/07 – *Kommission/Italien*, ECLI:EU:C:2008:334, Rn. 90.

55 Siehe dazu *Trstenjak*, in: Schmidt-Kessel, Der Gemeinsame Referenzrahmen, 2009, S. 235.

56 EuGH, Schlussanträge der GA *Trstenjak* vom 11.9.2008, Rs. C-180/06 – *Ilsinger*, ECLI:EU:C:2008:483, Rn. 49.

57 *Ernst*, AcP 208 (2008), 248, 260f. spricht von einer möglichen Einführung des DCFR „auf kaltem Wege“; kritisch auch *Zaccaria*, GPR 2011, 277.

denfalls für die wissenschaftliche Beschäftigung mit dem europäischen Vertragsrecht eine wertvolle Quelle dar, die dem Rechtsvergleicher Aufschluss über den Stand des ius commune europaeum zu geben vermag.[58]

20 Keinesfalls jedoch kann der Unionsgesetzgeber etwa über die Bezugnahme in den Erwägungsgründen einer Richtlinie dem (D)CFR eine normative Autorität verleihen, die ihm mangels demokratischer Legitimation gerade nicht zukommt.[59] Wenn also im Erwägungsgrund Nr. 28 Zahlungsverzugs-RL 2011/7/EU[60] auf den „akademischen ‚Entwurf eines Gemeinsamen Referenzrahmens'" Bezug genommen wird, so führt dies nicht dazu, dass die entsprechenden Bestimmungen dadurch irgendeine normative Geltung erlangen. Dies gilt erst recht deswegen, weil die Erwägungsgründe ohnehin nicht zum verfügenden Teil des jeweiligen Sekundärrechtsaktes gehören und ihre Bedeutung für die Auslegung einzelner Vorschriften damit sehr beschränkt ist.[61]

3. Der DCFR als Normenspeicher

21 Vor allem das 2007 von der Kommission vorgestellte „Grünbuch zum Verbraucheracquis"[62] deutete darauf hin, dass die vorrangige Aufmerksamkeit der Überarbeitung des bestehenden Verbraucherrechts gelten würde. Eine Bestätigung dieser These konnte man auch darin erblicken, dass die Kommission bei den Arbeiten am Entwurf einer Richtlinie über Verbraucherrechte[63] den damals schon bekannten DCFR offenbar an keiner Stelle berücksichtigt hat.[64]

22 Das Projekt der Verbraucherrechte-Richtlinie und vor allem der darin verfolgte Ansatz der Vollharmonisierung hat sich aber als wohl zu ambitioniert erwiesen. Rat und Parlament haben in ihren Stellungnahmen zum Entwurf wenig Sympathie für den Ansatz der Kommission gezeigt.[65] In dem am 1. Juli 2010 veröffentlichten Grünbuch der Kommission „Optionen für die Einführung eines Europäischen Vertragsrechts für Verbraucher und Unternehmen"[66] wird denn auch etwas resignativ im Ton fest-

---

58 So auch *Pfeiffer*, ZEuP 2008, 679, 704ff. Zum Begriff bereits § 2 Rn. 7.

59 In diese Richtung aber *Purnhagen*, EuR 2011, 690, 698 unter Bezugnahme auf EuGH, 1.3.2011, Rs. C-236/09 – *Test-Achats*, Slg. 2011, I-773, Rn. 17, wo es um die Bezugnahme auf die damals noch nicht geltende Grundrechte Charta ging, die sich in den Erwägungsgründen der 4. Gleichstellungs-RL 2004/113/EG fand. Näher dazu unten § 19 Rn. 9ff.

60 Zu ihr unten § 18 Rn. 45ff.

61 Dazu unten § 8 Rn. 25f.

62 Grünbuch „Die Überprüfung des gemeinschaftlichen Besitzstands im Verbraucherschutz" vom 8. Februar 2007, KOM(2006) 744 endg.

63 KOM(2008) 614 endg.

64 *Jud/Wendehorst*, GPR 2009, 68; *Schmidt-Kessel*, in: Jud/Wendehorst (Hrsg.), Neuordnung des Verbraucherprivatrechts in Europa?, 2009, S. 21, 38f.

65 Siehe dazu *Stürner*, in: ders. (Hrsg.), Vollharmonisierung im Europäischen Verbraucherrecht?, 2010, S. 3, 9ff. m.w.N.

66 KOM(2010) 348 endg.

gestellt, dass „[i]n den zwei Jahren intensiver Verhandlungen im Europäischen Parlament und im Rat [...] deutlich [wurde], dass auch der Vereinheitlichungsansatz [der Vollharmonisierung] seine Grenzen hat".[67]

So konzentrierte sich die Kommission in der Folge verstärkt auf Alternativen. Die 23
für den Bereich Justiz, Grundrechte und Unionsbürgerschaft zuständige Kommissarin *Viviane Reding* hatte für die erste Hälfte ihrer Amtsperiode weitere Schritte hin zu einem Europäischen Vertragsrecht angekündigt.[68] Der Gemeinsame Referenzrahmen solle vollendet werden und in Form eines Rechtsakts in Kraft treten.[69] Es stand zu erwarten, dass dieses Projekt gleichrangig neben die Verabschiedung der geplanten Verbraucherrechte-Richtlinie treten würde. In der im April 2010 veröffentlichten Mitteilung „EUROPA 2020. Eine Strategie für intelligentes, nachhaltiges und integratives Wachstum"[70] hatte die Kommission angekündigt, dass sie parallel zur Harmonisierung von Verbraucherschutzregeln auch „Vorarbeiten für ein fakultatives einheitliches europäisches Vertragsrecht" anstreben würde.[71] Dass an deren Ende ein optionales Instrument stehen könnte, ließ die Einsetzung einer Expertengruppe durch einen Beschluss der Kommission vom 26. April 2010[72] vermuten, deren Aufgabe darin bestand, die Kommission bei der Ausarbeitung eines gemeinsamen Referenzrahmens im Bereich des europäischen Vertragsrechts, und das bedeutet ausdrücklich sowohl das Verbraucher- als auch das Handelsvertragsrecht, zu unterstützen.[73] Die Expertengruppe sollte ihre Arbeit innerhalb von einem Jahr abgeschlossen haben.[74] Es stand

---

67 KOM(2010) 348 endg., S. 6.

68 Rede vom 15. März 2010 auf den Consumer Days in Madrid, siehe *Reding*, SPEECH/10/91; ebenso bereits die Haltung der Kommissarin bei einer Anhörung vor dem Europäischen Parlament am 7. Januar 2010, CM\800797EN.doc, PE431.139v02-00.

69 *Reding*, CM\800797EN.doc, PE431.139v02-00, S. 7: „I want to make substantial progress in the work towards a European contract law [...]. I therefore intend to complete – with the help of academic expertise from across Europe – the work on the common frame of reference in the course of 2010, and to include it thereafter into a well-publicised legal instrument."

70 KOM(2010) 2020 endg.

71 KOM(2010) 2020 endg., S. 25: „Die Kommission wird folgende Maßnahmen vorschlagen, um Binnenmarkthindernisse zu beseitigen: [...] Maßnahmen, um Unternehmen und Verbrauchern Verträge mit Geschäftspartnern in anderen EU-Ländern zu erleichtern und zu verbilligen, u. a. durch harmonisierte Regeln für Verbraucherverträge, EU-weite Modell-Vertragsklauseln und Vorarbeiten für ein fakultatives einheitliches europäisches Vertragsrecht." Der zur Umsetzung des Stockholmer Programms des Rates von der Kommission erarbeitete Aktionsplan „Ein Raum der Freiheit, der Sicherheit und des Rechts für die Bürger Europas – Aktionsplan zur Umsetzung des Stockholmer Programms", KOM(2010) 171 endg. formuliert dies weniger deutlich, aber inhaltlich vergleichbar.

72 Beschluss der Kommission vom 26.4.2010 zur Einsetzung einer Expertengruppe für einen gemeinsamen Referenzrahmen im Bereich des europäischen Vertragsrechts (2010/233/EU) sowie die Pressemitteilung vom 21.5.2010, IP/10/595.

73 Art. 2 Beschl. 2010/233/EU.

74 Die Amtszeit der Expertengruppe belief sich auf zwei Jahre (Art. 4 Abs. 5 Beschl. 2010/233/EU). Gleichwohl wurde offenbar bereits für den Mai 2011 ein Entwurf erwartet, vgl. die Pressemitteilung vom 21.5.2010, IP/10/595.

zu erwarten, dass die Rolle des DCFR als legislatorischer Werkzeugkasten („toolbox") hier wörtlich genommen würde, dass also wesentliche Teile hiervon in das optionale Instrument überführt werden könnten.

IV. Die Flucht nach vorne: der Vorschlag für ein Gemeinsames Europäisches Kaufrecht (GEK)

Literatur: *Adar/Sirena*, Principles and Rules in the Emerging European Contract Law: From the PECL to the CESL, and Beyond, ERCL 2013, 1; *Alpa/Conte/Perfetti/Graf von Westphalen* (Hrsg), The Proposed Common European Sales Law – the Lawyers' View, 2013; *Balthasar*, Das Gemeinsame Europäische Kaufrecht – eine Analyse aus unternehmerischer Sicht, RIW 2012, 361; *Basedow*, Fakultatives Unionsprivatrecht oder: Grundlagen des 28. Modells, in: FS Säcker, 2011, S. 29; *Blüm*, Das Gemeinsame Europäische Kaufrecht als wesentlicher Zwischenschritt zu einem kodifizierten Europäischen Vertragsrecht?, 2015; *Busch*, From European Sales Law to Online Contract Law: The CESL in the European Parliament, euvr 2013, 33; *Busch/Domröse*, From a Horizontal Instrument to a Common European Sales Law, euvr 2012, 48; *Caruso*, The Baby and the Bath Water: The American Critique of European Contract Law, 61 American Journal of Comparative Law 479 (2013); *Claeys/Feltkamp*, The Draft Common European Sales Law: Towards an Alternative Sales Law? A Belgian Perspective, 2013; *Dannemann/Vogenauer* (Hrsg.), The Common European Sales Law in Context. Interactions with English and German Law, 2013; *Doralt*, Rote Karte oder grünes Licht für den Blue Button? Zur Frage eines optionalen europäischen Vertragsrechts, AcP 211 (2011), 1; *Doralt*, Strukturelle Schwächen in der Europäisierung des Privatrechts, RabelsZ 75 (2011), 260; *Eidenmüller*, What can be wrong with an option? An optional Common European Sales Law as a regulatory tool, (2013) 50 Common Market Law Review, 69; *Eidenmüller*, Was kann an einer Option falsch sein? Ein optionales gemeinsames europäisches Kaufrecht als Regulierungsinstrument, in: FS Rolf Stürner, Band II, 2013, S. 1025; *Eidenmüller/Jansen/Kieninger/Wagner/Zimmermann*, Der Vorschlag für eine Verordnung über ein Gemeinsames Europäisches Kaufrecht. Defizite der neuesten Textstufe des europäischen Vertragsrechts, JZ 2012, 269; *Fleischer*, Optionales europäisches Privatrecht (28. Modell), RabelsZ 76 (2012), 235; *Gebauer* (Hrsg.), Gemeinsames Europäisches Kaufrecht – Anwendungsbereich und kollisionsrechtliche Einbettung, 2013; *Grädler/Köchel*, Der Kommissionsentwurf eines Gemeinsamen Europäischen Kaufrechts, GPR 2012, 106; *Grundmann*, Kosten und Nutzen eines optionalen Europäischen Kaufrechts, AcP 212 (2012), 502; *Hahn* (Hrsg.), Gemeinsames Europäisches Kaufrecht – Moderner Ansatz oder praxisferne Vision?, 2012; *Heiss*, Optionales europäisches Vertragsrecht als „2. Regime", in: FS Günter H. Roth, 2011, 237; *Hellwege*, UN-Kaufrecht oder Gemeinsames Europäisches Kaufrecht?, IHR 2012, 221; *Herresthal*, Ein europäisches Vertragsrecht als Optionales Instrument, EuZW 2011, 7; *Herresthal*, Das geplante europäische Vertragsrecht: Die optionale Ausgestaltung des sog. Optionalen Instruments, ZIP 2011, 1347; *Herresthal*, Der Entwurf für ein Gemeinsames Europäisches Kaufrecht – Chancen, Risiken, Strukturdefizite, WiVerw 2012, 140; *Konecny*, Der Verordnungsentwurf über ein Gemeinsames Europäisches Kaufrecht – Meilenstein der europäischen Integration oder Irrlicht der europäischen Politik?, 2014; *Kroll-Ludwigs*, Ein optionales Vertragsrecht für Europa – Motor oder Hemmnis für den Binnenmarkt?, GPR 2012, 181; *Kuipers*, The Legal Basis for a European Optional Instrument, European Review of Private Law (ERPL) 2011, 545; *Lehmann*, Auf dem Weg zu einem europäischen Vertragsrecht. Die „Feasibility Study" der Expert Group on European Contract Law, GPR 2011, 218; *Lehmann* (Hrsg.), Common European Sales Law Meets Reality, 2014; *Łętowska*, Is the Optional Instrument (the Common European Sales Law) consistent with the principle of subsidiarity (Article 5 TEU)?, euvr 2013, 28; *Limmer/Huttenlocher/Simon*, Anregungen der (notariellen) Rechtspraxis für ein erfolgreiches Gemeinsames Europäisches Kaufrecht, EuZW 2013, 86; *Loos/Samoy* (Hrsg.), The Position of Small and Medium-Sized Enterprises in European Contract Law, 2014; *Mankowski*, Der Vorschlag für ein Gemeinsames Europäisches Kaufrecht (CESL), IHR 2012, 1; *Mankowski*, CESL – who needs it?, IHR 2012, 45; *Mansel*, Der Verordnungsvorschlag für ein Gemeinsames Europäisches Kaufrecht, WM 2012, 1253 (Teil I), 1309 (Teil II); *Max Planck Institute*, Policy Options for Progress Towards a European Contract Law. Comments on the issues raised in the Green Paper from the Commission of 1 July 2010, COM(2010) 348 final, RabelsZ 75 (2011), 371; *Mayer/Lindemann*, Zu den aktuellen Entwicklungen um das Gemeinsame Europäische Kaufrecht auf EU-Ebene, ZEuP 2014, 1; *Moccia* (Hrsg.), The Making of European Private Law: Why, How, What, Who, 2013; *Pfeiffer*, How innovative is the CESL – The CESL and the new German law of obligations, Contratto e impresa/Europa 2013, 548; *Pisuliński*, Die Entwicklung des europäischen Zivilrechts – Gedanken namentlich zum Entwurf eines Gemeinsamen Europäischen Kaufrechts, GPR 2013, 254; *E. A. Posner*, The Questionable Basis of the Common European Sales Law: The Role of an Optional Instrument in Jurisdictional Competition, (2013) 50 Common Market Law Review 261; *Reding*, Warum Europa ein optionales Europäisches Vertragsrecht benötigt, ZEuP 2011, 1; *Remien/Herrler/Limmer* (Hrsg.), Gemeinsames Europäisches Kaufrecht für die EU? Analyse des Vorschlags der Europäischen Kommission für ein optionales Europäisches Vertragsrecht vom 11. Oktober 2011, 2012; *Reich*, Variationen des Verbraucherkaufrechts in der EU, EuZW 2011, 736; *Riesenhuber*, Der Vorschlag für eine Verordnung über ein „Gemeinsames Europäisches Kaufrecht" – Kompetenz, Subsidiarität, Verhältnismäßigkeit, EWS 2012, 7; *W.-H. Roth*, Der „Vorschlag für eine Verordnung über ein Gemeinsames Europäisches Kaufrecht" (KOM 2011 635 endg), EWS 2012, 12; *Rühl*, The Common European Sales Law: 28th Regime, 2nd Regime or 1st Regime?, Maastricht Journal of European and Comparative Law 19 (2012), 148; *Schmidt-Kessel* (Hrsg.), Ein einheitliches europäisches Kaufrecht? Eine Analyse des Vorschlags der Kommission, 2012; *Schmidt-Kessel* (Hrsg), Der Entwurf für ein Gemeinsames Europäisches Kaufrecht, 2014; *Schulte-Nölke*, Der Blue Button kommt – Konturen einer neuen rechtlichen Infrastruktur für den Binnenmarkt, ZEuP 2011, 749; *Schulte-Nölke/Zoll/Jansen/Schulze* (Hrsg.), Der Entwurf für ein optionales europäisches Kaufrecht, 2012; *Schulze* (Hrsg.), Common European Sales Law – Commentary, 2012; *Stadler*, Anwendungsvoraussetzungen und Anwendungsbereich des Common European Sales Law, AcP 212 (2012), 473; *Staudenmayer*, Der Kommissionsvorschlag für eine Verordnung zum Gemeinsamen Europäischen Kaufrecht, NJW 2011, 3491; *Stürner*, Ein Gemeinsames Kaufrecht für Europa?, Deutsch-Polnische Juristen-Zeitschrift (DPJZ) 2012, Heft 4, S. 6; *Wendehorst/Zöchling-Jud* (Hrsg.), Am Vorabend eines Gemeinsamen Europäischen Kaufrechts. Zum Verordnungsentwurf der Europäischen Kommission vom 11.10.2011, 2012; *Graf von Westphalen*, Das optionale Europäische Kaufrecht – eine Chance für Verbraucher und Unternehmer?, ZIP 2011, 1985; *Wulf*, Institutional Competition between Optional Codes in European Contract Law: A Theoretical and Empirical Analysis, 2014; *Zimmermann*, Perspektiven des künftigen österreichischen und europäischen Zivilrechts. Zum Verordnungsvorschlag über ein Gemeinsames Europäisches Kaufrecht, Juristische Blätter 2012, 2

1. Regelungsgegenstand und Kompetenzgrundlage

Am 11. Oktober 2011 legte die EU-Kommission den Vorschlag für eine Verordnung über **24**
ein Gemeinsames Europäisches Kaufrecht vor.[75] Der Verordnungsentwurf selbst (GEK-VO) besteht nur aus wenigen Artikeln; sie regelt insbesondere den Anwendungsbereich und Geltungsbedingungen des Gemeinsamen Europäischen Kaufrechts.[76] Die eigentli-

75 KOM(2011) 635 endg. Siehe zum Folgenden bereits *Stürner*, in: Reithmann/Martiny, Internationales Vertragsrecht, 8. Aufl. 2015, Rn. 6.187 ff.

76 Siehe dazu noch unten Rn. 35 ff. sowie § 22 Rn. 109 ff.

chen materiellrechtlichen Regelungen (GEK) sind im Anhang I zur GEK-VO enthalten. Hierfür wird auch die englische Bezeichnung Common European Sales Law mit dem Akronym CESL verwendet. Neben Kaufverträgen erfasst der Vorschlag auch die Bestellung digitaler Inhalte und die Erbringung verbundener Dienstleistungen. Er enthält Regelungen für Verträge zwischen Unternehmern (B2B) sowie für Verträge zwischen Unternehmern und Verbrauchern (B2C). Das Gemeinsame Europäische Kaufrecht ist als optionales Instrument konzipiert. Es sollte also nur dann anwendbar sein, wenn die Parteien es ausdrücklich wählen. Damit lässt es grundsätzlich die Geltung anderer europäischer Rechtsakte ebenso unberührt wie das jeweilige autonome nationale Kaufrecht.

a) Förderung des Binnenmarktes

25 Ausgangspunkt für den Verordnungsvorschlag der Kommission war der Befund, dass die nach wie vor bestehenden Unterschiede zwischen den Vertragsrechtsordnungen der Mitgliedstaaten als Handelshemmnisse angesehen werden und damit geeignet sind, das reibungslose Funktionieren des Binnenmarktes zu behindern.[77] Insbesondere kleine und mittlere Unternehmen (KMU) würden wegen der hierdurch entstehenden Transaktionskosten daran gehindert, grenzüberschreitende Geschäfte zu tätigen. Ein grenzüberschreitender Kaufvertrag, der dem GEK untersteht, schaffe für beide Parteien dieselben Voraussetzungen und Standards. Die Transaktionskosten, die ansonsten zur Ermittlung eines fremden Rechts notwendig werden können, entfielen. Dies könne zur Verbilligung von Produkten im Binnenmarkt führen. Die Kommission erwartete sich ein Wachstumspotential in zweistelliger Milliardenhöhe durch die Bereitstellung eines einheitlichen Vertragsrechtsregimes.[78] Gleichermaßen sei das GEK geeignet, Verbraucher zum Abschluss grenzüberschreitender Kaufverträge zu animieren, da sie derzeit durch die Unsicherheit über das anwendbare Recht und dessen Schutzniveau in anderen Mitgliedstaaten ganz überwiegend nur im Heimatmarkt einkauften.[79]

b) Die Genese des Vorschlags

26 Es sei noch einmal betont: Die verschiedenen Textstufen des Europäischen Kaufrechts sind mit zunehmender Schlagzahl erschienen.[80] Die erste Stufe, die von der Lando-

---

77 KOM(2011) 635 endg., S. 2ff.; siehe auch *Reding*, ZEuP 2011, 1, 2f.

78 KOM(2011) 635 endg., S. 4.

79 KOM(2011) 635 endg., S. 4. Aus rechtstatsächlicher Sicht ist dieses Anliegen indessen zweifelhaft. Siehe zum deutsch-polnischen Verhältnis etwa *Trietz/Guzenda*, in: Księga dedykowana Profesorowi Dieterowi Martiny, S. 81 (dt. Zusammenfassung S. 97/98). Zur Kritik am GEK auch unten Rn. 30ff.

80 Eingehend zur Genese *Schulte-Nölke*, in: Schulte-Nölke/Zoll/Jansen/Schulze, Der Entwurf für ein optionales europäisches Kaufrecht, 2012, S. 1. Siehe dazu auch *Mansel*, WM 2012, 1253, 1254f.; *Eidenmüller/Jansen/Kieninger/Wagner/Zimmermann*, JZ 2012, 269, 270f.

Kommission ausgearbeiteten PECL, sind in der Zeit von 1980 bis 2002 entstanden. Ihr Regelungsgegenstand ist das Vertragsrecht mitsamt der allgemeinen Rechtsgeschäftslehre. Auf ihnen baut der DCFR auf. Mit dessen Ausarbeitung wurde das CoPECL-Netzwerk 2004 von der EU-Kommission beauftragt. Die Textversion erschien bereits 2008, eine kommentierte Version in sechs Bänden dann 2009.[81] Im April 2010 setzte die EU-Kommission dann eine Arbeitsgruppe ein, die den Auftrag hatte, „die Kommission bei der Ausarbeitung eines Vorschlags für einen gemeinsamen Referenzrahmen für das europäische Vertragsrecht und zwar sowohl für das Verbraucher- als auch für das Handelsvertragsrecht zu unterstützen".[82] Am 3. Mai 2011 legte die Expertengruppe eine sogenannte „Feasibility Study" vor, die am 19. August 2011 noch einmal in überarbeiteter Form veröffentlicht wurde und über 100 Stellungnahmen berücksichtigen sollte, die aus der interessierten Öffentlichkeit als Reaktion auf die Feasibility Study eingegangen waren.[83] Der Kommissionsvorschlag vom Oktober 2011 übernahm die Feasibility Study in fast allen wesentlichen Punkten.[84]

c) Kompetenzgrundlage

Nicht zweifelsfrei ist die Frage der Kompetenz der EU zum Erlass eines solchen optionalen Instruments.[85] Es gilt das Prinzip der begrenzten Einzelermächtigung (Art. 5 Abs. 2 EUV), sodass die EU nur dann und nur insoweit Rechtsakte erlassen kann, als das Primärrecht eine ausdrückliche Ermächtigungsgrundlage hierzu enthält. Die Kommission stützte ihren Vorschlag auf Art. 114 AEUV, die allgemeine Binnenmarktkompetenz. Diese Vorschrift betrifft Maßnahmen zur Angleichung der Rechts- und Verwaltungsvorschriften der Mitgliedstaaten, welche die Errichtung und das Funktionieren des Binnenmarkts zum Gegenstand haben.[86] 27

In Bezug auf das GEK erscheint bereits zweifelhaft, ob die Bereitstellung eines solchen Regelwerks – jedenfalls in der Form des Kommissionsvorschlags – überhaupt eine Beseitigung von Handelshemmnissen herbeiführen kann. Dies setzt voraus, dass 28

---

81 *Von Bar/Clive* (Hrsg.), Principles, Definitions and Model Rules of European Private Law. Draft Common Frame of Reference (DCFR), Full Edition, 2009.

82 Art. 2 des Beschlusses der Kommission vom 26. April 2010 zur Einsetzung einer Expertengruppe für einen gemeinsamen Referenzrahmen im Bereich des europäischen Vertragsrechts (2010/233/EU); siehe auch die Pressemitteilung vom 21. Mai 2010 (IP/10/595).

83 Siehe dazu eingehend *Lehmann*, GPR 2011, 218 sowie (vergleichend) *Reich*, EuZW 2011, 736.

84 Eine Synopse von Feasibility Study und GEK-Entwurf findet sich bei *Schulte-Nölke/Zoll/Jansen/Schulze*, Der Entwurf für ein optionales europäisches Kaufrecht, 2012, S. 297.

85 Grundlegend zur Kompetenz der EU zur Privatrechtsangleichung *Streinz*, in: Stürner, Vollharmonisierung im Europäischen Verbraucherrecht?, 2010, S. 23; zur Kompetenz hinsichtlich des GEK auch *Blüm*, Das Gemeinsame Europäische Kaufrecht als wesentlicher Zwischenschritt zu einem kodifizierten Europäischen Vertragsrecht?, 2015, Kapitel 2. Allgemein dazu auch § 6 Rn. 18 ff.

86 Dazu noch ausführlicher unten § 6 Rn. 13 ff.

damit überhaupt eine Senkung der Transaktionskosten erreicht werden könnte.[87] Bei dieser Einschätzung wird man der Kommission (bei aller Kritik im Einzelnen) einen gewissen Prognosespielraum einräumen müssen.[88] Schwerer wiegt, dass das Gemeinsame Kaufrecht optionaler Natur ist, also ohnehin nicht unmittelbar zu einer Angleichung der mitgliedstaatlichen Rechte führt, sondern nur eine zweite Schicht einheitlichen Rechts darüberlegt. Bei formaler Betrachtung wäre Art. 114 AEUV damit von vornherein nicht erfüllt.[89] Zwar ließe sich argumentieren, dass ein optionaler Rechtsakt bei teleologischer Betrachtung erst recht von Art. 114 AEUV gedeckt sein muss, da er gerade nicht die mitgliedstaatlichen Rechtsordnungen berührt, also weit weniger in deren Bestand eingreift als eine ohne weiteres umzusetzende Richtlinie oder Verordnung. Demgegenüber hat der EuGH jedoch für die Verordnung über die Europäische Genossenschaft (SCE), die eine frei wählbare, neue Rechtsform einführen sollte, klargestellt, dass eine solche zusätzliche Genossenschaftsform keine Rechtsangleichung herbeiführt, und damit nicht von Art. 114 AEUV gedeckt ist.[90] Übertrüge man diese Sichtweise auf den Kommissionsvorschlag, so bestünde auch für das GEK keine Kompetenz unter Art. 114 AEUV.[91]

29 Nachdem die Kompetenz für die Justizielle Zusammenarbeit aus Art. 81 AEUV bereits deswegen ausscheidet, weil das GEK weder als prozessualer Rechtsakt noch als Kollisionsrecht angesehen werden kann, bliebe allenfalls die „Abrundungsklausel" des Art. 352 AEUV. Danach erwächst der EU dann eine Kompetenz, wenn „ein Tätigwerden der Union im Rahmen der in den Verträgen festgelegten Politikbereiche erfor-

87 Auf diesen Punkt wird an verschiedenen Stellen zurückzukommen sein, vgl. allgemein § 6 Rn. 13ff.

88 Diesen für überschritten haltend allerdings *Grigoleit*, in: Remien/Herrler/Limmer, Gemeinsames Europäisches Kaufrecht für die EU?, 2012, S. 67, 80.

89 Ablehnend daher *Basedow*, in: FS Säcker, 2011, S. 29, 38ff., *Kuipers*, ERPL 2011, 545; *Mansel*, WM 2012, 1309, 1315f.; *Stadler*, AcP 212 (2012), 473, 483f.; *Müller-Graff*, in: Schulte-Nölke/Zoll/Jansen/Schulze, Der Entwurf für ein optionales europäisches Kaufrecht, 2012, S. 21, 35; *Grigoleit*, in: Remien/Herrler/Limmer, Gemeinsames Europäisches Kaufrecht für die EU?, 2012, S. 67, 75ff.; *Eidenmüller/Jansen/Kieninger/Wagner/Zimmermann*, JZ 2012, 269, 274; *Herresthal*, EuZW 2011, 7, 9; *MPI*, RabelsZ 75 (2011), 371, 393f.; *Riesenhuber*, EWS 2012, 7; *W.-H. Roth*, EWS 2012, 12. Positiv dagegen *Staudenmayer*, NJW 2011, 3491, 3495f.; *Graf von Westphalen*, ZIP 2011, 1985; *Ausschuss Europäisches Vertragsrecht des Deutschen Anwaltvereins*, ZIP 2012, 809; *Moser*, in: Remien/Herrler/Limmer, Gemeinsames Europäisches Kaufrecht für die EU?, 2012, S. 7, 10f.; *Wojcik*, in: Gebauer, Gemeinsames Europäisches Kaufrecht – Anwendungsbereich und kollisionsrechtliche Einbettung, 2013, S. 51, 61ff.; *Micklitz/Reich*, in: Moccia, The Making of European Private Law, 2013, S. 21, 23ff.; wohl auch *Mankowski*, RIW 2012, 97, 98.

90 EuGH, 2.5.2006, Rs. C-436/03 – *Parlament/Rat*, Slg. 2006, I-3754, Rn. 40ff.

91 Auf eine Empfehlung des Rechtsausschusses (BT-Drucks. 17/8000) hat der deutsche Bundestag am 1.12.2011 eine Subsidiaritätsrüge gegen den Verordnungsentwurf erhoben. Das nach Art. 7 Abs. 2 des Protokolls Nr. 2 über die Anwendung der Grundsätze der Subsidiarität und der Verhältnismäßigkeit erforderliche Quorum von einem Drittel der Parlamente aller Mitgliedstaaten wurde jedoch nicht erreicht.

derlich [erscheint], um eines der Ziele der Verträge zu verwirklichen, [wenn] in den Verträgen die hierfür erforderlichen Befugnisse nicht vorgesehen [sind]". Nachdem darin ein beträchtliches Potential zur Aufweichung des Prinzips der begrenzten Einzelermächtigung liegt, sieht die Vorschrift Einstimmigkeit im Rat vor und hebt damit die Hürde erheblich an. Es war wohl aus diesem Grund, dass die Kommission beharrlich diese Kompetenzgrundlage ausklammerte. Formal berief sie sich dabei auf die Vorschrift des Art. 352 Abs. 3 AEUV, die ausdrücklich vorsieht, dass keine reguläre Kompetenzgrundlage – das wäre aus ihrer Sicht Art. 114 AEUV – umgangen werden darf. Folgt man dem nicht, so erfordert Art. 352 AEUV nur, dass die Maßnahme zur Verwirklichung eines der Ziele der Verträge erforderlich ist. Fasst man das allgemeine Ziel der Verwirklichung des Binnenmarktes (Art. 26 AEUV) weit, so fällt das GEK recht unproblematisch unter die Abrundungsklausel, aber eben um den Preis des Einstimmigkeitsprinzips.[92]

d) Reaktionen aus Wissenschaft und Praxis sowie weitere Entwicklungen

Die Veröffentlichung des Vorschlags löste eine teils heftig geführte Debatte in Rechts- 30
politik und Literatur aus. In der Wissenschaft herrschte bereits in der Entstehungsphase ein eher kritisch-ablehnender Ton vor,[93] wenn auch verschiedentlich positive Stimmen zu vernehmen waren,[94] diese aber zumeist nur unter der Prämisse, dass das Optionale Instrument ein Primat dispositiver Rechtsvorschriften enthält.[95] Der Vorschlag des GEK selbst wurde ganz überwiegend als in der vorgeschlagenen Form inakzeptabel beurteilt.[96] Die Kritik bezog sich dabei nicht nur auf den Vorschlag selbst, sondern auch auf die Art und Weise seiner Genese, bei der politische Ambitionen über inhaltliche Ausgereiftheit gestellt wurden.[97] Von Unternehmerseite wurden Nachteile durch die Rechtsunsicherheit befürchtet, die bei einem völlig neuen Regelungsinstrument stets zu gewärtigen sind.[98] Verbraucherverbände warnten vor dem GEK, weil dessen Verbraucherschutzniveau zwar insgesamt gegenüber dem bisher bestehenden acquis communautaire erhöht wurde, wohl aber im Vergleich zu dem in einzelnen Mitgliedstaaten bestehenden, höheren Schutzniveau absinken kann, sodass sich Verbraucher – anders als bisher wegen Art. 6 Abs. 2 Rom I-VO – nicht sicher sein könnten, dass die Wahl eines anderen Rechts als des Wohnsitzrechts keinerlei Nachteile

---

92 Bei näherer Betrachtung ergeben sich allerdings auch hier Probleme, die an anderer Stelle (unten § 34 Rn. 24) näher beleuchtet werden sollen.
93 Siehe etwa *Doralt*, AcP 211 (2011), 1, 32f.
94 *Leible*, BB 2008, 1469; *Lehmann*, European Journal of Commercial Contract Law 1 (2009), 173.
95 So u.a. *Herresthal*, EuZW 2011, 7; *MPI*, RabelsZ 75 (2011), 371.
96 Statt vieler etwa *Eidenmüller/Jansen/Kieninger/Wagner/Zimmermann*, JZ 2012, 269.
97 Siehe *Riesenhuber*, JZ 2011, 537; *Doralt*, RabelsZ 75 (2011), 260; *Mansel*, WM 2012, 1253, 1255.
98 Siehe *Balthasar*, RIW 2012, 361, 364.

herbeiführen kann.[99] Insbesondere die Anwaltschaft begrüßte jedoch die Initiative im Grundsatz.[100] Das European Law Institute hat eine detaillierte Stellungnahme zum Kommissionsvorschlag abgegeben.[101]

31 Die polnische Ratspräsidentschaft, die während des zweiten Halbjahres 2011 währte, hatte die Idee eines Gemeinsamen Europäischen Kaufrechts nachhaltig unterstützt. So wurde der Vorschlag der Kommission bereits im Dezember 2011, also etwa zwei Monate nach Veröffentlichung, im Rat „Justiz und Inneres" diskutiert.[102] Dabei wurde bereits deutlich, dass etliche Punkte noch gründlicher Erörterung bedürften. Die offenbar als besonders kritisch eingestufte Kompetenzfrage[103] wurde dabei zurückgestellt, zuerst sollte Klarheit über wichtige inhaltliche Punkte gewonnen und die ökonomischen Auswirkungen eines Gemeinsamen Kaufrechts diskutiert werden.[104] Anlässlich einer weiteren Sitzung des Rates „Justiz und Inneres" im Juni 2012 wurde der Vorschlag erneut erörtert. Die Schlussfolgerungen lauten in ihrer Zusammenfassung nicht sehr optimistisch: Sowohl der Bedarf nach einem solchen Instrument als auch grundlegende rechtliche Fragen seien noch nicht hinreichend geklärt. Die Beratungen befänden sich hier noch am Anfang.

32 Auch das Europäische Parlament sprach sich – bei durchaus positiver Grundhaltung[105] – für die Verbesserung einer Reihe von Punkten aus.[106] Als erster befasste sich der Ausschuss für Wirtschaft und Währung (ECON) mit dem GEK. Dort fand der Vorschlag grundsätzliche Zustimmung. Angeregt wurde etwa, noch Regelungen über den Eigentumsübergang mit aufzunehmen.[107] In erster Linie aber teilten sich der Rechtsausschuss (JURI) und der Ausschluss für Binnenmarkt und Verbraucherschutz (IMCO) die Zuständigkeit für den Kommissionsvorschlag.[108] Beide Ausschüsse äußerten unterschiedliche Vorstellungen über das weitere Vorgehen: Im IMCO befürwortete eine knappe Mehrheit die Überführung des GEK in eine mindestharmonisierende Richtlinie, die diejenigen Regelungsgegenstände ausklammert, welche bereits in der VRRL

---

99 Siehe etwa Verbraucherzentrale Bundesverband, Pressemitteilung vom 13.1.2012. Zum Verhältnis zum (Verbraucher-)Kollisionsrecht näher unten § 22 Rn. 129ff. sowie § 32 Rn. 13.

100 So etwa der Deutsche Anwaltverein in seiner Stellungnahme 3/2011 vom Januar 2011.

101 Das Dokument vom 7.9.2012 mitsamt einer Ergänzung vom 28.2.2014 ist abrufbar unter https://www.europeanlawinstitute.eu/projects-publications/publications [17.6.2020].

102 Siehe den Bericht: Ratsdokument 18353/11 vom 8.12.2011.

103 Dazu oben Rn. 27ff.

104 Ratsdokument 18353/11, Punkt 10.

105 Entschließung des Europäischen Parlaments vom 8. Juni 2011 zu Optionen für die Einführung eines Europäischen Vertragsrechts für Verbraucher und Unternehmen, P7_TA(2011)0262.

106 Ausführlich dazu *Mayer/Lindemann*, ZEuP 2014, 1.

107 Bericht des Wirtschafts- und Währungsausschusses vom 4.6.2012, Berichterstatterin: Marianne Thyssen, PE491.011v01-00; PA\903823DE.doc.

108 Zur genauen Aufteilung der Zuständigkeiten zwischen beiden Ausschüssen *Mayer/Lindemann*, ZEuP 2014, 1, 2f.

enthalten sind.[109] Im federführenden Rechtsausschuss hingegen sprach sich eine klare Mehrheit dafür aus, den sachlichen Anwendungsbereich des GEK auf Fernabsatzverträge, insbesondere Online-Verträge, zu reduzieren und den optionalen Charakter des GEK beizubehalten. Inhaltlich wurden zahlreiche Änderungsvorschläge unterbreitet.[110] Am 26. Februar 2014 stimmte das Plenum des Europäischen Parlaments in erster Lesung der vom Rechtsausschuss angenommenen Fassung zu.[111] Die Neuwahlen des Europäischen Parlaments im Mai 2014 bedeuteten eine gewisse Zäsur, sodass unklar war, wann die zweite Lesung erfolgen würde. Angesichts der im Rat teilweise deutlich ausgeprägten Skepsis gegenüber dem GEK war damit gerechnet worden, dass das Thema dort erst wieder in der zweiten Jahreshälfte 2015 auf der Agenda stehen würde.[112]

So weit kam es aber nicht. Die Kommission *Juncker* hatte angesichts des politi- 33
schen Gegenwindes für das GEK zuvor eine Kehrtwende vollzogen. In ihrem am 16. Dezember 2014 veröffentlichten „Arbeitsprogramm 2015 – Ein neuer Start“[113] kündigte sie an, den Vorschlag in dieser Form nicht mehr aufrecht erhalten zu wollen. So heißt es im Anhang II unter Nr. 60 zum GEK: „Der Vorschlag wird geändert, um das Potenzial des elektronischen Handels im digitalen Binnenmarkt voll zur Entfaltung zu bringen.“ Die „Strategie für einen digitalen Binnenmarkt für Europa“, die die Kommission am 6. Mai 2015 vorgelegt hat,[114] befürwortete für Online-Geschäfte eine Ausdehnung vollharmonisierender Regelungen; sie wollte Verkäufern die Möglichkeit geben, auf ihr Heimatrecht zurückzugreifen. Noch für 2015 kündigte sie „Rechtsetzungsvorschläge für einfache und wirksame grenzübergreifende Vertragsbestimmungen für Verbraucher und Unternehmen“ an.[115] Am 9. Dezember 2015 legte die Kommission dann zwei Vorschläge für vollharmonisierende Richtlinien vor: zum einen hinsichtlich der Bereitstellung digitaler Inhalte,[116] und zum anderen hinsichtlich des Online-Warenhandels.[117]

109 Bericht vom 11.7.2013 (A7-0301/2013, dort ab S. 134), Berichterstatter: Evelyne Gebhardt, Hans-Peter Mayer.

110 Siehe den Report on the proposal for a regulation of the European Parliament and of the Council on a Common European Sales Law vom 24.9.2013, A7-0301/2013 (Berichterstatter: Klaus-Heiner Lehne und Luigi Berlinguer). Zusammenfassend *Mayer/Lindemann*, ZEuP 2014, 1, 4f. Der Bericht berücksichtigt dabei auch Änderungsvorschläge, die das European Law Institute in der oben (Rn. 30 a.E.) erwähnten Stellungnahme unterbreitet hat.

111 Legislative Entschließung des Europäischen Parlaments vom 26. Februar 2014 zu dem Vorschlag für eine Verordnung des Europäischen Parlaments und des Rates über ein Gemeinsames Europäisches Kaufrecht, Oral P7_TA-PROV(2014)0159. Siehe auch dazu die erwähnte Stellungnahme des European Law Institute vom 28.2.2014 (Rn. 30 a.E.).

112 So die Einschätzung von *Mayer/Lindemann*, ZEuP 2014, 1, 6.

113 KOM(2014) 910 endg.

114 KOM(2015) 192 endg.

115 KOM(2015) 192 endg., S. 23.

116 KOM(2015) 634, endg.

117 KOM(2015) 635, endg.; zu beiden näher unten Rn. 42ff.

34 Derzeit erscheint höchst unwahrscheinlich, dass der GEK-Vorschlag noch einmal politische Unterstützung erfährt. Ausgeschlossen ist das aber nicht. Wegen seiner Bedeutung für die Entwicklung des Vertragsrechts in Europa, insbesondere im Hinblick auf die zeitlich nachfolgenden und inhaltlich verwandten Richtlinien, wird der Vorschlag des GEK in der gebotenen Kürze kontextbezogen dargestellt.

2. Regelungstechnik und Charakteristika des GEK

a) Aufbau

35 Der Kommissionsvorschlag besteht aus mehreren Teilen. Die eigentliche Verordnung, die GEK-VO (auch als chapeau rules bezeichnet), besteht nur aus 16 Artikeln. Sie enthält Begriffsbestimmungen und regelt den sachlichen und persönlichen Anwendungsbereich sowie die Voraussetzungen für die Einwahl.

36 Das materielle GEK, das als Anhang I zur GEK-VO angefügt ist, besteht aus acht Teilen.[118] Anders als der DCFR enthält das GEK keinen vollständigen Allgemeinen Teil; die Gliederung ähnelt eher derjenigen des UN-Kaufrechts. Von maßgeblicher Seite wird hierfür die größere Benutzerfreundlichkeit ins Feld geführt.[119] In sprachlicher Hinsicht waren die Verfasser des GEK um eine wenig technische Sprache bemüht,[120] was stellenweise zu Redundanzen führt.[121] Das GEK folgt im Aufbau weitgehend dem „Lebenszyklus des Kaufvertrags" (Erwägungsgrund Nr. 6 GEK-VO).[122]

37 Der einleitende Teil enthält einige allgemeine Grundsätze wie die Vertragsfreiheit (Art. 1 GEK), die Formfreiheit (Art. 6 GEK), den Grundsatz von Treu und Glauben (Art. 2 GEK), die Pflicht zur Zusammenarbeit (Art. 3 GEK) und daneben Definitionsnormen (Art. 5, 7–9) sowie Auslegungs- und Anwendungsregeln (Art. 4, 10, 11 GEK). Dabei wird teilweise auf bestehende Rechtsgrundsätze zurückgegriffen. So ist etwa anerkannt, dass der EU-Gesetzgeber bislang wohl selbstverständlich von der Geltung der Vertragsfreiheit ausgeht.[123]

38 Anhang II zur GEK-VO enthält schließlich das Standard-Informationsblatt zum GEK, das der Unternehmer dem Verbraucher zukommen lassen muss, bevor die Einwahl in das GEK erfolgen kann.

---

118 Der Bericht des Rechtsausschusses (Report on the proposal for a regulation of the European Parliament and of the Council on a Common European Sales Law vom 24.9.2013, A7-0301/2013) schlug angesichts der gegenüber der Zweiteilung geäußerten Kritik eine Zusammenführung beider Teile vor (S. 128).

119 *Staudenmayer*, NJW 2011, 3491, 3496; siehe auch *Lehmann*, GPR 2011, 218, 219 f.

120 Siehe *Lehmann*, GPR 2011, 218, 220.

121 *Eidenmüller/Jansen/Kieninger/Wagner/Zimmermann*, JZ 2012, 269, 272; *Herresthal*, in: Schulte-Nölke/Zoll/Jansen/Schulze, Der Entwurf für ein optionales europäisches Kaufrecht, 2012, S. 85, 137 ff.

122 Zu dieser Ordnungskonzeption *Herresthal*, in: Schulte-Nölke/Zoll/Jansen/Schulze, Der Entwurf für ein optionales europäisches Kaufrecht, 2012, S. 85, 97 ff.

123 Siehe etwa ErwGr. Nr. 8 und 9 VGKRL; näher dazu unten § 10.

b) Optionalität

Kennzeichnend für das GEK ist dessen fakultativer Charakter (Art. 3 GEK-VO).[124] Damit unterscheidet sich der Vorschlag von weiteren einheitsrechtlichen Regelungswerken, wie insbesondere dem UN-Kaufrecht, das auf einem Opt-out-Ansatz beruht (Art. 6 CISG). Es handelt sich damit im Kern bei den Regelungen des GEK um materielles Einheitsrecht. Dieser Ausdruck wird im Kommissionsvorschlag aber vermieden zugunsten des Ausdrucks *Gemeinsames* Kaufrecht. Darin spiegelt sich wider, dass es sich nicht um eine Rechtsordnung handeln soll, die das jeweilige Kollisionsrecht verdrängt, sondern die erst dann Geltung erlangt, wenn das jeweils anwendbare Kollisionsrecht auf das Recht eines Mitgliedstaates verweist. Erst von dort aus soll die Einwahl in das GEK erfolgen.[125] Nach der Konzeption des Kommissionsvorschlags handelt es sich beim GEK um ein „Zweites Regime" neben den nationalen Vertragsrechtsordnungen.[126] Dies bedeutet, dass das jeweilige nationale Kaufrecht weiterhin bestehen bleibt, die Regelungen des GEK aber neben diese treten und sie erst dann verdrängen, sobald das GEK wirksam gewählt wurde. Dogmatisch setzt diese Konstruktion prima facie voraus, dass eine EU-Verordnung gleichzeitig nationales Recht sein kann.[127] Das erscheint angesichts der unterschiedlichen legislatorischen Herkunft nur im Ergebnis wegen der durch Art. 288 Abs. 2 AEUV bewirkten unmittelbaren Geltung zutreffend.[128] 39

c) Der verbraucherschützende Charakter des GEK

Das GEK ist in erster Linie als Instrument für den Rechtsverkehr zwischen Unternehmern und Verbrauchern konzipiert und soll daher ein hohes Verbraucherschutzniveau aufweisen. Dies sagt Art. 1 Abs. 3 GEK-VO.[129] Wird das GEK wirksam gewählt, dann verdrängt es die jeweiligen Verbraucherschutzvorschriften des autonomen Rechts des jeweiligen Mitgliedstaates, von dessen Rechtsordnung aus die Einwahl erfolgt ist.[130] Um das bislang bestehende Verbraucherschutzniveau in der EU nicht zu unterlaufen, was 40

---

124 Zu den ökonomischen Implikationen dieser Optionalität insbesondere *Grundmann*, AcP 212 (2012), 502; *Eidenmüller*, (2013) 50 Common Market Law Review 69; *E. A. Posner*, (2013) 50 Common Market Law Review 261.

125 Dazu unten § 22 Rn. 132ff.

126 Zu den kollisionsrechtlichen Implikationen unten § 22 Rn. 129ff. sowie § 32 Rn. 13.

127 So ausdrücklich Abänderung 2 zu ErwGr. Nr. 9 der Legislativen Entschließung des Europäischen Parlaments vom 26. Februar 2014, P7_TA-PROV(2014)0159: „Dieses unmittelbar anwendbare zweite Regime sollte ein integraler Bestandteil der im Hoheitsgebiet des Mitgliedstaats geltenden Rechtsordnung sein."

128 Treffend *Mansel*, WM 2012, 1253, 1262.

129 Als reiner Programmsatz wäre die Norm entbehrlich, siehe auch bereits ErwGr. Nr. 11 zur GEK-VO.

130 Zu möglichen Ausnahmen (Eingriffsnormen, ordre public, Günstigkeitsvergleich) *Stürner*, in: Reithmann/Martiny, Internationales Vertragsrecht, 8. Aufl. 2015, Rn. 6.248ff.

schon vor dem Hintergrund des Art. 169 AEUV problematisch wäre,[131] musste das Niveau im GEK hoch sein. Dies gilt insbesondere mit Blick auf die 2011 erlassene Verbraucherrechte-Richtlinie, die vollharmonisierend wirkt.[132] Zusammengefasst kann konstatiert werden, dass das Schutzniveau des bisherigen Verbraucher-acquis im GEK durchweg zumindest eingehalten, oftmals aber übertroffen wird.[133]

41 Weil die bis dahin erlassenen Richtlinien im europäischen Verbraucherrecht aber ganz überwiegend dem Grundsatz der Mindestharmonisierung folgten, mithin die Mitgliedstaaten die Möglichkeit hatten, zugunsten der Verbraucher im jeweiligen nationalen Recht bei der Umsetzung der jeweiligen Richtlinie ein höheres Schutzniveau vorzusehen, bestanden punktuell teils deutlich vom Mindestniveau des Richtlinien-acquis abweichende Schutzvorgaben im Recht der einzelnen Mitgliedstaaten. Die Wahl des GEK hätte im Ergebnis somit je nach Wohnsitzstaat des Verbrauchers für diesen eine Absenkung des Schutzniveaus bedeuten können.[134] Der Kommissionsvorschlag hat aber davon Abstand genommen, das in allen Mitgliedstaaten jeweils höchste Schutzniveau als Maßstab zu nehmen und orientierte sich lediglich am bestehenden acquis communautaire.

V. Weitere Entwicklungen: Vertragsrecht im digitalen Binnenmarkt

Literatur: *Artz/Gsell* (Hrsg.), Verbrauchervertragsrecht und digitaler Binnenmarkt – Die Richtlinienvorschläge zum Fernabsatz von Waren und zur Bereitstellung digitaler Inhalte, 2018; *De Francesci*, The EU Digital Single Market Strategy in the Light of the Consumer Rights Directive: The „Button Solution" for Internet Cost Traps and the Need for a More Systematic Approach, EuCML 2015, 144; *Kindl/Arroyo Vendrell/Gsell* (Hrsg.), Verträge über digitale Inhalte und digitale Dienstleistungen, 2018; *Maultzsch*, Der Entwurf für eine EU-Richtlinie über den Online-Warenhandel und andere Formen des Fernabsatzes von Waren, JZ 2016, 236; *Schmidt-Kessel/Erler/Grimm/Kramme*, Die Richtlinienvorschläge der Kommission zu Digitalen Inhalten und Online-Handel, GPR 2016, 2 (Teil 1) und GPR 2016, 54 (Teil 2); *Schulze*, The New Shape of European Contract Law, EuCML 2015, 139; *Spindler*, Verträge über digitale Inhalte – Anwendungsbereich und Ansätze. Vorschlag der EU-Kommission zu einer Richtlinie über Verträge zur Bereitstellung digitaler Inhalte, MMR 2016, 147; *Wendland*, GEK 2.0? Ein europäischer Rechtsrahmen für den Digitalen Binnenmarkt, GPR 2016, 8

1. Fokussierung auf den digitalen Binnenmarkt

42 Bereits in der „Strategie für einen digitalen Binnenmarkt für Europa", welche die Kommission am 6. Mai 2015 vorgelegt hat,[135] wurde für Online-Geschäfte eine Aus-

---

131 Allerdings enthält Art. 169 AEUV keine Sperre für Absenkungen des einmal erreichten Verbraucherschutzniveaus, siehe unten § 6 Rn. 23.

132 Unten § 9 Rn. 9ff.

133 Dies sagt ErwGr. Nr. 11 a. E. GEK-VO nochmals ausdrücklich.

134 Siehe die dahingehende Kritik aus Verbrauchersicht (oben Rn. 30).

135 COM(2015) 192 final.

dehnung vollharmonisierender Regelungen angekündigt. Am 9. Dezember 2015 legte die Kommission schließlich zwei Vorschläge für vollharmonisierende Richtlinien vor: zum einen hinsichtlich der Bereitstellung digitaler Inhalte (im Folgenden: Digitale-Inhalte-RL-E),[136] und zum anderen hinsichtlich des Online-Warenhandels (im Folgenden: Fernabs-Kauf-RL-E).[137] Beide Initiativen haben ein intensives Echo in der Literatur erzeugt.[138]

2. Der Schritt zurück zur Vollharmonisierung

43 Die beiden Richtlinienvorschläge verwirklichen methodisch einen vollharmonisierenden Ansatz (Art. 3 Fernabs-Kauf-RL-E; Art. 4 Digitale-Inhalte-RL-E). Von dem im GEK verfolgten Ansatz der optionalen Verordnung unterscheidet sich dieser ganz grundlegend dadurch, dass die mitgliedstaatlichen Zivilrechtssysteme die Vorgaben zwingend zu integrieren haben – es entsteht gerade kein „zweites Kaufrechtssystem“, sondern das mitgliedstaatliche Recht hat sich anzupassen. Kontinuität zwischen beiden Ansätzen besteht allenfalls hinsichtlich einzelner Regelungskomplexe.

3. Der politische Entscheidungsprozess

44 Der Vorschlag für eine Digitale-Inhalte-Richtlinie hatte zunächst Priorität im politischen Entscheidungsprozess. Die niederländische Ratspräsidentschaft trieb das Dossier in der ersten Hälfte des Jahres 2016 mit hohem Tempo voran. Dann schien das Brexit-Votum vom 23. Juni 2016 die Kräfte in andere Richtungen gelenkt zu haben.[139] Immerhin befasste sich in der Folge eine Arbeitsgruppe des Rates intensiv mit dem Vorschlag.[140] Doch in der Folge dauerte es mehrere Jahre, bis der Vorschlag in Parlament und Rat so abgestimmt war, dass einer Verabschiedung nichts mehr im Wege stand. Das Parlament stimmte dem Vorschlag dann in erster Lesung am 26. März 2019 zu;[141] im Rat

---

136 Vorschlag für eine Richtlinie des Europäischen Parlaments und des Rates über bestimmte vertragsrechtliche Aspekte der Bereitstellung digitaler Inhalte, COM(2015) 634 final.

137 Vorschlag für eine Richtlinie des Europäischen Parlaments und des Rates über bestimmte vertragsrechtliche Aspekte des Online-Warenhandels und anderer Formen des Fernabsatzes von Waren, COM(2015) 635 final.

138 S. etwa *Schmidt-Kessel/Erler/Grimm/Kramme*, GPR 2016, 2; *dies.*, GPR 2016, 54; *Wendland*, EuZW 2016, 126; *Maultzsch*, JZ 2016, 236; *Ostendorf*, ZRP 2016, 69; *Härting/Gössling*, CR 2016, 165; *Stiegler/Wawryka*, BB 2016, 903; *Wendland*, GPR 2016, 8; *Spindler*, MMR 2016, 147.

139 Die legislative Entwicklung lässt sich hier nachverfolgen: http://eur-lex.europa.eu/legal-content/de/HIS/?uri=CELEX%3A52015PC0634 [17.6.2020].

140 Siehe das entsprechende Ratsdokument vom 1.12.2016, ST_14827_2016_INIT.

141 P8_TA(2019)0232.

erfolgte die Annahme am 15. April 2019.[142] Damit wurde die Richtlinie (EU) 2019/770 des Europäischen Parlaments und des Rates vom 20. Mai 2019 über bestimmte vertragsrechtliche Aspekte der Bereitstellung digitaler Inhalte und digitaler Dienstleistungen verabschiedet.[143]

45 Der Parallelvorschlag für die Fernabsatz-Kauf-RL lag faktisch lange Zeit auf Eis. Das Dossier sollte erst nach Abschluss der Evaluierung der Verbrauchsgüterkauf-Richtlinie („REFIT") wieder aufgenommen werden.[144] Das erschien in hohem Maße sinnvoll, da die im Richtlinienvorschlag in vielerlei Hinsicht verfolgte Privilegierung von Fernabsatzgeschäften gegenüber „offline" abgeschlossenen Kaufverträgen sachfremd war. Am 31. Oktober 2017 legte die Kommission dann eine Neufassung des Vorschlags vor,[145] der auf diese Differenzierung verzichtete und sich nunmehr auf den gesamten sachlichen Anwendungsbereich der Verbrauchsgüterkauf-Richtlinie erstreckte, sodass jene obsolet wurde. Nach weiterer, intensiver Diskussion im sog. Trilog-Verfahren[146] stimmte das Parlament dem Vorschlag dann in erster Lesung am 26. März 2019 zu;[147] im Rat erfolgte die Annahme am 15. April 2019.[148] Somit wurde auch die Richtlinie (EU) 2019/771 des Europäischen Parlaments und des Rates vom 20. Mai 2019 über bestimmte vertragsrechtliche Aspekte des Warenkaufs, zur Änderung der VO (EU) 2017/2394 und der RL 2009/22/EG sowie zur Aufhebung der RL 1999/44/EG verabschiedet.[149]

46 Beide Richtlinien sind bis zum 1. Juli 2021 von den Mitgliedstaaten umzusetzen; die entsprechenden Bestimmungen gelten ab dem 1. Januar 2022 (Art. 24 RL (EU) 2019/770 bzw. Art. 24 RL (EU) 2019/771).

---

142 ST 8614 2019 INIT.

143 ABl. 2019 L 136, 1. Näher zum Inhalt unten § 23 Rn. 14 ff.

144 Zu den Ergebnissen siehe SWD(2017) 209 final.

145 Geänderter Vorschlag für eine Richtlinie des Europäischen Parlaments und des Rates über bestimmte vertragsrechtliche Aspekte des Warenhandels, zur Änderung der Verordnung (EG) Nr. 2006/2004 des Europäischen Parlaments und des Rates und der Richtlinie 2009/22/EG des Europäischen Parlaments und des Rates sowie zur Aufhebung der Richtlinie 1999/44/EG des Europäischen Parlaments und des Rates, COM(2017) 637 final.

146 Dabei handelt es sich um ein informelles Abstimmungsverfahren zwischen Kommission, Parlament und Rat.

147 P8_TA(2019)0233.

148 ST 8615 2019 INIT.

149 ABl. 2019 L 136, 28. Näher zum Inhalt unten § 22 Rn. 13 ff.

VI. Die Bedeutung des Brexit

Literatur: *Basedow*, Brexit und das Privat- und Wirtschaftsrecht, ZEuP 2016, 567; *Briggs*, Brexit and Private International Law: An English Perspective, Rivista di diritto internazionale privato e processuale 2019, 261; *Dickinson*, Close the Door on Your Way Out, ZEuP 2017, 539; *Dougan* (Hrsg.): The UK after Brexit. Legal and Policy Challenges, 2017; *Ernst*, „RETAINED EU-LAW" Probleme einer neuen Rechtserscheinung, ZfPW 2018, 369; *Hess*, Back to the Past: BREXIT und das europäische internationale Privat- und Verfahrensrecht, IPRax 2016, 409; *Kramme*, Consequences of Brexit in the Area of Consumer Protection, GPR 2017, 210; *Krümmel*, (Hard) Brexit – Teil II: Grenzüberschreitende Verträge, IWRZ 2019, 100; *Lehmann/Zetzsche*, Die Auswirkungen des Brexit auf das Zivil- und Wirtschaftsrecht, JZ 2017, 62; *Mohamed*, Effekte des Brexit aus europäisch gesellschaftsrechtlicher Perspektive – de lege lata über lege ferenda, ZVglRWiss 117 (2018) 189; *Rühl*, Die Wahl englischen Rechts und englischer Gerichte nach dem Brexit, JZ 2017, 72; *Schmidt-Kessel*, Grundfragen des Brexit-Austrittsabkommens, GPR 2018, 119; *Sonnentag*, Die Konsequenzen des Brexits für das Internationale Privat- und Zivilverfahrensrecht, 2017; *Ungerer*, Consequences of Brexit for European Private International Law, (2019) 4 European Papers 395; *Ungerer*, Brexit von Brüssel und den anderen EU-Verordnungen zum Internationalen Zivilverfahrens- und Privatrecht, in: Kramme/Baldus/Schmidt-Kessel (Hrsg.), Brexit. Privat- und wirtschaftsrechtliche Folgen, 2. Aufl. 2020, S. 605; *R. Wagner*, Justizielle Zusammenarbeit in Zivilsachen nach dem Brexit, IPRax 2021, 2; *Weller/Thomale/Zwierlein*, Brexit: Statutenwechsel und Acquis communautaire, ZEuP 2018, 892

1. Der Austritt des Vereinigten Königreichs aus der EU

Am 23. Juni 2016 wurde im Vereinigten Königreich ein Referendum über den Verbleib des Landes in der EU abgehalten. Die knappe Mehrheit der abgegebenen Stimmen sprach sich für einen Austritt (sog. Brexit) aus. Am 29. März 2017 hat das Vereinigte Königreich den Antrag nach Art. 50 EUV gestellt. Nach einer turbulenten politischen Auseinandersetzung und mehrfachen Verschiebungen erfolgte der Austritt aus der EU schließlich am 31. Januar 2020 um 24 Uhr MEZ. Die rechtlichen Rahmenbedingungen werden – vorläufig – durch das am 24. Januar 2020 unterzeichnete Austrittsabkommen geregelt. Dieses sieht eine Übergangsphase bis zum 31. Dezember 2020 vor, während der die bisherigen Rechtsregeln des Binnenmarktes weitgehend fortgelten sollen. Die politische Absicht ging – letztlich auf beiden Seiten – dahin, während dieser Zeit die Rahmenbedingungen des weiteren politischen und wirtschaftlichen Miteinanders auszuhandeln.[150] Die Corona-Krise, die spätestens im März 2020 praktisch alle EU-Staaten erreicht hatte, trug allerdings zu einer Verlangsamung dieses Prozesses bei. Erst am 24. Dezember 2020 wurde Einigkeit über einen Brexit-Handelspakt erzielt. 47

2. Die Übernahme von Unionsrecht im Vereinigten Königreich („Retained EU Law")

Mit dem Austritt des Vereinigten Königreich aus der EU fiel dort auch die über Art. 288 48
AEUV vermittelte Geltungskraft des EU-Sekundärrechts weg. Es stand dem britischen

150 Siehe dazu die Glosse von *MacPherson*, ZEuP 2020, 529.

Parlament daher frei, solche Gesetze zu ändern oder abzuschaffen, mit denen Richtlinien umgesetzt wurden oder die zur Durchführung von Verordnungen dienten. Mit dem European Union (Withdrawal) Act 2018 wurde zunächst der European Communities Act 1972 aufgehoben. Damit wird das Ende der formellen Bindungswirkung von EU-Recht auch auf innerstaatlicher Ebene nachvollzogen. Gleichzeitig soll Kontinuität geschaffen werden. Daher sieht sec. 2 (1) European Union (Withdrawal) Act 2018 vor, dass Umsetzungsrecht vorbehaltlich einer Reihe von Ausnahmen in sec. 5 fortgilt: „EU-derived domestic legislation, as it has effect in domestic law immediately before exit day, continues to have effect in domestic law on and after exit day." Für unmittelbar geltendes EU-Recht, insbesondere also für EU-Verordnungen, ordnet sec. 3 (1) eine unmittelbare Transformation in innerstaatliches Recht an: „Direct EU legislation, so far as operative immediately before exit day, forms part of domestic law on and after exit day."

49 Technisch wird diese Rechtsmasse als "retained EU law" bezeichnet.[151] Für die Auslegung dieser Vorschriften gibt es keine formelle Autorität einschlägiger EuGH-Entscheidungen mehr, doch steht es Gerichten frei, diese zu berücksichtigen (sec. 6 (1) und (2) European Union (Withdrawal) Act 2018). Insbesondere der Supreme Court und unter Umständen auch der High Court sind nicht an retained EU law gebunden und dürfen hiervon abweichen; es gelten insoweit dieselben Voraussetzungen wie für ein Abweichen von einem Präjudiz (sec. 6 (4) und (5) European Union (Withdrawal) Act 2018). Hierdurch wird die Möglichkeit zu einer schrittweisen „Re-Anglifizierung" des übernommenen EU-Rechts durch die Rechtsprechung geschaffen. Davon unbenommen bleiben Änderungen durch Gesetzgebung (sec. 7 European Union (Withdrawal) Act 2018).[152]

3. Wiederaufleben von Konventionalrecht?

50 Im Bereich des europäischen Kollisionsrechts wurde in der Literatur diskutiert, ob nach einem Außerkrafttreten der Rom I-VO für das Vereinigte Königreich das Römische Vertragsrechtsübereinkommen (EVÜ)[153] wieder zur Anwendung gelangen könnte.[154] Derartige Abkommen bestehen in den anderen Bereichen des IPR nicht, sodass aus britischer Sicht Regeln des autonomen britischen Kollisionsrechts anzuwenden bzw. zu schaffen wären. Der eben beschriebene Mechanismus des European Union (Withdrawal) Act 2018, der insbesondere der Rom I-VO als retained EU law

151 Näher dazu *Ernst*, ZfPW 2018, 369.

152 Speziell zum Verbraucherrecht *Freeman*, EuCML 2020, 1.

153 Dazu § 2 Rn. 5.

154 Dafür *Dickinson*, JPrivIntL 12 (2016), 195, 204; *Ungerer*, in: Kramme/Baldus/Schmidt-Kessel (Hrsg.), Brexit. Privat- und wirtschaftsrechtliche Folgen, 2. Aufl. 2020, S. 605, 608 ff.; *Lehmann/Zetzsche*, JZ 2017, 62, 64 f.; dagegen *Hess*, IPRax 2016, 409, 417; *Rühl*, JZ 2017, 72, 74 f.; *R. Wagner*, IPRax 2021, 2, 9, jeweils m.w.N.

weiterhin Geltung verschafft, sorgt auf absehbare Zeit dafür, dass sich die Rechtspraxis nicht radikal umgewöhnen muss. Aus Sicht der EU-Staaten ist jedoch weiterhin auch in Bezug auf das Vereinigte Königreich, das nach Ende des Übergangszeitraums wie ein Drittstaat zu behandeln ist, das allseitig ausgestaltete EU-Kollisionsrecht[155] anzuwenden.

Im praktisch wohl wichtigeren Bereich des internationalen Verfahrensrechts geht **51** es aus britischer Sicht vor allem um die Sicherung des Justizstandorts London, dessen Attraktivität für internationales Publikum dann gefährdet sein könnte, wenn die dort gesprochenen Urteile nicht mehr unionsweit anerkannt würden:[156] Die Tatsache, dass auch die Brüssel Ia-VO als retained EU law fortgilt, verschafft den Urteilen britischer Gerichte die erwünschte Wirkungserstreckung nicht. Auch hier wurde diskutiert, ob nach Außerkrafttreten der Brüssel Ia-VO im Verhältnis zwischen den EU-27 und dem Vereinigten Königreich nunmehr das EuGVÜ wiederaufleben könnte.[157] Auf britischer Seite wurde verstärkt ventiliert, dem Übereinkommen von Lugano von 2007 beizutreten; mittlerweile hat das Vereinigte Königreich einen Antrag auf Neubeitritt gestellt.[158] Erstaunlicherweise enthält der Brexit-Handelspakt vom 24. Dezember 2020 keine näheren Regelungen für den Bereich der justiziellen Zusammenarbeit in Zivilsachen.

4. Brexit und die Rechtskultur des Unionsrechts

Literatur: *Eidenmüller*, Collateral Damage. Brexit's Negative Effects on Regulatory Competition and Legal Innovation in Private Law, ZEuP 2018, 868; *Martin*, Rechtsdogmatik in England, 2017; *Worthington*, The Unique Charm of the Common Law, ERPL 2011, 345

Bei oberflächlicher Betrachtung könnte der Austritt des Vereinigten Königreichs aus **52** der EU die positive Folge haben, dass die Rechtssetzung auf Unionsebene durch den Wegfall eines Common-Law-Landes mit besonderer und hochgehaltener Rechtskultur nunmehr leichter werden könnte. Man rufe sich nur die Sonderrolle in Erinnerung, die das Vereinigte Königreich im Rahmen der Justiziellen Zusammenarbeit spielt: Dort hatte man sich ausbedungen, seine Teilnahme zu jedem einzelnen Rechtsakt erklären zu dürfen. Das dahinter stehende Disruptionspotential für den Entstehungsprozess neuer Rechtsakte ist offensichtlich. Auch inhaltlich hatte es vielfach „rote Linien" ge-

---

155 Etwa Art. 2 Rom I-VO, s. dazu auch unten § 32 Rn. 115.

156 Siehe zur Diskussion um die Schaffung von Commercial Courts in verschiedenen EU-Mitgliedstaaten als Reaktion hierauf *Stürner*, JZ 2019, 1122.

157 Dafür *Dickinson*, JPrivIntL 12 (2016), 195, 205; *Lehmann/Zetzsche*, JZ 2017, 62, 70; dagegen *Hess*, IPRax 2016, 409, 413; *Rühl*, JZ 2017, 72, 77; *R. Wagner*, IPRax 2021, 2, 8.

158 S. https://www.eda.admin.ch/dam/eda/fr/documents/aussenpolitik/voelkerrecht/autres-conventions/Lugano2/200414-LUG_en.pdf [16.7.2020]. Dazu bereits *Hess*, IPRax 2016, 409, 414 f.; *R. Wagner*, IPRax 2021, 2, 7 f.; eingehend *Lein*, in: EnzEuR, Band 3, 2. Aufl. 2021, § 34 Rn. 33 ff.

geben, die London etwa im Rahmen der Rom I-VO gezogen hatte hinsichtlich der Geltung drittstaatlicher Eingriffsnormen (Art. 9 Abs. 3 Rom I-VO[159]), in der Rom II-VO in Bezug auf das IPR der Haftung für Persönlichkeitsrechtsverletzungen (Art. 1 Abs. 2 lit. g Rom II-VO) oder generell im Bereich des Familien- und Erbrechts (so in der EuUnthVO, der EuErbVO oder der EuGüVO).

53 Doch darf darüber nicht vergessen werden, dass mit Irland, Malta und Zypern nach wie vor Länder mit Common-Law-Tradition Mitgliedstaaten der EU sind. Es erscheint von großer Wichtigkeit, dass deren Stimme im Rahmen der Rechtssetzung in der EU nunmehr nicht marginalisiert wird.[160] Es wäre kurzsichtig zu glauben, dass nach dem Austritt des Vereinigten Königreichs nunmehr eine bessere Gesetzgebung möglich wäre, da die weitaus überwiegende Mehrheit der Mitgliedstaaten in der Tradition des kontinentalen Civil Law steht. Auch die verbleibenen 27 EU-Mitglieder vereint mitnichten eine homogene Sichtweise dessen, wie EU-Recht aussehen sollte; dies gilt selbst dann, wenn man nur auf die 24 in kontinentaler Tradition stehenden Länder blickt. Mittelfristig würde eine Zurückdrängung von der Common-Law-Tradition entstammendem Gedankengut dem Unionsrecht auch eher schaden als nützen: Es ist gerade die Zusammenführung beider Welten, die das europäische Recht ausgezeichnet hat. Das Verhältnis zu Drittstaaten wird dann gedeihlicher sein, wenn das Unionsrecht selbst pluraler ausgestaltet ist.

54 Umgekehrt wäre es misslich, wenn nach dem Austritt im Vereinigten Königreich in Form eines „Roll-back" nunmehr ein sehr markanter Schritt zurück zur überkommenen Tradition des Common Law vollzogen würde. In vielerlei Hinsicht liefe das einer Entwicklung jedenfalls der letzten Jahrzehnte entgegen, die eine wechselseitige Annäherung beider Ansätze gebracht hat.[161] Im weltweiten Handel ist ohnehin das Common Law dominant, dies betrifft etwa die internationale Vertragspraxis oder auch die Streitschlichtung. Dem kann und darf sich auch das EU-Recht nicht verschließen.[162] Die Anstrengungen einzelner Mitgliedstaaten, Commercial Courts in Konkurrenz zum führenden Standort London zu etablieren, stehen sinnbildlich hierfür.[163]

---

159 Dazu unten § 32 Rn. 131 ff.

160 In diese Richtung auch *Hess*, IPRax 2016, 409, 418.

161 Dazu unten § 34 Rn. 65 ff.

162 So hat das EU-Parlament die Frage diskutiert, ob ein Europäischer Handelsgerichtshof etabliert werden soll, s. *Rühl*, Building Competence in Commercial Law in the Member States, Study for the JURI Committee of the European Parliament, September 2018, S. 58 ff. (abrufbar unter http://www.europarl.europa.eu/RegData/etudes/STUD/2018/604980/IPOL_STU(2018)604980_EN.pdf [17.6.2020]); zusammenfassend auch *Rühl*, JZ 2018, 1073, 1079. Siehe zuvor bereits *Pfeiffer*, ZEuP 2016, 795.

163 S. die Beiträge in *X. Kramer/Sorabji* (Hrsg.), International Business Courts: A European and Global Perspective, 2019; für Deutschland auch *Stürner*, JZ 2019, 1122; zum Wettbewerb der Rechtsordnungen *Eidenmüller*, ZEuP 2018, 868, 875 ff.

§ 4 Der Beitrag wissenschaftlicher Unternehmungen zum europäischen Privatrecht

Literatur: *Gutman*, The Constitutional Foundations of European Contract Law: A Comparative Analysis, 2014, S. 148–156; *Metzger*, Extra legem, intra ius: Allgemeine Rechtsgrundsätze im Europäischen Privatrecht, 2009, S. 221ff.; *Michaels*, Privatautonomie und Privatkodifikation. Zur Anwendbarkeit und Geltung allgemeiner Vertragsrechtsprinzipien, RabelsZ 62 (1998), 580; *Micklitz*, (Selbst-) Reflektionen über die wissenschaftlichen Ansätze zur Vorbereitung einer europäischen Vertragsrechtskodifikation, GPR 2007, 2; *Riedl*, Vereinheitlichung des Privatrechts in Europa: Wissenschaftliche Initiativen im Europäisierungsprozeß, 2004; *Sirena*, Die Rolle wissenschaftlicher Entwürfe im europäischen Privatrecht, ZEuP 2018, 838; *Wurmnest*, Common Core, Grundregeln, Kodifikationsentwürfe, Acquis-Grundsätze – Ansätze internationaler Wissenschaftlergruppen zur Privatrechtsvereinheitlichung in Europa, ZEuP 2003, 714; *Zimmermann*, Die Rolle der wissenschaftlichen Entwürfe im europäischen Privatrecht, ZEuP 2018, 862

Systematische Übersicht

Es wurde bereits erläutert, dass diesem Buch ein weiter Begriff des europäischen Privatrechts zugrunde liegt, der sich nicht auf das positiv gesetzte Unionsrecht beschränkt.[1] Vor allem wissenschaftliche Unternehmungen tragen wesentlich zur Konturierung und Fortentwicklung des Rechts bei. Dabei handelt es sich zwar nicht um 1

1 Siehe oben § 2 Rn. 9.

https://doi.org/10.1515/9783110718690-004

Hard Law, nach mancher Definition nicht einmal um Soft Law,[2] sondern lediglich um „in Regeln organisierte Rechtssprache“.[3] Die große Zeit dieser Initiativen reichte von Mitte der 1990er Jahre bis etwa 2010: Die Idee eines europäischen Zivilgesetzbuches oder zumindest die Konsolidierung wichtiger Teile des bürgerlichen Vermögensrechts schien damals zumindest im Bereich des Möglichen. Mit dem Erscheinen des DCFR im Jahre 2009 schien ein Kulminationspunkt erreicht, doch die politische Adelung blieb aus. Möglicherweise sind diesbezüglich tatsächlich „die Schlachten geschlagen“.[4] Doch kann die Bedeutung der wissenschaftlichen Initiativen und ihrer Texte für das Verständnis des Unionsprivatrechts kaum unterschätzt werden. Der nachfolgende Teil bietet daher einen Überblick über die wichtigsten Projekte und Institutionen und ihre Arbeit.

I. Die Commission on European Contract Law (Lando-Kommission)

Literatur: *Zimmermann*, Die Principles of European Contract Law als Ausdruck und Gegenstand europäischer Rechtswissenschaft, JURA 2005, 289 (Teil I) und 441 (Teil II)

1. Urheber und Entstehungsgeschichte

2 Die von der Commission on European Contract Law (nach ihrem Gründer und Vorsitzenden, dem dänischen Rechtsprofessor *Ole Lando* auch Lando-Gruppe genannt) seit 1982 ausgearbeiteten Principles of European Contract Law (PECL) stehen im Geiste der kurz zuvor verabschiedeten Wiener Kaufrechtskonvention (CISG). Einen wesentlichen Impetus erhielt der Fortgang dieser privaten Arbeitsgruppe durch die Entschließung des Europäischen Parlaments zu den Bemühungen um eine Angleichung des Privatrechts der Mitgliedstaaten.[5] Die Lando-Gruppe sah das europäische Vertragsrecht als zentrale und prioritär zu erfassende Materie an. Ein offizielles Mandat hatte sie nicht, auch wenn sie von der EU teilweise finanziell gefördert wurde.[6]

---

2 Siehe zur entsprechenden Terminologie oben § 2 Rn. 92ff.

3 So *Schmidt-Kessel*, Stichwort „Study Group on a European Civil Code“, in: Handwörterbuch des Europäischen Privatrechts, 2009. Zu Natur und Funktionen dieser Texte *Sirena*, ZEuP 2018, 838, 848ff.

4 So *von Bar*, AcP 219 (2019), 593, 594: „Ich bin mir nicht einmal sicher, dass das allgemeine Vertragsrecht heute wirklich noch das wichtigste Feld ist, für das es in Europa einer neuen (oder erneuerten) Nachdenkensphase bedarf. Die Schlachten sind geschlagen.“

5 Vom 26.5.1989, ABl. C 158 vom 26.6.1989, S. 400. Siehe dazu bereits oben § 3 Rn. 2.

6 Darauf lässt jedenfalls der Wikipedia-Eintrag (unter „History“) schließen: https://en.wikipedia.org/wiki/Principles_of_European_Contract_Law [17.6.2020]. Siehe auch *Zimmermann*, Stichwort „Principles of European Contract Law“, in: Handwörterbuch des Europäischen Privatrechts, 2009.

Teil I der PECL wurde in englischer Sprache erstmals im Jahre 1995 veröffentlicht;[7] eine konsolidierte Fassung erschien zusammen mit Teil II im Jahre 2000.[8] Teil III schließlich folgte im Jahre 2003.[9] 3

Die PECL haben zwar keinen für den Rechtsanwender verbindlichen Inhalt, sind genau genommen nicht einmal ein Restatement der in den verschiedenen europäischen Rechtsordnungen geltenden Vertragsrechtsprinzipien, dienen aber als Anhaltspunkt für den allen Mitgliedstaaten gemeinsamen Bestand an Rechtsgrundsätzen. 4

2. Rechtssetzungstechnik

a) Principles oder Rules?

Trotz ihrer Bezeichnung als „Principles" oder „Grundregeln" haben die PECL fast durchweg eine regelförmige Ausprägung erfahren, die eine konkrete Rechtsanwendung denkbar werden lässt. So erklärt Art. 1:101 (2) PECL die Grundregeln für anwendbar, wenn diese von den Parteien gewählt wurden. 5

b) Kollisionsrechtliche Wählbarkeit?

Eine kollisionsrechtliche Rechtswahl nichtstaatlichen Rechts ist unter der Rom I-Verordnung freilich (derzeit) nicht möglich, sodass eine Wahl der PECL im Ergebnis nur materiellrechtliche Wirkung hätte: Kollisionsrechtlich wählbar ist nur staatliches Recht.[10] Anders lautete noch Art. 3 Abs. 2 des ursprünglichen Entwurfs der Rom I-VO.[11] 6

c) Unbestimmte Rechtsbegriffe: Reasonable

Das BGB verwendet die Ausdrücke Vernunft, Vernünftigkeit oder vernünftig an keiner Stelle. Ganz anders internationale Regelungsinstrumente wie UN-Kaufrecht, Verbrauchsgüterkauf-Richtlinie, PECL oder DCFR. Hier findet der Begriff der reasonableness recht häufige, im Falle des DCFR fast sogar exzessive Verwendung.[12] Was verbirgt 7

---

7 *Beale/Lando*, The Principles of European Contract Law, Part I, Performance, Non Performance and Remedies, 1995, deutsche Übersetzung in ZEuP 1995, 864.

8 *Lando/Beale*, Principles of European Contract Law, Parts I and II, 2000, als deutsche Übersetzung erschienen in: *von Bar/Zimmermann*, Grundregeln des Europäischen Vertragsrechts, Teile I und II, 2002.

9 *Lando/Clive/Prüm/Zimmermann*, Principles of European Contract Law, Part III, 2003, als deutsche Übersetzung erschienen in: *von Bar/Zimmermann*, Grundregeln des Europäischen Vertragsrechts, Teil III, 2005.

10 Etwa *Magnus*, IPRax 2010, 27, 33. Näher dazu unten § 32 Rn. 16.

11 KOM(2005) 650 endg.

12 Eine Volltextsuche in der „Interim Outline Edition" nach den Wörtern „(un)reasonable" und „reasonably" ergab über 400 Treffer. Bei den (allerdings gegenständlich viel beschränkteren) PECL ergab die Suche immerhin gut 80 Treffer.

sich dahinter? In der deutschen Version von Art. 1:302 PECL wird reasonableness mit „Angemessenheit, Vernünftigkeit" übersetzt und folgendermaßen definiert:

8 „Angemessenheit und Vernünftigkeit im Sinne dieser Grundregeln sind danach zu beurteilen, was Personen, die im Einklang mit den Geboten von Treu und Glauben handeln und sich in derselben Lage wie die Parteien befinden, als angemessen beziehungsweise vernünftig betrachten würden. Bei der Würdigung, ob etwas angemessen beziehungsweise vernünftig ist, sind insbesondere die Art und der Zweck des Vertrages, die Umstände des Einzelfalles und die Gebräuche und Gepflogenheiten der betroffenen Handelsbranchen und Berufe zu berücksichtigen."

9 Diese Definition ist offenbar bewusst sehr weit gefasst worden, um dem Richter eine Berücksichtigung aller Umstände des Einzelfalles zu ermöglichen.[13] Nach Auffassung der Verfasser der PECL scheinen der Begriff der reasonableness und seine Synonyme „zum Gemeingut der Rechtsordnungen zu zählen",[14] auch wenn die verschiedenen europäischen Rechtsordnungen mit wenigen Ausnahmen keine derartigen Definitionen enthalten.[15] Daran ist sicher richtig, dass jede Rechtsordnung offene Begriffe und Generalklauseln verwendet, um auch im Einzelfall gerechte Ergebnisse erzielen zu können. Diese Rechtssetzungstechnik haben aber insbesondere die Verfasser des DCFR geradezu zum System erhoben.[16] Die häufige Verwendung der reasonableness drückt zum einen den Kompromisscharakter aus, den ein Regelwerk mit transnationalem Geltungsanspruch notwendig in sich trägt; hier liegt es nahe, divergierende Wertentscheidungen offen zu lassen und auf das scheinbar objektive Kriterium der Vernünftigkeit zu rekurrieren. Zum anderen trägt dies dem Anspruch des Regelwerks Rechnung, Begrifflichkeiten zu verwenden, die nicht schon von mitgliedstaatlichen Rechtsordnungen dogmatisch besetzt und daher der Gefahr einer einseitig an diesem Vorverständnis orientierten Interpretation ausgesetzt sind. Das Kriterium der reasonableness scheint hierzu vor diesem Hintergrund geradezu ideal geeignet.

10 Was also unter der reasonableness zu verstehen ist, hängt vom jeweiligen Normkontext und den dahinter stehenden, möglicherweise konfligierenden Grundwertungen ab, die vom Rechtsanwender im konkreten Fall zum Ausgleich zu bringen sind.[17]

---

13 Vgl. Kommentar B zu Art. 1:302 PECL. Der DCFR enthält in den vorangestellten Definitionen eine etwas andere Umschreibung von „reasonable": „What is 'reasonable' is to be objectively ascertained, having regard to the nature and purpose of what is being done, to the circumstances of the case and to any relevant usages and practices."

14 Anmerkung zu Art. 1:302 PECL.

15 Kritisch daher *J. Schmidt*, in: FS Großfeld, 1999, S. 1017, 1022. Ein (allerdings in seiner tatbestandlichen Reichweite eng beschränktes) Beispiel ist der englische Unfair Contract Terms Act 1977, dazu *Stürner*, Der Grundsatz der Verhältnismäßigkeit im Schuldvertragsrecht, 2010, S. 141ff.

16 Vgl. dazu die Kritik von *Eidenmüller/Faust/Grigoleit/Jansen/Wagner/Zimmermann*, JZ 2008, 529, 536f.

17 Darauf weisen die Verfasser der DCFR ausdrücklich in der Einleitung hin: *von Bar/Clive*, DCFR 2009 Final Edition, Introduction Nr. 22.

Das ist auch folgerichtig, denn ein europaweit einheitliches Konzept der „reasonableness" ist nicht erkennbar, ja es existiert nicht einmal eine einheitliche deutsche Übersetzung für den Begriff. Das zeigt sich etwa am UN-Kaufrecht. In der (inoffiziellen[18]) deutschen Übersetzung wird der Begriff reasonable teils mit vernünftig übersetzt, teils mit angemessen, zumutbar, verhältnismäßig, oder auch mit ungebührlich.[19] Geschah dies aus rein praktischen Erwägungen, um dem deutschsprachigen Rechtsanwender vertraute Begrifflichkeiten zu präsentieren, oder wurde eine Chance zur Einführung eines neuen Regelungskonzepts vertan?

Das Konzept der reasonableness, wie es in PECL, DCFR und CISG verwendet wird, 11
steht zunächst für den an eine Person gerichteten Verhaltensmaßstab.[20] Es bezeichnet einen objektivierten Sorgfaltsmaßstab, der sich etwa daran zeigen kann, wie lang eine Frist zu bemessen ist,[21] wie eine Willenserklärung zu verstehen ist (etwa in Art. 8 Abs. 2 CISG[22]),[23] ob eine Vertragspartei den der anderen durch eine Vertragsverletzung entstandenen Nachteil vernünftigerweise hätte vorhersehen können oder nicht (Art. 25 CISG)[24] oder welche Qualität der Verbraucher bei einer Kaufsache angesichts öffentlicher Äußerungen des Verkäufers oder des Herstellers vernünftigerweise erwarten kann, sofern der Verkäufer davon vernünftigerweise nicht in Unkenntnis sein

---

18 Authentisch sind alleine die arabische, chinesische, englische, französische, russische und spanische Version, vgl. die Schlussformel zum Übereinkommen der Vereinten Nationen über Verträge über den internationalen Warenkauf vom 11. April 1980.

19 Vgl. *J. Schmidt*, in: FS Großfeld, 1999, S. 1017, 1027. Kritisch dazu *Troiano*, in: Schulze, New Features in Contract Law, 2007, S. 375, 377.

20 Dies zeigt die Definition in Art. 1:302 PECL; weniger deutlich kommt der Personenbezug in Art. I.-1:104 DCFR zum Tragen. Inhaltlich ist indessen keine Änderung beabsichtigt, vgl. Kommentar zu Art. I.-1:104 DCFR.

21 Vgl. die Aufzählungen bei *J. Schmidt*, in: FS Großfeld, 1999, S. 1017, 1019 (zu den PECL) sowie bei *Troiano*, in: Schulze, New Features in Contract Law, 2007, S. 375, 396 (zum CISG).

22 Unter Geltung des UN-Kaufrechts ist eine Willenserklärung so auszulegen, wie eine vernünftige Person sie aufgefasst hätte. Vgl. dazu die weiteren Beispiele bei *Troiano*, in: New Features in Contract Law, 2007, S. 375, 389 ff. Ein Unterschied zum „verständigen Dritten" (§ 119 Abs. 1 BGB) ist nicht erkennbar. Vgl. auch die synonyme Verwendung von vernünftig und verständig bei Soergel/*Lüderitz*/*Fenge*, 13. Aufl. 2000, Art. 8 CISG Rn. 5. Weitere Nachweise zum Leitbild des verständigen Dritten bei *Röthel*, Normkonkretisierung im Privatrecht, 2004, S. 196 ff.

23 Vgl. auch den Versuch von *Graf*, Vertrag und Vernunft, 1997, S. 64 ff., 119 ff. anhand des „Vernünftigen" Maßstäbe für die ergänzende Vertragsauslegung zu erarbeiten. Hier wird vor allem eine ökonomische Perspektive eingenommen. Vor diesem Hintergrund ist der Ansatz problematisch, denn die Auslegung eines Vertrags hat zum Ziel, den hypothetischen Willen der Vertragsparteien zu ermitteln, nicht aber den Willen eines *rationalen* Menschen in der Situation der Vertragsparteien. Dazu *Eidenmüller*, Effizienz als Rechtsprinzip, 4. Aufl. 2015, S. 456 ff.; *U. Huber*, Leistungsstörungen, Band I, 1999, § 2 V 5 c (S. 57 ff.).

24 Hier scheint herkömmlicherweise der größte Anwendungsbereich der reasonableness zu liegen: Die (vor allem außervertragliche) Haftung ist auf dasjenige beschränkt, was bei der Anwendung einer „reasonable care" hätte vermieden werden können. Grundlegend für das englische Recht ist der Produkthaftungsfall *Donoghue v. Stevenson* [1932] AC 562, 599, HL (Lord Atkin).

konnte, so Art. 2 Abs. 2 lit. d bzw. Abs. 3 VGKRL. In Bezug auf letztere Vorschrift ist auffällig, dass bei der Umsetzung in das deutsche Recht der Ausdruck „vernünftigerweise" nicht übernommen wurde: § 434 Abs. 1 Satz 3 BGB spricht schlicht von „Eigenschaften, die der Käufer ... erwarten kann". Auf den im Vernünftigen liegenden Sorgfaltsmaßstab weist aber deutlich der weitere Text der Norm hin, die auf das Kennen oder Kennenmüssen des Verkäufers von den öffentlichen Äußerungen, was auf die fahrlässige (und damit sorgfaltspflichtwidrige, vgl. § 122 Abs. 2 BGB) Unkenntnis von solchen Äußerungen hindeutet.

12 Daneben wird der Begriff der reasonableness aber auch in einem anderen Sinne verwendet. Während die reasonable person[25] in den beschriebenen Fällen eine der Vertragsparteien gewissermaßen substituiert und an ihrer Stelle den Maßstab für eine „vernünftige" Entscheidung festlegt, dient die reasonableness auch dazu, in der Rolle eines neutralen Dritten Fragen des Vertragsgleichgewichts zu beurteilen.[26] Ein Beispiel bietet Art. 9:102 Abs. 2 lit. b PECL, der die Grenze des Naturalerfüllungsanspruchs bei „unreasonable expense or effort" festlegt. Die deutsche Version der PECL übersetzt dies mit „unangemessenen Anstrengungen oder Kosten".

3. Bedeutung und Rezeption

13 Von allen Modellregelwerken sind die PECL diejenigen, die den bislang größten Einfluss erlangt haben – dies gilt nicht nur für die Rechtswissenschaft, sondern auch für die Rechtsprechung: Wenn auch der EuGH selbst – in französischer Tradition stehend – in seinen Judikaten grundsätzlich neben dem geltenden Recht nur eigene Urteile zitiert, so finden doch die PECL immerhin in den Schlussanträgen der Generalanwälte vereinzelt Erwähnung.[27]

14 Dabei dient der Verweis auf die PECL regelmäßig zwar nur der argumentativen Untermauerung eines bereits auf positivrechtlicher Grundlage gefundenen Ergebnisses, aber damit immerhin der Bekräftigung der Existenz eines den europäischen Rechtsordnungen gemeinsamen Rechtsgrundsatzes.

---

25 In der klassischen englischen Rechtsprechung ist selbstverständlich stets vom „reasonable man" die Rede, vgl. etwa *Donoghue v. Stevenson* [1932] AC 562, 619 f., HL (Lord Macmillan).

26 Zu diesen Fällen auch *Troiano*, in: Schulze, New Features in Contract Law, 2007, S. 375, 398 f., 410 ff.

27 So etwa in den Schlussanträgen der GA *Trstenjak* vom 15.11.2007, Rs. C-404/06 – *Quelle*, ECLI:EU:C:2007:682, Rn. 44 (Verweis auf Art. 9:102 Abs. 1 PECL), in den Schlussanträgen vom 6.3.2007, Rs. C-1/06, *Bonn Fleisch Ex- und Import GmbH/Hauptzollamt Hamburg-Jonas*, ECLI:EU:C:2007:137, Rn. 68 (zur Auslegung von Willenserklärungen nach Kapitel 5 PECL), in den Schlussanträgen vom 18.2.2009, Rs. C-489/07, *Messner/Krüger*, ECLI:EU:C:2009:98, Rn. 85, 94 (Verweis auf Regelung der Haftung des Verbrauchers bei Ausübung des Widerrufsrechts im DCFR) sowie in den Schlussanträgen des GA *Poiares Maduro* vom 21.11.2007, Rs. C-412/06 – *Hamilton*, ECLI:EU:C:2007:695, Rn. 24 (unter Verweis auf die in Kapitel 14 PECL geregelten Grundsätze der Verjährung).

Daneben fungieren die PECL als Vorbild für nationale Gesetzgeber, so hat sich etwa Estland[28] unter anderem auf die PECL als Modellrechtsordnung für die Reform des Obligationenrechts gestützt.[29] Auch das Reformprojekt des französischen Obligationenrechts, das sogenannte avant-projet Catala (avant-projet de réforme du droit des obligations et de la prescription) ließ sich teilweise vom Modell der PECL inspirieren.[30] Hiervon finden sich auch in der zum 1. Oktober 2016 in Kraft getretene Reform noch Spuren.[31] 15

II. Die Accademia dei giusprivatisti europei (Gandolfi-Gruppe)

Literatur: *Gandolfi*, Pour un code européen des contrats, Rev. trim. dr. civ., 1992, 707; *Gandolfi*, Der Vorentwurf eines europäischen Vertragsgesetzbuchs, ZEuP 2002, 1; *Gandolfi*, Das Zweite Buch (über „Einzelne Verträge") des europäischen Vertragsgesetzbuchs – einige Vorbemerkungen, in: FS Canaris, Band 2, 2007, S. 585; *Gandolfi*, Europäisches Vertragsgesetzbuch Vorentwurf – Zweiter Buch – Erster Titel, ZEuP 2009, 628; *Patti*, Kritische Anmerkungen zum Entwurf eines europäischen Vertragsgesetzbuches, ZEuP 2004, 118; *Ruffini Gandolfi*, Le Code européen des contrats – Livre I, à l'Institut de France (et les travaux préparatoires du Livre II, à l'Université de Pavie), R.I.D.C. 3-2006, 953; *Sonnenberger*, Der Entwurf eines Europäischen Vertragsgesetzbuchs der Akademie Europäischer Privatrechtswissenschaftler – ein Meilenstein, RIW 2001, 409; *Sturm*, Bemühungen um ein einheitliches europäisches Vertragsrecht, JZ 1991, 555; *Sturm*, Der Entwurf eines Europäischen Vertragsgesetzbuch, JZ 2001, 1097; *Zimmermann*, Der „Codice Gandolfi" als Modell eines einheitlichen Vertragsrechts für Europa? – Überlegungen zur Regelung der Aufrechnung (Art. 132), in: FS Jayme, 2004, S. 1401

1. Die Accademia dei giusprivatisti europei

Die Accademia dei giusprivatisti europei wurde 1992 in Pavia gegründet;[32] spiritus rector und Promotor war der italienische Rechtsprofessor *Giuseppe Gandolfi*, sodass vielfach auch die Bezeichnung Gandolfi-Gruppe gebräuchlich ist. Ihr Ziel war nicht die Schaffung von Grundprinzipien des Vertragsrechts, sondern vielmehr die Formu- 16

28 Daneben wurden auch das deutsche BGB, das Schweizer Obligationenrecht, das CISG und die UNIDROIT Principles herangezogen. Dazu *Kull*, Juridica International 1999, 147; *dies.*, Juridica International 2004, 32.

29 Auch die zur Reform des ungarischen Zivilgesetzbuchs eingesetzte Kommission nennt unter anderen die PECL als Vorbilder bei der Gesetzgebungsarbeit, vgl. *Vékás*, ZEuP 2009, 536, 540; dazu auch *Csehi*, in: Heun/Lipp, Europäisierung des Rechts, 2008, S. 59, 71ff.

30 Vgl. *Catala*, Avant-projet de réforme du droit des obligations et de la prescription. Zum Entwurf u.a. *Ancel*, in: Schuldrechtsmodernisierung und Europäisches Vertragsrecht, S. 45; *Sonnenberger*, ZEuP 2007, 421; *Fauvarque-Cosson*, ZEuP 2007, 428; *Fauvarque-Cosson/Mazeaud*, Unif. L. Rev. 2006, 103; *Lorenz*, Revue des contrats 2007, 57; *Lehmann*, Revue des contrats 2007, 1427.

31 Dazu *Babusiaux/Witz*, JZ 2017, 496.

32 *Gandolfi*, ERA Forum 2/2003, 99, 121; *Wurmnest*, ZEuP 2003, 714, 735; *Sonnenberger*, RIW 2001, 409. S. http://www.accademiagiusprivatistieuropei.it [17.6.2020].

lierung eines vollständigen Gesetzes auf dem Gebiet des Vertragsrechts,[33] das in allen Mitgliedstaaten akzeptabel sein würde.[34] Die Entschließung des Europäischen Parlaments von 1989[35] hatte sicherlich wesentlichen Anteil and der Gründung der Accademia.[36]

17 1998 wurde ein Vorentwurf des ersten Buchs eines europäischen Vertragsgesetzes veröffentlicht, der das Schuldvertragsrecht enthält.[37] 2001 erschien dann der Vorentwurf des ersten Buchs in französischer Sprache[38] mit einem Bericht des Koordinators *Gandolfi*.[39] Eine zweite, überarbeitete und berichtigte Ausgabe des Entwurfs mit Übersetzungen ins Deutsche, Englische, Spanische und Italienische wurde im Jahr 2002 veröffentlicht.[40] Eine nochmals überarbeitete und korrigierte Ausgabe ist 2004 erschienen.[41] 2006 folgte die offizielle Vorstellung des Vorentwurfs des ersten Titels des zweiten Buchs, der sich mit dem Verkauf beweglicher Sachen befasst.[42] Es wird nur der Kauf beweglicher Güter geregelt, da sich aus Sicht der Urheber im Common Law die Regelungen zum Kauf unbeweglicher Güter zu sehr von denen des Civil Law unterscheiden und überdies das Gemeinschaftsrecht die Regelungen des Eigentums der Mitgliedstaaten im Grundsatz unberührt lässt.[43] Die Arbeiten dauern an; derzeit erarbeitet die Gruppe die Abfassung des zweiten Buchs des Entwurfs über die einzelnen Verträge.[44]

2. Rechtssetzungstechnik

18 Zentrale Bedeutung für die Arbeiten der Gandolfi-Gruppe kam dem italienischen Codice civile zu.[45] In dieser Kodifikation wurde eine sinnvolle Synthese zwischen

---

33 *Patti*, ZEuP 2004, 118; *Zimmermann*, in: FS Jayme, 2004, S. 1401; *Gandolfi*, ERA Forum 2/2003, 99, 122; *Ruffini Gandolfi*, R.I.D.C. 3-2006, 953; *Sonnenberger*, RIW 2001, 409, 409f.; *Metzger*, Extra legem, intra ius: Allgemeine Rechtsgrundsätze im Europäischen Privatrecht, 2009, S. 230; *Gandolfi*, in: FS Canaris, 2007, S. 585, 587.

34 *Gandolfi*, ERA Forum 2/2003, 99, 122f.; *Gandolfi*, in: FS Canaris, 2007, S. 585, 589.

35 Siehe oben § 3 Rn. 10.

36 *Sturm*, JZ 1991, 555; Staudinger/*Olzen* (2019), Einleitung zum Schuldrecht, Rn. 302.

37 Staudinger/*Olzen* (2019), Einleitung zum Schuldrecht, Rn. 302; *Zimmermann*, in: FS Jayme, 2004, S. 1401, 1406; *Gandolfi*, in: FS Canaris, 2007, S. 585, 586.

38 *Sturm*, JZ 2001, 1097; *Patti*, ZEuP 2004, 118.

39 *Zimmermann*, in: FS Jayme, 2004, S. 1401, 1405.

40 S. http://www.accademiagiusprivatistieuropei.it [17.6.2020].

41 S. http://www.accademiagiusprivatistieuropei.it [17.6.2020].

42 Staudinger/*Olzen* (2019), Einleitung zum Schuldrecht, Rn. 302; *Metzger*, Extra legem, intra ius: Allgemeine Rechtsgrundsätze im Europäischen Privatrecht, 2009, S. 231; *Gandolfi*, in: FS Canaris, 2007, S. 585, 586.

43 *Gandolfi*, in: FS Canaris, 2007, S. 585, 592.

44 S. http://www.accademiagiusprivatistieuropei.it [17.6.2020].

45 Staudinger/*Olzen* (2019), Einleitung zum Schuldrecht, Rn. 302; *Wurmnest*, ZEuP 2003, 714, 736; *Zimmermann*, in: FS Jayme, 2004, S. 1401, 1405.

deutschem und französischem Recht erblickt,[46] die überdies keine Widersprüche zu den Grundsätzen des Common Law enthalte.[47] Mit berücksichtigt wurde auch der auf Betreiben der englischen Law Commission von *McGregor* vorgelegte Entwurf eines Contract Code,[48] der das englische und das schottische Vertragsrecht vereinheitlichen sollte.[49] Die Hauptlast der Arbeiten trug *Gandolfi* selbst. Es gab keine thematisch begrenzten Arbeitsgruppen; vielmehr diskutierte das Plenum – teilweise auf der Grundlage von Fragebögen, die an nationale Untergruppen oder einzelne Wissenschaftler versandt worden waren[50] – über einzelne Sachpunkte. Die Redaktionsarbeit leistete *Gandolfi* allein.[51]

Wie die PECL verkörpern auch die Entwürfe der Gandolfi-Gruppe reine akademi- 19
sche Regelwerke ohne normative Verbindlichkeit. Zentrale Bedeutung kommt dem Grundsatz pacta sunt servanda zu; die Regelungen sollen für Rechtsklarheit und eine schnelle Vertragsdurchführung sorgen. Der grammatikalischen Auslegung vertraglicher Vereinbarungen kommt daher eine vorrangige Stellung zu.[52] Zwingendes Recht wird nach Möglichkeit vermieden, ebenso starre Rechtsfolgen wie Gültigkeit/Nichtigkeit oder Erfüllung/Nichterfüllung. Auch verzichten die Entwürfe auf solche Rechtsinstitute, deren Akzeptanz auf wenige Mitgliedstaaten beschränkt ist; genannt werden etwa die Begriffe Rechtsgeschäft, Obligation oder consideration.[53]

3. Bedeutung und Rezeption

Im Schrifttum wird hinsichtlich des ersten Vorentwurfes vor allem der Reichtum an 20
normativen Konzepten hervorgehoben, der auch die Vorarbeiten anderer privater Initiativen sowie das CISG berücksichtigt.[54] Daneben werden die im Vergleich zu den PECL tiefere Regelungsdichte und die Einbeziehung größerer Felder des Rechts positiv konnotiert.[55]

46 *Patti*, ZEuP 2004, 118, 119 f.; *Wurmnest*, ZEuP 2003, 714, 736; *Ruffini Gandolfi*, R.I.D.C. 3-2006, 953, 955; *Sonnenberger*, RIW 2001, 409, 410; *Metzger*, Extra legem, intra ius: Allgemeine Rechtsgrundsätze im Europäischen Privatrecht, 2009, S. 230.

47 *Sturm*, JZ 1991, 555.

48 *McGregor*, Contract Code drawn up on behalf of the English Law Commission, 1993.

49 *Sonnenberger*, RIW 2001, 409, 410; *Patti*, ZEuP 2004, 118, 120; *Wurmnest*, ZEuP 2003, 714, 736; *Zimmermann*, in: FS Jayme, 2004, S. 1401, 1405; *Ruffini Gandolfi*, R.I.D.C. 3-2006, 953, 955; *Metzger*, Extra legem, intra ius: Allgemeine Rechtsgrundsätze im Europäischen Privatrecht, 2009, S. 230.

50 *Patti*, ZEuP 2004, 118, 120.

51 *Zimmermann*, in: FS Jayme, 2004, S. 1401, 1403 f.

52 *Gandolfi*, ERA Forum 2/2003, 99, 124; *Gandolfi*, ZEuP 2001, 1, 3.

53 *Gandolfi*, ERA Forum 2/2003, 99, 122; *Gandolfi*, in: FS Canaris, 2007, S. 585, 588 f.; *Gandolfi*, ZEuP 2002, 1, 4.

54 *Sonnenberger*, RIW 2001, 410, 416; *Troiano*, IHR 2008, 221, 234.

55 *Wurmnest*, ZEuP 2003, 714, 737.

21 Letztlich dürften jedoch die eher kritischen Stimmen überwiegen. Diese beziehen sich vor allem auf die methodische Vorgehensweise der Accademia, die einerseits ihren Arbeiten mit dem Codice civile und dem McGregor-Entwurf nur zwei normative Quellen zugrunde legte und andererseits die Gesamtverantwortung für Inhalt und Ausgestaltung der Entwürfe alleine in die Hand ihres Koordinators *Gandolfi* legte.[56] Inhaltlich wird die von der Accademia gewählte Form der Kodifikation als „wenig elastisch und anpassungsfähig" bezeichnet.[57] Auch berücksichtigten die Vorentwürfe nicht die legislativen Entwicklungen auf europäischer Ebene, die im Bereich des Vertragsrechts viel zwingendes Recht mit sich brachten. Schließlich erleichterten die vielenorts verwendeten Generalklauseln nicht notwendig die Rechtsvereinheitlichung, da sie von Rechtsordnung zu Rechtsordnung anders verstanden werden.[58]

22 Parlament und Kommission haben den Vorentwurf jedenfalls zur Kenntnis genommen;[59] auch fanden die Arbeiten verschiedentlich in Schlussanträgen der Generalanwälte beim EuGH Erwähnung.[60]

III. Die Study Group on a European Civil Code

Literatur: *von Bar*, Die Study Group on a European Civil Code, in: FS Henrich, 2000, S. 1; *von Bar*, Konturen des Deliktsrechtskonzeptes der Study Group on a European Civil Code – Ein Werkstattbericht, ZEuP 2001, 515; *McGuire*, Ziel und Methode der Study Group on a European Civil Code, ZfRV 2006, 163; *Micklitz*, (Selbst-)Reflektionen über die wissenschaftlichen Ansätze zur Vorbereitung einer europäischen Vertragsrechtskodifikation, GPR 2007, 2; *Prisching*, Der Gemeinsame Referenzrahmen (GRR) – ein Begriff in aller Munde, ZfRV 2007, 12; *Schmidt-Kessel*, Stichwort „Study Group on a European Civil Code", in: Handwörterbuch des Europäischen Privatrechts, 2009; *Schulte-Nölke*, Ziele und Arbeitsweisen von Study Group und Acquis Group bei der Vorbereitung des DCFR, in: Schmidt-Kessel (Hrsg.), Der gemeinsame Referenzrahmen. Entstehung, Inhalte, Anwendung, 2009, S. 9

56 *Wurmnest*, ZEuP 2003, 714, 738; *Metzger*, Extra legem, intra ius: Allgemeine Rechtsgrundsätze im Europäischen Privatrecht, 2009, S. 230.

57 *Patti*, ZEuP 2004, 118, 119.

58 *Patti*, ZEuP 2004, 118, 130.

59 *Gandolfi*, ERA Forum 2/2003, 99, 122.

60 EuGH, Schlussanträge des Generalanwalts *Poiares Maduro* vom 21.11.2007, Rs. C-412/06 – *Hamilton*, ECLI:EU:C:2007:695, Rn. 24 (Verjährung als allgemein akzeptierter Rechtsgrundsatz); EuGH, Schlussanträge der Generalanwältin *Trstenjak* vom 11.9.2008, Rs. C-180/06 – *Ilsinger*, ECLI:EU:C:2008:483, Rn. 50 (Angebot und Annahme als konstituierendes Element des Vertrags in allen europäischen Rechtsordnungen).

1. Die Study Group

Die Study Group on a European Civil Code wurde 1998 gegründet und nahm 1999 ihre Tätigkeit auf, um die Arbeit der Lando-Gruppe fortzuführen.[61] Die Initiative ging zurück auf einige Mitglieder der Lando-Gruppe; ihr Leiter war der deutsche Rechtsprofessor *Christian von Bar*.[62] Langfristig sollte die Erarbeitung eines europäischen Zivilgesetzbuchs im Bereich des Vermögensrechts unter Einschluss des Rechts der beweglichen Sachen erfolgen.[63] Dieses sollte dem europäischen Gesetzgeber als Hilfsmittel bei der Verabschiedung von neuem Gemeinschaftsprivatrecht dienen und dem EuGH bei der Bildung allgemeiner Rechtsgrundsätze Hilfestellung bieten. Auch sollten Vertragsparteien bei grenzüberschreitenden Rechtsgeschäften auf die European Civil Code (ECC)-Regeln zurückgreifen können.[64] 23

Die Study Group erfuhr finanzielle Förderung durch verschiedene nationale Forschungsorganisationen, vor allem durch die Deutsche Forschungsgemeinschaft (DFG, seit 2000).[65] Im Rahmen des 6. EU-Rahmenprogramms im Bereich der Forschung und der technologischen Entwicklung wurde einem Konsortium unter Federführung der Study Group und der Acquis Gruppe[66] ab Mai 2005 eine dreijährige Förderung zur Erarbeitung eines Gemeinsamen Referenzrahmens für das Europäische Vertragsrecht zuteil.[67] 24

Hieraus gingen verschiedene Veröffentlichungen hervor, namentlich zunächst 2008 die Interim Outline Edition des Draft Common Frame of Reference,[68] dann wenig später die Outline Edition.[69] Im Oktober 2009 erschien schließlich die Full Edition, ein 25

61 *Hondius*, Towards a European Civil Code, in: Hartkamp e.a. (Hrsg.), Towards a European Civil Code, 4. Aufl. 2011, S. 3, 13; *von Bar*, in: FS Henrich, 2000, S. 1, 2; *McGuire*, ZfRV 2006, 163, 166; *Schmidt-Kessel*, Stichwort „Study Group on a European Civil Code“, in: Handwörterbuch des Europäischen Privatrechts, 2009; *Metzger*, Extra legem, intra ius: Allgemeine Rechtsgrundsätze im Europäischen Privatrecht, 2009, S. 226.

62 *Von Bar*, in: FS Henrich, 2000, S. 1, 3.

63 *Gutman*, The Constitutional Foundations of European Contract Law, 2014, S. 152; *Wurmnest*, ZEuP 2003, 714, 732; *von Bar*, in: FS Henrich, 2000, S. 1, 3f.; *Metzger*, Extra legem, intra ius: Allgemeine Rechtsgrundsätze im Europäischen Privatrecht, 2009, S. 227.

64 Abwägung von verschiedenen Ansätzen bei *von Bar*, in: FS Henrich, 2000, S. 1, 5ff.; s.a. *Wurmnest*, ZEuP 2003, 714, 732f.; *McGuire*, ZfRV 2006, 163, 167ff.

65 *Von Bar*, in: FS Henrich, 2000, S. 1, 3; *Schmidt-Kessel*, Stichwort „Study Group on a European Civil Code“, in: Handwörterbuch des Europäischen Privatrechts, 2009.

66 Zu dieser unten Rn. 30ff.

67 Joint Network on European Private Law (CoPECL: Common Principles of European Contract Law), Network of Excellence under the 6th EUFramework Programme for Research and Technological Development,Priority 7 –FP6-2002-CITIZENS- 3, Contract N8513351. Dazu auch *Prisching*, ZfRV 2007, 12, 14; *Metzger*, Extra legem, intra ius: Allgemeine Rechtsgrundsätze im Europäischen Privatrecht, 2009, S. 226.

68 *Von Bar/Clive/Schulte-Nölke* (Hrsg.), Principles, Definitions and Model Rules of European Private Law. Draft Common Frame of Reference (DCFR), Interim Outline Edition, 2008.

69 *Von Bar/Clive/Schulte-Nölke* (Hrsg.), Principles, Definitions and Model Rules of European Private Law. Draft Common Frame of Reference (DCFR), Outline Edition, 2009.

sechsbändiges Werk, in dem die Vorschriften des Draft Common Frame of Reference kommentiert und mit rechtsvergleichenden Anmerkungen versehen sind.[70]

26 Daneben hat die Gruppe die Principles of European Law (PEL) erarbeitet, die in eigenständigen Bänden veröffentlicht wurden.[71] Erschienen sind bisher Werke zum Kauf,[72] zur Mobiliarmiete,[73] zu Dienstleistungen,[74] Vertriebsverträgen,[75] Personalsicherheiten,[76] zur Geschäftsführung ohne Auftrag,[77] zum Deliktsrecht,[78] zum Bereicherungsrecht,[79] zum Auftrag,[80] zum Mobiliarsachenrecht[81] sowie zu den Realsicherheiten.[82] Geplant waren überdies Bände zur Schenkung und zu den trusts.[83] 2008 hat die Study Group ihre inhaltliche Arbeit offiziell abgeschlossen.[84]

2. Rechtssetzungstechnik

27 Im Anschluss an die Lando-Gruppe verfolgte auch die Study Group das Ziel, konkrete Regelungsvorschläge zu erarbeiten. Den Arbeiten lag dabei ein funktional-rechtsvergleichender Ansatz zugrunde,[85] der sich bewusst von der traditionellen Dogmatik einzelner Rechtsordnungen löste, um international akzeptable Lösungen zu erleichtern.[86] Hierbei wurde vor allem auf das Recht der aktuellen sowie der (damals) zukünftigen Mitgliedstaaten Bezug genommen.[87]

---

70 *Von Bar/Clive/Schulte-Nölke*, Principles, Definitions and Model Rules of European Private Law. Draft Common Frame of Reference (DCFR), Full Edition, 2009.

71 *Schmidt-Kessel*, Stichwort „Study Group on a European Civil Code", in: Handwörterbuch des Europäischen Privatrechts, 2009.

72 *Hondius/Heutger/Jeloschek/Sivesand/Wiewiorowska*, Sales, 2008.

73 *Lilleholt/Victorin/Fötschl/Konow/Meidell/Bjoranger-Torum*, Lease of Goods, 2008.

74 *Barendrecht/Jansen/Loos/Pinna/Cascao/van Gulijk*, Service Contracts, 2007.

75 *Hesselink/Rutgers/Bueno Diaz/Scotton/Veldman*, Commercial Agency, Franchise and Distribution Contracts, 2006.

76 *Drobnig*, Personal Security, 2007.

77 *Von Bar*, Benevolent Intervention in Another's Affairs, 2006; dazu *Jansen*, ZEuP 2007, 959.

78 *Von Bar*, Non-Contractual Liability Arising out of Damage Caused to Another, 2009.

79 *Swann/von Bar*, Unjustified Enrichment, 2010.

80 *Bueno Díaz/Loos*, Mandate Contracts, 2013.

81 *Lurger/Faber*, Acquisition and Loss of Ownership of Goods, 2011.

82 *Drobnig/Böger*, Proprietary Security in Movable Assets, 2015.

83 Siehe die entsprechende Nennung bei *Schmidt-Kessel*, Stichwort „Study Group on a European Civil Code", in: Handwörterbuch des Europäischen Privatrechts, 2009.

84 *Schmidt-Kessel*, Stichwort „Study Group on a European Civil Code", in: Handwörterbuch des Europäischen Privatrechts, 2009.

85 *Micklitz*, GPR 2007, 2, 8; *McGuire*, ZfRV 2006, 163, 170.

86 *Jansen*, ZEuP 2002, 641, 643.

87 Eine Ausnahme machte die Projektgruppe zum Versicherungsvertragsrecht, die das für den Versicherungsmarkt bedeutende Recht der Schweiz und als Modell für ein modernes Common-Law-Land das australische Recht mitberücksichtigte, s. *Wurmnest*, ZEuP 2003, 714, 733.

Im Unterschied namentlich zur Gandolfi-Gruppe erfolgte die Erarbeitung der einzelnen Teilbereiche im Grundsatz dezentral. Es bildeten sich einzelne Arbeitsgruppen von etwa zehn wissenschaftlichen Mitarbeitern unter der Leitung eines Teamleaders,[88] deren Aufgabe in der Fertigung von Entwürfen zu verschiedenen Rechtsbereichen bestand.[89] Ihnen stand ein beratendes Team von Advisors zur Seite,[90] um einseitig-nationale Sichtweisen zu verhindern.[91] Das Steering Committee, dem *von Bar* vorstand, hatte die organisatorische Leitung inne.[92] Das Coordinating Commitee,[93] das sich aus nationalen Projektleitern und zusätzlichen Experten zusammensetzte, diskutierte die Vorschläge der Arbeitsgruppen[94] und stimmte über diese ab.[95] 28

3. Bedeutung und Rezeption

Die Arbeit der Study Group wird vor allem am Draft Common Frame of Reference gemessen. Hierauf wurde bereits eingegangen.[96] Die weiteren, hiervon unabhängigen Arbeitsergebnisse haben recht wenig Resonanz gefunden. 29

IV. Die European Research Group on the Existing EC Private Law (Acquis Gruppe)

Literatur: *Grigoleit/Tomasic*, Acquis Principles, in: Handwörterbuch des Europäischen Privatrechts, 2009; *Jansen/Zimmermann*, Grundregeln des bestehenden Gemeinschaftsprivatrechts?, JZ 2007, 1113; *Micklitz*, (Selbst-)Reflektionen über die wissenschaftlichen Ansätze zur Vorbereitung einer europäischen Vertragsrechtskodifikation, GPR 2007, 2; *Schulte-Nölke*, Europäische Forschergruppe zum geltenden Gemeinschaftsprivatrecht („Acquis Gruppe") gegründet, ZEuP 2002, 893; *Schulte-Nölke*, Arbeiten an einem europäischen Vertragsrecht – Fakten und populäre Irrtümer, NJW 2009, 2161; *Schulte-Nölke*, Ziele und Arbeitsweisen von Study Group und Acquis Group bei der Vorbereitung des DCFR, in: Schmidt-Kessel (Hrsg.), Der gemeinsame Referenzrahmen. Entstehung, Inhalte, Anwendung, 2009, S. 9; *Schulze*, Die Acquis-Grundregeln und der gemeinsame Referenzrahmen, ZEuP 2007, 731; *Twigg-Flesner*, The Acquis Principles: An Insider's Critical Reflections on the Drafting Process, GPR 2011, 54; *Zoll*, Die Grundregeln der Acquis-Gruppe im Spannungsverhältnis zwischen acquis commun und acquis communautaire, GPR 2008, 106

88 *Wurmnest*, ZEuP 2003, 714, 733.
89 *Prisching*, ZfRV 2007, 12, 14.
90 *Wurmnest*, ZEuP 2003, 714, 733.
91 *Von Bar*, in: FS Henrich, 2000, S. 1, 2f.; *McGuire*, ZfRV 2006, 163, 171.
92 *Wurmnest*, ZEuP 2003, 714, 733; *von Bar*, in: FS Henrich, 2000, S. 1, 2.
93 *Von Bar*, in: FS Henrich, S. 1, 2.
94 *Prisching*, ZfRV 2007, 12, 14; *McGuire*, ZfRV 2006, 163, 171.
95 *Wurmnest*, ZEuP 2003, 714, 733.
96 Siehe § 3 Rn. 14ff.

1. Die Acquis Gruppe

30 Die European Research Group on the Existing EC Private Law, kurz als Acquis Gruppe bezeichnet, wurde im Mai 2002 gegründet.[97] Ihr Koordinator ist der deutsche Rechtsprofessor *Hans Schulte-Nölke*, ihr Sprecher der italienische Rechtsprofessor *Gianmaria Ajani*.[98] Die Gründung der Acquis Gruppe steht in unmittelbarem zeitlichen und inhaltlichen Zusammenhang mit der Mitteilung der Kommission zum Europäischen Vertragsrecht vom 11.7.2001[99] sowie dem nachfolgenden Aktionsplan „Ein kohärentes europäisches Privatrecht".[100] Ihr Ziel war die Aufbereitung des bestehenden acquis communautaire im Stile von Restatements nach dem Vorbild des American Law Institute. Insoweit sollte kein eigenständiger Gesetzesentwurf im Stile eines besseren Rechts, sondern (nur) ein Hilfsmittel für die Auslegung, die Fortbildung und die Umsetzung des Gemeinschaftsprivatrechts entstehen.[101] Vor allem aber war die Acquis Gruppe Gründungsmitglied des Joint Network on European Private Law, dessen Aufgabe in der Erarbeitung eines Gemeinsamen Referenzrahmens bestand.[102]

31 Die Acquis Principles (ACQP) sollten ursprünglich aus drei kommentierten und mit rechtsvergleichenden Erläuterungen versehenen Teilen bestehen, von denen sich der erste allgemeinen Grundsätzen des europäischen Vertragsrechts widmet, der zweite Definitionen der wichtigsten Rechtsbegriffe und der dritte dem konkreten Regelbestand des allgemeinen und besonderen Vertragsrechts.[103]

32 Eine erste Untersuchung über den privatrechtlichen acquis communautaire im Bereich der Informationspflichten und des Vertragsschlusses wurde 2003 vorgelegt.[104] 2007 erfolgte die Veröffentlichung wesentlicher Inhalte des dritten Teils der ACQP in einer Entwurfsfassung mit Kommentierungen.[105] Dies betrifft die Bereiche vorvertragliche Pflichten, Vertragsschluss, Vertragsinhalt sowie wesentliche Regeln des allgemeinen Vertragsrechts. Weitere Teile wurden wenig später veröffentlicht.[106]

---

97 *Jansen/Zimmermann*, JZ 2007, 1113, 1114; Staudinger/*Olzen* (2019), Einleitung zum Schuldrecht, Rn. 303; *Wurmnest*, ZEuP 2003, 714, 740; *Twigg-Flesner*, GPR 2011, 54, 55.

98 *Gutman*, The Constitutional Foundations of European Contract Law, 2014, S. 154.

99 Mitteilung der Kommission der Europäischen Gemeinschaften an den Rat und das Europäische Parlament zum Europäischen Vertragsrecht vom 11.7.2001, KOM(2001) 398 endg.

100 KOM(2003) 68 endg. Zu beidem bereits oben § 3 Rn. 11 ff.

101 *Schulte-Nölke*, ZEuP 2002, 893; *Wurmnest*, ZEuP 2003, 714, 741; *Schulte-Nölke*, NJW 2009, 2161, 2163.

102 *Grigoleit/Tomasic*, Stichwort „Acquis Principles", in: Handwörterbuch des Europäischen Privatrechts, Band I, 2009, S. 12ff.; *Schmidt-Kessel*, GPR 2004, 298.

103 *Schulte-Nölke*, ZEuP 2002, 893; *Grigoleit/Tomasic*, Stichwort „Acquis Principles", in: Handwörterbuch des Europäischen Privatrechts, Band I, 2009, S. 12ff.

104 *Schulze/Ebers/Grigoleit* (Hrsg.), Informationspflichten und Vertragsschluss im Acquis communautaire, 2003.

105 Research Group on the Existing EC Private Law (Acquis Group), Contract I. Pre-contractual Obligations, Conclusions of Contract, Unfair Terms, 2007. S. dazu etwa *Schulze*, ZEuP 2007, 731.

106 Research Group on the Existing EC Private Law (Acquis Group), Contract II. General Provisions. Delivery of Goods. Package Travel and Payment Services, 2009; Contract III. General Provisions, Deli-

2. Rechtssetzungstechnik

Ihrem Charakter als Restatement nach sollten die ACQP die Regeln und Grundsätze des innerhalb der EG bereits vereinheitlichten Vertragsrechts in systematischer Weise aufbereiten (Art. 1:102 (2) ACQP).[107] Dies nimmt Bezug auf die in der Kommissionsmitteilung zum europäischen Vertragsrecht von 2001[108] genannten Optionen III und IV,[109] also die „Verbesserung der Qualität bereits geltender Rechtsvorschriften" sowie der „Erlass neuer umfassender Rechtsvorschriften auf EG-Ebene". Der vorhandene acquis, also im Wesentlichen das privatrechtsrelevante Sekundärrecht sowie einschlägige Judikate, aber auch sonstige Regelwerke wie CISG oder PECL,[110] sollte in kohärenter Weise zusammengefasst und dabei gleichzeitig überarbeitet und verbessert werden.[111] Die hiernach entscheidende Frage, ob eine Regel oder ein Rechtsgrundsatz zum acquis gehört oder nicht, soll im Wege einer am Normzweck und dem effet utile orientierten Auslegung ermittelt werden. Strittige Punkte sind letztlich unter Offenlegung in den Erläuterungen zu den ACQP normativ zu klären.[112] 33

Ähnlich wie die Study Group bestand auch die Acquis Gruppe aus verschiedenen Untergruppen (Drafting Teams), die den acquis communautaire im Hinblick auf bestimmte Einzelthemen analysierten und Entwürfe vorlegten.[113] Nach einer Aufbereitung durch das Redaction Committee und die Terminology Group wurden die Entwürfe in der Vollversammlung diskutiert, ggf. modifiziert und verabschiedet.[114] 34

3. Bedeutung und Rezeption

Die Entwürfe der Acquis Gruppe fanden ein geteiltes Echo. Während das Ziel der Schaffung eines transparenten europäischen Regelbestandes gelobt wurde,[115] stieß vor allem der vorgeblich in erster Linie deskriptive Ansatz der Restatement-Technik 35

very of Goods, Package Travel, Payment Services, Consumer Credit and Commercial Agency Contracts, 2014.

107 *Schulte-Nölke*, NJW 2009, 2161, 2163.

108 Mitteilung der Kommission der Europäischen Gemeinschaften an den Rat und das Europäische Parlament zum Europäischen Vertragsrecht vom 11.7.2001, KOM(2001) 398 endg. Dazu bereits oben § 3 Rn. 11.

109 *Schulte-Nölke*, ZEuP 2002, 893; *Wurmnest*, ZEuP 2003, 714, 741.

110 *Jansen/Zimmermann*, JZ 2007, 1113, 1115, 1117; *Schulte-Nölke*, ZEuP 2002, 893; *Schulte-Nölke*, NJW 2009, 2161, 2163; *Twigg-Flesner*, GPR 2011, 54, 56; *Ernst*, AcP 208 (2008), 248, 254.

111 *Grigoleit/Tomasic*, Stichwort „Acquis Principles", in: Handwörterbuch des Europäischen Privatrechts, Band I, 2009, S. 12ff.

112 *Jansen/Zimmermann*, JZ 2007, 1113, 1117; *Ernst*, AcP 208 (2008), 248, 254.

113 *Grigoleit/Tomasic*, Stichwort „Acquis Principles", in: Handwörterbuch des Europäischen Privatrechts, Band I, 2009, S. 12ff.

114 *Grigoleit/Tomasic*, Stichwort „Acquis Principles", in: Handwörterbuch des Europäischen Privatrechts, Band I, 2009, S. 12ff.; *Twigg-Flesner*, GPR 2011, 54, 58f.

115 *Grigoleit/Tomasic*, Stichwort „Acquis Principles", in: Handwörterbuch des Europäischen Privatrechts, Band I, 2009, S. 12ff.

überwiegend auf Kritik. So wurde der teilweise recht enge Rahmen des Richtlinienrechts verlassen, um Regeln des acquis auf verwandte Sachbereiche auszudehnen, etwa im Bereich der vorvertraglichen Informationspflichten.[116] Die darin liegende politische Entscheidung für ein bestimmtes Modell sei nicht immer hinreichend offen gelegt worden.[117] Letztlich sei eine Chance vertan worden, den acquis einer kritischen Bewertung zu unterziehen.[118]

36 Auch die Arbeit der Acquis Gruppe wird vor allem am Draft Common Frame of Reference gemessen.[119] Einzelne Schlussanträge der EuGH-Generalanwälte nehmen Bezug auf die Acquis Principles.[120] Die weiteren Einzelwerke wurden wohl weniger als Werk der Gruppe denn vielmehr als Monographie wahrgenommen.[121]

V. Common Core of European Private Law (Trento Gruppe)

Literatur: *Cartwright*, The Common Core of European Private Law, ZEuP 1999, 989; *Fiorentini*, A Report on the 2001 and 2002 „Common Core of European Private Law" Meetings, ZEuP 2003, 444; *Sacco*, Legal Formants: A Dynamic Approach to Comparative Law, The American Journal of Comparative Law, Vol. 39 (1991), 1 und 343

1. Die Trento Gruppe

37 Die nach ihrem Gründungsort benannte Trento Gruppe wurde 1993 von den italienischen Rechtsprofessoren *Mauro Bussani* und *Ugo Mattei* gegründet.[122] Ähnlich wie die Acquis Gruppe plante auch sie keine Schaffung neuen Rechts, sondern die (schlichte) Abbildung („cartography") eines Grundbestands von gemeinsamen

---

116 *Jansen/Zimmermann*, JZ 2007, 1113, 1119 ff.; *Grigoleit/Tomasic*, Stichwort „Acquis Principles", in: Handwörterbuch des Europäischen Privatrechts, Band I, 2009, S. 12 ff.; positiv dagegen *Zoll*, GPR 2008, 106, 110 ff.

117 *Jansen/Zimmermann*, JZ 2007, 1113, 1121.

118 *Grigoleit/Tomasic*, Stichwort „Acquis Principles", in: Handwörterbuch des Europäischen Privatrechts, Band I, 2009, S. 12 ff.; *Jansen/Zimmermann*, JZ 2007, 1113, 1126; aus empirischer Sicht auch *Micklitz*, GPR 2009, 254, 255.

119 S. dazu bereits oben § 3 Rn. 14 ff.

120 EuGH, Schlussanträge des GA *Poiares Maduro* vom 21.11.2007, Rs. C-412/06 – *Hamilton*, ECLI:EU:C:2007:695, Rn. 24 mit Fn. 8 (Verjährung als allgemein akzeptierter Rechtsgrundsatz); EuGH, Schlussanträge der GA *Trstenjak* vom 18.2.2009, Rs. C-489/07 – *Messner/Krüger*, ECLI:EU:C:2009:98, Rn. 85 (Wertersatz bei Widerruf).

121 Dies dürfte etwa für *Schulze/Ebers/Grigoleit* (Hrsg.), Informationspflichten und Vertragsschluss im Acquis communautaire, 2003, gelten.

122 *Wurmnest*, ZEuP 2003, 714, 716; *Fiorentini*, ZEuP 2003, 444; *Cartwright*, ZEuP 1999, 989; Staudinger/*Olzen* (2019), Einleitung zum Schuldrecht, Rn. 300.

Rechtssätzen aus den Rechtsordnungen der EG-Mitgliedstaaten.[123] Ein rechtspolitisches Anliegen verfolgt die Gruppe damit nicht (kein „city planning").[124] Damit soll aus einer gemeineuropäischen Rechtskultur heraus die Grundlage für die Herausbildung eines einheitlichen europäischen Zivilrechts geschaffen werden.[125]

Vor diesem Hintergrund versteht sich die Trento Gruppe in erster Linie als wissen- 38
schaftlicher Arbeitskreis, der unter einem eher weiten Dach rechtsvergleichende Grundlagenforschung ermöglicht und fördert. In diesem Rahmen ist eine ganze Reihe von Werken zu Einzelthemen entstanden.[126]

2. Arbeitsweise

Die Trento Gruppe sieht sich intellektuell der rechtsvergleichenden Tradition des sog. 39
Cornell-Projektes von *Rudolf Schlesinger* und *Rodolfo Sacco* verpflichtet.[127] Dem liegt die Idee zugrunde, dass eine Rechtsordnung nicht nur durch das positive Recht gekennzeichnet wird, sondern sich aus einer Vielzahl von Quellen speist, den sog. legal formants.[128] Bei diesen handelt es sich um „any legal proposition that affects the solution of a legal problem".[129] Eine Rangordnung dieser legal formants besteht im Grundsatz jedenfalls aus rechtsvergleichender Perspektive nicht. Vor diesem Hintergrund erklärt sich das Forschungsdesiderat der Trento Gruppe, gemeinsame Rechtsprinzipien anhand einer rechtsvergleichenden Analyse von hypothetical cases vorzunehmen.[130] Das Verfahren ist dabei zweistufig: Zunächst werden Länderberichterstatter bestimmt, die diese Fälle anhand eines Fragebogens auf der Grundlage ihrer Rechtsordnung lösen und diese Lösung in den Kontext der Gesamtrechtsordnung einordnen und erläutern.[131] In einem zweiten Schritt werden diese Lösungen zusammengeführt und hinsichtlich des common core verdichtet.[132]

---

123 S. Staudinger/*Olzen* (2019), Einleitung zum Schuldrecht, Rn. 300.

124 *Wurmnest*, ZEuP 2003, 714, 716; *Fiorentini*, ZEuP 2003, 444 f.

125 *Wurmnest*, ZEuP 2003, 714, 716; Staudinger/*Olzen* (2019), Einleitung zum Schuldrecht, Rn. 300.

126 *Zimmermann/Whittaker* (Hrsg.), Good Faith in European Contract Law, 2000; *Gordley* (Hrsg.) The Enforceability of Promises in European Contract Law, 2001; *Bussani/Palmer* (Hrsg.), Pure Economic Loss in Europe, 2003; weitere Nachweise bei Staudinger/*Olzen* (2019), Einleitung zum Schuldrecht, Rn. 300.

127 Grundlegend *Schlesinger*, Formation of Contracts: A Study of the Common Core of Legal Systems, Band I, 1968.

128 *Sacco*, Am.J.Comp.L., 39 (1991), 1, 21 ff.

129 *Mattei*, Comparative Law and Economics, 1997, S. 104.

130 *Wurmnest*, ZEuP 2003, 714, 717; *Metzger*, Extra legem, intra ius: Allgemeine Rechtsgrundsätze im Europäischen Privatrecht, 2009, S. 234.

131 *Wurmnest*, ZEuP 2003, 714, 717; *Fiorentini*, ZEuP 2003, 445.

132 *Wurmnest*, ZEuP 2003, 714, 717.

3. Bedeutung und Rezeption

40 Nachdem das Trento-Projekt anders als die bisher behandelten Arbeitsgruppen nicht das Ziel der Erarbeitung konkreter Regelungsvorschläge verfolgt, fällt es schwer, dessen Relevanz für die Entwicklung des europäischen Vertragsrechts einzuschätzen. Sicherlich kann der rechtsvergleichende Ansatz uneingeschränkt begrüßt werden; auch ist das langfristige Ziel der Konvergenz durch Herausschälung von Gemeinsamkeiten im Grundsatz gegenüber einer vorschnellen Regelsetzung vorzugswürdig. Die von der Trento Gruppe hervorgebrachten Forschungsergebnisse lassen sich jedoch nur schwerlich insgesamt beurteilen; eine Rezeption kann letztlich nur hinsichtlich einzelner Werke erfolgen.[133]

VI. Das European Law Institute (ELI)

Literatur: *Ebke*, Unternehmensrechtsangleichung in der Europäischen Union: Brauchen wir ein European Law Institute?, in: FS Großfeld, 1999, S. 189; *Graf von Westphalen*, European Law Institute – dem amerikanischen Beispiel verpflichtet, ZIP 2011, 1555; *Griss*, Das European Law Institute – eine gemeinsame Initiative, ZEuP 2011, 231; *Griss/Zimmermann*, Towards a European Law Institute: A Joint Initiative, ZEuP 2011, 432; Vienna Memorandum, ZEuP 2011, 433; *Wicke*, Das European Law Institute – Institution zur Qualitätsverbesserung europäischen Rechts, DNotZ 2011, 803; *Zimmerman*, Challenges for the European Law Institute, 16 Edinburgh L. Rev. 5 (2012), 5

41 Das European Law Institute (ELI) wurde am 1. Juni 2011 in Wien gegründet.[134] Es handelt sich dabei um eine wirtschaftlich und politisch unabhängige gemeinnützige Organisation,[135] die neben andere Initiativen und Arbeitsgruppen tritt, diese aber nicht ersetzt.[136] Es soll ein Dach bieten für Forschungsinitiativen und -projekte, die das europäische Recht zum Gegenstand haben und für diese auch Diskussionsforum sein. Gleichzeitig will es insbesondere den EU-Organen Hilfestellung im Rahmen von Rechtssetzungsprozessen geben.[137] Wissenschaft und Praxis sollen gleichermaßen beteiligt werden.[138] Wie schon am Namen deutlich wird, so kommt – bei allen Unterschieden im Einzelnen – dem American Law Institute eine Vorbildfunktion zu.[139]

---

133 So auch *Wurmnest*, ZEuP 2003, 714, 717.

134 Staudinger/*Looschelders* (2019), Einleitung IPR, Rn. 436. Zur früheren Diskussion (am Beispiel des Gesellschaftsrechts) etwa *Ebke*, in: FS Großfeld, 1999, S. 189, 212ff.

135 S. Art. 2 der Articles of Association des ELI. Das ELI ist als Internationale Vereinigung ohne Gewinnerzielungsabsicht (IVoG) unter belgischem Recht errichtet, s. Art. 1 Abs. 2 der Articles of Association.

136 Vienna Memorandum, ZEuP 2011, 433 (Punkt III); s.a. *Wicke*, DNotZ 2011, 803, 804ff.

137 Vienna Memorandum, ZEuP 2011, 433 (Punkt I) sowie Art. 3 der Articles of Association des ELI.

138 *Wicke*, DNotZ 2011, 803, 806.

139 Staudinger/*Looschelders* (2019), Einleitung IPR, Rn. 436; *Wicke*, DNotZ 2011, 803; *Schmidt-Kessel/Meyer*, GPR 2011, 320.

42 Im Bereich des europäischen Vertragsrechts ist insbesondere die Arbeitsgruppe des ELI zum Vorschlag für ein Gemeinsames Europäisches Kaufrecht (GEK) zu nennen, den die EU-Kommission am 10. November 2011 vorgelegt hatte.[140] Bereits im September 2012 wurde eine Stellungnahme des ELI veröffentlicht.[141] Deren Bedeutung zeigt sich bereits darin, dass der Berichtsentwurf des Rechtsausschusses des Europäischen Parlaments (JURI) vom 18. Februar 2013 viele Anregungen des ELI aufgenommen hat. Daraufhin veröffentlichte die ELI-Arbeitsgruppe 2014 eine erste Ergänzung zur Stellungnahme,[142] die sich im Wesentlichen mit der möglichen Einschränkung des GEK-Vertrags auf Distanzverträge sowie rechtlichen Aspekten zu Cloud Computing und digitalen Inhalten befasst. Nach der Ankündigung der Kommission, das Vorhaben eines Gemeinsamen Europäischen Kaufrechts nicht mehr weiterzuverfolgen, legte die ELI-Arbeitsgruppe in einer zweiten Ergänzung zur Stellungnahme detaillierte Vorschläge für ein allgemeines Konzept für einen neuen Gesetzesvorschlag vor.[143]

43 Ein Nachfolgeprojekt hatte den Kommissionsvorschlag für eine Richtlinie über bestimmte vertragsrechtliche Aspekte der Bereitstellung digitaler Inhalte vom 9. Dezember 2015[144] zum Gegenstand; auch hier folgte zeitnah eine umfangreiche Stellungnahme.[145]

44 Ein derzeit laufendes Projekt widmet sich der Plattformökonomie. Ziel ist es, Musterregeln für Online-Vermittlerplattformen zu schaffen.[146] Ein anderes Vorhaben befasst sich dem Thema „Blockchain Technology and Smart Contracts".[147]

VII. Das Projet de Code européen des affaires

Literatur: *d'Avout*, Das erstaunliche Projekt eines europäischen Wirtschaftsgesetzbuches, ZEuP 2019, 653; *Dupichot*, Vom Brexit zum Europäischen Wirtschaftsgesetzbuch, ZEuP 2017, 245; *Lehmann*,

---

140 KOM(2011) 635, dazu oben § 3 Rn. 24ff.

141 Abrufbar unter https://www.europeanlawinstitute.eu/fileadmin/user_upload/p_eli/Publications/S-2-2012_Statement_on_the_Proposal_for_a_Regulation_on__a_Common_European_Sales_Law.pdf [17.6.2020].

142 Abrufbar unter https://www.europeanlawinstitute.eu/fileadmin/user_upload/p_eli/Publications/CESL_1st_Supplement.pdf [17.6.2020].

143 Abrufbar unter https://www.europeanlawinstitute.eu/fileadmin/user_upload/p_eli/Publications/Unlocking_the_Digital_Single_Market.pdf [17.6.2020].

144 COM(2015) 634 final; dazu näher unten § 23 Rn. 14ff.

145 Abrufbar unter https://www.europeanlawinstitute.eu/fileadmin/user_upload/p_eli/Publications/ELI_Statement_on_DCD.pdf [17.6.2020].

146 Dazu *Busch*, in: Blaurock/Schmidt-Kessel/Erler (Hrsg.), Plattformen: Geschäftsmodell und Verträge, 2018, S. 38; *Busch/Dannemann/Schulte-Nölke/Wiewiórowska-Domagalska/Zoll*, EuCML 2020, 61. Zur Plattform-VO siehe unten § 23 Rn. 61ff.

147 Siehe https://www.europeanlawinstitute.eu/projects-publications/current-projects-feasibility-studies-and-other-activities/current-projects/blockchains/ [17.6.2020]. Zu den Smart Contracts unten § 23 Rn. 69ff. sowie § 32 Rn. 59ff.

Braucht Europa ein Handelsgesetzbuch?, ZHR 181 (2017), 9; *Lehmann*, Das Europäische Wirtschaftsgesetzbuch – Eine Projektskizze, GPR 2017, 262; *Lehmann*, Editorial – Der Aachener Vertrag – „Peu d'ambitions" oder Anbruch einer neuen Epoche deutsch-französischer Zusammenarbeit?, GPR 2019, 49; *Lehmann*, EU Law-Making 2.0: The Prospect of a European Business Code, ERPL 2020, 73; *Lehmann/Schmidt/Schulze*, Das Projekt eines Europäischen Wirtschaftsgesetzbuchs, ZRP 2017, 225; *Özfirat*, Großer Wurf statt schleichender Optimierung im Detail – Für ein Europäisches Wirtschaftsgesetzbuch, NJOZ 2019, 689; *Riesenhuber*, Und jetzt ein Europäisches Wirtschaftsgesetzbuch?, GPR 2017, 270; *J. Schmidt*, Ein Europäisches Wirtschaftsgesetzbuch?!, GmbHR 2016, R369; *Scholl*, Der Vertrag von Aachen – auf dem Weg zu einem Europäischen Wirtschaftsgesetzbuch?, ZEuP 2019, 441

45 Seit 2017 bemüht sich die Fondation pour le droit continental gemeinsam mit der Association Henri Capitant um die Erarbeitung eines Europäischen Wirtschaftsgesetzbuches („Code européen des affaires").[148] Kurz zuvor hatte die Association Henri Capitant ein „inventaire" vorgelegt,[149] das überblicksartig den europäischen Besitzstand im Handels- und Wirtschaftsrecht skizziert.[150] Auf dieser Grundlage unternimmt es eine Gruppe von Juristen, die vornehmlich, aber nicht nur, aus Frankreich und Deutschland stammen und Wissenschaft sowie auch Praxis angehören, das geltende Wirtschaftsrecht der EU zusammenzufassen und zu ordnen.[151] Damit sollte nicht zuletzt am Vorabend des Brexit ein Zeichen zugunsten des Zusammenhaltes der EU-27 gesetzt werden. Gleichzeitig erhofft man sich eine Förderung des Binnenmarktes.[152]

46 Das Projekt wird teilweise finanziert durch den französischen Staat,[153] teilweise durch private Spenden.[154] Eine Finanzierung durch die EU-Kommission wurde bewusst nicht angestrebt, um eine größere Freiheit bei der inhaltlichen Ausgestaltung des Projekts zu wahren.[155] Sprecher sind die Rechtsprofessoren *Philippe Dupichot* (Paris) und *Matthias Lehmann* (Bonn bzw. Wien).

47 Bislang haben sich zwölf Arbeitsgruppen konstituiert: Marktrecht (Wettbewerbs- und Vertriebsrecht), Recht des elektronischen Geschäftsverkehrs, Gesellschaftsrecht, Kreditsicherheiten, Vollstreckungsrecht, Insolvenzrecht, Bankrecht, Kapitalmarktrecht, Versicherungsrecht, Immaterialgüterrecht, Arbeitsrecht und Steuerrecht.[156]

---

148 Siehe http://www.codeeuropeendesaffaires.eu. Es sei an dieser Stelle darauf hingewiesen, dass der Verfasser als co-rapporteur der Arbeitsgruppe Voies d'exécution aktiv am Projekt mitwirkt.

149 *Association Henri Capitant*, La construction européenne en droit des affaires: Acquis et perspectives, 2016.

150 Dazu *Lehmann/Schmidt/Schulze*, ZRP 2017, 225, 228; *Lehmann*, GPR 2017, 262, 265; *Dupichot*, ZEuP 2017, 245 246.

151 *Lehmann*, GPR 2017, 262, 265 f.

152 *Riesenhuber*, GPR 2017, 270, 271. Kritisch zum Projekt *d'Avout*, ZEuP 2019, 653, 656 ff. (es sei „gefährlich" und „unrealisierbar").

153 *Lehmann*, GPR 2017, 262, 265; *Dupichot*, ZEuP 2017, 245, 249.

154 Zu nennen ist hier vor allem *Paul Bayzelon*, ein Unternehmer und früherer Berater des französischen Wirtschaftsministers *Edmond Alphandéry*, dazu *Lehmann*, GPR 2017, 262, 264.

155 *Lehmann*, GPR 2017, 262, 267.

156 *Lehmann*, GPR 2017, 262, 266.

Ausgangspunkt der Tätigkeit ist in erster Linie der acquis, der geordnet, konsolidiert und ggf. auch vereinfacht werden soll.[157] Wo möglich, ist eine Änderung des Stils beabsichtigt: Regeln sollen weniger aus bürokratischer sondern eher aus Sicht der Unternehmen formuliert werden, sodass eine größere Verständlichkeit, Akzeptanz und Durchsetzung in der Praxis erzielt werden kann.[158] Ein einleitendes Kapitel soll grundlegende Begriffe definieren.[159] Bezüge zu dem hier im Mittelpunkt stehenden Vertragsrecht weist immerhin der Teilbereich des elektronischen Geschäftsverkehrs auf. Bewusst außen vor gelassen wurde der Handelsvertrag, um keine Reminiszenzen an das gescheiterte GEK aufkommen zu lassen.[160]

Die Europäische Kommission hat die Initiative begrüßt und in ihrem Weißbuch **48**
zur Zukunft Europas vom 1. März 2017[161] die Möglichkeit eines Europäischen Wirtschaftskodex hervorgehoben.[162] Auch im Vertrag von Aachen vom 22. Januar 2019, dem Nachfolgeinstrument zum Elysée-Vertrag von 1963, findet das Projekt Erwähnung.[163] Der Deutsche Bundestag und die französische Assemblée nationale haben am 25. März 2019 ein Deutsch-Französisches Parlamentsabkommen unterzeichnet, in dem die Verabschiedung gemeinsamer Rechtsvorschriften zur Förderung grenzüberschreitender Zusammenarbeit angestrebt wird.[164] Ob sich eine politische Unterstützung jenseits solcher Absichtserklärungen wird realisieren lassen, etwa in Richtung eines deutsch-französischen Wirtschaftsraums,[165] bleibt abzuwarten.[166]

---

157 *Lehmann*, GPR 2017, 262, 266; *Lehmann/Schmidt/Schulze*, ZRP 2017, 225, 228.

158 *Lehmann*, GPR 2017, 262, 266.

159 *Lehmann*, GPR 2017, 262, 266.

160 *Lehmann*, GPR 2017, 262, 268.

161 Weißbuch zur Zukunft Europas. Die EU der 27 im Jahr 2025 – Überlegungen und Szenarien, COM (2017) 2025.

162 Im Weißbuch heißt es auf S. 21 unter dem Szenario „Wer mehr will, tut mehr“: „Eine Gruppe von Ländern erarbeitet ein gemeinsames ‚Wirtschaftsgesetzbuch‘, in dem gesellschaftsrechtliche, handelsrechtliche und vergleichbare Vorschriften vereinheitlicht werden, sodass Unternehmen jeder Größenordnung einfach über Grenzen hinweg tätig sein können.“

163 Dazu *Scholl*, ZEuP 2019, 441.

164 Art. 14 Abs. 1 des Parlamentsabkommens lautet: „Sie verpflichten sich darüber hinaus, die Entwicklung der grenzüberschreitenden Zusammenarbeit durch Harmonisierung und Vereinfachung des geltenden Rechts zu fördern. Wenn rechtliche Hindernisse für die Durchführung von gemeinsamen grenzüberschreitenden Projekten nicht auf anderem Weg überwunden werden können, streben der Deutsche Bundestag und die Assemblée nationale die Verabschiedung von Rechtsvorschriften an, die es ermöglichen, von nationalen rechtlichen Regelungen abzuweichen.“

165 Siehe etwa die Arbeit von *Lebrecht*, Richterliche Vertragsgerechtigkeitskontrolle im unternehmerischen Geschäftsverkehr, 2020, S. 3, der die Idee eines deutsch-französischen Wirtschaftsraums als Folie nimmt, vor der er einheitliche Maßstäbe für die Vertrags- und Klauselwirksamkeitskontrolle im deutsch-französischen Handelsverkehr erarbeitet.

166 Dazu aus Sicht der Rechtspolitik *Scholl*, ZEuP 2019, 441; *Özfirat*, NJOZ 2019, 689.

VIII. Die Commentaries on European Contract Laws

Literatur: *Jansen*, Commenting upon European Contract Law, GPR 2015, 2; *Jansen/Zimmermann*, Im Labyrinth der Regelwerke, ZEuP 2017, 761; *Jansen/Zimmermann* (Hrsg.), Commentaries on European Contract Laws, 2018

49 Ein mit legislativer Autorität ausgestatteter Text, der das gesamte Europäische Vertragsrecht abdeckt, steht derzeit kaum zu erwarten. Stattdessen gilt es, eine Vielzahl von Referenztexten im Auge zu behalten, die in unterschiedlicher Art und Autorität den Stand des Rechtsgebiets widerspiegeln; die europäische Privatrechtswissenschaft ist gerade nach dem Scheitern des GEK wieder auf die oft mühsame Textstufenforschung zurückgeworfen.[167] Dieser Befund bildet den Ausgangspunkt für die Commentaries on European Contract Laws.[168] Sie wurden geschrieben von insgesamt vier Bearbeiterinnen und 18 Bearbeitern, die meisten von ihnen mit aktuellen oder früheren Affiliationen zum Hamburger Max-Planck-Institut für ausländisches und internationales Privatrecht. Die Commentaries sollen eine genetisch-synoptische Zusammenschau der verschiedenen Textstufen des Europäischen Vertragsrechts bieten, mithin Ordnung bringen in das „Labyrinth der Regelwerke".[169] Von den bisher genannten Unternehmungen unterscheidet sich dieses Vorhaben auch dadurch, dass die Arbeitsgruppe als solche keine „offizielle" Bezeichnung führt: Entscheidend ist nur das Ergebnis.

50 Es geht den Herausgebern nicht um die Kommentierung *eines* autoritativen Rechtsaktes, denn diesen gibt es im Europäischen Vertragsrecht gerade nicht. Vielmehr geht es um Erläuterungen zu europäischen Rechtstexten. Der Titel des Werks, eine Hommage an Blackstones Commentaries on the Laws of England,[170] spiegelt diesen Ansatz wider.[171] Als Referenzmodell dienen dabei die Principles of European Contract Law (PECL) und damit eines der ältesten einschlägigen Modellgesetze. Darin liegt indessen der Schlüssel zur historisch-genealogischen Textstufenforschung, die insbesondere *Reinhard Zimmermann* für das Europäische Privatrecht fruchtbar gemacht hat.[172] Während die PECL noch nahezu ausschließlich klassisch-rechtsvergleichend erarbeitet wurden, schließt der in den Commentaries verfolgte Ansatz auch den acquis communautaire mit ein.

51 Dies führt dazu, dass die Leitplanken der PECL teilweise verlassen werden. Es geht den Herausgebern darum, in Bezug auf jeden der PECL-Normen eine Synthese zu

167 *Jansen/Zimmermann*, ZEuP 2017, 761. Zur Methodenlehre im Unionsprivatrecht noch unten § 8 Rn. 21 ff. sowie § 34 Rn. 47 ff.
168 *Jansen/Zimmermann* (Hrsg.), Commentaries on European Contract Laws, 2018.
169 So der Titel des Beitrags von *Jansen/Zimmermann*, ZEuP 2017, 761.
170 *Jansen/Zimmermann*, in: Commentaries, 2018, General Introduction Rn. 30.
171 Siehe bereits *Jansen*, GPR 2015, 2.
172 *Zimmermann*, EuZW 2009, 319, 322.

formulieren, die den „'most appropriate' text in terms of the critical, historical, and comparative analysis" wiedergibt.[173] Diese erhebt allerdings nicht den Anspruch eigener Regelungsautorität: „We have not regarded it as our task to formulate our own rules, ie new texts, which we, for one reason or another, regard as desirable, but have limited ourselves to making a reasoned choice between the available texts, drafted by the various international working groups."[174] Was hier nach nüchterner Sacharbeit und zweckfreier wissenschaftlicher Rationalität klingt, ist doch in Wahrheit viel mehr: Wenn die Commentaries eine runderneuerte Fassung der PECL schaffen, die den Stand des Europäischen Vertragsrechts gewissermaßen post GEK wiedergibt, so lässt sich dies kaum von dem Anspruch abstrahieren, damit den aktuellsten und am gründlichsten recherchierten Referenztext vorzulegen. Letztlich fügen die Commentaries dem Europäischen Vertragsrecht mithin eine neue Textstufe hinzu.[175] Insofern fällt die von den Herausgebern formulierte Selbstbeschränkung vielleicht doch etwas zu bescheiden aus.[176] Die Commentaries werden ihre wissenschaftliche Bedeutung auch weiterhin behalten. In gewisser Hinsicht sind sie Platzhalter für eine dereinst möglicherweise wieder aufkeimende Diskussion um eine nicht nur punktuelle Harmonisierung des europäischen Vertragsrechts.[177]

173 *Jansen/Zimmermann*, in: Commentaries, 2018, General Introduction Rn. 33.

174 *Jansen/Zimmermann*, in: Commentaries, 2018, General Introduction Rn. 34.

175 Dazu mit Beispielen *Stürner*, GPR 2018, 301.

176 Diese Bescheidenheit mag mit dem Vorwurf zusammenhängen, den die Herausgeber der Commentaries zehn Jahre vor Erscheinen der Commentaries den Verfassern der Acquis Principles gemacht haben, sie führten unter der Flagge eines bloßen Restatements in Wahrheit neue Modellregeln auf der Grundlage nicht hinreichend offengelegter politischer Wertungen ein, s. *Jansen/Zimmermann*, JZ 2007, 1113.

177 Eher wenig optimistisch *von Bar*, AcP 219 (2019), 593, 594.

§ 5 Europäisches Vertragsrecht in der juristischen Ausbildung

Literatur: *Baldus/Schmidt-Kessel*, Europäische Juristenausbildung?, GPR 2017, 2; *Stürner*, Das Privatrecht der Europäischen Union, JURA 2016, 1133; *Stürner*, Zwölf Thesen zur Internationalisierung der Juristenausbildung, in: FS Müller-Graff, 2015, S. 1476

Systematische Übersicht

1 Die Internationalisierung der juristischen Ausbildung schreitet voran.[1] Dies gilt insbesondere für die Europäisierung, die längst nicht mehr als Spezialmaterie anzusehen ist. Gerade im Bereich des Privatrechts gehören Lehrveranstaltungen zu den europarechtlichen Einflüssen in vielen Universitäten zum regelmäßigen curriculum. Die Prüfungsordnungen spiegeln dies wider. Nachfolgend wird die Bedeutung des materiellen europäischen Vertragsrechts im rechtswissenschaftlichen Studium beschrieben. Ausführungen zum Kollisionsrecht finden sich an späterer Stelle.[2]

I. Vorgaben der Prüfungsordnungen

2 Sämtliche Prüfungsordnungen der Bundesländer definieren den Pflichtfachstoff für die Erste Juristische Staatsprüfung, zu dem auch das Recht der Europäischen Union gehört, hier zumeist beschränkt auf das institutionelle Europarecht. Daneben müssen aber regelmäßig auch die europarechtlichen Bezüge des Privatrechts beherrscht werden.[3] Wie häufig und wie intensiv solche Fragestellungen im Examen tatsächlich eine Rolle spielen, kann nicht allgemein beurteilt werden.[4] Aus der Erfahrung des Verfas-

---

1 Dazu *Stürner*, in: FS Müller-Graff, 2015, S. 1476; *Stürner*, in: Schmidt-Kessel (Hrsg.), German National Reports on the 19th International Congress of Comparative Law, 2014, S. 135.

2 Unten § 29 Rn. 27ff.

3 Etwa § 8 Abs. 2 Nr. 1, Abs. 3 JAPrO BW, § 18 Abs. 1 S. 1, Abs. 2 Nr. 1a BayJAPO, § 3 Abs. 2 S. 1 JAG Berlin, § 3 Abs. 2 S. 1 BbgJAG, § 3 Abs. 2 NdsJAG, § 11 Abs. 2 Nr. 1, Abs. 3 JAG NRW, nicht ganz so deutlich §§ 12 Abs. 1, 14 Abs. 2 Nr. 2 ThürJAPO.

4 Einen Sonderfall bildet dabei die Europa-Universität Viadrina in Frankfurt (Oder): Dort ist eine der Klausuren (des Zivilrechts!) in der Ersten Juristischen Staatsprüfung zwingend im Europarecht angesiedelt (§ 24 Abs. 1 Nr. 3 lit. d BbgJAG i. V. m. § 5 Abs. 3 S. 2 BbgJAO).

https://doi.org/10.1515/9783110718690-005

sers lässt sich in den letzten Jahren eine gewisse Zunahme europaprivatrechtlich gefärbter Klausuren feststellen. Dabei kann es sich um bloße Zusatzfragen handeln (etwa in Bezug auf das Vorlageverfahren nach Art. 267 AEUV), um eine europarechtliche Färbung einzelner Ansprüche oder auch um eine anspruchsvolle Fragestellung aus dem Richtlinienprivatrecht mit intrikaten methodischen Implikationen.[5]

II. Klausuraufbau

Das EU-Privatrecht unterscheidet sich in Genese, Zielrichtung und Wirkungsweise 3
vom nationalen Privatrecht. Regelmäßig sollten daher beide Rechtsschichten getrennt geprüft werden. Es empfiehlt sich im Allgemeinen ein dreistufiger Aufbau. Dieser imitiert das Vorlageverfahren nach Art. 267 AEUV, bei dem das mitgliedstaatliche Gericht eine entscheidungserhebliche Rechtsfrage dem EuGH zur Klärung vorlegt und das Verfahren anschließend unter Berücksichtigung des vom EuGH gefundenen Auslegungsergebnisses entscheidet.[6]

1. Stufe 1: Prüfung des Anspruchs nach deutschem Recht

Hier bestehen grundsätzlich keine Besonderheiten. Die relevanten Ansprüche wer- 4
den nach dem gewohnten Anspruchsaufbau geprüft. Bei sehr einfach gelagerten Fragen kann die europaprivatrechtliche Problematik hier integriert werden; die weiteren Stufen entfallen dann. Die Prüfung komplexerer Probleme wird aber sinnvollerweise entzerrt, sodass in der ersten Stufe ausschließlich das deutsche Recht geprüft wird.

2. Stufe 2: Vorgaben des Unionsrechts für den entsprechenden Teil des Privatrechts

In der zweiten Stufe wechselt dann der Prüfungsgegenstand: Nun geht es um die Aus- 5
legung des EU-Rechts. Typischerweise wird es sich um eine Richtlinie handeln. Indessen kann auch die Primärrechtskonformität einer privatrechtlichen Norm des mitgliedstaatlichen Rechts in Rede stehen.

a) Zunächst ist die (sachliche bzw. räumlich-persönliche) Anwendbarkeit des entsprechenden Rechtsaktes des Unionsrechts zu klären.
b) Es folgt die Auslegung dieses Rechtsaktes unter Berücksichtigung der hierbei bestehenden Besonderheiten: In aller Regel erfolgt die Auslegung autonom, also aus dem betreffenden Rechtsakt selbst heraus und ohne Rückgriff auf das mit-

---

5 Dazu unten § 8 Rn. 40 ff.
6 Zu einer Musterklausur *Stürner*, JURA 2016, 1133, 1139 ff.

gliedstaatliche Recht. So ist etwa die Frage, ob ein Existenzgründer Verbraucher im Sinne der Verbrauchsgüterkauf-Richtlinie ist, keinesfalls unter Heranziehung von § 13 BGB zu klären, sondern allein durch Auslegung der Richtlinie selbst. Von zentraler Bedeutung hierfür ist der Gedanke der praktischen Wirksamkeit der Richtlinie (effet utile), der regelmäßig für eine weite Auslegung streitet.[7]

c) Auf der Grundlage dieses Auslegungsergebnisses ist in der Folge zu klären, ob die jeweilige nationale Rechtsnorm diese Vorgaben einhält oder nicht; gegebenenfalls ist die Unionsrechtswidrigkeit des nationalen Rechts festzustellen. In diesem Fall folgt die dritte Stufe, ansonsten bleibt es beim Ergebnis, dass das nationale Recht nicht gegen die Vorgaben des EU-Rechts verstößt.

3. Stufe 3: Umsetzung der Vorgaben im nationalen Recht

6 Sollte zuvor ein Verstoß gegen EU-Recht festgestellt worden sein, so bleibt zu prüfen, ob den europarechtlichen Vorgaben dennoch entsprochen werden kann. Darin spiegelt sich wider, dass der Geltungsbefehl aus Art. 288 AEUV alle Organe der Mitgliedstaaten trifft, also auch die Judikative. Steht eine Primärrechtswidrigkeit einer Vorschrift des mitgliedstaatlichen Rechts in Rede, so ist der Konflikt durch den Anwendungsvorrang des EU-Rechts zu lösen. Auch Verordnungen setzen sich ohne Weiteres gegen nationales Recht durch. Geht es hingegen – wie häufig – um eine Richtlinienwidrigkeit, so hat die Judikative im Wege richtlinienkonformer Rechtsanwendung nach Möglichkeit für ein europarechtskonformes Ergebnis zu sorgen.[8]

a) Zunächst ist der Versuch zu unternehmen, die betreffende Norm des nationalen Rechts im Wege der richtlinienkonformen Auslegung in Einklang mit den Vorgaben zu bringen. Nach der klassischen Methodenlehre ist der Wortlaut die Grenze der Auslegung.

b) Sollte damit kein europarechtskonformes Ergebnis zu erzielen sein, so ist zu prüfen, ob eine richtlinienkonforme Rechtsfortbildung der betreffenden Norm des nationalen Rechts helfen kann. Auch hierbei sind die methodischen Vorgaben zu beachten, die im deutschen Recht für die Rechtsfortbildung bestehen.

c) Kann durch Auslegung oder Rechtsfortbildung eine Europarechtskonformität hergestellt werden, so ist schließlich der Ausgangsfall unter Berücksichtigung der europarechtlichen Vorgaben nach dem Anspruchsschema zu lösen. Ist das nicht der Fall (das kann durchaus vorkommen), so bleibt es bei dem in Stufe 1 gefundenen Ergebnis.[9]

---

7 Dazu *Stürner*, JURA 2017, 394 sowie unten § 8 Rn. 23.

8 Dazu *Stürner*, JURA 2017, 777 und 1163 sowie unten § 8 Rn. 2 und 40 ff.

9 Diese Konstellation kann einen europarechtlichen Staatshaftungsanspruch auslösen, der allerdings nur bei entsprechender Fragestellung zu prüfen ist. Siehe dazu unten § 36.

III. Wissenschaftliche Beschäftigung im Studium

Das europäische Privatrecht ist insgesamt sehr gut erschlossen. Rechtsakte der EU finden sich allesamt in digitaler Form auf den einschlägigen Webseiten der EU-Kommission.[10] Die Entstehungsgeschichte lässt sich detailliert auf PreLex nachvollziehen. EuGH-Urteile, Schlussanträge und Vorlagefragen können über die Webseite des Gerichts recherchiert werden. Während herkömmlich über die Fundstelle in der amtlichen Sammlung zitiert wurde („Slg.“, vereinzelt auch „EuGHE“), bietet sich mittlerweile eher die Nennung des European Case Law Identifier („ECLI“) an, über den sich ein Urteil eindeutig identifizieren lässt. 7

Eine Besonderheit gegenüber dem nationalen Recht besteht in Bezug auf unionale Rechtsakte darin, dass alle Sprachfassungen gleichermaßen verbindlich sind (Art. 55 Abs. 1 EUV). Dies ist bei der Auslegung ggf. zu berücksichtigen: Selbst ein in der deutschen Fassung scheinbar eindeutiger Wortlaut könnte in einer anderen Amtssprache eine sehr viel offenere Interpretation zulassen.[11] Für den Rechtsanwender folgt daraus mitunter eine sehr anspruchsvolle, vielsprachige Textexegese.[12] 8

Hinzu tritt, dass sehr häufig nicht lediglich eine Norm unionalen Ursprungs ausgelegt, sondern vielmehr der Umsetzungsakt des mitgliedstaatlichen Rechts auf seine Vereinbarkeit mit den Vorgaben der entsprechenden Richtlinien hin geprüft werden muss. Dies bedingt die zuvor geschilderte, mehrstufige Prüfungsreihenfolge. 9

10 Siehe die Nachweise oben S. LIII.

11 Siehe unten § 8 Rn. 22.

12 Dazu u.a. *Schmidt-Kessel*, in: FS Blaurock, 2013, S. 401.

§ 6 Rechtsquellen und Rechtsgrundlagen des europäischen Binnenmarktrechts

Literatur: *Franzen*, Privatrechtsangleichung durch die Europäische Gemeinschaft, 1999; *Leible*, Wege zu einem Europäischen Privatrecht, Habil.-Schrift, Bayreuth 2001; *Remien*, Europäisches Privatrecht als Verfassungsfrage, EuR 2005, 699; *Stürner*, Die Einwirkungen des EU-Primärrechts auf das nationale Privatrecht, JURA 2017, 26

Systematische Übersicht

1 Der folgende Teil befasst sich mit der Rechtssetzung im Unionsprivatrecht, also mit der Entstehung von positivem europäischen Privatrecht.[1] Von zentraler Bedeutung ist das Prinzip der begrenzten Einzelermächtigung: Die Union darf nur insoweit legislatorisch tätig werden, als ihr im Primärrecht eine entsprechende Kompetenz übertragen wurde. Da es für den Bereich des Privatrechts keine explizite Kompetenznorm gibt, müssen entsprechende Rechtsakte auf andere Ermächtigungsgrundlagen gestützt werden.

1 Zur Terminologie oben § 2 Rn. 2ff.

https://doi.org/10.1515/9783110718690-006

I. Rechtsquellen

1. Primärrecht

Das EU-Primärrecht – insbesondere EUV, AEUV und Grundrechtecharta – ist funktional betrachtet im Wesentlichen Verfassungsrecht, regelt also Organisation und Struktur der Union.[2] Darin finden sich auch Rechtssetzungskompetenzen für den Bereich des Privatrechts. Darüber hinaus kommt dem Primärrecht jedoch auch in anderer Form Relevanz für das Privatrecht zu: einerseits dahin, dass es selbst unmittelbar Normen enthält, die Rechtsverhältnisse zwischen Privatrechtssubjekten regeln wie das Kartellverbot in Art. 101 AEUV, andererseits mittelbar, indem der Anwendungsvorrang des Primärrechts das nationale Privatrecht beeinflusst.[3] 2

2. Sekundärrecht

Der EU stehen die in Art. 288 AEUV geregelten Rechtssetzungsinstrumente zur Verfügung.[4] Man spricht von Sekundärrecht, weil es auf der primärrechtlichen Kompetenz beruht und damit von diesem abgeleitet ist.[5] 3

a) Verordnung

Die Verordnung (Art. 288 Abs. 2 AEUV) hat allgemeine Geltung. Sie führt eine Rechtsvereinheitlichung ohne Spielraum der Mitgliedstaaten herbei. Im Bereich des Kernprivatrechts wird die Rechtsform der Verordnung sehr wenig benutzt.[6] Dies liegt einerseits am Verhältnismäßigkeitsgrundsatz,[7] andererseits daran, dass den Mitgliedstaaten über die Rechtsangleichung im Wege der Richtlinien ein größerer Spielraum bei der kohärenten Einbettung der Vorgaben in das nationale Privatrechtssystem gelassen wird.[8] Wichtige privatrechtliche Verordnungen bestehen im Bereich des Flugverkehrs, wo die Fluggastrechte-Verordnung[9] u. a. Ersatzansprüche gegen die Fluglinie bei Überbuchung und Verspätung eines Flugs regelt oder im Bereich der 4

---

2 Dazu etwa *Calliess*, in: Calliess/Ruffert, EUV/AEUV, 5. Aufl. 2016, Art. 1 EUV Rn. 64; *Streinz*, Europarecht, 11. Aufl. 2019, Rn. 141 ff.

3 Siehe dazu *Stürner*, JURA 2017, 26 und unten § 7 Rn. 11 ff.

4 Im Außenverhältnis gilt Art. 216 AEUV.

5 *Herdegen*, Europarecht, 21. Aufl. 2019, § 8 Rn. 43.

6 Überblick bei *Heiderhoff*, Europäisches Privatrecht, 5. Aufl. 2020, S. 339 f.

7 Dazu noch unten Rn. 22.

8 Vgl. *Heiderhoff*, Europäisches Privatrecht, 5. Aufl. 2020, Rn. 11.

9 Verordnung (EG) Nr. 261/2004 des Europäischen Parlaments und des Rates vom 11. Februar 2004 über eine gemeinsame Regelung für Ausgleichs- und Unterstützungsleistungen für Fluggäste im Fall der Nichtbeförderung und bei Annullierung oder großer Verspätung von Flügen und zur Aufhebung der Verordnung (EWG) Nr. 295/91, ABl. (EU) 2004 L 46/1. Rechtsgrundlage ist Art. 100 Abs. 2 AEUV (ex-Art. 80 Abs. 2 EG). Näher dazu unten § 28.

grenzüberschreitenden Zahlungen in Euro.[10] Auch im Bereich des Gesellschaftsrechts wurden neue Gesellschaftsformen wie die EWIV oder die SE im Wege des Verordnungsrechts geschaffen. Besondere Bedeutung kommt schließlich der Verordnung im Internationalen Privat- und Verfahrensrecht einschließlich des Bereichs der Rechtshilfe zu, wo auf der Grundlage des Art. 81 AEUV eine ganze Reihe von Rechtsakten erlassen wurde.[11] Diese Verordnungen können zwingend ausgestaltet sein in dem Sinne, dass sie bei Vorliegen der jeweiligen Voraussetzungen stets zur Anwendung gelangen. So steht etwa das Haftungsregime der Fluggastrechte-Verordnung nicht zur Disposition der Parteien. Andere Verordnungen kennzeichnet eine Optionalität; ihre Anwendung hängt also von einem entsprechenden parteilichen Willensakt ab – dieser kann als zweiseitiger Konsens ausgestaltet werden wie etwa beim GEK-Vorschlag[12] oder aber einseitig einer Partei offenstehen, so bei einer Reihe verfahrensrechtlicher Verordnungen.[13]

b) Richtlinie

5 Die Richtlinie ist das Hauptrechtssetzungsinstrument im Bereich des Privatrechts.[14] Sie führt eine Rechtsangleichung herbei; stets ist ein Umsetzungsakt durch die Mitgliedstaaten erforderlich. Die Richtlinie formuliert dabei verbindliche Ziele, stellt aber den Mitgliedstaaten frei, wie sie es erreichen (Art. 288 Abs. 3 AEUV). Mithin können die Richtlinienvorgaben etwa im Wege einer Integration in eine bereits bestehende Kodifikation[15] oder aber durch Verabschiedung eines Sondergesetzes zu diesem Zweck erfüllt werden.[16] Richtlinien können einerseits dem Prinzip der Mindestharmonisierung folgen, indem sie nur einen Minimalstandard festlegen, den die Mitgliedstaaten im Rahmen der Umsetzung übererfüllen können, oder aber sie verwirklichen eine Vollharmonisierung, bei der dies nicht möglich ist.[17]

---

10 Verordnung (EG) Nr. 2560/2001 des Europäischen Parlaments und des Rates vom 19. Dezember 2001 über grenzüberschreitende Zahlungen in Euro, ABl. (EG) 2001 L 344/13.

11 Dazu *Stürner*, JURA 2015, 813.

12 Dazu § 3 Rn. 24 ff. Die Anwendung des GEK sollte durch eine sog. Einwahl der Parteien erfolgen, der Vorschlag folgte damit dem Modell eines „opt-in". Näher dazu § 22 Rn. 128 ff.

13 Beispiele sind die Europäische Vollstreckungstitelverordnung (EuVTVO), die Europäische Mahnverordnung (EuMahnVO) oder die Europäische Bagatellverordnung (EuBagatellVO). Siehe zum EU-Zivilverfahrensrecht unten § 35 Rn. 55 ff.

14 Überblick bei *Heiderhoff*, Europäisches Privatrecht, 5. Aufl. 2020, S. 319 ff.

15 Beispiel: die Umsetzung der Verbraucherrechte-Richtlinie in den §§ 312 ff., 355 ff. BGB.

16 Beispiel: die Umsetzung der Produkthaftungs-Richtlinie durch das ProdHG.

17 *Heiderhoff*, Europäisches Privatrecht, 5. Aufl. 2020, Rn. 21 ff. Eine Mischform ist die sog. gezielte Vollharmonisierung, bei der in Bezug auf einzelne Bereiche die Überschreitung des Harmonisierungsniveaus erlaubt wird. Siehe zum Ganzen bereits oben § 2 Rn. 67 ff.

c) Beschluss

Der Beschluss (Art. 288 Abs. 4 AEUV) eines Unionsorgans regelt Einzelfälle in verbindlicher Form. Ihm kommt Bedeutung zu im Rahmen des Wirtschaftsrechts, etwa im Kartellrecht oder bei der Fusionskontrolle; für das allgemeine Privatrecht wird er als Gestaltungsform nicht verwendet.[18] 6

d) Empfehlung und Stellungnahme

Bei Empfehlungen und Stellungnahmen handelt es sich um unverbindliche Rechtsakte (Art. 288 Abs. 5 AEUV). Auch sie werden im Privatrechtsbereich praktisch nicht eingesetzt.[19] 7

3. Konventionsrecht

Das sogenannte Konventionalprivatrecht hat für das Europäische Vertragsrecht nur eingeschränkte Bedeutung.[20] 8

4. Allgemeine Rechtsgrundsätze

Neben diesen formellen Rechtsquellen ist die Existenz allgemeiner Grundsätze des Unionsrechts anerkannt.[21] Da die EU-Rechtsordnung – schon wegen des sogleich zu besprechenden Prinzips der begrenzten Einzelermächtigung – Lücken aufweist und nicht auf eine umfassende, horizontale Harmonisierung abzielt, zieht der EuGH neben dem sonstigen Unionsrecht teilweise auch die Rechtsordnungen der Mitgliedstaaten heran, um solche Lücken mit dort allgemein anerkannten Grundsätzen zu füllen.[22] Als Ergebnis kann ein ungeschriebener Rechtsgrundsatz des Unionsrechts entstehen. So hat der EuGH bereits vor Inkrafttreten der Grundrechtecharta und der einschlägigen Regelung des Art. 21 GRCh aus dem Primärrecht einen ungeschriebenen Grundsatz des Verbots der Altersdiskriminierung abgeleitet.[23] Das Verbot des Rechtsmissbrauchs gehört glei- 9

---

18 *Langenbucher*, in: Langenbucher, Europäisches Privat- und Wirtschaftsrecht, 4. Aufl. 2017, § 1 Rn. 57.

19 *Langenbucher*, in: Langenbucher, Europäisches Privat- und Wirtschaftsrecht, 4. Aufl. 2017, § 1 Rn. 57.

20 Siehe dazu bereits oben § 2 Rn. 4 ff.

21 *Streinz*, Europarecht, 11. Aufl. 2019, Rn. 456; *Haag/Kotzur*, in: Bieber/Epiney/Haag/Kotzur, Die Europäische Union, 13. Aufl. 2019, § 6 Rn. 16; *Herdegen*, Europarecht, 21. Aufl. 2019, § 8 Rn. 15; Streinz/*Schroeder*, EUV/AEUV, 3. Aufl. 2018, Art. 288 AEUV Rn. 18; *Ruffert*, in: Calliess/Ruffert, EUV/AEUV, 5. Aufl. 2016, Art. 1 AEUV Rn. 10. Zur unklaren methodischen Grundlage der Entstehung solcher Prinzipien *C. Mak*, ERPL 2012, 323.

22 Zu historischen Parallelen *Knütel*, JuS 1996, 768.

23 EuGH, 22.11.2005, Rs. C-144/04 – *Mangold*, Slg. 2005, I-9981; dazu unten § 7 Rn. 36 ff.

chermaßen zu den allgemeinen Rechtsgrundsätzen des Unionsrechts.[24] Die vertragsrechtsbezogenen Grundsätze werden an späterer Stelle ausführlicher dargelegt.[25]

II. Rechtsgrundlagen

Literatur: *Bron*, Rechtsangleichung des Privatrechts auf Ebene der Europäischen Union, 2011; *Schmidt-Kessel*, Binnenmarkt im Gleichgewicht – Folgen der Akzentverschiebung für den Verbraucherschutz, in: FS Müller-Graff, 2015, S. 163; *Weatherill*, Contract Law of the Internal Market, 2016, Ch. 3

1. Kompetenzen

a) Prinzip der begrenzten Einzelermächtigung

10 Nach Art. 5 Abs. 2 EUV ist die Europäische Union nicht automatisch zuständig für die Rechtssetzung, sondern nur dann, wenn sie im Primärrecht hierzu ausdrücklich ermächtigt wurde. Man spricht vom Prinzip der begrenzten Einzelermächtigung.[26] Hinter dem Konzept steht die Souveränität der Mitgliedstaaten, die nur in genau umrissenem Umfang auf die EU als supranationale Organisation übertragen werden darf.[27] Für das deutsche Recht legt Art. 23 GG die Parameter einer solchen Souveränitätsabtretung fest. Die in der Rechtsprechung des EuGH entwickelten ungeschriebenen Kompetenzen nach der völkerrechtlichen Doktrin der implied powers[28] finden mittlerweile in Art. 3 Abs. 2, 216 AEUV eine ausdrückliche positivrechtliche Grundlage.

11 Die Kompetenzen der EU sind grundsätzlich konkurrierend ausgestaltet (Art. 4 Abs. 1 AEUV):[29] Auf diesen Gebieten sind die Mitgliedstaaten solange zuständig, bis die EU rechtssetzend tätig wird; ab diesem Zeitpunkt geht die Zuständigkeit allerdings auf die EU über (Art. 2 Abs. 2 S. 2 AEUV). Im Bereich des Privatrechts[30] bestehen (konkurrierende) Kompetenzen für den Verbraucherschutz (Art. 169 i.V.m. Art. 114 AEUV), in beschränktem Maße für das Arbeitsrecht (Art. 153 AEUV), das Gesellschaftsrecht (Art. 50 Abs. 2 lit. g AEUV[31]) sowie das Internationale Privat- und Verfah-

---

24 S. etwa EuGH, 6.2.2018, Rs. C-359/16 – *Altun*, ECLI:EU:C:2018:63, Rn. 49.

25 Unten § 11 Rn. 43 ff.

26 Vgl. *Streinz*, Europarecht, 11. Aufl. 2019, Rn. 544.

27 Vgl. *Calliess*, in: Calliess/Ruffert, EUV/AEUV, 5. Aufl. 2016, Art. 1 EUV Rn. 68.

28 EuGH, 31.3.1971, Rs. 22/70 – *AETR*, Slg. 1971, 263, Rn. 15/19 ff.; ebenso EuGH, 14.7.1976, verb. Rs. 3, 4 u. 6/76 – *Kramer*, Slg. 1976, 1279, Rn. 30/31.

29 Eine ausschließliche Kompetenz der EU besteht etwa für die Festlegung der für das Funktionieren des Binnenmarkts erforderlichen Wettbewerbsregeln (Art. 3 Abs. 1 lit. b AEUV).

30 Dazu *Heiderhoff*, Europäisches Privatrecht, 5. Aufl. 2020, Rn. 13 ff. sowie – mit Fokus auf das Vertragsrecht – *Riesenhuber*, EU-Vertragsrecht, 2013, § 3.

31 Übersicht über die auf dieser Grundlage erlassenen Richtlinien bei Streinz/*Müller-Graff*, EUV/AEUV, 3. Aufl. 2018, Art. 50 AEUV Rn. 18.

rensrecht (Art. 81 AEUV). Mittelbare Privatrechtsrelevanz kommt der Kompetenz aus Art. 19 AEUV zu, auf die verschiedene Gleichbehandlungsrichtlinien im Zivil- und Arbeitsrecht gestützt wurden.[32]

Schließlich wurde vereinzelt die Kompetenzabrundungsklausel des Art. 352 AEUV herangezogen, um neue privatrechtliche Gestaltungsformen zu schaffen wie die Europäische Wirtschaftliche Interessenvereinigung (EWIV),[33] die Societas Europaea (SE)[34] oder die Gemeinschaftsmarke.[35] Diese hinsichtlich des Prinzips der begrenzten Einzelermächtigung wegen ihrer Weite per se problematische Kompetenznorm setzt Einstimmigkeit im Rat voraus. Im strengen Sinne handelt es sich bei den auf Art. 352 AEUV gestützten Rechtsakten nicht um Maßnahmen der Harmonisierung, sondern um die Einführung von neuen rechtlichen Gestaltungsformen.[36] Bedeutung kam dem vor allem hinsichtlich des Vorschlags für ein Gemeinsames Europäisches Kaufrecht (GEK) zu.[37] 12

b) Die allgemeine Kompetenz aus Art. 114 AEUV

aa) Genese

Der binnenmarktfinale Kompetenztitel wurde eingefügt durch die Einheitliche Europäische Akte 1986.[38] Rechtsakte können danach erlassen werden, wenn sie die in Art. 26 Abs. 1 AEUV niedergelegten Ziele verfolgen, also den Binnenmarkt verwirklichen beziehungsweise dessen Funktionieren gewährleisten sollen. Wann eine Rechtsvorschrift eine somit erforderliche Erleichterung des innereuropäischen Handels zu bewirken vermag, dürfte ex ante nicht immer einfach zu beurteilen sein. Die Kommission neigt zu einer weiten Auslegung, wonach die bloße Harmonisierung des Rechts der Mitgliedstaaten per se bereits ausreicht.[39] Dafür lässt sich anführen, dass die Rechtsangleichung als solche bereits das Funktionieren des Binnenmarktes i. S. d. Art. 114 Abs. 1 S. 2 AEUV „zum Gegenstand" hat.[40] Soll aber die Binnenmarktklausel keine uferlose Kompetenz zur Folge haben, was angesichts des Prinzips der begrenzten Einzelermächtigung auf der Hand zu liegen scheint, so müssen Rechtsvorschriften 13

---

32 Dazu Streinz/*Streinz*, EUV/AEUV, 3. Aufl. 2018, Art. 19 AEUV Rn. 24.

33 Verordnung (EWG) Nr. 2137/85 des Rates vom 25. Juli 1985 über die Schaffung einer Europäischen wirtschaftlichen Interessenvereinigung (EWIV), ABl. EG 1985 L 199/1.

34 Verordnung (EG) Nr. 2157/2001 des Rates vom 8. Oktober 2001 über das Statut der Europäischen Gesellschaft (SE), ABl. EG 2001 L 294/1.

35 Verordnung (EG) Nr. 207/2009 des Rates vom 26. Februar 2009 über die Gemeinschaftsmarke, ABl. (EU) 2009 L 78/1.

36 Dazu ausführlich *Rossi*, in: Calliess/Ruffert, EUV/AEUV, 5. Aufl. 2016, Art. 352 AEUV Rn. 58 ff.

37 Dazu bereits § 3 Rn. 27 ff.; zum Inhalt näher unten § 22 Rn. 109 ff.

38 ABl. EG Nr. L 169 v. 29.6.1987, S. 7; dazu auch Streinz/*Schröder*, EUV/AEUV, 3. Aufl. 2018, Art. 114 AEUV Rn. 1.

39 Zur präventiven Rechtsangleichung *Seidel*, EuR 2006, 26.

40 *Heiderhoff*, Europäisches Privatrecht, 5. Aufl. 2020, Rn. 14.

über ein bloße Angleichung hinausgehen; sie müssen das Ziel verfolgen, das Funktionieren des Binnenmarktes in spürbarer, wirtschaftlicher Art und Weise erkennbar zu verbessern.[41]

bb) Die Tabakrechtsprechung des EuGH

14 In der sog. Tabakrechtsprechung hat der EuGH das Desiderat der Verbesserung des Binnenmarktes dahin präzisiert, dass in objektiver Hinsicht eine tatsächliche, erkennbare Beseitigung von Handelshemmnissen erreicht werden müsse. Gleichzeitig müsse der Rechtsakt gerade auch die Verbesserung der Voraussetzungen für Errichtung und Funktionieren des Binnenmarktes bezwecken.[42] Im Verfahren zur Nichtigerklärung der ersten Tabakrichtlinie ging es um die Zulässigkeit des darin geregelten Verbotes jeder Form der Werbung und des Sponsoring zu Gunsten von Tabakerzeugnissen.[43] Die Kommission hatte argumentiert, bisher bestehe in den mitgliedstaatlichen Rechtsordnungen eine unterschiedliche Verbotsintensität, was zu Handelshemmnissen für Presseerzeugnisse führe, die Tabakwerbung enthalten. Der EuGH hielt dem entgegen, dass eine erkennbare Verbesserung des Binnenmarktes erforderlich sei, die über eine bloße Angleichung hinausgehe, insbesondere durch einen Abbau von Handelshemmnissen und Wettbewerbsverzerrungen. Hier aber stand im Rahmen des Tabakwerbeverbotes erkennbar der Gesundheitsschutz im Vordergrund, für den nach dem damaligen Art. 152 Abs. 4 lit. c EG ein Harmonisierungsverbot bestand.

15 Indessen muss der Abbau von Handelshemmnissen nicht das alleinige Ziel der Richtlinie sein. So ist es unschädlich, wenn die Tabakrichtlinie zusätzlich auch dem Gesundheitsschutz dient, der in Art. 152 Abs. 1 EG ebenfalls als Ziel der Gemeinschaft ausgewiesen war.[44] Auch das Verkaufsverbot von bestimmten Sorten Kautabak wurde insoweit als unproblematisch angesehen. Das Verbot sei nicht unverhältnismäßig, da der Gemeinschaft in Bezug auf den Gesundheitsschutz ein großer Handlungsspielraum eingeräumt sei.[45] Auch hinsichtlich der neu gefassten Tabakwerbeverbotsrichtlinie sah der EuGH keine Kompetenzprobleme mehr.[46] Der Sache nach besteht damit

41 Mit Bezugnahme auf die Entscheidung des EuGH zum Tabakwerbeverbot: *Heiderhoff*, Europäisches Privatrecht, 5. Aufl. 2020, Rn. 15; vgl. auch Streinz/*Schröder*, EUV/AEUV, 3. Aufl. 2018, Art. 114 AEUV Rn. 19.

42 EuGH, 5.10.2000, Rs. C-376/98 – *Deutschland/Parlament und Rat*, Slg. 2000, I-8419, Rn. 83 (Tabakwerbeverbot).

43 EuGH, 5.10.2000, Rs. C-376/98 – *Deutschland/Parlament und Rat*, Slg. 2000, I-8419, Rn. 83 (Tabakwerbeverbot).

44 EuGH, 10.12.2002, Rs. C-491/01 – *British American Tobacco*, Slg. 2002, I-11453.

45 EuGH, 14.12.2004, Rs. C-210/03 – *Swedish Match*, Slg. 2004, I-11893; vgl. *Herr*, EuZW 2005, 171 m.w.N.

46 EuGH, 12.12.2006, Rs. C-380/03 – *Deutschland/Parlament und Rat*, Slg. 2006, I-11573. Kritisch dazu *Mayerhöfer*, JZ 2007, 463; ebenso *Honsell*, ZIP 2008, 621, 624 (Art. 95 EG werde als Generalermächtigung verwendet).

eine Kompetenz aus Art. 114 AEUV immer dann, wenn die Richtlinie auf Unterschiede in den Rechtsnormen der Mitgliedstaaten reagiert und eine entsprechende Rechtsangleichung herbeiführt, die nach der Einschätzungsprärogative der Kommission geeignet ist, eine Verbesserung des Binnenmarktes herbeizuführen.

c) Konkurrierende Gesetzgebungskompetenz

Aus der Binnenmarktklausel folgt allerdings keine ausschließliche Rechtssetzungs- 16
kompetenz, sondern nur eine konkurrierende.[47] Doch genügt dies auch zur Erreichung der in Art. 26 AEUV normierten Zielsetzung, da der Union eine Handlungsprärogative zukommt: Sobald sie legislatorisch tätig wird, erlischt die entsprechende Kompetenz der Mitgliedstaaten mit der Folge, dass die Union damit eine ausschließliche Kompetenz gewinnt.

d) Kompetenz für Verbraucherrecht

Art. 169 AEUV enthält einen besonderen Kompetenztitel für Verbraucherrecht. Nach 17
Abs. 1 dieser Norm leistet die Union „[z]ur Förderung der Interessen der Verbraucher und zur Gewährleistung eines hohen Verbraucherschutzniveaus [...] einen Beitrag zum Schutz der Gesundheit, der Sicherheit und der wirtschaftlichen Interessen der Verbraucher sowie zur Förderung ihres Rechtes auf Information, Erziehung und Bildung von Vereinigungen zur Wahrung ihrer Interessen". Dazu erlässt die EU Maßnahmen auf der Grundlage der allgemeinen Binnenmarktklausel des Art. 114 AEUV. Verbreitet wird dies als konkurrierende Kompetenz aufgefasst, da die Union lediglich einen „Beitrag" zum Verbraucherschutz leisten soll. Überdies schafft Art. 169 AEUV keine selbstständige Kompetenz, sondern verweist lediglich auf die allgemeine Binnenmarktkompetenz (Art. 169 Abs. 2 lit. a AEUV).[48]

e) Die Kompetenz zur Einführung eines EU-Vertragsrechts

Während über viele Jahre die Einführung eines kodifikationsähnlichen EU-Vertrags- 18
rechts wenigstens als Fernziel am rechtspolitischen Horizont zu sehen war, hat sich diese Frage jedenfalls mit dem Scheitern eines Gemeinsamen Referenzrahmens praktisch auf absehbare Zeit erledigt.[49] Ob eine Kompetenz der EU zur Einführung eines

---

47 Vgl. EuGH, 10.12.2002, Rs. C-491/01 – *British American Tobacco*, Slg. 2002, I-11453; genauso EuGH, 14.12.2004, Rs. C-210/03 – *Swedish Match*, Slg. 2004, I-11893; Streinz/*Schröder*, EUV/AEUV, 3. Aufl. 2018, Art. 114 AEUV Rn. 7.

48 Streinz/*Lurger*, EUV/AEUV, 3. Aufl. 2018, Art. 169 AEUV Rn. 17; Schwarze/*Stumpf*, EU-Kommentar, 4. Aufl. 2019, Art. 169 AEUV Rn. 31; *Krebber*, in: Calliess/Ruffert, EUV/AEUV, 5. Aufl. 2016, Art. 169 AEUV Rn. 10 m. w. N.

49 Dazu bereits oben § 3 Rn. 14 ff.

solchen, wie auch immer gearteten Rechtsaktes bestünde, wurde kontrovers diskutiert.[50] Letztlich kommt es aus der Perspektive des Art. 114 AEUV darauf an, in welchem Maße ein solches Instrument den Binnenmarkt zu fördern imstande wäre. Prima facie läge es in der Logik der Integration, dass die Bemühungen um eine Rechtsangleichung eben hier kulminieren. Insoweit lässt sich durchaus argumentieren, dass es allein auf die aus der Begründung des Kommissionsvorschlags ersichtliche, mögliche Verbesserung des Funktionierens des Binnenmarktes ankäme und nicht auf einen empirischen Nachweis.[51] Doch auch wenn das hier nach der Tabakrechtsprechung zu fordernde Spürbarkeitskriterium erfüllt würde, so stünden dem die Kompetenzschranken der Subsidiarität und der Verhältnismäßigkeit entgegen, weil sich durchaus argumentieren ließe, dass die Funktionsfähigkeit des grenzüberschreitenden Privatrechtsverkehrs über ein unionsweit einheitliches Kollisionsrecht sowie die bereits über weite Strecken erfolgte Harmonisierung des internationalen Zivilprozessrechts sichergestellt wurde.[52]

19 Sehr umstritten ist, ob die Ausgestaltung eines solchen EU-Vertragsrechts als optionales Instrument hieran etwas ändern würde. Immerhin ließe sich argumentieren, dass ein derartiges Legislativvorhaben gerade nicht die Notwendigkeit einer Angleichung der mitgliedstaatlichen Rechtsordnungen aufzeigt. Indessen könnte dem durch einen Erst-recht-Schluss begegnet werden: Steht man auf dem Standpunkt, dass eine solche Maßnahme zur Rechtsangleichung grundsätzlich von Art. 114 AEUV gedeckt wäre, so erschiene es widersprüchlich, wenn die weniger tief in die mitgliedstaatlichen Rechtsordnungen eingreifende Variante einer nur optionalen Harmonisierung nicht mehr unter diese Kompetenzgrundlage fiele. Überdies stünde mit einem fakultativen Rechtsakt ein unionsweit einheitliches Regelungsregime zur Verfügung, sodass das Harmonisierungsziel letztlich durchaus plausibel zu begründen wäre.

20 Viel schwerer wiegt die Grenze, die der EuGH zwischen den Kompetenzgrundlagen des Art. 114 und 352 AEUV zieht.[53] Fasst man einen optional ausgestalteten Rechtsakt wie etwa den Vorschlag für ein Gemeinsames Europäisches Kaufrecht in diesem Sinne als eine neue rechtliche Gestaltungsform auf, so steht dafür allein die Kompetenz aus Art. 352 AEUV zur Verfügung; ein Rückgriff auf Art. 114 AEUV wäre

---

50 Dafür *Heiderhoff*, Europäisches Privatrecht, 5. Aufl. 2020, Rn. 25ff.; *Basedow*, AcP 200 (2000), 445, 474ff., 482ff.; *Sturm*, JZ 2001, 1097, 1102. Zweifelnd *Bangemann*, ZEuP 1994, 377, 378; *C. Schmid*, JZ 2001, 674, 676ff. Dagegen *Leible*, Wege zu einem Europäischen Privatrecht, Habil. 2001, S. 534ff.; *Ernst*, AcP 208 (2008), 248, 251, 259; *Eidenmüller/Faust/Grigoleit/Jansen/Wagner/Zimmermann*, JZ 2008, 529, 530 (die die ablehnende Haltung als weit überwiegend bezeichnen). Siehe dazu auch *Ludwigs*, EuR 2006, 370; zusammenfassend *Schmidt-Kessel*, Stichwort „Europäisches Zivilgesetzbuch", in: Handwörterbuch des Europäischen Privatrechts, Band I, 2009, S. 554.

51 So *Heiderhoff*, Europäisches Privatrecht, 5. Aufl. 2020, Rn. 26.

52 Vgl. *Herresthal*, in: Langenbucher, Europäisches Privat- und Wirtschaftsrecht, 4. Aufl. 2017, § 2 Rn. 20 m.w.N.

53 Siehe oben § 3 Rn. 28.

dann ausgeschlossen mit der Konsequenz, dass Einstimmigkeit im Rat erforderlich wäre.[54]

2. Subsidiaritätsprinzip und Verhältnismäßigkeitsprinzip als Kompetenzschranken

a) Subsidiarität, Art. 5 Abs. 3 EUV

Literatur: *Lehmann*, Subsidiariätsprinzip und Europäisches Privatrecht, in: FS Müller-Graff, 2015, S. 91

Steht der EU nach dem Prinzip der begrenzten Einzelermächtigung eine Kompetenz zu, so darf sie gleichwohl nach dem Prinzip der Subsidiarität nur insofern und insoweit rechtssetzend tätig werden, als die einzelnen Mitgliedstaaten die zu verwirklichenden Ziele nicht ausreichend fördern könnten und daher eine unionsweite Regelung erforderlich wird.[55] Hierbei haben sich zwei Kriterien herausgebildet: Einerseits muss feststehen, dass die Mitgliedstaaten dieses Ziel nicht ausreichend fördern könnten (Test vergleichender Effizienz),[56] andererseits muss seine Verwirklichung auf Unionsebene besser gelingen.[57] Den EU-Organen steht hierbei ein gewisser Ermessensspielraum zu.[58] Gerade in Bezug auf Art. 114 AEUV dürfte bereits im Ansatz klar sein, dass die Verwirklichung des Binnenmarktes auf Unionsebene besser zu erreichen ist.[59] Allerdings kommt es entscheidend auf die konkrete Maßnahme an; eine pauschale Betrachtung verbietet sich.[60] So wurde gegenüber dem GEK-Vorschlag der Vorwurf der Verletzung des Subsidiaritätsprinzips erhoben.[61] Doch ist schwer zu begründen, inwieweit die Mitgliedstaaten in der Lage wären, ein binnenmarktweit einheitliches, optionales Kaufrecht einzuführen.[62] Weitet man den Fokus demgegenüber und fragt nach der Notwendigkeit einer einheitlichen Zivilrechtsordnung für das Funktionieren eines integrierten Marktes, so lassen sich sowohl in historischer als 21

54 So etwa *Riesenhuber*, EU-Vertragsrecht, 2013, § 3 Rn. 42.
55 Mit Bezug zum Privatrecht *Lehmann*, in: FS Müller-Graff, 2015, S. 91.
56 *Calliess*, in: Calliess/Ruffert, EUV/AEUV, 5. Aufl. 2016, Art. 5 EUV Rn. 33.
57 Vgl. *Bieber/Kotzur*, in: Bieber/Epiney/Haag/Kotzur, Die Europäische Union, 13. Aufl. 2019, § 3 Rn. 31; ausführlich *Calliess*, in: Calliess/Ruffert, EUV/AEUV, 5. Aufl. 2016, Art. 5 EUV Rn. 30 ff.
58 Vgl. *Bieber/Kotzur*, in: Bieber/Epiney/Haag/Kotzur, Die Europäische Union, 13. Aufl. 2019, § 3 Rn. 32.
59 Zur Geltung des Subsidiaritätsprinzips im Rahmen des Art. 114 AEUV *Heiderhoff*, Europäisches Privatrecht, 5. Aufl. 2020, Rn. 19.
60 *Lehmann*, in: FS Müller-Graff, 2015, S. 91, 95 ff.
61 *Riesenhuber*, EWS 2012, 7; *Suhr*, in: FS Rüßmann, 2013, S. 1053; a. A. etwa *Łętowska*, euvr 2013, 28, 30. Der Bundestag hat am 1.12.2011 eine Subsidiaritätsrüge gegen den GEK-Verordnungsentwurf erhoben. Siehe dazu oben § 3 Rn. 28.
62 Daher sei das Subsidiaritätsprinzip hier nicht berührt, so *Heiderhoff*, Europäisches Privatrecht, 5. Aufl. 2020, Rn. 27.

auch in vergleichender Perspektive zahlreiche Gegenbeispiele finden.[63] Insoweit wäre die Subsidiaritätsklausel durchaus berührt.

b) Verhältnismäßigkeit, Art. 5 Abs. 4 EUV

Literatur: *Saurer*, Der kompetenzrechtliche Verhältnismäßigkeitsgrundsatz im Recht der Europäischen Union, JZ 2014, 281

22 Neben der Subsidiarität muss bei der Ausübung der Kompetenzen der EU das Verhältnismäßigkeitsprinzip beachtet werden.[64] Die Rechtssetzung hat danach so zu erfolgen, dass stets der Eingriff mit der geringsten Intensität gewählt wird. Praktisch kann dies bedeuten, dass zur Verbesserung des Binnenmarktes die Rechtsform der Richtlinie gewählt wird statt einer Verordnung:[65] Während letztere nach Art. 288 Abs. 2 AEUV direkt und unmittelbar in allen Mitgliedstaaten Geltung erlangt, besteht bei ersterer ein Umsetzungsspielraum (Art. 288 Abs. 3 AEUV). Die Einhaltung des Verhältnismäßigkeitsgrundsatzes ist in vollem Umfang justiziabel,[66] allerdings besteht ein weites politisches Ermessen der EU, sodass im Ergebnis nur eine Evidenzkontrolle stattfindet.[67]

3. Keine Rückfallsperre beim Verbraucherschutz

Literatur: *Herresthal*, Die Ablehnung einer primärrechtlichen Perpetuierung des sekundärrechtlichen Verbraucherschutzniveaus, EuZW 2011, 328

23 Teilweise wird davon ausgegangen, dass das im Verbraucher-acquis erreichte Schutzniveau im Primärrecht festgeschrieben ist und dieses daher eine Sperrwirkung für weitere Rechtsakte entfaltet.[68] Davon kann indessen nicht ausgegangen werden.[69] Die EU wäre aus Sicht des Primärrechts nicht grundsätzlich daran gehindert, etwa ein optionales Kaufrecht zu schaffen, das nicht durchgängig das Verbraucherschutz-

---

63 *Lehmann*, in: FS Müller-Graff, 2015, S. 91, 95ff.
64 Dazu *Saurer*, JZ 2014, 281.
65 Zur „Mittelhierarchie" *Calliess*, in: Calliess/Ruffert, EUV/AEUV, 5. Aufl. 2016, Art. 5 EUV Rn. 53.
66 Vgl. Streinz/*Streinz*, EUV/AEUV, 3. Aufl. 2018, Art. 5 EUV Rn. 50 m.w.N.
67 S. etwa EuGH, 13.5.1997, Rs. C-233/94 – *Deutschland/Parlament und Rat*, Slg. 1997, I-2406, Rn. 56 (zur Einlagensicherungs-RL); EuGH, 12.11.1996, Rs. C-84/94 – *Vereinigtes Königreich/Rat*, Slg. 1996, I-5755, Rn. 57 (zur Arbeitszeit-RL). Kritisch dazu Streinz/*Streinz*, EUV/AEUV, 3. Aufl. 2018, Art. 5 EUV Rn. 50; *Calliess*, in: Calliess/Ruffert, EUV/AEUV, 5. Aufl. 2016, Art. 5 EUV Rn. 75.
68 Dafür etwa *Reich*, ZEuP 1994, 381, 394; *Tamm*, EuZW 2007, 756, 758; weitere Nachweise bei *Herresthal*, EuZW 2011, 328 mit Fn. 4.
69 Eingehend dazu *Herresthal*, EuZW 2011, 328, 329ff.

niveau des bisherigen acquis erreicht. Allerdings spricht das Ziel der EU, ein hohes Verbraucherschutzniveau zu gewährleisten (Art. 114 Abs. 3, 169 Abs. 1 AEUV sowie Art. 38 GRCh), dafür, einen nicht disponiblen Kernbereich festzulegen, dem etwa das Widerrufsrecht in Fernabsatzverträgen zugehören sollte. Hinsichtlich einer punktuellen Absenkung bestünden jedoch keine Bedenken. So könnte etwa das auf der Grundlage von Art. 3 Abs. 3 VGKRL bzw. Art. 13 Abs. 2 Warenkauf-RL nach § 439 Abs. 1 BGB dem Käufer zustehende Wahlrecht zwischen Nachlieferung und Nachbesserung de lege ferenda auf den Verkäufer übertragen werden.[70]

III. Erfasste Gebiete

1. Kernzivilrecht mit Bezug zum Vertragsrecht

Im Kernbereich des Privatrechts – dem Obligationenrecht – gelten bislang im Wesentlichen drei zentrale Richtlinien: Die Verbraucherrechte-Richtlinie,[71] die Verbrauchsgüterkauf-Richtlinie[72] sowie die Klausel-Richtlinie.[73] Hinzu treten die neue Richtlinien über digitale Inhalte und Dienstleistungen[74] sowie die reformierte Warenkauf-Richtlinie,[75] die die VGKRL ersetzen wird. Alle diese Richtlinien haben das Ziel, den Binnenmarkt zu fördern, indem sie Wettbewerbsverzerrungen durch unterschiedliche Rechtsvorschriften abbauen und das Verbrauchervertrauen dadurch stärken, dass sie rechtliche Standards angleichen. Im BGB hat die Umsetzung dieser Richtlinien teilweise zu grundlegenden Neuerungen geführt: So bot die Verbrauchsgüterkauf-Richtlinie den äußeren Anlass zur Schuldrechtsmodernisierung von 2001. Die Umsetzung der Verbraucherrechte-Richtlinie hat zu einer Neugestaltung der §§ 312ff., 355ff. BGB geführt. Dadurch unterliegen mittlerweile zentrale Teile des deutschen Schuldrechts europäischen Einflüssen. 24

70 Dies befürwortend etwa *G. Wagner*, ZEuP 2007, 180, 202ff. Auch der Entwurf des GEK beließ es indessen beim Wahlrecht des Verbrauchers, siehe Art. 111 Abs. 1 GEK.

71 Richtlinie 2011/83/EU des Europäischen Parlaments und des Rates vom 25.10.2011 über Rechte der Verbraucher etc., ABl (EU) 2011 L 304/64. Näher dazu unten § 9 Rn. 9ff.

72 Richtlinie 1999/44/EG des Europäischen Parlaments und des Rates vom 25. Mai 1999 zu bestimmten Aspekten des Verbrauchsgüterkaufs und der Garantien für Verbrauchsgüter, ABl. (EG) 1999 L 171/12. Näher dazu unten § 22 Rn. 5ff.

73 Richtlinie 93/13/EWG des Rates vom 5. April 1993 über mißbräuchliche Klauseln in Verbraucherverträgen, ABl. (EG) 1993 L 95/29. Näher dazu unten § 16 Rn. 2ff.

74 Richtlinie (EU) 2019/770 des Europäischen Parlaments und des Rates vom 20. Mai 2019 über bestimmte vertragsrechtliche Aspekte der Bereitstellung digitaler Inhalte und digitaler Dienstleistungen, ABl. 2019 L 136, 1. Näher dazu unten § 23 Rn. 14ff.

75 Richtlinie (EU) 2019/771 des Europäischen Parlaments und des Rates vom 20. Mai 2019 über bestimmte vertragsrechtliche Aspekte des Warenkaufs, zur Änderung der VO (EU) 2017/2394 und der RL 2009/22/EG sowie zur Aufhebung der RL 1999/44/EG, ABl. 2019 L 136, 28. Näher dazu unten § 22 Rn. 13ff.

2. Weiteres Zivilrecht mit Bezug zum Vertragsrecht

25 Auch in weiteren Bereichen des Privatrechts hat die Brüsseler Gesetzgebung an vielen Stellen Regelungen geschaffen. Dadurch wurden teilweise neue Vertragstypen eingeführt wie der Teilzeit-Wohnrechtevertrag (§§ 481ff. BGB)[76] oder der Pauschalreisevertrag (§ 651a ff. BGB).[77] An anderer Stelle haben EU-Richtlinien zur Modifizierung bestehender Vertragstypen geführt wie die Verbraucherkredit-Richtlinie,[78] in deren Umsetzung die §§ 491ff. BGB geschaffen wurden, oder die Zahlungsdienste-Richtlinie (§§ 675c ff. BGB).[79]

26 Ein Überblick über die erlassenen und geplanten Rechtsakte findet sich zu Beginn des Zweiten Teils.[80]

---

76 Grundlage ist die Richtlinie 2008/122/EG des Europäischen Parlaments und des Rates vom 14. Januar 2009 über den Schutz der Verbraucher im Hinblick auf bestimmte Aspekte von Teilzeitnutzungsverträgen, Verträgen über langfristige Urlaubsprodukte sowie Wiederverkaufs- und Tauschverträgen, ABl. (EU) 2009 L 33/10. Näher dazu unten § 26.

77 Grundlage ist die Richtlinie des Rates vom 13. Juni 1990 über Pauschalreisen (90/314/EWG), ABl. (EG) 1990 L 158/59. Sie wird ersetzt durch die Richtlinie (EU) 2015/2302 des Europäischen Parlaments und des Rates vom 25. November 2015 über Pauschalreisen und verbundene Reiseleistungen, zur Änderung der Verordnung (EG) Nr. 2006/2004 und der Richtlinie 2011/83/EU des Europäischen Parlaments und des Rates sowie zur Aufhebung der Richtlinie 90/314/EWG des Rates, ABl. (EU) 2015 L 326/1. Näher dazu unten § 25.

78 Richtlinie 2008/48/EG des Europäischen Parlamentes und des Rates vom 23. April 2008 über Verbraucherkreditverträge und zur Aufhebung der Richtlinie 87/102/EWG des Rates, ABl. (EG) 2008 L 133/66. Näher dazu unten § 24.

79 Richtlinie 2007/64/EG des Europäischen Parlaments und des Rates vom 13. November 2007 über Zahlungsdienste im Binnenmarkt, zur Änderung der Richtlinien 97/7/EG, 2002/65/EG, 2005/60/EG und 2006/48/EG sowie zur Aufhebung der Richtlinie 97/5/EG, ABl. (EG) 2007 L 319/1. Siehe dazu unten § 9 Rn. 7 und § 18 Rn. 44.

80 Unten § 9 Rn. 1.

2. Kapitel: Einwirkungen des Unionsrechts auf das nationale Privatrecht

§ 7 Unionsrecht als zweite Metaordnung für das nationale Vertragsrecht

Literatur: *Busch*, Europäischer Grundrechtsschutz im Privatrecht nach Lissabon: Die EU-Grundrechtecharta als neuer Prüfungsmaßstab für Umsetzungsgesetze, DRiZ 2010, 63; *Gerken/Rieble/Roth/Stein/Streinz*, „Mangold" als ausbrechender Rechtsakt, 2009; *Mörsdorf*, *Private enforcement* im sekundären Unionsprivatrecht: (k)eine klare Sache?, RabelsZ 83 (2019), 797

Systematische Übersicht

I. Rangwirkung

Das Privatrecht im Allgemeinen und damit auch das Vertragsrecht im Besonderen müssen sich an den Vorgaben des nationalen Verfassungsrechts messen lassen. Der Einfluss der Rechtsprechung des BVerfG auf die Auslegung des BGB kann mittlerweile kaum überschätzt werden. Dogmatisch handelt es sich um eine Konsequenz der Normenhierarchie (Art. 20 Abs. 3 GG). Die Verfassung kann damit als eine Metaordnung für das Privatrecht bezeichnet werden. Doch wird das gesamte nationale Recht über- **1**

https://doi.org/10.1515/9783110718690-007

wölbt vom Unionsrecht, das Anwendungsvorrang beansprucht und damit insofern als eine zweite Metaordnung für das nationale Privatrecht wirkt, dessen Vorgaben direkt oder indirekt bei jeder Rechtsanwendung zu berücksichtigen sind.

II. Vorrang des Unionsrechts

1. Grundsatz

2 Im Ausgangspunkt unstrittig ist mittlerweile, dass dem Unionsrecht Anwendungsvorrang vor nationalem Recht zukommt. Dies war zur Zeit der Gründung der Europäischen Gemeinschaften nicht so eindeutig. Nachdem die EWG auf dauerhafte Integration angelegt ist, wurde das vom EWG-Vertrag geschaffene Recht vom EuGH früh als „eine neue Rechtsordnung des Völkerrechts“[1] bezeichnet oder auch als „aus einer autonomen Rechtsquelle fließendes Recht“.[2] Doch lässt sich dieser Vorrang unterschiedlich formulieren bzw. akzentuieren je nachdem, ob man die Perspektive des Unionsrechts, rectius: des EuGH, einnimmt, oder aber diejenige des nationalen Rechts, insbesondere diejenige eines nationalen Verfassungsgerichts.

a) Die Perspektive des Unionsrechts

3 In der bahnbrechenden Entscheidung *Costa/E.N.E.L.*[3] sprach der EuGH deutlich aus, was heute allgemein akzeptiert ist: Gemeinschaftsrecht verdrängt abweichendes bzw. entgegenstehendes nationales Recht. Davon umfasst ist auch eine bestimmte Auslegung des EU-Rechts und sogar eine Rechtsfortbildung des Unionsrechts durch den EuGH. Daraus folgt aber keine Nichtigkeit der nationalen Norm, sondern nur ein Anwendungsvorrang des Unionsrechts innerhalb seines Geltungsbereichs: Für einen rein nationalen Sachverhalt oder einen Drittstaatensachverhalt ohne Binnenmarktbezug kann eine unionsrechtswidrige Norm weiterhin anwendbar sein. Auch die Grundrechte der nationalen Rechtsordnungen sind von diesem Anwendungsvorrang umfasst; sie nehmen keine Sonderstellung ein.

b) Die mitgliedstaatliche Perspektive

4 Letzteres sehen manche mitgliedstaatliche Verfassungsgerichte anders. Das BVerfG hatte zunächst Zweifel, ob der Schutzstandard auf europäischer Ebene als ausreichend anzusehen sei. Folglich hatte sich das Gericht eine Überprüfung von EG-

1 EuGH, 5.2.1963, Rs. 26/62 – *van Gend en Loos*, Slg. 1963, 7, 25.

2 EuGH, 15.7.1964, Rs. 6/64 – *Costa/E.N.E.L.*, Slg. 1964, 1259, 1270. So auch BVerfGE 22, 293, 296; BVerfGE 31, 145, 173f.; BVerfGE 31, 271, 277f.

3 EuGH, 15.7.1964, Rs. 6/64 – *Costa/E.N.E.L.*, Slg. 1964, 1259, 1269, st. Rspr.

Rechtsakten am Maßstab der Grundrechte vorbehalten. Wörtlich sagte das Gericht in der „Solange I-Entscheidung“ vom 29. Mai 1974:[4]

> „Solange der Integrationsprozeß der Gemeinschaft nicht so weit fortgeschritten ist, daß das Gemeinschaftsrecht auch einen von einem Parlament beschlossenen und in Geltung stehenden formulierten Katalog von Grundrechten enthält, der dem Grundrechtskatalog des Grundgesetzes adäquat ist, ist nach Einholung der in Art. 177 EWGV geforderten Entscheidung des Europäischen Gerichtshofes die Vorlage eines Gerichts der Bundesrepublik Deutschland an das Bundesverfassungsgericht im Normenkontrollverfahren zulässig und geboten, wenn das Gericht die für es entscheidungserhebliche Vorschrift des Gemeinschaftsrechts in der vom Europäischen Gerichtshof gegebenen Auslegung für unanwendbar hält, weil und soweit sie mit einem der Grundrechte des Grundgesetzes kollidiert.“ 5

Mehr als zehn Jahre später kam es zu einer entgegengesetzten Beurteilung: Im „Solange II-Beschluss“ hielt das BVerfG nunmehr dafür, dass sich der Schutzstandard über die Rechtsprechung des EuGH generell in einer Weise erhöht habe, dass ein Eingreifen des BVerfG nicht nötig sei. In der Entscheidung vom 22. Oktober 1986 heißt es insoweit:[5] 6

> „Solange die Europäischen Gemeinschaften, insbesondere die Rechtsprechung des Gerichtshofs der Gemeinschaften einen wirksamen Schutz der Grundrechte gegenüber der Hoheitsgewalt der Gemeinschaften generell gewährleisten, der dem vom Grundgesetz als unabdingbar gebotenen Grundrechtsschutz im wesentlichen gleichzuachten ist, zumal den Wesensgehalt der Grundrechte generell verbürgt, wird das Bundesverfassungsgericht seine Gerichtsbarkeit über die Anwendbarkeit von abgeleitetem Gemeinschaftsrecht, das als Rechtsgrundlage für ein Verhalten deutscher Gerichte oder Behörden im Hoheitsbereich der Bundesrepublik Deutschland in Anspruch genommen wird, nicht mehr ausüben und dieses Recht mithin nicht mehr am Maßstab der Grundrechte des Grundgesetzes überprüfen; entsprechende Vorlagen nach Art. 100 Abs. 1 GG sind somit unzulässig.“ 7

Das BVerfG prägte in diesen und weiteren Entscheidungen das Bild eines „Kooperationsverhältnisses“ zwischen beiden Gerichten, wonach der EuGH für den Grundrechtsschutz bei europäischen Sachverhalten zuständig ist und das BVerfG bei deutschen.[6] So scheint es prima facie kaum Konfliktpotential zu geben. Doch zeigt eine Reihe von Entscheidungen, dass das BVerfG durchaus bereit ist, insbesondere das Demokratieprinzip zu verteidigen, so im Lissabon-Urteil,[7] wo aber gleichzeitig die Europarechtsfreundlichkeit des Grundgesetzes betont wurde. Insbesondere sieht sich das BVerfG berechtigt, dort einzuschreiten, wo die Kompetenzordnung verletzt ist, wo also die 8

4 BVerfGE 37, 271, 285 (auch Leitsatz).

5 BVerfGE 73, 339, 387 (auch 2. Leitsatz); bestätigt in BVerfGE 89, 155, 174 f. (Maastricht) und BVerfGE 102, 147, 162 ff. (Bananenmarktordnung).

6 BVerfGE 89, 155, 175.

7 BVerfGE 123, 267.

Union den Korridor der ihr nach Art. 23 GG übertragenen Souveränitätsrechte verlassen hat. Solche sog. Ultra-vires-Akte können am Maßstab des Grundgesetzes überprüft werden.[8] Doch auch hier ist eine europafreundliche Sichtweise einzunehmen.[9] In dem in diesem Werk interessierenden Bereich des Privatrechts dürfte dies kaum einmal virulent werden.[10] Auch die vom BVerfG neuerdings postulierte „formelle Übertragungskontrolle", die zur Nichtigkeit des Gesetzes zu dem Übereinkommen vom 19. Februar 2013 über ein Einheitliches Patentgericht geführt hat,[11] dürfte sich allenfalls im Konventionalprivatrecht auswirken können, das indessen kaum noch Bedeutung hat.[12]

9 Gleiches gilt letztlich auch hinsichtlich des EZB-Urteils vom 5. Mai 2020.[13] Darin hat das BVerfG judiziert, dass der aus Art. 19 Abs. 1 EUV folgende Rechtsprechungsauftrag des EuGH dort ende, „wo eine Auslegung der Verträge nicht mehr nachvollziehbar und daher objektiv willkürlich ist". Überschreite der Gerichtshof diese Grenze, so fehle dieser Entscheidung „jedenfalls für Deutschland das nach Art. 23 Abs. 1 S. 2, Art. 20 Abs. 1 und 2 sowie Art. 79 Abs. 3 GG erforderliche Mindestmaß an demokratischer Legitimation".[14] Zwar ist nicht auszuschließen, dass auch ein privatrechtsbezogenes Urteil in diesem Sinne ultra vires ergeht. Doch erscheint die Wahrscheinlichkeit in einem politisch aufgeladenen Zusammenhang wie dem Staatsanleihekaufprogramm der EZB deutlich höher als in der vergleichsweise technisch-neutralen Zone des Privatrechts.

2. Unionsrechtskonforme Anwendung des nationalen Rechts

10 Ergibt sich somit für alle unmittelbar anwendbaren Rechtsakte des Unionsrechts ein Anwendungsvorrang, so bleibt zu klären, welche Konsequenzen Widersprüche zwischen nationalem Recht und nicht unmittelbar anwendbarem Unionsrecht haben. Dieser Bereich ist für das Privatrecht von besonderem Interesse, da er sich in erster Linie für das Verhältnis der EU-Richtlinien zum mitgliedstaatlichen Privatrecht stellt. Hierauf wird wegen der erheblichen dogmatischen und praktischen Bedeutung an späterer Stelle gesondert einzugehen sein.[15]

---

8 BVerfGE 126, 286, 302 (Honeywell) m.N. zur früheren Rechtsprechung.

9 BVerfGE 123, 267, 354; BVerfGE 126, 286, 303 ff.

10 Zu einem möglichen Beispiel aus dem Bereich der Brüssel I-VO *Wudarski/Stürner*, IPRax 2013, 278.

11 BVerfG EuZW 2020, 324.

12 Siehe oben § 2 Rn. 4 ff.

13 BVerfG NJW 2020, 1647.

14 BVerfG NJW 2020, 1647 2. LS.

15 Siehe unten § 8.

III. Primäres Unionsrecht und nationales Recht

Literatur: *Hartkamp*, The Effect of the EC Treaty in Private Law: On Direct and Indirect Horizontal Effects of Primary Community Law, ERPL 2010, 527; *Hartkamp*, The General Principles of EU Law and Private Law, RabelsZ 75 (2011), 241; *Herresthal*, Grundrechtecharta und Privatrecht, ZEuP 2014, 238; *Körber*, Grundfreiheiten und Privatrecht, 2004; *Leible/Domröse*, Die primärrechtskonforme Auslegung, in: Riesenhuber (Hrsg.), Europäische Methodenlehre, 3. Aufl. 2015, § 8; *Perner*, Grundfreiheiten, Grundrechte-Charta und Privatrecht, 2013, S. 84 ff.; *Safjan/Mikłaszewicz*, Horizontal Effect of the General Principles of EU Law in the Sphere of Private Law, ERPL 2010, 475; *Stürner*, Die Einwirkungen des EU-Primärrechts auf das nationale Privatrecht, JURA 2017, 26

1. Allgemeines Diskriminierungsverbot

Privatrechtliche Normen verwenden relativ selten die Staatsangehörigkeit als Tatbestandsmerkmal, sodass direkte Diskriminierungen i. S. d. Art. 18 AEUV praktisch nicht vorkommen. Allerdings reichen auch indirekte Verstöße aus: Diese liegen dann vor, wenn keine direkte Anknüpfung an die Nationalität erfolgt, sondern an andere Merkmale, sofern hierdurch de facto ganz überwiegend Ausländer betroffen sind. Dies ist regelmäßig bei der Anknüpfung an den Wohnsitz in Deutschland der Fall, da Ausländer einen solchen in aller Regel nicht haben werden. Solche Normen verstoßen gegen das Diskriminierungsverbot. So hat der EuGH eine Vorschrift der deutschen ZPO, nach der Kläger mit Wohnsitz im Ausland auf Verlangen des Beklagten eine Prozesskostensicherheit leisten mussten, für primärrechtswidrig gehalten.[16] Aus dem BGB ist vor allem § 239 BGB zu nennen, wonach ein Bürge nur dann als Sicherheit genügt, wenn er seinen allgemeinen Gerichtsstand im Inland hat. Darin liegt eine mittelbare Diskriminierung EU-ausländischer Bürgen, jedenfalls aber eine Beschränkung der Dienstleistungs- und Kapitalverkehrsfreiheit aus Art. 56, 63 AEUV. Die Vorschrift muss primärrechtskonform dahin ausgelegt werden, dass „Inland" i. S. d. § 239 Abs. 1 BGB als „EU-Inland" zu lesen ist.[17] Gleiches gilt für § 108 Abs. 1 S. 2 ZPO, wonach im Falle der Verpflichtung zur Leistung von Sicherheiten die Bürgschaft eines im Inland ansässigen Kreditinstituts erforderlich ist.[18] 11

---

16 § 110 ZPO a. F., s. EuGH, 1.7.1993, Rs. C-20/92 – *Hubbard*, Slg. 1993, I-3777. Für Drittstaatenangehörige gilt das Diskriminierungsverbot indessen nicht, hier kann das nationale Prozessrecht die Stellung einer Prozesskostensicherheit vorsehen, vgl. EuGH, 7.4.2011, Rs. C-291/09 – *Guarnieri*, Slg. 2011, I-2685 (für Kläger aus Monaco).

17 Dazu *Herresthal*, in: Langenbucher, Europäisches Privat- und Wirtschaftsrecht, 4. Aufl. 2017, § 2 Rn. 43 f. (mit dem Hinweis, dass auch ein Verstoß gegen Art. 27 Abs. 3 der EU-Dienstleistungs-RL vorliege); MüKo-BGB/*Grothe*, 8. Aufl. 2018, § 239 Rn. 2; BeckOGK-BGB/*Bach* (Stand 1.5.2020), § 239 Rn. 10; a. A. etwa BeckOK-BGB/*Dennhardt*, 53. Edition (Stand 1.2.2020), § 239 Rn. 2, der mit Blick auf den klaren Wortlaut des § 239 BGB auf den Gesetzgeber verweist.

18 Dazu *Mäsch*, in: Langenbucher, Europäisches Privat- und Wirtschaftsrecht, 4. Aufl. 2017, § 9 Rn. 12 ff.

2. Grundfreiheiten als Beschränkungsverbote

Literatur: *Bauer/Medem*, Kücükdevici = Mangold hoch zwei? Europäische Grundrechte verdrängen deutsches Arbeitsrecht, ZIP 2010, 2010, 449; *Davies*, Freedom of Movement, Horizontal Effect, and Freedom of Contract, ERPL 2012, 805; *Gerken/Rieble/Roth/Stein/Streinz*, „Mangold" als ausbrechender Rechtsakt, 2009; *Metzger*, Allgemeine Rechtsgrundsätze in Europa – dargestellt am Beispiel des Gleichbehandlungsgrundsatzes, RabelsZ 75 (2011), 845; *Mörsdorf*, Diskriminierung jüngerer Arbeitnehmer – Unanwendbarkeit von § 622 II 2 BGB wegen Verstoßes gegen das Unionsrecht, NJW 2010, 1046; *Remien*, Grundbucheintrag und Grundfreiheiten – Kurze Bemerkungen zum großen Thema Grundfreiheiten und Privatrecht und dem kurzen Beschluss des EuGH in der Rechtssache C-600/13 Intelcom ./. Marvulli, in: FS Müller-Graff, 2015, S. 460; *Wackerbarth/Kreße*, Das Verwerfungsmonopol des BVerfG – Überlegungen nach der Kücükdeveci-Entscheidung des EuGH, EuZW 2010, 252

a) Grundsatz

12 Aus den Grundfreiheiten folgt ein Beschränkungsverbot: Auch solche Regelungen des mitgliedstaatlichen Rechts, die nicht formell diskriminierend wirken, können gegen die Grundfreiheiten verstoßen, wenn sie zwar keine Diskriminierung darstellen, aber die Ausübung der Grundfreiheiten in irgendeiner Weise ohne Rechtfertigung einschränken. Insbesondere privatrechtliche Normen können solche verbotenen Beschränkungen enthalten. Zu fragen ist, ob eine Regelung den grenzüberschreitenden Verkehr tatsächlich schlechter stellt als den inländischen. Auf eine Unterscheidung zwischen privatem und öffentlichem Recht kommt es dabei nicht an; auch die Rechtsordnungen der meisten Mitgliedstaaten nehmen diese jedenfalls nur unscharf vor. Auf welche Weise die Beschränkung der Grundfreiheiten vorgenommen wird (öffentlichrechtliches Verbot, das über § 134 BGB zur Nichtigkeit des Vertrags führt oder zivilrechtliche Verbotsnorm) ist aus Sicht des EU-Rechts unerheblich.

b) Ansätze des EuGH

13 Die EU beruht auf der Verwirklichung des Binnenmarktes (Art. 3 Abs. 3 S. 1 EUV). Hierzu wurde ein schrittweiser Abbau von Handelshemmnissen vorgenommen. Grundlage sind die vier Grundfreiheiten (Art. 26 Abs. 2 AEUV); den Mitgliedstaaten ist nicht nur diskriminierendes, sondern auch beschränkendes Handeln im Grundsatz untersagt. Für das Privatrecht hat sich die Warenverkehrsfreiheit (Art. 34 AEUV) insoweit als Hauptanwendungsfall erwiesen. Der EuGH legt bekanntlich den Tatbestand sehr weit aus; verboten sind nach der sog. *Dassonville*-Formel „alle Handelsregelungen, die geeignet sind, den innergemeinschaftlichen Handel unmittelbar oder mittelbar, tatsächlich oder potentiell zu behindern".[19] Dies gilt auch für nicht diskriminie-

19 EuGH, 11.7.1974, Rs. 8/74 – *Dassonville*, Slg. 1974, 834.

rendes Recht.[20] Eine Beeinträchtigung der Warenverkehrsfreiheit liegt allerdings nicht vor durch „Bestimmungen, die die Verkaufsmodalität beschränken oder verbieten, sofern diese Bestimmungen für alle Wirtschaftsteilnehmer gelten, die ihre Tätigkeit im Inland ausüben, und sofern sie den Absatz der inländischen Erzeugnisse und der Erzeugnisse aus anderen Mitgliedstaaten rechtlich und tatsächlich in der gleichen Weise berühren".[21] Der EuGH unterscheidet damit zwischen bloßen Verkaufsmodalitäten, für die eine Bereichsausnahme jedenfalls für nicht diskriminierendes Staatshandeln vorliegt, und produktbezogenen Regelungen, für die die Warenverkehrsfreiheit vollumfänglich gilt. Im Grundsatz gilt diese Rechtsprechung auch für andere Grundfreiheiten.

c) Kontrollintensität im Bereich des Privatrechts: der Fall *CMC Motorradcenter*

Bei einer in diesem Sinne umfassenden Grundfreiheitenkontrolle sind auch im Be- 14
reich privatrechtlicher Normen Verstöße denkbar. So könnten die Normen des sozialen Mietrechts die Kapitalverkehrsfreiheit insoweit behindern, als sie den Kauf von Wohnungseigentum in anderen Mitgliedstaaten erschweren; zwingendes Kaufrecht vermag den freien Warenverkehr zu beeinträchtigen; nicht dispositive Normen des Arbeitnehmerschutzes schränken Investitionen ein. Solche Einschränkungen der Grundfreiheiten werden sich bei nicht-diskriminierenden Normen allerdings nur selten entscheidend auswirken. Dies illustriert folgender Sachverhalt, der der Entscheidung des EuGH im Verfahren *CMC Motorradcenter GmbH ./. Pelin Baskiciogullari* zugrunde lag:[22]

Das CMC Motorradcenter in Augsburg hatte über einen deutschen Importeur ein 15
Motorrad der Marke Yamaha bezogen, welches dieser seinerseits bei einem französischen Vertragshändler gekauft hatte. Bei diesem Kauf erhielt der deutsche Importeur die Zusage, dass die Käufer ihre Gewährleistungsansprüche bei jedem Vertragshändler der Firma Yamaha geltend machen könnten. Im Anschluss verkaufte CMC das Motorrad an Frau Baskiciogullari (B) weiter. CMC war bekannt, dass sich deutsche Vertragshändler in der Regel weigern, Gewährleistungsreparaturen an „grau" importieren Motorrädern durchzuführen. B wurde jedoch über diesen Umstand nicht aufgeklärt. Nachdem B davon erfahren hatte, lehnte sie die Abnahme des Motorrads und Zahlung des Kaufpreises ab. CMC bestand auf Vertragserfüllung. Zwar sei es richtig, dass sich „graue" Importeure wegen der in Frankreich niedrigeren Nettopreise Preis-

20 EuGH, 20.2.1979, Rs. 120/78 – *Cassis de Dijon*, Slg. 1979, 649.
21 EuGH, 24.11.1993, Rs. C-267/91 – *Keck*, Slg. 1993, 6097.
22 EuGH, 13.10.1993, Rs. C-93/92 – *CMC Motorradcenter*, Slg. 1993, I-5009. Siehe auch EuGH, 27.1.2000, Rs. C-190/98 – *Graf*, Slg. 2000, 493 sowie *Herresthal*, in: Langenbucher, Europäisches Privat- und Wirtschaftsrecht, 4. Aufl. 2017, § 2 Rn. 63ff. (zu § 656 BGB). Zur Methodik der Falllösung bereits oben § 5 Rn. 3ff.

vorteile verschafften. Eine Aufklärungspflicht bestehe aber nicht, jedenfalls wäre die Importfreiheit eingeschränkt, wenn Kunden über so fernliegende Dinge wie Gewährleistung durch Vertragshändler informiert werden müssten. Jeder Käufer müsse selbst sehen, wie er seine Rechte wahre.

aa) Bestehen des Anspruchs nach deutschem Recht

16 Anspruchsgrundlage ist hier § 433 Abs. 2 BGB. Ein wirksamer Kaufvertrag wurde geschlossen; damit kann CMC nach § 433 Abs. 2 BGB grundsätzlich auch Erfüllung verlangen, d.h. Abnahme und Zahlung des vereinbarten Kaufpreises. Der Anspruch könnte jedoch erloschen sein.

17 In Betracht kommt eine Anfechtung wegen arglistiger Täuschung, §§ 123, 142 Abs. 1 BGB. Dies setzt eine Aufklärungspflicht von CMC voraus. Eine solche besteht nicht in allgemeiner Weise über alle Umstände, die für den Entschluss des Vertragspartners offenbar relevant sind, sondern nur dann, wenn dieser auf Grund der konkreten Lage nach Treu und Glauben und nach der Verkehrssitte eine Aufklärung über solche Umstände erwarten durfte, die für ihn von entscheidender Bedeutung sind.[23] Das ist hier anzunehmen. Der Umfang der Gewährleistung bzw. Garantie ist gerade bei Motorrädern von erheblicher Wichtigkeit, da ein Garantiefall u.U. auch weit entfernt vom Sitz des Verkäufers auftreten kann. Insofern dürfte auch die Kausalität der Aufklärungspflichtverletzung für den Vertragsschluss zu bejahen sein.[24]

18 Jedenfalls könnten dem Anspruch auch Einreden entgegenstehen. B könnte einen Anspruch auf Vertragsaufhebung aus culpa in contrahendo, §§ 311 Abs. 2, 280 Abs. 1, 249 Abs. 1 BGB haben. Wiederum ist die Verletzung einer Aufklärungspflicht Voraussetzung. Rechtsfolge ist Ersatz des negativen Interesses, welches hier dahin geht, B von den Folgen des unerwünschten Vertrags zu befreien. Der Anspruch auf Vertragsaufhebung kann dem Erfüllungsverlangen nach § 242 BGB nach dem Dolo-agit-Grundsatz entgegen gehalten werden.

bb) Verstoß gegen unionsrechtliche Vorgaben?

19 Die aus der Aufklärungspflicht folgende Versagung des Anspruchs auf Vertragserfüllung könnte jedoch gegen die Warenverkehrsfreiheit aus Art. 34 AEUV verstoßen. Der Schutzbereich der Warenverkehrsfreiheit ist eröffnet, es sind keine unionsrechtlichen leges speciales erkennbar. Außerdem liegt ein grenzüberschreitender Sachverhalt vor. Des Weiteren sind Motorräder auch Handelswaren i.S.v. Art. 34 AEUV. Fraglich ist, ob

23 BGH NJW 2010, 3362.

24 Ein Rücktritt gem. §§ 324, 241 Abs. 2 BGB scheidet aus, da hiervon nur Nebenpflichtverletzungen erfasst sind, die nach Vertragsschluss erfolgt sind, Jauernig/*Stadler*, BGB, 17. Aufl. 2018, § 324 Rn. 4.

die nach deutschem Recht bestehende vorvertragliche Pflicht eines Parallelimporteurs zur Aufklärung des Käufers eines Markenerzeugnisses darüber, dass bestimmte Vertragshändler dieser Marke Garantieleistungen bezüglich solchen Produkten ablehnen, die parallel importiert wurden, die Warenverkehrsfreiheit beeinträchtigt.

Vorliegend handelt es sich nicht um eine mengenmäßige Einfuhrbeschränkung i.S.d. Art. 34 AEUV, da der Import von Motorrädern durch die Aufklärungspflicht nicht generell untersagt wird. Die Aufklärungspflicht könnte jedoch eine „Maßnahme gleicher Wirkung" im Sinne von Art. 34 AEUV sein. Maßnahmen gleicher Wirkung sind nach der *Dassonville*-Formel sämtliche staatliche Handelsregelungen, die geeignet sind, den innergemeinschaftlichen Handel unmittelbar oder mittelbar, tatsächlich oder potentiell zu behindern.[25] Dies könnte vorliegend deswegen der Fall sein, weil im Rahmen der vorvertraglichen Aufklärungspflicht CMC als „Grauimporteurin" Hinweispflichten gegenüber ihren Käufern treffen, die nicht für Händler gelten, die unmittelbar aus Japan in die Bundesrepublik Deutschland eingeführte Motorräder verkauften bzw. Händler, die über „offizielle" Vertriebswege solche Motorräder aus anderen EU-Mitgliedstaaten importieren. Würde man von einem Händler verlangen, dass er ausdrücklich darauf hinweist, dass bestimmte andere Händler keine Garantiereparaturen durchführen (selbst wenn sie rechtlich dazu verpflichtet sind), könnte dies dazu führen, dass ein Teil der Käufer abgeschreckt wird. Da diese Aufklärungspflicht nur für Motorräder gilt, die „grau" importiert werden, und nicht für solche, die über „offizielle" Vertriebswege eingeführt werden, könnte ein Handelshemmnis vorliegen. 20

Diese Argumentation überzeugt jedoch nicht. Denn die vorvertragliche Aufklärungspflicht greift zumindest bei Erzeugnissen aus der EU ohne Unterschied für alle diesem Recht unterliegenden vertraglichen Beziehungen und soll gerade nicht den Handelsverkehr regeln. Es besteht damit keine Gefahr, dass der freie Warenverkehr dadurch behindert wird. Vielmehr werden eventuelle Behinderungen jedenfalls nicht durch die Aufklärungspflicht hervorgerufen, sondern dadurch, dass ein Teil der Vertragshändler der betroffenen Marke die Durchführung von Gewährleistungsarbeiten an parallel importierten Motorrädern verweigert.[26] 21

Demnach sind die restriktiven Wirkungen, die von der Aufklärungspflicht auf den freien Warenverkehr ausgehen könnten, zu ungewiss und zu mittelbar, als dass diese Verpflichtung als geeignet angesehen werden könnte, den Handel zwischen den Mitgliedstaaten zu behindern.[27] Mithin steht Art. 34 AEUV einer von der Rechtsprechung eines Mitgliedstaats aufgestellten Regel nicht entgegen, die eine Aufklärungspflicht im Rahmen vorvertraglicher Beziehungen vorsieht. 22

25 EuGH, 11.7.1974, Rs. 8/74 – *Dassonville*, Slg. 1974, 834.
26 EuGH, 13.10.1993, Rs. C-93/92 – *CMC Motorradcenter*, Slg. 1993, I-5009, Rn. 11.
27 EuGH, 13.10.1993, Rs. C-93/92 – *CMC Motorradcenter*, Slg. 1993, I-5009, Rn. 12.

d) Weitere Beispiele

23 Eine Reihe weiterer Entscheidungen des EuGH befasste sich ebenfalls mit dem Verhältnis der Grundfreiheiten zu privatrechtlichen Normen. Im Ergebnis wurde dabei nie ein direkter Verstoß gegen ein Beschränkungsverbot erkannt.

24 Zu nennen ist etwa die Entscheidung *Graf*.[28] Ein österreichischer Arbeitgeber hatte sich geweigert, dem deutschen Arbeitnehmer Graf eine Abfindung zu bezahlen, die nach österreichischem Recht nur für Fälle der Kündigung durch den Arbeitgeber geschuldet wird. Hier hatte aber der Arbeitnehmer Graf selbst gekündigt. Er argumentierte nun mit einem Verstoß der entsprechenden Regelung des österreichischen Rechts gegen die Freizügigkeit: Diese Regelung sei geeignet, Arbeitnehmer von einer Kündigung zum Zwecke der Arbeitsaufnahme in einem anderen Mitgliedstaat abzuhalten. Der EuGH sah indessen keinen Verstoß gegen Grundfreiheiten, wenn das nationale Recht bei eigener Kündigung des Arbeitnehmers keine Abfindung vorsieht. Es liege eine unterschiedslose Behandlung von in- und ausländischen Arbeitnehmern vor.[29] Auch gehe es nicht um den Zugang zu einem mitgliedstaatlichen Arbeitsmarkt, sondern gerade um den Weggang aus diesem.[30] Ungewisse und mittelbare Beeinträchtigungen wie die Aussicht auf eine Abfindung bei Kündigung durch Arbeitnehmer reichten für eine Verletzung der Grundfreiheiten nicht aus.[31]

25 Weitere Entscheidungen betreffen das Arbeitsrecht und dort insbesondere die Altersdiskriminierung.[32] Hier geht es im Ergebnis weniger um Grundfreiheiten, sondern eher um das Verbot der Altersdiskriminierung, das nunmehr in Art. 21 GRCh eine eigenständige Regelung erhalten hat. Hierauf wird sogleich einzugehen sein.[33] Grundfreiheitenrelevant sind weiterhin Bereiche des Regulierungsprivatrechts wie etwa Regelungen zu Honoraren für Rechtsanwälte[34] oder Architekten:[35] Solche Gebührenordnungen stellen zwar potentielle Eingriffe in die Dienstleistungsfreiheit dar, können aber gerechtfertigt werden, dies sowohl hinsichtlich der Mindestpreise (zu nennen sind hier Gesichtspunkte der Qualitätssicherung, des Verbraucherschutzes, der Bausicherheit o. ä.) als auch hinsichtlich der Höchstpreise (hier lassen sich

---

28 EuGH, 27.1.2000, Rs. C-190/98 – *Graf*, Slg. 2000, 493.

29 EuGH, 27.1.2000, Rs. C-190/98 – *Graf*, Slg. 2000, 493, Rn. 15 ff.

30 EuGH, 27.1.2000, Rs. C-190/98 – *Graf*, Slg. 2000, 493, Rn. 23.

31 EuGH, 27.1.2000, Rs. C-190/98 – *Graf*, Slg. 2000, 493, Rn. 25.

32 EuGH, 22.11.2005, Rs. C-144/04 – *Mangold*, Slg. 2005, I-9981 oder EuGH, 19.1.2010, Rs. C-555/07 – *Kücükdeveci*, Slg. 2010, I-365.

33 Dazu noch unten Rn. 36 ff.

34 EuGH, 5.12.2006, Rs. C-94/04 und C-202/04 – *Cipolla*, NJW 2007, 281, Rn. 55 ff.

35 EuGH, 4.7.2019, Rs. C-377/17 – *Kommission/Deutschland*, NJW 2019, 2529, Rn. 56 ff. zur HOAI. Dort wurde aber weniger mit der Dienstleistungsfreiheit, sondern mit den einschlägigen Bestimmungen der Dienstleistungsrichtlinie argumentiert. Zu den Konsequenzen für das deutsche Recht KG BeckRS 2019, 18577; KG BeckRS 2020, 8170.

etwa die Ziele Verbraucherschutz, Transparenz oder Unterbindung eines Preiswettbewerbs anführen).[36]

e) Privatrecht als bloße Verkaufsmodalität?

Auch wenn im Fall *CMC Motorradcenter* und auch in anderen Fällen im Ergebnis kein 26
Verstoß vorlag, so bleibt doch zu klären, wie sich die Normen des Privatrechts in die vom EuGH geformte Grundfreiheiten-Dogmatik einpassen. Zu weitgehend erscheint zunächst die Annahme, es könnte eine generelle Ausnahme des Privatrechts von der Grundfreiheitenkontrolle bestehen.[37] Zur Begründung wird das marktwirtschaftliche Prinzip angeführt, auf dem die EU beruht (vgl. Art. 120 AEUV); die Normen des Privatrechts dienten gerade der Verwirklichung des Binnenmarktes. Eine Beschränkung könnte dann nur durch den Verhältnismäßigkeitsgrundsatz erfolgen.[38] Ganz generell unterscheidet das Unionsrecht aber nicht kategorial zwischen öffentlichem Recht und Privatrecht, sodass die Annahme einer Bereichsausnahme bereits aus diesem Grund fernläge. Auch spricht die Normenhierarchie generell dagegen, bestimmte Teile rangniedrigeren Rechts von einer möglichen Kontrolle auszunehmen.

Im Ausgangspunkt kann in Anwendung der *Dassonville*-Formel zunächst jede 27
zwingende Norm des Privatrechts ein potentieller Verstoß gegen die Grundfreiheiten darstellen, da sie jedenfalls potentiell geeignet ist, als Marktzutrittsschranke zu wirken.[39] So könnten etwa die Regelungen des Mieterschutzes Investoren vom Erwerb von Wohnungen zum Zwecke der Vermietung abhalten und damit die Kapitalverkehrsfreiheit beschränken; gleichermaßen könnte für den Bereich des Arbeitnehmerschutzes argumentiert werden. In den zwingenden Verbraucherschutzvorschriften könnte eine Beschränkung der Warenverkehrs- und Dienstleistungsfreiheit erblickt werden. In der Tat hat der EuGH im sog. VW-Gesetz, das dem Anteilseigner Niedersachsen Sonderrechte in der Volkswagen AG in Form einer Sperrminorität einräumte („Goldene Aktien") eine Beschränkung der Kapitalverkehrsfreiheit gesehen.[40] Doch liegt der Fall wohl etwas anders, da die Öffentliche Hand beteiligt war. Damit ist eine recht weitgehende Grundfreiheitenkontrolle eröffnet. Abgesehen davon wird sich vielfach auf der Rechtfertigungsebene ergeben, dass soziale Zwecke den Eingriff in die jeweilige Grundfreiheit legitimieren.

---

36 Dazu im Einzelnen EuGH, 5.12.2006, Rs. C-94/04 und C-202/04 – *Cipolla*, NJW 2007, 281, Rn. 61ff.; EuGH, 4.7.2019, Rs. C-377/17 – *Kommission/Deutschland*, NJW 2019, 2529, Rn. 70ff.

37 *Steindorff*, EG-Vertrag und Privatrecht, 1996, S. 268.

38 So *Schwintowski*, in: Grundmann, Systembildung und Systemlücken, 2000, S. 457, 469. Dem folgend *Heiderhoff*, Europäisches Privatrecht, 5. Aufl. 2020, Rn. 67.

39 S. *Steindorff*, EG-Vertrag und Privatrecht, 1996, S. 48; s.a. *Remien*, Zwingendes Vertragsrecht und Grundfreiheiten des EG-Vertrags, 2003, S. 178ff.

40 EuGH, 23.10.2007, Rs. C-112/05 – *Kommission/Deutschland*, ZIP 2007, 2068 (VW-Gesetz). Kritisch *Honsell*, ZIP 2008, 621, 624. Siehe auch die Anmerkung von *Verse*, GPR 2008, 31.

28 Bleibt man in der Systematik des EuGH, so könnte es sich bei privatrechtlichen Normen um bloße Verkaufsmodalitäten handeln, sodass im Sinne der *Keck*-Rechtsprechung im Grundsatz kein Konflikt mit den Grundfreiheiten bestünde.[41] Auch hier ist freilich eine Grundfreiheitenkontrolle nicht von vornherein ausgeschlossen.[42] Unabhängig davon ist die Abgrenzung zu den produktbezogenen Regeln nicht immer einfach zu ziehen. Stets kommt es darauf an, ob die betreffende Regelung eine Marktzutrittsschranke aufstellt oder nicht. Beim dispositiven Privatrecht wird dies selten der Fall sein.[43]

29 Betrachtet man etwa verbraucherschützende Vorschriften wie § 475 Abs. 2 BGB, der bei Verbraucherkäufen hinsichtlich des Gefahrübergangs – zwingend – unter Ausschaltung des § 447 BGB die Geltung von § 446 BGB normiert, so wäre zu fragen, ob Unternehmer aus dem EU-Ausland benachteiligt sind. Richtigerweise ist dies zu verneinen, da die Norm keine spezifische Marktzugangsschranke aufstellt.

30 Außerhalb des richtliniengetragenen Rechts wird eine Grundfreiheitenbeschränkung etwa für § 656 Abs. 1 BGB diskutiert.[44] Danach begründet ein Ehevermittlungsvertrag keine einklagbare Verbindlichkeit, sondern eine bloße Naturalobligation; geleistete Zahlungen können nicht zurückgefordert werden (§ 656 Abs. 1 S. 2 BGB).[45] Aus der Sicht von Partnervermittlungsagenturen mit Sitz im EU-Ausland könnte diese Regelung gegen die Dienstleistungsfreiheit (Art. 56 AEUV) verstoßen.[46] Eine unmittelbare Diskriminierung liegt zwar nicht vor. Doch könnte § 656 BGB als Maßnahme gleicher Wirkung im Sinne der *Dassonville*-Formel zu qualifizieren sein. Möchte man nicht von vornherein die Bereichsausnahme nach der *Keck*-Rechtsprechung zur Anwendung bringen, so kommt es darauf an, ob § 656 Abs. 1 BGB den Zugang zum deutschen Dienstleistungsmarkt beschränkt. Dies ist jedenfalls indirekt der Fall, da die Norm zwar unterschiedslos auf alle Anbieter zur Anwendung kommt, faktisch aber lokale Anbieter privilegiert, da diese die Wirkungen der Norm effektiv umgehen können, indem sie auf Vorkassebasis arbeiten. Ausländischen Anbietern wird eine solche Strategie ungleich schwerer fallen, da potentielle Kunden hier regelmäßig größere Zurückhaltung walten lassen werden. Rechtfertigen ließe sich dies allenfalls mit dem Schutz des Persönlichkeitsrechts aufgrund eines Diskretionsinteresses der Kunden. Doch erscheint dies angesicht des gewandelten gesellschaftlichen Umgangs mit Part-

---

41 *Remien*, Zwingendes Vertragsrecht und Grundfreiheiten des EG-Vertrags, 2003, S. 193ff.

42 Siehe etwa EuGH, 10.5.1995, Rs. C-384/93 – *Alpine Investments*, Slg. 1995, 1141, Rn. 23ff. (Verbot des sog. cold calling).

43 Dazu *Herresthal*, in: Langenbucher, Europäisches Privat- und Wirtschaftsrecht, 4. Aufl. 2017, § 2 Rn. 66ff.; *Riesenhuber*, EU-Vertragsrecht, 2013, § 2 Rn. 35; zum Meinungsstand *Heiderhoff*, Europäisches Privatrecht, 5. Aufl. 2020, Rn. 57ff.

44 Zum Folgenden eingehend *Herresthal*, in: Langenbucher, Europäisches Privat- und Wirtschaftsrecht, 4. Aufl. 2017, § 2 Rn. 63ff.

45 Siehe dazu *Kornblum/Stürner*, Fälle zum Allgemeinen Schuldrecht, 8. Aufl. 2017, Fall 15.

46 Nach ganz h. M. greift die Norm auch für Partnervermittlungsverträge, vgl. Jauernig/*Mansel*, BGB, 18. Aufl. 2021, § 656 Rn. 3.

nervermittlungsverträgen zumindest im Kontext der Grundfreiheiten als nicht tragfähig. Damit muss § 656 Abs. 1 BGB in Binnenmarktfällen unangewendet bleiben. Verträge, die der ausländische Anbieter mit deutschen Kunden schließt, ziehen damit nicht bloße Naturalobligationen nach sich, wie dies § 656 BGB anordnet, sondern einklagbare und durchsetzbare Verpflichtungen. Anspruchsgrundlage wäre insoweit § 611 BGB. Dass darin insofern eine Inländerdiskriminierung liegen könnte, als deutsche Mitbewerber wegen § 656 BGB keinen einklagbaren Anspruch hätten, ist aus Sicht des Unionsrechts unerheblich.[47] Allenfalls wäre – aus deutscher Sicht – ein Verstoß gegen das Gleichbehandlungsprinzip (Art. 3 Abs. 1 GG) zu diskutieren.

3. Drittwirkung der Grundfreiheiten?

Zu unterscheiden ist davon die Frage, inwieweit die Grundfreiheiten horizontal wirken, mithin das Verhältnis zwischen Privatrechtssubjekten erfassen. Dabei geht es also gerade nicht um Rangkollisionen. Diese Problematik ist aus dem nationalen Verfassungsrecht bekannt; man spricht hier von einer (mittelbaren) Drittwirkung der Grundrechte. Im Ausgangspunkt scheint man die Frage für die Grundfreiheiten klar verneinen zu müssen: Wenn es sich bei diesen um Beschränkungsverbote handelt, die sich auf den Zugang zu Märkten beziehen, so kann privates Handeln dadurch nicht erfasst werden. Unfaires Verhalten privater Marktteilnehmer wird schließlich durch das Kartell- und Wettbewerbsrecht reguliert. Vielfach lehnt man daher jedenfalls eine unmittelbare Drittwirkung der Grundfreiheiten ab.[48] Der EuGH geht allerdings deutlich großzügiger vor. Paradigmatisch hierfür steht das *Bosman*-Urteil, wonach die durch Verbandsstatuten festgelegte Verpflichtung zur Zahlung einer Ausbildungsentschädigung bei Vereinswechsel im Profifußball die Personenfreizügigkeit behindert.[49] Hier und in weiteren Entscheidungen lag indessen meist eine Situation vor, in der auf der einen Seite ein Verband oder eine ähnliche größere Organisation auftrat.[50] Insofern erscheint es schwierig, diese Rechtsprechung zu verallgemeinern. 31

4. Grundrechtecharta und nationales Recht

Literatur: *Baldus/Raff*, Good news, bad news zu horizontaler Direktwirkung und europäischer Methodenlehre: Weitere Konstitutionalisierung des unionalen und nationalen Privatrechts?, GPR 2018, 175; *Fornasier*, The Impact of EU Fundamental Rights on Private Relationships: Direct or Indirect Effect?, ERPL 2015, 29; *Frantziou*, (Most of) the Charter of Fundamental Rights is Horizontally Applicable, Euro-

47 Siehe dazu § 1 Rn. 4.

48 Dazu etwa *Ludwigs/Weidermann*, JURA 2014, 152; *Bachmann*, AcP 210 (2010), 424.

49 EuGH, 15.12.1995, Rs. C-415/93 – *Bosman*, Slg. 1995, I-4921.

50 So etwa bei Gewerkschaften, EuGH, 11.12.2007, Rs. C-438/05 – *Viking Line*, Slg. 2007, I-10779, Rn. 57 ff.

pean Constitutional Law Review 2019, 306; *Herresthal*, Die Bedeutung der Charta der Grundrechte für das europäische und das nationale Privatrecht, ZEuP 2014, 238; *Jarass*, Die Bedeutung der Unionsgrundrechte unter Privaten, ZEuP 2017, 310; *Jobst*, Konsequenzen einer unmittelbaren Grundrechtsbindung Privater, NJW 2020, 11; *Kainer*, Rückkehr der unmittelbar-horizontalen Grundrechtswirkung aus Luxemburg?, NZA 2018, 894; *Kulick*, Horizontalwirkung im Vergleich. Ein Plädoyer für die Geltung der Grundrechte zwischen Privaten, 2020; *Mörsdorf*, Die Auswirkungen des neuen „Grundrechts auf Verbraucherschutz" gemäß Art. 38 GR-Ch auf das nationale Privatrecht, JZ 2010, 759; *Mörsdorf*, Europäisierung des Privatrechts durch die Hintertür? – Einige Gedanken zum Einfluss der Grundrechte-Charta auf das nationale Privatrecht in der jüngeren Rechtsprechung des EuGH (Egenberger, Bauer, CCOO u.a.), JZ 2019, 1066; *Perner*, Grundfreiheiten, Grundrechte-Charta und Privatrecht, 2013, S. 141 ff.; *Piekenbrock*, Der Urlaub, der Tod und die Methodik des Unionsprivatrechts, GPR 2019, 93; *Stürner*, How autonomous should private law be? – Elements of a private law constitution, in: Collins (Hrsg.), The EU Charter of Fundamental Rights and European Contract Law, 2017, S. 33; *Wielsch*, The Function of Fundamental Rights in EU Private Law – Perspectives for the Common European Sales Law, ERCL 2014, 365

32 Mit dem Inkrafttreten der Grundrechtecharta durch den Vertrag von Lissabon besteht eine weitere Rechtsquelle des Primärrechts (Art. 6 Abs. 1 EUV), die mithin Anwendungsvorrang vor nationalem Recht genießt. Damit stellt sich auch hier die Frage des Verhältnisses zum mitgliedstaatlichen Privatrecht.

a) Der Anwendungsbereich der Grundrechtecharta

33 Die Grundrechtecharta richtet sich gleichermaßen an die Organe der EU wie an die Mitgliedstaaten; sie gilt nur innerhalb des Anwendungsbereichs der Verträge (Art. 51 GRCh). Für die Normen des Privatrechts gelten im Ausgangspunkt keine Besonderheiten: Sie dürfen nicht so ausgestaltet werden, dass sie die Charta-Rechte ohne hinreichende Rechtfertigung beschränken. Auch hier ist die Frage der Drittwirkung aufzuwerfen.

b) Die Wirkungsweise der Grundrechtecharta im Privatrecht

aa) Privatrechtliche Richtlinien

34 Selbstverständlich gilt der Vorrang von Primärrecht auch innerhalb des Unionsrechts: Sekundärrechtsakte wie Verordnungen oder Richtlinien privatrechtlichen Inhalts dürfen nicht gegen die Vorgaben aus EUV, AEUV und Grundrechtecharta verstoßen. So hat der EuGH vor dem Hintergrund des Verbots der Geschlechterdiskriminierung in Art. 21 und 23 GRCh die unterschiedliche Behandlung der Geschlechter im Bereich des Versicherungsrechts durch Art. 5 Abs. 2 der 4. Gleichstellungs-Richtlinie,[51] die eine

51 Richtlinie 2004/113/EG des Rates vom 13. Dezember 2004 zur Verwirklichung des Grundsatzes der Gleichbehandlung von Männern und Frauen beim Zugang zu und bei der Versorgung mit Gütern und Dienstleistungen, ABl. L 373/37.

Berücksichtigung versicherungsmathematischer Vorgaben für zulässig erachtete, als ungültig angesehen.[52] Verstöße solcher Art sind auch in anderen Bereichen des Privatrechts denkbar.[53]

bb) Charta-Rechte und nationales Privatrecht

35 Auch hier stellt sich die Frage des Verhältnisses zum mitgliedstaatlichen Privatrecht.[54] Der EuGH hat lange Zeit eine deutliche Stellungnahme vermieden. Die Entwicklung vollzieht sich dabei nicht unbedingt linear; sie wird im Folgenden anhand wichtiger Entscheidungen nachgezeichnet. Diese entstammen in erster Linie dem Arbeitsrecht.[55]

(1) Ungeschriebene Grundrechte vor Inkrafttreten der Grundrechtecharta

36 Der EuGH hat bereits vor Inkrafttreten der Grundrechtecharta und der einschlägigen Regelung des Art. 21 GRCh aus dem Primärrecht einen ungeschriebenen Grundsatz des Verbots der Altersdiskriminierung abgeleitet. Dieser sei am Beispiel der Rechtssache Kücükdeveci exemplifiziert:[56]

37 Frau K wurde am 12.2.1978 geboren. Sie war seit dem 4.6.1996, somit seit ihrem vollendeten 18. Lebensjahr, bei der Firma S beschäftigt. Mit Schreiben vom 19.12.2006 erklärte S unter Berücksichtigung der gesetzlichen Frist die Kündigung zum 31. Januar 2007. Frau K focht die Kündigung vor dem Arbeitsgericht an. Sie machte geltend, dass nach § 622 Abs. 2 S. 1 Nr. 4 BGB eine viermonatige Kündigungsfrist vom 31.12.2006 bis zum 30.4.2007 hätte eingehalten werden müssen. Diese Frist entspreche einer zehnjährigen Betriebszugehörigkeit. Nach Auffassung von Frau K stellte § 622 Abs. 2 S. 2 BGB a. F., soweit danach vor Vollendung des 25. Lebensjahres liegende Betriebszugehörigkeitszeiten bei der Berechnung der Kündigungsfrist unberücksichtigt blieben, eine gegen das Unionsrecht verstoßende Diskriminierung wegen des Alters dar, sodass er unangewendet bleiben müsse.

38 Das Arbeitsverhältnis zwischen S und K bestand zu dem Zeitpunkt, in dem die S die Kündigung aussprach, bereits mehr als zehn Jahre. Nach § 622 Abs. 2 S. 1 Nr. 4 BGB gilt für die Kündigung eines solchen Arbeitsverhältnisses eine Kündigungsfrist von vier Monaten zum Ende eines Kalendermonats. Nach dieser Bestimmung hätte die S das Arbeitsverhältnis der K im Dezember 2006 daher erst mit Ablauf des 30.4.2007

---

52 EuGH, 1.3.2011, Rs. C-236/09 – *Test-Achats*, Slg. 2011, I-773. Dazu noch unten § 19 Rn. 9 ff.

53 Siehe dazu *Herresthal*, ZEuP 2014, 238, 258 ff.; für die Verbraucherrechte-Richtlinie insbesondere *Wendehorst*, GPR 2015, 55.

54 Eingehend dazu *Herresthal*, ZEuP 2014, 238; *Fornasier*, ERPL 2015, 29.

55 Darstellung der aktuellen Rechtsprechung bei *Mörsdorf*, JZ 2019, 1066.

56 Nach EuGH, 19.1.2010, Rs. C-555/07 – *Kücükdeveci*, Slg. 2010, I-365; siehe auch EuGH, 22.11.2005, Rs. C-144/04 – *Mangold*, Slg. 2005, I-9981; BAG NJW 2010, 3740; BAG NJW 2011, 1626.

kündigen können. Nach § 622 Abs. 2 S. 2 BGB a.F.[57] galten bei der Berechnung der Kündigungsfristen jedoch nur die nach der Vollendung des 25. Lebensjahres zurückgelegten Beschäftigungszeiten. Nach dieser Vorschrift zählte für die Berechnung der Beschäftigungsdauer also nur die Zeit nach dem 25. Geburtstag der K am 12.2.2003. Von diesem Zeitpunkt aus gerechnet dauerte das Arbeitsverhältnis der K bis zum Ausspruch der Kündigung am 19.12.2006 nicht mehr als zehn, sondern nur mehr als drei Jahre. Gemäß § 622 Abs. 2 S. 1 Nr. 1 BGB hätte das Arbeitsverhältnis dann arbeitgeberseitig mit einer Frist von einem Monat zum Ende eines Kalendermonats und mithin zum 31.1.2007 gekündigt werden können. Unter Berücksichtigung des § 622 Abs. 2 S. 2 BGB a.F. war die von der S zugrunde gelegte Kündigungsfrist daher ordnungsgemäß.

39 Die Berechnung der Kündigungsfrist unter Anwendung von § 622 Abs. 2 S. 2 BGB a.F. könnte aber gegen Vorgaben des Unionsrechts verstoßen haben, insbesondere gegen das europarechtliche Verbot der Diskriminierung wegen des Alters. § 622 Abs. 2 S. 2 BGB a.F. regelt die Bedingungen für die Entlassung eines Arbeitnehmers, sodass die Vorschrift nach Art. 3 Abs. 1 lit. c RL 2000/78/EG in den Anwendungsbereich der Allgemeinen Gleichbehandlungsrichtlinie 2000/78/EG fiel. Es ist unerheblich, dass § 622 Abs. 2 S. 2 BGB a.F. nicht der Umsetzung der Richtlinie diente, sondern bereits lange Zeit vorher bestand.

40 § 622 Abs. 2 S. 2 BGB a.F. benachteiligte generell junge Arbeitnehmer gegenüber älteren Arbeitnehmern, da Erstere trotz mehrjähriger Betriebszugehörigkeit von der Vergünstigung der stufenweisen Verlängerung der Kündigungsfristen entsprechend der zunehmenden Beschäftigungsdauer nach § 622 Abs. 2 S. 1 BGB ausgeschlossen werden konnten, während sie älteren Arbeitnehmern mit vergleichbarer Beschäftigungsdauer zugute kam. § 622 Abs. 2 S. 2 BGB a.F. enthielt mithin eine Ungleichbehandlung, die auf dem Merkmal des Alters beruhte.

41 Die Ungleichbehandlung wegen des Alters kann jedoch gemäß Art. 6 Abs. 1 RL 2000/78/EG gerechtfertigt sein. Nach dieser Bestimmung stellt eine Ungleichbehandlung wegen des Alters keine Diskriminierung dar, sofern sie objektiv und angemessen ist und im Rahmen des nationalen Rechts durch ein legitimes Ziel, worunter insbesondere rechtmäßige Ziele aus den Bereichen Beschäftigungspolitik, Arbeitsmarkt und berufliche Bildung zu verstehen sind, gerechtfertigt ist und die Mittel zur Erreichung dieses Ziels angemessen und erforderlich sind.

42 Das Ziel des § 622 Abs. 2 S. 2 BGB a.F. bestand darin, dem Arbeitgeber eine größere personalwirtschaftliche Flexibilität zu verschaffen, indem seine Belastung im Zusammenhang mit der Entlassung jüngerer Arbeitnehmer verringert wurde, denen eine größere berufliche und persönliche Mobilität zugemutet werden kann. Dieses Ziel gehört zur Beschäftigungs- und Arbeitsmarktpolitik im Sinne des Art. 6 Abs. 1 RL

57 Die Vorschrift wurde aufgehoben m.W.v. 1.1.2019 durch Art. 4d des Gesetzes zur Stärkung der Chancen für Qualifizierung und für mehr Schutz in der Arbeitslosenversicherung (Qualifizierungschancengesetz) v. 18.12.2018, BGBl. I, S. 2651.

2000/78/EG. § 622 Abs. 2 S. 2 BGB a. F. galt aber unabhängig davon, wie alt der Arbeitnehmer im Zeitpunkt der Kündigungserklärung war. War ein Arbeitnehmer „jung" in das Arbeitsverhältnis eingetreten, wirkte sich die Vorschrift auch dann noch nachteilig auf ihn aus, wenn sein Arbeitsverhältnis erst nach langer Betriebszugehörigkeit gekündigt werden sollte und er zu diesem Zeitpunkt bereits „alt" war. § 622 Abs. 2 S. 2 BGB a. F. war daher keine im Hinblick auf das genannte Ziel geeignete Maßnahme und die Ungleichbehandlung wegen des Alters daher nicht gerechtfertigt.

Das Verbot der Diskriminierung wegen des Alters stellt ein Grundrecht der Europäischen Union nach Art. 21 Abs. 1 GRCh dar.[58] Die RL 2000/78/EG konkretisiert dieses Recht nur. Mithin verstößt die Regelung des § 622 Abs. 2 S. 2 BGB a. F. auch gegen das Verbot der Altersdiskriminierung. **43**

Nach Art. 288 Abs. 3 AEUV ist eine europäische Richtlinie nur gegenüber den Mitgliedstaaten verbindlich. Sie gilt daher nicht für Privatrechtssubjekte, sodass es keine unmittelbare Drittwirkung von Richtlinien zwischen Privaten gibt.[59] Mithin kann sich ein Bürger in einem Rechtsstreit gegenüber einem anderen Bürger nicht unmittelbar auf europäisches Richtlinienrecht berufen.[60] K konnte sich daher gegenüber der S nicht unmittelbar darauf stützen, dass sie aus der Richtlinie 2000/78/EG ein Recht auf nicht-diskriminierende Behandlung bei der Kündigung hatte.[61] **44**

Nach dem Gebot der richtlinienkonformen Auslegung[62] musste ein nationales Gericht § 622 Abs. 2 S. 2 BGB a. F. so weit wie möglich im Einklang mit der Richtlinie 2000/78/EG auslegen, um das in der Richtlinie niedergelegte Ziel zu erreichen. Aufgrund des eindeutigen und mithin nicht auslegungsfähigen Wortlauts von § 622 Abs. 2 S. 2 BGB a. F. war eine richtlinienkonforme Auslegung der Vorschrift nicht möglich.[63] **45**

In Betracht zu ziehen war daher eine richtlinienkonforme Rechtsfortbildung in Form einer teleologischen Reduktion auf Null. Hiergegen bestehen allerdings methodische Bedenken: Es könnte schon an einer planwidrigen Lücke mangeln, da § 622 Abs. 2 S. 2 BGB a. F. nicht der Umsetzung einer Richtlinie diente und daher ein Verweis auf den generellen Umsetzungswillen des Gesetzgebers problematisch erschien. Dies könnte jedoch dahinstehen, wenn den unionsrechtlichen Vorgaben auf andere Weise Rechnung getragen werden kann. **46**

---

58 Dies gilt auch vor Inkrafttreten der Grundrechtecharta, da das Primärrecht nach der Auslegung durch den EuGH ein ungeschriebenes Verbot der Altersdiskriminierung enthält, siehe EuGH, 22.11.2005, Rs. C-144/04 – *Mangold*, Slg. 2005, I-9981, Rn. 75.

59 Dazu unten § 8 Rn. 16, 123 ff.

60 EuGH, 19.1.2010, Rs. C-555/07 – *Kücükdeveci*, Slg. 2010, I-365, Rn. 46.

61 Anders konnte man allerdings die *Mangold*-Entscheidung des EuGH verstehen, EuGH, 22.11.2005, Rs. C-144/04 – *Mangold*, Slg. 2005, I-9981, Rn. 77, 79.

62 Dazu näher unten § 8 Rn. 40 ff.

63 BAG NJW 2011, 1626.

47 Wie erläutert, lag hier auch ein Verstoß gegen das primärrechtliche Verbot der Altersdiskriminierung vor. Es obliegt daher dem nationalen Gericht, bei dem ein Rechtsstreit über das Verbot der Diskriminierung wegen des Alters (hier in seiner Konkretisierung durch die Richtlinie 2000/78/EG) anhängig ist, im Rahmen seiner Zuständigkeiten den rechtlichen Schutz, der sich für den Einzelnen aus dem Unionsrecht ergibt, sicherzustellen und die volle Wirksamkeit des Unionsrechts zu gewährleisten, indem es erforderlichenfalls jede diesem Verbot entgegenstehende Bestimmung des nationalen Rechts unangewendet lässt.[64]

48 Folglich war § 622 Abs. 2 S. 2 BGB a.F. im Rechtsverhältnis zwischen K und S außer Anwendung zu lassen.[65] Die Kündigungsfrist berechnete sich nach § 622 Abs. 2 S. 1 Nr. 4 BGB und konnte nicht vor dem 30. April 2007 ablaufen.

(2) Jedenfalls indirekte Drittwirkung der Charta-Rechte

49 In der Rechtssache *Dominguez*[66] war zu klären, ob das Recht auf bezahlten Jahresurlaub nach Art. 31 Abs. 2 GRCh unmittelbare Drittwirkung entfaltet. In den Schlussanträgen der Generalanwältin *Trstenjak*[67] finden sich längere Ausführungen zu diesem Thema. Der EuGH ging indessen darauf nicht ein und konzentrierte sich auf die eher formale Frage, ob der Arbeitgeber als öffentliche Behörde anzusehen sei – hieraus ergäbe sich eine Horizontalwirkung der einschlägigen Arbeitszeitrichtlinie.[68] Im Fall *Association de médiation sociale*[69] war es Generalanwalt *Cruz Villalón*, der sich klar für eine Direktwirkung des Rechts der Arbeitnehmerinnen und Arbeitnehmer auf Unterrichtung und Anhörung im Unternehmen aus Art. 27 GRCh aussprach,[70] aber der EuGH ging hierauf wiederum nicht ein.[71] Beide Fälle mögen auch exemplarisch dafür stehen, dass die Frage der mittelbaren oder unmittelbaren Drittwirkung eher von dogmatischem denn von praktischem Interesse ist. Denn regelmäßig lässt sich die Geltung des entsprechenden Charta-Rechts jedenfalls im Wege der indirekten Einwirkung auf die das jeweilige Privatrechtsverhältnis bestimmende Rechtsnorm begründen.

---

64 EuGH, 19.1.2010, Rs. C-555/07 – *Kücükdeveci*, Slg. 2010, I-365, Rn. 49ff.

65 Gesetzesentwürfe zur Streichung des § 622 Abs. 2 S. 2 BGB a.F. haben lange Zeit nicht das parlamentarische Verfahren erreicht (SPD: BT-Drucks. 17/775; Bündnis 90/Die Grünen: BT-Drucks. 17/657). Erst mit dem Qualifizierungschancengesetz vom 18.12.2018 (BGBl. I, S. 2651) erfolgte zum 1.1.2019 die Aufhebung der Norm.

66 EuGH, 24.1.2012, Rs. C-282/10 – *Dominguez*, NJW 2012, 509.

67 Schlussanträge vom 8.9.2011, Rs. C-282/10, Rn. 75–77.

68 Richtlinie 2003/88/EG des Europäischen Parlaments und des Rates vom 4. November 2003 über bestimmte Aspekte der Arbeitszeitgestaltung, ABl. L 299/9.

69 EuGH, 15.1.2014, Rs. C-176/12 – *Association de médiation sociale*, ECLI:EU:C:2014:2.

70 Schlussanträge vom 18.7.2013, Rs. C-176/12, Rn. 28–41.

71 Siehe etwa *Gsell*, in: FS Köhler, 2014, S. 197. Auch der EGMR verneint mit Verweis auf Art. 1 EMRK eine unmittelbare Drittwirkung der EMRK-Rechte, siehe die Nachweise bei *Mayer-Ladewig*, Europäische Menschenrechtskonvention, 3. Aufl. 2011, Art. 1 Rn. 10.

(3) Auch unmittelbare Drittwirkung?

Die Diskussion um die unmittelbare Drittwirkung der Grundrechtecharta ist jedoch durch einige jüngere Entscheidungen des EuGH neu entfacht worden. In diesen Fällen musste der Gerichtshof seine Zurückhaltung in der Frage aufgeben und Stellung beziehen, da anders als in den Rechtssachen zuvor nicht auf die Pflicht zur richtlinienkonformen Auslegung verwiesen werden konnte.[72] 50

Diese neue Rechtsprechung wurde im April 2018 durch die Rechtssache *Egenberger* – auf Vorlage des BAG[73] – eingeleitet.[74] Frau Egenberger (E), die keiner Konfession angehört, hatte sich auf eine von der evangelischen Kirche ausgeschriebene befristete Stelle beworben. Es entbehrt nicht einer gewissen Ironie, dass es dabei im Wesentlichen um die Erstellung eines Berichts ging, welcher die Beseitigung jeder Form von (insbesondere rassistischer) Diskriminierung vorsah. Obwohl ihre Bewerbung zunächst noch im Auswahlverfahren verblieben war, wurde E nicht zu einem Vorstellungsgespräch eingeladen. Der letztlich eingestellte Bewerber hatte zu seiner Konfessionszugehörigkeit angegeben, er sei ein „in der Berliner Landeskirche sozialisierter evangelischer Christ". In der Annahme, ihre Bewerbung sei aufgrund ihrer Konfessionslosigkeit erfolglos geblieben, klagte E bis zum BAG auf eine angemessene Entschädigung gemäß § 15 Abs. 2 AGG. Das BAG wandte sich mit drei Vorlagefragen an den EuGH. Für die Drittwirkungsproblematik kommt vor allem der zweiten Frage Bedeutung zu. Das BAG war der Ansicht, dass § 9 AGG, der eine unterschiedliche Behandlung aufgrund der Religion bei der Beschäftigung durch Religionsgemeinschaften rechtfertigt, ohne eine Contra-legem-Auslegung nicht im Einklang mit Art. 4 Abs. 2 der Richtlinie 2000/78 gebracht werden könne.[75] Insofern kam es nach Ansicht des BAG darauf an, ob das in Art. 21 GRCh niederlegte Diskriminierungsverbot, „dem Einzelnen ein subjektives Recht verleiht, das er im Rechtsstreit zwischen Privaten geltend machen kann und das die Gerichte verpflichtet, von der Anwendung entgegenstehender nationaler Vorschriften abzusehen", hier also von § 9 AGG.[76] Anders gewendet ging es um die Frage, ob Art. 21 GRCh unmittelbare Drittwirkung entfaltet. 51

Der EuGH scheint diese Frage ohne Weiteres zu bejahen: Art. 21 GRCh verleihe „schon für sich allein dem Einzelnen ein Recht, das er in einem Rechtsstreit, der einen vom Unionsrecht erfassten Bereich betrifft, als solches geltend machen kann".[77] Art. 21 der Charta verbiete die verschiedenen Formen der Diskriminierung ebenso wie die weiteren einschlägigen Bestimmungen des Primärrechts auch dann, wenn sie aus 52

72 Zur Entwicklung auch *Kainer*, NZA 2018, 894.

73 BAGE 154, 285.

74 EuGH, 17.4.2018, Rs. C-414/16 – *Egenberger*, EuZW 2018, 381.

75 BAGE 154, 285, Rn. 51.

76 BAGE 154, 285, Rn. 54.

77 EuGH, 17.4.2018, Rs. C-414/16 – *Egenberger*, EuZW 2018, 381, Rn. 76.

Verträgen zwischen Privatpersonen resultierten.[78] Zudem verwies der EuGH auf den zwingenden Charakter des Art. 21 GRCh und hob hervor, dass die Norm aufgrund ihrer Bestimmtheit keiner Konkretisierung durch nationales Recht bedürfe.[79] Aufgabe der nationalen Gerichte sei es aber, die verschiedenen Grundrechtspositionen zu einem verhältnismäßigen Ausgleich zu bringen.[80] Damit wird ausgesprochen, was der EuGH bereits in der Rechtssache *Association de médiation sociale* angedeutet hatte. Dort hatte er zwar die unmittelbare Drittwirkung des in Rede stehenden Art. 27 GRCh abgelehnt, gleichzeitig jedoch als obiter dictum darauf hingewiesen, dass demgegenüber der im Fall nicht einschlägige Art. 21 GRCh durchaus dem Einzelnen ein subjektives Recht verleihe, das er als solches im Privatrechtsstreit geltend machen könne.[81] Entscheidend ist aber die Konsequenz dieser Rechtsprechung: Das nationale Gericht hat eine Vorschrift des nationalen Rechts, die nicht in Einklang mit der zutreffend ausgelegten Primärrechtsnorm gebracht werden kann, auch nicht durch Abweichung von der bisherigen gefestigten Rechtsprechungslinie, unangewendet zu lassen.[82] Für sich genommen hat dies mit einer unmittelbaren Drittwirkung nichts zu tun: Vielmehr geht es um die Rangwirkung, die Primärrecht gegenüber entgegenstehendem nationalem Recht entfaltet. Dass eine Privatperson in einem Zivilrechtsstreit ein aus der Grundrechtecharta folgendes Recht „als solches geltend machen kann", erscheint angesichts des Grundsatzes iura novit curia keine revolutionäre Aussage.

53 Diese Rechtsprechungslinie wurde in den wenig später entschiedenen Rechtssachen *Bauer* und *Broßonn*[83] bestätigt und ausgebaut. Die Klägerinnen Bauer und Broßonn machten jeweils die Abgeltung von Resturlaubsansprüchen ihrer verstorbenen Ehemänner geltend, nachdem das Arbeitsverhältnis der Erblasser durch deren Tod beendet worden und Abgeltungsansprüche noch nicht entstanden waren. Das letztlich mit der Sache befasste BAG wandte sich mit zwei Vorlagefragen an den EuGH.[84] Zunächst wollte das BAG wissen, ob Art. 7 der Richtlinie 2003/88[85] oder Art. 31 Abs. 2 GRCh den Erben einen unmittelbaren Anspruch auf finanziellen Ausgleich des verbliebenen Jahresurlaubs einräumen, obwohl dies nach dem deutschen Recht ausgeschlossen sei.[86] Nach deutschem Recht gehe der Anspruch des Arbeitnehmers auf bezahlten Jahresurlaub gemäß § 7 Abs. 4 BUrlG i. V. m. § 1922 BGB mit sei-

---

78 EuGH, 17.4.2018, Rs. C-414/16 – *Egenberger*, EuZW 2018, 381, Rn. 77 unter Verweis u. a. auf EuGH, 8.4.1976, Rs. 43/75 – *Defrenne*, Slg. 1976, 455, Rn. 39 sowie EuGH, 6.6.2000, Rs. C-281/98 – *Angonese*, Slg. 2000, I-4139, Rn. 33–36.

79 EuGH, 17.4.2018, Rs. C-414/16 – *Egenberger*, EuZW 2018, 381, Rn. 76 und 78.

80 EuGH, 17.4.2018, Rs. C-414/16 – *Egenberger*, EuZW 2018, 381, Rn. 79–81.

81 EuGH, 15.1.2014, Rs. C-176/12 – *Association de médiation sociale*, ECLI:EU:C:2014:2, Rn. 47.

82 EuGH, 17.4.2018, Rs. C-414/16 – *Egenberger*, EuZW 2018, 381, Rn. 79, 82.

83 EuGH, 6.11.2018, verb. Rs. C-569/16 und C-570/16 – *Bauer und Broßonn*, ECLI:EU:C:2018:871.

84 BAG ErbR 2017, 85 (*Bauer*); BAG NZA 2017, 207 (*Broßonn*).

85 Richtlinie 2003/88/EG über bestimmte Aspekte der Arbeitszeitgestaltung, ABl. L 299/9.

86 BAG NZA 2017, 207, Rn. 18.

nem Tod unter und werde nicht Teil der Erbmasse.[87] Jede andere Auslegung des deutschen Rechts wäre nach Ansicht des BAG contra legem und damit unzulässig.[88] Ein Anspruch könne damit allenfalls unmittelbar aus der entsprechenden Richtlinie folgen, oder aber aus der Grundrechtecharta.

Entscheidend ist dann die zweite Vorlagefrage, welche nur die Rechtssache *Broß-* 54
onn betrifft.[89] Während in der Rechtssache *Bauer* der ehemalige Arbeitgeber eine Körperschaft öffentlichen Rechts war (Stadt Wuppertal), stand Frau Broßonn mit der Firma Willmeroth eine Person des Privatrechts als Anspruchsgegner gegenüber. Damit stellte sich in dieser Rechtssache die Frage, ob ein Direktanspruch auch dann besteht, wenn es sich um ein Arbeitsverhältnis zwischen zwei Privatpersonen handelt. Wie im Fall *Egenberger* sprach sich der EuGH für eine unmittelbare Wirkung der Charta auch zwischen Privaten aus.[90] Er führte zunächst aus, dass Art. 31 Abs. 2 GRCh zwingend sei und nicht von Bedingungen abhängig, da die Charta nicht durch unionsrechtliche oder nationale Bestimmungen konkretisiert werden müsse.[91] Die Bedenken hinsichtlich der Anwendbarkeit der Charta zwischen Privaten aufgrund von Art. 51 Abs. 1 GRCh – nach welchem die Charta nur für die Organe, Einrichtungen und sonstigen Stellen der Union sowie für die Mitgliedstaaten bei der Durchführung des Unionsrechts gilt – räumt der EuGH recht pragmatisch aus: Art. 51 der Charta treffe keine Regelung darüber, ob Privatpersonen (gegebenenfalls unmittelbar) zur Einhaltung einzelner Bestimmungen der Charta verpflichtet sein könnten; die Norm könne demnach nicht dahin ausgelegt werden, dass dies kategorisch ausgeschlossen sei.[92] Der EuGH schloss sich damit den Ausführungen des Generalanwalts *Bot* an, welcher sich ebenfalls für eine unmittelbare Wirkung der Charta zwischen Privatpersonen aussprach, ohne dass Art. 51 Abs. 1 der Charta dem entgegenstünde.[93] Auf einer rechtstheoretischen Ebene argumentierend, führte der EuGH weiter aus, dass das Recht auf bezahlten Jahresurlaub, das Art. 31 Abs. 2 GRCh enthalte, „schon seinem Wesen nach mit einer entsprechenden Pflicht des Arbeitgebers einhergeht, nämlich der Pflicht zur

---

87 BAG NZA 2017, 207, Rn. 15.

88 BAG NZA 2017, 207, Rn. 16.

89 BAG NZA 2017, 207, Rn. 22.

90 EuGH, 6.11.2018, verb. Rs. C-569/16 und C-570/16 – *Bauer und Broßonn*, ECLI:EU:C:2018:871, Rn. 79 ff.

91 EuGH, 6.11.2018, verb. Rs. C-569/16 und C-570/16 – *Bauer und Broßonn*, ECLI:EU:C:2018:871, Rn. 85. Damit unterscheide sich Art. 31 Abs. 2 GRCh vom Recht auf Unterrichtung und Anhörung nach Art. 27 GRCh, wo auf „Fälle und Voraussetzungen, die nach dem Unionsrecht und den einzelstaatlichen Rechtsvorschriften und Gepflogenheiten vorgesehen sind", verwiesen wird, vgl. dazu EuGH, 15.1.2014, Rs. C-176/12 – *Association de médiation sociale*, ECLI:EU:C:2014:2.

92 EuGH, 6.11.2018, verb. Rs. C-569/16 und C-570/16 – *Bauer und Broßonn*, ECLI:EU:C:2018:871, Rn. 87.

93 Schlussanträge vom 29.5.2018, verb. Rs. C-569/17 und C-570/16, Rn. 78. Kritisch dazu *Baldus/Raff*, GPR 2018, 175.

Gewährung bezahlten Jahresurlaubs".[94] Diese „Spiegelbildtheorie" überzeugt selbstverständlich nur dann, wenn man der Argumentation des EuGH folgt, dass Art. 31 Abs. 2 GRCh unmittelbare Privatrechtsrelevanz besitzt. Doch was folgt aus alledem? Die Antwort des EuGH ist konventionell: Das nationale Gericht müsse die dem Unionsrecht entgegenstehenden Bestimmungen unangewendet lassen, sollten sie nicht unionsrechtskonform ausgelegt werden können.[95] Die deutschen Arbeitsgerichte müssten mithin § 7 Abs. 4 BUrlG i. V. m. § 1922 BGB unangewendet lassen. Doch hätte Frau Broßonn dann einen Anspruch? Nachdem eine horizontale Direktwirkung der Richtlinie nach wie vor nicht in Betracht kommt, müsste sich das Arbeitsgericht direkt auf Art. 31 Abs. 2 GRCh stützen. Diese Konsequenz wiederum spricht der EuGH jedenfalls nicht klar aus. Eine andere Richtung ist das BAG gegangen: Es hat seine bisherige Rechtsprechung aufgegeben und sieht den Urlaubsabgeltungsanspruch nunmehr im Wege richtlinienkonformer Rechtsanwendung als vererbbar an.[96] Auf die Frage der Wirkung von Art. 31 Abs. 2 GRCh kam es mithin nicht mehr an.[97]

55 Die Entscheidung ist in der Literatur auf deutlich größere Resonanz gestoßen als die Rechtssache *Egenberger*.[98] Die Begründung des Gerichtshofs wurde vielfach kritisiert.[99] Dass Art. 51 Abs. 1 der Charta eine Horizontalwirkung nicht ausdrücklich ausschließe, sei noch kein Argument dafür, dass den einzelnen Grundrechten eine solche Wirkung zukomme.[100] Die Erläuterungen legen nämlich eher den umgekehrten Schluss nahe, dass Art. 51 der Charta abschließend zu verstehen ist.[101] Außerdem sei Art. 31 Abs. 2 GRCh entgegen der Ansicht des EuGH nicht bestimmt genug.[102] Während Art. 21 Abs. 1 GRCh ein konkretes Verbot statuiere, enthalte Art. 31 Abs. 2 GRCh die Einräumung eines allgemeinen Rechts, jedoch ohne dieses näher zu definieren: So finde sich darin keine Konkretisierung der Mindesturlaubsdauer oder der Anspruchshöhe.

---

94 EuGH, 6.11.2018, verb. Rs. C-569/16 und C-570/16 – *Bauer und Broßonn*, ECLI:EU:C:2018:871, Rn. 90.

95 EuGH, 6.11.2018, verb. Rs. C-569/16 und C-570/16 – *Bauer und Broßonn*, ECLI:EU:C:2018:871, Rn. 91.

96 BAG NJW 2019, 2046, Rn. 10, 19 ff. sowie BAG NJW 2019, 2052 Rn. 18, 27 ff.

97 BAG NJW 2019, 2046, Rn. 19.

98 Vgl. *Wutte*, EuZA 2019, 222; *Sura*, EuZA 2019, 350, 359 f.; *Mehrens/Witschen*, EuZA 2019, 326, 330 f. m. w. N.; *Leczykiewicz*, ERCL 2020, 323.

99 *Hüpers/Reese*, in: Meyer/Hölscheidt, Charta der Grundrechte der europäischen Union, 5. Aufl. 2019, Art. 38 Rn. 38 m. w. N.; *Mehrens/Witschen*, EuZA 2019, 326, 331.

100 *Sura*, EuZA 2019, 350, 359; *Mehrens/Witschen*, EuZA 2019, 326, 331.

101 Vgl. die Erläuterungen des Präsidiums des Konvents zur Ausarbeitung der Charta zu Art. 51 GRCh, die gemäß Art. 52 Abs. 7 GRCh bei der Auslegung der Charta zu berücksichtigen sind; vgl. auch *Höpfner*, RdA 2013, 16, 21; *Mehrens/Witschen*, EuZA 2019, 326, 331.

102 *Sura*, EuZA 2019, 350, 360 m. w. N.; *Mehrens/Witschen*, EuZA 2019, 326, 331; *Höpfner*, RdA 2013, 16, 19; *Wutte*, EuZA 2019, 222, 230.

In der Folge bestätigte der EuGH seine Rechtsprechung in weiteren Fällen. In den Rechtssachen *Max-Planck-Gesellschaft*[103] und *Hein*[104] ging es wie bei *Bauer/Broßonn* um die Frage der unmittelbaren Drittwirkung des Art. 31 Abs. 2 GRCh, in *Cresco Investigation*[105] und in *IR*[106] ging es wie bei *Egenberger* um die unmittelbare Drittwirkung des Art. 21 GRCh. Eine weitergehende Begründung folgte auch in diesen Urteilen nicht; es wurde jeweils auf die Rechtssachen *Egenberger* und *Bauer/Broßonn* verwiesen. 56

(4) Konsequenzen

Alle diese Fälle haben eines gemeinsam: Eine Richtlinie wird fehlerhaft umgesetzt 57
und die nationale Norm kann nicht richtlinienkonform angewendet werden, ohne dass sie contra legem ausgelegt wird. Um nicht mit dem Dogma des Verbots der horizontalen Direktwirkung von Richtlinien zu brechen, wird die Unanwendbarkeit der nationalen Vorschrift auf ein Recht aus der Charta gestützt. Auf diese Weise wird der ermittelte Inhalt der Richtlinie letztlich in eine andere Normenkategorie projiziert. Konstruktiv ist dies vergleichbar mit der Rechtsprechung zu *Dominguez*[107] und *Kucükdeveci*.[108] In diesen Fällen wurde den fehlerhaft umgesetzten Richtlinien im Ergebnis doch zur Wirkung verholfen, indem auf einen allgemeinen Rechtsgrundsatz des Unionsrechts rekurriert wurde. Zu Ende gedacht, könnte auf diese Weise sämtlichen Richtlinien jedenfalls insoweit, als sie ein Charta-Grundrecht konkretisieren – das dürfte auf wohl jede Richtlinie zu einem gewissen Grad zutreffen – über den „Umweg" des Primärrechts eine Horizontalwirkung zukommen, wodurch die in Art. 288 Abs. 2 und 3 AEUV vorgesehene Differenzierung von Richtlinien und Verordnungen faktisch leerliefe und das vom EuGH nach wie vor postulierte Dogma des Verbots der Horizontalwirkung von Richtlinien ausgehebelt würde.[109]

Zunächst lässt sich feststellen, dass die untersuchten Entscheidungen fast aus- 58
schließlich aus dem Bereich des Arbeitsrechts stammen. Die Horizontalwirkung der Grundrechte lässt sich hier jedenfalls auf einer höheren Abstraktionsebene angesichts der Schutzbedürftigkeit der Arbeitnehmer wohl leichter rechtfertigen als in anderen Bereichen des Vertragsrechts. Umso mehr stellt sich aber die Frage, ob sich die EuGH-Rechtsprechung auf alle Grundrechte der Charta übertragen lässt.[110] Bereits ei-

---

103 EuGH, 6.11.2018, Rs. C-684/16 – *Max-Planck-Gesellschaft*, NZA 2018, 1474, Rn. 49–55 und 69 f.
104 EuGH, 13.12.2018, Rs. C-385/17 – *Hein*, NZA 2019, 47, Rn. 52 f.
105 EuGH, 22.1.2019, Rs. C-193/17 – *Cresco Investigation*, NJW 2019, 1060, Rn. 76–85.
106 EuGH, 11.9.2018, Rs. C-68/17 – *IR/JQ*, NJW 2018, 3086, Rn. 69 f.
107 EuGH, 24.1.2012, Rs. C-282/10 – *Dominguez*, NJW 2012, 509; dazu oben Rn. 49.
108 EuGH, 19.1.2010, Rs. C-555/07 – *Kücükdeveci*, Slg. 2010, I-365; dazu oben Rn. 36 ff.
109 Vgl. *Sura*, EuZA 2019, 350, 360; *Wutte*, EuZA 2019, 222, 230; so bereits *Höpfner*, RdA 2013, 16, 21. Näher dazu noch § 8 Rn. 123 ff.
110 Zusammenfassend *Frantziou*, European Constitutional Law Review 2019, 306, 319 ff.

ne oberflächliche Analyse zeigt, dass eine differenzierte Betrachtung angezeigt ist: In qualitativer Hinsicht muss die betreffende Bestimmung zwingender Natur sein; sie darf überdies keine ergänzenden Maßnahmen benötigen.[111] Dass der EuGH seine eigenen Kriterien ernst nimmt, zeigt bereits die Entscheidung *Association de médiation sociale*: Hier wurde die unmittelbare Drittwirkung des Art. 27 GRCh abgelehnt, da dieser durch Bestimmungen des Unionsrechts oder des nationalen Rechts konkretisiert werden müsse.[112] Hinsichtlich Art. 31 Abs. 2 GRCh hat der EuGH eine hinreichende Konkretisierung bejaht. Doch wurde bereits ausgeführt, dass erhebliche Zweifel bestehen, ob die Norm tatsächlich als „self executing" angesehen werden kann: Bei der Anwendung wäre doch erheblicher Konkretisierungsaufwand erforderlich. Technisch bestünde hierfür eine Zuständigkeit des EuGH. Es stünde zu erwarten, dass dieser auf die Kriterien der betreffenden Richtlinie zurückgreift, um die Lücken zu füllen. Andererseits lassen die besprochenen Entscheidungen auch den Schluss zu, dass der EuGH die nationalen Gerichte in der Verantwortung für die erforderliche Umsetzung sieht. Dieser Ansatz läge in gewisser Weise parallel zur Konkretisierung von in Richtlinien enthaltenen Generalklauseln: Auch hier verweist der EuGH regelmäßig auf die Kompetenz der mitgliedstaatlichen Gerichte, da dem Unionsrecht selbst der Maßstab fehlt, der zur Konkretisierung anzulegen wäre.[113]

59 Der Ansatz des EuGH könnte zu einer weitgehenden Kompetenzverschiebung von den Mitgliedstaaten zur Union führen. Gerade dort, wo die nationale Methodenlehre eine richtlinienkonforme Rechtsanwendung contra legem nicht erlaubt,[114] wäre ein direkter Rückgriff auf das (ggf. entsprechend zu konkretisierende) Charta-Grundrecht zu nehmen. Dieser Ansatz unterscheidet sich markant von der herkömmlichen Vorgehensweise: Danach bleibt dem Anspruchsteller nur der Staatshaftungsanspruch wegen mangelhafter Richtlinienumsetzung.[115] Auch die Normqualität der entsprechenden Charta-Grundrechte ändert sich: Bei funktionaler Betrachtung handelt es sich bei denjenigen Charta-Rechten, denen der EuGH unmittelbare Horizontalwirkung zubilligt, um Privatrechtsnormen, da sie Rechte und Pflichten zwischen Privatrechtssubjekten regeln. Ihre Besonderheit besteht darin, dass sie ranghöher sind als andere Privatrechtsnormen. Man kann sie daher als Verfassungsprivatrecht bezeich-

---

111 EuGH, 17.4.2018, Rs. C-414/16 – *Egenberger*, EuZW 2018, 381, Rn. 78; EuGH, 6.11.2018, verb. Rs. C-569/16 und C-570/16 – *Bauer und Broßonn*, ECLI:EU:C:2018:871, Rn. 85; GA *Bot*, Schlussanträge vom 29.5.2018, verb. Rs. C-569/17 und C-570/16, Rn. 80–83; ebenso *Sura*, EuZA 2019, 350, 361; *Mehrens/Witschen*, EuZA 2019, 326, 330.

112 EuGH, 15.1.2014, Rs. C-176/12 – *Association de médiation sociale*, ECLI:EU:C:2014:2, Rn. 45; Verweis hierauf in EuGH, 6.11.2018, verb. Rs. C-569/16 und C-570/16 – *Bauer und Broßonn*, ECLI:EU:C:2018:871, Rn. 84. So auch *Frantziou*, European Constitutional Law Review 2019, 306, 315.

113 Siehe zu diesem Problemkreis am Beispiel der Klausel-RL unten § 8 Rn. 10 ff.

114 Zur Frage der richtlinienkonformen Rechtsanwendung unten § 8 Rn. 40 ff.

115 Siehe § 36 Rn. 16 ff.

nen.[116] Diese Tendenzen sind sehr kritisch zu sehen. Verfassungsgerichte wie der EuGH entscheiden Einzelfragen zur Auslegung von Unionsrecht; sie haben keine Verantwortung für die Privatrechtssysteme der Mitgliedstaaten. Je weiter das Grundrechtsprivatrecht ausgreift, desto weniger können die nationalen Privatrechte ihre innere Systematik und damit auch die Vorhersehbarkeit rechtlicher Regelungen für die Privatrechtsgesellschaft garantieren.[117]

c) Einzelne vertragsrechtsrelevante Grundrechte

Im Folgenden wird im Überblick dargestellt, welche der Charta-Grundrechte Bedeu- 60
tung für das Vertragsrecht aufweisen. Dabei handelt es sich vor allem um die unternehmerische Freiheit (Art. 16 GRCh) und den Verbraucherschutz (Art. 38 GRCh). Für das Arbeitsrecht sind daneben insbesondere Art. 21 GRCh (Diskriminierungsverbot) und Art. 31 GRCh (angemessene Arbeitsbedingungen/Arbeitsschutz) zu nennen.

aa) Die unternehmerische Freiheit, Art. 16 GRCh

Die unternehmerische Freiheit ist ein elementarer Rechtsgrundsatz und bildet neben 61
der Berufsfreiheit (Art. 15 GRCh) und der Eigentumsgarantie (Art. 17 GRCh) das zentrale Wirtschaftsgrundrecht.[118] Das Grundrecht des Art. 16 GRCh wird in den Erläuterungen zur Charta auf die Rechtsprechung des EuGH gestützt und umfasst die Freiheit, eine Wirtschafts- oder Geschäftstätigkeit auszuüben, den freien Wettbewerb sowie insbesondere die (unternehmerische) Vertragsfreiheit.[119] Somit ist in Art. 16 GRCh mit der wirtschaftlichen Betätigungsfreiheit ein wichtiger Bestandteil der auch im Unionsrecht geschützten Privatautonomie enthalten. Auch die weiteren wirtschaftsrelevanten Aspekte der Privatautonomie sind primärrechtlich in den Grundfreiheiten verankert. Die darin enthaltene Vertragsfreiheit umfasst unter anderem die freie Wahl des Geschäftspartners sowie die Freiheit, den Preis für eine Leistung festzulegen.[120] Zur unternehmerischen Freiheit zählen zudem die Meinungs- und Informationsfreiheit der Unternehmer.[121]

---

116 Eingehend und weiterführend zu dieser Sichtweise *Stürner*, in: Collins, The EU Charter of Fundamental Rights and European Contract Law, 2017, S. 33; ähnlich für das deutsche Recht *Ipsen*, JZ 2014, 157. Siehe auch *Leczykiewicz*, ERCL 2020, 323, 332f.

117 Von einer Entdogmatisierung und Entsystematisierung des Zivilrechts spricht *Piekenbrock*, GPR 2019, 93, 95f.

118 *Jarass*, Charta der Grundrechte der EU, 3. Aufl. 2016, Art. 16 Rn. 2.

119 Charta-Erläuterungen, ABl. 2007, C 303/23; EuGH, 22.1.2013, Rs. C-283/11 – *Sky Österreich*, EuZW 2013, 347, Rn. 42f.

120 EuGH, 22.1.2013, Rs. C-283/11 – *Sky Österreich*, EuZW 2013, 347, Rn. 43 m.w.N.

121 EuGH, 17.12.2015, Rs. C-157/14 – *Neptune*, DÖV 2016, 224.

62 Funktional enthält das Grundrecht des Art. 16 GRCh ein Abwehrrecht.[122] Umstritten ist, inwieweit es auch eine leistungsrechtliche Dimension aufweist, also etwa die Gewährung von Informations- und Leistungsansprüchen vorsieht.[123] Anerkannt ist jedenfalls, dass Art. 16 GRCh ein einklagbares Recht enthält und keinen bloßen Charta-Grundsatz im Sinne des Art. 52 Abs. 5 GRCh darstellt. Das geht auf die Rechtsprechung des EuGH zurück, auf welche in den Charta-Erläuterungen verwiesen wird.[124] Der EuGH hatte bereits vor Inkrafttreten der Charta die volle Justiziabilität der Berufsfreiheit für selbstständig Tätige anerkannt.[125] Gleiches muss nun auch für Art. 16 GRCh gelten.[126] Umso mehr stellt sich die bereits oben aufgeworfene Frage der unmittelbaren Drittwirkung des Art. 16 GRCh. In der Literatur wird eine solche abgelehnt.[127] Art. 16 GRCh könne keine Privatpersonen verpflichten. Im Hinblick auf die jüngste Rechtsprechung des EuGH könnte die Frage nochmals aufgeworfen werden. Allerdings ist die unmittelbare Drittwirkung des Art. 16 GRCh auch unter den dort aufgestellten Kriterien abzulehnen. Der EuGH hatte die unmittelbare Wirkung des in Rede stehenden Charta-Rechts nur unter der Voraussetzung bejaht, dass es nicht durch Bestimmungen des Unionsrechts oder des nationalen Rechts konkretisiert werden müsse.[128] Die oben referierte Rechtsprechung zu *Association de médiation sociale* wurde folglich nicht aufgegeben.[129] Die Formulierung in Art. 16 GRCh ähnelt stark derjenigen in Art. 27 GRCh. Beide verweisen auf das Unionsrecht und die einzelstaatlichen Rechtsvorschriften und Gepflogenheiten. Die beiden Grundrechte sehen also schon aus sich heraus eine Konkretisierung des enthaltenen Rechts vor. Nach den neu aufgestellten Kriterien des EuGH kann Art. 16 GRCh demnach nicht unmittelbar im Rechtsstreit zwischen Privaten zur Anwendung gelangen.[130]

63 Gleichwohl kommt dem Grundrecht unter Privaten Bedeutung zu. So kann die unternehmerische Freiheit eingeschränkt sein, wenn ein privater Sender als Inhaber exklusiver Fernsehrechte nicht frei entscheiden kann, welcher Fernsehveranstalter zu

---

122 *Jarass*, Charta der Grundrechte der EU, 3. Aufl. 2016, Art. 16 Rn. 2; *Wollenschläger*, in: von der Groeben/Schwarze/Hatje, Europäisches Unionsrecht, 7. Aufl. 2015, Art. 16 GRC Rn. 9 (oder gar Ansprüche auf Wirtschaftsförderung).

123 Siehe dazu *Tettinger*, NJW 2001, 1014.

124 Charta-Erläuterungen, ABl. 2007, C 303, S. 23.

125 *Jarass*, Charta der Grundrechte der EU, 3. Aufl. 2016, Art. 16 Rn. 2 m.w.N.; EuGH, 10.7.1991, Rs. C-90/90 und 91/90 – *Neu*, Slg. 1991, I-3617; EuGH, 22.1.2013, Rs. C-283/11 – *Sky Österreich*, EuZW 2013, 347 sowie EuGH, 18.7.2013, Rs. C-426/11 – *Alemo-Herron*, EuZW 2013, 747.

126 Vgl. EuGH, 22.1.2013, Rs. C-283/11 – *Sky Österreich*, EuZW 2013, 347 sowie EuGH, 18.7.2013, Rs. C-426/11 – *Alemo-Herron*, EuZW 2013, 747.

127 *Jarass*, Charta der Grundrechte der EU, 3. Aufl. 2016, Art. 16 Rn. 2.

128 EuGH, 17.4.2018, Rs. C-414/16 – *Egenberger*, EuZW 2018, 381, Rn. 78; EuGH, 6.11.2018, verb. Rs. C-569/16 und C-570/16 – *Bauer und Broßonn*, ECLI:EU:C:2018:871, Rn. 85.

129 So auch *Frantziou*, European Constitutional Law Review 2019, 306, 315.

130 Vgl. auch *Frantziou*, European Constitutional Law Review 2019, 306, 320.

welchem Preis das Recht zur Kurzberichterstattung erhält.[131] Auch die Regulierung der Vorstandsvergütung bzw. Vorgaben zur Mindest- oder Höchstarbeitsbedingungen schränken die unternehmerische Freiheit ein.[132] Ein weiteres prominentes Beispiel der Privatrechtswirkung des Art. 16 GRCh bildet die Entscheidung des EuGH in der Rechtssache *Alemo-Herron*.[133] In diesem Fall wurde eine Abteilung eines Unternehmens veräußert. Erwerber und Veräußerer waren private Gesellschaften. Die Arbeitnehmer wurden vom Erwerber übernommen. Strittig war nun, ob der zwischen den Arbeitnehmern und der veräußernden Gesellschaft geltende Tarifvertrag (welcher eine Lohnerhöhung vorsah) auch für den Erwerber bindend war. Der EuGH führte zunächst aus, dass Art. 3 der Richtlinie 2001/23 im Lichte des Art. 16 GRCh auszulegen sei. Dem Erwerber müsse es demnach möglich sein, „seine Interessen wirksam geltend zu machen und die die Entwicklung der Arbeitsbedingungen seiner Arbeitnehmer bestimmenden Faktoren mit Blick auf seine künftige wirtschaftliche Tätigkeit auszuhandeln".[134] Da es dem Erwerber verwehrt war, an dem betreffenden Tarifvertrag mitzuwirken, hatte er weder die Möglichkeit, seine Interessen geltend zu machen, noch konnte er die die Entwicklung der Arbeitsbedingungen seiner Arbeitnehmer bestimmenden Faktoren mit Blick auf seine künftige wirtschaftliche Tätigkeit aushandeln. Unter diesen Umständen ist die Vertragsfreiheit dieses Erwerbers aus Sicht des EuGH so erheblich reduziert, dass eine solche Einschränkung den Wesensgehalt seines Rechts auf unternehmerische Freiheit beeinträchtigen könne.[135] Der Gerichtshof entschied also, dass die Tarifvertragsklausel bei einem Unternehmensübergang nicht gegenüber dem Erwerber geltend gemacht werden kann, wenn dieser an dem Tarifvertrag nicht mitwirken konnte. Daraus lässt sich ableiten, dass der Gerichtshof der Vertragsfreiheit einen hohen Stellenwert einräumt.

Zur unternehmerischen Freiheit zählt im Unionsrecht auch die Meinungs- und In- **64**
formationsfreiheit der Unternehmer.[136] Demnach sind staatliche wie private Informationen und Warnungen als Eingriffe in die unternehmerische Freiheit anzusehen. Dies dürfte jedoch insbesondere im Verwaltungsrecht und weniger im Privatrecht virulent werden.

bb) Verbraucherschutz, Art. 38 GRCh

Ein weiteres privatrechtsrelevantes Grundrecht findet sich in Art. 38 GRCh. Diese Vor- **65**
schrift zielt darauf ab, „dass ein hohes Niveau des Schutzes der Verbraucher ... ge-

131 EuGH, 22.1.2013, Rs. C-283/11 – *Sky Österreich*, EuZW 2013, 347, Rn. 43.
132 *Gundel*, ZHR 180 (2016), 323, 351.
133 EuGH, 18.7.2013, Rs. C-426/11 – *Alemo-Herron*, EuZW 2013, 747.
134 EuGH, 18.7.2013, Rs. C-426/11 – *Alemo-Herron*, EuZW 2013, 747, Rn. 33.
135 EuGH, 18.7.2013, Rs. C-426/11 – *Alemo-Herron*, EuZW 2013, 747, Rn. 35.
136 EuGH, 17.12.2015, Rs. C-157/14 – *Neptune*, DÖV 2016, 224.

währleistet ist“ und nimmt daher Bezug auf Art. 169 AEUV.[137] Art. 38 GRCh verbürgt darüber hinaus das sogenannte „Grundrecht auf Verbraucherschutz“.[138] Ziel ist es, den Bürger, der sich im Bereich seiner privaten Lebensgestaltung regelmäßig gegenüber Unternehmen in einer schwächeren Verhandlungs- und Kenntnissituation befindet, zu schützen.

66 Im Gegensatz zu Art. 16 GRCh wird Art. 38 GRCh ganz überwiegend kein einklagbares Recht entnommen:[139] Dessen Vorgaben sind zur Gewährung eines subjektiven Rechts zu unbestimmt. Es handelt sich demnach nur um einen Grundsatz im Sinne des Art. 52 Abs. 5 GRCh. Art. 38 GRCh bedarf erst der Konkretisierung durch weitere Bestimmungen des Unionsrechts oder des nationalen Rechts, damit er seine volle Wirksamkeit entfaltet.[140] Eine unmittelbare Drittwirkung des Art. 38 GRCh ist daher erst recht abzulehnen.[141] Wirkungen für das Privatrecht kann Art. 38 GRCh dennoch entfalten, dies insbesondere durch (teils vollharmonisierende) Richtlinien und deren Umsetzungsakte. Ferner ist Art. 38 GRCh bei der Auslegung des einschlägigen Sekundärrechts und (wenn Unionsrecht durchgeführt wird) bei der Auslegung des nationalen Rechts zu berücksichtigen.[142] Thematisch betrifft das Verbraucherschutzrecht insbesondere Bereiche wie das Reiserecht, Finanzdienstleistungen, Maklerverträge, das Bauvertragsrecht, die Produkthaftung sowie den Schutz vor unlauterem Wettbewerb. Es nimmt ferner den situativen Schutz von Verbrauchern beim Abschluss von Verträgen bei Außergeschäftsraum- und Fernabsatzgeschäften wie im elektronischen Geschäftsverkehr in den Fokus.[143] Prominent sind auch die speziellen Regelungen zum Verbrauchsgüterkauf. Mittlerweile kann der Verbraucherschutz als ein „allgemeines schuldrechtsimmanentes Rechtsprinzip“ bezeichnet werden.[144]

---

137 *Jarass*, Charta der Grundrechte der EU, 3. Aufl. 2016, Art. 38 Rn. 2; EuGH, 31.1.2013, Rs. C-12/11 – *McDonagh*, NJW 2013, 921, Rn. 63.

138 *Knops*, in: von der Groeben/Schwarze/Hatje, Europäisches Unionsrecht, 7. Aufl. 2015, Art. 38 GRC Rn. 1.

139 *Giesecke*, in: Meyer/Hölscheidt, Charta der Grundrechte der europäischen Union, 5. Aufl. 2019, Art. 38 Rn. 14; *Jarass*, Charta der Grundrechte der EU, 3. Aufl. 2016, Art. 38 Rn. 3 m.w.N.; *Stumpf*, in: Schwarze/Becker/Hatje/Schoo, EU-Kommentar, 4. Aufl. 2019, Art. 38 GRC Rn. 1; a. A. *Knops*, in: von der Groeben/Schwarze/Hatje, Europäisches Unionsrecht, 7. Aufl. 2015, Art. 38 GRC Rn. 36f.

140 *Jarass*, Charta der Grundrechte der EU, 3. Aufl. 2016, Art. 38 Rn. 3; EuGH, 22.5.2014, Rs. C-356/12 – *Glatzel*, DÖV 2014, 672 (das Urteil erging zu Art. 26 GRCh, welcher allerdings ebenso einen Grundsatz i.S.d. Art. 52 Abs. 5 GRCh enthält).

141 So auch *Jarass*, Charta der Grundrechte der EU, 3. Aufl. 2016, Art. 38 Rn. 4.

142 *Jarass*, Charta der Grundrechte der EU, 3. Aufl. 2016, Art. 38 Rn. 4.

143 *Knops*, in: von der Groeben/Schwarze/Hatje, Europäisches Unionsrecht, 7. Aufl. 2015, Art. 38 GRC Rn. 4 mit zahlreichen weiteren Beispielen.

144 Palandt/*Grüneberg*, 80. Aufl. 2021, Einl. Rn. 1; *Knops*, in: von der Groeben/Schwarze/Hatje, Europäisches Unionsrecht, 7. Aufl. 2015, Art. 38 GRC Rn. 5.

cc) Diskriminierungsverbot, Art. 21 GRCh

Auch Art. 21 GRCh kommt unter Privatpersonen erhebliche Bedeutung zu. Art. 21 Abs. 1 GRCh enthält ein Diskriminierungsverbot im Hinblick auf bestimmte Merkmale, die dem Menschen unveränderlich anhaften oder von ihm nur unter Schwierigkeiten geändert werden können, auf deren Vorhandensein oder Fehlen er keinen oder nur einen begrenzten Einfluss nehmen kann oder muss.[145] Es geht in Absatz 1 also um das Verbot der Diskriminierung aufgrund von personenbezogenen Merkmalen. Hier wiegt eine Ungleichbehandlung besonders schwer. Absatz 2 verbietet Diskriminierungen aufgrund der Staatsangehörigkeit und wiederholt damit Art. 18 Abs. 1 AEUV. Art. 21 GRCh enthält wie Art. 16 GRCh ein einklagbares Recht und keinen bloßen Grundsatz im Sinne des Art. 52 Abs. 5 GRCh.[146] **67**

Art. 21 GRCh kann in verschiedenen Konstellationen auch für Privatpersonen relevant werden.[147] So sind beispielsweise privatrechtliche Vorschriften unanwendbar, wenn sie gegen Art. 21 GRCh verstoßen. Ein Beispiel dafür ist die bereits dargestellte Rechtssache *Kücükdeveci*.[148] In einer solchen Konstellation wirkt Art. 21 GRCh in indirekter Weise. Das Grundrecht kommt „in seiner Konkretisierung" durch eine Richtlinie zum Tragen. Der Sachverhalt wird zwar in der Folge nach nationalem Recht entschieden, allerdings ohne die Norm, die gegen die Charta (bzw. die konkretisierende Richtlinie) verstößt. Das kann selbstverständlich für den nationalen Sachverhalt zum gegenteiligen Ergebnis führen. Für die Rechtssache *Kücükdeveci* bedeutete dies, dass die Kündigung zum vorgesehenen (früheren) Zeitpunkt unwirksam war. Bei Anwendung des § 622 Abs. 2 S. 2 BGB a.F. wäre die Kündigung bereits zum Ende des Folgemonats wirksam gewesen. Exemplarisch für eine solche Konstellation kann auch die *Mangold*-Entscheidung des EuGH angeführt werden.[149] In diesem Fall wurde § 14 Abs. 3 TzBfG, welcher bei älteren Arbeitnehmern die Möglichkeit einer Befristung des Arbeitsvertrages ohne sachlichen Grund vorsah, unangewendet gelassen. Dabei stützte sich der EuGH auf den ungeschriebenen Grundsatz der Altersdiskriminierung, welcher heute in Art. 21 GRCh kodifiziert ist. **68**

Eine zweite privatrechtsrelevante Konstellation sind die Fälle der grundrechtskonformen Auslegung einer privatrechtlichen Norm.[150] Voraussetzung ist, dass die Vorschriften in den Anwendungsbereich der Grundrechtecharta fallen. **69**

Zuletzt stellt sich auch in Bezug auf Art. 21 GRCh die Frage nach der unmittelbaren Drittwirkung. In der Literatur wird eine solche unmittelbare Verpflichtung von **70**

---

145 *Jarass*, Charta der Grundrechte der EU, 3. Aufl. 2016, Art. 21 Rn. 2.

146 EuGH, 15.1.2014, Rs. C-176/12 – *Association de médiation sociale*, ECLI:EU:C:2014:2, Rn. 43ff.; *Jarass*, Charta der Grundrechte der EU, 3. Aufl. 2016, Art. 21 Rn. 3 m.w.N.

147 *Jarass*, Charta der Grundrechte der EU, 3. Aufl. 2016, Art. 38 Rn. 4 benennt vier Konstellationen.

148 EuGH, 19.1.2010, Rs. C-555/07 – *Kücükdeveci*, Slg. 2010, I-365, Rn. 51, 53; siehe oben Rn. 36ff.

149 EuGH, 22.11.2005, Rs. C-144/04 – *Mangold*, Slg. 2005, I-9981.

150 Exemplarisch EuGH, 3.9.2014, Rs. C-201/13 – *Deckmyn*, GRUR 2014, 972, Rn. 30; *Jarass*, Charta der Grundrechte der EU, 3. Aufl. 2016, Art. 21 Rn. 4.

Privatpersonen mehrheitlich abgelehnt.[151] Wie gesehen hat der EuGH einen anderen Weg eingeschlagen und die unmittelbare Drittwirkung des Art. 21 GRCh statuiert.[152] Art. 21 GRCh hat nach Ansicht des EuGH zwingenden Charakter und muss nicht durch Bestimmungen des Unionsrechts oder des nationalen Rechts konkretisiert werden.[153] Folglich verleiht das in Art. 21 GRCh niedergelegte Verbot „schon für sich allein dem Einzelnen ein Recht, das er in einem Rechtsstreit, der einen vom Unionsrecht erfassten Bereich betrifft, als solches geltend machen kann".[154] Keine unmittelbare Drittwirkung besteht allerdings dort, wo der räumliche Anwendungsbereich des Primärrechts nicht eröffnet ist.[155]

dd) Gerechte und angemessene Arbeitsbedingungen, Art. 31 GRCh

71 Art. 31 GRCh bezieht sich inhaltlich gerade auch auf die Beziehungen zwischen Privaten.[156] Die Norm umfasst vier Anwendungsbereiche.[157] Absatz 1 gewährleistet das Recht auf gesunde und sichere Arbeitsbedingungen und garantiert damit den technischen Arbeitsschutz. Weiter enthält Absatz 1 das Recht auf würdige Arbeitsbedingungen, es wird damit ein von Belästigungen freies Arbeitsumfeld angestrebt.[158] Absatz 2 regelt über die Höchstarbeitszeit, die täglichen und wöchentlichen Ruhezeiten und den bezahlten Jahresurlaub den Arbeitsschutz. Mit Blick auf die Überschrift „gerechte und angemessene Arbeitsbedingungen" werden teilweise Fragen der Entlohnung als von der Norm umfasst angesehen.[159]

---

151 *Jarass*, Charta der Grundrechte der EU, 3. Aufl. 2016, Art. 21 Rn. 4 m.w.N.

152 EuGH, 22.1.2019, Rs. C-193/17 – *Cresco Investigation*, NJW 2019, 1060, Rn. 76–85; EuGH, 11.9.2018, Rs. C-68/17 – *IR/JQ*, NJW 2018, 3086, Rn. 69f.; EuGH, 17.4.2018, Rs. C-414/16 – *Egenberger*, EuZW 2018, 381, Rn. 76–79. Siehe dazu oben Rn. 50ff.

153 EuGH, 17.4.2018, Rs. C-414/16 – *Egenberger*, EuZW 2018, 381, Rn. 78.

154 EuGH, 17.4.2018, Rs. C-414/16 – *Egenberger*, EuZW 2018, 381, Rn. 76.

155 So für Art. 18 Abs. 1 AEUV EuGH, 11.6.2020, Rs. C-581/18 – *TÜV Rheinland*, ECLI:EU:C:2020:453, Rn. 31ff. Im Fall ging es im Rahmen des Haftungsfalles wegen fehlerhafter Brustimplantate des französischen Herstellers PIP um die Frage, ob Art. 18 Abs. 1 AEUV der Beschränkung einer Pflicht zur Versicherung der Haftpflicht für die Verwendung von Medizinprodukten auf das Hoheitsgebiet eines Mitgliedstaats entgegenstehe. Das vorlegende OLG Frankfurt (NJW 2019, 525) warf die Frage einer Direktwirkung des Diskriminierungsverbots auf, die der EuGH jedoch wie ersichtlich nicht im Kern beantwortete.

156 Mithin auf Arbeitsverträge zwischen Privaten, vgl. *Jarass*, Charta der Grundrechte der EU, 3. Aufl. 2016, Art. 31 Rn. 3.

157 *Hüpers/Reese*, in: Meyer/Hölscheidt, Charta der Grundrechte der europäischen Union, 5. Aufl. 2019, Art. 31 Rn. 25.

158 *Hüpers/Reese*, in: Meyer/Hölscheidt, Charta der Grundrechte der europäischen Union, 5. Aufl. 2019, Art. 31 Rn. 25 mit Verweis auf die Erläuterungen zur Charta.

159 Die Entstehungsgeschichte belegt dies aber angesichts anders formulierter Vorentwürfe (vgl. CHARTE 4192/00 CONVENT 18 vom 27.3.2000) jedenfalls nicht eindeutig, näher *Hüpers/Reese*, in: Meyer/Hölscheidt, Charta der Grundrechte der europäischen Union, 5. Aufl. 2019, Art. 31 Rn. 14f., 25, 61.

Auch Art. 31 GRCh enthält ein einklagbares Recht und keinen bloßen Grundsatz 72
im Sinne des Art. 52 Abs. 5 GRCh.[160] Das Grundrecht verpflichtet zunächst die Union und die Mitgliedstaaten, doch abermals stellt sich die Frage nach einer unmittelbaren Verpflichtung Privater. Wie bereits für Art. 21 GRCh hat der EuGH nun auch für Art. 31 Abs. 2 GRCh entschieden, dass ein Privater (hier: Arbeitgeber) unmittelbar durch das Grundrecht verpflichtet werden kann.[161] In diesen Rechtssachen konnten die Arbeitnehmer (bzw. in *Bauer/Broßonn* die Rechtsnachfolgerinnen) damit unmittelbar Rechte aus der Charta herleiten. So wurde in der oben besprochenen Rechtssache *Broßonn* aus Art. 31 Abs. 2 GRCh der Sache nach ein Anspruch auf Abgeltung der Urlaubsansprüche gewährt.[162]

In der Literatur wird eine Verpflichtung auch Privater weiterhin abgelehnt.[163] 73
Zum einen sei Art. 31 Abs. 2 GRCh entgegen der Ansicht des EuGH nicht bestimmt genug, zum anderen stehe bereits Art. 51 Abs. 1 GRCh, welcher den Anwendungsbereich der Charta nach dieser Ansicht abschließend definiere, einer Verpflichtung Privater entgegen. Gleichwohl kommt auch nach dieser ablehnenden Ansicht dem Grundrecht unter Privaten große Bedeutung zu. Eine mittelbare Wirkung des Grundrechts ist unbestritten.[164] Privatrechtliche Vorschriften, die gegen Art. 31 GRCh verstoßen, müssen unangewendet bleiben.[165] Ferner können Privatpersonen durch Regelungen zur Umsetzung der positiven Pflichten gebunden werden.[166] Schließlich ist die grundrechtskonforme Auslegung auch bei privatrechtlichen Vorschriften zu beachten.[167]

---

160 *Jarass*, Charta der Grundrechte der EU, 3. Aufl. 2016, Art. 31 Rn. 2.

161 EuGH, 6.11.2018, verb. Rs. C-569/16 und C-570/16 – *Bauer und Broßonn*, ECLI:EU:C:2018:871, Rn. 79ff., 85; EuGH, 6.11.2018, Rs. C-684/16 – *Max-Planck-Gesellschaft*, NZA 2018, 1474, Rn. 49–55 und Rn. 69f.; EuGH, 13.12.2018, Rs. C-385/17 – *Hein*, NZA 2019, 47, Rn. 52f. Siehe dazu oben Rn. 50ff.

162 Diskutiert wird dies auch für die Frage der Arbeitszeiterfassung, auch wenn der EuGH diese Frage noch nicht beantwortet hat, s. EuGH, 14.5.2019, Rs. C-55/18 – *CCOO*, NZA 2019, 683: Die dortigen Vorlagefragen bezogen sich lediglich auf die möglichen Verpflichtungen Spaniens. Für einen unmittelbaren Direktanspruch des Arbeitnehmers gegen den Arbeitgeber aus Art. 31 Abs. 2 GRCh allerdings GA *Pitruzella*, Schlussanträge zu EuGH, Rs. C-55/18 – *CCOO*, ECLI:EU:C:2019:87, Rn. 93ff.

163 *Hüpers/Reese*, in: Meyer/Hölscheidt, Charta der Grundrechte der europäischen Union, 5. Aufl. 2019, Art. 31 Rn. 38 a. E.; *Sura*, EuZA 2019, 350, 360 m.w.N.; *Mehrens/Witschen*, EuZA 2019, 326, 331; *Wutte*, EuZA 2019, 222, 230. Zuvor bereits *Lembke*, in: von der Groeben/Schwarze/Hatje, Europäisches Unionsrecht, 7. Aufl. 2015, Art. 31 GRC Rn. 10 m.w.N.; *Jarass*, Charta der Grundrechte der EU, 3. Aufl. 2016, Art. 31 Rn. 3; *Höpfner*, RdA 2013, 16, 19ff.; GA *Trstenjak*, 8.9.2011, Rs. C-282/10, Rn. 83.

164 *Lembke*, in: von der Groeben/Schwarze/Hatje, Europäisches Unionsrecht, 7. Aufl. 2015, Art. 31 GRC Rn. 10 m.w.N.

165 *Jarass*, Charta der Grundrechte der EU, 3. Aufl. 2016, Art. 31 Rn. 3.

166 *Jarass*, Charta der Grundrechte der EU, 3. Aufl. 2016, Art. 31 Rn. 3.

167 GA *Trstenjak*, 8.9.2011, Rs. C-282/10, Rn. 83; *Jarass*, Charta der Grundrechte der EU, 3. Aufl. 2016, Art. 31 Rn. 3.

ee) Die übrigen privatrechtsrelevanten Grundrechte

74 Zu den weiteren Grundrechten, die eine besondere Relevanz für das Privatrecht aufweisen, zählen Art. 7 GRCh (die Achtung des Privat- und Familienlebens), Art. 11 GRCh (die Meinungsfreiheit) und Art. 17 GRCh (die Eigentumsgarantie) sowie für das Arbeitsrecht Art. 15 GRCh (die Berufsfreiheit und das Recht zur Arbeit), Art. 23 GRCh (die Gleichheit von Männern und Frauen), Art. 30 GRCh (der Schutz bei ungerechtfertigter Entlassung) und Art. 32 GRCh (der Schutz von Jugendlichen).[168] Alle diese Grundrechte enthalten ein einklagbares Recht.[169] Zudem werden Privatrechtsnormen, die gegen das jeweilige Charta-Recht verstoßen, nicht angewendet und die grundrechtskonforme Auslegung (auch) privatrechtlicher Normen kommt zum Tragen.[170] Schließlich können Privatpersonen durch Regelungen zur Umsetzung der positiven Förderpflichten gebunden werden.[171]

IV. Verordnungsrecht und nationales Recht

1. Unmittelbar bindendes Recht

75 Verordnungen haben nach Art. 288 Abs. 2 AEUV allgemeine Geltung; sie sind in allen ihren Teilen verbindlich und gelten unmittelbar in jedem Mitgliedstaat. Einer Umsetzung bedarf es demnach nicht. Anders als bei Richtlinien, auch vollharmonisierenden,[172] bleibt den Mitgliedstaaten keinerlei Umsetzungsspielraum mehr. Teilweise erlassen die Mitgliedstaaten jedoch verordnungsdurchführende Regelungen.[173] Diese dienen einerseits dazu, Regelungslücken in den Verordnungen zu füllen, andererseits kommt ihnen die Funktion des Mittlers zwischen den unional-einheitlichen Normen und der Regelungssystematik des autonomen mitgliedstaatlichen Rechts zu. Im Bereich des Privatrechts wird die Rechtsform der Verordnung selten gewählt. Im Vergleich dazu bietet die Richtlinie eine größere Flexibilität bei der Regelsetzung; auch entspricht sie eher den Anforderungen des Verhältnismäßigkeitsgrundsatzes.[174]

---

168 *Herresthal*, ZEuP 2014, 238, 253f.

169 Vgl. zu den einzelnen Grundrechten die Nachweise bei *Jarass*, Charta der Grundrechte der EU, 3. Aufl. 2016, Art. 7 Rn. 7, Art. 11 Rn. 6, Art. 15 Rn. 2, Art. 17 Rn. 2, Art. 23 Rn. 3, Art. 30 Rn. 2, Art. 32 Rn. 2.

170 Vgl. jeweils die Nachweise bei *Jarass*, Charta der Grundrechte der EU, 3. Aufl. 2016, Art. 7 Rn. 8, Art. 11 Rn. 7, Art. 15 Rn. 3, Art. 17 Rn. 3, Art. 23 Rn. 5, Art. 30 Rn. 3, Art. 32 Rn. 3.

171 Dies gilt allerdings nur für Art. 11, Art. 15, Art. 30 und Art. 32, vgl. jeweils die Nachweise bei *Jarass*, Charta der Grundrechte der EU, 3. Aufl. 2016, Art. 11 Rn. 7, 24, Art. 15 Rn. 3, 12, Art. 30 Rn. 3, 9, Art. 32 Rn. 3, 11.

172 Dazu oben § 2 Rn. 71ff.

173 So etwa hinsichtlich der justiziellen Zusammenarbeit in der Europäischen Union die Vorschriften des 11. Buches der ZPO (§§ 1067–1120 ZPO).

174 Dazu bereits oben § 6 Rn. 22.

2. Auswirkungen auf nationales Recht

Vorschriften, die ein Mitgliedstaat im Hinblick auf die in EU-Verordnungen enthaltenen Vorgaben erlässt, können als verordnungsveranlasstes Recht bezeichnet werden.[175] Die unionsrechtliche Prägung solcher Vorschriften ist bei ihrer Auslegung zu berücksichtigen.[176] 76

V. Richtlinien und nationales Recht

Von zentraler Bedeutung für die Funktionsweise des Europäischen Vertragsrechts ist das Verhältnis europäischer Richtlinien zum nationalen Recht. Hierauf wird im Anschluss gesondert einzugehen sein.[177] 77

VI. Staatshaftung

Nachdem das Unionsrecht entgegenstehendes nationales Recht nicht unwirksam macht, ja nicht einmal in jedem Falle verdrängt, kann es Fälle geben, in denen die Missachtung des unionsrechtlichen Rechtsanwendungsbefehls durch Mitgliedstaaten dazu führt, dass die Prävalenz des Unionsrechts praktisch nicht zum Tragen kommt. Dies ist im Bereich des Privatrechts insbesondere dort relevant, wo EU-Richtlinien nicht oder unzureichend umgesetzt wurden.[178] Würde ein solches Verhalten folgenlos bleiben, entspräche dies tatsächlich einer praktischen Dispositivität des Unionsrechts. Überdies hätten die einzelnen Rechtsunterworfenen, die von der fehlerhaften oder unterbliebenen Umsetzung betroffen sind, ein Rechtsschutzdefizit. Zu einem umfassenden Vorrang des Unionsrechts gehört daher flankierend zum Postulat der richtlinienkonformen Rechtsanwendung auch ein Haftungsanspruch gegen den Staat. Dieser kann sich sowohl gegen die Union selbst richten, vor allem aber gegen den betreffenden Mitgliedstaat. Auf diesen Problembereich und seine Privatrechtsbezüge wird an späterer Stelle eingegangen.[179] 78

175 So *Nordmeier*, GPR 2011, 158.

176 Dazu eingehend *Nordmeier*, GPR 2011, 158, 162ff. am Beispiel von § 338 S. 2 ZPO a.F.

177 Unten § 8.

178 Dazu eingehend unten § 8 Rn. 116ff.

179 Unten § 36.

§ 8 Insbesondere: Privatrechtsangleichung durch Richtlinien

Literatur: *Pötters/Christensen*, Richtlinienkonforme Rechtsfortbildung und Wortlautgrenze, JZ 2011, 387; *Schinkels*, Unbegrenzte richtlinienkonforme Rechtsfortbildung als Haftung Privater für Legislativunrecht? – Für ein subjektives Recht auf Transparenz, JZ 2011, 394; *Stürner*, Privatrechtsangleichung durch EU-Richtlinien, JURA 2017, 394; *Stürner*, Die richtlinienkonforme Rechtsanwendung im Privatrecht, Teil I – Methodische Grundlagen, JURA 2017, 777, Teil II – Anwendungsbeispiele, JURA 2017, 1163

Systematische Übersicht

https://doi.org/10.1515/9783110718690-008

I. Die Umsetzung von Richtlinien

Die Richtlinie ist das wichtigste Rechtssetzungsinstrument jedenfalls im Kernbereich 1
des Unionsprivatrechts. Eine Übersicht der einschlägigen Rechtsakte findet sich eingangs des 2. Teils.[1] Sie führt keine vollständige Harmonisierung, sondern nur eine Rechtsangleichung herbei. Anders als die Verordnung, die direkt und unmittelbar in allen Mitgliedstaaten wirkt, ist bei Richtlinien regelmäßig[2] ein Umsetzungsakt durch die Mitgliedstaaten erforderlich.

1. Gestaltungsspielraum bei der Umsetzung

Art. 288 Abs. 3 AEUV lässt den Mitgliedstaaten Gestaltungsspielraum bei der Um- 2
setzung von Richtlinien: Es besteht eine Verbindlichkeit in Bezug auf das Ziel, aber nicht auf das Mittel. Die Richtlinie lässt den Mitgliedstaaten auch Freiheit in Bezug auf die Rechtssetzungstechnik, so dass eine Umsetzung etwa durch Gesetz oder auch durch Verordnung in Betracht kommt, sowie auf die Regelungsebene, weshalb aus deutscher Sicht sowohl auf Bundes- als auch auf Landesebene agiert werden könnte. Der Grundsatz der Verfahrensautonomie der Mitgliedstaaten wird insoweit eingeschränkt, als Regelungen des innerstaatlichen Rechts nicht ungünstiger sein dürfen als diejenigen, die gleichartige Sachverhalte innerstaatlicher Art regeln (Äquivalenzgebot), auch dürfen diese die Ausübung der durch die Unionsrechtsordnung verliehenen Rechte nicht praktisch unmöglich machen oder übermäßig erschweren (Effektivitätsgrundsatz bzw. effet utile).[3] Überdies gilt das Transparenzgebot.[4] Praktische

1 Unten § 9 Rn. 1. Überblick auch bei *Heiderhoff*, Europäisches Privatrecht, 5. Aufl. 2020, S. 319ff.; s.a. bereits *Stürner*, JURA 2016, 1133, 1135.

2 Zu möglichen Ausnahmen unten Rn. 10ff. sowie 117ff.

3 St. Rspr., siehe etwa EuGH, 18.12.2014, Rs. C-449/13 – *CA Consumer Finance*, ECLI:EU:C:2014:2464, Rn. 23; EuGH, 5.3.2020, Rs. C-679/18 – *OPR-Finance*, ECLI:EU:C:2020:167, Rn. 32.

4 Dazu am Beispiel der Klauselkontrolle unten Rn. 10ff.

Bedeutung kommt angesichts dessen den rechtlichen Konsequenzen von Umsetzungsmängeln zu.[5]

3 Je detaillierter eine Richtlinie ausgeformt wurde, desto geringer ist der verbleibende Spielraum. Die Trennlinie zwischen einer bloßen Rechtsangleichung und der teilweisen oder vollständigen Rechtsvereinheitlichung, etwa durch vollharmonisierende Richtlinien oder sogar Verordnungen, verläuft nahezu fließend.

2. Kodifikation oder Sondergesetz?

4 Angesichts dieser Vorgaben steht es den Mitgliedstaaten frei, die Richtlinienvorgaben im Wege einer Integration in eine bereits bestehende Kodifikation zu erfüllen, wie dies etwa im Rahmen der Umsetzung der Verbraucherrechte-Richtlinie in den §§ 312ff., 355ff. BGB geschehen ist, oder aber ein Sondergesetz zu diesem Zweck zu verabschieden, so im Falle der Umsetzung der Produkthaftungs-Richtlinie durch das ProdHG. Der deutsche Gesetzgeber folgte zunächst eher letzterem Ansatz; Beispiele sind die Umsetzung der Klausel-Richtlinie im AGBG, die Umsetzung der Haustürwiderrufs-Richtlinie im HWiG, die Umsetzung der Timesharing-RL im TzWrG, die Umsetzung der Fernabsatz-Richtlinie im FernabsG oder die Umsetzung der Verbraucherkredit-Richtlinie im VerbrKrG. Es war die Schuldrechtsmodernisierung 2001, die insofern einen Wendepunkt markierte, als im Zuge der Umsetzung der Verbrauchsgüterkauf-Richtlinie eine ganze Reihe solcher Nebengesetze rekodifiziert wurden. Auch wenn der Gesetzgeber hieran im Bereich des Verbraucherrechts bis heute im Grundsatz festhält, so wurde doch immer wieder gefordert, nach dem Vorbild anderer Mitgliedstaaten (etwa Frankreich oder Italien) die Umsetzungsgesetzgebung in ein Verbrauchergesetzbuch „auszulagern“.[6]

5 Das dürfte aber nur vordergründig Vorteile mit sich bringen. Es hätte eine zunehmende Divergenz von Verbraucherrecht und allgemeinem Privatrecht zur Folge, die angesichts der Dynamik des ersteren einen Bedeutungsverlust des letzteren nach sich ziehen könnte. Inhaltlich käme der Scharnierstelle zwischen beiden Bereichen entscheidende Bedeutung zu. Einer exklusiven Geltung des Verbrauchergesetzbuches für Verbraucherverträge stünde möglicherweise das Postulat des effet utile entgegen: Es wäre kaum zu rechtfertigen, wenn der Verbraucher nach allgemeinem Zivilrecht besser stünde als nach den spezifischen Vorschriften des Verbraucherrechts. So sieht etwa das italienische Recht eine Wahlmöglichkeit des Verbrauchers zwischen allgemei-

5 Dazu näher unten Rn. 116ff.

6 Ein „Befreiungsschlag“ wurde etwa gefordert von *Wendehorst*, NJW 2011, 2551, 2555; *ders.*, ZEuP 2011, 263, 286f. Ähnliche Forderung nach einer Auslagerung des Verbraucherrechts in ein Sondergesetz bei *Micklitz*, in: Verhandlungen des 69. Deutschen Juristentages, 2012, S. 9ff.; *ders.*, NJW-Beilage 3/2012, S. 77. Kritisch dazu *Gsell*, JZ 2012, 809, 812ff. Für Schaffung eines eigenen Buches zum Verbraucherprivatrecht innerhalb des BGB *Ludwigkeit*, Richtlinienumsetzung und Kodifikation, 2020.

nen Gewährleistungsrechten aus Codice civile und speziellen Verbraucherrechten aus dem Codice del consumo vor.[7] Eine freie Gesetzeskonkurrenz zwischen den beiden Systemen kann aber dazu führen, dass der Verbraucher von vornherein nicht nach dem Codice del consumo vorgeht, sondern nach dem Codice civile – etwa im Falle der Vertragsauflösung, die bei Nichterfüllung nach Art. 1453 c.c. ohne Fristsetzungserfordernis möglich ist, während Art. 130 Abs. 5, 7 lit. b Codice del consumo in Anlehnung an die Verbrauchsgüterkauf-Richtlinie einen Vorrang des Nacherfüllungsanspruchs des Verbrauchers vorsieht und die Vertragsauflösung erst nach Ablauf einer angemessenen Frist zulässt.[8] Die Schaffung einer Sondermaterie für Verbraucher brächte also im Ergebnis auch keine Transparenzvorteile.

II. Gestaltungsfreiheit des nationalen Gesetzgebers

Außerhalb der Richtliniengeltung hat der nationale Gesetzgeber legislatorische Frei- 6
heit. Allerdings gilt stets das Postulat des effet utile.

1. Räumlicher Geltungsanspruch

a) Binnensachverhalte

Regelmäßig gelten privatrechtliche Richtlinien auch für reine Binnensachverhalte. 7
Grenzüberschreitende Transaktionen sind nicht erforderlich; Ziel ist es gerade, gleiche Wettbewerbsbedingungen in allen Mitgliedstaaten herzustellen. Die Kompetenz aus Art. 169, 114 AEUV unterscheidet sich damit von derjenigen aus Art. 81 AEUV, wo für Rechtsakte im Bereich der Justiziellen Zusammenarbeit explizit ein grenzüberschreitender Bezug gefordert wird.[9] Dem mitgliedstaatlichen Gesetzgeber steht es damit grundsätzlich nicht frei, für Sachverhalte ohne Binnenmarktbezug ein Sonderregime zu schaffen, das nicht auf den Vorgaben der umzusetzenden Richtlinie beruht. Möglich wäre eine differenzierende Behandlung von Binnensachverhalten und Binnenmarktsachverhalten allenfalls hinsichtlich mindestharmonisierender verbraucherschützender Richtlinien dann, wenn das Schutzniveau für letztere höher wä-

7 Art. 135 Codice del consumo. Die Parallelnorm im Codice civile, Art. 1469-*bis* c.c., sieht vor, dass die Regelungen über Verträge im allgemeinen (Art. 1321ff. c.c.) auch für Verbraucherverträge gelten, sofern diese nicht speziellere oder für den Verbraucher günstigere Regelungen enthalten. Zum Konkurrenzverhältnis *Dalla Massara*, Riv. dir. civ., 2007, II, 123ff.; siehe zusammenfassend auch *Gebauer*, JbItalR 20 (2007), S. 3, 13ff.

8 Die Möglichkeit der sofortigen Vertragsauflösung nach Art. 1453 c.c. bei Nichterfüllung dürfte dennoch richtlinienkonform sein, da nach Art. 8 Abs. 2 VGKRL ein höheres Verbraucherschutzniveau zulässig ist. In diesem Sinne auch *Mansel*, AcP 204 (2004), 396, 435. Zur Rechtslage nach der vollharmonisierenden Warenkauf-RL unten Rn. 98ff.

9 Näher *Stürner*, in: Frankfurter Kommentar zu EUV, GRC und AEUV, 2017, Art. 81 AEUV Rn. 17f.

re als für rein nationale Sachverhalte. Eine solche Ungleichbehandlung ließe sich aber letztlich kaum rechtfertigen.[10]

b) Binnenmarktsachverhalte

8 Privatrechtliche Richtlinien erfassen damit grundsätzlich Binnenmarktsachverhalte, wobei dieser Begriff auch reine Binnensachverhalte einschließt.

c) Drittstaatensachverhalte

9 Grundsätzlich sind auch Drittstaatensachverhalte vom richtliniengetragenen Recht erfasst. Dies gilt jedenfalls insoweit, als es kollisionsrechtlich zur Anwendung berufen ist. Eine kategoriale Ausnahme für Verträge von Verbrauchern mit in Drittstaaten ansässigen Unternehmern wäre zwar nicht geeignet, eine unionsrechtlich relevante Marktzutrittsschranke zu errichten. Doch geht es bei der Harmonisierung durch Richtlinien gerade um die Herstellung eines einheitlichen Schutzniveaus.

2. Umsetzung von Richtlinien durch Generalklauseln

Literatur: *Siems*, Effektivität und Legitimität einer Richtlinienumsetzung durch Generalklauseln, ZEuP 2002, 747

10 Der bei der Umsetzung von Richtlinien für die Mitgliedstaaten bestehende Gestaltungsspielraum erfährt eine Begrenzung durch das verbindliche Ziel der Richtlinie. Dabei muss insbesondere der Grundsatz der Effektivität und der Transparenz des EU-Rechts beachtet werden: Der Einzelne muss Rechte aus der Richtlinie klar erkennen können. Ein Mitgliedstaat darf daher regelmäßig nicht darauf verweisen, dass eine Umsetzung nicht erforderlich sei, weil sich aus einer bereits bestehenden Generalklausel des nationalen Rechts entsprechende Grundsätze ableiten ließen. Hierin kann ein Verstoß gegen das Transparenzgebot liegen, da für die Teilnehmer des Rechtsverkehrs nicht hinreichend klar ist, inwieweit der betreffende Rechtssatz europarechtliche Vorgaben umsetzt. Dies illustriert das Verfahren *Kommission ./. Niederlande*:[11]

11 Als im Jahre 1994 die Umsetzungsfrist für die Richtlinie 93/13/EWG über missbräuchliche Klauseln in Verbraucherverträgen[12] ablief, hatten die Niederlande dies-

10 Siehe bereits oben § 1 Rn. 4.

11 EuGH, 10.5.2001, Rs. C-144/99 – *Kommission ./. Niederlande*, Slg. 2001, I-3541.

12 Richtlinie 93/13/EWG des Rates vom 5.4.1993 über missbräuchliche Klauseln in Verbraucherverträgen, ABl. EG Nr. L 95, S. 29 (sog. Klausel-Richtlinie).

bezüglich keinerlei legislatorische Maßnahmen ergriffen. Insbesondere wurden die Art. 4 Abs. 2, 5 Klausel-RL nicht umgesetzt, wonach Klauseln in Verbraucherverträgen klar und verständlich abgefasst sein müssen. Die niederländische Regierung wies in ihrem der EU-Kommission übermittelten Umsetzungsbericht insbesondere darauf hin, dass der Hoge Raad, das oberste Zivilgericht des Landes, in Anwendung der Generalklausel des Art. 6:233 Burgerlijk Wetboek (niederländisches Bürgerliches Gesetzbuch)[13] eine gefestigte Rechtsprechung zu missbräuchlichen Klauseln in AGB entwickelt habe, die den Vorgaben der Richtlinie entspreche. Auf ein eigenes Umsetzungsgesetz habe daher verzichtet werden können.

Die Kommission leitete daraufhin ein Vertragsverletzungsverfahren gem. Art. 258 12
AEUV[14] gegen die Niederlande ein, in dem der EuGH einen Verstoß der Niederlande gegen das Gebot zur transparenten Umsetzung erkannte.[15] Die Pflicht zur Umsetzung einer Richtlinie verlange zwar nicht notwendig stets ein Tätigwerden des Gesetzgebers, es sei jedoch „unerlässlich, dass das fragliche nationale Recht tatsächlich die vollständige Anwendung der Richtlinie durch die nationalen Behörden gewährleistet, dass die sich aus diesem Recht ergebende Rechtslage hinreichend bestimmt und klar ist und dass die Begünstigten in die Lage versetzt werden, von allen ihren Rechten Kenntnis zu erlangen und diese gegebenenfalls vor den nationalen Gerichten geltend zu machen".[16] Dass die mit der Richtlinie verfolgten Ziele möglicherweise auch durch eine systematische Auslegung der niederländischen Vorschriften unter Berücksichtigung der einschlägigen Rechtsprechung erreicht werden könnten,[17] genügte insoweit nicht.[18]

So sehr das Transparenzargument im Sinne einer schutzzweckorientierten Aus- 13
legung prima facie einleuchten möchte, so zieht es doch einen nicht unerheblichen Eingriff in die mitgliedstaatliche Regelungsautonomie nach sich. Die Generalklausel als notwendige Öffnungsklausel einer Rechtsordnung für neue Entwicklungen wird in gewisser Weise entwertet, da sie als solche nicht der Umsetzung von Richtlinienvorgaben zu dienen geeignet ist. Dies gilt jedenfalls für bereits bestehende Generalklauseln. Auch dürfte das Transparenzargument im Ergebnis leerlaufen: Die von der Richtlinienvorgabe Begünstigten dürften in den wenigsten Fällen gerade anhand des Umsetzungsgesetzes über ihre Rechte informiert werden. Regelmäßig ist ein Kommunikationsprozess erforderlich, den etwa Presseorgane oder Verbände in Gang setzen. Diese wiederum dürften regelmäßig genug juristischen Sachverstand aufweisen, um den Umfang der Rechte richtig wiederzugeben.

---

13 Der Prüfungsmaßstab dieser Norm ist demjenigen in § 307 BGB vergleichbar.

14 Damals Art. 169 EGV, später Art. 226 EG.

15 EuGH, 10.5.2001, Rs. C-144/99 – *Kommission ./. Niederlande*, Slg. 2001, I-3541.

16 EuGH, 10.5.2001, Rs. C-144/99 – *Kommission ./. Niederlande*, Slg. 2001, I-3541, Rn. 17.

17 So die Argumentation der niederländischen Regierung; hiergegen die Schlussanträge des Generalanwalts *Tizzano*, Rn. 26 ff.

18 EuGH, 10.5.2001, Rs. C-144/99 – *Kommission ./. Niederlande*, Slg. 2001, I-3541, Rn. 19 unter Verweis auf die Schlussanträge des Generalanwalts *Tizzano*, Rn. 26 ff.

14 Richtig ist, dass die Rechtsprechung, die zur Konkretisierung einer Generalklausel besteht, möglicherweise lückenhaft ist oder sich auch in Zukunft ändern kann. Letzteres ist auch in Systemen, die keine formelle Präjudizienbindung kennen, indessen nur in außergewöhnlichen Konstellationen der Fall. In den Worten des BGH: „Ein Abgehen von der Kontinuität der Rechtsprechung kann nur ausnahmsweise hingenommen werden, wenn deutlich überwiegende oder sogar schlechthin zwingende Gründe dafür sprechen."[19] Ob hingegen die fehlende Vollständigkeit der einschlägigen Judikatur geeignet ist, das rechtssuchende Publikum im Unklaren über den Umfang der Rechte zu belassen, wäre im konkreten Einzelfall festzustellen; ein genereller Ausschluss dieser Umsetzungstechnik ginge aber zu weit.[20] Festzuhalten bleibt jedoch, dass die Richtlinien neueren Datums eine weitaus höhere Detailtiefe aufweisen als etwa die Klausel-Richtlinie, sodass sich das Problem der Umsetzung durch bestehende Generalklauseln wohl kaum erneut stellen wird.

3. Überschießende Umsetzung

15 Ein eigener Problemkreis entsteht durch die sog. überschießende Umsetzung. Von ihr spricht man dann, wenn die Mitgliedstaaten im Rahmen der Umsetzung von den Vorgaben der Richtlinie in erlaubter Weise abweichen. Relevanz bekommt diese Umsetzungstechnik vor allem, aber nicht nur, in solchen Mitgliedstaaten, die – wie Deutschland – den Anspruch haben, privatrechtliche Richtlinien in die Kodifikationen des allgemeinen Zivilrechts zu integrieren. Auf die daraus resultierenden Probleme wird gesondert einzugehen sein.[21]

III. Weitere Wirkungen von Richtlinien

1. Unmittelbare Drittwirkung

16 Die unmittelbare Drittwirkung einer Richtlinie kann sich einerseits auf das Verhältnis eines Privaten zum Staat beziehen. Kann ein Einzelner aus der Richtlinie Rechte gegenüber einem Mitgliedstaat ableiten, der diese nicht oder nicht vollständig umgesetzt hat, so kann man von einer unmittelbaren vertikalen Drittwirkung sprechen.[22] Geht es hingegen um die Wirkungen einer nicht oder unzureichend umgesetzten Richtlinie im Verhältnis zwischen zwei Privaten, so spricht man von einer unmittelbaren horizontalen Drittwirkung. Dieser praktisch bedeutsame Problemkreis wird im

19 BGHZ (GrS) 85, 64, 66. Ausführlich zu Inhalt und Grenzen der Präjudizwirkung *Langenbucher*, Die Entwicklung und Auslegung von Richterrecht, 1996, S. 106ff., 126ff. sowie *Krebs*, AcP 195 (1995), 171, 182ff.

20 In diese Richtung auch *Siems*, ZEuP 2002, 747, 750ff.

21 Siehe unten Rn. 88ff.

22 Dazu näher unten Rn. 117ff.

Zusammenhang mit den Konsequenzen von Umsetzungsmängeln besprochen.[23] Vorab sei bereits angedeutet, dass der EuGH einer solchen Privatrechtsbindung von Richtlinien in ständiger Rechtsprechung ablehnend gegenübersteht.[24]

2. Mittelbare Drittwirkung

Dessen ungeachtet entfaltet eine Richtlinie jedenfalls insoweit mittelbare Drittwir- 17
kung, als die gesamte nationale Rechtsordnung eines Mitgliedstaats so auszulegen ist, dass die Ziele der Richtlinie erreicht werden. Hauptadressaten der damit angesprochenen richtlinienkonformen Auslegung sind die mitgliedstaatlichen Gerichte. Der Richtlinieninhalt kommt damit gewissermaßen über den Umweg der Methodenlehre in das Privatrechtsverhältnis.[25]

3. Vorwirkung von Richtlinien

Der EuGH misst Richtlinien bereits vor Ablauf der Umsetzungsfrist eine Vorwirkung 18
zu.[26] Diese erschöpft sich jedoch in einem Frustrationsverbot, das den nationalen Gesetzgeber nicht in grundsätzlicher Weise am Erlass entgegenstehender nationaler Vorschriften hindert.[27]

IV. Die Auslegung von Richtlinien

Literatur: *Riesenhuber*, Die Auslegung, in: Riesenhuber (Hrsg.), Europäische Methodenlehre, 3. Aufl. 2015, § 10; *Stürner*, Privatrechtsangleichung durch EU-Richtlinien, JURA 2017, 394

1. Auslegungsmonopol des EuGH

Das Unionsrecht wird in erster Linie von den Gerichten und sonstigen Stellen der Mit- 19
gliedstaaten angewandt. Nicht zuletzt wegen der unterschiedlichen Rechtstraditionen können hierbei indessen Divergenzen auftreten, die die Rechtsvereinheitlichung wieder in Frage stellen würden. Zu dessen Vermeidung billigt das Primärrecht dem EuGH ein Auslegungsmonopol zu: Nach Art. 267 AEUV ist der EuGH alleine zuständig für die autoritative Auslegung von Unionsrecht.[28] Ziel ist eine einheitliche Anwendung von Unionsrecht zur Vermeidung von Rechtszersplitterung. Anders als viele andere

23 Dazu näher unten Rn. 123 ff.
24 Seit EuGH, 14.7.1994, Rs. C-91/92 – *Faccini Dori*, Slg. 1994, I-3325, Rn. 19 ff.
25 Dazu näher unten Rn. 40 ff.
26 EuGH, 14.6.2007, Rs. C-422/05 – *Kommission/Belgien*, Slg. 2007, I-4749.
27 Eingehend dazu *Hofmann*, in: Riesenhuber, Europäische Methodenlehre, 3. Aufl. 2015, § 15.
28 Zum Vorlageverfahren unten § 35 Rn. 11 ff.

Rechtsakte des Einheitsrechts (z. B. das UN-Kaufrecht) verfügt das Unionsrecht damit über eine zentrale Instanz, die für alle Mitgliedstaaten verbindlich über die Auslegung aller Rechtsakte der EU entscheidet.

20 Damit diese einheitliche Auslegung nicht theoretisch bleibt, muss gewährleistet werden, dass der EuGH die Gelegenheit zur Entscheidung in Fällen mit Unionsrechtsbezug bekommt. Theoretisch wäre es denkbar, einen eigenen Instanzenzug für Unionsrecht zu schaffen. Als Vorbild könnte das Rechtssystem der USA dienen: Dort verfügen alle Bundesstaaten über voll ausgeprägte Gerichtszüge (State Courts). Gleichzeitig existiert aber auch ein davon unabhängiges System von Bundesgerichten (Federal Courts) mit eigenen Zuständigkeiten und eigenem Rechtsmittelzug.[29] Dieser Weg eines voll ausgebildeten Justizsystems für Unionsrecht wurde in der EU indessen nicht beschritten. Vielmehr beruht es auf dem Prinzip des dezentralen Vollzugs von Unionsrecht durch die Organe der Mitgliedstaaten.

2. Methoden zur Auslegung von Unionsrecht

Literatur: *Buck*, Über die Auslegungsmethoden des Gerichtshofs der Europäischen Gemeinschaften, 1998

21 Die Auslegung von Unionsrecht erfolgt grundsätzlich autonom, d. h. losgelöst von den Grundsätzen der Rechtsordnungen der Mitgliedstaaten und allein auf der Grundlage des primären und sekundären Unionsrechts. Der Grund ist das Postulat der einheitlichen Anwendung des europäischen Rechts in allen Mitgliedstaaten.[30]

a) Wortlautauslegung

22 In erster Linie nähert sich der EuGH dem Bedeutungsgehalt eines Sekundärrechtsaktes über dessen Wortlaut. Besondere Bedeutung kommt dabei dem Umstand zu, dass das Unionsrecht vielsprachig ist und alle Amtssprachen gleichermaßen autoritativ wirken (Art. 55 Abs. 1 EUV). Die in einer der Sprachfassungen einer Vorschrift des Unionsrechts verwendete Formulierung kann daher nicht als alleinige Grundlage für die Auslegung dieser Vorschrift herangezogen werden oder Vorrang vor den anderen sprachlichen Fassungen beanspruchen.[31] Regelmäßig beschränkt sich die Auslegung dabei in der Praxis indessen auf die gängigsten Sprachversionen, also insbesondere die englische, die französische, die deutsche, die italienische und die spanische.

---

29 Näher *Schack*, Einführung in das US-amerikanische Zivilprozessrecht, 4. Aufl. 2010, Rn. 4 ff.

30 Etwa EuGH, 20.1.2005, Rs. C-464/01 – *Gruber*, Slg. 2005, I-439, Rn. 31.

31 EuGH, 9.7.2020, Rs. C-81/19 – *Banca Transsilvania*, ECLI:EU:C:2020:532, Rn. 33.

b) Systematisch-teleologische Auslegung

Flankierend oder auch zur Aufklärung von Widersprüchen zwischen den Sprachfassungen legt der EuGH eine Norm des Sekundärrechts teleologisch aus.[32] Nach ständiger Rechtsprechung müssen die Vorschriften des Unionsrechts im Lichte aller Sprachfassungen einheitlich ausgelegt und angewandt werden. Bei Abweichungen muss die fragliche Vorschrift nach der allgemeinen Systematik und dem Zweck der Regelung ausgelegt werden, zu der sie gehört.[33] Die praktische Wirksamkeit der Regelung – regelmäßig auch als effet utile bezeichnet – steht im Vordergrund. Daraus folgt generell eine integrationsfreundliche Linie. Gerade im Verbraucherrecht hat dieser Ansatz zu einer Reihe von Judikaten geführt, die überkommene Ansätze der mitgliedstaatlichen Rechtsordnungen geradezu auf den Kopf gestellt haben. Genannt seien an dieser Stelle etwa die *Quelle*-Entscheidung,[34] die eine generelle Unzulässigkeit des Nutzungsersatzes bei Nacherfüllungsverlangen postulierte, oder die *Weber/Putz*-Entscheidung,[35] aus der eine Verpflichtung des Unternehmers folgt, die Kosten für den Ausbau der mangelhaften und den Einbau der neuen, mangelfreien Sache zu übernehmen. Beide Judikate standen im Gegensatz zur bislang dominierenden Sichtweise des deutschen Rechts und zwangen den Gesetzgeber zum Handeln. Die Begründung stellt jeweils maßgeblich darauf ab, dass das Recht des Verbrauchers auf unentgeltliche Herstellung des vertragsgemäßen Zustands aus Art. 3 Abs. 2 VGKRL bei anderer Auslegung nicht vollständig zum Tragen käme.[36] **23**

Nicht immer sauber zu trennen hiervon ist ein systematischer Interpretationsansatz. Da das Europäische Privatrecht derzeit noch immer recht fragmentarisch aufgebaut ist, lässt sich der Gedanke der Einheit der Rechtsordnung, der etwa für die deutsche Rechtsordnung Leitstern der systematischen Auslegung ist, nur wenig fruchtbar machen. Stattdessen dominiert eine Art binnensystematischer Ansatz, bei dem die Regelungsansätze innerhalb derselben Verordnung oder Richtlinie herangezogen werden. Auch hierfür bieten die beiden zuvor genannten Entscheidungen Anschauungsmaterial.[37] **24**

---

32 Vgl. *Grundmann/Riesenhuber*, JuS 2001, 529, 530. Allgemein zur systematischen und teleologischen Auslegung im Unionsrecht *Riesenhuber*, in: Riesenhuber, Europäische Methodenlehre, 3. Aufl. 2015, § 10 Rn. 22ff.; *Höpfner*, Die systemkonforme Auslegung, 2008, S. 99ff., 108f.; *Höpfner/Rüthers*, AcP 209 (2009), 1, 12f.

33 EuGH, 15.12.2012, Rs. C-558/11 – *Kurcums Metal*, ECLI:EU:C:2012:721, Rn. 48; EuGH, 15.10.2015, Rs. C-168/14 – *Grupo Itevelesa*, ECLI:EU:C:2015:685, Rn. 42; EuGH, 9.7.2020, Rs. C-81/19 – *Banca Transsilvania*, ECLI:EU:C:2020:532, Rn. 33.

34 EuGH, 17.4.2008, Rs. C-404/06 – *Quelle*, Slg. 2008, I-2685; näher unten Rn. 43ff.

35 EuGH, 16.6.2011, verb. Rs. C-65/09 und C-87/09 – *Weber und Putz*, Slg. 2011, I-5257; näher unten Rn. 62ff.

36 EuGH, 17.4.2008, Rs. C-404/06 – *Quelle*, Slg. 2008, I-2685, Rn. 34–36; EuGH, 16.6.2011, verb. Rs. C-65/09 und C-87/09 – *Weber und Putz*, Slg. 2011, I-5257, Rn. 46, 52–55.

37 EuGH, 17.4.2008, Rs. C-404/06 – *Quelle*, Slg. 2008, I-2685, Rn. 34–36; EuGH, 16.6.2011, verb. Rs. C-65/09 und C-87/09 – *Weber und Putz*, Slg. 2011, I-5257, Rn. 46, 52–55.

25 Oft nimmt der EuGH dabei auch Bezug auf die Erwägungsgründe, die Sekundärrechtsakten stets vorausgehen. Dabei ist im Ansatz zweifelhaft, ob diesen ein starkes Gewicht zukommen sollte, da es sich gerade nicht um normativ verbindliche Artikel handelt.[38] Vielfach erschöpfen sich die Erwägungsgründe indessen in schlichten Wiederholungen oder Umschreibungen der Rechtstexte, sodass ihre Heranziehung unergiebig ist.[39] Weisen sie aber inhaltliche Präzisierungen auf, die das Auslegungsergebnis in Bezug auf eine konkrete Norm zu beeinflussen vermögen, stellt sich die Frage, wie zu bewerten ist, dass der Unionsrechtsgesetzgeber diese Erkenntnis gerade nicht in den verfügenden Teil des Rechtsaktes aufgenommen hat. Der EuGH scheint hier eine ergebnisorientierte Haltung einzunehmen. Aus seiner Sicht ist der „verfügende Teil eines Gemeinschaftsrechtsakts [...] insoweit untrennbar mit seiner Begründung verbunden und erforderlichenfalls unter Berücksichtigung der Gründe auszulegen, die zu seinem Erlass geführt haben".[40] Unter Bezugnahme auf diesen Zusammenhang hat der EuGH etwa hinsichtlich der Fluggastrechte-Verordnung den bei Flugannulierungen entstehenden Ersatzanspruch aus Art. 7 Fluggastrechte-VO auch auf Verspätungen angewandt, obwohl der für diese einschlägige Art. 6 Fluggastrechte-VO dies nicht vorsieht; als Begründung diente insbesondere ein im Erwägungsgrund Nr. 15 Fluggastrechte-VO herausgestellter Zusammenhang zwischen Annulierung und Verspätung.[41]

26 Eine Grenze zieht der Gerichtshof aber dann, wenn die Berücksichtigung der Erwägungsgründe dazu führen würde, dass der Sinn von Rechtsvorschriften verändert wird: Die Erwägungsgründe eines Unionsrechtsakts sind jedenfalls „rechtlich nicht verbindlich und können weder herangezogen werden, um von den Bestimmungen des betreffenden Rechtsakts abzuweichen, noch, um diese Bestimmungen in einem Sinne auszulegen, der ihrem Wortlaut offensichtlich widerspricht".[42] Auch die von der Kommission teilweise veröffentlichten Leitfäden als praktische Handreichung für bestimmte Rechtsakte bezeichnet der EuGH immerhin als „zweckdienliche Instrumente für die Auslegung".[43] Doch heiligt der Zweck insoweit die Mittel, als solche Leitfäden

38 Siehe dazu aus dem Blickwinkel des IPR *Requejo Isidro*, in: FS Kohler, 2018, S. 425, 434ff.

39 Offener *Langenbucher*, in: Langenbucher, Europäisches Privat- und Wirtschaftsrecht, 4. Aufl. 2017, § 1 Rn. 17.

40 EuGH, 29.4.2004, Rs. C-298/00 P – *Italien/Kommission*, Slg. 2004, I-4087, Rn. 97 m.N.

41 EuGH, 19.11.2009, Rs. C-402/07, C-432/07 – *Sturgeon und Böck*, NJW 2010, 43, Rn. 42ff. Siehe dazu unten § 28 Rn. 26.

42 St. Rspr., vgl. EuGH, 19.11.1998, Rs. C-162/97 – *Nilsson*, Slg. 1998, I-7477, Rn. 54; EuGH, 25.11.1998, Rs. C-308/97 – *Manfredi*, Slg. 1998, I-7685, Rn. 30; EuGH, 24.11.2005, Rs. C-136/04 – *Deutsches Milch-Kontor*, ECLI:EU:C:2005:716, Rn. 32; EuGH, 19.6.2014, Rs. C-345/13 – *Karen Millen Fashions*, ECLI:EU:C:2014:2013, Rn. 31; EuGH, 13.9.2018, Rs. C-287/17 – *Česká pojišťovna*, RIW 2019, 78, Rn. 33; EuGH, 19.4.2019, Rs. C-131/18 – *Gambietz/Ziegler*, NJW 2019, 1933 Rn. 28.

43 EuGH, 8.5.2019, Rs. C-631/17 – *Inspecteur van de Belastingdienst*, ECLI:EU:C:2019:381, Rn. 41.

teilweise eben unberücksichtigt bleiben, wenn sie das Auslegungsergebnis nicht stützen.[44]

c) Rechtsaktübergreifende Auslegung

Nach der Rechtsprechung des EuGH ist darüber hinaus „jede Vorschrift des Gemeinschaftsrechts in ihrem Zusammenhang zu sehen und im Lichte des gesamten Gemeinschaftsrechts [...] auszulegen".[45] Allerdings hängt die Intensität der damit angesprochenen systematischen Auslegung wesentlich vom Grad der Harmonisierung im betreffenden Rechtsgebiet ab. Die Rechtsangleichung im Binnenmarkt erfolgte bislang grundsätzlich sektorspezifisch; auch verfolgt der Unionsgesetzgeber in den verschiedenen Rechtsakten teils unterschiedliche Regelungszwecke oder stimmte doch jedenfalls die einzelnen Rechtsakte nicht immer hinreichend aufeinander ab.[46] 27

Als gescheitert muss der Versuch betrachtet werden, einen gemeinsamen Referenzrahmen für das europäische Vertragsrecht zu schaffen.[47] Dieser hätte einen horizontalen Bezugspunkt für eine systematische Auslegung geschaffen. Letztlich hätte auch die Verwirklichung des Vorschlags für ein Gemeinsames Europäisches Kaufrecht einen dahingehenden Effekt erzielt.[48] 28

Eine besondere Form der rechtsaktübergreifenden Auslegung stellt die primärrechtskonforme Auslegung dar: Sekundärrechtsakte sind stets im Lichte des Primärrechts zu sehen und so auszulegen, dass kein Widerspruch zu den Verträgen entsteht.[49] Dies gilt insbesondere für das Verhältnis zur Grundrechtecharta. Im Vordergrund steht dabei jedoch in erster Linie die Auflösung von Rangkollisionen und damit eine ganz spezifischen Regeln folgende Spielart der systematischen Auslegung. Die privatrechtsrelevanten Aspekte wurden bereits behandelt.[50] 29

---

44 So etwa im Fall EuGH, 27.3.2019, Rs. C-681/17 – *slewo*, NJW 2019, 1507, wo auf den zur VRRL existierenden Leitfaden nicht eingegangen wird. In seinen Schlussanträgen vom 19.12.2018, Rs. 681/17 – *slewo*, Rn. 37, hatte GA *Saugmandsgaard Øe* den Leitfaden erwähnt, das sich hieraus ergebende Resultat aber abgelehnt; zustimmend *Christopher Huber*, GPR 2019, 182, 184ff. Zum Fall näher unten § 14 Rn. 15f.

45 EuGH, 6.10.1982, Rs. 283/81 – *CILFIT*, Slg. 1982, 3415, Rn. 20; EuGH, 23.3.2000, Rs. C-208/98 – *Berliner Kindl*, Slg. 2000, 1741, Rn. 24–26.

46 Etwa im europäischen Arbeitsrecht werden Ansätze zu einer inneren Systembildung beobachtet, vgl. *Riesenhuber*, Europäisches Arbeitsrecht, 2009, § 1 Rn. 44. Dies ist Mindestvoraussetzung für eine rechtsaktübergreifende, systematische Auslegung.

47 Siehe oben § 3 Rn. 14ff.

48 Dazu noch unten § 34 Rn. 19ff.

49 Siehe beispielhaft EuGH, 1.10.2015, Rs. C-340/14 – *Trijber*, ECLI:EU:C:2015:641 und dazu *Schiff*, EuZW 2015, 899.

50 Siehe oben § 7 Rn. 12ff.

30 Insgesamt ist das Systemdenken im Europäischen Privatrecht noch nicht sehr stark ausgeprägt.[51] Es ist für jeden einzelnen Bereich zu untersuchen, inwieweit Parallelen zwischen Rechtsakten bestehen, die eine systematische Auslegung tragen. Allgemein gilt dabei, dass mit zunehmender Dichte des Regelungsgeflechts auch in steigendem Maße eine rechtsaktübergreifende Auslegung möglich und geboten erscheint.[52] Auf die damit verbundene Frage nach dem Bestehen eines inneren Systems und die daraus resultierenden Konsequenzen für die systematische Auslegung des Unionsprivatrechts ist an späterer Stelle gesondert einzugehen.[53]

d) Rechtsvergleichende Auslegung

31 Sekundärrechtsakte sind oft lückenhaft. Zur Schließung solcher Lücken greift der EuGH regelmäßig auf mitgliedstaatliches Recht zurück.[54] Teilweise rekurriert der EuGH auf die Rechtsvergleichung zur Ermittlung gemeinsamer Grundsätze des EU-Rechts.[55] So wird das allgemeine Verbot des Rechtsmissbrauchs aus den gemeinsamen Grundsätzen der mitgliedstaatlichen Rechtsordnungen abgeleitet.[56] Hierin liegt kein Widerspruch zum Grundsatz der autonomen Auslegung, denn Richtlinien wurden meist selbst auf rechtsvergleichenden Erwägungen geschaffen.[57] Es entsteht auf diese Weise eine Wechselwirkung von EU-Recht und nationalem Recht. EU-Recht ist keine vom nationalen Recht vollständig losgelöste Rechtsordnung. Harmonisierung setzt auch Rücksichtnahme auf bestehende Grundsätze voraus.

32 In den EuGH-Urteilen selbst, die im französischen Stil stehend knapp gehalten sind, finden sich allerdings nur sehr selten genauere rechtsvergleichende Erwägungen,[58] wie überhaupt die Urteilsgründe ausschließlich Referenzen zur eigenen Judikatur enthalten. Anders dagegen fallen die Schlussanträge der Generalanwälte aus, diese sind oft umfangreich rechtsvergleichend begründet. Auch in den Beratungen des EuGH wird rechtsvergleichend argumentiert.[59] Vielfach enthalten die Entscheidungen

---

51 Siehe *Langenbucher*, in: Langenbucher, Europäisches Privat- und Wirtschaftsrecht, 4. Aufl. 2017, § 1 Rn. 11. Zum Gedanken der Kohärenz im Europäischen Privatrecht unten § 34.

52 *Riesenhuber*, System und Prinzipien des Europäischen Vertragsrechts, 2003, S. 62 unter Verweis auf EuGH, 7.3.1996, Rs. C-192/94 – *El Corte Inglés*, Slg. 1996, I-1296, Rn. 18ff.

53 Unten § 34 Rn. 27ff.

54 EuGH, 22.11.2012, Rs. C-139/11 – *Cuadrench Moré*, ECLI:EU:C:2012:741, Rn. 25ff.; s. dazu *Basedow*, ZEuP 2014, 400.

55 Zu der darin liegenden Rechtsfortbildung bereits *Stürner*, JURA 2016, 1133, 1135f.

56 EuGH, 12.5.1998, Rs. C-367/96 – *Kefalas*, Slg. 1998, 2843, Rn. 20. Siehe dazu unten § 11 Rn. 43ff.

57 Bsp. EuGH, 14.12.1996, Rs. C-104/95 – *Kontogeorgas/Kartonpark*, Slg. 1996, I-6643, Rn. 28. Weiteres Beispiel zur Auslegung des Verbraucherbegriffs: EuGH, 14.3.1991, Rs. C-361/89 – *Di Pinto*, Slg. 1991, I-1189, Rn. 22.

58 Dazu etwa *Schulze-Osterloh*, in: FS Zöllner, 1998, S. 1245.

59 Dazu *Franzen*, Privatrechtsangleichung durch die Europäische Gemeinschaft, 1999, S. 454f., 465ff., der der rechtsvergleichenden Auslegung selbst skeptisch gegenübersteht.

des EuGH Bezugnahmen auf die Schlussanträge, sodass die gemeinsame Tradition der mitgliedstaatlichen Rechtsordnungen ggf. durchaus Berücksichtigung findet.

e) Rechtsfortbildung

Aus dem Vorangegangenen wurde bereits deutlich, dass die Grenze zwischen Auslegung und Rechtsfortbildung im Europäischen Privatrecht nicht sehr scharf zu ziehen ist. Die teleologische Interpretation, die der EuGH häufig heranzieht, mag man in manchen Fällen als gewagt bezeichnen; ihre Legitimation läge dann in einer Befugnis zur Rechtsfortbildung. Im Ausgangspunkt sollte man im Unionsrecht diesbezüglich eher zurückhaltend agieren: Es gilt das Prinzip der begrenzten Einzelermächtigung;[60] jede Rechtsfortbildung, etwa im Rahmen einer teleologischen Extension, erweitert im Ergebnis den sachlichen Anwendungsbereich des Sekundärrechtsaktes und verschiebt damit das Kompetenzgefüge zugunsten der EU. 33

Gleichermaßen ist die Zulässigkeit von Analogiebildungen zu beurteilen; auch hier ist zurückhaltend zu verfahren.[61] An ihrer grundsätzlichen Zulässigkeit kann indessen kein Zweifel bestehen; dies ergibt sich bereits aus der Anerkennung des Gleichheitssatzes in der EU. 34

f) Ökonomische Analyse als Auslegungstopos?

Es wurde bereits gezeigt, dass sich die ökonomische Analyse des Rechts mit der Effizienz von Normen befasst.[62] Eine ökonomische Betrachtung des Vertragsrechts kann dabei durchaus im Widerspruch zu den Wertungen des geltenden Rechts stehen, wie das Beispiel des effizienten Vertragsbruchs (efficient breach of contract) zeigt.[63] Umstritten ist, inwieweit die Prinzipien der ökonomischen Analyse des Rechts auch für die Auslegung geltender Normen herangezogen werden können. Danach ist zu fragen, ob eine bestimmte Regelung effiziente Ergebnisse generiert; in normativer Hinsicht kann eine effiziente Auslegung gefordert werden. Bei der ökonomischen Analyse des Rechts handelt es sich jedenfalls nach ganz überwiegender kontinentaleuropäischer Auffassung um keine den traditionell anerkannten Auslegungsarten gleichgestellte Methode: Die Auslegung einer Norm unter dem Aspekt der Effizienz kommt nur ausnahmsweise in Betracht, nämlich dann, wenn dies ohnehin deren telos entspricht.[64] 35

---

60 Siehe dazu oben § 6 Rn. 10ff.

61 Als Beispiel s. etwa EuGH, 20.2.1975, Rs. 64/74 – *Reich*, Slg. 1975, 261 Rn. 3; EuGH, 12.12.1985, Rs. 165/84 – *Krohn*, Slg. 1985, 3997, Rn. 14.

62 Oben § 2 Rn. 12f.

63 Dazu § 18 Rn. 39ff.

64 Eingehend dazu *Eidenmüller*, Effizienz als Rechtsprinzip, 4. Aufl. 2015, S. 463ff.; *Taupitz*, AcP 196 (1996), 114, 127f., 135f.; *Grundmann*, RabelsZ 61 (1997), 423, 430ff.; für den gemeinschaftsprivatrechtlichen Kontext *Grundmann/Riesenhuber*, JuS 2001, 529, 532f.

Dies wird nur in seltenen Fällen primäres Ziel einer gesetzlichen Regelung sein. Als Beispiel kann das UmweltHG angeführt werden, in dem der Gesetzgeber mit der Einführung eines Gefährdungshaftungstatbestandes für Schäden durch Umwelteinwirkungen bestimmter Anlagen ausdrücklich das Ziel der effizienten Ressourcenallokation verfolgt hat.[65] Ist dies nicht der Fall, so beschränkt sich die ökonomische Analyse auf ihre Funktion als Gesetzgebungstheorie, die bei der Schaffung von Normen über eine Folgenabwägung Hilfestellung leisten kann.[66]

36 Bei zentralen Normen des Schuldrechts wird eine ökonomische Zwecksetzung teilweise als vom Gesetzgeber zumindest mitgewollt bezeichnet: Das modernisierte deutsche Schuldrecht orientiert sich in zentralen Bereichen an der Verbrauchsgüterkauf-Richtlinie. Der Reformgesetzgeber hat deren Regelungskonzept, das auf den Verbraucherkauf beschränkt ist, zum Modell für alle Verträge gemacht. Die Richtlinie wiederum hat die Harmonisierung des Verbraucherkaufrechts im Binnenmarkt zum Gegenstand. Dies impliziert das Regelungsziel der Verbesserung der Effizienz.[67] Ließe man diesen marktorientierten Hintergrund bereits zur Anwendung ökonomischer Kriterien bei der Auslegung genügen,[68] dann wäre das gesamte Schuldrecht einer normativ wirksamen ökonomischen Analyse zugänglich.[69]

37 Eine solche Sichtweise überzeichnet den ökonomischen Regelungszweck der Verbrauchsgüterkauf-Richtlinie. Hauptanliegen der durch die Richtlinie intendierten Rechtsangleichung ist die Stärkung des Vertrauens der Verbraucher in den grenzüberschreitenden Handel mit Waren und Dienstleistungen. Ausweislich deren 3. Erwägungsgrundes dient die Harmonisierung der Vermeidung von Wettbewerbsverzerrungen, die durch die uneinheitlichen Rechtsvorschriften der Mitgliedstaaten im Bereich des Verbraucherkaufs entstehen können. Damit ist jedoch weniger eine effizienzorientierte Zielrichtung der darin enthaltenen Regelungen impliziert; die Formulierung ist vielmehr als Hinweis zu verstehen, dass die Richtlinie die Vorgaben der Kompetenznorm des Art. 95 EG (nunmehr Art. 114 AEUV) erfüllt. Dies genügt nicht zur generellen

---

65 Siehe die Gesetzesbegründung in BT-Drucks. 11/6454, S. 13; dazu *Eidenmüller*, Effizienz als Rechtsprinzip, 4. Aufl. 2015, S. 453f.; *Taupitz*, AcP 196 (1996), 114, 146ff. m.w.N. Am Rande sei erwähnt, dass auch bereits der BGB-Gesetzgeber, etwa im Bereich der Haftung für Wildschäden, umfangreiche ökonomische Erwägungen angestellt hat; dies kann jedoch nicht dazu führen, das gesamte Haftungsrecht nach Effizienzkriterien zu interpretieren, vgl. wiederum *Taupitz*, AcP 196 (1996), 114, 149ff.; weitere Nachweise bei *U. Huber*, Leistungsstörungen, Band I, 1999, § 2 V 5 a (S. 54ff.).

66 Dazu wiederum *Eidenmüller*, Effizienz als Rechtsprinzip, 4. Aufl. 2015, S. 414ff., 452ff. („Effizienz als Politik des Gesetzes"); *Taupitz*, AcP 196 (1996), 114, 122f.; ebenso *U. Huber*, Leistungsstörungen, Band I, 1999, § 2 V 5 (S. 54ff.).

67 S. zur Bedeutung ökonomischer Argumentation im Unionsprivatrecht *Franck*, in: Riesenhuber, Europäische Methodenlehre, 3. Aufl. 2015, § 5.

68 Grundlegend zu einem solchen Ansatz *Posner/Rosenfield* (1977) 6 Journal of Legal Studies 83; siehe auch *Grundmann*, RabelsZ 61 (1997), 423, 430ff.

69 In dieser Konsequenz wohl *Grundmann/Riesenhuber*, JuS 2001, 529, 532f.; *Schulze*, in: Das neue Schuldrecht, JbJZRWiss 2001, S. 167, 180; dem folgend *Kandler*, Kauf und Nacherfüllung, 2004, S. 61.

Zulassung einer effizienzorientierten Auslegung. Zu fordern ist, dass eine konkrete Regel, zumindest aber der Regelungskontext,[70] nach der Intention des Richtliniengebers die effiziente Allokation von Ressourcen zum Gegenstand hat.

V. Die Rolle der nationalen Gerichte bei der Auslegung von Richtlinien

Literatur: *Baldus/Raff*, Unionsrechtliche Überformung mitgliedstaatlicher Methodik?, GPR 2016, 71; *Drexler*, Die richtlinienkonforme Interpretation in Deutschland und Frankreich, 2012; *Henninger*, Europäisches Privatrecht und Methode, 2009; *Herresthal*, Richterliche Rechtsfortbildung im europäischen Bezugsrahmen, 2006; *Herresthal*, Voraussetzungen und Grenzen der gemeinschaftsrechtskonformen Rechtsfortbildung, EuZW 2007, 396; *Herresthal*, Die Grenzen der richtlienkonformen Rechtsfortbildung im Kaufrecht, WM 2007, 1354; *Herresthal*, Die richtlinienkonforme und die verfassungskonforme Auslegung im Privatrecht, JuS 2014, 289; *Jäckel/Tonikidis*, Der Anspruchsausschluss im Fall einer unbestellten Leistung – Ist § 241a I BGB richtlinienkonform?, JuS 2014, 1064; *Kainer*, Privatrecht zwischen Richtlinien und Grundrechten – Zu den Grenzen richtlinienkonformer Auslegung und horzontalen Richtlinienwirkungen, GPR 2016, 262; *Kamanabrou*, Richtlinienkonforme Auslegung im Rechtsvergleich – Eine Untersuchung am Beispiel des Urlaubsrechts, 2021; *Köhler*, Unbestellte Leistungen – Die richtlinienkonforme Auslegung am Beispiel des neugefassten § 241a BGB, JuS 2014, 865; *Kramer*, Die Methode bestimmt den Inhalt: eine weiterhin offene Grundsatzfrage des Unionsrechts, GPR 2015, 262; *Kramer*, Replik zu Riesenhuber, Methodendivergenzen ertragen, GPR 2016, 210; *Möllers*, The Principle of Directive-Compliant Development of the Law and the *Contra Legem* Limit, ERCL 2020, 465; *Reimer*, Richtlinienkonforme Rechtsanwendung: Spielräume und Bindungen mitgliedstaatlichen Rechts, JZ 2015, 910; *Riesenhuber*, Methodendivergenzen ertragen!, GPR 2016, 158; *Riesenhuber/Domröse*, Richtlinienkonforme Rechtsfindung und nationale Methodenlehre, RIW 2005, 47; *Schürnbrand*, Die Grenzen richtlinienkonformer Rechtsfortbildung im Privatrecht, JZ 2007, 910; *Unberath*, Die richtlinienkonforme Auslegung am Beispiel der Kaufrechtsrichtlinie, ZEuP 2005, 5; *Wietfeld*, Die richtlinienkonforme Auslegung – Auslegungsmethode oder Zielvorgabe?, JZ 2020, 485

1. Grundlagen

Richtlinien führen keine vollständige Harmonisierung, sondern nur eine Rechtsangleichung herbei. Für den jeweiligen Mitgliedstaat folgt daraus in aller Regel eine Pflicht zur Umsetzung. Im Bereich des Privatrechts hat dies den Vorteil, dass ein gewisser Spielraum verbleibt, wie das von der Richtlinie verbindlich vorgegebene Ziel (Art. 288 Abs. 3 AEUV) erreicht werden kann: Der nationale Gesetzgeber kann die europäischen Vorgaben reibungsloser in den Regelungsrahmen und die Systematik der Privatrechtsordnung einpassen als dies bei einer Verordnung der Fall wäre, die direkt und unmittelbar wirkt (Art. 288 Abs. 2 AEUV). Nicht immer gelingt die Transformation freilich vollständig. Dies liegt teilweise an Versäumnissen im Umsetzungsprozess, teilweise aber auch daran, dass die Richtlinienvorgaben manchmal nicht gänzlich klar sind, und sich der Inhalt einer Bestimmung in manchen Fällen erst im Wege eines 38

70 Vgl. *Taupitz*, AcP 196 (1996), 114, 127 f.

Vorlageverfahrens durch den EuGH klärt.[71] Überdies hat der in den letzten Jahren gerade im Verbraucherrecht zunehmend erfolgte Wechsel von der Mindest- zur Vollharmonisierung[72] verbleibende Freiräume der Mitgliedstaaten noch einmal deutlich beschränkt. Wenn damit das Risiko der fehlerhaften Umsetzung steigt, weil den Mitgliedstaaten der sichere Weg der Übererfüllung der Mindestvorgaben verwehrt ist, so kommt der Frage der Konsequenzen solcher Mängel erhöhte Bedeutung zu. In Betracht kommt einerseits eine Direktwirkung der Richtlinie, die jedoch jedenfalls im Horizontalverhältnis nach noch immer geltender Rechtsprechung des EuGH nicht in Betracht kommt.[73] Andererseits ist dem Einzelnen, der durch die fehlerhafte Umsetzung Rechtsnachteile erleidet, ein Ausgleich zu geben. Dies geschieht durch den unionsrechtlichen Staatshaftungsanspruch.[74]

39 Indessen besteht eine dritte mögliche Konsequenz von Umsetzungsmängeln: die richtlinienkonforme Rechtsanwendung. Gelingt sie, so macht dies die weiteren Schritte der Horizontalwirkung und erst recht der Staatshaftung überflüssig. Die Verantwortung hierfür liegt in erster Linie bei der Judikative. Vergleichsweise unproblematisch verläuft dabei die richtlinienkonforme Auslegung nationalen Rechts. Dies gilt in weitaus geringerem Maße für die richtlinienkonforme Rechtsfortbildung, die eine Reihe von methodischen Problemen aufwirft. Ein Sonderbereich betrifft die Beachtung der Richtlinienvorgaben im Fall der überschießenden Umsetzung.

2. Richtlinienkonforme Auslegung von nationalem Recht

a) Dogmatische Begründung

40 Das deutsche Privatrecht kennt keine geschriebenen Methodennormen. Rechtsvergleichend ist das durchaus nicht selbstverständlich.[75] Doch haben sich in der Methodenlehre zurückgehend auf *Savigny*[76] die vier traditionellen canones der Auslegung einer Norm nach Wortlaut, Entstehungsgeschichte, Systematik sowie Sinn und Zweck entwickelt.[77] Sie tragen dem Umstand Rechnung, dass es kaum einem Gesetzgeber gelingen wird, sämtliche Lebenssachverhalte umfassend und widerspruchsfrei zu regeln. Die Rechtsanwender – und damit letztlich die Gerichte – tragen die Verantwortung für die korrekte und widerspruchsfreie Auslegung des Gesetzes. Die Beachtung

---

71 Dazu *Leenen*, JURA 2012, 753; *Stürner*, JURA 2017, 394, 399ff. sowie unten § 35 Rn. 11ff.

72 Zur Entwicklung oben § 2 Rn. 67ff.

73 Seit EuGH, 14.7.1994, Rs. C-91/92 – *Faccini Dori*, Slg. 1994, I-3325, Rn. 19ff.; zum Problemkreis unten Rn. 123ff.

74 Näher dazu unten § 36 Rn. 9ff.

75 Näher *Wendehorst*, RabelsZ 75 (2011), 730.

76 S. *v. Savigny*, System des heutigen römischen Rechts, Band I, 1840, S. 213; dazu *Rüthers/Fischer/Birk*, Rechtstheorie mit Juristischer Methodenlehre, 11. Aufl. 2020, Rn. 698ff.

77 Eingehende und instruktive Darstellung bei *Kramer*, Juristische Methodenlehre, 6. Aufl. 2019, S. 63ff.; s.a. *Baldus*, in: Staudinger-Eckpfeiler, 7. Aufl. 2020, Rn. A-330ff.; *Würdinger*, JuS 2016, 1; *Schäfers*, JuS 2015, 875.

methodischer Vorgaben sorgt dabei für ein einheitliches und konsistentes Vorgehen. Im europäischen Normenverbund gilt es jedoch, zusätzlich zu den nationalen Vorgaben auch diejenigen des Unionsrechts zu berücksichtigen. Nach der Rechtsprechung des EuGH obliegt „die sich aus einer Richtlinie ergebende Verpflichtung der Mitgliedstaaten, das in dieser Richtlinie vorgesehene Ziel zu erreichen, und deren Pflicht, alle zur Erfüllung dieser Verpflichtung geeigneten Maßnahmen allgemeiner oder besonderer Art zu treffen, allen Trägern öffentlicher Gewalt der Mitgliedstaaten und damit im Rahmen ihrer Zuständigkeiten auch den Gerichten“.[78] Der Anwendungsvorrang des Unionsrechts muss damit von den Gerichten über die gesamte Breite des nationalen Rechts beachtet werden. Das gilt für Primärrecht[79] gleichermaßen wie für Sekundärrecht: Nationales Recht muss daher im Falle von Friktionen unionsrechtskonform ausgelegt werden.[80]

Diese Pflicht zur unionsrechtskonformen Anwendung des nationalen Rechts folgt 41
mithin in erster Linie aus dem Unionsrecht selbst, nämlich aus Art. 288 Abs. 3 AEUV. Teilweise wird ergänzend noch die Unionstreue der Mitgliedstaaten (Art. 4 Abs. 3 EUV) herangezogen.[81] Mit besonderer Deutlichkeit ordnet denn auch Art. 291 Abs. 1 AEUV an: „Die Mitgliedstaaten ergreifen alle zur Durchführung der verbindlichen Rechtsakte der Union erforderlichen Maßnahmen nach innerstaatlichem Recht.“ Im Bereich der EU-Richtlinien kommt auch dem Grundsatz des effet utile, der praktischen Wirksamkeit des Unionsrechts, besondere Bedeutung zu. Diesem Topos misst der EuGH bei der Richtlinieninterpretation einen hohen Stellenwert bei.[82] Er streitet auch für eine möglichst weitgehende Berücksichtigung der europarechtlichen Vorgaben bei der Auslegung nationalen Rechts.

b) Inhalt

Nach der Rechtsprechung des EuGH folgt aus alledem eine Verpflichtung der mit- 42
gliedstaatlichen Gerichte, die Auslegung des nationalen Rechts unter voller Ausschöpfung des Beurteilungsspielraums, den ihnen das nationale Recht einräumt, soweit wie möglich am Wortlaut und Zweck der Richtlinie auszurichten, um das mit der Richtlinie verfolgte Ziel zu erreichen.[83] Diese Pflicht beschränkt sich nicht auf die Auslegung des umgesetzten Rechts, sondern „verlangt, dass das nationale Gericht das

78 EuGH, 19.1.2010, Rs. C-555/07 – *Kücükdeveci*, Slg. 2010, I-365, Rn. 47 mit Nachweisen zur früheren Rechtsprechung.

79 Zum Vorrang des Primärrechts bereits § 7 Rn. 2ff.

80 *Langenbucher*, in: Langenbucher, Europäisches Privat- und Wirtschaftsrecht, 4. Aufl. 2017, § 1 Rn. 85ff. Hier bestehen Parallelen zur verfassungskonformen Auslegung, s. *Herresthal*, JuS 2014, 289.

81 EuGH, 13.11.1990, Rs. C-106/89 – *Marleasing*, Slg. 1990, I-4135, Rn. 8.

82 Dazu bereits Rn. 23.

83 EuGH, 10.4.1984, Rs. C-14/83 – *von Colson und Kamann*, Slg. 1984, 1891, Rn. 26, 28; EuGH, 5.10.2004, Rs. C-397/01 bis C-403/01 – *Pfeiffer*, Slg. 2004, I-8835, Rn. 113.

gesamte nationale Recht berücksichtigt, um zu beurteilen, inwieweit es so angewendet werden kann, dass es nicht zu einem der Richtlinie widersprechenden Ergebnis führt".[84] Aus deutscher Sicht erweist sich die damit angesprochene richtlinienkonforme Auslegung folglich als Unterart der systematischen Auslegung, da nicht nur das Umsetzungsgesetz selbst, sondern die gesamte Rechtsordnung die Vorgaben des Unionsrechts beachten muss.[85] Gleichzeitig handelt es sich um eine Spielart der teleologischen Auslegung, wenn es um die Auslegung einer Norm geht, die unmittelbar der Umsetzung einer Richtlinie dient.

43 Die Auswirkungen zeigt der Sachverhalt, der der *Quelle*-Entscheidung des EuGH zugrunde lag: A erwirbt bei der Quelle AG ein Herd-Set. Nach etwa einjähriger Nutzung stellt sie fest, dass die Beschichtung der Herdplatten abzuplatzen beginnt. Die Quelle AG stellt daraufhin der A ein neues Herd-Set zur Verfügung, verlangt aber für die Dauer der Nutzung eine Entschädigung in Höhe von 150 €.[86]

aa) Nutzungsersatz bei Nacherfüllung: neues und altes Recht

44 Nach heutigem Recht weist dieser Fall keinerlei Probleme auf: Ansprüche der Quelle AG auf Nutzungsersatz (§§ 439 Abs. 4, 346 Abs. 1, 2 Nr. 1 BGB) unterfallen ebenso wie etwaige Bereicherungsansprüche der Ausschlussbestimmung des § 475 Abs. 3 S. 1 BGB. Diese Vorschrift wurde erst Ende 2008 eingefügt.[87] Anlass der Änderung war der oben wiedergegebene Fall.

45 Nach altem Recht stellte sich die Frage, ob dem an sich bestehenden Nutzungsersatzanspruch Gesichtspunkte des deutschen Rechts entgegenstehen könnten, ob aber jedenfalls ein Verstoß gegen die Vorgaben der Verbrauchsgüterkauf-Richtlinie vorlag. Im Kern ging es zunächst um die Reichweite der Rückgewährpflicht des § 439 Abs. 4 BGB a.F. (heute: § 439 Abs. 5 BGB), die durch Auslegung zu ermitteln war.

46 Neben der Rückgabe der empfangenen Leistung selbst sieht § 346 Abs. 1 BGB im Falle des Rücktritts die Pflicht zur Herausgabe der gezogenen Nutzungen vor, zu denen auch die Gebrauchsvorteile nach § 100 BGB gehören. Für diese Vorteile hat der Rückgewährschuldner nach § 346 Abs. 2 S. 1 Nr. 1 BGB dem Rückgewährgläubiger Wertersatz zu leisten. Der Wortlaut der Verweisung in § 439 Abs. 5 BGB schließt dem-

---

84 EuGH, 5.10.2004, Rs. C-397/01 bis C-403/01 – *Pfeiffer*, Slg. 2004, I-8835, Rn. 115.

85 *Rüthers/Fischer/Birk*, Rechtstheorie mit Juristischer Methodenlehre, 11. Aufl. 2020, Rn. 766 ff. (die weiter zwischen systematischer Auslegung und systemkonformer Rechtsanwendung differenzieren, Rn. 762a); *Röhl/Röhl*, Allgemeine Rechtslehre, 3. Aufl. 2008, § 78 VI (S. 623); Palandt/*Grüneberg*, 80. Aufl. 2021, Einl. Rn. 42f.

86 EuGH, 17.4.2008, Rs. C-404/06 – *Quelle*, Slg. 2008, I-2685 sowie BGHZ 179, 27.

87 Durch Art. 5 des Gesetzes zur Durchführung des Übereinkommens vom 30. Oktober 2007 über die gerichtliche Zuständigkeit und die Anerkennung und Vollstreckung von Entscheidungen in Zivil- und Handelssachen und zur Änderung des Bürgerlichen Gesetzbuchs, BGBl. I, S. 2399; in Kraft seit dem 16.12.2008 (ursprünglich als § 474 Abs. 2 S. 1 BGB, später als § 474 Abs. 5 S. 1 BGB).

nach auch den Anspruch auf Herausgabe der Nutzungen bzw. Wertersatz mit ein. Dahinter steht die gesetzgeberische Wertung, dass der Käufer, der mit der Nachlieferung eine neue Sache erhält, im Ergebnis die zurückzugebende Sache in dem Zeitraum davor unentgeltlich nutzen konnte und mithin Vorteile aus der Mangelhaftigkeit zöge, würde man ihn nicht zum Nutzungsersatz verpflichten. Deshalb schuldet der Käufer, der die zunächst gelieferte fehlerhafte Sache zurückzugeben hat, und dem der Verkäufer eine neue Sache liefern muss, gemäß §§ 439 Abs. 5, 346 Abs. 1 BGB Nutzungsersatz.[88] Dies erscheint auch systematisch stimmig: Gemäß § 446 S. 2 BGB gebühren die Nutzungen der Kaufsache von Anfang an dem Käufer. Anders als im Falle des Rücktritts verbleibt bei einer Ersatzlieferung der Kaufpreis einschließlich der daraus gezogenen Nutzungen dem Verkäufer. Wollte man einseitig nur den Käufer zur Herausgabe der Nutzungen verpflichten, liefe dies auf eine ungerechtfertigte Besserstellung des schlechtleistenden Verkäufers hinaus.[89]

bb) Die Vorgaben der Verbrauchsgüterkauf-Richtlinie

Allerdings erschien fraglich, ob diese Rechtslage mit den Vorgaben der Verbrauchsgüterkauf-Richtlinie (VGKRL) im Einklang stand. Nach der *Quelle*-Entscheidung des EuGH ist das nicht der Fall: Nach Art. 3 Abs. 2, Abs. 3 S. 1 und Abs. 4 VGKRL wollte der Gemeinschaftsgesetzgeber die Unentgeltlichkeit der Herstellung des vertragsgemäßen Zustands des Verbrauchsguts durch den Verkäufer zu einem wesentlichen Bestandteil des durch die Richtlinie gewährleisteten Verbraucherschutzes machen.[90] Diese dem Verkäufer auferlegte Verpflichtung, die Herstellung des vertragsgemäßen Zustands des Verbrauchsguts unentgeltlich zu bewirken, soll den Verbraucher vor drohenden finanziellen Belastungen schützen, die ihn davon abhalten könnten, seine Ansprüche geltend zu machen. Das bedeutet, dass jede finanzielle Forderung des Verkäufers im Rahmen der Erfüllung seiner Verpflichtung zur Herstellung des vertragsmäßigen Zustands des Verbrauchsguts ausgeschlossen ist.[91] Der Verbraucher wird durch die Erlangung eines neuen Verbrauchsguts als Ersatz für das vertragswidrige Verbrauchsgut nicht ungerechtfertigt bereichert. Er erhält lediglich verspätet ein den Vertragsbestimmungen entsprechendes Verbrauchsgut, wie er es bereits zu Beginn hätte erhalten müssen.[92] 47

cc) Umsetzung der Vorgaben im Wege der Auslegung

Es fragt sich nunmehr, ob sich diese nach den obigen Ausführungen verbindlichen Vorgaben im Wege der richtlinienkonformen Auslegung im deutschen Recht umset- 48

88 BT-Drucks. 14/6040, S. 232f.
89 So BGH NJW 2006, 3200 Rn. 11 (Vorlagebeschluss).
90 EuGH, 17.4.2008, Rs. C-404/06 – *Quelle*, Slg. 2008, I-2685, Rn. 33.
91 EuGH, 17.4.2008, Rs. C-404/06 – *Quelle*, Slg. 2008, I-2685, Rn. 34.
92 EuGH, 17.4.2008, Rs. C-404/06 – *Quelle*, Slg. 2008, I-2685, Rn. 41.

zen lassen.[93] Grenze jeder Auslegung ist nach traditioneller Auffassung der Wortlaut der Norm.[94] § 439 Abs. 5 BGB verweist für den Fall der Ersatzlieferung uneingeschränkt auf die §§ 346 bis 348 BGB. Es sind keine Anhaltspunkte dafür ersichtlich, dass dadurch allein die Rückgabe der mangelhaften Sache selbst geregelt und nicht dem Verkäufer auch ein Anspruch auf Herausgabe der vom Käufer gezogenen Nutzungen zugebilligt werden soll. Denn dann wäre zumindest die Verweisung auf § 347 BGB sinnlos, weil diese Vorschrift ausschließlich die Frage der Nutzungen und Verwendungen regelt. Eine einschränkende Auslegung des § 439 Abs. 5 BGB dahin, dass die Verweisung auf die Rücktrittsvorschriften nicht auch einen Anspruch des Verkäufers auf Nutzungsvergütung begründet, widerspräche somit dem Wortlaut und dem eindeutig erklärten Willen des Gesetzgebers. Eine solche Auslegung erscheint damit nach der deutschen Methodik nicht zulässig, auch wenn die Vorgaben der VGKRL dies eigentlich fordern. Allerdings kommt daneben eine richtlinienkonforme Rechtsfortbildung in Betracht. Deren Voraussetzungen sind in der Folge zu klären.

3. Richtlinienkonforme Rechtsfortbildung von nationalem Recht

a) Grundlagen

49 Die oben beschriebene Wortlautgrenze markiert nach verbreiteter Ansicht den Scheidepunkt zwischen bloßer Auslegung einer Norm und Fortbildung des Rechts. Auch wenn die Übergänge fließend sind und vielfach mit guten Gründen die Berechtigung der Trennung angezweifelt wurde, so trägt sie doch ihre Berechtigung zumindest darin, dass der Wortlaut einer Norm das gesetzgeberisch Gewollte und damit das Ausmaß der Bindung der Judikative an das Gesetz im Sinne des Rechtsstaatsprinzips (Art. 20 Abs. 3 GG) markiert.[95] Jenseits dieser Grenze besteht mithin ein erhöhter Legitimationsbedarf richterlicher Rechtsschöpfung. Doch welche Vorgaben bestehen hier? Besonders deutlich positioniert sich das schweizerische Zivilrecht, wo Art. 1 Abs. 2 ZGB paradigmatisch statuiert:

50 „Kann dem Gesetz keine Vorschrift entnommen werden, so soll das Gericht nach Gewohnheitsrecht und, wo auch ein solches fehlt, nach der Regel entscheiden, die es als Gesetzgeber aufstellen würde."

51 Eine solche Regel fehlt im deutschen Recht. Gleichwohl ist die Zulässigkeit der richterlichen Rechtsfortbildung anerkannt, sie findet ihren Ausdruck auch darin, dass Art. 20 Abs. 3 GG den Richter „an Gesetz *und Recht*" bindet. Auch nach der Rechtspre-

93 Zur Vorgehensweise *Langenbucher*, in: Langenbucher, Europäisches Privat- und Wirtschaftsrecht, 4. Aufl. 2017, § 1 Rn. 97.

94 Dazu *Larenz/Canaris*, Methodenlehre der Rechtswissenschaft, 3. Aufl. 1995, S. 143; *Kramer*, Juristische Methodenlehre, 6. Aufl. 2019, S. 67 ff.

95 Zu den verfassungsrechtlichen Implikationen der Methodenwahl pointiert *Rüthers/Fischer/Birk*, Rechtstheorie mit Juristischer Methodenlehre, 11. Aufl. 2020, Rn. 704 ff.

chung des BVerfG ist die Befugnis der Gerichte zur Fortbildung des Rechts anerkannt; aus dem in Art. 20 Abs. 3 GG angeordneten Vorrang des Gesetzes folgt kein Verbot für die Gerichte, vorhandene Lücken im Wege richterlicher Rechtsfortbildung zu schließen.[96] Inhalt und Grenzen dieser Befugnis sind seit jeher umstritten. Die Diskussion kann hier nicht nachgezeichnet werden.[97] Im Folgenden geht es nur um spezifisch unionsrechtliche Sachverhalte. Hier gilt es zwei Perspektiven zu unterscheiden: diejenige des Unionsrechts, aus dem der Anwendungsvorrang folgt, und diejenige des mitgliedstaatlichen Rechts, dessen Methodenlehre auf die europarechtlichen Vorgaben reagieren muss.

b) Die Sicht des Unionsrechts

Nach der Rechtsprechung des EuGH respektiert das Unionsrecht grundsätzlich die nationalen Methodenlehren. Bildet also nach dem Recht eines Mitgliedstaates der Wortlaut der Norm die absolute Grenze der Auslegung, und sieht es damit eine Rechtsfortbildung als unzulässig an, so ist dies europarechtlich hinzunehmen. Das Unionsrecht fordert nicht die Erweiterung des nationalen Methodenkanons. Das wird allgemein seit der Entscheidung in der Sache *Marleasing* so gesehen.[98] Dort führte der EuGH aus: 52

> „Daraus folgt, daß ein nationales Gericht, soweit es bei der Anwendung des nationalen Rechts – gleich, ob es sich um vor oder nach der Richtlinie erlassene Vorschriften handelt – dieses Recht auszulegen hat, seine Auslegung *soweit wie möglich* am Wortlaut und Zweck der Richtlinie ausrichten muß, um das mit der Richtlinie verfolgte Ziel zu erreichen und auf diese Weise Artikel 189 Absatz 3 EWG-Vertrag nachzukommen."[99] 53

Diese Einschränkung („soweit wie möglich") wird üblicherweise so verstanden, dass Unionsrecht keine Erweiterung der nationalen Auslegungscanones erfordert, sondern vielmehr innerhalb der bestehenden Methodengrundsätze vorgegangen werden kann. Später hat der EuGH dies noch präzisiert; danach müssen „die nationalen Gerichte unter Berücksichtigung des gesamten innerstaatlichen Rechts und unter Anwendung der *dort anerkannten Auslegungsmethoden* alles tun, was in ihrer Zuständigkeit liegt, 54

---

96 BVerfGE 82, 6, 11f.; BVerfGE 111, 54, 82; zu den Grenzen BVerfG NJW 2012, 669.

97 Siehe etwa *Röhl/Röhl*, Allgemeine Rechtslehre, 3. Aufl. 2008, § 80 (S. 633ff.); *Rüthers/Fischer/Birk*, Rechtstheorie mit Juristischer Methodenlehre, 11. Aufl. 2020, Rn. 822ff., 936ff.; *Kramer*, Juristische Methodenlehre, 6. Aufl. 2019, S. 205ff., 267ff.

98 EuGH, 13.11.1990, Rs. C-106/89 – *Marleasing*, Slg. 1990, I-4135. Eine Zusammenfassung der vom EuGH aufgestellten Grundsätze findet sich etwa in EuGH, 5.3.2020, Rs. C-679/18 – *OPR-Finance*, ECLI: EU:C:2020:167, Rn. 41–45. Instruktiv dazu *Baldus*, in: Staudinger-Eckpfeiler, 7. Aufl. 2020, Rn. A-404ff.

99 EuGH, 13.11.1990, Rs. C-106/89 – *Marleasing*, Slg. 1990, I-4135, Rn. 8 (Hervorhebung vom *Verf.*). – Art. 189 Abs. 3 EWGV entspricht heute Art. 288 Abs. 3 AEUV.

um die volle Wirksamkeit der fraglichen Richtlinie zu gewährleisten und zu einem Ergebnis zu gelangen, das mit dem von der Richtlinie verfolgten Ziel im Einklang steht".[100] Dies kann gegebenenfalls auch die Änderung einer gefestigten nationalen Rechtsprechung erfordern, wenn jene auf einer Auslegung des nationalen Rechts beruht, die mit den Zielen einer Richtlinie unvereinbar ist.[101]

55 Doch darf die Pflicht zur richtlinienkonformen Rechtsanwendung nicht als Grundlage für eine Auslegung contra legem des nationalen Rechts dienen.[102] Die Grenze der richtlinienkonformen Rechtsanwendung liegt daher in der nationalen Methodenlehre. Daraus ergeben sich Freiräume für den nationalen Gesetzgeber.[103] Gleichzeitig verhindert der Respekt vor der mitgliedstaatlichen Regelungsautonomie die faktische Einführung einer horizontalen Direktwirkung von Richtlinien, die der EuGH bekanntlich in ständiger Rechtsprechung nach wie vor ablehnt.[104]

56 Es liegt andererseits auf der Hand, dass hierdurch eine Ungleichheit hinsichtlich der effektiven Geltung von Unionsrecht in den Mitgliedstaaten geschaffen wird: Während die mangelhafte Umsetzung in dem einen Mitgliedstaat möglicherweise im Wege richtlinienkonformer Rechtsfortbildung durch die Judikative behoben werden kann, scheidet diese Möglichkeit in einem anderen Mitgliedstaat aus, weil dort eine strikte Contra-legem-Schranke gilt,[105] sodass der unionsrechtswidrige Rechtszustand ohne legislatorische Aktivität konserviert wird.[106] Dem Betroffenen bliebe in diesem zweiten Staat nur der europarechtliche Staatshaftungsanspruch, der angesichts der tatbestandlichen Voraussetzungen und des für den Kläger bestehenden Prozessrisikos wohl nur selten eine echte Möglichkeit der Durchsetzung von Unionsrecht sein wird. Dies kann man mit guten Gründen kritisch sehen. So hat *Kramer* die Erarbeitung eines „gemeineuropäischen methodologischen Mindestkonsenses" durch den EuGH ange-

100 EuGH, 24.1.2012, Rs. C-282/10 – *Dominguez*, NJW 2012, 509, Rn. 27 m.w.N. (Hervorhebung vom *Verf.*); s.a. EuGH, 5.10.2004, Rs. C-397/01 bis C-403/01 – *Pfeiffer*, Slg. 2004, I-8835, Rn. 116; EuGH, 23.5.2019, Rs. C-52/18 – *Fülla*, NJW 2019, 2007, Rn. 47; EuGH, 8.5.2019, Rs. C-486/18 – *Praxair*, NZA 2019, 1131, Rn. 37; EuGH, 11.9.2019, Rs. C-143/18 – *Romano*, NJW 2019, 3290, Rn. 37.

101 EuGH, 5.9.2019, Rs. C-331/18 – *Pohotovosť*, ECLI:EU:C:2019:665, Rn. 56; EuGH, 5.3.2020, Rs. C-679/18 – *OPR-Finance*, ECLI:EU:C:2020:167, Rn. 43.

102 EuGH, 16.7.2009, Rs. C-12/08 – *Mono Car Styling*, Slg. 2009, I-6653, Rn. 61; EuGH, 15.1.2014, Rs. C-176/12 – *Association de médiation sociale*, ECLI:EU:C:2014:2, Rn. 39; EuGH, 8.5.2019, Rs. C-566/17 – *Związek Gmin Zagłębia Miedziowego*, ECLI:EU:C:2019:390, Rn. 49; EuGH, 11.9.2019, Rs. C-143/18 – *Romano*, NJW 2019, 3290, Rn. 38; EuGH, 5.3.2020, Rs. C-679/18 – *OPR-Finance*, ECLI:EU:C:2020:167, Rn. 45.

103 Dies begrüßend *Hatje/Mankowski*, EuR 2014, 155, 166 ff.

104 EuGH, 14.7.1994, Rs. C-91/92 – *Faccini Dori*, Slg. 1994, I-3325, Rn. 19 ff.; s. dazu noch unten Rn. 123 ff.

105 Siehe dazu die Länderberichte in *Riesenhuber* (Hrsg.), Europäische Methodenlehre, 3. Aufl. 2015, §§ 24–28.

106 Siehe dazu die rechtsvergleichende Untersuchung von *Suhr*, Richtlinienkonforme Auslegung im Privatrecht und nationale Auslegungsmethodik, 2011.

mahnt, der allzu große Ausschläge mitgliedstaatlicher Methodenlehren verhindern könne.[107]

In diese Richtung geht auch der Vorstoß von Generalanwalt *Bot* in den Schluss- 57
anträgen vom 25.11.2015 zur Rechtssache *Dansk Industri*.[108] Ein mitgliedstaatliches Gericht dürfe sich nicht unter Verweis auf das Verbot der richtlinienkonformen Rechtsanwendung contra legem aus der Verantwortung für die effektive Umsetzung einer Richtlinie stehlen. Vielmehr stehe es dem EuGH zu, den Verlauf dieser von ihm selbst gesetzten Contra-legem-Grenze festzusetzen. Mithin entspreche es gerade dem Geist der Zusammenarbeit mit den mitgliedstaatlichen Gerichten sowie dem Gedanken des effet utile, wenn der EuGH „dem vorlegenden Gericht den Weg aufzeigt, der zu beschreiten ist, um einem unsachgemäßen Gebrauch der Grenze für die Verpflichtung zur unionsrechtskonformen Auslegung, um die es sich bei einer Auslegung contra legem des nationalen Rechts handelt, vorzubeugen".[109] Diesen recht weitgehenden Vorschlag[110] hat der EuGH in seiner nachfolgenden Entscheidung gleichwohl im Kern zurückgewiesen.[111] Immerhin hat er betont, dass das Contra-legem-Verbot jedenfalls nicht den Fall einer gefestigten Rechtsprechung erfasst: Diese müsse gegebenenfalls geändert werden, wenn sie auf einer Auslegung des nationalen Rechts beruhe, die mit den Zielen einer Richtlinie nicht vereinbar sei.[112]

Im Ergebnis liegt in dieser generellen Zurückhaltung wohl die vorzugswürdigere 58
Lösung.[113] Denn wie sollte der EuGH entscheiden, wann eine richtlinienkonforme Lösung mitgliedstaatlichen Rechts contra legem ist und wann nicht, ohne dazu zwingend auch nationales Recht mit einzubeziehen? Letzteres liegt außerhalb der Kompetenz des Gerichts. Je weiter die Grenze aber zugunsten der praktischen Wirksamkeit des Unionsrechts verschoben wird, desto näher befindet man sich gleichzeitig an der horizontalen Direktwirkung der Richtlinie. Grenzfälle dürften sich auch anders in den Griff bekommen lassen: Sollte ein Mitgliedstaat die Contra-legem-Grenze extrem eng ziehen, sodass das Effektivitätsgebot verletzt würde, bestünde zur Durchsetzung von

107 *Kramer*, GPR 2015, 262; Gegenrede von *Riesenhuber*, GPR 2016, 158; Schlusswort *Kramer*, GPR 2016, 210. Zur Erarbeitung einer gemeineuropäischen Methodenlehre auch *Brenncke*, EuR 2015, 440, 445ff.

108 Schlussanträge vom 25.11.2015, Rs. C-441/14 – *Dansk Industri/Rasmussen*.

109 Schlussanträge vom 25.11.2015, Rs. C-441/14 – *Dansk Industri/Rasmussen*, Rn. 53.

110 Kritisch dazu *Baldus/Raff*, GPR 2016, 71; *Kainer*, GPR 2016, 262, 264ff.

111 EuGH, 19.4.2016, Rs. C-441/14 – *Dansk Industri/Rasmussen*, EuZW 2016, 466, Rn. 32; ebenso EuGH, 17.4.2018, Rs. C-414/16 – *Egenberger*, EuZW 2018, 381, Rn. 71; EuGH, 7.8.2018, Rs. C-122/17 – *Smith/Meade*, ECLI:EU:C:2018:631, Rn. 40; EuGH, 6.11.2018, verb. Rs. C-569/16 und C-570/16 – *Bauer und Broßonn*, ECLI:EU:C:2018:871, Rn. 26; EuGH, 27.3.2019, Rs. C-545/17 – *Pawlak*, ECLI:EU:C:2019:260, Rn. 85.

112 EuGH, 19.4.2016, Rs. C-441/14 – *Dansk Industri/Rasmussen*, EuZW 2016, 466, Rn. 33 unter Verweis auf EuGH, 13.7.2000, Rs. C-456/98 – *Centrosteel*, Slg. 2000, I-6007, Rn. 17; ebenso etwa EuGH, 17.4.2018, Rs. C-414/16 – *Egenberger*, EuZW 2018, 381, Rn. 72.

113 So i.E. auch *Baldus/Raff*, GPR 2016, 71, 75f.; *Kainer*, GPR 2016, 262, 264ff.

EU-Recht die Möglichkeit der Einleitung eines Vertragsverletzungsverfahrens. Insoweit hat die Frage nach dem unionsrechtlichen Gehalt einer Rechtsfortbildung contra legem durchaus ihre Berechtigung; normativ wäre sie bei Art. 288 Abs. 3 AEUV zu verorten. Sie stellt sich ähnlich etwa bei der Konkretisierung des kollisionsrechtlichen ordre public: Auch hier liegt es in der Hand der Mitgliedstaaten, den Inhalt der Vorbehaltsklausel anhand der aus ihrer Sicht fundamentalen Rechtsnormen und -grundsätze zu bestimmen, doch wacht der EuGH darüber, dass hierdurch die praktische Wirksamkeit der jeweiligen EU-Verordnung nicht beeinträchtigt wird.[114] Im Übrigen aber ist auch die scheinbar autonomiewahrende Lösung des EuGH nicht unproblematisch für solche Mitgliedstaaten, in denen eine formelle Präjudizienbindung besteht, sodass ein Abweichen jedenfalls von Untergerichten im Ergebnis ebenfalls contra legem wäre.[115]

c) Die Sicht des deutschen Rechts

59 Aus der Sicht des deutschen Rechts hingegen stellt sich das Problem des unionsrechtlichen Zwangs zur Rechtsfortbildung nicht in gleichem Maße wie in anderen Mitgliedstaaten.[116] Denn wie dargelegt hat die Judikative hier Aufgabe und Legitimation, praeter oder sogar contra legem rechtsfortbildend tätig zu werden, wenn das geschriebene Recht Lücken aufweist.[117] Am oben dargestellten *Quelle*-Fall lässt sich illustrieren, welche Konsequenzen dies nach sich zieht. Wäre eine richtlinienkonforme Rechtsfortbildung methodisch unzulässig, so müsste es bei dem Ergebnis bleiben, dass A Nutzungsersatz schuldet, obwohl feststeht, dass die VGKRL dem entgegensteht. A wäre auf den Staatshaftungsanspruch gegen die Bundesrepublik verwiesen. Hier müsste sie jedenfalls nachweisen, dass in der gewählten Umsetzung ein hinreichend qualifizierter Verstoß gegen Unionsrecht vorlag, der deutsche Gesetzgeber also die Grenzen, die das EU-Recht setzt, offenkundig und erheblich überschritten hat. Das dürfte kaum gelingen, da die Gesetzesbegründung zumindest vertretbare Gründe für die Verpflichtung zur Leistung von Nutzungsersatz bei Nacherfüllung anführt.[118]

60 Indessen ist die richtlinienkonforme Rechtsfortbildung nach deutschem Recht möglich. § 439 Abs. 5 BGB könnte mithin dahingehend teleologisch zu reduzieren sein, dass für Fälle des Verbrauchsgüterkaufs (§ 474 Abs. 1 S. 1 BGB) die in Bezug genommenen Vorschriften über den Rücktritt nur für die Rückgewähr der mangelhaften Sache selbst eingreifen, hingegen nicht zu einem Anspruch des Verkäufers auf Herausgabe der gezogenen Nutzungen oder auf Wertersatz für die Nutzung der mangel-

114 Dazu unten § 32 Rn. 141 ff.

115 Zutreffend *Kainer*, GPR 2016, 262, 267.

116 Dazu auch *Herresthal*, JuS 2014, 289.

117 Zur Frage, wann eine Lücke vorliegt *Baldus/Raff*, GPR 2017, 158; beispielhaft zur Richtlinienkonformität des § 241a Abs. 1 BGB *Jäckel/Tonikidis*, JuS 2014, 1064.

118 Oben Rn. 46.

haften Sache führen. Hierfür müsste zunächst eine planwidrige Regelungslücke vorliegen. Der BGH hatte dies in seinem Vorlagebeschluss vom 16.8.2006 noch mit Verweis auf einen „eindeutig erklärten Willen des Gesetzgebers" verneint.[119] Allerdings kann die Lücke vorliegend damit begründet werden, dass der Gesetzgeber einerseits einen Nutzungsersatzanspruch des Verkäufers begründen, andererseits aber auch eine richtlinienkonforme Regelung schaffen wollte. Damit erweist sich das Gesetz als planwidrig unvollständig. Es liegt eine verdeckte Regelungslücke vor, weil die Verweisung in § 439 Abs. 5 BGB keine Einschränkung für den Anwendungsbereich der Richtlinie enthält und deshalb mit dieser nicht im Einklang steht. Die Planwidrigkeit der Unvollständigkeit dieser Richtlinienumsetzung ergibt sich daraus, dass der Gesetzgeber in der Gesetzesbegründung ausdrücklich seine Absicht bekundet hat, auch und gerade hinsichtlich des Nutzungsersatzes eine richtlinienkonforme Regelung zu schaffen. Mithin kann ausgeschlossen werden, dass der Gesetzgeber die Regelung in gleicher Weise erlassen hätte, wenn ihm bekannt gewesen wäre, dass sie nicht richtlinienkonform ist.[120] Diese Lücke ist im Wege richterlicher Rechtsfortbildung zu schließen.[121] Damit hat der BGH über die richtlinienkonforme Rechtsfortbildung dasjenige Ergebnis erzielt, welches der Gesetzgeber bereits zuvor mit dem oben erwähnten Reformgesetz[122] auf den Weg gebracht hatte.

4. Methodische Schranken der Rechtsfortbildung

Andere Fälle liegen weniger klar. Auch die Befugnis zur richterlichen Rechtsfortbildung unterliegt Schranken. Wo der Wille des Gesetzgebers klar aktualisiert ist, darf sich ein Gericht nicht leichthin darüber hinwegsetzen.[123] Hier besteht ein Graubereich, in dem die Zulässigkeit der Rechtsfortbildung zumindest nicht immer zweifelsfrei erscheint. Dies sei an einigen Beispielskonstellationen erläutert. 61

a) Beispiel 1: Aus- und Einbaukosten

Dass die Grenzen zwischen richtlinienkonformer Auslegung und Rechtsfortbildung fließend sind, zeigt die Entscheidung des EuGH in den Rechtssachen *Weber* und *Putz*: Der Käufer K kauft beim Baustoffhandel des V 50 m^2 polierte Bodenfliesen eines italienischen Herstellers zum Preis von 1000 €, die zum Haus des K geliefert werden sollen. K lässt die Fliesen dann in seinem Anwesen verlegen. Nach kurzer Zeit zeigen sich auf der Oberfläche Schattierungen, die mit bloßem Auge zu erkennen sind. Eine Beseiti- 62

119 BGH NJW 2006, 3200 Rn. 14 f.
120 BGHZ 201, 101, Rn. 23 m. w. N.; ebenso auch BVerwGE 157, 249; s. dazu *Baldus/Raff*, GPR 2017, 158.
121 BGHZ 179, 27, Rn. 24 f.
122 Oben Rn. 44.
123 Eingehend dazu BGH, 18.11.2020, VIII ZR 78/20 – juris Rn. 26 ff.

gung ist technisch nicht möglich. Die Kosten für einen Austausch der Fliesen belaufen sich auf etwa 5000 €. Kann K diese vom Verkäufer V ersetzt verlangen?[124]

63 Unproblematisch hat K zunächst einen Nacherfüllungsanspruch in Form der Lieferung neuer Bodenfliesen ohne Schattierungen aus §§ 439 Abs. 1 Alt. 2, 437 Nr. 1 BGB. Fraglich ist indessen, ob dieser auch die Kosten für den Ausbau der mangelhaften und den Einbau der mangelfreien Fliesen umfasst. Beide Fragen wurden in Rechtsprechung und Literatur unterschiedlich beurteilt. Nach derzeit geltendem Recht findet sich die Lösung des Falles in § 439 Abs. 3 BGB, der den geltend gemachten Anspruch gewährt.[125] Zuvor war die Rechtslage alles andere als eindeutig.

aa) Die Nachlieferung als Ausdruck des Äquivalenzinteresses

64 Der Wortlaut von § 439 Abs. 1 BGB umfasst nur die Lieferung einer mangelfreien Sache, also entsprechend der ursprünglichen Verpflichtung des Verkäufers zur Erfüllung des Kaufvertrages aus § 433 Abs. 1 BGB allein die Übergabe der mangelfreien Sache und die Verschaffung des Eigentums hieran. Der Ausbau der zuerst gelieferten Sache gehört dem Wortlaut nach schon deswegen nicht dazu, weil er sich auf eine andere Sache bezieht als die Lieferung: Die mangelhafte Sache kann kein Gegenstand der Hauptleistungspflicht „Lieferung“ sein, weil zum Pflichtenprogramm des § 433 Abs. 1 BGB die Lieferung einer mangelfreien Sache gehört. Aus § 439 Abs. 2 BGB ergibt sich nichts anderes. Danach hat der Verkäufer die zum Zwecke der Nacherfüllung erforderlichen Aufwendungen, insbesondere Transport-, Wege-, Arbeits- und Materialkosten zu tragen. „Zum Zwecke der Nacherfüllung“ bezieht sich auf § 439 Abs. 1 BGB und damit allein auf die für die Lieferung der mangelfreien Sache erforderlichen Aufwendungen. § 439 Abs. 2 BGB begründet nicht den Nacherfüllungsanspruch, sondern setzt ihn voraus.

65 Im Ergebnis geht es bei dem Ausbau des mangelhaften Kaufgegenstandes weniger um das Leistungsinteresse des Käufers, sondern vielmehr um sein Integritätsinteresse: Der Käufer verlangt die Beseitigung eines Schadens, den er durch den mangelhaften Gegenstand an seinen sonstigen Rechtsgütern erlitten hat. Somit müsste der Ausbau im Wege der Naturalrestitution über einen Anspruch auf Schadensersatz neben der Leistung wegen Verletzung der Erfüllungspflicht durch Lieferung einer mangelhaften Sache gem. §§ 280 Abs. 1, 437 Nr. 3 Alt. 1, 433 Abs. 1 S. 2 BGB geltend gemacht werden. Regelmäßig dürfte dieser Anspruch daran scheitern, dass die Pflichtverletzung jedenfalls dann dem Verkäufer nicht zurechenbar ist, wenn dieser Zwischenhändler und nicht der Hersteller selbst ist.[126]

---

124 Vgl. BGH NJW 2009, 1660 (EuGH-Vorlage); EuGH, 16.6.2011, verb. Rs. C-65/09 und C-87/09 – *Weber und Putz*, Slg. 2011, I-5257; BGH NJW 2012, 1073.

125 Die Vorschrift wurde m.W.v. 1.1.2018 durch das Gesetz zur Reform des Bauvertragsrechts, zur Änderung der kaufrechtlichen Mängelhaftung etc. vom 28.4.2017 (BGBl. I, S. 969) eingefügt.

126 Der Hersteller ist nach h. M. nicht Erfüllungsgehilfe des Zwischenhändlers hinsichtlich der Erfüllung der kaufvertraglichen Pflicht zur Lieferung der Sache, s. BGHZ 48, 121; BGHZ 200, 337.

Weiterhin besteht auch kein Anspruch des K gegen V auf Einbau der neuen, mangelfreien Bodenfliesen auf der Grundlage des § 439 Abs. 1 BGB. Der Nacherfüllungsanspruch als modifizierter Erfüllungsanspruch geht nicht weiter als jener, sondern umfasst – als Recht des Verkäufers zur zweiten Andienung – genau die gleichen Pflichten wie der ursprüngliche Erfüllungsanspruch. Im Rahmen von § 433 Abs. 1 BGB – anders als bei § 631 BGB – schuldet der Verkäufer lediglich die Übergabe und Übereignung einer mangelfreien Sache. Mit Anlieferung der neuen mangelfreien Bodenfliesen erfüllt V mithin seine Pflichten aus §§ 439 Abs. 1 Alt. 2, 437 Nr. 1 BGB. Eine weitergehende Pflicht zum Einbau der Sache, die als werkvertragliches Element nicht zu den Pflichten eines Verkäufers zählt, beinhaltet der Nacherfüllungsanspruch nicht.[127] 66

Im Ergebnis besteht damit auf der Grundlage des BGB weder ein Anspruch des K gegen V auf Ausbau der mangelhaften Bodenfliesen noch auf Einbau neuer Fliesen. 67

bb) Die abweichende Konzeption der Verbrauchsgüterkauf-Richtlinie

Allerdings könnte dies im Widerspruch zu europäischen Vorgaben stehen, denn nach Art. 3 Abs. 2 VGKRL hat der Verbraucher einen Anspruch auf „unentgeltliche Herstellung des vertragsmäßigen Zustandes“. Fraglich ist, ob dies auch die Verpflichtung des Unternehmers zum Ausbau der mangelhaften und zum Einbau der mangelfreien Sache umfasst. Hiergegen könnte im Sinne der oben angeführten Argumentation sprechen, dass es sich bei den Kosten für Aus- und Einbau systematisch um Schadenspositionen handelt, die vom Geltungsbereich der VGKRL gerade nicht erfasst sind.[128] 68

Nach der Interpretation des EuGH in den verb. Rechtssachen *Weber* und *Putz*[129] deutet allerdings bereits die Verwendung des Begriffs der Ersatzlieferung darauf hin, dass nicht nur ein vertragsmäßiges Verbrauchsgut zu liefern, sondern darüber hinaus das gelieferte vertragswidrige Vertragsgut zu ersetzen ist, was den Ausbau der mangelhaften und den Einbau der neuen Sache einschließt. Hinzu kommt die Verweisung auf Art. 3 Abs. 3 VGKRL, in dem es u. a. heißt, dass die Ersatzlieferung ohne erhebliche Unannehmlichkeiten für den Verbraucher erfolgen muss, wobei die Art des Verbrauchsgutes sowie der Zweck, für den der Verbraucher das Verbrauchsgut benötigt, zu berücksichtigen sind. Die danach gebotene Berücksichtigung der Art und des Verwendungszwecks des Verbrauchsgutes spricht im Zusammenhang mit der nach 69

127 Zur Entwicklung MüKo-BGB/*Westermann*, 8. Aufl. 2019, § 439 Rn. 18.

128 Diese Position hatte noch der Generalanwalt *Mazák* eingenommen, siehe die Schlussanträge v. 18.5.2010 in Rs. C-65/09, Rn. 45–67 und in Rs. C-87/09, Rn. 46–68. Ebenso i.E. etwa *Lorenz*, NJW 2011, 2241; *Maultzsch*, GPR 2011, 253.

129 EuGH, 16.6.2011, verb. Rs. C-65/09 und C-87/09 – *Weber und Putz*, Slg. 2011, I-5257; Vorlagebeschlüsse: BGH NJW 2009, 1660 sowie AG Schorndorf ZGS 2009, 525.

Abs. 2 erforderlichen Herstellung des vertragsgemäßen Zustands dafür, dass der Verkäufer im Zuge der Ersatzlieferung mehr als nur die Lieferung des vertragsgemäßen Verbrauchsgutes, nämlich auch den Austausch des vertragswidrigen mit dem vertragsgemäßen Verbrauchsgut durch Aus- und Einbau, schuldet, um für die art- und zweckentsprechende Verwendung des Ersatzes zu sorgen. Ansonsten ist auch der mit der Richtlinie bezweckte Verbraucherschutz nicht genügend gewährleistet, weil der Verbraucher wegen des Ein- und Ausbaus und der damit verbundenen finanziellen Belastung davon abgehalten werden könnte, seinen Nacherfüllungsanspruch geltend zu machen.[130]

70 Folgt man dieser Auffassung, so steht fest, dass der Unternehmer nach der VGKRL im Grundsatz sowohl den Ausbau der mangelhaften Sache als auch den Einbau der mangelfreien Sache schuldet.

cc) Die Lösung des BGH: Auslegung, nicht Rechtsfortbildung

71 Mithin verstieße das damalige deutsche Recht gegen die Vorgaben der Richtlinie. Vor diesem Hintergrund war fraglich, ob § 439 Abs. 1 Alt. 2 BGB richtlinienkonform dahin ausgelegt werden kann,[131] dass die dort genannte Nacherfüllungsvariante „Lieferung einer mangelfreien Sache" auch den Ausbau und den Abtransport der mangelhaften Kaufsache[132] – hier der von der Beklagten gelieferten mangelhaften Bodenfliesen – umfasst. Dann müsste gem. § 439 Abs. 1 BGB die Nachlieferungspflicht so verstanden werden können, dass sie auch Ausbau der mangelhaften und Einbau der neuen Sache mit umfasst. Eine Auslegung des § 439 Abs. 1 Alt. 2 BGB im engeren Sinne erschien aber angesichts des eindeutigen Wortlauts der Vorschrift nicht unproblematisch. In § 439 Abs. 1 Alt. 2 BGB heißt es – anders als in der Richtlinie, wo von „Ersatzlieferung" die Rede ist[133] – „Lieferung einer mangelfreien Sache", was Ein- und Ausbaumaßnahmen, die über Übergabe und Übereignung einer mangelfreien Sache hinausgehen, ausschließt. Insbesondere der Ausbau betrifft schon einen ganz anderen Gegenstand als den in § 439 Abs. 1 Alt. 2 BGB genannten, nämlich die zuerst gelieferte, mangelhafte Sache. Auch eine erweiternde Auslegung des § 439 Abs. 2 BGB kommt im Hinblick auf seinen Bezug zu § 439 Abs. 1 BGB, wonach der Verkäufer nur „die zum Zwecke

130 EuGH, 16.6.2011, verb. Rs. C-65/09 und C-87/09 – *Weber und Putz*, Slg. 2011, I-5257, Rn. 48ff.

131 Siehe dazu BGH NJW 2012, 1073 (Anschlussurteil).

132 Nur implizit angesprochen hat der BGH die Frage, ob der Verkäufer neben dem Ausbau der mangelhaften auch den Einbau der mangelfreien Sache schuldet. Dieser Aspekt war nicht Gegenstand der Revision.

133 In einer Reihe anderer Sprachfassungen, etwa der spanischen („sustitución"), der englischen („replacement") und der französischen („remplacement"), bezieht sich der Wortlaut der Richtlinie noch eindeutiger auf den Vorgang in seiner Gesamtheit, bei dessen Abschluss das vertragswidrige Verbrauchsgut tatsächlich ersetzt worden sein muss.

der Nacherfüllung erforderlichen Aufwendungen" zu tragen hat, wohl kaum in Betracht.[134]

Die richtlinienkonforme Auslegung war allerdings nach Ansicht des BGH noch vom Wortlaut des § 439 Abs. 1 Alt. 2 BGB gedeckt.[135] Nach allgemeinem Sprachgebrauch werde „liefern" verstanden als „bringen" oder „übergeben" einer (bestellten) Sache. Auch im nationalen Kaufrecht sei unter „Lieferung" grundsätzlich nur die Handlung zu verstehen, die der Verkäufer vorzunehmen hat, um seine Übergabe- und Übereignungspflicht aus § 433 Abs. 1 BGB zu erfüllen. Dies schließe es jedoch nicht aus, den in § 439 Abs. 1 Alt. 2 BGB verwendeten Begriff der Lieferung einer mangelfreien Sache weiter zu fassen; dieser sei ausfüllungsfähig und eröffne einen gewissen Wertungsspielraum. Der Gesetzgeber habe die Bestimmung des § 439 Abs. 1 Alt. 2 BGB zur Umsetzung des Art. 3 Abs. 2 S. 1 der Richtlinie geschaffen.[136] Dabei habe er nicht nur in der Gesetzesbegründung mehrfach den Begriff der Lieferung einer mangelfreien Sache mit der in der deutschen Fassung der Richtlinie verwendeten Wortwahl „Ersatzlieferung" gleichgesetzt, die auch die Deutung zulasse, dass das vertragswidrige Verbrauchsgut durch die als Ersatz gelieferte Sache auszutauschen ist. Vielmehr habe der Gesetzgeber durch den in § 439 Abs. 4 BGB a. F. (heute: § 439 Abs. 5 BGB) enthaltenen Verweis auf § 346 Abs. 1 Alt. 1 BGB, wonach der Verkäufer seinerseits die Rückgewähr der mangelhaften Sache verlangen kann, zum Ausdruck gebracht, dass dem Begriff der „Lieferung einer mangelfreien Sache" in § 439 Abs. 1 BGB ein gewisses (Aus-)Tauschelement innewohnt.[137] Damit schuldete der Verkäufer im Grundsatz gem. § 439 Abs. 1 Alt. 2 BGB bereits nach altem Recht auch Ausbau der mangelhaften Bodenfliesen und Einbau der neuen Bodenfliesen. 72

b) Beispiel 2: Der Einwand der Unverhältnismäßigkeit

Im obigen *Weber/Putz*-Fall könnte dem Verkäufer aber ein Leistungsverweigerungsrecht aus § 439 Abs. 4 BGB zustehen, wenn der Aus- bzw. Einbau nur mit unverhältnismäßigen Kosten möglich wäre. 73

aa) Relative und absolute Unverhältnismäßigkeit

Nach § 439 Abs. 4 BGB kann der Verkäufer die Nacherfüllung – auch wenn sie möglich ist – verweigern, wenn sie nur mit unverhältnismäßigen Kosten durchführbar ist. Die Unverhältnismäßigkeit der Nacherfüllung kann sich nach § 439 Abs. 4 BGB in zwei Arten manifestieren: zum einen in Form eines Vergleichs zwischen den Kosten 74

134 Dies für möglich haltend aber *Lorenz*, NJW 2011, 2241, 2243.

135 BGH NJW 2012, 1073, Rn. 26.

136 BT-Drucks. 14/6040, S. 230.

137 S. *Lorenz*, NJW 2009, 1633, 1634 f.

der geforderten Art mit den Kosten der anderen Art der Nacherfüllung (sog. relative Unverhältnismäßigkeit), zum anderen im Vergleich der Kosten der gewählten Art der Nacherfüllung mit dem Interesse des Käufers an derselben (sog. absolute Unverhältnismäßigkeit). Da vorliegend die Nachbesserung als alternative Art der Nacherfüllung aufgrund von Unmöglichkeit ausscheidet, könnte sich ein Verweigerungsrecht des V nur aus einer absoluten Unverhältnismäßigkeit ergeben. Wann diese Grenze erreicht ist, wird unterschiedlich beurteilt. Nach Auffassung des BGH[138] ist dies dann der Fall, wenn die Kosten der Nacherfüllung 150 % des Werts der Sache im mangelfreien Zustand oder 200 % des mangelbedingten Minderwerts betragen, allerdings nur bei Nichtvertreten des Mangels durch den Verkäufer.

75 Erfasste der Nacherfüllungsanspruch auch den Ausbau der mangelhaften und den Einbau der neuen, mangelfreien Sache, betrügen die Nacherfüllungskosten im vorliegenden Fall 5000 €. Dann beliefen sich die Nacherfüllungskosten 500 % des Wertes der Bodenfliesen (1000 €). Somit wären die Nacherfüllungskosten absolut unverhältnismäßig i.S.v. § 439 Abs. 4 S. 3 HS. 2 BGB. V stünde damit ein Leistungsverweigerungsrecht zu. Wiederum findet sich die Lösung nunmehr im Gesetz, hier in § 475 Abs. 4 BGB n.F.[139] Zuvor war die Lösung höchst streitig.

bb) Vereinbarkeit des § 439 Abs. 4 S. 3 HS. 2 BGB mit unionsrechtlichen Vorgaben

76 Die VGKRL schweigt zur Frage, ob auch die andere Art der Abhilfe vom Verkäufer wegen Unverhältnismäßigkeit der Kosten verweigert werden kann, wenn es nicht um einen Vergleich mit den Kosten der anderen Abhilfeart, sondern um eine absolute Unverhältnismäßigkeit geht. Nach der Systematik von Art. 3 Abs. 3 VGKRL scheint die Nacherfüllung insgesamt nur dann verweigert werden zu können, wenn mindestens eine Art der Nacherfüllung unmöglich ist, nicht aber dann, wenn beide Alternativen unverhältnismäßig hohe Kosten für den Verkäufer verursachen (arg. Erwägungsgrund Nr. 11 VGKRL). Das erscheint indessen nicht zwingend, wie der Vergleich zur Unmöglichkeit als Leistungsverweigerungsrecht zeigt. Wollte man die Verhältnismäßigkeitsprüfung nur in Bezug auf die jeweils andere Art der Nacherfüllung zulassen, so bedeutete dies für den Verkäufer eine nicht unerhebliche Belastung, vor der ihn Art. 3 Abs. 3 VGKRL gerade schützen will.[140] Vielfach wurde daher die deutsche Umsetzung als richtlinienkonform angesehen.[141]

---

138 BGH NJW 2009, 1660, Rn. 15.

139 Die Vorschrift wurden m.W.v. 1.1.2018 durch das Gesetz zur Reform des Bauvertragsrechts, zur Änderung der kaufrechtlichen Mängelhaftung etc. vom 28.4.2017 (BGBl. I, S. 969) eingefügt.

140 In diesem Sinne *P. Huber*, NJW 2002, 1004, 1005, 1007; ebenso *Gärtner/Schön*, ZGS 2009, 109, 110 f. sowie auch BGH NJW 2009, 1660, 1662.

141 *Unberath*, ZEuP 2005, 5, 19 ff.; *Faber*, ZEuP 2006, 679, 684; MüKo-BGB/*Lorenz*, 5. Aufl. 2008, Vor § 474 Rn. 18 (anders aber ab 6. Aufl. 2012); *Jud*, GPR 2009, 79 f.; in diese Richtung auch BGH NJW 2009, 1660, 1662.

Nach der Entscheidung des EuGH in den Sache *Weber* und *Putz*[142] ist die absolute Unverhältnismäßigkeit des § 439 Abs. 4 S. 3 HS. 2 BGB (Abs. 3 a.F.) allerdings nicht richtlinienkonform: Sie findet in der VGKRL keine ausdrückliche Stütze und führt im Ergebnis zu einer Schlechterstellung des Verbrauchers. Die Verweigerung wegen relativer Unverhältnismäßigkeit stellt sich hier nicht, da die eine Form der Nacherfüllung (Nachbesserung, d.h. Reparatur) laut Sachverhalt unmöglich ist. Es bleibt die andere Art der Nacherfüllung (Ersatzlieferung). Diese ist jedoch mit weit höheren Kosten verbunden als der Kaufpreis. Dennoch kann laut EuGH hier der Einwand der absoluten Unverhältnismäßigkeit nicht greifen, sodass eine Leistungsverpflichtung besteht.[143] 77

cc) Folgerungen für das deutsche Recht

Dem Verstoß des deutschen Rechts gegen die Vorgaben der VGKRL könnte zunächst durch eine richtlinienkonforme Auslegung des § 439 Abs. 4 S. 3 HS. 2 BGB abgeholfen werden. Eine Auslegung im engeren Sinne kommt hier aufgrund des eindeutigen Wortlautes jedoch nicht in Betracht. Es bleibt die Möglichkeit der teleologischen Reduktion des § 439 Abs. 4 BGB auf einen mit Art. 3 der Richtlinie zu vereinbarenden Inhalt.[144] Dies setzt eine verdeckte Regelungslücke im Sinne einer planwidrigen Unvollständigkeit des Gesetzes voraus. Aus den Gesetzesmaterialien ergibt sich, dass der Gesetzgeber die Einrede der Unverhältnismäßigkeit zwar so ausgestalten wollte, dass sie mit der Richtlinie vereinbar ist, er hierbei jedoch Art. 3 Abs. 3 VGKRL so verstanden hat, dass dieser auch die absolute Unverhältnismäßigkeit erfasse. Dieses Verständnis war jedoch fehlerhaft.[145] § 439 Abs. 4 S. 3 HS. 2 BGB steht folglich in Widerspruch zu dem mit durch das Schuldrechtsmodernisierungsgesetz verfolgten Grundanliegen, die Verbrauchsgüterkauf-Richtlinie ordnungsgemäß umzusetzen. 78

Damit erweist sich das Gesetz in diesem Sinne als planwidrig unvollständig. Es liegt eine verdeckte Regelungslücke vor, weil der Wortlaut des § 439 Abs. 4 BGB, der ein Verweigerungsrecht bei absoluter Unverhältnismäßigkeit einschließt, keine Einschränkung für den Anwendungsbereich der Richtlinie enthält und deshalb mit dieser nicht im Einklang steht. Diese Unvollständigkeit des Gesetzes ist deswegen planwidrig, weil hinsichtlich der Einrede der Unverhältnismäßigkeit ein Widerspruch zur konkret geäußerten, von der Annahme der Richtlinienkonformität getragenen Umsetzungsabsicht des Gesetzgebers besteht.[146] Maßgebend ist, dass das ausdrücklich angestrebte Ziel einer richtlinienkonformen Umsetzung durch die Regelung des § 439 Abs. 4 S. 3 BGB nicht erreicht worden ist und ausgeschlossen werden kann, dass der 79

142 EuGH, 16.6.2011, verb. Rs. C-65/09 und C-87/09 – *Weber und Putz*, Slg. 2011, I-5257.
143 EuGH, 16.6.2011, verb. Rs. C-65/09 und C-87/09 – *Weber und Putz*, Slg. 2011, I-5257, Rn. 78.
144 BGH NJW 2012, 1073, Rn. 30.
145 BGH NJW 2012, 1073, Rn. 33.
146 BGH NJW 2012, 1073, Rn. 34.

Gesetzgeber § 439 Abs. 4 S. 3 BGB in gleicher Weise erlassen hätte, wenn ihm bekannt gewesen wäre, dass die Vorschrift nicht richtlinienkonform ist. Im Ergebnis geht der BGH damit einen Schritt weiter als in der vorangegangenen *Quelle*-Entscheidung: Es ist nicht erforderlich, dass der Gesetzgeber gerade im Hinblick auf die fallrelevante Norm davon ausging, diese sei richtlinienkonform. Vielmehr genügt ein genereller Umsetzungswille zur Legitimation der richtlinienkonformen Rechtsfortbildung.

80 § 439 Abs. 4 S. 3 HS. 2 BGB war für die Fälle des Verbrauchsgüterkaufs daher teleologisch dahin zu reduzieren, dass ein Verweigerungsrecht nicht besteht, wenn nur eine Art der Nacherfüllung möglich ist oder der Verkäufer die andere Art der Nacherfüllung zu Recht verweigert. In den zuletzt genannten Fällen beschränkt sich das Recht des Verkäufers, die Nacherfüllung in Gestalt der Ersatzlieferung wegen unverhältnismäßiger Kosten zu verweigern, auf das Recht, den Käufer bezüglich des Ausbaus der mangelhaften Kaufsache und des Einbaus der als Ersatz gelieferten Kaufsache auf die Kostenerstattung in Höhe eines angemessenen Betrags zu verweisen. Bei der Bemessung dieses Betrags sind der Wert der Sache in mangelfreiem Zustand und die Bedeutung des Mangels zu berücksichtigen. Zugleich ist zu gewährleisten, dass durch die Beschränkung auf eine Kostenbeteiligung des Verkäufers das Recht des Käufers auf Erstattung der Aus- und Einbaukosten nicht ausgehöhlt wird.[147] Das wäre nach den oben genannten Maßstäben hier, da V den Mangel offensichtlich nicht verschuldet hat, 150 % des Wertes der Fliesen in mangelfreiem Zustand ein Betrag von 1500 €.

c) Beispiel 3: Die erfolgreiche, aber mit Unannehmlichkeiten verbundene Nacherfüllung

81 Der generelle Umsetzungswille, den der BGH als Legitimation für eine Rechtsfortbildung genügen lässt, mag indessen in manchen Konstellationen fehlen. Dies kann der Fall sein, weil es überhaupt kein Umsetzungsgesetz gibt, oder aber weil der Gesetzgeber die Richtlinienwidrigkeit der Umsetzung gesehen und in Kauf genommen hat.[148] Letzteres zeigt sich am Problem der erfolgreichen, aber mit Unannehmlichkeiten verbundenen Nacherfüllung. Das deutsche Recht sieht eine Modifikation des vertraglichen Austauschverhältnisses nur im Falle einer Leistungsstörung vor. Wurde im Ergebnis vertragsgemäß geliefert, so scheint dieser Umstand weitere Ansprüche auszuschließen. Dies illustriert folgender Beispielsfall: Käufer K hat einen Neuwagen zum

---

147 BGH NJW 2012, 1073, Rn. 35. Wo diese Grenze für die Bestimmung der angemessenen Höhe einer Beteiligung des Verkäufers an den Aus- und Einbaukosten in Fällen der Ersatzlieferung liegt, hat der BGH in diesem Urteil nicht entschieden. Vielmehr sei die durch die Entscheidung des EuGH aufgedeckte Gesetzeslücke durch eine generelle Regelung des Gesetzgebers zu schließen. Näher *Kaiser*, JZ 2013, 346, 348 f.

148 Dazu *Langenbucher*, in: Langenbucher, Europäisches Privat- und Wirtschaftsrecht, 4. Aufl. 2017, § 1 Rn. 105 ff.

Preis von 60.000 € beim Verkäufer V erstanden. Immer wieder tauchen Probleme mit den elektrischen Fensterhebern auf. V zeigt sich verständnisvoll und will Abhilfe schaffen. Dafür sind jedoch etliche Werkstattbesuche notwendig, für die K teilweise seine freien Samstage opfert. Auch kam es vor, dass K im Winter mit geöffneten Fenstern fahren musste. Nachdem das Problem schließlich nach längerer Zeit behoben ist, ist K das „fensterlose Auto" leid, er möchte es zurückgeben und den Kaufpreis wiederhaben. Alternativ möchte er eine Entschädigung dafür, dass er so viele Unannehmlichkeiten mit dem Wagen hatte.

aa) Die Richtlinienwidrigkeit des deutschen Rechts

Die VGKRL sieht eine Kombination von Nacherfüllung und Minderung oder Vertragsauflösung dann vor, wenn die Nacherfüllung für den Käufer mit erheblichen Unannehmlichkeiten verbunden war (Art. 3 Abs. 5 3. Spiegelstrich VGKRL).[149] Ein in diesem Sinne zweifacher Anspruch ist nach deutschem Recht jedoch nicht für diejenigen Fälle zu erhalten, in denen der Verkäufer zwar dem Nacherfüllungsverlangen nachgekommen ist, dem Käufer aber dadurch erhebliche Unannehmlichkeiten entstanden sind. Denn jedenfalls bei erfolgreicher Nacherfüllung ist das subjektive Äquivalenzinteresse des Käufers nicht tangiert, sodass Minderung und Vertragsauflösung aus der reinen Binnensicht nicht systemkonform wären. Darin liegt ein Richtlinienverstoß,[150] den der Gesetzgeber als solchen auch klar erkannt hat.[151] 82

bb) Mögliche Lösungswege

Hinsichtlich der Folgen dieses Richtlinienverstoßes ist zu differenzieren zwischen Rücktritt und Minderung. Ein Rücktritt ohne Verletzung des Integritätsinteresses ist nach deutschem Verständnis nur nach § 324 BGB möglich. Verletzungen der Pflichten aus § 241 Abs. 2 BGB werden regelmäßig auch „erhebliche Unannehmlichkeiten" im Sinne der Vorgaben der VGKRL darstellen.[152] Dabei handelt es sich etwa um vertane Freizeit, Reparaturlärm oder auch die eingeschränkte Möglichkeit der Nutzung der Kaufsache, also auch um immaterielle Schäden.[153] Ob hingegen eine Unzumutbarkeit des Festhaltens am Vertrag vorliegt, ist davon getrennt zu beurteilen. Angesichts des grundlegenden Prinzips der Vertragserhaltung wird man nur in Extremfällen über 83

---

149 Es besteht eine Alternativität zwischen den drei Spiegelstrichen und kein Redaktionsversehen dergestalt, dass die dritte Variante mit einem „und" gelesen werden müsste, vgl. die Nachweise bei *Unberath*, ZEuP 2005, 5, 26.

150 MüKo-BGB/*Lorenz*, 8. Aufl. 2019, Vor § 474 Rn. 26; BeckOK-BGB/*Faust*, 53. Edition (Stand 1.2.2020), § 437 Rn. 28.

151 BT-Drucks. 14/6040, S. 223.

152 *Pfeiffer*, ZGS 2002, 390, 392; *Unberath*, ZEuP 2005, 5, 26. A. A. *Herresthal*, WM 2007, 1354, 1357.

153 Siehe den Beispielsfall in BT-Drucks. 14/6040, S. 223.

§ 324 BGB vorgehen können.[154] Einer richtlinienkonformen Anwendung dieser Norm dahin, dass sie einen Rücktritt stets dann gestattet, wenn die Nacherfüllung zwar erfolgreich, aber mit erheblichen Unannehmlichkeiten verbunden war, steht der klare Wille des Gesetzgebers entgegen.[155]

84 Hinsichtlich einer Reduktion des Kaufpreises sind im Wesentlichen drei Möglichkeiten denkbar. Zunächst könnte eine Anpassung der Minderungsberechnung in § 441 Abs. 3 BGB erfolgen.[156] Allerdings ist im Falle der letztlich erfolgreichen Nacherfüllung kein Mangelunwert vorhanden, auf den hierbei Bezug genommen werden könnte. Sofern auf die Schätzungsmöglichkeit in § 441 Abs. 3 S. 2 BGB verwiesen wird, ist dies systemfremd, da sich diese Schätzung wiederum nur auf den Mangelunwert bezieht.[157]

85 Stattdessen könnte die nutzlos aufgewendete Zeit als Schadensersatz geltend gemacht werden. Aus Sicht der VGKRL ist es unerheblich, auf welche Weise das angestrebte Ziel erreicht wird. Möglich erscheint es daher grundsätzlich, dem Käufer einen Schadensersatzanspruch statt der Minderung zuzubilligen. Allerdings muss der Schadensersatzanspruch funktionsäquivalent mit dem Minderungsanspruch sein. Das ist angesichts des Verschuldenserfordernisses (§§ 280 Abs. 1, 276 BGB) problematisch. Auch setzt der Anspruch einen Vermögensschaden voraus (§ 253 BGB). Ohne wesentliche Systembrüche könnte daher ein solcher Anspruch kaum in das deutsche Recht integriert werden.[158]

86 Schließlich wird ein erweiterndes Verständnis des § 439 Abs. 2 BGB vertreten mit der Folge, dass auf dieser Grundlage eine Ausgleichszahlung an den Verbraucher geschuldet würde.[159] Von dieser Norm sind aber nur die Kosten der Nacherfüllung selbst erfasst; es handelt sich um eine klarstellende Umsetzung von Art. 3 Abs. 4 VGKRL, dass die Nacherfüllung unentgeltlich erfolgen muss, und nicht um eine eigene Anspruchsgrundlage.[160] Dass ein solcher Anspruch – anders als die Minderung – nicht auf die Höhe des Kaufpreises beschränkt wäre, erschiene systematisch wenig glücklich, immerhin aber im Einklang mit der mindestharmonisierenden VGKRL (Art. 8 Abs. 2 VGKRL). Keine dieser Lösungen führt also zu einer bruchlosen Integration der

---

154 So BeckOK-BGB/*Faust*, 53. Edition (Stand 1.2.2020), § 437 Rn. 28.

155 MüKo-BGB/*Lorenz*, 8. Aufl. 2019, Vor § 474 Rn. 26; *Herresthal*, in: Langenbucher, Europäisches Privat- und Wirtschaftsrecht, 4. Aufl. 2017, § 2 Rn. 176.

156 Vgl. *Riesenhuber*, System und Prinzipien des Europäischen Vertragsrechts, 2003, S. 490; *Deckenbrock/Dötsch*, VuR 2004, 362.

157 BeckOK-BGB/*Faust*, 53. Edition (Stand 1.2.2020), § 441 Rn. 31; *Unberath*, ZEuP 2005, 5, 26.

158 BeckOK-BGB/*Faust*, 53. Edition (Stand 1.2.2020), § 441 Rn. 32; MüKo-BGB/*Lorenz*, 8. Aufl. 2019, Vor § 474 Rn. 26; *Unberath*, ZEuP 2005, 5, 27.

159 *Ernst/Gsell*, ZIP 2000, 1410, 1417; dies zumindest in Erwägung ziehend nun MüKo-BGB/*Westermann*, 8. Aufl. 2019, § 441 Rn. 19.

160 I. E. BeckOK-BGB/*Faust*, 53. Edition (Stand 1.2.2020), § 441 Rn. 32; *Unberath*, ZEuP 2005, 5, 27. Zur Dogmatik des § 439 Abs. 2 BGB *Hellwege*, AcP 206 (2006), 136.

Richtlinienvorgaben in die Systematik des BGB. Entscheidend dürfte aber sein, dass der Gesetzgeber selbst den möglichen Richtlinienverstoß erkannt und damit gleichermaßen sehenden Auges hat passieren lassen. Von der ganz überwiegenden Ansicht wird daher die Möglichkeit einer richtlinienkonformen Rechtsanwendung verneint.[161] Folgt man dem, bleibt einer betroffenen Privatperson nur der Staatshaftungsanspruch.[162]

VI. Rückwirkung von Richtlinien und nationalem Richtlinienrecht auf nichtrichtliniengetragenes nationales Recht

Literatur: *Habersack/Mayer*, Die überschießende Umsetzung von Richtlinien, in: Riesenhuber (Hrsg.), Europäische Methodenlehre, 3. Aufl. 2015, § 14; *Jäger*, Überschießende Richtlinienumsetzung im Privatrecht, 2006; *Mayer/Schürnbrand*, Einheitlich oder gespalten? – Zur Auslegung nationalen Rechts bei überschießender Umsetzung von Richtlinien, JZ 2004, 545; *Riehm*, Die überschießende Umsetzung vollharmonisierender EG-Richtlinien im Privatrecht, JZ 2006, 1035; *Stürner*, Die Bedeutung des EU-Rechts für das nicht-harmonisierte Privatrecht, JURA 2018, 35

Es sei noch einmal in Erinnerung gerufen, dass die Richtlinie die Mitgliedstaaten nur **87** hinsichtlich des Ergebnisses bindet, nicht aber in Bezug auf die Art und Weise, wie dieses erreicht wird.[163] Diesen Spielraum können die Mitgliedstaaten in unterschiedlichem Maße nutzen. Jenseits der Richtlinienvorgaben bleibt ihre Regelungsautonomie im Grundsatz unbeschränkt. Jene wird nicht selten zu einer Angleichung des nicht richtliniengetragenen Rechts genutzt. Man kann insoweit von der überschießenden Umsetzung einer Richtlinie sprechen.

1. Überschießende Umsetzung von Richtlinien

a) Zulässigkeit

Zunächst muss geklärt werden, ob eine überschießende Umsetzung europarechtlich **88** überhaupt zulässig ist.[164] Dies hängt davon ab, welcher Harmonisierungsgrad mit dem jeweiligen Rechtsakt verfolgt wird. Während viele privatrechtliche Richtlinien seit Beginn der Rechtsangleichung auf diesem Gebiet in den 1980er Jahren lediglich mindestharmonisierend ausgestaltet waren, verfolgt der Richtliniengeber heute fast

---

161 *Herresthal*, in: Langenbucher, Europäisches Privat- und Wirtschaftsrecht, 4. Aufl. 2017, § 2 Rn. 176; MüKo-BGB/*Lorenz*, 8. Aufl. 2019, Vor § 474 Rn. 26; BeckOK-BGB/*Faust*, 53. Edition (Stand 1.2.2020), § 441 Rn. 33 mit Verweis auf den ggf. bestehenden Staatshaftungsanspruch.

162 Dazu unten § 36 Rn. 9 ff.

163 Siehe oben Rn. 1 ff.

164 Vgl. *Habersack/Mayer*, JZ 1999, 913; *Mayer/Schürnbrand*, JZ 2004, 545; *Jäger*, Überschießende Richtlinienumsetzung im Privatrecht, 2006; *Riehm*, JZ 2006, 1035.

ausschließlich das Prinzip der Vollharmonisierung: Danach dürfen Mitgliedstaaten die Richtlinienvorgaben weder unterschreiten noch übererfüllen. Vielfach enthalten jüngere Richtlinien indessen Öffnungsklauseln, die an bestimmten Stellen mitgliedstaatlichen Umsetzungsspielraum eröffnen. Diese Technik bezeichnet man als gezielte Vollharmonisierung.[165] So bestimmt etwa Art. 4 VRRL zum Grad der Harmonisierung: „Sofern diese Richtlinie nichts anderes bestimmt, erhalten die Mitgliedstaaten weder von den Bestimmungen dieser Richtlinie abweichende innerstaatliche Rechtsvorschriften aufrecht noch führen sie solche ein; dies gilt auch für strengere oder weniger strenge Rechtsvorschriften zur Gewährleistung eines anderen Verbraucherschutzniveaus."

89 Für jeden einzelnen Rechtsakt ist mithin zu klären, welches Ziel mit ihm verfolgt wird und welche Regelungsautonomie bei der Umsetzung bleibt. Handelt es sich um eine verbraucherschützende Richtlinie, die dem Prinzip der Mindestharmonisierung folgt, so steht es den Mitgliedstaaten frei, im Rahmen der Umsetzung ein höheres Schutzniveau anzustreben als in der Richtlinie vorgesehen. Genau dies haben zahlreiche Mitgliedstaaten insbesondere hinsichtlich der Verbrauchsgüterkauf-Richtlinie getan.[166] Andere Schutzzwecke sind selbstverständlich denkbar, so verfolgt etwa die Zahlungsverzugs-Richtlinie[167] den Schutz von Gläubigern und erlaubt insofern und insoweit eine Überschreitung des Schutzniveaus.[168] Vollharmonisierende Richtlinien dienen dagegen zumindest auch der Herbeiführung eines einheitlichen Wettbewerbsniveaus ("level playing field"); Abweichungen wären diesem Ziel abträglich. Ob eine überschießende Umsetzung bei vollharmonisierenden Richtlinien erlaubt ist, muss daher im Wege einer teleologischen Auslegung dieses Rechtsaktes geklärt werden. Zu unterscheiden ist dabei einerseits hinsichtlich der Zielrichtung der überschießenden Umsetzung zwischen einer Ausdehnung des räumlichen, des sachlichen, des persönlichen und des zeitlichen Anwendungsbereichs der Richtlinie.[169] Andererseits sind auch Fälle der inhaltlichen Übererfüllung denkbar.[170] Beide Konstellationen sind nachfolgend zu erläutern.

---

165 S. bereits § 2 Rn. 79.

166 Siehe die Beispiele im Vorschlag für eine Richtlinie des Europäischen Parlaments und des Rates über bestimmte vertragsrechtliche Aspekte des Online-Warenhandels und anderer Formen des Fernabsatzes von Waren, COM(2015) 635 final, S. 6f. Dies hat zu einer recht unübersichtlichen Rechtslage geführt, s. dazu bereits *Stürner*, JURA 2016, 884, 885f.

167 Richtlinie 2011/7/EU des Europäischen Parlaments und des Rates vom 16. Februar 2011 zur Bekämpfung von Zahlungsverzug im Geschäftsverkehr, ABl. (EU) L 48/1.

168 Art. 12 Abs. 3 Zahlungsverzugs-RL. Siehe dazu unten § 18 Rn. 45ff.

169 Dazu bereits *Drexl*, in: FS Heldrich, 2005, S. 67, 70ff.

170 Unterscheidung bei *Habersack/Mayer*, in: Riesenhuber, Europäische Methodenlehre, 3. Aufl. 2015, § 14 Rn. 5ff.; zur uneinheitlichen Terminologie *Mittwoch*, Vollharmonisierung und Europäisches Privatrecht, 2013, S. 157ff.

b) Erweiternde Umsetzung

Eine erweiternde Umsetzung von Richtlinien kommt durchaus häufig vor. Als vielleicht prominentestes Beispiel lässt sich wiederum die Umsetzung der Verbrauchsgüterkauf-Richtlinie im Jahre 2001 anführen. Die Richtlinie selbst gilt nur für Verträge zwischen Verbrauchern und gewerblich tätigen Verkäufern (Art. 1, Art. 2 Abs. 1 VGKRL). In einer Erweiterung des persönlichen Anwendungsbereichs der Richtlinie wurden die Vorgaben durch das Schuldrechtsmodernisierungsgesetz jedenfalls teilweise für sämtliche Kaufverträge umgesetzt. Überdies erfolgte auch in sachlicher Hinsicht insoweit eine überschießende Umsetzung, als die Systematik der Richtlinie für das allgemeine Leistungsstörungsrecht und im Wesentlichen auch für das Werkvertragsrecht übernommen wurde. Ebenfalls in personeller Hinsicht erweitert wurde der Anwendungsbereich verschiedener verbraucherschützender Richtlinien durch § 13 BGB, der auch für Personen gilt, die im Rahmen einer unselbstständigen, aber beruflichen Tätigkeit handeln. 90

Neuere Richtlinien verhalten sich teilweise explizit zu der Frage, ob der betreffende Rechtsakt eine Sperrwirkung auch außerhalb seines Anwendungsbereichs entfaltet. So erlaubt Erwägungsgrund Nr. 13 der Verbraucherrechte-Richtlinie eine überschießende Umsetzung der Richtlinie im mitgliedstaatlichen Recht[171] und nennt als Beispiel die Ausdehnung der Richtlinienvorgaben auf neu gegründete oder kleine und mittlere Unternehmen. 91

Eine Erweiterung in räumlicher Hinsicht kann vorliegen, wenn die Richtlinienvorgaben nur für grenzüberschreitende Sachverhalte gelten, der nationale Gesetzgeber indessen auch rein innerstaatliche Konstellationen mitregelt.[172] 92

In zeitlicher Hinsicht ist sowohl eine Vorverlagerung der Richtlinienwirkung denkbar, also eine Umsetzung der Vorgaben vor der im Rechtsakt bestimmten Frist, als auch eine Nachwirkung im Sinne einer Belassung der Umsetzungsnormen nach Außerkrafttreten einer Richtlinie. Beides dürfte praktisch jedenfalls im Privatrechtsbereich nur äußerst selten vorkommen. Eine Umsetzung vor Ablauf der meist zweijährigen Frist scheitert regelmäßig an den innerstaatlichen Abläufen. Und die zeitliche Nachwirkung hat deswegen keine Relevanz, weil das Außerkrafttreten von Richtlinien regelmäßig mit der Überführung in neue Rechtsakte verbunden ist.[173] Zu beachten ist, dass Richtlinien nach Inkrafttreten, aber vor Ablauf der Umsetzungsfrist, nach der Rechtsprechung des EuGH bereits eine Vorwirkung zukommt, die sich allerdings in einer Art Frustrationsverbot erschöpft.[174] 93

---

171 Wo das nicht der Fall ist, muss die Frage im Wege der Auslegung geklärt werden, s. zur ebenfalls vollharmonisierenden VerbrKr-RL II EuGH, 12.7.2012, Rs. C-602/10 – *Volksbank România*, WM 2012, 2049, Rn. 40.

172 Zu einem – nicht mehr aktuellen – Beispiel aus dem Recht der Zahlungsdienste *Habersack/Mayer*, in: Riesenhuber, Europäische Methodenlehre, 3. Aufl. 2015, § 14 Rn. 9.

173 So etwa hinsichtlich der Überführung der Fernabsatz-Richtlinie und der Haustürwiderrufs-Richtlinie in die Verbraucherrechte-Richtlinie.

174 Siehe bereits Rn. 18.

c) Inhaltliche Übererfüllung

94 Von den eben beschriebenen Konstellationen unterscheiden sich die Fälle der inhaltlichen Übererfüllung, teilweise auch als modifizierende überschießende Umsetzung bezeichnet, dadurch, dass sich der mitgliedstaatliche Gesetzgeber hierbei innerhalb des Anwendungsbereichs der Richtlinie bewegt, aber deren Vorgaben übererfüllt. Bei mindestharmonisierenden Richtlinien kommt dies durchaus häufig vor. So hatte die alte Haustürwiderrufs-Richtlinie in Art. 5 Abs. 1 eine Widerrufsfrist von sieben Tagen vorgesehen; ebenso lauteten die Vorgaben in Art. 6 Abs. 1 Fernabsatz-Richtlinie. Mit der Umsetzung jener Richtlinie setzte der deutsche Gesetzgeber die Widerrufsfrist für beide Vertriebsformen einheitlich auf vierzehn Tage fest.[175] Dies stand ihm deswegen frei, weil beide Richtlinien die Einführung verbraucherfreundlicherer Vorschriften im mitgliedstaatlichen Recht erlaubten.

95 Schwieriger zu beurteilen sind solche Modifikationen indessen bei vollharmonisierenden Richtlinien.[176] Hier gilt das bereits oben Gesagte: Für jeden Rechtsakt ist durch Auslegung zu klären, ob und inwieweit er eine Übererfüllung der Vorgaben zulässt. Teilweise werden im Rahmen der „gezielten" Vollharmonisierung solche Bereiche festgelegt. So erlaubt Art. 8 Abs. 6 VRRL die Einführung einer obligatorischen Rückbestätigung bei telefonisch geschlossenen Fernabsatzverträgen durch den mitgliedstaatlichen Gesetzgeber.[177]

96 In anderen Fällen besteht diesbezüglich große Unsicherheit. So hatte Frankreich im Zuge der Umsetzung der Produkthaftungs-Richtlinie in Art. 3 des Gesetzes Nr. 98–389 vom 19. Mai 1998 über die Haftung für fehlerhafte Produkte u. a. Schäden unter 500 € aufgenommen. Art. 9 lit. b der Richtlinie sieht aber einen Selbstbehalt von 500 € vor. Die Kommission leitete daraufhin ein Vertragsverletzungsverfahren gegen Frankreich ein.[178] Entscheidende Bedeutung kommt hier der Frage zu, ob der in der Richtlinie normierte Selbstbehalt zwingend ist oder nicht. Dies hängt von dem mit dem Rechtsakt verfolgten Ziel ab: Geht es in erster Linie um den Schutz des Rechtsverkehrs vor fehlerhaften Produkten, dann wäre eine Übererfüllung der Richtlinienvorgaben aus teleologischer Sicht unproblematisch. Gute Gründe sprächen dann dafür, dass die Richtlinie auch im Sinne des Subsidiaritätsgrundsatzes dem Prinzip der Mindestharmonisierung folgt. Verfolgt die Produkthaftungs-Richtlinie indessen vorrangig marktsteuernde Ziele, so könnte die Übererfüllung der Vorgaben durch das französische Umsetzungsgesetz zu ungleichen Voraussetzungen der Wettbewerber im Binnenmarkt führen: Unternehmer im Geltungsbereich des französischen Umsetzungs-

175 Durch das Gesetz über Fernabsatzverträge und andere Fragen des Verbraucherrechts sowie zur Umstellung von Vorschriften auf Euro vom 27. Juni 2000, BGBl. I, S. 897.

176 Dazu eingehend *Riehm*, JZ 2006, 1035.

177 Ähnlich auch Art. 9 Abs. 3 S. 2 VRRL; weitere Beispiele bei *Mittwoch*, Vollharmonisierung und Europäisches Privatrecht, 2013, S. 33 ff.

178 Nach EuGH, 25.4.2002, Rs. C-52/00 – *Kommission ./. Frankreich*, Slg. 2002, I-3856.

gesetzes[179] wären benachteiligt, da sie die volle Haftung träfe, während in allen anderen Fällen der Selbstbehalt griffe. Dem trat der EuGH bei.[180] Aus der Tatsache, dass die Richtlinie keine ausdrückliche Mindestharmonisierungsklausel enthalte, folge ihr abschließender und zwingender Charakter. Auch sei ihr primärer Zweck, einheitliche Regelungen zu schaffen und unverfälschten Wettbewerb zu garantieren. Auch insoweit sei eine Übererfüllung aus teleologischen Gründen nicht zuzulassen.

2. Auslegung des überschießend umsetzenden Teils des nationalen Rechts

Die Pflicht zur Beachtung und Durchsetzung der Vorgaben des Unionsrechts (Art. 291 **97**
Abs. 1 AEUV) trifft nicht nur den Gesetzgeber, sondern schlechthin alle Staatsorgane. So haben auch die Gerichte dafür zu sorgen, dass das mitgliedstaatliche Recht soweit methodisch möglich unionsrechtskonform ausgelegt und angewendet wird.[181] Zu klären ist nun, wie die Judikative mit Rechtsmaterien umgeht, die nicht auf direkten Vorgaben des Unionsrechts beruhen.

a) Die Beachtung europäischer Rechtsentwicklungen durch nationale Gerichte

Zunächst ist zu beobachten, dass sich in der Rechtsprechung des BGH zumindest eine **98**
gewisse Sensibilität für europarechtliche Entwicklungen zeigt, auch wenn diese nicht von direkter Relevanz für den zu beurteilenden Sachverhalt sein sollten. Dies zeigt etwa der folgende Beispielssachverhalt, der in ähnlicher Art und Weise einer Entscheidung des BGH zugrunde lag:[182]

Die Hochzeitsgesellschaft des frisch vermählten Ehepaars Müller feiert in der **99**
Gaststätte „Zum blauen Ochsen“, die von Starkoch Winzigmann betrieben wird. Nach dem Essen erkranken sowohl das Hochzeitspaar als auch ein Teil ihrer Gäste an einer Salmonellenvergiftung. Eine Untersuchung ergibt, dass der Nachtisch mit Salmonellen befallen war. Es lässt sich aber nicht nachweisen, ob dies für Winzigmann erkennbar war und ob die Salmonellenvergiftung zweifelsfrei durch den Nachtisch herbeigeführt worden ist. Das Ehepaar Müller nimmt Winzigmann u. a. auf Zahlung eines angemessenen Schmerzensgeldes in Anspruch. Zu Recht?

Mögliche Anspruchsgrundlagen sind Vertrag (§§ 280 Abs. 1 S. 2, 253 Abs. 2 BGB **100**
i. V. m. dem Bewirtungsvertrag) sowie Delikt (§§ 823, 253 Abs. 2 BGB bzw. §§ 1, 8 S. 2 ProdHG). Als problematisch erweist sich hier allein der Nachweis des Verschuldens bezüglich der Mangelhaftigkeit des Essens. Es fragt sich, wer das Risiko der Unauf-

---

179 Die darin liegende kollisionsrechtliche Problematik soll hier ausgeklammert werden, siehe dazu Art. 5 Rom II-VO.

180 EuGH, 25.4.2002, Rs. C-52/00 – *Kommission ./. Frankreich*, Slg. 2002, I-3856, Rn. 16ff.

181 EuGH, 5.10.2004, Rs. C-397/01 bis C-403/01 – *Pfeiffer*, Slg. 2004, I-8835, Rn. 115. Zur richtlinienkonformen Rechtsanwendung bereits *Stürner*, JURA 2017, 777.

182 Nach BGHZ 116, 104.

klärbarkeit trägt. Nach den allgemeinen Regeln trifft dies hier die Kläger. Wendet man die heute geltenden Rechtsnormen an, so greift jedenfalls die verschuldensunabhängige Haftungsnorm des § 1 ProdHG, die über den 2002 geänderten § 8 ProdHG auch einen Schmerzensgeldanspruch beinhaltet. Für den vertraglichen Anspruch hilft § 280 Abs. 1 S. 2 BGB. Schließlich kommt den Klägern auch die Beweislastumkehr im Rahmen der deliktischen Produzentenhaftung zu Hilfe.[183]

101 Nach seinerzeit geltender Rechtslage – der vom BGH entschiedene Fall trug sich 1989 zu – bestand jedoch eine Reihe von Unterschieden: (1) Das ProdHG war noch nicht in Kraft getreten; (2) ein Schmerzensgeldanspruch bestand nach § 847 BGB a. F. nur für deliktische, nicht aber für vertragliche Ansprüche, und (3) eine Beweislastumkehr für die Produzentenhaftung hatte der BGH zuvor nur für industriemäßige Fabrikation anerkannt. Die Kläger drohten also, mit ihrer Klage zu scheitern, obwohl die Berechtigung der Ansprüche eigentlich auf der Hand lag. Die zu beurteilende Sachverhaltskonstellation nahm der BGH daher zum Anlass, letztere auch auf Kleinbetriebe wie den hier vorliegenden auszudehnen, da deren ratio – die Unüberschaubarkeit des Produktionsprozesses – unabhängig von der Betriebsgröße gelte. In systematischer Hinsicht verwies der BGH darauf, dass das auf den Fall ratione temporis noch nicht anwendbare ProdHG[184] ebenfalls keine Unterscheidung zwischen Groß- und Kleinbetrieben kenne. Der Senat folgerte daraus:[185] „Im Hinblick auf diese EG-einheitliche Regelung erscheint es nicht angebracht, für den Bereich der immateriellen Schäden, die vom Produkthaftungsgesetz nicht erfaßt werden[186] und daher nach den zu § 823 Abs. 1 BGB entwickelten Grundsätzen zu behandeln sind, zwischen Groß- und Kleinbetrieben zu differenzieren."

102 Solche Beispiele sind indessen ähnlich selten wie die Verwendung rechtsvergleichender Argumente bei der Normauslegung durch Gerichte.[187]

b) Auslegung bei überschießender Umsetzung

103 Größere praktische Relevanz kommt indessen der Frage zu, wie Normen auszulegen sind, die auf einer überschießenden Umsetzung von Richtlinien beruhen.[188] Aus Sicht des Unionsrechts besteht keine Pflicht zur richtlinienkonformen Auslegung des überschießend umgesetzten Teils aus Art. 288 Abs. 3 AEUV, Art. 4 Abs. 3 EUV.[189] Wohl

---

183 Seit BGHZ 51, 91, 102 (*Hühnerpest*); zur Entwicklung MüKo-BGB/*G. Wagner*, 8. Aufl. 2020, § 823 Rn. 1014.

184 Das Produkt war hier vor Inkrafttreten des ProdHG am 1.1.1990 in den Verkehr gebracht worden (§§ 16, 19 ProdHG).

185 BGHZ 116, 104, 110 f.

186 Siehe nun § 8 S. 2 ProdHG.

187 Näher *Kischel*, Rechtsvergleichung, 2015, § 2 Rn. 72 ff.

188 Dazu aus jüngerer Zeit auch *Kuhn*, EuR 2015, 216; *Mittwoch*, JuS 2017, 296.

189 Siehe bereits *Stürner*, JURA 2017, 777.

aber hat der EuGH wiederholt ausgeführt, dass ein klares Interesse der EU daran bestehe, dass die aus dem Gemeinschaftsrecht übernommenen Bestimmungen und Begriffe unabhängig davon, unter welchen Voraussetzungen sie angewandt werden sollen, einheitlich ausgelegt werden, um künftige Auslegungsunterschiede zu verhindern.[190] Dagegen kann und muss die europarechtliche Herkunft der Regelung jedenfalls nach Maßgabe der nationalen Auslegungsregeln berücksichtigt werden.

So kann eine Beachtung der Richtlinienvorgaben für den überschießend umge- 104
setzten Teil angezeigt sein, wenn dies geboten erscheint, um Widersprüche und Rechtszersplitterung im nationalen Recht zu verhindern. Dafür spricht der Wille des Gesetzgebers, der bewusst den Regelungszusammenhang der Richtlinie als Vorbild für das nationale Gesetz gewählt hat. Daher ist vor allem bei historischer, aber auch nach teleologischer und systematischer Auslegung eine Beachtung der Richtliniennähe wohl zwingend. Doch liegt jeder Einzelfall anders, wie die folgenden Beispiele zeigen.

Zunächst ist die Problematik aus der *Quelle*-Entscheidung des EuGH[191] ohne Ver- 105
braucherbeteiligung („B2B") zu betrachten, wie sie folgender Beispielsfall illustriert: Albert betreibt ein Restaurant. Er erwirbt bei der Media AG ein Profi-Herd-Set. Nach etwa einjähriger Nutzung stellt er fest, dass die Beschichtung der Herdplatten abzuplatzen beginnt. Die Media AG stellt Albert daraufhin ein neues Herd-Set zur Verfügung, verlangt aber für die Dauer der Nutzung eine Entschädigung in Höhe von 1000 €.

Es fragt sich, ob ein Anspruch der Media AG auf Nutzungsersatz aus §§ 439 Abs. 5, 106
346 Abs. 1, Abs. 2 Nr. 1 BGB besteht. Die tatbestandlichen Voraussetzungen liegen vor. Auch ist Albert hier unzweifelhaft kein Verbraucher, sodass die Einschränkungen, die für den Verbraucherkauf in § 475 Abs. 3 S. 1 BGB bestehen, jedenfalls bei erster Betrachtung hier nicht greifen.[192] Doch könnte der legislatorische Hintergrund der Regelungen des Kaufrechts eine andere Einschätzung rechtfertigen. Die genannte Regelung wurde als Reaktion auf die *Quelle*-Entscheidung des EuGH vom 17. April 2008 eingefügt. Bei einer hypothetischen Betrachtung ohne die Norm wäre zu fragen, ob die dort aufgestellten Grundsätze – kein Nutzungsersatz bei Nacherfüllung in Verbraucherverträgen – auch für andere Verträge gelten.

Nachdem der Schuldrechtsmodernisierungs-Gesetzgeber die Verbrauchsgüter- 107
kauf-Richtlinie überschießend (erweiternd) umgesetzt hat, nämlich auch B2B-Geschäfte einbezogen und die Systematik der Richtlinie bewusst auf alle Kaufverträge übertragen hat, erschiene eine gespaltene Auslegung hier zunächst systemfremd und vom historischen Gesetzgeber nicht gewollt. Auch teleologische Argumente sprechen dagegen, hier insbesondere die Wertung des § 446 S. 2 BGB, wonach die Nutzungen

---

190 EuGH, 17.7.1997, Rs. C-28/95 – *Leur-Bloem*, Slg. 1997, I-4161, Rn. 27, 32; EuGH, 17.10.2013, Rs. C-184/12 – *Unamar*, IPRax 2014, 174, Rn. 31; näher dazu auch im Kontext der Vorlagepflicht unten Rn. 115 sowie § 35 Rn. 29 ff.

191 EuGH, 17.4.2008, Rs. C-404/06 – *Quelle*, Slg. 2008, I-2685.

192 S. zur Lösung dieses Falles in der B2C-Konstellation oben Rn. 43 ff.

nach Gefahrübergang beim Käufer bleiben sollen. Andererseits hat der Gesetzgeber mittlerweile durch § 475 Abs. 3 S. 2 BGB klargestellt, dass eine Trennung zwischen Verbraucher- und Unternehmerkauf gewollt ist. Dies spricht deutlich für eine gespaltene Auslegung.

108 Ebenfalls recht klar liegt die weitere Variante des *Quelle*-Falles:[193] Klaus hat bei der Car-World GmbH einen gebrauchten PKW erworben. Nachdem er einige Zeit damit gefahren ist, stellt sich heraus, dass der Wagen bereits 100.000 km mehr gelaufen ist als auf dem Zähler angegeben. Daraufhin tritt Klaus vom Vertrag zurück und verlangt Rückzahlung des Kaufpreises. Die Car-World GmbH macht im Gegenzug Ansprüche auf Nutzungsersatz geltend, da Klaus – was zutrifft – 5000 km mit dem Wagen gefahren sei. Zu Recht?[194]

109 Der Car-World GmbH könnte ein Anspruch auf Nutzungswertersatz aus §§ 437 Nr. 2, 440, 323, 346 Abs. 1, Abs. 2 Nr. 1 BGB wegen der Gebrauchsvorteile (§ 100 BGB) des Fahrzeugs während der Besitzzeit zustehen. Die tatbestandlichen Voraussetzungen sind an sich gegeben. Allerdings könnte dem wiederum die *Quelle*-Rechtsprechung des EuGH entgegenstehen. Das würde allerdings voraussetzen, dass die Verbrauchsgüterkauf-Richtlinie den vorliegenden Fall sachlich erfasst. Unmittelbare Geltung hat die *Quelle*-Entscheidung nur für die Frage des Nutzungsersatzes bei Nacherfüllung. Vorliegend geht es aber um die Rückabwicklung des Kaufvertrags, bei der der Käufer den Kaufpreis (einschließlich Zinsen) zurückerhält. Der 15. Erwägungsgrund zur VGKRL gestattet es den Mitgliedstaaten ausdrücklich, die Benutzung der vertragswidrigen Ware im Falle der Vertragsauflösung zu berücksichtigen.[195]

110 Auch aus der Sicht des deutschen Rechts erfordert der Gedanke der Systemkohärenz keine Gleichbehandlung von Rücktritt und Nachlieferung, dafür spricht jedenfalls die Neufassung von § 475 Abs. 3 BGB:[196] Mit dieser Sonderregelung hat der Gesetzgeber gerade zu verstehen gegeben, dass er zwischen den verschiedenen Kategorien des kaufrechtlichen Gewährleistungsrechts differenzieren möchte. Eine Analogiebildung kommt angesichts der unterschiedlichen Auswirkungen von Rücktritt und Nacherfüllung nicht in Betracht: Während ersterer zu einer vollständigen Rückabwicklung führt, bei dem auch der Käufer die von ihm erbrachte Leistung (Kaufpreis) nebst Nutzungen (Zinsen) zurückerhält, belastet der Nutzungsersatz den Käufer nur einseitig.

---

193 Nach BGHZ 182, 241; dazu *Höpfner*, NJW 2010, 127; *Lieder*, JURA 2010, 612.

194 Gewisse Parallelen weist diese Fallkonstellation zu den sog. Diesel-Fällen auf. Auch hier stehen dem Verkäufer nach Rücktritt des Käufers Nutzungsersatzansprüche zu. Die Frage stellt sich in ähnlicher Weise im Rahmen des Deliktsrechts im Rahmen der Ansprüche aus § 826 BGB gegen den Hersteller Volkswagen. Diesbezüglich hat der BGH eine Anrechnung der gezogenen Nutzungen nach den Grundsätzen der Vorteilsausgleichung bejaht, BGH WM 2020, 1078 Rn. 64 ff.

195 In diesem Sinne auch EuGH, 17.4.2008, Rs. C-404/06 – *Quelle*, Slg. 2008, I-2685, Rn. 38 f.

196 Zu weitergehenden Fragen des Verhältnisses zwischen Rücktritt und Schadensersatz *Höpfner*, NJW 2010, 127, 129 f.; *Lieder*, JURA 2010, 612, 615 ff.

111 Auch bezüglich der Haftung des Käufers für Aus- und Einbaukosten im Rahmen der Nacherfüllung stellt sich die Frage, ob sich die für Verbraucherverträge vom EuGH in der Entscheidung *Weber/Putz* postulierte Kostenübernahme[197] durch den Verkäufer auf andere als Verbrauchergeschäfte übertragen lässt. Im Ausgangspunkt hat der BGH im Vorlagebeschluss erkennen lassen, dass der Nacherfüllungsanspruch aus § 439 Abs. 1 Alt. 2 BGB lediglich das Äquivalenzinteresse des Käufers betrifft, Aus- und Einbaukosten hingegen dessen Integritätsinteressen berühren und somit allenfalls im Wege eines Schadensersatzanspruchs ersatzfähig wären.[198] Die gegenteilige Ansicht des EuGH führte dann zu einer – methodisch nicht zweifelsfreien – richtlinienkonformen Auslegung des § 439 Abs. 1 Alt. 2 BGB im Anschlussurteil des BGH.[199] In Ermangelung einer Spezialregelung für Aus- und Einbaukosten in Verbraucherverträgen nach dem Vorbild des § 474 Abs. 5 S. 1 BGB sprachen hier aus systematischer Sicht gute Gründe für eine einheitliche Auslegung des § 439 Abs. 1 Alt. 2 BGB.[200] Dieser Lösung ist der Gesetzgeber mit Wirkung zum 1. Januar 2018 gefolgt. Danach wurde durch den nunmehr geltenden § 439 Abs. 3 S. 1 BGB eine Ersatzpflicht des Verkäufers – auch für andere als Verbraucherverträge – im Sinne der EuGH-Rechtsprechung im Gesetz verankert.[201] Der Anspruch ist nach dem neuen § 439 Abs. 3 S. 2 BGB nur dann ausgeschlossen, wenn der Käufer bei Einbau bzw. Anbringen bezüglich des Mangels bösgläubig war. Der Austausch der mangelhaften Sache selbst hingegen wird vom Verkäufer nicht geschuldet.[202]

112 Klar zugunsten einer Einheitlichkeit der Auslegung hat sich der BGH allerdings zu Recht in Bezug auf den in § 13 BGB verwendeten Verbraucherbegriff ausgesprochen:[203] Die in den Folgeentscheidungen zu den EuGH-Beschlüssen in den Rechtssachen *Quelle* sowie *Weber/Putz* gefundenen richtlinienkonforme Ergebnisse erheischen Geltung nicht nur für den Verbraucherbegriff der Verbrauchsgüterkauf-Richtlinie, sondern auch innerhalb des Anwendungsbereichs des § 13 BGB, der wie ausgeführt[204] etwas weiter gefasst ist als im Richtlinienrecht. Diesbezüglich bestehen keinerlei Differenzierungen etwa in Form von Sonderregelungen für Personen, die im Rahmen einer unselbstständigen, aber beruflichen Tätigkeit handeln, sodass der Wille zur Einheitlichkeit auch bei der Auslegung maßgeblich sein muss.

---

197 EuGH, 16.6.2011, verb. Rs. C-65/09 und C-87/09 – *Weber und Putz*, Slg. 2011, I-5257; dazu bereits oben Rn. 62ff.

198 BGH NJW 2009, 1660, Rn. 11f.

199 BGHZ 192, 148, Rn. 26; dazu oben Rn. 71f.

200 Dafür *G. Wagner*, ZEuP 2016, 87, 116ff.

201 Durch das Gesetz zur Reform des Bauvertragsrechts, zur Änderung der kaufrechtlichen Mängelhaftung etc. vom 28.4.2017, BGBl. I, S. 969.

202 Zur Reform *Markworth*, JURA 2018, 1; *Picht*, JZ 2017, 807; *Faust*, ZfPRW 2017, 250.

203 BGHZ 192, 148, Rn. 44; ebenso bereits BGHZ 179, 27, Rn. 27.

204 Oben § 2 Rn. 23ff.

113 Weitere Beispiele in beide Richtungen lassen sich leicht finden.[205] Eine Vermutung zugunsten einer einheitlichen Auslegung wird sich in dieser Allgemeinheit daher nicht postulieren lassen.[206] Entscheidend muss vielmehr sein, wie wichtig dem Gesetzgeber in jedem konkreten Einzelfall die Gleichbehandlung der in- und außerhalb des Anwendungsbereichs der Richtlinie liegenden Fallkonstellationen war.[207] Dies lässt sich in erster Linie an seinem eigenen Regelungsprogramm messen. Wurden etwa wie in den §§ 474 ff. BGB Sonderregeln eingeführt, so lässt sich eine Einheitlichkeit der Auslegung nur schwer begründen.

c) Überschießende Berücksichtigung von Richtlinienvorgaben

114 Schließlich kann die Berücksichtigung von Richtlinienvorgaben auch dazu führen, dass die Norm eines mitgliedstaatlichen Rechts überschießend ausgelegt wird, obwohl sie ihrerseits keine überschießende Umsetzung darstellt. So hat der BGH die Frage der Reichweite der Vermutungswirkung des § 476 BGB nicht nur im Lichte der *Faber*-Entscheidung des EuGH[208] ausgedehnt,[209] er hat sie auch auf die von der Verbrauchsgüterkauf-Richtlinie nicht erfassten Schadensersatzansprüche ausgeweitet.[210] Als Begründung diente dafür der Plan des Gesetzgebers, der § 476 BGB generell für alle in § 437 BGB angeführten Gewährleistungsrechte angewendet wissen wollte; Sondervorschriften wie § 475 Abs. 3 BGB a. F.[211] fehlten hier.[212]

d) Vorlage zum EuGH?

115 Ein an dieser Stelle nicht zu vertiefendes Sonderproblem stellt sich in institutioneller Hinsicht: Für alle Zweifelsfragen bezüglich der Auslegung von EU-Rechtsakten entscheidet der EuGH verbindlich (Art. 267 AEUV).[213] Es fragt sich, ob die Vorlagemög-

---

205 Etwa zur Formfreiheit von Beschaffenheitsvereinbarungen in BGH NJW 2015, 1815, dazu *Baldus/Raff*, GPR 2017, 71 („Musterbeispiel gespaltener Auslegung"); zur einheitlichen Auslegung des § 89b HGB auch außerhalb des Anwendungsbereichs der Handelsvertreter-RL in BGH WM 2020, 2386, Rn. 34 ff.; siehe weiter *Kuhn*, EuR 2015, 216, 229 ff.; *Kornblum/Stürner*, Fälle zum Allgemeinen Schuldrecht, 8. Aufl. 2017, Fall 20; *Jäger*, Überschießende Richtlinienumsetzung im Privatrecht, 2006, S. 83 ff.

206 So *Habersack/Mayer*, in: Riesenhuber, Europäische Methodenlehre, 3. Aufl. 2015, § 14 Rn. 41 ff., dies allerdings sogleich relativierend.

207 *Kuhn*, EuR 2015, 216, 235 ff.

208 EuGH, 4.6.2015, Rs. C-497/13 – *Faber*, NJW 2015, 2237, Rn. 70 ff. Siehe dazu noch unten § 22 Rn. 52 f.

209 BGH NJW 2017, 1093 Rn. 28 ff.; dazu *Gsell*, JZ 2017, 576; *Gutzeit*, JuS 2017, 357; *Muthorst*, GPR 2017, 222; *Stürner*, JURA (JK) 2017, S. 359, § 476 BGB.

210 BGH NJW 2017, 1093, Rn. 53.

211 In der Fassung bis 1.1.2018; danach § 476 Abs. 3 BGB n.F.

212 Kritisch *Gsell*, JZ 2017, 576, 579 f.

213 Zum Vorlageverfahren näher § 35 Rn. 11 ff.

lichkeit auch in Bezug auf Auslegungsfragen besteht, die im Zusammenhang mit überschießend umgesetzten Normen des mitgliedstaatlichen Rechts auftreten.[214] Eine enge Sichtweise würde dies verneinen, da sich die relevante Rechtsfrage außerhalb des Anwendungsbereichs von Unionsrecht stellt.[215] Der EuGH allerdings lässt die Vorlage bei überschießender Umsetzung zu, sofern das Kriterium der Entscheidungserheblichkeit zu bejahen ist.[216] Das liegt sicherlich in dem Anspruch begründet, über die Einheitlichkeit der Auslegung von Unionsrecht auch in den Randbereichen zu wachen. Ob der Rechtsfrage Entscheidungserheblichkeit beizumessen ist, beurteilt in erster Linie das vorlegende Gericht. Der EuGH weist nur offensichtlich hypothetische Fragen zurück.[217]

VII. Umsetzungsmängel und ihre Folgen

Literatur: *Baldus*, Horizontale Direktwirkung von Richtlinien: Auf des Luxemburger Lieferwagens Ladefläche?, GPR 2018, 55; *Mörsdorf*, Unmittelbare Anwendung von EG-Richtlinien zwischen Privaten, EuR 2009, 219

1. Ausgangspunkt

Art. 4 Abs. 3 EUV sowie Art. 288 Abs. 3 AEUV verpflichten die Mitgliedstaaten zur **116**
fristgerechten, inhaltlich korrekten Umsetzung einer Richtlinie. Hinsichtlich der Effektivität dieser Verpflichtung kommt entscheidende Bedeutung der Frage zu, inwieweit deren unterbliebene oder nur unzureichende Erfüllung Konsequenzen nach sich zieht.

2. Ausnahmsweise: vertikale Direktwirkung

In erster Linie läge es nahe, als Konsequenz von Umsetzungsmängeln die Richtlini- **117**
enwirkungen unmittelbar eintreten zu lassen. Dies hätte zur Folge, dass sich Private direkt auf die Richtlinie berufen könnten, obwohl Adressaten nur die Mitgliedstaaten sind. Umsetzungsmängel wären mithin letztlich unerheblich. Doch stünde dies zu-

214 Dazu eingehend *Gsell*, in: Gsell/Hau (Hrsg.), Zivilgerichtsbarkeit und Europäisches Justizsystem, 2012, S. 123, 136f.

215 Daher gegen eine Vorlagepflicht *Habersack/Mayer*, JZ 1999, 913; *Mayer/Schürnbrand*, JZ 2004, 551.

216 EuGH, 7.1.2003, Rs. C-306/99 – *BIAO*, Slg. 2003, I-1, Rn. 88ff.; zuvor bereits EuGH, 17.7.1997, Rs. C-28/95 – *Leur-Bloem*, Slg. 1997, I-4161, Rn. 30ff. In der Literatur findet dies Zustimmung, etwa *Drexl*, in: FS Heldrich, 2005, S. 67, 83ff.; *Hess*, RabelsZ 66 (2002), 471, 484ff.

217 EuGH, 17.4.2008, Rs. C-404/06 – *Quelle*, Slg. 2008, I-2685, Rn. 18ff.; EuGH, 13.3.2001, Rs. C-379/98 – *PreussenElektra*, Slg. 2001, I-2099, Rn. 38.

nächst in einem gewissen Widerspruch zu Art. 288 Abs. 3 AEUV, der gerade einen Umsetzungsakt voraussetzt. Allerdings wäre die praktische Wirksamkeit (effet utile) des Unionsrechts geschmälert, wollte man die Umsetzung in diesem Sinne letztlich in das Belieben der Mitgliedstaaten stellen. Auch verhielte sich ein Mitgliedstaat widersprüchlich, wenn er einerseits gegen seine Pflichten aus Unionsrecht verstößt, andererseits sich gegenüber entsprechenden Klagen der Bürger genau mit dieser Säumnis verteidigt (Gedanke der Treuwidrigkeit). Schließlich ginge das Unterlassen des betreffenden Mitgliedstaates unter Umständen zu Lasten der Bürger, denen in vielen Fällen mittels der Richtlinie Rechtspositionen zugebilligt werden sollen.

118 Mit diesem Ansatz hatte sich der EuGH etwa in der Rechtssache *Van Duyn* zu befassen.[218] In dem diesem zugrunde liegenden Rechtsstreit wollte Frau van Duyn, eine niederländische Staatsbürgerin, in Großbritannien als Sekretärin der Church of Scientology arbeiten und stützte sich dabei auf die Arbeitnehmerfreizügigkeit. Die der näheren Ausgestaltung dieser Grundfreiheit dienende Richtlinie 64/221/EWG[219] statuierte in ihrem Artikel 3 wie folgt: „(1) Bei Maßnahmen der öffentlichen Ordnung oder Sicherheit darf ausschließlich das persönliche Verhalten der in Betracht kommenden Einzelpersonen ausschlaggebend sein." Diese Vorschrift war in Großbritannien nicht umgesetzt worden; Frau van Duyn war die Einreise wegen ihren Verbindungen zur Church of Scientology verweigert worden. Zu klären war nun, ob sich Frau van Duyn direkt auf die Richtlinie und die ihr günstige Bestimmung berufen konnte. Der EuGH bejahte diese Frage im Grundsatz und stützte sich vor allem auf die praktische Wirksamkeit (effet utile) der Richtlinie; es sei in jedem Einzelfall zu prüfen, ob die einschlägige Bestimmung nach Rechtsnatur, Systematik und Wortlaut geeignet sei, unmittelbare Rechtswirkungen zwischen einem Einzelnen und einem Mitgliedstaat zu begründen.[220] Für den genannten Art. 3 Abs. 1 der Richtlinie 64/221/EWG bejahte der EuGH dies.[221]

119 Folgende Voraussetzungen der vertikalen Direktwirkung einer Richtlinie im Verhältnis zwischen Staat und Privatperson haben sich in mittlerweile gefestigter Rechtsprechung herausgebildet:[222]

– Ablauf der Umsetzungsfrist[223]
– Keine oder jedenfalls keine vollständige Umsetzung der Richtlinie[224]

---

218 EuGH, 4.12.1974, Rs. C-41/74, Slg. 1974, 1337.
219 Richtlinie 64/221/EWG des Rates vom 25. Februar 1964 zur Koordinierung der Sondervorschriften für die Einreise und den Aufenthalt von Ausländern, soweit sie aus Gründen der öffentlichen Ordnung, Sicherheit oder Gesundheit gerechtfertigt sind, ABl. Nr. 56 v. 4.4.1964, S. 850.
220 EuGH, 4.12.1974, Rs. C-41/74 – *van Duyn*, Slg. 1974, 1337, Rn. 12.
221 EuGH, 4.12.1974, Rs. C-41/74 – *van Duyn*, Slg. 1974, 1337, Rn. 13–15; siehe auch EuGH, 5.4.1979, Rs. 148/78 – *Ratti*, Slg. 1979, 1629, Rn. 22.
222 Übersicht über die einschlägigen Entscheidungen auch etwa in BGH RIW 2020, 297, Rn. 26.
223 Zur Vorwirkung von Richtlinien bereits oben Rn. 18.
224 EuGH, 26.2.1986, Rs. 152/84 – *Marshall I*, Slg. 1986, 723, Rn. 46.

– Die betreffende Vorschrift der Richtlinie ist inhaltlich unbedingt und hinreichend genau formuliert („self-executing")[225]

Nicht gänzlich geklärt ist, ob die betreffende Vorschrift dazu geeignet sein muss, dem Einzelnen Rechte einzuräumen. Dahin ging die frühere Rechtsprechung des EuGH,[226] die allerdings dieses Kriterium später nicht mehr explizit wiederholt hat.[227] Im Privatrecht besitzt die subjektive Betroffenheit ohnehin keine entscheidende Bedeutung. **120**

Diese vertikale Direktwirkung gilt gegenüber dem Staat, seinen Verwaltungsträgern sowie den sonstigen dezentralisierten Behörden und Stellen.[228] Doch auch weitere staatsnahe Einrichtungen sind von ihr erfasst. Eine Berufung auf die nach den oben genannten Kriterien aus einer Richtlinie folgenden Rechte kann auch gegenüber solchen Organisationen und Einrichtungen erfolgen, die dem Staat gleichzustellen sind, entweder weil sie juristische Personen des öffentlichen Rechts sind, oder weil sie jedenfalls dem Staat oder dessen Aufsicht unterstehen oder mit der Erfüllung einer im öffentlichen Interesse liegenden Aufgabe betraut und hierzu mit besonderen Rechten ausgestattet sind, die über diejenigen hinausgehen, die nach den Vorschriften für die Beziehungen zwischen Privatpersonen gelten.[229] **121**

Eine unmittelbare Anwendung von Richtlinienvorschriften, die Verpflichtungen von Privatpersonen enthalten, scheidet allerdings aus:[230] Hierdurch würde im Ergebnis jemand haftbar gemacht, der für die unterbliebene oder fehlerhafte Umsetzung keine Verantwortung trägt. Dies gilt vor allen Dingen für den Fall, dass sich der Staat gegenüber einem Bürger direkt auf eine Richtlinienbestimmung stützen wollte. Hier gilt in besonderem Maße das bereits erwähnte Verbot widersprüchlichen Verhaltens. **122**

3. Keine horizontale Direktwirkung

Dies leitet über zu der im Privatrecht eigentlich entscheidenden Frage nach der Geltung von Richtlinienbestimmungen zwischen Privatpersonen (sog. horizontale Direkt- **123**

---

225 EuGH, 5.4.1979, Rs. 148/78 – *Ratti*, Slg. 1979, 1629, Rn. 23. Näher dazu etwa *Ruffert*, in: Calliess/Ruffert, EUV/AEUV, 5. Aufl. 2016, Art. 288 AEUV Rn. 53ff.

226 Siehe EuGH, 19.1.1982, Rs. 8/81 – *Becker*, Slg. 1982, 55, Rn. 25: „...einzelne können sich auf diese Bestimmungen auch berufen, soweit diese Rechte festlegen, die dem Staat gegenüber geltend gemacht werden können."

227 Zur Entwicklung *Ruffert*, in: Calliess/Ruffert, EUV/AEUV, 5. Aufl. 2016, Art. 288 AEUV Rn. 66ff.

228 S. etwa EuGH, 7.8.2018, Rs. C-122/17 – *Smith/Meade*, ECLI:EU:C:2018:631, Rn. 45; EuGH, 6.11.2018, Rs. C-569/16 und C-570/16 – *Bauer und Broßonn*, ECLI:EU:C:2018:871, Rn. 71.

229 Grundlegend EuGH, 12.7.1990, Rs. C-188/89 – *Foster*, Slg. 1990, I-3313, Rn. 18ff.; s. weiter EuGH, 19.4.2007, Rs. C-356/05 – *Farrell I*, Slg. 2007, I-3067, Rn. 40; EuGH, 24.1.2012, Rs. C-282/10 – *Dominguez*, NJW 2012, 509, Rn. 39; EuGH, 10.10.2017, Rs. C-413/15 – *Farrell II*, ECLI:EU:C:2017:745, Rn. 33; EuGH, 7.8.2018, Rs. C-122/17 – *Smith/Meade*, ECLI:EU:C:2018:631, Rn. 45; EuGH, 6.9.2018, Rs. C-17/17 – *Hampshire*, ECLI:EU:C:2018:674, Rn. 54f.

230 EuGH, 26.2.1986, Rs. 152/84 – *Marshall I*, Slg. 1986, 723, Rn. 48.

wirkung oder Drittwirkung).[231] Der EuGH lehnt das ganz grundsätzlich ab. Nach wie vor grundlegend ist die Entscheidung des EuGH in der Rechtssache *Faccini Dori*:[232]

124 Frau Faccini Dori wird am Mailänder Hauptbahnhof von einem Vertreter der Firma Lingua Franca angesprochen, ob sie Englisch lernen wolle und schließt einen Vertrag über einen Englischkurs im Fernunterricht ab. Später widerruft sie per eingeschriebenen Brief. Lingua Franca verlangt dennoch Erfüllung und leitet das Mahnverfahren ein. Der zuständige Friedensrichter (giudice conciliatore) legt dem EuGH die Frage vor, ob aus der Haustürwiderrufs-Richtlinie ein Widerrufsrecht folge, obwohl diese zum fraglichen Zeitpunkt trotz Verstreichens der Umsetzungsfrist in Italien noch nicht umgesetzt worden war.

125 Der EuGH stützt sich bei der Argumentation gegen die horizontale Direktwirkung vor allem auf den Wortlaut des Art. 288 Abs. 3 AEUV, der sich ausdrücklich an die Mitgliedstaaten richtet und keine Verpflichtungen für Private enthält.[233] Überdies greife der zugunsten der vertikalen Direktwirkung ins Feld geführte Vorwurf der Treuwidrigkeit nicht, da nur Private betroffen seien.[234] Und schließlich könne eine Verpflichtung Privater ausschließlich durch die Verordnung herbeigeführt werden.[235] Die in der Literatur immer wieder geäußerten Gegenstimmen führen indessen den Gedanken des effet utile an, der insbesondere bei verbraucherschützenden Richtlinien eine horizontale Direktwirkung zugunsten der Verbraucher nach sich ziehen müsse.[236] Dieser Argumentation ist zuzugeben, dass die durch die nicht oder unzureichend umgesetzte Richtlinie benachteiligten Personen auf den Staatshaftungsanspruch[237] verwiesen werden, verneinte man die horizontale Direktwirkung. Die Belastung, die der EuGH gegenüber Privaten gerade vermeiden will, entsteht so eben auf indirektem Wege. Wiese man über die Horizontalwirkung das Risiko der Inanspruchnahme hingegen der Unternehmerseite zu, so wäre diese auf Staatshaftungsansprüche verwiesen – das hierin liegende Prozessrisiko scheint dort besser verortet als auf der Verbraucherseite.

126 Im Ergebnis sieht dies wohl auch der EuGH so, wenn er auch methodisch einen anderen Weg vorgibt. Formal hält der EuGH bis heute nach wie vor am Verbot der horizontalen Direktwirkung fest.[238] Faktisch werden aber durch die Verpflichtung der

---

231 Siehe bereits oben Rn. 16.

232 Nach EuGH, 14.7.1994, Rs. C-91/92 – *Faccini Dori*, Slg. 1994, I-3325, Rn. 19 ff.

233 EuGH, 14.7.1994, Rs. C-91/92 – *Faccini Dori*, Slg. 1994, I-3325, Rn. 22.

234 EuGH, 14.7.1994, Rs. C-91/92 – *Faccini Dori*, Slg. 1994, I-3325, Rn. 23.

235 EuGH, 14.7.1994, Rs. C-91/92 – *Faccini Dori*, Slg. 1994, I-3325, Rn. 24. Ebenso auch der BGH, s. etwa BGH RIW 2020, 297, Rn. 24 m.w.N.

236 Nachweise zum Meinungsstand bei *Ruffert*, in: Calliess/Ruffert, EUV/AEUV, 5. Aufl. 2016, Art. 288 AEUV Rn. 60.

237 Dazu noch unten § 36 Rn. 9 ff.

238 EuGH, 5.10.2004, Rs. C-397/01 bis C-403/01 – *Pfeiffer*, Slg. 2004, I-8835, Rn. 109; EuGH, 24.1.2012, Rs. C-282/10 – *Dominguez*, NJW 2012, 509, Rn. 42; EuGH, 15.1.2014, Rs. C-176/12 – *Association de médiation sociale*, ECLI:EU:C:2014:2, Rn. 36; EuGH, 7.8.2018, Rs. C-122/17 – *Smith/Meade*, RIW 2018, 674, Rn. 42 ff.

Mitgliedstaaten zur richtlinienkonformen Rechtsanwendung ähnliche Ergebnisse erzielt.[239] Der entscheidende Unterschied besteht allerdings darin, dass das jeweilige mitgliedstaatliche Recht im Rahmen seiner Methodenlehre darüber entscheidet, in welchem Umfang insbesondere eine richtlinienkonforme Fortbildung seines Rechts möglich ist.[240] So kann es durchaus vorkommen, dass es bei einem Richtlinienverstoß bleibt, weil das nationale Recht die richtlinienkonforme Lösung methodisch nicht zulässt. Bei einer horizontalen Direktwirkung würde sich die Richtlinie aber stets durchsetzen.[241] Dies zeigt etwa die Entscheidung in der Rechtssache *Heininger*:[242]

Das Ehepaar Heininger schloss zu Hause mit einem Vertreter der B-Bank einen Re- 127
alkreditvertrag ab. Jahre später widerriefen sie die auf Vertragsschluss gerichtete Willenserklärung. Fraglich war die Rechtsgrundlage eines möglichen Widerrufsrechts: Das im damals geltenden VerbrKrG enthaltene Widerrufsrecht war nicht auf Realkreditverträge anwendbar.[243] Das stand im Einklang mit europäischen Vorgaben, da die (erste) Verbraucherkredit-Richtlinie kein Widerrufsrecht vorschrieb, sondern dieses nur empfahl.[244] Da der Vertrag in einer Haustürsituation abgeschlossen worden war,[245] käme auch ein Widerrufsrecht nach dem HWiG a. F. in Betracht. Allerdings war dieses im Anwendungsbereich des VerbrKrG ausgeschlossen (§ 5 Abs. 2 HWiG a. F.), da der deutsche Gesetzgeber die Verbraucherkredit-Richtlinie als lex specialis zur Haustürwiderrufs-Richtlinie angesehen hatte. Im Ergebnis war damit nach deutschem Recht kein Widerrufsrecht gegeben. Allerdings war aus Sicht des damaligen Gemeinschaftsrechts zweifelhaft, ob die Vorgaben der Haustürwiderrufs-Richtlinie damit korrekt umgesetzt worden waren. Der EuGH hielt diese Richtlinie aus teleologischen Erwägungen heraus für anwendbar, auch wenn es sich hier um einen Realkreditvertrag handelte: „Der Schutz, der dem Verbraucher gewährt wird, der einen solchen Vertrag außerhalb der Geschäftsräume des Gewerbetreibenden geschlossen hat, wird aber nicht dadurch entbehrlicher, dass der Kreditvertrag durch ein Grundpfandrecht abgesichert wird."[246] Für einen Vorrang der Verbraucherkredit-Richtlinie vor der Haustürwiderrufs-Richtlinie fand der EuGH keinen normativen Anhaltspunkt,[247] sodass dem Ehepaar Heininger aus

---

239 EuGH, 22.11.2005, Rs. C-144/04 – *Mangold*, Slg. 2005, I-9981 sowie EuGH, 19.1.2010, Rs. C-555/07 – *Kücükdeveci*, Slg. 2010, I-365.

240 Angesichts der jüngeren Tendenzen, einzelnen Bestimmungen der Grundrechtecharta horizontale Direktwirkung zuzubilligen, lässt sich auch diesbezüglich von einer unmittelbaren Drittwirkung von Richtlinien durch die Hintertür sprechen, s. näher oben § 7 Rn. 57 ff.

241 Dazu oben Rn. 81 ff.

242 Nach EuGH, 13.12.2001, Rs. C-481/99 – *Heininger*, Slg. 2001, I-9945; siehe nachfolgend BGH NJW 2002, 1881 und NJW 2004, 2744.

243 Siehe heute § 495 BGB.

244 Anders die revidierte Verbraucherkredit-Richtlinie 2008/48/EG (dort Art. 14).

245 Heute besteht das Widerrufsrecht bei sämtlichen Außergeschäftsraumverträgen, §§ 312b, 312g BGB. Zu dieser Vertriebsform im heute geltenden Recht unten § 13 Rn. 22 ff.

246 EuGH, 13.12.2001, Rs. C-481/99 – *Heininger*, Slg. 2001, I-9945, Rn. 34.

247 EuGH, 13.12.2001, Rs. C-481/99 – *Heininger*, Slg. 2001, I-9945, Rn. 38 ff.

gemeinschaftsrechtlicher Sicht ein Widerrufsrecht hätte zustehen müssen. Problematisch war die Umsetzung dieser Vorgaben im deutschen Recht:[248] Eine horizontale Direktwirkung der Haustürwiderrufs-Richtlinie und damit ein hieraus abgeleitetes Widerrufsrecht kam angesichts der gefestigten EuGH-Rechtsprechung nicht in Betracht. Da aber das Gemeinschaftsrecht eben dieses Ergebnis forderte, griff der BGH methodisch zur richtlinienkonformen Auslegung der Subsidiaritätsklausel des § 5 Abs. 2 HWiG a. F.[249] Dass deren Wortlaut recht eindeutig war und eine teleologische Reduktion erforderte, stand aus Sicht des Senats nicht entgegen.[250] Auch wenn das Ergebnis gleich ausfiel: Eine horizontale Direktwirkung der Haustürwiderrufs-Richtlinie wurde damit gerade nicht begründet.[251]

128 Weil die richtlinienkonforme Rechtsfortbildung von der Rechtsprechung des BGH recht weit ausgreift und das Ergebnis von der hiervon betroffenen Partei oftmals kaum vorhersehbar ist, wurde vorgeschlagen, der durch die Auslegung benachteiligten Vertragspartei dann einen Staatshaftungsanspruch zuzubilligen, wenn der durch die Auslegung veränderte Inhalt der nationalen Vorschrift ohne Kenntnis der EU-Richtlinie nicht vorhersehbar war.[252] Das stößt auf Widerspruch, weil die EU-Richtlinie als EU-Recht Bestandteil der nationalen Rechtsordnung ist und ihre Unkenntnis damit keine zureichende Haftungsgrundlage sein kann.

4. Richtlinienumsetzung durch Kollisionsrecht?

129 Da die gesamte Rechtsordnung unionsrechtskonform ausgestaltet sein muss, stellt sich die Frage, ob einer Richtlinie bei Umsetzungsmängeln – ggf. über den ordre public – zur Geltung verholfen werden kann oder gar muss. Ist der Forumstaat, dessen Kollisionsrecht auf eine Rechtsordnung verweist, die eine sachlich einschlägige Richtlinie nicht oder jedenfalls unzureichend umgesetzt hat, jedenfalls nach Ablauf der Umsetzungsfrist verpflichtet, dem Unionsrecht zur Geltung zu verhelfen? Praktische Bedeutung hat diese Problematik in den sogenannten Gran-Canaria-Fällen erhalten, die vor allem in den 1990er Jahren zahlreiche deutsche Gerichte beschäftigt hatten:[253] Deutsche Urlauber schlossen in Spanien bei Verkaufsveranstaltungen

---

248 BGH NJW 2002, 1881.

249 BGH NJW 2002, 1881, 1882 ff.

250 Richtigerweise handelte es sich um eine richtlinienkonforme Rechtsfortbildung, siehe oben Rn. 49 ff.

251 A. A. *Piekenbrock/Schulze*, WM 2002, 521, 527 f.; *Rott*, VuR 2002, 49, 51; *Staudinger*, ZGS 2002, 136, 138; dagegen *Hoffmann*, ZIP 2002, 145, 150; vgl. auch *Jarass/Beljin*, JZ 2003, 768, 772.

252 *Schinkels*, JZ 2011, 394, 398; kritisch dazu *Heiderhoff*, Europäisches Privatrecht, 5. Aufl. 2020, Rn. 98.

253 Näher *Martiny*, in: v. Bar (Hrsg.), Europäisches Gemeinschaftsrecht und Internationales Privatrecht, 1991, 211, 239 ff.; *Iversen*, in: Brödermann/Iversen, Europäisches Gemeinschaftsrecht und Internationales Privatrecht, 1994, Rn. 873 ff.

Verträge über Waren, deren Brauchbarkeit sich nach der Rückkehr als zweifelhaft herausstellte. In den in deutscher Sprache abgefassten Verträgen war die Geltung spanischen Rechts vereinbart worden; deren Abwicklung sollte von einer in Deutschland ansässigen Firma erfolgen. Ein Widerruf dieser Verträge scheiterte zur damaligen Zeit daran, dass die Haustürwiderrufs-Richtlinie noch nicht in das spanische Recht umgesetzt war.

Die Gerichte standen hier vor dem Problem, dass sie ein von den Parteien gewähl- **130**
tes Recht anzuwenden hatten, das wegen der Nichtumsetzung der Richtlinie gegen Gemeinschaftsrecht verstieß. Dementsprechend wurden ganz unterschiedliche Lösungen entwickelt, um das überwiegend angestrebte Ziel des Schutzes des Verbrauchers durch Gewährung eines Widerrufsrechts zu erreichen. Diese reichten von einer angesichts der entgegenstehenden Rechtsprechung des EuGH[254] problematischen Direktanwendung der Richtlinie[255] über die richtlinienkonforme Auslegung des gewählten Rechts[256] bis hin zu komplexeren kollisionsrechtlichen Lösungen.[257] Der in Art. 6 Rom I-VO gegenüber dem alten Recht erweiterte Tatbestand des Ausrichtens[258] dürfte nunmehr die damals diskutierten Fälle weitgegehend in sich aufnehmen. Dies hat zur Konsequenz, dass sich die Gran-Canaria-Fälle heute weitgehend erledigt haben dürften, da in allen vergleichbaren Fällen grundsätzlich deutsches Recht anzuwenden wäre.[259]

254 EuGH, 14.7.1994, Rs. C-91/92 – *Faccini Dori*, Slg. 1994, I-3325, Rn. 19ff. Siehe dazu oben Rn. 123ff.

255 Nachweise bei *Coester-Waltjen*, in: FS W. Lorenz, 1991, S. 297, 310 Fn. 85; *Michaels/Kamann*, JZ 1997, 601, 605f. mit Fn. 44. Abl. dazu BGHZ 135, 124 = NJW 1997, 1697.

256 Dazu etwa MüKo-BGB/*Sonnenberger*, 5. Aufl. 2010, Einl. IPR Rn. 210. Problematisch war daran, dass das spanische Recht zur damaligen Zeit (zur Umsetzung *v. Hoffmann/Thorn*, IPR, 9. Aufl. 2007, § 1 Rn. 121 mit Fn. 190) kein allgemeines Widerrufsrecht kannte, auf dessen Basis durch richtlinienkonforme Auslegung ein spezielles Widerrufsrecht bei Haustürgeschäften hätte gewonnen werden können. Zur Existenz besonderer Widerrufsrechte jenseits der Richtlinie im damals geltenden spanischen Recht *Jayme*, RabelsZ 55 (1991), 303.

257 Für Analogie zu Art. 29 Abs. 1 Nr. 3 EGBGB a.F. etwa *Mäsch*, Rechtswahlfreiheit und Verbraucherschutz, 1993, S. 166ff.; dagegen aber BGHZ 135, 124 = NJW 1997, 1697 (für den Fall des Abschlusses eines Timesharing-Vertrags auf Gran Canaria); *Coester-Waltjen*, in: FS W. Lorenz, 1991, S. 297, 309ff.; *v. Hoffmann/Thorn*, IPR, 9. Aufl. 2007, § 10 Rn. 73. – Teilweise wurde eine Einordnung der deutschen Widerrufsvorschriften als Eingriffsnormen befürwortet, vgl. *Jayme*, IPRax 1990, 220; *Jayme/Kohler*, IPRax 1992, 346, 347; *Jayme/Kohler*, IPRax 1994, 405, 407. Abl. hierzu *Coester-Waltjen*, in: FS W. Lorenz, 1991, S. 297, 313ff.; *Baumert*, Europäischer ordre public und Sonderanknüpfung zur Durchsetzung von EG-Recht, 1994, S. 84ff.; *Michaels/Kamann*, JZ 1997, 601, 606.

258 Dazu unten § 32 Rn. 39ff.

259 Allgemein zur Frage, ob der Inhalt von EU-Richtlinien zum ordre public gehört, unten § 32 Rn. 146f.

VIII. Schadensersatz für nicht umgesetzte Richtlinien?

131 Nachdem es nach alledem Fälle geben kann, in denen die unterbliebene oder mangehafte Umsetzung einer Richtlinie keine Drittwirkung nach sich zieht, stellt sich die Frage nach weiteren Konsequenzen. Diese liegen im europarechtlichen Staatshaftungsanspruch: Dem Einzelnen, der durch die Missachtung der Umsetzungsverpflichtung aus Art. 288 Abs. 3 AEUV Nachteile erleidet, kann ein entsprechender Ersatzanspruch gegen den jeweiligen Mitgliedstaat zustehen. Dessen Voraussetzungen werden an späterer Stelle erörtert.[260]

---

260 Unten § 36 Rn. 9 ff.

Zweiter Teil: **Materielles Vertragsrecht**

§ 9 Überblick und Kategorien

Systematische Übersicht

I. Überblick über bestehendes und geplantes Richtlinien- und Verordnungsrecht

Literatur: *Heiderhoff*, Europäisches Privatrecht, 5. Aufl. 2020, Anhänge I und II (S. 319ff.); *Riesenhuber*, EU-Vertragsrecht, 2013, § 1 Rn. 24ff.

1. In Kraft befindliche Regelungen

Die Vielzahl der bestehenden Rechtsakte mit Relevanz für das Vertragsrecht macht zunächst eine Zusammenstellung in chronologischer Abfolge erforderlich. Angeführt werden nachfolgend sämtliche Verordnungen und Richtlinien mit vermögensprivatrechtlichem Regelungsgehalt, einschließlich solcher mit kollisionsrechtlichem Inhalt sowie auf dem Gebiet der Antidiskriminierung. Nicht berücksichtigt werden Rechtsakte auf dem Gebiet des Urheber- und Patentrechts, des allgemeinen Arbeitsrechts, des Familien- und Erbrechts und des Verfahrensrechts. Eine Systematisierung erfolgt im Anschluss.[1] 1

– Gleichbehandlungs-Richtlinie (Lohn)[2] (ersetzt durch Gleichbehandlungs-Richtlinie Beruf, s.u.)

---

1 Unten Rn. 3ff.

2 Richtlinie 75/117/EWG des Rates vom 10. Februar 1975 zur Angleichung der Rechtsvorschriften der Mitgliedstaaten über die Anwendung des Grundsatzes des gleichen Entgelts für Männer und Frauen, ABl. EG 1975 Nr. L 45/19.

https://doi.org/10.1515/9783110718690-009

- Gleichbehandlungs-Richtlinie (Arbeitsbedingungen)[3] (ersetzt durch Gleichbehandlungs-Richtlinie Beruf, s. u.)
- Produkthaftungs-Richtlinie[4]
- Haustürwiderrufs-Richtlinie[5] (ersetzt durch Verbraucherrechte-Richtlinie, s. u.)
- Handelsvertreter-Richtlinie[6]
- Verbraucherkredit-Richtlinie[7] (ersetzt durch Verbraucherkredit-Richtlinie II, s. u.)
- Pauschalreise-Richtlinie[8] (ersetzt durch Pauschalreise-Richtlinie II, s. u.)
- Fluggastrechte-Verordnung[9] (ersetzt durch Fluggastrechte-Verordnung II, s. u.)
- Klausel-Richtlinie[10]
- Timesharing-Richtlinie[11] (ersetzt durch Timesharing-Richtlinie II, s. u.)
- Gleichbehandlungs-Richtlinie (Soziale Sicherheit)[12] (ersetzt durch Gleichbehandlungs-Richtlinie Beruf, s. u.)
- Fernabsatz-Richtlinie[13] (ersetzt durch Verbraucherrechte-Richtlinie, s. u.)
- Verordnung über die Haftung von Luftfahrtunternehmen bei Unfällen[14]

---

3 Richtlinie 76/207/EWG des Rates vom 9. Februar 1976 zur Verwirklichung des Grundsatzes der Gleichbehandlung von Männern und Frauen hinsichtlich des Zugangs zur Beschäftigung, zur Berufsbildung und zum beruflichen Aufstieg sowie in bezug auf die Arbeitsbedingungen, ABl. EG 1976 Nr. L 39/40.

4 Richtlinie 85/374/EWG des Rates vom 25. Juli 1985 zur Angleichung der Rechts- und Verwaltungsvorschriften der Mitgliedstaaten über die Haftung für fehlerhafte Produkte, ABl. EG 1985 Nr. L 210/29.

5 Richtlinie 85/577/EWG des Rates vom 20. Dezember 1985 betreffend den Verbraucherschutz im Falle von außerhalb von Geschäftsräumen geschlossenen Verträgen, ABl. EG 1985 Nr. L 372/31.

6 Richtlinie 86/653/EWG des Rates vom 18. Dezember 1986 zur Koordinierung der Rechtsvorschriften der Mitgliedstaaten betreffend die selbständigen Handelsvertreter, ABl. EG 1986 Nr. L 382/17.

7 Richtlinie 87/102/EWG des Rates vom 22. Dezember 1986 zur Angleichung der Rechts- und Verwaltungsvorschriften der Mitgliedstaaten über den Verbraucherkredit, ABl. EG 1987 Nr. L 42/48.

8 Richtlinie 90/314/EWG des Rates vom 13. Juni 1990 über Pauschalreisen, ABl. EG 1990 Nr. L 158/59.

9 Verordnung (EWG) Nr. 295/91 des Rates vom 4. Februar 1991 über eine gemeinsame Regelung für ein System von Ausgleichsleistungen bei Nichtbeförderung im Linienflugverkehr, ABl. EG 1991 Nr. L 36/5.

10 Richtlinie 93/13/EWG des Rates vom 5. April 1993 über mißbräuchliche Klauseln in Verbraucherverträgen, ABl. EG 1993 Nr. L 95/29.

11 Richtlinie 94/47/EG des Europäischen Parlaments und des Rates vom 26. Oktober 1994 zum Schutz der Erwerber im Hinblick auf bestimmte Aspekte von Verträgen über den Erwerb von Teilzeitnutzungsrechten an Immobilien, ABl. EG 1994 Nr. L 280/83.

12 Richtlinie 96/97/EG des Rates vom 20. Dezember 1996 zur Änderung der Richtlinie 86/378/EWG zur Verwirklichung des Grundsatzes der Gleichbehandlung von Männern und Frauen bei den betrieblichen Systemen der sozialen Sicherheit, ABl. EG 1997 Nr. L 46/20.

13 Richtlinie 97/7/EG des Europäischen Parlaments und des Rates vom 20. Mai 1997 über den Verbraucherschutz bei Vertragsabschlüssen im Fernabsatz, ABl. EG 1997 Nr. L 144/19.

14 Verordnung (EG) Nr. 2027/97 des Rates vom 9. Oktober 1997 über die Haftung von Luftfahrtunternehmen bei Unfällen, ABl. EG 1997 Nr. L 285/1, geändert durch die Verordnung (EG) Nr. 889/2002 des Europäischen Parlaments und des Rates vom 13. Mai 2002 zur Änderung der Verordnung (EG) Nr. 2027/97 des Rates über die Haftung von Luftfahrtunternehmen bei Unfällen, ABl. EU Nr. L 140/2.

- Unterlassungsklagen-Richtlinie[15] (ersetzt durch Unterlassungsklagen-Richtlinie II, s. u.)
- Verbrauchsgüterkauf-Richtlinie[16] (VGKRL) (ersetzt durch die Warenkauf-Richtlinie, s. u.)
- Signatur-Richtlinie[17] (ersetzt durch eIDAS-Verordnung, s. u.)
- E-Commerce-Richtlinie[18]
- Zahlungsverzugs-Richtlinie[19] (ersetzt durch Zahlungsverzugs-Richtlinie II, s. u.)
- Gleichbehandlungs-Richtlinie (Rasse)[20]
- Rahmenrichtlinie Gleichbehandlung (Beschäftigung/Beruf)[21]
- Verordnung über grenzüberschreitende Zahlungen in Euro[22] (ersetzt durch Verordnung über grenzüberschreitende Zahlungen in der Gemeinschaft, s. u.)
- Richtlinie über den Fernabsatz von Finanzdienstleistungen[23]
- Richtlinie über Lebensversicherungen[24] (ersetzt durch Solvabilität-II-Richtlinie, s. u.)
- Versicherungsvermittlungs-Richtlinie[25] (ersetzt durch Versicherungsvertriebs-Richtlinie, s. u.)

---

15 Richtlinie 98/27/EG des Europäischen Parlaments und des Rates vom 19. Mai 1998 über Unterlassungsklagen zum Schutz der Verbraucherinteressen, ABl. EG 1998 Nr. L 166/51.

16 Richtlinie 1999/44/EG des Europäischen Parlaments und des Rates vom 25. Mai 1999 zu bestimmten Aspekten des Verbrauchsgüterkaufs und der Garantien für Verbrauchsgüter, ABl. EG 1999 Nr. L 171/12.

17 Richtlinie 1999/93/EG des Europäischen Parlaments und des Rates vom 13. Dezember 1999 über gemeinschaftliche Rahmenbedingungen für elektronische Signaturen, ABl. EG 1999 Nr. L 13/12.

18 Richtlinie 2000/31/EG des Europäischen Parlaments und des Rates vom 8. Juni 2000 über bestimmte rechtliche Aspekte der Dienste der Informationsgesellschaft, insbesondere des elektronischen Geschäftsverkehrs, im Binnenmarkt („Richtlinie über den elektronischen Geschäftsverkehr"), ABl. EG 2000 Nr. L 178/1.

19 Richtlinie 2000/35/EG des Europäischen Parlaments und des Rates vom 29. Juni 2000 zur Bekämpfung von Zahlungsverzug im Geschäftsverkehr, ABl. EG 2000 Nr. L 200/35.

20 Richtlinie 2000/43/EG des Rates vom 29. Juni 2000 zur Anwendung des Gleichbehandlungsgrundsatzes ohne Unterschied der Rasse oder der ethnischen Herkunft, ABl. EG 2000 Nr. L 180/22.

21 Richtlinie 2000/78/EG des Rates vom 27. November 2000 zur Festlegung eines allgemeinen Rahmens für die Verwirklichung der Gleichbehandlung in Beschäftigung und Beruf, ABl. EG 2000 Nr. L 303/16.

22 Verordnung (EG) Nr. 2560/2001 des Europäischen Parlaments und des Rates vom 19. Dezember 2001 über grenzüberschreitende Zahlungen in Euro, ABl. EG 2001 Nr. L 344/13.

23 Richtlinie 2002/65/EG des Europäischen Parlaments und des Rates vom 23. September 2002 über den Fernabsatz von Finanzdienstleistungen an Verbraucher und zur Änderung der Richtlinie 90/619/EWG des Rates und der Richtlinien 97/7/EG und 98/27/EG, ABl. EG 2002 Nr. L 271/16.

24 Richtlinie 2002/83/EG des Europäischen Parlaments und des Rates vom 5. November 2002 über Lebensversicherungen, ABl. EG 2002 Nr. L 345/1.

25 Richtlinie 2002/92/EG des Europäischen Parlaments und des Rates vom 9. Dezember 2002 über Versicherungsvermittlung, ABl. EG 2003 Nr. L 9/3.

- Fluggastrechte-Verordnung[26]
- Gleichbehandlungs-Richtlinie (Geschlecht)[27]
- Lauterkeits-Richtlinie[28]
- Fluggastrechte-Verordnung (mobilitätseingeschränkt)[29]
- Gleichbehandlungs-Richtlinie (Beruf)[30]
- Dienstleistungs-Richtlinie[31]
- Rom II-Verordnung[32]
- Fahrgastrechte-Verordnung (Eisenbahnverkehr)[33]
- Zahlungsdienste-Richtlinie[34] (ersetzt durch Zahlungsdienste-Richtlinie II, s. u.)
- Verbraucherkredit-Richtlinie II[35]
- Rom I-Verordnung[36]

---

26 Verordnung (EG) Nr. 261/2004 des Europäischen Parlaments und des Rates vom 11. Februar 2004 über eine gemeinsame Regelung für Ausgleichs- und Unterstützungsleistungen für Fluggäste im Fall der Nichtbeförderung und bei Annullierung oder großer Verspätung von Flügen und zur Aufhebung der Verordnung (EWG) Nr. 295/91, ABl. EU 2004 Nr. L 46/1.

27 Richtlinie 2004/113/EG des Rates vom 13. Dezember 2004 zur Verwirklichung des Grundsatzes der Gleichbehandlung von Männern und Frauen beim Zugang zu und bei der Versorgung mit Gütern und Dienstleistungen, ABl. EU 2004 Nr. L 373/37.

28 Richtlinie 2005/29/EG des Europäischen Parlaments und des Rates vom 11. Mai 2005 über unlautere Geschäftspraktiken im binnenmarktinternen Geschäftsverkehr zwischen Unternehmen und Verbrauchern und zur Änderung der Richtlinie 84/450/EWG des Rates, der Richtlinien 97/7/EG, 98/27/EG und 2002/65/EG des Europäischen Parlaments und des Rates sowie der Verordnung (EG) Nr. 2006/2004 des Europäischen Parlaments und des Rates (Richtlinie über unlautere Geschäftspraktiken), ABl. EU 2005 Nr. L 149/22.

29 Verordnung (EG) Nr. 1107/2006 des Europäischen Parlaments und des Rates vom 5. Juli 2006 über die Rechte von behinderten Flugreisenden und Flugreisenden mit eingeschränkter Mobilität, ABl. EU 2006 Nr. L 204/1.

30 Richtlinie 2006/54/EG des Europäischen Parlaments und des Rates vom 5. Juli 2006 zur Verwirklichung des Grundsatzes der Chancengleichheit und Gleichbehandlung von Männern und Frauen in Arbeits- und Beschäftigungsfragen (Neufassung), ABl. EU 2006 Nr. L 204/23.

31 Richtlinie 2006/123/EG des Europäischen Parlaments und des Rates vom 12. Dezember 2006 über Dienstleistungen im Binnenmarkt, ABl. EU 2006 Nr. L 376/36.

32 Verordnung (EG) Nr. 864/2007 des Europäischen Parlaments und des Rates vom 11. Juli 2007 über das auf außervertragliche Schuldverhältnisse anzuwendende Recht (Rom II), ABl. EU 2007 Nr. L 199/40.

33 Verordnung (EG) Nr. 1371/2007 des Europäischen Parlaments und des Rates vom 23. Oktober 2007 über die Rechte und Pflichten der Fahrgäste im Eisenbahnverkehr, ABl. EU 2007 Nr. L 315/14.

34 Richtlinie 2007/64/EG des Europäischen Parlaments und des Rates vom 13. November 2007 über Zahlungsdienste im Binnenmarkt, zur Änderung der Richtlinien 97/7/EG, 2002/65/EG, 2005/60/EG und 2006/48/EG sowie zur Aufhebung der Richtlinie 97/5/EG, ABl. EU 2007 Nr. L 319/1.

35 Richtlinie 2008/48/EG des Europäischen Parlamentes und des Rates vom 23. April 2008 über Verbraucherkreditverträge und zur Aufhebung der Richtlinie 87/102/EWG des Rates, ABl. EU 2008 Nr. L 133/66.

36 Verordnung (EG) Nr. 593/2008 des Europäischen Parlaments und des Rates vom 17. Juni 2008 über das auf vertragliche Schuldverhältnisse anzuwendende Recht (Rom I), ABl. EU 2008 Nr. L 177/6.

- Timesharing-Richtlinie II[37]
- Unterlassungsklagen-Richtlinie II[38] (ersetzt durch die Verbandsklagen-Richtlinie, s.u.)
- Verordnung über grenzüberschreitende Zahlungen in der Gemeinschaft[39]
- Solvabilität-II-Richtlinie[40]
- Zahlungsverzugs-Richtlinie II[41]
- Verbraucherrechte-Richtlinie[42] (VRRL)
- Rating-Verordnung[43]
- Wohnimmobilienkredit-Richtlinie[44]
- eIDAS-Verordnung[45]
- PRIIP-Verordnung[46]
- Pauschalreise-Richtlinie II[47]

---

37 Richtlinie 2008/122/EG des Europäischen Parlaments und des Rates vom 14. Januar 2009 über den Schutz der Verbraucher im Hinblick auf bestimmte Aspekte von Teilzeitnutzungsverträgen, Verträgen über langfristige Urlaubsprodukte sowie Wiederverkaufs- und Tauschverträgen, ABl. EU 2009 Nr. L 33/10.
38 Richtlinie 2009/22/EG des Europäischen Parlaments und des Rates vom 23. April 2009 über Unterlassungsklagen zum Schutz der Verbraucherinteressen (kodifizierte Fassung), ABl. EU 2009 Nr. L 110/30.
39 Verordnung (EG) Nr. 924/2009 des Europäischen Parlaments und des Rates vom 16. September 2009 über grenzüberschreitende Zahlungen in der Gemeinschaft und zur Aufhebung der Verordnung (EG) Nr. 2560/2001, ABl. EU 2009 Nr. L 266/11.
40 Richtlinie 2009/138/EG des Europäischen Parlaments und des Rates vom 25. November 2009 betreffend die Aufnahme und Ausübung der Versicherungs- und der Rückversicherungstätigkeit (Solvabilität II), ABl. EU 2009 Nr. L 335/1.
41 Richtlinie 2011/7/EU des Europäischen Parlaments und des Rates vom 16. Februar 2011 zur Bekämpfung von Zahlungsverzug im Geschäftsverkehr, ABl. EU 2011 Nr. L 48/1.
42 Richtlinie 2011/83/EU des Europäischen Parlaments und des Rates vom 25. Oktober 2011 über die Rechte der Verbraucher, zur Abänderung der Richtlinie 93/13/EWG des Rates und der Richtlinie 1999/44/EG des Europäischen Parlaments und des Rates sowie zur Aufhebung der Richtlinie 85/577/EWG des Rates und der Richtlinie 97/7/EG des Europäischen Parlaments und des Rates, ABl. EU 2011 Nr. L 304/64.
43 Verordnung (EU) Nr. 462/2013 des Europäischen Parlaments und des Rates vom 21. Mai 2013 zur Änderung der Verordnung (EG) Nr. 1060/2009 über Ratingagenturen, ABl. EU 2013 Nr. L 146/1.
44 Richtlinie 2014/17/EU des Europäischen Parlaments und des Rates vom 4. Februar 2014 über Wohnimmobilienkreditverträge für Verbraucher und zur Änderung der Richtlinien 2008/48/EG und 2013/36/EU und der Verordnung (EU) Nr. 1093/2010, ABl. EU 2014 Nr. L 60/34.
45 Verordnung (EU) Nr. 910/2014 des Europäischen Parlaments und des Rates vom 23. Juli 2014 über elektronische Identifizierung und Vertrauensdienste für elektronische Transaktionen im Binnenmarkt und zur Aufhebung der Richtlinie 1999/93/EG, ABl. EU 2014 Nr. L 257/73. Siehe zu den darin enthaltenen Haftungsregeln *Tescaro*, GPR 2017, 54.
46 Verordnung (EU) Nr. 1286/2014 des Europäischen Parlaments und des Rates vom 26. November 2014 über Basisinformationsblätter für verpackte Anlageprodukte für Kleinanleger und Versicherungsanlageprodukte (PRIIP), ABl. EU 2014 Nr. L 352/1.
47 Richtlinie (EU) 2015/2302 des Europäischen Parlaments und des Rates vom 25. November 2015 über Pauschalreisen und verbundene Reiseleistungen, zur Änderung der Verordnung (EG) Nr. 2006/2004 und der Richtlinie 2011/83/EU des Europäischen Parlaments und des Rates sowie zur Aufhebung der Richtlinie 90/314/EWG des Rates, ABl. EU 2015 Nr. L 326/1.

- Zahlungsdienste-Richtlinie II[48]
- Versicherungsvertriebs-Richtlinie[49]
- Datenschutz-Grundverordnung (DSGVO)[50]
- Geoblocking-Verordnung[51]
- Elektronische-Kommunikations-Richtlinie[52]
- Digitale-Inhalte-Richtlinie[53]
- Warenkauf-Richtlinie[54]
- Plattform-Verordnung[55]
- Richtlinie zur besseren Durchsetzung und Modernisierung der Verbraucherschutzvorschriften der Union[56]
- Verbandsklagen-Richtlinie[57]

48 Richtlinie (EU) 2015/2366 des Europäischen Parlaments und des Rates vom 25. November 2015 über Zahlungsdienste im Binnenmarkt, zur Änderung der Richtlinien 2002/65/EG, 2009/110/EG und 2013/36/EU und der Verordnung (EU) Nr. 1093/2010 sowie zur Aufhebung der Richtlinie 2007/64/EG, ABl. EU 2015 Nr. L 337/35.

49 Richtlinie (EU) 2016/97 des Europäischen Parlaments und des Rates vom 20. Januar 2016 über Versicherungsvertrieb (Neufassung), ABl. EU 2016 Nr. L 26/19.

50 Verordnung (EU) 2016/679 des Europäischen Parlaments und des Rates vom 27. April 2016 zum Schutz natürlicher Personen bei der Verarbeitung personenbezogener Daten, zum freien Datenverkehr und zur Aufhebung der Richtlinie 95/46/EG (Datenschutz-Grundverordnung), ABl. EU 2016 Nr. L 119/1, ber. ABl. EU 2016 Nr. L 314/72 und ABl. EU 2018 Nr. L 127/2.

51 Verordnung (EU) 2018/302 des Europäischen Parlaments und des Rates vom 28. Februar 2018 über Maßnahmen gegen ungerechtfertigtes Geoblocking und andere Formen der Diskriminierung aufgrund der Staatsangehörigkeit, des Wohnsitzes oder des Ortes der Niederlassung des Kunden innerhalb des Binnenmarkts und zur Änderung der Verordnungen (EG) Nr. 2006/2004 und (EU) 2017/2394 sowie der Richtlinie 2009/22/EG, ABl. EU 2018 Nr. L 601/1.

52 Richtlinie (EU) 2018/1972 des Europäischen Parlaments und des Rates vom 11. Dezember 2018 über den europäischen Kodex für die elektronische Kommunikation (Neufassung), ABl. EU 2018 Nr. L 321/36.

53 Richtlinie (EU) 2019/770 des Europäischen Parlaments und des Rates vom 20. Mai 2019 über bestimmte vertragsrechtliche Aspekte der Bereitstellung digitaler Inhalte und digitaler Dienstleistungen, ABl. EU 2019 Nr. L 136/1.

54 Richtlinie (EU) 2019/771 des Europäischen Parlaments und des Rates vom 20. Mai 2019 über bestimmte vertragsrechtliche Aspekte des Warenkaufs, zur Änderung der VO (EU) 2017/2394 und der RL 2009/22/EG sowie zur Aufhebung der RL 1999/44/EG, ABl. EU 2019 Nr. L 136/28.

55 Verordnung (EU) 2019/1150 des Europäischen Parlaments und des Rates vom 20. Juni 2019 zur Förderung von Fairness und Transparenz für gewerbliche Nutzer von Online-Vermittlungsdiensten, ABl. EU 2019 Nr. L 186/57.

56 Richtlinie (EU) 2019/2161 des Europäischen Parlaments und des Rates vom 27. November 2019 zur Änderung der Richtlinie 93/13/EWG des Rates und der Richtlinien 98/6/EG, 2005/29/EG und 2011/83/EU des Europäischen Parlaments und des Rates zur besseren Durchsetzung und Modernisierung der Verbraucherschutzvorschriften der Union, ABl. EU 2019 Nr. L 328/7.

57 Richtlinie (EU) 2020/1828 des Europäischen Parlaments und des Rates vom 25. November 2020 über Verbandsklagen zum Schutz der Kollektivinteressen der Verbraucher und zur Aufhebung der Richtlinie 2009/22/EG, ABl. EU 2020 Nr. L 409/1.

2. Vorschläge

- Verordnung über ein Gemeinsames Europäisches Kaufrecht[58] (wird derzeit nicht weiterverfolgt[59]) 2
- Verordnung über die Sicherheit von Verbraucherprodukten[60]
- Verordnung betreffend die kollisionsrechtlichen Wirkungen der Forderungsabtretung für Dritte[61]

II. Kategorisierung des Sekundärrechts

3 Versucht man, diese Vielfalt in eine übersichtlichere Form zu bringen, bietet sich eine Kategorisierung nach Inhalt bzw. Adressat des Rechtsaktes an.[62]

1. Allgemeine und übergreifende Regelungen

4 Der bisher vorherrschende sektorielle Harmonisierungsansatz bringt es mit sich, dass das EU-Vertragsrecht nur sehr wenige übergreifende Regelungen kennt. Ein Versuch der „horizontalen" Bündelung im Bereich des Verbraucherrechts durch den Vorschlag einer Richtlinie über Rechte der Verbraucher von 2008 ist nur in Teilen erfolgreich gewesen.[63] Doch finden sich in der schließlich verabschiedeten VRRL recht allgemeine und für alle Verbraucherverträge geltende Regelungen zu vorvertraglichen Informationen, zum Vertragsschluss und zu Widerrufsrechten.[64] Auch die E-Commerce-Richtlinie gehört hierher. Letztlich bilden auch die verschiedenen Gleichbehandlungs-

58 Vorschlag vom 11. Oktober 2011 für eine Verordnung des Europäischen Parlaments und des Rates über ein Gemeinsames Europäisches Kaufrecht, KOM(2011) 635 endgültig.

59 In ihrem am 16. Dezember 2014 veröffentlichten „Arbeitsprogramm 2015 – Ein neuer Start", KOM (2014) 910 endg. (Anhang II unter Nr. 60), kündigte die Kommission an, den Vorschlag in dieser Form nicht mehr aufrecht erhalten zu wollen.

60 Vorschlag vom 13. Februar 2013 für eine Verordnung des Europäischen Parlaments und des Rates über die Sicherheit von Verbraucherprodukten und zur Aufhebung der Richtlinie 87/357/EWG des Rates und der Richtlinie 2001/95/EG, COM(2013) 78 final.

61 Vorschlag vom 12. März 2018 für eine Verordnung des Europäischen Parlaments und des Rates über das auf die Drittwirkung von Forderungsübertragungen anzuwendende Recht, COM(2018) 96 final.

62 Bei *Schulze/Zoll*, Europäisches Vertragsrecht, 2. Aufl. 2017, § 1 Rn. 37 ff., findet sich folgende Unterteilung: Verbraucherschutz, KMU, Elektronischer Geschäftsverkehr, Zahlungsdienste, Diskriminierungsschutz, Versicherungsverträge, weitere Regelungsbereiche.

63 Siehe oben § 3 Rn. 21 ff.

64 Dazu unten Rn. 9 ff. sowie § 12 Rn. 5 ff., § 13 Rn. 22 ff. und § 14 Rn. 9 ff.

Richtlinien Querschnittsmaterien, die für das allgemeine Vertragsrecht sowie für das Arbeitsrecht gelten.

2. Verträge mit Endabnehmern (Verbraucherschutz)

5 Recht viele der Rechtsakte des Sekundärrechts regeln rechtliche Aspekte von Verträgen mit Endabnehmern. Typischerweise handelt es sich dabei um Verbraucher. Zentrale Bedeutung kommt dabei dem Kaufrecht zu, und hier insbesondere der Verbrauchsgüterkauf-Richtlinie bzw. der sie ersetzenden Warenkauf-Richtlinie.[65] Von Relevanz sind weiter der Verbraucherkreditvertrag, der Timesharing-Vertrag sowie der Pauschalreisevertrag. Auch die verschiedenen Richtlinien aus dem Bereich des Versicherungsrechts gehören letztlich hierher.

3. Handelsrechtliche Verträge

6 Außerhalb des Verbraucherrechts bestehen Regelungen insbesondere im Bereich des Handelsvertretervertrags.[66] Auch die Zahlungsverzugs-Richtlinie regelt Rechtsverhältnisse ohne Beteiligung von Verbrauchern.

4. Zahlungsdienste

7 Die Zahlungsdienste basieren regelmäßig auf einem Geschäftsbesorgungsvertrag (§ 675 BGB) zwischen Kunde und Bank. Im deutschen Recht finden sich Regelungen in §§ 676a ff. BGB. Die Zahlungsdienste-Richtlinie ist keine Verbraucherschutz-Richtlinie im engeren Sinne, erfasst aber doch auch Privatpersonen und kleine sowie mittlere Unternehmen (Erwägungsgrund Nr. 53 Zahlungsdienste-RL). Ihr Ziel ist es, den grenzüberschreitenden Zahlungsverkehr zu erleichtern und damit den Binnenmarkt zu fördern (Erwägungsgrund Nr. 5 Zahlungsdienste-RL).

---

65 Dazu unten § 22.

66 Dazu unten § 27.

5. Privatrechtliche Nebengebiete

Auch im Arbeits-,[67] Versicherungs-,[68] Gesellschafts-[69] und Kapitalmarktrecht[70] sowie im allgemeinen Wirtschafts- und Wettbewerbsrecht[71] bestehen zahlreiche europäische Regelungen, auf die in diesem Werk nicht detailliert eingegangen werden kann. 8

III. Die Bedeutung der Verbraucherrechte-Richtlinie

Literatur: *Grundmann*, Die EU-Verbraucherrechte-Richtlinie. Optimierung, Alternative oder Sackgasse?, JZ 2013, 53; *Lerm*, Die Verbraucherrechte-Richtlinie im Widerspruch zur Kompetenzordnung des europäischen Primärrechts, GPR 2012, 166; *Stürner*, Grundstrukturen des Verbrauchervertrags, JURA 2015, 30; *Unger*, Die Richtlinie über die Rechte der Verbraucher – Eine systematische Einführung, ZEuP 2012, 270

1. Anwendungsbereich und Umsetzung

Diese Verbraucherrechte-Richtlinie sollte als Horizontalrechtsakt das zersplitterte Verbraucherrecht insoweit konsolidieren, als es vier zentrale Richtlinien zusammenführen und auf diese Weise einen modernen Rahmen für den Verbraucherschutz im Binnenmarkt schaffen sollte.[72] Auch wenn dieses Vorhaben letztlich nicht in vollem Umfang gelang, so ist doch die überaus zentrale Bedeutung des Rechtsakts für das Vertragsrecht nicht zu leugnen. 9

Die Verbraucherrechte-Richtlinie gilt nach Art. 3 Abs. 1 VRRL für jegliche Verträge, die zwischen einem Unternehmer und einem Verbraucher geschlossen werden. Sie gilt auch für Verträge über die Lieferung von Wasser, Gas, Strom oder Fernwärme, so- 10

---

67 Dazu aus der Ius Communitatis-Reihe *Riesenhuber*, Europäisches Arbeitsrecht, 2009; siehe weiter *Schiek*, Europäisches Arbeitsrecht, 4. Aufl. 2020; *Thüsing*, Europäisches Arbeitsrecht, 3. Aufl. 2017; *Fuchs/Marhold*, Europäisches Arbeitsrecht, 5. Aufl. 2017; *Preis/Sagan* (Hrsg.), Europäisches Arbeitsrecht, 2. Aufl. 2019; *Kocher*, Europäisches Arbeitsrecht, 2016; *Schrader*, in: Langenbucher, Europäisches Privat- und Wirtschaftsrecht, 4. Aufl. 2017, § 7.

68 Dazu *Rühl*, Obliegenheiten im Versicherungsvertragsrecht. Auf dem Weg zum Europäischen Binnenmarkt für Versicherungen, 2004.

69 Dazu aus der Ius Communitatis-Reihe *Grundmann*, Europäisches Gesellschaftsrecht, 2. Aufl. 2011; siehe weiter *Habersack/Verse*, Europäisches Gesellschaftsrecht, 5. Aufl. 2019; *Lutter/Bayer/J. Schmidt*, Europäisches Unternehmens- und Kapitalmarktrecht, 6. Aufl. 2017; *Engert*, in: Langenbucher, Europäisches Privat- und Wirtschaftsrecht, 4. Aufl. 2017, § 5.

70 Dazu *Lutter/Bayer/J. Schmidt*, Europäisches Unternehmens- und Kapitalmarktrecht, 6. Aufl. 2017; *Veil* (Hrsg.), Europäisches Kapitalmarktrecht, 2. Aufl. 2014; *Klöhn*, in: Langenbucher, Europäisches Privat- und Wirtschaftsrecht, 4. Aufl. 2017, § 6.

71 Dazu aus der Ius Communitatis-Reihe *Behrens*, Europäisches Marktöffnungs- und Wettbewerbsrecht, 2017; siehe weiter *Wagner-von Papp*, in: Langenbucher, Europäisches Privat- und Wirtschaftsrecht, 4. Aufl. 2017, § 10.

72 Dazu bereits oben § 3 Rn. 21ff.

fern diese Güter auf vertraglicher Basis geliefert werden. Eine Beschränkung auf entgeltliche Verträge enthält die Richtlinie nur insoweit, als sich die in Art. 2 Nr. 5 und 6 VRRL enthaltenen Definitionen von Kauf- und Dienstleistungsverträgen eben hierdurch auszeichnen („und der Verbraucher den Preis zahlt oder dessen Zahlung zusagt"). Zu beachten ist indessen, dass Art. 4 Nr. 1 lit. c der Richtlinie zur besseren Durchsetzung und Modernisierung der Verbraucherschutzvorschriften der Union[73] dieses Kriterium der Entgeltlichkeit aus den genannten Definitionsnormen der VRRL entfernt hat.[74] Kaufvertrag ist danach jeder Vertrag, durch den der Unternehmer das Eigentum an Waren an den Verbraucher überträgt oder die Übertragung des Eigentums an dieser Ware zusagt, einschließlich von Verträgen, die sowohl Waren als auch Dienstleistungen zum Gegenstand haben. Als Dienstleistungsvertrag gilt danach nunmehr jeder Vertrag, der kein Kaufvertrag ist und nach dem der Unternehmer eine Dienstleistung, einschließlich einer digitalen Dienstleistung, für den Verbraucher erbringt oder deren Erbringung zusagt.[75]

11 Im Wesentlichen enthält die VRRL für die so definierten Verbraucherverträge eine Reihe von allgemein geltenden Informationspflichten (Art. 5 VRRL). Weitergehende Vorgaben macht sie insbesondere für Außergeschäftsraumverträge und Fernabsatzverträge. Dies betrifft weitergehende Informationspflichten,[76] Formanforderungen,[77] aber vor allem auch ein Widerrufsrecht.[78] Im Unterschied zu den zuvor bezüglich dieser Materie geltenden Richtlinien führt die Verbraucherrechte-Richtlinie eine Vollharmonisierung herbei (Art. 4 VRRL), sodass es den Mitgliedstaaten im Grundsatz verwehrt ist, verbrauchergünstigere Regelungen in ihr Recht einzuführen.[79] Wegen des damit verbundenen Eingriffs in deren Regelungsautonomie normiert Art. 3 Abs. 3 VRRL eine Reihe von Bereichsausnahmen. Überdies ist das Prinzip der Vollharmonisierung punktuell gelockert.[80] Generell lässt die Richtlinie das allgemeine Vertragsrecht unberührt; dies gilt insbesondere für die Bestimmungen über die Wirksamkeit, das Zustandekommen oder die Wirkungen eines Vertrags (Art. 3 Abs. 5 VRRL).

---

73 Richtlinie (EU) 2019/2161 des Europäischen Parlaments und des Rates vom 27. November 2019 zur Änderung der Richtlinie 93/13/EWG des Rates und der Richtlinien 98/6/EG, 2005/29/EG und 2011/83/EU des Europäischen Parlaments und des Rates zur besseren Durchsetzung und Modernisierung der Verbraucherschutzvorschriften der Union, ABl. L 328/7.

74 Nach ihrem Art. 7 Abs. 1 ist diese Richtlinie bis zum 28.11.2021 umzusetzen; das Umsetzungsrecht greift ab dem 28.5.2022.

75 Anders offenbar EuGH, 12.3.2020, Rs. C-583/18 – *Verbraucherzentrale Berlin*, ECLI:EU:C:2020:199, Rn. 23: Danach soll jeder Vertrag, der kein Kaufvertrag i. S. d. Art. 2 Nr. 5 VRRL ist, als Dienstvertrag nach Art. 2 Nr. 6 VRRL anzusehen sein. Kritisch dazu *Wilke*, GPR 2020, 250.

76 Dazu unten § 12 Rn. 5 ff.

77 Dazu unten § 13 Rn. 60 ff.

78 Dazu unten § 14.

79 Dazu allgemein bereits oben § 2 Rn. 71 ff.

80 Beispiele sind Art. 8 Abs. 6 oder Art. 9 Abs. 3 S. 2 VRRL.

In Umsetzung der Verbraucherrechte-Richtlinie in das deutsche Recht hat das Gesetz zur Umsetzung der Verbraucherrechterichtlinie und zur Änderung des Gesetzes zur Regelung der Wohnungsvermittlung vom 20.9.2013 (VRRL-UG)[81] die §§ 312ff., 355ff. BGB grundlegend umgestaltet.[82] Es trat am 13.6.2014 in Kraft (Art. 15 VRRL-UG).[83] Die Reform zieht allgemeine Vorschriften für alle Verbraucherverträge und Definitionen in §§ 312, 312a BGB „vor die Klammer"; diese Vorschriften bilden nunmehr ausweislich der Bezeichnung des Untertitels eine Art Allgemeinen Teil des Verbrauchervertragsrechts. Weiter wurden das Widerrufsrecht und die Informationspflichten bei Fernabsatzverträgen und außerhalb von Geschäftsräumen geschlossenen Verträgen einander angeglichen (§§ 312b-h BGB). Die §§ 312i, j BGB enthalten Regelungen über Verträge im elektronischen Geschäftsverkehr. Ferner gliedert das Gesetz Sondervorschriften, die nur für einzelne Widerrufsrechte gelten, aus den §§ 312ff. BGB aus und stellt sie in den Regelungszusammenhang der §§ 355ff. BGB. 12

Die neu gefassten §§ 312ff. BGB finden auf Verbraucherverträge Anwendung, die eine entgeltliche Leistung des Unternehmers zum Gegenstand haben (§ 312 Abs. 1 BGB). Erforderlich ist mithin eine Leistung durch den Unternehmer, für die der Verbraucher eine irgendwie geartete Gegenleistung (Entgelt) erbringt. Die umgekehrte Konstellation wird nicht erfasst.[84] Um mögliche Friktionen mit der VRRL zu vermeiden, die das Merkmal der Entgeltlichkeit wie gesehen nur im Rahmen ihrer Definitionsnormen kennt, erscheint eine weite Auslegung der Entgeltlichkeit in § 312 Abs. 1 BGB angezeigt. Unter § 312 Abs. 1 BGB fallen alle gegenseitigen Verträge, insbesondere Kaufverträge,[85] Dienstverträge, Werkverträge,[86] i. d. R. auch Maklerverträge,[87] Reiseverträge und Mietverträge, aber auch typenfremde, z.B. Leasingverträge.[88] Auch der Beitritt zu einem geschlossenen Immobilienfonds in Form einer Personengesellschaft wird erfasst, wenn der Zweck darin besteht, Kapital anzulegen.[89] Ausreichend ist auch ein Sicherungsvertrag, wenn der Sicherungsgeber für sich oder einen Dritten 13

81 BGBl. I, 3642.

82 BT-Drucks. 17/12637 in der Fassung der Beschlussempfehlung des Rechtsausschusses BT-Drucks. 17/13951.

83 Zur Reform *Hilbig-Lugani*, ZJS 2013, 441 und 545; *Wendehorst*, NJW 2014, 577; *R. Koch*, JZ 2014, 758; *Beck*, JURA 2014, 666; *Wendelstein/Zander*, JURA 2014, 1191.

84 Palandt/*Grüneberg*, 80. Aufl. 2021, § 312 Rn. 2; *Schinkels*, WM 2017, 113; ebenso BGH NJW 2015, 1009 für Fernabsatzverträge; a. A. für Außergeschäftsraumverträge *Maume*, NJW 2016, 1041.

85 Auch von Grundstücken, BGH NJW 2007, 1947, 1948.

86 Auch Bauverträge, s. BGHZ 171, 364.

87 BGH NJW 2017, 1024 und BGH NJW-RR 2017, 368.

88 Auch Verträge über die Beteiligung an einer Anlage- oder Publikumsgesellschaft, auch über einen Treuhänder und zum Zweck der Steuerersparnis, BGHZ 133, 254, 261f.

89 BGH NJW 2010, 3096 im Anschluss an EuGH, 15.4.10, Rs. C-215/08 – *Friz/von der Heyden*, NJW 2010, 1511; kritisch dazu *Habersack*, ZIP 2010, 775. Zur Fortgeltung dieser Rechtsprechung unter der VRRL *Schwab*, JZ 2015, 644, 652; *Gerbaulet*, Der Widerruf des Haustürbeitritts zu einer Fondsgesellschaft, 2015. Zu den Folgen einer wegen Widerrufs fehlerhaften Gesellschaft unten § 14 Rn. 84f.

daraus einen Vorteil erwartet.[90] Schuldversprechen und Schuldanerkenntnisse können ebenfalls unter § 312 Abs. 1 BGB fallen.[91] Für den Schuldbeitritt soll das für Fernabsatzverträge allerdings nicht gelten.[92] Zweifeln kann man, ob auch Aufhebungs- oder Änderungsverträge eine entgeltliche Leistung zum Gegenstand haben. Das lässt sich für Aufhebungsverträge stets und für Änderungsverträge dann bejahen, wenn die Änderung den Verbraucher belastet.[93]

14 Unklar ist die Rechtslage in Bezug auf Verträge, bei denen die Gegenleistung nur in der Zurverfügungstellung von personenbezogenen oder anderen Daten besteht, wie das etwa im Rahmen des Beitritts zu einem sozialen Netzwerk durch Anlegen eines Nutzerprofils der Fall ist. Von einer Entgeltlichkeit im Sinne einer monetären Gegenleistung kann hier gerade nicht ausgegangen werden. Dennoch liegen auch in diesen Fällen Verbraucherverträge im Sinne des § 312 Abs. 1 BGB vor, da im Sinne einer richtlinienkonform weiten Auslegung jede irgendwie geartete Gegenleistung für die Entgeltlichkeit ausreichen muss.[94] Die oben erwähnten Änderungen der VRRL durch die Richtlinie zur besseren Durchsetzung und Modernisierung der Verbraucherschutzvorschriften der Union lassen die Notwendigkeit einer solchen Auslegung vollends offensichtlich werden.

15 Problematisch war lange Zeit die Einordnung der Bürgschaft. Auch für sie wurde ganz überwiegend die Anwendung der §§ 312ff. BGB bejaht,[95] obwohl sie gerade kein gegenseitiger Vertrag ist. Angesichts der weiten Definition in Art. 3 VRRL („jeglicher Vertrag“) erscheint diese Einordnung alternativlos. Dogmatisch handelt es sich um eine richtlinienkonforme, erweiternde Auslegung des Begriffs der Entgeltlichkeit:[96] Die von § 312 Abs. 1 BGB geforderte entgeltliche Leistung des Unternehmers muss nicht gerade auch gegenüber dem Bürgen geschuldet werden. Das vertragliche Synallagma, das in der Regel für die Entgeltlichkeit zu fordern ist, wird hier also insoweit

---

90 Vgl. *Kuhlke*, NJW 2006, 2223; a. A. *Schürnbrand*, WM 2014, 1157, 1162.

91 *Kannowski*, VuR 2009, 408; offen gelassen von BGH NJW 1993, 1594.

92 So BGH ZIP 2016, 1640, Rn. 30.

93 *Franz*, JuS 2007, 14.

94 Im Ergebnis ebenso *Wendelstein/Zander*, JURA 2014, 1191, 1193; *Schmidt-Kessel/Grimm*, ZfPW 2017, 84; *Metzger*, AcP 216 (2016), 817, 845f.; *Czajkowski/Müller-ter Jung*, CR 2018, 157, 160f.; allgemein auch *Sattler*, JZ 2017, 1036. Näher zum Problemkreis „Daten als Entgelt“ noch unten § 23 Rn. 9ff.

95 EuGH, 17.3.1998, Rs. C-45/96 – *Dietzinger*, Slg. 1998, I-1199 (überholt daher BGHZ 113, 287); s *Schürnbrand*, WM 2014, 1157, 1159f.; BeckOK-BGB/*Martens*, 53. Edition (Stand 1.2.2020), § 312 Rn. 12; Jauernig/*Stadler*, 18. Aufl. 2021, § 312 Rn. 6; i.E. auch *Meier*, ZIP 2015, 1156; a. A. *Schinkels*, WM 2017, 113, 115ff. Siehe zum Ganzen Staudinger/*Stürner* (2020), Vor § 765 BGB Rn. 81ff.

96 Methodisch handelt es sich dabei jedenfalls dann um eine teleologische Extension, wenn man die Wortlautgrenze für überschritten hält, siehe dazu *Schürnbrand*, WM 2014, 1157, 1159f.; *Brennecke*, ZJS 2014, 236, 238f. Anders *Bülow/Artz*, Verbraucherprivatrecht, 6. Aufl. 2018, Rn. 224, die die Bürgschaft von vornherein nicht von der VRRL erfasst sehen, wohl aber erwägen, dem Bürgen nach deutschem Recht ein Widerrufsrecht zuzubilligen. Siehe dazu auch § 13 Rn. 44f.

gelockert, als im Wege einer Gesamtbetrachtung die Hauptschuld mit einbezogen wird. In teleologischer Hinsicht streitet die Schutzbedürftigkeit des Bürgen ebenfalls für diese weite Auslegung.[97] Dies gilt trotz des Ausschlusses von Finanzdienstleistungen in Art. 3 Abs. 3 lit. d VRRL, da nur Finanzdienstleistungen des Unternehmers erfasst sind, die Bürgschaft aber abstrakt vom Kreditgeschäft zu sehen ist. Auch diesbezüglich hat jedenfalls die geänderte Definition des Dienstleistungsvertrags in Art. 2 Nr. 6 VRRL durch Art. 4 Nr. 1 lit. c der Richtlinie zur besseren Durchsetzung und Modernisierung der Verbraucherschutzvorschriften der Union letzte Klarheit gebracht. Der BGH folgt dem gleichwohl nicht, da die Systematik der Richtlinie einschließlich der Informationspflichten auf Verträge zugeschnitten sei, bei denen der Unternehmer die Leistung erbringt.[98] Das lässt sich durchaus auch anders sehen,[99] so dass eine Vorlage an den EuGH nach Art. 267 AEUV jedenfalls nahegelegen hätte. Eine unionsrechtliche klare Rechtslage besteht – entgegen der Ansicht des BGH[100] – jedenfalls deswegen nicht, weil der EuGH die Anwendbarkeit der durch die VRRL abgelösten Haustürwiderrufs-Richtlinie auf Verbraucherbürgschaften in bestimmten Fällen bejaht hatte.[101]

2. Bereichsausnahmen

Art. 3 Abs. 3 VRRL nimmt eine ganze Reihe von Verträgen vom Anwendungsbereich **16** der VRRL aus. Hintergrund dieser Ausnahmetatbestände ist, dass für jene teilweise spezielle Informationspflichten und Widerrufsrechte bestehen, teilweise aber die herkömmlichen Schutzmechanismen schlicht unpraktikabel wären. Dies hat der deutsche Gesetzgeber in § 312 Abs. 2 und 3 BGB nachvollzogen. Die Ausnahmen lassen sich den nachfolgenden aufgeführten Fallgruppen zuordnen.

a) Notariell beurkundete Verträge

Nicht vom vollen Verbraucherschutz erfasst werden notariell beurkundete Verträge **17** (Art. 3 Abs. 3 lit. i VRRL). Dies gilt zunächst für notariell beurkundete Verträge über Finanzdienstleistungen, die außerhalb von Geschäftsräumen geschlossen wurden (§ 312 Abs. 2 Nr. 1 lit. a BGB). Der deutsche Gesetzgeber konnte frei entscheiden, ob er diese Verträge vom Anwendungsbereich der §§ 312 ff. BGB erfasst wissen will, da diese weder den Vorgaben der VRRL noch den Vorgaben der Richtlinie über den Fernabsatz

97 Staudinger/*Thüsing* (2019), § 312 Rn. 9 f.

98 BGH NJW 2020, 3649, Rn. 26 ff.

99 Neben den oben genannten Literaturstimmen auch OLG Hamburg WM 2020, 1066, Rn. 30 ff. als Vorinstanz zur o.g. BGH-Entscheidung. Siehe dazu auch unten § 13 Rn. 45.

100 BGH NJW 2020, 3649, Rn. 31; krit. dazu auch *Fritz*, NJW 2020, 3629, 3631.

101 EuGH, 17.3.1998, Rs. C-45/96 – *Dietzinger*, Slg. 1998, I-1199, Rn. 17 ff.

von Finanzdienstleistungen[102] unterliegen, die beide eine so weitreichende Ausnahme nicht decken würden.[103] Auch sonstige notariell beurkundete Verträge sind nicht als Verbraucherverträge anzusehen (§ 312 Abs. 2 Nr. 1 lit. b BGB). Hiervon betroffen sind allein Verträge, für die sich eine entsprechende Verpflichtung aus dem Gesetz ergibt. Auf Verträge, die notariell beurkundet werden, obwohl eine Verpflichtung hierzu nicht besteht, trifft dies nur dann zu, wenn der Notar darüber belehrt, dass die Informationspflichten nach § 312d Abs. 1 BGB und das Widerrufsrecht nach § 312g Abs. 1 BGB entfallen sollen. Hierdurch soll sichergestellt werden, dass der Verbraucher diese Rechtsfolgen einer freiwilligen notariellen Beurkundung des Vertrags erkennt.[104] Allerdings lässt § 312g Abs. 2 Nr. 13 BGB das Widerrufsrecht bei „freiwillig" beurkundeten Verträgen ohnehin entfallen, sodass die unterbliebene Belehrung insoweit unschädlich ist. Für Fernabsatzverträge über Finanzdienstleistungen gilt dies nur dann, wenn der Notar bestätigt, dass die Rechte des Verbrauchers aus § 312d Abs. 2 BGB gewahrt sind.

b) Verträge über Rechte an Grundstücken und Wohnraummiete

18 Auch auf Verträge über die Begründung, den Erwerb oder die Übertragung von Eigentum oder anderen Rechten an Grundstücken findet die VRRL keine Anwendung (Art. 3 Abs. 3 lit. e VRRL bzw. § 312 Abs. 2 Nr. 2 BGB). Ob der Abschluss dieser Verträge notariell zu beurkunden ist, spielt keine Rolle, da jene jedenfalls bereits § 312 Abs. 2 Nr. 1 BGB unterfallen. Bei Grundstücksverträgen, die eine Einheit mit einem Vertrag über eine Finanzdienstleistung bilden, bleiben die in § 312d Abs. 2 BGB genannten Informationspflichten wegen Art. 6 Abs. 3 lit. c RL 2002/65/EG bestehen.

19 Eine weitere Bereichsausnahme gilt nach Art. 3 Abs. 3 lit. f VRRL für Verträge über den Bau neuer Gebäude oder erhebliche Umbaumaßnahmen an bestehenden Gebäuden. Die Bestimmungen der VRRL eignen sich für diese Verträge nicht (Erwägungsgrund Nr. 26 VRRL).[105] Der Begriff der erheblichen Umbaumaßnahmen erfasst nur solche Umbaumaßnahmen, die dem Bau eines neuen Gebäudes vergleichbar sind, z. B. Baumaßnahmen, bei denen nur die Fassade eines alten Gebäudes erhalten bleibt.[106] Verträge über die Errichtung von Anbauten, z. B. einer Garage oder eines Wintergartens, sollen damit nicht erfasst sein. Nicht ausreichend soll auch sein, wenn allein das Dach eines Hauses gedeckt wird. Ein zwischen einem Architekten und einem Verbraucher geschlossener Vertrag, nach dem Ersterer dem Letzteren nur die Planung eines

---

102 Richtlinie 2002/65/EG des Europäischen Parlaments und des Rates vom 23.9.2002 über den Fernabsatz von Finanzdienstleistungen an Verbraucher, ABl. EG Nr. L 271 vom 9.10.2002, S. 16.

103 BT-Drucks. 17/13951, S. 97.

104 BT-Drucks. 17/13951, S. 97.

105 Näher *Glöckner*, BauR 2014, 411.

106 BT-Drucks. 17/12637, S. 46.

neu zu errichtenden Einfamilienhauses und in diesem Zusammenhang die Herstellung von Plänen schuldet, fällt wiederum nicht unter die eng auszulegende Bereichsausnahme aus lit. f.[107] § 312 Abs. 2 Nr. 3 BGB formuliert eine generelle Bereichsausnahme für Verbraucherbauverträge im Sinne des § 650i Abs. 1 BGB.

Die Verbraucherrechte-Richtlinie nimmt in Art. 3 Abs. 3 lit. f VRRL Verträge über 20
Wohnraummiete von ihrem Anwendungsbereich aus. Da die in §§ 312ff. BGB enthaltenen Verbrauchervorschriften bereits bisher auf Wohnraummietverträge Anwendung fanden, dehnte der deutsche Gesetzgeber die Bestimmungen der VRRL teilweise auf Wohnraummietverträge aus, um Mieter nicht schlechter als nach bisherigem Recht zu stellen.[108] Aus Erwägungsgrund Nr. 13 VRRL ergibt sich, dass ein solches Vorgehen trotz Vollharmonisierung zulässig ist.

Bei der gewerblichen Vermietung von Wohnraum (nur diese ist nach § 312 Abs. 1 21
BGB erfasst) sind neben den in §§ 535ff. BGB enthaltenen Vorschriften nach § 312 Abs. 4 BGB die Informationspflichten des § 312a Abs. 1, 3, 4 und 6 BGB zu beachten. Weiter steht dem Mieter gegen den gewerblichen Vermieter bei Mietverträgen, die im Fernabsatz oder außerhalb von Geschäftsräumen geschlossen werden, ein Widerrufsrecht zu; auch sind die für diese Verträge gesondert geltenden Informationspflichten zu beachten.[109] Hierfür besteht ein sachliches Bedürfnis trotz der zahlreichen Vorschriften zugunsten des Mieters im sozialen Mietrecht, da insbesondere bei Änderungen des bereits geschlossenen Mietvertrags Gefahren durch Überrumpelung und psychischen Druck bestehen.[110]

Hat der Mieter die Wohnung vor Unterzeichnung des Mietvertrags besichtigt, be- 22
darf der Mieter des Schutzes des § 312 Abs. 4 S. 1 BGB nicht. Mit § 312 Abs. 4 S. 2 BGB reagiert der Gesetzgeber auf die Erkenntnis, dass Mietverträge häufig im unmittelbaren Anschluss an eine Besichtigung der zu vermietenden Wohnung oder aber an gleicher Stelle in einem zweiten Besichtigungstermin nach Klärung der letzten offenen Fragen abgeschlossen werden.[111] Für Mietverträge, die im Fernabsatz geschlossen wurden, ergibt sich diese Rechtslage bereits daraus, dass diese Verträge ausschließlich durch Fernkommunikationsmittel geschlossen werden müssen, sodass es für sie der Gegenausnahme in § 312 Abs. 4 S. 2 BGB nicht bedurft hätte. § 312 Abs. 4 S. 2 BGB gilt ausweislich des Wortlauts („Begründung") nicht für Vertragsänderungen nach Abschluss des Mietvertrags, z. B. bei Abreden über Mieterhöhungen oder beim Abschluss von Aufhebungsverträgen.[112] Werden diese im Fernabsatz oder außerhalb von Geschäftsräumen geschlossen, besteht damit ein Widerrufsrecht für den Mieter; der

---

107 EuGH, 14.5.2020, Rs. C-208/19 – *NK/MS*, ECLI:EU:C:2020:382, Rn. 39ff.
108 Vgl. BT-Drucks. 17/12637, S. 48.
109 *Gsell*, WuM 2014, 375; speziell zum Widerrufsrecht *Hau*, NZM 2015, 435; *Rolfs/Möller*, NJW 2017, 3275; *Fervers*, NZM 2018, 640.
110 BT-Drucks. 17/12637, S. 48.
111 BT-Drucks. 17/12637, S. 48.
112 Zu diesen Beispielen BT-Drucks. 17/12637, S. 48.

Vermieter hat dann die speziell für diese Verträge geltenden Informationspflichten zu beachten.

c) Anderweitige Schutzmechanismen

23 Ebenfalls weitgehend ausgenommen sind nach Art. 3 Abs. 3 lit. g VRRL bzw. § 312 Abs. 7 BGB Reiseleistungen nach der Pauschalreise-Richtlinie 2015/2302 bzw. §§ 651a ff. BGB. Art. 27 Abs. 2 Pauschalreise-RL hat diese Bereichsausnahme allerdings insoweit modifiziert, als Art. 6 Abs. 7, Art. 8 Abs. 2 und 6 sowie Art. 19, 21 und 22 VRRL weiterhin zur Anwendung kommen.[113] Nach § 312 Abs. 7 S. 1 BGB gilt für Pauschalreiseverträge nach den §§ 651a und 651c BGB für alle Reisenden zunächst das in § 312a Abs. 3 bis 6 BGB geregelte Regime bezüglich der Modalitäten des vereinbarten Entgelts. Daneben greifen die allgemeinen Pflichten im elektronischen Geschäftsverkehr in den §§ 312i, 312j und 312k BGB mit Ausnahme des § 312j Abs. 1 BGB. Auf die Verbrauchereigenschaft des Reisenden oder eine bestimmte Vertriebsform kommt es insoweit nicht an, sodass auch Geschäftsreisende vom Schutzregime erfasst werden, sofern kein Ausnahmetatbestand des § 651a Abs. 5 BGB vorliegt. Für außerhalb von Geschäftsräumen mit Verbrauchern geschlossene Pauschalreiseverträge i. S. d. § 651a BGB erklärt § 312 Abs. 7 S. 2 BGB zusätzlich § 312g Abs. 1 BGB für anwendbar. Das damit gegebene Widerrufsrecht ist nur dann ausgeschlossen, wenn die dem Vertragsschluss vorausgehenden mündlichen Verhandlungen auf Initiative des Verbrauchers geführt wurden. Zwar sieht die Pauschalreise-Richtlinie kein solches Widerrufsrecht vor, sie enthält allerdings in Art. 12 Abs. 5 Pauschalreise-RL eine entsprechende Öffnungsklausel.

24 Bei der Beförderung von Personen bietet das Unionsrecht, etwa die Fluggastrechte-Verordnung, einen ausreichenden rechtlichen Schutz.[114] Diesbezüglich normiert Art. 3 Abs. 3 lit. k VRRL bzw. § 312 Abs. 2 Nr. 5 BGB eine Bereichsausnahme. Diese erfasst etwa die Buchung einer Bahnfahrkarte,[115] nicht aber den Erwerb einer sog. BahnCard, wenn diese lediglich den Kauf vergünstigter Bahnfahrkarten ermöglicht, selbst aber keinen Beförderungsanspruch gibt.[116] Ein Vertrag über die Anmietung eines PKW ist nicht insgesamt von der Anwendung der VRRL ausgenommen; nach Art. 16 lit. l VRRL bzw. § 312g Abs. 2 Nr. 9 BGB ist indessen ein Widerruf bei außerhalb von Geschäftsräumen geschlossenen Verträgen und Fernabsatzverträgen ausgeschlossen.[117]

---

113 Zur Pauschalreise-RL unten § 25.

114 BT-Drucks. 17/12637, S. 47.

115 OLG Frankfurt VuR 2010, 428.

116 EuGH, 12.3.2020, Rs. C-583/18 – *Verbraucherzentrale Berlin*, ECLI:EU:C:2020:199, Rn. 33 ff.

117 EuGH, 10.3.2005, Rs. C-336/03 – *easyCar*, NJW 2005, 3055. Das Kraftfahrzeug-Leasing fällt indessen nicht unter die Bereichsausnahme, s. OLG München BeckRS 2020, 13248, Rn. 39 ff.

Auch für Verträge über Teilzeitnutzung von Wohngebäuden, über langfristige Urlaubsprodukte sowie über diesbezügliche Vermittlungsverträge und Tauschsystemverträge (§§ 481–481b BGB) besteht nach Art. 3 Abs. 3 lit. h VRRL bzw. § 312 Abs. 2 Nr. 6 BGB eine Bereichsausnahme: Hier wird ein umfassender Schutz des Verbrauchers schon durch die Timesharing-Richtlinie bzw. §§ 482 ff. BGB gesichert.[118] 25

Für Behandlungsverträge[119] gelten nach § 630a BGB die speziellen Informations-, Aufklärungs- und Duldungspflichten der §§ 630c, 630e und 630f BGB; auch sie sind daher nach Art. 3 Abs. 3 lit. b VRRL bzw. § 312 Abs. 2 Nr. 7 BGB vom Anwendungsbereich der §§ 312 ff. BGB ausgenommen. 26

Verträge über Gegenstände des täglichen Bedarfs, nämlich Lebensmittel, Getränke oder sonstige Haushaltsgegenstände des täglichen Bedarfs, die an den Verbraucher zu seinem Wohnsitz, Aufenthaltsort oder Arbeitsplatz vom Unternehmer „im Rahmen häufiger und regelmäßiger Fahrten geliefert werden", unterfallen der Bereichsausnahme des Art. 3 Abs. 3 lit. j VRRL bzw. § 312 Abs. 2 Nr. 8 BGB: Hier wird der Verbraucher schon durch die §§ 474 ff. BGB sowie durch einschlägige Vorschriften des öffentlichen Rechts (etwa die EU-LebensmittelinfoVO Nr. 1169/2011) geschützt. Für Häufigkeit und Regelmäßigkeit soll es nicht auf das individuelle Bestellverhalten des Verbrauchers ankommen, sondern auf die Gestaltung des Angebots durch den Unternehmer.[120] 27

Unter die einzeln hergestellten Telefon-, Internet- oder Telefaxverbindungen des Art. 3 Abs. 3 lit. m VRRL bzw. § 312 Abs. 2 Nr. 11 BGB fallen z. B. sog. Call-by-Call-Dienstleistungen, die auf Veranlassung des Verbrauchers unmittelbar und in einem Mal erbracht und über die Telefonrechnung abgerechnet werden. Für diese Verträge bestehen in §§ 66 ff. TKG verbraucherschützende Sonderregelungen. 28

Eine weitere, allerdings enger geschnittene Bereichsausnahme besteht nach Art. 3 Abs. 3 lit. a VRRL bzw. § 312 Abs. 3 BGB für Verträge über soziale Dienstleistungen. Darunter fallen nach Erwägungsgrund Nr. 29 VRRL solche Dienstleistungen, die sich an besonders benachteiligte oder einkommensschwache Personen richten sowie an Personen oder Familien, die bei routinemäßigen Handlungen und alltäglichen Verrichtungen auf Hilfe angewiesen sind, weiter auch Dienstleistungen für Menschen, die in einer besonderen Phase ihres Lebens Hilfe, Unterstützung, Schutz oder Zuspruch benötigen. Konkretisierend ist dort bestimmt, dass sowohl Dienstleistungen der Kurzzeit- und Langzeitpflege erfasst sind, die z. B. von häuslichen Pflegediensten, im Rahmen von betreuten Wohnformen und in Pflegeheimen erbracht werden. Ob es sich um staatliche Sozialdienstleistungen oder solche privater Anbieter handelt, soll 29

118 Dazu unten § 26.

119 Dazu *R. Koch*, JURA 2014, 985.

120 Erfasst sind nur Lieferungen durch den Unternehmer selbst, hingegen nicht der herkömmliche Versandhandel, BGH WM 2012, 221, Rn. 23 („Computer-Bild"). Ebenfalls nicht erfasst sind Abonnements über Zeitungen und Zeitschriften, BGH WM 2012, 221, Rn. 16 ff.

keine Rolle spielen. Grund ist, dass diese besonderen rechtlichen Anforderungen unterliegen, sodass die §§ 312ff. BGB nicht passen.[121] Diesbezüglich sind lediglich die sich aus § 312a Abs. 1, 3, 4 und 6 BGB ergebenden Informationspflichten zu beachten. Weiter steht dem Verbraucher, wenn diese Verträge im Fernabsatz oder außerhalb von Geschäftsräumen geschlossen werden, ein Widerrufsrecht zu (§ 312 Abs. 3 Nr. 7 BGB); auch sind die speziell für diese Vertriebsformen bestehenden Informationspflichten zu beachten (§ 312 Abs. 3 Nr. 1, 6 und 7 BGB).

30 Art. 3 Abs. 3 lit. d VRRL nimmt schließlich Finanzdienstleistungen (vgl. Art. 2 Nr. 12 VRRL) vom Anwendungsbereich der Richtlinie aus. In Umsetzung dessen und von Art. 1 Abs. 2 FernabsFinDienstlRL geht es in § 312 Abs. 5 S. 1 BGB um die erstmalige Vereinbarung eines Dauerschuldverhältnisses im Fernabsatz oder außerhalb geschlossener Geschäftsräume mit daran anschließenden „Vorgängen", § 312 Abs. 5 S. 3 BGB behandelt mehrere in einem zeitlichen Zusammenhang stehende Vorgänge der gleichen Art.[122] In beiden Fällen sollen die §§ 312ff. BGB, mit Ausnahme der in § 312a Abs. 1, 3, 4 und 6 BGB enthaltenen Bestimmungen, nur für die erste Vereinbarung oder den ersten Vorgang gelten. Diese Kette soll jedoch nach § 312 Abs. 5 S. 4 BGB unterbrochen sein, wenn länger als ein Jahr kein Vorgang der gleichen Art mehr stattgefunden hat; dann gilt der nächste Vorgang als der erste Vorgang einer neuen Reihe nach § 312 Abs. 5 S. 3 BGB. Ziel dieser hoch abstrakt formulierten und wenig anschaulichen Regelung ist v. a., dass die recht aufwändigen Informationspflichten, die die §§ 312ff. BGB für den Unternehmer mit sich bringen, nicht ständig erneut erfüllt werden müssen. Unter § 312 Abs. 5 S. 1 BGB fallen etwa der Giro- oder Depotvertrag, der Zahlungsdienstevertrag, der Sparvertrag, Verträge über Wertpapierdienstleistungen sowie die unter § 1 KWG fallenden Finanzdienstleistungen.[123]

d) Praktische Undurchführbarkeit der Schutzmechanismen

31 Eine weitere Bereichsausnahme besteht für Automatenverträge, Art. 3 Abs. 3 lit. l VRRL bzw. § 312 Abs. 2 Nr. 9 BGB. Hier wären wegen der sofortigen Vertragsabwicklung die Informationspflichten nach §§ 312d, 312e BGB oder das Widerrufsrecht nach § 312g Abs. 1 BGB nicht sinnvoll durchzuführen. Ähnliche Erwägungen gelten auch für Verträge über die Nutzung öffentlicher Fernsprecher (§ 312 Abs. 2 Nr. 10 BGB). Der Ausschluss soll aber nicht greifen, wenn der Vertrag eine spätere Nutzung der technischen Einrichtung betrifft (z. B. „Kauf" von Telefonkarten oder Waschmünzen).[124]

---

121 Vgl. BT-Drucks. 17/12637, S. 48.

122 S. *von Loewenich*, NJW 2014, 1409.

123 Bei einem Verbraucherdarlehensvertrag in Form einer „unechten Abschnittsfinanzierung" finden die Vorschriften über Fernabsatzverträge auf die Konditionenanpassungen keine Anwendung (BGH WM 2019, 251 zu § 312b Abs. 4 BGB a. F.; s. a. *Lühmann*, BKR 2019, 294).

124 MüKo-BGB/*Wendehorst*, 8. Aufl. 2019, § 312 Rn. 73.

e) Bagatellklausel

Nach § 312 Abs. 2 Nr. 12 BGB liegt eine Bereichsausnahme schließlich bei Verbraucherverträgen vor, bei denen das Entgelt einschließlich aller Nebenkosten 40 € nicht übersteigt; die Leistung muss sofort nach Vertragsabschluss erbracht worden sein. Die Regelung hat den Zweck, unnötigen Verwaltungsaufwand zu vermeiden.[125] Insoweit hat der Gesetzgeber von der Öffnungsklausel des Art. 3 Abs. 4 VRRL Gebrauch gemacht. 32

125 BT-Drucks. 17/12637, S. 47.

1. Kapitel: Allgemeine Prinzipien des Vertragsrechts

§ 10 Vertragsfreiheit und Vertragsbindung

Literatur: *Calliess*, Die Zukunft der Privatautonomie. Zur neueren Entwicklung eines gemeineuropäischen Rechtsprinzips, in: Jud/Bachner/Bollenberger (Hrsg.), Prinzipien des Privatrechts und Rechtsvereinheitlichung, JbJZRWiss 2000, 2001, S. 85; *Leuschner*, Grenzen der Vertragsfreiheit im Rechtsvergleich, ZEuP 2017, 335; *Riesenhuber*, Privatautonomie – Rechtsprinzip oder „mystifizierendes Leuchtfeuer", ZfPW 2018, 352

Systematische Übersicht

I. Die Bedeutung der Vertragsfreiheit

1 In *Flumes* klassischer Formulierung beinhaltet die Privatautonomie und damit die Vertragsfreiheit „das Prinzip der Selbstgestaltung der Rechtsverhältnisse durch den einzelnen nach seinem Willen".[1] Die verfassungsrechtlich garantierte Vertragsfreiheit[2] umfasst insbesondere die Abschluss- und die Inhaltsfreiheit:[3] Jedes Rechtssubjekt ist frei in der Wahl seines Vertragspartners und in der Gestaltung der vertraglichen Abrede.[4]

2 Die Vertragsfreiheit ist eine Grundvoraussetzung für den Binnenmarkt, der nach Art. 3 Abs. 2 EUV der (sozialen) Marktwirtschaft verpflichtet ist. Es erfolgt jedoch keine ausdrückliche Nennung im Primärrecht oder in der Grundrechtscharta; der EU-Gesetzgeber geht aber selbstverständlich von dessen Geltung aus, wie etwa die Erwä-

---

1 *Flume*, Allgemeiner Teil des Bürgerlichen Rechts, Band II: Das Rechtsgeschäft, 4. Aufl. 1992, § 1, 1 und 5 (S. 1, 6); ebenso *Canaris*, AcP 200 (2000), 273, 277.

2 BVerfGE 8, 274, 328 (Preisgesetz); BVerfGE 70, 115, 123; BVerfGE 72, 155, 179; *Höfling*, Vertragsfreiheit. Eine grundrechtsdogmatische Studie, 1991, S. 11ff.

3 Dazu *Höfling*, Vertragsfreiheit. Eine grundrechtsdogmatische Studie, 1991, S. 3; eingehend auch *Cornils*, Die Ausgestaltung der Grundrechte, 2005, S. 165ff.; vgl. weiter *Lorenz*, Der Schutz vor dem unerwünschten Vertrag, 1997, S. 18ff.

4 Wenn die sogenannten „sozialen" Ansätze die Vertragsfreiheit „bei präziser Betrachtung" als „ein Traumschloß, eine Utopie und keine Realität" (so *Zweigert*, in: FS Rheinstein, Bd. II, 1969, S. 493, 503; *Zweigert/Kötz*, Rechtsvergleichung, Band II, 2. Aufl. 1984, S. 10) bezeichnen, weil diese von einer Gleichheit der Rechtssubjekte ausgehe, die in der Realität nicht vorhanden sei, so verkennen sie, dass die Vertragsfreiheit nach dem Verständnis des BGB gerade keine formale Gleichheit voraussetzt. Siehe dazu zusammenfassend *Bruns*, JZ 2007, 385, 387.

https://doi.org/10.1515/9783110718690-010

gungsgründe Nr. 8 und 9 der Verbrauchsgüterkauf-Richtlinie belegen.[5] Art. 16 GRCh garantiert die unternehmerische Freiheit und damit auch die Vertragsfreiheit.[6] Deutlich formuliert in diesem Sinne auch Art. II.-1:102 (1) DCFR: „Parties are free to make a contract or other judicial act and to determine its contents, subject to the rules of good faith and fair dealing and any other applicable mandatory rules." Die Abschlussfreiheit ist daher Bestandteil des europäischen Rechts.

Dies gilt im Grundsatz auch für die Inhaltsfreiheit. Der Fokus auf den Verbraucher- 3
schutz führt aber zur vermehrten Einführung von zwingendem Recht (so etwa die Beschreibung der Leistungspflichten des Verkäufers in der Verbrauchsgüterkauf-Richtlinie). Das europäische Recht zielt v.a. auf die Förderung des grenzüberschreitenden Handels ab und weniger auf die Verbesserung der materialen Vertragsabschlussfreiheit. Daher soll das Vertrauen der Verbraucher in den grenzüberschreitenden Vertragsschluss gestärkt werden. So formuliert etwa Erwägungsgrund Nr. 2 zur Verbrauchsgüterkauf-Richtlinie: „Es muss den Verbrauchern aus einem Mitgliedstaat möglich sein, auf der Grundlage angemessener einheitlicher Mindestvorschriften über den Kauf von Verbrauchsgütern im Hoheitsgebiet eines anderen Mitgliedstaates frei einzukaufen." Die Lösung liegt in der Gewährung von Information einerseits und in der Möglichkeit der Lösung vom Vertrag (durch Widerrufsrechte) andererseits. Geschützt wird nur der informierte Vertragsschluss; im Falle fehlender Information entstehen Widerrufsrechte oder Fristen zum Widerruf werden verlängert.[7]

II. Pacta sunt servanda

Die Kehrseite der Vertragsfreiheit ist der Grundsatz der Vertragsbindung oder des sy- 4
nonym dazu verwendbaren[8] pacta sunt servanda. Was die Parteien vereinbart haben, wird von der Rechtsordnung mit Geltungsbefehl ausgestattet und ist vor staatlichen Gerichten einforderbar. Ohne diese Bindung wäre die Vertragsfreiheit zwar nicht vollkommen inhaltsleer:[9] So sind auch Rechtsordnungen denkbar, die nicht obligatorische Verträge, sondern allein Verfügungsgeschäfte als bindend anerkennen.[10] Die

5 Nachweise bei *Reich*, General Principles of EU Civil Law, 2014, S. 17ff.; *Riesenhuber*, EU Vertragsrecht, 2013, Rn. 897 Fn. 15. Vgl. auch *Calliess*, JbJZRWiss 2000, S. 85.

6 Nachweise zur Rechtsprechung des EuGH bei Streinz/*Streinz*, EUV/AEUV, 3. Aufl. 2018, Art. 16 GR-Charta Rn. 6. Siehe dazu bereits oben § 7 Rn. 61ff.

7 Zum Informationsmodell unten § 12 Rn. 1ff.

8 Siehe mit umfassenden Nachweisen *Weller*, Die Vertragstreue, 2009, S. 37f.

9 So aber wohl *Bruns*, JZ 2007, 385, 386 (Vertragsfreiheit ohne pacta sunt servanda nicht denkbar).

10 Vgl. *F. Bydlinski*, Privatautonomie und objektive Grundlagen des verpflichtenden Rechtsgeschäfts, 1967, S. 67f.; *Stathopoulos*, AcP 194 (1994), 543, 545f. mit dem Beispiel des frühen griechischen (vor allem des attischen) Rechts, nach dem offenbar klagbare Rechte nur bei Eintritt eines Vermögensschadens bestanden; dieser wiederum wurde nur bei Verletzung eines Verfügungsvertrags, nicht aber bei einem obligatorischen Vertrag bejaht.

Bindung an den Vertrag ist aber eines der wesentlichen Kennzeichen einer auf der Privatautonomie beruhenden Vertragsrechtsordnung.[11] Sie erklärt sich ähnlich wie die Vertragsfreiheit selbst durch die aus der Menschenwürde folgende freie Selbstbestimmung des Individuums, denn diese beinhaltet auch die Freiheit, sich selbst zu binden.[12]

5 Dabei ist das Postulat der Vertragsbindung bereits bei Vorliegen von korrespondierenden Versprechen keine Selbstverständlichkeit. Das klassische römische Recht enthielt noch umgekehrte Vorzeichen, indem es ein nudum pactum (heute würde man von einer Naturalobligation sprechen) für unklagbar erklärte und eine Bindung nur bei Schriftlichkeit eines Vertrags anerkannte.[13] Diese Regel wurde immer öfter durchbrochen, was schließlich im Mittelalter seinen Ausdruck im Satz „pacta quantumque nuda servanda sunt" erhielt, der im Corpus Iuris Canonici enthalten ist und damit als solcher nicht römisch-rechtlichen Ursprungs ist.[14] Noch heute geht das englische Recht von einer Bindung an ein formlos gegebenes Versprechen erst dann aus, wenn auch der Empfänger seinerseits „in consideration of the offer" eine – wenn auch nur symbolische – Gegenleistung erbringt.[15]

6 Der Grund für die Bindung einer Partei an einen wirksam geschlossenen Vertrag liegt in der Legitimationswirkung des rechtlichen Gestaltungswillens einer Partei. Kam die rechtsgeschäftliche Vereinbarung aus Sicht der Rechtsordnung durch einen fehlerfreien Willensbildungsprozess zustande, also ohne relevanten Irrtum, Täuschung oder Drohung i. S. d. §§ 116 ff., 123 BGB, so wird dieser Vertrag mit einem Geltungsbefehl ausgestattet.[16] Der Inhalt der so getroffenen Vereinbarung und die daraus folgenden Rechte und Pflichten werden von der Rechtsordnung grundsätzlich akzep-

---

11 Vgl. unter vielen BGH NJW 1996, 990, 992; BAG NJW 2005, 1820, 1821; *Weller*, Die Vertragstreue, 2009, S. 41, 274 ff.; *Unberath*, Die Vertragsverletzung, 2007, S. 46 ff.; *Remien*, Zwingendes Vertragsrecht und Grundfreiheiten des EG-Vertrags, 2003, S. 311 ff.; *F. Bydlinski*, Privatautonomie und objektive Grundlagen des verpflichtenden Rechtsgeschäfts, 1967, S. 109 ff.; *Bruns*, JZ 2007, 385, 386. Historische und vergleichende Betrachtung bei *Supiot*, Homo Juridicus. On the Anthropological Function of the Law, 2007, S. 78 ff.

12 Vgl. *Larenz*, Richtiges Recht. Grundzüge einer Rechtsethik, 1979, S. 57; eingehend dazu *Mansel*, Grundlagen der Informationshaftung, Habil.-Schrift Heidelberg 1998, S. 532 ff.; *Weller*, Die Vertragstreue, 2009, S. 156 ff.

13 „Nuda pactio obligationem non parit, sed parit exceptionem" (Ulp. D. 2, 14, 7, 4). Eingehend zur historischen Entwicklung des Grundsatzes von pacta sunt servanda *Weller*, Die Vertragstreue, 2009, S. 58 ff.

14 Dazu *Zimmermann*, Law of Obligations. Roman Foundations of the Civilian Tradition, 1996, S. 508 ff., 542 ff.

15 Zur consideration *Smith*, Atiyah's Introduction to the Law of Contract, 6. Aufl. 2005, S. 106 ff.; *Hürten*, Das Erfordernis der Gegenleistung (consideration) im englischen Vertragsrecht, 2004; *Benedict*, RabelsZ 69 (2005), 1. Siehe dazu auch unten § 13 Rn. 8.

16 An dieser Stelle kann dahinstehen, ob es sich hierbei um eine staatlich induzierte Anordnung handelt oder ob die Bindungswirkung gleichsam naturrechtlich präjudiziert ist. Siehe zum Grundsatz der Naturalerfüllung noch unten § 18.

tiert. Nur dann, wenn ein Rechtsgeschäft gegen ein gesetzliches Verbot (§ 134 BGB) oder die guten Sitten (§ 138 BGB) verstößt, wird ihm die Geltung versagt.[17] Sind diese äußeren Grenzen der Vertragsfreiheit nicht überschritten, so geht die Rechtsordnung im Grundsatz davon aus, dass der übereinstimmende rechtsgestaltende Wille der Vertragsparteien hinreichend ist, um einen für sie akzeptablen Interessenausgleich zu gewähren. Die Notwendigkeit der Willenseinigung in Form eines Konsenses führt im Regelfall auch dazu, dass durch den Vertrag die Interessen beider Vertragspartner gleichermaßen befriedigt werden. Auf dieser Annahme basiert die Inhaltsfreiheit, also der Grundsatz, dass in den Grenzen der §§ 134, 138 BGB Verträge mit beliebigem Inhalt geschlossen werden können.[18]

Im unionsprivatrechtlichen Kontext wird der (grenzüberschreitende) Vertrag pri- 7
mär als Institut zur Ausübung der Grundfreiheiten angesehen, der somit der Verwirklichung des Binnenmarktes dient. Teilweise finden sich indirekte Regelungen, etwa in Art. 2 Nr. 5 Pauschalreise-RL a.F., wo der Vertrag als „Vereinbarung, die den Verbraucher an den Veranstalter und/oder Vermittler bindet", definiert wird. Gleichwohl erkennt das Unionsprivatrecht die tragenden Elemente der mitgliedstaatlichen Vertragsrechtsordnungen wie den Grundsatz der Vertragsbindung an. So formulierte der EuGH:[19] „Die von der Betroffenen geltend gemachten Regeln sind eine Ausnahme vom Grundsatz ‚pacta sunt servanda', der einen tragenden Grundsatz jeder Rechtsordnung [...] darstellt."[20] Auch die Inhaltsfreiheit vertraglicher Vereinbarungen kann als allgemeiner Rechtsgrundsatz des Unionsrechts angesehen werden.[21]

Ob das in verbraucherschützenden EU-Richtlinien oftmals enthaltene Widerrufs- 8
recht[22] eine Einschränkung oder gerade eine Bestätigung des Grundsatzes pacta sunt servanda darstellt, ist umstritten.[23] Entscheidend für die Positionierung ist die Antwort auf die Frage, welchen Zweckrationalitäten das Richtlinienrecht jeweils folgt. Eine pauschale Betrachtung verbietet sich insoweit.[24] Überall dort, wo das Widerrufsrecht als Reaktion auf ein Defizit im Mechanismus des Vertragsschlusses gesehen werden kann, lässt es sich – funktional vergleichbar der Anfechtung wegen Willensmängeln, Täuschung oder Drohung – als Reaktion auf den als imperfekt angesehenen

---

17 Für marktbeherrschende Unternehmen greifen ergänzend die §§ 19, 20 GWB.

18 Zu den innerhalb dieses äußeren Rahmens bestehenden Grenzen der Inhaltsfreiheit u. a. auch *Larenz*, Richtiges Recht. Grundzüge einer Rechtsethik, 1979, S. 65ff.; *Dauner-Lieb*, Verbraucherschutz durch Ausbildung eines Sonderprivatrechts für Verbraucher, 1983, S. 51ff.

19 EuGH, 16.6.1998, Rs. C-162/96 – *Racke*, Slg. 1998, I-3655, Rn. 49.

20 Siehe weiter EuG, 25.5.2004, Rs. T-154/01 – *Distilleria Palma/Kommission*, Slg. 2004, II-1493, Rn. 45; vgl. auch die Schlussanträge der Generalanwältin *Trstenjak* vom 30.6.2009, Rs. C-101/08 – *Audiolux*.

21 Dazu *Riesenhuber*, System und Prinzipien des Europäischen Vertragsrechts, 2003, § 18 (S. 553ff.).

22 Dazu unten § 14.

23 S. *Eidenmüller*, AcP 210 (2010), 67ff. einerseits und *Weller*, Die Vertragstreue, 2009, S. 294ff., andererseits.

24 Siehe im Einzelnen unten § 14 Rn. 6.

Vertragsschluss und damit als Bestätigung des Grundsatzes pacta sunt servanda auffassen: Die Vertragsbindung erscheint nur dort gerechtfertigt, wo hinreichend sichergestellt wurde, dass dem Vertragsschluss eine selbstbestimmte und informierte Willensentscheidung zugrunde lag.

§ 11 Materielle Vertragsgerechtigkeit

Literatur: *Hartkamp*, The General Principles of EU Law and Private Law, RabelsZ 75 (2011), 241; *Jakl*, Handlungshoheit. Die normative Struktur der bestehenden Dogmatik und ihrer Materialisierung im deutschen und europäischen Schuldvertragsrecht, 2019; *Knütel*, Ius commune und Römisches Recht vor Gerichten der Europäischen Union, JuS 1996, 768; *Lurger*, Gerechtigkeitskonzepte für ein europäisches Vertragsrecht und Instrumente zu ihrer Umsetzung, in: Arnold (Hrsg.), Grundlagen eines europäischen Vertragsrechts, 2014, S. 101; *C. Mak*, Hedgehogs in Luxembourg? A Dworkinian Reading of the CJEU's Case Law on Principles of Private Law and Some Doubts of the Fox, ERPL 2012, 323; *Morvan*, What's a Principle?, ERPL 2012, 313; *Reich*, General Principles of EU Civil Law, 2014; *Sieburgh*, Principles in Private Law: From Luxury to Necessity – Multi-layered Legal Systems and the Generative Force of Principles, ERPL 2012, 295

Systematische Übersicht

I. Materialisierung des Vertragsrechts

1. Äquivalenzvermutung und „Richtigkeitschance"

Es steht den Vertragsparteien frei, auch risikoreiche Geschäfte abzuschließen und **1**
sich zu Leistungen zu verpflichten, die nur unter besonders günstigen Umständen erbracht werden können.[1] Das geltende deutsche Recht geht wie viele anderen Rechts-

1 Vgl. BGHZ 107, 92, 98.

https://doi.org/10.1515/9783110718690-011

ordnungen auch von der Prämisse aus, dass die Selbstbindung durch Vertrag auch dann nicht endet, wenn sich eine in freier Willensbildung eingegangene Verpflichtung im Nachhinein als unerwünscht erweist. In diesem Zusammenhang wird im Anschluss an *Schmidt-Rimpler* verbreitet von einer „Richtigkeitsgewähr“[2] oder zumindest von einer „Richtigkeitschance“[3] gesprochen, die der „Vertragsmechanismus“ beinhalten soll. Diese resultiere daraus, dass die Notwendigkeit zur Einigung über den Vertragsinhalt einen Zwang zum wechselseitigen Entgegenkommen beinhalte; die daraus folgende Berücksichtigung der Interessen beider Parteien führe im Regelfall dazu, dass das Vereinbarte auch inhaltlich richtig bzw. objektiv gerecht ist.[4]

2 *Schmidt-Rimplers* Konzept wird wegen der Verwendung des Begriffs der „Richtigkeit“ des Vertrags kritisiert: Wann ein Vertrag „richtig“ oder „falsch“ sei, könne schlechterdings nicht bestimmt werden; der Begriff der Richtigkeitsgewähr bzw. -chance impliziere schon eine Wertung, die für eine selbstbestimmte Vereinbarung überhaupt nicht vorgenommen werden soll.[5] Insbesondere *Flume* trat für eine formale Sicht der dem BGB zugrunde liegenden Vertragsfreiheit ein. Es bestehe eine Vermutung dafür, dass die rechtsgeschäftliche Vereinbarung den vertraglichen Austauschinteressen der Parteien gerecht werde (und nicht notwendig in einem materialen Sinne gerecht sei – diese Beurteilung entziehe sich der Kompetenz des Außenstehenden), dass sich die vertraglichen Leistungen also im Gleichgewicht befänden, mö-

---

2 Vgl. grundlegend *Schmidt-Rimpler*, AcP 147 (1941), 130, 149 ff. Auch die Rechtsprechung hat den Ansatz *Schmidt-Rimplers* aufgegriffen, vgl. etwa BVerfGE 81, 242, 254; BVerfG NJW 2006, 596, 598 m. w. N.; BGHZ 101, 350.

3 Der Begriff wurde geprägt von *M. Wolf*, Rechtsgeschäftliche Entscheidungsfreiheit und vertraglicher Interessenausgleich, 1970, S. 74, 81 f.; Soergel/*M. Wolf*, BGB, 13. Aufl. 1999, vor § 145 Rn. 29. In der Sache ähnlich *Canaris*, Die Bedeutung der iustitia distributiva im deutschen Vertragsrecht, 1997, S. 49 (kritisch aber zur Aussagekraft dieses Begriffs, da die meisten Verträge nicht frei ausgehandelt sind); Staudinger/*Looschelders*/*Olzen* (2019), § 242 Rn. 458; *Fastrich*, Richterliche Inhaltskontrolle im Privatrecht, 1992, S. 51 ff.

4 *Schmidt-Rimpler* geht in seinem oft zitierten Aufsatz gleichwohl nicht davon aus, dass der Vertrag die Verwirklichung der Privatautonomie darstellt (AcP 147 (1941), 130, 159). Hintergrund der Abhandlung war die Erneuerung des Vertragsrechts im Rahmen der Arbeiten zum NS-„Volksgesetzbuch“. Die „Richtigkeit“ der privatrechtlichen Vereinbarung wird darin verstanden nicht als Ergebnis privatautonomer Gestaltungsmacht, sondern als „Gerechtigkeit“ sowie „die von der Gemeinschaft gesehene Zweckmäßigkeit“ (AcP 147 (1941), 130, 132). Das Risiko der Unrichtigkeit der Vereinbarung ist nach *Schmidt-Rimpler* in Kauf zu nehmen, da als Alternative nur eine hoheitliche Gestaltung bleibe, die durchweg nachteiliger sei (AcP 147 (1941), 130, 165 ff.). Später hat *Schmidt-Rimpler* (in: FS Raiser, 1974, S. 3, 15) diesen Ansatz dahin präzisiert, dass mit dem Begriff der „Richtigkeit“ nicht nur der Vertragsmechanismus als solcher erfasst ist, sondern auch die subjektiven Wertungen der Parteien. Vgl. zur Bedeutung der Lehre *Schmidt-Rimplers* auch (kritisch) *Singer*, Selbstbestimmung und Verkehrsschutz im Recht der Willenserklärungen, 1995, S. 9 ff.; *Auer*, Materialisierung, Flexibilisierung, Richterfreiheit. Generalklauseln im Spiegel der Antinomien des Privatrechtsdenkens, 2005, S. 36 ff.

5 Dezidiert *Flume*, Allgemeiner Teil des Bürgerlichen Rechts, Band II: Das Rechtsgeschäft, 4. Aufl. 1992, § 1, 6 (S. 7 f.).

ge dieses auch nur subjektiv aus Sicht der Parteien bestehen: Stat pro ratione voluntas.[6]

Diese rein formale Sichtweise mag als Ausgangspunkt ihre Berechtigung haben. 3
Sie kann jedoch nicht hinreichend erklären, warum vor allem im Vertragsrecht immer mehr Mechanismen geschaffen wurden, die gerade die Überprüfung des Inhalts der vertraglichen Vereinbarung zum Ziel haben, wie etwa die Kontrolle Allgemeiner Geschäftsbedingungen, die Anerkennung von Störungen der Geschäftsgrundlage oder die Ausweitung des Tatbestandes des wucherähnlichen Geschäfts, ein Prozess, der als Materialisierung der Vertragsgerechtigkeit umschrieben wurde.[7] Es ist die Aufgabe der Rechtsordnung, dafür zu sorgen, dass der Vertragsbildungsmechanismus so ausgestaltet ist, dass die Selbstbestimmung des Einzelnen nicht nur formal, sondern auch material gewährleistet ist. Man kann insoweit von einem prozeduralen Gerechtigkeitsbild sprechen, wie es auch in dem Satz *volenti non fit iniuria* zum Ausdruck kommt.[8]

Diese prozedurale Verknüpfung von Leistung und Gegenleistung wird gemeinhin 4
mit dem subjektiven Äquivalenzprinzip umschrieben.[9] Primär sind damit die Hauptleistungspflichten gemeint, typischerweise also die Leistung der einen Partei und die dafür vereinbarte Gegenleistung. Der Begriff erfasst bei einem weiten Verständnis aber auch die vereinbarten Nebenbedingungen.[10] Das Gesetz trägt dem subjektiven Äquivalenzprinzip in verschiedener Weise Rechnung, indem es das qua Konsens bestehende Gleichgewicht – vorbehaltlich der §§ 134, 138 BGB – nicht nur beim Vertrags-

---

6 So *Flume*, Allgemeiner Teil des Bürgerlichen Rechts, Band II: Das Rechtsgeschäft, 4. Aufl. 1992, § 1, 5 (S. 6). Ebenso im Grundsatz auch *Canaris*, Die Bedeutung der iustitia distributiva im deutschen Vertragsrecht, 1997, S. 44ff.; Staudinger/*Singer* (2017), vor §§ 116–144 Rn. 10. Der Ursprung dieser Parömie ist freilich wohl kein primär juristischer. „Hoc volo, sic iubeo, stat pro ratione voluntas", heißt es in einer Schrift des römischen Satirikers *Iuvenal* (Satiren VI, 223). Mit diesen Worten fordert eine Frau von ihrem Mann die sofortige Hinrichtung eines Sklaven, ohne dessen Schuld zu untersuchen. Zur Herkunft dieses Satzes auch *Mayer-Maly*, in: FS Kramer, 2004, S. 21, 26.

7 *Canaris*, AcP 200 (2000), 273, 282ff.

8 Eingehend *Canaris*, Die Bedeutung der iustitia distributiva im deutschen Vertragsrecht, 1997, S. 46ff.; *ders.*, AcP 200 (2000), 273, 277ff., 294 (der diesen Satz als „Grundwertung für die prozedurale Sichtweise der Vertragsgerechtigkeit" bezeichnet); Staudinger/*Singer* (2017), vor §§ 116–144 Rn. 11 m.w.N. Zu den verschiedenen Aspekten dieses Satzes *Ohly*, „Volenti non fit iniuria". Die Einwilligung im Privatrecht, 2002, S. 11ff., 63ff. Zur Antinomie von Vertragsfreiheit und materialer Gerechtigkeit eingehend *Auer*, Materialisierung, Flexibilisierung, Richterfreiheit. Generalklauseln im Spiegel der Antinomien des Privatrechtsdenkens, 2005, S. 28ff.

9 Ein Vertrag soll nach dem Gedanken der ausgleichenden Gerechtigkeit im Idealfall zu einem Ergebnis führen, das den Interessen der Vertragsparteien gleichermaßen gerecht wird, vgl. Staudinger/*Olzen* (2019), Einleitung zum Schuldrecht Rn. 66. Zur Entwicklung des Äquivalenzgedankens *Wieacker*, Privatrechtsgeschichte der Neuzeit, 2. Aufl. 1967, S. 295f., 482, 520.

10 Soergel/*M. Wolf*, 13. Aufl. 1999, vor § 145 Rn. 25; *Härle*, Die Äquivalenzstörung. Ein Beitrag zur Lehre von der Geschäftsgrundlage, 1995, S. 9ff. (der jedoch selbst nur den engen Äquivalenzbegriff verwendet).

schluss respektiert, sondern auch das spätere Schicksal von Leistung und Gegenleistung am Maßstab der anfänglich bestehenden Äquivalenz misst, so etwa bei der Minderung, wo die Gegenleistung in einem Proportionalverfahren entsprechend der mangelbedingten Beeinträchtigung herabzusetzen ist, §§ 441 Abs. 3, 638 Abs. 3 BGB.[11] Bei nachträglicher und fundamentaler Veränderung vertragswesentlicher Umstände fordert das Äquivalenzprinzip ebenfalls eine Reaktion: Hier sieht § 313 Abs. 1 BGB kein Proportionalverfahren, sondern eine je nach den Umständen unterschiedliche Vertragsanpassung vor.

5 Hingegen ist das objektive Äquivalenzprinzip berührt, wenn die Rechtsordnung Vorgaben zur Bestimmung einer angemessenen Gegenleistung macht, ohne hierbei auf den Parteiwillen Rücksicht zu nehmen.[12] In diese Richtung scheint in der Rechtsprechung eine gewisse Tendenz zu gehen, die sich etwa an der Auslegung des wucherischen und wucherähnlichen Geschäfts in § 138 BGB zeigt.

2. Kategorisierung der materialen Vertragsgerechtigkeit

6 Die Materialisierung des Vertragsrechts lässt sich unterschiedlich kategorisieren. So führt etwa *Reich* folgende Leitprinzipien an:[13] (1) framed autonomy; (2) protection of the weaker party; (3) non-discrimination; (4) effectiveness; (5) balancing; (6) proportionality; (7) good faith. Dies deckt sich weitgehend mit der hier vorgenommenen Einteilung, auch wenn sich die nachfolgende Beschreibung nicht notwendig als abschließend versteht und letztlich nur topoi aufgreifen will – zur Prinzipienbildung mag es von dort noch ein weiter Weg sein. Es kann bezweifelt werden, ob es überhaupt möglich oder auch nur sinnvoll ist, sich den privatrechtlichen Prinzipien enumerativ zu nähern.[14] Für das Europäische Vertragsrecht als besonders bedeutsam erweisen sich folgende Kategorien: (1) Gleichbehandlung; (2) Schutz des Schwächeren; (3) Treu und Glauben; (4) Verbot des Rechtsmissbrauchs; (5) Verhältnismäßigkeit. Dazu kommen die bereits erörterten Grundsätze der Vertragsfreiheit und der Vertragsbindung.[15]

---

11 Man kann hier vom Prinzip der Äquivalenzwahrung sprechen, so *Canaris*, in: FS Wiedemann, 2002, S. 3; ebenso *Härle*, Die Äquivalenzstörung. Ein Beitrag zur Lehre von der Geschäftsgrundlage, 1995, S. 55 ff. Das subjektive Äquivalenzprinzip ist auch in der Rechtsprechung anerkannt: BGHZ 114, 193, 197; RGZ 127, 245, 249 (zu frustrierten Aufwendungen und Rentabilitätsvermutung).

12 Vgl. *Canaris*, AcP 200 (2000), 273, 283.

13 *Reich*, General Principles of EU Civil Law, 2014, S. 1 ff.

14 Siehe *F. Bydlinski*, System und Prinzipien des Privatrechts, 1996, der 131 Prinzipien anführt.

15 Oben § 10.

II. Gleichbehandlung

Literatur: *Arnold*, Vertrag und Verteilung. Die Bedeutung der iustitia distributiva im Vertragsrecht, 2014; *Grünberger*, Personale Gleichheit. Der Grundsatz der Gleichbehandlung im Zivilrecht, 2013; *Metzger*, Allgemeine Rechtsgrundsätze in Europa – dargestellt am Beispiel des Gleichbehandlungsgrundsatzes, RabelsZ 75 (2011), 845; *Reich*, General Principles of EU Civil Law, 2014, S. 59ff.

Die Geltung eines Verbots der Diskriminierung oder gar eines Gebots der Gleichbe- 7
handlung ist im Privatrecht keineswegs selbstverständlich. Der liberale Geist des 19. Jahrhunderts räumte der Vertragsfreiheit nahezu durchweg den Vorrang ein. Dies schloss vertragliche Willkür mit ein: Der Abschluss eines Vertrags konnte danach aus sachfremden Gründen verweigert werden, etwa wegen des Geschlechts, der ethnischen Herkunft oder der sexuellen Orientierung des potentiellen Vertragpartners. Vertragsfreiheit in diesem Sinne ist damit genau das Gegenteil von Gleichbehandlung. Dass aber Gleichheitsgesichtspunkte auch zwischen Privaten eine Rolle spielen können, zeigt sich bereits bei *Aristoteles*. Dieser differenziert in Bezug auf die iustitia universalis zwischen der iustitia distributiva, der austeilenden Gerechtigkeit, und der iustitia commutativa, der ausgleichenden Gerechtigkeit.[16] Beide Gerechtigkeitsformen zielen auf die Wahrung der Gleichheit ab,[17] aber in unterschiedlichen Beziehungen.

1. Iustitia distributiva: Gleichheit bei der Verteilung

Die iustitia distributiva beherrscht die Verteilung von öffentlichen Gütern.[18] Sie erfor- 8
dert Gleichbehandlung, aber nur zwischen Gleichen: Wenn der Staat verteilt, dann muss nicht jeder Bürger gleich viel bekommen, sondern nur insoweit, als er an Würdigkeit vergleichbar ist. Wer weniger würdig ist, bekommt auch entsprechend weniger zugeteilt. Damit ist die austeilende Gerechtigkeit eine proportionale Gerechtigkeit; *Aristoteles* nennt es geometrische Proportion.[19] Zur Bestimmung der Gleichheit zwischen den von der Verteilung Begünstigten ist ein externes Kriterium erforderlich, das austauschbar ist. *Aristoteles* beschreibt es so:

---

16 *Aristoteles*, Nikomachische Ethik, Buch V 5, 1130b–1131a. Die Begrifflichkeit kam erst im Mittelalter auf und geht auf *Thomas von Aquin* zurück. Teilweise wird die Bezeichnung iustitia correctiva verwendet, vgl. *Honsell*, in: FS Mayer-Maly, 2002, S. 287, 289. Zur Unterscheidung beider Gerechtigkeitsformen etwa *Bien*, in: Höffe, Aristoteles: Nikomachische Ethik, 2006, S. 135, 150; *Trude*, Der Begriff der Gerechtigkeit in der aristotelischen Rechts- und Staatsphilosophie, 1955; *R. Dreier*, in: Grimm, Einführung in das Recht, 2. Aufl. 1991, S. 95, 102ff. Siehe auch *Oechsler*, Gerechtigkeit im modernen Austauschvertrag, 1997, S. 54ff.

17 *H. Otto*, JZ 2005, 473, 474f.; vgl. auch *H. Hanau*, Der Grundsatz der Verhältnismäßigkeit als Schranke privater Gestaltungsmacht, 2004, S. 98ff. Zur europäischen Dimension unten § 19.

18 Dazu *Coing*, Grundzüge der Rechtsphilosophie, 5. Aufl. 1993, S. 193ff. und bereits oben § 2 Rn. 33f.

19 *Aristoteles*, Nikomachische Ethik, Buch V 7, 1131b.

9 „Denn das Gerechte bei den Verteilungen muß nach einer bestimmten Angemessenheit[20] in Erscheinung treten; darin stimmen alle überein. Aber gerade unter dieser Angemessenheit verstehen nicht alle dasselbe: die Vertreter des demokratischen Prinzips meinen die Freiheit, die des oligarchischen den Reichtum oder den Geburtsadel und die Aristokraten den hohen Manneswert.“[21]

10 Dass der Gedanke der iustitia distributiva auch im römischen Recht großen Einfluss hatte, kommt in *Ulpians* Maxime *ius suum cuique tribuere*[22] zum Ausdruck.

11 Die Grundsätze der iustitia distributiva kommen nicht nur bei staatlichen Gütern zur Anwendung, sondern überall dort, wo Vorteile und Lasten auf die Mitglieder einer Gruppe zu verteilen sind.[23] Auch hier gilt, dass bei gleicher „Würdigkeit“ der Mitglieder auch ein gleiches Teilhaberecht und umgekehrt eine gleiche Verpflichtung zur Übernahme von Lasten besteht. Dieses Proportionalprinzip verwirklicht etwa in Bezug auf die Verteilung von Überschuss bei der Auseinandersetzung die Vorschrift des § 734 BGB für die Gesellschaft bürgerlichen Rechts: Die „Würdigkeit“ der Gesellschafter und damit die Höhe ihres Teilhaberechts bemisst sich nach dem Verhältnis ihrer Anteile.[24]

12 Im Ausgangspunkt gehört das Vertragsrecht damit nicht zur Domäne der iustitita distributiva.[25] Dies wird bereits sehr deutlich bei *Aristoteles*, der „im Bereich der vertraglichen Beziehungen von Mensch zu Mensch, der freiwilligen und der unfreiwilligen“ eine andere Form der Gerechtigkeit, die iustitia commutativa, als bestimmend ansieht.[26] Treffend wurde die iustitia commutativa daher als „Gerechtigkeit ohne Ansehung der Person“ bezeichnet.[27] Ob dennoch distributive Elemente im Vertragsrecht eine Rolle spielen können oder sollen, ist Gegenstand einer aktuellen Debatte. Im Grundsatz besteht Einigkeit, dass Verteilungsaufgaben vom öffentlichen Recht, insbesondere etwa vom Steuerrecht, übernommen werden müssen. Denn die Verteilungsgerechtigkeit kollidiert potentiell mit der Vertragsfreiheit; ein Marktteilnehmer muss sich gerade nicht zweckfinal verhalten, er kann auch irrational handeln und sich seine Vertragspartner aussuchen. Dies hat die Rechtsordnung zu respektieren.[28]

---

20 Andere verwenden den Begriff „Würdigkeit“, so die Übersetzungen von *Olof Gigon* und *Eugen Rolfes*; ebenso diejenige von *Bien*, in: Höffe, Aristoteles: Nikomachische Ethik, 2006, S. 135, 154 f.

21 *Aristoteles*, Nikomachische Ethik, Buch V 6, 1131a.

22 D.1,1,1 § 1 (ebenso in Inst. 1,1,1): „Iustitia est constans et perpetua voluntas ius suum cuique tribuendi. Iuris praecepta sunt haec: honeste vivere, alterum non laedere, suum cuique tribuere.“

23 *Coing*, Grundzüge der Rechtsphilosophie, 4. Aufl. 1985, S. 218.

24 Siehe auch *Larenz*, Richtiges Recht. Grundzüge einer Rechtsethik, 1979, S. 124 ff.

25 *Honsell*, in: FS Mayer-Maly, 2002, S. 287, 291 ff., 295 ff.

26 *Aristoteles*, Nikomachische Ethik, Buch V 7, 1131b.

27 Vgl. *Canaris*, Die Bedeutung der iustitia distributiva im deutschen Vertragsrecht, 1997, S. 11 m.w.N.; zustimmend *Honsell*, in: FS Mayer-Maly, 2002, S. 287, 294.

28 Dezidiert *Honsell*, in: FS Mayer-Maly, 2002, S. 287, 294 ff.; ebenso auch *Canaris*, Die Bedeutung der iustitia distributiva im deutschen Vertragsrecht, 1997, S. 13 ff., 33, 73; *ders.*, in: Kotsiris, Law at the Turn of the 20th Century, 1994, S. 281, der jedoch einzelne Ausnahmen zulassen will.

Dennoch sind in jüngerer Zeit gerade auf der Ebene des Unionsprivatrechts immer weitere Ausnahmen geschaffen worden. Es handelt sich dabei um Normen, die politische Schutzerwägungen in das vertragliche Austauschverhältnis hineinbringen, etwa im Bereich des Arbeitnehmerschutzes,[29] des Verbraucherschutzes[30] oder verstärkt auch bei der Antidiskriminierungsgesetzgebung.[31] Auch der DCFR sieht sich als Instrument der iustitia commutativa, akzeptiert aber distributive Elemente insbesondere dann, wenn sie zum Schutz des Verbrauchers erforderlich sind.[32] Die Förderung einer auf Privatautonomie und Wettbewerb ausgerichteten Privatrechtsordnung (die also die kommutative Gerechtigkeit fördert), trägt wesentlich zur Erreichung von Verteilungsgerechtigkeit bei, indem sie den Bürgern einen leichten Zugang zu Gütern und Dienstleistungen ermöglicht. Die Einfügung distributiver Elemente in das Privatrecht muss daher Ausnahmecharakter haben.[33] 13

2. Iustitia commutativa: Gleichheit unter Gleichen

Damit stehen die Rechtsbeziehungen zwischen Gleichgeordneten unter dem Postulat der iustitia commutativa. *Aristoteles* unterscheidet weiter zwischen freiwilligen und unfreiwilligen Beziehungen:[34] Als Beispiel für erstere nennt er Kauf, Bürgschaft, Miete, Hinterlegung etc. und umreißt damit den Kernbereich dessen, was modern als Schuldvertragsrecht bezeichnet wird; als entscheidend sieht *Aristoteles* den beiderseitigen freien Willen der Parteien. Unfreiwillige Beziehungen entstehen hingegen durch Diebstahl, Ehebruch, Giftmischerei oder auch Misshandlung, Freiheitsberaubung und Totschlag, also durch unerlaubte Handlungen.[35] Aufgabe der iustitia commutativa ist dabei der Ausgleich der durch die (freiwillige oder unfreiwillige) Handlung geschaffe- 14

29 *Canaris*, Die Bedeutung der iustitia distributiva im deutschen Vertragsrecht, 1997, S. 35 ff., 63 ff., 78 ff.

30 Hiergegen grundsätzlich *G. Wagner*, ZEuP 2007, 180, 200 ff., 208 ff. (das Vertragsrecht sei ungeeignet zur Umverteilung, da sich jede entsprechende Maßnahme in entsprechend höheren Preisen auswirke und die Zielrichtung daher ins Gegenteil verkehre); positiv dagegen *Hesselink*, ERCL 2005, 44, 52.

31 Siehe dazu noch unten § 20.

32 *Von Bar/Clive/Schulte-Nölke*, Principles, Definitions and Model Rules of European Private Law. Draft Common Frame of Reference (DCFR), Interim Outline Edition, 2008, Introduction Nr. 24. Kritisch dazu *Eidenmüller/Faust/Grigoleit/Jansen/Wagner/Zimmermann*, JZ 2008, 529, 534 f.

33 *Canaris*, Die Bedeutung der iustitia distributiva im deutschen Vertragsrecht, 1997, S. 35 ff., nennt Mehrheitsbeschlüsse im Gesellschaftsrecht, Monopol- oder marktbeherrschende Unternehmen und das Arbeitsrecht als mögliche Anwendungsbereiche. Zur Ungeeignetheit des Vertragsrechts als Verteilungsmechanismus eingehend *Eidenmüller*, Effizienz als Rechtsprinzip, 4. Aufl. 2015, S. 273 ff., 283 ff. Zur ensprechenden Debatte um die Funktion des Vertragsrechts im anglo-amerikanischen Raum *Zumbansen*, 14 Ind. J. Global L. Stud. 191 (2007); zur „Contract Governance" aus deutscher Sicht *Möslein*, JZ 2010, 72; *Grundmann/Möslein/Riesenhuber* (Hrsg.), Contract governance: dimensions in law and interdisciplinary research, 2015.

34 *Aristoteles*, Nikomachische Ethik, Buch V 5, 1131a.

35 Eine Unterscheidung zwischen (öffentlichem) Strafrecht und Privatrecht war damals nicht bekannt.

nen Ungleichheit, von *Aristoteles* arithmetische Proportionalität genannt.[36] Im Unterschied zur iustitia distributiva, die die jeweilige persönliche Eigenschaft des Empfängers als Zuteilungskriterium ansieht, fordert die ausgleichende Gerechtigkeit eine Herstellung von Gleichheit *ohne* Ansehung der Person. Ob nun ein Armer einen Reichen getötet hat oder ein Reicher einen Armen: Der Ausgleich hat in beiden Fällen gleich auszusehen. Als Maßstab für den Ausgleich sieht *Aristoteles* das Geld.[37]

15 Betrachtet man die Bedeutung der iustitia commutativa im Bereich des Vertragsrechts, so entspricht ihr hier das (subjektive) Äquivalenzprinzip.[38] Dieses fordert nicht die objektive Gleichheit von Leistung und Gegenleistung, es fordert nicht den gerechten Preis.[39] Wenn Äquivalenz Gleichheit zwischen den parteilichen Leistungen meint, dann kann die Verhältnismäßigkeit dazu dienen, eine Abweichung davon zu beschreiben oder auch eine Grenze für deren Zulässigkeit festzulegen. Der einfachste Fall hiervon ist das Institut der laesio enormis, das die Ungleichheit – oder Unverhältnismäßigkeit – starr dahingehend konkretisiert, dass sie immer beim Doppelten des gemeinen Werts des Kaufgegenstandes anzusiedeln ist.[40]

16 Der Wuchertatbestand des § 138 BGB verfeinert dies durch die Normierung des groben Missverhältnisses und überdies durch die Ankoppelung an den objektiven Maßstab der Sittenwidrigkeit. Eine vergleichsweise moderne Idee ist demgegenüber die Vorstellung, dass auch nachträgliche Änderungen der vertragswesentlichen Umstände über die clausula rebus sic stantibus und deren verschiedenen Nachfahren zu einem Abrücken von der vertraglichen Vereinbarung berechtigen können.

17 Der Gedanke der iustitita commutativa lässt sich auch auf vertragliche Nebenpflichten übertragen.[41] Dies ist schon deshalb notwendig, weil die Betrachtung der

---

36 *Aristoteles*, Nikomachische Ethik, Buch V 7, 1132a.

37 *Aristoteles*, Nikomachische Ethik, Buch V 8, 1133a–1133b. Vor diesem Hintergrund lassen sich die Fälle des strukturellen Ungleichgewichts nur schwer als Anwendungsbeispiele der iustitia commutativa deuten, da ein (Macht-)Ungleichgewicht zwischen den Parteien nach dem Konzept von vornherein keine Rolle spielt.

38 Vgl. auch *Wieacker*, in: FS R. Fischer, 1979, S. 867, 877, der die iustitia commutativa im Sinne einer „Tauschgerechtigkeit" sieht und demnach auf das materiale Äquivalenzprinzip abstellt.

39 Kritisch zum Begriff der Tauschgerechtigkeit *Canaris*, Die Bedeutung der iustitia distributiva im deutschen Vertragsrecht, 1997, S. 11 mit Fn. 10 (er habe der bereits bei *Thomas von Aquin* festzustellenden Fehlinterpretation Vorschub geleistet, *Aristoteles* sei es um einen gerechten Preis gegangen).

40 Der mittelalterlichen Lehre vom iustum pretium lag die Vorstellung zugrunde, dass jedes Gut einen ihm eigenen Wert im Sinne eines objektiv angemessenen Preises habe. Nicht erst die laesio enormis markierte danach die Grenze des Anstößigen, sondern jede Abweichung vom iustum pretium. Verhältnismäßigkeit heißt in dieser extremen Haltung nichts anderes als Gleichheit. In diese Richtung auch *Gordley*, (1981) 69 California Law Review 1587, 1625, der jede Abweichung vom Marktpreis als Verletzung der iustitia commutativa sieht. Kritisch dazu *Canaris*, Die Bedeutung der iustitia distributiva im deutschen Vertragsrecht, 1997, S. 18 mit Fn. 15, 57 ff.; zu *Gordleys* Ansatz auch *Unberath*, Die Vertragsverletzung, 2007, S. 89 ff.

41 Im Ergebnis auch *H. Hanau*, Der Grundsatz der Verhältnismäßigkeit als Schranke privater Gestaltungsmacht, 2004, S. 123 f.

Hauptleistungspflichten alleine zur Bestimmung der Austauschgerechtigkeit nicht ausreicht. Die zwischen den Parteien bestehende ungleiche Verteilung von Rechten und Pflichten ist in diesem Bereich schwerer zu bestimmen als bei den Hauptleistungspflichten. Art. 3 Abs. 1 der Klausel-RL stellt hier auf eine unangemessene Benachteiligung des Vertragspartners ab.

III. Schutz des Schwächeren

Literatur: *Reich*, General Principles of EU Civil Law, 2014, S. 37 ff.; *Rösler*, Schutz des Schwächeren im Europäischen Vertragsrecht. Typisierte und individuelle Unterlegenheit im Mehrebenenprivatrecht, RabelsZ 73 (2009), 889; *Somma*, Der Schutz der schwächeren Vertragspartei – rechtshistorische und rechtspolitische Aspekte, in: Schulze (Hrsg.), New Features in Contract Law, 2007, S. 25

Eng verbunden mit dem Gleichbehandlungspostulat ist der Gedanke des Schwächerenschutzes. Wenn man nur Gleiche(s) gleich behandeln kann und muss, inwieweit sind dann Ausnahmen zu machen für Ungleiche(s)? 18

1. Wie viel Ungleichheit ist erlaubt?

Es hat sich gezeigt, dass das Vertragsrecht primär die Domäne der iustitia commutativa ist und dass es hier das Äquivalenzprinzip ist, das die Gleichheit festlegt, die Verhältnismäßigkeit wiederum als Maßstab für Abweichungen hiervon dient. Wie sind nun aber die Fälle einzuordnen, in denen die Äquivalenz von Leistung und Gegenleistung, von vertraglichen Rechten und Pflichten, im Ausgangspunkt gegeben ist, die eine Partei jedoch durch die Geltendmachung eines vertraglichen Rechts in die Interessen der anderen eingreift? Die iustitia commutativa scheint hier keinen Ausgleich zu fordern, stellt sie doch primär auf das ursprüngliche Austauschverhältnis und dessen Äquivalenz ab. Insbesondere *Coing* hat zur Behandlung dieser Fälle eine dritte Gerechtigkeitsform genannt, die iustitia protectiva.[42] Diese diene der Beschränkung von Macht über andere Menschen, die ihrer Natur nach zum Missbrauch neige, und zwar durch die Zwecksetzung, aus der sich die konkrete Machtbefugnis rechtfertigt. Dies gelte nicht nur im Verhältnis Staat-Bürger, sondern überall dort, wo „Machtverhältnisse in den Bereich des Rechts treten“.[43] Der Grundsatz der Verhältnismäßigkeit be- 19

---

42 Grundlegend *Coing*, Die obersten Grundsätze des Rechts. Ein Versuch zur Neugründung des Naturrechts, 1947, S. 48; vgl. auch *dens.*, Grundzüge der Rechtsphilosophie, 4. Aufl. 1985, S. 220 ff.; *Henkel*, Einführung in die Rechtsphilosophie, 2. Aufl. 1977, S. 408.

43 *Coing*, Grundzüge der Rechtsphilosophie, 4. Aufl. 1985, S. 223. Für das Privatrecht nennt *Coing* das Verhältnis von Monopolist und Vertragsgegner sowie von Verein zu Mitglied.

schränke hier die Machtausübung auf dasjenige, was noch vom ursprünglichen Zweck gedeckt ist.[44]

20 Diese Konzeption soll auch dort gelten, wo ein Vertragspartner durch die Ausübung eines Gestaltungsrechts einseitig in die Sphäre der anderen Partei eingreifen kann.[45] Insbesondere dort, wo der Eingriff nicht mehr durch das Einverständnis des Betroffenen legitimiert sei, greife das Prinzip des überwiegenden Interesses, das dem Eingreifenden die Argumentationslast dafür auferlege, dass die Rechtsausübung angemessen sei.[46] So beifallswürdig der Ansatz ist, Macht auch dann zu beschränken, wenn sie zwischen Privaten ausgeübt wird, so schwierig bleibt in einem Vertragsverhältnis die Bestimmung dessen, wann eine privatheteronome Vereinbarung vorliegt, die die Ausübung eines Gestaltungsrechts als Machtentfaltung ansehen lässt.[47] Nach klassischer Zivilrechtsdiktion handelt es sich bei den so verstandenen Fällen der Machtausübung sämtlich um Probleme der Ausübungskontrolle, die der Schrankenfunktion von § 242 BGB unterfallen können.

2. Verbraucherschutz als Paradigma des Schwächerenschutzes?

21 Besonders klar scheint das Postulat des Schwächerenschutzes im Bereich der Verbrauchergeschäfte zutage zu treten: Bei Verträgen zwischen Unternehmern und Verbrauchern werden letzteren besondere Rechte eingeräumt, die ihre als unterlegen empfundene Rechtsposition widerspiegeln könnten. Doch wurde bereits ausgeführt, dass sich das Paradigma des Verbraucherschutzes als allgemeiner Schwächerenschutz in dieser Allgemeinheit nicht halten lässt.[48] Immerhin lassen sich einzelne Fallgruppen bilden, in denen Verbrauchern ein situativer Schutz zuteil wird, weil in der konkreten Situation etwa angesichts überlegenen Wissens des Unternehmers von einer formalen Vertragsgerechtigkeit nicht ausgegangen werden kann.

a) Informations- und Offenlegungspflichten

22 Die einschlägigen EU-Richtlinien gehen von der Prämisse aus, dass ein Informationsdefizit zu Lasten der Verbraucher besteht, das durch entsprechende Informations-

---

44 *Coing*, Grundzüge der Rechtsphilosophie, 4. Aufl. 1985, S. 221.

45 *H. Hanau*, Der Grundsatz der Verhältnismäßigkeit als Schranke privater Gestaltungsmacht, 2004, S. 102f.

46 *H. Hanau*, Der Grundsatz der Verhältnismäßigkeit als Schranke privater Gestaltungsmacht, 2004, S. 107f.

47 Vgl. *Bieder*, Das ungeschriebene Verhältnismäßigkeitsprinzip als Schranke privater Rechtsausübung, 2007, S. 108 Fn. 469.

48 Siehe oben § 2 Rn. 21f.

und Offenlegungspflichten der Unternehmer ausgeglichen werden muss.[49] Ein auf diese Weise informierter Verbraucher wird eine wohlüberlegte Entscheidung hinsichtlich des Vertragsschlusses treffen, da der Vertragsinhalt dann eher seinen legitimen Erwartungen entsprechen wird. So formuliert der EuGH:[50]

> „Die Informationen, die ein Verbraucher vor Abschluss eines Vertrags über dessen Bedingungen und die Folgen des Vertragsschlusses erhalten hat, sind für ihn von grundlegender Bedeutung […]. Auf der Grundlage dieser Informationen entscheidet der Verbraucher sich nämlich, ob er sich gegenüber dem Unternehmer vertraglich binden möchte.“ 23

Das Informationsmodell stößt aber an praktische Grenzen, denn Verbraucher sind in aller Regel nicht willens und auch nicht in der Lage, die erhaltenen Informationen aufzunehmen oder gar in eine rationale Entscheidung zu kanalisieren.[51] Dennoch hält die EU daran fest – wohl in Ermangelung eines besseren Modells. 24

Dementsprechend finden sich vor allem in der VRRL (umgesetzt in den §§ 312ff. BGB) zahlreiche Informations- und Offenlegungspflichten, die sich allesamt an den Unternehmer richten. So muss der Unternehmer bei von ihm veranlassten Telefonaten ausdrücklich seine eigene Identität, also Name bzw. Firma des Unternehmers sowie ggf. des Anrufers (etwa wenn es sich um eine vom Unternehmer beauftragte Agentur handelt), und den geschäftlichen Zweck des Kontakts offen legen (Art. 5 Abs. 1 lit. b sowie Art. 8 Abs. 5 VRRL bzw. § 312a Abs. 1 BGB). Dadurch wird es dem Verbraucher ermöglicht, über einen von ihm nicht gewünschten Gegenstand oder mit einer unerwünschten Person erst gar nicht weiter zu reden. Weiterhin hat der Unternehmer den Verbraucher über eine ganze Reihe weiterer Punkte zu informieren, etwa die wesentlichen Eigenschaften der Waren, ihren Gesamtpreis oder ggf. Zahlungs-, Liefer- und Leistungsbedingungen (Art. 5 Abs. 1, Art. 6 Abs. 1 VRRL; § 312a Abs. 2 S. 1 BGB i. V. m. Art. 246 EGBGB; § 312d BGB i. V. m. Art. 246a und b EGBGB).[52] 25

Die Rechtsfolgen von Verletzungen solcher Informationspflichten ergeben sich nicht direkt aus dem Unionsrecht. Aus deutscher Sicht kommen Ansprüche aus §§ 280 26

---

49 Grundlegend dazu *Fleischer*, Informationsasymmetrie im Vertragsrecht, 2001. Näher unten § 12 Rn. 1ff.

50 Siehe EuGH, 23.1.2019, Rs. C-430/17 – *Walbusch*, ECLI:EU:C:2019:47, Rn. 36.

51 Dazu *Eidenmüller*, JZ 2005, 216, 221; *Grigoleit*, in: Eidenmüller/Faust/Grigoleit/Jansen/Wagner/Zimmermann, Revision des Verbraucher-acquis, 2011, S. 223, 247ff.

52 Wie sich aus § 312a Abs. 2 S. 3 BGB ergibt, gilt dies nur für Verträge im stationären Handel, die sich nicht auf Finanzdienstleistungen beziehen. Die Informationspflichten nach § 312a Abs. 2 S. 1 BGB erscheinen bei Verträgen über Finanzdienstleistungen insgesamt nicht passend, zudem bestehen in diesem Bereich vielfach Sonderbestimmungen zugunsten des Verbrauchers, wie z. B. in §§ 31ff. WpHG. Für Verträge, die im Fernabsatz oder außerhalb von Geschäftsräumen geschlossen wurden, enthält § 312d BGB Sonderregelungen, die § 312a Abs. 2 S. 1 BGB vorgehen.

Abs. 1, 311 Abs. 2, 241 Abs. 2 BGB (culpa in contrahendo) in Betracht.[53] Für die in Art. 246 Abs. 1 Nr. 3 EGBGB aufgeführten Kosten (insbesondere Fracht-, Liefer- und Versandkosten) enthält § 312a Abs. 2 S. 2 BGB eine spezielle Rechtsfolge: Informiert der Unternehmer den Verbraucher nicht über die dort aufgeführten Kosten, kann er diese Kosten vom Verbraucher nicht verlangen. Die Anordnung dieser Rechtsfolge stellt für den Verbraucher eine Erleichterung dar: Auf die Voraussetzungen der culpa in contrahendo (insbesondere Schaden und haftungsausfüllende Kausalität; ein Verschulden des Unternehmers wird hingegen regelmäßig vorliegen), die der Verbraucher darzulegen und zu beweisen hat, kommt es insoweit nicht an.

b) Widerrufsrechte

27 Bei bestimmten Vertragstypen bzw. Abschlussformen steht dem Verbraucher nach Abschluss des Vertrags ein Widerrufsrecht zu.[54] Dessen Rechtsnatur und dogmatische Einordnung waren lange Zeit streitig.[55] Im Ergebnis ermöglicht die ordnungsgemäße Ausübung des Widerrufs dem Verbraucher einseitig die Lösung vom Vertrag. Eine Begründung ist nicht erforderlich. Das Widerrufsrecht ist fristgebunden (man spricht daher neudeutsch auch von einer cooling-off period). Der Unternehmer hat den Verbraucher im Rahmen der oben beschriebenen Informationspflichten auf die Möglichkeit des Widerrufs hinzuweisen. Unterlässt er den Hinweis oder ist dieser nicht vollständig, so beginnt der Lauf der Widerrufsfrist nicht (etwa § 356 Abs. 3 BGB). Auch dieses Instrument könnte als Reaktion auf die typischerweise unterlegene Position des Verbrauchers gedeutet werden.[56]

c) Entgeltregelungen

28 Deutlich zeigt sich der Schutzmechanismus zugunsten des Verbrauchers auch hinsichtlich vertraglicher Entgeltregelungen, die nicht die Hauptleistungspflicht betreffen. Häufig wird der Verbraucher bei Abschluss des Vertrags sein Augenmerk auf die von ihm begehrte Hauptleistung des Unternehmers richten und dann nachträglich nicht selten überrascht feststellen, dass er sich über die Bezahlung der Hauptleistung hinaus zur Entrichtung weiterer Entgelte verpflichtet hat. Die Möglichkeit der Anfechtung der Willenserklärung nach § 119 Abs. 1 Var. 1 BGB wird dem Verbraucher in diesen Fällen häufig nicht zur Seite stehen, namentlich wenn sich die Fehlvorstellung

---

53 Näher dazu und zu anderen privatrechtlichen Ersatzansprüchen *Grigoleit*, in: Eidenmüller/Faust/Grigoleit/Jansen/Wagner/Zimmermann, Revision des Verbraucher-acquis, 2011, S. 223, 253 ff. Daneben können Unterlassungsansprüche nach §§ 2, 4a UKlaG sowie wettbewerbliche Beseitigungs-, Unterlassungs- und Schadensersatzansprüche nach §§ 8, 9 i. V. m. 3 ff. UWG entstehen.

54 Dazu etwa *Schärtl*, JuS 2014, 577; zu den einzelnen Fallgruppen unten § 14.

55 Näher MüKo-BGB/*Fritsche*, 8. Aufl. 2019, § 355 Rn. 43 f.

56 Näher unten § 14 Rn. 35 ff.

des Verbrauchers nur auf eine geringe zusätzliche Zahlungspflicht (wie etwa eine Gebühr für eine bestimmte Zahlungsweise) bezieht, da es dann an der Ursächlichkeit der Fehlvorstellung des Verbrauchers für die Abgabe seiner Willenserklärung fehlen dürfte. Art. 22 VRRL (umgesetzt in § 312a Abs. 3 S. 1 BGB) fordert daher, dass der Verbraucher hinsichtlich der Entgeltregelung seinen Geschäftswillen ausdrücklich und unmittelbar in einer Erklärung äußert; die konkludente Zustimmung des Verbrauchers oder eine solche durch Schweigen reicht ebensowenig aus wie eine entsprechende Vereinbarung in AGB.[57]

Versteckte Nebenkosten können auch im Rahmen der Zahlungsmodalitäten 29
entstehen. Nach Erwägungsgrund Nr. 54 VRRL soll die Nutzung effizienter Zahlungsmittel gefördert werden. Der Unternehmer ist nach deutschem Recht verpflichtet, zumindest ein gängiges und zumutbares unentgeltliches Zahlungsmittel (etwa Lastschriften, Überweisungen, Kartenzahlungen sowie sonstige mobile oder elektronische Zahlungen) zuzulassen (§ 312a Abs. 4 Nr. 1 BGB).[58] Überdies darf der Unternehmer nur solche Kosten an den Verbraucher weitergeben, die tatsächlich durch die Nutzung des jeweiligen Zahlungsmittels verursacht wurden (Art. 19 VRRL bzw. § 312a Abs. 4 Nr. 2 BGB). Die Regelungen sollen der insbesondere im Onlinehandel bestehenden Tendenz, dass Zahlungsmittel (v.a. Kreditkartenzahlungen) überteuert angeboten werden, ohne dass dem Unternehmer entsprechende Kosten entstehen, entgegenwirken.[59]

Schließlich statuiert Art. 21 VRRL (umgesetzt in § 312a Abs. 5 BGB) ein Verbot für 30
den Unternehmer, zusätzliche Gebühren für sog. Telefonhotlines zu verlangen, die über die bloße Nutzung des Telekommunikationsdienstes hinausgehen. Erfasst sind davon etwa Anrufe des Verbrauchers, mit denen er sich über den Vertragsinhalt informiert, Gewährleistungsrechte geltend macht oder eine Rechnung des Unternehmers als nicht vertragskonform rügt. Bemerkenswert ist dabei, dass dieses Verbot Drittwirkung gegenüber dem Telekommunikationsdiensteanbieter entfaltet; dieser hat keinerlei Ansprüche gegen den Verbraucher, kann aber das Entgelt für die bloße Nutzung vom Unternehmer verlangen (§ 312 Abs. 5 S. 2 und 3 BGB).

Ist eine Entgeltvereinbarung nach den eben beschriebenen Grundsätzen nicht 31
Vertragsbestandteil geworden oder ist sie unwirksam, bleibt der Vertrag nach § 312a Abs. 6 BGB im Übrigen wirksam. Auf diese Weise wird verhindert, dass der Verbraucher am Ende ganz ohne Vertrag dasteht, wenn der Unternehmer seine gesetzlichen Pflichten nicht erfüllt hat.

---

57 Im elektronischen Geschäftsverkehr (§ 312i Abs. 1 BGB) ist eine solche ausdrückliche Zustimmung des Verbrauchers nach § 312a Abs. 3 S. 2 BGB nicht anzunehmen, wenn sie darauf beruht, dass der Verbraucher, etwa im Rahmen eines Bestellvorgangs auf einer Internetseite, eine Voreinstellung des Unternehmers nicht abgeändert hat (sog. „opt-out“).

58 Zur AGB-Kontrolle von Klauseln, die Zahlungsmodalitäten regeln (Entgelte für Kreditkartenzahlung; Unzulässigkeit von Barzahlungen) siehe bereits BGHZ 185, 359.

59 BT-Drucks. 17/12637, S. 52.

3. Kein allgemeines Rechtsprinzip des Schwächerenschutzes

32 Folgt nun aus alledem ein allgemeines Paradigma des Schwächerenschutzes? Eine Basis für solche Überlegungen könnte auch die Rechtsprechung des Bundesverfassungsgerichts zum „strukturellen Ungleichgewicht" bieten.[60] Bei näherem Hinsehen erweist sich der Gedanke gleichwohl als problematisch.[61] Auch wenn der Gesetzgeber die rechtstatsächlich vielfach bestehenden, aber normativ nur schwer fassbaren Ungleichgewichtslagen zum Anlass für legislative Tätigkeit genommen hat – dies zeigt sich insbesondere im Arbeitsrecht, im Mietrecht oder im Verbraucherrecht –, so kann dies nicht verdecken, dass das Privatrecht im Grundsatz von einer formalen Gleichberechtigung aller Rechtssubjekte ausgeht und gerade nicht an eine besondere Schwächesituation einer Partei anknüpft. Dies belegt im deutschen Recht insbesondere auch § 138 Abs. 2 BGB, der zwar eine Ungleichgewichtslage voraussetzt, aber zusätzlich ein Ausnutzen der Schwächesituation des Vertragspartners und überdies ein auffälliges Missverhältnis zwischen Leistung und Gegenleistung fordert. Hieraus ergibt sich (nur), dass die Rechtsordnung bestimmten Rechtsgeschäften die Geltung insgesamt versagt, wenn ein Machtübergewicht zur einseitigen Durchsetzung von Interessen benutzt wird. Zwar zeigt sich auch rechtsvergleichend, dass das Vorliegen einer Ungleichgewichtslage zwischen Vertragsparteien immer wieder als Ansatzpunkt für eine Kontrolle der rechtsgeschäftlichen Abrede verwendet wird.[62] Doch lässt sich daraus keine tragfähige Legitimation für einen allgemeinen Schwächerenschutz ableiten.[63]

4. Schutz berechtigter Erwartungen

Literatur: *Heiderhoff*, Europäisches Privatrecht, 5. Aufl. 2020, Rn. 273 ff.

33 Letztlich ebenfalls unter der Kategorie des Schwächerenschutzes kann schließlich noch ein Topos verhandelt werden, der mit dem Schutz berechtigter Verbrauchererwartungen beschrieben wird. Hierbei stellt man nicht generell auf die Person des (potentiellen) Vertragspartners und dessen Unterlegenheit ab, sondern möchte ihr lediglich positiv eine besonders geschützte Rechtsposition einräumen, die sich aus seinem schützenswerten Vertrauen in dem Eintreten von Umständen ergeben, für die der andere Teil Verantwortung trägt. Als normativer Ansatzpunkte wird etwa Erwägungsgrund Nr. 8 i. V. m. Nr. 17 VGKRL genannt, wonach der Verbraucher die berechtigte Er-

60 Besonders deutlich BVerfGE 89, 214. Zur historischen Entwicklung des Schutzes des „Schwächeren" im Vertragsrecht *Somma*, in: Schulze, New Features in Contract Law, 2007, S. 25.

61 Dazu *Bieder*, Das ungeschriebene Verhältnismäßigkeitsprinzip als Schranke privater Rechtsausübung, 2007, S. 120 ff.

62 Dazu *Stürner*, Der Grundsatz der Verhältnismäßigkeit im Schuldvertragsrecht, 2010, S. 64 ff.

63 In diese Richtung aber *Reich*, General Principles of EU Civil Law, 2014, S. 56 ff.

wartung haben darf, dass die Kaufsache zwei Jahre mangelfrei bleibt. Daher wird der Zeitraum der Inanspruchnahmemöglichkeit des Verkäufers in Art. 5 Abs. 1 VGKRL auf mindestens zwei Jahre festgelegt. Auch in Art. 7 Abs. 1 lit. c und d sowie Abs. 3 lit. a Warenkauf-RL wird hinsichtlich der objektiven Vertragsstandards auf die (vernünftigen) Erwartungen der Verbraucher abgestellt; Ähnliches gilt hinsichtlich der Digitale-Inhalte-Richtlinie.[64] Eine vergleichbare Regelung findest sich in Art. 6 Produkthaftungs-RL (umgesetzt in § 3 ProdHG).

Äußerst fraglich ist allerdings, ob darin bereits ein eigenes Prinzip liegt.[65] Denn 34
dahingehende Ansätze wurden nicht durchweg umgesetzt: So wurde der Vorschlag nicht verwirklicht, die Missbräuchlichkeit von AGB dann anzunehmen, wenn dadurch „die Erfüllung des Vertrags erheblich von dem, was der Verbraucher berechtigterweise erwarten kann, abweicht".[66] Der Schutz berechtigter Erwartungen lässt sich vielmehr in das allgemeine vertragliche Paradigma des Vertrauens in Zusagen des anderen Teils einbetten. Es geht um die Festlegung von objektiven Vertragsstandards aus der Sicht eines vernünftigen Dritten. Diese Sicht verengt sich schlicht auf einen vernünftigen Verbraucher. Ein darüber hinausgehender Inhalt im Bereich des Verbraucherschutzes sollte ihm hingegen nicht zukommen.

IV. Treu und Glauben

Literatur: *Dajczak*, „Treu und Glauben" im System des Gemeinsamen Referenzrahmens und die Idee einer „organisch vollzogenen" Privatangleichung in Europa, GPR 2009, 63; *Reich*, General Principles of EU Civil Law, 2014, S. 189 ff.; *Stempel*, Treu und Glauben im Unionsprivatrecht, 2016

1. Der acquis communautaire

Das europäische Sekundärrecht enthält nur vereinzelt Bezugnahmen auf den Grund- 35
satz von Treu und Glauben. Dies ist aufgrund des bislang fragmentarischen Charakters der Harmonisierung im Bereich des Privatrechts nicht weiter verwunderlich. Im Kernbereich des Verbrauchervertragsrechts ist es jedoch die Klausel-Richtlinie, die an zentraler Stelle den Grundsatz von Treu und Glauben zum Maßstab für die Unangemessenheit einer Formularklausel erhebt. Verstanden wird darunter ausweislich des 16. Erwägungsgrundes zur Klausel-Richtlinie im Wesentlichen die Pflicht des Verwen-

64 Dort Art. 8 Abs. 1 lit. b und c und Abs. 2 lit. b. Siehe weiter etwa Art. 16 Abs. 2 Warenkauf-RL.

65 Dafür etwa *Micklitz*, ZEuP 1998, 253, 264; *Rösler*, Europäisches Konsumentenvertragsrecht, 2004, S. 190 ff.; dagegen *Roth*, JZ 2000, 529, 534; *Riesenhuber*, System und Prinzipien des Europäischen Vertragsrechts, 2003, S. 571 f. Differenzierend *Heiderhoff*, Europäisches Privatrecht, 5. Aufl. 2020, Rn. 273 ff.; *Heiderhoff*, ZEuP 2003, 769.

66 So die Formulierung in Art. 2 Abs. 1 des Vorschlags der Kommission vom 3.9.1990 für eine Richtlinie des Rates über mißbräuchliche Klauseln in Verbraucherverträgen, KOM(90) 322 endg.

ders zur Rücksichtnahme auf die Interessen des Verbrauchers und zum loyalen und billigen Verhalten.[67]

36 Erwähnenswert ist daneben vor allem die Handelsvertreter-Richtlinie,[68] die in Art. 3 Abs. 1 und 4 Abs. 1 für die Parteien des Handelsvertretervertrags die Pflicht zum treugemäßen Verhalten normiert.[69] Im Unterschied zur Klausel-Richtlinie sind hier beide Parteien gleichermaßen Adressaten des Verhaltensmaßstabes von Treu und Glauben. Die Konkretisierung der wechselseitigen Treuepflichten in Art. 3 Abs. 2 und 4 Abs. 2 Handelsvertreter-RL gibt Aufschluss über den Inhalt der vertraglichen Pflichten beider Parteien, begründet aber kaum darüber hinausgehende Verhaltenspflichten. Es ist gerade kennzeichnend für den Handelsvertretervertrag, dass sich der Handelsvertreter für Vermittlung und Abschluss der ihm anvertrauten Geschäfte einsetzt (Art. 3 Abs. 2 Handelsvertreter-RL). Dass der Handelsvertreter dies nur „in angemessener Weise" tun muss, dass er daneben nur „angemessenen Weisungen" des Prinzipals nachzukommen hat, ist als Ausprägung des Verhältnismäßigkeitsprinzips zu sehen;[70] letztlich liegt darin auch ein Schutz des Schwächeren begründet. Es ist als Indiz dafür zu werten, dass das hieraus folgende Abwägungsgebot der wechselseitigen Interessen dem Grundsatz von Treu und Glauben immanent ist.

37 Im Anfang 2007 veröffentlichten Grünbuch „Die Überprüfung des gemeinschaftlichen Besitzstands im Verbraucherschutz"[71] wird festgestellt, das gemeinschaftliche Verbraucherschutzrecht enthalte keine allgemeine Verpflichtung, nach dem Gebot von Treu und Glauben bzw. der Fairness zu handeln. Die Einführung einer solchen Generalklausel befürwortet die Kommission, damit auf diese Weise Schutzlücken unter Rückgriff auf das allgemeine Prinzip geschlossen werden können, allerdings mit Tendenz zu einer nur einseitigen Bindung des Unternehmers an den Grundsatz.[72] Der im Oktober 2008 vorgelegte Vorschlag der Kommission für eine Richtlinie über Verbraucherrechte[73] enthielt hingegen keine derartige Generalklausel, sondern wiederholte lediglich sinngemäß den Inhalt des Art. 3 Abs. 1 Klausel-RL. Dies zeigt, dass der Grundsatz von Treu und Glauben zwar punktuelle Ausprägungen im Sekundärrecht erfahren hat, aber je nach Regelungskontext unterschiedliche Inhalte hat und daher jedenfalls derzeit nicht als allgemeines Prinzip angesehen werden kann.

---

67 Näher zum Maßstab der Klauselkontrolle unten § 16 Rn. 33ff.

68 Richtlinie 86/653/EWG des Rates vom 18. Dezember 1986 zur Koordinierung der Rechtsvorschriften der Mitgliedstaaten betreffend die selbständigen Handelsvertreter, ABl. EG Nr. L 382 vom 31.12.1986, S. 17.

69 Näher mit weiteren Beispielen *Riesenhuber*, System und Prinzipien des Europäischen Vertragsrechts, 2003, S. 401ff.

70 Ebenso *Riesenhuber*, System und Prinzipien des Europäischen Vertragsrechts, 2003, S. 404.

71 Vom 8.2.2007, KOM(2006) 744 endg.

72 KOM(2006) 744 endg., S. 19f. (unter 4.3). Dies widerspricht dem Konzept von Treu und Glauben als Maßstab für das Verhalten *beider* Parteien. Auch die Handelsvertreter-RL geht von einer beiderseitigen Bindung aus.

73 Vom 8.10.2008, KOM(2008) 614.

Dies wird durch die Rechtsprechung des EuGH bestätigt: Der Gerichtshof sieht den Grundsatz von Treu und Glauben jedenfalls als selbstverständlichen Bestandteil der gemeinsamen Rechtsgrundsätze der Mitgliedstaaten. Dies zeigt sich in der Entscheidung *Messner/Krüger*.[74] Hier ging es um die Frage, ob Art. 6 der mittlerweile aufgehobenen[75] Fernabsatz-Richtlinie[76] Regelungen des nationalen Rechts entgegensteht, die den Verbraucher bei Ausübung des ihm nach der Richtlinie zustehenden Widerrufsrechts Ersatzansprüchen für Nutzungen der Kaufsache aussetzt. Der EuGH bejahte dies grundsätzlich,[77] machte aber gleichzeitig deutlich, dass der Schutzumfang der Fernabsatz-Richtlinie nicht über dasjenige hinausgehe, was „zur zweckdienlichen Ausübung seines Widerrufsrechts notwendig" sei.[78] Daraus zog er die Schlussfolgerung, dass die Richtlinie es den Mitgliedstaaten nicht verbietet, dem Verbraucher eine Verpflichtung zum Nutzungsersatz aufzuerlegen, wenn er die gekaufte Sache „auf eine mit den Grundsätzen des bürgerlichen Rechts wie denen von Treu und Glauben oder der ungerechtfertigten Bereicherung unvereinbare Art und Weise benutzt hat".[79] Damit ist indessen mitnichten gesagt, dass der Grundsatz von Treu und Glauben, wie er sich in der deutschen Rechtsprechung auf der Grundlage von § 242 BGB entwickelt hat, als ein übergreifendes Prinzip angesehen werden kann.[80] Vielmehr wird nur ein Kernbestand der mitgliedstaatlichen Traditionen anerkannt. 38

Neuerdings nimmt auch die Plattform-Verordnung[81] Bezug auf den Grundsatz von Treu und Glauben. Diese hat in erster Linie marktregulierende Funktion und betrifft das Vertragsrecht jedenfalls nicht in erster Linie. Ausgangspunkt ist die Feststellung, dass in den durch das Internet eröffneten Märkten die Anbieter von Online-Vermittlungsdiensten[82] häufig eine größere Verhandlungsmacht als die über die Plattformen agierenden Unternehmer haben. Hierdurch bestehe das Risiko des unlauteren Verhaltens, etwa dadurch, dass gewerblichen Nutzern einseitig Praktiken aufgezwungen werden, die gröblich von der guten Geschäftspraktik abweichen oder gegen das Gebot von Treu und Glauben und des redlichen Geschäftsverkehrs verstoßen, wie Erwägungsgrund Nr. 2 Plattform-VO formuliert. Die Verordnung möchte daher sicherstellen, dass Vertragsbeziehungen nach Treu und Glauben und auf der 39

74 EuGH, 3.9.2009, Rs. C-489/07 – *Messner*, NJW 2009, 3015, Rn. 26. Siehe dazu u.a. *Schinkels*, ZGS 2009, 539; *Faust*, JuS 2009, 1049; *Rott*, ERPL 2010, 185.

75 Durch die Verbraucherrechte-Richtlinie, siehe dazu *Stürner*, JURA 2015, 690.

76 Richtlinie 97/7/EG des europäischen Parlaments und des Rates vom 20. Mai 1997 über den Verbraucherschutz bei Vertragsabschlüssen im Fernabsatz, ABl. (EG) 1997 L 144/19.

77 EuGH, 3.9.2009, Rs. C-489/07 – *Messner/Krüger*, Slg. 2009, I-7315, Rn. 22ff.

78 EuGH, 3.9.2009, Rs. C-489/07 – *Messner/Krüger*, Slg. 2009, I-7315, Rn. 25.

79 EuGH, 3.9.2009, Rs. C-489/07 – *Messner/Krüger*, Slg. 2009, I-7315, Rn. 26.

80 Dazu *Heiderhoff*, Europäisches Privatrecht, 5. Aufl. 2020, Rn. 300ff.

81 Dazu unten § 23 Rn. 61ff.

82 Eine Definition findet sich in Art. 2 Nr. 2 und 3 Plattform-VO.

Grundlage des redlichen Geschäftsverkehrs gestaltet werden, um auf das in bestimmten Fällen bestehende Ungleichgewicht der Verhandlungsmacht zu reagieren (Erwägungsgrund Nr. 32 Plattform-VO). In erster Linie betrifft dies die Ausgestaltung der AGB von Online-Vermittlungsdiensten und hier insbesondere die in Art. 8 Plattform-VO genannten Bereiche, also Unzulässigkeit rückwirkender Änderungen von nachteiligen AGB, Hinweis auf Vertragsbeendigungsmöglichkeit und Information darüber, zu welchen Inhalten der Vermittlungsdienst nach Vertragsbeendigung noch Zugang hat.[83] Alle drei Punkte erscheinen recht spezifisch und benötigen an sich keine Legitimation durch den übergeordneten Grundsatz von Treu und Glauben. Doch zeigt dessen vielfache Nennung in der Verordnung, auch in Verbindung mit dem Topos des Ungleichgewichts, der einseitigen Ausnutzung von Verhandlungsmacht und des unlauteren Verhaltens, dass hier durchaus Ansatzpunkte für eine Verallgemeinerung bestehen.

2. Anerkennung im acquis commun

40 Die PECL stellen die Vertragsfreiheit in Art. 1:102 PECL unter den Vorbehalt der Gebote von Treu und Glauben und des redlichen Geschäftsverkehrs. Sie normieren weiter in Art. 1:201 PECL die Pflicht der Parteien, „im Einklang mit den Geboten von Treu und Glauben und des redlichen Geschäftsverkehrs zu handeln".[84] Flankiert wird diese Regel, die zahlreiche Einzelausprägungen in den PECL erfahren hat, durch Art. 1:202 PECL, der eine Pflicht der Vertragsparteien zur gegenseitigen Zusammenarbeit postuliert, um dem Vertrag zur vollen Wirkung zu verhelfen. Der Grundsatz von Treu und Glauben ist dabei als übergreifendes Prinzip für sämtliche dem Regelungsbereich der PECL unterfallenden Konstellationen konzipiert, er soll „allgemein anerkannte Standards der Anständigkeit, Fairness und Vernünftigkeit" im Geschäftsverkehr durchsetzen helfen.[85] Sehr deutlich ist die Anlehnung an § 242 BGB, wie er im Laufe der Zeit durch die Rechtsprechung zur Generalklausel ausgebaut wurde.

41 Der DCFR hält an der zentralen Rolle des Grundsatzes von Treu und Glauben fest.[86] Art. II.-1:102 Abs. 1 DCFR wiederholt die bereits in Art. 1:102 PECL enthaltene immanente Einschränkung der Vertragsfreiheit durch die Postulate von good faith and fair dealing.[87] Art. III.-1:103 Abs. 1 DCFR präzisiert die Pflicht der Parteien, die Ge-

---

83 Zur Klauselkontrolle auch unten § 16 Rn. 76 f.

84 Genauso Art. 1.7 UNIDROIT Principles.

85 So ausdrücklich Kommentar B zu Art. 1:201 PECL. Siehe dazu auch *Castronovo*, Europa dir. priv., 2005, 589, 598.

86 Dazu auch *Mekki/Kloepfer-Pelèse*, ERCL 2008, 338; *Dajczak*, GPR 2009, 63.

87 Sehr kritisch dazu *Eidenmüller/Faust/Grigoleit/Jansen/Wagner/Zimmermann*, JZ 2008, 529, 538, die in der Vorschrift ein mögliches (von den Verfassern des DCFR so wohl nicht beabsichtigtes) Einfallstor für eine allgemeine richterliche Preiskontrolle sehen. Ebenfalls kritisch *Dajczak*, GPR 2009, 63, 65 f.

bote von Treu und Glauben und des redlichen Geschäftsverkehrs zu beachten, auf die unterschiedlichen Stationen in der Abwicklung eines Vertrags: bei der Erfüllung bzw. dem Erfüllungsverlangen, der Geltendmachung oder Abwehr eines Rechtsbehelfs wegen Nichterfüllung und auch bei der Ausübung eines Rechts auf Vertragsbeendigung. Für den Bereich der Vertragsverhandlungen enthält Art. II.-3:201 Abs. 2 DCFR eine eigenständige Normierung des Grundsatzes von Treu und Glauben. Damit wird ein objektiver Verhaltensmaßstab für die Vertragsparteien aufgestellt.[88] Ohne Vorläufer in den PECL ist Art. III.-1:103 Abs. 3 DCFR,[89] der festlegt, dass die Verletzung dieses an Treu und Glauben orientierten Verhaltensmaßstabes keine sofortigen Ansprüche wegen Nichterfüllung auslöst, sondern der treuwidrig handelnden Partei nur einen Anspruch, Rechtsbehelf oder eine Einrede abschneidet.[90]

3. Mögliche Entwicklungen

Der Grundsatz von Treu und Glauben könnte sich zukünftig zu einem Zentralbegriff **42**
des vertraglichen Pflichtenprogramms im Unionsprivatrecht entwickeln. Insbesondere die Klausel-Richtlinie transportiert einen im Ideal einheitlichen Maßstab von Treu und Glauben für die AGB-Kontrolle in die Rechtsordnungen der Mitgliedstaaten. Über diese und andere Einzelausprägungen hinaus liegt die Basis für eine zentrale Verankerung des Grundsatzes von Treu und Glauben in den europäischen Vereinheitlichungsmodellen in dessen mehr oder weniger stark sichtbaren, aber überall vorhandenen Verwurzelung in den einzelnen Rechtsordnungen. Nicht auszuschließen ist, dass der Brexit dieser Entwicklung weiteren Schub verleiht:[91] Auch wenn die Differenzen zwischen Civil Law und Common Law inhaltlich im Ergebnis nicht unüberwindbar erscheinen,[92] so löste bereits die Rechtsfigur des „good faith" als sol-

---

88 Vgl. die entsprechende Definition von „Good faith and fair dealing" in Art. I.-1:103 Abs. 1 DCFR (wortgleich wiederholt in den der DCFR Final Edition 2009 vorangestellten Definitionen; zu deren Verbindlichkeit Art. I.-1:108 DCFR).

89 Die Norm lautet: „Breach of the duty does not give rise directly to the remedies for nonperformance of an obligation but may preclude the person in breach from exercising or relying on a right, remedy or defence which that person would otherwise have."

90 *Hesselink*, ERCL 2008, 248, 267f. befürchtet, dass damit die im Grundsatz von Treu und Glauben liegende Ermächtigungsfunktion beschnitten wird. Dagegen scheint diese Norm lediglich die Schrankenfunktion anzusprechen, nicht etwa auch die (mögliche) Befugnis der Gerichte, neue Pflichten zu schaffen. Eine solche Ermächtigung dürfte ohnehin auf die allgemeinere Norm des Art. II.-1:102 Abs. 1 DCFR gestützt werden müssen.

91 Dazu bereits oben § 3 Rn. 52ff.

92 Bemerkenswert ist dabei die große Übereinstimmung in den europäischen Rechtsordnungen in Bezug auf die Lösung von „hard cases", wie dies die rechtsvergleichende Studie von *Zimmermann/Whittaker* (Good Faith in European Contract Law, 2000) deutlich zeigt: Nicht immer wird dabei auf Treu und Glauben rekurriert, aber die Ergebnisse weisen große Ähnlichkeit auf.

che aus englischer Seite grundsätzliche Abwehrreaktionen aus.[93] Doch ist davor zu warnen, die Formel von Treu und Glauben als omnipräsente Kompromissklausel überall dort zum Einsatz zu bringen, wo eine inhaltlich konkrete Lösung nicht mehrheitsfähig ist. Das in ihr verkörperte Streben nach Einzelfallgerechtigkeit darf nicht großflächig gesetzgeberische Wertentscheidungen verdrängen: Diese würden im Ergebnis auf die mitgliedstaatlichen Gerichte delegiert; die Rechtsunsicherheit nähme in dem Maße zu, wie eine gesetzliche Maßstabsbildung zurückgeht. Zu Bedenken ist weiter, dass nicht alle mitgliedstaatlichen Rechtskulturen ihrer Judikative in gleichem Maße derart weite methodische Befugnisse zubilligen wie das in Deutschland der Fall ist.

V. Verbot des Rechtsmissbrauchs

Literatur: *P. Eichenhofer*, Rechtsmissbrauch. Zu Geschichte und Theorie einer Figur des Europäischen Privatrechts, 2019; *Fleischer*, Der Rechtsmißbrauch zwischen Gemeineuropäischem Privatrecht und Gemeinschaftsprivatrecht, JZ 2003, 865; *Ranieri*, Die Anwendung des Europäischen Gemeinschaftsprivatrechts und das Verbot der treuwidrigen und mißbräuchlichen Rechtsausübung. Spannungen zwischen nationalem Recht und Gemeinschaftsrecht?, in: Ranieri (Hrsg.), Die Europäisierung der Rechtswissenschaft, 2002, S. 129; *Schmidt-Kessel*, Rechtsmißbrauch im Gemeinschaftsprivatrecht: Folgerungen aus den Rechtssachen Kefalas und Diamantis, in: Jud/Bachner/Bollenberger (Hrsg.), Prinzipien des Privatrechts und Rechtsvereinheitlichung, JbJZRWiss 2000, 2001, S. 61; *Stempel*, Treu und Glauben im Unionsprivatrecht, 2016, S. 202ff.

43 Eng mit dem Grundsatz von Treu und Glauben verbunden ist das Verbot des Rechtsmissbrauchs. Danach darf der Inhaber einer formal bestehenden Rechtsposition aus ihr keinen Vorteil ziehen, wenn dieser nur dazu dienen kann, anderen Schaden zuzufügen. Das Unionsprivatrecht selbst kennt nur ganz vereinzelt positivrechtliche Ausprägungen. Doch ist die Geltung des Rechtsmissbrauchsverbots in der Rechtsprechung des EuGH anerkannt.[94] Wegweisend waren die Rechtssachen *Kefalas* und *Diamantis*.[95] Hier ging es jeweils um die Frage, inwieweit eine Aktionärsklage gegen eine Kapitalerhöhung durch die griechische Anstalt für Unternehmensneuordnung, die

93 Immer wieder zitiert wird etwa *Interfoto Picture Library Ltd. v. Stiletto Visual Programmes Ltd.* [1989] QB 433, 439, CA (Bingham LJ): „English law has, characteristically, committed itself to no such overriding principle [that in making and carrying out contracts parties should act in good faith] but has developed piecemeal solutions in response to demonstrated problems of unfairness."

94 S. etwa EuGH, 6.2.2018, Rs. C-359/16 – *Altun*, ECLI:EU:C:2018:63, Rn. 49. Dazu auch *Ranieri*, in: ders., Die Europäisierung der Rechtswissenschaft, 2002, S. 129; *Fleischer*, JZ 2003, 865, 870ff.; *Baudenbacher*, ZfRV 2008, 205ff.

95 EuGH, 12.5.1998, Rs. C-367/96 – *Kefalas*, Slg. 1998, I-2843, Rn. 20f.; EuGH, 23.3.2000, Rs. C-373/97 – *Diamantis*, Slg. 2000, I-1705, Rn. 33ff.; dazu *Schmidt-Kessel*, JbJZRWiss 2000, S. 61.

entgegen Art. 25 Abs. 1 der Zweiten Gesellschaftsrechtlichen Richtlinie,[96] die dieses Recht allein der Hauptversammlung zubilligt, erfolgt war, nach griechischem Recht als rechtsmissbräuchlich erachtet werden durfte. Das vorlegende Gericht sah den Rechtsmissbrauch nach Art. 281 grZGB darin begründet, dass den klagenden Aktionären durch die Kapitalerhöhung kein Nachteil entstanden sei, weil dadurch ihre wirtschaftlichen Interessen gewahrt worden seien. Der EuGH entschied, dass eine gemeinschaftsrechtliche Vorschrift durch einen nationalen Gerichtshof einschränkend ausgelegt werden darf, wenn die Geltendmachung eines Rechts ansonsten missbräuchlich wäre. Ausdrücklich sieht der EuGH das Rechtsmissbrauchsverbot als allgemeines Rechtsprinzip der Gemeinschaft.[97] Dieses dürfe aber nicht die praktische Wirksamkeit der betreffenden gemeinschaftsrechtlichen Vorschrift einschränken.[98] Insbesondere darf die Anwendung des Missbrauchsverbots durch ein nationales Gericht daher nicht dazu führen, dass der Zweck der gemeinschaftsrechtlichen Vorschrift vereitelt wird. Das war in Bezug auf das Verfahren in der Sache *Kefalas* aber der Fall: Art. 25 Abs. 1 der Richtlinie beinhaltet nach der Auslegung des EuGH auch das Recht der Hauptversammlung, gerade in der Krise über die Kapitalerhöhung zu entscheiden.

Diese Vorschrift macht jedoch keine Vorgaben zur Rechtsfolge von Verstößen ge- **44**
gen sie. Folglich entscheidet das jeweilige nationale Recht über die Art und Weise der Sanktionsmöglichkeit. Das Gemeinschaftsrecht steht einer nationalen Regelung nicht entgegen, die eine Sanktion dann als rechtsmissbräuchlich verbietet, wenn der Aktionär „unter den verschiedenen Rechtsbehelfen, die für die Behebung einer durch einen Verstoß gegen diese Bestimmung entstandenen Lage zur Verfügung stehen, denjenigen ausgewählt hat, der den berechtigten Interessen Dritter einen derart schweren Schaden zufügt, daß er offensichtlich unverhältnismäßig ist".[99] Unter diesen Voraussetzungen ist der effet utile der gemeinschaftsrechtlichen Vorschrift nicht beeinträchtigt.

Ein eigenständiges Rechtsmissbrauchsverbot hat der EuGH damit nicht begrün- **45**
det, es aber für selbstverständlich erachtet, dass nationale Rechtsordnungen dieses – bis zur Grenze der Beeinträchtigung des effet utile – gerade auch auf gemeinschaftsrechtliche Vorschriften anwenden. Am Beispiel des Widerrufsrechts nach der Fernabsatz-Richtlinie zeigt der EuGH, dass dessen praktische Wirksamkeit insbesondere

96 Zweite Richtlinie 77/91/EWG des Rates vom 13.12.1976 zur Koordinierung der Schutzbestimmungen, die in den Mitgliedstaaten den Gesellschaften im Sinne des Artikels 58 Absatz 2 des Vertrages im Interesse der Gesellschafter sowie Dritter für die Gründung der Aktiengesellschaft sowie für die Erhaltung und Änderung ihres Kapitals vorgeschrieben sind, um diese Bestimmungen gleichwertig zu gestalten, ABl. EG L 26 vom 31.1.1977, S. 1.

97 EuGH, 12.5.1998, Rs. C-367/96 – *Kefalas*, Slg. 1998, I-2843, Rn. 20.

98 EuGH, 23.3.2000, Rs. C-373/97 – *Diamantis*, Slg. 2000, I-1705, Rn. 34.

99 EuGH, 23.3.2000, Rs. C-373/97 – *Diamantis*, Slg. 2000, I-1705, Rn. 43.

dann beeinträchtigt wäre, „wenn die Höhe eines Wertersatzes [...] außer Verhältnis zum Kaufpreis der fraglichen Ware stünde".[100]

46 Ein praktisch wichtiger Anwendungsfall findet sich im Bereich des Widerrufs von Verbraucherverträgen: Hier wurde vielfach der Verwirkungseinwand erhoben und vom BGH auch gebilligt. Dies dürfte von der Rechtsprechung des EuGH in der Regel auch gedeckt sein.[101] Auch das sogenannte „AGG-Hopping"[102] darf aus Sicht des Unionsrechts als rechtsmissbräuchlich eingestuft werden.[103]

VI. Verhältnismäßigkeit

Literatur: *Kähler*, Raum für Maßlosigkeit. Zu den Grenzen des Verhältnismäßigkeitsgrundsatzes im Privatrecht, in: Jestaedt/Lepsius (Hrsg.), Verhältnismäßigkeit. Zur Tragfähigkeit eines verfassungsrechtlichen Schlüsselkonzepts, 2015, S. 210; *Reich*, General Principles of EU Civil Law, 2014, S. 155ff.; *Stürner*, Der Grundsatz der Verhältnismäßigkeit im Schuldvertragsrecht, 2010; *Tischbirek*, Die Verhältnismäßigkeitsprüfung. Methodenmigration zwischen öffentlichem Recht und Privatrecht, 2017; *Tischbirek*, Fächerdichotomie und Verhältnismäßigkeit, JZ 2018, 421

47 Der Grundsatz der Verhältnismäßigkeit wird selten als eigenständiges Prinzip des Unionsprivatrechts[104] thematisiert. Doch kann seine Bedeutung auch hier kaum überschätzt werden.[105]

1. Verhältnismäßigkeit als Rechtsprinzip

48 Der Grundsatz der Verhältnismäßigkeit ist ein allgemeiner Rechtsgrundsatz, der auch im Privatrecht gilt. Seiner Struktur nach ist der Grundsatz ein formales Prinzip, das die Kollision verschiedener Rechtsgüter, Werte und Interessen auflöst, ohne dass damit bereits eine inhaltliche Aussage verbunden wäre.[106] Indem der Grundsatz der Verhältnismäßigkeit den Ausgleich widerstreitender Interessen anstrebt, geht er aber letztlich auf die Idee vom rechten Maß zurück und zielt auf diese Weise auf die Herstellung von (materialer) Gerechtigkeit. Aus dieser Perspektive kann der Grundsatz der Ver-

---

100 EuGH, 3.9.2009, Rs. C-489/07 – *Messner*, NJW 2009, 3015, Rn. 27.

101 Siehe aber die EuGH-Vorlage LG Ravensburg BeckRS 2020, 3265 (möglicher Verstoß gegen Art. 14 Abs. 1 S. 1 VRRL); dazu näher unten § 14 Rn. 50ff.

102 Darunter wird allgemein eine systematisch angelegte Bewerbung auf Stellen verstanden, die im wesentlichen den einzigen Zweck verfolgt, bei Ablehnung einen Entschädigungsanspruch wegen Diskriminierung geltend zu machen, s. etwa *Kocher*, GPR 2017, 113.

103 EuGH, 28.7.2016, Rs. C-423/15 – *Kratzer*, NZA 2016, 1014.

104 Zu seiner Bedeutung für die unionale Gesetzgebungskompetenz bereits oben § 6 Rn. 22.

105 Die folgenden Ausführungen beruhen auf *Stürner*, Der Grundsatz der Verhältnismäßigkeit im Schuldvertragsrecht, 2010, S. 442ff.

106 *Stürner*, Der Grundsatz der Verhältnismäßigkeit im Schuldvertragsrecht, 2010, S. 330ff.

hältnismäßigkeit als Instrument prozeduraler Gerechtigkeit bezeichnet werden: Er liefert ein Verfahren, das auf die Erzielung von inhaltlich richtigen Ergebnissen gerichtet ist, ohne jedoch für diese Ergebnisse selbst materiale Wertungen vorzugeben.[107] Dieser formale Charakter des Verhältnismäßigkeitsprinzips schließt allerdings nicht das Ziel der (Einzelfall-)Gerechtigkeit aus. In diesem Sinne kann jede prozedurale Theorie als materiale Theorie verstanden werden, nachdem sie auf die Erzielung eines gerechten Ergebnisses gerichtet ist.[108]

Auf einer derartigen Abstraktionsebene ist der Grundsatz der Verhältnismäßigkeit 49
als allgemeines, strukturbildendes Rechtsprinzip anzusehen. Als solches dient es im Schuldvertragsrecht als Leitlinie zur Ausgestaltung rechtlicher Regeln, als Grundmuster des vertraglichen Interessenausgleichs. Das Schuldvertragsrecht wird vom Grundsatz der subjektiven Äquivalenz beherrscht: Es besteht eine Vermutung dafür, dass die jeweiligen Rechte und Pflichten der Vertragsparteien gleichwertig sind.[109] Der Grundsatz der Verhältnismäßigkeit stellt insoweit ein Komplementärprinzip zum Äquivalenzgrundsatz dar, als er die zulässigen Abweichungen von der Gleichheit der vertraglichen Leistungen beschreibt.[110]

Aus diesem Blickwinkel kann jede privatrechtliche Norm, jeder Regelungszusam- 50
menhang als eine Ausprägung des Grundsatzes der Verhältnismäßigkeit verstanden werden. So stellen sich beispielsweise die Rechtsbehelfe des Leistungsstörungsrechts in der VGKRL, der Warenkauf-Richtlinie oder der Digitale-Inhalte-Richtlinie als ein System der abgestuften, mithin verhältnismäßigen Reaktion auf Fehlverhalten des Schuldners dar.[111] In dieser Abstufung, an deren Spitze zunächst das Recht des Schuldners zur zweiten Andienung steht, die Auflösung des Vertrags aber erst das letzte Mittel ist, spiegelt sich der Gedanke der Austauschgerechtigkeit wider und damit der insoweit deckungsgleiche Grundsatz der Verhältnismäßigkeit.

2. Verhältnismäßigkeit als Abwägungsaufgabe

Von der Verhältnismäßigkeit als strukturbildendes Prinzip grundsätzlich zu trennen 51
sind diejenigen Fälle, in denen der Gesetzgeber dem Rechtsanwender offen eine Ver-

---

107 *Heinrich*, Formale Freiheit und materiale Gerechtigkeit. Die Grundlagen der Vertragsfreiheit und Vertragskontrolle am Beispiel ausgewählter Probleme des Arbeitsrechts, 2000, S. 473ff.; *Stürner*, Der Grundsatz der Verhältnismäßigkeit im Schuldvertragsrecht, 2010, S. 383f.; im Ergebnis wohl ebenso *Hirschberg*, Der Grundsatz der Verhältnismäßigkeit, 1981, S. 86 m.w.N.; *Spendel*, in: FS Radbruch, 1948, S. 68, 88.

108 Damit unterscheiden sich diese von rein formalen Theorien, die das Ergebnis für irrelevant erachten, vgl. *Auer*, Materialisierung, Flexibilisierung, Richterfreiheit. Generalklauseln im Spiegel der Antinomien des Privatrechtsdenkens, 2005, S. 33ff.

109 Siehe bereits oben Rn. 1ff.

110 Siehe oben Rn. 15.

111 Dazu unten § 18 Rn. 42ff.

hältnismäßigkeitsprüfung aufgibt.[112] Hier wird eine Entscheidung nicht abstrakt durch Normierung fester Tatbestandsmerkmale und Rechtsfolgen getroffen, sondern ist vom Richter auf einer oder auf beiden Ebenen in einer Wertung im Einzelfall erst zu ermitteln. Das Prinzip der verhältnismäßigen Rechtsanwendung wird dabei im Einzelfall vom Richter konkretisiert. Man kann insoweit von einer deklaratorischen Verhältnismäßigkeitskontrolle sprechen.[113] Der diesen Positivierungen inhärente Einzelfallbezug verleiht dem Grundsatz der Verhältnismäßigkeit eine Vielgestaltigkeit, aufgrund derer vielfach konstatiert wurde, dass es den einen Grundsatz der Verhältnismäßigkeit nicht gebe, sondern nur verschiedene Ausprägungen davon.[114] Daran ist richtig, dass die Wirkungsweise des Grundsatzes der Verhältnismäßigkeit im Vertragsrecht nicht einheitlich zu erfassen ist, sondern dass vielmehr nach den verschiedenen Regelungszusammenhängen getrennt werden muss: Der Grundsatz der Verhältnismäßigkeit wirkt ganz unterschiedlich je nachdem, ob er im Bereich der Hauptleistungspflichten, der Nebenpflichten oder in Bezug auf den in Vollzug gesetzten Vertrag Platz greift.[115]

52 Ungeachtet dieser Unterschiede haben alle Ausprägungen der Verhältnismäßigkeit eine Gemeinsamkeit: Sie erfordern eine Abwägung der auf dem Spiel stehenden Interessen beider Vertragspartner. Diese bei der Verhältnismäßigkeitsprüfung vorzunehmende Abwägungsaufgabe ist strukturell vergleichbar mit anderen Abwägungsvorgängen, wie sie etwa bei der richterlichen Beweiswürdigung oder der behördlichen Ermessenausübung erforderlich werden.[116]

53 Dabei ist es unerheblich, welche Terminologie der Gesetzgeber verwendet: Die Begriffe der Angemessenheit, des Missverhältnisses, der Unverhältnismäßigkeit, der Zumutbarkeit oder auch der Vernünftigkeit (reasonableness) drücken allenfalls sprachliche Nuancierungen aus, sind aber sämtlich Ausprägungen des Grundsatzes der Verhältnismäßigkeit, da in ihnen eine wertende Gegenüberstellung verschiedener Interessen verlangt wird.[117]

54 Effizienzerwägungen können bei der Verhältnismäßigkeitsprüfung durchaus eine Rolle spielen. Die Abwägung darf jedoch nicht allgemein auf eine Kosten-Nutzen-

---

112 Ähnliche Unterscheidung bei *Medicus*, AcP 192 (1992), 35, 37. Vgl. auch *Stern*, in: FS Lerche, 1993, S. 165, 175, der zwischen der *Geltung* des Grundsatzes der Verhältnismäßigkeit und seiner *Anwendbarkeit* unterscheidet.

113 *Stürner*, Der Grundsatz der Verhältnismäßigkeit im Schuldvertragsrecht, 2010, S. 405 ff.

114 *Hirschberg*, Der Grundsatz der Verhältnismäßigkeit, 1981, S. 94; *Preis*, Prinzipien des Kündigungsrechts bei Arbeitsverhältnissen, 1987, S. 281; *Merten*, in: FS Schambeck, 1994, S. 349, 365; *Canaris*, ZHR 143 (1979), 113, 128 ff.

115 *Stürner*, Der Grundsatz der Verhältnismäßigkeit im Schuldvertragsrecht, 2010, S. 384 ff.

116 *Riehm*, Abwägungsentscheidungen in der praktischen Rechtsanwendung. Argumentation – Beweis – Wertung, 2006; *Stürner*, Der Grundsatz der Verhältnismäßigkeit im Schuldvertragsrecht, 2010, S. 347 ff.

117 Zu Beispielen *Stürner*, Der Grundsatz der Verhältnismäßigkeit im Schuldvertragsrecht, 2010, S. 336 ff.

Analyse reduziert werden. Dies ist nur in denjenigen Fällen möglich, in denen die Effizienz als „Politik des Gesetzes" feststeht.[118]

3. Das Verhältnismäßigkeitsprinzip im öffentlichen Recht und im Privatrecht

Dem Grundsatz der Verhältnismäßigkeit kommt im öffentlichen Recht und insbeson- 55
dere im Verfassungsrecht eine dominierende Rolle zu. Er dient der Anbindung staatlichen Handelns an damit verfolgte, legitime Zwecke. Grundrechtsdogmatisch wirkt der Grundsatz der Verhältnismäßigkeit als Regulator für hoheitliche Eingriffe in Freiheitsbereiche der Bürger: Er verhilft dem diesen Freiheitsrechten inhärenten Optimierungsgebot zur Geltung, indem er den Ausgleich bei Konflikten mit anderen Rechtsgütern herbeiführt. Insofern folgt seine Anwendung bereits aus den Grundrechten selbst.[119] Begreift man aber den Grundsatz der Verhältnismäßigkeit wie oben beschrieben als Streben nach materialer Gerechtigkeit, so liegt seine Wurzel im Rechtsstaatsprinzip.

Der Grundsatz der Verhältnismäßigkeit im weiteren Sinne, wie er im öffentlichen 56
Recht und insbesondere im Verfassungsrecht herangezogen wird, hat eine andere Wirkungsweise als im Privatrecht und speziell im Vertragsrecht. Die Interessenlage – Subordinationsverhältnis und staatliche Gemeinwohlbindung dort, (formale) Gleichordnung und Privatautonomie hier – unterscheidet sich in beiden Rechtsbereichen fundamental, sodass eine rechtsfortbildende Übertragung des öffentlich-rechtlich verstandenen Grundsatzes der Verhältnismäßigkeit mit seiner Trias aus Geeignetheit, Erforderlichkeit und Verhältnismäßigkeit im engeren Sinne auf das Privatrecht wenig gewinnbringend erscheint.[120] Innerhalb der vertraglichen Bindung herrscht von vornherein ein anderer Maßstab als dies in der öffentlich-rechtlich geprägten Eingriffsdogmatik zum Ausdruck kommt. Jede Bezugnahme auf eine Ungleichgewichtslage zwischen Privatrechtssubjekten als allgemeiner Auslöser für eine Verhältnismäßigkeitskontrolle sieht sich vor die Aufgabe gestellt, praktikable Kriterien für den Machtüberschuss einer Seite zu formulieren. Eine schlichte Übertragung der für das öffentliche Recht entwickelten Dogmatik des Verhältnismäßigkeitsgrundsatzes auf das Privatrecht kommt damit nicht in Betracht.

Auch aus rechtsvergleichendem und unionsprivatrechtlichem Blickwinkel er- 57
scheint eine von öffentlich-rechtlichen Kriterien losgelöste privatrechtliche Dogmatik

---

118 *Stürner*, Der Grundsatz der Verhältnismäßigkeit im Schuldvertragsrecht, 2010, S. 367 ff.; dazu bereits oben § 8 Rn. 35 ff.

119 *Stürner*, Der Grundsatz der Verhältnismäßigkeit im Schuldvertragsrecht, 2010, S. 294 ff.

120 So aber etwa *Bieder*, Das ungeschriebene Verhältnismäßigkeitsprinzip als Schranke privater Rechtsausübung, 2007, S. 5 ff., 15 ff. oder auch *Preis*, in: FS Dieterich, 1999, S. 429, 431, 435; hiergegen *Stürner*, Der Grundsatz der Verhältnismäßigkeit im Schuldvertragsrecht, 2010, S. 288 ff. Von einer „Methodenmigration" spricht auch *Tischbirek*, Die Verhältnismäßigkeitsprüfung. Methodenmigration zwischen öffentlichem Recht und Privatrecht, 2017 sowie *ders.*, JZ 2018, 421.

des Verhältnismäßigkeitsprinzips vorzugswürdig, da der Einfluss des Verfassungsrechts auf das Privatrecht in anderen Rechtsordnungen weit weniger dominant angesehen wird und diese normenhierarchische Betrachtung überdies in Bezug auf die verschiedenen Rechtsvereinheitlichungsprojekte von vornherein ausscheidet.

58 Die Struktur der Verhältnismäßigkeitskontrolle im öffentlichen Recht und im Privatrecht weist jedoch insoweit eine Gemeinsamkeit auf, als sie in beiden Gebieten zur Regulierung der Beschränkung von Rechtspositionen dient: Die Verhältnismäßigkeitskontrolle beschreibt regelmäßig ein Regel-Ausnahme-Verhältnis, in dem die Ausübung eines Rechts die Regel ist, die nur bei Vorliegen weit überwiegender Interessen eingeschränkt wird. Dabei ist die Ausnahme insoweit dynamisch, als sie keine fest umrissenen Bereiche bezeichnet, sondern die Zurückdrängung des Regelinteresses von einer Höherbewertung der Interessen des von der Ausübung Betroffenen im Einzelfall abhängig macht.[121]

4. Besonderheiten der Verhältnismäßigkeit im Schuldvertragsrecht

59 Der Grundsatz der Verhältnismäßigkeit wirkt im Schuldvertragsrecht als begrenzender und ausgleichender Faktor.[122] Dies betrifft zunächst die Hauptleistungspflichten. Die deutsche Rechtsprechung hat sich vom tatbestandlich (zu) engen Wucherparagraphen mehr und mehr gelöst und das Missverhältnis von Leistung und Gegenleistung ganz in den Mittelpunkt gerückt.[123] Eine allgemeine Verhältnismäßigkeitskontrolle der Hauptleistungspflichten folgt daraus indessen nicht, da auch das wucherähnliche Geschäft insoweit der Tatbestandsstruktur folgt, als es zumindest dem Grundsatz nach eine Ausbeutungssituation fordert. Eine rechtsvergleichende Umschau zeigt, dass etwa das englische oder das italienische Recht ebenfalls an ein Missverhältnis der Hauptleistungspflichten anknüpft.[124] Im Bereich der Nebenpflichten verwirklichen die Art. 3 Klausel-RL umsetzenden §§ 307ff. BGB für Formularverträge eine Verhältnismäßigkeitskontrolle, die im Bereich der §§ 308, 309 BGB weitgehend typisiert ist und in § 307 BGB im Begriff der unangemessenen Benachteiligung enthalten ist.[125]

60 Die Grundsätze der Geeignetheit und Erforderlichkeit, die im öffentlichen Recht Teil des Grundsatzes der Verhältnismäßigkeit im weiteren Sinne sind, können im Privatrecht – und insbesondere im Schuldvertragsrecht – keine allgemeine Geltung beanspruchen. Sie sind auf die Beurteilung einer Zweck-Mittel-Relation angelegt und setzen die Existenz mehrerer Handlungsalternativen voraus. Die Handlungsmöglichkeiten im Vertragsverhältnis basieren dagegen auf einer privatautonomen Verein-

121 *Stürner*, Der Grundsatz der Verhältnismäßigkeit im Schuldvertragsrecht, 2010, S. 330ff.

122 *Stürner*, Der Grundsatz der Verhältnismäßigkeit im Schuldvertragsrecht, 2010, S. 285ff.

123 *Stürner*, Der Grundsatz der Verhältnismäßigkeit im Schuldvertragsrecht, 2010, S. 294ff.

124 *Stürner*, Der Grundsatz der Verhältnismäßigkeit im Schuldvertragsrecht, 2010, S. 43ff.

125 *Stürner*, Der Grundsatz der Verhältnismäßigkeit im Schuldvertragsrecht, 2010, S. 105ff.; näher dazu unten § 16 Rn. 31ff.

barung. Diese verpflichtet zwar zur Rücksichtnahme auf die Interessen des anderen Teils, enthält aber keine Vorgaben, stets nur das für den anderen Teil am wenigsten belastende Mittel zu wählen. Privatrechtsimmanent ist somit nur das im Grundsatz der Verhältnismäßigkeit zum Ausdruck kommende Abwägungserfordernis.[126] Hinter diesem steht jedenfalls nach der Dogmatik des deutschen Rechts der das gesamte Privatrecht beherrschende Grundsatz von Treu und Glauben, aus dem eine jeder Rechtsposition immanente Schranke resultiert.[127] Wegen der überragenden Bedeutung des Grundsatzes der Vertragsbindung in jedem Vertragsrechtssystem ist dessen Durchbrechung erst ab der Schwelle der Missbräuchlichkeit zugelassen.

Missbräuchlich wegen Unverhältnismäßigkeit ist die Rechtsausübung zum einen dann, wenn sie sich als übermäßige Reaktion auf ein geringfügiges Fehlverhalten des Vertragspartners erweist. Auch unter dem Gesichtspunkt der Austauschgerechtigkeit dürfen Pflichtverletzungen sanktioniert werden; die Sanktion trägt damit den Charakter der Regel, die Einschränkung bildet die Ausnahme dazu – sie steht unter dem Vorbehalt der Geringfügigkeit.[128] So steht dem Verbraucher nach Art. 3 Abs. 6 VGKRL das Recht zur Vertragsauflösung nicht bei nur geringfügiger Vertragswidrigkeit zu. Damit wird das schärfste Gewährleistungsrecht, das zur Beendigung des Vertragsverhältnisses führt, unter den Vorbehalt gestellt, dass eine gewisse Bagatellgrenze überschritten ist. Darin kommt zum einen der favor contractus zum Ausdruck, der der Verbrauchsgüterkauf-Richtlinie zugrunde liegt,[129] aber auch der Grundsatz der Verhältnismäßigkeit, wie der Rat in seinem Gemeinsamen Standpunkt zur Richtlinie ausdrücklich als Rechtfertigung für den Ausschluss der Vertragsauflösung bei geringfügigen Vertragsverletzungen angeführt hat.[130] 61

Zum anderen kann ein Rechtsmissbrauch auch dann gegeben sein, wenn sich die Ausübung eines Rechts nicht als Reaktion auf eine Pflichtverletzung zeigt, sondern eine Leistungspflicht betrifft.[131] Die Schuldrechtsmodernisierung hat mit § 275 Abs. 2 BGB ein entsprechendes Leistungsverweigerungsrecht geschaffen. Diese nicht abdingbare Norm gehört dogmatisch nicht zum Recht der Unmöglichkeit, sondern ist eine besondere Ausprägung des Rechtsmissbrauchsverbots.[132] Sie konkretisiert damit den Grundsatz der Verhältnismäßigkeit und beinhaltet eine umfassende Regelung für 62

126 *Stürner*, Der Grundsatz der Verhältnismäßigkeit im Schuldvertragsrecht, 2010, S. 318 ff.
127 Dazu bereits oben Rn. 35 ff.; näher *Stürner*, Der Grundsatz der Verhältnismäßigkeit im Schuldvertragsrecht, 2010, S. 388 ff.
128 Zu diesen sogenannten „Geringfügigkeitsfällen" *Stürner*, Der Grundsatz der Verhältnismäßigkeit im Schuldvertragsrecht, 2010, S. 236 ff., 394 ff.
129 Vgl. *Bianca*, in: Grundmann/Bianca, EU-Kaufrechts-Richtlinie, 2002, Art. 3 Rn. 36. Näher unten § 18 Rn. 55 sowie § 22 Rn. 82.
130 Vgl. die Erläuterungen zu Art. 3 im Gemeinsamen Standpunkt des Rates Nr. 51/98, ABl. EG 1998 C 333/46, S. 53.
131 Hier kann man von „Übermaßfällen" sprechen, vgl. *Stürner*, Der Grundsatz der Verhältnismäßigkeit im Schuldvertragsrecht, 2010, S. 167 ff., 401 ff.
132 *Stürner*, Der Grundsatz der Verhältnismäßigkeit im Schuldvertragsrecht, 2010, S. 185 ff.

sämtliche Leistungspflichten. Leges speciales hierzu sind insbesondere die auf den Nacherfüllungsanspruch des Käufers bzw. Bestellers anwendbaren §§ 439 Abs. 4, 635 Abs. 3 BGB.[133]

63 Von der in § 275 Abs. 2 BGB (und in anderen Normen) enthaltenen deklaratorischen Einwirkung des Grundsatzes der Verhältnismäßigkeit ist dessen konstitutive Geltung zu unterscheiden: Darunter sind diejenigen Fälle zu verstehen, in denen der Grundsatz der Verhältnismäßigkeit zur Korrektur bestehender gesetzlicher Wertungen herangezogen werden soll.[134] Aufgrund der vielfachen Positivierungen des Grundsatzes der Verhältnismäßigkeit durch die Schuldrechtsmodernisierung bleibt hierfür nur wenig Raum: Für sämtliche Fälle der übermäßigen Leistungserschwerung enthält § 275 Abs. 2 und 3 BGB eine abschließende Regelung. Nur bei nicht persönlich zu erbringenden Leistungspflichten kommt ein Rückgriff auf das allgemeine Verhältnismäßigkeitsprinzip in Betracht, und zwar dann, wenn das Leistungshindernis sich nicht aus materiellen, sondern aus ideellen Gründen ergibt.[135] Die Wertung des Leistungsverweigerungsrechts auf der Primärebene setzt sich auch auf der Sekundärebene fort.[136]

64 Die Durchbrechung einer gesetzlich angeordneten Rechtsfolge ist demgegenüber nicht mit dem Grundsatz der Verhältnismäßigkeit zu rechtfertigen. Die Rechtsfigur der geltungserhaltenden Reduktion nichtiger Rechtsgeschäfte oder unwirksamer Formularklauseln lässt sich nicht auf den Grundsatz der Verhältnismäßigkeit stützen.[137] Insbesondere die §§ 343 BGB, 74a HGB bieten keinen Ansatzpunkt für eine Verallgemeinerung, dass auf der Rechtsfolgenseite stets eine Wiederherstellung des angemessenen Maßes erfolgen muss.

65 Rechtsvergleichend ergibt sich, dass die Verhältnismäßigkeitskontrolle vielfältige funktionale Äquivalente besitzt, die Rolle des Verhältnismäßigkeitsprinzips jedoch etwa im italienischen und noch mehr im englischen Recht deutlich eingeschränkter ist als im deutschen Recht. Das ist wesentlich auf die in diesen Rechtsordnungen im Vergleich zum deutschen Recht weit weniger dominante Rolle des Grundsatzes von Treu und Glauben zurückzuführen.[138] Die Entwicklung im Europäischen Vertragsrecht deutet hingegen auf eine wichtige Stellung des Prinzips von Treu und Glauben und mit ihm auch des Grundsatzes der Verhältnismäßigkeit im weiteren Prozess der Harmonisierung hin.[139]

---

133 *Stürner*, Der Grundsatz der Verhältnismäßigkeit im Schuldvertragsrecht, 2010, S. 193 ff.

134 *Stürner*, Der Grundsatz der Verhältnismäßigkeit im Schuldvertragsrecht, 2010, S. 406 ff.

135 *Stürner*, Der Grundsatz der Verhältnismäßigkeit im Schuldvertragsrecht, 2010, S. 404 f.

136 *Stürner*, Der Grundsatz der Verhältnismäßigkeit im Schuldvertragsrecht, 2010, S. 420 ff.

137 *Stürner*, Der Grundsatz der Verhältnismäßigkeit im Schuldvertragsrecht, 2010, S. 430 ff.; zur Klausel-RL näher § 16 Rn. 57 ff.

138 *Stürner*, Der Grundsatz der Verhältnismäßigkeit im Schuldvertragsrecht, 2010, S. 410 ff.

139 Siehe oben Rn. 35 ff.

5. Verhältnismäßigkeit als „Streben nach der Mitte“

Im europäischen Vergleich kann eine Tendenz festgestellt werden, die auch durch die Schuldrechtsreform bestätigt wurde, sowohl auf legislatorischer als auch auf judikativer Ebene „mittlere“ Lösungen zu suchen und durch Bezugnahme auf offene Formulierungen wie Verhältnismäßigkeit, Billigkeit oder Angemessenheit einen gerechten Ausgleich im Einzelfall zu ermöglichen.[140] Dieses „Streben nach der Mitte“[141] entspricht geradezu paradigmatisch der Idee der Verhältnismäßigkeit. Diese ist durch die ihr inhärente Interessenabwägung darauf angelegt, immer mittlere Lösungen zu finden.[142] Besonders augenscheinlich ist dies beim DCFR, der durch die sehr häufige Verwendung von Begriffen wie reasonable o. ä. die Einzelfallabwägung – überspitzt formuliert – geradezu zum System erhoben hat.[143] Dies ist zunächst mit einem Verlust an Rechtssicherheit verbunden.[144] Je mehr einzelfallbezogene Entscheidungen ein Gesetz enthält, je weniger klare Wertungen vorhanden sind, desto mehr schwinden die für die Rechtsfindung gerade im Rahmen der Verhältnismäßigkeitskontrolle benötigten Bezugspunkte. Pointiert ausgedrückt: Was verhältnismäßig ist, ergibt sich nicht aus dem Grundsatz der Verhältnismäßigkeit. Darüber hinaus hat die immer stärkere gesetzliche Verankerung der Verhältnismäßigkeit eine Delegation von Entscheidungsgewalt vom Gesetzgeber auf den Richter zur Folge, der im Extremfall den Gewaltenteilungsgrundsatz berühren kann.[145] 66

Rechtspolitisch kommt es demnach darauf an, feste Tatbestandsbildung und generalklauselförmige Offenheit in sinnvoller Weise zu vereinen. Der Grundsatz der Verhältnismäßigkeit scheint eine Art Mittelstellung zwischen beiden Extremen einzunehmen, indem er einerseits dem Rechtsanwender regelmäßig die bei der Abwägung mit einzubeziehenden Gesichtspunkte vorgibt und damit dem Tatbestandsmodell folgt, andererseits aber im Einzelfall eine unterschiedliche Gewichtung der relevanten Faktoren erlaubt und damit eine generalklauselartige Weite des Entscheidungsrahmens 67

140 Ähnlich *Perlingieri*, Rass. dir. civ., 2001, 334, 353. Eingehend zum „Streben nach mittleren Lösungen“ *Bydlinski*, AcP 204 (2004), 309. Nach *Esser* (in: summum ius, summa iniuria, 1963, S. 22, 31f.) liegt darin möglicherweise eine Konsequenz der durch die Aufklärung herbeigeführten Bewusstseinswende, dass das Recht dem Einzelnen zu dienen habe und nicht umgekehrt.

141 Von dieser Tendenz absetzen möchte sich *Jakl*, Handlungshoheit. Die normative Struktur der bestehenden Dogmatik und ihrer Materialisierung im deutschen und europäischen Schuldvertragsrecht, 2019, S. 3.

142 Kritisch dazu *Leisner*, Der Abwägungsstaat. Verhältnismäßigkeit als Gerechtigkeit?, 1997, S. 235ff.

143 Kritisch auch *Eidenmüller/Faust/Grigoleit/Jansen/Wagner/Zimmermann*, JZ 2008, 529, 537; *Weller*, JZ 2008, 764, 772; *Lorenz*, JbItalR 21 (2008), S. 43, 59.

144 Zum „Preis der Billigkeit“ eindringlich *Gernhuber*, in: summum ius, summa iniuria, 1963, S. 205.

145 Vor dem Hintergrund der Beherrschung immer weiterer Teile der Rechtsordnung durch den Grundsatz der Verhältnismäßigkeit hat *Hirschberg* bereits 1979 in Bezug auf die weitere Entwicklung gerade auch für das Privatrecht die (resignative?) Prognose aufgestellt: „Es kommt, wie's kommt.“ (*Hirschberg*, Der Grundsatz der Verhältnismäßigkeit, 1981, S. 186).

beinhaltet.[146] Die Attraktivität des Grundsatzes der Verhältnismäßigkeit, die in seiner nahezu universellen Anwendbarkeit liegt, bedingt gleichzeitig auch seine wesentliche Schwäche: Den Verlust an Rechtssicherheit durch das Streben nach Einzelfallgerechtigkeit.

68 Überall dort, wo Rechte unter dem Vorbehalt der redlichen Ausübung stehen, wo der Grundsatz von Treu und Glauben also in seiner Schrankenfunktion wirkt, steht auch die Geltung des Grundsatzes der Verhältnismäßigkeit in Rede: Die Notwendigkeit der Berücksichtigung der Belange des Vertragspartners bedingt eine der Rechtsausübung vorgelagerte Interessenabwägung. Insoweit kann man bereits davon sprechen, dass der Grundsatz der Verhältnismäßigkeit ein europaweit akzeptiertes Rechtsprinzip ist.[147]

---

146 Vgl. *Canaris*, Systemdenken und Systembegriff in der Jurisprudenz, entwickelt am Beispiel des deutschen Privatrechts, 2. Aufl. 1983, S. 80 ff. in Bezug auf das bewegliche System, das er als mittlere Lösung zwischen Tatbestandsbildung und Generalklausel sieht.

147 So *Canivet*, ERPL 11 (2003), 50, 57. Hiervon scheint im Ansatz auch *Riesenhuber* auszugehen, der den Verhältnismäßigkeitsgrundsatz als „Grundwertung" des Europäischen Vertragsrechts bezeichnet und diesen eng an das Prinzip von Treu und Glauben anbindet: *Riesenhuber*, Europäisches Vertragsrecht, 2. Aufl. 2006, Rn. 649; vgl. auch Rn. 938 ff.

2. Kapitel: Vertragsschluss

§ 12 Informationspflichten

Literatur: *Busch*, The future of pre-contractual information duties: from behavioral insights into big data, in: Twigg-Flesner (Hrsg.), Research Handbook on EU Consumer and Contract Law, 2016, S. 221; *Fleischer*, Vertragsabschlußbezogene Informationspflichten im Gemeinschaftsprivatrecht, ZEuP 2000, 773; *Fleischer*, Informationsasymmetrie im Vertragsrecht, 2001; *Piers*, Pre-contractual Information Duties in the CESL, ZEuP 2012, 867; *Riesenhuber*, EU-Vertragsrecht, 2013, § 7 Rn. 16ff.; *Schinkels*, Information Obligations and Disinformation of Consumers: German Law Report, in: Schmidt-Kessel (Hrsg.), German National Reports on the 20th International Congress of Comparative Law, 2018, S. 183; *Schmidt-Kessel*, Zur Kollision von Informationspflichten aus EU-Richtlinien im Blick auf die Entwürfe zur Verbraucherrechterichtlinie, GPR 2011, 79; *Segger-Piening*, Duales Schutzkonzept vorvertraglicher Informationspflichten im Spiegel von Verbraucheracquis und Verhaltensökonomik, ZfPW 2020, 358; *Stürner*, Informationspflichten bei Außergeschäftsraumverträgen und Fernabsatzverträgen, JURA 2015, 1045; *Weber*, Sanktionen bei vorvertraglicher Informationspflichtverletzung. Eine Untersuchung am Beispiel des elektronischen Geschäftsverkehrs sowie sonstiger Fernabsatzverträge, 2019; *Zuloaga*, Reliance in the Breaking-Off of Contractual Negotiations. Trust and Expectation in a Comparative Perspective, 2019

Systematische Übersicht

https://doi.org/10.1515/9783110718690-012

I. Das Informationsmodell im Verbraucherrecht

1 Die rechtspolitische Legitimation des Sonderprivatrechts für Verbraucher wird vielfach mit einer strukturellen Ungleichgewichtslage begründet, die im Verhältnis zum Unternehmer regelmäßig gegeben sei. Die Unterlegenheit des Verbrauchers gründet sich ein Stück weit auch darauf, dass ihm hinreichende Kenntnisse hinsichtlich des möglicherweise komplexen Vertragsgegenstandes oftmals fehlen werden – beim Fernabsatz etwa liegt dies u. a. daran, dass der Kaufgegenstand nicht getestet werden kann. Insoweit zielt das Verbraucherrecht vielfach auf einen Ausgleich dieses Informationsdefizits ab. Das Gesetz nimmt den mündigen Verbraucher als Leitbild;[1] es geht davon aus, dass dieser nach Korrektur der Informationsasymmetrie eine wohlüberlegte Entscheidung hinsichtlich des Vertragsschlusses treffen wird.

2 So einfach liegen die Dinge allerdings meist nicht. Vielfach wird ein durchschnittlicher Verbraucher weder willens noch in der Lage sein, die Fülle der erhaltenen Informationen aufzunehmen oder gar in eine rationale Entscheidung zu kanalisieren.[2] Interessant sind daher aus Verbrauchersicht insbesondere die Sekundärfolgen, die das Gesetz an eine unterbliebene oder unvollständige Information durch den Unternehmer knüpft, vor allem ihr Einfluss auf den Lauf der Widerrufsfrist, ggf. aber auch die Entstehung von Schadensersatzpflichten.

3 Dies gilt umso mehr, als das BGB eine in Systematik und Struktur verwirrende Vielfalt an Informationspflichten normiert.[3] Diese gehen im Wesentlichen auf europarechtliche Vorgaben zurück, was bei der Auslegung der jeweiligen Vorschrift zu berücksichtigen ist. Zentrale Bedeutung kommt der VRRL[4] zu, die durch das Gesetz zur Umsetzung der Verbraucherrechterichtlinie und zur Änderung des Gesetzes zur Regelung der Wohnungsvermittlung vom 20.9.2013 (VRRL-UG)[5] in deutsches Recht umgesetzt wurde.[6]

1 Siehe dazu *Klinck/Riesenhuber* (Hrsg.), Verbraucherleitbilder – Interdisziplinäre und Europäische Perspektiven, 2015.

2 Dazu *Eidenmüller*, JZ 2005, 216, 221; *Grigoleit*, in: Eidenmüller/Faust/Grigoleit/Jansen/Wagner/Zimmermann, Revision des Verbraucher-acquis, 2011, S. 223, 247 ff.; *Segger-Piening*, ZfPW 2020, 358.

3 Zur Widersprüchlichkeit des acquis *Schmidt-Kessel*, GPR 2011, 79.

4 Hierzu bereits oben § 9 Rn. 9 ff.

5 BGBl. I, 3642.

6 Dazu bereits *Stürner*, JURA 2015, 30, 33 f.

Zunächst enthält Art. 5 VRRL (umgesetzt in § 312a Abs. 2 BGB) allgemeine Informationspflichten für alle Verbraucherverträge.[7] Flankiert bzw. überlagert werden diese durch spezielle Informationspflichten für besondere Vertragstypen, Vertriebsformen oder Abschlusssituationen, etwa Verbraucherkreditverträge (§§ 491a ff. BGB),[8] Verträge im elektronischen Geschäftsverkehr, Außergeschäftsraumverträge oder Fernabsatzverträge. Für die beiden letztgenannten Typen sieht Art. 6 VRRL (umgesetzt in § 312d, 312e BGB) spezielle Informationspflichten vor. Gewissermaßen spiegelbildlich zu den vorvertraglichen Informationspflichten obliegt es dem Unternehmer nach Art. 7 Abs. 2 und Art. 8 Abs. 7 VRRL (umgesetzt in § 312f BGB) weiter, dem Verbraucher Abschriften und Bestätigungen über den abgeschlossenen Vertrag zukommen zu lassen. Werden die § 312d BGB unterfallenden Verträge im elektronischen Geschäftsverkehr geschlossen, treffen den Unternehmer zusätzlich die Pflichten der §§ 312i, 312j BGB. 4

II. Informationspflichten für besondere Vertriebsformen

§ 312d Abs. 1 BGB nennt die seitens eines Unternehmers zu beachtenden Informationspflichten bei Verträgen, die im Fernabsatz oder außerhalb von Geschäftsräumen geschlossen wurden. Beide Vertriebsformen werden damit grundsätzlich gleich behandelt. § 312d Abs. 2 BGB enthält Regelungen für Fälle, in denen diese Verträge Finanzdienstleistungen zum Gegenstand haben. § 312d Abs. 1 BGB dient der Umsetzung der VRRL, Abs. 2 der Norm hingegen geht zurück auf Art. 3 und 5 der Richtlinie über den Fernabsatz von Finanzdienstleistungen (FernabsFinDienstlRL).[9] Durch die Informationen soll der Verbraucher in die Lage versetzt werden, die angebotene Leistung zu beurteilen und über das Geschäft in Kenntnis aller Umstände zu entscheiden.[10] 5

Mit § 312d Abs. 2 BGB wurden die für Fernabsatzverträge über Finanzdienstleistungen bestehenden Regelungen auf Verträge über Finanzdienstleistungen, die außerhalb von Geschäftsräumen geschlossen wurden, ausgedehnt. Dieses Vorgehen ist trotz der Vollharmonisierung, die mit der VRRL verfolgt wird, zulässig: Da die VRRL die frühere Haustürwiderrufs-Richtlinie außer Kraft gesetzt hat, die auch Verträge über Finanzdienstleistungen erfasste, die VRRL sich selbst aber nicht auf Finanzdienstleistungen bezieht, ist der Gesetzgeber in diesem Bereich nicht (mehr) durch 6

---

7 Dazu bereits *Stürner*, JURA 2015, 30, 32; *Wendelstein/Zander*, JURA 2014, 1191, 1199 f.

8 Weitere Beispiele bei *Bülow/Artz*, Verbraucherprivatrecht, 6. Aufl. 2018, Rn. 28.

9 Richtlinie 2002/65/EG des Europäischen Parlaments und des Rates vom 23. September 2002 über den Fernabsatz von Finanzdienstleistungen an Verbraucher und zur Änderung der Richtlinie 90/619/EWG des Rates und der Richtlinien 97/7/EG und 98/27/EG, ABl. EG Nr. L 271/16.

10 Vgl. dazu etwa ErwGr. Nr. 21 FernabsFinDienstlRL.

Richtlinien gebunden.[11] Die FernabsFinDienstlRL schließlich steht einer Ausweitung auf andere Bereiche nicht entgegen. Für den Unternehmer bringt diese Vorgehensweise den Vorteil mit sich, dass er zur Erfüllung seiner Informationspflichten bei Verträgen über Finanzdienstleistungen – unabhängig von der im Einzelfall gewählten Vertriebsform – identische Informationsblätter verwenden kann.[12]

1. Inhalt

a) Unterrichtung des Verbrauchers

7 Für den Inhalt der dem Verbraucher mitzuteilenden Informationen verweisen § 312d Abs. 1 und 2 BGB auf Art. 246a bzw. Art. 246b EGBGB.[13] Die dort angeführten Gesichtspunkte betreffen etwa die wesentlichen Eigenschaften und den Gesamtpreis der Ware bzw. Dienstleistung, die Identität des Unternehmers, die Zahlungs- und Lieferbedingungen oder den Umfang der gesetzlichen Gewährleistung für Sachmängel (Art. 246a § 1 Abs. 1 S. 1 EGBGB). Erleichterungen für den Unternehmer bestehen bei außerhalb von Geschäftsräumen geschlossen Verträgen über Reparatur- und Instandhaltungsarbeiten, bei dem die beiderseitigen Leistungen sofort erfüllt werden und die vom Verbraucher zu leistende Vergütung 200 € nicht übersteigt, sofern der Verbraucher ausdrücklich die Dienste des Unternehmers angefordert hat (Art. 246a § 2 EGBGB). Gleiches gilt für Fernabsatzverträge, die mittels eines Fernkommunikationsmittels geschlossen werden sollen, das nur begrenzten Raum oder begrenzte Zeit für die dem Verbraucher zu erteilenden Informationen bietet (Art. 246a § 3 EGBGB). Erfasst sind hiervon etwa Werbespots in Radio oder Fernsehen. Stets hat der Unternehmer dem Verbraucher die erforderlichen Informationen vor Abgabe dessen Vertragserklärung in klarer und verständlicher Weise zur Verfügung zu stellen (Deutlichkeits- bzw. Transparenzgebot, Art. 246a § 4 Abs. 1 und Art. 246b § 1 Abs. 1 EGBGB).[14]

8 Art. 246a § 1 Abs. 1 S. 1 Nr. 2 EGBGB verstößt insoweit gegen Art. 6 Abs. 1 lit. c VRRL, als ein Unternehmer danach verpflichtet ist, vor Abschluss eines Vertrags mit einem Verbraucher im Fernabsatz oder außerhalb von Geschäftsräumen stets seine Telefonnummer anzugeben. Auch besteht keine Verpflichtung des Unternehmers, einen Telefon- oder Telefaxanschluss bzw. ein E-Mail-Konto neu einzurichten, damit die Verbraucher mit ihm in Kontakt treten können. Sie verpflichtet den Unternehmer nur dann zur Übermittlung der Telefon- oder Telefaxnummer bzw. seiner E-Mail-Adresse, wenn er über diese Kommunikationsmittel mit den Verbrauchern bereits verfügt. Schließlich kann der Unternehmer auch andere Kommunikationsmittel als

11 Vgl. dazu BT-Drucks. 17/12637, S. 54.

12 BT-Drucks. 17/12637, S. 54.

13 Überblick bei *Bülow/Artz*, Verbraucherprivatrecht, 6. Aufl. 2018, Rn. 269 ff.

14 Siehe etwa BGH NJW 2006, 211.

die in Art. 6 Abs. 1 lit. c VRRL genannten zur Verfügung stellen.[15] Nach Art. 246a § 4 Abs. 2 S. 1 EGBGB müssen die Informationen über das Widerrufsrecht vor Abgabe der Vertragserklärung „zur Verfügung gestellt“ werden, und zwar grundsätzlich in Papierform, ausnahmsweise bei Zustimmung des Verbrauchers auch auf einem anderen dauerhaften Datenträger (ähnlich Art. 7 Abs. 1 VRRL: „Bereitstellen“). Dem Verbraucher müssen daher die Informationen physisch übergeben werden, wie auch der Verweis auf Papier oder ein anderes dauerhaftes Medium erkennen lässt. Die bloße Kenntnisnahme oder die Möglichkeit der Kenntnisnahme genügt danach nicht; die Erfüllung dieser Vorgaben wirkt sich auf den Lauf der Widerrufsfrist aus.[16]

b) Informationspflichten als Vertragsbestandteil

Bei außerhalb von Geschäftsräumen geschlossenen Verträgen sowie Fernabsatzverträgen, die keine Finanzdienstleistungen umfassen, werden die in Art. 246a EGBGB genannten Informationspflichten nach § 312d Abs. 1 S. 2 BGB Vertragsbestandteil. Zurückzuführen ist dies auf Art. 6 Abs. 5 VRRL und war aufgrund des der VRRL zugrunde liegenden Gebots der Vollharmonisierung zwingend in nationales Recht umzusetzen. Anderes gilt nur dann, wenn die Parteien ausdrücklich etwas anderes vereinbart haben. 9

Übersendet etwa der Unternehmer dem Verbraucher nach erfolgter Information AGB, die abweichende Angaben enthalten, werden die ursprünglichen Angaben nur dann abgeändert, wenn der Verbraucher den AGB ausdrücklich zugestimmt hat; ein schlüssiges Handeln oder ein Schweigen des Verbrauchers auf die Zusendung der abweichenden AGB ist hierfür nicht ausreichend. Sollten bereits die gemeinsam mit den ursprünglichen Informationsangaben überreichten oder versandten AGB von den Informationen abweichen oder diesen widersprechen, verhält sich der Unternehmer widersprüchlich, sodass er sich nicht auf die abweichenden AGB berufen kann.[17] 10

---

15 EuGH, 10.7.2019, Rs. C-649/17 – *Amazon*, NJW 2019, 3365. Zur Frage der „Verfügbarkeit“ der Telefonnummer i. S. d. Art. 6 Abs. 1 lit. c, lit. h und Abs. 4 i. V. m. Anhang I Teil A VRRL hat der EuGH entschieden, dass eine Pflicht zur Angabe einer Telefonnummer in der Widerrufsbelehrung besteht, wenn der Unternehmer einem Durchschnittsverbraucher den Eindruck vermittelt, er würde diese Telefonnummer zu Kontaktzwecken mit Verbrauchern nutzen, s. EuGH, 14.5.2020, Rs. C-266/19 – *EIS*, ECLI: EU:C:2020:384, Rn. 37 ff.: Telefonnummer in der Fußzeile der Webseite sowie im Impressum.

16 BGH, 26.11.2020, I ZR 169/19 – juris Rn. 42 ff.

17 BT-Drucks. 17/12637, S. 54. Bei Verträgen über Finanzdienstleistungen gilt das Gesagte nicht, da § 312d Abs. 2 BGB keine § 312d Abs. 1 S. 2 BGB entsprechende Regelung enthält. Der Gesetzgeber war insoweit nicht an Art. 6 Abs. 5 VRRL gebunden, da sich diese nicht auf Finanzdienstleistungen bezieht.

c) Informationspflichten als Voraussetzung für Vertragsschluss?

11 Durch Art. 4 Nr. 5 der Richtlinie zur besseren Durchsetzung und Modernisierung der Verbraucherschutzvorschriften der Union[18] wurde ein neuer Art. 6a in die VRRL eingefügt. Dieser schafft zusätzliche besondere Informationspflichten bei auf Online-Marktplätzen geschlossenen Verträgen. Nach seinem Absatz 1 „informiert der Anbieter des Online-Marktplatzes den Verbraucher, unbeschadet der Richtlinie 2005/29/EG, in klarer, verständlicher und in einer den benutzten Fernkommunikationsmitteln angepassten Weise" etwa über die Parameter, auf deren Grundlage das Ranking der Angebote auf dem Online-Marktplatz generiert wird. Diese Information muss gegeben werden, „[b]evor ein Verbraucher durch einen Fernabsatzvertrag oder ein entsprechendes Vertragsangebot auf einem Online-Marktplatz gebunden ist".

12 Diese Formulierung erscheint missverständlich, da sie so verstanden werden könnte, dass die Erteilung der Information conditio sine qua non für die Bindung an den Vertrag ist. Doch wäre diese Lesart weder sinnvoll noch beabsichtigt: In der Praxis würde sie für große Rechtsunsicherheit sorgen, da bei vielen Verträgen unklar wäre, ob die Informationen richtig erteilt wurden. Überdies stellt Erwägungsgrund Nr. 57 zur RL 2019/2161 klar, dass nationales Vertragsrecht unberührt bleibt, „das beispielsweise den Abschluss oder die Gültigkeit von Verträgen in Fällen wie Dissens oder einer nicht genehmigten Geschäftstätigkeit betreffen". Insofern gelten auch hier die allgemeinen Grundsätze des jeweiligen mitgliedstaatlichen Rechts über den Vertragsschluss, in Deutschland also die §§ 145ff. BGB.

2. Insbesondere: Informationspflichten über Kosten

13 Im Unterschied zu § 312d Abs. 1 BGB enthält § 312e BGB allein kostenbezogene Informationspflichten. Dass sich § 312e BGB allein auf Fernabsatzverträge sowie auf außerhalb von Geschäftsräumen geschlossene Verträge bezieht, lässt sich seinem Wortlaut nicht unmittelbar entnehmen, ergibt sich jedoch mittelbar aus der Formulierung „entsprechend den Anforderungen aus". Die Vorschrift betrifft damit nur diejenigen Verträge, auf die auch die in Bezug genommenen Informationspflichten in § 312d Abs. 1 BGB und Art. 246a § 1 Abs. 1 S. Nr. 4 EGBGB anwendbar sind.[19] Daraus ergibt sich auch, dass § 312e BGB auf Verträge über Finanzdienstleistungen, einschließlich Verbraucherdarlehensverträge, nicht anwendbar ist; für diese Verträge gilt allein § 312d Abs. 2 BGB.

---

18 Richtlinie (EU) 2019/2161 des Europäischen Parlaments und des Rates vom 27. November 2019 zur Änderung der Richtlinie 93/13/EWG des Rates und der Richtlinien 98/6/EG, 2005/29/EG und 2011/83/EU des Europäischen Parlaments und des Rates zur besseren Durchsetzung und Modernisierung der Verbraucherschutzvorschriften der Union, ABl. L 328/7.

19 Vgl. BT-Drucks. 17/12637, S. 55.

a) Umfang der Informationspflicht

Für den Inhalt der dem Verbraucher mitzuteilenden Informationen verweist § 312e BGB auf Art. 246 § 1 Abs. 1 S. 1 Nr. 4 EGBGB. Danach hat der Unternehmer den Verbraucher insbesondere über den Gesamtpreis von Waren oder Dienstleistungen (einschließlich aller Steuern und Abgaben) zu informieren sowie die Art der Preisberechnung in Fällen, in denen der Preis aufgrund der Beschaffenheit der Waren oder Dienstleistungen im Voraus vernünftigerweise nicht berechnet werden kann. **14**

Haben sich der Unternehmer und der Verbraucher nicht auf die Zahlung zusätzlicher Kosten geeinigt, besteht kein vertraglicher Anspruch auf Zahlung. Aber auch dann, wenn durch Auslegung des Vertrags entnommen werden kann, dass der Verbraucher die Kosten in üblicher Höhe tragen soll, besteht die Pflicht zur Übernahme der Kosten nur bei entsprechender Belehrung nach Art. 246a § 1 Abs. 1 S. 1 Nr. 4 EGBGB.[20] **15**

Von § 312e BGB erfasst sind die in der Norm ausdrücklich aufgeführten Liefer-, Fracht- und Versandkosten. Unter sonstigen Kosten sind diejenigen Kosten zu verstehen, die in Art. 246a § 1 Abs. 1 S. 1 Nr. 4 EGBGB genannt sind. Ergiebig ist dieser Verweis nicht, da dort nur von allen „zusätzlichen Fracht-, Liefer- und Versandkosten" die Rede ist sowie von allen „sonstigen Kosten". Nicht anwendbar ist § 312e BGB auf Rücksendekosten, die in Folge des Widerrufs eines Verbrauchervertrags anfallen, obwohl diese dem Wortlaut nach als Versandkosten i. S. d. § 312e BGB angesehen werden könnten. Insoweit sind § 357 Abs. 6 und § 357c S. 2 BGB gegenüber § 312e BGB leges speciales. **16**

b) Verhältnis zu anderen Vorschriften

§ 312e BGB verdrängt den für alle Verbraucherverträge geltenden § 312a Abs. 2 S. 1, 2 BGB.[21] Aus § 312a Abs. 3 BGB ergibt sich, dass Vereinbarungen, die auf eine über das vereinbarte Entgelt für die Hauptleistung hinausgehende Zahlung des Verbrauchers gerichtet sind, nur ausdrücklich getroffen werden können. In den Anwendungsbereich dieser Norm fallen auch die von § 312e BGB gleichermaßen erfassten Fracht-, Liefer- oder Versandkosten. Dennoch verbleibt § 312e BGB neben § 312a Abs. 3 BGB ein eigenständiger Anwendungsbereich. Es ist vorstellbar, dass zwar eine ausdrückliche Zustimmung des Verbrauchers, weitere Kosten zu tragen, vorliegt, der Unternehmer den Verbraucher aber dennoch nicht entsprechend den Anforderungen des Art. 246a EGBGB über diese zusätzlichen Kosten informiert hat. Als Beispiel nennt die Gesetzesbegründung den Fall, dass der Verbraucher ausdrücklich zugestimmt hat, „die üblichen Versandkosten" zu tragen, aber ein genauer Preis – obwohl bekannt – **17**

---

20 Vgl. dazu BT-Drucks. 17/12637, S. 54 f.

21 Vgl. § 312a Abs. 2 S. 3 BGB.

nicht angegeben war.[22] Zu beachten sind auch die für alle Verbraucherverträge geltenden § 312a Abs. 4 und 5 BGB.

III. Abschriften und Bestätigungen

18 Der Unternehmer ist nach § 312f BGB verpflichtet, dem Verbraucher nach Vertragsschluss eine Abschrift oder eine Bestätigung des Vertrags zukommen zu lassen. Die Regelung dient dem Schutz des Verbrauchers durch umfassende Dokumentation,[23] sie erstreckt sich auf außerhalb von Geschäftsräumen geschlossene Verträge, Fernabsatzverträge sowie Verträge über digitale Inhalte, die sich nicht auf einem körperlichen Datenträger befinden.

1. Außergeschäftsraumverträge

a) Inhaltliche Anforderungen an Bestätigung und Abschrift

aa) Bestätigung

19 In der Vertragsbestätigung ist der Vertragsinhalt wiederzugeben. Dies folgt schon aus dem Telos des § 312f BGB, dass die vertraglichen Rechte und Pflichten des Verbrauchers dokumentiert werden sollen. In die Bestätigung aufzunehmen sind nach § 305 Abs. 1 S. 1 BGB wirksam in den Vertrag einbezogene AGB.[24] § 312f Abs. 1 S. 3 BGB sieht vor, dass die Vertragsbestätigung die sich aus § 312d Abs. 1 S. 1 i. V. m. Art. 246a EGBGB ergebenden Informationspflichten des Unternehmers nicht zu enthalten hat, wenn der Unternehmer dieser vorvertraglichen Informationspflicht bei Abschluss des Vertrags bereits nachgekommen ist. Dies verwundert auf den ersten Blick, ergibt sich doch aus § 312d Abs. 1 S. 2 BGB, dass die in § 312 Abs. 1 S. 1 BGB enthaltenen Informationspflichten Vertragsbestandteil werden. Hintergrund ist, dass die vorvertraglichen Informationen bei außerhalb von Geschäftsräumen geschlossenen Verträgen nach Art. 246a § 4 Abs. 2 EGBGB bereits vor Vertragsschluss auf Papier oder einem dauerhaften Datenträger zur Verfügung gestellt werden müssen,[25] sodass kein Bedürfnis mehr besteht, die Informationen dem Verbraucher erneut in dauerhafter Form zur Verfügung zu stellen. Aus der Formulierung „in Erfüllung seiner Informationspflichten nach § 312d Abs. 1" ergibt sich, dass die Bestätigung die Informationen nach § 312d Abs. 1 S. 1 BGB i. V. m. Art. 246a EGBGB nur dann nicht enthalten muss, wenn

---

22 BT-Drucks. 17/12637, S. 55.

23 Vgl. BT-Drucks. 17/12637, S. 55. Auf Verträge über Finanzdienstleistungen findet die Regelung wegen § 312f Abs. 4 BGB keine Anwendung. Für diese Verträge finden sich aber Sonderregelungen in §§ 312d Abs. 2, 491 ff. BGB.

24 Vgl. BT-Drucks. 17/12637, S. 55.

25 Vgl. BT-Drucks. 17/12637, S. 55.

der Unternehmer dem Verbraucher diese Informationen gerade mit Bezug zum konkreten Vertrag bereits zur Verfügung gestellt hat. Ein Werbeprospekt, der diese Angaben zwar enthält, aber ohne Bezug zum konkreten Vertragsschluss einfach in den Briefkasten des Verbrauchers eingeworfen wird, ist nicht ausreichend.[26]

bb) Abschrift

Die Abschrift ist von den Vertragsschließenden so zu unterzeichnen, dass ihre Identität erkennbar ist (§ 312f Abs. 1 S. 1 Nr. 1 BGB). Eine Namensunterschrift ist nicht zwingend erforderlich. Ausreichend ist auch ein sonstiges Handzeichen.[27] Aus dem Wortlaut von § 312f Abs. 1 S. 1 Nr. 1 BGB („wurde") ergibt sich, dass die Abschrift schon unterschrieben sein muss, wenn sie dem Verbraucher zugeht. Die Abschrift hat auch die Informationspflichten zu enthalten, die den Unternehmer aus § 312d Abs. 1 BGB treffen, schließlich werden diese nach § 312d Abs. 1 S. 2 BGB Vertragsbestandteil. Ausweislich seines Wortlauts ist § 312f Abs. 1 S. 3 BGB nur auf die Bestätigung und nicht nur auf die Abschrift anzuwenden, sodass von dieser Verpflichtung auch nicht dann abgesehen werden kann, wenn der Unternehmer dem Verbraucher diese Informationen bereits vor Vertragsschluss auf einem dauerhaften Datenträger zur Verfügung gestellt hat. Sachliche Gründe, warum dem Unternehmer die Erleichterung des § 312f Abs. 1 S. 3 BGB nicht auch dann zukommen soll, wenn er dem Verbraucher anstelle einer Vertragsbestätigung eine Abschrift des Vertrags zukommen lässt, sind nicht ersichtlich, sodass zu erwägen ist, § 312f Abs. 1 S. 3 BGB auf die Abschrift entsprechend anzuwenden. 20

b) Verhältnis von Abschrift und Bestätigung

Der Unternehmer hat dem Verbraucher entweder eine Abschrift oder eine Bestätigung zukommen zu lassen. Beides muss nicht erfüllt werden. Liegt kein unterzeichnetes Vertragsdokument vor, kann der Unternehmer seiner Pflicht aus § 312f Abs. 1 BGB von vornherein nur durch Überlassung einer Vertragsbestätigung erfüllen.[28] Aufgrund der in § 312f Abs. 1 S. 1 BGB enthaltenen Vorgabe, dass sowohl der Unternehmer als auch der Verbraucher die Abschrift des Vertrags unterzeichnet haben müssen, wird sich in Fällen, in denen bei Zusammenkunft von Unternehmer und Verbraucher zu Zwecken des Vertragsschlusses nicht auch bereits eine Abschrift des Vertrags erstellt wird, für den Unternehmer aus praktischen Gründen nur die Vertragsbestätigung anbieten, um seinen Pflichten aus § 312f Abs. 1 BGB nachzukommen. 21

---

26 BT-Drucks. 17/13951, S. 99.

27 Vgl. BT-Drucks. 17/12637, S. 55.

28 Siehe dazu auch BT-Drucks. 17/12637, S. 55.

c) Form

22 Die Abschrift und Bestätigung des Vertrags ist dem Verbraucher jeweils in Papierform zur Verfügung zu stellen. Eine Verpflichtung, den Vertrag schriftlich abzuschließen, lässt sich hieraus jedoch nicht ableiten.[29] Der Verbraucher kann zustimmen, dass für die Abschrift oder die Bestätigung des Vertrags ein anderer dauerhafter Datenträger als Papier verwendet wird (§ 312f Abs. 1 S. 2 BGB). Was unter anderen dauerhaften Datenträgern zu verstehen ist, ergibt sich aus § 126b S. 2 BGB.[30] Insbesondere ist dabei an die in § 312f Abs. 2 BGB vorgesehene elektronische Übermittlung zu denken.

d) Frist

23 Der Unternehmer hat seiner Pflicht aus § 312f Abs. 1 BGB „alsbald" nach Vertragsschluss nachzukommen. Was hierunter zu verstehen ist, wird im Gesetz nicht bestimmt. Orientieren können wird man sich an der in § 312f Abs. 2 BGB bestimmten Frist. Danach hat der Unternehmer dem Verbraucher die Abschrift oder Bestätigung spätestens bei Lieferung der Ware zukommen zu lassen bzw. bevor mit der Ausführung von Dienstleistungen begonnen wird.

2. Fernabsatzverträge

24 Bei Bestätigung von Fernabsatzverträgen (Definition: § 312c Abs. 1 BGB) gelten dieselben Grundsätze entsprechend. Unterschiede ergeben sich in folgenden Punkten: § 312f Abs. 2 BGB spricht anders als Abs. 1 nur von der Bestätigung und nicht auch von der Abschrift. Der Gesetzgeber wollte damit wohl den Besonderheiten des Fernabsatzes Rechnung tragen, bei dem der Vertrag zwischen Unternehmer und Verbraucher nicht durch persönliches Zusammenkommen zustande kommt, sodass sich die Vertragsabschrift von vornherein als nicht praktikabel erweist. Die Papierform ist in § 312f Abs. 2 BGB in Abweichung zu Abs. 1 nicht ausdrücklich genannt. Sie fällt jedoch ebenfalls unter den Begriff des dauerhaften Datenträgers, der in § 312f Abs. 2 BGB gebraucht und in § 126b BGB legal definiert ist.[31]

25 Die unterschiedlichen Formulierungen in § 312f Abs. 2 S. 2 BGB („... muss ... enthalten, es sei denn ...") und § 312f Abs. 1 S. 3 BGB („muss ... nur enthalten, wenn ...") ergeben sich daraus, dass bei Fernabsatzverträgen anders als bei außerhalb von Geschäftsräumen geschlossenen Verträgen die vorvertraglichen Informationen nicht bereits vor Vertragsschluss auf einem dauerhaften Datenträger zur Verfügung gestellt

---

29 Vgl. BT-Drucks. 17/12637, S. 55.

30 Siehe dazu BGH NJW 2010, 3566 (*Holzhocker*).

31 Vgl. dazu BT-Drucks. 17/12637, S. 44.

werden müssen (vgl. Art. 246a § 4 Abs. 2, 3 EGBGB), sodass über § 312f Abs. 2 S. 2 BGB sichergestellt werden soll, dass dies im Nachhinein noch geschieht.[32]

3. Digitale Inhalte

Bei Verträgen über die Lieferung von nicht auf einem körperlichen Datenträger befindlichen digitalen Inhalten ist ggf. in den Vertrag aufzunehmen, dass der Verbraucher ausdrücklich zugestimmt hat, dass der Unternehmer mit der Ausführung des Vertrags vor Ablauf der Widerrufsfrist beginnt und er bestätigt hat, dass er durch seine Zustimmung mit Beginn der Ausführung des Vertrags sein Widerrufsrecht verliert (vgl. § 312f Abs. 3 BGB). Damit sind die Besonderheiten zu berücksichtigen, die bei diesen Verträgen hinsichtlich der Ausübung des Widerrufsrechts bestehen.[33] **26**

4. Abweichungen zwischen Vertrag und Vertragsbestätigung, Zugang

Weicht der Inhalt der Vertragsbestätigung von dem geschlossenen Vertrag ab, darf dem Verbraucher hieraus kein Nachteil entstehen. Dem Verbraucher muss die Abschrift bzw. Bestätigung zugehen. Es reicht nicht aus, wenn der Verbraucher auf eine Webseite des Unternehmers verwiesen wird.[34] **27**

IV. Besondere Pflichten im elektronischen Geschäftsverkehr

Der Begriff des elektronischen Geschäftsverkehrs deckt sich nur teilweise mit demjenigen des Fernabsatzgeschäfts. Für diesen Bereich bestehen besondere Pflichten des Unternehmers in §§ 312i, 312j BGB. **28**

1. Regelungsgehalt

§ 312i BGB normiert die Pflichten, die der Unternehmer unabhängig vom Vorliegen eines Verbrauchervertrags im elektronischen Geschäftsverkehr zu erfüllen hat. Insoweit gehen diese Pflichten weiter als im Fernabsatz. § 312j BGB enthält die Pflichten im elektronischen Geschäftsverkehr, die ein Unternehmer zusätzlich beim Vertragsschluss mit einem Verbraucher zu erfüllen hat. Die Normen gehen zurück auf die Art. 10, 11 und 18 E-Commerce-RL.[35] **29**

---

32 Vgl. dazu auch BT-Drucks. 17/12637, S. 55.

33 Siehe dazu § 356 Abs. 5 BGB.

34 BT-Drucks. 17/12637, S. 55.

35 Richtlinie 2000/31/EG des Europäischen Parlaments und des Rates vom 8. Juni 2000 über bestimmte rechtliche Aspekte der Dienste der Informationsgesellschaft, insb. des elektronischen Geschäftsverkehrs im Binnenmarkt, ABl. EG Nr. L 178/1.

30 § 312i BGB stellt dem Unternehmer nicht den Verbraucher gegenüber, sondern den Kunden. Die Vorschrift ist also im strengen Sinn kein Verbraucherschutzgesetz. Trotzdem wird sie in § 2 Abs. 2 Nr. 2 UKlaG als „Verbraucherschutzgesetz im Sinne dieser Vorschrift" bezeichnet. Daran ist sachlich richtig, dass elektronische Geräte sehr häufig gerade auch im Verkehr mit Verbrauchern verwendet werden. Verbraucher sind aber im Umgang mit der Elektronik auch heute noch häufig weniger erfahren und daher den daraus drohenden Gefahren besonders ausgesetzt. Aus diesem Ungleichgewicht erklären sich viele Einzelheiten des § 312i BGB. Als weitere Zwecke werden genannt: das Vertrauen der Verbraucher in den elektronischen Geschäftsverkehr (Erwägungsgrund Nr. 7 E-Commerce-RL) sowie die Förderung des Wirtschaftswachstums (Erwägungsgrund Nr. 2 E-Commerce-RL).

31 § 312i Abs. 1 BGB definiert den elektronischen Geschäftsverkehr: Der Unternehmer muss sich zum Vertragsschluss über die Lieferung von Waren oder die Erbringung von Dienstleistungen eines Tele- oder Mediendienstes bedienen. Dieser Begriff ist erheblich enger als die Fernkommunikationsmittel des § 312c Abs. 2 BGB, die z. B. auch Briefe und Telefonate umfassen.[36] § 312i BGB definiert die Tele- oder Mediendienste nicht.[37] In Erwägungsgrund Nr. 17 E-Commerce-RL wird gesprochen von „Geräten für die elektronische Verarbeitung (einschließlich digitaler Kompression) und Speicherung von Daten", die Dienstleistungen auf individuellen Abruf eines Empfängers erbringen. Nach Erwägungsgrund Nr. 18 E-Commerce-RL gehen die Tätigkeiten online vonstatten; Offlinedienste sollen nicht erfasst sein. Im Wesentlichen geht es wohl um Angebote und Bestellungen per Email oder über Internet, nicht dagegen um telefonische Bestellungen.

32 Nicht erfasst werden sollen nach Anhang I Nr. 2 Spiegelstrich 1 und 2 der Richtlinie (EU) 2015/1535[38] Dienste, die zwar mit elektronischen Geräten, aber in materieller Form erbracht werden, z. B. durch Geldausgabe- oder Fahrkartenautomaten. Dass insoweit Abgrenzungsschwierigkeiten entstehen,[39] ist unvermeidlich.

2. Allgemeine Pflichten

a) Bereitstellung von Korrekturmöglichkeiten

33 Im elektronischen Geschäftsverkehr hat der Unternehmer dem Kunden angemessene, wirksame und zugängliche technische Mittel zur Verfügung zu stellen, mit deren Hilfe dieser Eingabefehler vor Abgabe seiner Bestellung erkennen und berichtigen kann (§ 312i Abs. 1 S. 1 Nr. 1 BGB). Fehlt es hieran, soll der Unternehmer als Schadensersatz

36 Siehe *Stürner*, JURA 2015, 690, 691.

37 Dazu allgemein *Blasek*, GRUR 2010, 396.

38 Richtlinie (EU) 2015/1535 des Europäischen Parlaments und des Rates vom 9. September 2015 über ein Informationsverfahren auf dem Gebiet der technischen Vorschriften und der Vorschriften für die Dienste der Informationsgesellschaft, ABl. EU L 241 v. 17.9.2015, S. 1.

39 Vgl. MüKo-BGB/*Wendehorst*, 8. Aufl. 2019, § 312i Rn. 17.

aus culpa in contrahendo (§§ 311 Abs. 2, 280 Abs. 1, 241 Abs. 2, 249 Abs. 1 BGB) aus dem Eingabefehler keine Rechte herleiten dürfen.[40]

b) Informationspflichten

§ 312i Abs. 1 S. 1 Nr. 2 BGB bestimmt die Pflicht, die Informationen nach Art. 246c EGBGB vor Abgabe der Bestellung „klar und verständlich" mitzuteilen. Nach § 312i Abs. 1 S. 1 Nr. 3 BGB muss der Unternehmer den Zugang der Bestellung unverzüglich auf elektronischem Weg bestätigen. Für den Zugang dieser Erklärung gilt § 312i Abs. 1 S. 2 BGB: Es soll genügen, dass der Empfänger sie unter gewöhnlichen Umständen abrufen kann.[41] Der Unternehmer muss schließlich nach § 312i Abs. 1 S. 1 Nr. 4 BGB den Kunden die Möglichkeit verschaffen, die Vertragsbestimmungen einschließlich der AGB bei Vertragsschluss abzurufen und in wiedergabefähiger Form zu speichern. 34

c) Ausnahmen

Nach § 312i Abs. 2 S. 1 BGB findet § 312i Abs. 1 S. 1 Nr. 1 bis 3 BGB keine Anwendung bei einem Vertragsschluss „ausschließlich durch individuelle Kommunikation". Die Regierungsbegründung sieht nämlich hier keinen wesentlichen Unterschied zu einem Vertragsschluss durch Brief oder Telefon.[42] Diese Ähnlichkeit dürfte auch bei der Begriffsbestimmung der „individuellen Kommunikation" helfen, bei der unklar ist, ob sie technisch-formal oder inhaltlich-materiell verstanden werden soll.[43] Der ganze § 312i Abs. 1 BGB mit Ausnahme von S. 1 Nr. 4 soll nach Abs. 2 S. 2 abdingbar sein, wenn Vertragsparteien, die nicht Verbraucher sind, etwas anderes vereinbaren. In diesem Fall unterliegt der Vertragsschluss den gewöhnlichen Regeln. 35

d) Verhältnis zu den allgemeinen Regeln

Nach § 312i Abs. 3 S. 1 BGB bleiben weitergehende Pflichten aufgrund anderer Vorschriften unberührt. Dahin gehören die allgemeinen Pflichten bei Verbraucherverträgen nach § 312a BGB sowie die besonderen Pflichten beim Fernabsatz sowie bei außerhalb von Geschäftsräumen geschlossenen Verträgen nach § 312d BGB einschließlich Art. 246, 246a und 246b EGBGB. 36

---

40 Palandt/*Grüneberg*, 80. Aufl. 2021, § 312i Rn. 5. Siehe dazu auch unten Rn. 47 ff.

41 Zu den datenschutzrechtlichen Anforderungen an die Bestätigung und den sich daraus ergebenden Grenzen hinsichtlich des Inhalts der Bestätigung *Bergt*, NJW 2012, 3541, 3544 ff.; *ders.*, NJW 2011, 3752.

42 RegE BT-Drucks. 14/6040, S. 172.

43 Vgl. MüKo-BGB/*Wendehorst*, 8. Aufl. 2019, § 312i Rn. 47 ff., die sich (Rn. 50) für eine Kombination („zweistufige Prüfung") entscheidet.

3. Besondere Pflichten gegenüber Verbrauchern

37 § 312j BGB geht zurück auf die Art. 8 Abs. 2 und 3 VRRL. Art. 8 Abs. 2 VRRL wurde bereits vor Ablauf der Umsetzungsfrist umgesetzt (sog. Buttonlösung).[44]

a) Mitteilung von Lieferbeschränkungen und akzeptierten Zahlungsmitteln

38 Nach § 312j Abs. 1 BGB hat der Unternehmer auf Webseiten für den elektronischen Geschäftsverkehr mit Verbrauchern zusätzlich zu den nach § 312i BGB bestehenden Informationspflichten spätestens bei Beginn des Bestellvorgangs klar und deutlich anzugeben, ob Lieferbeschränkungen bestehen und welche Zahlungsmittel akzeptiert werden. Er muss hierbei angeben, welche Zahlungsmittel er nach seinem Geschäftsmodell im Allgemeinen akzeptiert, z. B. Kauf auf Rechnung, vorherige Überweisung, Lastschrift, Zahlung per Kreditkarte.[45] Nach der Gesetzesbegründung ist hiervon die Frage zu unterscheiden, ob der Unternehmer bereit ist, dem Verbraucher im konkreten Einzelfall jedes der angegebenen Zahlungsmodelle vorbehaltlos einzuräumen. So muss es dem Unternehmer auch zukünftig möglich sein, insbesondere die Zahlung auf Rechnung, bei der er in Vorleistung tritt, von einer vorherigen Bonitätsprüfung abhängig zu machen. Eine solche Prüfung kann aber nicht bereits zu Beginn des Bestellvorgangs erfolgen.[46]

b) Besondere Pflichten bei entgeltlichen Verträgen („Buttonlösung“)

39 Mit § 312j Abs. 2–4 BGB sollen die sog. Kostenfallen im Internet bekämpft werden. Dabei handelt es sich um das Angebot von kostenpflichtigen Dienstleistungen, bei denen die Entgeltlichkeit gezielt verschleiert wird.[47] Im Kern geht es um Verstöße gegen das Lauterkeitsrecht. Die sog. Buttonlösung zielt aber zusätzlich auf die vertragsrechtliche Ebene. Die bereits bisher regelmäßig zur Verfügung stehende Anfechtungsmöglichkeit wurde als nicht ausreichend angesehen. Die Regelung gilt für alle entgeltlichen Verträge;[48] es besteht aber im Unterschied zu § 312i BGB eine Beschränkung auf B2C-Geschäfte. Nach § 312j Abs. 2 S. 1 BGB bestehen für solche Verträge erhöhte Transparenzpflichten hinsichtlich der wesentlichen Merkmale der Ware oder der Dienstleistung, ggf. der Mindestlaufzeit des Vertrags, des Gesamtpreises sowie sämtlicher Nebenkosten (Art. 246 § 1 Abs. 1 Nr. 4 HS. 1 sowie Nr. 5, 7 und 8 EGBGB). Diese

44 Durch das Gesetz zur Änderung des Bürgerlichen Gesetzbuchs zum besseren Schutz der Verbraucherinnen und Verbraucher vor Kostenfallen im elektronischen Geschäftsverkehr und zur Änderung des Wohnungseigentumsgesetzes, BGBl I, 1084, in Kraft getreten am 1.8.2012, s. dazu *Weiss*, JuS 2013, 590; *Alexander*, NJW 2012, 1985; *Bergt*, NJW 2012, 3541.

45 Vgl. BT-Drucks. 17/12637, S. 58.

46 Siehe dazu BT-Drucks. 17/12637, S. 58.

47 Beispiele bei *Alexander*, NJW 2012, 1985.

48 Zum Begriff *Stürner*, JURA 2015, 30, 34 f.

Informationen müssen besonders hervorgehoben werden (Fettdruck, abweichendes Format etc.). Zusätzlich verlangt § 312j Abs. 3 BGB für einen wirksamen Vertragsschluss eine gesonderte Bestätigung durch den Kunden auf einer mit dem Hinweis „zahlungspflichtig bestellen" o. ä. versehenen Schaltfläche.[49]

c) Ausnahmen

Nach § 312j Abs. 5 S. 1 BGB sind Abs. 2–4 nicht anzuwenden, wenn der Vertrag ausschließlich durch individuelle Kommunikation geschlossen wird. Die Norm entspricht § 312i Abs. 2 S. 1 BGB. Die Ausnahme für Verträge über Finanzdienstleistungen in § 312i Abs. 5 S. 2 BGB ergibt sich daraus, dass die VRRL Finanzdienstleistungen nicht umfasst, Art. 3 Abs. 3 lit. d VRRL.[50] **40**

V. Rechtsfolgen bei Verletzungen

Die den Unternehmer treffenden Informationspflichten sind wie gesehen überaus umfangreich und komplex. Daher ist mit massenhaften Rechtsverstößen zu rechnen. Umso wichtiger sind die Rechtsfolgen von Verstößen.[51] Teilweise bestehen spezielle Rechtsfolgen, ansonsten kann auf allgemeine Grundsätze zurückgegriffen werden. § 312k Abs. 2 BGB weist die Beweislast hinsichtlich der Erfüllung der gesetzlichen Informationspflichten dem Unternehmer zu. Diese Regelung findet insbesondere auch auf Schadensersatzansprüche des Verbrauchers wegen Verletzungen der Informationspflicht durch den Unternehmer Anwendung.[52] **41**

1. Spezielle Sanktionen

a) Fristbeginn

Die wichtigste Sanktion ergibt sich aus § 356 Abs. 3 S. 1 BGB: Bei Verträgen über Finanzdienstleistungen, die im Fernabsatz oder außerhalb von Geschäftsräumen geschlossen wurden, beginnt die Frist nicht vor Erfüllung der Informationspflicht des Art. 246b § 2 Abs. 1 EGBGB. Danach hat der Unternehmer dem Verbraucher die Vertragsbestimmungen (einschließlich der AGB) sowie die in Art. 246b § 2 Abs. 1 EGBGB genannten Informationen auf einem dauerhaften Datenträger zur Verfügung zu stellen. Bei sonstigen Fernabsatz- oder außerhalb von Geschäftsräumen geschlossenen Verträgen beginnt die Frist erst, wenn der Unternehmer den Verbraucher gem. Art. 246a § 1 Abs. 2 S. 1 Nr. 1 EGBGB über die Bedingungen, die Fristen und das Ver- **42**

---

49 Zu Abgrenzungsfragen *Alexander*, NJW 2012, 1985, 1988.
50 S.a. BT-Drucks. 17/12637, S. 58.
51 Dazu auch *R. Koch*, MDR 2014, 1421.
52 Palandt/*Grüneberg*, 80. Aufl. 2021, § 312k Rn. 4.

fahren für die Ausübung des Widerrufsrechts gem. § 355 Abs. 1 BGB sowie das Muster-Widerrufsformular informiert hat; von der Erfüllung weiterer Informationspflichten ist der Beginn der Widerrufsfrist nicht abhängig.[53]

43 Geschützt ist der Unternehmer durch die Sechsmonatsfrist des § 356 Abs. 3 S. 2 BGB. Hierbei kommt es nicht darauf an, dass der Unternehmer den Verbraucher tatsächlich ordnungsgemäß belehrt hat.[54] Bei Verträgen über Finanzdienstleistungen gilt diese Beschränkung nach § 356 Abs. 3 S. 3 BGB jedoch nicht. Das Widerrufsrecht des Verbrauchers besteht folglich unbegrenzt, wenn die Informationspflichten des § 312d Abs. 2 BGB nicht eingehalten werden. Mit Blick auf den Umfang der sich aus § 312d Abs. 2 BGB ergebenden Pflicht (allein Art. 246b § 1 Abs. 1 EGBGB hat 19 Ziffern!) ist dies im Vergleich zur Rechtslage, die bei sonstigen Fernabsatz- sowie außerhalb von Geschäftsräumen geschlossenen Verträgen besteht, ein großer Nachteil. Wenn die fehlende Information für den Abschlusswillen offenbar keine Rolle gespielt hat, wird man daher an eine Unwirksamkeit des Widerrufs nach § 242 BGB (Einrede der Verwirkung) zu denken haben. In diesem Sinne hat auch die Rechtsprechung entschieden.[55]

44 Enthält die Abschrift oder Vertragsbestätigung nicht die Angaben des § 312f Abs. 3 BGB, wird der Unternehmer das Erlöschen des Widerrufsrechts nach § 356 Abs. 5 BGB nur schwer nachweisen können. In einem solchen Fall wird es daher bei der regulären Widerrufsfrist des § 356 Abs. 2, 3 BGB bleiben.[56]

b) Nichtbestehen von Ansprüchen

45 Kommt der Unternehmer seiner Informationspflicht aus § 312e BGB vor Abgabe der Vertragserklärung durch den Verbraucher nicht nach, hat der Unternehmer gegenüber dem Verbraucher keinen Anspruch auf Zahlung von Fracht-, Liefer- und Versandkosten. Vom Verbraucher bereits geleistete Zahlungen sind vom Unternehmer zu erstatten.

c) Unwirksamkeit des Vertrags

46 Missachtet der Anbieter die Pflichten nach § 312j Abs. 3 BGB, so ordnet Abs. 4 als Sanktion die Unwirksamkeit des Vertrags an. Kritikwürdig ist daran, dass eine im vorvertraglichen Bereich liegende Pflichtverletzung nicht lediglich Schadensersatzansprüche auslöst (die ggf. auch auf Vertragsauflösung gehen), sondern den Vertrag stets und ohne Ausnahme vernichtet. Dies kann in manchen Fällen auch zu Lasten des Kunden gehen, der an der entgeltlichen Leistung durchaus ein Interesse haben

53 Vgl. BT-Drucks. 17/12637, S. 61.
54 Vgl. BT-Drucks. 17/13951, S. 101.
55 OLG Köln WM 2012, 1532.
56 Vgl. BT-Drucks. 17/12637, S. 56.

mag. Auch geht die Rechtsfolge über den von Art. 8 Abs. 2 UAbs. 2 S. 3 VRRL bezweckten Schutz hinaus: Dort wird nur verlangt, dass der Verbraucher durch den Vertrag oder die Bestellung nicht gebunden ist. Sollen wegen der in Art. 4 VRRL postulierten Vollharmonisierung drohende Richtlinienverstöße vermieden werden, kann ggf. über § 242 BGB geholfen werden.[57]

2. Allgemeine Sanktionen

Das Verbraucherrecht bildet keine abgeschlossene Rechtsmaterie, sondern ist Teil des BGB. Ansprüche, die sich aus allgemeinen Vorschriften ergeben, werden grundsätzlich nicht gesperrt. Dies gilt jedenfalls dann, wenn sie weitergehende Rechte zugunsten des Verbrauchers enthalten als die speziellen Vorschriften der §§ 312ff. BGB. **47**

a) Vertragliche Ansprüche

Kommt der Unternehmer seinen vertraglichen Pflichten gegenüber dem Verbraucher zur Erteilung von Abschriften bzw. Bestätigungen aus § 312f BGB nicht nach, kann dem Verbraucher ein Schadensersatzanspruch zustehen wegen Verletzung einer Nebenpflicht (§§ 280 Abs. 1, 241 Abs. 2 BGB). Im Einzelfall kann der Verbraucher auch nach § 324 BGB vom Vertrag zurücktreten, wenn ihm aufgrund der Verletzung der Pflichten aus § 312f Abs. 1–3 BGB ein Festhalten am Vertrag nicht mehr zugemutet werden kann. Bei Abweichungen der Bestätigung vom geschlossenen Vertrag gilt die für den Verbraucher günstigere Regelung; auch finden die Vorschriften über das kaufmännische Bestätigungsschreiben keine Anwendung. **48**

b) Culpa in contrahendo

Das Unterbleiben einer gesetzlich geforderten Information kann auch eine Haftung nach c.i.c. (§§ 311 Abs. 2, 280 Abs. 1, 241 Abs. 2 BGB) auslösen.[58] Deren Rechtsfolgen gehen in doppelter Hinsicht über diejenigen eines Widerrufs hinaus. **49**

aa) Schadensersatzanspruch

Der Schadensersatzanspruch aus c.i.c. umfasst mehr als bloß die Lösung vom Vertrag mit leicht modifizierten Rücktrittsfolgen (§§ 355ff. BGB). Denn das zu ersetzende negative Interesse[59] umfasst auch die Nachteile, die dem Verbraucher durch das ent- **50**

---

57 So Palandt/*Grüneberg*, 80. Aufl. 2021, § 312j Rn. 8; eingehend zu möglichen Lösungswegen *Weiss*, JuS 2013, 590 m.w.N.

58 Siehe auch BT-Drucks. 17/12637, S. 54.

59 Vgl. PWW/*Stürner*, 15. Aufl. 2020, § 311 Rn. 53.

täuschte Vertrauen auf den Fortbestand des später widerrufenden Geschäfts entstanden sind (z. B. durch das Versäumen eines anderen Vertragsschlusses).

51 Demgegenüber sind aber folgende Einschränkungen zu beachten: Für einen Schadensersatzanspruch aus c.i.c. bedarf es der haftungsbegründenden Kausalität. Diese fehlt, wenn die unterlassene Information für den Verbraucher so unwesentlich war, dass er den Vertrag auch bei vollständiger Information wie geschehen abgeschlossen hätte. In solchen Fällen bleibt nur der Widerruf. Angesichts der Fülle der gesetzlich geforderten Informationen ließe sich vertreten, dass es v. a. bei kleineren Unternehmen vereinzelt am Verschulden fehlt, wenn eine Information unterbleibt. Auch dann gäbe es nur den Widerruf. Endlich ist auch die Ansicht nicht ganz abwegig, § 356 Abs. 3 BGB[60] enthalte für Informationsfehler eine abschließende, wenigstens die allgemeine c.i.c. ausschließende Regelung. Denn ein Verschulden wird sich bei § 312d BGB nur schwer verneinen lassen. Dann erscheint der Informationsfehler weitgehend als ein Spezialfall der c.i.c., und dieser Spezialfall kann durch § 356 Abs. 3 BGB abschließend geregelt sein.[61] Umgekehrt greift die c.i.c. jedenfalls dann, wenn zwar kein gesetzliches Widerrufsrecht besteht, die fehlerhafte Information des Unternehmers aber genau diesen Eindruck erweckt.[62]

bb) Fristen

52 Das Widerrufsrecht für Verträge, die im Fernabsatz oder außerhalb von Geschäftsräumen geschlossen wurden, erlischt zwölf Monate und 14 Tage nach dem in den §§ 356 Abs. 2, 355 Abs. 2 S. 2 BGB genannten Zeitpunkt, § 356 Abs. 3 S. 2 BGB, wobei es nicht darauf ankommt, dass der Unternehmer den Verbraucher tatsächlich ordnungsgemäß belehrt hat.[63] Dagegen verjährt der Anspruch des Verbrauchers auf Vertragsaufhebung aus c.i.c. nach den §§ 195, 199 BGB, also jedenfalls wesentlich später. Auch insoweit könnte demnach ein Anspruch aus c.i.c. die Verbraucherrechte erheblich erweitern. Bei Verträgen über Finanzdienstleistungen gilt dies nicht, wenn keine Belehrung durch den Unternehmer erfolgt ist; das Widerrufsrecht besteht dann unbegrenzt, § 356 Abs. 3 S. 3 BGB.

c) Irrtumsanfechtung

53 Der fehlerhafte Gebrauch elektronischer Geräte kann dazu führen, dass der Kunde etwas erklärt, was er nicht oder doch nicht mit diesem Inhalt erklären wollte. Dann

---

60 Und ebenso §§ 356a Abs. 2 und 3, 356b Abs. 2 BGB.

61 *Wendelstein/Zander*, JURA 2014, 1191, 1202; näher Palandt/*Grüneberg*, 80. Aufl. 2021, Vor Art. 238 EGBGB Rn. 11.

62 Denkbar erscheint in solchen Fällen ggf. auch die Annahme eines vertraglich vereinbarten Widerrufs- oder Rücktrittsrechts.

63 Vgl. BT-Drucks. 17/13951, S. 101.

kommt eine Irrtumsanfechtung nach § 119 Abs. 1 BGB in Betracht.[64] Allerdings scheint der Kunde dann nach § 122 BGB ersatzpflichtig zu werden. Doch verstieße ein solcher Anspruch des Unternehmers gegen § 242 BGB, wenn er selbst durch einen Informationsfehler zu dem Bedienungsfehler beigetragen hat.[65]

d) Kollektiver Rechtsschutz

Unabhängig von Individualansprüchen des Kunden kommen auch Unterlassungs- 54
ansprüche in Betracht, zu denen Verbände und andere Institutionen berechtigt sind: § 2 Abs. 2 Nr. 2 UKlaG und bei Handeln im Wettbewerb auch die §§ 1, 3 UWG. Hinzu tritt die Möglichkeit einer kostenpflichtigen Abmahnung.[66]

64 Näher Palandt/*Grüneberg*, 80. Aufl. 2021, Vor Art. 238 EGBGB Rn. 4.

65 MüKo-BGB/*Wendehorst*, 8. Aufl. 2019, § 312i Rn. 106 m.N.

66 MüKo-BGB/*Wendehorst*, 8. Aufl. 2019, § 312i Rn. 110 sieht hierin die vermutlich relevanteste Rechtsfolge.

§ 13 Angebot und Annahme

Literatur: *Kötz*, Europäisches Vertragsrecht, 2. Aufl. 2015, § 2; *J. Schmidt*, Der Vertragsschluss – ein Vergleich zwischen dem deutschen, französischen, englischen Recht und dem CESL, 2013; *Schulze*, Grundsätze des Vertragsschlusses im Acquis communautaire, GPR 2005, 56; *Schulze/Zoll*, Europäisches Vertragsrecht, 2. Aufl. 2017, § 3 Rn. 49 ff.

Systematische Übersicht

I. Konsensprinzip

1. Grundlagen: Das Willensparadigma

1 Ein Vertrag ist die privatautonome, rechtsverbindliche Regelung der rechtlichen Verhältnisse zwischen zwei Rechtssubjekten. Seine Bindungswirkung bezieht ihre Legitimität daraus, dass die beteiligten Parteien in freie Willensbildung und ohne relevanten Zwang einen Konsens hinsichtlich der wichtigsten regelungsbedürftigen Punkte (der essentialia negotii) erzielt haben. Liegt diese Einigung nicht vor, kommt ein Vertragsschluss wegen Dissens nicht zustande, wie das deutsche Recht in § 154 Abs. 1 BGB regelt. Liegt der Konsens zwar formell vor, wurde die ihm zugrunde liegende Willensübereinstimmung aber fehlerhaft erzielt, so ist das Rechtsgeschäft zwar gültig, aber anfechtbar. Das deutsche Recht kennt hier mit den §§ 119, 123 BGB ein differenziertes System, das an verschiedene Willensmängel unterschiedliche Rechtsfolgen knüpft. Im derzeitigen acquis gibt es dazu keine vergleichbar ausgeprägten Regelungen.[1]

1 Zur Behandlung der Willensmängel unten Rn. 64.

https://doi.org/10.1515/9783110718690-013

2. Der Vertragsschluss im acquis communautaire

a) Einigung

Das Vertragsrecht beruht – wohl weltweit – auf dem Konsensprinzip.[2] Für das deutsche Recht ergibt sich dies nur indirekt aus §§ 145, 147 BGB – zwei inhaltlich korrespondierende Willenserklärungen sind notwendige Voraussetzung für einen wirksamen Vertragsschluss. Noch im 1. Entwurf zum BGB fand sich mit § 77 eine Vorschrift, die dies ausdrücklich statuierte;[3] sie fand aber nicht den Weg in das BGB, da man sie für überflüssig hielt.[4] 2

Ähnlich liegen die Dinge im europäischen Vertragsrecht, auch wenn sich die Rahmenbedingungen hier schon deswegen unterscheiden, weil ohnehin nur fragmentarische Regelungen bestehen.[5] Eine unionale Regelung zum Vertragsschluss besteht nicht,[6] doch geht auch das europäische Vertragsrecht implizit vom Konsensprinzip aus. So regelt Art. 27 VRRL, dass die Lieferung unbestellter Waren oder digitaler Inhalte oder die Erbringung unbestellter Dienstleistungen den Verbraucher von der Pflicht zur Erbringung der Gegenleistung befreien; das Ausbleiben einer Antwort des Verbrauchers hierauf gilt nicht als Zustimmung.[7] Art. 7 Abs. 1 S. 2 VGKRL lässt die „Einigung" zwischen Verkäufer und Verbraucher über eine Verkürzung der Gewährleistungsdauer bis zu einem Jahr nach Maßgabe des mitgliedstaatlichen Rechts zu.[8] 3

Dass das Konsensprinzip zum unausgesprochenen acquis communautaire gehört, lässt sich auch Art. 30 des Vorschlags für ein Gemeinsames Europäisches Kaufrecht entnehmen, der die Erfordernisse für den Abschluss eines Vertrags regelt. Nach Abs. 1 der Vorschrift ist ein Vertrag „geschlossen, wenn (a) die Parteien eine Einigung erzielen, (b) sie ihrer Einigung Rechtswirkung verleihen wollen und (c) diese Einigung, gegebenenfalls ergänzt durch die Vorschriften des Gemeinsamen Europäischen 4

2 S. etwa Art. 1128 n° 1 Code civil (in der Fassung von Art. 2 der Ordonnance n°2016–131 du 10 février 2016): „Sont nécessaires à la validité d'un contrat: 1° Le consentement des parties; [...]." S. dazu *Unberath*, Stichwort „Vertrag", in: Handwörterbuch des Europäischen Privatrechts, 2009; *Illmer*, Stichwort „Vertragsschluss", in: Handwörterbuch des Europäischen Privatrechts, 2009.

3 § 77 in der Fassung des 1. Entwurfs lautete: „Zur Schließung eines Vertrages wird erfordert, dass die Vertragsschließenden ihren übereinstimmenden Willen sich gegenseitig erklären."

4 Siehe die Nachweise bei Staudinger/*Bork* (2015), Vorbemerkungen zu §§ 145–156 Rn. 36.

5 Siehe dazu oben § 9 Rn. 3ff. sowie unten § 34 Rn. 1ff.

6 Deutlich etwa ErwGr. Nr. 57 der Richtlinie 2019/2161 zur besseren Durchsetzung und Modernisierung der Verbraucherschutzvorschriften der Union: „Diese Richtlinie sollte Aspekte des nationalen Vertragsrechts unberührt lassen, die durch diese Richtlinie nicht geregelt werden. Deshalb sollte diese Richtlinie nationales Vertragsrecht unberührt lassen, das beispielsweise den Abschluss oder die Gültigkeit von Verträgen in Fällen wie Dissens oder einer nicht genehmigten Geschäftstätigkeit betreffen." Näher zu dieser Richtlinie § 23 Rn. 65f.

7 Ebenso bereits Art. 9 2. Spiegelstrich Fernabsatz-RL.

8 Vgl. *Riesenhuber*, Europäisches Vertragsrecht, 2. Aufl. 2006, Rn. 327ff. Für das deutsche Recht schafft § 476 Abs. 2 BGB diese Möglichkeit – allerdings nicht in unionsrechtskonformer Art und Weise, dazu unten § 22 Rn. 73ff.

Kaufrechts, einen ausreichenden Inhalt hat und hinreichend bestimmt ist, sodass davon Rechtswirkungen ausgehen können". Nach Abs. 2 der Vorschrift wird „[e]ine Einigung [...] durch Annahme eines Angebots erzielt. Die Annahme kann ausdrücklich oder durch andere Erklärungen oder Verhalten erfolgen."

5 Diese Formulierungen gehen zurück auf den Draft Common Frame of Reference, der sich wiederum am CISG orientiert.[9] Art. II.-4:101 DCFR formuliert wie folgt: „A contract is concluded, without any further requirement, if the parties (a) intend to enter a binding legal relationship or bring about some other legal effect; and (b) reach a sufficient agreement." Angebot und Annahme werden von Art. II.-4:201, 4:204 DCFR geregelt; doch steht hier das Konsensprinzip im Vordergrund, sodass bei gestreckten Vertragsschlüssen nicht mehr entscheidend ist, worin Angebot und worin Annahme liegen. Insoweit stellt Art. II.-4:211 DCFR klar, dass die betreffenden Vorschriften des DCFR entsprechende Anwendung finden.

6 Das Konsensprinzip sollte auch dann zur Anwendung kommen, wenn nach der vertraglichen Vereinbarung eine nicht-monetäre Gegenleistung geschuldet wird. Dies könnte dann zweifelhaft sein, wenn digitale Inhalte nicht gegen Geld, sondern gegen Bereitstellung anderer digitaler Inhalte (etwa in Form persönlicher Daten) bereitgestellt werden. Die Digitale-Inhalte-Richtlinie, die sachlich für solche Konstellationen einschlägig ist, regelt den Vertragsschluss selbst nicht. Sollte damit die Frage des Rechtsbindungswillens der Parteien der Regelung durch die mitgliedstaatlichen Rechtsordnungen überlassen werden, so könnte dies zu massiven Ungleichheiten in der Rechtsanwendung führen, sodass der effet utile der Richtlinie in Frage gestellt wäre. Denn aus der Richtlinie ergibt sich jedenfalls klar, dass ein Vertragsschluss gerade nicht voraussetzt, dass eine monetäre Gegenleistung erfolgt (Art. 3 Abs. 1 UAbs. 2 Digitale-Inhalte-Richtlinie).[10]

b) Widerruflichkeit des Angebots

7 Vertragsdogmatisch bedeutsam ist die Regelung der Frage der Außenwirkung einer Willensklärung, mit anderen Worten, wie lange ein Angebot frei widerruflich ist. Nach deutschem Recht wird eine Willenserklärung mit Zugang beim Erklärungsempfänger wirksam (§ 130 Abs. 1 S. 1 BGB). Dies ist nicht der Fall, wenn ihr vorher oder gleichzeitig ein Widerruf zugeht (§ 130 Abs. 1 S. 2 BGB). Wurde die Gebundenheit nicht ausgeschlossen (§ 145 BGB), ist ein Angebot nach dem Zugang beim Erklärungsempfänger mithin unwiderruflich.

8 Eine gewisse Extremposition nimmt insoweit das englische Recht ein. Nach der sog. Mailbox Theory wird ein Vertragsangebot nicht erst mit Zugang beim Empfänger

---

9 Näher *Lurger*, in: Wendehorst/Zöchling-Jud, Am Vorabend eines Gemeinsamen Europäischen Kaufrechts, 2012, S. 63, 73ff.; *Looschelders*, AcP 212 (2012), 581, 605ff.

10 Dazu noch unten § 23 Rn. 9ff.

wirksam, sondern bereits mit der Entäußerung des Willens, also etwa mit Aufgabe zur Post.[11] Indessen ist ein Angebot grundsätzlich frei widerruflich, solange es noch nicht angenommen ist. Der Grund dafür liegt im Erfordernis einer *consideration*, ohne die ein Vertrag im Regelfall nicht zustande kommen kann. Der Erklärungsempfänger kann die vertragliche Bindung mithin nur dadurch herbeiführen, dass er *in consideration of the offer* eine Leistung erbracht hat oder die Bindung urkundlich durch *deed* bestätigt wurde.[12]

Eine Mittelstellung nimmt das französische Recht ein. Dieses geht im Grundsatz 9
ebenfalls von der freien Widerruflichkeit einer Willenserklärung auch nach Entäußerung aus, da die Bindungswirkung erst mit der Annahme herbeigeführt wird.[13] Doch wird dem Adressaten der Willenserklärung im Regelfall eine angemessene Überlegensfrist (*délai raisonnable*) zugebilligt – der Anbieter schuldet ggf. Schadensersatz auf der Grundlage der deliktischen Generalklausel des Art. 1240 Code civil,[14] nämlich dann, wenn berechtigte Erwartungen des Angebotsempfängers hinsichtlich des Fortbestehens des Angebots enttäuscht wurden.[15]

Wiederum kennt der acquis communautaire bisher keine Anschauungsbeispiele. 10
Der DCFR folgt hier eher dem Vorbild des englischen Rechts; nach Art. II.-4:202 DCFR kann ein Angebot widerrufen werden, wenn der Widerruf dem Adressaten zugeht, bevor dieser die Annahmeerklärung abgesandt hat. Ausnahmen bestehen dann, wenn der Anbieter den Widerruf ausgeschlossen oder eine feste Angebotsfrist zugesagt hat oder auch dann, wenn der Angebotsempfänger darauf vertrauen durfte, dass das Angebot unwiderruflich ist und sich dementsprechend verhalten hat. Nach diesem Vorbild folgt auch Art. 32 Abs. 1 GEK der Mailbox Rule, wonach eine Willenserklärung jederzeit zurückgenommen werden kann, bevor der Empfänger die Annahme erklärt hat. Nur in Ausnahmefällen, insbesondere dann, wenn der Empfänger vernünftigerweise auf die Unwiderruflichkeit des Angebots vertrauen konnte und im Vertrauen auf das Angebot gehandelt hat, ist die Rücknahme des Angebots unwirksam (Art. 32 Abs. 3 lit. c GEK).

---

11 Instruktiv dazu *Kadner Graziano*, Europäisches Vertragsrecht, 2008, Fall 3 (S. 103).

12 Klassisch ist die Formulierung in *Currie v. Misa* (1875) L.R. 10 Ex. 153, 162 (Lush J.): „A valuable consideration, in the sense of the law, may consist in some right, interest, profit, or benefit accruing to the one party, or some forbearance, detriment, loss, or responsibility given, suffered, or undertaken by the other." Die *consideration* kann damit auch in einem Gegenversprechen bestehen, s. *Treitel*, in: Chitty on Contracts, Band I, 31. Aufl. 2012, Rn. 3-008 ff. m.N.

13 *Sonnenberger/Autexier*, Einführung in das französische Recht, 3. Aufl. 2000, S. 123.

14 In der Fassung von Art. 2 der Ordonnance n°2016-131 du 10 février 2016.

15 Teilweise wird stattdessen das Bestehen eines konkludenten Vorvertrags angenommen, das Angebot über eine bestimmte Zeit aufrecht zu erhalten.

II. Besondere Wirksamkeitsvoraussetzungen

1. Einhaltung der Gesetzes- und Sittenordnung

11 Jede Rechtsordnung normiert äußere Grenzen der Vertragsfreiheit. Im deutschen Recht handelt es sich dabei insbesondere um Verstöße gegen ein gesetzliches Verbot (§ 134 BGB), um Fälle der Sittenwidrigkeit (§ 138 BGB) sowie um die Nichteinhaltung einer etwa vorgeschriebenen Form des Rechtsgeschäfts (§ 125 BGB). Über den Topos der Sittenwidrigkeit werden außerrechtliche Wertungen in die Rechtsordnung aufgenommen.

12 Auch das englische Recht versagt einem Vertrag die Anerkennung, der *against public policy* ist. Funktional vergleichbar sind daneben in gewissem Umfang auch Institute wie *(economic) duress*, *undue influence* und *unconscionability*, da auch sie Reaktionen der Rechtsordnung auf solche Verträge darstellen, die unter vollkommen unfairen Bedingungen zustande gekommen sind.[16]

13 Nach traditionellem französischem Recht muss der Vertrag einen erlaubten Zweck (*cause licite*) verfolgen, Art. 1131 Code civil a. F. Die *cause* ist dabei weit zu verstehen, der Begriff umfasst nicht nur den Vertragsgrund (also die causa im Sinne der Dogmatik der §§ 812ff. BGB), sondern weitergehend die Ziele, die mit dem Vertragsschluss verfolgt werden (z. B. den Hauskauf zur Errichtung eines Bordells). Auch muss ein bestimmter Vertragsgegenstand (*objet*) feststehen, Art. 1128 Code civil a. F. So wurden nur solche Objekte als verkehrsfähig angesehen, die „dans le commerce" sind. Kein erlaubtes *objet* liegt dabei etwa einem Vertrag über das Austragen eines Kindes zugrunde.[17] *Objet* und *cause* waren dabei nicht immer klar zu trennen. Nach der Reform des französischen Obligationenrechts verlangt Art. 1128 Nr. 3 Code civil n.F. nunmehr „*un contenu licite et certain*"; die überkommenen Kategorien von *objet* und *cause* gehen hierin vollständig auf. Das alte Konzept der *cause* wird aber faktisch aufgegeben.[18]

14 Wiederum verhält sich das Richtlinienrecht nicht zu den so beschriebenen äußeren Grenzen der Vertragsfreiheit. Dies lässt sich zum einen damit erklären, dass Fragen der Moral und der Sittengesetze sehr tief mit der jeweiligen Rechtskultur eines Landes verwurzelt sind, was eine legislatorische Zurückhaltung des Unionsrechts nahelegt.[19] Zum anderen aber besteht aus unnionaler Sicht hier kein Regelungsdesiderat: Der Binnenmarkt wird primär dadurch gefördert, dass Verträge geschlossen werden, weil dadurch der Austausch von Waren und Dienstleistungen gefördert wird. Ziel regulatorischer Maßnahmen ist es daher regelmäßig, die Attraktivität eines (grenzüberschreitenden) Vertragsschlusses für den Verbraucher zu erhöhen. Auch

16 Näher *Stürner*, Der Grundsatz der Verhältnismäßigkeit im Schuldvertragsrecht, 2010, S. 79ff.

17 Die Begründung eines Kindschaftsverhältnisses zwischen Samenspender und Kind ist nach Art. 311–19 Code civil ausgeschlossen.

18 Näher *Weller*, in: FS Müller-Graff, 2015, S. 109; *Babusiaux/Witz*, JZ 2017, 496, 501f.

19 Zur vergleichbaren Lage bezüglich des kollisionsrechtlichen ordre public unten § 32 Rn. 141ff.

der DCFR enthält keine eigene europäische Definition der Grenzen der Vertragsfreiheit; vielmehr rekurrieren Art. II.-7:301 und 7:302 DCFR insoweit auf das mitgliedstaatliche Recht („Contracts infringing a principle recognised as fundamental in the laws of the Member States" bzw. „contracts infringing mandatory rules are void").

Auch im Vorschlag für ein Gemeinsames Europäisches Kaufrecht fehlt eine Regelung der Sittenwidrigkeit bzw. des gesetzlichen Verbots; einzig der Wucher findet eine Normierung in Art. 51 GEK. Der Vorschlag lässt offen, ob es sich insoweit um eine externe Lücke handelt. Grundsätzlich soll das GEK selbst darüber bestimmen, unter welchen Voraussetzungen ein Rechtsgeschäft nichtig sein soll. In Art. 1 Abs. 1 GEK heißt es, „[d]en Parteien [stehe] es, *vorbehaltlich einschlägiger zwingender Vorschriften*, frei, einen Vertrag zu schließen und dessen Inhalt zu bestimmen".[20] Ob damit nur diejenigen zwingenden Vorschriften gemeint sein sollen, die im Einheitskaufrecht selbst enthalten sind, oder ob Bezug genommen wird auf zwingendes Recht außerhalb davon, erschließt sich nicht unmittelbar. 15

Sollte in Form einer allgemeinen Öffnungsklausel nach dem Vorbild des DCFR das letztere damit gemeint sein, so stellt sich die Folgefrage, welche zwingenden Normen damit Anwendung finden. Eine Arbeitsgruppe des Hamburger Max-Planck-Instituts hat diesbezüglich vorgeschlagen, einen europäischen Maßstab heranzuziehen.[21] Diese Lösung wäre eigentlich konsequent und im Sinne der Einheitlichkeit zu befürworten. In der Praxis aber dürfte sie für Rechtsunsicherheit sorgen, weil die Vorstellungen darüber, welche Rechtsgeschäfte anstößig sind, zwischen den einzelnen Mitgliedstaaten teils weit auseinander gehen. Einzuräumen ist, dass im Bereich des Kaufrechts vielleicht für derlei Überlegungen nur eine geringe Notwendigkeit besteht. Der praktisch wichtigste Fall, der aus deutscher Sicht der Sittenwidrigkeit zuzuordnen ist, der Wucher, ist im Einheitskaufrecht in Art. 51 GEK unter der Bezeichnung „unfaire Ausnutzung" im Form eines Anfechtungstatbestandes enthalten.[22] 16

Insofern erscheint es plausibler anzunehmen, dass damit eine Öffnungsklausel zugunsten zwingender Normen des subsidiär anwendbaren nationalen Rechts gemeint ist. Dies wäre sicherlich dem Vereinheitlichungsziel abträglich, doch wäre dieser Umstand angesichts des sicherlich selten auftretenden Anwendungsbereichs wohl zu verschmerzen. 17

In der begleitenden Mitteilung der Kommission zum Verordnungsvorschlag heißt es dazu lapidar: „Wenn [der Unternehmer] mit einem Verbraucher aus einem anderen Mitgliedstaat einen Vertrag schließt, bräuchte er das zwingende Recht dieses Mit- 18

20 Hervorhebung durch den *Verf.*

21 *MPI*, RabelsZ 75 (2011), 371, 406 f.

22 Dies ist deswegen kritisch zu sehen, weil das wucherische Rechtsgeschäft hier als Ausprägung des Willensmangels gesehen wird. Diesbezüglich ist die Konsequenz der Anfechtbarkeit stimmig. Der Grund für die Anstößigkeit des wucherischen Rechtsgeschäfts liegt aber eigentlich in der Ausbeutung des schwächeren Vertragspartners. Hier wäre die Nichtigkeit die passendere Rechtsfolge. Näher dazu *Stürner*, Der Grundsatz der Verhältnismäßigkeit im Schuldvertragsrecht, 2010, S. 88 ff.

gliedstaats nicht mehr zu berücksichtigen."[23] Wenn das GEK tatsächlich das gesamte zwingende Recht ausschließen wollte, sollte dies jedenfalls im Regelwerk selbst deutlich gesagt werden.

2. Rückbestätigung als Geltungsvoraussetzung

19 Etwas anders gelagert, aber ebenfalls im Rahmen der Wirksamkeitsvoraussetzungen zuzuordnen ist die Frage, ob bestimmte Verträge nur dann gültig sein sollen, wenn sie eigens rückbestätigt worden sind. Ein solches Erfordernis enthielt der Entwurf der E-Commerce-Richtlinie.[24] Ein elektronischer Vertrag sollte danach erst dann als abgeschlossen gelten, wenn nach Angebot und Annahme beide Seiten wiederum elektronisch rückbestätigt hatten.[25] Dieser Vorschlag wurde indessen nicht umgesetzt. Art. 11 Abs. 1 E-Commerce-RL normiert zwar die Pflicht des Anbieters, dem Vertragspartner eine Bestätigung der Bestellung zu senden. Wenn darin eine Regelung des Vertragsschlusses läge, dann wäre es unerheblich, ob das Einstellen des Leistungsangebots in das Internet bereits als Angebot gewertet werden kann oder nur als invitatio ad offerendum.[26] Doch liegt in der genannten Vorschrift bereits ausweislich des Wortlauts wohl keine konstitutive Regelung des Vertragsschlusses. Ihr Zweck erschöpft sich in der Information des Bestellers über Annahme der Bestellung.[27]

20 Auch der Vorschlag für ein Gemeinsames Europäisches Kaufrecht enthielt eine vergleichbare Regelung: Dessen Art. 8 (2) VO-GEK sieht im Verhältnis zwischen einem Unternehmer und einem Verbraucher vor, dass die Vereinbarung über die Verwendung des GEK nur dann gültig sein soll, „wenn der Verbraucher hierin ausdrücklich und gesondert von seiner Erklärung, mit der er dem Vertragsschluss zustimmt, einwilligt". Bei Online-Verträgen wird diese Maßgabe schlicht dadurch erfüllt, dass der Verbraucher neben der Zustimmung zu den AGB des Unternehmers und weiteren Erklärungen, etwa zur Verwendung von Daten, ein weiteres Kontrollkästchen anklickt.[28]

21 Die Regelung lässt Parallelen erkennen zu Art. 1341 Abs. 2 des italienischen Codice civile, der die Einbeziehungsvoraussetzungen für bestimmte, dem anderen Teil typischerweise besonders gefährliche Klauseln verschärft, indem diese nur dann wirksam vereinbart werden können, wenn der andere Teil ihnen durch ausdrückliche

---

23 Mitteilung der Kommission vom 11. Oktober 2011, KOM(2011) 636 endg., S. 11.

24 Vorschlag für eine Richtlinie des Europäischen Parlaments und des Rates über bestimmte rechtliche Aspekte des elektronischen Geschäftsverkehrs im Binnenmarkt, KOM(98) 586 endg.

25 Art. 11 Abs. 1 lit. a des Entwurfs lautete: „der Vertrag ist geschlossen, wenn der Nutzer vom Diensteanbieter auf elektronischem Wege die Bestätigung des Empfangs seiner Annahme erhalten und er den Eingang der Empfangsbestätigung bestätigt hat".

26 *Lehmann*, EuZW 2000, 517, 519.

27 *Riesenhuber*, Europäisches Vertragsrecht, 2. Aufl. 2006, Rn. 335.

28 *Wendehorst*, in: Schulze, Common European Sales Law – Commentary, 2012, Art. 8 VO Rn. 5 f. Zur Einwahl in das GEK unten § 22 Rn. 132 ff.

Unterschrift zugestimmt hat (sog. „doppia firma"). Es entbehrt nicht einer gewissen Ironie, dass Verbraucher ausgerechnet davor gewarnt werden müssen, wenn der Unternehmer ein einheitliches europäisches Kaufrecht wählt, das in Art. 1 Abs. 3 GEK ausdrücklich auf sein hohes Verbraucherschutzniveau hinweist.

III. Besondere Vertriebsformen

1. Außerhalb von Geschäftsräumen geschlossene Verbraucherverträge

a) „Haustürgeschäfte" als Regelungsproblem

Der Vertragsschluss beruht auf einem freien Willenskonsens der Parteien. In manchen Situationen ist diese Entschlussfreiheit jedoch eingeschränkt. Dazu gehören auch die sog. Haustürgeschäfte, bei denen der Unternehmer den Verbraucher in dessen Wohnung oder an dessen Arbeitsplatz aufsucht und der Vertrag in dieser Situation angebahnt oder auch abgeschlossen wird. Hier fällt es aufgrund der vertrauten Umgebung typischerweise schwerer, rational Für und Wider des Angebots abzuwägen. Vielfach hatten sich Unternehmer dieses Vertriebsmodell daher zunutze gemacht; hieraus resultierten verbreitet aus Verbrauchersicht unerwünschte vertragliche Verpflichtungen. Der Gesetzgeber reagierte mit der Einführung eines Widerrufsrechts. 22

b) Genese und Funktion

aa) Die Regelung der „Haustürgeschäfte" durch die Haustürwiderrufs-Richtlinie

Im Jahre 1985 wurde die Richtlinie 85/577/EWG betreffend den Verbraucherschutz im Falle von außerhalb von Geschäftsräumen geschlossenen Verträgen erlassen (im Folgenden auch: Haustür-RL). Sie reagiert auf die Feststellung, dass der Abschluss von Verträgen außerhalb der Geschäftsräume des Gewerbetreibenden eine in den Mitgliedstaaten häufig anzutreffende Form der Handelspraxis bildet, wie die Erwägungsgründe zur Richtlinie formulieren. In Deutschland hat sich hierfür der Begriff des Haustürgeschäfts eingebürgert. Die Richtlinie wurde durch das Haustürwiderrufsgesetz (HWiG)[29] umgesetzt. Im Zuge der Schuldrechtsmodernisierung hat der Gesetzgeber eine Rekodifikation vorgenommen und das HWiG in die §§ 312, 312a BGB a.F. überführt. 23

Im Wesentlichen umfasste der Schutz der Haustürwiderrufs-Richtlinie drei Abschlusssituationen (Art. 1 Abs. 1 Haustür-RL):[30] (1) anlässlich eines Besuchs des Unternehmers beim Verbraucher in seiner oder in der Wohnung eines anderen Verbrauchers, (2) anlässlich eines Besuchs des Unternehmers beim Verbraucher an seinem 24

29 Gesetz über den Widerruf von Haustürgeschäften und ähnlichen Geschäften vom 16.1.1986, BGBl. I, S. 122.

30 Zur Entwicklung auch *Bülow/Artz*, Verbraucherprivatrecht, 6. Aufl. 2018, Rn. 216ff.

Arbeitsplatz, oder (3) während eines vom Gewerbetreibenden außerhalb von dessen Geschäftsräumen organisierten Ausflugs. Die Umsetzung in § 1 Abs. 1 HWiG a. F. bzw. § 312 Abs. 1 S. 1 BGB a. F. erweiterte den Schutz situativ auf „ein überraschendes Ansprechen in Verkehrsmitteln oder im Bereich öffentlich zugänglicher Verkehrswege". Überdies genügte es, wenn der Verbraucher durch die Handlung des Unternehmers zum Vertragsschluss bestimmt worden war; der Vertragsschluss selbst war nicht entscheidend. Eine Haustürsituation im Wortsinne besteht nur in der zuerst genannten Fallgruppe. Gleichwohl fehlt dem Verbraucher auch in den anderen häufig die Möglichkeit, Qualität und Preis des Angebots mit anderen Angeboten zu vergleichen; auch hier trägt oft das der besonderen Situation geschuldete Überraschungsmoment zum Vertragsschluss bei. Als Reaktion gibt die Haustürwiderrufs-Richtlinie dem Verbraucher die Möglichkeit, die aus dem Vertrag resultierende Verpflichtung noch einmal zu überdenken und räumt ihm eine Widerrufsfrist von sieben Tagen ein. Dieses einseitige Recht zur Lösung vom Vertrag dient dabei dem Schutz der Verbraucher vor missbräuchlichen Handelspraktiken; die Haustürwiderrufs-Richtlinie verfolgt somit jedenfalls auch lauterkeitsrechtliche Ziele.[31]

bb) Die Neufassung durch die VRRL

25 Eine Änderung der Rechtslage wurde durch die VRRL herbeigeführt, die u. a. die Haustürwiderrufs-Richtlinie außer Kraft setzte.[32] Das Gesetz zur Umsetzung der Verbraucherrechterichtlinie und zur Änderung des Gesetzes zur Regelung der Wohnungsvermittlung vom 20.9.2013 (VRRL-UG)[33] trat am 13.6.2014 in Kraft (Art. 15 VRRL-UG).[34] Die VRRL zieht den Kreis der schutzwürdigen Abschlusssituationen deutlich weiter, indem sie nicht mehr positiv einzelne Haustürsituationen definiert, sondern vielmehr sämtliche außerhalb von Geschäftsräumen geschlossene Verträge erfasst (Art. 2 Nr. 8, 9 VRRL; § 312b Abs. 1 S. 1 BGB). Im Unterschied zur Haustürwiderrufs-Richtlinie, die lediglich ein Mindestschutzniveau festlegte, den Mitgliedstaaten also eine Erhöhung des Schutzniveaus anheimstellte, ist die VRRL vollharmonisierend (Art. 4 VRRL),[35] erlaubt also keine Abweichung zugunsten des Verbrauchers. Auf diese Weise sollen im gesamten Binnenmarkt einheitliche Voraussetzungen für außerhalb von Geschäftsräumen geschlossene Verträge geschaffen werden.

26 Mit der Aufgabe des zuvor u. a. in § 312 Abs. 1 BGB a. F. amtlich verwendeten Begriffs des Haustürgeschäfts zugunsten des Begriffs des außerhalb von Geschäftsräu-

---

31 Siehe wiederum die Erwägungsgründe zur Haustür-RL.

32 Zu den Änderungen bei den besonderen Vertriebsformen *Brinkmann/Ludwigkeit*, NJW 2014, 3270; *Brönneke/Schmidt*, VuR 2014, 3.

33 BGBl. I, S. 3642.

34 Zur Reform *Hilbig-Lugani*, ZJS 2013, 441 und 545; *Wendehorst*, NJW 2014, 577; *R. Koch*, JZ 2014, 758; *Beck*, JURA 2014, 666; *Wendelstein/Zander*, JURA 2014, 1191.

35 Dazu oben § 2 Rn. 71 ff.

men geschlossenen Vertrags wurde im deutschen Recht eine sprachliche Angleichung an die VRRL erzielt. Zwingend erforderlich wäre dies nicht gewesen, da die VRRL es sich nicht zum Ziel gesetzt hat, eine Harmonisierung auch auf sprachlicher Ebene zu erreichen (Erwägungsgrund Nr. 15 VRRL). Der Begriff der außerhalb von Geschäftsräumen geschlossenen Verträge wurde im Übrigen mit der VRRL nicht neu geschaffen. Er lag vielmehr bereits der durch die VRRL außer Kraft gesetzten Haustürwiderrufs-Richtlinie zugrunde. In Erwägungsgrund Nr. 21 VRRL heißt es, dass der Verbraucher außerhalb von Geschäftsräumen möglicherweise psychisch unter Druck oder einem Überraschungsmoment ausgesetzt ist. Damit ist letztlich nichts anderes gemeint als der im Rahmen des § 312 Abs. 1 BGB a.F. gebräuchliche Begriff der Überrumpelung.

Von zentraler Bedeutung ist § 312b BGB, der die Definitionen für außerhalb von **27**
Geschäftsräumen geschlossene Verträge enthält. Er ergänzt damit die weiteren speziell zu außerhalb von Geschäftsräumen geschlossenen Verträgen bestehenden Regelungen in §§ 312d, 312e und 312f BGB (Informationspflichten sowie sonstige Pflichten des Unternehmers), 312g, 355, 356 BGB (Bestehen eines Widerrufsrechts) sowie 357 BGB (Rechtsfolgen der Ausübung des Widerrufsrechts). Die in Bezug auf die außerhalb von Geschäftsräumen geschlossenen Verträge bestehenden Rechte sind nach § 312k Abs. 1 BGB unabdingbar.

Der Verbraucher wird im Vergleich zur Rechtslage bei den früheren Haustür- **28**
geschäften (Art. 1 Abs. 1 Haustür-RL; § 312 Abs. 3 Nr. 1 BGB a.F.) auch dann geschützt, wenn er den Kontakt mit dem Unternehmer selbst herbeigeführt hat (vgl. Erwägungsgrund Nr. 21 VRRL). Allein § 312g Abs. 2 Nr. 11 BGB greift den hinter der alten Regelung stehenden Gedanken auf, dass ein Verbraucher nicht überrumpelt werden kann, wenn er die „Haustürsituation“ selbst herbeigeführt hat, und schließt ein Widerrufsrecht des Verbrauchers dann aus, wenn er den Unternehmer ausdrücklich aufgefordert hat, ihn aufzusuchen. Diese Ausnahme greift allerdings nur bei dringenden Reparatur- und Instandhaltungsmaßnahmen und auch nur in Bezug auf diejenigen Arbeiten, zu denen der Unternehmer angefordert wurde. Erbringt der Unternehmer in diesem Zusammenhang weitere Dienstleistungen oder liefert er Waren, die für die angeforderte Reparatur- oder Instandsetzung nicht notwendigerweise als Ersatzteil benötigt werden, greift § 312g Abs. 2 S. 1 Nr. 11 BGB nicht ein.[36]

Liegt ein Vertrag vor, der in einer für den Verbraucher überraschenden Situation **29**
geschlossen wurde, und ist für den Verbraucher ein Schaden eingetreten, löst dies häufig zugleich Ansprüche aus culpa in contrahendo (§§ 280 Abs. 1, 311 Abs. 2, 241 Abs. 2 BGB) aus. Das Widerrufsrecht ist aber für den Verbraucher in mehrfacher Hinsicht günstiger als ein Schadensersatzanspruch aus c.i.c. (insbesondere entfällt eine Anspruchskürzung nach § 254 BGB).

36 Vgl. BT-Drucks. 17/12637, S. 57.

c) Die Reichweite des Schutzes

30 § 312b BGB ist allein auf entgeltliche Verträge (§ 312 Abs. 1 BGB) anzuwenden. Dieser Begriff ist in der VRRL nicht enthalten und erweist sich daher verschiedentlich als problematisch, so insbesondere in Bezug auf Bürgschaftsverträge.[37] Die in der allgemeinen Vorschrift des § 312 Abs. 2–6 BGB geregelten Bereichsausnahmen, in denen die verbraucherschützenden Vorschriften nur teilweise zur Anwendung gelangen, gelten auch für außerhalb von Geschäftsräumen geschlossene Verträge.[38]

aa) Außerhalb von Geschäftsräumen geschlossener Vertrag

31 Wann ein außerhalb von Geschäftsräumen geschlossener Vertrag vorliegt, bestimmt § 312b Abs. 1 S. 1 Nr. 1–4 BGB abschließend. Die Norm dient der Umsetzung von Art. 2 Nr. 8 VRRL.

(1) Geschäftsräume

32 Angesichts des weiten Anwendungsbereichs der „Haustürgeschäfte" gewinnt die Definition des Geschäftsraums entscheidende Bedeutung. Nach § 312b Abs. 2 BGB, der der Umsetzung von Art. 2 Nr. 9 VRRL dient, fallen hierunter unbewegliche Gewerberäume, in denen der Unternehmer seine Tätigkeit dauerhaft ausübt, sowie bewegliche Gewerberäume, in denen der Unternehmer seine Tätigkeit für gewöhnlich ausübt. Die Gesetzesbegründung[39] fasst darunter Ladengeschäfte, Stände, Verkaufswagen, Verkaufsstätten, in denen der Unternehmer seine Tätigkeit saisonal ausübt (z. B. während der Fremdenverkehrssaison in einem Skiort), grundsätzlich auch Markt-, Messe- und Ausstellungsstände, wenn der Unternehmer sein Gewerbe dort für gewöhnlich ausübt.

33 Bei letzteren gilt es jedoch, den Schutzzweck des § 312b BGB im Blick zu behalten. Der Verbraucher soll bei Vertragsabschluss keinem psychischen Druck oder einem Überraschungsmoment ausgesetzt sein. Dies wird man nur dann annehmen können, wenn der Verbraucher auf dem Markt, der Messe oder bei der Ausstellung mit fachfremden, nicht mit dem Thema des Markts, der Messe oder der Ausstellung zusammenhängenden Produkten konfrontiert wird.[40] Hier kommt es darauf an, ob ein normal informierter, angemessen aufmerksamer und verständiger Durchschnittsverbraucher angesichts des Erscheinungsbilds des Messestandes sowie der vor Ort auf der Messe selbst verbreiteten Informationen vernünftigerweise damit rechnen konnte, dass der betreffende Unternehmer dort seine Tätigkeiten ausübt und ihn an-

---

37 Siehe dazu oben § 9 Rn. 9ff. sowie unten Rn. 44f.

38 Zum Begriff bereits *Stürner*, JURA 2015, 30; siehe auch *Wendelstein/Zander*, JURA 2014, 1191, 1194ff.

39 BT-Drucks. 17/12637, S. 49f.

40 Siehe dazu auch *Bülow/Artz*, Verbraucherprivatrecht, 6. Aufl. 2018, Rn. 231.

spricht, um einen Vertrag zu schließen, was vom nationalen Gericht zu prüfen ist.[41] So soll ein Verbrauchervertrag, der an einem von einem Unternehmer anlässlich einer Messe betriebenen Verkaufsstand geschlossen wurde, unmittelbar nachdem der Verbraucher, der sich auf dem verschiedenen in der Ausstellungshalle einer Messe vertretenen Verkaufsständen gemeinsam zur Verfügung stehenden Gang befand, von diesem Unternehmer angesprochen worden war, unter Art. 2 Nr. 8 und 9 VRRL fallen.[42]

Nicht zu den Geschäftsräumen gehören der Öffentlichkeit zugängliche Orte wie Straßen, Einkaufszentren, Strände, Sportanlagen sowie öffentliche Verkehrsmittel, die der Unternehmer ausnahmsweise für seine Geschäftstätigkeiten nutzt, sowie Ladengeschäfte anderer Unternehmer, in denen der Unternehmer einmalig oder sporadisch einen Stand aufstellt und Kunden anspricht.[43] Gleiches gilt für Privatwohnungen oder Arbeitsplätze.[44] 34

Problematisch erscheint die Einordnung von Gewerberäumen, die nicht zum Unternehmer gehören: Hier dürfte zwar die für Haustürgeschäfte typische Überrumpelungssituation kaum gegeben sein, da sich der Verbraucher in einem geschäftlichen Umfeld bewegt. Andererseits stellt die Definition entscheidend darauf ab, dass es sich um den Geschäftsraum des Unternehmers handelt. § 312 Abs. 2. S. 2 BGB erweitert diese lediglich dahin, dass Gewerberäume, in denen die Person, die im Namen oder Auftrag des Unternehmers handelt, ihre Tätigkeit dauerhaft oder für gewöhnlich ausübt, Räumen des Unternehmers gleichstehen. Im Umkehrschluss ergibt sich, dass Vertragsschlüsse, die in den Geschäftsräumen Dritter erfolgen, als Haustürgeschäfte anzusehen sind.[45] 35

(2) Abschluss außerhalb von Geschäftsräumen

Ein außerhalb von Geschäftsräumen geschlossener Vertrag liegt zunächst dann vor, wenn ein Vertrag bei gleichzeitiger körperlicher Anwesenheit des Verbrauchers und des Unternehmers an einem Ort geschlossen wird, der kein Geschäftsraum des Unternehmers im eben beschriebenen Sinne ist (§ 312b Abs. 1 S. 1 Nr. 1 BGB). Erwägungsgrund Nr. 5 VRRL spricht diesbezüglich von Direktvertrieb. Hierzu gehören insbesondere die Privatwohnung sowie der Arbeitsplatz des Verbrauchers, aber auch z. B. der Vertragsschluss in einem Restaurant, das nicht Geschäftsraum des vertragsschließenden Unternehmers ist, in einem Kaufhaus oder auf allgemein zugänglichen Verkehrsflächen.[46] 36

---

41 EuGH, 7.8.2018, Rs. C-485/17 – *Verbraucherzentrale Berlin/Unimatic*, ECLI:EU:C:2018:642, Rn. 43.
42 EuGH, 17.12.2019, Rs. C-465/19 – *B & L Elektrogeräte*, ECLI:EU:C:2019:1091, Rn. 27 ff.
43 ErwGr. Nr. 22 VRRL; s. auch BT-Drucks. 17/12637, S. 50.
44 EuGH, 7.8.2018, Rs. C-485/17 – *Verbraucherzentrale Berlin/Unimatic*, ECLI:EU:C:2018:642, Rn. 42.
45 Kritisch zur Erweiterung auf Vertragsschlüsse auf „neutralem Boden" *Schärtl*, JuS 2014, 577, 579.
46 Weitere Beispiele bei *Bülow/Artz*, Verbraucherprivatrecht, 6. Aufl. 2018, Rn. 233 ff.

(3) Freizeitveranstaltungen

37 § 312b Abs. 1 S. 1 Nr. 4 BGB erfasst Verträge, die auf einem Ausflug geschlossen werden, der von dem Unternehmer oder mit seiner Hilfe organisiert wurde, um beim Verbraucher für den Verkauf von Waren oder die Erbringung von Dienstleistungen zu werben. Letztlich handelt es sich dabei um eine schlichte Konkretisierung der Nr. 1, die neben den hier in Nr. 4 genannten Ausflügen auch andere Freizeitveranstaltungen umfasst. Unter Nr. 4 fallen insbesondere die klassischen Kaffeefahrten. Der Vorschrift kommt gegenüber Nr. 1 dann eigenständige Bedeutung zu, wenn der Ausflug zu einem Geschäftsraum des Unternehmers führt, in dem die Verträge geschlossen werden, und der Ausflug letztlich nur der Vertragsanbahnung dient.[47] Erfasst ist auch der Fall, dass ein anderer Unternehmer den Ausflug organisiert als der Unternehmer, der die Waren oder Dienstleistungen anbietet.[48] Dies gilt etwa für Fahrten zu einer Weinprobe, die ein Busunternehmer durchführt, wenn dabei einem anderen Unternehmer Gelegenheit zum Verkauf gewährt wird. Hier wird man fordern müssen, dass der Vertrag anlässlich des Ausflugs abgeschlossen wurde, d.h. dass ein Kausalzusammenhang besteht, der durch die örtliche und zeitliche Nähe zu der Veranstaltung indiziert wird.[49] Andernfalls wird man nur schwerlich dem Schutzzweck des § 312b BGB gerecht, dem Verbraucher eine gründliche Überlegung sowie einen Preisvergleich zu ermöglichen.[50]

(4) Bindendes Angebot des Unternehmers genügt

38 Der Verbraucherschutz erstreckt sich auch auf Situationen, in denen der Verbraucher unter den eben genannten Umständen ein bindendes Vertragsangebot abgegeben hat (§ 312b Abs. 1 S. 1 Nr. 2 BGB). Ein Angebot des Unternehmers ist in Nr. 2 nicht genannt. Maßgeblich hierfür ist, dass es für die Schutzbedürftigkeit des Verbrauchers keinen Unterschied macht, ob auch der Unternehmer seine Vertragserklärung außerhalb seiner Geschäftsräume abgegeben hat.[51]

(5) Vertragsanbahnung genügt

39 Erfasst sind weiterhin Verträge, die zwar in den Geschäftsräumen des Unternehmers oder durch Fernkommunikationsmittel geschlossen werden, bei denen der Verbraucher jedoch unmittelbar zuvor außerhalb der Geschäftsräume des Unternehmers bei gleichzeitiger körperlicher Anwesenheit des Verbrauchers und des Unternehmers per-

---

47 Eingehend dazu Grundfall 11 bei *Schärtl*, JuS-Extra 2014, 12, 22; s.a. *Schürnbrand/Janal*, Examens-Repetitorium Verbraucherschutzrecht, 3. Aufl. 2018, Rn. 103f.

48 Dies ergibt sich aus der Formulierung „mit seiner Hilfe", vgl. BT-Drucks. 17/12637, S. 49.

49 So BGH NJW 2009, 431, 432 m.N. zu § 312 Abs. 1 S. 1 Nr. 3 BGB a.F.

50 Großzügiger aber BGH NJW 2010, 2868 Rn. 11 (Mitursächlichkeit genügt).

51 Vgl. BT-Drucks. 17/12637, S. 49.

sönlich und individuell angesprochen wurde (§ 312b Abs. 1 S. 1 Nr. 3 BGB). Die Vorschrift erfasst insbesondere das Ansprechen des Verbrauchers im öffentlichen Verkehrsraum vor dem Geschäft des Unternehmers, bei dem auch ein Flugblatt übergeben werden kann, denn auch in diesen Situationen kann der Verbraucher unter Druck stehen oder einem Überraschungsmoment ausgesetzt sein.[52] Nicht eingeschlossen sind Fälle, in denen der Unternehmer zunächst in die Wohnung des Verbrauchers kommt, um ohne jede Verpflichtung des Verbrauchers lediglich Maße aufzunehmen oder eine Schätzung vorzunehmen, und der Vertrag erst danach zu einem späteren Zeitpunkt in den Geschäftsräumen des Unternehmers oder mittels Fernkommunikationsmittel auf der Grundlage der aufgenommen Maße oder der Schätzung des Unternehmers abgeschlossen wird. In diesen Fällen ist davon auszugehen, dass der Verbraucher genügend Zeit hatte, vor Vertragsschluss über einen Vertragsschluss nachzudenken.[53]

bb) Beteiligte

(1) Persönliches Handeln

§ 312b BGB gilt für den Abschluss von Verträgen, bei denen auf der Anbieterseite ein Unternehmer (§ 14 BGB) und auf der Abnehmerseite ein Verbraucher (§ 13 BGB) steht. Der Wortlaut des § 312b Abs. 1 S. 1 BGB erfasst auch die umgekehrte Konstellation; doch setzt der (weit auszulegende[54]) § 312 Abs. 1 BGB eine entgeltliche Leistung des Unternehmers voraus. Unanwendbar ist § 312b BGB dagegen bei Geschäften zwischen Verbrauchern oder Geschäften zwischen Unternehmern. Hier kommt aber eine Haftung aus c.i.c. nach § 311 Abs. 2 BGB in der Form der Belastung mit einem unerwünschten (aufgedrängten) Vertrag in Betracht.[55] **40**

(2) Beteiligung Dritter

(a) Grundsätze der Zurechnung

§ 312b Abs. 1 S. 2 BGB stellt dem Unternehmer solche Personen gleich, die in seinem Namen oder Auftrag handeln. Von einer gleichzeitigen körperlichen Anwesenheit i.S.d. § 312b Abs. 1 S. 1 BGB kann damit auch ausgegangen werden, wenn etwa ein Stellvertreter oder Vermittler des Unternehmers unter den Voraussetzungen des § 312b Abs. 1 S. 1 Nr. 1–4 BGB einen Vertrag mit einem Verbraucher abschließt. Im Rahmen des § 312 Abs. 1 BGB a.F. war streitig, unter welchen Voraussetzungen dem Unternehmer die von einer für ihn handelnden Person geschaffene Haustürsituation zuzurech- **41**

52 BT-Drucks. 17/12637, S. 39.

53 Vgl. dazu ErwGr. Nr. 21 VRRL sowie BT-Drucks. 17/12637, S. 49.

54 Siehe noch unten Rn. 44.

55 Grundlegend zur Abschlusskontrolle *Lorenz*, Der Schutz vor dem unerwünschten Vertrag, 1997.

nen ist. Das ist für seine Vertreter oder Vermittler bejaht worden, auch für Sammelbesteller oder Partyverkäufer. Bei Dritten sollten die zu § 123 Abs. 2 BGB entwickelten Regeln entsprechend gelten.[56] Der BGH ließ es für fahrlässige Unkenntnis genügen, dass die Umstände den Unternehmer zu Erkundigungen über das Auftreten des Dritten veranlassen mussten.[57] Nach dieser Rechtsprechung sollte es unerheblich sein, ob der Unternehmer die Rechtserheblichkeit der Haustürsituation erkennen konnte.[58] Dem hat aber der EuGH widersprochen:[59] Die Haustürwiderrufs-Richtlinie erfordere nur das objektive Vorliegen einer Haustürsituation. Dieser Auslegung hat sich der BGH angeschlossen,[60] sodass die entsprechende Anwendung von § 123 Abs. 2 BGB als überholt galt. Man wird für § 312b Abs. 1 S. 1 BGB ebenfalls von einer objektiven Betrachtungsweise auszugehen haben. Einen anderen Schluss lässt Art. 2 Nr. 2 VRRL kaum zu.

(b) Stellvertretung

42 Die VRRL geht auf die Frage der Stellvertretung eines Verbrauchers nicht ein. Als zulässig und naheliegend erscheint es daher, bei der Vertretung des Verbrauchers auf die zu § 312 Abs. 1 BGB a. F. entwickelten Grundsätze zurückzugreifen. Bei einer Vertretung des Verbrauchers durch einen Verbraucher wurde danach zwischen der Vollmachtserteilung und dem vom Vertreter abgeschlossenen Geschäft getrennt. Für dieses Geschäft war allein entscheidend, ob der Vertreter sich in einer Haustürsituation befunden hat. Nur wenn dies bejaht wurde, konnte der Verbraucher das Geschäft widerrufen. Übertragen auf § 312b BGB heißt das, dass der Vertreter sich bei Abschluss des Vertrags für den Verbraucher in einer Situation befunden haben muss, in der ihm ein reifliches Überlegen sowie ein Preisvergleich nicht möglich war. Andernfalls wird man, wie dies im Rahmen des § 312 Abs. 1 S. 1 BGB a. F. von der Rechtsprechung angenommen wurde, nur an einen Widerruf der Vollmacht denken können, wenn diese einem Unternehmer in einer von § 312b Abs. 1 S. 1 Nr. 1–4 BGB erfassten Situation erteilt wurde.[61] Voraussetzung für ein solches Vorgehen ist jedoch, dass man die Vollmachtserteilung als Vertrag über eine entgeltliche Leistung i. S. v. § 312 Abs. 1 BGB n.F. ansieht. Selbst dann bleibt jedoch § 172 BGB zu beachten: Eine schriftlich erteilte Vollmacht, die dem Geschäftspartner vorgelegen hat, gilt nach den §§ 171, 173 BGB gegenüber einem Redlichen fort. Für diese Redlichkeit besteht eine Vermutung.[62]

---

56 BGH NJW 2003, 424, 425; ZIP 2005, 67, 68 f., beide XI. ZS.

57 BGHZ 159, 280, 285 (II. ZS); enger insoweit der XI. ZS.

58 BGH NJW 2005, 2545 (II. ZS).

59 EuGH, 25.10.2005, Rs. C-229/04 – *Crailsheimer Volksbank*, NJW 2005, 3555.

60 II. ZS: NJW 2006, 497; XI. ZS: NJW 2006, 1340.

61 Vgl. zur st. Rspr. zu § 312 Abs. 1 S. 1 BGB a. F. etwa BGHZ 144, 223, 227; BGH ZIP 2005, 69, 75, auch BVerfG NJW 2004, 151, 152.

62 BGHZ 144, 223, 230 zu § 312 Abs. 1 S. 1 BGB a. F.

In Fällen, in denen ein Verbraucher durch einen Unternehmer vertreten wurde, kam § 312 Abs. 1 S. 1 BGB a.F. nach h. M. nicht zur Anwendung.[63] Es fehlte dann bei den Verhandlungen an dem situativen Ungleichgewicht zwischen Unternehmer und Verbraucher, da sich ein Unternehmer nicht so leicht überrumpeln lässt. Aufgrund des vergleichbaren Schutzzwecks des § 312b BGB werden diese Grundsätze gleichermaßen Geltung beanspruchen können. Nach dem Gesagten wird bei einem Vertragsschluss durch einen Ehegatten für den nach § 1357 BGB Mitverpflichteten nur darauf abzustellen sein, ob sich der Abschließende in einer § 312b Abs. 1 S. 1 Nr. 1–4 BGB unterfallenden Situation befand. 43

cc) Problemfall Bürgschaft

Schwierigkeiten bereitet die Einordnung von Sicherheiten, insbesondere der Bürgschaft. Der Schutz des § 312b BGB gilt grundsätzlich nur für Verbraucherverträge, die eine entgeltliche Leistung des Unternehmers zum Gegenstand haben (§ 312 Abs. 1 BGB). Eine Entgeltlichkeit setzt dem Wortlaut nach das Bestehen einer Gegenleistung i.S.d. §§ 320ff. BGB voraus, die den Bürgschaftsvertrag gerade nicht kennzeichnet. Da Art. 3 VRRL jedoch dieses Tatbestandsmerkmal nicht enthält, ist § 312 Abs. 1 BGB in richtlinienkonformer Weise weit auszulegen, sodass auch die Bürgschaft ein Haustürgeschäft sein kann. Anders hat allerdings mittlerweile der BGH entschieden: Danach soll die Bürgschaft nicht als entgeltliches Rechtsgeschäft anzusehen sein, so dass sie den §§ 312ff. BGB nicht unterfällt und sich das Problem des Widerrufs von vornherein nicht stellt.[64] Das ist zumindest zweifelhaft.[65] Bejaht man Entgeltlichkeit, so stellt sich die Frage, unter welchen Umständen ein Widerruf erfolgen kann. 44

Hier stellt sich ein weiteres Problem. Noch ungeklärt ist die Behandlung einer europarechtlichen Erblast: In der zur Haustürwiderrufs-Richtlinie ergangenen *Dietzinger*-Entscheidung hat der EuGH verlangt, nicht nur der Bürge, sondern auch der Hauptschuldner müsse Verbraucher sein und die Hauptschuld aus einer Haustürsituation stammen.[66] Diese aus der Akzessorietät der Bürgschaft abgeleitete Lösung wurde mit Recht ganz überwiegend missbilligt: Der Schutz des überrumpelten Bürgen darf nicht von einer Überrumpelung des Hauptschuldners abhängen. In diesem Sinne hat der BGH in der Folge für eine Verpfändung,[67] und ebenso für die Bürgschaft und die Schuldmitübernahme entschieden.[68] Danach kommt es allein auf das Vorliegen einer Haustürsituation beim Bürgen an. Europarechtlich war diese Abwei- 45

---

63 Etwa Palandt/*Grüneberg*, 74. Aufl. 2015, § 312b Rn. 8.
64 BGH NJW 2020, 3649, Rn. 26ff.
65 Siehe dazu oben § 9 Rn. 15.
66 EuGH, 17.3.1998, Rs. C-45/96 – *Dietzinger*, Slg. 1998, I-1199, Rn. 22; ebenso in der Folge BGHZ 139, 21, 24ff.
67 BGHZ 165, 363, dazu *Zahn*, ZIP 2006, 1069.
68 BGH NJW 2007, 2110, 2111.

chung von der Rechtsprechung des EuGH bislang unbedenklich, da es den Mitgliedstaaten im Rahmen der nur mindestharmonisierenden Haustürwiderrufs-Richtlinie frei stand, für den Verbraucher günstigere Regelungen aufzustellen. Aus der nunmehr vollharmonisierenden VRRL könnte geschlossen werden, dass die Rechtsprechung des BGH nicht mehr haltbar ist, sofern die *Dietzinger*-Rechtsprechung auch unter Geltung der VRRL Gültigkeit haben sollte. Nachdem die VRRL jedoch zahlreiche inhaltliche Änderungen gegenüber der Haustürwiderrufs-Richtlinie enthält, liegt eine relevante Zäsur vor, die gegen eine Fortgeltung der *Dietzinger*-Rechtsprechung spricht. Hierfür sprechen auch zwei zur Klausel-Richtlinie ergangene Entscheidungen des EuGH, wonach Bürgschaft und Hauptschuld trotz Akzessorietät getrennt voneinander zu betrachten sind.[69] Es ist mithin davon auszugehen, dass die frühere BGH-Rechtsprechung richtlinienkonform ist.[70] Ein acte clair liegt indessen nicht vor, sodass die Frage bei entsprechender Sachverhaltskonstellation erneut dem EuGH vorzulegen wäre.[71] Nachdem der BGH aber wie gesehen bereits das Merkmal der Entgeltlichkeit verneint, dürfte sich eine entsprechende Vorlagefrage von vornherein nicht stellen.

dd) Beweislast

46 Die §§ 312ff. BGB treffen keine Aussage darüber, wer die Voraussetzungen eines außerhalb von Geschäftsräumen geschlossenen Vertrags zu beweisen hat. Auch die VRRL stellt hierzu keinerlei Anforderungen auf. Nach allgemeinen Grundsätzen hat daher der Verbraucher diese Voraussetzungen darzulegen und ggf. zu beweisen; dies ergibt sich auch aus einen Umkehrschluss zu § 312k Abs. 2 BGB. Für § 312 BGB a. F. hat der BGH dies ausdrücklich entschieden.[72] Dies dürfte auch unter der Neuregelung fortgelten.

2. Fernabsatzverträge

a) Das Regelungsanliegen des Fernabsatzrechts

47 Der zunehmende Distanzhandel (Fernabsatz) ist für den Binnenmarkt von großer Bedeutung. Dort wird enormes Wachstumspotential vermutet. Weil nach Ansicht der

---

69 EuGH, 14.9.2016, Rs. C-534/15 – *Dumitraş*, ECLI:EU:C:2016:700, Rn. 31; EuGH, 19.11.2015, Rs. C-74/15 – *Tarcău*, ECLI:EU:C:2015:772, Rn. 26.

70 S.a. *Janal*, WM 2012, 2314, 2315; *Schürnbrand*, WM 2014, 1157, 1160; tendenziell auch *Brennecke*, ZJS 2014, 236, 239f.; a. A. *von Loewenich*, NJW 2014, 1409, 1411. Siehe zum Ganzen auch Staudinger/*Stürner* (2020), Vor § 765 BGB Rn. 81gff.

71 Ebenso *Fritz*, NJW 2020, 3629, 3631; *Piekenbrock*, GPR 2021, 18; Palandt/*Grüneberg*, 79. Aufl. 2020, § 312 Rn. 5 (nicht mehr in der 80. Aufl. 2021); *Brennecke*, ZJS 2014, 236, 240; a.A. *Schürnbrand*, WM 2014, 1157, 1161.

72 BGHZ 131, 385, 392; BGH NJW 2009, 431, 432.

EU-Kommission die Uneinheitlichkeit der rechtlichen Regelungen in den Mitgliedstaaten das Vertrauen in den Binnenmarkt untergräbt und damit ein Handelshemmnis darstellte, führte die Fernabsatz-Richtlinie eine Rechtsangleichung für solche Fernabsatzgeschäfte herbei (Erwägungsgrund Nr. 4 Fernabs-RL). Im deutschen Recht wurde diese Richtlinie zunächst mit dem Fernabsatzgesetz umgesetzt; im Zuge der Schuldrechtsmodernisierung integrierte der Gesetzgeber die Vorschriften dann in das BGB. Die VRRL hat mittlerweile die Fernabsatz-Richtlinie abgelöst und das Fernabsatzrecht vollharmonisierend binnenmarkteinheitlich geregelt. Es ist den Mitgliedstaaten daher – anders als noch unter Geltung der mindestharmonisierenden Fernabsatz-Richtlinie – im Bereich der Fernabsatzverträge im Grundsatz nicht gestattet, ein höheres Schutzniveau in ihrem Recht zu errichten als von der Richtlinie vorgegeben. Das am 13. Juni 2014 in Kraft getretene VRRL-Umsetzungsgesetz hat das gesamte Verbraucherrecht in den §§ 312ff., 355ff. BGB neu gefasst. Die Zentralvorschrift für die Fernabsatzgeschäfte findet sich in § 312c BGB.

Im Gegensatz zur Regelung über die Außergeschäftsraumverträge in § 312b BGB **48**
reagiert § 312c BGB nicht auf eine vom Unternehmer geschaffene Gefahr für den Verbraucher. Vielmehr kann das Verhalten des Unternehmers beim Fernabsatz untadelig und dieser vom Verbraucher selbst gewählt worden sein. Dass der Verbraucher trotzdem (unabdingbar, § 312k Abs. 1 BGB!) das Recht auf besondere Informationen (§§ 312d, 312e BGB) und auf Widerruf (§ 312g BGB) haben soll und den Unternehmer darüber hinaus in § 312f BGB weitere Pflichten treffen, beruht auf der Annahme einer besonderen Gefährlichkeit des Fernabsatzes: Anbieter und Verbraucher begegnen sich nicht physisch und der Verbraucher kann die Ware oder Dienstleistung i. d. R. nicht vor Vertragsschluss in Augenschein nehmen.[73] Zudem entziehen sich die Informationen zu dem Geschäft häufig einer zuverlässigen Speicherung durch den Verbraucher. Es war daher ein Ziel der Fernabsatz-Richtlinie und gleichermaßen der VRRL, dem Verbraucher die Möglichkeit zu geben, die Ware anzusehen bzw. auszuprobieren oder die Eigenschaften der Dienstleistung im Einzelnen zur Kenntnis zu nehmen. Rechtstechnisch wird dies insbesondere mit der Entstehung eines Widerrufsrechts des Verbrauchers ermöglicht.[74] Der BGH spricht plastisch von der „Kompensation von Gefahren auf Grund der Unsichtbarkeit des Vertragspartners und des Produkts".[75] Ebenso wie beim Außergeschäftsraumvertrag reagiert das Gesetz damit auf ein situativ bestehendes Defizit des Verbrauchers. Wegen dieser Parallele bezeichnet das BGB beide Vertragstypen als besondere Vertriebsformen und regelt sie in unmittelbarem Zusammenhang.

---

73 So ErwGr. Nr. 14 Fernabs-RL; BT-Drucks. 14/2658, S. 15; in diesem Sinne auch BGHZ 154, 239, 242f.; BGH NJW 2004, 3699, 3700; BGHZ 187, 268 Rn. 23 sowie ErwGr. Nr. 37 VRRL.

74 ErwGr. Nr. 14 Fernabs-RL.

75 BGHZ 187, 268 Rn. 23 (Wasserbett).

b) Anwendungsbereich und Voraussetzungen

49 Nach § 312c Abs. 1 BGB sind Fernabsatzverträge Verträge, bei denen der Unternehmer und der Verbraucher ausschließlich Fernkommunikationsmittel verwenden.[76] Weiter bestimmt § 312c Abs. 1 BGB ausdrücklich, dass eine Vertretung des Unternehmers der Annahme eines Fernabsatzvertrags nicht entgegensteht. Für den Verbraucher gilt im Ergebnis nichts anderes, da von den Vorschriften zum Fernabsatz alle Fälle erfasst sein sollen, in denen ein Vertrag zwischen einem Unternehmer und einem Verbraucher im Fernabsatz geschlossen wird.[77] § 312c BGB ist allein auf entgeltliche Verträge anzuwenden; § 312 Abs. 2–6 BGB normiert eine Reihe von Bereichsausnahmen.

c) Beteiligte

50 Es müssen sich ein Unternehmer und ein Verbraucher gegenüberstehen. Für die Stellvertretung gilt hier ebenso wie bei § 312b BGB, dass die situativen Erfordernisse bei dem handelnden Vertreter vorliegen müssen.[78] Dies bestimmt § 312c Abs. 1 BGB für den Unternehmer („oder eine in seinem Namen oder Auftrag handelnde Person") ausdrücklich. Ein persönlicher Kontakt des vertretenen Verbrauchers mit dem Unternehmer schließt analog § 166 Abs. 2 BGB eine Anwendung des § 312c BGB aus, wenn der Vertreter nach bestimmten Weisungen handelt: Es soll verhindert werden, dass etwa der Verbraucher die Ware im Laden untersucht und dann den Vertreter zu einer telefonischen Bestellung veranlasst und sich so ein Widerrufsrecht verschafft. Darin liegt kein Verstoß gegen die Bestimmungen der VRRL, denn nach Erwägungsgrund Nr. 14 VRRL lässt die VRRL innerstaatliches Vertragsrecht unberührt. Auch die in Erwägungsgrund Nr. 20 VRRL angeführten Beispiele sprechen für die Zulässigkeit dieser Sichtweise.[79]

d) Eigenart des Vertragsschlusses

51 Charakteristisch für den Fernabsatzvertrag ist nicht sein Gegenstand, sondern die Art seines Abschlusses: Nach § 312c Abs. 1 BGB müssen Unternehmer und Verbraucher „für die Vertragsverhandlungen und den Vertragsschluss ausschließlich Fernkommunikationsmittel verwenden, es sei denn, dass der Vertragsschluss nicht im Rahmen

---

76 Die Spezifizierung auf „Verträge über die Lieferung von Waren oder über die Erbringung von Dienstleistungen, einschließlich Finanzdienstleistungen" in § 312b Abs. 1 BGB a.F. wurde für § 312c BGB damit nicht aufrechterhalten. Zurückführen lässt sich dies auf die sprachlich unterschiedlich gefassten Definitionen des Fernabsatzvertrags in Art. 2 Nr. 7 VRRL sowie Art. 12 Nr. 1 Fernabs-RL. Änderungen inhaltlicher Art sind damit nicht verbunden. Vgl. auch BT-Drucks. 17/12637, S. 50.

77 Vgl. dazu ErwGr. Nr. 20 VRRL.

78 Siehe bereits Rn. 41ff.

79 MüKo-BGB/*Wendehorst*, 8. Aufl. 2019, § 312c Rn. 22f.

eines für den Fernabsatz organisierten Vertriebs- oder Dienstleistungssystems erfolgt“. Daraus ergeben sich drei Tatbestandsmerkmale:

aa) Fernkommunikationsmittel

Die das Distanzgeschäft charakterisierenden Fernkommunikationsmittel werden in 52
§ 312c Abs. 2 BGB definiert. Es handelt sich danach nicht bloß um elektronische Kommunikationsmittel, sondern auch um den klassischen Brief, um Kataloge (Versandhandel!) und um Telefonanrufe. Ihnen gemeinsam ist, dass sie eingesetzt werden können, „ohne dass die Vertragsparteien gleichzeitig körperlich anwesend sind“. Unterschiede bestehen bei der Einordnung eines Boten je nachdem, ob dieser über die Vertragsleistung des Unternehmers Bescheid weiß.[80] Im Rahmen der Umsetzung der VRRL wurden SMS als Fernkommunikationsmittel in § 312c Abs. 1 BGB aufgenommen. Für die elektronischen Kommunikationsmittel (sog. E-Commerce) enthalten die §§ 312i, 312j BGB Sonderregelungen, insbesondere Informationspflichten.[81] Diese greifen nur, wenn sich der Unternehmer zum Vertragsschluss über die Lieferung von Waren oder die Erbringung von Dienstleistungen eines Tele- oder Mediendienstes bedient (§ 312i Abs. 1 BGB).

bb) Ausschließliche Verwendung von Fernkommunikationsmitteln

Ein Fernabsatzvertrag liegt nur dann vor, wenn sowohl die Vertragsverhandlungen 53
als auch der Vertragsschluss ausschließlich unter Verwendung von Fernkommunikationsmitteln ablaufen. Damit ist der Anwendungsbereich des § 312c BGB nicht auf Antrag und Annahme beschränkt, vielmehr spielen auch persönliche Kontakte der Parteien bei der bloßen Anbahnung des Vertrags eine Rolle. Aus Erwägungsgrund Nr. 20 VRRL, der für die Auslegung des § 312c BGB maßgeblich ist, ergibt sich folgende Differenzierung: Sucht der Verbraucher die Geschäftsräume lediglich zum Zwecke der Information auf, um anschließend den Vertrag aus der Ferne zu verhandeln und abzuschließen, findet § 312c BGB Anwendung. Wird der Vertrag im Gegensatz dazu bereits in den Geschäftsräumen ausgehandelt und letztlich mittels eines Fernkommunikationsmittels nur abgeschlossen, liegt ein Fernabsatzvertrag nicht vor. Das Schutzbedürfnis des Verbrauchers ist in diesem Fall gering, weil er noch Zeit zur Überlegung hatte. Ihn gerade dann durch § 312c BGB zu schützen, wäre sinnlos.[82] Anders

80 Vgl. *Schinkels*, in: Gebauer/Wiedmann (Hrsg.), Zivilrecht unter europäischem Einfluss, 2. Aufl. 2010, Kap. 8 Rn. 28 und BGHZ 160, 393; *Bülow/Artz*, Verbraucherprivatrecht, 6. Aufl. 2018, Rn. 259; gegen die Qualifizierung von Boten als Fernkommunikationsmittel MüKo-BGB/*Wendehorst*, 8. Aufl. 2019, § 312c Rn. 16.

81 Dazu oben § 12 Rn. 28 ff.

82 Dazu auch *Schürnbrand/Janal*, Examens-Repetitorium Verbraucherschutzrecht, 3. Aufl. 2018, Rn. 113 m.w.N.

mag es allenfalls dann sein, wenn eine zeitlich relevante Zäsur zwischen persönlichem Kontakt und Vertragsschluss über Fernkommunikationsmittel liegt. Diese wurde in der Rechtsprechung bei etwa eineinhalb Monaten angesiedelt.[83]

54 Eine entsprechende Frage entsteht bei persönlichen Kontakten der Parteien nach dem vorläufigen Vertragsschluss. Als Beispiel sei der Fall genannt, dass ein Reparaturvertrag telefonisch geschlossen wird und dann erst im persönlichen Kontakt geklärt werden soll, ob, wie und zu welchem Preis repariert werden kann. In solchen Fällen einer sukzessiven Konkretisierung des Vertrages wird man die Anwendbarkeit von § 312c BGB gleichfalls zu verneinen haben, wenn vor der endgültigen Festlegung ein persönlicher Kontakt stattgefunden hat. Dies entspricht Erwägungsgrund Nr. 20 VRRL. Weiterhin hat dies etwa auch Bedeutung für Verträge mit einem Arzt oder Anwalt, bei denen regelmäßig die zu erbringende Leistung gleichfalls erst nach einem persönlichen Kontakt konkretisiert werden kann. Gleichermaßen sind auch Reservierungen eines Verbrauchers über ein Fernkommunikationsmittel zur Vornahme einer Dienstleistung, wie etwa der Telefonanruf eines Verbrauchers zur Terminvereinbarung mit einem Friseur, nicht als Fernabsatzvertrag anzusehen.

55 In Fällen, in denen der Unternehmer den Verbraucher außerhalb seiner Geschäftsräume persönlich und individuell anspricht und es in unmittelbaren Anschluss daran zu einem Vertragsschluss mittels Fernkommunikationsmitteln kommt, gelangt § 312b Abs. 1 S. 1 Nr. 3 BGB zur Anwendung.[84] Zusätzlich kann auch ein Fernabsatzvertrag vorliegen. Die Rechtsfolgen bleiben aufgrund des insoweit bestehenden Gleichlaufs von Fernabsatz- und außerhalb von Geschäftsräumen geschlossenen Verträgen (vgl. §§ 312d, 312e, 312g und 356 BGB) im Wesentlichen dieselben.[85]

56 Aus dem Erfordernis, dass bis zum Abschluss des Vertrags ein oder mehrere Fernkommunikationsmittel zum Einsatz kommen müssen, ergibt sich auch, dass Verträge, die nach den Verordnungen für die Grundversorgung mit Energie, Wasser oder Fernwärme durch bloße Entnahme des Verbrauchers konkludent geschlossen werden (vgl. z. B. § 2 Abs. 2 der Gasgrundversorgungsverordnung), nicht von § 312c BGB erfasst werden.[86] Abgesehen davon unterfallen diese Verträge jedoch den Verbrauchervorschriften.

cc) Für den Fernabsatz organisiertes Vertriebs- oder Dienstleistungssystem

57 Schließlich muss der Vertrag mittels eines für den Fernabsatz organisierten Vertriebs- oder Dienstleistungssystems geschlossen worden sein. Nach der Gesetzesbegründung zum Fernabsatzgesetz[87] muss der Unternehmer in seinem Betrieb die personellen,

83 Siehe etwa AG Frankfurt a. M. MMR 2011, 804 zu § 312b a. F.
84 Näher *Stürner*, JURA 2015, 341.
85 Zu möglichen Unterschiede weiterführend *Brinkmann/Ludwigkeit*, NJW 2014, 3270, 3274 f.
86 Vgl. BT-Drucks. 17/12637, S. 50.
87 BT-Drucks. 14/2658, S. 30.

sachlichen und organisatorischen Voraussetzungen dafür geschaffen haben, regelmäßig Geschäfte im Fernabsatz durchzuführen. Die nur vereinzelte Durchführung genügt also nicht („System"): Es sollen nicht Unternehmer, die Verträge gewöhnlich in ihrem Ladenlokal abschließen, durch die Pflichten, die den Unternehmer bei Abschluss eines Vertrags über Fernkommunikationsmittel treffen, abgehalten werden, ausnahmsweise auf Bestellung zu liefern.[88] Doch sind an die Annahme eines solchen Vertriebs- oder Dienstleistungssystems insgesamt keine hohen Anforderungen zu stellen.[89]

Auch von Dritten angebotene Vertriebs- oder Dienstleistungssysteme, die der 58
Unternehmer nutzt, eröffnen den Anwendungsbereich des § 312c BGB. Hierunter fallen insbesondere Online-Plattformen. § 312c BGB kommt hingegen nicht zur Anwendung in Fällen, in denen Webseiten lediglich Informationen über den Unternehmer, seine Waren und/oder Dienstleistungen und seine Kontaktdaten anbieten.[90] Besondere Bedeutung hat dies etwa für Anwaltsverträge. Eine schlichte Internetseite der Kanzlei mit Informationen über Rechtsanwälte und Tätigkeitsbereiche begründet noch nicht ein für den Fernabsatz organisiertes Dienstleistungssystem. Anders wird man dies sicherlich dann sehen können, wenn es gerade um „Online-Rechtsberatung" geht.[91] Das ist jedenfalls dann der Fall, wenn die Kanzlei so organisiert ist, dass gerade für die erstrebten Mandate typischerweise weder für die Vertragsverhandlungen noch für den Abschluss des Mandatsvertrags eine gleichzeitige, persönliche Anwesenheit von Mandant und Anwalt erfordern und der Anwalt eine Mandatserteilung unter ausschließlicher Verwendung von Fernkommunikationsmitteln im Außenverhältnis gegenüber Dritten aktiv bewirbt. Die nach Abschluss des Vertrags erfolgende Art und Weise der Leistungserbringung ist hingegen unerheblich.[92]

Steht fest, dass der Unternehmer sowohl für die Vertragsverhandlungen als auch 59
für den Vertragsschluss ausschließlich Fernkommunikationsmittel verwendet hat, wird nach § 312c Abs. 1 BGB widerleglich vermutet, dass der Vertrag im Rahmen eines für den Fernabsatz organisierten Vertriebs- oder Dienstleistungssystems abgeschlossen worden ist. Der Unternehmer trägt mithin die Beweislast dafür, dass der Vertrag nicht im Rahmen eines für den Fernabsatz organisierten Vertriebs- oder Dienstleistungssystems geschlossen wurde. Dies ergibt sich aus der Formulierung „es sei denn" in § 312c Abs. 1 BGB. Dies ist sachgerecht, denn die hierfür entscheidenden Tatsachen liegen in der Sphäre des Unternehmers.[93] Mit der VRRL steht dies in Einklang, da da-

88 HK-BGB/*Schulte-Nölke*, 10. Aufl. 2019, § 312c Rn. 6; *Bülow/Artz*, Verbraucherprivatrecht, 6. Aufl. 2018, Rn. 266.
89 BT-Drucks. 17/12637, S. 50; ebenso BGH, 19.11.2020, IX ZR 133/19 – juris Rn. 13.
90 Vgl. dazu ErwGr. Nr. 20 VRRL.
91 Zum Problemkreis *S. Ernst*, NJW 2014, 817; *Bülow/Artz*, Verbraucherprivatrecht, 6. Aufl. 2018, Rn. 260.
92 BGH, 19.11.2020, IX ZR 133/19 – juris Rn. 14.
93 Vgl. BT-Drucks. 17/12637, S. 50.

von auszugehen ist, dass mit der in Art. 2 Nr. 7 VRRL enthaltenen Regelung keine Regelung über die Verteilung der Beweislast getroffen werden sollte und der deutsche Gesetzgeber bei der Regelung dieser Frage daher frei war.[94] Wird der Nachweis geführt, dass der Vertrag trotz ausschließlicher Verwendung von Fernkommunikationsmitteln im Einzelfall nicht im Rahmen des bestehenden Fernabsatzsystems geschlossen worden ist, genügt dies zur Erschütterung der Vermutung.[95] Doch reicht es für sich genommen nicht, wenn ein Unternehmer keinen vorgefertigten Standardbrief, sondern ein individuelles Anschreiben verwendet.[96]

IV. Formvorschriften

Literatur: *Kötz*, Europäisches Vertragsrecht, 2. Aufl. 2015, § 5

60 Die Privatautonomie umfasst nach allgemeinem Verständnis auch den Grundsatz der Formfreiheit.[97] Doch gibt es hiervon zahlreiche Ausnahmen, die nach dem Inhalt des Versprochenen (z.B. § 311b Abs. 1 BGB) oder bei einzelnen Vertragstypen (z.B. §§ 492ff., 518 BGB) bestimmt sind. Mit der Sanktion der Nichtigkeit bewehrt (§ 125 BGB), verfolgen die Formvorschriften eine Reihe von nicht zur Parteidisposition stehenden[98] Zwecken, insbesondere kommt ihnen eine Warnfunktion zu: Die Adressaten der Formvorschrift sollen bei für sie riskanten Geschäften (paradigmatisch: die Bürgschaft, § 766 BGB) vor übereilten und unüberlegten Entscheidungen bewahrt werden. Hinzu tritt regelmäßig die Beweisfunktion, da Existenz und Inhalt eines schriftlich niedergelegten oder gar notariell beurkundeten Rechtsgeschäfts im Streitfall leichter belegt werden kann. Schließlich verfolgen gerade strenge Formvorschriften daneben auch eine Beratungsfunktion, die in § 17 Abs. 1 BeurkG deutlich aufscheint.

61 Wiederum steht das Richtlinienrecht in einem gewissen Gegensatz hierzu. Primär dient dieses der Förderung von Vertragsschlüssen, sodass von vornherein keine übertriebenen Formerfordernisse zu erwarten sind. Notarielle Form kommt nicht vor, da die mitgliedstaatlichen Rechtsordnungen diesbezüglich zu große Unterschiede aufweisen. Formvorgaben werden zunächst zur effektiven Vermittlung von Information eingesetzt. Nach Art. 6 Abs. 1 lit. h VRRL ist der Verbraucher über das Bestehen und die Ausübungsmodalitäten des Widerrufsrechts mittels Formblatts auf-

---

94 Vgl. BT-Drucks. 17/12637, S. 50.

95 MüKo-BGB/*Wendehorst*, 8. Aufl. 2019, § 312c Rn. 28; a.A. *Buchmann*, K§R 2014, 369, 371; *Markworth*, AnwBl 2018, 214, 217; offengelassen von BGH, 19.11.2020, IX ZR 133/19 – juris Rn. 17.

96 BGH NJW 2019, 303.

97 Für das deutsche Recht lässt sich hierfür § 311 Abs. 1 BGB anführen, s. PWW/*Stürner*, 15. Aufl. 2020, § 311 Rn. 32.

98 Die Formbedürftigkeit entfällt auch dann nicht, wenn die genannten Zwecke auf andere Weise erfüllt sind, s. BGHZ 53, 189, 195.

zuklären; die Sanktion für Nichtbeachtung besteht indessen nicht in der Unwirksamkeit des Vertrags, sondern darin, dass die für die Ausübung des Widerrufsrechts bestehende Frist nicht zu laufen beginnt (Art. 10 VRRL). Ähnliches gilt für die Standardinformationen vor Abschluss eines Verbraucherkreditvertrags (Art. 5 Abs. 1 VerbrKr-RL).

Doch auch die klassischen Formzwecke finden sich im Richtlinienrecht wieder. So **62**
sind Verbraucherkreditverträge auf Papier oder auf einem anderen dauerhaften Datenträger zu erstellen; alle Vertragsparteien erhalten eine Ausfertigung des Vertrags (Art. 10 Abs. 1 VerbrKr-RL); Ähnliches gilt für den Timesharing-Vertrag (Art. 5 Abs. 1, 5 Timesharing-RL) und für gewerbliche Garantien (Art. 17 Abs. 2 Warenkauf-RL). Die Rechtsfolgen bei Verstoß schreibt das Richtlinienrecht freilich nicht ausdrücklich vor; sie sind dem Recht der Mitgliedstaaten überlassen. Dieses muss dafür sorgen, dass die Vorgaben des Unionsrechts eingehalten werden (siehe etwa Art. 23 Abs. 1 VRRL). Nach deutschem Verständnis führt Verstoß zur Nichtigkeit des Vertrages, § 125 S. 1 BGB. Hinzuweisen ist allerdings auf die Regel des Art. 17 Abs. 3 Warenkauf-RL: Danach bindet die gewerbliche Garantie den Garantiegeber auch dann, wenn die in Abs. 2 der Norm geregelten formalen Anforderungen an die Garantieerklärung nicht eingehalten sind.

Auf etwas anderer Ebene liegen demgegenüber diejenigen Rechtsakte, die Form- **63**
erleichterungen mit sich bringen. So verfolgte die Signatur-Richtlinie[99] durch die Errichtung gemeinsamer Standards für die elektronische Signatur das Ziel der Förderung des Binnenmarktes durch Stärkung des Vertrauens in die elektronische Kommunikation (Erwägungsgrund Nr. 4 Signatur-RL). Die Signatur-Richtlinie wurde mittlerweile durch die eIDAS-Verordnung[100] abgelöst,[101] doch auch diese verfolgt keine anderen Zwecke (Erwägungsgrund Nr. 2 eIDAS-VO und öfter). Auch die E-Commerce-Richtlinie verfolgt das Ziel der Stärkung des (elektronischen) Binnenmarktes (Art. 1 Abs. 1 sowie Erwägungsgründe Nr. 3–5, 7 E-Commerce-RL), indem sie in ihrem Art. 9 Abs. 1 eine Gleichwertigkeit der elektronischen mit der normalen gesetzlichen Form postuliert; in Deutschland wurde diese Vorgabe in § 126a BGB umgesetzt. Der Grund liegt darin, dass grenzüberschreitende Verträge leichter in elektronischer als in schriftlicher Form geschlossen werden; die E-Commerce-Richtlinie hat es sich daher zum Ziel gesetzt, die elektronische Form zu fördern. Ausnahmen bestehen insbesondere bei Immobiliengeschäften, Bürgschaften sowie bei familien- und erbrechtlichen Verträgen (Art. 9 Abs. 2 E-Commerce-RL).

---

99 Richtlinie 1999/93/EG des Europäischen Parlaments und des Rates vom 13. Dezember 1999 über gemeinschaftliche Rahmenbedingungen für elektronische Signaturen.

100 Verordnung (EU) Nr. 910/2014 des Europäischen Parlaments und des Rates vom 23. Juli 2014 über elektronische Identifizierung und Vertrauensdienste für elektronische Transaktionen im Binnenmarkt und zur Aufhebung der Richtlinie 1999/93/EG, ABl. EU Nr. L 257/73.

101 Dazu *Kramme*, GPR 2017, 60.

V. Willensmängel

Literatur: *Kötz*, Europäisches Vertragsrecht, 2. Aufl. 2015, §§ 9, 10; *Krüger*, Das Konkurrenzverhältnis von Mängelrechten, Anfechtung und Ansprüchen aus Culpa in Contrahendo des Käufers im Kommissionsvorschlag für ein Gemeinsames Europäisches Kaufrecht (GEK/CESL). Ein klassisches Problem des deutschen Zivilrechts auf europäischer Ebene?, GPR 2014, 182; *Martens*, Die Regelung der Willensmängel im Vorschlag für eine Verordnung über ein Gemeinsames Europäisches Kaufrecht, AcP 211 (2011), 845; *Martens*, Der Schutz der Willensbildung beim Vertragsschluss nach dem Vorschlag für eine Verordnung über ein Gemeinsames Europäisches Kaufrecht, GPR 2013, 134

64 Eine Rechtsordnung, die auf dem Konsensprinzip beruht, braucht Schutzmechanismen hinsichtlich der Willensfreiheit, die der Herstellung dieses Konsenses zugrunde liegt. Im deutschen Recht kommt diese Aufgabe den §§ 119 ff. BGB zu. Das Richtlinienrecht kennt keine entsprechende Regelung. Allein der Vorschlag für ein Gemeinsames Europäisches Kaufrecht enthält in Art. 48–57 GEK Regelungen zu Einigungsmängeln und dessen Folgen.[102] Sie enthalten die auch aus dem deutschen Recht bekannten Tatbestände von Irrtum, arglistiger Täuschung und Drohung.[103] Daneben ist auch die unfaire Ausnutzung (Art. 51 GEK), die sich funktional mit dem Wuchertatbestand des deutschen Rechts (§ 138 Abs. 2 BGB) überschneidet, als Anfechtungstatbestand ausgestaltet.[104]

VI. Die Einbeziehung Allgemeiner Geschäftsbedingungen

65 Sachlich ebenfalls hierher gehört die Frage, unter welchen Voraussetzungen AGB Vertragsbestandteil werden. Doch werden sie aufgrund des engen Regelungszusammenhangs im Kontext der Klausel-Richtlinie und damit bei der Inhaltskontrolle behandelt.[105]

---

102 Näher dazu *Jansen*, in: Schulte-Nölke/Zoll/Jansen/Schulze, Der Entwurf für ein optionales europäisches Kaufrecht, 2012, S. 169; *Looschelders*, AcP 212 (2012), 581, 618 ff.; *Martens*, AcP 211 (2011), 845; *ders.*, GPR 2013, 134.

103 Zum Konkurrenzverhältnis zwischen Anfechtung, Mängelrechten und culpa in contrahendo *Krüger*, GPR 2014, 182.

104 Siehe *Pfeiffer*, in: FS Rüßmann, 2013, S. 917, dort auch zu einer möglichen Geltung von Unwirksamkeitsgründen des jeweiligen autonomen nationalen Rechts (etwa §§ 134, 138 Abs. 1 BGB). Zu den entsprechenden Regeln in PECL und DCFR *Stürner*, Der Grundsatz der Verhältnismäßigkeit im Schuldvertragsrecht, 2010, S. 88 ff.

105 Unten § 16 Rn. 9 ff.

§ 14 Widerrufsrechte und Widerrufsfolgen

Literatur: *Finkenauer*, Vertragstreue und Vertragsreue, in: FS Müller-Graff, 2015, S. 146; *Fischer*, Widerrufsfolgen zwischen Rechtszuweisung und Vollharmonisierung, 2020; *Schurr*, Geschäftsimmanente Abstandsnahme, 2006; *Kötz*, Europäisches Vertragsrecht, 2. Aufl. 2015, § 11; *Stürner*, Der Widerruf bei Verbraucherverträgen, JURA 2016, 26; *Stürner*, Rechtsfolgen des Widerrufs bei Verbraucherverträgen, JURA 2016, 374; *Watson*, Withdrawal Rights, in: Twigg-Flesner (Hrsg.), Research Handbook on EU Consumer and Contract Law, 2016, S. 241

Systematische Übersicht

https://doi.org/10.1515/9783110718690-014

I. Der Widerruf bei Verbraucherverträgen

1. Erscheinungsformen

1 Das Widerrufsrecht gehört zu den wichtigsten Instrumentarien des privatrechtlichen Verbraucherschutzes. Der Verbraucher erhält dadurch die Möglichkeit, sich innerhalb einer bestimmten Frist wieder von dem mit dem Unternehmer geschlossenen Vertrag zu lösen; bereits ausgetauschte Leistungen sind rückabzuwickeln. In seiner Wirkung entspricht das Widerrufsrecht damit einer Reihe von anderen Rechtsinstituten des BGB wie Rücktritt oder Anfechtung.[1] Im Unterschied zu diesen bedarf es allerdings beim Widerruf keines die Vertragsaufhebung tragenden Rechtsgrundes: Die Verbrauchereigenschaft als solche reicht aus. Gleichwohl kennt das BGB kein allgemeines Verbraucherwiderrufsrecht, sondern regelt vielmehr für jeden Vertragstyp gesondert dessen Bestehen. Hierfür kann wie für die in der VRRL geregelten Fernabsatz- und Außergeschäftsraumverträge in § 312g Abs. 1 BGB an die Vertriebsform angeknüpft werden, oder aber an den Vertragsinhalt, wie dies etwa die Verbraucherkredit-Richtlinie oder die Timesharing-Richtlinie tun. Im deutschen Recht finden sich Regelungen auch im Recht der Darlehensverträge (§ 495 Abs. 1 BGB) sowie der sonstigen entgeltlichen Finanzierungshilfen (§ 506 Abs. 1 BGB), der Teilzeit-Wohnrechteverträge und ähnlicher Verträge (§ 485 BGB) oder der Ratenlieferungsverträge (§ 510 Abs. 2 BGB). Weitere Widerrufsrechte finden sich in Spezialgesetzen, so in § 305 Abs. 1 S. 1 KAGB für den Kauf von Anteilen oder Aktien eines offenen Investmentvermögens, in § 4 S. 1 FernUSG für Fernunterrichtsverträge sowie in § 8 Abs. 1 VVG für Versicherungsverträge.[2]

2 Der in den §§ 355 ff. BGB geregelte Widerruf bezieht sich auf Verbraucherverträge, die § 310 Abs. 3 BGB in Umsetzung u. a. der VRRL als Verträge zwischen einem Unternehmer (§ 14 BGB) und einem Verbraucher (§ 13 BGB) definiert. Allerdings ist diese Bezeichnung hauptsächlich für diejenigen Vertragstypen sinnvoll, für die bei Beteiligung eines Verbrauchers Sonderrecht gilt, also z. B. für den Verbrauchsgüterkauf (§§ 474 ff. BGB), nicht aber für eine Verbrauchermiete. Denn bei der Miete wird ein besonderer Schutz i. d. R. nicht an die Beteiligung eines Verbrauchers geknüpft, sondern schlechthin an die Rolle als Wohnungsmieter.

2. Ratio und Rechtsnatur

a) Legitimation

3 Dem Widerrufsrecht liegt außer dem generellen Schutz des Verbrauchers keine einheitliche Legitimation zugrunde.[3] Es stellt seiner Idee nach eine Reaktion auf die Schwächen des Informationsmodells dar, das Verbraucherverträgen als eine Art Kom-

---

1 Näher *Coester-Waltjen*, JURA 2009, 820.

2 Der Widerruf in diesen Spezialgesetzen folgt teilweise besonderen Regeln.

3 Siehe bereits *Stürner*, JURA 2015, 30.

pensation der unterlegenen Stellung von Verbrauchern zugrunde liegt.[4] Dieses versagt etwa bei Vertragsschluss oder -anbahnung außerhalb von Geschäftsräumen, wo der Verbraucher typischerweise regelrecht überrumpelt wird.[5] Anders ist die ratio bei Fernabsatzverträgen, wo der Verbraucher die Ware oder Dienstleistung aufgrund der Eigenheiten des Vertragsschlusses nicht selbst in Augenschein nehmen kann.[6] Wieder anders liegen die Dinge bei den oben genannten Verträgen über Finanz- und Versicherungsprodukte, Fernunterricht, Teilzeit-Wohnrechte oder Ratenlieferung: Aufgrund der oftmals langen Laufzeit solcher Verträge entsteht eine Verpflichtung, deren finanzielles Ausmaß sich wegen der Komplexität mancher Verträge erst nach einer gewissen Überlegungsfrist realistisch einschätzen lässt. Bei alledem spielt keine Rolle, ob das Informationsmodell tatsächlich versagt hat, oder ob eine Informationsasymmetrie überhaupt gegeben war. Mit anderen Worten: Auch dem Verbraucher, der an der Haustüre nicht überrumpelt wird, sondern wohlüberlegt das Zeitschriftenabonnement abschließt, steht ein Widerrufsrecht zu. Gleiches gilt für den Verbraucher, der eine ihm wohlbekannte Ware in einem Online-Shop bestellt. Und schließlich darf einen Fernunterrichts-, Versicherungs- oder Finanzdienstleistungsvertrag auch widerrufen, wer die Überlegungsfrist überhaupt nicht im beschriebenen Sinne nutzt. Das Widerrufsrecht steht dem Verbraucher zwingend und ohne Ausnahme zu.[7]

Aus ökonomischer Sicht wird das Widerrufsrecht verschiedentlich kritisiert, da es 4
Verbraucherverträge insgesamt zu verteuern geeignet ist; die Masse derjenigen Verbraucher, die von der Option auf Lösung vom Vertrag nicht Gebrauch machen, subventionieren so diejenigen, die den Widerruf ausüben.[8] Vor allem der zwingende Charakter des Widerrufsrechts kann zu dieser Ineffizienz führen. De lege ferenda wären auch optional ausgestaltete Widerrufsrechte denkbar;[9] der europäische Richtliniengeber – und damit auch der deutsche Gesetzgeber – hält jedoch an der nicht-dispositiven Form fest.

b) Dogmatik

Infolge eines fristgerechten Widerrufs sind der Verbraucher und der Unternehmer „an 5
ihre auf den Abschluss des Vertrags gerichteten Willenserklärungen nicht mehr ge-

---

4 Dazu bereits § 12 Rn. 1ff.

5 S. bereits § 13 Rn. 22ff.

6 In diesem Sinne etwa ErwGr. Nr. 37 VRRL, dazu § 13 Rn. 47ff.

7 So § 312k Abs. 1 S. 1 BGB für Fernabsatz- und Außergeschäftsraumverträge; vergleichbare Regelungen finden sich etwa in den §§ 487, 511 BGB.

8 Dazu eingehend *Eidenmüller*, AcP 210 (2010), 67, 71ff.

9 Zu den verschiedenen Modellen in Bezug auf Fernabsatzverträge *Eidenmüller*, AcP 210 (2010), 67, 77ff.; allgemein zur Legitimation zwingenden Verbraucherrechts im europäischen acquis *G. Wagner*, in: Eidenmüller/Faust/Grigoleit/Jansen/Wagner/Zimmermann, Revision des Verbraucher-acquis, 2011, S. 1, 21ff.; *Lurger*, ZEuP 2018, 788.

bunden" (§ 355 Abs. 1 S. 1 BGB).[10] Damit geht das Gesetz nunmehr davon aus, der Vertrag sei zunächst wirksam zustande gekommen. Beide Parteien können also vorerst Erfüllung verlangen, und hinsichtlich einer Sachleistung hat der Empfänger wenigstens ein Recht zum Besitz (§ 986 BGB). Der Widerruf bedeutet dann ähnlich der Rücktrittserklärung (§ 349 BGB) ein Gestaltungsrecht, das die Wirksamkeit der Erklärung des Verbrauchers (und damit in aller Regel auch des durch diese begründeten Vertrages) beendet. Als Gestaltungsrecht ist der Widerruf ebenso wie die Erklärung des Rücktritts selbst unwiderruflich und bedingungsfeindlich.[11] In Umsetzung von Art. 12 VRRL bestimmt § 355 Abs. 1 BGB ausdrücklich, dass sowohl der Verbraucher als auch der Unternehmer nach fristgerechtem Widerruf an ihre Willenserklärungen nicht mehr gebunden sind.

6 Ob im Widerrufsrecht eine Aufweichung oder gerade eine Bestätigung des Grundsatzes der Vertragsbindung (pacta sunt servanda) liegt, wird unterschiedlich beurteilt. Vor allem in der Folge der Umsetzung der frühen verbraucherschützenden Richtlinien stand in Deutschland eine starke Ansicht auf dem Standpunkt, mit dem Widerrufsrecht werde für Verbraucherverträge das Prinzip „pacta non sunt servanda" eingeführt.[12] Andererseits lässt sich festhalten, dass das Widerrufsrecht nicht im Belieben des Verbrauchers steht, sondern vielmehr auf bestimmte, gesetzlich vorgegebene Vertragskategorien bzw. Abschlusssituationen beschränkt ist. Auch wenn diese Legitimation wie gesehen durchaus heterogen und in ihrer Absolutheit angreifbar erscheint, so kann sie doch als eine der Vertragsbindung inhärente Beschränkung angesehen werden, die den Grundsatz pacta sunt servanda nicht grundsätzlich in Frage stellt.[13]

c) Vertragsfreiheit

7 Außerhalb der gesetzlich angeordneten Widerrufsrechte herrscht Vertragsfreiheit, sodass die Parteien eine Widerrufsmöglichkeit frei vereinbaren können.[14] Ein Widerrufsrecht kann auch dergestalt vertraglich vereinbart werden, dass für die nähere Ausgestaltung und Rechtsfolgen auf die §§ 355, 357 BGB verwiesen wird, ohne dass es auf das Vorliegen der gesetzlichen Voraussetzungen eines Widerrufsrechts ankommen soll.[15] Für die Annahme, dass die Frist für die Ausübung eines solchen vertrag-

---

10 Dazu *Petersen*, in: FS Leenen, 2012, S. 219.
11 PWW/*Stürner*, 15. Aufl. 2020, § 349 Rn. 2.
12 Formulierung von *Schurr*, Geschäftsimmanente Abstandnahme, 2006, S. 213. Zur Kritik auch *H. Roth*, JZ 1999, 529, 533.
13 Siehe nur *Weller*, Die Vertragstreue, 2009, S. 294 ff. m.N. Dazu bereits oben § 10 Rn. 8.
14 Ein solcher Parteiwille kann ggf. bereits in der Übermittlung einer entsprechenden Widerrufsbelehrung liegen, siehe dazu BGH 22.5.2012, II ZR 148/11, Rn. 10 ff.; OLG Nürnberg WM 2012, 650.
15 So etwa BGH ZIP 2012, 1509 m.N.

lich vereinbarten Widerrufsrechts nur dann in Gang gesetzt werden soll, wenn der Unternehmer dem Verbraucher zusätzlich eine Belehrung erteilt hat, die den Anforderungen für ein gesetzliches Widerrufsrecht entspricht, müssen konkrete Anhaltspunkte vorliegen. Dies ist jedenfalls dann nicht der Fall, wenn sich der Unternehmer bei der Formulierung der Widerrufsbelehrung an den Vorgaben des gesetzlichen Widerrufsrechts orientiert hat und im Falle des Eingreifens eines solchen mit der Belehrung die gesetzlichen Anforderungen erfüllen wollte.[16] Das Kunden vielfach eingeräumte „Umtauschrecht" hat somit eine rein privatautonome Grundlage, dessen Inhalt kann ggf. durch AGB näher ausgestaltet werden. Umgekehrt hat die Klausel „Umtausch ausgeschlossen" in Verträgen, für die kein gesetzliches Widerrufsrecht besteht, rein deklaratorische Bedeutung.

d) Abgrenzung zu anderen Widerrufsrechten

Der in den §§ 355ff. BGB geregelte verbraucherschützende Widerruf hat nichts mit 8
zahlreichen anderen im BGB geregelten Widerrufsrechten zu tun, etwa § 130 Abs. 1 S. 2 BGB (Willenserklärung), §§ 109, 168 S. 3, 183 BGB (Einwilligung oder Vollmacht), § 530 BGB (Schenkung), § 658 BGB (Auslobung), § 671 Abs. 1 BGB (Auftrag), § 790 BGB (Anweisung) und andere mehr. Gemeinsam ist allen Fällen nur, dass eine Willenserklärung oder ein Rechtsgeschäft entkräftet werden soll.

3. Bestehen eines Widerrufsrechts

Die Umsetzung der VRRL in das deutsche Recht hat auch die Vorschriften über das 9
Widerrufsrecht grundlegend neu strukturiert. Insbesondere hat die Reform die Regelungen über das Widerrufsrecht zentral in den §§ 355ff. BGB zusammengefasst; Sonderregelungen für besondere Verbraucherverträge, die bisher bei den einzelnen Vertragstypen normiert waren, wurden in die allgemeinen Regeln integriert. Diese Normen enthalten nunmehr ein eigenständiges Rücktrittsfolgenrecht; der Verweis auf die §§ 346ff. BGB ist entfallen.

a) Grundsatz

Für Fernabsatzverträge und Außergeschäftsraumverträge normiert Art. 9 Abs. 1 VRRL 10
(umgesetzt in § 312g Abs. 1 BGB) ein Widerrufsrecht des Verbrauchers. Weitere Widerrufsrechte wurden bereits oben erwähnt.[17] Die Modalitäten der Geltendmachung des Widerrufsrechts sind in den §§ 355–356c BGB geregelt, die zwischen allgemeinen (§ 355 BGB) und besonderen Vorschriften für einzelne Vertragstypen (§§ 356ff. BGB)

---

16 BGH ZIP 2012, 1509.

17 Siehe oben Rn. 1.

unterscheiden.[18] Regelungen zu den Rechtsfolgen der Ausübung des Widerrufsrechts sind in §§ 357 ff. BGB enthalten.

b) Ausschluss des Widerrufsrechts

11 Die Grundregel des § 312g Abs. 1 BGB täuscht darüber hinweg, dass in zahlreichen Fällen kein Widerrufsrecht besteht. Diese Ausnahmefälle sind in § 312g Abs. 2 BGB aufgezählt, der insoweit Art. 16 VRRL umsetzt. Von selbst versteht sich, dass die Parteien einen Ausschluss des Ausschlusses vereinbaren können.[19] Es lassen sich verschiedene Fallgruppen bilden, bei denen sich immerhin ein gewisser innerer Zusammenhang feststellen lässt.

aa) Undurchführbarkeit der Rückabwicklung

12 Schlicht impraktikabel erscheint die Rückabwicklung und damit auch der Widerruf bei Verträgen zur Lieferung von Waren, wenn diese nach der Lieferung aufgrund ihrer Beschaffenheit mit anderen Waren vermischt werden, etwa bei der Lieferung von Heizöl wegen der Vermischung mit Restmengen im Tank (§ 312g Abs. 2 S. 1 Nr. 4 BGB).[20]

bb) Erheblicher Wertverlust bzw. Unbrauchbarkeit der Leistung bei Widerruf

13 Ein Ausschluss des Widerrufsrechts besteht auch dann, wenn das Interesse des Unternehmers am Bestand des Vertrags bei weitem überwiegt. Das kann dann der Fall sein, wenn die Ware im Falle einer Rückabwicklung für den Unternehmer nahezu unbrauchbar wäre. So sieht das Art. 16 lit. c VRRL (Umsetzung in § 312g Abs. 2 S. 1 Nr. 1 BGB) für Waren, die nicht vorgefertigt sind und aufgrund einer individuellen Auswahl des Verbrauchers erfolgen, sowie Waren, die auf die persönlichen Bedürfnisse des Verbrauchers zugeschnitten sind. Diese lassen sich anderswo nicht oder nur mit erheblichen Nachlässen absetzen. Überlegenswert ist, im Wege einer teleologischen Reduktion hiervon Sachen auszunehmen, die auf Bestellung des Verbrauchers aus vorgefertigten Standardbauteilen zusammengefügt wurden, die mit verhältnismäßig geringem Aufwand ohne Beeinträchtigung ihrer Substanz- oder Funktionsfähigkeit wieder getrennt werden können.[21] Generell kommt es für die Anwendung von Art. 16 lit. c VRRL bei Kaufverträgen über eine Ware, die nach den Spezifikationen des Ver-

---

18 Dazu unten Rn. 27 ff.

19 So ausdrücklich § 312g Abs. 2 BGB, wonach die Parteien „nichts anderes bestimmt" haben dürfen.

20 Zu beachten ist insoweit jedoch auch § 312g Abs. 2 S. 1 Nr. 8 BGB.

21 Vgl. BGHZ 154, 239, 242 für ein Notebook: Trennungskosten von 5 % des Warenwertes seien unerheblich.

brauchers herzustellen ist, nicht darauf an, ob der Unternehmer mit deren Herstellung begonnen hat oder nicht.[22]

Ähnliche Erwägungen gelten für schnell verderbliche Waren (z. B. bestimmte Lebensmittel) oder deren Verfallsdatum überschritten wurde (§ 312g Abs. 2 S. 1 Nr. 2 BGB), für versiegelt gelieferte Waren, die aus Gründen des Gesundheitsschutzes oder der Hygiene nicht zur Rückgabe geeignet sind,[23] sofern die Versiegelung nach der Lieferung entfernt wurde (§ 312g Abs. 2 S. 1 Nr. 3 BGB). Auch bei Verträgen zur Lieferung von Zeitungen, Zeitschriften oder Illustrierten besteht kein Widerrufsrecht (§ 312g Abs. 2 S. 1 Nr. 7 BGB), da diese Produkte durch Veraltung an Wert verlieren. Nicht genannt sind Kalender, obwohl der Gedanke der Veraltung auch auf diese zutrifft.[24] Abonnements sind von der Ausnahme nicht erfasst, sodass bei diesen ein Widerrufsrecht besteht.[25] 14

Umstritten war die Frage, ob es sich bei der Matratze um einen Hygieneartikel im Sinne des § 312g Abs. 2 Nr. 3 BGB handelt, sodass der Widerruf nach dem Entfernen der Schutzfolie ausgeschlossen wäre. Da diese Norm auf Art. 16 lit. e VRRL und damit eine unionsrechtliche Grundlage zurückgeht, hatte der BGH[26] diese Frage dem EuGH zur Vorabentscheidung gem. Art. 267 Abs. 3 AEUV vorgelegt. Der Wortlaut („Hygienegründe") ist insoweit ambivalent. Nach Sinn und Zweck des bei Fernabsatzverträgen bestehenden Widerrufsrechts soll der Verbraucher in der besonderen Situation eines Vertragsabschlusses im Fernabsatzhandel geschützt werden, in der er keine konkrete Möglichkeit hat, das Erzeugnis vor Abschluss des Vertrages zu sehen oder die Eigenschaften der Dienstleistung zur Kenntnis zu nehmen. Dieser Nachteil soll mit dem Widerrufsrecht ausgeglichen werden, das dem Verbraucher eine angemessene Bedenkzeit einräumt, in der er die gekaufte Ware prüfen und ausprobieren kann. Insoweit ist Art. 16 lit. e VRRL als Ausnahmevorschrift eng auszulegen.[27] 15

Im Lichte dieser Erwägungen greift die Norm nur dann ein, wenn die darin enthaltene Ware nach der Entfernung der Versiegelung der Verpackung aus Gründen des Gesundheitsschutzes oder der Hygiene endgültig nicht mehr verkehrsfähig ist. Dies kann der Fall sein, wenn es für den Unternehmer wegen der Beschaffenheit der Ware unmöglich oder übermäßig schwierig ist, Maßnahmen zu ergreifen, die sie wieder verkaufsfähig machten, ohne dass einem dieser Erfordernisse nicht genügt würde.[28] Festzustellen ist, dass ein und dieselbe Matratze aufeinanderfolgenden Hotelgästen dient; 16

---

22 EuGH, 21.10.2020, Rs. C-529/19 – *Möbel Kraft*, ECLI:EU:C:2020:846, Rn. 24 ff.

23 Zum Begriff näher *Schwab/Hromek*, JZ 2015, 271, 280 f.

24 Siehe dazu OLG Hamburg NJW 2004, 1114, 1115 zu § 312d Abs. 4 Nr. 3 BGB a. F.

25 Darin besteht ein Unterschied zu § 312d Abs. 4 Nr. 3 BGB a. F., der nicht nur Einzellieferungen, sondern auch Abonnements erfasste (dazu BGH WM 2012, 221, Rn. 37 „Computer-Bild").

26 NJW 2018, 453.

27 EuGH, 27.3.2017, Rs. C-681/17 – *slewo*, NJW 2019, 1507, Rn. 33 f. Siehe dazu etwa *Christopher Huber*, GPR 2019, 182; *R. Koch*, JZ 2019, 834; *Singbartl/Weber*, NJW 2019, 1509.

28 EuGH, 27.3.2017, Rs. C-681/17 – *slewo*, NJW 2019, 1507, Rn. 40.

auch besteht ein Markt für gereinigte, gebrauchte Matratzen.[29] Überdies kann – im Hinblick auf das Widerrufsrecht – eine Matratze mit einem Kleidungsstück, das ebenfalls in direkten Kontakt mit dem menschlichen Körper kommen kann, gleichgesetzt werden. Der Unternehmer ist hinsichtlich beider Waren in der Lage, diese nach Rücksendung durch den Verbraucher mittels einer Behandlung wie einer Reinigung oder einer Desinfektion für eine Wiederverwendung durch einen Dritten und damit für ein erneutes Inverkehrbringen geeignet zu machen, wodurch den Erfordernissen des Gesundheitsschutzes oder der Hygiene genügt wird.[30] Eine Matratze, deren Schutzfolie der Verbraucher entfernt hat, fällt damit nicht unter den Ausnahmetatbestand.

17 Ebenfalls in diese Fallgruppe gehört die Bereichsausnahme des § 312g Abs. 2 S. 1 Nr. 9 BGB für Dienstleistungen im Bereich Beherbergung, Beförderung von Waren, Kraftfahrzeugvermietung, Gastronomie oder Freizeitgestaltung. Die Kapazitäten, die der Unternehmer bereitstellt, um die Dienstleistungen zu einem „spezifischen Termin oder Zeitraum" zu erbringen, lassen sich im Falle eines Widerrufs möglicherweise nicht mehr anderweitig nutzen.[31] Beispiele sind die Anmietung eines PKW,[32] die Buchung von Hotelzimmern oder Ferienwohnungen, die Bestellung von Karten für Oper, Theater, Kino oder Catering.[33] Voraussetzung ist dabei stets, dass der Unternehmer eine (europarechtlich weit zu verstehende) Dienstleistung erbringt. Was die Beförderung von Waren angeht, ist nicht erforderlich, dass die jeweilige Sache handelbar ist. Erfasst sind damit z. B. auch Sachen, die im Rahmen eines Umzugs zur Entsorgung befördert werden.[34] Die Gegenausnahme in § 312g Abs. 2 S. 2 BGB a. F., die sich auf Verträge über Reiseleistungen nach § 651a BGB (Pauschalreisen) bezieht, die außerhalb von Geschäftsräumen geschlossen wurden, wurde m. W. v. 1. Juli 2018 aufgehoben. Die für sie bestehende Voraussetzung, dass der Vertrag nicht aufgrund vorhergehender Bestellung des Verbrauchers geschlossen wurde, stand im Widerspruch zu den Vorgaben der VRRL, die einen umfassenden Schutz des Verbrauchers bei außerhalb von Geschäftsräumen geschlossenen Verträgen bezweckt: Ob der Verbraucher den Vertragsschluss aufgrund einer Bestellung herbeigeführt hat, soll gerade nicht mehr maßgeblich sein, wie sich aus Erwägungsgrund Nr. 21 VRRL ergibt.

cc) Treuwidrigkeit

18 In einer Reihe von Fällen wäre die Lösung vom Vertrag im Wege des Verbraucherwiderrufs treuwidrig. Dies betrifft etwa spekulative Geschäfte wie Verträge zur Liefe-

---

29 EuGH, 27.3.2017, Rs. C-681/17 – *slewo*, NJW 2019, 1507, Rn. 42.

30 EuGH, 27.3.2017, Rs. C-681/17 – *slewo*, NJW 2019, 1507, Rn. 43ff.; ebenso BGH NJW 2019, 2842.

31 Vgl. BT-Drucks. 17/12637, S. 57 unter Verweis auf ErwGr. Nr. 49 VRRL.

32 Art. 16 lit. 1 mit ErwGr. Nr. 27 VRRL. Siehe dazu die noch zur Fernabsatz-RL ergangene Entscheidung EuGH, 10.3.2005, Rs. C-336/03 – *easyCar*, NJW 2005, 3055.

33 Zum Ganzen BT-Drucks. 17/12637, S. 57.

34 Vgl. BT-Drucks. 17/12637, S. 57.

rung alkoholischer Getränke, deren Preis bei Vertragsschluss vereinbart wurde, die aber frühestens 30 Tage nach Vertragsschluss geliefert werden können und deren aktueller Wert von Schwankungen auf dem Markt abhängt, auf die der Unternehmer keinen Einfluss hat (§ 312g Abs. 2 S. 1 Nr. 5 BGB). Hierunter fallen etwa Verträge über die Lieferung von Wein, bei denen die Lieferung erst lange nach dem Abschluss eines Kaufvertrags spekulativer Art erfolgen soll („vin en primeur“).[35]

Auch Verträge über Waren (z.B. Edelmetalle und Rohstoffe) und Finanzdienst- 19
leistungen, deren Preis auf dem Finanzmarkt Schwankungen unterliegt, auf die der Unternehmer keinen Einfluss hat und die innerhalb der Widerrufsfrist auftreten können, sind nicht widerruflich (§ 312g Abs. 2 S. 1 Nr. 8 BGB). Das Gesetz nennt als Beispiel Aktien, bestimmte Anteilsscheine, andere handelbare Wertpapiere, Devisen, Derivate und Geldmarktinstrumente.[36] Der Verbraucher soll hier nicht zu Lasten des Unternehmers spekulieren, also einen ungünstigen Verlauf durch Widerruf auf den Unternehmer abschieben können. Die früher umstrittene Frage, ob die Ausnahme auch die Lieferung von Heizöl erfasst, das nicht zum Festpreis bestellt wurde, hat der BGH im negativen Sinne entschieden, da dem kein spekulativer Charakter innewohne.[37]

Ähnliches gilt für Verträge zur Erbringung von Wett- und Lotteriedienstleistun- 20
gen. Hier muss nach der Entscheidung oder Ausspielung ein Widerruf schon deshalb ausscheiden, weil Gegenstand des Geschäfts eine Chance darstellt, die dann erloschen ist (§ 312g Abs. 2 S. 1 Nr. 12 BGB). Es besteht eine Gegenausnahme für telefonische Vertragsabschlüsse. Hier sind Verbraucher vor Verträgen zu schützen, die gerade im Rahmen unerbetener Telefongespräche geschlossen werden.[38] Eine weitere Gegenausnahme besteht für außerhalb von Geschäftsräumen geschlossene Verträge.

Geradezu eine Einladung zur Lösung vom Vertrag bestünde bei Verträgen zur Lie- 21
ferung von Ton- oder Videoaufnahmen oder Computersoftware in einer versiegelten Packung, wenn die Versiegelung nach der Lieferung entfernt wurde. Hier besteht die Gefahr, dass der Verbraucher sich ein Duplikat hergestellt hat; ein Widerrufsrecht besteht daher nicht (§ 312g Abs. 2 S. 1 Nr. 6 BGB).[39] Von vornherein nicht versiegelte Datenträger dürften aber nicht unter diesen Ausschlusstatbestand fallen.

35 Vgl. dazu BT-Drucks. 17/12637, S. 56 unter Verweis auf ErwGr. Nr. 49 VRRL.

36 Für Zertifikate BGHZ 195, 375 „Lehman“; BGH NJW 2013, 1223 zu § 312d Abs. 4 Nr. 6 BGB a.F. m.N. zur obergerichtlichen Rspr.; auch *Kropf*, WM 2012, 1267 und *Riehm*, ZBB 2013, 93, ebenfalls zu § 312d Abs. 4 Nr. 6 BGB a.F.; zu Bitcoins *Beck/König*, AcP 215 (2015), 646, 678 ff.; für eine analoge Anwendung beim Handel mit Kryptowährungen *Kirschbaum/Stepanova*, BKR 2019, 286.

37 BGH NJW 2015, 2959, Rn. 20 zu § 312d Abs. 4 Nr. 6 BGB a.F.; krit. *Kohler*, JZ 2016, 198; *Henning-Bodewig*, EuCML 2016, 87; *Singbartl/Rübbeck*, ZJS 2016, 251.

38 Vgl. BT-Drucks. 17/12637, S. 57.

39 Diese Bereichsausnahme ließe sich auch unter die Fallgruppe der praktischen Undurchführbarkeit der Rückabwicklung fassen, da diese zwar möglich erscheint (etwa durch Vernichtung einer angefertigten Kopie bzw. Löschung entsprechender Dateien), diese sich aber kaum nachvollziehen lässt.

22 In den Bereich des venire contra factum proprium gehören die Fälle, in denen der Vertrag aufgrund vorheriger Bestellung durch den Verbraucher mit dem Unternehmer zustande kam. Dies gilt nach § 312g Abs. 2 S. 1 Nr. 11 BGB allerdings nur dann, wenn sich der Vertrag auf die Durchführung dringender Reparatur- und Instandhaltungsmaßnahmen bezieht.[40] In der Praxis dürften von der Ausnahme ganz überwiegend außerhalb von Geschäftsräumen geschlossene Verträge betroffen sein. Grund ist, dass Verträge über Reparatur- und Instandhaltungsarbeiten in aller Regel nicht bereits im Fernabsatz im Rahmen der Vereinbarung eines Termins geschlossen werden, sondern erst, wenn sich der Unternehmer an Ort und Stelle einen Eindruck von den zu erbringenden Leistungen gemacht hat. Der Ausschluss des Widerrufsrechts umfasst nur die dringenden Arbeiten, zu denen der Unternehmer auch angefordert wurde. Erbringt der Unternehmer in diesem Zusammenhang weitere Dienstleistungen oder liefert er Waren, die für die angeforderte Reparatur- oder Instandsetzung nicht notwendigerweise als Ersatzteil benötigt werden, besteht indessen ein Widerrufsrecht.[41]

dd) Versteigerungen

23 Nach § 312g Abs. 2 S. 1 Nr. 10 BGB ist das Widerrufsrecht bei öffentlich zugänglichen Versteigerungen ausgeschlossen. Schon nach altem Recht war bei Versteigerungen das Widerrufsrecht ausgeschlossen.[42] Angeknüpft wurde dabei an den Begriff der öffentlichen Versteigerung in § 156 BGB. Das neue Recht löst sich hiervon, sodass im BGB nun beide Versteigerungsbegriffe nebeneinander bestehen. Internetversteigerungen sind nicht von der Bereichsausnahme erfasst, da diese nicht durch Zuschlag zustande kommen.[43] Insoweit besteht zum alten Recht kein Unterschied, denn auch dieses umfasste mit Blick auf § 156 BGB nicht Versteigerungen, wie Internetauktionen, in deren Rahmen ein Vertragsschluss nicht durch Zuschlag, sondern durch Antrag und Annahme nach §§ 145ff. BGB zustande kommt.[44]

ee) Notariell beurkundete Verträge

24 Eine letzte Fallgruppe betrifft schließlich notariell beurkundete Verträge (§ 312g Abs. 2 S. 1 Nr. 13 BGB). Die Norm ist (für Verträge, die keine Finanzdienstleistungen betreffen) im Zusammenhang mit § 312 Abs. 2 Nr. 1b BGB zu sehen, wonach beurkundungspflichtige Verträge vom Anwendungsbereich der §§ 312ff. BGB (von § 312a Abs. 1, 3, 4 und 6 BGB abgesehen) insgesamt ausgenommen sind. Bedeutung hat die-

40 Näher dazu *Schwab/Hromek*, JZ 2015, 271, 276f.
41 Vgl. BT-Drucks. 17/12637, S. 57.
42 Vgl. § 312d Abs. 4 Nr. 5 BGB a.F.
43 Vgl. ErwGr. Nr. 24 a. E. VRRL.
44 Vgl. dazu BGHZ 149, 129, 133; BGH NJW 2005, 53, 54; *Mankowski*, JZ 2005, 444. Zur Lösung von Verträgen bei eBay-Auktion auch *Stürner*, JURA (JK) 2015, S. 538, § 138 BGB.

se Ausnahme damit nur noch für Verträge, die notariell beurkundet werden, obwohl keine entsprechende Verpflichtung besteht.[45] Das Widerrufsrecht entfällt bei diesen Verträgen aufgrund der dem Notar im Rahmen der Beurkundung obliegenden Verlesungs-, Prüfungs- und Belehrungspflichten. Dadurch wird einer Überforderung des Verbrauchers wirksam entgegengetreten, sodass es eines (weiteren) Schutzes des Verbrauchers durch Gewährung eines Widerrufsrechts nicht bedarf.[46] Da § 312g Abs. 2 S. 1 Nr. 13 BGB nur den Entfall des Widerrufsrechts anordnet, hat der Unternehmer seinen Informationspflichten aus den §§ 312ff. BGB nachzukommen. Auch diese Verpflichtung entfällt jedoch, wenn der Verbraucher hierüber durch den Notar belehrt wurde (vgl. § 312 Abs. 2 Nr. 1b BGB).[47]

c) Konkurrenzen

Nach § 312g Abs. 3 BGB ist das Widerrufsrecht ausgeschlossen, wenn der Verbraucher bereits ein Widerrufsrecht nach den §§ 495, 506–512 BGB hat. Speziell für außerhalb von Geschäftsräumen geschlossene Verträge gilt, dass bei Verträgen, bei denen dem Verbraucher bereits nach § 305 Abs. 1–6 KAGB ein Widerrufsrecht zusteht, ein solches nach § 312g Abs. 1 BGB nicht besteht. **25**

Das Widerrufsrecht besteht auch dann, wenn der Vertrag wegen Sittenwidrigkeit nichtig ist.[48] Dadurch wird der Verbraucher besser gestellt, als er über die bereicherungsrechtliche Rückabwicklung stünde. Eine Ausnahme soll nach § 242 BGB nur bei besonderer Schutzbedürftigkeit des Unternehmers gemacht werden, etwa im Falle von arglistigem Handeln des Verbrauchers.[49] Auch eine zuerst erklärte Kündigung soll den Widerruf jedenfalls bei unzureichender Widerrufsbelehrung nicht ausschließen.[50] **26**

II. Die Ausübung des Widerrufsrechts

§ 355 BGB, der insoweit Art. 11–14 VRRL umsetzt, enthält die grundlegenden Voraussetzungen zur Ausübung des Widerrufsrechts (Abs. 1, 2) sowie allgemeine Aussagen zu den Rechtsfolgen des Widerrufs (Abs. 3), die sich jeweils auf alle § 355 BGB unter- **27**

---

45 Vgl. insoweit BT-Drucks. 17/12637, S. 57.

46 BT-Drucks. 17/12637, S. 57.

47 Zu den Besonderheiten bei Verträgen über Finanzdienstleistungen PWW/*Stürner*, 15. Aufl. 2020, § 312g Rn. 20.

48 BGHZ 183, 235 unter Berufung auf die Lehre von den Doppelwirkungen im Recht; dazu *Schreiber*, AcP 211 (2011), 35; *Petersen*, JZ 2010, 315; *Lorenz*, in: GS M. Wolf, 2011, S. 77; *Herbert*, JZ 2011, 503; *Würdinger*, JuS 2011, 769.

49 BGHZ 183, 235.

50 BGH NJW 2013, 3776 Rn. 24 für einen Versicherungsvertrag.

fallenden Widerrufsrechte beziehen. Sondervorschriften bestehen für Fernabsatz- und Außergeschäftsraumverträge (§ 356 BGB), für Teilzeit-Wohnrechte- und ähnliche Verträge (§ 356a BGB), für Verbraucherdarlehensverträge (§ 356b BGB) sowie für Ratenlieferungsverträge (§ 356c BGB).[51]

1. Berechtigter

28 Zum Widerruf berechtigt ist in erster Linie der Verbraucher als Vertragspartner (vgl. Art. 9 Abs. 1 VRRL), auch wenn er beim Vertragsschluss vertreten worden ist. Bei § 1357 BGB bzw. § 8 Abs. 2 LPartG soll auch der Mithaftende widerrufen können. Gleiches soll sogar für den nach § 179 Abs. 1 BGB haftenden vollmachtlosen Vertreter gelten.[52]

29 Schließen mehrere Verbraucher als Darlehensnehmer mit einem Unternehmer als Darlehensgeber einen Verbraucherdarlehensvertrag, kann jeder von ihnen seine auf Abschluss des Darlehensvertrags gerichtete Willenserklärung selbstständig widerrufen.[53] Sind Ehegatten am Abschluss eines Verbrauchervertrags beteiligt, so sollen sie allerdings das Widerrufsrecht grundsätzlich nur gemeinsam ausüben können.[54] Umstritten ist die Frage des nicht geregelten Teilwiderrufs.[55] Bei Teilbarkeit der Leistung (etwa bei Sammelbestellungen) dürfte er zulässig sein, nicht jedoch bei einheitlichem Leistungsgegenstand.[56] Dogmatisch ließe sich dieser Ansatz auf den Rechtsgedanken des § 139 BGB stützen.

2. Widerrufserklärung

30 Die Ausübung des Widerrufs erfolgt durch Widerrufserklärung (Art. 11 Abs. 1 VRRL bzw. § 355 Abs. 1 S. 2 BGB); eine Begründung ist nicht erforderlich, wie § 355 Abs. 1 S. 4 BGB klarstellt. Das Wort „Widerruf" muss nicht explizit genannt werden; es genügt, wenn sich aus der Erklärung eindeutig ergibt, dass sich der Verbraucher vom Vertrag lösen möchte (Art. 11 Abs. 1 S. 2 lit. b VRRL bzw. § 355 Abs. 1 S. 3 BGB).[57] Wie bei anderen Gestaltungsrechten auch ist der Inhalt der Erklärung durch Auslegung zu ermitteln. Beruft sich der Verbraucher etwa auf einen Sachmangel oder auf Verzug, so kann unabhängig von den gewählten Worten auch ein Rücktritt nach den §§ 323, 326 Abs. 5 BGB gemeint sein. Bedeutung hat dies v. a. bei Versäumung von Form oder

---

51 Zum Verhältnis dieser Vorschriften zueinander PWW/*Stürner*, 15. Aufl. 2020, § 356 Rn. 2.

52 BGH NJW-RR 1991, 1079; auch Palandt/*Grüneberg*, 80. Aufl. 2021, § 355 Rn. 2.

53 BGHZ 212, 207, Rn. 15.

54 So zum alten Recht Karlsruhe ZIP 2016, 460, Rn. 33 ff.; anders Stuttgart VuR 2017, 317.

55 Näher *Kotowski*, VuR 2016, 291.

56 BeckOGK-BGB/*Mörsdorf* (Stand 15.2.2020), § 355 Rn. 38; MüKo-BGB/*Fritsche*, 8. Aufl. 2019, § 355 Rn. 31 f.; Soergel/*Pfeiffer*, 13. Aufl. 2010, § 355 Rn. 15.

57 Siehe auch ErwGr. Nr. 44 VRRL.

Frist nach § 355 Abs. 1 S. 2, 3 und 5 BGB, aber etwa auch wegen §§ 357 Abs. 7, 357a Abs. 2, 357b Abs. 2 BGB.

Bei Fernabsatz- und Außergeschäftsraumverträgen kann der Unternehmer dem 31 Verbraucher die Möglichkeit einräumen, zur Erklärung des Widerrufs das Muster-Widerrufsformular nach Anlage 2 zu Art. 246a § 1 Abs. 2 S. 1 Nr. 1 EGBGB oder eine andere eindeutige Widerrufserklärung auf der Webseite des Unternehmers auszufüllen und ihm zu übermitteln. Macht der Verbraucher hiervon Gebrauch, muss der Unternehmer dem Verbraucher den Zugang der Widerrufserklärung unverzüglich auf einem dauerhaften Datenträger bestätigen (§ 356 Abs. 1 BGB). Diese Vorgehensweise bringt sowohl für die Unternehmer- als auch die Verbraucherseite Vorteile mit sich. Der Unternehmer kann dadurch die Rückabwicklung automatisiert vornehmen und unmittelbar dem Kundenkonto zuordnen; der Verbraucher, der die Beweislast für die rechtzeitige Erklärung des Widerrufs trägt, erhält sogleich eine Bestätigung des Eingangs seiner Widerrufserklärung.[58]

3. Form

Die Widerrufserklärung bedarf keiner bestimmten Form. Damit unterscheidet sich 32 § 355 Abs. 1 BGB von der früheren Rechtslage, wonach der Widerruf in Textform (§ 126b BGB) zu erfolgen hatte. Aus Beweisgründen ist es jedoch weiterhin ratsam für den Verbraucher, in Textform zu widerrufen,[59] denn er trägt nach Art. 11 Abs. 4 VRRL die Beweislast für die Ausübung des Widerrufsrechts. Immerhin obliegt nach § 361 Abs. 3 BGB dem Unternehmer die Beweislast für einen nicht rechtzeitigen Widerruf.[60]

Ob diese Bestimmung im Zusammenhang mit außerhalb von Geschäftsräumen 33 geschlossenen Verträgen und Fernabsatzverträgen im Einklang mit der VRRL steht, ist trotz Art. 6 Abs. 9 VRRL, der dem Unternehmer die Beweislast für die Erfüllung der nach der Richtlinie bestehenden Informationspflichten aufbürdet, zweifelhaft. Nach Art. 11 Abs. 4 VRRL trägt bei außerhalb von Geschäftsräumen geschlossenen Verträgen und Fernabsatzverträgen der Verbraucher die Beweislast für die Ausübung des Widerrufsrechts. Zwar könnte ausgehend vom Wortlaut unter der Ausübung des Widerrufsrechts auch allein die Erklärung des Widerrufs durch den Verbraucher gegenüber dem Unternehmer gemeint sein. Systematische Gründe sprechen jedoch dafür, dass die Wendung „Ausübung des Widerrufsrechts" umfassend zu verstehen ist und auch den Beginn der Widerrufsfrist umfasst. So nimmt Art. 11 Abs. 4 VRRL den gesamten Art. 11 VRRL in Bezug. Letzterer befasst sich in seinem Abs. 2 über den Verweis auf Art. 9 Abs. 2 und Art. 10 VRRL auch mit der Widerrufsfrist, deren Einhaltung für die

58 BT-Drucks. 17/12637, S. 60.
59 So explizit ErwGr Nr. 44 VRRL; vgl. auch BT-Drucks. 17/12637, S. 60.
60 BGH NJW 2019, 3231.

Ausübung des Widerrufs Voraussetzung ist. Dass Art. 11 Abs. 4 VRRL den Beginn der Widerrufsfrist nicht erfasst, ist daher nicht anzunehmen.

34 Für die Ausübung des Widerrufsrechts ist die kommentarlose Rücksendung der Ware nicht ausreichend, es sei denn, es besteht eine entsprechende vertragliche Vereinbarung (Art. 11 Abs. 3 VRRL).

4. Frist

a) Allgemeine Grundsätze

35 Die Widerrufsfrist beträgt für alle Widerrufsrechte einheitlich 14 Tage (etwa Art. 9 Abs. 1 VRRL) und beginnt grundsätzlich mit Vertragsschluss (§ 355 Abs. 2 BGB). Zur Wahrung der Frist genügt die rechtzeitige Absendung des Widerrufs (§ 355 Abs. 1 S. 5 BGB). Ob es eine Höchstfrist gibt, innerhalb derer das Widerrufsrecht ausgeübt werden muss, wird nicht in § 355 BGB, sondern in den spezielleren §§ 356ff. BGB geregelt.[61]

b) Besonderheiten für Fernabsatz- und Außergeschäftsraumverträge

36 § 356 Abs. 3 S. 1 BGB enthält hinsichtlich des Fristbeginns für Fernabsatz- und Außergeschäftsraumverträge eine von § 355 Abs. 2 S. 2 BGB abweichende Regelung.[62] Darüber hinaus sind für den Verbrauchsgüterkauf i. S. d. § 474 Abs. 1 BGB sowie für Verträge, die sich auf die Lieferung von Wasser, Gas, Strom oder Fernwärme beziehen oder digitale Inhalte haben, die Regelungen zum Fristbeginn des § 356 Abs. 2 BGB zu beachten.

aa) Allgemeiner Fristbeginn

37 Die Widerrufsfrist beginnt erst dann zu laufen, wenn der Unternehmer den Verbraucher gem. Art. 246a § 1 Abs. 2 S. 1 Nr. 1 EGBGB oder, wenn diese Verträge Finanzdienstleistungen zum Gegenstand haben, gem. Art. 246b § 2 Abs. 1 EGBGB vor Vertragsschluss informiert hat.[63] Art. 246b § 2 Abs. 1 EGBGB verlangt vom Unternehmer, dass er dem Verbraucher die Vertragsbestimmungen (einschließlich der AGB) sowie die Informationen des Art. 246b § 1 Abs. 1 EGBGB auf einem dauerhaften Datenträger zur Verfügung stellt, um die Widerrufsfrist in Gang zu setzen. Mit Blick auf den Umfang des Art. 246b § 1 Abs. 1 EGBGB sind diese Anforderungen an die Widerrufsbelehrung des Unternehmers vielfältig.

---

61 Dazu unten Rn. 44ff.

62 Dazu näher *Janal*, VuR 2015, 43.

63 Für Heilungsmöglichkeit bei Informationserteilung nach Vertragsschluss *Wendehorst*, NJW 2014, 577, 582.

38 Weniger vielfältig sind die Anforderungen, die Art. 246a § 1 Abs. 2 S. 1 Nr. 1 EGBGB an den Unternehmer stellt. Danach ist der Verbraucher über die Bedingungen, die Fristen und das Verfahren für die Ausübung des Widerrufsrechts gem. § 355 Abs. 1 BGB sowie das Muster-Widerrufsformular zu informieren. Von der Erfüllung weiterer Informationspflichten ist der Beginn der Widerrufsfrist nicht abhängig.[64] Um die Widerrufsfrist in Gang zu setzen, wird dem Unternehmer damit bei Fernabsatz- und Außergeschäftsraumverträgen, die keine Finanzdienstleistungen zum Gegenstand haben, sehr viel weniger abverlangt als bei Verträgen über Finanzdienstleistungen, die in einer dieser Vertriebsformen geschlossen werden. § 356 Abs. 3 S. 1 BGB bringt damit für den Unternehmer in diesem Bereich eine deutliche Erleichterung mit sich.[65]

39 Die Pflicht des Unternehmers nach § 356 Abs. 3 S. 1 BGB, dem Verbraucher die Informationen des Art. 246a § 1 Abs. 2 S. 1 Nr. 1 EGBGB zukommen zu lassen, um die Widerrufsfrist in Gang zu setzen, stellt keine Benachteiligung für Verkäufer auf Bieterplattformen wie eBay dar; nach § 356 Abs. 2 Nr. 1a BGB beginnt in diesen Fällen die Widerrufsfrist ohnehin erst nach Erhalt der Waren zu laufen.[66]

bb) Musterwiderrufsbelehrung

40 Rechtssicherheit im Zusammenhang mit seinen Informationspflichten aus Art. 246a § 2 Abs. 1 S. 1 EGBGB und Art. 246b § 2 Abs. 1 EGBGB bietet dem Unternehmer die Musterwiderrufsbelehrung der Anlage 1 zu Art. 246a § 1 Abs. 2 S. 2 EGBGB bzw. der Anlage 3 zu Art. 246b § 2 Abs. 3 EGBGB. Bedeutung hat die Musterwiderrufsbelehrung für den Unternehmer v.a. bei den Pflichten aus Art. 246b § 2 Abs. 1 EGBGB (Verträge über Finanzdienstleistungen), da sich diese als sehr vielfältig darstellen, sodass selbst ein Volljurist kaum wird sicher sein können, sie alle beachtet zu haben. Die genannten Pflichten des Unternehmers haben aufgrund ihrer Erwähnung in § 356 Abs. 3 S. 1 BGB Gesetzesrang. Abänderungen durch den Unternehmer führen zum Verlust der Schutzwirkung der Musterwiderrufsbelehrung.[67]

---

64 Vgl. BT-Drucks. 17/12637, S. 61.

65 Diese Erleichterung auf Verträge über Finanzdienstleistungen zu übertragen, war dem Gesetzgeber aufgrund der Bindungen von Art. 5 Abs. 1 FernabsFinDienstlRL (RL 2002/65/EG) nicht möglich. Zwar gilt diese nur für Fernabsatzverträge über Finanzdienstleistungen und nicht für Verträge über Finanzdienstleistungen, die außerhalb von Geschäftsräumen geschlossen wurden (insoweit ist der Gesetzgeber nicht durch Richtlinien gebunden). Ob unterschiedliche Bestimmungen für Verträge über Finanzdienstleistungen (abhängig von der jeweils gewählten Vertriebsform) eine Erleichterung für den Unternehmer dargestellt hätten, ist mit Blick auf den damit verbundenen Mehraufwand für den Unternehmer zweifelhaft.

66 BT-Drucks. 17/12637, S. 61.

67 BGH NJW 2014, 2022 Rn. 16 ff. zur BGB-InfoV a.F.; BGHZ 211, 123, Rn. 22 ff.; BGH NJW-RR 2017, 815, Rn. 32. Ob es hier eine „Geringfügigkeitsschwelle" gibt, ist umstritten, siehe die Nachweise bei PWW/*Stürner*, 15. Aufl. 2020, § 355 Rn. 13.

cc) Besonderheiten bei Verbrauchsgüterkauf

41 Bei einem Verbrauchsgüterkauf (§ 474 Abs. 1 BGB) beginnt die Widerrufsfrist mit Erhalt der Ware zu laufen, § 356 Abs. 2 Nr. 1a BGB. Zu beachten ist insoweit, dass ein Verbrauchsgüterkauf sich nicht nur auf den Verkauf beweglicher Sachen bezieht (vgl. § 474 Abs. 1 S. 1 BGB), sondern auch dann vorliegt, wenn der Vertrag zwischen dem Unternehmer und dem Verbraucher neben dem Verkauf einer beweglichen Sache die Erbringung einer Dienstleistung zum Gegenstand hat (§ 474 Abs. 1 S. 2 BGB). Beinhaltet z. B. ein Vertrag über Fernunterricht auch die Lieferung von Schulungsmaterial, beginnt die Widerrufsfrist erst nach Erhalt dieses Materials, vorausgesetzt jenem kommt nicht nur eine ganz untergeordnete Funktion zu.[68] Bedeutung gewinnt diese Abgrenzung insoweit, als für Verträge, die nur Dienstleistungen betreffen, nach der allgemeinen Bestimmung des § 355 Abs. 2 S. 2 BGB die Widerrufsfrist mit Vertragsschluss zu laufen beginnt.[69]

42 Werden mehrere Waren in einem einheitlichen Vorgang bestellt, beginnt die Widerrufsfrist erst dann zu laufen, wenn der Verbraucher die letzte Ware erhalten hat (§ 356 Abs. 2 Nr. 1b BGB). Etwas anderes soll nach der Gesetzesbegründung[70] dann gelten, wenn die Auslegung der Willenserklärung des Unternehmers und des Verbrauchers ergibt, dass trotz des einheitlichen Bestellvorgangs kein einheitlicher, sondern zwei oder mehrere Kaufverträge vorliegen, weil es z. B. an einem erkennbaren Zusammenhang zwischen den Waren fehlt. Werden die Waren in mehreren Teilsendungen oder Stücken geliefert, beginnt die Frist erst mit Erhalt der letzten Teilsendung bzw. des letzten Stücks zu laufen, § 356 Abs. 2 Nr. 1c BGB. Bei Verträgen, die auf die regelmäßige Lieferung von Waren über einen festgelegten Zeitraum gerichtet sind, kommt es für den Beginn der Widerrufsfrist darauf an, wann der Verbraucher die erste Lieferung erhalten hat.[71]

dd) Besonderheiten bei Verträgen nach § 356 Abs. 2 Nr. 2 BGB

43 Verträge der Daseinsvorsorge sowie über digitale Inhalte fallen ausschließlich unter § 356 Abs. 2 Nr. 2 BGB, auch wenn im Einzelfall an eine Anwendung von § 356 Abs. 2 Nr. 1 BGB gedacht werden könnte.[72] Für diese Verträge beginnt die Widerrufsfrist einheitlich mit Vertragsschluss. Im Vergleich zur allgemeinen Regelung des § 355 Abs. 2 S. 2 BGB ergibt sich kein Unterschied. § 356 Abs. 2 Nr. 2 BGB hat damit allein klarstellende Funktion mit Blick auf dessen genanntes Verhältnis zu § 356 Abs. 2 Nr. 1 BGB.

---

68 BT-Drucks. 17/12637, S. 60.
69 Dazu auch BT-Drucks. 17/12637, S. 61.
70 BT-Drucks. 17/12637, S. 61.
71 Siehe dazu auch BT-Drucks. 17/12637, S. 61.
72 Siehe dazu BT-Drucks. 17/12637, S. 61.

c) Erlöschen des Widerrufsrechts

aa) Allgemeine Regelung

Nach § 356 Abs. 3 S. 2 BGB erlischt das Widerrufsrecht bei Fernabsatz- und Außergeschäftsraumverträgen, die sich nicht auf Finanzdienstleistungen beziehen, nach zwölf Monaten und 14 Tagen. Dies gilt auch dann, wenn der Unternehmer den Verbraucher nicht ordnungsgemäß nach § 356 Abs. 3 BGB belehrt hat.[73] Im Vergleich zur vorherigen Rechtslage stellt dies eine Erleichterung für den Unternehmer dar: Nach § 355 Abs. 4 S. 3 HS. 1 BGB a.F.[74] erlosch das Widerrufsrecht für den Verbraucher nicht, wenn er durch den Unternehmer nicht ordnungsgemäß belehrt worden war. Bereits zuvor hatte der EuGH die Regelung in § 2 Abs. 1 S. 4 HWiG a.F. für gemeinschaftsrechtskonform gehalten, wonach der nationale Gesetzgeber das Widerrufsrecht des Verbrauchers bei einem Haustürgeschäft trotz fehlender Belehrung des Verbrauchers dadurch zeitlich begrenzt, dass er festlegt, dass dieses einen Monat nach beiderseits vollständiger Erbringung der Leistung aus dem Vertrag erlischt.[75] Er führt dazu aus, dass die Richtlinie über Haustürgeschäfte zwar hauptsächlich darauf abziele, den Verbraucher vor Gefahren zu schützen, die sich aus den Umständen eines Vertragsabschlusses außerhalb von Geschäftsräumen ergeben können. Allerdings verlange die Richtlinie keinen absoluten Schutz des Verbraucher.[76] Vielmehr sei eine gesetzliche Regelung, die vorsehe, dass die allseits vollständige Leistungserbringung aus einem langfristigen Darlehensvertrag zum Erlöschen des Widerrufsrechts führe, zulässig i.S.v. Art. 4 Abs. 3 Haustür-RL. 44

Für Verträge über Finanzdienstleistungen, die im Fernabsatz oder außerhalb von Geschäftsräumen geschlossen wurden, gilt diese Erleichterung nicht (vgl. § 356 Abs. 3 S. 3 BGB).[77] Kommt der Unternehmer insoweit seinen Belehrungspflichten aus § 312d Abs. 2 BGB nicht nach, erlischt das Widerrufsrecht des Verbrauchers nicht. In diesem Fall hat er ein sog „ewiges Widerrufsrecht".[78] Eine Erleichterung für den Unternehmer, wenn auch nur in geringem Umfang, bringt § 356 Abs. 4 S. 2 BGB. Weiter ist an eine Unwirksamkeit des Widerrufs des Verbrauchers nach § 242 BGB (Rechtsmissbrauch bzw. Verwirkung) zu denken,[79] wenn die fehlende Information für den Abschlusswillen offenbar keine Rolle gespielt hat. 45

Die im Vergleich zu § 356 Abs. 3 S. 2 BGB unterschiedliche Rechtslage bei Verträgen über Finanzdienstleistungen nach § 356 Abs. 3 S. 3 BGB ergibt sich daraus, dass die VRRL, auf die § 356 Abs. 3 S. 2 BGB zurückgeht, für Finanzdienstleistungen nicht 46

73 Vgl. BT-Drucks. 17/12637, S. 62.

74 Bis 10.6.2010: § 355 Abs. 3 S. 3 BGB a.F.

75 EuGH, 10.4.2008, Rs. C-412/06 – *Hamilton*, NJW 2008, 1865.

76 EuGH, 10.4.2008, Rs. C-412/06 – *Hamilton*, NJW 2008, 1865, Rn. 39f.

77 Dazu zählt auch das Finanzierungsleasing, OLG München BeckRS 2020, 13248, Rn. 35ff.

78 Insoweit bleibt es damit bei der bisherigen, sich aus § 355 Abs. 4 S. 3 HS. 2 BGB a.F. ergebenden Rechtslage, vgl. dazu auch BT-Drucks. 17/12637, S. 62.

79 Siehe dazu sogleich Rn. 50ff.

gilt. Aufgrund von Art. 6 Abs. 1 FernabsFinDienstlRL war eine Ausweitung der Regelung des § 356 Abs. 3 S. 2 BGB jedoch auf Fernabsatzverträge über Finanzdienstleistungen nicht möglich. Zwar gilt die FernabsFinDienstlRL nicht für außerhalb von Geschäftsräumen geschlossene Verträge über Finanzdienstleistungen – der Gesetzgeber ist insoweit nicht durch Richtlinien gebunden – sodass für diese Verträge ein „ewiges Widerrufsrecht" nicht erforderlich gewesen wäre. Unterschiedliche Regelungen für Verträge über Finanzdienstleistungen je nach Vertriebsform sind jedoch aus dem bereits genannten Grund abzulehnen.

bb) Erlöschen des Widerrufsrechts bei der Erbringung von Dienstleistungen

47 Das Widerrufsrecht erlischt bei einem Vertrag zur Erbringung von Dienstleistungen auch, wenn der Unternehmer die Dienstleistung vollständig erbracht hat und mit der Ausführung der Dienstleistung erst begonnen hat, nachdem der Verbraucher dazu seine ausdrückliche Zustimmung gegeben hat (§ 356 Abs. 4 S. 1 BGB). Die bloße Hinnahme der Erfüllung reicht damit nicht aus.[80] Der Verbraucher muss Kenntnis davon haben, dass er sein Widerrufsrecht bei vollständiger Vertragserfüllung durch den Unternehmer verliert und dies dem Unternehmer bestätigen. Von dieser Kenntnis ist allerdings nicht schon dann auszugehen, wenn dem Verbraucher die Existenz des Widerrufsrechts bekannt ist oder er die Möglichkeit hatte, sich über die Bedingungen, die Fristen und das Verfahren für die Ausübung des Widerrufsrechts zu informieren. Es ist vielmehr erforderlich, dass er hierüber vom Unternehmer durch Aushändigung der erforderlichen Widerrufsbelehrung nebst Muster-Widerrufsformular so belehrt worden ist, dass er nicht an der Ausübung des Widerrufsrechts gehindert wird.[81] Kann der Verbraucher mangels Vorliegens der genannten Voraussetzungen den Vertrag widerrufen, ist zur möglichen Wertersatzpflicht des Verbrauchers § 357 Abs. 8 BGB zu beachten.

48 § 356 Abs. 4 S. 2 BGB bezieht sich speziell auf Verträge über Finanzdienstleistungen. Das Widerrufsrecht erlischt nur dann, wenn der Vertrag auf ausdrücklichen Wunsch des Verbrauchers vollständig erfüllt wurde. Diese im Vergleich zu Satz 1 strengere Regelung geht zurück auf Art. 6 Abs. 2 lit. c FernabsFinDienstlRL, die für Verträge über Finanzdienstleistungen die Regelung des § 356 Abs. 4 S. 1 BGB nicht zuließ.[82]

80 Vgl. BT-Drucks. 17/12637, S. 61.

81 BGH, 26.11.2020, I ZR 169/19 – juris Rn. 63 ff.

82 Die zuvor geltende Regelung in § 312d Abs. 3 Nr. 1 BGB a.F., die ein Widerrufsrecht von im Fernabsatz geschlossenen Verträgen über Finanzdienstleistungen auch dann zugelassen hatte, wenn der Vertrag auf den ausdrücklichen Wunsch des Verbrauchers von beiden Seiten bereits voll erfüllt wurde, verstieß gegen die vollharmonisierende FernabsFinDienstlRL, s. EuGH, 11.9.2019, Rs. C-143/18 – *Romano*, NJW 2019, 3290, Rn. 34 ff.

cc) Erlöschen des Widerrufsrechts bei Verträgen über digitale Inhalte

Bei Verträgen über digitale Inhalte (Art. 2 Nr. 11 VRRL bzw. § 312f Abs. 3 BGB) erlischt das Widerrufsrecht, wenn der Unternehmer mit der Ausführung des Vertrags begonnen hat, nachdem der Verbraucher ausdrücklich zugestimmt hat, dass der Unternehmer mit der Ausführung des Vertrags vor Ablauf der Widerrufsfrist beginnt (§ 356 Abs. 5 BGB). Im Vergleich zu § 356 Abs. 4 S. 1 BGB ist nicht der Zeitpunkt der vollständigen Erfüllung des Vertrags maßgeblich, sondern der des Beginns der Vertragsausführung. Entsprechend den Anforderungen bei § 356 Abs. 4 S. 1 BGB hat man es auch hier als nicht ausreichend anzusehen, wenn der Verbraucher den Beginn der Vertragsausführung durch den Unternehmer lediglich hinnimmt. Der Verbraucher muss Kenntnis davon haben, dass er sein Widerrufsrecht bei vollständiger Vertragserfüllung durch den Unternehmer verliert und dies dem Unternehmer bestätigen. Kann der Verbraucher mangels Vorliegens der genannten Voraussetzungen den Vertrag widerrufen, hat der Unternehmer keinen Wertersatzanspruch gegen den Verbraucher (§ 357 Abs. 9 BGB). 49

dd) Rechtsmissbräuchliche Ausübung des Widerrufsrechts

Weiter ist in Extremsituationen an eine Unwirksamkeit des Widerrufs des Verbrauchers nach § 242 BGB zu denken,[83] etwa wenn die fehlende Information für den Abschlusswillen offenbar keine Rolle gespielt hat, der Widerruf des Verbrauchers wegen überlegenen Sonderwissens rechtsmissbräuchlich wäre[84] oder einem Selbstwiderspruch gleichkäme.[85] Nicht ausreichend ist dafür jedenfalls, wenn der vom Gesetzgeber mit der Einräumung des Widerrufsrechts intendierte Schutzzweck für die Ausübung des Widerrufsrechts nicht leitend war.[86] 50

Möglich ist auch eine Verwirkung des Widerrufsrechts.[87] Notwendig ist stets eine Einzelfallbetrachtung; Vermutungen bestehen insofern nicht.[88] Eine Verwirkung kommt jedenfalls nicht schon dann in Betracht, wenn seit Vertragsschluss längere Zeit vergangen ist. Aus den gesetzlichen Verjährungshöchstfristen kann jedenfalls nicht auf ein „Mindestzeitmoment" zurückgeschlossen werden.[89] Neben dem Zeitmoment ist vor allem das Umstandsmoment problematisch. Teilweise wird angenommen, dass sich ein Vertrauen des Widerrufsadressaten auf ein Unterbleiben der 51

---

83 Siehe allgemein dazu *Mankowski*, JZ 2016, 787; *Rieländer*, AcP 216 (2016), 763; *Sesing*, JR 2017, 549.

84 OLG Stuttgart VersR 2015, 878, Rn. 38ff.; *Dawirs*, NJW 2016, 439.

85 OLG Frankfurt, 7.8.2015, 19 U 5/15, juris Rn. 52ff.; s.a. OLG Stuttgart, 6.12.2016, 6 U 95/16, juris Rn. 22ff.: vorbehaltlose Weiterzahlung.

86 BGHZ 211, 105 Rn. 23.

87 Grundlegend BGHZ 211, 105, Rn. 39; BGHZ 211, 123, Rn. 31ff.

88 BGH WM 2018, 2274, Rn. 14; BGH WM 2018, 2275, Rn. 12 m.w.N. zum Verbraucherdarlehensvertrag; *Herresthal*, NJW 2019, 13.

89 BGH WM 2017, 2247, Rn. 9.

Widerrufserklärung bereits durch die vollständige beiderseitige Vertragserfüllung ergebe.[90] Andere Entscheidungen sind deutlich restriktiver.[91] Regelmäßig wird der Bildung von schützenswertem Vertrauen auf Seiten des Unternehmers indessen bereits die Fehlerhaftigkeit der Widerrufsbelehrung entgegenstehen.[92] Der BGH scheint die Einrede der Verwirkung vor allem für den Widerruf nach auf Wunsch des Verbrauchers erfolgter Vertragsbeendigung zuzulassen,[93] da die Nachbelehrung dann sinnvoll nicht mehr möglich sei.[94]

52 Ob in der Zulassung der Einrede der Verwirkung ein Verstoß gegen die Vorgaben des Sekundärrechts liegt, ist Gegenstand eines Vorlagebeschlusses des LG Ravensburg, das mögliche Friktionen mit Art. 14 Abs. 1 S. 1 VRRL sieht.[95] Im Unterschied dazu hält der BGH diese Frage für offensichtlich nicht klärungsbedürftig (acte clair).[96] Dazu kann er sich auf eine Entscheidung des EuGH zum Versicherungsvertragsrecht stützen, in der das Gericht ausführt:[97] „Wird dem Versicherungsnehmer durch die Belehrung, auch wenn diese fehlerhaft ist, nicht die Möglichkeit genommen, sein Rücktrittsrecht im Wesentlichen unter denselben Bedingungen wie bei zutreffender Belehrung auszuüben, wäre es unverhältnismäßig, es ihm zu ermöglichen, sich von den Verpflichtungen aus einem in gutem Glauben geschlossenen Vertrag zu lösen." Im übrigen zählt der EuGH das Verbot des Rechtsmissbrauchs zu den allgemeinen Grundsätzen des Unionsrechts,[98] sodass der Verwirkungseinwand nur dann problematisch ist, wenn er den effet utile der VRRL berührt.[99] Das dürfte angesichts der

---

90 In diesem Sinne OLG Köln WM 2012, 1532; KG GuT 2013, 213; OLG Düsseldorf NJW 2014, 1599 und OLG Frankfurt BKR 2015, 245; für Begrenzung auch *Scholz/Schmidt/Ditté*, ZIP 2015, 605 (wegen „institutionellen Rechtsmissbrauchs" durch Ausübung des Widerrufsrechts).

91 OLG Karlsruhe ZIP 2015, 1011; OLG Hamm ZIP 2015, 1113, Rn. 16; OLG Celle, 4.12.2014, 13 U 205/13, juris, beim BGH anhängig unter Az. VIII ZR 8/15; s.a. *Habersack/Schürnbrand*, ZIP 2014, 749; *Braunschmidt*, NJW 2014, 1558, 1560; *Duchstein*, NJW 2015, 1409; *Müggenborg/Horbach*, NJW 2015, 2145.

92 BGHZ 201, 101, Rn. 39; BGH WM 2015, 2311, Rn. 27 zum VVG; OLG Stuttgart ZIP 2015, 2211; OLG Frankfurt ZIP 2016, 409, Rn. 31ff.; OLG Karlsruhe ZIP 2016, 663, Rn. 31ff.; differenzierend *Heyers*, NJW 2014, 2619, 2621.

93 BGHZ 211, 105, Rn. 41; BGHZ 212, 207, Rn. 30; BGH NJW-RR 2017, 812, Rn. 28; BGH WM 2017, 2248, Rn. 26.

94 Generell ablehnend *Protzen*, NJW 2016, 3479. Für Immobiliardarlehensverträge i.S.v. § 492 Abs. 1 a S. 2 in der Fassung vom 1.8.2002 bis 10.6.2010 hat sich die Einrede durch den im WoImmoKrRL-UG eingefügten Art. 229 § 38 Abs. 3 S. 1 EGBGB zum 21.6.2016 ohnehin erledigt; eine Ausnahme gilt nach S. 2 der Norm für „Haustürgeschäfte" (dazu *Omlor*, NJW 2016, 1265).

95 LG Ravensburg BeckRS 2020, 3265, Rn. 82ff. (beim EuGH anhängig als Rs. C-155/20 und Rs. C-187/20).

96 Siehe den Beschluss BGH WM 2020, 371.

97 EuGH, 11.7.2019, Rs. C-355/18 u.a. – *Rust-Hackner*, NJW 2020, 667, Rn. 79.

98 Vgl. etwa EuGH, 6.2.2018, Rs. C-359/16 – *Altun*, ECLI:EU:C:2018:63, Rn. 49 m.N.

99 Allgemein zum Rechtsmissbrauchsverbot im Anwendungsbereich des Unionsrechts oben § 11 Rn. 43ff.

strengen Voraussetzungen, für alle Tatbestände des Rechtsmissbrauchsvorwurfs hierfür bestehen, regelmäßig nicht der Fall sein.

III. Rückabwicklung nach erfolgtem Widerruf

1. Grundlagen

Nach Art. 12 VRRL bzw. § 355 Abs. 1 S. 1 BGB entfällt die Bindung der Vertragspartner 53
an ihre auf den Abschluss des Vertrags gerichteten Willenserklärungen im Falle eines durch den Verbraucher erklärten Widerrufs. Damit besteht kein Rechtsgrund (mehr),[100] eventuell bereits erlangte Leistungen behalten zu dürfen. Folgerichtig muss ein gesetzlicher Mechanismus greifen, der die Rückabwicklung steuert. Im BGB stünden hierzu etwa das Bereicherungsrecht (§§ 812ff. BGB) oder das Rücktrittsfolgenrecht (§§ 346ff. BGB) zur Verfügung. Ursprünglich hat der Gesetzgeber auf letzteres zurückgegriffen: § 357 Abs. 1 S. 1 BGB a.F. ordnete schlicht eine entsprechende Anwendung der Vorschriften über den gesetzlichen Rücktritt an. Hier kam es aber teilweise zu Friktionen mit den Vorgaben des Richtlinienrechts, etwa hinsichtlich der Wertersatzpflicht des Verbrauchers.[101] Mit dem Inkrafttreten des Gesetzes zur Umsetzung der Verbraucherrechterichtlinie und zur Änderung des Gesetzes zur Regelung der Wohnungsvermittlung vom 20.9.2013 (VRRL-UG)[102] am 13.6.2014 wurde daher ein eigenständiges Widerrufsfolgenregime in die §§ 357–357c BGB aufgenommen. Des Weiteren hat der Widerruf nach Art. 15 VRRL bzw. §§ 358–360 BGB Auswirkungen für bestimmte mit dem Verbrauchervertrag verbundene oder zusammenhängende Verträge.[103]

2. Die gesetzliche Systematik

a) Rückgewährschuldverhältnis

Den Grundsatz stellt § 355 Abs. 3 S. 1 BGB auf: Im Falle des Widerrufs sind die emp- 54
fangenen Leistungen unverzüglich zurückzugewähren. Die Norm ist – ggf. in Verbindung mit den §§ 357–357c BGB – Anspruchsgrundlage für Rückabwicklungsbegehren von Verbraucher und Unternehmer gleichermaßen. Es entsteht ein Rückgewährschuldverhältnis eigener Art, auf das die §§ 280ff. BGB zur Anwendung kommen. Die Legaldefinition des § 121 Abs. 1 S. 1 BGB findet Anwendung. In bestimmten Fällen (wie in § 357 Abs. 1 und § 357a Abs. 1 BGB) sieht das Gesetz gleichwohl Höchstfristen für die Rückgewähr vor. Die Rückgewährfrist beginnt für den Unternehmer mit dem

100 Zur Dogmatik des Widerrufsrechts oben Rn. 5f.

101 Dazu unten Rn. 69ff.

102 BGBl. I, S. 3642.

103 Dazu unten Rn. 86ff.

Zugang und für den Verbraucher mit der Abgabe der Widerrufserklärung (§ 355 Abs. 3 S. 2 BGB). Der Verbraucher wahrt diese Frist durch die rechtzeitige Absendung der Waren (§ 355 Abs. 3 S. 3 BGB); er kann die Ware hierbei auch an eine vom Unternehmer ermächtigte Person zurückgewähren, z. B. ein vom Unternehmer eingeschaltetes Logistikunternehmen.[104]

b) Differenziertes Widerrufsfolgenregime

55 Das Gesetz differenziert in der Folge stark zwischen verschiedenen Vertragstypen: § 357 BGB regelt sehr detailliert die Rechtsfolgen des Widerrufs von außerhalb von Geschäftsräumen geschlossenen Verträgen und Fernabsatzverträgen mit Ausnahme von Verträgen über Finanzdienstleistungen; für letztere bestehen in § 357a BGB Sonderregelungen.[105] Für Teilzeit-Wohnrechteverträge, Verträge über ein langfristiges Urlaubsprodukt, Vermittlungsverträge und Tauschsystemverträge enthält § 357b BGB Spezialvorschriften im Verhältnis zu § 355 Abs. 3 BGB, gleichermaßen modifiziert § 357c BGB die Widerrufsfolgen für Ratenlieferungsverträge (§ 510 Abs. 1 BGB), die weder im Fernabsatz noch außerhalb von Geschäftsräumen geschlossen wurden, orientiert sich aber dabei weitgehend an § 357 BGB.

56 In § 357 BGB sind die Rechtsfolgen des Widerrufs für Verträge, die im Fernabsatz oder außerhalb von Geschäftsräumen geschlossenen wurden, abschließend geregelt. Ein Rückgriff auf die Regelungen des Rücktrittsrechts ist folglich im Grundsatz nicht möglich.[106] Damit entfallen im Gegensatz zum früheren Recht (§ 312e Abs. 1 BGB a. F.) Nutzungs- und Verwendungsersatzansprüche nach § 347 BGB. Weitere Ansprüche auf Wertersatz oder gar Nutzungsersatz aus Eigentümer-Besitzer-Verhälnis (§§ 987, 990 BGB), Deliktsrecht (§ 823 Abs. 1 BGB) oder Bereicherungsrecht (§§ 812 Abs. 1 S. 2 Alt. 1, 818 ff. BGB) sind gemäß § 361 Abs. 1 BGB ausgeschlossen.[107] Auch § 348 BGB (Leistung Zug-um-Zug) findet bei der Rückabwicklung des Vertragsverhältnisses zwischen Unternehmer und Verbraucher keine Anwendung. Stattdessen steht dem Unternehmer bei Verbrauchsgüterkäufen das in § 357 Abs. 4 S. 1 BGB geregelte Zurückbehaltungsrecht zu. Damit wird der Verbraucher in der Regel vorleistungspflichtig.

---

104 BT-Drucks. 17/12637, S. 60.

105 Zu beachten ist, dass nach Art. 7 Abs. 4 FernabsFinDienstlRL 2002/65/EG ein Verbraucher nach Widerruf die Erstattung der zur Erfüllung des Vertrags gezahlten Tilgungs- und Zinsbeträge verlangen kann, nicht aber Nutzungsersatz auf diese Beträge, s. EuGH, 4.6.2020, Rs. C-301/18 – *Leonhard*, WM 2020, 1190, Rn. 32 ff. Angesichts der Regelung in §§ 357a, 355 ff. BGB, die – anders als die frühere Regelung, die das Rücktrittsfolgenregime in §§ 346 ff. BGB zur Anwendung brachte – keine Nutzungsersatzpflicht des Unternehmers vorsieht, ist die Entscheidung nur noch für Altfälle relevant. Zum Ganzen auch *Rodi*, GPR 2020, 246.

106 Zu einer Ausnahme unten Rn. 83.

107 PWW/*Stürner*, 15. Aufl. 2020, § 361 Rn. 4 f.

3. Die Rückabwicklung

Die gesetzliche Systematik des BGB trennt im Anschluss an Art. 13, 14 VRRL zwischen der rechtlichen Stellung des Unternehmers (§ 357 Abs. 2–4 BGB) und derjenigen des Verbrauchers (§ 357 Abs. 5–9 BGB). 57

a) Rückzahlungspflicht des Unternehmers

In welchem Umfang der Unternehmer im Rahmen der Rückabwicklung haftet, regeln die §§ 357 Abs. 1–4, 355 Abs. 3 S. 1, 2 BGB. Die in § 355 Abs. 3 S. 1 BGB bestimmte, unverzügliche Rückgewähr wird in § 357 Abs. 1 BGB dahin präzisiert, dass diese jedenfalls innerhalb der Höchstfrist von 14 Tagen zu erfolgen hat.[108] Für Verträge über Finanzdienstleistungen gilt § 357a Abs. 1 BGB (30 Tage). Die Frist beginnt für den Unternehmer mit dem Zugang der Widerrufserklärung, § 355 Abs. 3 S. 2 BGB. Nach § 286 Abs. 2 Nr. 2 BGB tritt Verzug ohne Mahnung ein. § 288 Abs. 5 BGB gilt nicht, da der Rückzahlungsanspruch keine Entgeltforderung ist.[109] 58

aa) Hinsendekosten

Die sog. Hinsendekosten sind nach § 357 Abs. 2 S. 1 BGB vom Unternehmer zu tragen. Art. 13 Abs. 2 VRRL statuiert dies ausdrücklich in Folge der Rechtsprechung des EuGH zur alten Fernabsatz-Richtlinie.[110] Eine Ausnahme besteht nach § 357 Abs. 2 S. 2 BGB nur insoweit, als die Ware auf Wunsch des Verbrauchers mit einer anderen als der vom Unternehmer angebotenen Standardlieferung versandt wurde. Diese Einschränkung soll so zu verstehen sein, dass der Verbraucher keinen Anspruch auf den Differenzbetrag zwischen der angebotenen Standardlieferung und der tatsächlich erfolgen Lieferungsart hat.[111] 59

bb) Das zur Rückzahlung zu verwendende Zahlungsmittel

Nach § 357 Abs. 3 BGB muss der Unternehmer für die Rückzahlung dasselbe Zahlungsmittel verwenden wie der Verbraucher bei der Zahlung. Dies bedeutet: Hat der Verbraucher bar bezahlt, muss auch der Unternehmer ihm den Betrag bar erstatten; erfolgte die Zahlung durch Überweisung oder im Lastschriftverfahren, muss der Unternehmer den Betrag auf das Konto des Verbrauchers zurückerstatten. Ein Gutschein 60

---

108 Vgl. Art. 13 Abs. 1, 14 Abs. 1 VRRL. Gleiches gilt über den Verweis in § 357c S. 1 BGB für Ratenlieferungsverträge, die weder im Fernabsatz noch außerhalb von Geschäftsräumen geschlossen wurden.

109 *Korch*, NJW 2015, 2212.

110 EuGH, 15.4.2010, Rs. C-511/08 – *Heinrich Heine*, NJW 2010, 1941; zur richtlinienkonformen Auslegung der §§ 357 I, 346 BGB a.F. BGH NJW 2010, 2651; dazu *Bauerschmidt/Harnos*, EuZW 2010, 434; *Krois/Lindner*, WM 2011, 442.

111 BT-Drucks. 17/12637, S. 63.

kann dem Verbraucher nur in den Fällen ausgestellt werden, in denen dieser auch zur Zahlung einen Gutschein eingesetzt hat.[112] § 357 Abs. 3 S. 2 BGB lässt jedoch eine abweichende Vereinbarung dann zu, wenn sie ausdrücklich erfolgt – AGB genügen daher wohl nicht – und für den Verbraucher infolge einer solchen Rückzahlung keine Kosten anfallen.

cc) Insbesondere: Rückabwicklung bei Verbrauchsgüterkauf

61 § 357 Abs. 4 BGB enthält eine Sonderregel für die Rückabwicklung bei Verbrauchsgüterkäufen i.S.d. § 474 Abs. 1 BGB und greift damit den Rechtsgedanken des früheren Rückgaberechts (§ 356 BGB a.F.) auf,[113] das im Rahmen der Umsetzung der VRRL ersatzlos gestrichen wurde. Danach ist der Verbraucher mit seiner Rückgabepflicht aus § 355 Abs. 3 S. 1 BGB grundsätzlich vorleistungspflichtig; der Unternehmer hat ein Zurückbehaltungsrecht bezüglich der von ihm zurückzuerstattenden Leistung, bis er die Ware erhalten hat (§ 357 Abs. 4 S. 1 BGB). Dies gilt nur dann nicht, wenn der Unternehmer angeboten hat, die Waren abzuholen (§ 357 Abs. 4 S. 2 BGB).

b) Rückgabepflicht des Verbrauchers

62 Die aus der Widerrufserklärung folgenden Pflichten des Verbrauchers regeln die §§ 357 Abs. 1, 5, 6, 355 Abs. 3 S. 1, 2, 4 BGB.

aa) Höchstfrist

63 Auch hier gilt die 14-tägige Frist des § 357 Abs. 1 BGB, die nach § 355 Abs. 3 S. 2 BGB mit der Abgabe der Widerrufserklärung durch den Verbraucher zu laufen beginnt. Die Frist wird durch die rechtzeitige Absendung der Ware gewahrt, § 355 Abs. 3 S. 3 BGB. Dies gilt nach § 357 Abs. 5 BGB nicht, wenn der Unternehmer angeboten hat, die Waren abzuholen. Die Rechtsprechung hat sogar eine Klausel in Unternehmer-AGB für wirksam gehalten, die für den Verbraucher zwingend festlegt, dass die Ware abgeholt wird, da das Gesetz die Abholung der Ware durch den Unternehmer im Vergleich zur Rücksendung als eine für den Verbraucher günstige Regelung ansieht.[114] Sendet der Verbraucher in diesem Fall die Ware dennoch zurück, so liegt darin eine Pflichtverletzung, die Ansprüche aus §§ 280 ff. BGB auslösen kann.

64 Die Gefahr des Untergangs der Waren bei der Rücksendung trägt der Unternehmer, § 355 Abs. 3 S. 4 BGB. Der Verbraucher ist jedoch verpflichtet, die Waren angemessen zu verpacken, wobei nicht zwangsläufig die Originalverpackung zu ver-

---

112 BT-Drucks. 17/12637, S. 63.

113 BT-Drucks. 17/12637, S. 63.

114 OLG Düsseldorf NJW-RR 2015, 877.

wenden ist.[115] Für Schäden, die auf eine unzureichende Verpackung der Waren zurückzuführen sind, haftet damit der Verbraucher.

bb) Konsequenzen einer Fristüberschreitung

Überschreitet der Verbraucher die gesetzliche Frist, so tritt Verzug ohne Mahnung ein **65**
(§ 286 Abs. 2 Nr. 2 BGB).[116] In diesem Fall können Schadensersatzpflichten entstehen (§§ 280 Abs. 1, 2, 286 BGB). § 361 Abs. 1 BGB steht Ansprüchen des Unternehmens gegen den Verbraucher nicht entgegen: Die Sperre betrifft nur den Regelungsbereich der §§ 355 ff. BGB, nicht aber solche Verpflichtungen, die nicht unmittelbar Folgen des Widerrufs sind. Art. 3 Abs. 5 i. V. m. Erwägungsgrund Nr. 48 VRRL lässt diesbezüglich ausdrücklich die Anwendung des allgemeinen Vertragsrechts zu.[117] Unberührt bleibt damit die Haftung des Verbrauchers nach den allgemeinen Vorschriften für Schäden, die nicht im Zusammenhang mit dem Widerruf und seinen Folgen stehen, etwa die Haftung wegen der Verletzung von Schutzpflichten. Auch kann nach Fristsetzung Schadensersatz nach §§ 280 Abs. 1, 3, 281 BGB gefordert werden. Überdies kann der Unternehmer ggf. ein Surrogat nach § 285 BGB herausverlangen, das der Verbraucher erlangt hat, etwa von einer Versicherung. Schließlich haftet der Verbraucher im Verzug für die Verschlechterung oder den Untergang der Ware, sofern diese nicht im Rahmen der Rücksendung entstanden sind (§ 355 Abs. 3 S. 4 BGB), dies sogar für Zufall (§ 287 S. 2 BGB).

cc) Ersatzpflicht

Ansonsten hat der Verbraucher nach den Vorgaben des Art. 14 Abs. 1 UAbs. 2 VRRL **66**
nur die unmittelbaren Kosten der Rücksendung der Waren zu tragen. Dies steht allerdings unter dem zweifachen Vorbehalt, dass (1) der Unternehmer sich bereit erklärt hat (etwa in seinen AGB), diese Kosten zu tragen oder (2) der Unternehmer es unterlassen hat, den Verbraucher darüber zu unterrichten, dass er diese Kosten zu tragen hat. § 357 Abs. 6 S. 1, 2 BGB setzt diese Vorgaben in sprachlich leicht veränderter Fassung um. Hierin besteht eine wesentliche Änderung im Vergleich zur früheren Rechtslage.[118] Danach hatte grundsätzlich der Unternehmer die Kosten der Rücksendung zu tragen, diese konnten jedoch dem Verbraucher unter bestimmten Voraussetzungen vertraglich auferlegt werden, insbesondere dann wenn der Preis der Waren weniger als 40 € betrug (§ 357 Abs. 2 S. 3 BGB a. F.). Für die nach § 357 Abs. 6 S. 1 BGB erfor-

115 Vgl. BT-Drucks. 17/12637, S. 60.

116 MüKo-BGB/*Fritsche*, 8. Aufl. 2019, § 357 Rn. 11; BeckOGK-BGB/*Mörsdorf* (Stand 15.2.2020), § 355 Rn. 110 ff.; a. A. *Schärtl*, JuS 2014, 577, 581.

117 *Wendelstein/Zander*, JURA 2014, 1191, 1206.

118 Siehe dazu *Höhne*, Das Widerrufsrecht bei Kaufverträgen im Spannungsverhältnis von Opportunismus und Effektivität, 2016, S. 100 ff.

derliche Information genügt die Verwendung der Muster-Widerrufsbelehrung nach Art. 246a § 1 Abs. 2 S. 1 Nr. 2 EGBGB. Bei Fernabsatzverträgen ist dem Verbraucher danach weiter die Höhe der Kosten der Rücksendung mitzuteilen, wenn die Waren nicht auf dem normalen Postweg zurückgesendet werden können. Die Musterwiderrufsbelehrung in Anlage 1 zu Art. 246a § 1 Abs. 2 S. 2 EGBGB enthält einen entsprechenden Hinweis.

67 § 357 Abs. 6 S. 3 BGB enthält eine Sonderregelung für außerhalb von Geschäftsräumen geschlossene Verträge. Wurde die Ware zum Zeitpunkt des Vertragsschlusses direkt zur Wohnung des Verbrauchers geliefert, so hat der Unternehmer sie bei Widerruf auf eigene Kosten jedenfalls dann auch wieder abzuholen, wenn sie so beschaffen ist, dass ein Versand per Post nicht möglich ist. Mit Fristablauf nach § 357 Abs. 1 BGB tritt Annahmeverzug ein (§ 296 BGB) mit der Folge der Haftungserleichterung des § 300 Abs. 1 BGB.[119] Auch stehen dem Verbraucher dann Ansprüche nach § 304 BGB wegen etwaiger Aufbewahrungskosten zu.[120]

68 Erbringt der Unternehmer Dienstleistungen, oder liefert er digitale Inhalte, so können diese nach erfolgtem Widerruf durch den Verbraucher faktisch nicht mehr herausgegeben werden. Sofern der Widerruf im Falle der Lieferung digitaler Inhalte nicht ohnehin ausgeschlossen war, steht dem Unternehmer dann aber in den Grenzen von § 357 Abs. 8 und 9 BGB ein Wertersatzanspruch gegen den Verbraucher zu.[121]

c) Wertersatzpflicht des Verbrauchers

69 Da der Verbraucher in der Zeit zwischen Vertragserfüllung und Widerruf nicht nur vorläufig Berechtigter in Bezug auf den Vertragsgegenstand ist, kann der Fall eintreten, dass etwa eine gekaufte Ware beschädigt wird. Nach Art. 14 Abs. 2 VRRL bzw. § 357 Abs. 7–9 BGB bestimmt sich, unter welchen Voraussetzungen und in welchem Umfang der Verbraucher dem Unternehmer Wertersatz zu leisten hat. Zu unterscheiden ist dabei zwischen Waren, Dienstleistungen und digitalen Inhalten.

aa) Ersatzpflicht für Wertverlust von Waren

(1) Reformgeschichte

70 Die Leistung von Wertersatz für die Lieferung von Waren war bisher in § 357 Abs. 3 BGB a. F. geregelt. Als Reaktion auf das *Messner*-Urteil des EuGH,[122] wonach der Nutzungswertersatz bei Fernabsatzverträgen nur unter ganz engen Voraussetzungen für

---

119 Vgl. Palandt/*Grüneberg*, 80. Aufl. 2021, § 357 Rn. 7.

120 Dies gilt entsprechend bei Verletzungen der Abholungspflichten aus § 357 Abs. 4 S. 2, Abs. 5 BGB durch den Unternehmer, MüKo-BGB/*Fritsche*, 8. Aufl. 2019, § 361 Rn. 12.

121 Dazu Rn. 75 ff.

122 EuGH, 3.9.2009, Rs. C-489/07, NJW 2009, 3015.

zulässig angesehen wurde, hat das FernabsAnpG vom 27.7.2011[123] § 312e BGB a. F. eingefügt.[124] § 357 Abs. 7 BGB knüpft ebenfalls an einen Wertverlust der Sache an. Grundlegende Änderungen zur bisherigen Rechtslage sollen sich diesbezüglich durch die Reform nicht ergeben.[125] Der bisher in § 312e Abs. 1 BGB a. F. enthaltene Nutzungswertersatz wird nicht mehr eigens geregelt. Er unterfällt nunmehr der Ausschlussbestimmung des § 361 Abs. 1 BGB und ist damit obsolet.[126]

(2) Umfang der Ersatzpflicht

Ziel des § 357 Abs. 7 BGB ist der Ausgleich der Interessen von Verbraucher und Unter- 71
nehmer. Dabei geht es insbesondere um die Wertminderung der (wohl in aller Regel mangelfreien) Sache dadurch, dass sie womöglich nicht mehr „fabrikneu" an den Unternehmer zurückgelangt. Etwa bei Kraftfahrzeugen, Möbeln und Kleidungsstücken kann das einen erheblichen Verlust bedeuten. Bei der Berechnung des Ersatzanspruchs ist der objektive Wert der Ware zu Grunde zu legen. Dies ergibt sich im Umkehrschluss zu § 357 Abs. 8 S. 4 BGB, der für Dienstleistungen den vereinbarten Gesamtpreis für maßgeblich erklärt.[127] Der Unternehmer kann damit den mit dem Vertrag verbundenen Gewinn nicht ersetzt verlangen. Die Höhe des Wertersatzanspruchs ist indessen auf das vertragliche Entgelt zu beschränken, sofern der objektive Wert dieses übersteigen sollte.[128] Der Verbraucher kann allerdings der Wertersatzpflicht entgehen, wenn er die Ware auf eigene Kosten in den ursprünglichen Zustand zurückversetzt.[129]

Nach § 357 Abs. 7 Nr. 1 BGB besteht keine Ersatzpflicht bei solchen Verschlechte- 72
rungen, die ausschließlich auf die Prüfung der Beschaffenheit, der Eigenschaften und der Funktionsweise der Ware zurückgehen. Der Verbraucher haftet daher im Ergebnis nur dann, wenn die Sache zwar bestimmungsgemäß in Gebrauch genommen wird,

---

123 Dazu *Wendehorst*, NJW 2011, 2551; *Bartholomä*, NJW 2012, 1761.

124 Siehe zur damaligen Rechtslage *Kornblum/Stürner*, Fälle zum Allgemeinen Schuldrecht, 7. Aufl. 2011, Fall 18.

125 BT-Drucks. 17/12637, S. 63.

126 Siehe zum Finanzierungsleasung bei Kfz OLG München BeckRS 2020, 13248, Rn. 48.

127 MüKo-BGB/*Fritsche*, 8. Aufl. 2019, § 357 Rn. 36; BeckOGK-BGB/*Mörsdorf* (Stand 15.2.2020), § 357 Rn. 75. Ebenso entschied die frühere Rechtsprechung, s. BGHZ 185, 192, Rn. 23 ff. und nun auch BGH ZIP 2020, 2391, Rn. 43. Kritisch *Völker*, ZJS 2014, 602, 607, der für Fernabsatzverträge auf die Entgeltvereinbarung abstellen möchte. Das dürfte jedenfalls wegen der Wertung des § 357 Abs. 8 S. 4 BGB unzutreffend sein. Darüber hinaus soll der Verbraucher auch beim Widerruf eines Fernabsatzgeschäfts nicht an die Entscheidung gebunden sein, wie viel ihm die Sache wert ist. Eine andere Sichtweise könnte die praktische Wirksamkeit des Widerrufsrechts beeinträchtigen (siehe ErwGr. Nr. 47 a. E. VRRL).

128 So für den Haustürwiderruf BGHZ 185, 192, Rn. 31; ebenso zur VRRL BGH ZIP 2020, 2391, Rn. 44 sowie Palandt/*Grüneberg*, 80. Aufl. 2021, § 357 Rn. 11. Anders mit Hinweis auf Art. 14 Abs. 2 VRRL BeckOGK-BGB/*Mörsdorf* (Stand 15.2.2020), § 357 Rn. 75. Gegen eine solch enge Auslegung dürfte jedoch der effet utile der VRRL sprechen.

129 *Schwab*, JZ 2015, 644, 650.

dies aber über dasjenige hinausgeht, was zur Prüfung der Sache erforderlich wäre; weiter haftet er für sämtliche Verschlechterungen, die aus einer nicht bestimmungsgemäßen Ingebrauchnahme resultieren. Maßstab ist grundsätzlich dasjenige, was dem Verbraucher beim Ausprobieren und Testen der Waren im Geschäft ermöglicht wird. So soll der Verbraucher ein Kleidungsstück zwar anprobieren, nicht aber tragen dürfen.[130] Vielfach wird die dem Verbraucher zugestandene Prüfung aber gar nicht möglich sein, ohne dass wenigstens die Originalverpackung geöffnet und dabei teilweise zerstört wird, ja sogar die Sache selbst verändert wird.[131] Bei bestimmten Artikeln wie Medikamenten und Hygieneprodukten kann eine Prüfung üblicherweise ohne Öffnen der Verpackung erfolgen.

73 Verlangt wird für die Wertersatzpflicht in § 357 Abs. 7 Nr. 2 BGB weiter, dass der Verbraucher über die Bedingungen, die Fristen und das Verfahren für die Ausübung des Widerrufsrechts nach § 355 Abs. 1 BGB sowie das Muster-Widerrufsformular in der Anlage 2 zu Art. 246a § 1 Abs. 2 S. 1 Nr. 1 EGBGB belehrt wurde. Verwendet der Unternehmer das in Anlage 1 zur dieser Vorschrift enthaltene Muster für die Widerrufsbelehrung, genügt dies den Anforderungen aus § 357 Abs. 7 Nr. 2 BGB. Rein redaktionelle Änderungen im Muster, die nicht geeignet sind, die Belehrung für den Kunden in irgendeiner Form unübersichtlich oder missverständlich zu machen, sollen unschädlich sein.[132] Das Muster muss dem Verbraucher in Textform (§ 126b BGB) zugehen; eine auf der Webseite des Unternehmers lediglich abrufbare Belehrung genügt nicht.[133] Der darin enthaltene Hinweis auf eine mögliche Wertersatzpflicht (Gestaltungshinweis 5 zur Muster-Widerrufsbelehrung) ist wohl kaum geeignet, über die Reichweite der gesetzlichen Regelung zu informieren, zumal darin keine Erklärung enthalten ist, wie die Ersatzpflicht vermieden werden kann. Auch passt sie nicht für Sachen, die nicht in einem Ladengeschäft gekauft zu werden pflegen (z. B. Gebrauchtwagen oder Pferde). Schließlich ist die Bereitschaft der Geschäftsinhaber sehr verschieden, eine Prüfung durch Zerstörung der Verpackung oder dann zuzulassen, wenn sie Gebrauchsspuren hinterlässt.

(3) Beweislast

74 Der Unternehmer ist dafür beweispflichtig, dass die Verschlechterung der Sache auf eine übermäßige Ingebrauchnahme der Sache zurückzuführen ist.[134]

---

130 Beispiel aus ErwGr. Nr. 47 VRRL. Weitere Beispiele bei *Schwab*, JZ 2015, 644, 647 ff.

131 Vgl. BGHZ 187, 268 zum (zulässigen) Befüllen eines Wasserbetts, hierzu auch *Föhlisch*, NJW 2011, 30; *Faust*, JuS 2011, 259; anders bei Einbau eines Katalysators und anschließendem Gebrauch im Rahmen einer kurzen Probefahrt, s. BGHZ 212, 248, Rn. 24 ff.

132 OLG Hamburg WM 2015, 1987, noch zur Rechtslage vor dem VRRL-UG.

133 BGH NJW 2010, 3566, 3567 („Holzhocker"); NJW 2014, 2857 zu § 355 BGB a. F.; ebenso für die Fernabsatz-RL EuGH, 5.7.2012, Rs. C-49/11 – *Content Services*, NJW 2012, 2637, Rn. 31 ff.

134 Vgl. bereits BT-Drucks. 17/5097, S. 17; siehe dazu auch *Bartholomä*, NJW 2012, 1761, 1762 f.

bb) Wertersatz bei Verträgen über Dienstleistungen oder Energielieferungen

§ 357 Abs. 8 BGB erfasst nicht nur Verträge über Dienstleistungen, sondern auch Verträge über die Lieferung von Wasser, Gas, Strom oder Fernwärme. Für diese Verträge besteht eine Wertersatzpflicht unter besonderen Voraussetzungen. 75

(1) Leistungsverlangen des Verbrauchers

Der Verbraucher muss sich damit einverstanden erklärt haben, dass der Unternehmer vor Ablauf der Widerrufsfrist mit der Lieferung beginnt (§ 357 Abs. 8 S. 1 BGB). Das darin liegende Leistungsverlangen des Verbrauchers muss „ausdrücklich“ erfolgt sein; eine Fiktion dieser Erklärung in den Unternehmer-AGB genügt nicht.[135] Damit soll verhindert werden, dass der Verbraucher im Ergebnis eine ihm vor dem Widerruf aufgedrängte Dienstleistung vergüten muss. Allerdings erlischt das Widerrufsrecht nach § 356 Abs. 4 S. 1 BGB, wenn der Unternehmer bereits vollständig an den Verbraucher geleistet hat; dem Unternehmer steht dann ein Zahlungsanspruch gegen den Verbraucher zu. Für einen Wertersatzanspruch des Unternehmers ist dann naturgemäß kein Raum mehr. § 357 Abs. 8 S. 1 BGB erfasst damit diejenigen Fälle, in denen der Unternehmer seine Leistung bei Ausübung des Widerrufsrechts durch den Verbraucher erst teilweise erbracht hat. Auch besteht der Anspruch nur, wenn der Verbraucher über diese Rechtsfolge ordnungsgemäß nach Art. 246a § 1 Abs. 2 S. 1 Nr. 1 und 3 EGBGB belehrt wurde (§ 357 Abs. 8 S. 2 BGB). 76

Bei außerhalb von Geschäftsräumen geschlossenen Verträgen verlangt § 357 Abs. 8 S. 3 BGB zusätzlich, dass der Verbraucher das Leistungsverlangen dem Unternehmer auf einem dauerhaften Datenträger (§ 126b S. 2 BGB) übermittelt hat. Für Fernabsatzverträge bedeutet dies im Umkehrschluss, dass der Verbraucher dem Unternehmer auch mündlich mitteilen kann, dass er mit der Lieferung beginnen kann. Die strengere Anforderung bei außerhalb von Geschäftsräumen geschlossenen Verträgen nach § 357 Abs. 8 S. 3 BGB lässt sich mit dem Überraschungsmoment für den Verbraucher rechtfertigen, das diesen Verträgen immanent ist. Der Wertersatzanspruch setzt voraus, dass der Unternehmer dem Verbraucher die nach § 357 Abs. 8 S. 2 BGB zu erteilenden Informationen gemäß Art. 246a § 4 Abs. 2 S. 1 EGBGB auf Papier oder, wenn der Verbraucher zugestimmt hat, auf einem anderen dauerhaften Datenträger zur Verfügung gestellt hat.[136] 77

(2) Umfang des Wertersatzes

§ 357 Abs. 8 S. 4 BGB legt fest, dass der vertraglich bestimmte Gesamtpreis bei der Berechnung des Wertersatzes zugrunde zu legen ist. Dabei ist grundsätzlich auf den 78

---

135 Palandt/*Grüneberg*, 80. Aufl. 2021, § 357 Rn. 14.
136 BGH, 26.11.2020, I ZR 169/19 – juris Rn. 72.

im Vertrag vereinbarten Preis für die Gesamtheit der vertragsgegenständlichen Leistungen abzustellen und der geschuldete Betrag zeitanteilig zu berechnen. Eine Ausnahme gilt nur dann, wenn der geschlossene Vertrag ausdrücklich vorsieht, dass eine oder mehrere der Leistungen gleich zu Beginn der Vertragsausführung vollständig und gesondert zu einem getrennt zu zahlenden Preis erbracht werden: Dann ist bei der Berechnung des dem Unternehmer zustehenden Betrags der volle für eine solche Leistung vorgesehene Preis zu berücksichtigen.[137] Liegt der vereinbarte Gesamtpreis unverhältnismäßig hoch, so ist nach § 357 Abs. 8 S. 5 BGB der Marktpreis anzusetzen. Art. 14 Abs. 3 S. 3 VRRL spricht von einem „überhöhten", Erwägungsgrund Nr. 50 VRRL hingegen von einem „unverhältnismäßigen" Gesamtpreis. Wann eine Unverhältnismäßigkeit gegeben ist, muss im Rahmen einer Einzelfallabwägung ermittelt werden. Faktoren können – in Anlehnung an die Auslegung der § 275 Abs. 2, § 343 Abs. 1 oder § 655 BGB – insbesondere der vom Unternehmer betriebene Aufwand und das wirtschaftliche Interesse des Verbrauchers an der Leistung sein. Weiterhin sollen sowohl der Vergleich mit dem Preis, den der betreffende Unternehmer von anderen Verbrauchern unter den gleichen Bedingungen verlangt, als auch der Vergleich mit dem Preis einer von anderen Unternehmern erbrachten gleichwertigen Dienstleistung, mithin alle Umstände in Bezug auf den Marktwert der erbrachten Dienstleistung relevant sein.[138] Feste Wertgrenzen verbieten sich; die Unverhältnismäßigkeit liegt jedenfalls unterhalb der Grenze des § 138 BGB. Die Literatur sieht sie bei einem 20% über dem Marktpreis liegenden Gesamtpreis erreicht.[139] Eine entsprechende Regelung enthält § 357a Abs. 2 S. 4, 5 BGB bei Verträgen über Finanzdienstleistungen.

(3) Wertersatz bei Verträgen über die Lieferung von Wasser, Gas, Strom oder Fernwärme

79 § 357 Abs. 8 BGB erfasst auch Verträge über die Lieferung von Wasser, Gas oder Strom in nicht bestimmten Mengen oder nicht begrenztem Volumen oder über die Lieferung von Fernwärme. Auch hier muss das Leistungsverlangen des Verbrauchers „ausdrücklich" erfolgt sein, dies allerdings mit der Ausnahme, dass § 356 Abs. 4 S. 1 BGB für diese Verträge keine Anwendung findet. Der Verbraucher verliert damit sein Widerrufsrecht auch dann nicht, wenn der Unternehmer seine Leistung vollständig erbracht hat.

---

137 EuGH, 8.10.2020, Rs. C-641/19 – *PE Digital*, ECLI:EU:C:2020:808, Rn. 28ff.
138 EuGH, 8.10.2020, Rs. C-641/19 – *PE Digital*, ECLI:EU:C:2020:808, Rn. 36.
139 Palandt/*Grüneberg*, 80. Aufl. 2021, § 357 Rn. 16.

cc) Wertersatz bei Verträgen über die Lieferung von digitalen Inhalten, § 357 Abs. 9 BGB

Bei diesen Verträgen besteht keine Wertersatzpflicht, wenn die digitalen Inhalte (§ 312f Abs. 3 BGB) nicht auf einem körperlichen Datenträger geliefert wurden. § 357 Abs. 9 BGB ist im Zusammenhang mit § 356 Abs. 5 BGB zu sehen. Hat der Unternehmer bei Verträgen über die Lieferung digitaler Inhalte vor Ablauf der Widerrufsfrist mit der Ausführung des Vertrags begonnen und hat der Verbraucher dem ausdrücklich zugestimmt, besteht für diesen unter der zusätzlichen Voraussetzung des § 356 Abs. 5 Nr. 2 BGB bereits kein Widerrufsrecht. Fehlt es an den Voraussetzungen des § 356 Abs. 5 BGB und kann der Verbraucher demnach den Vertrag widerrufen, entfällt ein Wertersatzanspruch des Unternehmers nach § 357 Abs. 9 BGB in jedem Fall. Besonderer Voraussetzungen bedarf es für das Entfallen des Wertersatzanspruchs anders als bei § 357 Abs. 8 BGB nicht. 80

dd) Ersatzpflicht bei Widerruf von Verbraucherdarlehensverträgen

Bei Verbraucherdarlehensverträgen (§ 491 Abs. 1 BGB) ist nach § 355 Abs. 3 BGB[140] die Darlehensvaluta zurückzugewähren. § 357a Abs. 3 S. 1 BGB gibt dem Unternehmer daneben einen Anspruch auf den vertraglich geschuldeten Sollzins. Eine Ausnahme gilt nach § 357a Abs. 3 S. 2 BGB nur für den Fall eines grundpfandrechtlich gesicherten Darlehens; hier kann der Nachweis eines niedrigeren Gebrauchsvorteils geführt werden, der dann statt des höheren Sollzinses zu entrichten ist (§ 357a Abs. 3 S. 3 BGB).[141] Nach § 357a Abs. 3 S. 5 BGB sind dem Unternehmer ansonsten nur diejenigen Aufwendungen zu ersetzen, die er gegenüber öffentlichen Stellen erbracht hat, etwa Notarkosten.[142] 81

ee) Umfang der Ersatzpflicht bei Widerruf von Teilzeit-Wohnrechteverträgen u.ä.

Für Teilzeit-Wohnrechteverträge, Verträge über ein langfristiges Urlaubsprodukt, Vermittlungsverträge und Tauschsystemverträge (§§ 481–481b BGB) wird abweichend von § 357 BGB angeordnet, dass der Verbraucher im Falle des Widerrufs keine Kosten zu tragen hat (§ 357b Abs. 1 S. 1 BGB) und sämtliche Vertragskosten ihm durch den Unternehmer zu erstatten sind (§ 357b Abs. 1 S. 2 BGB). Auch eine Entwertung dieser Bestimmungen dadurch, dass der Unternehmer eine Vergütung für geleistete Dienste oder die Nutzung von Wohngebäuden stellt, ist ausgeschlossen (§ 357b Abs. 1 S. 3 82

140 Anders *Piekenbrock/Rodi*, WM 2015, 1085, die § 488 Abs. 1 S. 2 BGB anwenden wollen.

141 Nach dem WohnImmoKrRL-UG gilt diese Ausnahme m.W.v. 21.3.2016 für alle Immobiliar-Verbraucherdarlehen (Begriff: § 491 Abs. 3 BGB n.F.), auch wenn sie nicht durch ein Grundpfandrecht gesichert sind.

142 Siehe dazu *Servais*, NJW 2014, 3748; *Schnauder*, NJW 2015, 2689.

BGB). Eine Wertersatzpflicht besteht bei diesen Verträgen nach § 357b Abs. 2 BGB nur im Falle einer nicht bestimmungsgemäßen Nutzung der Unterkunft.

4. Sonderprobleme

a) Verwendungsersatzansprüche des Verbrauchers?

83 Nachdem sich die Rücktrittsfolgen nicht mehr in einem Verweis auf die §§ 346 ff. BGB bestimmen, greifen die dort geregelten Ansprüche auf Nutzungs- und Verwendungsersatz nicht mehr und sind nach § 361 Abs. 1 BGB jedenfalls insoweit ausgeschlossen, als sie sich gegen den Verbraucher richten. Etwas anderes könnte allerdings für Ansprüche gegen den Unternehmer gelten. Diesbezüglich greift die Sperre des § 361 Abs. 1 BGB nicht. Problematisch ist allerdings wiederum die in Art. 4 VRRL realisierte Vollharmonisierung, die grundsätzlich auch verbrauchergünstigere Regelungen des nationalen Rechts verhindert. Dies gilt indessen nur innerhalb des sachlichen Geltungsanspruchs des VRRL: Diese befasst sich nur mit der Rückabwicklung selbst, nicht jedoch mit den Rechtsfolgen ihrer nicht pflichtgemäßen Durchführung: Hierfür kann nach Erwägungsgrund Nr. 48 VRRL mitgliedstaatliches Vertragsrecht zur Anwendung gelangen. Damit wäre methodisch der Weg frei für eine analoge Anwendung von § 347 Abs. 2 BGB, um Verwendungsersatzansprüche des Verbrauchers zu begründen:[143] Verwendungen wurden aus dem sonstigen Vermögen des Verbrauchers getätigt und betreffen daher nicht unmittelbar die Rückabwicklung. Ansprüche auf Nutzungsersatz sind hingegen ausgeschlossen, da sie die Rückabwicklung selbst betreffen.[144]

b) Rückabwicklung von Gesellschaftsbeteiligungen

84 Große praktische Bedeutung kommt dem Widerruf von Beitritten zu geschlossenen Fonds zu, die meist in der Rechtsform einer KG oder einer GbR organisiert sind. Nach §§ 355 Abs. 3 S. 1, 357 Abs. 1 BGB müsste bei einem wirksamen Widerruf grundsätzlich die komplette Einlage an den Verbraucher zurückerstattet werden. Dies könnte allerdings zu Lasten der anderen Gesellschafter gehen, wenn das Gesellschaftsvermögen nicht zur Befriedigung aller Anteile ausreichen würde. Für den Fall des Ausscheidens eines Gesellschafters beschränkt § 738 Abs. 1 S. 2 BGB dessen Ansprüche auf das sog. Auseinandersetzungsguthaben. Nach der Lehre von der fehlerhaften Gesellschaft gilt dies auch für die Rückabwicklung nach Anfechtung, die damit nur ex nunc wirkt. Übertragen auf den Widerruf ergibt sich ein Spannungsverhältnis zwischen Verbraucherschutz (volle Rückerstattung) und Gesellschaftsrecht (Auseinandersetzungsguthaben). Nun sind gerade in Publikumsgesellschaften auch die anderen Gesellschafter

143 Dafür *Schwab*, JZ 2015, 644, 651; zust. Palandt/*Grüneberg*, 80. Aufl. 2021, § 361 Rn. 1.
144 MüKo-BGB/*Fritsche*, 8. Aufl. 2019, § 361 Rn. 12.

vielfach als Verbraucher zu qualifizieren; sie würden durch die privilegierte, weil vollständige Rückabwicklung eines einzelnen Beteiligungsverhältnisses in ihren Rechten beschränkt. Die übrig gebliebenen Gesellschafter müssten bei einer vollständigen Rückabwicklung des Widerrufs die finanziellen Folgen des Austritts eines Gesellschafters alleine tragen. Dies vermeidet die Anwendung der Lehre von der fehlerhaften Gesellschaft.[145]

Der EuGH hat die Vereinbarkeit dieser Vorgehensweise mit der Haustürwiderrufs-Richtlinie bestätigt,[146] auch wenn der Verbraucher möglicherweise weniger als den Wert seiner Einlage zurückerhält oder sich an den Verlusten des Fonds beteiligen musste.[147] Diese Grundsätze gelten auch auf der Grundlage der vollharmonisierenden VRRL, da diesbezüglich eine Regelungslücke vorliegt und demnach keine Sperrwirkung für außerhalb ihres Anwendungsbereichs liegende Ansprüche besteht.[148] Schließlich hat der Richtliniengeber in Kenntnis der EuGH-Rechtsprechung keine hiervon abweichende Regelung getroffen. Überdies erkennt die VRRL explizit an, dass die Rückabwicklung nach Widerruf Ansprüche gegen den Verbraucher nach sich ziehen kann, sodass die Lehre von der fehlerhaften Gesellschaft auch wertungsmäßig abgesichert ist. 85

IV. Widerruf bei verbundenen und zusammenhängenden Verbraucherverträgen

Literatur: *Stürner*, Verbundene und zusammenhängende Verbraucherverträge, JURA 2016, 739

1. Grundlagen

Verbrauchergeschäfte werden häufig drittfinanziert. Dazu ist regelmäßig der Abschluss zweier Verträge erforderlich: einmal des Vertrags über die letztlich erstrebte Leistung (z. B. Kauf- oder Werkvertrag) und dazu eines zweiten Vertrags zur Finanzierung der aus dem ersten Vertrag geschuldeten Gegenleistung. Dieser zweite Vertrag stellt i. d. R. ein Verbraucherdarlehen (§§ 491 ff. BGB) dar und wird mit einem anderen Vertragspartner, regelmäßig einer Bank, abgeschlossen. Wirtschaftlich mag die Finanzierung vorteilhaft sein, rechtlich birgt indessen die Aufspaltung in zwei Verträge für den Verbraucher Gefahren: Ihm nützt z. B. ein Widerruf des Darlehens (Art. 14 Abs. 1 VerbrKr-RL bzw. § 495 BGB) wenig, wenn er sich nicht auch vom Kaufvertrag lösen kann. Umgekehrt bringt ein Widerruf hinsichtlich des Kaufs (z. B. nach § 312g BGB) kaum Nutzen, wenn der Verbraucher an das Darlehen gebunden bleibt. § 358 86

145 S. etwa BGHZ 148, 201, 207 f.

146 EuGH, 15.4.2010, Rs. C-215/08 – *Friz/von der Heyden*, NJW 2010, 1511; BGHZ 186, 167; BGH ZIP 2010, 1689.

147 Dazu *Habersack*, ZIP 2010, 775; *Armbrüster*, EuZW 2010, 614; *Kindler/Libbertz*, NZG 2010, 603.

148 *Schwab*, JZ 2015, 644, 652 f.; BeckOGK-BGB/*Mörsdorf* (Stand 15.2.2020), § 355 Rn. 100.

Abs. 1 und 2 BGB lässt den Widerruf eines Vertrages unter bestimmten Voraussetzungen auch gegen den anderen wirken, man spricht vom Widerrufsdurchgriff.

87 Die Aufspaltung eines Geschäfts in einen Darlehens- und einen Beschaffungsvertrag kann aber auch in anderer Hinsicht Risiken nach sich ziehen: Einwendungen aus dem Beschaffungsvertrag (insbesondere wegen Verletzung der Pflicht zur mangelfreien Übereignung) wirken nicht ohne weiteres gegenüber den Ansprüchen des Darlehensgebers. Dem will § 359 BGB mit dem Einwendungsdurchgriff abhelfen.

88 Schließlich trifft das deutsche Recht in § 360 BGB eine Regelung für zusammenhängende Verträge. Die Norm erweitert den Anwendungsbereich des § 358 Abs. 1, 2 BGB, indem sie bestimmt, dass beim Vorliegen der Voraussetzungen eines zusammenhängenden Vertrags gem. § 360 Abs. 2 BGB die Rechtsfolgen eines verbundenen Vertrags i. S. d. § 358 Abs. 3 BGB eintreten. Hat der Verbraucher einen Vertrag wirksam widerrufen, so ist er auch an seine auf den Abschluss eines damit zusammenhängenden Vertrags gerichtete Willenserklärung nicht mehr gebunden. Dies gilt unabhängig von der Frage, ob der zusammenhängende Vertrag überhaupt hätte widerrufen werden können.[149]

89 Mit diesen Vorschriften setzt das deutsche Recht gleich mehrere Richtlinienvorgaben um. Von zentraler Bedeutung sind Art. 14 Abs. 4 und Art. 15 VerbrKr-RL, wo sich Maßgaben zum Schicksal des verbundenen Vertrags bei Widerruf des jeweils anderen Vertrags finden.[150] In vergleichbarer Weise verpflichtet Art. 11 Abs. 1 Timesharing-RL die Mitgliedstaaten, dass im Falle der Widerrufs des Teilzeit-Wohnrechtevertrags alle diesem Vertrag „untergeordneten Tauschverträge oder sonstigen akzessorischen Verträge ohne Kosten für den Verbraucher automatisch beendet werden".[151] Gleiches gilt nach Art. 11 Abs. 2 Timesharing-RL für alle zur Finanzierung des Teilzeit-Wohnrechtevertrags abgeschlossenen Finanzierungsvereinbarungen: Diese müssen entschädigungsfrei aufgelöst werden. Vergleichbare Vorgaben enthält Art. 6 Abs. 7 FernabsFinDienstRL. Daneben findet sich mit Art. 15 VRRL eine weitere Vorschrift zu „akzessorischen Verträgen", die sich allerdings nur mit den Wirkungen der Ausübung des Widerrufsrechts befasst und Einzelheiten dem Recht der Mitgliedstaaten überlässt. Die Wohnimmobilienkredit-RL enthält hingegen keine speziellen Vorgaben zu verbundenen Verträgen.

90 Die genannten Richtlinien sind zwar im Grundsatz allesamt vollharmonisierend.[152] Doch reicht ihr Regelungsanspruch nicht stets auf alle Aspekte verbundener Verträge; auch finden sich im Rahmen der „gezielten Vollharmonisierung" teils Öffnungsklauseln für das mitgliedstaatliche Recht. In dieser komplizierten Gemengenlage hat der deutsche Gesetzgeber versucht, eine übergreifende Regelung für alle verbundenen Verträge zu schaffen.

---

149 Vgl. BT-Drucks. 17/12637, S. 66.

150 Zur VerbrKr-RL unten § 24.

151 Zur Timesharing-RL unten § 26.

152 Zu diesem Harmonisierungsansatz § 2 Rn. 67 ff.

2. Der Widerrufsdurchgriff bei verbundenen Verträgen

a) Verbundene Verträge

Voraussetzung für den Durchgriff ist das Vorliegen verbundener Verträge. Dieses 91
Merkmal wird allgemein definiert in § 358 Abs. 3 S. 1 und 2 BGB mit wichtigen Sonderregeln für den Erwerb von Immobilien in § 358 Abs. 3 S. 3 BGB.

Die Definition des verbundenen Vertrags geht zurück auf Art. 3 lit. n VerbrKr-RL. 92
Ein verbundener Kreditvertrag liegt danach vor, wenn der betreffende Kredit ausschließlich der Finanzierung eines Vertrags über Lieferung bestimmter Waren oder die Erbringung einer bestimmten Dienstleistung dient und zusätzlich diese beiden Verträge objektiv betrachtet eine wirtschaftliche Einheit bilden. Letztere besteht dann, wenn der Warenlieferant oder der Dienstleistungserbringer den Kredit zugunsten des Verbrauchers finanziert oder wenn sich der Kreditgeber im Falle der Finanzierung durch einen Dritten bei der Vorbereitung oder dem Abschluss des Kreditvertrags der Mitwirkung des Warenlieferanten oder des Dienstleistungserbringers bedient oder wenn im Kreditvertrag ausdrücklich die spezifischen Waren oder die Erbringung einer spezifischen Dienstleistung angegeben sind.

aa) Allgemeine Voraussetzungen

Der Widerrufsdurchgriff steht nach § 358 Abs. 3 S. 1 und 2 BGB unter zwei Voraussetzungen. 93
Zum einen muss der Darlehensvertrag den Beschaffungsvertrag ganz oder teilweise finanzieren, und zum anderen müssen beide Verträge eine wirtschaftliche Einheit bilden.

(1) Finanzierungszweck

Zweck des Darlehens muss es sein, ganz oder teilweise einen Vertrag des Verbrau- 94
chers (den sog. Beschaffungsvertrag) zu finanzieren, § 358 Abs. 3 S. 1 BGB. Dabei bleibt gleich, ob der Kredit direkt an den Partner des Beschaffungsvertrages ausbezahlt wird oder ob diese Zahlung über den Verbraucher läuft. Allerdings muss der Darlehensgeber den Finanzierungszweck kennen; die bloße Weiterleitung durch den Verbraucher allein genügt nicht.

In Bezug auf den Finanzierungszweck besteht eine umfangreiche Kasuistik. So 95
liegt beim Finanzierungsleasing (§ 506 BGB) ein verbundener Vertrag dann nicht vor, wenn der Leasingnehmer den Lieferanten selbst auswählt.[153] Gleiches kann gelten, wenn der Kauf des Leasingobjekts allein durch den Leasinggeber erfolgt.[154] Schließt der Verbraucher zunächst einen Kaufvertrag über die spätere Leasingsache und danach zur Finanzierung einen Leasingvertrag ab (Eintrittsmodell), so sind die Vor-

---

153 *Canaris*, ZIP 1993, 401, 411; s.a. *B. Peters*, WM 2011, 865; *Bartels*, ZGS 2009, 544.
154 Palandt/*Grüneberg*, 80. Aufl. 2021, § 358 Rn. 10 m. N.

schriften über verbundene Verträge weder unmittelbar noch entsprechend anwendbar.[155] Der Beitrittsvertrag zu einer Genossenschaft kann ein mit dem Darlehensvertrag verbundenes Geschäfts sein, wenn damit vorrangig Kapitalanlage- und/oder Steuerzwecke verfolgt werden.[156] Zunehmend wird auch ein Mobilfunkvertrag mit dem Kaufvertrag über das Mobiltelefon als verbunden angesehen unter der Prämisse, dass das den Verträgen zugrunde liegende Subventionierungsmodell eine sonstige Finanzierungshilfe gem. § 506 Abs. 1 BGB darstellt.[157]

(2) Wirtschaftliche Einheit

96 Beschaffungs- und Finanzierungsvertrag müssen eine wirtschaftliche Einheit bilden; § 358 Abs. 3 S. 1 mit 2 BGB. Das Gesetz bringt hier in § 358 Abs. 3 S. 2 BGB zwei Regelbeispiele („insbesondere"): Der Unternehmer und der Kreditgeber müssen dem Verbraucher (für den Kreditgeber erkennbar) gemeinsam als Vertragspartner gegenüberstehen.[158] Denn nur dann kann es gerechtfertigt sein, den Verbraucher von den Nachteilen aus der Aufteilung in zwei Verträge zu entlasten. Dem entsprechen die Regelbeispiele von § 358 Abs. 3 S. 2 BGB: Der Unternehmer finanziert die Gegenleistung des Verbrauchers selbst oder der Darlehensgeber bedient sich für den Darlehensvertrag der Mitwirkung des Unternehmers. Ein Gegenbeweis zur Darlegung des Fehlens einer Geschäftsverbindung ist hier nicht möglich.[159] Auf eine wirtschaftliche Einheit deutet auch etwa eine Gestaltung hin, in der der Verbraucher im Vertrag als „Käufer und Darlehensnehmer" bezeichnet und von der freien Verfügung über das Darlehen ausgeschlossen wird.[160] Gleiches gilt, wenn die Formulare vom Unternehmer und Kreditgeber einheitlich sind oder aufeinander Bezug nehmen.[161] Für die Zwecke eines Verfahrens können die Parteien allerdings das Zustandekommen verbundener Verträge nicht unstreitig stellen.[162]

bb) Sonderregeln für Immobiliengeschäfte

97 Anwendungsbereich des § 358 Abs. 3 S. 3 BGB ist sachlich der finanzierte Erwerb eines Grundstücks oder grundstücksgleichen Rechts (Wohnungseigentum, § 4 Abs. 3

---

155 BGH NJW 2014, 1519 zu §§ 358, 359 BGB a. F.; die Rechtsprechung dürfte aber auf das neue Recht übertragbar sein, s. *Sittmann-Haury*, JZ 2014, 798.

156 BGH NZG 2011, 750; NJW 2011, 2198.

157 AG Dortmund MMR 2011, 67; LG Lüneburg MMR 2011, 735; zum Ganzen *Limbach*, NJW 2012, 3770, 3771 m.N.

158 BGH NJW 1992, 2560, 2562 m.N.

159 BGHZ 156, 46, 51.

160 BGH NJW 1983, 2250, 2251.

161 BGH NJW 1987, 1698, 1700.

162 BGH WM 2017, 1206, Rn. 20.

WEG, und Miteigentumsanteile). Für solche Immobiliengeschäfte wird eine wirtschaftliche Einheit i.S.d. § 358 Abs. 3 S. 1 und 2 BGB in der Regel ausgeschlossen. Begründen lässt sich dies damit, dass beim Grundstückskauf die Verschiedenheit von Kauf und Darlehen auch dem Laien ohne weiteres erkennbar ist. Zudem gewährt § 311b Abs. 1 BGB durch das Erfordernis der notariellen Beurkundung eine Information des Verbrauchers.[163]

Allerdings enthält § 358 Abs. 3 S. 3 BGB Ausnahmen. Sie lassen sich unter dem **98**
Gesichtspunkt zusammenfassen, dass der Darlehensgeber über diese Rolle hinaustritt und insbesondere auch Aufgaben des Verkäufers wahrnimmt („rollenwidriges Verhalten"[164]). Die Rollenwidrigkeit ist besonders deutlich, wenn der Darlehensgeber selbst die Immobilie verschafft (Fall 1 von § 358 Abs. 3 S. 3 BGB). Dafür genügt, dass als Veräußerer eine Tochtergesellschaft des Darlehensgebers auftritt oder dieser den Veräußerer vertritt.[165] Dem steht gleich, wenn er über die Darlehensgewährung hinaus den Immobilienerwerb „im Zusammenwirken mit dem Unternehmer fördert, indem es sich dessen Veräußerungsinteressen ganz oder teilweise zu eigen macht, bei der Planung, Werbung oder Durchführung des Projekts Funktionen des Veräußerers übernimmt oder den Veräußerer einseitig begünstigt" (§ 358 Abs. 3 S. 3 a.E. BGB). Diese Aufzählung des zu einer Geschäftsverbindung führenden rollenüberschreitenden Verhaltens ist abschließend.[166] Andere oder geringere Formen eines solchen Verhaltens genügen also nicht. Das gilt etwa, wenn der Darlehensgeber außer den Verbraucher auch den Unternehmer finanziert.[167] Auch die Überlassung von Darlehensformularen an den Vertreiber oder der Hinweis auf die Finanzierung durch den Darlehensgeber genügen nicht.[168]

Überdies verlangt § 358 Abs. 3 S. 3 BGB ein Zusammenwirken mit dem Unterneh- **99**
mer. Bloß einseitige Handlungen eines der Beteiligten genügen also für die Annahme der Geschäftsverbindung nicht.[169] Sie kommen aber als culpa in contrahendo (§ 311 Abs. 2 BGB) oder sogar als arglistige Täuschung (§ 123 BGB) in Betracht. Der BGH hat bei nicht verbundenen Geschäften einen Ersatzanspruch des Verbrauchers (= Käufers) gegen den Kreditgeber wegen Verletzung einer Aufklärungspflicht unter bestimmten Voraussetzungen bejaht:[170] Bei einem institutionalisierten Zusammenwirken des Kreditgebers mit dem Anbieter der Immobilie (oder dessen Vermittler, oft einem Struktur-

163 BGH ZIP 2005, 69, 73.

164 So MüKo-BGB/*Habersack*, 8. Aufl. 2019, § 358 Rn. 56.

165 Palandt/*Grüneberg*, 80. Aufl. 2021, § 358 Rn. 15.

166 MüKo-BGB/*Habersack*, 8. Aufl. 2019, § 358 Rn. 57.

167 BT-Drucks. 14/9266, S. 47.

168 MüKo-BGB/*Habersack*, 8. Aufl. 2019, § 358 Rn. 57.

169 BGH NJW 2007, 3200, Rn. 20 zu § 9 Abs. 1 S. 2 VerbrKrG a. F.: Die Bank muss die Tätigkeit des Verkäufers kennen und billigen.

170 BGHZ 168, 1, Rn. 53ff.; später BGHZ 169, 109, Rn. 38ff.; BGH NJW 2007, 3200, Rn. 22ff.; BGH NJW 2008, 640, Rn. 20ff.

vertrieb[171]) kann die Kenntnis des Kreditgebers von einer arglistigen Täuschung des Verbrauchers durch den Verkäufer usw. widerleglich vermutet werden. Grundlage ist ein konkreter Wissensvorsprung des Kreditgebers gegenüber dem Verbraucher, der zur Aufklärung verpflichten soll. Bei schuldhafter Verletzung dieser Pflicht haftet der Kreditgeber aus culpa in contrahendo auf Schadensersatz. Die Kausalität der Täuschung für den Abschluss des Beschaffungsvertrages soll „nach der Lebenserfahrung"[172] widerleglich vermutet werden können. Damit wird in besonders drastischen Fällen außerhalb von § 358 BGB geholfen.

b) Rechtsfolgen

aa) Widerruf des Beschaffungsvertrages

100 Nach § 358 Abs. 1 BGB soll der Widerruf des Beschaffungsvertrages z. B. nach §§ 312g, 355, 356 BGB auch den damit verbundenen Darlehensvertrag erfassen; das Darlehen ist gleichsam bestandsakzessorisch gegenüber dem Beschaffungsvertrag. Für die Rückabwicklung dieses widerrufenen Vertrages gelten § 355 Abs. 3 BGB sowie, je nach Art des Vertrags, die §§ 357–357b BGB direkt, für diejenige des Darlehens entsprechend, § 358 Abs. 4 S. 1 BGB. Dabei findet die Rückabwicklung i. d. R. für jedes Vertragsverhältnis getrennt zwischen den jeweiligen Vertragsparteien statt. Der Verweis in § 358 Abs. 4 S. 1 BGB ist im Fall des Verbunds eines Darlehensvertrags mit einem im stationären Handel geschlossenen Kaufvertrag dahin auszulegen, dass der Darlehensgeber den Verbraucher lediglich über eine mögliche Wertersatzpflicht unterrichtet; hierbei kommt es nicht auf die Einhaltung der Vorgaben des Art. 246a § 1 Abs. 2 S. 1 Nr. 1 EGBGB an.[173]

101 Nach § 358 Abs. 4 S. 4 BGB sind Ansprüche gegen den Verbraucher auf Zinsen und Kosten aus der Rückabwicklung des Darlehens ausgeschlossen. Der Darlehensgeber steht also gegenüber den allgemeinen Regeln nicht nur dadurch schlechter, dass ihm gegenüber ein Widerruf nicht erklärt zu werden braucht. Vielmehr wird er durch § 358 Abs. 4 S. 4 BGB zusätzlich bei der Rückabwicklung benachteiligt. Dient das Darlehen nur teilweise der Finanzierung eines verbundenen Vertrags, ist § 358 Abs. 4 S. 4 BGB nach der Rechtsprechung des BGH[174] nur auf diesen Teil, nicht aber auf den an den Darlehensnehmer selbst ausbezahlten Restbetrag des Darlehens anwendbar.

102 § 358 Abs. 4 S. 5 BGB regelt die Rückabwicklung abweichend für den Sonderfall, dass das Darlehen dem Unternehmer bei Wirksamwerden des Widerrufs bereits zu-

171 BGH NJW 2007, 2404.

172 BGH NJW 2007, 3200, Rn. 27.

173 BGH ZIP 2020, 2391, Rn. 31 ff. Zur Vermeidung eines „Widerrufs-Jokers" wurde vorgeschlagen, § 358 Abs. 4 S. 1 BGB als nur teilweise Rechtsgrundverweisung auf § 357 Abs. 7 S. 1 Nr. 1 BGB zu sehen, so *Nordholtz/Bleckwenn*, NJW 2017, 2497.

174 BGH NJW 2011, 1063.

geflossen war: Dann soll nicht etwa eine Durchgriffskondiktion des Darlehensgebers gegen den Unternehmer stattfinden.[175] Vielmehr wird die Rückabwicklung auf das Verhältnis zwischen dem Darlehensgeber und dem Verbraucher konzentriert:[176] Im Verhältnis zum Verbraucher tritt der Darlehensgeber in die Rechte und Pflichten des Unternehmers (also in der Regel des Verkäufers) ein.[177] Damit bleibt es dem Verbraucher erspart, den Nettobetrag dem Darlehensgeber erstatten und sich seinerseits an den Unternehmer halten zu müssen.[178] Stattdessen muss der Darlehensgeber dies tun. Er erhält dann (in der Rolle des Unternehmers) die finanzierte Leistung; Wertersatz schuldet der Verbraucher nach § 357 Abs. 7 BGB. Demgegenüber kann der Verbraucher Rückzahlung der dem Darlehensgeber erbrachten Tilgungszahlungen sowie einer an den Unternehmer geleisteten Anzahlung bzw. eines Eigenanteils fordern.[179] Auch das ist für den Darlehensgeber überaus ungünstig. Denn i. d. R. kann er die finanzierte Leistung nicht verwenden; zudem trägt er das Verschlechterungsrisiko im Umfang von § 355 Abs. 3 S. 3 BGB.[180] Im Ergebnis führt dies dazu, dass der Käufer auf Kredit hier besser steht als jemand, der den Kaufpreis aus eigenen Mitteln bezahlt.[181]

Der Eintritt des Darlehensgebers in die Pflichten des Unternehmers beschränkt **103**
sich bei § 358 Abs. 4 S. 5 BGB auf die Rückabwicklung. Dagegen müssen z. B. Schadensersatzansprüche wegen Mängeln der verkauften Sache nach wie vor gegen den Unternehmer (= Verkäufer) geltend gemacht werden.[182] Eine Haftung des Darlehensgebers kommt insoweit (über § 278 BGB) nur in Betracht, soweit er selbst Verkäuferpflichten übernommen hat.

bb) Widerruf des Verbraucherdarlehens

§ 358 Abs. 2 BGB behandelt den Gegenfall von § 358 Abs. 1 BGB: Der Verbraucher wi- **104**
derruft nicht den Beschaffungsvertrag, sondern das Verbraucherdarlehen. Dies gilt einerseits für Verbraucherdarlehensverträge i. S. d. § 491 BGB, andererseits aber auch für unentgeltliche Darlehensverträge und Finanzierungshilfen i. S. d. §§ 514, 515 BGB; erfasst sind damit vor allem sog. Null-Prozent-Finanzierungen.[183] Auch dann soll

---

175 Vgl. MüKo-BGB/*Habersack*, 8. Aufl. 2019, § 358 Rn. 89.

176 Dies gilt auch in der Insolvenz des Darlehensgebers, BGH NJW 2011, 2198.

177 BGHZ 209, 179, Rn. 36; BGH NJW 2019, 2780; zur intertemporalen Rechtslage BGH NJW 2017, 2675.

178 MüKo-BGB/*Habersack*, 8. Aufl. 2019, § 358 Rn. 89.

179 BGHZ 180, 123, Rn. 27; das danach ebenfalls bestehende Recht des Verbrauchers, Rückzahlung der dem Darlehensgeber erbrachten Zinszahlung zu fordern, ist inzwischen wegen § 357b Abs. 3 S. 1 BGB obsolet.

180 Vgl. MüKo-BGB/*Habersack*, 8. Aufl. 2019, § 358 Rn. 91 m. w. N.

181 Vgl. BGH ZIP 2004, 606, 609.

182 BT-Drucks. 11/5462, S. 24.

183 Dazu *Schürnbrand*, WM 2016, 1105, 1107; *Rosenkranz*, NJW 2016, 1473, 1475 ff.

nach § 358 Abs. 2 BGB der verbundene Beschaffungsvertrag unverbindlich werden. Handelt es sich bei dem Beschaffungsvertrag um einen Vertrag über die Lieferung von nicht auf einem körperlichen Datenträger befindlichen digitalen Inhalten, ist § 358 Abs. 4 S. 2 BGB zu beachten; ist er als Ratenlieferungsvertrag zu qualifizieren, gilt es § 358 Abs. 4 S. 3 BGB zu berücksichtigen. Unterschiedlich beurteilt wird, ob der Verbraucher den Widerruf auf das Darlehen beschränken kann, weil er an dem Beschaffungsvertrag festhalten will.[184] Die Möglichkeit einer solchen Beschränkung ist zu bejahen, weil sich der Schutz des Verbrauchers nicht gegen diesen selbst richten soll.

cc) Vorgaben des EU-Rechts

105 Im Zusammenhang mit den sog. „Schrottimmobilien" hat der EuGH zu den Widerrufsfolgen entschieden:[185] Es verstoße nicht gegen Art. 3 Abs. 2 lit. a Haustür-RL, bestimmte drittfinanzierte Kaufverträge über Immobilien von der Geschäftsverbindung auszunehmen. Daher könnten die Rechtsfolgen eines Widerrufs auf den Kreditvertrag beschränkt werden. Insbesondere sei regelmäßig auch nicht zu beanstanden, wenn ein Widerruf des Darlehensvertrages durch den Verbraucher für diesen ungünstige Rechtsfolgen habe. Das gelte aber nicht, wenn das Kreditinstitut eine geschuldete Belehrung über das Widerrufsrecht unterlassen habe und der belehrte Verbraucher die Risiken aus dem Geschäft hätte vermeiden können.[186]

106 Der BGH[187] geht konzeptionell von einem Schadensersatzanspruch des Verbrauchers gegen das Kreditinstitut aus culpa in contrahendo (§ 311 Abs. 2 Nr. 2 BGB) aus. Insoweit wird eine verschuldensunabhängige Haftung mit Blick auf wesentliche Grundsätze des nationalen Haftungsrechts verneint,[188] was fragwürdig ist, denn der EuGH[189] setzte wohl eine solche voraus.[190] Der Anspruch setzt weiter voraus, dass der Schaden des Verbrauchers kausal auf dem Unterlassen der Belehrung (über das Widerrufsrecht, nicht über die Gefahren aus dem Immobilienkauf) beruht. Dies ist von vornherein dann nicht der Fall, wenn der Verbraucher bei Abschluss des Darlehensvertrags bereits an seine Erklärung zum Abschluss des Immobilienkaufvertrags gebunden ist.[191] Weiter muss der Verbraucher beweisen, dass er den Darlehensvertrag

---

184 Dagegen MüKo-BGB/*Habersack*, 8. Aufl. 2019, § 358 Rn. 25; dafür Palandt/*Grüneberg*, 80. Aufl. 2021, § 358 Rn. 8.

185 EuGH, 25.10.2005, Rs. C-350/03 – *Schulte/Badenia*, Slg. 2005, I-9215. Siehe zur Problematik der „Schrottimmobilien" auch *Bergmann*, JURA 2010, 426.

186 EuGH, 25.10.2005, Rs. C-350/03 – *Schulte/Badenia*, Slg. 2005, I-9215, Rn. 99 ff.

187 BGHZ 169, 109, Rn. 40 ff.; BGHZ 168, 1, Rn. 35 ff.

188 BGHZ 169, 109, Rn. 42.

189 EuGH, 25.10.2005, Rs. C-350/03 – *Schulte/Badenia*, Slg. 2005, I-9215.

190 Kritisch auch *Mörsdorf*, ZIP 2012, 845, 850.

191 BGHZ 168, 1, Rn. 38.

bei ordnungsgemäßer Belehrung tatsächlich widerrufen hätte.[192] Danach ist die Wirkung der Ausnahme des EuGH eng begrenzt.[193] Eine Korrektur schon rechtskräftig gegen den Verbraucher ergangener Urteile sollte allenfalls ausnahmsweise möglich sein.[194]

Da Art. 3 Abs. 2 lit. e VRRL eine Art. 3 Abs. 2 lit. a Haustür-RL entsprechende Vorschrift enthält, ist von einer unterschiedlichen rechtlichen Behandlung der Rückabwicklung von „Schrottimmobilien" auf der Grundlage der VRRL nicht auszugehen. 107

c) Bereichsausnahmen

Unanwendbar sind § 358 Abs. 2 und 4 BGB nach § 491 Abs. 3 Nr. 1 BGB bei Darlehensverträgen unter bestimmten weiteren Voraussetzungen, wenn sie gerichtlich protokolliert oder notariell beurkundet worden sind. Hier fehlt nämlich schon eine Möglichkeit zum Widerruf. Unanwendbarkeit gilt nach § 358 Abs. 3 Nr. 2 BGB zudem für Darlehen, mit denen präsumtiv spekulative Geschäfte finanziert werden sollen (Erwerb von Wertpapieren, Devisen, Derivaten oder Edelmetallen). Hier kann zwar ggf. nach § 495 BGB das Darlehen widerrufen werden, doch schlägt dieser Widerruf nicht auf das zu finanzierende Geschäft durch: Der Verbraucher soll das aus diesem Geschäft folgende Risiko nicht mittelbar abwälzen dürfen. § 358 Abs. 2 und 4 BGB finden auch nicht auf Darlehensverträge Anwendung, die der Finanzierung des Erwerbs von Finanzinstrumenten (vgl. § 1 Abs. 11 KWG) dienen (§ 358 Abs. 5 BGB). Der Darlehensgeber soll nicht über einen Widerruf mit den Preisschwankungsrisiken belastet werden können.[195] 108

3. Der Widerrufsdurchgriff bei zusammenhängenden Verträgen

Literatur: *Freudenmacher*, Zusammenhängende Verträge i. S. v. § 360 BGB – Konkretisierung des Anwendungsbereichs unter Bildung eines Abgrenzungskriteriums zum Recht der verbundenen Verträge, 2020

Die Ausdehnung des Widerrufsdurchgriffs auf zusammenhängende Verträge dient der praktischen Wirksamkeit des Widerrufsrechts: Ein Verbraucher soll von einem möglichen Widerruf eines Vertrag nicht dadurch abgehalten werden, dass er dennoch an einen weiteren, mit dem widerrufenen Vertrag im Zusammenhang stehenden Vertrag gebunden bleibt (Erwägungsgrund Nr. 47 a. E. VRRL). 109

---

192 BGHZ 169, 109, Rn. 43.

193 Zum Ganzen *Mörsdorf*, ZIP 2012, 845; *Eichel*, ZfPW 2016, 52.

194 Zu weit wohl *M. Schwab*, JZ 2006, 170.

195 BT-Drucks. 17/12637, S. 66.

a) Begriff und Voraussetzungen

110 Die Regelung zusammenhängender Verträge in § 360 BGB wurde in Umsetzung von Art. 15 Abs. 1 VRRL eingefügt. Dort wird indessen der Begriff des akzessorischen Vertrags verwendet. Nach der Definition in Art. 2 Nr. 15 VRRL ist darunter ein Vertrag zu verstehen, mit dem der Verbraucher Waren oder Dienstleistungen erwirbt, die im Zusammenhang mit einem Fernabsatzvertrag oder einem außerhalb von Geschäftsräumen geschlossenen Vertrag stehen und bei dem diese Waren oder Dienstleistungen von dem Unternehmer oder einem Dritten auf der Grundlage einer Vereinbarung zwischen diesem Dritten und dem Unternehmer geliefert oder erbracht werden. § 360 Abs. 2 S. 1 BGB knüpft zur Definition des zusammenhängenden Vertrags hieran an. Die insoweit im Vergleich zu Art. 2 Nr. 15 VRRL fehlende Beschränkung auf Fernabsatzverträge und außerhalb von Geschäftsräumen geschlossene Verträge ist mit Blick darauf, dass § 360 BGB nicht nur auf der VRRL beruht, sondern auch auf Art. 6 Abs. 7 FernabsFinDienstlRL sowie auf Art. 11 Abs. 1 Timesharing-RL, die neben der VRRL Anwendung finden, unproblematisch. Zwar sind diese Richtlinien ihrerseits von ihrem Anwendungsbereich her auf bestimmte Arten von Verträgen beschränkt. Gerade aufgrund dieser Beschränkung war der Gesetzgeber aber nicht daran gehindert, weitere Verträge als zusammenhängende Verträge zu erfassen.[196] Als Beispiel für einen § 360 Abs. 2 S. 1 BGB unterfallenden Vertrag können die (aus der Kreditvaluta erbrachten) Prämien für eine Restschuldversicherung genannt werden.

111 Erfasst sind von § 360 Abs. 2 S. 2 BGB auch unentgeltliche Darlehen. In dieser Norm findet sich indessen keine abschließende Regelung für Darlehensverträge. Ausweislich des Wortlauts ist allein die Konstellation umfasst, dass ein Vertrag widerrufen wird, dessen Finanzierung der Verbraucherdarlehensvertrag dient. Die umgekehrte Konstellation, dass der Darlehensvertrag selbst widerrufen wird, fällt damit unter § 360 Abs. 2 S. 1 BGB. Ein angegebener Vertrag nach § 360 Abs. 2 S. 2 BGB liegt vor, wenn das Darlehen zwar der Finanzierung der Leistung aus dem widerrufenen Vertrag dient, eine wirtschaftliche Einheit gem § 358 Abs. 3 S. 2 BGB aber nicht gegeben ist.[197]

b) Rechtsfolgen, insbesondere Kosten für den Verbraucher

aa) Allgemeines

112 § 360 Abs. 1 S. 1 BGB normiert einen Widerrufsdurchgriff. Ein Einwendungsdurchgriff, der rechtstechnisch über einen Verweis auf § 359 BGB zu leisten gewesen wäre, wurde hingegen bewusst nicht angeordnet: Der Gesetzgeber war der Auffassung,

---

196 Vgl. insoweit BT-Drucks. 17/12637, S. 67.

197 BT-Drucks. 17/12637, S. 67.

dass Art. 15 VerbrKr-RL eine solche Verpflichtung nicht schafft.[198] In der Literatur wird dies verbreitet kritisiert.[199] Ein Richtlinienverstoß dürfte für den in § 360 Abs. 2 S. 2 BGB genannten Fall der angegebenen Leistung vorliegen, da Art. 15 Abs. 2 VerbrKr-RL insoweit keinen Spielraum lässt. Da der Gesetzgeber aber ganz offensichtlich im Glauben handelte, sich im Rahmen der unionalen Vorgaben, namentlich im Anwendungsbereich der Öffnungsklausel des Art. 15 Abs. 2 S. 2 VerbrKr-RL zu bewegen, kommt auf der Grundlage der einschlägigen Rechtsprechung des BGH[200] durchaus eine richtlinienkonforme Rechtsanwendung in Betracht.[201] Diese kann in einer erweiternden Auslegung des § 358 Abs. 3 S. 1 BGB liegen[202] oder aber in einer Analogie zu § 359 BGB.[203]

Was die Rückabwicklung des zusammenhängenden Vertrags angeht, wird in **113** § 360 Abs. 1 S. 2 BGB auf die Rückabwicklung von verbundenen Verträgen verwiesen (§ 358 Abs. 4 S. 1–3 BGB). Hinsichtlich des widerrufenen Vertrags bleibt es bei den Rechtsfolgen der §§ 357–357c BGB. Zunächst kommt für die Rückabwicklung des zusammenhängenden Vertrags § 355 Abs. 3 BGB zur entsprechenden Anwendung. Hinsichtlich der weiteren Rechtsfolgen ist nach dem jeweiligen Vertragstypus des zusammenhängenden Vertrags zu differenzieren.[204] Für den Widerruf von Teilzeit-Wohnrechteverträgen sowie Verträgen über ein langfristiges Urlaubsprodukt enthält § 360 Abs. 1 S. 3 BGB eine Sonderregelung. Aus § 361 Abs. 1 BGB ergibt sich, dass dem Unternehmer nur die sich aus der entsprechenden Anwendung der §§ 358 Abs. 4 S. 1–3 BGB ergebenden Ansprüche zustehen.

bb) Verträge über Waren oder Dienstleistungen sowie Finanzdienstleistungen und Darlehensverträge

Werden mit dem zusammenhängenden Vertrag Waren oder Dienstleistungen erwor- **114** ben, gilt § 357 BGB entsprechend (vgl. wiederum § 358 Abs. 4 S. 1 BGB). Danach trägt der Verbraucher bei Vorliegen der Voraussetzungen des § 357 Abs. 2 S. 2 BGB die Kosten, die über die angebotene Standardlieferung hinausgehen. In entsprechender Anwendung des § 357 Abs. 6–8 BGB hat der Verbraucher unter den dort genannten Voraussetzungen ebenso die Kosten der Rücksendung und ggf. Wertersatz zu leisten.

---

198 BT-Drucks. 17/12637, S. 68. In der Beschlussempfehlung des Rechtsausschusses wird davon ausgegangen, dass es sich um ein Redaktionsversehen des Unionsgesetzgebers handele, s. BT-Drucks. 17/13951, S. 74.

199 S. etwa Staudinger/*Herresthal* (2016), § 360 Rn. 34; BeckOGK-BGB/*Rosenkranz* (Stand 1.4.2020), § 360 Rn. 43; MüKo-BGB/*Habersack*, 8. Aufl. 2019, § 360 Rn. 24.

200 Dazu oben § 8 Rn. 40 ff.

201 Dafür nun auch MüKo-BGB/*Habersack*, 8. Aufl. 2019, § 360 Rn. 24 m.N.

202 So BeckOGK-BGB/*Rosenkranz* (Stand 1.4.2020), § 359 Rn. 15.1 f. sowie 360 Rn. 43.

203 Dafür Staudinger/*Herresthal* (2016), § 360 Rn. 35.

204 Vgl. dazu auch BT-Drucks. 17/12637, S. 66.

Für zusammenhängende Verträge über Finanzdienstleistungen finden für die Rückabwicklung die §§ 355 Abs. 3, 357a BGB entsprechende Anwendung, wobei letzterer besondere Vorschriften für Verbraucherdarlehensverträge enthält. Durch diese Regelungen ist sichergestellt, dass dem Verbraucher keine weiteren Kosten in Rechnung gestellt werden dürfen.

115 Zu beachten ist, dass über § 360 Abs. 1 S. 2 BGB nur § 358 Abs. 4 S. 1–3 BGB entsprechende Anwendung finden. Für Verbraucherdarlehensverträge gelten die an sich für diese Verträge einschlägigen §§ 358 Abs. 4 S. 4, 5, 359 Abs. 1 BGB nicht entsprechend. Ansprüche des Unternehmers gegen den Verbraucher auf Zahlung von Zinsen und Kosten aus der Rückabwicklung des Darlehensvertrags (§ 358 Abs. 4 S. 4 BGB) dürften aufgrund des sich aus § 361 Abs. 1 BGB ergebenden abschließenden Charakters der §§ 358 Abs. 4 S. 1, 357a (i. V. m. § 360 Abs. 1 S. 2) BGB jedoch auch bei der Rückabwicklung zusammenhängender Verträge nicht bestehen. Dass § 358 Abs. 4 S. 5 BGB keine entsprechende Anwendung findet, rechtfertigt sich mit der bei zusammenhängenden Verträgen im Vergleich zu verbundenen Verträgen fehlenden wirtschaftlichen Einheit.

cc) Verträge über die Lieferung von digitalen Inhalten

116 Handelt es sich bei dem zusammenhängenden Vertrag um einen Vertrag über die Lieferung von digitalen Inhalten, die nicht auf einem körperlichen Datenträger gespeichert werden, findet § 358 Abs. 4 S. 2 BGB entsprechende Anwendung. Der Verbraucher hat unter den dort genannten Voraussetzungen dem Unternehmer für die bis zum Widerruf gelieferten digitalen Inhalte Wertersatz zu leisten. Damit werden die Vorgaben aus Art. 15 Abs. 1 i. V. m. Art. 14 Abs. 4 lit. b VRRL umgesetzt.

4. Der Einwendungsdurchgriff bei verbundenen Verträgen

a) Voraussetzungen

aa) Verbundener Vertrag

117 Nach § 359 Abs. 1 S. 1 BGB muss ein Verbraucherdarlehen (das ergibt sich aus S. 2 dieser Norm) mit einem anderen Vertrag mit einem Unternehmer verbunden sein, also in der Regel zur Finanzierung dieses Vertrages dienen. Der Darlehensvertrag muss nicht entgeltlich sein. Auch sog. Null-Prozent-Finanzierungen, die vor der Umsetzung der WohnImmoKrRL im deutschen Recht nicht unter §§ 358, 359 BGB fielen,[205] werden damit nunmehr erfasst.[206] Die erforderlichen Einzelheiten für eine solche Verbindung ergeben sich aus den bereits genannten Vorgaben des § 358 Abs. 3 BGB.

---

205 BGHZ 202, 302, Rn. 10; dazu teils abl. *Riehm*, NJW 2014, 3692; *Schürnbrand*, ZIP 2015, 249; *Müller*, WM 2015, 697.

206 *Schürnbrand*, WM 2016, 1105, 1107.

bb) Abgeleitetes Leistungsverweigerungsrecht gegenüber dem Unternehmer

Dem Verbraucher muss gegen seinen Partner aus dem anderen Vertrag ein Leistungsverweigerungsrecht (Einwendung oder Einrede, der Wortlaut von § 359 Abs. 1 S. 1 BGB ist ungenau[207]) zustehen. Ein Gestaltungsrecht (z. B. zur Anfechtung) genügt nicht, solange es nicht ausgeübt worden ist. Im Rahmen der Mängelhaftung bei Kauf- und Werkvertrag ist zunächst § 359 Abs. 1 S. 3 BGB zu beachten: Wenn der Verbraucher Nacherfüllung verlangen kann (nach §§ 439, 635 BGB), soll er erst diese (bzw. deren Fehlschlagen[208]) abwarten müssen; er kann also bei einem behebbaren Mangel die Einrede aus § 320 BGB dem Darlehensgeber gegenüber zunächst nicht geltend machen.[209] 118

Kommt eine Nacherfüllung nicht (mehr) in Betracht, so hat der Käufer/Besteller i. d. R. ein Wahlrecht nach § 437 oder § 634 BGB. Diese Wahl entscheidet dann, ob er die Gegenleistung überhaupt nicht mehr (bei Rücktritt) oder nur noch zum Teil (bei Minderung) schuldet. Je nachdem bestimmt sich auch seine endgültige Position gegenüber dem Darlehensgeber. Vorläufig hat er wegen des Mangels die Einrede aus § 320 BGB. Der verjährungsähnliche Ausschluss der Gewährleistungsrechte nach §§ 438, 634a, 218 BGB lässt das Leistungsverweigerungsrecht nicht ohne weiteres entfallen. Denn nach §§ 438 Abs. 4 S. 2, Abs. 5, 634a Abs. 4 S. 2, Abs. 5 BGB bleibt der Käufer/Besteller zur Verweigerung der Preiszahlung insoweit berechtigt, als er durch Rücktritt oder Minderung dazu berechtigt wäre. Dieses Recht wirkt auch gegenüber dem Darlehensgeber.[210] 119

Weitere Leistungsverweigerungsrechte des Verbrauchers kommen bei sonstiger Nicht- oder Schlechtleistung des Unternehmers in Betracht, insbesondere nach den §§ 273, 320 BGB. Die bloße Möglichkeit zur Aufrechnung gegen den Unternehmer zur Leistungsverweigerung gegenüber dem Darlehensgeber (die ja von der in § 273 BGB verlangten Konnexität unabhängig ist), dürfte nicht genügen,[211] da dem Verbraucher die Erklärung der Aufrechnung offen steht. 120

cc) Andere Verteidigungsmöglichkeiten gegenüber dem Darlehensgeber

Der Verbraucher kann sich unabhängig von § 359 Abs. 1 BGB selbstverständlich auch auf die Einreden berufen, die ihm hinsichtlich des Darlehensvertrages direkt zustehen (mangelnde Einigung, Nichtigkeit usw.). Bei Nichtzustandekommen des Beschaffungsvertrags ist kraft einer auflösenden Bedingung auch das Darlehen unwirksam, wenn eine Vertragsverbindung von vorneherein gewollt war; ein Rückgriff auf die 121

207 MüKo-BGB/*Habersack*, 8. Aufl. 2019, § 359 Rn. 37.

208 Zum Fehlschlagen vgl. § 440 S. 2 BGB; gleichstehen müssen die Fälle von §§ 439 Abs. 4 und 440 Abs. 1 sowie § 635 Abs. 3 BGB.

209 Begründung BT-Drucks. 11/5462, S. 24.

210 Str., vgl. MüKo-BGB/*Habersack*, 8. Aufl. 2019, § 359 Rn. 39 mit Nachweisen in Fn. 111.

211 Vgl. MüKo-BGB/*Habersack*, 8. Aufl. 2019, § 359 Rn. 41.

Lehre von der Geschäftsgrundlage ist daher unnötig.[212] War dagegen diese Verbindung nicht gewollt, so bleibt das Darlehen i. d. R. wirksam. Arglistige Täuschung oder widerrechtliche Drohung (§ 123 BGB) können zugleich bei dem Darlehen wie auch bei dem Beschaffungsvertrag vorliegen. Dann ist das Darlehen nach einer umfassenden Anfechtung schon wegen Fehleridentität nichtig. Beschränkt sich dagegen der Fehler (wie wohl häufig) auf den anderen Vertrag, so ist nur dieser anfechtbar; das wirkt dann nach § 359 Abs. 1 BGB auch gegenüber dem Darlehen. In Betracht kommt aber auch, dass der über den Beschaffungsvertrag täuschende Unternehmer bezüglich des Darlehens nicht Dritter i. S. v. § 123 Abs. 2 BGB ist; dann kann auch das Darlehen nach § 123 BGB angefochten werden.[213] Nur wenn § 359 Abs. 1 BGB nicht eingreift, muss die Anfechtung auch gegen den Darlehensgeber gerichtet werden.

b) Ausnahmen

122 Nach § 359 Abs. 2 HS. 2 BGB versagt der Einwendungsdurchgriff, wenn das finanzierte Entgelt 200 € nicht übersteigt. Eine entsprechende Regelung enthält § 491 Abs. 2 Nr. 1 BGB. Doch kommt es in § 491 BGB auf den Gesamtbetrag des auszuzahlenden Darlehens an, bei § 359 Abs. 2 HS. 2 BGB nur auf den durch das Darlehen finanzierten Teil. Bedeutung hat der Unterschied, wenn der insgesamt gewährte Kreditrahmen größer ist als der zur Finanzierung eines Einzelgeschäfts verwendete Anteil.

123 Nachträglich vereinbarte Änderungen des Beschaffungsvertrags (etwa auch dessen Aufhebung) können nach § 359 Abs. 1 S. 2 BGB dem Darlehensgeber nicht entgegengehalten werden.[214] Das hat denselben Grund wie bei § 767 Abs. 1 S. 2 BGB: Die Partner des anderen Geschäfts sollen die Stellung des Darlehensgebers nicht verschlechtern können. Ist dagegen die Einwendung schon im Keim in dem anderen Vertrag angelegt, so fällt sie nicht unter § 359 Abs. 1 S. 2 BGB. Bei Identität von Darlehensgeber und Unternehmer passt § 359 Abs. 1 S. 2 BGB gleichfalls nicht. Wenn der Darlehensgeber selbst an einer Änderung des anderen Vertrages mitwirkt, muss er diese auch bei seinen Darlehensansprüchen gegen sich gelten lassen.[215]

124 In Bezug auf Finanzinstrumente (vgl. § 1 Abs. 11 KWG) wird in § 359 Abs. 2 HS. 1 BGB ausdrücklich die Unanwendbarkeit des § 359 Abs. 1 BGB bestimmt auf Darlehen, die der Finanzierung des Erwerbs von Finanzinstrumenten dienen: Bei solchen Geschäften soll der Verbraucher einen Misserfolg nicht auf andere abwälzen können. Da der Verbraucher nur dann geschützt ist, wenn er einen Verbraucherdarlehensvertrag abgeschlossen hat, gilt § 359 Abs. 1 BGB ferner nicht, wenn der verbundene Darle-

---

212 MüKo-BGB/*Habersack*, 8. Aufl. 2019, § 359 Rn. 30. Anders hingegen Staudinger/*Herresthal* (2016), § 359 Rn. 50 m. N.

213 MüKo-BGB/*Habersack*, 8. Aufl. 2019, § 359 Rn. 33.

214 MüKo-BGB/*Habersack*, 8. Aufl. 2019, § 359 Rn. 45.

215 MüKo-BGB/*Habersack*, 8. Aufl. 2019, § 359 Rn. 45.

hensvertrag unter eine der in den §§ 491 Abs. 2, 3 sowie 504, 505 BGB geregelten Ausnahmen fällt.[216]

c) Rechtsfolge

Rechtsfolge des § 359 Abs. 1 BGB ist ein Leistungsverweigerungsrecht des Verbrauchers gegenüber dem Darlehensgeber. Nicht eigens geregelt ist dagegen in § 359 Abs. 1 BGB eine Rückabwicklung für den Fall, dass der Verbraucher schon Leistungen auf das Darlehen erbracht hat, sodass ihm insoweit sein Leistungsverweigerungsrecht nichts mehr nützt. Die Rückabwicklung erfolgt dann nach Bereicherungsrecht; dieser sog. Rückforderungsdurchgriff kann (lediglich) auf § 813 BGB gestützt werden.[217] **125**

d) Abschließende Regelung

Der Einwendungsdurchgriff von § 359 Abs. 1 BGB beruht u.a. auf der alten, letztlich auf § 242 BGB gestützten Rechtsprechung. Auf diese kann aber bei Unanwendbarkeit des § 359 Abs. 1 BGB nicht zurückgegriffen werden; jener bildet also eine abschließende Regelung.[218] Dagegen bleiben Aufklärungspflichten des Darlehensgebers unberührt, soweit diese sich nicht auf das Aufspaltungsrisiko beziehen (das ja allein durch die §§ 358, 359 BGB geregelt wird), sondern auf das Anlagerisiko.[219] Als Sanktion kommt dann ein Schadensersatzanspruch aus culpa in contrahendo (§ 311 Abs. 2 BGB) in Betracht. **126**

---

216 Palandt/*Grüneberg*, 80. Aufl. 2021, § 359 Rn. 2.

217 Zu Einzelheiten BGHZ 174, 334, Rn. 28ff.; BGH NJW 2008, 2912, Rn. 15f. (§ 813 BGB); BGHZ 183, 112; BGH WM 2011, 261; *Bülow/Artz*, Verbraucherprivatrecht, 6. Aufl. 2018, Rn. 170ff.; *Schürnbrand/Janal*, Examens-Repetitorium Verbraucherschutzrecht, 3. Aufl. 2018, Rn. 267ff.

218 MüKo-BGB/*Habersack*, 8. Aufl. 2019, § 359 Rn. 20; BeckOK-BGB/*Müller-Christmann*, 56. Edition (Stand 1.8.2020), § 359 Rn. 33; Palandt/*Grüneberg*, 80. Aufl. 2021, § 359 Rn. 1; vgl. BGH NJW 2004, 1376, 1378.

219 MüKo-BGB/*Habersack*, 8. Aufl. 2019, § 359 Rn. 21f.

3. Kapitel: Vertragsinhalt

§ 15 Inhalt und Auslegung von Verträgen

Literatur: *Barrij/Macgregor/Cabrelli* (Hrsg.), Interpretation of Commercial Contracts in European Private Law, 2020; *L. Hübner*, State of play der englischen Vertragsauslegung, ZEuP 2018, 684; *Jung* (Hrsg.), Europäisches Privatrecht in Vielfalt geeint. Richterliche Eingriffe in den Vertrag, 2013; *Kötz*, Europäisches Vertragsrecht, 2. Aufl. 2015, § 6; *Kramer*, Konzeptionsfragen zur Vertragsinhaltskontrolle, ZSR 2018, 295; *Riesenhuber*, Kein Zweifel für den Verbraucher, JZ 2005, 829; *Wendehorst*, Methodennormen in kontinentaleuropäischen Kodifikationen, RabelsZ 75 (2011), 730

Systematische Übersicht

I. Abschluss- und Inhaltsfreiheit

1. Allgemeines

1 Mit dem Vertrag bestimmen die Parteien, was zwischen ihnen gelten soll. Besonders deutlich formuliert hier das französische Recht: „Les conventions légalement formées tiennent lieu de loi à ceux qui les ont faites." (Art. 1103 Code civil). Die Privatautonomie gewährt ihnen insoweit sowohl die Abschluss- als auch die Inhaltsfreiheit. Die Vertragsparteien sind die sachnächsten; sie können am besten entscheiden, welcher Inhalt für sie am günstigsten ist. Insofern lässt sich in aller Vorsicht von einer Richtigkeitschance privatrechtlicher Gestaltungen von Rechtsverhältnissen sprechen.[1] Damit einher geht auch die Freiheit, nachteilige Verträge abzuschließen. Äußere Grenzen zieht die Rechtsordnung etwa durch gesetzliche Verbote (§ 134 BGB) oder die guten Sitten (§ 138 BGB).[2] Auch das Prinzip von Treu und Glauben (§ 242 BGB) kann im Einzelfall die Ausübung einer Rechtsposition verhinden.[3] Keinesfalls kann hierauf jedoch eine allgemeine Billigkeitskontrolle von Verträgen gestützt werden.

---

1 S. bereits oben § 11 Rn. 1ff.
2 Dazu oben § 11 Rn. 4.
3 Dazu oben § 11 Rn. 35ff.

https://doi.org/10.1515/9783110718690-015

2. Inhaltskontrolle

Die Inhaltskontrolle privatautonomer Vereinbarungen erscheint in einem System, das auf einer liberalistischen Grundkonzeption beruht, damit zunächst als Fremdkörper.[4] Beispielhaft hierfür steht die Rechtsprechung des Reichsgerichts, das in einer noch vor Inkrafttreten des BGB ergangenen Entscheidung jegliche Inhaltskontrolle abgelehnt hat[5] und auch später eine Kontrolle von AGB nur bei Monopolstellung des Verwenders zugelassen hat.[6] 2

Spiegelbildlich zu den immer komplexer werdenden wirtschaftlichen Verhältnissen und einer immer öfter konstatierten Disparität der Verhandlungsstärke der Marktteilnehmer nahm die gerichtliche Kontrolle von Verträgen in der zweiten Hälfte des vergangenen Jahrhunderts drastisch zu. Seit einer Grundsatzentscheidung aus dem Jahre 1956 unterzieht der BGH Vertragsklauseln anhand des Maßstabes von Treu und Glauben (§ 242 BGB) einer inhaltlichen Überprüfung.[7] Der Gesetzgeber reagierte später mit Erlass des AGBG.[8] Auch außerhalb von dessen Anwendungsbereich hat die Rechtsprechung inzwischen weite Bereiche vertraglicher Abreden im Bereich etwa des Arbeitsrechts,[9] des Wohnraummietrechts[10] und des Gesellschaftsrechts[11] im Ergebnis einer gerichtlichen Inhaltskontrolle unterworfen; auch Bürgschaftsverträge, Handelsvertreterverträge und familienrechtliche Rechtsgeschäfte bleiben nicht kontrollfrei.[12] 3

Doch setzt jede Art der Kontrolle voraus, dass der Inhalt der vertraglichen Vereinbarung fest steht. Dieser wird durch Auslegung ermittelt. Hierzu kennt jede Rechtsordnung eigene Methoden der Vertragsinterpretation.[13] Eine Inhaltskontrolle kann erst dann stattfinden, wenn der Prozess der Auslegung durchlaufen wurde. 4

---

4 Vgl. *Flume*, Allgemeiner Teil des Bürgerlichen Rechts, Band II: Das Rechtsgeschäft, 4. Aufl. 1992, S. 8; vergleichend *Kramer*, ZSR 2018, 295.

5 RGZ 11, 100, 110: Zulässigkeit einer „wenig billig und gerecht" erscheinenden Freizeichnungsklausel unter Hinweis auf die Vertragsfreiheit.

6 RGZ 62, 264, 266; RGZ 79, 224, 229; RGZ 143, 24, 28 f.; RGZ 161, 76, 80 (Sittenwidrigkeit gegeben, wenn der Monopolinhaber unter Ausnutzung seiner Machtstellung unverhältnismäßige Klauseln vorschreibt); weitere Nachweise bei *Fastrich*, Richterliche Inhaltskontrolle im Privatrecht, 1992, S. 18 Fn. 26.

7 BGHZ 22, 90, 97 ff.

8 Zur Gesetzgebungsgeschichte *Ulmer/Habersack*, in: Ulmer/Brandner/Hensen, AGB-Recht, 12. Aufl. 2016, Einl. Rn. 16 ff.

9 BVerfGE 33, 125, 158 f. Vgl. monographisch *Preis*, Grundfragen der Vertragsgestaltung im Arbeitsrecht, 1993.

10 BVerfGE 89, 1, 6; hierzu kritisch und mit Nachweisen *Diederichsen*, JbItalR 10 (1997), S. 3, 18 ff.

11 Vgl. dazu *Coester-Waltjen*, AcP 190 (1990), 1, 5 ff.

12 BVerfGE 89, 214 (Bürgschaft); BVerfGE 81, 242 (Handelsvertreter); BVerfGE 103, 89 (Ehevertrag).

13 Dazu sogleich unten Rn. 9 ff.

3. Abgrenzung zur ergänzenden Vertragsauslegung

5 Viele Rechtsordnungen lassen richterliche Eingriffe in das parteiautonom errichtete Vertragsgefüge zu. Im deutschen Recht spricht man von ergänzender Vertragsauslegung. Durch sie „tritt diejenige Gestaltungsmöglichkeit ein, die die Parteien bei sachgerechter Abwägung ihrer beiderseitigen Interessen nach Treu und Glauben redlicherweise vereinbart hätten, wenn ihnen die Unwirksamkeit der Klausel bekannt gewesen wäre".[14] Letztlich arbeitet die Rechtsprechung jedoch mit einer Auslegung auf objektivierter Grundlage, stellt sie doch regelmäßig auf die Interessen nicht der am Vertrag beteiligten Parteien ab, wie dies § 157 BGB vorsieht, sondern allgemeiner auf die Interessen der an Rechtsgeschäften dieser Art typischerweise beteiligten Verkehrskreise.[15]

6 Auch das englische Recht kennt eine ergänzende Vertragsauslegung, die bei Lücken im vertraglichen Regelwerk zur Anwendung gelangt, man spricht von *implied terms*. Die auslegungsleitende Fragestellung für die *implication of a term* lautet dabei, „whether such provision would spell out in express words what the instrument, read against the relevant background, would reasonably be understood to mean".[16] Das Gericht hat also mit anderen Worten denjenigen Vertragstext zu ermitteln, der dem hypothetischen Parteiwillen aus der Sicht eines objektiven Dritten entspricht. Eine Lückenfüllung kommt dabei nicht schon dann in Betracht, wenn sie den Vertragstext verbessert oder die Vertragsdurchführung erleichtert.[17]

7 Auch hier verändert das Gericht unter Umständen den Inhalt eines privatautonomen Vertrages. Doch handelt es sich nicht um eine Inhaltskontrolle im oben beschriebenen Sinne. Denn die ergänzende Vertragsauslegung kommt regelmäßig nur dann zur Anwendung, wenn der Vertrag lückenhaft ist, etwa weil die Parteien vergessen haben, sich über ein nun virulentes Problem zu einigen. Grundsätzlich steht das dispositive Gesetzesrecht bereit, um die Lücke zu schließen. Die ergänzende Vertragsauslegung geht aber darüber hinaus, wenn das Gesetz keine Regel bereit hält. Entscheidend ist dann, was die Parteien nach Treu und Glauben und der Verkehrssitte vereinbart hätten, wenn sie bei Vertragsschluss von der Lücke gewusst hätten.[18] Hier bestehen durchaus Berührungspunkte zur Inhaltskontrolle.[19] Ähnlich liegen die Dinge im Falle von Störungen oder dem Wegfall der Geschäftsgrundlage. Auch hier ist die Rechtsfolge in der Regel richterliche Vertragsanpassung (§ 313 Abs. 1 BGB).

---

14 So eine oft verwendete Formulierung, vgl. etwa BGHZ 90, 69, 75; BGHZ 137, 153, 158.

15 BGHZ 164, 297, 317; BGH NJW-RR 2005, 1040, 1041; BGHZ 107, 273, 276f. Dazu *H. Schmidt*, in: Ulmer/Brandner/Hensen, AGB-Recht, 12. Aufl. 2016, § 306 Rn. 32 m.w.N.

16 *Attorney-General of Belize v. Belize Telecom Ltd.* [2009] UKPC 10, 21 (PC).

17 *Liverpool City Council v. Irwin* [1977] AC 239, 266: „The touchstone is always *necessity* and not merely *reasonableness*." Zahlreiche weitere Rechtsprechungsnachweise bei *Guest*, in: Chitty on Contracts, Band I: General Principles, 31. Aufl. 2012, Rn. 13–010.

18 BGHZ 16, 71, 76.

19 *Kötz*, Europäisches Vertragsrecht, 2. Aufl. 2015, S. 153.

Doch sind es in diesen Fällen die Parteien, die einen regelungsbedürftigen Punkt nicht erkannt oder geregelt haben. Bei der Inhaltskontrolle geht es indessen um die Überprüfung von Regelungen, die nach dem Parteiwillen gerade Vertragsbestandteil sind. 8

II. Die Auslegung von Verträgen

Literatur: *Baaij/Macgregor/Cabrelli* (Hrsg.), Interpretation of Commercial Contracts in European Private Law, 2020

1. Regelungsabstinenz des Unionsrechts

Das europäische Vertragsrecht verhält sich nicht zur Frage, wie der Inhalt eines Vertrags zu ermitteln ist. Einzig der Vorschlag für ein Gemeinsames Europäisches Kaufrecht, der sich insoweit auf den DCFR stützt, bildet hiervon eine Ausnahme.[20] Die Auslegung eines Vertrags erfolgt mithin nach dem jeweils anwendbaren unvereinheitlichten nationalen Recht. Im deutschen Recht bilden die §§ 133, 157 BGB einen allerdings recht vagen Rahmen. Präzisere Maßstäbe haben sich richterrechtlich herausgebildet. Spezielle Methodennormen kennt das BGB nicht.[21] 9

Die Vertragsauslegung nach englischem Recht (*construction* bzw. *interpretation of terms of contract*) hat das Ziel, die Bedeutung und die rechtlichen Wirkungen eines Vertrags zu bestimmen. Dabei gilt es, den Parteiwillen (*common intention of the parties*) zu ermitteln.[22] Grundlage ist ein objektivierter Standard: Zu fragen ist, welche Bedeutung die Vertragsbestimmungen aus Sicht eines objektiven Dritten haben, der über das notwendige Hintergrundwissen verfügt, das die Parteien bei Vertragsschluss hatten oder vernünftigerweise haben mussten.[23] Ausgangspunkt ist stets der Wortlaut des Vertrags.[24] Es besteht eine Vermutung dafür, dass sich der Parteiwille in den im Vertrag gewählten Formulierungen widerspiegelt,[25] und dass die Parteien einen Begriff in seiner gewöhnlichen Bedeutung (*natural and ordinary meaning*) verwendet haben.[26] 10

---

20 Dazu sogleich Rn. 14.

21 Grundlegend und vergleichend zum Sinn solcher Methodennormen *Wendehorst*, RabelsZ 75 (2011), 730.

22 So bereits *Marquis of Cholmondeley v. Clinton* (1820) 2 Jacob & Walker, 1, 91 (Nachdruck in English Reports, Band 37).

23 *Investors Compensation Scheme Ltd. v. West Bromwich Building Society* [1998] 1 WLR 896, 912 (HL).

24 Vgl. *Total Gas Marketing Ltd. v. Arco British Ltd. and others* [1998] 2 Lloyd's Rep. 209, 215 (HL); *Albion Sugar Co. Ltd. v. William Tankers Ltd. and Davies (the „John S. Darbyshire")* [1977] 2 Lloyd's Rep. 457, 466.

25 *British Movietonews Ltd. v. London and District Cinemas Ltd.* [1952] AC 166 (HL).

26 *Investors Compensation Scheme Ltd. v. West Bromwich Building Society* [1998] 1 WLR 896, 912 (HL).

11 Eine Vertragsbestimmung darf nicht isoliert betrachtet werden; entscheidend ist vielmehr der Kontext des gesamten Vertrags.[27] Zur Ermittlung des Parteiwillens werden daneben auch die tatsächlichen Umstände des Vertragsschlusses herangezogen, um zu ermitteln, wie der Wortlaut des Vertrags aus Sicht eines objektiven Dritten in der Position der Parteien zu verstehen wäre.[28] Je klarer und unzweideutiger dabei die wörtliche Bedeutung, desto weniger sind die englischen Gerichte bereit, der Vertragsbestimmung vor diesem Hintergrund eine andere Bedeutung beizumessen.[29] Dies gilt insbesondere für Rechtsbegriffe: Auch hier besteht eine Vermutung, dass die Parteien diesen die übliche Bedeutung zumessen wollten.[30] Das Verhalten der Parteien nach Vertragsschluss darf hingegen nicht bei der Vertragsauslegung berücksichtigt werden.[31] Ähnliches gilt für die vorvertraglichen Verhandlungen zwischen den Parteien: Nach der Rechtsprechung ist es regelmäßig nicht zulässig, diese zur Vertragsauslegung zu berücksichtigen, da sie mehr die subjektiven Intentionen der Parteien zu stützen vermögen als den wirklichen Vertragsinhalt, der aus der Sicht eines objektiven Dritten zu bestimmen ist.[32]

12 Führt eine am Wortlaut orientierte Auslegung zu absurden oder widersprüchlichen Ergebnissen, oder folgt hieraus eine vertragliche Verpflichtung, die die Parteien vernünftigerweise nicht gewollt haben können, so muss hiervon abgewichen werden.[33] Gleiches gilt für offensichtliche sprachliche Verwechslungen (falsa demonstratio non nocet).[34] Gibt es mehrere Auslegungsmöglichkeiten, so ist diejenige zu wählen, die zur Gültigkeit des Vertrags[35] führt und ansonsten diejenige, die am ehesten

27 *North Eastern Railway v. Hastings* [1900] A.C. 260, 267 (HL).

28 *Investors Compensation Scheme Ltd. v. West Bromwich Building Society* [1998] 1 WLR 896, 913 (HL); *Bayerische Vereinsbank Aktiengesellschaft v. National Bank of Pakistan* [1997] 1 Lloyd's Rep. 59, 63; *Harvey Shopfitters Ltd. v. ADI Ltd.* [2004] 91 Con LR 71 (CA); *Lymington Marina Ltd. v. Macmanara and others* [2006] EWHC 704 (ChD); vgl. auch *Vaverakis v. Compagnia de Navegacion Artico S.A.* [1976] 2 Lloyd's Rep. 250, 255; siehe dazu auch *Guest*, in: Chitty on Contracts, Band I: General Principles, 31. Aufl. 2012, Rn. 12–043ff.; *Smith*, Atiyah's Introduction to the Law of Contract, 6. Aufl. 2006, S. 149.

29 *Melanesian Mission Trust Board v. Australian Mutual Provident Society* [1997] 1 N.Z.L.R. 391, 394 (PC).

30 Siehe die Nachweise bei *Guest*, in: Chitty on Contracts, Band I: General Principles, 31. Aufl. 2012, Rn. 12–053.

31 *L. Schuler AG v. Wickman Machine Tools Sales Ltd.* [1974] AC 235, 261, 263 (HL). Zur Kritik aus der Literatur hieran *Beatson/Burrows/Cartwright*, Anson's Law of Contract, 29. Aufl. 2010, S. 168 m.N.

32 *Prenn v. Simmonds* [1971] 1 WLR 1381, 1384 (HL); *Chartbrook Ltd. v. Persimmon Homes Ltd.* [2009] 1 AC 1101 (HL), Rn. 28ff. (zur Regel), Rn. 35ff. (zu den Ausnahmen). Kritisch etwa *Lord Nicholls* (2005) 121 LQR 577.

33 *L. Schuler AG v. Wickman Machine Tools Sales Ltd.* [1974] AC 235, 251 (HL).

34 Siehe die Rechtsprechungsnachweise bei *Guest*, in: Chitty on Contracts, Band I: General Principles, 31. Aufl. 2012, Rn. 12–075.

35 Siehe etwa *Pioneer Freight Futures Co. Ltd. v. TMT Asia Ltd. (No. 2)* [2011] 2 Lloyd's Rep. 565, 574; weitere Nachweise bei *Beatson/Burrows/Cartwright*, Anson's Law of Contract, 29. Aufl. 2010, S. 169.

dem Parteiwillen bzw. den Handelsbräuchen („*business commonsense*") der jeweiligen Branche entspricht.[36]

Die Auslegung von Verträgen folgt im englischen Recht wie im deutschen grundsätzlich der Maxime, dass der Parteiwille, wie er sich im Vertragstext niedergeschlagen hat, zu ermitteln ist.[37] Die englische Rechtsprechung orientiert sich dabei noch stärker am Wortlaut des Vertrags, während im deutschen Recht der wirtschaftliche Zweck der Vereinbarung im Vordergrund steht. Ausnahmsweise kommt auch eine ergänzende Lückenfüllung in Betracht. **13**

2. Die Regelungen zur Vertragsauslegung im GEK

Ebenso wie bereits der DCFR[38] enthält das GEK Regeln zur Vertragsauslegung **14** (Art. 58–65 GEK).[39] Danach kommt es in erster Linie auf den gemeinsamen Willen der Parteien an, auch wenn dieser nicht mit der normalen Bedeutung der im Vertrag verwendeten Ausdrücke übereinstimmt (Art. 58 Abs. 1 GEK). Art. 59 GEK enthält eine ausführliche und nicht abschließende Aufzählung von Umständen, die bei der Vertragsauslegung berücksichtigt werden können. Art. 64 GEK statuiert schließlich den Grundsatz verbraucherfreundlicher Auslegung.

Die Bestimmung des Vertragsinhalts richtet sich nach den Art. 66–78 GEK.[40] **15** Nach Art. 66 GEK werden die Vertragsbestimmungen abgeleitet aus (a) den Parteivereinbarungen; (b) Gebräuchen und Gepflogenheiten, soweit eine Bindung nach Art. 67 GEK besteht; (c) nicht abbedungenen dispositiven Vorschriften des GEK sowie (d) sog. zusätzliche Vertragsbestimmungen nach Art. 68 GEK; der Sache nach handelt es sich um eine Übernahme der Lehre von den *implied terms* aus dem Common Law bzw. um die kontinentale Lehre von der ergänzenden Vertragsauslegung. Art. 70 GEK enthält eine Pflicht zum Hinweis auf nicht individuell ausgehandelte Vertragsbestimmungen.[41]

36 *Antaios Compania Naviera SA v. Salen Rederierna A.B. (The Antaios)* [1984] A.C. 191, 201 (HL); *Chartbrook Ltd. v. Persimmon Homes Ltd.* [2009] 1 AC 1101 (HL), Rn. 16.
37 Siehe dazu *Kötz*, in: FS Zeuner, 1994, S. 219 ff.; siehe weiter *Zweigert/Kötz*, Einführung in die Rechtsvergleichung, 3. Aufl. 1996, § 30.
38 Dazu *Maultzsch*, GPR 2011, 114.
39 Siehe dazu *Hardy*, ERPL 2011, 817 (zur Feasibility Study); *Wendehorst*, in: Wendehorst/Zöchling-Jud, Am Vorabend eines Gemeinsamen Europäischen Kaufrechts, 2012, S. 87, 88 ff.; *Clive*, in: Moccia, The Making of European Private Law, 2013, S. 181; *Rott-Pietrzyk*, ZEuP 2014, 371.
40 Dazu *Wendehorst*, in: Wendehorst/Zöchling-Jud, Am Vorabend eines Gemeinsamen Europäischen Kaufrechts, 2012, S. 87, 91 ff.; *Looschelders*, AcP 212 (2012), 581, 635 ff.
41 Kritisch *Mansel*, WM 2012, 1309, 1317.

§ 16 Inhalts- und Ausübungskontrolle von AGB

Literatur: *Appenzeller*, Die europäische AGB-Kontrolle, 2017; *Bonke*, Europäische Klauselkontrolle im unternehmerischen Geschäftsverkehr, 2020; *Coester-Waltjen/Coester*, Deutsches AGB-Recht unter dem Einfluss europäischen Gemeinschaftsrechts, in: FS Köhler, 2014, S. 63; *Fornasier*, Der Europäische Gerichtshof und die Kontrolle missbräuchlicher Klauseln: ein Kurswechsel? – Urteil des Europäischen Gerichtshofs vom 21. März 2013, ZEuP 2014, 410; *Gsell/Fervers*, Control of Price Related Terms in Standard Form Contracts, in: Schmidt-Kessel (Hrsg.), German National Reports on the 20th International Congress of Comparative Law, 2018, S. 283; *Heiderhoff*, Europäisches Privatrecht, 5. Aufl. 2020, Rn. 399ff.; *Hellwege*, It is necessary to strictly distinguish two forms of fairness control!, EuCML 2015, 129; *Herresthal*, Vertragsrecht, in: Langenbucher, Europäisches Privat- und Wirtschaftsrecht, 4. Aufl. 2017, § 2 Rn. 118ff.; *Kötz*, Europäisches Vertragsrecht, 2. Aufl. 2015, § 8; *Linardatos*, Die Einbeziehung von AGB im digitalen Rechtsverkehr mit Verbrauchern, JZ 2020, 1097; *Patti*, Die Umsetzung der EG-Richtlinie über missbräuchliche Klauseln in Verbraucherverträgen in Deutschland und Italien, in: Jahrbuch für Italienisches Recht Band 18 (2005), S. 3; *Rott*, Unfair contract terms, in: Twigg-Flesner (Hrsg.), Research Handbook on EU Consumer and Contract Law, 2016, S. 287; *Stempel*, Der lange Weg zur Teilvereinheitlichung der AGB-Kontrolle in Europa – Die Rechtsprechung des EuGH zur Richtlinie 93/13, ZEuP 2017, 102; *Stürner*, Amtsprüfung im Mahnverfahren und Unzulässigkeit der Vertragsanpassung bei missbräuchlicher Verzugszinsklausel, ZEuP 2013, 671; *Stürner*, Die Rolle des EuGH bei der Kontrolle missbräuchlicher Klauseln in Verbraucherverträgen, in: von Bar/Wudarski (Hrsg.), Deutschland und Polen in der europäischen Rechtsgemeinschaft, 2012, S. 65; *Wendland*, Das Recht der Allgemeinen Geschäftsbedingungen in der Fallbearbeitung, JURA 2018, 866 (Teil I), 2019, 41 (Teil II) und 2019, 486 (Teil III); *Wendland*, Vertragsfreiheit und Vertragsgerechtigkeit. Subjektive und objektive Gestaltungskräfte im Privatrecht am Beispiel der Inhaltskontrolle Allgemeiner Geschäftsbedingungen im unternehmerischen Geschäftsverkehr, 2019; *Zaccaria*, Anmerkungen zur Umsetzung der Richtlinie 93/13/EWG über missbräuchliche Klauseln in Verbraucherverträgen in Europa, ZEuP 2016, 159

Systematische Übersicht

https://doi.org/10.1515/9783110718690-016

I. Grundlagen und rechtlicher Rahmen

1. Die Verwendung von AGB

Durch die Verwendung von AGB wird der Rechtsverkehr rationalisiert. Sie entlastet **1** den Prozess des Vertragsschlusses, weil die Parameter nicht eigens ausgehandelt werden müssen. Doch droht gerade hierdurch die Benachteiligung eines Vertragspartners: Indem eine Partei die AGB in die Verhandlungen einführt, sie gewissermaßen zur Bedingung des Vertragsschlusses macht, kann es für den anderen Teil meist nur noch darum gehen, den Vertrag mit diesen Klauseln zu akzeptieren oder eben überhaupt nicht. Regelmäßig wird der Verwender der AGB den ihm durch das dispositive Recht gelassenen Spielraum dahin ausnutzen, für sich vorteilhafte Regelungen in den Vertrag einzuführen. Um hier nicht völlig einseitigen Vertragsbedingungen und damit einem Vertragsungleichgewicht den Boden zu bereiten, bedarf es der rechtlichen Regulierung der AGB. Sie setzt in dreifacher Hinsicht an: bei der Einbeziehung der Klauseln (Einbeziehungskontrolle),[1] ihrem Regelungsgehalt (Inhaltskontrolle)[2] und ihrer Verständlichkeit (Transparenzkontrolle).[3]

1 Unten Rn. 9 ff.

2 Unten Rn. 18 ff., 31 ff.

3 Unten Rn. 47 ff.

2. Die Klausel-Richtlinie

a) Zielrichtung

2 Die Richtlinie 93/13/EWG des Rates vom 5. April 1993 über mißbräuchliche Klauseln in Verbraucherverträgen, kurz: Klausel-Richtlinie, dient, technisch ausgedrückt, der Angleichung der Rechts- und Verwaltungsvorschriften der Mitgliedstaaten über mißbräuchliche Klauseln in Verträgen zwischen Gewerbetreibenden und Verbrauchern (Art. 1 Abs. 1 Klausel-RL). Es kommt wie sonst auch auf die Eigenschaft der Vertragspartner an, also darauf, ob sie im Rahmen ihrer gewerblichen oder beruflichen Tätigkeit handeln oder nicht.[4] Verbraucher werden als schutzwürdig angesehen, da sie sich gegenüber dem Gewerbetreibenden in einer schwächeren Verhandlungsposition befinden und einen geringeren Informationsstand besitzen, sodass sie den AGB zustimmen, ohne auf deren Inhalt Einfluss nehmen zu können.[5] So wird selbst ein Rechtsanwalt, der sicherlich über ein weit überdurchschnittliches Maß an Fachkenntnissen verfügt, als Verbraucher im Sinne von Art. 2 lit. b Klausel-RL angesehen, wenn er einen Vertrag schließt, der keinen Bezug zu seiner beruflichen Tätigkeit hat.[6] Auch ein Arbeitnehmer, der mit seinem Arbeitgeber einen anderen Vertrag als einen Arbeitsvertrag schließt, kann damit als Verbraucher einzustufen sein.[7] Andere als natürliche Personen unterfallen hingegen nicht dem Schutzbereich der Klausel-Richtlinie.[8]

3 Die Klausel-Richtlinie beruht auf der allgemeinen Binnenmarktkompetenz.[9] Folgerichtig wird in den Erwägungsgründen die Bedeutung der Eliminierung missbräuchlicher Klauseln aus Verbraucherverträgen für die Errichtung des Binnenmarktes betont. Da Verbraucher im Allgemeinen nicht über die in anderen Mitgliedstaaten für den Kauf von Waren und das Angebot von Dienstleistungen geltenden Rechtsvorschriften Bescheid wüssten, seien sie wenig geneigt, Waren und Dienstleistungen direkt in anderen Mitgliedstaaten zu ordern (Erwägungsgrund Nr. 5 Klausel-RL). Mithin sei es von Bedeutung, missbräuchliche Klauseln aus diesen Verträgen zu entfernen (Erwägungsgrund Nr. 6 Klausel-RL). Hierdurch werde auch den Verkäufern von Waren und Anbietern von Dienstleistungen ihre Verkaufstätigkeit sowohl im eigenen Land als auch im gesamten Binnenmarkt erleichtert; dies fördere den Wettbewerb und stelle den Verbrauchern eine größere Auswahl zur Verfügung (Erwägungsgrund Nr. 7 Klausel-RL).

---

4 EuGH, 17.5.2018, Rs. C-147/16 – *de Grote*, ECLI:EU:C:2018:320, Rn. 53.

5 EuGH, 3.9.2015, Rs. C-110/14 – *Costea*, ECLI:EU:C:2015:538, Rn. 18; EuGH, 21.3.2019, Rs. C-590/17 – *Pouvin*, NJW 2019, 2223, Rn. 25. Zu diesem Begründungsstrang näher unten Rn. 20 ff.

6 EuGH, 3.9.2015, Rs. C-110/14 – *Costea*, ECLI:EU:C:2015:538, Rn. 26 f.; s. dazu *Schürnbrand*, GPR 2016, 19.

7 EuGH, 21.3.2019, Rs. C-590/17 – *Pouvin*, NJW 2019, 2223, Rn. 29.

8 EuGH, 22.11.2001, Rs. C-541/99 und C-542/99 – *Cape und Idealservice MN RE*, ECLI:EU:C:2001:625, Rn. 16; EuGH, 2.4.2020, Rs. C-329/19 – *Condominio di Milano*, WM 2020, 881, Rn. 24 ff.

9 Damals Art. 100a EGV, heute Art. 114 AEUV, s. dazu bereits oben § 6 Rn. 13 ff.

b) Keine allgemeine Äquivalenzkontrolle

Der 1990 von der Kommission vorgelegte „Vorschlag für eine Richtlinie des Rates über mißbräuchliche Klauseln in Verbraucherverträgen“[10] sah noch vor, dass auch Individualverträge in den Anwendungsbereich der Richtlinie fallen sollten. Überdies ließ der Vorschlag die Auslegung zu, dass auch das Preis-Leistungsverhältnis sowie die Leistungsbeschreibung einer Inhaltskontrolle unterzogen werden könnten.[11] Dass eine solche Überprüfungsbefugnis mit Grundannahmen der Vertragsfreiheit nur schwerlich vereinbar wäre, liegt auf der Hand.[12] Die vom Rat angenommene Fassung der Klausel-Richtlinie enthält demgegenüber einen derart weiten Kontrollbereich nicht mehr. Art. 4 Abs. 2 Klausel-RL nimmt ausdrücklich die Hauptleistungspflichten von der Kontrolle aus – dies jedenfalls solange, wie diesbezügliche Klauseln[13] klar und verständlich abgefasst sind. Art. 3 Abs. 1 Klausel-RL beschränkt den Kontrollbereich der Richtlinie auf Klauseln, die nicht im einzelnen ausgehandelt wurden. Dabei kommt den Hauptleistungspflichten bei der Inhaltskontrolle durchaus indirekte Bedeutung zu: In Erwägungsgrund Nr. 19 zur Klausel-RL findet sich neben dieser allgemeinen Feststellung der Hinweis, dass die Missbräuchlichkeit von Klauseln in Versicherungsverträgen, die die Hauptleistungspflichten näher festlegen, durchaus mit Blick darauf beurteilt werden können, ob sich Begrenzungen des Leistungsumfangs in der Höhe der Prämien widerspiegeln. 4

Einen Maßstab für die Kontrolldichte enthält die Klausel-Richtlinie nur in Form einer Generalklausel in Art. 3 Abs. 1 Klausel-RL. Lediglich in Form eines Anhangs findet sich in der Klausel-Richtlinie eine „als Hinweis dienende und nicht erschöpfende Liste der Klauseln, die für mißbräuchlich erklärt werden können“ (Art. 3 Abs. 3 Klausel-RL). Über die Bedeutung dieser „Grauen Liste“ besteht einige Unklarheit.[14] In nicht wenigen Fällen wird es darauf aber nicht ankommen: Die Klausel-Richtlinie ist mindestharmonisierend (Art. 8 Klausel-RL), sodass die Mitgliedstaaten strengere – also verbraucherfreundlichere – Bestimmungen erlassen können.[15] 5

Die Mitgliedstaaten hatten die Klausel-Richtlinie bis zum 31. Dezember 1994 umzusetzen.[16] In Deutschland wurde das bereits zuvor bestehende AGBG entsprechend modifiziert. Im Zuge der Schuldrechtsmodernisierung 2001 und der damit einhergehenden Rekodifikation integrierte der Gesetzgeber dieses Nebengesetz dann in die §§ 305 ff. BGB. 6

---

10 Vom 3.9.1990, KOM(90) 322 endg.

11 Siehe die weite Formulierung in Art. 3 des Entwurfs, KOM(90) 322 endg. Hierzu kritisch *Brandner/Ulmer*, BB 1991, 701; *Hommelhoff*, AcP 192 (1992), 71.

12 Vgl. nur *Canaris*, in: FS Lerche, 1993, S. 873.

13 Zu den sog. Tagespreisklauseln unten Rn. 64 ff.

14 Dazu unten Rn. 36 ff.

15 Zum Prinzip der Mindestharmonisierung bereits oben § 2 Rn. 68 ff.

16 Hierzu *Grundmann*, Europäisches Schuldvertragsrecht, 1999, S. 250 ff.

c) Ausgeschlossene Bereiche

7 Die Inhaltskontrolle erstreckt sich weder auf solche Klauseln, die auf zwingendem Recht beruhen, noch greift sie, wenn Klauseln schlicht dispositive Normen wiederholen. Das erste ergibt sich aus Art. 1 Abs. 2 Klausel-RL, der eine Bereichsausnahme für Vertragsklauseln vorsieht, die auf bindenden Rechtsvorschriften beruhen. Dies sind Bestimmungen des nationalen Rechts, die unabdingbar sind oder von Gesetzes wegen greifen, wenn sie nicht abbedungen wurden. Nach der Rechtsprechung des EuGH liegt die Rechtfertigung dieser Ausnahme darin, dass die von den nationalen Gesetzgebern bezweckte ausgewogene Regelung aller Rechte und Pflichten der Parteien in bestimmten Verträgen respektiert werden sollte.[17] Sie soll allerdings nicht anwendbar sein auf die in einem rein nationalen Verbrauchervertrag stehende Klausel, wonach sich der Gerichtsstand für Streitigkeiten zwischen den Parteien nach den einschlägigen Vorschriften bestimmen sollte. Der EuGH hielt diese Klausel für grundsätzlich kontrollfähig, da es sich nicht um eine bindende Vorschrift im Sinne der eng auszulegenden Bereichsausnahme des Art. 1 Abs. 2 Klausel-RL handele.[18] Die Frage der Missbräuchlichkeit sei allerdings vom nationalen Gericht zu beurteilen – da die Klausel nicht lediglich eine bestimmte Vorschrift wiederhole, sondern auf einen bestimmten Normkomplex verweise, sei es nicht klar, wie die Formulierung der Vertragsklausel und ihre Auswirkungen auf die Erwartungen des Verbrauchers beurteilt werden müssten.[19] Bildet die Klausel allerdings nur das zwingende Gesetzesrecht ab, so kann ein Rechtsverstoß nicht aus der vertraglichen Abrede, sondern allenfalls aus höherrangigem Recht resultieren. Verstößt die Klausel selbst gegen zwingendes Recht, ist insoweit § 134 BGB vorrangig.[20]

8 Das letztere liegt darin begründet, dass die Klauselkontrolle nur auf den Grad der Abweichung der vertraglichen Vereinbarung vom Normbereich reagieren kann, den das dispositive Recht markiert (§ 307 Abs. 2 Nr. 1 BGB). Den Normbereich selbst wiederum kann das AGB-Recht in Ermangelung eines geeigneten (externen) Bewerbungsmaßstabs nicht bewerten.[21]

---

17 EuGH, 7.8.2018, Rs. C-96/16 und C-94/17 – *Banco Santander/Cortés*, ECLI:EU:C:2018:643, Rn. 43; EuGH, 3.4.2019, Rs. C-266/18 – *Aqua Med/Skóra*, ECLI:EU:C:2019:282, Rn. 33; EuGH, 3.3.2020, Rs. C-125/18 – *Gómez*, ECLI:EU:C:2020:138, Rn. 29ff.; EuGH, 9.7.2020, Rs. C-81/19 – *Banca Transsilvania*, ECLI:EU:C:2020:532, Rn. 26.

18 EuGH, 3.4.2019, Rs. C-266/18 – *Aqua Med/Skóra*, ECLI:EU:C:2019:282, Rn. 33ff.

19 S. dazu *Piekenbrock/Rodi*, GPR 2019, 233.

20 Siehe nur Staudinger/*Wendland* (2019), § 307 Rn. 19.

21 Die Abweichung vom Maßstab des dispositiven Rechts wird verschiedentlich auch als Rechtfertigung der AGB-Kontrolle selbst herangezogen, dazu unten Rn. 26f.

II. Voraussetzung der Einbeziehung von AGB

1. Definition von AGB und Möglichkeit der Kenntnisnahme

Als AGB definiert die Klausel-Richtlinie eine Vertragsbedingung, die „im voraus abgefasst wurde und der Verbraucher deshalb, insbesondere im Rahmen eines vorformulierten Standardvertrags, keinen Einfluss auf ihren Inhalt nehmen konnte" (Art. 3 Abs. 2 UAbs. 1 Klausel-RL). Diese Definition greift weiter aus als die in § 305 BGB verwandte: Danach muss eine Klausel für eine Vielzahl von Verträgen einseitig gestellt und vorformuliert sein. Doch liegt dennoch kein Richtlinienverstoß vor, da § 310 Abs. 3 BGB eine entsprechend weiter gefasste Sonderregelung für den Verbraucher enthält. § 305 BGB kommt auch für die Verwendung von AGB im unternehmerischen Geschäftsverkehr zur Anwendung und ist daher enger formuliert. 9

Die Klausel-Richtlinie stellt wesentlich darauf ab, dass die Klausel nicht verhandelbar ist, der Verbraucher mithin keinen Einfluss auf den Inhalt der Klausel nehmen konnte. Unerheblich ist, dass Teile einer Klausel doch ausgehandelt wurden; dies gilt jedenfalls dann, wenn es sich nach der Gesamtwertung dennoch um einen vorformulierten Standardvertrag handelt (Art. 3 Abs. 2 UABs. 2 Klausel-RL). Da der Unternehmer die Beweislast dafür trägt, dass eine Standardvertragsklausel im einzelnen ausgehandelt wurde (Art. 3 Abs. 2 UAbs. 3 Klausel-RL), besteht bei vorformulierten Vertragsklauseln eine Vermutung dafür, dass es sich um AGB im Sinne der Richtlinie handelt. Um eine Inhaltskontrolle zu vermeiden, muss daher dem Verbraucher im Ergebnis für jede einzelne Klausel eine Verhandlung angeboten worden sein. 10

Die Notwendigkeit eines Willenskonsens bei Vertragsschluss umfasst grundsätzlich auch solche Abreden, die standardisiert in AGB enthalten sind. Doch wäre es nicht zielführend, hierfür etwa eine Lektüre des Klauselwerks vor dem Vertragsschluss zu fordern – dies würde jeden Rationalisierungseffekt zunichte machen. § 305 Abs. 2 BGB fordert daher nur die Möglichkeit der Kenntnisnahme der AGB, nicht etwa die Kenntnis selbst oder gar das Verstehen des Inhaltes der Klauseln. 11

Überraschende Klauseln werden nicht Vertragsbestandteil. Das sind solche Klauseln, „die nach den Umständen, insbesondere nach dem äußeren Erscheinungsbild des Vertrags, so ungewöhnlich sind, dass der Vertragspartner des Verwenders mit ihnen nicht zu rechnen braucht" (§ 305c Abs. 1 BGB). Die Vorschrift schützt damit das Vertrauen des Rechtsverkehrs in eine funktionsgerechte Ausgestaltung der AGB.[22] Auch die Möglichkeit der Kenntnisnahme hilft hier nicht. Hierdurch verhindert das Gesetz, dass der Verwender AGB in den Vertrag „hineinschmuggelt", die mit dem eigentlichen Vertragsgegenstand nichts zu tun haben. Es soll damit ein Vertrauen des Verwendungsgegners geschützt werden, dass die von ihm pauschal gebilligten AGB 12

22 BGH WM 1992, 1895.

nicht allzu weit von den bei Geschäften dieser Art üblichen und für ihn vorstellbaren Bedingungen abweichen.[23] Die Klausel-Richtlinie enthält keine derartigen Vorgaben, verbietet aber andererseits auch nicht diesen Modus des Verbraucherschutzes (Art. 8 Klausel-RL).

2. Einbeziehung und Kontrolle von Dritt-AGB

13 Schwierigkeiten bereitet die Konstellation, in der das Erfordernis des „Stellens" von AGB nicht ohne weiteres erfüllt ist. Dies kann dann der Fall sein, wenn die AGB von einem Dritten stammen, der nicht selbst Vertragspartner wird. Häufig sind solche Dreiecksverhältnisse bei Verkäufen über Online-Plattformen wie eBay. Hier stellt sich die Frage, ob die Plattform-AGB auch im Verhältnis von Verkäufer und Käufer wirken, und wie sich dies ggf. dogmatisch begründen lässt. Zur Illustration möge der folgende Sachverhalt dienen, der in ähnlicher Form einer Entscheidung des BGH zugrunde lag:[24]

14 V bietet sein Auto auf der Plattform www.ricardo.de für 10 € zur Versteigerung an. Eigentlich wollte er als Mindestgebot 10.000 € eingeben. Das Auto wird für 15.000 € von K ersteigert. V hat mit mindestens 20.000 € gerechnet und verweigert die Lieferung des Autos; er habe keinen Rechtsbindungswillen gehabt. Die AGB von www.ricardo.de sehen ausdrücklich vor, dass der Vertragsschluss mit demjenigen Bieter zustandekommt, der mit Ablauf der Frist das höchste Gebot abgegeben hat. Kann K von V das Auto verlangen?

15 Ein Vertragsschluss nach § 156 BGB scheidet aus, da keine öffentliche Versteigerung im Sinne dieser Norm vorliegt: Auf das Gebot des K ist gerade kein Zuschlag erfolgt. Fraglich ist mithin, ob zwei übereinstimmende Willenserklärungen vorliegen. Kann sich hier ein Rechtsbindungswille des V aus den AGB der Plattform ergeben? Hier ist problematisch, inwieweit die AGB der Auktionsplattform gerade im Verhältnis zwischen V und K gelten sollen: Der Kaufvertrag wird nicht mit der Plattform geschlossen, sondern zwischen den beiden Auktionsteilnehmern. Ausgangspunkt ist daher, dass die AGB der Auktionsplattform, die beide Parteien bei der Anmeldung auf der Plattform gegenüber dieser anerkannt haben, im Verhältnis von V und K zueinander von keiner Seite „gestellt" wurden, sodass keine Vertragspartei „Verwender" im Sinne des § 305 Abs. 1 S. 1 BGB ist.[25] Doch darf der Bieter, hier K, aus objektiver Empfängersicht (§ 157 BGB) das Einstellen des Verkaufsgegenstandes so verstehen, dass die Versteigerung zu den in den AGB der Plattform genannten Bedingungen durchgeführt wird.[26]

23 So BT-Drucks. 7/3919, S. 19.
24 BGHZ 149, 129 („ricardo.de").
25 BGHZ 149, 129, Rn. 40.
26 BGHZ 149, 129, Rn. 26 ff.

Damit ist noch nicht geklärt, wie sich die AGB eines Verkäufers zu widersprechenden AGB der Plattform verhalten und ob eine Inhaltskontrolle in einer Situation möglich wäre, in der Plattform-AGB missbräuchlich erscheinen. Zunächst hat auch hier nach den genannten Grundsätzen eine Auslegung der Willenserklärungen der Vertragsparteien nach Empfängerhorizont zu erfolgen. Falls eine Klausel des Verkäufers danach nicht einbezogen wurde, fällt eine Inhaltskontrolle ohnehin weg.[27] Nach der Klausel-Richtlinie ist für das Vorliegen von AGB allein entscheidend, dass der Verbraucher keinen Einfluss auf den Inhalt der Klausel hatte (Art. 3 Abs. 2 Klausel-RL).[28] Mithin erscheinen aus dieser Perspektive auch AGB von Dritten grundsätzlich als kontrollfähig.[29] Dies gilt jedenfalls solange, wie es sich um „Klauseln in Verträgen, die ein Gewerbetreibender mit einem Verbraucher geschlossen hat" (Art. 6 Abs. 1 Klausel-RL) handelt. Enthielten die Plattform-AGB also etwa eine Klausel, dass der Verbraucher stets sämtliche Gebühren zu übernehmen hat, oder eine Klausel, dass immer ein genereller Haftungsausschluss zugunsten des Verkäufers vereinbart wird, so könnten diese aus Sicht der Klausel-Richtlinie durchaus kontrollfähig sein. Denn es geht generell darum, missbräuchliche Klauseln aus Verbraucherverträgen zu eliminieren (Erwägungsgrund Nr. 4 Klausel-RL). Wie diese Klauseln Bestandteil des Vertrags zwischen Gewerbetreibendem und Verbraucher werden, regelt die Richtlinie allerdings nicht. Nach der vom BGH entwickelten Dogmatik würde zwar mangels „Stellens" solcher AGB keine Inhaltskontrolle nach § 307 BGB vorgenommen, wohl aber käme ggf. § 242 BGB zur Anwendung. Auch diese wäre aus Sicht der Klausel-Richtlinie akzeptabel: Art. 7 Abs. 1 Klausel-RL überlässt es den Mitgliedstaaten, wie sie den Missbrauch von Klauseln verhindern. Dabei muss es sich allerdings um „angemessene und wirksame Mittel" handeln, „damit der Verwendung mißbräuchlicher Klauseln durch einen Gewerbetreibenden in den Verträgen, die er mit Verbrauchern schließt, ein Ende gesetzt wird". Innerhalb des so definierten effet utile der Richtlinie besteht mithin eine Freiheit der Mitgliedstaaten hinsichtlich der Art und Weise der Umsetzung. 16

Da die Vorgehensweise der Mitgliedstaaten hier und auch in anderen Bereichen des Verbraucherrechts recht uneinheitlich war, wurde mit der Richtlinie zur besseren Durchsetzung und Modernisierung der Verbraucherschutzvorschriften der Union[30] eine Reihe von Maßnahmen eingeleitet, um eine einheitlichere Verhängung von Sanktionen zu erleichtern. Hierzu wurde ein neuer Art. 8b in die Klausel-RL eingefügt, der nicht als abschließend zu verstehende und beispielhafte Kriterien für die Verhängung 17

27 *Heiderhoff*, Europäisches Privatrecht, 5. Aufl. 2020, Rn. 402, befürwortet eine Inhaltskontrolle auch für AGB des Anbieters, da dies aus Verbraucherschutzgründen erforderlich sei.

28 Dazu bereits oben Rn. 10.

29 *Heiderhoff*, Europäisches Privatrecht, 5. Aufl. 2020, Rn. 402.

30 Richtlinie (EU) 2019/2161 des Europäischen Parlaments und des Rates vom 27. November 2019 zur Änderung der Richtlinie 93/13/EWG des Rates und der Richtlinien 98/6/EG, 2005/29/EG und 2011/83/EU des Europäischen Parlaments und des Rates zur besseren Durchsetzung und Modernisierung der Verbraucherschutzvorschriften der Union, ABl. L 328/7.

der Sanktionen auflistet, wie etwa die Art, die Schwere, den Umfang und die Dauer des Verstoßes sowie einen etwaigen Ausgleich, den der Verbraucher vom Unternehmer für den entstandenen Schaden erhalten hat.[31]

III. Die Legitimation der Inhaltskontrolle Allgemeiner Geschäftsbedingungen

Literatur: *McColgan*, Abschied vom Informationsmodell im Recht allgemeiner Geschäftsbedingungen, 2020

18 Uneinigkeit besteht über den Geltungsgrund der Inhaltskontrolle: Warum ist es gerechtfertigt, eine privatrechtliche Vereinbarung unterhalb der Schwelle der Sittenwidrigkeit richterlich zu überprüfen? Aus welchem Grund ist es sinnvoll, bei allgemeinen Geschäftsbedingungen eine Inhaltskontrolle positiv-rechtlich zuzulassen und bei Individualvereinbarungen grundsätzlich nicht?[32]

1. Ausgangspunkt: Störung der Richtigkeitsgewähr

19 Jedem formell korrekt zustande gekommenen Vertrag wohnt die Vermutung der inhaltlichen „Richtigkeit" inne.[33] Der Gedanke der Selbstverantwortung der Parteien lässt die Rechtsordnung davon Abstand nehmen, den Vertragsinhalt daraufhin zu überprüfen, ob eine Partei dieser Selbstverantwortung gerecht geworden ist; die Freiheit geht auch so weit, Verträge mit nachteiligem Inhalt zu schließen. Dies legt die Folgerung nahe, dass eine Kontrolle einzelner Vertragsbedingungen dann legitim ist, wenn diese Vermutung erschüttert ist.[34] Die Schwierigkeit liegt aber darin, Kriterien für eine solche Störung der Richtigkeitsgewähr des Vertrags festzulegen. Für die Verwendung von AGB wurde dies von der Rechtsprechung und später vom Gesetzgeber

---

31 Nach Art. 7 Abs. 1 der Richtlinie erlassen und veröffentlichen die Mitgliedstaaten bis zum 28.11. 2021 die Maßnahmen, die erforderlich sind, um dieser Richtlinie nachzukommen.

32 Eingehend zu den verschiedenen Rechtfertigungsansätzen *Fastrich*, Richterliche Inhaltskontrolle im Privatrecht, 1992, S. 29ff.; *Leuschner*, AcP 207 (2007), 491, 493ff.; *Miethaner*, AGB-Kontrolle versus Individualvereinbarung. Zweck und Grenzen der Inhaltskontrolle vorformulierter Klauseln, 2010. S. zum Nachfolgenden bereits *Stürner*, Der Grundsatz der Verhältnismäßigkeit im Schuldvertragsrecht, 2010, S. 100ff.

33 Dazu und zur Relativierung des Begriffs der „Richtigkeit" bereits oben § 11 Rn. 1ff.

34 Dazu *Coester-Waltjen*, AcP 190 (1990), 1, 14ff.; *Fastrich*, Richterliche Inhaltskontrolle im Privatrecht, 1992, S. 55ff. Teilweise wird sogar eine verfassungsrechtliche Gebotenheit der Klauselkontrolle vertreten, so *H. Hanau*, Der Grundsatz der Verhältnismäßigkeit als Schranke privater Gestaltungsmacht. Zu Herleitung und Struktur einer Angemessenheitskontrolle von Verfassungs wegen, 2004, S. 124 sowie *Leuschner*, AcP 207 (2007), 491, 509ff. (unter Bezugnahme auf BVerfG NJW 2005, 2376 und BVerfG NJW 2006, 1783).

typischerweise bejaht.[35] Über deren Legitimation besteht aber nach wie vor Uneinigkeit.

2. Rechtfertigung der AGB-Kontrolle

Die Begründungen, die für den im Rahmen der AGB-Kontrolle erfolgenden Eingriff in das Vertragsgefüge geliefert werden, sind im Wandel begriffen. Während Mitte des letzten Jahrhunderts vornehmlich die Ausnutzung einer Überlegenheit des Verwenders in den Mittelpunkt gestellt wurde, zieht die Lehre heute vermehrt den Gedanken des Marktversagens zur Rechtfertigung der AGB-Kontrolle heran.[36] 20

a) „Ungleichgewicht" zwischen Verwender und Vertragspartner?

Eine Rechtfertigung für die Kontrolle von AGB wurde früher vielfach darin gesehen, dass ein wirtschaftliches, soziales, intellektuelles oder sonstiges Ungleichgewicht zwischen Verwender und Vertragspartner besteht, das letzterer zur Durchsetzung seiner Vertragsbedingungen ausnutzt.[37] Die Inhaltskontrolle dient nach dieser Vorstellung dem Schutz des schwächeren Vertragspartners und ist als solche im Ergebnis ein reines Instrument des Verbraucherschutzes.[38] 21

Dieser Rechtfertigung steht jedenfalls heute entgegen, dass nach § 310 Abs. 1 BGB grundsätzlich auch AGB im unternehmerischen Bereich kontrollfähig sind. Typischerweise wird sicherlich ein gewisses „Machtgefälle" zwischen Verwender und Vertragspartner vorliegen, dies gilt vor allem für den Verbrauchervertrag. Die AGB-Kontrolle knüpft jedoch gerade nicht an diesen Umstand an, sondern greift situativ ein bei der Verwendung vorformulierter Klauseln.[39] Auf eine geschäftliche Unerfahrenheit oder gar eine wie auch immer geartete Unterlegenheit kommt es dabei gerade nicht an, sodass auch etwa ein Rechtsanwalt, der außerhalb seiner beruflichen Tätigkeit einen Vertrag schließt, in den Genuss der AGB-Kontrolle kommt. 22

---

35 Vgl. BGHZ 101, 350, 354 (im Zusammenhang mit der Inhaltskontrolle notarieller Verträge). Siehe allgemein zur Inhaltskontrolle bereits oben § 15 Rn. 2ff.

36 Zur europäischen Diskussion *Jansen*, ZEuP 2010, 69, 83ff.

37 Vgl. etwa *Reich*, ZRP 1974, 187, 192; *Damm*, JZ 1978, 173, 178.

38 So vor Inkrafttreten des AGBG noch BGHZ 60, 243, 245 („erhebliches wirtschaftliches und intellektuelles Übergewicht"); vgl. auch die Regierungsbegründung zum Gesetzentwurf des AGBG, BT-Drucks. 7/3919, S. 43. Auch später findet sich dieser Topos noch, siehe etwa BGHZ 183, 220, Rn. 13, wo zur Rechtsfertigung der Inhaltskontrolle eine die Vertragsfreiheit beeinträchtigende, überlegene Verhandlungsmacht des Verwenders angeführt wird.

39 Kritisch zur „Unterlegenheitsthese" *Lieb*, AcP 178 (1978), 196, 200; *Dauner-Lieb*, Verbraucherschutz durch Ausbildung eines Sonderprivatrechts für Verbraucher: Systemkonforme Weiterentwicklung oder Schrittmacher der Systemveränderung?, 1983, S. 141ff.; *Coester-Waltjen*, AcP 190 (1990), 1, 19f.; *Fastrich*, Richterliche Inhaltskontrolle im Privatrecht, 1992, S. 91; *Wackerbarth*, AcP 200 (2000), 45, 51ff.; in diesem Sinne auch BGH NJW 1976, 2345, 2346.

23 Größeres Gewicht hat der Schutzgedanke im Anwendungsbereich der Klausel-Richtlinie, die sich allein auf Verbraucherverträge erstreckt. Missbräuchliche Klauseln sollen nach dem Konzept der Richtlinie zum Schutz des Verbrauchers bekämpft werden.[40] Dieser befindet sich nach der Rechtsprechung des EuGH gegenüber dem Unternehmer in einer schwächeren Verhandlungsposition und besitzt einen geringeren Informationsstand als jener;[41] folglich ist er den vom Unternehmer formulierten Vertragsbedingungen „ausgeliefert".[42]

b) Einseitig in Anspruch genommene Vertragsfreiheit

24 Ein modernerer Begründungsansatz rekurriert auf die einseitig in Anspruch genommene Vertragsfreiheit des Verwenders von AGB, der durch die Aufstellung von Regeln zu seinen Gunsten die Möglichkeit der anderen Seite zur rechtlichen Gestaltung eigener Interessen verhindere. Darin liege ein Missbrauch der Vertragsfreiheit. Diese Theorie des institutionellen Rechtsmissbrauchs geht zurück auf *Ludwig Raiser*;[43] sie wird auch in der Rechtsprechung des BGH verwendet.[44] Eine ähnliche ratio findet sich daneben auch in der Klausel-Richtlinie, hier ist in Erwägungsgrund Nr. 9 vom „Machtmissbrauch des Verkäufers oder Dienstleistungserbringers" die Rede, vor der der Verbraucher geschützt werden müsse. Auch stellt Art. 3 Abs. 2 Klausel-RL auf die fehlende Einflussnahmemöglichkeit des Verbrauchers auf den Vertragsinhalt ab und lässt damit auf eine Rechtfertigung der Inhaltskontrolle als eine Art Kompensation für die ungleiche Verhandlungsstärke schließen.[45]

25 Dieser Ansatz hat einen richtigen Kern, er zieht die Legitimation der Inhaltskontrolle daraus, dass der Verwender von AGB darin meist keinen ausgewogenen Kompromiss zwischen den Interessen beider Parteien schafft, sondern primär auf die eigenen Belange fokussiert. Gleichwohl ist er unzureichend, da die Gestaltungsfreiheit beider Vertragspartner im BGB nicht zu den unabdingbaren Voraussetzungen des Vertragsschlusses zählt: Es gehört nicht zu den essentialia eines Vertragsschlusses, dass beide Vertragspartner den Inhalt des Vertrags gestalten. Im Gegenteil setzen die §§ 145 ff. BGB voraus, dass ein Angebot mit einem schlichten „Ja" angenommen wer-

---

40 Vgl. ErwGr. Nr. 4 und 6 Klausel-RL.

41 EuGH, 30.4.2014, Rs. C-26/13 – *Kásler*, NJW 2014, 2335, Rn. 39 f.

42 EuGH, 27.6.2000, Rs. C-240/98 bis C-244/98 – *Océano*, Slg. 2000, I-4941, Rn. 25; EuGH, 26.10.2006, Rs. C-168/05 – *Centro Móvil*, Slg. 2006, I-10421, Rn. 25.

43 *L. Raiser*, Das Recht der allgemeinen Geschäftsbedingungen, 1935, S. 277 ff.; *ders.*, in: summum ius, summa iniuria, 1963, S. 145, 152. Ebenso Palandt/*Grüneberg*, 80. Aufl. 2021, vor § 305 Rn. 8; PWW/*K. P. Berger*, 15. Aufl. 2020, vor § 305 Rn. 1.

44 BGHZ 51, 55, 59; BGH NJW 1976, 2345, 2346; BGHZ 70, 304, 310; BGHZ 126, 326, 332 f.; BGH NJW 2004, 1454, 1455; BGHZ 183, 220, Rn. 13; s.a. *Fastrich*, Richterliche Inhaltskontrolle im Privatrecht, 1992, S. 47 ff.

45 So EuGH, 27.6.2000, Rs. C-240/98 bis C-244/98 – *Océano*, Slg. 2000, I-4941, Rn. 27.

den kann.[46] Dem Kunden bleibt stets die Möglichkeit, vom Vertragsschluss insgesamt Abstand zu nehmen, wenn er mit den AGB nicht einverstanden ist.[47] Das Verhindern einer echten Einflussnahmemöglichkeit des Vertragspartners in Bezug auf die Gestaltung vertraglicher Bedingungen durch das Stellen von AGB durch den Verwender ist demnach kein Kriterium eines wirksamen Vertragsschlusses und vermag als Rechtfertigung für die AGB-Kontrolle nicht zu dienen.[48]

c) Einseitige Verdrängung dispositiven Gesetzesrechts

Ein weiterer Ansatz für die Rechtfertigung der Inhaltskontrolle besteht darin, den Ver- 26
wender von AGB „quasi als Ersatzgesetzgeber in eigener Sache“[49] anzusehen. Es ist demnach die massenhafte Verwendung von einseitigen Klauseln unter Verdrängung des Gesetzgebers, die den Vertragsinhalt anstößig werden lässt. Dabei liegt es in der Natur des dispositiven Rechts, dass es von den Parteien durch eigene Vertragsgestaltung abbedungen wird. Das eigentliche Problem ist vielmehr, dass der durch das dispositive Recht geschaffene, ausgewogene Interessenausgleich[50] massenhaft durch Klauseln ersetzt wird, die primär den Interessen des Verwenders dienen.[51] Durch das Klauselwerk entsteht für den Vertragspartner „der Anschein der Rechtmäßigkeit, Vollständigkeit und Ausgewogenheit“ der Regelung.[52] Nicht umsonst bezieht § 307 Abs. 2 Nr. 1 BGB die Abweichung der AGB vom dispositiven Gesetzesrecht als Gradmesser für die unangemessene Benachteiligung mit ein.

Mit diesem Ansatz wird den AGB zwar nicht Normqualität beigemessen, wie dies 27
die sogenannten Normtheorien teilweise ausdrücklich oder implizit getan haben.[53] Weil aber gerade die massenhafte Verdrängung dispositiven Gesetzesrechts in den Fokus genommen wird, vermag der Ansatz nicht zu erklären, warum eine AGB-Kontrolle

---

46 Vgl. *Fastrich*, Richterliche Inhaltskontrolle im Privatrecht, 1992, S. 80.

47 *Zöllner*, AcP 196 (1996), 1, 31; *ders.*, AcP 176 (1976), 221, 235f.; *Coester-Waltjen*, AcP 190 (1990), 1, 20f.; *Wackerbarth*, AcP 200 (2000), 45, 63ff.

48 In diese Richtung aber teilweise die Rechtsprechung des BGH, vgl. etwa BGHZ 74, 204, 209ff.; kritisch hierzu *R. Stürner*, JZ 1979, 758. Vgl. auch *Coester-Waltjen*, AcP 190 (1990), 1, 20f. m.w.N.

49 *Nobbe*, in: Dauner-Lieb/Henssler/Preis (Hrsg.), Inhaltskontrolle im Arbeitsrecht. Zwischen Zivilrecht und arbeitsrechtlichen Besonderheiten, 2006, S. 38, 41.

50 Zum Gerechtigkeitswert des dispositiven Gesetzesrechts auch *Hesselink*, ERCL 2005, 44, 51ff.; zu den Kriterien für die Dispositivität von Gesetzesrecht *Kähler*, Begriff und Rechtfertigung abdingbaren Rechts, 2012; *Cziupka*, Dispositives Vertragsrecht. Funktionsweise und Qualitätsmerkmale gesetzlicher Regelungsmuster, 2010; *Möslein*, Dispositives Recht – Zwecke, Strukturen und Methoden, 2011.

51 *Zöllner*, JuS 1988, 329, 333; *ders.*, RdA 1989, 152, 157.

52 So BGHZ 101, 350, 354 für einen notariellen Vertrag. Vgl. zuvor bereits *Wiedemann*, in: FS Kummer, 1980, S. 175, 180 („Sog des vorformulierten Gedankens“); *Kramer*, ZHR 146 (1982), 105, 110f.

53 Dazu eingehend und kritisch *Fastrich*, Richterliche Inhaltskontrolle im Privatrecht, 1992, S. 29ff.; *Ulmer/Habersack*, in: Ulmer/Brandner/Hensen, AGB-Recht, 12. Aufl. 2016, Einl. Rn. 39ff.

de lege lata bereits bei für eine Vielzahl von Verträgen vorformulierten Bedingungen (§ 305 Abs. 1 S. 1 BGB) eingreift und keineswegs auf die massenhafte Verbreitung abstellt.[54] Daneben setzt das Modell das Vorhandensein unbilliger AGB bereits voraus, betrachtet also die Situation retrospektiv, während die AGB-Kontrolle zwar das dispositive Gesetzesrecht als Maßstab für die Unangemessenheit einer Klausel ansieht, deren massenhafte Verdrängung aber nicht voraussetzt.[55]

d) Partielles Marktversagen

28 Überwiegend wird in der neueren Literatur der Gesichtspunkt des partiellen Marktversagens als Rechtfertigung für die AGB-Kontrolle herangezogen.[56] Nicht die einseitige Vertragsgestaltungsmacht des Verwenders ist deren Grund, sondern die Einsicht, dass ein funktionierender Markt unter den AGB verschiedener Anbieter nicht besteht, da der Kunde deren Inhalt regelmäßig nicht kontrolliert und auch nicht kontrollieren kann: Der Aufwand zur Ermittlung etwaiger Nachteile in den Klauseln und die Ermittlung von Alternativen würde sich für ihn wegen prohibitiv hoher Transaktionskosten nicht lohnen.[57] Er hat in der Regel weder die Zeit noch die Sachkunde, die Klauseln verschiedener Anbieter zu vergleichen.[58] Der Wettbewerb beschränkt sich üblicherweise auf die Qualität des Angebots und den Preis. Aus diesem Grund besteht für den rationalen Verwender kein Anreiz, ausgeglichene AGB zu formulieren, da sich dies für ihn nicht vorteilhaft im Sinne einer größeren Attraktivität auf dem Markt auswirken

---

54 Die Rechtsprechung lässt dazu bereits ausreichen, wenn ein Formularvertrag dreimal verwendet wird, vgl. BGH NJW 1998, 2286, 2287; BGH NJW 2002, 138, 139, jeweils m. w. N.

55 Kritisch auch *Coester-Waltjen*, AcP 190 (1990), 1, 24.

56 *Kötz*, Gutachten A zum 50. Deutschen Juristentag, 1974, S. 29 ff.; *ders.*, in: Ott/Schäfer (Hrsg.), Allokationseffizienz in der Rechtsordnung. Beiträge zur ökonomischen Analyse des Zivilrecht, 1989, S. 189, 190 ff.; *ders.*, JuS 2003, 209, 212 f.; MüKo-BGB/*Basedow*, 8. Aufl. 2019, vor § 305 Rn. 4 ff.; *Schäfer/Ott*, Lehrbuch der ökonomischen Analyse des Zivilrechts, 5. Aufl. 2013, S. 552 ff.; *Dauner-Lieb*, Verbraucherschutz durch Ausbildung eines Sonderprivatrechts für Verbraucher: Systemkonforme Weiterentwicklung oder Schrittmacher der Systemveränderung?, 1983, S. 72 ff.; *Fuchs*, in: Ulmer/Brandner/Hensen, AGB-Recht, 12. Aufl. 2016, vor § 307 Rn. 32 ff.; *Leuschner*, AcP 207 (2007), 491, 502 ff.

57 Dazu *Koller*, in: FS Steindorff, 1990, S. 667, 669 f.; *Coester-Waltjen*, AcP 190 (1990), 1, 24 ff.; *Schäfer/Ott*, Lehrbuch der ökonomischen Analyse des Zivilrechts, 5. Aufl. 2013, S. 553 f. Der Wettbewerb im Bereich der AGB droht damit, ein „market for lemons" (grundlegend *Akerlof*, 84 Quarterly Journal of Economics, 488 [1970]) zu werden, da der Verwender wegen der fehlenden Kontrolle durch den Kunden risikolos die für ihn günstigsten Bedingungen durchsetzen kann. Im Ergebnis werden ausgewogene AGB tendenziell vom Markt verdrängt; zurück bleiben die *Akerlof'schen* „Zitronen" d. h. für den Kunden nachteilige AGB (*Akerlof* bezog sich in seiner Untersuchung auf den Gebrauchtwagenmarkt, sodass diesbezüglich eine Übersetzung mit „Gurken" wohl sinnvoller wäre).

58 *Miethaner*, AGB-Kontrolle versus Individualvereinbarung. Zweck und Grenzen der Inhaltskontrolle vorformulierter Klauseln, 2010, S. 63 ff., spricht von der „legitimen Ignoranz des Verwendungsgegners gegenüber vorformulierten Bestimmungen".

würde. Die AGB-Kontrolle gleicht dieses Funktionsdefizit aus, indem sie bestimmte Klauseln für unwirksam erklärt und durch die Regeln des ansonsten anwendbaren dispositiven Rechts ersetzt.[59]

Gleichwohl bleibt auch diese Rechtfertigung lückenhaft. Stellt man auf ein Marktversagen ab, so ist aus ökonomischer Sicht eine Kontrolle für diejenigen Bereiche nicht gerechtfertigt, in denen ein Markt für AGB besteht, in denen also ein rationaler Kunde mit vertretbarem Aufwand die Klauseln verschiedener Anbieter feststellen und vergleichen kann. Dem tragen die §§ 308, 309 BGB insoweit Rechnung, als nur bestimmte, besonders gefährliche Klauseln per se für unwirksam erklärt werden. Die Generalklausel des § 307 BGB greift indessen auch dann, wenn eine AGB-Klausel unter Marktbedingungen in den Vertrag aufgenommen wurde. In dieser Hinsicht geht die AGB-Kontrolle also zu weit. Andererseits erscheint aus ökonomischer Sicht nicht unbedingt zwingend, dass eine Kontrolle nur dann stattfindet, wenn es sich um Klauseln handelt, die für eine Vielzahl von Verträgen vorformuliert sind, und die der Verwender stellt (§ 305 Abs. 1 S. 1 BGB); ein Marktversagen kann auch bei individualvertraglichen Vereinbarungen gegeben sein: Geht man davon aus, dass Parteien in Bezug auf die eigene Leistungsfähigkeit tendenziell überoptimistisch sind,[60] dann wäre eine Inhaltskontrolle auch außerhalb dieser Vorgaben sinnvoll, etwa bei individualvertraglich vereinbarten Schadenspauschalierungen[61] oder Buchwertklauseln.[62] 29

e) Verhältnismäßigkeitspostulat und AGB-Kontrolle

Die zentrale Bedeutung des Verhältnismäßigkeitsgrundsatzes für das europäische Vertragsrecht wurde bereits betont.[63] Er dient auch im Bereich der AGB der Verwirklichung der vertraglichen Äquivalenz, die sich nicht nur auf die Hauptleistungspflichten erstreckt, sondern auf den gesamten Vertrag mit allen seinen Rechten und Pflichten.[64] Gleichwohl ist die Kontrolle von Nebenpflichten anders ausgestaltet als 30

---

59 Dagegen führt die Klauselkontrolle nicht zu einer Wiederherstellung des Konditionenwettbewerbs, vgl. *A. Fuchs*, in: Ulmer/Brandner/Hensen, AGB-Recht, 12. Aufl. 2016, vor § 307 Rn. 37.

60 Zu einer entsprechenden Korrektur des Leitbildes des homo oeconomicus durch verhaltenspsychologische Erkenntnisse etwa *Eidenmüller*, JZ 2005, 216, 218 ff.

61 Dazu *Rachlinski*, 85 Cornell L. Rev. 739, 747 f., 758, 760 ff. (2000).

62 *Fleischer*, in: FS Immenga, 2004, S. 575, 581 f.

63 Oben § 11 Rn. 47 ff.

64 In diesem Sinne wird die Äquivalenz verstanden etwa auch von *Bartholomeyczik*, AcP 166 (1966), 30, 31; *M. Wolf*, Rechtsgeschäftliche Entscheidungsfreiheit und vertraglicher Interessenausgleich, 1970, S. 35; *Bydlinski*, System und Prinzipien des Privatrechts, 1996, S. 156 mit Fn. 165, 756 ff. (nach dem der Äquivalenzgedanke gerade bei krass ungleicher Risikoverteilung durch AGB seine größte Bedeutung erlangt hat); *Canaris*, AcP 200 (2000), 271, 285, 325 f.

diejenige der Hauptleistungspflichten.[65] Voraussetzung für die AGB-Kontrolle ist nicht etwa eine tatsächlich bestehende Einschränkung der Entscheidungsfreiheit, die mit der Schwächesituation des § 138 Abs. 2 BGB vergleichbar wäre.[66] Vielmehr greift die Inhaltskontrolle unabhängig davon, ob der Kunde sich in voller Kenntnis der AGB zum Vertragsschluss entscheidet oder diesen keinerlei Beachtung schenkt. Die besondere Situation des Marktversagens im Bereich der AGB, mit der die Inhaltskontrolle gerechtfertigt werden kann, ist kein Tatbestandsmerkmal, sondern wie eben gezeigt eine der Kontrolle vorgelagerte Rechtfertigung. Sie findet ihren Niederschlag nur im Merkmal des „Vorformulierens" und des „Stellens" der Vertragsbedingung in § 305 Abs. 1 S. 1 BGB. Anders als in § 138 Abs. 2 BGB ist die mit dem Verbot der unangemessenen Benachteiligung angeordnete Verhältnismäßigkeitskontrolle denn auch einziges Tatbestandsmerkmal der AGB-Kontrolle. Angesichts der Verschiedenartigkeit der vertraglichen Nebenpflichten wäre eine Gegenüberstellung verschiedener Nebenpflichten auch nicht sinnvoll. So ist die einzelne, im Rahmen der AGB-Kontrolle zu beurteilende Klausel zu messen am Maßstab des dispositiven Gesetzesrechts bzw. bei nicht geregelten Vertragstypen des Vertragszwecks. Da hier eine Vielzahl von Gesichtspunkten für eine unangemessene Benachteiligung des Kunden sprechen kann, ist eine Abwägung der Interessen des Verwenders an der Vereinbarung der Klausel und den Schutzinteressen des Kunden vorzunehmen. Der materiale Gerechtigkeitsmaßstab für die Verhältnismäßigkeitsprüfung bei AGB ergibt sich damit letzten Endes aus dem Rechtsgeschäft selbst: Auch das dispositive Gesetzesrecht, das vorrangiger Bezugspunkt der Kontrolle ist, repräsentiert (allerdings aus Sicht des Gesetzgebers) dasjenige, was Vertragsparteien als angemessenen Interessenausgleich vereinbaren würden. Besteht keine diesbezügliche Norm, ist auf die Natur des Vertrags abzustellen.

---

65 Demgegenüber sieht *Canaris* (AcP 200 [2000], 271, 326) eine Übereinstimmung der Grundstrukturen der AGB-Kontrolle mit den tatbestandlichen Voraussetzungen des § 138 Abs. 2 BGB. Die Parallele erscheint zweifelhaft: Um einen Gleichlauf mit der in § 138 Abs. 2 BGB vorausgesetzten Schwächesituation zu erreichen, würde diese Annahme voraussetzen, dass Geltungsgrund für die AGB-Kontrolle eine Beeinträchtigung der tatsächlichen Entscheidungsfreiheit des Kunden ist. *Canaris* selbst rechtfertigt diese aber unter anderen wie hier mit dem Gesichtspunkt des Marktversagens (a.a.O., S. 321ff.).

66 Dies soll nicht verdecken, dass die Hauptzielrichtung des § 138 Abs. 2 BGB der Schutz des Benachteiligten vor Ausbeutung ist, vgl. *Stürner*, Der Grundsatz der Verhältnismäßigkeit im Schuldvertragsrecht, 2010, S. 94ff. Das zusätzliche Erfordernis der Beeinträchtigung der Entscheidungsfreiheit durch eine Schwächesituation zeigt jedoch, dass § 138 Abs. 2 BGB keine Äquivalenzkontrolle bezweckt.

IV. Inhaltskontrolle nach der Klausel-Richtlinie

1. Regelungstechnik

Kern der Klausel-Richtlinie ist die Missbrauchskontrolle in Art. 3 Abs. 1 Klausel-RL, die solche Klauseln betrifft, die „entgegen dem Gebot von Treu und Glauben zum Nachteil des Verbrauchers ein erhebliches und unangemessenes Missverhältnis der vertraglichen Rechte und Pflichten der Vertragspartner“ verursachen; solche Klauseln sind nach Art. 6 Abs. 1 Klausel-RL für den Verbraucher unverbindlich. Flankiert wird diese Generalklausel von einer „als Hinweis dienenden und nicht erschöpfenden Liste“ von Klauseln, die nach Art. 3 Abs. 3 Klausel-RL als Muster für Missbräuchlichkeit dienen sollen. Hierbei fragt sich, ob der Grundsatz der autonomen Auslegung von Unionsrecht auch für die Generalklausel des Art. 3 Abs. 1 Klausel-RL gilt und welche Rolle die „Graue Liste“ im Anhang der Klausel-Richtlinie bei deren Konkretisierung spielt. 31

Relevant wurde dieser Gesichtspunkt etwa in einem Fall (*Freiburger Kommunalbauten*), in dem der BGH die Wirksamkeit einer Bauträgervertragsklausel zu überprüfen hatte, wonach der Erwerbspreis unabhängig vom Baufortschritt fällig wird, wenn nur der Bauträger eine Bürgschaft nach § 7 MaBV stellt, mit der alle eventuellen Ansprüche wegen Mängeln gesichert werden. § 641 BGB sieht dagegen vor, dass die Vergütung bei Abnahme zu entrichten ist. Entscheidungserheblich war, ob in der Klausel eine unangemessene Benachteiligung lag. Dafür könnte sprechen, dass dem Besteller das Zurückbehaltungsrecht genommen wird und er das Vorliegen eines Mangels beweisen muss, um eine Haftung aus der Bürgschaft zu erlangen.[67] Der BGH sah im Ausgangspunkt indessen keine missbräuchliche Benachteiligung, da durch Vorleistung die Liquidität des Bauträgers erhöht wird, der Bau billiger wird und die Bürgschaft insoweit etwaige Ansprüche absichert, hatte aber Zweifel hinsichtlich der Vereinbarkeit mit der Klausel-Richtlinie und legte die Frage daher dem EuGH vor.[68] 32

2. Kriterien der Missbrauchskontrolle

a) Vorgaben der Richtlinie

Zentral für die Klauselkontrolle ist der Begriff der Missbräuchlichkeit, der eine umfassende Beurteilung sowohl des Vertragsgegenstandes als auch der Umstände des Vertragsschlusses erfordert. Eine Klausel darf hierbei nicht isoliert betrachtet werden; stets sind nach Art. 4 Abs. 1 Klausel-RL der Inhalt der anderen Vertragsklauseln und sogar auch von Klauseln anderer Verträge mit zu berücksichtigen, wenn diese mit der 33

---

67 So OLG Karlsruhe BB 2001, 1325 als Vorinstanz.

68 BGH NZM 2002, 754; s. anschließend EuGH, 1.4.2004, Rs. C-237/02 – *Freiburger Kommunalbauten*, Slg. 2004, I-3403; dazu noch unten Rn. 40ff.

zu beurteilenden Klausel im Zusammenhang stehen.[69] Die Richtlinie scheint also von einer Art Gesamtabwägung auszugehen, in deren Rahmen Vor- und Nachteile der einzelnen Bestimmungen gegeneinander aufgewogen werden können, sodass eine bei isolierter Betrachtung missbräuchliche Klausel möglicherweise durch anderweitige Großzügigkeit des Verwenders ausgeglichen wird. Hinzu kommt eine Prüfung der Umstände des Vertragsschlusses: Auch hiermit verfolgt der Richtliniengeber eine spezifische Schutzrichtung zugunsten des „unterlegenen" Verbrauchers. Erwägungsgrund Nr. 16 Klausel-RL präzisiert, dass das Gebot von Treu und Glauben „die Möglichkeit einer globalen Bewertung der Interessenlagen der Parteien" in sich trägt. Es kommt also darauf an, welches Kräfteverhältnis im Einzelfall zwischen den Parteien bestand, ob der Verwender den Verbraucher in irgendeiner Weise zum Vertragsschluss gedrängt hat oder ob der Vertragsschluss auf Betreiben des Verbrauchers zustande kam, etwa im Rahmen einer Sonderanfertigung.[70]

b) Autonome Ausfüllung der Vorgaben der Richtlinie?

34 Nachdem diese Vorgaben trotz der genannten Leitprinzipien in generalklauselartiger Weite formuliert sind, stellt sich die Frage, auf welche Weise sie ausgefüllt werden können: Autonom mithilfe der Maßstäbe des Unionsrechts oder anhand des jeweils anwendbaren nationalen Rechts? Hierbei ist zu unterscheiden zwischen der abstrakten Auslegung von Art. 3 Abs. 1 Klausel-RL und der konkreten Beurteilung der Missbräuchlichkeit einer Klausel im Einzelfall. Letztere erfolgt am Maßstab des sonst auf den Vertrag anwendbaren dispositiven Rechts. Eine Missbräuchlichkeit der Klausel ergibt sich also zunächst anhand eines Vergleichs mit denjenigen Regeln des auf den Vertrag anwendbaren Rechts, die der Gesetzgeber für einen fairen und ausgewogenen Interessenausgleich gehalten hat, in Ermangelung solcher Regeln in einer wertenden Betrachtung des Regelungszwecks des Vertrags.[71]

35 Dessen ungeachtet muss der Begriff der Missbräuchlichkeit in Art. 3 Abs. 1 Klausel-RL autonom ausgelegt und mithilfe der im Unionsrecht vorhandenen Regeln konkretisiert werden.[72] Hier bietet sich zunächst ein Rückgriff auf die in den privat-

---

69 EuGH, 21.4.2016, Rs. C-377/14 – *Radlinger*, ECLI:EU:C:2016:283, Rn. 95; EuGH, 11.3.2020, Rs. C-511/17 – *Lintner*, ECLI:EU:C:2020:188, Rn. 47; EuGH, 10.9.2020, Rs. C-738/19 – *A/B*, ECLI:EU:C:2020:687, Rn. 25ff.

70 Daher wird teilweise von „Umstandsunangemessenheit" gesprochen, vgl. *Heinrichs*, NJW 1993, 1817, 1820.

71 So auch der EuGH, 1.4.2004, Rs. C-237/02 – *Freiburger Kommunalbauten*, Slg. 2004, I-3403, Rn. 21, 23.

72 Zur Konkretisierung von Generalklauseln im Europäischen Privatrecht *W.-H. Roth*, in: FS Drobnig, 1998, S. 135, 145ff.; *Franzen*, Privatrechtsangleichung durch die Europäische Gemeinschaft, 1999, S. 536ff.; *Röthel*, Normkonkretisierung im Privatrecht, 2004, S. 316ff.; *Wolff*, Die Verteilung der Konkretisierungskompetenz für Generalklauseln in privatrechtsgestaltenden Richtlinien, 2002, S. 67ff.; *C. Schmid*, RabelsZ 71 (2007), 147, 152ff. Siehe auch die verschiedenen Beiträge in *Baldus/Müller-Graff* (Hrsg.), Die Generalklausel im Europäischen Privatrecht. Zur Leistungsfähigkeit der deutschen Wissenschaft aus romanischer Perspektive, 2006.

rechtlichen Richtlinien enthaltenen Rechtsgrundsätze an; diese können zur Konkretisierung herangezogen werden.[73] Nachdem sich daneben in der Rechtsprechung des EuGH immer mehr ein Fundus an gemeineuropäischen Rechtsprinzipien herausbildet, scheint die Möglichkeit der autonom europäischen Konkretisierung der Klausel-Richtlinie mittel- oder langfristig durchaus nicht verschlossen.[74] Dies gälte etwa für den derzeit kaum wahrscheinlichen Fall, dass der DCFR dereinst in irgendeiner Weise politisch aufgewertet würde, sodass ein Instrument zur Verfügung stünde, das regelförmige Ausprägungen gemeineuropäischer Rechtsgrundsätze enthält.[75] Auch eine (derzeit ebenso unwahrscheinliche) Verabschiedung des Vorschlags für ein Gemeinsames Europäisches Kaufrecht könnte eine ähnliche Wirkung entfalten.[76]

c) Die Bedeutung der „Grauen Liste"

Neben der Generalklausel des Art. 3 Abs. 1 enthält die Klausel-Richtlinie in einem Anhang für die Mitgliedstaaten nicht verbindliche Vorschläge, welche Klauseln als missbräuchlich anzusehen sein können. Der Kommissionsentwurf der Klausel-Richtlinie sah noch deren Verbindlichkeit vor; diese Fassung wurde aber insbesondere auf Betreiben der Bundesrepublik nicht verwirklicht.[77] In diesem Sinne hat auch der EuGH entschieden, dass die Umsetzung der Klausel-Richtlinie in das nationale schwedische Recht ohne die „Graue Liste" keinen Verstoß gegen Art. 249 Abs. 3 EG (nunmehr Art. 288 Abs. 3 AEUV) darstellt.[78] Gleichwohl ist die Rolle der Klauselliste eine nicht unbedeutende. Sie hat für den nationalen Gesetzgeber durchaus Autorität, die über den Charakter eines bloßen „Denkanstoßes"[79] hinausgeht. Sie soll auch als Informationsquelle für alle betroffenen Einzelpersonen dienen; zu diesem Zweck ist eine gewis- 36

73 *Franzen*, Privatrechtsangleichung durch die Europäische Gemeinschaft, 1999, S. 564 ff.

74 Dafür *Riesenhuber*, Europäisches Vertragsrecht, 2. Aufl. 2006, Rn. 627 ff. Skeptisch insoweit *Heresthal*, in: Langenbucher, Europäisches Privat- und Wirtschaftsrecht, 4. Aufl. 2017, § 2 Rn. 122; *Franzen*, Privatrechtsangleichung durch die Europäische Gemeinschaft, 1999, S. 571 ff.; *Stoffels*, Gesetzlich nicht geregelte Schuldverträge. Rechtsfindung und Inhaltskontrolle, 2002, S. 507 ff.

75 Zu Art. 3 Abs. 1 Klausel-RL als Hebel für die Vorantreibung der Rechtsvereinheitlichung bereits Staudinger/*Coester* (1998), § 9 AGBG Rn. 58; *Leible*, RIW 2001, 422, 425 f.

76 Zum Zusammenspiel der verschiedenen Rechtsakte des Unionsrechts noch unten § 34 Rn. 50 ff.

77 Vgl. hierzu das Grünbuch über Verbrauchsgütergarantien und Kundendienst, KOM(1993) 509 endg., S. 70 ff. sowie *Heinrichs*, NJW 1993, 1817, 1821.

78 EuGH, 7.5.2002, Rs. C-478/99 – *Kommission/Schweden*, Slg. 2002, I-4147. Damit stellte sich der EuGH der Position der Kommission entgegen, die eine vollständige Umsetzung der Liste für erforderlich gehalten hatte, vgl. den „Bericht der Kommission über die Anwendung der Richtlinie 93/13/EWG des Rates vom 5. April 1993 über missbräuchliche Klauseln in Verbraucherverträgen", KOM(2000) 248 endg., S. 18.

79 So Staudinger/*Schlosser* (2006), vor §§ 305 ff. Rn. 14; ähnlich *Ulmer*, EuZW 1993, 337, 338 („Tendenzaussage").

se Publizitätswirkung unerlässlich.[80] Überdies kann die Liste aus Sicht des EuGH dazu dienen, die Generalklausel der Missbräuchlichkeit aus Art. 3 Abs. 1 Klausel-RL zu konkretisieren, nicht umsonst hat der EuGH ihr „Hinweis- *und Beispiel*charakter" zugemessen.[81] So sieht der EuGH die Graue Liste als „wesentliche Grundlage, auf die das zuständige Gericht seine Beurteilung der Missbräuchlichkeit einer Klausel stützen kann.[82]

37 Obwohl auf diese Weise doch wieder eine mittelbare Bindungswirkung der Grauen Liste entsteht, erscheint eine solche Sichtweise im Einklang mit dem aus Erwägungsgrund Nr. 15 Klausel-RL folgenden Zweck der Klausel-Richtlinie, dem Verbraucher eine gewisse Sicherheit über den Schutz vor missbräuchlichen Klauseln zu geben.[83] Auch wenn der nationale Gesetzgeber die Freiheit hat, vom Klauselkatalog abzuweichen,[84] so können sich doch aus den in der Grauen Liste aufgeführten Klauseln Wertungen ergeben, die für die Auslegung des Art. 3 Abs. 1 Klausel-RL heranzuziehen sind.[85]

38 Steht das Missverhältnis jedoch außer Frage, dann ergibt sich die Missbräuchlichkeit unmittelbar aus der Richtlinie selbst; dies stellte der EuGH insbesondere für eine formularmäßige Gerichtsstandsvereinbarung in einem Verbrauchervertrag fest.[86] In der betreffenden Entscheidung hatte der EuGH über die Wirksamkeit einer Gerichtsstandsklausel zu entscheiden, die die Zuständigkeit für alle Rechtsstreitigkeiten aus dem Vertrag dem Gericht zuwies, in dessen Bezirk der Gewerbetreibende seine Niederlassung hat. Die Missbräuchlichkeit wurde hier insbesondere unter Bezugnahme auf die im Anhang der Klausel-Richtlinie unter Nummer 1 q) genannte Gruppe von Klauseln begründet.[87] Eine solche Klausel zwingt den Verbraucher, die

---

80 Dies kann etwa, wie in Schweden, durch eine Veröffentlichung in den Gesetzesmaterialien geschehen, vgl. EuGH, 7.5.2002, Rs. C-478/99 – *Kommission/Schweden*, Slg. 2002, I-4147, Rn. 23. Der EuGH hob diesbezüglich die nordische Rechtstradition hervor, nach der die Gesetzesmaterialien ein wichtiges Hilfsmittel bei der Gesetzesauslegung darstellten. Zu möglichen Umsetzungsdefiziten in Deutschland *Pfeiffer*, EuZW 2002, 467.

81 EuGH, 7.5.2002, Rs. C-478/99 – *Kommission/Schweden*, Slg. 2002, I-4147, Rn. 22 (Hervorhebung durch den *Verf.*).

82 EuGH, 3.4.2014, Rs. C-342/13 – *Sebestyén*, ECLI:EU:C:2014:1857, Rn. 32; EuGH, 19.9.2019, Rs. C-34/18 – *Tóth*, ECLI:EU:C:2019:764, Rn. 45; EuGH, 10.9.2020, Rs. C-738/19 – *A/B*, ECLI:EU:C:2020:687, Rn. 24.

83 Dafür auch *Riesenhuber*, Europäisches Vertragsrecht, 2. Aufl. 2006, Rn. 640 ff. Anders etwa *Franzen*, Privatrechtsangleichung durch die Europäische Gemeinschaft, 1999, S. 558 ff.: Danach kann die Graue Liste nur zur Konkretisierung der entsprechenden nationalen Umsetzungsvorschrift dienen.

84 So ausdrücklich EuGH, 7.5.2002, Rs. C-478/99 – *Kommission/Schweden*, Slg. 2002, I-4147, Rn. 20; ebenso EuGH, 1.4.2004, Rs. C-237/02 – *Freiburger Kommunalbauten*, Slg. 2004, I-3403, Rn. 20.

85 *Riesenhuber*, Europäisches Vertragsrecht, 2. Aufl. 2006, Rn. 643, 648 ff.

86 EuGH, 27.6.2000, Rs. C-240/98 bis C-244/98 – *Océano*, Slg. 2000, I-4941, Rn. 21 ff.; EuGH, 18.11.2020, Rs. C-519/19 – *Ryanair*, ECLI:EU:C:2020:933, Rn. 57 ff. Zur Prorogation auch unten Rn. 70.

87 EuGH, 27.6.2000, verb. Rs. C-240/98 bis C-244/98 – *Océano*, Slg. 2000, I-494; EuGH, 4.6.2009, Rs. C-243/08 – *Pannon GSM*, Slg. 2009, I-4713.

ausschließliche Zuständigkeit eines Gerichts anzuerkennen, das von seinem Wohnsitz möglicherweise weit entfernt ist, was sein Erscheinen vor Gericht erschweren kann. Bei Rechtsstreitigkeiten mit geringem Streitwert könnten die Aufwendungen des Verbrauchers für seine Prozessteilnahme sich als abschreckend erweisen und ihn davon abhalten, den Rechtsweg zu beschreiten oder sich überhaupt zu verteidigen. Dagegen ermöglicht diese Klausel dem Gewerbetreibenden, sämtliche Rechtsstreitigkeiten, die seine Erwerbstätigkeit betreffen, bei dem Gericht zu bündeln, in dessen Bezirk er seine Niederlassung hat, was sowohl sein Erscheinen organisatorisch erleichtert als auch die damit verbundenen Kosten verringert.[88] Dies führt zu einem erheblichen und ungerechtfertigten Missverhältnis der vertraglichen Rechte und Pflichten der Vertragspartner gem. Art. 3 Abs. 1 Klausel-RL, sodass eine solche Klausel missbräuchlich ist.[89] Erst recht ist eine Klausel unwirksam, mit der eine Klausel eines früheren Vertrags geändert wird und ein Gewerbetreibender und ein Verbraucher wechselseitig darauf verzichten, Rechtsbehelfe bei Gericht einzulegen, um Ansprüche u.a. bezüglich sowohl der ursprünglichen mit diesem Novationsvertrag geänderten Klausel als auch der Novationsklausel geltend zu machen.[90]

Abgesehen von derart klaren Ausnahmefällen aber bleibt die Kontrolle der Klau- 39
sel dem nationalen Recht überantwortet.[91] So lässt sich aus Sicht des EuGH eine nicht im Einzelnen ausgehandelte Vertragsklausel, die auf eine Beweislastumkehr zulasten des Verbrauchers abzielt oder diese zur Folge hat, trotz der Formulierung in Anhang Nr. 1 lit. q Klausel-RL nicht allgemein und ohne weitere Prüfung als missbräuchlich qualifizieren.[92]

Im oben geschilderten Fall (*Freiburger Kommunalbauten*) war danach im Kern zu 40
prüfen, ob der in casu anwendbare § 641 Abs. 1 S. 1 BGB,[93] wonach die Vergütung erst bei Abnahme des Werks fällig wird, durch die Vertragsklausel wirksam abbedungen

88 EuGH, 27.6.2000, verb. Rs. C-240/98 bis C-244/98 – *Océano*, Slg. 2000, I-4941.

89 Besonders gelagert war insoweit der Fall EuGH, 3.4.2019, Rs. C-266/18 – *Aqua Med/Skóra*, ECLI:EU:C:2019:282: Hier enthielt ein rein nationaler Verbrauchervertrag folgende Klausel: „Der Gerichtsstand für Streitigkeiten zwischen den Parteien bestimmt sich nach den einschlägigen Vorschriften." Der EuGH hielt diese Klausel für grundsätzlich kontrollfähig, da die Klausel nicht auf einer bindenden Vorschrift i.S.d. Art. 1 Abs. 2 Klausel-RL beruhe (Rn. 33ff.). S. dazu bereits oben Rn. 7f.

90 EuGH, 9.7.2020, Rs. C-452/18 – *Ibercaja Banco*, ECLI:EU:C:2020:536, Rn. 75. Für den Klageverzicht hinsichtlich der ursprünglichen Klausel gilt dies indessen nur dann, wenn der Verbraucher nicht vollständig über die Tragweite dieser Entscheidung informiert wurde (a.a.O., Rn. 69ff.). Zum Verzicht auf die aus der Klausel-RL folgenden Rechtspositionen noch unten Rn. 53.

91 EuGH, 1.4.2004, Rs. C-237/02 – *Freiburger Kommunalbauten*, Slg. 2004, I-3403, Rn. 22; vgl. hierzu *Rosenfeld*, GPR 2005, 71. In diesem Sinne auch die weitere Rechtsprechung, etwa EuGH, 14.3.2013, Rs. C-415/11 – *Aziz*, ECLI:EU:C:2013:164, Rn. 66; EuGH, 3.9.2020, verb. Rs. C-84/19, C-222/19, C-252/19 – *Profi Credit Polska*, ECLI:EU:C:2020:631, Rn. 91.

92 EuGH, 19.9.2019, Rs. C-34/18 – *Tóth*, ECLI:EU:C:2019:764, Rn. 45ff.

93 Heute besteht mit § 650g Abs. 4 BGB eine Spezialvorschrift für den Bauvertrag, die gem. § 650i BGB auch für den Verbraucherbauvertrag gilt.

wurde. Grundsätzlich ist diese Norm dispositiv.[94] Möglicherweise führt die Vertragsklausel jedoch zu einer unangemessenen Benachteiligung des Bestellers und ist damit unwirksam nach § 307 BGB. Dafür spricht, dass die formularvertraglich vereinbarte Vorauszahlung dem Besteller das Leistungsverweigerungsrecht nach § 320 i.V.m. § 641 Abs. 3 BGB nimmt. Die gesetzliche Konzeption, wonach der Werkunternehmer grundsätzlich vorleistungspflichtig ist, wird umgedreht. Auch trägt nunmehr der Besteller die Beweislast dafür, dass ein Werkmangel vorliegt.[95] Insoweit weicht die Vereinbarung von den wesentlichen Grundgedanken des § 641 BGB ab und benachteiligt den Besteller in unangemessener Weise.[96]

41 Andererseits bewirkt eine solche Vertragsklausel im Ergebnis die Erhöhung der Liquidität des Bauträgers mit der möglichen Folge, dass der Bau billiger wird. Der Vertragspartner ist durch die Bürgschaft hinreichend abgesichert, falls das Werk Mängel aufweist.[97] Dieses legitime Interesse findet sich auch in der Regelung des § 632a BGB,[98] wonach der Werkunternehmer je nach Baufortschritt Abschlagszahlungen verlangen kann. Durch die Bürgschaft wird auch das Insolvenzrisiko minimiert, da in einer Insolvenz des Bauträgers mit der Bank ein Dritter haftet. Folgt man dieser Auffassung, so liegt keine unangemessene Benachteiligung vor und der Anspruch des Bauträgers besteht.

42 Allerdings könnte dieses Ergebnis im Widerspruch zu den Vorgaben der Klausel-Richtlinie stehen. Es fragt sich, ob die Vereinbarung als missbräuchlich i.S.d. Art. 3 Abs. 1 Klausel-RL anzusehen ist. Zunächst könnte ein Verstoß gegen die im Anhang zur Klausel-RL unter Punkt 1 lit. b und o genannten Klauseln vorliegen. Hieran ist aber bereits problematisch, dass die im Anhang genannten Klauseln nicht verbindlich sind und lediglich als Beispiele dienen. Es fragt sich daher, wie die Missbräuchlichkeit in Art. 3 Abs. 1 Klausel-RL zu verstehen ist. Grundsätzlich ist eine autonome Auslegung der Norm vorzunehmen. Diese ist aber bei einer Generalklausel wie dieser schwierig. Denn mit einzubeziehen sind nach Art. 4 Klausel-RL die Art der Güter und Dienstleistungen, die Gegenstand des Vertrages sind, sowie alle den Vertragsschluss begleitenden Umstände. Dies bedingt auch eine Würdigung der Folgen, die die Klausel im Rahmen des auf den Vertrag anwendbaren Rechts haben kann. Mithin kann eine vollständige Beurteilung nur unter Berücksichtigung der Normen des jeweiligen nationalen Rechtssystems erfolgen.[99] Nachdem der EuGH aber zur Beurteilung nationalen Rechts nicht berufen ist, muss eine vollständige Konkretisierung des Begriffs der Missbräuchlichkeit durch Unionsrecht ausscheiden.

---

94 MüKo-BGB/*Busche*, 8. Aufl. 2020, § 641 Rn. 12, 16.

95 Anders möglicherweise, wenn eine Bürgschaft auf erstes Anfordern gestellt wird. Hier muss zunächst kein Mangel bewiesen werden, näher Staudinger/*Stürner* (2020), Vor §§ 765 ff. Rn. 32 ff.

96 Daher für Unwirksamkeit der Klausel: OLG Karlsruhe BB 2001, 1325 (Berufungsinstanz).

97 So im Vorlagebeschluss BGH NZM 2002, 754.

98 Heute i.V.m. §§ 650a Abs. 1, 650i, 650m Abs. 1 BGB.

99 EuGH, 1.4.2004, Rs. C-237/02 – *Freiburger Kommunalbauten*, Slg. 2004, I-3404, Rn. 21.

Allenfalls könnte darauf abgestellt werden, dass eine Missbräuchlichkeit jedenfalls dann gegeben ist, wenn die betreffende Klausel in allen Zivilrechtsordnungen anerkannte, fundamentale Rechtsgrundsätze verletzt. Vorliegend könnte argumentiert werden, dass durch die Vertragsklausel das Prinzip, dass Leistungen im Gegenseitigkeitsverhältnis Zug um Zug zu erfüllen sind, verletzt wird, und dadurch die „Waffengleichheit" der Vertragsparteien zum Nachteil des Verbrauchers aufgehoben wird, insbesondere wenn Streit über die Mangelfreiheit der Bauleistung besteht.[100] Dies erscheint in der Allgemeinheit jedoch angesichts der ausgereichten Bürgschaft nicht zwingend. Der EuGH stellt ganz generell fest, dass die Konkretisierung des Begriffs der Missbräuchlichkeit jedenfalls soweit den Gerichten der Mitgliedstaaten überlassen ist, als „alle Umstände des Vertragsschlusses geprüft und die mit dieser Klausel verbundenen Vor- und Nachteile im Rahmen des auf den Vertrag anwendbaren nationalen Rechts gewürdigt werden" müssen.[101] Nach Art. 4 Abs. 1 Klausel-RL hat dies unter Berücksichtigung der Art der Güter oder Dienstleistungen, die Gegenstand des Vertrages sind, und aller den Vertragsschluss begleitenden Umstände zu geschehen. In diesem Zusammenhang sind nach den Ausführungen des EuGH auch die Folgen zu würdigen, welche die Klausel im Rahmen des auf den Vertrag anwendbaren Rechts haben kann, was eine Prüfung des nationalen Rechtssystems impliziert.[102] Doch folgt daraus wohl nicht, dass etwa ein besonders sachkundiger Verbraucher weniger schutzwürdig ist.[103] Denn der Maßstab bleibt ein generalisierender; Ausnahmen scheinen allenfalls dann angezeigt, wenn die AGB nur für wenige Verträge gemacht wurden. 43

Europarechtlich bestehen demnach bezüglich der streitgegenständlichen Bauträgervertragsklausel keine direkten Vorgaben für die Anwendung des deutschen Rechts. In casu teilte der BGH im Anschlussurteil den Parteien in einem Hinweis mit, dass er geneigt sei, seine Auffassung zu ändern und die Klausel nunmehr als missbräuchlich anzusehen.[104] 44

d) Verhältnismäßigkeit als ein Leitbild der Missbrauchskontrolle

Bereits der Wortlaut des Art. 3 Abs. 1 Klausel-RL lässt erkennen, dass eine Klausel immer dann als missbräuchlich erscheint, wenn sie dem Verbraucher ihm ansonsten zustehende Rechte nimmt oder nicht bestehende Pflichten auferlegt und den Verwender 45

---

100 Siehe den dahin gehenden Parteivortrag: EuGH, 1.4.2004, Rs. C-237/02 – *Freiburger Kommunalbauten*, Slg. 2004, I-3404, Rn. 17.

101 EuGH, 1.4.2004, Rs. C-237/02 – *Freiburger Kommunalbauten*, Slg. 2004, I-3404, Rn. 23. Weiterführend dazu *Stürner*, in: von Bar/Wudarski (Hrsg.), Deutschland und Polen in der Europäischen Rechtsgemeinschaft, 2012, S. 65ff.

102 EuGH, 1.4.2004, Rs. C-237/02 – *Freiburger Kommunalbauten*, Slg. 2004, I-3404, Rn. 21.

103 So aber wohl *Remien*, ZEuP 1994, 34, 53; vgl. auch *Grundmann*, Europäisches Schuldvertragsrecht, 1999, S. 264.

104 Siehe den Hinweis in NJW 2005, 2032. Der Bauträger nahm daraufhin seine Revision zurück.

im Gegenzug entlastet, sodass ein erhebliches und ungerechtfertigtes Ungleichgewicht der jeweiligen Rechte und Pflichten der Vertragspartner entsteht. Damit ist der Grundsatz der Verhältnismäßigkeit angesprochen. Es wird ein Bezug hergestellt zwischen dem Zweck, den der Verwender mit der Klausel verfolgt, und der Intensität der Beschneidung der Verbraucherrechte: Je geringer das anerkennenswerte Interesse des Verwenders an einer für den Verbraucher nachteiligen Klausel, desto eher wird ein „ungerechtfertigtes" Missverhältnis zu bejahen sein und umgekehrt. Dies bestätigt die Wertung von Klausel Nr. 1. lit. e der Grauen Liste: Danach darf einem Verbraucher, der seinen vertraglichen Verpflichtungen nicht nachkommt, kein unverhältnismäßig hoher Entschädigungsbetrag auferlegt werden. Was hierbei unverhältnismäßig hoch ist, richtet sich unter anderem nach dem Zweck der Regelung, der Art der Pflichtverletzung und der Höhe des eingetretenen Schadens. Für das deutsche Recht enthält § 309 Nr. 5 lit. a BGB eine vergleichbare Regelung.

46 Daneben ist die formularmäßige Einräumung einer einseitigen Preisänderungsbefugnis durch den Verwender grundsätzlich nur dann zulässig, wenn dem Verbraucher für den Fall, dass der Endpreis im Verhältnis zum vereinbarten Preis „zu hoch" ist, ein Recht zur Lösung vom Vertrag eingeräumt wird. Dies ergibt sich aus Klausel Nr. 1 lit. l im Anhang der Klausel-Richtlinie, die die sogenannte Tagespreisklausel[105] erfasst. Auch hier handelt es sich um einen Anwendungsfall des Verhältnismäßigkeitsgrundsatzes: Wann der Endpreis „zu hoch" ist, lässt sich nicht abstrakt bestimmen, sondern erfordert wiederum eine Berücksichtigung des Interesses, das der Verwender an solch einer einseitigen Preisänderungsklausel hat. Anerkennenswert sind dabei jedenfalls solche Kostensteigerungen, auf die der Verwender keinen Einfluss hat.[106] Typischerweise als missbräuchlich anzusehen sind Regelungen, nach denen der Unternehmer des Nachweises enthoben wird, dass für auf den Kunden abgewälzte Provisionen oder Kosten auch tatsächlich Dienstleistungen erbracht wurden oder Kosten entstanden sind.[107]

3. Transparenzkontrolle

47 Nach Art. 5 Klausel-RL müssen Klauseln „stets klar und verständlich abgefasst sein". Auch wenn die Richtlinie mit diesem Postulat keine direkte Sanktion verbindet – außer im Zusammenhang mit Hauptleistungspflichten (Art. 4 Abs. 2 Klausel-RL) –, so ist die Intransparenz einer Klausel doch ein Faktor, der im Rahmen der Missbrauchskontrolle nach Art. 3 Abs. 1 Klausel-RL zu berücksichtigen ist.[108]

---

105 Dazu auch Rn. 64 ff.

106 Eine weitere Regelung zur Preisänderungbefugnis findet sich in Art. 4 Abs. 4 Pauschalreise-RL; im Unterschied zur Tagespreisklausel legt diese aber ausschließliche Kriterien fest, nach denen eine Änderung erfolgen darf.

107 EuGH, 16.7.2020, Rs. C-224/19 und C-259/19 – *Caixabank*, ECLI:EU:C:2020:578, Rn. 78.

108 EuGH, 3.10.2019, Rs. C-621/17 – *Kiss*, ECLI:EU:C:2019:820, Rn. 49.

Der deutsche Gesetzgeber hat sich für eine ausdrückliche Verknüpfung des Transparenzerfordernisses mit dem Missbrauchstatbestand entschieden: Auch die Intransparenz einer Klausel kann zu einer unangemessenen Benachteiligung führen (§ 307 Abs. 1 S. 2 BGB). Relevanz gewinnt diese Bestimmung insbesondere im Zusammenhang mit solchen Klauseln, die die Modalitäten der Erbringung von Hauptleistungspflichten regeln. Jene sind im Grundsatz von der Klauselkontrolle ausgenommen, wie § 307 Abs. 3 S. 1 BGB klarstellt.[109] Doch kann eine Klausel auch dann, wenn sie nicht vom dispositiven Gesetzesrecht abweicht, wegen Intransparenz unwirksam sein (§ 307 Abs. 3 S. 2 BGB). Probleme entstehen hier vor allem auf der Rechtsfolgenseite, da die Unwirksamkeit der Klausel unmittelbar auf das Leistungsversprechung durchschlagen und damit die essentialia negotii betreffen könnte. Die Rechtsprechung behilft sich in diesen Fällen mit einer ergänzenden Vertragsauslegung.[110] **48**

Nach der Auslegung des EuGH fallen unter den Begriff „Hauptgegenstand des Vertrags", der in Art. 4 Abs. 2 und Art. 5 Klausel-RL identisch zu verstehen ist,[111] diejenigen Klauseln, die die Hauptleistungen des Vertrags festlegen und ihn als solchen charakterisieren, die also das Wesen des Vertragsverhältnisses selbst definieren. Dies bestimmt sich unter Berücksichtigung der Natur, der Systematik und der Bestimmungen des Vertrags sowie des rechtlichen und tatsächlichen Kontexts, in den dieser eingebettet ist. Hiervon abzugrenzen sind Klauseln mit bloß akzessorischem Charakter, die nicht unter diesen Begriff fallen.[112] **49**

Transparenz erfordert bei hauptleistungsbezogenen Klauseln nicht nur, dass diese in grammatikalischer Hinsicht für den Verbraucher nachvollziehbar sind; vielmehr müssen sie den Verbraucher auch in die Lage versetzen, die sich für ihn daraus ergebenden wirtschaftlichen Folgen auf der Grundlage genauer und nachvollziehbarer Kriterien einschätzen zu können.[113] Problematisch kann dies bei Klauseln sein, die im Rahmen von Verbraucherdarlehen Bearbeitungsentgelte regeln. Hier muss der Verbraucher in der Lage sein, anhand der Klauseln zu überprüfen, dass sich die verschiedenen Entgelte oder die Dienstleistungen, die damit vergütet werden, nicht überschneiden. Dies bedeutet jedoch nicht, dass in einer Klausel, welche die vom Verbraucher zu zahlenden Beträge des Bearbeitungsentgelts und der Bereitstellungspro- **50**

109 Dazu bereits oben Rn. 4 ff.

110 Dazu unten Rn. 64 ff.

111 EuGH, 30.4.2014, Rs. C-26/13 – *Kásler*, NJW 2014, 2335, Rn. 67 ff.; EuGH, 3.10.2019, Rs. C-621/17 – *Kiss*, ECLI:EU:C:2019:820, Rn. 36; EuGH, 3.9.2020, verb. Rs. C-84/19, C-222/19, C-252/19 – *Profi Credit Polska*, ECLI:EU:C:2020:631, Rn. 72.

112 EuGH, 20.9.2017, Rs. C-186/16 – *Andriciuc*, ECLI:EU:C:2017:703, Rn. 35 f.; EuGH, 3.10.2019, Rs. C-621/17 – *Kiss*, ECLI:EU:C:2019:820, Rn. 32 f.; EuGH, 16.7.2020, Rs. C-224/19 und C-259/19 – *Caixabank*, ECLI:EU:C:2020:578, Rn. 62; EuGH, 3.9.2020, verb. Rs. C-84/19, C-222/19, C-252/19 – *Profi Credit Polska*, ECLI:EU:C:2020:631, Rn. 67.

113 EuGH, 9.7.2015, Rs. C-348/14 – *Bucura*, ECLI:EU:C:2015:447, Rn. 55; EuGH, 3.10.2019, Rs. C-621/17 – *Kiss*, ECLI:EU:C:2019:820, Rn. 37; EuGH, 3.3.2020, Rs. C-125/18 – *Gómez*, ECLI:EU:C:2020:138, Rn. 46, 50.

vision, die Methode zu ihrer Berechnung und den Zeitpunkt ihrer Fälligkeit genau bestimmt, auch alle Dienstleistungen im Einzelnen angegeben werden müssen, die für die jeweiligen Beträge als Gegenleistung erbracht werden.[114] Beim Abschluss eines Hypothekendarlehensvertrags mit einem variablen Zinssatz, in dem eine Mindestzinssatzklausel festgelegt ist, fordert das Transparenzgebot, dass der Verbraucher in die Lage versetzt werden muss, u.a. durch die Bereitstellung von Informationen über die vergangene Entwicklung des Index, auf dessen Grundlage der Zinssatz berechnet wird, die wirtschaftlichen Folgen zu verstehen, die sich für ihn aus dem von dieser Mindestzinssatzklausel bewirkten Mechanismus ergeben.[115]

4. Amtsprüfung der Missbräuchlichkeit?

Literatur: *Beka*, The Active Role of Courts in Consumer Litigation. Applying EU Law of the National Courts' Own Motion, 2018

51 Nachdem das zivilprozessuale Erkenntnisverfahren noch über weite Strecken unvereinheitlicht ist, können sich prozessuale Kontexte ergeben, in denen ein Anspruch gerichtlich zuerkannt wird, der sich auf eine unangemessene Klausel stützt. So können die Dinge etwa in Mahnverfahren liegen, wo allenfalls eine Schlüssigkeitskontrolle der geltend gemachten Forderung vorgenommen wird. Zweifelsohne beeinträchtigt dies die praktische Wirksamkeit der Klausel-Richtlinie. Insoweit hat der EuGH angenommen, dass die Inhaltskontrolle ggf. von Amts wegen durchzuführen sei.[116] Dies soll jedenfalls dann gelten, wenn das Gericht über die hierzu erforderlichen rechtlichen und tatsächlichen Grundlagen verfügt.[117]

52 Heikel kann dieser Zusammenhang vor allem für das Europäische Mahnverfahren nach der VO (EG) 1896/2006 werden. Dieses beruht gerade auf dem reduzierten Prüfungsmaßstab, ansonsten könnte es seine Funktion, einen einfachen und schnellen Weg zu einem unionsweit vollstreckbaren Titel zu bieten (Art. 1 mit Erwägungsgründen Nr. 9, 29 EuMahnVO), nicht erfüllen. Für den Schuldner besteht durchaus die Gefahr, sich dem Zahlungsbefehl widerspruchslos zu ergeben, auch wenn er auf der Grundlage einer unangemessenen Vertragsklausel ergangen ist. Um dies zu verhin-

---

114 EuGH, 3.10.2019, Rs. C-621/17 – *Kiss*, ECLI:EU:C:2019:820, Rn. 42ff.

115 EuGH, 9.7.2020, Rs. C-452/18 – *Ibercaja Banco*, ECLI:EU:C:2020:536, Rn. 50ff. und dazu *Jaschinski*, GPR 2021, 28.

116 EuGH, 14.6.2012, Rs. C-618/10 – *Banco Español de Crédito*, EuZW 2012, 754; ebenso EuGH, 19.12.2019, Rs. C-453/18 und C-494/18 – *Bondora*, EuZW 2020, 193. Diese Amtsprüfung erstreckt sich allerdings nur auf die unmittelbar streitgegenstandsbezogenen Klauseln, EuGH, 11.3.2020, Rs. C-511/17 – *Lintner*, ECLI:EU:C:2020:188, Rn. 30ff. Siehe dazu aus prozessualer Sicht auch § 35 Rn. 8ff.

117 EuGH, 4.6.2009, Rs. C-243/08 – *Pannon*, Slg. 2009, I-4713, Rn. 32; EuGH, 7.11.2019, Rs. C-419/18 und C-483/18 – *Profi Credit Polska*, ECLI:EU:C:2019:930, Rn. 42; EuGH, 19.12.2019, Rs. C-453/18 und C-494/18 – *Bondora*, EuZW 2020, 193, Rn. 42.

dern, muss das mit dem Antrag auf Erlass des Zahlungsbefehls befasste Gericht ggf. vom Amts wegen vom Gläubiger weitere Angaben einfordern, um die mögliche Missbräuchlicheit einer Vertragsklausel beurteilen zu können.[118]

Steht diese fest, so ist das Gericht im Allgemeinen verpflichtet, die Parteien darüber zu informieren und sie aufzufordern, dies in der von den jeweiligen Verfahrensvorschriften dafür vorgesehenen Form kontradiktorisch zu erörtern.[119] Die Entscheidung darüber, den einschlägigen Rechtsbehelf einzulegen, liegt allerdings beim Verbraucher: Die Klausel-Richtlinie verpflichtet das Gericht nicht, missbräuchliche Vertragsklauseln unangewendet zu lassen, wenn der Verbraucher nach einem Hinweis dieses Gerichts die Missbräuchlichkeit und Unverbindlichkeit nicht geltend machen möchte.[120] 53

Für das deutsche Mahnverfahren wird man daraus indessen nicht ableiten können, dass die rechtliche Prüfung stets bereits im Verfahren vor Einspruchserhebung durchzuführen ist.[121] Unionsrechtlich wäre eine solche zwingende Amtsprüfung gleichwohl zulässig.[122] 54

5. Rechtsfolgen bei Missbräuchlichkeit

Literatur: *Gsell*, Grenzen des Rückgriffs auf dispositives Gesetzesrecht zur Ersetzung unwirksamer Klauseln in Verbraucherverträgen, JZ 2019, 751; *Gsell*, Lückenfüllung insbesondere durch ergänzende Vertragsauslegung und Schicksal des Gesamtvertrages bei missbräuchlichen Klauseln in Verbraucherverträgen – Einfluss des EuGH auf die Rechtsprechung des BGH, in: Kindl/Arroyo Vendrell (Hrsg.), Die Rechtsprechung des EuGH und ihr Einfluss auf die nationalen Privatrechtsordnungen, 2019, S. 63; *Gsell/Fervers*, Ergänzende Vertragsauslegung bei der AGB-Kontrolle im unionsrechtlichen Kontext, NJW 2019, 2569

a) Unverbindlichkeit

Die Klausel-Richtlinie legt in Art. 6 Abs. 1 fest, dass missbräuchliche Klauseln für den Verbraucher unverbindlich sein sollen; die näheren Maßgaben ergeben sich aus dem mitgliedstaatlichen Recht. Dieses soll ebenfalls vorsehen, dass der Vertrag für beide Parteien bindend bleibt, wenn er ohne die missbräuchlichen Klauseln bestehen kann. 55

118 EuGH, 19.12.2019, Rs. C-453/18 und C-494/18 – *Bondora*, EuZW 2020, 193, Rn. 47ff. unter Hinweis auf den Grundsatz des fairen Verfahrens in Art. 38 GRCh.

119 EuGH, 21.2.2013, Rs. C-472/11 – *Banif Plus Bank*, ECLI:EU:C:2013:88, Rn. 31f.; EuGH, 7.11.2019, Rs. C-419/18 und C-483/18 – *Profi Credit Polska*, ECLI:EU:C:2019:930, Rn. 70; EuGH, 11.3.2020, Rs. C-511/17 – *Lintner*, ECLI:EU:C:2020:188, Rn. 42.

120 EuGH, 4.6.2009, Rs. C-243/08 – *Pannon*, ECLI:EU:C:2009:350, Rn. 33; EuGH, 11.3.2020, Rs. C-511/17 – *Lintner*, ECLI:EU:C:2020:188, Rn. 43; EuGH, 9.7.2020, Rs. C-452/18 – *Ibercaja Banco*, ECLI:EU:C:2020:536, Rn. 25ff.

121 So aber *Rieländer*, GPR 2020, 55, 62ff.

122 Dies ergibt sich aus dem Prinzip der Mindestharmonisierung, Art. 8 Klausel-RL: EuGH, 11.3.2020, Rs. C-511/17 – *Lintner*, ECLI:EU:C:2020:188, Rn. 41.

56 Nach deutschem Recht ist die Rechtsfolge eines Verstoßes gegen die §§ 307–309 BGB die Unwirksamkeit der betreffenden Klausel (§ 307 Abs. 1 S. 1 BGB). Diese Rechtsfolge berührt nach § 306 Abs. 1 BGB nicht die Wirksamkeit des Vertrags im Übrigen; die im Vertrag entstandene Lücke wird durch das in casu anwendbare dispositive Gesetzesrecht geschlossen, § 306 Abs. 2 BGB. Entsteht ein Anspruch auf Erstattung der Beträge, die aufgrund einer missbräuchlichen Klausel in einem Verbrauchervertrag rechtsgrundlos gezahlt wurden, so kann das mitgliedstaatliche Recht für dessen Geltendmachung Ausschluss- oder Verjährungsfristen vorsehen; diese müssen aber dem Effektivitätsgebot und dem Äquivalenzprinzip entsprechen.[123]

b) Verbot der geltungserhaltenden Reduktion missbräuchlicher Klauseln

57 Unter der geltungserhaltenden Reduktion einer unwirksamen Klausel wird allgemein deren Rückführung auf ein Maß verstanden, das die vom Gesetz missbilligte Rechtsfolge nicht mehr herbeiführt.[124] Unter den Begriff lassen sich also sowohl die Fälle fassen, in denen man durch die Reduktion das gerade noch Zulässige erreicht,[125] als auch jene Fälle, in denen eine angemessene Rechtsfolge erzielt wird.[126]

58 Kern des durch die wohl überwiegende Meinung vertretenen Verbots der geltungserhaltenden Reduktion von anstößigen AGB-Klauseln ist die Anordnung von deren Unwirksamkeit in § 307 Abs. 1 S. 1 BGB. Hinter diesem klaren Wortlaut steht der Normzweck, der verhindern will, dass der Verwender risikolos anstößige Klauseln verwenden kann (Präventionsgedanke).[127] Daneben wird die Bereinigungsfunktion der AGB-Kontrolle angeführt, die darauf abzielen soll, dass angesichts der Nichtigkeitssanktion von vornherein nur angemessene AGB verwendet werden, und auf diese Weise dem Kunden eine eindeutige Information über den Umfang seiner Rechte und Pflichten ermöglicht wird (Transparenzgedanke).[128] Auch ergebe sich aus § 306 Abs. 2 BGB der klare Auftrag des Gesetzgebers, zur Lückenfüllung das dispositive Gesetzesrecht heranzuziehen; eine geltungserhaltende Reduktion würde dessen ersatzweise

---

123 EuGH, 9.7.2020, Rs. C-698/18 und C-699/18 – *SC Raiffeisen Bank*, ECLI:EU:C:2020:537, Rn. 59ff.; EuGH, 16.7.2020, Rs. C-224/19 und C-259/19 – *Caixabank*, ECLI:EU:C:2020:578, Rn. 80ff. Zu möglichen Auswirkungen auf das deutsche Verjährungsrecht *Pfeiffer*, LMK 2020, 434770; *Piekenbrock*, GPR 2020, 304, 306f.

124 *H. Schmidt*, in: Ulmer/Brandner/Hensen, AGB-Recht, 12. Aufl. 2016, § 306 Rn. 14.

125 So BGHZ 90, 69, 81f.

126 Nachdrücklich für eine Beschränkung der (von ihm in der Sache befürworteten) geltungserhaltenden Reduktion auf eine angemessene Rechtsfolge *Canaris*, in: FS Steindorff, 1990, S. 519, 529f., 549f.; MüKo-BGB/*Basedow*, 8. Aufl. 2019, § 306 Rn. 16ff.; ebenso etwa *J. Hager*, JZ 1996, 175, 176; *H. Roth*, JZ 1989, 411, 414f., 417f.

127 Vgl. etwa BGHZ 84, 109, 116; BGH NJW 2006, 1059, 1060; *H. Schmidt*, in: Ulmer/Brandner/Hensen, AGB-Recht, 12. Aufl. 2016, § 306 Rn. 14; Palandt/*Grüneberg*, 80. Aufl. 2021, § 306 Rn. 6. Kritisch dazu *J. Hager*, JZ 1996, 175, 176f.

128 BGHZ 96, 18, 25f.; BGH NJW 2006, 1059, 1060; *H. Schmidt*, in: Ulmer/Brandner/Hensen, AGB-Recht, 12. Aufl. 2016, § 306 Rn. 14.

Geltung aushebeln.[129] Schließlich wird angeführt, es sei nicht Aufgabe des Richters, in das Vertragsgefüge einzugreifen und anstelle des Verwenders den noch zulässigen Vertragsinhalt zu bestimmen.[130]

Dass die aus dem Verbot der geltungserhaltenden Reduktion resultierende Totalnichtigkeit anstößiger Klauseln wiederum zu unangemessenen Ergebnissen führen kann, indem sie den Verwender einseitig benachteiligt, ist auch von den Gegnern einer geltungserhaltenden Reduktion im Grundsatz anerkannt. Die Rechtsprechung rekurriert zur Vermeidung solcher Widersprüche unter Zustimmung eines Teils der Literatur auf verschiedene Instrumente, vor allem die ergänzende Vertragsauslegung[131] – dies vor allem dann, wenn die Lückenfüllung durch dispositives Gesetzesrecht nach § 306 Abs. 2 BGB versagt, weil keine passende Regelung vorhanden ist, etwa weil die anstößige Klausel in einem gesetzlich nicht geregelten Vertragstyp enthalten ist.[132] In der Judikatur des BGH[133] ist anerkannt, dass bei Fehlen von dispositiven Gesetzesregeln diesbezüglich im Individualprozess[134] eine ergänzende Vertragsauslegung vorzunehmen ist, die eine interessengerechte Regelung anstelle der unwirksamen Klausel schafft.[135] Auf diese Weise wird eine völlig einseitige Bevorzugung des Kunden verhindert.[136] 59

Nach der Rechtsprechung des EuGH steht die Lückenfüllung durch dispositives Gesetzesrecht nur solange im Einklang mit der Klausel-Richtlinie, solange sie dazu dient, die für den Verbraucher nachteilige Totalnichtigkeit des Vertrags zu verhindern.[137] Eine richterliche Vertragsanpassung findet bei Unwirksamkeit einer missbräuchlichen Klau- 60

---

129 *Fastrich*, Richterliche Inhaltskontrolle im Privatrecht, 1992, S. 330ff.

130 BGH NJW 1984, 48, 49.

131 Eingehende Darstellung bei *Uffmann*, Das Verbot der geltungserhaltenden Reduktion, 2010, S. 120ff., 149ff., 175ff.

132 Weitere Fälle bei MüKo-BGB/*Basedow*, 8. Aufl. 2019, § 306 Rn. 32, 37.

133 BGH NJW 2008, 2172, 2175 sowie zuvor bereits BGHZ 90, 69, 75; BGH NJW 1984, 1180, 1181; BGH NJW 1985, 621, 622 m.w.N. (Tagespreisklauseln); dazu etwa *Bunte*, NJW 1984, 1145. Die Grenze des noch zulässigen Klauselinhalts markiert diesbezüglich § 309 Nr. 1 BGB.

134 Im Verbandsprozess stellt sich die Frage der Lückenfüllung des Individualvertrags nicht, vgl. nur *H. Schmidt*, in: Ulmer/Brandner/Hensen, AGB-Recht, 12. Aufl. 2016, § 306 Rn. 36; MüKo-BGB/*Basedow*, 8. Aufl. 2019, § 306 Rn. 16.

135 Die Literatur stimmt der ständigen Rechtsprechung des BGH überwiegend zu, vgl. Palandt/*Grüneberg*, 80. Aufl. 2021, § 306 Rn. 13; MüKo-BGB/*Basedow*, 8. Aufl. 2019, § 306 Rn. 31ff.; *H. Schmidt*, in: Ulmer/Brandner/Hensen, AGB-Recht, 12. Aufl. 2016, § 306 Rn. 34ff. m.w.N.; *H. Roth*, AcP 190 (1990), 292, 312f.; *Stoffels*, Gesetzlich nicht geregelte Schuldverträge. Rechtsfindung und Inhaltskontrolle, 2002, S. 536ff. A. A. etwa *Steindorff*, ZHR 148 (1984), 271, 276f.; *Häsemeyer*, in: FS Ulmer, 2003, S. 1097, 1106f. (die ergänzende Auslegung führe zu einer „richterrechtlichen Versteinerung" der parteiautonomen Gestaltungsmöglichkeiten).

136 BGHZ 137, 153, 157.

137 EuGH, 30.4.2014, Rs. C-26/13 – *Kásler*, NJW 2014, 2335, Rn. 82ff.; EuGH, 7.8.2018, Rs. C-96/16 – *Banco Santander und Escobedo Cortés*, ECLI:EU:C:2018:643, Rn. 74; EuGH, 20.9.2018, Rs. C-51/17 – *OTP Bank und OTP Faktoring*, ECLI:EU:C:2018:750, Rn. 61; EuGH, 14.3.2019, Rs. C-118/17 – *Dunai/ERSTE Bank Hungary*, NJW 2019, 1663, Rn. 54; EuGH, 26.3.2019, Rs. C-70/17 und C-179/17 – *Abanca*, NJW 2019, 3133, Rn. 56ff.; EuGH, 3.10.2019, Rs. C-260/18 – *Dziubak*, ECLI:EU:C:2019:819, Rn. 48; EuGH, 3.3.2020,

sel indessen nicht statt.[138] Nach dem Wortlaut des Art. 6 Abs. 1 Klausel-RL könne die missbräuchliche Klausel nicht vom nationalen Gericht abgeändert werden. Dies ergebe sich daraus, dass der Vertrag ohne die Klausel grundsätzlich unverändert fortbestehen müsse – allerdings nur, soweit dies nach dem Recht dieses Staates möglich ist.[139] Denn es sei das Ziel der Klausel-Richtlinie, Ausgewogenheit zwischen den Parteien herzustellen.[140] Ob der Vertrag ohne die missbräuchliche Klausel fortbestehen könne, sei nicht allein danach zu beurteilen, ob sich eine Gesamtnichtigkeit des Vertrags im konkreten Einzelfall für den Verbraucher als vorteilhaft erweist.[141] Diese Erkenntnis stützt der EuGH wesentlich auf den Abschreckungseffekt, den Art. 6 Abs. 1 Klausel-RL entfalten solle: Könne sich der Unternehmer darauf verlassen, dass eine anstößige Klausel nicht unwirksam sei, sondern im Wege der Anpassung auf ein nicht mehr anstößiges Maß abgeändert werde, so könnte daraus geradezu ein Anreiz entstehen, missbräuchliche Klauseln in den Vertrag mit aufzunehmen. Dadurch werde das von Art. 7 Klausel-RL verfolgte Ziel, der Verwendung missbräuchlicher Klauseln in Verbraucherverträgen „ein Ende zu setzen", gefährdet.[142]

61 Diese Aussagen des EuGH sind, für sich genommen und gerade aus deutscher Sicht, zunächst nicht sonderlich spektakulär. In der Rechtsprechung des BGH ist seit langem anerkannt, dass eine sog. geltungserhaltende Reduktion missbräuchlicher Klauseln mit dem Schutzzweck der §§ 307 ff. BGB unvereinbar wäre.[143] Der u. a. dahinter stehende Präventionsgedanke deckt sich mit der hier vom EuGH verwendeten Argumentation. Der Vertrag im Übrigen bleibt wirksam; die durch die Nichtigkeit der missbräuchlichen Klausel entstehende Lücke wird durch dispositives Gesetzesrecht gefüllt (§ 306 Abs. 1 und 2 BGB). Fehlen entsprechende Vorschriften, so greifen die Grundsätze der ergänzenden Vertragsauslegung.[144] Dahinter steht die Erwägung,

---

Rs. C-125/18 – *Gómez*, ECLI:EU:C:2020:138, Rn. 61 ff. Siehe dazu *Gsell*, JZ 2019, 751, 756 ff., die sich für eine richtlinienkonforme Reduktion des § 306 Abs. 2 BGB ausspricht.

138 EuGH, 14.6.2012, Rs. C-618/10 – *Banco Español de Crédito*, EuZW 2012, 754; EuGH, 16.7.2020, Rs. C-224/19 und C-259/19 – *Caixabank*, ECLI:EU:C:2020:578, Rn. 50 ff.

139 EuGH, 14.6.2012, Rs. C-618/10 – *Banco Español de Crédito*, EuZW 2012, 754, Rn. 65.

140 So bereits zuvor EuGH, 15.3.2012, Rs. C-453/10 – *Pereničová*, EuZW 2012, 302, Rn. 31.

141 EuGH, 15.3.2012, Rs. C-453/10 – *Pereničová*, EuZW 2012, 302, Rn. 32. Gleichwohl könne das jeweilige autonome mitgliedstaatliche Recht angesichts des mindestharmonisierenden Charakters der Klausel-RL diese Rechtsfolge vorsehen (a. a. O., Rn. 34).

142 EuGH, 14.6.2012, Rs. C-618/10 – *Banco Español de Crédito*, EuZW 2012, 754, Rn. 69.

143 St. Rspr.; grundlegend BGHZ 84, 109, 114 ff.; BGHZ 143, 103, 119; zuletzt etwa BGH NJW 2011, 139 Rn. 27 m. w. N. In der Literatur findet diese Rechtsprechung überwiegend Zustimmung, vgl. nur *Lindacher/Hau*, in: Wolf/Lindacher/Pfeiffer (Hrsg.), AGB-Recht, 7. Aufl. 2020, § 306 BGB Rn. 31 ff.; NK-BGB/*Kollmann*, 3. Aufl. 2016, § 306 Rn. 25. Auch andere Rechtsordnungen beschränken sich grundsätzlich auf die Totalnichtigkeit anstößiger Klauseln, ohne dass eine geltungserhaltende Reduktion in Betracht käme, siehe die Nachweise in *von Bar/Clive* (Hrsg.), Principles, Definitions and Model Rules of European Private Law, Full Edition, Volume I, 2009, Note 9 zu Art. II.-9:408 DCFR (wo wiederum im Wesentlichen der Inhalt der Klausel-RL wiederholt wird, ohne zum Problem Stellung zu nehmen).

144 Siehe nur BGHZ 137, 153, 157.

dass der ersatzlose Wegfall etwa einer den Kunden unangemessen benachteiligenden Tagespreisklausel das Vertragsgefüge einseitig zu dessen Gunsten verschieben würde.[145] Erst dann, wenn keine ausgewogene und die Interessen beider Parteien berücksichtigende Lösung gefunden werden kann, ist dem Vertrag insgesamt die Geltung zu versagen (§ 306 Abs. 3 BGB). Diese abgestufte Prüfung trägt dem in Art. 6 Abs. 1 HS. 2 Klausel-RL zum Ausdruck kommenden Grundsatz der Vertragserhaltung Rechnung.[146] Auch dient sie regelmäßig dem Schutz des Kunden, da eine Gesamtnichtigkeit des Vertrags diesem die Vorteile aus dem Rechtsgeschäft nehmen würde; bereits ausgetauschte Leistungen müssten rückabgewickelt werden.[147]

Es fragt sich aber, ob die von der Rechtsprechung vorgenommene Lückenfüllung **62**
durch ergänzende Vertragsauslegung angesichts der Vorgaben der *Banesto*-Entscheidung aufrecht erhalten werden kann.[148] Denn die Argumentation des EuGH beruht ganz wesentlich darauf, dass die Klauselkontrolle abschreckend sein soll; nur so könne das Ziel der Klausel-Richtlinie – die Eliminierung aller missbräuchlicher Klauseln aus Verbraucherverträgen – erreicht werden. Vor diesem Hintergrund könnte an der ergänzenden Vertragsauslegung Anstoß genommen werden. Denn bei funktionaler Betrachtung könnte darin eine unzulässige Inhaltsänderung der missbräuchlichen Klausel gesehen werden. Eine solche Sichtweise ließe aber außer Betracht, dass die Klausel-Richtlinie zwar durchaus eine marktregulierende Funktion hat, sie aber das vertragliche Äquivalenzverhältnis grundsätzlich unangetastet lassen möchte.[149] Die Frage der Lückenfüllung hat der EuGH in der Rechtssache *Banesto* nur indirekt thematisiert, sie richtet sich jedenfalls nach mitgliedstaatlichem Recht. Eine völlig einseitige Verschiebung des Vertragsgleichgewichts zugunsten des Kunden schafft gerade keine „materielle Ausgewogenheit", die der EuGH anmahnt.[150] Die ergänzende Vertragsauslegung dürfte also weiterhin zulässig sein, solange sie den von der Klausel-Richtlinie intendierten Abschreckungseffekt nicht konterkariert.[151] Dies betrifft zunächst Verträge, bei denen durch die Lücke Nachteile für den Verbraucher entstehen

---

145 BGHZ 90, 78.

146 Dazu *Stürner*, Der Grundsatz der Verhältnismäßigkeit im Schuldvertragsrecht, 2010, S. 131f.

147 Nach der deutschen Rechtsprechung bleibt es für die Rückabwicklung im Darlehensvertrag immerhin bei der ursprünglich vereinbarten Fälligkeitsregelung, sodass hieraus für den Darlehensnehmer kein Nachteil entsteht, vgl. Palandt/*Sprau*, 80. Aufl. 2021, § 817 Rn. 21 m.N.

148 Dazu bereits *Stürner*, ZEuP 2013, 671.

149 Einseitig auf ersteren Gesichtspunkt abstellend und ohne Diskussion der Zulässigkeit der ergänzenden Vertragsauslegung *Rott*, ERCL 2012, 470, 476f. Allerdings wird nicht weiter problematisiert, welche Konsequenzen sich hieraus ergeben sollen.

150 EuGH, 14.6.2012, Rs. C-618/10 – *Banco Español de Crédito*, EuZW 2012, 754, Rn. 63.

151 In diesem Sinne auch Palandt/*Grüneberg*, 80. Aufl. 2021, § 306 Rn. 13; *Schlosser*, IPRax 2012, 507, 514f.; siehe bereits *Stürner*, Der Grundsatz der Verhältnismäßigkeit im Schuldvertragsrecht, 2010, S. 131f.; offen gelassen von *Hau*, JZ 2012, 964, 966 und von *Wendenburg*, EuZW 2012, 758, 760. Anders aber wohl *Uffmann*, NJW 2012, 2225, 2229f., die offenbar von einer Unzulässigkeit der ergänzenden Vertragsauslegung im Geltungsbereich der Klausel-RL ausgeht (aber selbst die geltungserhaltende Reduktion für vorzugswürdig hält).

würden. Praktisch ist dieser Fall allerdings kaum denkbar, da der Wegfall einer missbräuchlichen Klausel den Verbraucher per se besser stellt. In Betracht kommen aber Konstellationen, in denen der Vertrag nach § 306 Abs. 3 BGB insgesamt unwirksam wäre.[152] So könnte es bei den notorisch umstrittenen Preisnebenabreden liegen. Bejaht man etwa bei unwirksamen Preisanpassungsklauseln in Erdgaslieferungsverträgen eine wesentliche Störung des Äquivalenzverhältnisses durch den Wegfall der Klausel, so führt die Anwendung des § 306 Abs. 3 BGB zu einer wesentlichen Benachteiligung des Kunden. Hier bleibt eine Lückenfüllung durch ergänzende Vertragsauslegung, die aber nur dann in Betracht kommt, wenn das Belassen der Lücke im Vertrag „zu einem Ergebnis führt, das den beiderseitigen Interessen nicht mehr in vertretbarer Weise Rechnung trägt, sondern das Vertragsgefüge einseitig zu Gunsten des Kunden verschiebt".[153]

63 In diesem Sinne hat der BGH wiederum zu Gaslieferungsverträgen entschieden.[154] Die ergänzende Vertragsauslegung sei vom EuGH in der Sache *Banesto* nicht angesprochen worden; der Gerichtshof habe allein die geltungserhaltende Reduktion verworfen. Die Möglichkeit einer Vorlage zum EuGH wurde vom Senat nicht einmal angesprochen. Dennoch verbleiben Zweifel, ob die von der Rechtsprechung für unwirksame Klauseln gefundenen Rechtsfolgen in allen Facetten dem vom EuGH in *Banesto* recht kategorisch aufgestellten Verbot einer Vertragsanpassung genügen. Denn der BGH lässt bekanntlich in beträchtlichem Umfang Ausnahmen vom Grundsatz der Totalnichtigkeit der anstößigen Klausel zu.[155] Diese betreffen etwa die Aufrechterhaltung teilbarer Klauseln[156] oder die Einschränkung der Inhaltskontrolle hinsichtlich kollektiv ausgehandelter AGB wie die VOB oder die ADSp.[157] Auch gegenüber der ergänzenden Vertragsauslegung wurde der Vorwurf laut, sie sei eine geltungserhaltende Reduktion in anderem Gewand. Denn da bei der Ermittlung des hypothetischen Parteiwillens wesentlich die Interessen der an Rechtsgeschäften dieser Art beteiligten Verkehrskreise herangezogen werden und mithin ein objektivierter Maßstab zur Anwendung kommt, unterscheidet sich diese Art der Lückenfüllung nicht grundlegend von einer richterlichen Vertragsergänzung in Form der geltungserhaltenden Reduktion, dies jedenfalls dann, wenn man davon ausgeht, dass diese nicht zwingend eine Reduzierung auf den gerade noch gesetzlich zulässigen Inhalt bedeutet, sondern die Herbeiführung einer angemessenen Lösung.[158] In

---

152 Siehe auch *Schlosser*, IPRax 2012, 507, 515.

153 BGH NJW 2008, 2172, 2175; BGH NJW 2010, 993, 997, jeweils m.N. (dort für Erdgassonderverträge jeweils abgelehnt).

154 BGH NJW 2013, 991 und BGH EnWZ 2013, 225.

155 Siehe nur MüKo-BGB/*Basedow*, 8. Aufl. 2019, § 306 Rn. 20ff.

156 Umfangreiche Nachweise dazu bei Palandt/*Grüneberg*, 80. Aufl. 2021, § 306 Rn. 7.

157 BGHZ 86, 135, 141; BGHZ 129, 345, 349; siehe nun § 310 Abs. 1 S. 3 BGB. Dies gilt allerdings nicht für Verträge mit Verbrauchern, BGHZ 178, 1, 15f.

158 *Canaris*, in: FS Steindorff, 1990, S. 519, 552ff.; MüKo-BGB/*Basedow*, 8. Aufl. 2019, § 306 Rn. 19; Jauernig/*Stadler*, 18. Aufl. 2021, § 306 Rn. 3; *Uffmann*, Das Verbot der geltungserhaltenden Reduktion, 2010, S. 57ff., 149ff., 175ff.; siehe auch *Stürner*, Der Grundsatz der Verhältnismäßigkeit im Schuldvertragsrecht, 2010, S. 129ff., 432ff. Eine geltungserhaltende Reduktion wird insbesondere dann befür-

Bezug auf missbräuchliche Klauseln zur Festlegung eines variablen Zinssatzes in Kreditverträgen hat der EuGH dem Gericht durchaus einen Handlungsspielraum eingeräumt: Würde die Nichtigkeit der Klausel zur Unwirksamkeit des gesamten Vertrags führen, und steht kein dispositives Gesetzesrecht zur Lückenfüllung zur Verfügung, so hat das Gericht zur Wiederherstellung der Vertragsäquivalenz alle erforderlichen Maßnahmen zu ergreifen, um den Verbraucher vor den besonders nachteiligen Folgen zu schützen, die die Nichtigerklärung des Kreditvertrags nach sich ziehen könnte, u. a. aufgrund des Umstands, dass die Forderung auf Rückzahlung der Valuta gegenüber dem Verbraucher sofort fällig würde. Davon umfasst ist eine Aufforderungen an die Parteien, Verhandlungen aufzunehmen, um die Modalitäten zur Berechnung des Zinssatzes festzulegen, solange das Gericht den Rahmen für diese Verhandlungen vorgibt und diese darauf abzielen, ein tatsächliches Gleichgewicht zwischen den Rechten und Pflichten der Vertragsparteien herzustellen.[159]

c) Insbesondere: Rechtsfolgen bei Transparenzkontrolle

Die Transparenzkontrolle führt nach deutschem Recht ebenfalls zur Unwirksamkeit **64**
von AGB (§ 307 Abs. 1 S. 2 BGB).[160] Auf der Rechtsfolgenseite zieht dies das Problem nach sich, dass ein unklar formuliertes Leistungsversprechen des Verwenders nichtig wäre; damit wäre dem Verbraucher aber nicht gedient. Manche Fälle werden sich auf Tatbestandsebene lösen lassen, da die Intransparenz einer Klausel nicht zwingend zu ihrer Unwirksamkeit führen muss, sondern nur „kann". Brisanz erlangt hat der umgekehrte Fall einer versteckten Preiserhöhung in einer unklar formulierten Klausel. Welche Konsequenzen hätte hier die Unwirksamkeit der Klausel? Es würde dann ggf. überhaupt an einer Preisvereinbarung fehlen. Die Konsequenzen lassen sich am Fall der sog. Tagespreisklausel darstellen:

Konsument K bestellt bei Vertragshändler V einen neuen PKW; die Lieferzeit be- **65**
trägt sechs Monate. Im Kaufvertrag findet sich folgende Klausel: „Es gilt der am Tag der Auslieferung aktuelle Listenpreis." Bei Auslieferung liegt der Listenpreis 10 % über demjenigen bei Abschluss des Kaufvertrags. K möchte wissen, ob er den erhöhten Preis bezahlen muss.[161]

Aus deutscher Sicht könnte zunächst das Klauselverbot des § 309 Nr. 1 BGB ein- **66**
schlägig sein. Dieser betrifft aber nur kurzfristige Preiserhöhungen bis zu vier Monaten. Der BGH hat die Tagespreisklausel aber dennoch für unwirksam erachtet; eine unangemessene Benachteiligung liegt darin, dass für Verbraucher nicht nachvollzieh-

wortet, wenn der mit der Klausel bezweckten Regelung eine vertretbare Rechtsansicht zugrunde lag, der Verwender also hinsichtlich ihrer Wirksamkeit gutgläubig war, siehe *Kötz*, NJW 1979, 785, 789; *H. Roth*, JZ 1989, 411, 418.

159 EuGH, 25.11.2020, Rs. C-269/19 – *Banca B.*, ECLI:EU:C:2020:954, Rn. 41ff.

160 Siehe oben Rn. 47ff.

161 BGHZ 90, 69.

bar ist, wie der Preis zustande kommt. Überdies können hier nicht nur direkte Preissteigerungen (etwa durch gestiegene Energiekosten) abgewälzt werden; vielmehr kann der Unternehmer ganz allgemein eine veränderte Marktsituation, die größere Gewinnspannen zulässt, zu einer nahezu beliebigen Preiserhöhung ausnutzen. Dies steht im Widerspruch zur Wertung des § 315 Abs. 3 BGB, da die Tagespreisklausel durch ein einseitiges Leistungsbestimmungsrecht das Äquivalenzprinzip verletzt. Daraus folgt die Unwirksamkeit der Klausel nach § 307 Abs. 1 BGB. Diese Einschätzung steht im Einklang mit der Klausel-Richtlinie. Hier kann die Klausel im Anhang Nr. 1 lit. l Klausel-RL zur Auslegung des Art. 3 Abs. 1 Klausel-RL herangezogen werden,[162] sodass die Auslegung des BGH die Vorgaben der Richtlinie jedenfalls erfüllt. Auch der EuGH verlangt, dass Preisanpassungsklauseln transparent sind.[163]

67 Zur Lückenfüllung ist in erster Linie dispositives Gesetzesrecht heranzuziehen. Dieses steht hier aber, da die Tagespreisklausel eine Hauptleistungspflicht betrifft, nur in Form der §§ 315 ff. BGB zur Verfügung.[164] Doch hat der BGH im Wege einer ergänzenden Vertragsauslegung die Lücke dahin gefüllt, dass zwar der Preis bei Auslieferung gilt, dem Käufer aber ein Rücktrittsrecht zusteht, wenn dieser Preis zu sehr vom ursprünglichen Listenpreis abweicht. Darin liegt jedenfalls bei formaler Betrachtung keine unzulässige geltungserhaltende Reduktion, sondern ein interessengerechter Ausgleich der Standpunkte.

68 Dies lässt sich für sämtliche Preisanpassungsklauseln verallgemeinern: Sie müssen so formuliert sein, dass der Kunde die maßgebenden Kostenelemente prüfen kann; weiter muss das Gewicht dieser Elemente für den Preis angegeben sein, und schließlich muss die Erhöhung eines Kostenfaktors durch die Verringerung anderer Kosten ausgeglichen werden können.[165] Die Rechtsprechung hatte vielfach die Zulässigkeit solcher Preisanpassungsklauseln im Energiesektor zu überprüfen. Hier geht es um Regelungen wie § 4 AVBGasV; diese sind problematisch, wenn darin Anlass, Voraussetzungen und Umfang einer Preisänderung zwar nicht wiedergegeben sind, jedoch sichergestellt ist, dass das Gasversorgungsunternehmen seinen Kunden jede Preiserhöhung mit angemessener Frist im Voraus mitteilt und den Kunden das Recht zusteht, sich durch Kündigung vom Vertrag zu lösen, wenn sie die ihnen mitgeteilten geänderten Bedingungen nicht akzeptieren wollen.[166] Für die Sonderkunden (also

---

162 Zur Bedeutung der „grauen Liste" bereits oben Rn. 36 ff.

163 EuGH, 26.4.2012, Rs. C-472/10 – *Invitel*, EuZW 2012, 786, Rn. 27 ff.; EuGH, 30.4.2014, Rs. C-26/13 – *Kásler*, NJW 2014, 2335, Rn. 60 ff.; dazu *Pfeiffer*, NJW 2014, 3069.

164 BGHZ 90, 69, 80 ff. Tagespreisklauseln mit einseitiger Preisbestimmung benachteiligen den Verbraucher unangemessen, BGHZ 82, 21, 25 ff., wenn sie dem Verkäufer über die Abwälzung von Kostensteigerungen hinaus eine einseitige Anhebung des Kaufpreises ohne jede Begrenzung ermöglichen.

165 S. etwa BGH DB 2005, 2813; BGH ZIP 2007, 914, dort auch zu der Frage nach einem Ausgleich durch ein Lösungsrecht des Kunden; BGHZ 180, 257; BGHZ 182, 59; BGH NJW 2017, 325; *Thomas*, AcP 209 (2009), 84.

166 Vgl die entsprechenden Vorlagebeschlüsse BGH ZIP 2011, 1620 und 1622 (Haushaltskunden) und BGH ZIP 2011, 962 (Sonderkunden; vgl auch BGH NJW 2011, 1342).

Kunden, welche keine Tarifkunden i. S. d. § 1 Abs. 3 KAV sind) hat der EuGH entschieden, dass Preisänderungsklauseln nichtig sein können, wenn in ihnen nicht der Grund und die Durchführung der Änderung bereits bei Vertragsschluss hinreichend transparent dargestellt werden.[167] Überdies darf eine dem Kunden eingeräumte Kündigungsmöglichkeit nicht bloß formal vorhanden sein.[168] Für Haushaltskunden hat der EuGH entschieden, dass eine mitgliedstaatliche Regelung nicht unionsrechtskonform ist, wenn sie die Möglichkeit vorsieht, den Tarif der Lieferungen zu ändern, aber nicht gewährleistet, dass die Verbraucher rechtzeitig vor Inkrafttreten dieser Änderung über deren Anlass, Voraussetzungen und Umfang informiert werden.[169]

§ 4 Abs. 1 und 2 AVBGasV verstoßen damit gegen die Gas-Richtlinie 2003/55/EG 69
und können keine Grundlage für ein gesetzliches Recht des Gasversorgers bilden, gegenüber Tarifkunden die Preise einseitig nach billigem Ermessen zu ändern.[170] Eine richtlinienkonforme Auslegung von § 4 Abs. 1 und 2 AVBGasV hat der BGH wegen des entgegenstehenden Willens des nationalen Gesetzgebers nicht für möglich erachtet.[171] Die hierdurch in Tarifkundenverträgen eingetretenen Regelungslücken sind im Wege der ergänzenden Vertragsauslegung zu schließen. Danach soll das Gasversorgungsunternehmen berechtigt sein, Kostensteigerungen seiner eigenen (Bezugs-)Kosten, soweit diese nicht durch Kostensenkungen in anderen Bereichen ausgeglichen werden, an die Tarifkunden weiterzugeben. Gleichzeitig soll es verpflichtet sein, bei einer Tarifanpassung Kostensenkungen ebenso zu berücksichtigen wie Kostenerhöhungen. Der nach dieser Maßgabe berechtigterweise erhöhte Preis wird zum vereinbarten Preis. Für eine zusätzliche Billigkeitskontrolle ist deshalb kein Raum.[172] Auf Nicht-Haushaltskunden ist diese Rechtsprechung nicht übertragbar.[173]

6. Konkurrenz zu anderen EU-Rechtsakten

a) Gerichtsstandsvereinbarungen, Art. 25 Brüssel Ia-VO

Auch Gerichtsstandsvereinbarungen werden vielfach formularmäßig getroffen. Eine 70
derartige Klausel ohne grenzüberschreitenden Bezug hat der EuGH als missbräuchlich im Sinne der Klausel-Richtlinie erachtet.[174] Dies bedarf der Erläuterung, denn die

167 EuGH, 21.3.2013, Rs. C-92/11 – *RWE Vertrieb*, NJW 2013, 2253, Rn. 49ff.; s. auch BGH ZIP 2016, 78; BGH NJW 2016, 2101.

168 EuGH, 21.3.2013, Rs. C-92/11 – *RWE Vertrieb*, NJW 2013, 2253, Rn. 54. Der BGH hat daraufhin seine „Leitbild"-Rechtsprechung aufgegeben, BGHZ 198, 111, Rn. 56ff.; s. weiter BGH WM 2016, 2186.

169 EuGH, 23.10.2014, Rs. C-359/11 und C-400/11 – *Schulz und Egbringhoff*, NJW 2015, 849, Rn. 53.

170 BGHZ 207, 209, Rn. 27, 33; kritisch *Uffmann*, NJW 2016, 1696.

171 BGHZ 207, 209, Rn. 44.

172 BGHZ 207, 209, Rn. 66; s. auch BGH NJW 2016, 3593.

173 BGH RdE 2016, 305, Rn. 65ff.

174 EuGH, 27.6.2000, verb. Rs. C-240/98 bis C-244/98 – *Océano*, Slg. 2000, I-4941; siehe dazu bereits oben Rn. 38.

in Art. 25 Brüssel Ia-VO aufgestellten Voraussetzungen[175] sind hinsichtlich der formellen Gültigkeit einer Prorogation grundsätzlich abschließend. So hat der EuGH früher eine ergänzende Missbrauchskontrolle jedenfalls bei EU-Binnensachverhalten abgelehnt;[176] anders sollte es hingegen bei Drittstaatensachverhalten sein.[177] Doch kommt der Klausel-Richtlinie über die Öffnungsklausel des Art. 67 Brüssel Ia-VO Vorrangwirkung zu, sodass in Verbraucherverträgen Gerichtsstandsklauseln in AGB von Amts wegen der Missbrauchskontrolle auf der Grundlage der jeweils anwendbaren nationalen Vorschrift, die Art. 3 Abs. 1 Klausel-RL umsetzt, zu unterziehen sind.[178] Dies hat freilich in aller Regel nur dort Relevanz, wo nicht ohnehin zugunsten des Verbrauchers Art. 25 Abs. 4, 19 Brüssel Ia-VO greifen.[179]

b) Rechtwahlvereinbarungen, Art. 3 Abs. 5 Rom I-VO

71 Rechtswahlvereinbarungen nach Art. 3 Rom I-VO[180] werden vielfach in AGB getroffen. Deren Wirksamkeit bemisst sich nach dem präsumtiven Vertragsstatut (Art. 3 Abs. 5, 10 Rom I-VO). In diesem Zusammenhang kann sich ein Konflikt der lex causae mit der Klausel-Richtlinie ergeben.[181] Der EuGH misst die Rechtswahlvereinbarung letztlich direkt am Maßstab des Art. 3 Abs. 1 Klausel-RL und sieht hier vor allem ein potentielles Transparenzdefizit.[182]

c) Einwilligungen auf der Grundlage der DSGVO

Literatur: *Hacker*, Daten als Gegenleistung: Rechtsgeschäfte im Spannungsfeld von DS-GVO und allgemeinem Vertragsrecht, ZfPW 2019, 148; *Wendehorst/Graf von Westphalen*, Das Verhältnis zwischen Datenschutz-Grundverordnung und AGB-Recht, NJW 2016, 3745

72 Datenschutzrechtliche Einwilligungen werden oft formularmäßig erteilt. Es stellt sich daher die Frage, inwieweit insofern eine Kontrollfähigkeit nach AGB-Recht besteht.

---

175 Dazu unten § 35 Rn. 95ff.

176 EuGH, 16.3.1999, Rs. C-159/97 – *Trasporti Castelletti Spedizioni Internazionali SpA ./. Hugo Trumpy SpA*, Slg. 1999, I-1597, Rn. 49.

177 Siehe die Nachweise bei *Hess*, Europäisches Zivilprozessrecht, 2010, Rn. 147; *Leible/Röder*, RIW 2007, 481.

178 EuGH, 9.11.2010, Rs. C-137/08 – *VB Pénzügyi Lízing Zrt. ./. Ferenc Schneider*, Slg. 2010, I-10847.

179 Siehe näher mit Differenzierungen im Einzelnen *Heinig*, Grenzen von Gerichtsstandsvereinbarungen im Europäischen Zivilprozessrecht, 2010, S. 332ff.; *Heinig*, GPR 2010, 36.

180 Dazu unten § 32 Rn. 15ff.

181 Deren Anwendbarkeit auf Rechtswahlklauseln wird teils verneint, s. *W.-H. Roth*, IPRax 2017, 449, 455ff.

182 EuGH, 28.7.2016, Rs. C-191/15 – *Amazon*, ECLI:EU:C:2016:612. Näher zum Problemkreis unten § 32 Rn. 54f.

Hier ist zu unterscheiden: Dient die Datenschutzerklärung lediglich der Erbringung der von Art. 13, 14 DSGVO geforderten Informationen zum Datenschutz ohne Regelungen über Rechte und Pflichten der Parteien, besteht kein Raum für eine AGB-Kontrolle.[183]

Stellt die Datenschutzerklärung aber die Grundlage für die vorformulierte Einwilligungserklärung in die Datenverarbeitung dar oder handelt es sich um eine vorformulierte Leistungsbeschreibung, welche die Datenerhebung zur Vertragserfüllung „erforderlich" macht, unterliegt sie als vorformulierte Vertragsbedingung i. S. d. § 305 Abs. 1 S. 1 BGB der AGB-Kontrolle.[184] Während der BGH in der Vergangenheit in den Entscheidungen *Payback*[185] und *HappyDigits*[186] noch ausschließlich auf das BDSG als Prüfungsmaßstab abgestellt hat, dürfte dies unter Maßgabe der DSGVO nicht mehr gelten. So wird in Erwägungsgrund Nr. 42 zur DSGVO ausdrücklich unter Bezug auf die Klausel-Richtlinie hervorgehoben, dass eine Einwilligungserklärung keine „missbräuchlichen Klauseln beinhalten" sollte, weshalb schon deshalb davon auszugehen ist, dass eine AGB-Kontrolle neben der DSGVO möglich sein muss.[187] Auch enthält die DSGVO keinerlei Regelungen, die sich mit den wechselseitigen Rechten und Pflichten aus Vertragsverhältnissen befassen, weshalb von einer Sperrwirkung der DSGVO gegenüber der allgemeinen AGB-Kontrolle auch aus dem Grund nicht ausgegangen werden kann.[188] 73

d) Inhaltskontrolle in anderen Richtlinien

Eine Reihe von Richtlinien enthält Bestimmungen, die sich inhaltlich mit den Vorgaben der Klausel-Richtlinie überschneiden können. Dies betrifft insbesondere Art. 7 Abs. 1 VGKRL. Danach sollen Vertragsklauseln oder andere Vereinbarungen, durch welche die nach der VGKRL gewährten Rechte unmittelbar oder mittelbar außer Kraft gesetzt oder eingeschränkt werden, für den Verbraucher nach Maßgabe des jeweiligen innerstaatlichen Rechts nicht bindend sein. Eine ähnliche Bestimmung hinsichtlich der Unabdingbarkeit des jeweils gewährten Schutzes findet sich auch in Art. 25 Abs. 2 VRRL; danach sind Vertragsklauseln, die einen Verzicht auf die sich aus dieser Richtlinie ergebenden Rechte oder deren Einschränkung unmittelbar oder mittelbar bewirken, für den Verbraucher nicht bindend.[189] Beide Vorschriften sind sowohl jünger als auch spezieller als die Klausel-Richtlinie und gehen dieser daher vor. 74

Eine besonders detaillierte Bestimmung zu Vertragsklauseln enthält Art. 7 Zahlungsverzugs-RL. Hier besteht jedoch von vornherein keine Konkurrenz zur Klausel- 75

---

183 OLG Hamburg GRUR-RR 2015, 361, Rn. 48 ff.
184 *Wendehorst/Graf von Westphalen*, NJW 2016, 3745, 3748.
185 BGHZ 177, 253, Rn. 15 ff.
186 BGH NJW 2010, 864, Rn. 15 ff.
187 So auch *Hacker*, ZfPW 2019, 148, 184 (der Verweis auf ErwGr. Nr. 32 DSGVO beruht wohl auf einem Versehen).
188 So ebenfalls *Wendehorst/Graf von Westphalen*, NJW 2016, 3745, 3748.
189 Siehe weiter Art. 12 Abs. 1 Timesharing-RL.

Richtlinie, da die Zahlungsverzugs-Richtlinie den Geschäftsverkehr, also Geschäftsvorgänge zwischen Unternehmen oder zwischen Unternehmen und öffentlichen Stellen betrifft (Art. 1 Abs. 1, Art. 2 Nr. 1 Zahlungsverzugs-RL).[190]

e) Insbesondere: AGB-Kontrolle in der Plattform-Verordnung

Literatur: *Wais*, B2B-Klauselkontrolle in der Plattform-Ökonomie: Der Kommissionsvorschlag für eine Verordnung über Online-Vermittlungsdienste, EuZW 2019, 221

76 Auch die Plattform-Verordnung gilt nur für den unternehmerischen Geschäftsverkehr;[191] sie lässt insbesondere verbraucherschützendes Unionsrecht unberührt (Art. 1 Abs. 5 Plattform-VO). Sie gilt nur für gewerbliche Nutzer, also jede im Rahmen einer geschäftlichen oder beruflichen Tätigkeit handelnde Privatperson oder jede juristische Person, die über Online-Vermittlungsdienste und für Zwecke im Zusammenhang mit ihrer gewerblichen, geschäftlichen, handwerklichen oder beruflichen Tätigkeit Verbrauchern Waren oder Dienstleistungen anbietet (Art. 2 Nr. 1 Plattform-VO). Reflexartig schützt die Verordnung gleichwohl auch Verbraucher, wie Erwägungsgrund Nr. 3 Plattform-VO erläutert: Indem diese Transparenz und Vertrauen in die Online-Plattformwirtschaft in den Beziehungen zwischen den Unternehmen schafft, soll sie indirekt dazu beitragen, auch das Vertrauen der Verbraucher in die Online-Plattformwirtschaft zu erhöhen.

77 Die Plattform-VO enthält in ihrem Art. 3 Abs. 1 – bei Sanktion der Nichtigkeit der AGB (Art. 3 Abs. 3 Plattform-VO) – u. a. die Vorgabe, dass die AGB der Anbieter von Online-Vermittlungsdiensten klar und verständlich formuliert und leicht verfügbar sein müssen. Über vorgeschlagene Änderungen der AGB hat der Anbieter stets zu informieren; der Vertragspartner hat in solchen Fällen nach Art. 3 Abs. 2 Plattform-VO ein Kündigungsrecht. Nach Art. 8 Plattform-VO dürfen die Anbieter keine rückwirkenden Änderungen an ihren AGB vornehmen, es sei denn, dies geschieht in Erfüllung einer gesetzlichen oder behördlich angeordneten Verpflichtung oder zum Vorteil für die gewerblichen Nutzer (lit. a). Daneben ist in den Plattform-AGB über die Bedingungen zu informieren, unter denen die gewerblichen Nutzer die Vertragsbeziehung mit dem Anbieter von Online-Vermittlungsdiensten beenden können (lit. b). Schließlich haben die Plattform-AGB eine Beschreibung des vorhandenen oder nicht vorhandenen technischen und vertraglichen Zugangs zu den von dem gewerblichen Nutzer bereitgestellten oder generierten Informationen zu enthalten, den sie behalten, nachdem der Vertrag zwischen dem Anbieter von Online-Vermittlungsdiensten und dem ge-

190 Siehe zur Zahlungsverzugs-RL näher unten § 18 Rn. 45 ff.

191 Verordnung (EU) 2019/1150 des Europäischen Parlaments und des Rates vom 20. Juni 2019 zur Förderung von Fairness und Transparenz für gewerbliche Nutzer von Online-Vermittlungsdiensten. Siehe dazu unten § 23 Rn. 61 ff.

werblichen Nutzer abgelaufen ist (lit. c). Dadurch soll sichergestellt werden, dass die Vertragsbeziehungen zwischen den Anbietern von Online-Vermittlungsdiensten und den gewerblichen Nutzern nach Treu und Glauben und auf der Grundlage des redlichen Geschäftsverkehrs gestaltet werden, wie die Vorschrift sehr allgemein formuliert. Eine spezielle Sanktionsnorm hinsichtlich dieser Vorgaben enthält die Plattform-VO nicht. Es gilt daher diesbezüglich das jeweilige mitgliedstaatliche Recht, das allerdings wirksam und abschreckend ausgestaltet sein muss (Art. 15 Plattform-VO).

V. Klauselkontrolle in PECL und DCFR sowie im GEK

Literatur: *Bonke*, Europäische Klauselkontrolle im unternehmerischen Geschäftsverkehr. Grundsätze und Lehren aus dem gescheiterten GEKR, 2020; *Pfeiffer*, Die Wahrnehmung grenzüberschreitender Privatautonomie in der EU: Zur AGB-Kontrolle im Bereich externer Lücken des Gemeinsamen Europäischen Kaufrechts, in: FS Müller-Graff, 2015, S. 129

Die PECL regeln das Recht der missbräuchlichen AGB (unfair terms) in Art. 4:110 **78**
PECL.[192] Diese Vorschrift ist tatbestandlich sehr eng an Art. 3 Abs. 1, 4 Klausel-RL angelehnt, greift aber im Unterschied dazu nicht nur bei Verbrauchergeschäften, sondern ist auf sämtliche Verträge anwendbar.[193] Auch der DCFR regelt nicht nur Verbraucherverträge; er enthält im Unterschied zu den PECL sogar drei verschiedene Maßstäbe für einen „unfair term" je nachdem, ob er von einem Unternehmer gegenüber einem Verbraucher gestellt wird oder ob er in einem Vertrag zwischen zwei Nichtunternehmern bzw. zwei Unternehmern enthalten ist, Art. II.-9:404 ff. DCFR.[194] Der Vorschlag eines Gemeinsamen Europäischen Kaufrechts enthält demgegenüber nur zwei verschiedene Kontrollmaßstäbe.

---

192 Art. 4:110 PECL lautet: „Unangemessene Bedingungen, die nicht individuell ausgehandelt wurden. (1) Eine Partei kann eine Bedingung, die nicht individuell ausgehandelt wurde, anfechten, wenn sie entgegen den Geboten von Treu und Glauben und des redlichen Geschäftsverkehrs zu einem wesentlichen Ungleichgewicht der vertraglichen Rechte und Pflichten zum Nachteil dieser Partei führt, wobei die Natur der nach dem Vertrag zu erbringenden Leistung, alle anderen Bedingungen des Vertrages und die Umstände zum Zeitpunkt des Vertragsschlusses zu berücksichtigen sind. (2) Dieser Artikel findet keine Anwendung auf: (a) eine Bedingung, die den Hauptgegenstand des Vertrages bestimmt, sofern die Bedingung in einfacher und verständlicher Sprache abgefaßt ist; oder (b) die wertmäßige Angemessenheit der Verpflichtungen der einen Partei im Vergleich mit dem Wert der Verpflichtungen der anderen Partei."

193 Vgl. Kommentar A zu Art. 4:110 PECL.

194 Dazu *Pfeiffer*, in: Schulze, Common Frame of Reference and Existing EC Contract Law, 2009, S. 177.

1. Wesentliches Ungleichgewicht vertraglicher Rechte und Pflichten

79 Eine Kontrolle von Klauseln, die Hauptleistungspflichten zum Gegenstand haben, findet nicht statt, es sei denn, die betreffende Bestimmung verstößt gegen das Transparenzgebot, Art. 4:110 Abs. 2 lit. a PECL. Auch die wertmäßige Angemessenheit von Leistung und Gegenleistung wird nicht überprüft, Art. 4:110 Abs. 2 lit. b PECL. Zentrales Kriterium für die Missbräuchlichkeit einer nicht individuell ausgehandelten Klausel ist für die PECL das wesentliche Ungleichgewicht vertraglicher Rechte und Pflichten, das wegen der Verwandtschaft zur Klausel-Richtlinie gleich wie Art. 3 Abs. 1 Klausel-RL auszulegen ist.[195] Dabei kann es sich einerseits um eine ungerechtfertigte wirtschaftliche Belastung des anderen Teils durch die Klausel handeln, andererseits aber auch um eine rechtliche Benachteiligung.[196] Dies soll nach der im Kommentar zu den PECL so genannten „Spiegelbildregel" dann der Fall sein, wenn die Klausel einer Partei Rechte verleiht, der anderen aber nicht.[197]

80 Wie nach dieser Maßgabe eine Klausel der Kontrolle standhalten soll, bleibt fraglich, denn es liegt in der Natur der Sache, dass der Verwender in seinen AGB Rechte des anderen Teils einschränkt oder ihm Pflichten auferlegt. Die „Spiegelbildregel" kann daher nur dann sinnvolle Ergebnisse liefern, wenn nicht nur eine einzelne Klausel betrachtet wird, sondern der gesamte Regelungskomplex. Die Zulässigkeit einer solchen Vorgehensweise ergibt sich indirekt aus Art. 4:110 Abs. 1 PECL, wonach auch alle anderen Bedingungen des Vertrags mit in die Prüfung einzubeziehen sind. Zur Konkretisierung des Begriffs des wesentlichen Ungleichgewichts enthalten die PECL nur vage Anhaltspunkte. Auf eine „Graue Liste" nach dem Vorbild der Klausel-Richtlinie wurde verzichtet, da es wegen der Vielzahl der im Handelsverkehr anzutreffenden Fallgestaltungen unmöglich erschien, eine solche Liste zusammenzustellen.[198] Stattdessen wird im Kommentar zu Art. 4:110 PECL auf die „Graue Liste" der Klausel-Richtlinie verwiesen, von der sich der Rechtsanwender „inspirieren lassen" könne.[199]

81 Auch der DCFR folgt dem Vorbild der Klausel-Richtlinie. Ein wesentlicher Unterschied besteht jedoch darin, dass dessen Anwendungsbereich nicht auf Verträge zwischen Unternehmern und Verbrauchern beschränkt ist. Um den zwischen den verschiedenen Anwendungsbereichen der Klauselkontrolle bestehenden Interessenunterschieden gerecht zu werden, finden sich im DCFR drei Differenzierungen im Missbräuchlichkeitsmaßstab: Während Art. 3 Abs. 1 Klausel-RL an ein durch die Klausel hervorgerufenes „significant imbalance in the parties' rights and obligations arising under the contract, to the detriment of the consumer" anknüpft, ist es nach Art. II.-9:404 DCFR erforderlich, dass die Klausel „significantly disadvantages the consu-

---

195 Vgl. ausdrücklich Anmerkung Nr. 3 zu Art. 4:110 PECL.

196 Vgl. Kommentar G zu Art. 4:110 PECL.

197 Vgl. wiederum Kommentar G zu Art. 4:110 PECL.

198 Vgl. Kommentar B zu Art. 4:110 PECL. Zur Klausel-RL oben Rn. 36 ff.

199 Vgl. nochmals Kommentar B zu Art. 4:110 PECL. Dass die „Graue Liste" nur Verbraucherverträge in den Blick nimmt und daher kaum als Vorbild für den Handelsverkehr dienen kann, wird nicht problematisiert.

mer“. Inhaltlich dürfte damit keine Änderung des Kontrollmaßstabs beabsichtigt sein. Daneben unterscheidet der DCFR Verträge zwischen Unternehmern von anderen Verträgen. Handelt es sich um einen Vertrag zwischen Parteien, die keine Unternehmer sind („non-business parties“), dann ist eine Klausel nur dann („only“) missbräuchlich, wenn sie „significantly disadvantages the other party“, Art. II.-9:405 DCFR. Der Maßstab unterscheidet sich damit nicht von einem Vertrag zwischen einem Unternehmer und einem Verbraucher.

Im Gegensatz dazu ist eine Klausel in einem Vertrag zwischen Unternehmern nur **82**
dann missbräuchlich, wenn „its use grossly deviates from good commercial practice, contrary to good faith and fair dealing“, Art. II.-9:406 DCFR. Eine unfaire Benachteiligung des Vertragspartners scheint danach nicht erforderlich zu sein, solange nur eine extreme Abweichung von den einschlägigen Handelsbräuchen gegeben ist. Im Vergleich zu den beiden vorstehenden Vorschriften wurde damit wohl eine Senkung der Prüfungsintensität bei der Klauselkontrolle beabsichtigt. Zwingend erscheint diese Interpretation jedoch nicht. Näher liegt die Annahme, dass auch bei Verträgen zwischen Unternehmern eine Benachteiligung des anderen Teils durch die Klausel gegeben sein muss und dass diese regelmäßig dann vorliegt, wenn von Handelsbräuchen, die als Maßstab für eine generell ausgeglichene Berücksichtigung der Interessen beider Parteien stehen, wesentlich abgewichen wird.[200] Im Unterschied zu den PECL enthält Art. II.-9:411 DCFR für Verträge zwischen Unternehmern und Verbrauchern eine bindende „Schwarze Liste“ mit anstößigen Klauseln, die sich sehr eng an die im Anhang zur Klausel-Richtlinie enthaltene „Graue Liste“ anlehnt und als Konkretisierung von Art. II.-9:404 DCFR dient. Art. II.-9:410 DCFR regelt den Sonderfall einer Gerichtsstandsvereinbarung in AGB zugunsten des Sitzes des Unternehmers zum Nachteil des Verbrauchers; solche Klauseln sind immer dann missbräuchlich, wenn der prorogierte Gerichtsstand mit dem Wohnsitzgerichtsstand des Verbrauchers übereinstimmt. Diese Regelung findet keine Entsprechung in der Klausel-Richtlinie, sie knüpft an die *Océano*-Entscheidung des EuGH an.[201]

Art. 79–86 GEK enthalten Vorschriften über unfaire Vertragsbestimmungen.[202] **83**
Die Zentralnorm des Art. 83 GEK orientiert sich dabei an Art. 3 Abs. 1 Klausel-RL; die dort inkriminierte missbräuchliche Klausel ist im GEK – ohne relevante inhaltliche Unterschiede – unfair. Anders als die Klausel-Richtlinie, die einen Katalog miss-

---

200 Vgl. in diesem Zusammenhang die Konkretisierung von § 307 Abs. 1 BGB durch § 307 Abs. 2 Nr. 1 BGB, worin als Prüfungsmaßstab für die Missbräuchlichkeit der Klausel das ansonsten geltende dispositive Recht festgelegt wird.

201 EuGH, 27.6.2000, Rs. C-240/98 bis C-244/98 – *Océano*, Slg. 2000, I-4941. Siehe dazu bereits oben Rn. 38.

202 Dazu *Ernst*, in: Remien/Herrler/Limmer, Gemeinsames Europäisches Kaufrecht für die EU?, 2012, S. 93; *Wendehorst*, in: Wendehorst/Zöchling-Jud, Am Vorabend eines Gemeinsamen Europäischen Kaufrechts, 2012, S. 87, 95ff.; *Loos*, in: Moccia, The Making of European Private Law, 2013, S. 191; *Graf von Westphalen*, ZIP 2011, 1985; *Pfeiffer*, in: FS Müller-Graff, 2015, S. 129; *Pfeiffer*, ERPL 2011, 835 (zur Feasibility Study). Zu deren möglicher Ausstrahlungswirkung unten § 34 Rn. 54ff.

bräuchlicher Klauseln lediglich als unverbindlichen Anhang („Graue Liste") enthält, sind in Art. 84, 85 GEK per se unfaire bzw. vermutet unfaire Klauseln angeführt. Problematisch ist daran, dass die Kataloge auch solche Materien erfassen, die nicht dem Regelungsbereich des GEK unterfallen, etwa Regelungen über deliktische Haftung, Aufrechnung, Abtretung oder prozessuale Geltendmachung von Ansprüchen und damit strenggenommen ultra vires sind.[203] Art. 86 GEK enthält eine eigene Bestimmung über unfaire Vertragsbestimmungen bei Verträgen zwischen Unternehmern.[204]

2. Rechtsfolge

84 Bemerkenswert ist, dass nach den PECL eine missbräuchliche Klausel nicht unwirksam oder unverbindlich ist, sondern dass die benachteiligte Partei sie anfechten kann, Art. 4:110 Abs. 1 PECL. Begründet wird dieses ungewöhnliche Modell damit, dass eine Konkretisierung der Vorschrift in Abwesenheit einer Liste mit Regelbeispielen und ohne Präzedenzfälle „für gewöhnlich ... nicht möglich sein [wird]".[205] Damit besteht eine Übereinstimmung in der Rechtsfolge mit der in Art. 4:109 PECL geregelten unangemessenen Ausnutzung: Auch hier wird der Schutz des Benachteiligten nicht über eine Nichtigkeit des Vertrags erreicht, sondern über ein Anfechtungsrecht. Die Anfechtungstatbestände des Kapitels 4 der PECL sind allesamt fristgebunden; Art. 4:113 Abs. 1 PECL sieht für die Ausübung des Rechts eine „den Umständen angemessene Frist" vor, die mit der Kenntnis des Anfechtungsgrundes beginnt. Für die Anfechtung von missbräuchlichen Klauseln wäre diese Regelung jedoch unpassend, daher knüpft Art. 4:113 Abs. 2 PECL diesbezüglich an die Berufung des Verwenders auf eine missbräuchliche Klausel an; die benachteiligte Partei muss daraufhin wiederum innerhalb angemessener Frist anfechten. Das Ergebnis scheint dasselbe wie bei denjenigen Modellen, die die missbräuchliche Klausel per se für unwirksam erklären.[206] Gleichwohl sind letztere vorzugswürdig, da nicht erkennbar ist, welchen Vorteil eine missbräuchliche Bedingung für den Vertragspartner haben sollte, die ihn zu einem Verzicht auf die Anfechtungserklärung bewegen könnte: Der Vertrag im Übrigen bleibt ja bestehen. Ist die Ausübung des Anfechtungsrechts indessen eine reine Formalität, so erscheint die glatte Unwirksamkeit der Klausel als bessere Lösung, denn sie vermeidet das Risiko für den Vertragspartner, die Benachteiligung nicht als solche zu erkennen und die Anfechtungsfrist verstreichen zu lassen.

85 Im Gegensatz dazu ist die missbräuchliche Klausel nach Art. II.-9:409 Abs. 1 DCFR für die Partei, die sie nicht gestellt hat, unverbindlich („not binding on the party who did not support it"). Der DCFR folgt damit wieder der konventionellen Lösung,

---

203 Näher *Wendehorst*, in: Wendehorst/Zöchling-Jud, Am Vorabend eines Gemeinsamen Europäischen Kaufrechts, 2012, S. 87, 103f.

204 Siehe dazu *Gramlich*, GPR 2014, 62.

205 So Kommentar C zu Art. 4:110 PECL.

206 Davon geht offenbar Kommentar C zu Art. 4:110 PECL aus.

die der Verbraucher-acquis in Form der Klausel-Richtlinie nahelegt. Ebenso ist die Lösung im GEK (Art. 79 Abs. 1 GEK: Eine unfaire Klausel ist „nicht bindend“).

VI. Geplante Reformschritte und ihr Scheitern

1. Keine Vollharmonisierung der Klauselkontrolle

Die Kommission strebte im Vorschlag für eine Verbraucherrechte-Richtlinie[207] eine **86** Vollharmonisierung des Verbraucherrechts an. Das in den bisherigen Richtlinien zum Verbraucherrecht verfolgte Konzept der Mindestharmonisierung wurde als binnenmarktinkompatibel ausgemacht: Es führe dazu, dass Unternehmen beim Angebot von Waren und Dienstleistungen im Binnenmarkt nach wie vor unterschiedliche Rechtsvorschriften beachten müssten; ein Umstand, der den grenzüberschreitenden Handel verteuere und diesen nachhaltig zu behindern geeignet sei. Eine Vollharmonisierung, die das Verbraucherschutzniveau sowohl nach unten als auch nach oben verbindlich für alle Mitgliedstaaten festlegt und damit anders als bisher keine verbraucherfreundlicheren Regeln zulässt, sollte hier für Abhilfe sorgen. Denn daraus resultiere ein europaweit einheitliches Schutzniveau, das den Verbrauchern jedenfalls diesbezüglich jegliche Unsicherheit über ihre grenzüberschreitende Nachfrage nach Waren und Dienstleistungen nehme. Dies erscheint zweifelhaft, denn auch eine Vollharmonisierung der Klauselkontrolle setzt keinen Prüfungsmaßstab für das entscheidende Kriterium der Missbräuchlichkeit fest. Auch erscheint es keinesfalls als gesichert, dass sich Verbraucher in einem „vollharmonisierten“ Binnenmarkt unbefangener bewegen. Vor allem sprachliche und kulturelle Unterschiede zwischen den Mitgliedstaaten bleiben weiterhin als beachtliche Barrieren bestehen.

Im Bereich des Klauselrechts sah der Entwurf zwei wesentliche Neuerungen **87** vor:[208] Zum einen enthielt der Entwurf einen Anhang mit einer Auflistung von Klauseln, die in jedem Falle als missbräuchlich gelten sollten, also eine sogenannte Schwarze Liste.[209] In einem weiteren Anhang fand sich eine Auflistung von Klauseln, deren Missbräuchlichkeit lediglich widerleglich vermutet werden sollte, und die daher verbreitet als Graue Liste bezeichnet wurde.[210] Zum anderen wurde zur Anpassung dieser Klausellisten an die sich verändernden kautelarjuristischen Formulierungen ein unter dem Aspekt der demokratischen Legitimität und Transparenz höchst problematisches Verfahren vorgesehen, das sogenannte Komitologie-Verfahren.[211] Die Mit-

207 KOM(2008) 614 endg., dazu bereits oben § 3 Rn. 21 ff. und unten § 34 Rn. 9 ff.

208 Zur Klauselkontrolle im Vorschlag *Kieninger*, RabelsZ 73 (2009), 792; *Jansen*, ZEuP 2010, 73.

209 Art. 34 des Vorschlags i. V. m. Anhang II.

210 Art. 35 des Vorschlags i. V. m. Anhang III.

211 Art. 40 Abs. 2 des Vorschlags bezieht sich insofern auf Art. 5a Abs. 1 bis 4 und Art. 7 sowie Art. 8 des Beschlusses 1999/468/EG, ABl. L 184 vom 17.7.1999, S. 23, geändert durch den Beschluss 2006/512/EG, ABl. L 200 vom 22.7.2006, S. 11.

gliedstaaten sollten danach der Kommission diejenigen Klauseln mitteilen, die von den innerstaatlichen Gerichten als missbräuchlich angesehen wurden. Auf dieser Grundlage hätte die Kommission dann – außerhalb des normalen Rechtssetzungsverfahrens, unterstützt durch einen entsprechenden Ausschuss von Experten – die Anhänge mit den verbotenen Klauseln ändern können.[212]

88 In der in Kraft getretenen VRRL wurde der Bereich der Klauselkontrolle fast vollständig eliminiert; als Reminiszenz an das ursprüngliche Konzept enthält Art. 32 VRRL eine Berichtspflicht der Mitgliedstaaten hinsichtlich des Erlasses solcher Vorschriften des nationalen Rechts, die ein höheres Schutzniveau vorgeben als die Klausel-Richtlinie vorsieht. Derartige Klauselverbote müssen aber „unbedingt erforderlich sein, um die Verbraucher auf geeignete Weise zu schützen, und müssen verhältnismäßig und effizient sein". Damit steht fest, dass es weiterhin keine verbindlichen Missbräuchlichkeitskataloge auf europäischer Ebene gibt.

2. Die Bedeutung des Vorschlags für ein Gemeinsames Europäisches Kaufrecht für die Klauselkontrolle

89 Nach dem derzeit nicht weiter verfolgten Vorschlag für ein Gemeinsames Europäisches Kaufrecht[213] sollten sich die Parteien eines grenzüberschreitenden Kaufvertrags für die Geltung des europäischen Einheitskaufrechts entscheiden können. Dieses Einheitskaufrecht stünde als Maßstab für die Konkretisierung des Missbrauchstatbestandes in Art. 3 Abs. 1 Klausel-RL zur Verfügung. Dies gälte zunächst für den Fall, dass die Parteien es gewählt haben, denn dann gäbe es gerade eine Reihe von dispositiven Regeln auf EU-Ebene, an deren Maßstab beurteilt werden könnte, ob eine vertragliche Vereinbarung ein wesentliches Ungleichgewicht verursacht.

90 Fraglich ist aber, ob das dispositive Gesetzesrecht eines Gemeinsamen Kaufrechts auch dann als ein solcher Maßstab zur Konkretisierung der Missbräuchlichkeit herangezogen werden könnte, wenn sich die Parteien nicht oder nicht erfolgreich in das GEK eingewählt hätten,[214] mithin eine andere Rechtsordnung auf den konkreten Fall anwendbar wäre. Dafür könnte der Charakter eines solchen GEK als Bestandteil des positiven Unionsrechts sprechen. Bislang ist es aber mitnichten selbstverständlich, dass zur Konkretisierung eines in einer Richtlinie enthaltenen Rechtsbegriffs – hier: der Missbräuchlichkeit – ein anderer Sekundärrechtsakt herangezogen werden kann. Zwar ist nach der Rechtsprechung des EuGH „jede Vorschrift des Gemeinschaftsrechts in ihrem Zusammenhang zu sehen und im Lichte des gesamten Gemeinschaftsrechts [...] auszulegen".[215] Die Intensität der damit angesprochenen systematischen Auslegung hängt allerdings wesentlich vom Grade der Harmonisierung im betreffenden

212 Art. 39 und 40 des Vorschlags.
213 Siehe oben § 3 Rn. 24ff.
214 Zur Einwahl näher unten § 22 Rn. 132ff.
215 EuGH, 6.10.1982, Rs. 283/81 – *CILFIT*, Slg. 1982, 3415, Rn. 20. Siehe dazu auch unten § 34 Rn. 47ff.

Rechtsgebiet ab. Die Harmonisierung erfolgte im Privatrecht bislang grundsätzlich sektorspezifisch; der Unionsgesetzgeber verfolgte in den verschiedenen Rechtsakten oftmals unterschiedliche Regelungszwecke oder stimmte doch jedenfalls die einzelnen Rechtsakte nicht immer hinreichend aufeinander ab. Mit dem GEK würde hingegen der sektorspezifische Ansatz im Vertragsrecht (erstmals) verlassen und ein „horizontales" Regelwerk geschaffen, das eine Fortentwicklung des Verbraucher-acquis darstellt. Ein einmal verabschiedetes GEK würde gemeinsame Rechtsgrundsätze des Unionsrechts verkörpern, denen auch dann Leitbildcharakter zukäme, wenn seine Regeln nicht direkt auf den Vertrag anwendbar wären. Im Unterschied zum dispositiven nationalen Recht würde das GEK zwar zu seiner Geltung von den Parteien gewählt werden müssen; Regelungen des dispositiven nationalen Rechts müssen hingegen durch Parteivereinbarung abbedungen werden. Die Bedeutung beider Normenkomplexe für die Konkretisierung des Missbrauchstatbestands ist jedoch insoweit vergleichbar, als sie Auskunft darüber geben, wie eine ausgeglichene Verteilung der vertraglichen Rechte und Pflichten nach den Vorstellungen des jeweiligen Normgebers aussehen soll.

3. Klauselkontrolle am Maßstab des DCFR?

Weitaus problematischer erscheint hingegen die Heranziehung des DCFR als Refe- 91
renzinstrument. Der DCFR ist trotz seiner Förderung durch die Kommission unter dem 6. Forschungsrahmenprogramm und trotz seiner Ausgestaltung als Modellgesetzbuch ein rein wissenschaftliches Instrument ohne normativen Geltungsanspruch.[216] Als solches ist er grundsätzlich mangels gesetzgeberischer Legitimation nicht geeignet, das geltende Unionsrecht zu konkretisieren. Daran würde sich auch dann nichts ändern, wenn der DCFR dereinst doch – entsprechend dem ursprünglichen Plan – zwar formell in den Rang von Unionsrecht erhoben würde, aber nur als internes Referenzinstrument für die EU-Gesetzgebungsorgane dienen sollte, aus dem sich diese im Sinne einer „better regulation" bedienen könnten. Es wäre auch in diesem Fall kein hinreichender Wille des Unionsgesetzgebers erkennbar, die Modellregeln des (dann politischen) CFR gleichzeitig als Ausdruck des privatrechtlichen acquis anzusehen. Es wäre dann gerade der vorläufige Charakter einer „toolbox", der gegen eine solche Annahme spräche.

216 Siehe bereits oben § 3 Rn. 14ff.

4. Kapitel: Vertragsdurchführung

§ 17 Pflichten aus dem Vertrag

Literatur: *Weller*, Die Vertragstreue, 2009

Systematische Übersicht

I. Das vertragliche Pflichtenprogramm

1 Der Vertrag bildet die Grundlage für den Leistungsaustausch zwischen den Parteien. In der deutschen Dogmatik wird zwischen Haupt- und Nebenpflichten unterschieden.[1] Erstere betreffen bei gegenseitigen Verträgen diejenigen Vertragspflichten, die das Schuldverhältnis charakterisieren und die so miteinander verbunden sind, dass die Erbringung der einen Leistung mit der anderen stehen und fallen soll. Man spricht diesbezüglich von synallagmatischen Leistungspflichten; § 320 BGB bringt die beschriebene Verknüpfung durch ein Leistungsverweigerungsrecht zum Ausdruck. Auch im Falle von Pflichtverletzungen zeigt sich das Gegenseitigkeitsverhältnis bei der Auflösung des Vertrages durch Rücktritt (§§ 323, 324, 326 Abs. 5 BGB). Zur Durchsetzung von Hauptpflichten dient der Primäranspruch, der in der Regel auf Naturalerfüllung gerichtet ist.[2]

2 Zusätzlich zu diesen Haupt(leistungs)pflichten bestehen zahlreiche Neben(leistungs)pflichten, vor allem die in § 241 Abs. 2 BGB normierten Schutzpflichten. Weiter können Treue-, Obhuts-, Fürsorge-, Informations-, Kooperations- und Rücksichtnahmepflichten bestehen, die sich etwa aus § 242 BGB ergeben.[3] Ihre Verletzung löst ein anderes Sanktionsregime aus als in Bezug auf Hauptleistungspflichten: Hier greifen Sekundäransprüche, insbesondere Schadensersatz (§ 280 Abs. 1 BGB), aber auch Rücktritt – hier differenziert § 323 Abs. 5 S. 2 BGB insoweit, als geringfügige Pflichtverletzungen die Lösung vom Vertrag nicht zulassen; für den Fall der Verletzung von Schutzpflichten besteht in § 324 BGB eine ähnliche Erheblichkeitsschwelle. Nach ganz überwiegender Ansicht sind Nebenpflichten nicht selbstständig einklagbar.[4]

---

1 Siehe nur Staudinger/*Olzen* (2019), § 241 Rn. 144ff. m.N.
2 Zur Durchsetzung von Primäransprüchen unten § 18.
3 Einzelheiten bei Staudinger/*Olzen* (2019), § 241 Rn. 163ff. m.N.
4 Anders aber *Wendelstein*, Pflicht und Anspruch, 2021, passim.

https://doi.org/10.1515/9783110718690-017

Im europäischen Vertragsrecht ist eine derartige Dogmatik nicht vorhanden. 3
Auch hier zeigt sich der punktuelle Regulierungsansatz deutlich.

II. Hauptleistungspflichten

4 Regelungen mit Bezug zu vertraglichen Hauptleistungspflichten finden sich dort, wo Richtlinien bestimmte Vertragstypen normieren, etwa im Kaufrecht, im Darlehensrecht oder bei Timesharing-Verträgen. Teilweise finden sich hier auch Regelungen zu Verletzungen von Hauptleistungspflichten und den daraus entstehenden Rechtsfolgen. Diese werden jeweils im Zusammenhang mit dem jeweiligen Rechtsakt einzeln erläutert.[5]

5 Nur selten finden sich isolierte Regelungen zu den Hauptleistungspflichten. Zu nennen ist hierbei insbesondere die Zahlungsverzugs-Richtlinie, die sich für den unternehmerischen Geschäftsverkehr mit den Konsequenzen einer nicht rechtzeitigen Zahlung der geschuldeten Geldsumme befasst, soweit sie als Entgelt für Leistungen im Rahmen von Geschäftsvorgängen zwischen Unternehmen oder zwischen Unternehmen und öffentlichen Stellen geschuldet werden (Art. 1 Abs. 2 Zahlungsverzugs-RL). Auch hierauf ist an späterer Stelle gesondert einzugehen.[6]

III. Nebenleistungspflichten

1. Allgemeines

6 Als Nebenleistungspflichten kann man alle vertraglichen Pflichten bezeichnen, die keine Hauptleistungspflichten sind. Mit ihnen steht und fällt die vertragliche Abrede insgesamt nicht: Besteht Einigkeit über die essentialia negotii, so kommt der Vertrag zustande, auch wenn die Parteien ansonsten keinen Konsens gefunden haben, etwa über den Lieferzeitpunkt. An die Stelle der Parteivereinbarung tritt dann das dispositive Gesetzesrecht. Angesichts der punktuellen Harmonisierung ist es nicht verwunderlich, dass das europäische Vertragsrecht nur vergleichsweise wenige Regelungen zu vertraglichen Nebenleistungspflichten kennt. Von großer Bedeutung sind Informationspflichten, die dem Unternehmer regelmäßig bei Verbraucherverträgen auferlegt werden. Hinzu treten in gewissen Kontexten noch Kooperationspflichten.

5 Siehe unten § 22 Rn. 23 ff., § 24 Rn. 6 ff. sowie § 25 Rn. 6 ff.
6 Unten § 18 Rn. 45 ff.

2. Insbesondere: Informationspflichten

7 Das europäische Vertragsrecht kennt vielfältige Informationspflichten, die regelmäßig den Unternehmer gegenüber dem Verbraucher treffen. Es gehört zu den Grundprinzipien des europäischen Verbraucherrechts, einen informierten Vertragsschluss zu ermöglichen. Hierdurch soll die im Regelfall bestehende Unterlegenheit des Verbrauchers gegenüber dem Unternehmer ausgeglichen werden. Insoweit zielt das Verbraucherrecht vielfach auf einen Ausgleich dieses Informationsdefizits ab. Ziel ist es, durch eine Korrektur der Informationsasymmetrie eine wohlüberlegte Entscheidung hinsichtlich des Vertragsschlusses zu unterstellen.[7] Folgerichtig bestehen diese Informationspflichten bereits im vorvertraglichen Bereich.[8]

8 Informationspflichten bei in Vollzug gesetztem Vertrag kommen ebenfalls vor. So hat der Verkäufer bei einem Kaufvertrag über Waren mit digitalen Elementen die Pflicht dafür zu sorgen, dass der Verbraucher über verfügbare Aktualisierungen informiert wird (Art. 7 Abs. 3 Warenkauf-RL); gleiches gilt hinsichtlich von Verträgen zur Bereitstellung digitaler Inhalte (Art. 8 Abs. 2 Digitale-Inhalte-RL).

3. Insbesondere: Kooperationspflichten

9 Eine besondere Form von Nebenpflichten sind die sog. Kooperationspflichten. Sie werden bei Dauerschuldverhältnissen virulent. Im Bereich des europäischen Vertragsrechts ist es vor allem die Handelsvertreter-Richtlinie, die in Art. 3 Abs. 1 und 4 Abs. 1 für die Parteien des Handelsvertretervertrags die Pflicht zum treugemäßen Verhalten normiert. Der Handelsvertreter hat sich für Vermittlung und Abschluss der ihm anvertrauten Geschäfte einzusetzen (Art. 3 Abs. 2 Handelsvertreter-RL). Hierzu ist in einem gesonderten Kapitel Stellung zu nehmen.[9]

10 Doch auch Austauschverträge wie insbesondere der Kaufvertrag oder der Vertrag über die Bereitstellung digitaler Inhalte oder digitaler Dienstleistungen bekommen immer häufiger Dauerschuldelemente.[10] So schuldet der Verkäufer bei einem Kaufvertrag über Waren mit digitalen Elementen fortlaufend bestimmte Aktualisierungen;[11] ebenso liegt es hinsichtlich von Verträgen zur Bereitstellung digitaler Inhalte.[12] Diesbezüglich besteht eine gewisse Mitwirkungspflicht des Verbrauchers, indem er diese Aktualisierungen installiert. Nach deutscher Terminologie handelt es sich freilich nicht um echte Rechtspflichten, sondern nur um Obliegenheiten, da die Sanktion bei Nichterfüllung nicht etwa in einer Schadensersatzpflicht besteht, sondern vielmehr

---

7 Dazu und zur Kritik an diesem Ansatz bereits oben § 12 Rn. 1ff.

8 Dazu oben § 12 Rn. 5ff.

9 Unten § 27.

10 Zur Regelung von Langfristverträgen im DCFR *Unberath*, in: Wagner (Hrsg.), The Common Frame of Reference: A View from Law & Economics, 2009, S. 87.

11 Dazu unten § 22 Rn. 35ff.

12 Unten § 23 Rn. 34.

nur unter bestimmten Voraussetzungen die Haftung des Unternehmers einschränkt (Art. 7 Abs. 4 Warenkauf-RL; 8 Abs. 3 Digitale-Inhalte-RL). Auch Art. 12 Abs. 5 Digitale-Inhalte-RL normiert eine derartige Obliegenheit zur Kooperation. Danach arbeitet der Verbraucher mit dem Unternehmer zusammen, soweit dies vernünftigerweise notwendig und möglich ist, um festzustellen, ob die Ursache für die Vertragswidrigkeit der digitalen Inhalte oder Dienstleistungen in der digitalen Umgebung des Verbrauchers begründet ist. Die Sanktion für die unterbliebene Kooperation liegt wiederum nicht in einer Schadensersatzpflicht, sondern darin, dass sich die Beweislast für das Vorliegen der Vertragswidrigkeit zulasten des Verbrauchers verschiebt – dies allerdings nur, wenn der Unternehmer den Verbraucher vor Vertragsschluss in klarer und verständlicher Weise von der Kooperationspflicht in Kenntnis gesetzt hat.

§ 18 Die Vertragsverletzung

Literatur: *Düchs*, Die Behandlung von Leistungsstörungen im Europäischen Vertragsrecht, 2006; *Feltkamp/Vanbossele*, The Optional Common European Sales Law: Better Buyer's Remedies for Seller's Non-performance in Sales of Goods?, ERPL 2011, 873; *Gsell*, Non-performance and Remedies in General, in: Leible/Lehmann (Hrsg.), European Contract Law and German Law, 2014, S. 375; *Kötz*, Europäisches Vertragsrecht, 2. Aufl. 2015, § 12; *Leuschner*, Grenzen der Vertragsfreiheit im Rechtsvergleich, ZEuP 2017, 335; *Riehm*, Der Grundsatz der Naturalerfüllung, 2015; *Stürner*, Die Grenzen der Primärleistungspflicht im Europäischen Vertragsrecht, ERPL 2011, 167; *Weller*, Die Struktur des Erfüllungsanspruchs im BGB, common law und DCFR – ein kritischer Vergleich, JZ 2008, 764; *Weller*, Die Vertragstreue, 2009; *Weller*, Der Vertrag: Haftungs- oder Erfüllungsversprechen? – von *Holmes* über *Rabel* und *Rheinstein* zu *Unberath*, in: GS Unberath, 2015, S. 443; *Unberath*, Die Vertragsverletzung, 2007

Systematische Übersicht

I. Normativer Ausgangspunkt: die unterschiedlichen Ansätze von Civil Law und Common Law

1 Eine zentrale Kategorie der Vertragsdogmatik ist die Vertragsverletzung und hier insbesondere deren Konsequenzen.[1] Die Nichtbeachtung des vertraglichen Pflichtenpro-

1 Zum Folgenden bereits *Stürner*, ERPL 2011, 167.

https://doi.org/10.1515/9783110718690-018

gramms zieht in allen Rechtssystemen Sanktionen nach sich. Unterschiede bestehen allerdings hinsichtlich ihrer Art und Weise, hier vor allem in Bezug auf die Durchsetzung des Primäranspruchs. Hierzu ist zunächst darzustellen, welche Grundpositionen vorhanden sind. Das kontinentale Civil Law sieht die Naturalerfüllung als Regel an,[2] während sie im Common Law nur ausnahmsweise gewährt wird.[3] Jeder europäische Harmonisierungsansatz hat sich hier zu positionieren.[4] Je nach Grundansatz kommt der Reichweite der bestehenden Ausnahmen besondere Bedeutung zu.

1. Merkmale des kontinentalen Systems am Beispiel des BGB

a) Der Primäranspruch als klagbares Recht

Mit Vertragsschluss entstehen für die Parteien wechselseitige Rechte und Pflichten. 2
„Kraft des Schuldverhältnisses", so heißt es in § 241 Abs. 1 S. 1 BGB, „ist der Gläubiger berechtigt, von dem Schuldner eine Leistung zu fordern". Die Begründung eines Schuldverhältnisses bedingt nach dem Konzept des BGB damit zweierlei: Zum einen entsteht dadurch bereits ein durchsetzbares Recht, von einem anderen ein Tun oder Unterlassen zu verlangen. Die Klagbarkeit des Anspruchs ist diesem inhärent, ist materieller Teil desselben. Folgerichtig musste der Gesetzgeber in § 656 BGB für den Ehemaklervertrag oder in § 762 BGB für Spiel und Wette eigens regeln, dass eine Verbindlichkeit durch solche Rechtsgeschäfte nicht begründet werde. Nur in diesen ausdrücklich angeordneten Fällen, man spricht hier treffend von unvollkommenen Verbindlichkeiten oder auch von Naturalobligationen, fehlt dem Anspruch die Klagbarkeit.[5] Zum anderen bedarf es – über den Vertragsschluss hinaus – keiner weiteren Umstände, damit die Naturalerfüllung gefordert werden kann. Die Geltendmachung des Primäranspruchs ist kein Rechtsbehelf, der an gesonderte Voraussetzungen geknüpft ist, sondern selbstverständliche Regel. Er entsteht nicht erst im Falle der Nichterfüllung, sondern bereits mit der Obligation selbst.[6]

b) Die Grenzen der Primärleistungspflicht

Die beschriebene Ausgestaltung des Primäranspruchs als ohne weitere Voraussetzun- 3
gen klagbares Recht hat Konsequenzen für die Bestimmung der Grenzen der Leis-

2 Dazu unten Rn. 2ff.

3 Dazu unten Rn. 17ff.

4 Unten Rn. 26ff.

5 Eingehend dazu *G. Schulze*, Die Naturalobligation, 2008, S. 262ff.

6 Dazu umfassend *Weller*, Die Vertragstreue, 2009, S. 316ff., 371ff., 464ff.; *Unberath*, Die Vertragsverletzung, 2007, S. 210ff.; *Riehm*, Der Grundsatz der Naturalerfüllung, 2015, S. 15ff., 217ff. (zweifelhaft allerdings die These a.a.O., S. 9f. und passim, die Naturalerfüllungspflicht beruhe auf überpositiven Grundsätzen, krit. dazu *Arnold*, AcP 220 [2020], 428) sowie bereits *Zweigert*/*Kötz*, Einführung in die Rechtsvergleichung, 3. Aufl. 1996, § 35.

tungspflicht des Schuldners. Deren Ausgestaltung kommt erhebliche Bedeutung zu. Das BGB sieht seit der Schuldrechtsmodernisierung eine doppelte Entlastungsmöglichkeit für den Schuldner vor: Den Ausschluss der Leistungspflicht nach § 275 BGB einerseits und die Vertragsanpassung wegen Störung der Geschäftsgrundlage nach § 313 BGB andererseits.

aa) Entwicklung

4 Nach dem ursprünglichen Konzept des BGB war die Kategorie der Unmöglichkeit der Zentralbegriff zur Regelung der Grenzen rechtsgeschäftlicher Leistungspflichten. Der Anspruch auf Erfüllung erlosch dann, und nur dann, wenn die Leistung für den Schuldner oder für jedermann unmöglich war. Insbesondere unter dem Eindruck der kriegs- und später inflationsbedingten Verwerfungen zog das Reichsgericht zunächst das Rechtsinstitut der Unmöglichkeit heran, um als unangemessen angesehene vertragliche Bindungen zu lösen und prägte dafür den Begriff der wirtschaftlichen Unmöglichkeit.[7] Das Institut der Unmöglichkeit wurde damit über die eigentlichen Fälle der physischen Unmöglichkeit hinaus normativ verstanden als jeder Umstand, der die Leistungserbringung unzumutbar erschwerte.[8] Rasch bediente sich das Reichsgericht dann aber mittels § 242 BGB der von *Oertmann* entwickelten Geschäftsgrundlage, die wiederum auf *Windscheids* Lehre von der Voraussetzung beruhte.[9]

5 Die Voraussetzung war nach *Windscheid* eine implizite Einschränkung des rechtsgeschäftlichen Willens, dass dieser nur für das Vorhandensein oder Fortbestehen bestimmter Umstände gelten solle. Als Voraussetzung sah *Windscheid* dabei solche Umstände an, die einer Bedingung im technischen Sinne nahe kommen, aber vom Erklärenden für so selbstverständlich gehalten werden, dass sie nicht ausdrücklich als solche formuliert werden.[10] Die Voraussetzung steht damit zwischen dem rechtlich unbeachtlichen Motiv und der echten Bedingung. *Windscheids* Lehre konnte sich allerdings nicht entscheidend durchsetzen; es war vor allem *Lenel*, der an der Lehre von der Voraussetzung kritisierte, sie sei zu weit und könne nicht von einem allgemeinen Motiv abgegrenzt werden; ein Zwischending zwischen Motiv und Bedingung könne es nicht geben.[11] Die Redaktoren des BGB sahen daher davon ab, eine all-

---

7 Vgl. etwa RGZ 102, 272, 273 (Überschreiten des „Opfergrenze"); dazu näher *Kegel/Rupp/Zweigert*, Die Einwirkung des Krieges auf Verträge, 1941, S. 51f., 71ff.; zusammenfassend *Kegel*, Gutachten für den 40. Deutschen Juristentag, 1953, S. 150ff.

8 Kritisch *Jakobs*, Unmöglichkeit und Nichterfüllung, 1969, S. 67ff., der sich gegen die Einführung mehrerer Befreiungsgrenzen wendet; Unmöglichkeit und Wegfall der Geschäftsgrundlage beträfen unterschiedliche Gesichtspunkte, nämlich einerseits den Verpflichtungsinhalt (§ 275 BGB), andererseits die Verpflichtungsgrenze (§ 242 BGB).

9 *Oertmann*, Die Geschäftsgrundlage. Ein neuer Rechtsbegriff, 1921. Siehe dazu etwa *Larenz*, Geschäftsgrundlage und Vertragserfüllung, 3. Aufl. 1963, S. 5ff.

10 *Windscheid*, Die Lehre des römischen Rechts von der Voraussetzung, 1850, S. 80ff.

11 *Lenel*, AcP 74 (1889), 213; *Lenel*, AcP 79 (1892), 49.

gemeine Bestimmung für das Schicksal von Verträgen bei veränderten Umständen aufzunehmen, weil „diese Lehre die Sicherheit des Verkehrs gefährde und deshalb als Grundlage für das Gesetzbuch sich nicht eigne". *Windscheid* hatte mit seinem bekannten Wort also letztlich doch Recht behalten, wenn er sagte: „Es ist meine feste Überzeugung, daß die stillschweigend erklärte Voraussetzung [...] sich immer wieder geltend machen wird. Zur Thüre hinausgeworfen, kommt sie zum Fenster wieder herein."[12]

Durch die Schuldrechtsmodernisierung wurde dann in § 275 BGB eine Trias der 6
beachtlichen Leistungserschwerungen normiert: Unmöglichkeit, unverhältnismäßiger Leistungsaufwand und Unzumutbarkeit der persönlichen Leistungserbringung. Der Tatbestand der Geschäftsgrundlagenstörung wurde in § 313 BGB kodifiziert.

bb) Unmöglichkeit und Leistungserschwerung nach § 275 BGB

Während die in § 275 Abs. 1 BGB normierte Unmöglichkeit nunmehr nur die eigentli- 7
che, physische Unmöglichkeit erfassen soll,[13] hat der Gesetzgeber vor allem mit dem Tatbestand der übermäßigen Leistungserschwerung in § 275 Abs. 2 BGB dogmatisches Neuland betreten: Die Norm beschreibt nicht lediglich einen Anwendungsfall der Unmöglichkeit, sondern eröffnet ein eigenständiges Leistungsverweigerungsrecht, das letzten Endes auf dem Rechtsmissbrauchsverbot beruht und damit eine Ausprägung von § 242 BGB darstellt.[14]

Zur Bestimmung der Grenzen der Leistungspflichten des Schuldners sieht § 275 8
Abs. 2 BGB nicht die Subsumtion unter einen unbestimmten Rechtsbegriff vor, sondern einen Abwägungsvorgang, der den vom Schuldner zur Leistungshandlung vorzunehmenden Aufwand einerseits und das Interesse des Gläubigers am Erhalt der Leistung andererseits ins Verhältnis setzt. Zu berücksichtigen sind dabei der konkrete Inhalt des Schuldverhältnisses, der Grundsatz von Treu und Glauben sowie auch ein mögliches Vertretenmüssen des Schuldners in Bezug auf das eingetretene Leistungshindernis. Ergibt sich im Rahmen dieser Abwägung ein grobes Missverhältnis zwischen den Bezugsgrößen, so steht dem Schuldner ein Leistungsverweigerungsrecht zu.

Während sich die Rechtsprechung inzwischen der Anwendung des § 275 Abs. 2 9
BGB durchaus zu öffnen scheint,[15] wurde die Vorschrift in der Lehre teilweise heftig kritisiert. Der Kern der Kritik geht dahin, dass die Neuschaffung die Grenzen rechts-

---

12 *Windscheid*, AcP 78 (1892), 161, 197.

13 Regierungsentwurf BT-Drucks. 14/6040, S. 128.

14 Näher *Stürner*, Der Grundsatz der Verhältnismäßigkeit im Schuldvertragsrecht, 2010, S. 185 ff.

15 BGHZ 163, 234; dazu *C. Hirsch*, JURA 2006, 120; *Keilmann*, NJW 2006, 2526; *Gutzeit*, NJW 2007, 956; siehe weiter BGH NJW 2005, 3284; BAGE 111, 191; BGH NJW 2008, 3122, 3123; ebenso BGH NJW 2008, 3123, 3125. Zu den letzten beiden Urteilen näher *Stürner*, in: FS von Brünneck, 2011, S. 360.

geschäftlicher Leistungspflichten zu Lasten des Schuldners verschiebe, indem sie ihm über dasjenige, was vertraglich geschuldet sei, eine weitergehende Leistungspflicht auferlege. *Picker* hat zur Illustration der Problematik den Fall eines in Deutschland verkauften Cabrios konstruiert, das in der Nacht vor der Übergabe an den Käufer gestohlen wird und nach einiger Zeit in Murmansk wieder auftaucht.[16] Der Verkäufer kann das Cabrio dort wieder beschaffen, müsste dafür aber einen finanziellen Aufwand betreiben, der die Größenordnung des dafür vereinbarten Kaufpreises erreicht. Es fragt sich, ob der Käufer weiterhin Erfüllung des Kaufvertrags, also Lieferung und Übereignung des Cabrios, verlangen kann, oder ob der Verkäufer die Erfüllung verweigern darf.[17]

10 Die Kritiker sehen in dem von § 275 Abs. 2 BGB geforderten Abwägungsvorgang eine Missachtung der privatautonom durch die Parteien gesetzten Wertungen.[18] In der Tat sieht die Norm eine Berücksichtigung der vertraglichen Abrede nur im Rahmen der Abwägung von Gläubigerinteresse und Schuldneraufwand vor. Es dürfte sich jedoch von selbst verstehen, dass eine Vertragsauslegung bereits erforderlich ist, um zu bestimmen, welcher Leistungsinhalt zwischen den Parteien überhaupt vereinbart war.[19] Erst auf dieser Grundlage lässt sich klären, inwieweit ein Beharren des Gläubigers auf seinem Erfüllungsanspruch als rechtsmissbräuchlich anzusehen wäre. § 275 Abs. 2 BGB soll innerhalb eines an sich bestehenden Leistungsanspruchs eine Grenze setzen; die Norm schränkt die Leistungspflicht des Schuldners gerade ein und erweitert sie nicht. Dadurch darf aber andererseits der Grundsatz pacta sunt servanda nicht ausgehöhlt werden: Dies sucht der Gesetzgeber zu erreichen, indem er die Eingriffsschwelle erst bei einem groben Missverhältnis ansetzt, sie greift also nicht schon dann, wenn der Schuldner ein besseres Geschäft in Aussicht hat oder wenn der Gläubiger sich den Vertragsgegenstand auch anderweitig beschaffen könnte.[20]

11 Auch wenn es angesichts der Vorgaben des § 275 Abs. 2 BGB nicht falsch ist, die in dessen Rahmen durchzuführende Verhältnismäßigkeitsprüfung als Kosten-Nutzen-Analyse zu bezeichnen,[21] so darf dies nicht dazu führen, ausschließlich nach der Ineffizienz der Leistung zu fragen, oder diese auch nur als Leitlinie für die Aus-

---

16 *Picker*, JZ 2003, 1035.

17 Vgl. die Kontroverse zwischen *Picker* und *Canaris*: *Picker*, JZ 2003, 1035, Replik von *Canaris*, JZ 2004, 214; dazu wiederum *Picker*, in: FS Konzen, 2006, S. 687, 696f., 700ff.

18 Vgl. insbesondere *Wilhelm*, JZ 2001, 861, 866f. (§ 275 Abs. 2 BGB als „Missgeburt"); *Picker*, JZ 2003, 1035; *Picker*, in: FS Konzen, 2006, S. 687; ausführlich *Lobinger*, Die Grenzen rechtsgeschäftlicher Leistungspflichten, 2004, S. 238ff., der § 275 Abs. 2 BGB sogar für verfassungswidrig hält. Weitere Nachweise bei *Bernhard*, JURA 2006, 801 mit Fn. 1.

19 BT-Drucks. 14/6040, S. 127.

20 Zum sog. effizienten Vertragsbruch unten Rn. 39ff.

21 So etwa MüKo-BGB/*Ernst*, 8. Aufl. 2019, § 275 Rn. 73f., der die Norm dogmatisch gleichwohl beim Rechtsmissbrauchsverbot ansiedelt.

legung heranzuziehen. Ein Treu und Glauben widersprechendes Erfüllungsverlangen ist stets auch ineffizient, der umgekehrte Zusammenhang gilt hingegen nicht.[22] Hält man die Durchsetzbarkeit des Primäranspruchs grundsätzlich für effizient, weil sie den Marktakteuren Planungssicherheit und damit Vertrauen in den Markt gibt und auf diese Weise transaktionskostenmindernd wirkt,[23] dann hat dies auch Konsequenzen für die Festlegung der Grenzen der Leistungspflicht. Auch unter Effizienzgesichtspunkten kommt § 275 Abs. 2 BGB eine wichtige Bedeutung zu, da darin eine transaktionskostenminimierende Festlegung des mutmaßlichen Parteiwillens erfolgt ist.[24] Hätten rational agierende Parteien vor Vertragsschluss etwa mit der Steigerung der Produktionskosten gerechnet, dann hätten sie sich unter Vereinbarung einer Entschädigungspflicht in Höhe des Erfüllungsinteresses auf eine bestimmte Grenze der Leistungspflicht geeinigt. Dass § 275 Abs. 2 BGB diese erst bei einem groben Missverhältnis ansetzt, wertet die Geltung des Primäranspruchs richtigerweise auf.

Im Gegensatz zu § 275 Abs. 2 BGB, der ausdrücklich ein Missverhältnis zwischen **12**
Schuldneraufwand und Gläubigerinteresse fordert, knüpft Abs. 3 dieser Norm an die Unzumutbarkeit der Leistungserbringung an. Das Leistungsverweigerungsrecht betrifft nur diejenigen Fälle, in denen der Schuldner die Leistung persönlich zu erbringen hat und dies auch möglich ist, jedoch ein Hinderungsgrund vorliegt, der so schwer wiegt, dass die Vertragserfüllung dem Schuldner nicht mehr zuzumuten ist. Dies kann etwa im Schulfall der Opernsängerin der Fall sein, deren Kind am Tag der Aufführung schwer erkrankt.[25] Wann Unzumutbarkeit gegeben ist, muss ebenso wie in § 275 Abs. 2 BGB in einer Abwägung ermittelt werden – Abs. 3 ordnet dies ausdrücklich an. Bezugspunkt ist dabei wie in Abs. 2 das Interesse, das der Gläubiger an der Leistungserbringung hat. Dem stehen jedoch unterschiedliche Gesichtspunkte auf Schuldnerseite gegenüber:[26] Während Abs. 2 einen wirtschaftlichen Aufwand im

---

22 Eine davon zu unterscheidende Frage ist es, ob eine rational handelnde Partei in einer Situation, in der der Vertragsbruch zwar effizient wäre, das Missverhältnis zwischen Schuldneraufwand und Gläubigerinteresse aber die Schwelle des § 275 Abs. 2 BGB nicht erreicht hat, nicht im Wege einer Verhandlungslösung mit dem Gläubiger versuchen würde, die Leistungspflicht gegen Aufteilung des durch den Vertragsbruch entstehenden (potentiellen) Mehrgewinns zwischen den Parteien aufzuheben. Eine solche Aufhebungslösung wäre – bezöge man anfallende Transaktionskosten nicht mit ein – effizient. Siehe dazu *Eidenmüller*, JZ 2005, 216, 222; *Maultzsch*, AcP 207 (2007), 530, 539f.

23 *Schäfer/Ott*, Lehrbuch der ökonomischen Analyse des Zivilrechts, 5. Aufl. 2013, S. 427ff.; *Unberath*, Die Vertragsverletzung, 2007, S. 232ff.; *Weller*, Die Vertragstreue, 2009, S. 366ff.

24 *Unberath*, Die Vertragsverletzung, 2007, S. 237ff., 277ff.; *Köndgen*, in: FS Hans-Bernd Schäfer, 2008, S. 275, 280ff.

25 So die Regierungsbegründung, BT-Drucks. 14/6040, S. 130.

26 *Canaris*, in: Studi in onore di Giorgio Cian, 2010, S. 383, 385ff. stellt wesentlich darauf ab, dass bei § 275 Abs. 3 BGB das Schuldnerinteresse im Vordergrund steht, während es bei Abs. 2 vor allem auf das Gläubigerinteresse ankomme.

Blick hat, der zur Überwindung des Leistungshindernisses notwendig ist, erfasst Abs. 3 ausschließlich in der Person des Schuldners bestehende, ideelle Leistungshindernisse. Diese sind im Rahmen des Abs. 2 hingegen gerade nicht zu berücksichtigen. Auch wenn es zutrifft, dass beide Tatbestände letztlich das Verbot des Rechtsmissbrauchs konkretisieren,[27] so besteht doch aus diesem Grund kein Spezialitätsverhältnis zwischen beiden Absätzen;[28] diese regeln vielmehr unterschiedliche Interessenkonflikte.[29]

cc) Störungen der Geschäftsgrundlage, § 313 BGB

13 Das BGB sieht jedoch eine weitere Möglichkeit vor, wie sich der Schuldner seiner ursprünglich vereinbarten Verpflichtung nach § 313 BGB entledigen kann, nämlich dann, wenn sich vertragswesentliche Umstände grundlegend verändert haben, sodass ein Festhalten am Vertrag unzumutbar erscheint.[30] Das Institut der Störung der Geschäftsgrundlage schützt die Parteien vor der Verwirklichung solcher Risiken, die bei Vertragsschluss nicht vorhersehbar waren, sofern ihnen diese nicht nach der Struktur des Vertrags zugewiesen sind. Auf diese Weise wird ein Ausgleich geschaffen zwischen den legitimen Interessen des einen Teils am Bestand des Vertrags und dessen Erfüllung, und denen des anderen Teils an der Reduzierung oder Aufhebung der unzumutbar gewordenen Belastung, die die weitere Durchführung des Vertrags für ihn darstellen würde.

dd) Die Abgrenzung zwischen § 275 Abs. 2 und § 313 BGB

14 Hält das modernisierte BGB damit verschiedene Normen bereit, die als Grenze der Primärleistungspflicht dienen, so stellt sich die Frage des jeweiligen Anwendungsbereichs. Die Abgrenzung ist angesichts der unterschiedlichen Rechtsfolgen – Leistungsverweigerungsrecht einerseits, Vertragsanpassung andererseits – durchaus von praktischer Bedeutung.[31]

---

27 So mit Nachdruck *Canaris*, in: Studi in onore di Giorgio Cian, 2010, S. 383, 386f.

28 So aber MüKo-BGB/*Ernst*, 8. Aufl. 2019, § 275 Rn. 115; AnwK-BGB/*Dauner-Lieb*, 2005, § 275 Rn. 57.

29 Wie hier *Greiner*, Ideelle Unzumutbarkeit, 2004, S. 371ff., 383. Ebenso im Ergebnis wohl auch *Canaris*, in: Studi in onore di Giorgio Cian, 2010, S. 383, 386, der aus diesem Grund sogar davon ausgeht, dass § 275 Abs. 3 BGB im Vergleich zu Abs. 2 „ein wesentlich größeres und vielfältigeres praktisches Anwendungsfeld“ hat.

30 *Oertmann*, Die Geschäftsgrundlage. Ein neuer Rechtsbegriff, 1921, S. 37: „Die Geschäftsgrundlage ist die beim Geschäftsschluß zutage tretende und vom etwaigen Gegner in ihrer Bedeutsamkeit erkannte und nicht beanstandete Vorstellung eines Beteiligten oder die gemeinsame Vorstellung der mehreren Beteiligten vom Sein oder vom Eintritt gewisser Umstände, auf deren Grundlage der Geschäftswille sich aufbaut.“ Ebenso BGH NJW-RR 2006, 1037, 1038. Vergleichend dazu *Kramer*, SJZ 2014, 273.

31 Näher *Stürner*, JURA 2010, 761; *Schmidt-Recla*, in: FS Laufs, 2005, S. 641, 659ff.

Wenn sowohl § 275 Abs. 2 BGB als auch das Institut der Störung der Geschäftsgrundlage ihre Wurzel in § 242 BGB und damit im Billigkeitsrecht haben,[32] knüpfen beide doch an unterschiedliche Störungen des vertraglichen Austauschverhältnisses an. Die systematische Nähe zu § 275 Abs. 1 BGB zeigt, dass § 275 Abs. 2 BGB eine Gefahrtragungsregel enthält,[33] die das Risiko der Verwirklichung *vertragsbezogener* Störungen regelt. Davon zu unterscheiden ist der Regelungsbereich der Störungen der Geschäftsgrundlage: Bereits vom Wortlaut des § 313 BGB wird deutlich, dass hier eine Regelung für die Verteilung anderer Risiken getroffen wird, nämlich solcher, die gerade nicht im Vertrag selbst ausdrücklich oder implizit übernommen wurden.[34] Dies ergibt sich aus dem Begriff der Geschäftsgrundlage: Diejenigen Umstände, die als Geschäftsgrundlage bezeichnet werden, sind nicht Vertragsbestandteil geworden.[35] Sie bezeichnen nicht die vertraglich vereinbarten Modalitäten des Leistungsaustausches, sondern lediglich dessen äußere Rahmenbedingungen, auf deren Existenz (§ 313 Abs. 2 BGB) oder Fortbestehen (§ 313 Abs. 1 BGB) sich eine Partei verlassen hat und auch verlassen durfte. 15

Folgerichtig regelt das Gesetz die Konsequenzen der beiden Störungen auf unterschiedliche Weise: Während bei der Einrede aus § 275 Abs. 2 BGB nur der Primäranspruch blockiert ist, den Schuldner aber möglicherweise bei Vertretenmüssen des Leistungshindernisses eine Schadensersatzpflicht aus §§ 275 Abs. 4, 280ff. BGB trifft, entfällt bei beachtlichen Störungen der Geschäftsgrundlage die ursprüngliche Leistungspflicht insgesamt. Der Vertrag wird entweder angepasst; falls auch die modifizierte Leistungspflicht unzumutbar wäre, entsteht ein Rücktrittsrecht. Schadensersatzpflichten folgen nicht aus dem Wegfall der Geschäftsgrundlage. 16

2. Das Remedy-Konzept des Common Law

a) Die Unklagbarkeit des Primäranspruchs

Während das BGB von der Klagbarkeit jedes Anspruchs ausgeht, ist die Pflicht zur Naturalerfüllung jedenfalls außerhalb von Geldzahlungspflichten nach dem Verständnis des Common Law kein Bestandteil einer vertraglichen Verpflichtung, der per se klagbar wäre: Die Klagbarkeit eines Anspruchs wird nicht als ausschließlich materiell- 17

32 Zur Entwicklung eingehend HKK/*Schermeier*, 2007, § 275 Rn. 42, 62ff.

33 Dazu (und zum Zusammenhang mit der Konkretisierung in § 243 Abs. 2 BGB) *Canaris*, JuS 2007, 793, 794.

34 Ebenso für eine Begründung des Instituts der Geschäftsgrundlage mit Risikoerwägungen *Fikentscher*, Die Geschäftsgrundlage als Frage des Vertragsrisikos, 1971, S. 31ff.; *Medicus*, in: FS Flume I, 1978, S. 629, 630ff.; *Flume*, Allgemeiner Teil des Bürgerlichen Rechts, Bd. II: Das Rechtsgeschäft, 2. Aufl. 1975, § 26, 3 (S. 501); *Köhler*, in: Festgabe 50 Jahre Bundesgerichtshof, Band I, 2000, S. 295, 300ff. sowie Jauernig/*Stadler*, 18. Aufl. 2021, § 313 Rn. 20ff.

35 Dazu *Larenz*, Geschäftsgrundlage und Vertragserfüllung, 3. Aufl. 1963, passim; *Köhler*, Unmöglichkeit und Geschäftsgrundlage bei Zweckstörungen im Schuldverhältnis, 1971, S. 132ff.

rechtliche Frage angesehen, sondern trägt auch Elemente des Prozessrechts in sich. Erst die Kombination aus materiellen Anspruchsvoraussetzungen und prozessualer Geltendmachung entscheidet darüber, ob die Naturalerfüllung im Einzelfall gewährt wird.

18 Die Pflicht zur Naturalerfüllung im Common Law resultiert auch nicht unmittelbar aus der vertraglichen Bindung, sondern wird als Rechtsbehelf (remedy) angesehen, der erst bei Erfüllung bestimmter Voraussetzungen, zu denen die Verletzung des vertraglichen Versprechens gehört, entsteht. Vor allem aber sind die Voraussetzungen dieser remedy nicht abstrakt normiert, sondern deren Gewährung steht im richterlichen Ermessen, das in jedem Einzelfall neu ausgeübt werden muss. Die specific performance ist also nach dem Verständnis des Common Law Ausnahme, nicht Regel.[36]

b) Die Voraussetzungen für eine specific performance

aa) Specific performance als Rechtsinstitut der Equity

19 Historisch gesehen findet sich eine Rechtfertigung für die Begründungsbedürftigkeit der Naturalerfüllung in der traditionellen Zweiteilung der englischen Gerichtsbarkeit in Courts of Common Law und Courts of Equity. Das von den Courts of Common Law ausgebildete Aktionensystem kannte ursprünglich keine Klageart für nicht auf Geld gerichtete Naturalansprüche. Erst mit Aufkommen der Equity als subsidiärer Billigkeitsrechtsordnung und den entsprechenden prozessualen Institutionen ergab sich die Möglichkeit, auch andere Ansprüche zwangsweise durchzusetzen.

20 Die ursprüngliche Ausgestaltung als remedy in equity prägt die Klage auf specific performance auch heute noch, weit über ein Jahrhundert nach der formellen Abschaffung der forms of action und der Fusionierung von Common Law und Equity durch die Judicature Acts 1873/75.[37] Der Begriff der Billigkeit hat sich freilich weitgehend verrechtlicht, er geht im heutigen Recht im richterlichen Ermessen auf.[38] Bedingt durch die Herkunft als Instrument der Equity ist das Ermessen des Gerichts in Bezug auf die Verurteilung zur Naturalerfüllung auch heute noch vor allem durch das Streben nach einer fairen Lösung geleitet.[39] Die Gründe für die Zurückhaltung der englischen Gerichte bei der Verurteilung zur specific performance liegen aber auch im Vollstreckungsrecht: Kommt der Schuldner dem gerichtlich sanktionierten Erfüllungszwang nicht nach, so liegt darin ein Contempt of Court, der mit bis zu zwei Jahren persönli-

---

36 Vgl. *Sky Petroleum Ltd. v. V.I.P. Petroleum Ltd.* [1974] 1 WLR 576, 578 (ChD); *Zweigert/Kötz*, Einführung in die Rechtsvergleichung, 3. Aufl. 1996, § 35; *Smith*, Contract Theory, 2004, S. 398 ff.; *Riehm*, Der Grundsatz der Naturalerfüllung, 2015, S. 120 ff.

37 Zur Entwicklung *Stürner*, ZVglRWiss 99 (2000), 310, 313 ff.

38 Zur Ermessensausübung englischer Zivilgerichte und deren Überprüfbarkeit in der Rechtsmittelinstanz *Stürner*, Die Anfechtung von Zivilurteilen, 2002, S. 199 ff.

39 *Shell U.K. Ltd. v. Lostock Garages Ltd.* [1976] 1 WLR 1187.

cher Haft des Schuldners geahndet werden kann.[40] Unter diesem „Damoklesschwert“[41] erscheint eine Vertragserfüllung für den Schuldner unzumutbar. In Bezug auf erfolgsbezogene Verpflichtungen hingegen, etwa die Herstellung eines Werks, bestehen derartige Unsicherheiten schon wegen der meist geringeren Dauer des vertraglichen Pflichtenverhältnisses regelmäßig in geringerem Umfang.[42]

bb) Ermessensleitende Gesichtspunkte

Das mit der Klage des Gläubigers auf Naturalerfüllung befasste Gericht richtet sein Ermessen an einer Reihe von Gesichtspunkten aus. Nur teilweise enthält das englische Recht ausdrückliche gesetzliche Regelungen über die specific performance. So sah sec. 52 (1) Sale of Goods Act 1979 für den Bereich des Kaufrechts die Naturalerfüllung als einen Rechtsbehelf im Falle der Vertragsverletzung vor.[43] Diesen Anspruch gewährte das Gericht allerdings nur, „if it thinks fit“, wenn es ihn also für angemessen hält. Dieser Grundsatz besteht auch bei mittlerweile veränderter Rechtslage fort.[44] Bei dieser Ermessensentscheidung, die grundsätzlich auch nach neuem Recht zu treffen ist, hat das Gericht entscheidend darauf abzustellen, inwieweit für die Kaufsache ein Ersatz am Markt beschafft werden kann. Bei leicht verfügbaren Gütern scheidet ein Anspruch auf specific performance von vornherein aus.[45] Handelt es sich dagegen um 21

40 Geregelt u. a. in sec. 14 ff. Contempt of Court Act 1981; dazu *Unberath*, Die Vertragsverletzung, 2007, S. 178.

41 Ausdruck von Lord Hoffmann in *Co-operative Insurance Society Ltd. v. Argyll Stores (Holdings) Ltd.* [1998] AC 1, 13.

42 Vgl. etwa *Jeune v. Queens Cross Properties Ltd.* [1974] Ch. 97, 99 ff., ChD (Pennycuick VC).

43 „Sec. 52 Specific performance: (1) If any action for breach of contract to deliver specific or ascertained goods the court may, if it thinks fit, on the plaintiff's application, by its judgment or decree direct that the contract shall be performed specifically, without giving the defendant the option of retaining the goods on payment of damages.“ Der Sale of Goods Act 1979 ist zum 1.10.2015 außer Kraft getreten. Seither gilt der Consumer Rights Act 2015. Siehe zur Reform *Twigg-Flesner*, ZEuP 2019, 170.

44 Für den Verbrauchsgüterkauf ordnete sec. 48E (2) Sale of Goods Act 1979 die specific performance als Regelfall an; siehe dazu *Streer*, Die Umsetzung der Verbrauchsgüterkaufrichtlinie in England, 2007, S. 179 ff. Der nun geltende Consumer Rights Act 2015 hat dies insoweit abgeschwächt, als sec. 54 (7) (c) die specific performance zwar als mögliche remedy des Verbrauchers anführt, dies allerdings ausweislich der amtlichen Erläuterungen nicht als Regelfall. Comment No. 273 führt dazu aus: „'Specific performance' is a direction a court can make, to compel a party to perform their obligations under a contract. It is an equitable remedy, meaning it is not available to consumers as a right, but at the court's discretion. It will not be ordered if damages are adequate to compensate the consumer – generally, damages will be adequate unless the subject matter of the contract is unique as the consumer can use damages to buy a replacement.“

45 Vgl. die Nachweise bei *Treitel/Peel*, The Law of Contract, 12. Aufl. 2007, Rn. 21–019. Dem entspricht die Lösung in Art. 9:201 Abs. 2 lit. d PECL – eine Einschränkung, die der DCFR nicht übernommen hat. Dazu näher sogleich unten Rn. 33.

schwer zu beschaffende oder gar um einzigartige Güter, etwa Grundstücke, dann wird der Schuldner regelmäßig zur Naturalerfüllung verurteilt.[46]

22 Das Gericht nimmt dabei eine an den ökonomischen Auswirkungen einer Verurteilung zur Naturalerfüllung orientierte Gesamtbetrachtung vor. Berücksichtigt wird insbesondere die Möglichkeit, den Gläubiger durch die Verurteilung zur Leistung von Schadensersatz zu befriedigen. Ganz offen wird auch die privatrechtsfremde Erwägung mit in die Ermessensentscheidung einbezogen, inwieweit die Verurteilung zur Naturalerfüllung eine Verschwendung öffentlicher Ressourcen wäre. Dort, wo die Verurteilung zur Naturalerfüllung zur künstlichen Verlängerung eines gescheiterten Vertragsverhältnisses führen würde, das neue prozessuale Streitigkeiten provoziert, stehen der Gewährung der Erfüllungsklage überwiegende öffentliche Interessen der Einsparung von Gerichtsressourcen sowie der Gedanke des Rechtsfriedens gegenüber.

cc) Grenzen der Primärleistungspflicht

23 In einem System wie dem Common Law, das die Naturalerfüllung der vertraglichen Verpflichtung nur als bloße remedy ansieht, kommt den Grenzen der Leistungspflichten naturgemäß eine andere Bedeutung zu als im kontinentalen Civil Law. Ist die Naturalerfüllung unmöglich, so scheidet eine entsprechende Verurteilung von vornherein aus, es handelt sich dann um einen Anwendungsfall des Grundsatzes der Pekuniarerfüllung.[47] Ist die Leistung nicht unmöglich, wäre sie aber für den Schuldner übermäßig belastend, wird eine gerichtliche Anordnung der specific performance regelmäßig nicht ergehen, da sie keine faire Lösung des gestörten Vertrags mit sich brächte.[48] Auch hier ist der Gläubiger auf den Schadensersatzanspruch zu verweisen.

24 Das Common Law kennt ebenfalls ein Äquivalent zur Regelung der Störung der Geschäftsgrundlage: die frustration of contract. Sie greift nur ein, wenn ein nicht vor-

---

46 Vgl. die Nachweise bei *Treitel*, in: Chitty on Contracts, 30. Aufl. 2008, Rn. 27–014. Insbesondere bei „commercially unique goods“ kommt eine Verurteilung zur Naturalerfüllung ebenfalls in Betracht, vgl. *Behnke v. Bede Shipping Co. Ltd.* [1927] 1 KB 649, 660ff., KBD (Wright J.) (in Bezug auf ein Schiff). Vgl. aber andererseits die Entscheidung *Société des Industries Metallurgiques S.A. v. The Bronx Engineering Co. Ltd.* [1975] 1 Lloyd's Rep. 465, 468f., CA (Lord Edmund Davies), wo bei einem Vertrag über die Lieferung einer Maschine specific performance nicht gewährt wurde, obwohl der (immerhin mögliche) Deckungskauf mit einer fast einjährigen Wartezeit verbunden war. Zur parallelen Entwicklung im US-amerikanischen Recht *Neufang*, Erfüllungszwang als „remedy“ bei Nichterfüllung, 1998, S. 120ff., 131ff.

47 Vgl. *Forrer v. Nash*, 35 Beav. 167 = 55 Eng. Rep. 858 (1865); *Elliott & Elliott (Builders) Ltd. v. Pierson* [1948] Ch. 453; *Watts v. Spence* [1976] Ch. 165. Zur historischen Entwicklung *Zimmermann*, The Law of Obligations – Roman Foundations of the Civilian Tradition, 1990, S. 776ff.

48 *Tito v. Waddell (No. 2)* [1977] Ch. 106, 326; *Handley Page Ltd. v. Commissioners of Customs and Excise* [1970] 2 Lloyd's Rep. 459. Siehe aber *Mountford v. Scott* [1975] Ch. 258; *Howard E. Perry & Co. v. British Railways Board* [1980] 1 WLR 1375.

hersehbares,[49] außerhalb des Machtbereichs der Parteien liegendes Ereignis die Umstände der Vertragsdurchführung so grundlegend verändert hat, dass es sich um eine völlig andere Leistung handelt als die vertraglich vereinbarte,[50] wenn der Schuldner also sagen kann: „It was not this that I promised to do.“[51] Die frustration of contract führt zur Aufhebung des Vertrags; eine Anpassung steht nicht im Ermessen des Gerichts. Dies ist konsequent: Angesichts der fehlenden Naturalerfüllungspflicht wäre es von vornherein nicht sinnvoll, die vertragliche Leistungspflicht anzupassen. Die frustration of contract hat ihre wesentliche Funktion damit nicht im Bereich der primären Leistungspflicht, sondern dient vielmehr der Begrenzung der Schadensersatzpflicht des Schuldners.

dd) Vergleich mit dem deutschen Recht

Sowohl das deutsche als auch das englische Recht setzen dem Naturalerfüllungsanspruch des Schuldners damit dort eine Grenze, wo dessen Durchsetzung für den Schuldner zu einer übermäßigen Belastung führen würde. Ein fundamentaler Unterschied besteht jedoch in der Dogmatik dieser Anspruchsbegrenzung: Das englische Recht, das den Naturalerfüllungsanspruch nur als remedy gewährt, nimmt bereits auf der Ebene der Anspruchsentstehung eine Abwägung vor. Darin hat das Gericht nicht nur die Parteiinteressen, sondern auch prozessökonomische Erwägungen mit in die Ermessensentscheidung einzubeziehen. Die Belastung, die durch die Naturalerfüllung für den Schuldner entstehen würde, ist nur ein Abwägungsfaktor, der jedoch regelmäßig dazu führen wird, dass die remedy der specific performance ausscheidet. Im deutschen Recht ist die Abwägung in § 275 Abs. 2 BGB dagegen nur ausnahmsweise vorzunehmen. Die Anforderungen sind hoch; nur in Fällen eines offensichtlichen Missverhältnisses wird die Einrede durchgreifen. Die Regelung ist damit eher gläubigerfreundlich, während das englische Recht tendenziell den Schuldner entlastet. 25

49 Teilweise wird dieses Erfordernis nicht für wesentlich gehalten, so von Lord Denning in *Ocean Tramp Tankers Corp. v. V/O Sovfracht (The Eugenia)* [1964] 2 QB 226, 238. Siehe dazu *Treitel*, Frustration and Force Majeure, 2. Aufl. 2004, para. 13–011.

50 *Davis Contractors Ltd. v. Fareham Urban District Council* [1956] *A.C.* 696 (HL); *National Carriers Ltd. v. Panalpina (Northern) Ltd.* [1981] AC 675 (HL), 700 (Lord Simon); *Treitel*, Frustration and Force Majeure, 2. Aufl. 2004, para. 2–044 ff. Zusammenfassend *Zweigert/Kötz*, Einführung in die Rechtsvergleichung, 3. Aufl. 1996, § 37 IV; siehe auch *Smith*, Contract Theory, 2004, S. 371 ff.

51 So die Formulierung von Lord Radcliffe in *Davis Contractors Ltd. v. Fareham Urban District Council* [1956] A.C. 696, 729; ähnlich *Ocean Tramp Tankers Corp. v. V/O Sovfracht (The Eugenia)* [1964] 2 QB 226, 238 (Lord Denning).

II. Die Verbindung von Naturalerfüllungspflicht und Remedy-Konzept in PECL und DCFR

Literatur: *Hofmann/Kurz* (Hrsg.), Law of Remedies. A European Perspective, 2019; *Schmidt-Kessel*, The Right to Specific Performance under the DCFR, in: Wagner (Hrsg.), The Common Frame of Reference: A View from Law & Economics, 2009, S. 69

1. Der Regelcharakter des Anspruchs auf Naturalerfüllung

26 Der DCFR bekennt sich im Anschluss an die PECL ausdrücklich zum Grundsatz der Naturalerfüllung, folgt hier also der Civil-Law-Lösung:[52] Art. III.-3:302 Abs. 1 DCFR[53] gibt insoweit dem Gläubiger einen Anspruch auf Durchsetzung einer nicht auf Geldleistung gerichteten Obligation. Dies gilt nach Art. III.-1:110 Abs. 1 DCFR ausdrücklich auch dann, wenn die Erfüllung für den Schuldner belastender geworden ist, weil sich die Erfüllungskosten seit Vertragsschluss erhöht haben oder sich der Wert der Gegenleistung verringert hat.[54] Auch der Vorschlag für ein Gemeinsames Europäisches Kaufrecht (GEK) folgt diesem Konzept; hierauf ist gesondert einzugehen.[55]

2. Die Ausgestaltung des Naturalerfüllungsanspruchs als bloße remedy

27 Dennoch verfolgt der DCFR – wiederum im Anschluss an die PECL – insoweit das Remedy-Konzept, als der klagbare Anspruch auf Naturalerfüllung gerade nicht aus dem Vertragsschluss und damit aus der Natur der Obligation selbst folgt, sondern an die in Art. III.-3:101 Abs. 1 DCFR[56] normierten Voraussetzungen der Nichterfüllung der Verpflichtung und der fehlenden Haftungsbefreiung gekoppelt ist.[57] Hinzu kommen noch die besonderen Voraussetzungen nach Art. III.-3:301 bzw. III.-302 DCFR je nachdem, ob es sich um auf Geld gerichtete oder sonstige Forderungen handelt.

28 Eine Haftungsbefreiung (excuse) ist dann gegeben, wenn die Nichtleistung auf ein Hindernis zurückzuführen ist, das außerhalb des Einflussbereichs des Schuldners liegt (Art. III.-3:104 Abs. 1 DCFR). Damit übernimmt der DCFR sinngemäß die aus Art. 79 Abs. 1 CISG bekannte Force-majeure-Regelung. Danach wird der Schuldner

52 Dazu auch *de Vries*, ERPL 2009, 581.
53 Ebenso Art. 9:102 Abs. 1 PECL.
54 Vgl. Kommentar A zu Art. III.-1:110 DCFR.
55 Unten § 22 Rn. 137 ff.
56 Ebenso Art. 8:101 Abs. 1 PECL.
57 Der Sache nach vergleichbar sind Art. 9:101 und 9:102 PECL; auch hier wird der Erfüllungsanspruch als Rechtsbehelf (remedy) bezeichnet. Kritisch zum Konzept *Weller*, JZ 2008, 764.

von Schadensersatzansprüchen befreit, die dem Gläubiger bei Nichtleistung zustehen, wenn er wegen Vorliegens höherer Gewalt nicht leisten konnte.[58]

Strukturell hat der DCFR damit den Ansatz des Common Law übernommen. Diese 29
Lösung begünstigt den Schuldner: Denn der Gläubiger, der die Naturalerfüllung durchsetzen will, muss neben dem Vertragsschluss auch die anspruchsbegründenden Tatsachen der Nichterfüllung der Verpflichtung und der fehlenden Entschuldigung (excuse) darlegen und beweisen. Dass es sich dabei um negative Tatsachen handelt, entlastet den klagenden Gläubiger nur bedingt.

3. Grenzen der Leistungspflicht

Auch die Grenzen der Naturalleistungspflicht sind als negative Tatbestandsmerkmale 30
normiert (Art. III.-3:302 Abs. 3 DCFR). Sie betreffen die rechtliche oder physische Unmöglichkeit,[59] die Leistungserschwerung und die Unzumutbarkeit persönlicher Leistungserbringung. Die tatbestandlichen Voraussetzungen sind abstrakt-generell normiert. Im Unterschied zum Common Law trifft der Richter diesbezüglich daher keine Ermessensentscheidung.

a) Verweigerung der Naturalerfüllung wegen übermäßiger Belastung

Die Naturalerfüllung ist nach dem DCFR (Art. III.-3:302 Abs. 3 lit. b DCFR) aus- 31
geschlossen, wenn sie zu hohe Anstrengungen oder Kosten verursachen würde. Allerdings gibt der DCFR im Unterschied zum deutschen Recht keine genauen Anhaltspunkte dafür, wann die Naturalleistung „unreasonably burdensome or expensive“ ist. Insbesondere ist in der Norm kein Vergleich des Schuldneraufwandes mit dem Interesse des Gläubigers an der Leistung vorgesehen.[60] Was also unter der reasonableness zu verstehen ist, hängt vom jeweiligen Normkontext und den dahinter stehen-

58 Vgl. Anm. I. 1. zu Art. III.-3:104 DCFR; dazu auch *Unberath*, Die Vertragsverletzung, 2007, S. 336 ff. Unklar ist das Verhältnis der Regelung über die entschuldigte Nichtleistung und den Leistungsbefreiungstatbeständen, namentlich der Unmöglichkeit, der Leistungserschwerung und dem Wegfall der Geschäftsgrundlage. Nach Kommentar A zu Art. III.-1:110 DCFR liegt die Abgrenzungsaufgabe zwischen Wegfall der Geschäftsgrundlage und Unmöglichkeit (wohl einschließlich der Leistungserschwerung) beim Rechtsanwender.

59 Zu den entsprechenden Regelungen in den PECL *Düchs*, Die Behandlung von Leistungsstörungen im Europäischen Vertragsrecht, 2006, S. 158 ff.

60 Ausdrücklich legt Art. III.-3:303 DCFR fest, dass auch dann, wenn Erfüllung wegen unverhältnismäßigen Aufwandes nicht verlangt werden kann, Schadensersatzansprüche des Gläubigers unberührt bleiben. Vgl. insoweit § 275 Abs. 4 BGB. Während nach den §§ 280 ff. BGB für den Bestand des Schadensersatzanspruchs entscheidend ist, ob der Schuldner die Pflichtverletzung zu vertreten hat, tritt eine Entlastung nach Art. III.-3:104 Abs. 1 DCFR nur ein, wenn die Nichterfüllung auf höherer Gewalt beruht, vgl. zur parallelen Vorgängerregelung der PECL *Lando*, RabelsZ 67 (2003), 231, 239.

den, möglicherweise konfligierenden Grundwertungen ab, die vom Rechtsanwender im konkreten Fall zum Ausgleich zu bringen sind.[61] Das ist auch folgerichtig, denn ein europaweit einheitliches Konzept der „reasonableness" ist nicht erkennbar, ja es existiert nicht einmal eine einheitliche deutsche Übersetzung für den Begriff. Das zeigt sich etwa am UN-Kaufrecht. In der (inoffiziellen[62]) deutschen Übersetzung wird der Begriff reasonable teils mit vernünftig übersetzt, teils mit angemessen, zumutbar, verhältnismäßig, oder auch mit ungebührlich.[63] Geschah dies aus rein praktischen Erwägungen, um dem deutschsprachigen Rechtsanwender vertraute Begrifflichkeiten zu präsentieren, oder wurde eine Chance zur Einführung eines neuen Regelungskonzepts vertan? Im hier interessierenden Kontext dient der Ausdruck reasonableness dazu, in der Rolle eines neutralen Dritten Fragen des Vertragsgleichgewichts zu beurteilen.[64]

32 Ausdrücklich schließen die Erläuterungen zu Art. III.-3:302 DCFR die Berücksichtigung der Frage aus, ob Leistung und Gegenleistung angemessen waren, ob die Parteien ein gutes oder eine schlechtes Geschäft gemacht haben.[65] Aus dem dort gegebenen Beispiel der auf dem Weg zur Übergabe an den Käufer gesunkenen Yacht ergibt sich, dass auf Schuldnerseite die durch das Leistungshindernis entstandenen und zur Vertragserfüllung notwendigen Mehrkosten anzusetzen sind. Im Beispielsfall übersteigen diese den Wert der Yacht um das Vierzigfache; die Erfüllung des Vertrags kann damit verweigert werden. Es zeigt sich bereits an dieser Stelle, dass dem Gläubigerinteresse an der Erfüllung in Natur kein besonderes Gewicht zukommt, sondern dass primär auf den vom Schuldner zu erbringenden Aufwand abzustellen ist. Allerdings hat das völlig fehlende Gläubigerinteresse an der Leistung in Natur dann ausschlaggebende Bedeutung, wenn das Beharren auf deren Erbringung ausschließlich schikanösen Charakter hätte.[66]

33 Noch die PECL hatten den Naturalerfüllungsanspruch ausgeschlossen, wenn der Gläubiger die geschuldete Leistung „vernünftigerweise aus einer anderen Quelle er-

---

61 Darauf weisen die Verfasser der DCFR ausdrücklich in der Einleitung hin: DCFR Full Edition, 2009, Introduction Nr. 22.

62 Authentisch sind alleine die arabische, chinesische, englische, französische, russische und spanische Version, vgl. die Schlussformel zum Übereinkommen der Vereinten Nationen über Verträge über den internationalen Warenkauf vom 11. April 1980.

63 Vgl. *Schmidt*, in: FS Großfeld, 1999, S. 1017, 1027. Kritisch dazu *Troiano*, in: Schulze (Hrsg.), New Features in Contract Law, 2007, S. 375, 377.

64 Zu diesen Fällen auch *Troiano*, in: Schulze (Hrsg.), New Features in Contract Law, 2007, S. 375, 398 f., 410 ff. Vernünftigkeit ist nach *Troiano* eine „Gleichgewichtskomponente" innerhalb der Konzepte von Treu und Glauben und der Sorgfalt, nämlich als „Schnittpunkt zwischen kollidierenden Interessen". Mit dem Konzept der equità (Billigkeit) decke sich die Vernünftigkeit allerdings fast vollständig.

65 Vgl. Anmerkung F zu Art. III.-3:302 DCFR.

66 Art. III.-1:103 DCFR verpflichtet die Parteien zur Beachtung des Grundsatzes von Treu und Glauben. Vgl. dazu das weitere in Anm. F zu Art. III.-3:302 DCFR gegebene Beispiel, das ähnlich gelagert ist wie der Fall *Tito v. Waddell (No. 2)* [1977] Ch. 106.

halten kann".[67] Der DCFR hat diese aus kontinentaler Sicht fremde Einschränkung des Erfüllungsanspruchs nur in abgeschwächter Form übernommen (Art. III.-3:302 Abs. 5 DCFR): Wenn der Gläubiger in unvernünftiger Weise („unreasonably") auf dem Leistungsanspruch beharrt, obwohl er ohne erhebliche Kosten und Mühen („without significant effort or expense") ein angemessenes Deckungsgeschäft („reasonable substitute transaction") tätigen könnte, so kann er insoweit keinen Schadensersatz verlangen. Der Gläubiger wird bei Nichterfüllung des Vertrags also ein starkes Interesse daran haben, wenn ein Deckungsgeschäft möglich erscheint, zu einem frühen Zeitpunkt vom Erfüllungsverlangen abzurücken und auf die Schadensersatzforderung überzugehen.[68] Im Ergebnis bedeutet das wiederum eine Annäherung an die Common-Law-Lösung.

b) Veränderung vertragswesentlicher Umstände

Neben der genannten Ausnahme vom Naturalerfüllungsanspruch enthält der DCFR in Art. III.-1:110 DCFR eine Vorschrift zur Anpassung des Vertrags, wenn die Erfüllung der vertraglichen Verpflichtung durch nachträgliche Veränderungen der Umstände für den Schuldner so belastend geworden ist, dass es offensichtlich ungerecht (manifestly unjust) wäre, den Schuldner zur Erfüllung zu zwingen.[69] Auffällig ist die tatbestandliche Parallele zur Leistungserschwerung: In beiden Fällen kommt es darauf an, ob die Leistungserbringung für den Schuldner übermäßig belastend geworden ist. Damit stellt sich auch hier angesichts der unterschiedlichen Rechtsfolgen – Ausschluss der Leistungspflicht einerseits, Vertragsanpassung andererseits – die Frage nach der Abgrenzung beider Tatbestände. 34

Es könnte die Folgerung nahe liegen, dass der Tatbestand der Vertragsanpassung bei Geschäftsgrundlagenstörung leer liefe, da jede hiervon erfasste Umstandsänderung gleichzeitig zu der Entschuldigung des nicht beeinflussbaren Leistungshindernisses führt, die nach Art. III.-3:104 DCFR wiederum Primärleistungspflicht und Schadensersatzanspruch ausschließt.[70] Dass dem nicht so sein kann, lässt sich aus den Materialien zur entsprechenden Vorgängervorschrift der PECL erschließen:[71] Darin wird ausdrücklich ein Vorrang der Regelungen über die Geschäftsgrundlagenstörung vor der Leistungserschwerung postuliert. Der Schuldner wird also bei einer nachträg- 35

67 Art. 9:102 Abs. 2 lit. d PECL. Zur Begründung führen die Materialien an, in diesem Fall entspreche es einem vermuteten Parteiinteresse, sich selbst am Markt Ersatz zu besorgen und etwaige Mehrkosten als Schadensersatz beim Schuldner zu liquidieren. Vgl. Anm. H zu Art. 9:102 PECL.

68 Zur Regelung auch *U. Huber*, ZEuP 2008, 708, 722. Nach *Huber* ließe sich der beabsichtigte Beschleunigungseffekt auch einfacher erreichen, nämlich durch eine „zweckmäßigere Regelung der abstrakten Schadensberechnung". Kritisch zur Regelung auch *van Kogelenberg*, ERPL 2009, 599, 616f.

69 Dazu *Lilleholt/Mikelsen*, ERPL 2009, 573.

70 In diese Richtung *Weller*, JZ 2008, 764, 772.

71 Vgl. Kommentar F zu Art. 9:102 PECL. Ebenso *U. Huber*, ZEuP 2008, 708, 736.

lichen Änderung der vertragswesentlichen Umstände nicht eo ipso von seiner Leistungs- und Schadensersatzpflicht befreit. Nur dann, wenn die Voraussetzungen der Geschäftsgrundlagenstörung nicht gegeben sind, kommt eine Leistungsbefreiung des Schuldners wegen nicht beeinflussbaren Leistungshindernisses in Betracht.[72]

4. Ein sinnvoller Kompromiss?

36 Es scheint ein Konsens zu bestehen, dass der Schuldner zur Naturalerfüllung jedenfalls dann nicht gezwungen werden kann, wenn diese unmöglich ist oder vom Schuldner übergroße Anstrengungen erfordern würde. Allerdings sind die Ausgangspunkte sehr verschieden. Die kontinentalen Rechtsordnungen basieren auf der Annahme, dass die Erfüllungspflicht des Schuldners aus der Obligation selbst resultiert. Anders das Common Law: Hier ist die Naturalerfüllung die begründungsbedürftige Ausnahme; sie ist nicht Teil der Obligation, sondern remedy, also Rechtsbehelf. Darin liegt ein bedeutender struktureller Unterschied.[73]

37 Die Verfasser des DCFR haben ebenso wie die Schöpfer der PECL versucht, einen Kompromiss zwischen beiden Ansätzen zu finden, indem die Naturalerfüllung zwar anders als im englischen Recht als Regel betrachtet wird und nicht als Ausnahme.[74] Gleichwohl verwirklichen beide Regelwerke strukturell das Remedy-Konzept, das den Naturalerfüllungsanspruch nicht an die Entstehung der Obligation knüpft, sondern an die vom Schuldner zu vertretende Nichterfüllung. Der Remedy-Ansatz trennt die Entstehung der Obligation von den aus ihr folgenden Rechten. Die Vertragsverletzung, die in der Nichterfüllung bestehen kann, löst den Naturalerfüllungsanspruch als einen der möglichen Rechtsbehelfe aus. Dieser Ansatz begünstigt den Schuldner, da dem Gläubiger nicht schon der Beweis des Vertragsschlusses zur Geltendmachung der Naturalerfüllung genügt.[75]

38 Zu loben ist das Bemühen der Verfasser des DCFR, die Rechte des Gläubigers mit einem Höchstmaß an Transparenz aufzulisten. Zentrale Bedeutung kommt dem Begriff der non-performance zu, also der Nichtleistung (Art. III.-3:101 Abs. 1 DCFR). Ist diese nicht entschuldigt, dann stehen dem Gläubiger eine Reihe von Rechtsbehelfen

---

72 Vgl. *Lilleholt/Mikelsen*, ERPL 2009, 573, 577, die (ohne Begründung) davon ausgehen, dass dieser Vorrang unter dem DCFR nicht mehr gilt.

73 Eingehend und kritisch dazu *Weller*, JZ 2008, 764; *Riehm*, Der Grundsatz der Naturalerfüllung, 2015, S. 447 ff.

74 Anders das UN-Kaufrecht, das in Art. 28 CISG die Folgen der Naturalerfüllungspflicht dem Recht des jeweiligen Gerichtsstaates unterstellt: Das CISG gewährt den Primäranspruch auf materieller Ebene umfassend, unterstellt aber seine Durchsetzung denselben Einschränkungen, die nach dem Recht des jeweiligen Gerichtsstaates für entsprechende Erfüllungsklagen bestünden. Näher zu den Implikationen dieses Zugeständnisses an die Common-Law-Staaten *Müller-Chen*, in: Schlechtriem/Schwenzer/Schroeter, Kommentar zum UN-Kaufrecht (CISG), 7. Aufl. 2019, Art. 28 Rn. 1 ff.

75 Vor einer Überbetonung dieser Unterschiede warnt indessen *U. Huber*, AcP 210 (2010), 319, 321 Fn. 2.

(„remedies") zur Verfügung. Die Einforderung der vertraglich versprochenen Leistung (performance) ist indessen nur einer dieser Rechtsbehelfe, wenn auch der wichtigste.

III. Ökonomische Betrachtung: die Theorie des effizienten Vertragsbruchs

Die Theorie des effizienten Vertragsbruchs besagt, dass eine vertragliche Verpflichtung aus ökonomischer Sicht dann nicht erfüllt werden sollte, wenn sie zu einer Ressourcenverschwendung führen würde, also ineffizient ist.[76] Dies soll einerseits dann der Fall sein, wenn die für den Schuldner entstehenden Kosten der Vertragserfüllung den dadurch beim Gläubiger generierten Nutzen übersteigen, etwa aufgrund gestiegener Beschaffungskosten.[77] In diesem Fall verhilft der Vertragsbruch dem Schuldner zur Minimierung seines Verlustes. Andererseits wird ein Vertragsbruch bereits dann als effizient angesehen, wenn der Schuldner nach Vertragsschluss ein höheres Angebot für den Vertragsgegenstand erhält, sofern dieses ihm erlaubt, das Erfüllungsinteresse des Gläubigers zu befriedigen. In diesem Fall gelangt die Sache dorthin, wo sie den größten Nutzen stiftet – nämlich zu demjenigen, der am meisten dafür zu bezahlen bereit ist.[78] In dieser Konstellation dient der Vertragsbruch also der Gewinnmaximierung. Auch wenn genau dasselbe Ergebnis dadurch erzielbar wäre, dass der Dritte das Gut dem Gläubiger zum höheren Preis abkauft,[79] so brächte dies die Durchführung zweier Vertragsverhältnisse und damit höhere Transaktionskosten mit sich.[80] 39

Faktisch führt die Vertragsbruchlehre zu einer Durchbrechung des Naturalerfüllungsgrundsatzes: Dem Schuldner wird im Ergebnis ein Wahlrecht zugestanden zwischen der Erfüllung in Natur und dem Ersatz des positiven Interesses. Dieses wäre ge- 40

76 Stellvertretend für viele *R. Posner*, Economic Analysis of Law, 7. Aufl. 2007, S. 56. Das Problem des efficient breach stellt sich nur bei einem unvollkommenen Vertrag, also dann, wenn die negative Kosten-Nutzen-Bilanz den Parteien bei Vertragsschluss nicht bekannt ist; eine rational handelnde Partei würde einen solchen Vertrag in Kenntnis der Umstände von vornherein nicht abschließen. Allgemein zur ökonomischen Analyse des kontinentalen Vertragsrechts *Hatzis*, in: Grundmann/Schauer (Hrsg.), The Architecture of European Codes and Contract Law, 2006, S. 159.

77 Vgl. *Schäfer/Ott*, Lehrbuch der ökonomischen Analyse des Zivilrechts, 5. Aufl. 2013, S. 495ff.

78 Dies liegt nach dem sog. Coase-Theorem in der Natur des Marktes: In einem perfekten Markt, so *Coase*, strebten die Güter (property rights) unabhängig von der anfänglichen Verteilung zu demjenigen Marktteilnehmer, dem sie den größten Nutzen stiften: Das ist derjenige, der den höchsten Preis dafür bezahlt; auf diese Weise werde notwendig in der Endallokation das Pareto-Optimum erreicht. Vgl. *Coase*, Journal of Law and Economics, 3 (1960), 1. Siehe dazu etwa *Schäfer/Ott*, Lehrbuch der ökonomischen Analyse des Zivilrechts, 5. Aufl. 2013, S. 73ff., dort auch Nachweise zur Kritik an den Prämissen des Modells von *Coase*.

79 So die Lösung nach der *Coase*'schen Auffassung, siehe vorigen Fn.

80 *R. Posner*, Economic Analysis of Law, 7. Aufl. 2007, S. 61.

bunden an eine Verhältnismäßigkeitsprüfung dergestalt, dass die Kosten, die dem Schuldner durch die Vertragsdurchführung entstehen, dem für den Gläubiger daraus erwachsenden Nutzen gegenübergestellt werden. Die Notwendigkeit einer Abwägung bestünde nicht, da in den Kosten-Nutzen-Vergleich ausschließlich quantifizierbare, in Geldwerten auszudrückende Größen eingestellt würden. Ein bloßes Überwiegen der Schuldnerkosten gegenüber dem Gläubigernutzen (also dem Erfüllungsinteresse) würde ausreichen, um die Naturalerfüllungspflicht hinfällig werden zu lassen.

41 Mit dem geltenden deutschen Recht ist die Vertragsbruchtheorie indessen nicht vereinbar, wie insbesondere die Wertung der §§ 275 Abs. 2, 3 und 313 BGB zeigt: Die Anforderungen an die Leistungspflicht des Schuldners sind dort deutlich höher angesetzt als das die Vertragsbruchtheorie tut.[81] Die bloße Pareto-Ineffizienz der Vertragsdurchführung oder gar ein bloßer negativer Saldo im Kosten-Nutzen-Vergleich genügen nicht zur Vernichtung der Primärleistungspflicht.[82] Dies gilt jedenfalls für das Kaufrecht. Betrachtet man Dienstverträge, so ergibt sich im Ergebnis ein anderes Bild: Die Leistungspflicht aus § 241 Abs. 1 BGB besteht zwar; nach § 888 Abs. 3 ZPO sind aus einem Dienstvertrag persönlich zu erbringende Leistungspflichten jedoch nicht zwangsweise durchsetzbar. Gleiches gilt letztlich auch im Werkvertragsrecht: Zwar kann dort der Besteller gem. § 649 BGB, nicht aber der Unternehmer den Vertrag jederzeit kündigen; dennoch erfolgt bei Erfüllungsverweigerung eine Zwangsvollstreckung lediglich durch Gestattung der Ersatzvornahme (§ 887 Abs. 1 ZPO), verbunden mit einem Schadensersatzanspruch des Bestellers. Ist dieser geringer als dasjenige, was der Unternehmer infolge des Vertragsbruchs anderweitig verdienen kann, so liegt im Ergebnis ein effizienter Vertragsbruch vor, der von der Rechtsordnung hingenommen wird.[83]

IV. Vertragsverletzungen im Unionsprivatrecht

Literatur: *Engelmann*, Die Fristsetzung als Voraussetzung für Leistungsstörungsrechte, 2019

42 Die Frage der Nichterfüllung von Leistungspflichten hat im derzeit geltenden Unionsprivatrecht außerhalb des Kaufrechts nur Regelungen im Kontext von bestimmten

---

81 Eine Vielzahl anderer, auch ökonomischer Argumente spricht ebenfalls gegen die Vertragsbruchtheorie. Eingehend dazu mit Nachweisen *U. Huber*, Leistungsstörungen, Band I, 1999, § 2 V 4 (S. 49 ff.); *Weller*, Die Vertragstreue, 2009, S. 360 ff.; *Martinek*, AcP 209 (2009), 840, 844; *Riehm*, Der Grundsatz der Naturalerfüllung, 2015, S. 150 ff.; im Grundsatz auch *Maultzsch*, AcP 207 (2007), 530, 551 ff. (allerdings mit der Ausnahme fungibler Güter).

82 Darüber hinaus kann sich die Verleitung zum Vertragsbruch auch als Verwirklichung eines Delikts nach § 826 BGB erweisen, auf dessen Grundlage dem Erstgläubiger gegen den Zweitgläubiger durch § 249 Abs. 1 BGB ein Anspruch auf Übereignung des Vertragsgegenstandes erwachsen kann, vgl. BGH NJW-RR 1999, 1186; MüKo-BGB/*G. Wagner*, 8. Aufl. 2020, § 826 Rn. 75 ff.

83 Zum Ganzen auch *Kötz*, Vertragsrecht, 2. Aufl. 2012, Rn. 774 ff.

Vertragstypen erfahren. Ein allgemeines Regime für die Rechte bei Vertragsverletzungen, wie dies etwa in §§ 280 ff., 320 ff. BGB geregelt ist, kennt das europäische Vertragsrecht nicht. Eine Ausnahme gilt für den Zahlungsverzug, dem eine eigene Richtlinie gewidmet ist.

1. Nichterfüllung

Die Verbrauchsgüterkauf-Richtlinie und ebenso die sie ersetzende Warenkauf-Richtlinie enthalten Bestimmungen darüber, welchen Anforderungen die Kaufsache entsprechen muss, damit sie als vertragsmäßig gilt (Art. 2 Abs. 2 VGKRL bzw. Art. 5–9 Warenkauf-RL).[84] Zu den Primärleistungspflichten findet sich nur indirekt ein Hinweis in der Definitionsnorm des Art. 2 Nr. 1 Warenkauf-RL. Danach gilt als Kaufvertrag jeder Vertrag, „durch den der Verkäufer das Eigentum an Waren auf einen Verbraucher überträgt oder die Übertragung des Eigentums an dieser Ware auf den Verbraucher zusagt und der Verbraucher hierfür den Preis dafür zahlt oder dessen Zahlung zusagt". Gleichwohl folgt daraus keine Maßgabe für die Mitgliedstaaten hinsichtlich ihres Primärrechtsregimes. Kern der Richtlinie sind die Sekundäransprüche. Hierzu zählt insbesondere die Nacherfüllung als eine Art „sekundärer Primäranspruch". 43

Nach der Zahlungsdienste-Richtlinie, die sich mit den Rechten und Pflichten von Zahlungsdienstnutzern und Zahlungsdienstleistern bei der hauptberuflichen oder gewerblichen Erbringung von Zahlungsdiensten befasst, besteht eine Pflicht des Zahlungsdienstleisters, den Betrag des Zahlungsvorgangs bis Ende des folgenden Geschäftstags dem Konto des Zahlungsdienstleisters des Zahlungsempfängers gutzuschreiben (Art. 83 Abs. 1 S. 1 Zahlungsdienste-RL bzw. § 675s Abs. 1 S. 1 BGB). Bei Überschreiten dieser Frist „haftet der Zahlungsdienstleister des Zahlers [...] gegenüber dem Zahler für die ordnungsgemäße Ausführung des Zahlungsvorgangs" (Art. 89 Abs. 1 UAbs. 1 Zahlungsdienste-RL). Nach der Umsetzungsnorm des § 675y Abs. 1 S. 1 BGB kann der Zahler bei Nichtzahlung „die unverzügliche und ungekürzte Erstattung des Zahlungsbetrags verlangen", hinzu kommt ein Anspruch auf Schadensersatz, der etwa aufgelaufene Sollzinsen umfasst. Für das Lastschriftverfahren (Art. 89 Abs. 2 Zahlungsdienste-RL) sieht die Umsetzungsnorm des § 675y Abs. 2 BGB für den Fall der Nichterfüllung einen Anspruch des Zahlungsempfängers vor, „dass sein Zahlungsdienstleister diesen Zahlungsauftrag unverzüglich, gegebenenfalls erneut, an den Zahlungsdienstleister des Zahlers übermittelt". Ausgeschlossen sind diese Ansprüche nur in Fällen von ungewöhnlichen und unvorhersehbaren Ereignissen (Art. 93 Zahlungsdienste-RL bzw. § 676c Nr. 1 BGB). 44

84 Dazu unten § 22 Rn. 23 ff.

2. Verzug

Literatur: *Weller/Harms*, Die Kultur der Zahlungstreue im BGB – Zur Umsetzung der neuen EU-Zahlungsverzugs-RL ins deutsche Recht, WM 2012, 2305

a) Die Zahlungsverzugs-Richtlinie

45 Die Zahlungsverzugs-Richtlinie reagiert auf die teilweise nicht sehr ausgeprägte Zahlungsmoral im Geschäftsverkehr. Sehr deutlich formuliert dies Erwägungsgrund Nr. 3 Zahlungsverzugs-RL: „Trotz Lieferung der Waren oder Erbringung der Leistungen werden viele Rechnungen erst lange nach Ablauf der Zahlungsfrist beglichen. Ein derartiger Zahlungsverzug wirkt sich negativ auf die Liquidität aus und erschwert die Finanzbuchhaltung von Unternehmen. Es beeinträchtigt außerdem die Wettbewerbsfähigkeit und Wirtschaftlichkeit von Unternehmen, wenn der Gläubiger aufgrund eines Zahlungsverzugs Fremdfinanzierung in Anspruch nehmen muss. Das Risiko solcher Beeinträchtigungen nimmt in Zeiten eines Wirtschaftsabschwungs, wenn der Zugang zu Finanzmitteln besonders schwierig ist, erheblich zu." Als Reaktion postuliert die Richtlinie, dass im Geschäftsverkehr zwischen Unternehmen der Gläubiger Anspruch auf Verzugszinsen hat, ohne dass es einer Mahnung bedarf, wenn er seine vertraglichen und gesetzlichen Verpflichtungen erfüllt hat und den fälligen Betrag dennoch nicht rechtzeitig erhalten hat, es sei denn, dass der Schuldner für den Zahlungsverzug nicht verantwortlich ist; dies gilt ab vereinbarter Fälligkeit, spätestens jedoch 30 Tage nach Fälligkeit und Zugang einer Rechnung (Art. 3 Abs. 1 und 3 Zahlungsverzugs-RL bzw. § 286 Abs. 3 BGB).

46 Überdies schreibt Art. 6 Abs. 1 der Zahlungsverzugs-RL vor, dass der Gläubiger in diesen Fällen gegenüber dem Schuldner einen Anspruch auf Zahlung eines Pauschalbetrags von mindestens 40 € hat. Der deutsche Gesetzgeber hat diese sog. Beitreibungspauschale in § 288 Abs. 5 S. 1 BGB umgesetzt; danach kann der Gläubiger einer Entgeltforderung bei Verzug des Schuldners zusätzlich zu den sonstigen Posten noch eine Pauschale in Höhe von 40 € verlangen. Diese ist unabhängig vom Nachweis eines Schadens; auch eine erneute Mahnung ist entbehrlich. Der Richtliniengeber hielt die Regelung für angezeigt, um den Schuldner von der Überschreitung der Zahlungsfristen abzuschrecken (Erwägungsgründe Nr. 19, 33 Zahlungsverzugs-RL); die Norm wird damit verhaltenssteuernd.[85]

b) Sonderproblem: Beitreibungspauschale bei periodisch wiederkehrenden Leistungspflichten

47 Auch wenn die in § 288 Abs. 5 S. 1 BGB genannte Summe von 40 € im Einzelfall zu verschmerzen sein dürfte, so sieht das im Wiederholungsfall sicher schnell anders

---

85 Vgl. BAG NZA 2019, 121, Rn. 51.

aus. Das Problem stellt sich vor allem bei periodisch wiederkehrenden Leistungen: Hier fragt, sich, ob § 288 Abs. 5 S. 1 BGB hinsichtlich jeder einzelnen Entgeltforderung zur Anwendung kommt oder nur insgesamt einmal.[86]

Zunächst dürfte klar sein, dass bei einer Mehrzahl von Entgeltforderungen aus gleichartigen Vertragsverhältnissen ein Anspruch auf Zahlung mehrerer Pauschalen besteht: Aus jedem einzelnen Vertrag entstehen Entgeltforderungen, mit denen der Schuldner in Verzug geraten kann. Nicht so eindeutig ist dies aber dann, wenn bei periodisch entstehenden Entgeltforderungen aus einem einzelnen Vertragsverhältnis Verzug eintritt: Entsteht hier ein Anspruch auf Zahlung nur einer einzigen Pauschale oder mehrerer Pauschalen? Für Raten- und Abschlagszahlungen legt § 288 Abs. 5 S. 2 BGB ausdrücklich letzteres fest. Für alle anderen Fälle kommt es auf eine Auslegung der Norm an. Betrachtet man den Wortlaut des § 288 Abs. 5 S. 1 BGB, so liegt es nahe, ganz generell der zweiten Sichtweise zu folgen: Entgeltforderungen entstehen im vorliegenden Vertragsverhältnis monatlich. Dieser sog. belegorientierte Anfall kann zu einer erheblichen Belastung für den Schuldner werden; dies gerade dann, wenn er sich wegen einer etwa erklärten Kündigung für nicht mehr vertraglich gebunden hält. Vorgeschlagen wird daher teilweise eine pauschale Bezugnahme auf zeitabschnittsweise zu bemessende oder anderweitig zusammenhängende Salden; man kann von einem prozessorientierten Anfall von Entgeltforderungen sprechen. Doch ließen sich kaum einfach handhabbare Kriterien entwickeln, nach denen Forderungen zusammengefasst werden könnten. Führt man sich vor Augen, dass die Pauschale ohne Mahnung und ohne Schaden zur Entstehung gelangt, so spricht dies gegen eine wie auch immer geartete Bündelung. Auch würden zu große Einheiten den Abschreckungseffekt des § 288 Abs. 5 S. 1 BGB u.U. drastisch einschränken.[87] Die besseren Gründe sprechen damit für eine belegorientierte Sichtweise. 48

Dieses Ergebnis steht im Einklang mit der Zahlungsverzugs-Richtlinie. Nach Art. 3 Abs. 1, Art. 6 Abs. 1 Zahlungsverzugs-RL steht es den Mitgliedstaaten frei, den Pauschalbetrag von 40 € zu erhöhen. Generell folgt die Richtlinie insoweit dem Prinzip der Mindestharmonisierung, als die Mitgliedstaaten gläubigerfreundlichere Vorschriften erlassen dürfen als in der Richtlinie vorgesehen (Art. 12 Abs. 3 Zahlungsverzugs-RL). Aus dieser Zielrichtung der Richtlinie folgt aber auch, dass die Folgen des Zahlungsverzugs abschreckend sein müssen (Erwägungsgründe Nr. 19 und 33 Zahlungsverzugs-RL). Eine wie auch immer geartete Zusammenfassung einzelner Forderungen wäre diesem Ziel abträglich. Nach Art. 6 Abs. 2 Zahlungsverzugs-RL stellen die Mitgliedstaaten sicher, dass der Pauschalbetrag ohne Mahnung und als Entschädigung für die Beitreibungskosten des Gläubigers zu zahlen ist. Auch dies spricht für eine einfach zu bestimmende Zahlungspflicht. Jedenfalls die belegorientierte Sichtweise ist mit der Zahlungsverzugs-Richtlinie vereinbar. 49

86 Siehe dazu – diese Fragen aber offen lassend – BGH WM 2020, 192.
87 Zum Ganzen BeckOGK-BGB/*Dornis* (Stand 1.5.2020), § 288 Rn. 68ff.

50 Die Pauschale wird auch dann geschuldet, wenn die Entgeltforderung über § 326 Abs. 2 S. 1 BGB aufrecht erhalten wird. Dafür spricht jedenfalls, dass die Anwendung des § 326 Abs. 2 S. 1 BGB einen Fortbestand der Leistungspflicht zur Folge hat, der Gläubiger mithin so zu stellen ist, als wenn der gegenseitige Vertrag ordnungsgemäß durchgeführt worden wäre.[88]

c) Anrechnung

51 Art. 6 Abs. 3 Zahlungsverzugs-RL erlaubt eine Anrechnung des dem Gläubiger nach Art. 6 Abs. 1 Zahlungsverzugs-RL zustehenden Pauschalbetrags auf den in Art. 6 Abs. 3 Zahlungsverzugs-RL vorgesehenen angemessenen Ersatz;[89] § 288 Abs. 5 S. 3 BGB ist mithin richtlinienkonform.[90]

3. Schlechterfüllung

a) Minderung

52 Die Minderung als Reaktion auf eine Vertragsverletzung findet sich insbesondere im Kaufrecht. Art. 3 Abs. 3 und 5 VGKRL geben dem Verbraucher einen Anspruch „auf angemessene Minderung des Kaufpreises"; die Berechnung bleibt jedoch dem jeweiligen mitgliedstaatlichen Recht überlassen. Die Warenkauf-Richtlinie enthält bei ähnlicher Ausgangslage in Art. 15 Warenkauf-RL nunmehr eine Definition dessen, was eine „anteilige Minderung des Preises" i.S.d. Art. 13 Abs. 1 und 4 Warenkauf-RL beinhaltet, nämlich dessen Herabsetzung nach dem Verhältnis, in dem der verminderte Wert der Waren zu dem Wert steht, den die Waren gehabt hätten, wenn sie vertragsgemäß gewesen wären. Vergleichbar ist die Regelung in Art. 14 Abs. 5 Digitale-Inhalte-RL.

53 Im deutschen Recht war die Frage umstritten, ob eine Kumulation von Minderung und Schadensersatz möglich ist.[91] Der BGH hat dies nun verneint, sodass der Käufer von einer wirksam erklärten Minderung nicht mehr zu einem Anspruch auf großen Schadensersatz wechseln kann.[92] Aus Sicht des Unionsrechts ist das deswegen unproblematisch, weil die Verbrauchsgüterkauf-Richtlinie den Schadensersatzanspruch nicht regelt[93] und damit auch nichts zum Verhältnis zur Minderung sagen kann.[94]

---

88 Offen gelassen von BGH WM 2020, 192.

89 EuGH, 19.4.2019, Rs. C-131/18 – *Gambietz/Ziegler*, NJW 2019, 1933, Rn. 24.

90 Dazu tendierend bereits der Vorlagebeschluss BGH NJW 2018, 1324.

91 Dafür OLG Stuttgart ZGS 2008, 479; dagegen *Lögering*, MDR 2009, 664.

92 BGH NJW 2018, 2863, Rn. 46ff.: keine analoge Anwendung des § 325 BGB; kritisch dazu *Stöber*, NJW 2018, 2834; *Markworth*, JZ 2018, 897.

93 Siehe dazu noch § 22 Rn. 77, 79f.

94 BGH NJW 2018, 2863, Rn. 64.

b) Vertragslösung und Vertragsanpassung

Literatur: *Dastis*, Das Rücktrittsrecht des Käufers im Europäischen Privatrecht, 2017; *Kötz*, Europäisches Vertragsrecht, 2. Aufl. 2015, § 13; *Sonnentag*, Das Rückgewährschuldverhältnis, 2016

In einem System, das der Vertragsbindung einen hohen Stellenwert beimisst,[95] erscheint es folgerichtig, dass die Vertragsanpassung und die Vertragslösung nur im Ausnahmefall gewährt werden dürfen. Im deutschen Recht zeigt sich das etwa an der Regelung in § 313 Abs. 3 S. 1 BGB: Der Rücktritt ist hier nur dann vorgesehen, wenn eine Vertragsanpassung nicht möglich oder für einen Teil unzumutbar ist. Die Nachrangigkeit beruht darauf, dass die Auflösung des Vertrags gegenüber seiner Anpassung tiefer in die Privatautonomie eingreift. 54

Nach Art. 3 Abs. 6 VGKRL (bzw. § 323 Abs. 5 S. 2 BGB) steht dem Verbraucher das Recht zur Vertragsauflösung nicht bei nur geringfügiger Vertragswidrigkeit zu. Damit wird das schärfste Gewährleistungsrecht, das zur Beendigung des Vertragsverhältnisses führt, unter den Vorbehalt gestellt, dass eine gewisse Bagatellgrenze überschritten ist. Darin kommt zum einen der favor contractus zum Ausdruck, der der Verbrauchsgüterkauf-Richtlinie zugrunde liegt,[96] aber auch der Grundsatz der Verhältnismäßigkeit, wie der Rat in seinem Gemeinsamen Standpunkt zur Richtlinie ausdrücklich als Rechtfertigung für den Ausschluss der Vertragsauflösung bei geringfügigen Vertragsverletzungen angeführt hat.[97] 55

Die Folgen der Vertragsauflösung regelte das europäische Vertragsrecht bisher nicht.[98] Nunmehr besteht in Art. 16 Abs. 3 Warenkauf-RL und in Art. 16, 17 Digitale-Inhalte-RL ein gewisser Regelungsrahmen.[99] Sie sind strukturell den Folgen des Verbraucherwiderrufs ähnlich, für den in Art. 12–15 VRRL recht detaillierte Regelungen bestehen.[100] Doch ist Grundlage für den Widerruf nicht etwa eine Vertragsverletzung, sondern ein gesetzlich angeordnetes Recht zur Vertragslösung. 56

c) Schadensersatz

Literatur: *Heinze*, Schadensersatz im Unionsprivatrecht, 2017; *Kötz*, Europäisches Vertragsrecht, 2. Aufl. 2015, § 14

---

95 Zum Grundsatz pacta sunt servanda bereits oben § 10 Rn. 4ff.

96 Vgl. *Bianca*, in: Grundmann/Bianca (Hrsg.), EU-Kaufrechts-Richtlinie, 2002, Art. 3 Rn. 36.

97 Vgl. die Erläuterungen zu Art. 3 im Gemeinsamen Standpunkt des Rates Nr. 51/98, ABl. EG 1998 C 333/46, S. 53.

98 Siehe dazu aus der Sicht des gemeineuropäischen Privatrechts de lege ferenda *Dastis*, Das Rücktrittsrecht des Käufers im Europäischen Privatrecht, 2017, S. 283ff.

99 Näher unten § 22 Rn. 100ff. sowie § 23 Rn. 54ff.

100 Dazu oben § 14 Rn. 53ff.

57 Im unternehmerischen Geschäftsverkehr ist vielfach der Schadensersatzanspruch von zentralerer Bedeutung als der Primäranspruch. Es ist daher kein Zufall, dass das Common Law hierin den Regelfall sieht: Hiermit wird das im Normalfall bestehende Parteiinteresse widergespiegelt; Erfüllungsansprüche sind eigens zu begründen.[101] In Verbraucherverträgen hingegen sind die Interessen häufig anders gelagert. Hier geht es regelmäßig um eine ordnungsgemäße Erfüllung des Vertrags. Das europäische Kaufrecht enthält denn auch in erster Linie Ansprüche auf unentgeltliche Herstellung des vertragsgemäßen Zustands des Verbrauchsgutes durch Nachbesserung oder Ersatzlieferung (Art. 3 Abs. 2 VGKRL bzw. Art. 13 Abs. 1 und 2 Warenkauf-RL). Nachgelagert sind Ansprüche auf angemessene Minderung des Kaufpreises oder eine Vertragsauflösung (Art. 3 Abs. 5 VGKRL bzw. Art. 14 Abs. 4 und 5 Warenkauf-RL). Weder die Verbrauchsgüterkauf-Richtlinie noch die sie ersetzende Warenkauf-Richtlinie regeln Schadensersatzansprüche; deren Regelung ist vielmehr dem Recht der Mitgliedstaaten überlassen – zu unterschiedlich sind deren Traditionen; eine Vereinheitlichung wurde vor diesem Hintergrund nicht unternommen.[102]

58 Im Unterschied dazu enthielt der Kommissionsvorschlag für eine Digitale-Inhalte-Richtlinie in Art. 14 einen Schadensersatzanspruch. Dieser sollte im Falle der Nichteinhaltung des Vertrags oder der Nichtleistung (wohl i.S.d. Art. 11 Digitale-Inhalte-RL-E) entstehen; die Haftung sollte sich auf jede wirtschaftliche Schädigung der digitalen Umgebung des Verbrauchers erstrecken und im Grundsatz eine Wiederherstellung des status quo ante beinhalten. Unklar war hierbei das Verhältnis zum jeweiligen mitgliedstaatlichen Haftungsrecht.[103] In der nunmehr verabschiedeten Fassung lässt Art. 3 Abs. 10 Digitale-Inhalte-RL daher „die Freiheit der Mitgliedstaaten [...] zur Regelung des Rechts auf Schadensersatz unberührt“. Erwägungsgrund Nr. 73 Digitale-Inhalte-RL erläutert dies dahin, dass derartige Schadensersatzansprüche bereits in allen Mitgliedstaaten bestünden und sich somit eine Regelung in der Richtlinie erübrige.

59 Auch die Fluggastrechte-Verordnung normiert zwar in ihrem Art. 7 einen pauschalierten Ausgleichsanspruch bei Flugverspätungen, nicht aber einen eigenständigen Schadensersatzanspruch. Vielmehr bleiben nach Art. 12 Fluggastrechte-VO weitergehende Schadensersatzansprüche des Fluggastes nach anwendbarem nationalem Recht unberührt.[104]

60 Im Unterschied dazu normiert die Pauschalreise-Richtlinie in Art. 14 Abs. 2 einen verschuldensunabhängigen und unverzüglich zu leistenden Anspruch gegen den Reiseveranstalter auf angemessenen Ersatz des Schadens, den der Reisende infolge der Vertragswidrigkeit erlitten hat.[105]

---

101 Siehe oben Rn. 17ff.

102 Dazu unten § 22 Rn. 77, 79f.

103 Dazu unten § 23 Rn. 57.

104 Allerdings kann die nach der Fluggastrechte-Verordnung gewährte Ausgleichsleistung auf einen solchen Schadensersatzanspruch angerechnet werden, s. unten § 28 Rn. 19f.

105 Dazu unten § 25 Rn. 16ff.

Einen eigenständigen Schadensersatzanspruch enthält ansonsten noch[106] Art. 35a Rating-VO,[107] den Anleger und Emittenten gegen eine Ratingagentur geltend machen können, wenn diese vorsätzlich oder grob fahrlässig eine der in Anhang III zur Rating-VO aufgeführten Zuwiderhandlungen begangen und diese sich auf ein Rating ausgewirkt hat. Nach nationalem Recht bestehende Ersatzansprüche werden dadurch nicht ausgeschlossen (Art. 35a Abs. 5 Rating-VO).[108] Aus europäischer Sicht handelt es sich dabei um außervertragliche Ansprüche, solange die Ratings nicht gerade für bestimmte Anleger oder Emittenten erstellt wurden.[109] In objektiver Hinsicht setzt der Anspruch eine der fast 100 in Anhang III zur Rating-VO aufgeführten Zuwiderhandlungen voraus. Diese Zuwiderhandlung muss sich auf das Rating ausgewirkt haben.[110] Anspruchsberechtigt ist ein Anleger, „wenn er nachweist, dass er sich bei seiner Entscheidung, in ein Finanzinstrument, auf das sich dieses Rating bezieht, zu investieren, dieses Instrument weiter zu halten oder zu veräußern, in vertretbarer Weise im Einklang mit Art. 5a Abs. 1 oder in sonstiger Weise mit gebührender Sorgfalt auf dieses Rating verlassen hat" (Art. 35a Abs. 1 S. 2 Rating-VO). Diesbezüglich bestehen gewisse Substantiierungserleichterungen (Art. 35a Abs. 2 Rating-VO). Die Haftung setzt jedenfalls grobe Fahrlässigkeit seitens der Ratingagentur voraus (Art. 35a Abs. 1 Rating-VO);[111] Art. 35a Abs. 4 S. 2 Rating-VO unterstellt die in der Verordnung nicht geregelten Rechtsfragen dem jeweils anwendbaren nationalen Recht. Unter den Voraussetzungen von Art. 35a Abs. 3 Rating-VO sind Haftungsbeschränkungen möglich. 61

106 Auflistung aller Schadensersatznormen des Unionsprivatrechts bei *Heinze*, Schadensersatz im Unionsprivatrecht, 2017, S. 120 ff.

107 In der Fassung der Verordnung (EU) Nr. 462/2013 des Europäischen Parlaments und des Rates vom 21. Mai 2013 zur Änderung der Verordnung (EG) Nr. 1060/2009 über Ratingagenturen, ABl. EU Nr. L 146/1. Siehe dazu *Gomille*, GPR 2011, 186; *Blaurock*, EuZW 2013, 608; *Wojcik*, NJW 2013, 2385.

108 Siehe zu einer Falllösung *Kornblum/Stürner*, Fälle zum Allgemeinen Schuldrecht, 8. Aufl. 2017, Fall 17.

109 Im deutschen Recht kommen ansonsten Ansprüche aus Vertrag mit Schutzwirkung zugunsten Dritter oder auch eine Haftung nach §§ 311 Abs. 3, 280 Abs. 1, 241 Abs. 2 BGB in Betracht, s. *Berger/Stemper*, WM 2010, 2289; *Grundmann/Renner*, JZ 2013, 379. Zu § 311 Abs. 3 BGB s. *Temming/Weber*, JURA 2019, 923 und 1039.

110 Näher dazu *Wojcik*, NJW 2013, 2385, 2387.

111 Kritisch zu dieser Beschränkung etwa *G. Wagner*, in: FS Blaurock, 2013, S. 467, 491 ff., der sich für eine Haftung für leichte Fahrlässigkeit in Kombination mit einer Haftungshöchstsumme ausspricht.

5. Kapitel: Antidiskriminierungsrecht

§ 19 Gleichbehandlung und Zivilrecht

Literatur: *Bachmann*, Der Gleichbehandlungsgrundsatz im Zivilrecht, ZHR 170 (2006), 144; *Grünberger*, Personale Gleichheit. Der Grundsatz der Gleichbehandlung im Zivilrecht, 2013; *Herresthal*, Vertragsrecht, in: Langenbucher, Europäisches Privat- und Wirtschaftsrecht, 4. Aufl. 2017, § 2 Rn. 112ff.; *Lehmann*, Diskriminierungsschutz und Vertragsrecht – Entwicklungstendenzen im Rechtsvergleich, in: Schulze (Hrsg.), New Features in Contract Law, 2007, S. 67; *Leible/Schlachter* (Hrsg.), Diskriminierungsschutz durch Privatrecht, 2006; *Looschelders*, Diskriminierung und Schutz vor Diskriminierung im Privatrecht, JZ 2012, 105; *Metzger*, Allgemeine Rechtsgrundsätze in Europa – dargestellt am Beispiel des Gleichbehandlungsgrundsatzes, RabelsZ 75 (2011), 845; *Mörsdorf*, Ungleichbehandlung als Norm – eine dogmatische Analyse des unional determinierten Antidiskriminierungsrechts in Deutschland, 2018; *Neuner*, Protection against Discrimination in European Contract Law, European Review of Contract Law 2 (2006), 35; *Riesenhuber*, EU-Vertragsrecht, 2013, § 6; *Schöbener/Stork*, Anti-Diskriminierungsregelungen der Europäischen Union im Zivilrecht – zur Bedeutung der Vertragsfreiheit und des Rechts auf Privatleben, ZEuS 2004, 43; *Stork*, Das Gesetz zum Schutz vor Diskriminierungen im Zivilrecht. Umsetzung der Richtlinien 2000/43/EG und 2004/113/EG in das deutsche Privatrecht, ZEuS 2005, 1; *Vandenberghe*, Non-discrimination on the grounds of age and disability in private contracting for goods and services: Economic analysis of the European 2008 Proposal for a new Directive, ZEuP 2011, 235; *Zoppel*, Europäische Diskriminierungsverbote und Privatrecht, 2015

Systematische Übersicht

I. Antidiskriminierung als Aufgabe des Zivilrechts?

1 Als eine der Grundlagen des Zivilrechts, insbesondere des Vertragsrechts, gilt seit dem Zeitalter der Aufklärung das Recht, sich seinen Vertragspartner frei auszusuchen und den Inhalt vertraglicher Vereinbarungen selbst zu bestimmen. Einer Begründung – positiv wie negativ – bedarf es damit nicht; Willkür und Diskriminierung sind im Zivilrecht eigentlich gerade erlaubt. Ausnahmen bis hin zum Kontrahierungszwang bestehen nach dieser traditionellen Sichtweise nur im Bereich der Daseinsvorsorge oder bei Monopolstellung des Anbieters.[1]

1 Siehe etwa zur Frage des Bestehens einer sog. Repartierungspflicht bei beschränkten Gattungsschulden *Stürner*, JURA 2018, 789.

https://doi.org/10.1515/9783110718690-019

Doch hat sich diese formale Interpretation des Zivilrechts als bloßer äußerer Ordnungsrahmen im privaten Gleichordnungszusammenhang in den letzten Jahren fundamental gewandelt. Diese Tendenzen hin zu einer Materialisierung wurden bereits dargestellt.[2] Sie betreffen vor allem die vertragliche Austauschgerechtigkeit. Der Begriff der (Anti-)Diskriminierung kommt in dieser Debatte praktisch nicht vor. In öffentlich-rechtlichen Kategorien ausgedrückt ist das Vertragsrecht die Domäne der Freiheitsrechte; Gleichheitsrechte spielen eine ganz untergeordnete Rolle – die Verteilungsgerechtigkeit wird hoheitlich organisiert und liegt nicht in der Verantwortung privater Rechtssubjekte.[3] So ist der Grundsatz der Gleichbehandlung nach traditioneller Auffassung kein Bestandteil des allgemeinen Zivilrechts.[4] Hier waren es in erster Linie die Impulse des Gemeinschaftsrechts, die viele mitgliedstaatliche Rechtsordnungen zu einem Umdenken gezwungen haben. 2

Dies soll keineswegs verdecken, dass vor allem das Inkrafttreten des Grundgesetzes 1949 und die nachfolgende Rechtsprechung des BVerfG zu einer schrittweisen Abschaffung von personalen Ungleichbehandlungen vor allem im Familienrecht führten – sedes materiae sind in erster Linie Art. 3 Abs. 2, 3 und Art. 6 Abs. 5 GG. Doch geht es dabei um Diskriminierungen durch den Gesetzgeber selbst und damit um eine kategorial andere Ungleichbehandlung. Im Bereich vertraglicher Abreden hingegen besteht mit den §§ 138, 242, 826 BGB – jenseits konkreter gesetzlicher Verbote (§ 134 BGB) – nur ein recht allgemeiner Rechtsrahmen. Doch auch hier hat die Rechtsprechung die sich wandelnden Sitten- und Moralvorstellungen durchzusetzen vermocht, dies vor allem über den dogmatischen Hebel der Drittwirkung der Grundrechte.[5] 3

II. Vorgaben des Unionsrechts

1. Antidiskriminierung als Querschnittsmaterie

Während in nationalen Rechtsordnungen die oft recht strikte Trennung von öffentlichem Recht und Zivilrecht einen direkten horizontalen Diskriminierungsschutz verhindert oder zumindest erschwert, ist der Unionsgesetzgeber weniger an solche Unterscheidungen gebunden. Es wurde bereits erläutert, dass vor allem Richtlinien im privatrechtlichen Kontext im Rahmen der mitgliedstaatlichen Umsetzungsfreiheit durchaus auch in Form von hoheitlichen Anordnungen, etwa bußgeldbewehrten Ge- 4

---

2 Oben § 11 Rn. 1ff.

3 Zu der auf *Aristoteles* zurückgehenden Unterscheidung zwischen iustitia commutativa und iustitia distributva bereits oben § 11 Rn. 8ff.

4 Doch ist die Diskussion hier im Fluss, s. etwa *G. Hueck*, Der Grundsatz der gleichmäßigen Behandlung im Privatrecht, 1958, S. 61; *Bachmann*, ZHR 170 (2006), 144; *Grünberger*, Personale Gleichheit. Der Grundsatz der Gleichbehandlung im Zivilrecht, 2013; *Mörsdorf*, Ungleichbehandlung als Norm – eine dogmatische Analyse des unional determinierten Antidiskriminierungsrechts in Deutschland, 2018.

5 Zu diesem Bereich bereits oben § 7 Rn. 32ff.

und Verboten unionsrechtskonform wären.[6] So erklärt sich, dass der Diskriminierungsschutz vom Unionsrecht nicht ausschließlich als staatliche Schutzpflicht angesehen wird, sondern als übergreifende Querschnittsmaterie.

5 So sieht etwa die Gleichbehandlungs-Richtlinie 2004/113/EG in Erwägungsgrund Nr. 2 folgendes vor: „Die Gleichheit aller Menschen vor dem Gesetz und der Schutz vor Diskriminierung ist ein allgemeines Menschenrecht; [...]“. In Erwägungsgrund Nr. 3 heißt es aber weiter: „Durch das Diskriminierungsverbot dürfen andere Grundrechte und Freiheiten nicht beeinträchtigt werden; [...]“. Art. 3 Abs. 2 RL 2004/113/EG lautet dann: „Diese Richtlinie berührt nicht die freie Wahl des Vertragspartners durch eine Person, solange diese ihre Wahl nicht vom Geschlecht des Vertragspartners abhängig macht.“ Dies ist als Versuch zu sehen, Freiheits- und Gleichheitsrechte der am Rechtsverkehr Beteiligten zu einem sinnvollen Ausgleich zu bringen. Vollkommen klar muss dabei sein, dass eine stärkere Betonung von Gleichheitsrechten nur auf Kosten der Freiheitsrechte zu bekommen ist – hier kommt es auf die praktische Konkordanz zwischen beiden Sphären an, die sich unter Zuhilfenahme des Grundsatzes der Verhältnismäßigkeit erzielen lässt.[7]

2. Kompetenz

6 Die Rechtsgrundlage der Richtlinien auf dem Gebiet der Antidiskriminierung ergibt sich in erster Linie aus Art. 19 AEUV (ex-Art. 13 EG; eingeführt durch den Vertrag von Amsterdam). Danach kann der Rat „geeignete Vorkehrungen treffen, um Diskriminierungen aus Gründen des Geschlechts, der Rasse, der ethnischen Herkunft, der Religion oder der Weltanschauung, einer Behinderung, des Alters oder der sexuellen Ausrichtung zu bekämpfen“. Es gilt das Einstimmigkeitsprinzip. Die Vorschrift beschreibt die Regelungsform bewusst offen, sodass sämtliche in Art. 288 AEUV aufgeführte Handlungsformen in Betracht zu ziehen sind. Daneben bietet der in Art. 157 Abs. 3 AEUV (ex-Art. 141 Abs. 3 EG) für den speziellen Bereich der Gleichheit des Entgelts eine Kompetenzgrundlage. Diese Rechtsakte werden im ordentlichen Gesetzgebungsverfahren erlassen, also im Zusammenwirken von Parlament und Rat (Art. 294 AEUV).

3. Bestehende Richtlinien

7 Auf der Grundlage der so definierten Kompetenz für den Diskriminierungsschutz wurden im hier interessierenden Bereich eine ganze Reihe von Richtlinien erlassen, die allesamt der Verwirklichung des Grundsatzes der Gleichbehandlung in den Mitgliedstaaten dienen:

(1) Die Antirassismus-Richtlinie 2000/43/EG vom 29.6.2000: Ihr Zweck ist die Schaffung eines Rahmens zur Bekämpfung der Diskriminierung aufgrund der Rasse

6 Siehe oben § 8 Rn. 2f.

7 Dazu bereits oben § 11 Rn. 47ff.

oder der ethnischen Herkunft (Art. 1 RL 2000/43/EG). Sie gilt nach ihrem Art. 3 Abs. 1 gleichermaßen für alle Personen in öffentlichen und privaten Bereichen, einschließlich öffentlicher Stellen und erfasst die Bereiche Beschäftigung und Beruf (vor allem das Arbeitsrecht), Bildung, Gesundheits- und Sozialleistungen sowie auch den Zugang zu öffentlich angebotenen Gütern und Dienstleistungen einschließlich Wohnraum; letzterer Bereich vor allem betrifft das allgemeine Zivilrecht.

(2) Die Rahmenrichtlinie Beschäftigung 2000/78/EG vom 27.11.2000: Ihr Zweck ist die Schaffung eines allgemeinen Rahmens zur Bekämpfung der Diskriminierung wegen der Religion oder der Weltanschauung, einer Behinderung, des Alters oder der sexuellen Ausrichtung in Beschäftigung und Beruf (Art. 1 RL 2000/78/EG). Letzteres umreißt gleichzeitig den in Art. 3 Abs. 1 RL 2000/78/EG näher definierten Anwendungsbereich, der in erster Linie den Zugang zu Bildung und Beruf, die Beschäftigungs- und Arbeitsbedingungen sowie die Mitgliedschaft in Arbeitnehmer- und Arbeitgeberorganisationen und damit das Arbeitsrecht betrifft.

(3) Die Richtlinie 2004/113/EG zur Gleichstellung der Geschlechter auch außerhalb der Arbeitswelt vom 13.12.2004 (sog. Unisex-Richtlinie): Ihr Zweck ist die Schaffung eines Rahmens für die Bekämpfung geschlechtsspezifischer Diskriminierungen beim Zugang zu und der Versorgung mit Gütern und Dienstleistungen (Art. 1 RL 2004/113/EG). Sie gilt nach ihrem Art. 3 für alle Personen, die Güter und Dienstleistungen bereitstellen, die der Öffentlichkeit ohne Ansehen der Person zur Verfügung stehen, und zwar in öffentlichen und privaten Bereichen, einschließlich öffentlicher Stellen, und die außerhalb des Bereichs des Privat- und Familienlebens und der in diesem Kontext stattfindenden Transaktionen angeboten werden. Sie gilt nicht für die Bereiche Beschäftigung und Beruf einschließlich selbstständiger Tätigkeiten sowie Bildung. Gedacht ist sie als Komplementärinstrument zu den arbeitsrechtlichen Gleichbehandlungsrichtlinien; sie erfasst insbesondere den Zugang zu öffentlich angebotenen Gütern und Dienstleistungen bei Massengeschäften sowie privatrechtliche Versicherungen (Erwägungsgrund Nr. 15 RL 2004/113/EG).

(4) Die Gleichbehandlungs-Richtlinie 2006/54/EG vom 5.7.2006: Diese hat das Ziel, die Verwirklichung des Grundsatzes der Chancengleichheit und Gleichbehandlung von Männern und Frauen in Arbeits- und Beschäftigungsfragen sicherzustellen. Sie konsolidiert den Rechtszustand und hebt die bis dahin geltenden Richtlinien auf diesem Gebiet auf.[8] Sie betrifft den Zugang zur Beschäftigung ein-

8 Im Einzelnen wurden folgende Richtlinien mit Wirkung vom 15.8.2009 aufgehoben (Art. 34 Abs. 1 RL 2006/54/EG): 75/117/EWG, 76/207/EWG, 86/378/EWG und 97/80/EG; eine vollständige Übersicht ergibt sich auf Anhang I Teil A der RL 2006/54/EG.

schließlich des beruflichen Aufstiegs und zur Berufsbildung, die Arbeitsbedingungen einschließlich des Entgelts sowie betriebliche Systeme der sozialen Sicherheit (Art. 1 RL 2006/54/EG).

4. Reform

8 Bereits im Juli 2008 hatte die Kommission den Vorschlag für eine Richtlinie des Rates zur Anwendung des Grundsatzes der Gleichbehandlung ungeachtet der Religion oder der Weltanschauung, einer Behinderung, des Alters oder der sexuellen Ausrichtung vorgelegt.[9] Dieser Vorschlag war als Ergänzung zum bestehenden gemeinschaftlichen Rechtsrahmen in den Richtlinien 2000/43/EG, 2000/78/EG und 2004/113/EG[10] gedacht, in dem das Diskriminierungsverbot aufgrund der Religion oder der Weltanschauung, einer Behinderung, des Alters oder der sexuellen Ausrichtung lediglich in Beschäftigung, Beruf und Berufsausbildung Anwendung findet. Im Rat wurde der Vorschlag bis 2011 intensiv diskutiert;[11] eine Einigung konnte aber nicht erzielt werden. Auch 2014 konnte der Rat nicht die geforderte Einstimmigkeit erzielen.[12] Seit 2016 steht der Vorschlag wieder auf der Agenda. Den seitherigen Stand fasst ein Ratsdokument vom 26.6.2019 zusammen,[13] ein Abschluss des Legislativverfahrens ist derzeit nicht abzusehen.

5. Diskriminierung durch Antidiskriminierungsrichtlinien?

Literatur: *Armbrüster*, Das Unisex-Urteil des EuGH (Test-Achats) und seine Auswirkungen, 2012; *Lüttringhaus*, Europaweit Unisex-Tarife für Versicherungen!, EuZW 2011, 296; *Purnhagen*, Zum Verbot der Risikodifferenzierung aufgrund des Geschlechts – Eine Lehre des EuGH zur Konstitutionalisierung des Privatrechts am Beispiel des Versicherungsvertragsrechts?, EuR 2011, 690

9 In dem Bestreben, einen schrittweisen Übergang zu einer vollständigen Gleichbehandlung der Geschlechter zu erreichen,[14] enthielt die Unisex-Richtlinie 2004/113/EG in Art. 5 Abs. 2 für Versicherungsverträge eine Öffnungsklausel, mit der die Mitgliedstaaten die Möglichkeit erhielten, vor dem Inkrafttreten der Richtlinie am 21.12.2007 proportionale Unterschiede bei den Prämien und Leistungen dann zuzulassen, „wenn die Berücksichtigung des Geschlechts bei einer auf relevanten und genauen versicherungsmathematischen und statistischen Daten beruhenden Risikobewertung ein be-

9 KOM(2008) 426 endg.
10 Siehe oben Rn. 7 unter (1) bis (3).
11 Zusammenfassung des Sachstandes im Ratsdokument 16525/11 vom 15.11.2011.
12 Protokoll der Ratssitzung vom 11.12.2014, Ratsdokument 16887/14, S. 7 f.
13 Konsolidierte Fassung der Richtlinie, Ratsdokument 10740/19.
14 Siehe ErwGr. Nr. 18 RL 2004/113/EG.

stimmender Faktor ist". Damit sollte der Tatsache Rechnung getragen werden, dass bestimmte Risikokategorien bei Männern und Frauen möglicherweise unterschiedlich sind und das Geschlecht ein bestimmender Faktor bei der Beurteilung der versicherten Risiken sein kann. Bei solchen Verträgen sollte es den Mitgliedstaaten zunächst erlaubt sein, vom Prinzip der geschlechtsneutralen Prämien und Leistungen abzuweichen, sofern die Ungleichbehandlung auf transparenten versicherungsmathematischen und statistischen Daten beruht (Erwägungsgrund Nr. 19 RL 2004/113/EG). Nach fünf Jahren sollte eine Überprüfung durch die Mitgliedstaaten erfolgen, deren Ergebnisse der Kommission übermittelt werden, die dann auf dieser Grundlage dem Rat Änderungsvorschläge unterbreiten sollte (Art. 16 RL 2004/113/EG).

Der EuGH sah in dieser Öffnungsklausel allerdings einen Verstoß gegen Primär- **10**
recht.[15] Als Prüfungsmaßstab zog er insbesondere Art. 21 und 23 GRCh heran, die Diskriminierungen wegen des Geschlechts verbieten, und die Gleichstellung von Frauen und Männern in allen Bereichen fordern – und dies, obwohl die Charta erst zum 1. Dezember 2009 und damit zeitlich nach der Unisex-Richtlinie 2004/113/EG in Kraft getreten war. Begründet wurde dies damit, dass die Richtlinie in ihrem 4. Erwägungsgrund ausdrücklich Bezug auf diese Charta-Bestimmungen nimmt.[16] Daraus wird man indessen nicht ableiten können, dass es dem Sekundärrechtsgesetzgeber möglich ist, qua Bezugnahme auf nicht geltende Bestimmungen (etwa Soft Law[17]) diesen Autorität zu verschaffen, die sie auf demokratisch legitimiertem Weg gerade nicht erlangt haben.[18] Vielmehr handelt es sich hier um einen schlichten Anwendungsfall der Normenhierarchie, wenn auch pro futuro.

Nach der Rechtsprechung des EuGH dürfen vergleichbare Sachverhalte nicht un- **11**
terschiedlich und unterschiedliche Sachverhalte nicht gleich behandelt werden, es sei denn, dass eine solche Behandlung objektiv gerechtfertigt ist.[19] Nachdem die Richtlinie selbst jedoch aus der Sicht des EuGH offensichtlich von einer Vergleichbarkeit der Lage von Frauen und von Männern in Bezug auf die Prämien und Leistungen der von ihnen abgeschlossenen Versicherungen ausgeht, ist eine nach der Richtlinie theoretisch unbefristete Geltung der Öffnungsklausel nicht mit dem Gleichbehandlungsgrundsatz vereinbar; der EuGH ordnete deshalb ihre Ungültigkeit zum 21. Dezember 2012 an.[20] Weitere Grundrechtspositionen, etwa die unternehmerische Freiheit oder auch das Vorliegen eines sachlichen Grundes für die Ungleichbehandlung, wurden

15 EuGH, 1.3.2011, Rs. C-236/09 – *Test-Achats*, Slg. 2011, I-773.
16 EuGH, 1.3.2011, Rs. C-236/09 – *Test-Achats*, Slg. 2011, I-773, Rn. 17.
17 Zum DCFR oben § 3 Rn. 16ff.
18 In diese Richtung aber *Purnhagen*, EuR 2011, 690, 698.
19 EuGH, 16.12.2008, Rs. C-127/07 – *Arcelor Atlantique et Lorraine*, Slg. 2008, I-9895, Rn. 23; EuGH, 1.3.2011, Rs. C-236/09 – *Test-Achats*, Slg. 2011, I-773, Rn. 28.
20 EuGH, 1.3.2011, Rs. C-236/09 – *Test-Achats*, Slg. 2011, I-773, Rn. 31ff.

nicht erörtert.[21] Die Entscheidung hat neben einigen Änderungen in AGG und VAG[22] in der Versicherungswirtschaft zu einer Neuberechnung sämtlicher Tarife für Verträge geführt, die nach diesem Zeitpunkt geschlossen wurden.

21 Kritisch daher *Lüttringhaus*, EuZW 2011, 296.
22 Dazu etwa *Hoffmann*, VersR 2012, 1073; *Purnhagen*, NJW 2013, 113.

§ 20 Zivilrechtliches Antidiskriminierungsrecht

Literatur: *Armbrüster*, Kontrahierungszwang im Allgemeinen Gleichbehandlungsgesetz?, NJW 2007, 1494; *Benecke/Kern*, Sanktionen im Antidiskriminierungsrecht: Möglichkeiten und Grenzen der Umsetzung der Europäischen Richtlinien im deutschen Recht, EuZW 2005, 360; *Grünberger/Reinelt*, Konfliktlinien im Nichtdiskriminierungsrecht. Das Rechtsdurchsetzungsregime aus Sicht soziologischer Jurisprudenz, 2020; *Heese*, Offene Preisdiskriminierung und zivilrechtliches Benachteiligungsverbot, NJW 2012, 572; *Sponholz*, Die unionsrechtlichen Vorgaben zu den Rechtsfolgen von Diskriminierungen im Privatrechtsverkehr, 2017; *Stork*, Das Anti-Diskriminierungsrecht der Europäischen Union und seine Umsetzung in das deutsche Zivilrecht, 2006; *Thüsing/v. Hoff*, Vertragsschluss als Folgenbeseitigung: Kontrahierungszwang im zivilrechtlichen Teil des Allgemeinen Gleichbehandlungsgesetzes, NJW 2007, 21; *Wagner/Potsch*, Haftung für Diskriminierungsschäden nach dem Allgemeinen Gleichbehandlungsgesetz, JZ 2006, 1085

Systematische Übersicht

I. Umsetzung der Vorgaben im deutschen Recht

1. Inhaltliche Reichweite

1 Die Vorgaben der EU-Richtlinien lassen sich im Wesentlichen nach zwei Ordnungskriterien kategorisieren: Das erste betrifft den sachlichen Anwendungsbereich: Hier geht es einerseits um Beruf, Bildung und Beschäftigung, andererseits um den Zugang zu öffentlich angebotenen Gütern und Dienstleistungen einschließlich Wohnraum. Nach deutscher Dogmatik betrifft der erste Bereich das Arbeitsrecht, der zweite das allgemeine Zivilrecht. Das zweite Ordnungskriterium betrifft das Diskriminierungsmerkmal: Differenziert wird in den Richtlinien nach Diskriminierungen wegen der Rasse, der ethnischen Herkunft, des Geschlechts, der Religion oder der Weltanschauung, einer Behinderung, des Alters oder der sexuellen Ausrichtung. Dies entspricht der Aufzählung in Art. 19 Abs. 1 AEUV.

2. Regelungsdesign: AGG statt ADG

2 Bei der Umsetzung der Richtlinienvorgaben standen die Mitgliedstaaten vor der Entscheidung, ob jede Richtlinie für sich in dem für sie passenden Regelungskontext umgesetzt werden sollte oder aber ob eine übergreifende Regelungsform passender wäre.

https://doi.org/10.1515/9783110718690-020

In Deutschland hatte man dem zweiten Weg den Vorzug gegeben. Bereits 2001 hatte es einen vorläufigen Diskussionsentwurf des Bundesministeriums der Justiz für ein Gesetz zur Verhinderung von Diskriminierungen im Zivilrecht gegeben,[1] der zur Umsetzung der RL 2000/43/EG und der RL 2000/78/EG[2] dienen sollte. Nach dessen Scheitern wurde 2004 ein Gesetzentwurf zur Umsetzung europäischer Antidiskriminierungsrichtlinien vorgelegt, der zusätzlich noch die Vorgaben der RL 2002/73/EG berücksichtigen sollte.[3] Ziel war es, durch ein einheitliches Gesetz für alle Diskriminierungsmerkmale – ein Antidiskriminierungsgesetz (ADG) – einen in sich stimmigen Schutz vor Diskriminierungen zu verwirklichen.[4] Dies stieß unter anderem deswegen auf Widerstand, weil ein Eingriff in die Vertragsfreiheit befürchtet wurde.[5] Am 17.6.2005 verabschiedete der Bundestag das ADG in der Fassung der Beschlussempfehlung.[6] Diesbezüglich rief der Bundesrat den Vermittlungsauschuss an.[7] Die im Herbst 2005 angesetzten Neuwahlen zum Bundestag ließen das Gesetzgebungsvorhaben indessen der parlamentarischen Diskontinuität anheim fallen.

3 Erst im Juni 2006 legte die neue Bundesregierung dann einen Gesetzentwurf zur Umsetzung europäischer Richtlinien zur Verwirklichung des Grundsatzes der Gleichbehandlung – Allgemeines Gleichbehandlungsgesetz (AGG) – vor, der die genannten europäischen Richtlinien sowie die inzwischen in Kraft getretene RL 2004/113/EG in deutsches Recht umsetzen sollte.[8] Trotz der Kritik des Bundesrates, der eine Minimalumsetzung der Richtlienvorgaben forderte,[9] verabschiedete der Bundestag wenig später das AGG, das am 18.8.2006 in Kraft trat.

3. Die Struktur des AGG

4 Das AGG geht insoweit über die Vorgaben der genannten Richtlinien hinaus, als es die dort jeweils verwendete Kombination der Ordnungskriterien nicht beibehält, sondern deutlich ausweitet. Nach § 1 AGG ist es Ziel des Gesetzes, Benachteiligungen aus Gründen der Rasse oder wegen der ethnischen Herkunft, des Geschlechts, der Religion oder Weltanschauung, einer Behinderung, des Alters oder der sexuellen Identität zu verhindern oder zu beseitigen. Damit werden sämtliche der Art. 19 Abs. 1 AEUV aufgeführten Diskriminierungsmermale genannt. Die Richtlinienvorgaben verlangen indessen im zivilrechtlichen wie im arbeitsrechtlichen Bereich nur eine Umsetzung der Merkmale Rasse, ethnische Herkunft und Geschlecht; die weiteren Merkmale ha-

1 Siehe dazu *Wiedemann/Thüsing*, DB 2002, 463.
2 Oben § 19 Rn. 7 (1) und (2).
3 BT-Drucks. 15/4538.
4 BT-Drucks. 15/4538, S. 2.
5 Antrag der CDU/CSU-Fraktion, BT-Drucks. 15/5019, S. 2.
6 BT-Drucks. 15/5717.
7 BR-Drucks. 445/05(B).
8 BT-Drucks. 16/1780.
9 BR-Drucks. 329/06(B).

ben nur für den Bereich des Arbeitsrechts Bedeutung. Im hier interessierenden Bereich des Zivilrechts liegt damit eine überschießende Umsetzung vor[10] – nur die Diskriminierung wegen der Weltanschauung wurde in § 19 Abs. 1 AGG nicht übernommen.[11]

Gleiches lässt sich auch für die Intensität der Diskriminierung feststellen: Nach 5
den Richtlinienvorgaben reichen einmalige Handlungen regelmäßig nicht aus; dies ergibt sich etwa aus Art. 2 Abs. 3 RL 2000/43/EG (Antirassismus-RL). Hiernach muss durch die Belästigung ein „feindliches Umfeld" geschaffen werden, was kontinuierliches Handeln voraussetzt.[12] Demgegenüber lässt § 3 Abs. 3 AGG wohl auch eine nur einmalige Belästigung ausreichen.[13] Das BAG verlangt kumulatives Vorliegen der Würdeverletzung einer Person und eines „feindlichen Umfeldes", wofür regelmäßig ein Verhalten von gewisser Dauer erforderlich sein wird. Allerdings kann im Einzelfall auch ein besonders schwerwiegendes einmaliges Verhalten ausreichen.[14]

Der wesentliche Teil des AGG befasst sich dann in §§ 6–18 AGG mit dem Schutz 6
der Beschäftigten vor Benachteiligung und damit arbeitsrechtlichen Fragen. Hervorzuheben ist dabei die Haftungsnorm des § 15 Abs. 1 AGG, wonach der Arbeitgeber bei einem Verstoß gegen das Benachteiligungsverbot verpflichtet ist, den hierdurch entstandenen Schaden – erfasst sind nach Abs. 2 auch immaterielle Schäden – zu ersetzen. Das Verschulden des Arbeitgebers wird insoweit vermutet. Für die Geltendmachung solcher Ansprüche stipuliert § 15 Abs. 4 AGG eine zweimonatige Ausschlussfrist.[15]

In §§ 19–21 AGG folgen Vorschriften zum Schutz vor Benachteiligung im Zivil- 7
rechtsverkehr. § 19 Abs. 1 AGG verbietet eine Benachteiligung bei der Begründung, Durchführung und Beendigung zivilrechtlicher Schuldverhältnisse bei Massengeschäften und bei Privatversicherungsverträgen. Eine Benachteiligung wegen der Rasse und der ethnischen Herkunft ist sogar bei allen Verträgen unzulässig (§ 19 Abs. 2 AGG). Das Diskriminierungsverbot findet nur dann keine Anwendung, wenn das betreffende Schuldverhältnis ein besonderes Nähe- und Vertrauensverhältnis begründet, z.B. bei einem Mietverhältnis (§ 19 Abs. 5 S. 1 AGG). Anderes gilt jedoch dann, wenn es sich um die Vermietung von mehr als 50 Wohnungen handelt (§ 19 Abs. 5 S. 3 AGG). Auch hier bestehen in § 21 AGG Beseitigungs-, Unterlassungs- und Schadensersatzansprüche, die innerhalb einer Zweimonatsfrist geltend gemacht werden müssen. Schließlich regelt das AGG noch die Einrichtung einer Antidiskriminierungsstelle (§§ 25–30 AGG).

---

10 Siehe dazu allgemein oben § 8 Rn. 88ff.

11 Lehrreich dazu etwa BGH WM 2020, 1387: Rechtfertigung einer Altersdiskriminierung über unternehmerische Betätigungsfreiheit („Adults-Only-Hotel"); kein Vorabentscheidungsersuchen.

12 *Bauer/Thüsing/Schunder*, NZA 2005, 32, 33.

13 BeckOGK-BGB/*Baumgärtner* (Stand 1.3.2020), § 3 AGG Rn. 110 m.N.

14 BAG NZA 2010, 387, Rn. 32.

15 Zu deren Zulässigkeit unten Rn. 8ff.

II. Ausgewählte Einzelgesichtspunkte

1. Ausschlussfrist für die Geltendmachung von Ansprüchen

8 Ansprüche auf Entschädigung wegen Verstoßes gegen das Benachteiligungsverbot müssen im Bereich des Arbeitsrechts nach § 15 Abs. 4 AGG innerhalb von zwei Monaten nach Zugang der Ablehnung geltend gemacht werden. Eine ähnliche Regelung findet sich für zivilrechtliche Ansprüche in § 21 Abs. 5 S. 1 AGG. In beiden Fällen handelt es sich um eine Ausschlussfrist, deren Überschreiten zu einer materiellen Präklusion führt.[16] Allerdings ist der Fristbeginn, der im Arbeitsrecht in dem Zeitpunkt liegt, in dem der Benachteiligte von der Benachteiligung Kenntnis erlangt hat, in § 21 Abs. 5 AGG nicht geregelt. Richtigerweise ist hier auf den Zeitpunkt der Entstehung des Anspruchs abzustellen und nicht auf die Kenntnis der diesen begründenden Tatsachen.[17] Ansonsten wäre die Regelung des § 21 Abs. 5 S. 2 AGG nicht erklärbar, wonach eine unverschuldete Fristversäumnis die Geltendmachung des Anspruchs nicht hindert.[18]

9 Führt man sich vor Augen, dass es eine wesentliche Zielrichtung der Antidiskriminierungs-Richtlinien ist, einen effektiven Schutz gegen Benachteiligungen zu bieten, könnten diese Ausschlussfristen insoweit problematisch erscheinen, als sie den Rechtsschutz tatsächlich beschneiden könnten.[19] Die Frage der Vereinbarkeit des § 15 Abs. 4 AGG mit der Rahmenrichtlinie Beschäftigung 2000/78/EG wurde denn auch dem EuGH vorgelegt. Dem lag folgender Sachverhalt zugrunde:[20] Frau Bulicke bewarb sich am 16. November 2007 im Alter von 41 Jahren auf eine Stellenanzeige, welche die Deutsche Büro Service in einer Zeitung geschaltet hatte. Die Stellenanzeige hatte folgenden Wortlaut: „Wir suchen für unser junges Team in der City motivierte Mitarbeiter/innen. Du telefonierst gern? Dann bist du genau richtig bei uns. Wir geben Dir die Möglichkeit sogar damit Geld zu verdienen. Du bist zwischen 18–35 Jahre alt und verfügst über gute Deutschkenntnisse und suchst eine Vollzeitaufgabe? ...“ Am 19. November 2007 wurde Frau Bulicke telefonisch mitgeteilt, dass ihre Bewerbung nicht berücksichtigt worden sei. Diese Absage wurde mit Schreiben vom 21. November 2007 bestätigt, dem zufolge alle Stellen besetzt seien. Es stellte sich jedoch heraus, dass zwei Personen im Alter von 20 und 22 Jahren am 19. November 2007 eingestellt worden waren. Ähnliche Stellenanzeigen wurden auch in der Folge mehrfach veröffentlicht. Am 29. Januar 2008 erhob Frau Bulicke beim Arbeitsgericht Hamburg Klage auf Entschädigung für die Benachteiligung, die sie wegen dieser Altersdiskriminie-

---

16 S. nur OLG Hamm NJW-RR 2011, 762, 764; MüKo-BGB/*Thüsing*, 8. Aufl. 2018, § 21 AGG Rn. 60 m.w.N.

17 So aber BeckOGK-BGB/*Mörsdorf* (Stand 15.2.2020), § 21 AGG Rn. 82.

18 Dafür OLG Hamm NJW-RR 2011, 762, 764; MüKo-BGB/*Thüsing*, 8. Aufl. 2018, § 21 AGG Rn. 61; Staudinger/*Serr* (2018), § 21 AGG Rn. 86; Erman/*Armbrüster*, 16. Aufl. 2020, § 21 AGG Rn. 30.

19 Dazu auch *Grünberger*, Personale Gleichheit, 2013, S. 306ff., 311ff.

20 EuGH, 8.7.2010, Rs. C-246/09 – *Bulicke*, NJW 2010, 2713.

rung erlitten zu haben behauptete. Die Ausschlussfrist des § 15 Abs. 4 AGG war zu diesem Zeitpunkt abgelaufen, da Frau Bulicke spätestens am 21. November 2007 von der Benachteiligung Kenntnis erlangt hatte.[21]

Der EuGH erörtete zunächst die Vorgaben des unionsrechtlichen Äquivalenzgebots, wonach die Regelung des § 15 Abs. 4 AGG in gleicher Weise für Klagen gelten muss, die auf die Verletzung des Unionsrechts gestützt sind, wie für solche, die auf die Verletzung des innerstaatlichen Rechts gestützt sind, sofern diese Klagen einen ähnlichen Gegenstand und Rechtsgrund haben.[22] Daraus folgt indessen kein Meistbegünstigungsprinzip, wonach zur Durchsetzung der unional determinierten Rechtspositionen die günstigsten nationalen Rechtsvorschriften zur Anwendung kommen müssten, sondern es darf eben nur keine Schlechterbehandlung hinsichtlich des auf die Verletzung von Unionsrecht gestützten Anspruchs vorliegen. Eine solche konnte der EuGH angesichts der bisher geltenden Regelung des § 611a BGB a. F. nicht erkennen.[23] 10

Mithin kam allenfalls ein Verstoß gegen das unionsrechtliche Effektivitätsgebot in Betracht. Grundsätzlich sind Ausschlussfristen im Sinne der Rechtsklarheit unproblematisch.[24] Probleme hinsichtlich des effet utile können also allenfalls dann entstehen, wenn die Frist so kurz ist oder ihr Beginn so liegt, dass die tatsächliche Geltendmachung des Anspruchs dadurch übermäßig erschwert wird. Mit der Länge der Frist hatte der EuGH überhaupt keine Probleme; mit dem Beginn jedenfalls dann nicht, wenn er bei einer teleologischen Auslegung des § 15 Abs. 4 AGG nicht zwangsläufig mit dem Zugang der Ablehnung, sondern mit dem Zeitpunkt beginnt, zu dem die betroffene Person von der behaupteten Diskriminierung Kenntnis erlangt.[25] 11

Vor diesem Hintergrund ist auch die Fristenregelung des § 21 Abs. 5 AGG unionsrechtskonform.[26] Dies gilt auch dann, wenn man, wie hier vertreten, den Fristbeginn auf den Zeitpunkt der Anspruchsentstehung setzt, da die Ausnahmeregelung des § 21 Abs. 5 S. 2 AGG die vom EuGH in Bezug auf § 15 Abs. 4 AGG implizit geforderte Kenntnisabhängigkeit widerspiegelt.[27] 12

21 S. den Vorlagebeschluss LAG Hamburg LAGE § 15 AGG Nr. 9, Rn. 65.

22 St. Rspr., s. etwa EuGH, 1.12.1998, Rs. C-326/96 – *Levez*, Slg. 1998, I-7835, Rn. 41; EuGH, 16.5.2000, Rs. C-78/98 – *Preston*, Slg. 2000, I-3201, Rn. 55; EuGH, 29.10.2009, Rs. C-63/08 – *Pontin*, Slg. 2009, I-10467, Rn. 45; EuGH, 8.7.2010, Rs. C-246/09 – *Bulicke*, NJW 2010, 2713, Rn. 26. Siehe dazu bereits oben § 8 Rn. 2.

23 EuGH, 8.7.2010, Rs. C-246/09 – *Bulicke*, NJW 2010, 2713, Rn. 32ff.

24 S. etwa EuGH, 10.7.1997, Rs. C-261/95 – *Palmisani*, Slg. 1997, I-4025, Rn. 28.

25 EuGH, 8.7.2010, Rs. C-246/09 – *Bulicke*, NJW 2010, 2713, Rn. 35ff.

26 So auch OLG Hamm NJW-RR 2011, 762, 765; LG Hamburg VersR 2012, 983f.; MüKo-BGB/*Thüsing*, 8. Aufl. 2018, § 21 AGG Rn. 61; Staudinger/*Serr* (2018), § 21 AGG Rn. 81.

27 Oben Rn. 8. Anders BeckOGK-BGB/*Mörsdorf* (Stand 15.2.2020), § 21 AGG Rn. 82, 84, der unter Verweis auf das Effektivitätsgebot den Fristbeginn erst mit Kenntniserlangung festlegen will.

2. Richtlinienwidriges Recht außerhalb des AGG

13 Wie sonst auch gilt im Bereich des Antidiskriminierungsrechts, dass die Vorgaben der einschlägigen Richtlinien für den gesamten Bereich des mitgliedstaatlichen Rechts zu beachten sind. Es genügt daher nicht, wenn das konkrete Umsetzungsgesetz richtlinienkonform ist.[28] Im hier interessierenden Kontext stellte sich die Frage eines Unionsrechtsverstoßes für die Berechnungsregel des § 622 Abs. 2 S. 2 BGB a. F. Danach wurden bei der Berechnung der für die Kündigungsfrist maßgeblichen Beschäftigungsdauer vor der Vollendung des 25. Lebensjahrs des Arbeitnehmers liegende Zeiträume nicht berücksichtigt.[29] Der EuGH sah in dieser Vorschrift einen Verstoß gegen die Rahmenrichtlinie Beschäftigung, die über Art. 3 Abs. 1 lit. c RL 2000/78/EG auf die Kündigung zur Anwendung kommt, da kein sachlicher Grund für die Nichtberücksichtigung der vor dem 25. Lebensjahr bestehenden Betriebszugehörigkeit erkennbar sei, der als Rechtfertigung nach Art. 6 Abs. 1 RL 2000/78/EG hätte dienen können.[30]

14 Unionsrechtswidrig ist auch die Altersgrenze für Piloten der Lufthansa, die im entsprechenden Tarifvertrag auf 60 Jahre festgelegt wird.[31] Zwar erlaubt § 14 Abs. 1 TzBfG eine Befristung des Arbeitsvertrags, wenn sie durch einen sachlichen Grund gerechtfertigt wird; die Tarifautonomie (Art. 9 Abs. 3 GG sowie Art. 28 GRCh) ist insoweit beschränkt (Art. 16 Abs. 1 lit. b RL 2000/78/EG). Doch ist die vollständige Einstellung der Tätigkeit als Pilot für die Erreichung des verfolgten Ziels, die Gewährleistung der Flugsicherheit, nicht notwendig, gerade vor dem Hintergrund, dass einschlägige internationale und auch andere nationale Regelwerke eine beschränkte Tätigkeit auch bis zur Vollendung des 65. Lebensjahres zulassen.

3. Kontrahierungszwang?

15 Hochumstritten war und ist die Frage, ob aus einer relevanten Diskriminierung – direkt oder indirekt – ein Kontrahierungszwang folgen kann. Als Rechtsfolge einer Benachteiligung nach § 19 AGG entstehen Beseitigungs- und Schadensersatzansprüche nach § 21 Abs. 1 und 2 AGG. Ein Anspruch auf Vertragsschluss hingegen verschafft das Gesetz jedenfalls nicht ausdrücklich. Doch könnte sich ein solcher möglicherweise aus allgemeinen Grundsätzen ergeben? Die Problematik soll an folgendem fiktiven Beispielsfall erläutert werden: A ist italienischer Abstammung. Er möchte in einer deutschen Kleinstadt eine Wohnung mieten. Beim Besichtigungstermin gibt ihm der

---

28 Siehe dazu bereits oben § 8 Rn. 40 ff.

29 Die Vorschrift wurde aufgehoben m.W.v. 1.1.2019 durch Art. 4d des Gesetzes zur Stärkung der Chancen für Qualifizierung und für mehr Schutz in der Arbeitslosenversicherung (Qualifizierungschancengesetz) v. 18.12.2018, BGBl. I, S. 2651.

30 EuGH, 19.1.2010, Rs. C-555/07 – *Kücükdeveci*, Slg. 2010, I-365; ebenso im Nachgang BAG NJW 2011, 1626, 1627. Ausführlich zur Entscheidung oben § 7 Rn. 36 ff.

31 EuGH, 13.9.2011, Rs. C-447/09 – *Prigge*, ZIP 2011, 1882.

Vermieter V zu verstehen, dass er seine insgesamt 100 Wohnungen nur an Deutsche zu vermieten gedenkt. A ist empört und möchte wissen, welche Rechte er hat.

Zunächst könnte die Frage gestellt werden, ob A ganz pauschal einen Anspruch auf Gleichbehandlung mit allen anderen Interessenten hat. Doch steht dem jedenfalls nach bisher herrschender Auffassung[32] bereits der Grundsatz der Vertragsfreiheit entgegen, der jedem Einzelnen die Freiheit gibt, seine Vertragspartner selbst auszusuchen.[33] Anderes gilt in Teilbereichen des Zivilrechts, insbesondere im Arbeitsrecht,[34] doch herrschen dort besondere Rahmenbedingungen. 16

Doch könnte A einen Anspruch auf Beseitigung einer Benachteiligung nach § 21 Abs. 1 AGG haben. Es könnte eine nach § 19 Abs. 1 Nr. 1 AGG unzulässige Benachteiligung vorliegen. Problematisch ist dabei, dass Mietverträge typischerweise nicht ohne Ansehung der Person geschlossen werden. Allerdings könnte § 19 Abs. 1 Nr. 1 Alt. 2 AGG greifen. Das kann hier dahin stehen, da jedenfalls § 19 Abs. 2 i.V.m. § 2 Nr. 8 AGG einschlägig ist. Ein Ausschluss dieser Norm nach § 19 Abs. 5 S. 1 u. 2 AGG liegt jedenfalls wegen § 19 Abs. 5 S. 3 AGG nicht vor. Allerdings bietet § 19 Abs. 3 AGG in Bezug auf die Wohnungsvergabe einen Rechtfertigungsgrund. Der Vermieter müsste sich lediglich entsprechend einlassen, damit wäre die Benachteiligung gerechtfertigt. Auf die Frage der Rechtfertigung der Diskriminierung, ob also ein sachlicher Grund für die Ungleichbehandlung vorliegt (§ 20 AGG), käme es dann nicht mehr an. 17

Sollte man damit auf der Grundlage der Auslegung des deutschen Rechts zur Ansicht gelangen, dass ein Anspruch des A auf Beseitigung der Benachteiligung nicht besteht, so müsste dieses Ergebnis mit dem Unionsrecht konform sein. Zu beachten sind die Vorgaben aus Art. 2 Abs. 1 und 2 lit. a, Art. 3 Abs. 1 lit. h RL 2000/43/EG: Zweck dieser Richtlinie ist die Verwirklichung der Gleichbehandlung ohne Ansehung der Rasse oder der ethnischen Herkunft. Ausnahmen für die Vermietung von Wohnraum sind hier nicht vorgesehen. § 19 Abs. 3 AGG verstößt damit bei dieser Lesart gegen die Vorgaben der Antirassismus-Richtlinie.[35] 18

Nachdem eine horizontale Direktwirkung der Richtlinie ausscheidet,[36] kann sich A indessen nicht darauf berufen, dass die Antirassismus-Richtlinie eine Benachteiligung wie die hier vorliegende verbietet. Doch muss das mitgliedstaatliche Recht alle methodisch möglichen Wege ausschöpfen, um den Anforderungen der Richtlinie gerecht zu werden.[37] In Betracht kommt eine richtlinienkonforme Auslegung des § 19 Abs. 3 AGG. Methodisch kann den Richtlinienvorgaben durch eine teleologische Re- 19

---

32 Siehe die Nachweise oben § 19 Rn. 2.

33 S. bereits oben § 10 Rn. 1.

34 S. exemplarisch BAG NZA 2015, 222, Rn. 18 m.w.N.

35 *Stork*, Das Anti-Diskriminierungsrecht der Europäischen Union und seine Umsetzung in das deutsche Zivilrecht, 2006, S. 294ff.; BeckOGK-BGB/*Mörsdorf* (Stand 15.2.2020), § 19 AGG Rn. 70; MüKo-BGB/*Thüsing*, 8. Aufl. 2018, § 19 AGG Rn. 75, 85.

36 Dazu oben § 8 Rn. 123ff.

37 Auch dazu oben § 8 Rn. 42.

duktion dieser Norm für den Fall der Diskriminierung wegen der Rasse oder der ethnischen Herkunft Rechnung getragen werden.[38] Mithin besteht hier ein Beseitigungsanspruch und ebenso ein Schadensersatzanspruch.

20 Umstritten ist, ob daraus ein Kontrahierungszwang folgt. Der Entwurf eines Antidiskriminierungsgesetzes[39] hatte noch in § 22 Abs. 2 ADG-E folgendes vorgesehen: „Im Fall einer Vertragsverweigerung kann der Benachteiligte den Abschluss eines Vertrages nur verlangen, wenn dieser ohne Verstoß gegen das Benachteiligungsverbot erfolgt wäre. Die Leistung muss hinreichend bestimmt sein; die Gegenleistung ist im Zweifel nach § 315 Abs. 3 und § 316 des Bürgerlichen Gesetzbuchs zu ermitteln."

21 Der ADG-Regierungsentwurf sah sehr wohl den einschneidenden Charkter dieses Kontrahierungszwangs, der dem Benachteiligten eine große Rechtsmacht verleihe.[40] Das AGG kennt keine vergleichbare Regelung: Die §§ 19–21 AGG schweigen hierzu – anders als § 15 Abs. 6 AGG, der für das Arbeitsrecht ausdrücklich festhält, dass aus einer Benachteiligung kein Anspruch auf Begründung eines Beschäftigungsverhältnisses folgt. Dies wird teils als systematisches Argument für einen Kontrahierungszwang angeführt.[41] Dessen Rechtsgrundlage sieht ein Teil der deutschen Literatur im Beseitigungsanspruch des § 21 Abs. 1 S. 1 AGG; der actus contrarius zur diskriminierenden Verweigerung des Vertragsschlusses liege eben in der Kontrahierung.[42] Ein anderer Teil der Literatur stützt sich auf den Schadensersatzanspruch aus § 21 Abs. 2 AGG: Dessen Inhalt bemesse sich nach § 249 Abs. 1 BGB; geschuldet werde mithin eine restitutio in integrum.[43] Die Gegenansicht beruft sich auf den massiven Eingriff in die Vertragsfreiheit, die ein solcher Kontrahierungszwang zweifellos bewirkt.[44] Gerade bei Dauerschuldverhältnissen führe dies zu potentiell konfliktreichen Parteiverhältnissen. Vielfach wird unabhängig davon gerade bei den hier einschlägigen Massengeschäften der Nachweis kaum zu erbringen sein, dass der Vertragsschluss ohne die Benachteiligung gerade mit dem Diskriminierten zustande gekommen wäre. Wollte man diesen Nachweis nicht fordern, führte dies insbesondere bei Mietverhältnissen unter Umständen zu wenig sinnvollen Mehrfachkontrahierungen, so etwa wenn im obigen Fallbeispiel V noch weitere Interessenten wegen ihrer ethnischen Herkunft ab-

---

38 Dafür auch MüKo-BGB/*Thüsing*, 8. Aufl. 2018, § 19 AGG Rn. 85; Erman/*Armbrüster*, 16. Aufl. 2020, § 19 AGG Rn. 27; BeckOGK-BGB/*Mörsdorf* (Stand 15.2.2020), § 19 AGG Rn. 70; BeckOK-BGB/*Wendlandt*, 53. Edition (Stand 1.2.2020), § 19 AGG Rn. 30. Anderer methodischer Ansatz bei *Singer*, in: FS Adomeit, 2008, S. 703, 710, der im Wege richtlinienkonformer Rechtsfortbildung einen Vorrang von § 19 Abs. 2 AGG annimmt.

39 Dazu oben Rn. 2.

40 BT-Drucks. 15/4538, S. 43.

41 MüKo-BGB/*Thüsing*, 8. Aufl. 2018, § 21 AGG Rn. 18; insoweit auch Erman/*Armbrüster*, 16. Aufl. 2020, § 21 AGG Rn. 15. Siehe zum Ganzen auch *Sponholz*, Die unionsrechtlichen Vorgaben zu den Rechtsfolgen von Diskriminierungen im Privatrechtsverkehr, 2017, S. 235 ff.

42 So etwa MüKo-BGB/*Thüsing*, 8. Aufl. 2018, § 21 AGG Rn. 17 m. w. N.

43 In diese Richtung *Rolfs*, NJW 2007, 1489, 1493.

44 Zusammenfassend mit Nachweisen Erman/*Armbrüster*, 16. Aufl. 2020, § 21 AGG Rn. 18 f.

gewiesen hätte.[45] Hier liefe es auf die Einwendung der Unmöglichkeit nach § 275 Abs. 1 BGB hinaus, sodass im Ergebnis derjenige Benachteiligte zum Zuge käme, der als erster Vertragsabschluss verlangte.

Im hier interessierenden Kontext kommt vor allem der Frage Bedeutung zu, ob das europäische Richtlinienrecht einen Kontrahierungszwang fordert oder nicht. Hierfür könnte sprechen, dass in manchen Fällen nur die Naturalerfüllung eine wirksame Sanktion im Sinne etwa des Art. 15 Antirassismus-RL darstellen könnte. Auch die Unisex-RL sagt in ihrem Art. 3 Abs. 2 RL 2004/113/EG deutlich, dass die freie Wahl des Vertragspartners durch eine Person solange nicht berührt wird, wie die Wahl des Vertragspartners nicht von dessen Geschlecht abhängig gemacht wird. Allerdings findet sich eine ähnliche Formulierung in anderen Richtlinien nicht. Nachdem das Richtlinienrecht generell nicht in die allgemeinen Prinzipien des Vertragsrechts der Mitgliedstaaten eingreifen will,[46] sprechen die besseren Gründe dafür, dass ein Kontrahierungszwang unionsrechtlich grundsätzlich nicht gefordert ist.[47] Nur dann, wenn die nach mitgliedstaatlichem Recht einschlägigen Sanktionen allesamt keine effektive Sanktion einer relevanten Benachteiligung darstellen, könnte es geboten sein, einen Anspruch auf Vertragsabschluss zu gewähren.[48] 22

Davon unabhängig ist es nach dem Prinzip der Mindestharmonisierung (etwa Art. 7 Abs. 1 RL 2004/113/EG oder Art. Art. 6 Abs. 1 RL 2000/43/EG) natürlich möglich, strengere Sanktionen für relevante Benachteiligungen vorzusehen. 23

4. Die Höhe der Entschädigung

Ein wichtiger Aspekt der Wirksamkeit des Antidiskriminierungsrechts betrifft aus Sicht des Unionsrechts die Sanktionierung von Verstößen.[49] So legen etwa nach Art. 15 der Antirassismus-RL 2000/43/EG die Mitgliedstaaten fest, welche Sanktionen bei einem Verstoß gegen das entsprechende Umsetzungsrecht zu verhängen sind; überdies treffen sie alle geeigneten Maßnahmen, um die Durchsetzung der Richtlinienvorgaben zu gewährleisten. Ausdrücklich benennt die Antirassismus-Richtlinie Schadenersatzleistungen an die Opfer als geeignete Sanktionen. Wie sonst auch müssen alle Sanktionen wirksam, verhältnismäßig und abschreckend sein. Hier besteht einerseits ein weiter Umsetzungsspielraum der Mitgliedstaaten. Andererseits erfüllen rein symbolische Schadensersatzbeträge die Anforderungen der Richtlinienvorgaben 24

45 So auch § 22 Abs. 2 S. 1 ADG-E, dazu BT-Drucks. 15/4538, S. 44.

46 Siehe für etwa für die VRRL § 9 Rn. 11.

47 So auch *Bruns*, JZ 2007, 385, 389; differenzierend *Zoppel*, Europäische Diskriminierungsverbote und Privatrecht, 2015, S. 166 ff.

48 Ähnlich *Heese*, NJW 2012, 572, 575 f.

49 Dazu auch *Sponholz*, Die unionsrechtlichen Vorgaben zu den Rechtsfolgen von Diskriminierungen im Privatrechtsverkehr, 2017, S. 186 ff.

nicht. Zur Illustration mag folgender Beispielsfall dienen, der einer Entscheidung des OLG Stuttgart nachgebildet ist:[50]

25 G, in Deutschland geborener Sohn einer Togolesin, machte Ansprüche gegen D, der in einem Industriegebiet eine Diskothek betreibt, geltend, weil ihm am 5. November 2010 der Zutritt zur Diskothek des D mit der Bemerkung verweigert worden sein soll, es seien „schon genug Schwarze drin". G fordert Unterlassung und Zahlung eines Schmerzensgeldes von mindestens 5000 €.

26 Nachdem der Besuch von Diskotheken ein Massengeschäft im Sinne von § 19 Abs. 1 Nr. 1 AGG darstellt, ergibt sich der Unterlassungsanspruch relativ unproblematisch aus § 21 Abs. 1 S. 2 AGG, sodass D dem G künftig den Zutritt zu der von ihm betriebenen Diskothek nicht wegen seiner Hautfarbe verweigern darf. Fraglich ist aber, ob auch Ansprüche auf Ersatz immaterieller Schäden bestehen. Nach § 21 Abs. 2 S. 3 AGG kann der Benachteiligte eine angemessene Entschädigung in Geld verlangen.[51] Doch welcher Betrag ist hier angemessen im Sinne der Norm? Zur Konkretisierung sind alle Umstände des Einzelfalles zu berücksichtigen.[52] Das mit dem Fall befasst OLG Stuttgart erachtete den Betrag von 5000 € angesichts des Gewichts des Vorfalls und unter Einbeziehung generalpräventiver Überlegungen als überhöht und auch unter Berücksichtigung des in anderen Fällen zugesprochenen Schmerzensgeldes für die Missachtung des allgemeinen Persönlichkeitsrechts eines Menschen als unverhältnismäßig. Aus Sicht des Senats war vielmehr eine Entschädigung in Höhe von 900 € angemessen.[53] Diesen Betrag berechnete das Gericht aus dem Umsatz, den D an diesem Abend in seiner Diskothek mit 150 zahlenden Gästen gemacht hatte.[54] Noch höher hätte diese Summe ausfallen können, wenn D überhaupt keinen Menschen mit dunkler Hautfarbe den Zutritt zu seiner Diskothek gestattet hätte.[55]

27 Diese Argumentation erscheint im Lichte der Richtlinienvorgaben insgesamt überzeugend. Die Richtlinie verlangt zwar, dass die Sanktionen abschreckende Wirkung haben. Doch ist dies nur ein Abwägungsgesichtspunkt unter anderen; der Grundsatz der Verhältnismäßigkeit verlangt, dass Art und Ausmaß der Benachteiligung berücksichtigt werden.

---

50 OLG Stuttgart NJW 2012, 1085.

51 Nicht ausgeschlossen sind nach § 21 Abs. 3 AGG sonstige Ansprüche aus unerlaubter Handlung (s. OLG Köln NJW 2010, 1676: §§ 831, 823 BGB). In Bezug auf die Höhe des Ersatzanspruchs gelten jedoch dieselben Erwägungen wie bei § 21 Abs. 2 S. 3 AGG.

52 Siehe zur Konkretisierung offener Rechtsbegriffe durch Abwägung *Stürner*, Der Grundsatz der Verhältnismäßigkeit im Schuldvertragsrecht, 2010, S. 347 ff.

53 Anders noch die Vorinstanz, die der Ansicht war, die demütigende Behandlung überschreite nicht das Maß von Unrecht und Kränkung, das letztlich jedem Menschen alltäglich widerfahre: LG Tübingen BeckRS 2012, 01258.

54 Kritisch *Liebscher*, NJW 2012, 1087, die eine Orientierung am Gesamtumsatz des D an diesem Abend (also einschließlich Getränken) für vorzugswürdig erachtet.

55 OLG Stuttgart NJW 2012, 1085, 1087.

Zu einer Klageflut hat das AGG ersichtlich nicht geführt. Einzelne Ausreißer, wie der als „AGG-Hopper" bekanntgewordene Rechtsanwalt aus München, der offenbar systematisch AGG-widrige Stellenanzeigen ermittelt und sich hierauf beworben hat, haben zwar eine Reihe von Entscheidungen ausgelöst,[56] doch bewegen sich solche professionellen Kläger an der Grenze zum Rechtsmissbrauch: Dies ist dann anzunehmen, wenn eine Bewerbung nicht das Ziel hatte, die ausgeschriebene Stelle zu erhalten, sondern damit nur der formale Status als Bewerber im Sinne von § 6 Abs. 1 S. 2 AGG erlangt werden sollte, um auf diese Weise Schadensersatzansprüche geltend zu machen.[57] Unionsrechtlich steht einer solchen Beschränkung des Anspruchs in Missbrauchskonstellationen nichts entgegen, wenn sie nur für Extremfälle zur Anwendung kommt.[58] 28

56 So etwa BAG NJW 2013, 2055 („Young Professionals"); LAG Hessen NZA-RR 2018, 584.

57 Etwa BAGE 155, 149, Rn. 32ff., 36.

58 Dazu allgemein oben § 11 Rn. 43ff.

6. Kapitel: Einzelne Vertragstypen

§ 21 Vertragstypenlehre und EU-Vertragsrecht

Literatur: *Baldus e.a.*, Forum: Neue Richtlinien, neue Vertragstypensystematik?, GPR 2019, 258; *Specht*, Daten als Gegenleistung – Verlangt die Digitalisierung nach einem neuen Vertragstypus?, JZ 2017, 763; *Wendland*, Digitale Inhalte und Vertragstypenlehre: Dogmatische Grundfragen des Digitalen Vertragsrechts, in: Weller/Wendland (Hrsg.), Digital Single Market – Bausteine eines Rechts in der Digitalen Welt, 2019, S. 71; *Zoll*, Die Vertragstypen im Vorschlag für das Gemeinsame Europäische Kaufrecht, in: FS Müller-Graff, 2015, S. 118

Systematische Übersicht

I. Die Bedeutung der Vertragstypenlehre

1 Das BGB gilt als Musterbeispiel für ein professorales und wenig zugängliches Gesetzeswerk. Sein abstrahierender Duktus zeigt sich in vielen Formulierungen, aber auch in der Regelungstechnik des „Vor-die-Klammer-Ziehens" (*Gustav Boehmer*[1]), die mit dem Allgemeinen Teil verwirklicht wurde. Mit der Voranstellung allgemeiner und für das gesamte Bürgerliche Recht geltender Regeln verfolgten die Schöpfer des BGB im Kern einen Rationalisierungsansatz, der die als wenig elegant empfundene Doppelung ähnlicher Normen und Normkomplexe in verschiedenen Teilbereichen des Rechts verhindern sollte.[2] Das Zweite Buch des BGB, das Schuldrecht, erhielt seinerseits – anders als die weiteren Bücher – ebenfalls einen eigenen Allgemeinen Teil, der in den Abschnitten 1 bis 7 enthalten ist. Das nachfolgende Besondere Schuldrecht enthält jeweils Regelungen für praktisch besonders häufig vorkommende Schuldverhältnisse, die vertragliche und außervertragliche Obligationen umfassen.

2 Die dort geregelten Vertragstypen – etwa Kauf, Miete, Werkvertrag oder Dienstvertrag – erfahren mithin jeweils keine umfassende Regelung; vielmehr ist es das Zusammenspiel aus allgemeinen und besonderen Normen, das den normativen Rahmen vorgibt. Die Parteien sind keinesfalls an die im BGB normierten Vertragstypen gebunden: Es herrscht, anders als etwa im Sachenrecht, weder Typenzwang noch Typenfixierung. Vielmehr können die vorhandenen Vertragstypen abgeändert oder miteinander kombiniert werden (gemischter Vertrag); es steht den Parteien sogar frei, ganz

1 *Boehmer*, Einführung in das Bürgerliche Recht, 2. Aufl. 1965, S. 74.
2 Siehe dazu *Petersen*, JURA 2011, 759.

https://doi.org/10.1515/9783110718690-021

außerhalb solcher Typen Verträge zu schließen (atypischer Vertrag). Doch dürfte sich die große Mehrzahl der geschlossenen Schuldverträge innerhalb der gesetzlich normierten Vertragstypen bewegen. Insoweit kommt der Vertragstypenlehre vor allem eine Entlastungs- und Rationalisierungsfunktion zu: Es ist nicht notwendig, etwa im Kaufvertrag besondere Regelungen zur Mängelhaftung zu treffen, da von Gesetzes wegen ein Regime vorgegeben ist, das eine rechtssichere und jedenfalls für typische Konstellationen faire und ausgewogene Regelung trifft.[3]

Sehr viele Rechtsordnungen basieren in ähnlicher Weise auf einer mehr oder we- 3
niger ausdifferenzierten Vertragstypenlehre. Auch der DCFR hat die Vertragstypenlehre übernommen: Book IV (Specific Contracts) regelt ähnlich vieler kontinentaler Kodifikationen eine Reihe wichtiger Verträge, ohne dies aber als abschließende Regelung zu verstehen.[4] Selbst Jurisdiktionen ohne Kodifikationen kennen Einzelregelungen für praktisch besonders häufig auftretende Vertragstypen, wie etwa der Sale of Goods Act 1979 in England.[5]

II. Europäische Vertragstypen

Offensichtlich können diese Erwägungen nicht ohne Weiteres auf das Europäische 4
Privatrecht als ein Regelungssystem ohne Kodifikation und ohne übergreifende Kompetenznorm übertragen werden. Doch lässt sich feststellen, dass die Vertragstypenlehre auch hier ihren Niederschlag gefunden hat. Privatrechtliche Richtlinien und Verordnungen rekurrieren auf die im Recht der Mitgliedstaaten verbreiteten Begrifflichkeiten und übernehmen diese. Bereits das EuGVÜ von 1968[6] enthielt Zuständigkeitsnormen, die auf bestimmte Vertragstypen Bezug nahmen, etwa Kauf (Art. 13–15 EuGVÜ) sowie Miete und Pacht (Art. 16 Nr. 1 EuGVÜ). Mit zunehmender Regelungsdichte kamen weitere Vertragstypen dazu. Generell gilt, dass die in EU-Rechtsakten verwendeten Begrifflichkeiten autonom auszulegen sind und damit eine andere Bedeutung haben können als in den mitgliedstaatlichen Rechtsordnungen. Dies zeigt sich etwa deutlich am Dienstleistungsvertrag, der im deutschen Recht (§ 611 BGB) viel enger verstanden wird als im Unionsrecht (etwa in Art. 4 Abs. 1 lit. b Rom I-VO).[7]

---

3 Allgemein zur Funktion des dispositiven Rechts etwa *Kähler*, Begriff und Rechtfertigung abdingbaren Rechts, 2012; *Cziupka*, Dispositives Vertragsrecht. Funktionsweise und Qualitätsmerkmale gesetzlicher Regelungsmuster, 2010; *Möslein*, Dispositives Recht – Zwecke, Strukturen und Methoden, 2011

4 Dazu *Zoll*, in: FS Müller-Graff, 2015, S. 118.

5 Der Sale of Goods Act 1979 ist zum 1.10.2015 außer Kraft getreten. Seither gilt der Consumer Rights Act 2015.

6 Dazu § 2 Rn. 6; zum EU-Zivilprozessrecht unten § 35 Rn. 55 ff.

7 Näher unten § 32 Rn. 31.

5 Teilweise hat das Unionsrecht gänzlich neue Vertragstypen eingeführt wie etwa den Timesharing-Vertrag,[8] den Pauschalreisevertrag[9] oder den Vertrag über die Bereitstellung digitaler Inhalte.[10] Teilweise wurden bereits anerkannte Vertragstypen modifiziert: So enthalten die Verbrauchsgüterkauf-Richtlinie und ebenso die Warenkauf-Richtlinie Regelungen zum Kaufrecht nur in Bezug auf einen Kaufvertrag, der zwischen einem Unternehmer und einem Verbraucher geschlossen wurde.[11] Ebenso liegen die Dinge für den Verbraucherkreditvertrag.[12]

6 Die Regelungstechnik der Richtlinie und die mit ihr verbundene Umsetzungspflicht in das mitgliedstaatliche Recht ermöglichen eine Integration dieser neuen oder modifzierten Vertragstypen in die nationale Systematik. Die Vertragstypenlehre wird hierdurch nicht grundsätzlich in Frage gestellt.

III. Digitalisierung als Querschnittsaufgabe

1. Verträge über digitale Inhalte

7 Eine besondere Herausforderung für den Prozess der Integration unionaler Vertragstypen in die nationale Regelungssystematik stellt sich nun hinsichtlich der Verträge über die Bereitstellung digitaler Inhalte, wie sie die Digitale-Inhalte-Richtlinie zum Gegenstand hat.[13] Diese Richtlinie befasst sich vor allem mit dem Inhalt und der Durchsetzung solcher Verträge. Sie legt nicht fest, welcher Vertragstyp betroffen sein soll. Je nach Ausgestaltung kommen aus Sicht des deutschen Rechts Verträge über Gebrauchsüberlassung, Nutzung, Kauf oder Schenkung in Betracht. Die Digitale-Inhalte-Richtlinie liegt quer zur herkömmlichen Vertragstypenlehre, denn sie stellt zur Charakterisierung des Vertrags nicht auf die wechselseitigen Leistungspflichten ab, sondern auf den Leistungsgegenstand (die digitalen Inhalte).[14] Denkbar wäre es, die Bereitstellung digitaler Inhalte als neuen Vertragstyp aufzufassen und entsprechend einen eigenen Titel im Abschnitt 8 des 2. Buches des BGB zu schaffen. Ebenso möglich erschiene es jedoch, für die in Betracht kommenden Vertragstypen Sonderregelungen zu schaffen für den Fall, dass digitale Inhalte Gegenstand des Vertrags sind.[15]

8 Unten § 26.
9 Unten § 25.
10 Unten § 23.
11 Unten § 22 Rn. 20 f.
12 Unten § 24.
13 Siehe dazu die Beiträge bei *Baldus e.a.*, GPR 2019, 258.
14 S. *Specht*, JZ 2017, 763; *Wendland*, in: Weller/Wendland, Digital Single Market – Bausteine eines Rechts in der Digitalen Welt, 2019, S. 71.
15 Dazu näher unten § 23 Rn. 16 ff.

Der deutsche Gesetzgeber hat sich für die Einfügung von Regelungen im Allgemeinen Schuldrecht entschieden: Der Regierungsentwurf eines Gesetzes zur Umsetzung der Richtlinie über bestimmte vertragsrechtliche Aspekte der Bereitstellung digitaler Inhalte und digitaler Dienstleistungen vom 13. Januar 2021 sieht die Einfügung eines Titels 2a über „Verträge über digitale Produkte" und die Einfügung neuer §§ 327–327u BGB vor. Ein erster Untertitel widmet sich Verbraucherverträgen über digitale Produkte, ein zweiter enthält besondere Bestimmungen für Verträge über digitale Produkte zwischen Unternehmern. Diese Vorschriften des ersten Untertitels sollen (zwingend, § 327s BGB-E) Anwendung finden auf Verbraucherverträge, welche die Bereitstellung digitaler Inhalte oder digitaler Dienstleistungen (digitale Produkte) durch den Unternehmer gegen Zahlung eines Preises zum Gegenstand haben, was auch eine digitale Darstellung eines Werts erfassen soll (§ 327 Abs. 1 BGB-E). Da sich Verträge über digitale Inhalte und Dienstleistungen nur schlecht in die Vertragstypologie des Besonderen Schuldrechts einfügen, schlägt der RegE die Umsetzung der Richtlinienvorgaben im Abschnitt 3 des Allgemeinen Schuldrechts vor. Auf diese Weise unterbleibt eine vertragstypologische Einordnung dieser Verträge, die auch von der Richtlinie nicht vorgegeben wird: Diese gilt vielmehr vertragsformübergreifend und unabhängig von der vereinbarten Art der Leistung, die in der Eigentumsverschaffung, der Nutzungsgewährung oder der Leistung von Diensten liegen kann. Für ihre Anwendbarkeit kommt es auf die Art des Leistungsgegenstandes an – digitale Inhalte und Dienstleistungen – und nicht auf die vertragsprägenden Leistungspflichten, wie das sonst im BGB der Fall ist. Der RegE enthält weitere Sondervorschriften für einzelne Verträge über digitale Inhalte, so Kaufverträge (§ 475a BGB-E), Schenkungen (§ 516a BGB-E), Miete (§§ 548a, 578b, 580a BGB-E), Dienstverträge (§ 620 Abs. 4 BGB-E) sowie Werklieferungsverträge (§ 650 Abs. 2–4 BGB-E). Die neuen §§ 327–327u BGB führen Regelungen zur Konkretisierung der Leistungspflicht des Unternehmers zur Bereitstellung der digitalen Produkte sowie Rechtsbehelfe des Verbrauchers im Fall einer Nichtleistung ein. Zentrale Bedeutung kommt dabei den Bestimmungen über die Vertragsmäßigkeit der Leistung des Unternehmers (§§ 327d–327h BGB-E) und den sich aus einer Schlechtleistung ergebenden gewährleistungsrechtlichen Abhilfemöglichkeiten des Verbrauchers zu (§§ 327i–327n BGB-E). Deren Systematik orientiert sich an den aus der VGKRL bekannten Abhilfen der Nacherfüllung sowie nachrangig dazu der Vertragsbeendigung und der Minderung. Die Regelung von Schadensersatzansprüchen bleibt dem Recht der Mitgliedstaaten überlassen (Erwägungsgrund Nr. 73 Digitale-Inhalte-RL) und soll in § 327c Abs. 2 sowie §§ 327i Nr. 3, 327m Abs. 3 BGB-E geregelt werden. Eine Neuerung bringt die Verpflichtung des Unternehmers zur Aktualisierung digitaler Produkte (§§ 327e Abs. 2 Nr. 3, 327f BGB-E). Für Verträge über digitale Inhalte und Dienstleistungen zwischen Unternehmern enthält § 327u BGB-E ergänzende Vorschriften zum Regress. 8

2. Plattform-Verträge

9 Auch die unter Mitwirkung von Online-Plattformen geschlossenen Verträge liegen ein Stück weit jenseits der klassischen Vertragstypenlehre. Doch ist es hier weniger die Rechtsnatur der im Rahmen der Plattform-Ökonomie zustande gekommenen Verträge, sondern vielmehr die Tatsache, dass hier ein Dritter maßgeblich die Parameter des Vertragsschlusses beeinflusst. Aus Sicht des Unionsrechts handelt es sich dabei wohl in erster Linie um ein Problem der Regulierung, weniger des Vertragsrechts.[16]

---

16 Siehe die Verordnung (EU) 2019/1150 des Europäischen Parlaments und des Rates vom 20. Juni 2019 zur Förderung von Fairness und Transparenz für gewerbliche Nutzer von Online-Vermittlungsdiensten, ABl. L 186/57. Näher zu dieser „Plattform-VO" unten § 23 Rn. 61ff.

§ 22 Der Kaufvertrag

Literatur: *Bien*, Vermögensschäden in der Absatzkette, ZEuP 2012, 644; *Bucher*, Gewährleistungsrecht im Gemeinsamen Europäischen Kaufrecht, 2016; *Canavan*, Contracts of sale, in: Twigg-Flesner (Hrsg.), Research Handbook on EU Consumer and Contract Law, 2016, S. 266; *Goanţă*, Convergence in European Consumer Sales Law. A Comparative and Numerical Approach, 2016; *Grundmann*, Verbraucherrecht, Unternehmensrecht, Privatrecht – warum sind sich UN-Kaufrecht und EU-Kaufrechts-Richtlinie so ähnlich?, AcP 202 (2002), 40; *Heese*, Europäische Kaufrechtsharmonisierung: Stand, Grundfragen, Perspektiven, in: FS Bamberger, 2017, S. 109; *Heiderhoff*, Europäisches Privatrecht, 5. Aufl. 2020, Rn. 478 ff.; *Herresthal*, in: Langenbucher, Europäisches Privat- und Wirtschaftsrecht, 4. Aufl. 2017, § 2 Rn. 171 ff.; *Heutger*, Ein gemeineuropäisches Kaufrecht?, 2007; *Mansel*, Kaufrechtsreform in Europa und die Dogmatik des deutschen Leistungsstörungsrechts: Kaufrecht in Europa nach der Umsetzung der Verbrauchsgüterkauf-Richtlinie, AcP 204 (2004), 396; *Riesenhuber*, EU-Vertragsrecht, 2013, §§ 11–13; *G. Wagner*, Der Blue Button klemmt, ZEuP 2012, 455; *G. Wagner*, Der Verbrauchsgüterkauf in den Händen des EuGH: Überzogener Verbraucherschutz oder ökonomische Realität?, ZEuP 2016, 87

Systematische Übersicht

https://doi.org/10.1515/9783110718690-022

I. Die Bedeutung des Kaufrechts für die Privatrechtsordnung

1 Der Kaufvertrag dient bereits in der juristischen Ausbildung als Prototyp des Schuldvertrags. Generationen von angehenden Juristinnen und Juristen wurde und wird das Abstraktionsprinzip anhand des Brötchenkaufs oder ähnlicher Geschäfte des täglichen Lebens erläutert. Auch etwa die konkludente Willenserklärung, etwa durch das Verhalten an der Supermarktkasse, die Stellvertretung oder auch das gesamte Leistungsstörungsrecht lassen sich gut an kaufvertraglichen Beispielen darstellen. Die durch den Kaufvertrag bewirkte Transaktion kommt im Alltag überaus häufig vor, sodass wirtschaftliche Hintergründe – anders als etwa beim Leasing, beim Timesharing oder beim Factoring – nicht erläutert werden müssen. In quantitativer Hinsicht dürfte der Kaufvertrag zu den bedeutendsten Vertragstypen in Europa zählen.[1]

2 Diese empirische Einschätzung bestätigt sich auch bei einem Blick auf den rechtlichen Rahmen des Kaufvertrags: Im Besonderen Schuldrecht des BGB (8. Abschnitt des 2. Buches) findet sich das Kaufrecht an erster Stelle (1. Titel). Ebenso ist es etwa im Obligationenrecht der Schweiz,[2] im französischen Code civil[3] und im italienischen Codice civile.[4] Auch der DCFR beginnt das Book IV über die einzelnen Vertragstypen mit dem Sales Contract.[5] Es ist kein Zufall, dass auf internationaler Ebene die Anstrengungen zur Vereinheitlichung des Vertragsrechts gerade im Kaufrecht Erfolg hatten:

---

1 Dazu auch *Mansel*, AcP 204 (2004), 396, 399. Ebenso die Einschätzung in den Comments zu Art. IV. A.–1:101 DCFR.

2 Art. 184 ff. OR.

3 Art. 1582 ff. Code civil.

4 Art. 1470 ff. Codice civile.

5 Art. IV.A.–1:101 ff. DCFR.

Das Wiener UN-Kaufrecht gehört zu den erfolgreichsten Beispielen internationaler Rechtsvereinheitlichung.[6]

Überdies kommt der Ausgestaltung des Kaufrechts generell eine signifikante Modellwirkung für die allgemeine Dogmatik des Vertragsrechts zu. Dies zeigt sich etwa am deutschen BGB, wo im Rahmen der Schuldrechtsmodernisierung 2001 das Werkvertragsrecht nach dem Vorbild des Kaufrechts umgestaltet wurde. In manchen Rechtsordnungen kommen die Regelungen des Kaufrechts auch auf nicht gesetzlich geregelte Verträge zur Anwendung; ihnen kommt dort mithin die Rolle einer Art Allgemeinen Teils des Schuldrechts zu.[7] 3

Auch im Unionsrecht kommt dem Kaufvertrag eine überaus wichtige Bedeutung zu. Mit der Verbrauchsgüterkauf-Richtlinie wurde 1999 ein Kernbereich des Vertragsrechts in Teilen reguliert. Zu Recht wurde dieser Rechtsakt als ein Kristallisationspunkt für das Europäische Vertragsrecht bezeichnet.[8] In vergleichbarer Weise zeigt der Vorschlag für ein Gemeinsames Europäisches Kaufrecht von 2011, welch zentrale Bedeutung der Materie für den Binnenmarkt zukommt. Auch wenn dieser Vorstoß letztlich gescheitert ist, so hat er doch in der Warenkauf-Richtlinie von 2019 Spuren hinterlassen. Vergleichbare Initiativen in anderen Bereichen des Obligationenrechts, etwa im Dienst- oder Werkvertragsrecht, finden sich nicht. Gerade das überaus binnenmarktrelevante Dienstvertragsrecht hat keine Regelung erfahren, sieht man einmal von der Dienstleistungs-Richtlinie ab,[9] die allerdings Vertragsbeziehungen zwischen dem Dienstleistungserbringer und dem Kunden ausdrücklich von ihrem Anwendungsbereich ausnimmt.[10] 4

II. Die Entwicklung des Kaufrechts in der EU

1. Die Verbrauchsgüterkauf-Richtlinie

Das Gesetzgebungsverfahren hinsichtlich der Verbrauchsgüterkauf-Richtlinie wurde 5
mit einem Vorschlag eingeleitet, den die Kommission am 23. August 1996 vorgelegt hatte.[11] Er wurde auf die allgemeine Binnenmarktkompetenz gestützt (ex-Art. 100a EG, heute Art. 114 AEUV). Folgerichtig betont die Begründung die Bedeutung eines einheitlichen Mindeststandards für das Vertrauen von Verbrauchern und Unternehmern in

6 Siehe oben § 2 Rn. 87 f.

7 Siehe die Beispiele in den Notes zu Art. IV.A.–1:101 DCFR.

8 S. *Mansel*, AcP 204 (2004), 396, 397.

9 Richtlinie 2006/123/EG des Europäischen Parlaments und des Rates vom 12. Dezember 2006 über Dienstleistungen im Binnenmarkt, ABl. (EU) L 376/36.

10 ErwGr. Nr. 90 RL 2006/123/EG.

11 Vorschlag für eine Richtlinie des Europäischen Parlaments und des Rates über den Verbrauchsgüterkauf und -garantien, KOM (95) 520 endg. Vorausgegangen war das Grünbuch über Verbrauchsgütergarantien und Kundendienst, KOM (93) 509 endg.

den Binnenmarkt; die Rechtszersplitterung führe zu Wettbewerbsverzerrungen. Auf eine Reihe von Änderungsvorschlägen des Europäischen Parlaments hin legte die Kommission am 31. März 1998 einen geänderten Vorschlag vor.[12] Nach weiteren Änderungen stimmten Parlament und Rat dann im Mai 1999 der Richtlinie zu. Sie trat im Juli 1999 in Kraft und musste bis zum 1. Januar 2002 umgesetzt werden (Art. 11 Abs. 1 VGKRL).

6 Tatsächlich erfolgte die Umsetzung fristgerecht nur in Deutschland, Finnland und Österreich. Gegen Frankreich, Belgien und Luxemburg wurden sogar Vertragsverletzungsverfahren eingeleitet;[13] 2004 erfolgte eine Verurteilung dieser Staaten durch den EuGH.[14] Die meisten Mitgliedstaaten waren um eine Minimallösung bemüht, die regelmäßig in einer Umsetzung in die nationalen Verbraucherschutzgesetze bestand. Eine weitreichende Änderung des allgemeinen Kaufrechts oder gar des allgemeinen Leistungsstörungsrechts erfolgte nur in Deutschland.

7 Die in der deutschen Sprachfassung der Richtlinie verwendete Bezeichnung „Verbrauchsgüterkauf" ist zumindest ungenau, da es nicht nur um Verbrauchsgüter (also Güter, die zum Verbrauch bestimmt sind) geht: Die Richtlinie findet auf den Kauf beweglicher Sachen von einem Unternehmer an einen Verbraucher Anwendung (Art. 1 und Art. 2 Abs. 1 VGKRL). Korrekter wäre daher die Bezeichnung Verbraucherkauf-Richtlinie.[15] Doch auch diese Bezeichnung spiegelt nicht den gesamten Anwendungsbereich wider, die auch Regelungen der Rechtsverhältnisse zwischen Unternehmern enthält (Regress: Art. 4 VGKRL). Man könnte daher allgemeiner von Kaufrechts-Richtlinie sprechen. Wenn auch hier der Begriff Verbrauchsgüterkauf-Richtlinie verwendet wird, dann deswegen, weil es sich um die offizielle Nomenklatur handelt.

8 Die Richtlinie folgt dem Prinzip der Mindestharmonisierung (Art. 8 Abs. 2 VGKRL). Die Mitgliedstaaten können mithin verbraucherfreundlichere Regelungen erlassen oder beibehalten.[16] Um das Ziel der Herstellung eines einheitlichen Mindestschutzes für Verbraucher im Binnenmarkt (vgl. Erwägungsgründe Nr. 2, 5 VGKRL) zu erreichen, schafft die Richtlinie einen zwingenden Sockel: Die dem Verbraucher zugestandenen Rechte sind nicht abdingbar (Art. 7 Abs. 1 VGKRL). Dies bedeutet, dass auch der informierte (und daher eigentlich nicht mehr schutzwürdige) Verbraucher nicht selbst aus eigenem Interesse auf die ihm zustehenden Rechte verzichten kann. So kann der technisch versierte Hobbyschrauber S beim Kauf eines Gebrauchtwagens, den er zum Ausschlachten verwenden will, auch dann nicht auf die ihm zustehenden Gewährleistungsrechte verzichten, wenn der gewerbliche Verkäufer V im Gegenzug

---

12 Geänderter Vorschlag für eine Richtlinie des Europäischen Parlaments und des Rates über den Verbrauchsgüterkauf und -garantien, KOM(1998) 217 endg.

13 Näher zum Umsetzungsprozess *Mansel*, AcP 204 (2004), 396, 402ff.

14 EuGH, 19.2.2004, Rs. C-310/03 – *Kommission/Luxemburg*, Slg. 2004, I-1969; EuGH, 19.2.2004, Rs. C-311/03 – *Kommission/Frankreich*, ECLI:EU:C:2004:405; EuGH, 19.2.2004, Rs. C-312/03 – *Kommission/Belgien*, Slg. 2004, I-1975.

15 *Honsell*, ZIP 2008, 621, 622; *Herresthal*, in: Langenbucher, Europäisches Privat- und Wirtschaftsrecht, 4. Aufl. 2017, § 2 Rn. 152.

16 Zum Prinzip der Mindestharmonisierung bereits oben § 2 Rn. 68ff.

einen substanziellen Preisnachlass gewährt. Nach deutschem Recht entfaltet eine solche Vereinbarung nach § 476 Abs. 1 S. 1 BGB keine Wirkung; S könnte dennoch bei Vorliegen eines Mangels etwa Nacherfüllung verlangen oder vom Kaufvertrag zurücktreten. Eine teleologische Reduktion der Norm kommt angesichts der klaren Richtlinienvorgaben nicht in Betracht.[17] Anders liegen die Dinge erst dann, wenn der Käufer Kenntnis vom Mangel hat. Möglich erscheint indessen eine Absenkung der vertraglichen Beschaffenheit durch eine entsprechende Vereinbarung („Schrottauto"; „zum Ausschlachten"), solange diese nicht eine Umgehung darstellt, die ebenfalls erfasst ist (§ 476 Abs. 1 S. 2 BGB).

2. Das Kaufrecht des DCFR

Literatur: *U. Huber*, Modellregeln für ein Europäisches Kaufrecht, ZEuP 2008, 709; *Loos*, Sales Law in the DCFR, in: Sagaert/Storme/Terryn (Hrsg.), The Draft Common Frame of Reference: national and comparative perspectives, 2012, S. 453

Die PECL[18] schaffen Grundregeln zum allgemeinen Vertragsrecht; Bestimmungen zum Kaufrecht oder anderen Vertragstypen enthalten sie nicht. Im Unterschied dazu findet sich im DCFR[19] ein eigenes Buch zum Kaufrecht (Book IV, Part A. Sales). Es handelt sich dabei um einen rein akademischen Modellentwurf, dessen Inhalt daher hier nicht vertieft dargestellt werden kann.[20] 9

3. Die Entstehung der Verbraucherrechte-Richtlinie und das Kaufrecht

Literatur: *De Cristofaro/de Franceschi* (Hrsg.), Consumer Sales Law in Europe – After the Implementation of the Consumer Sales Directive, Intersentia, Antwerpen 2016; *Loos*, Consumer Sales Law in the Proposal for a Consumer Rights Directive, ERPL 2010, 15

Mit der Abkehr vom Ansatz eines (politischen) Referenzrahmens hatte sich die Kommission für eine vollharmonisierende Horizontalrichtlinie ausgesprochen. Im Vorschlag für eine Richtlinie über Rechte der Verbraucher[21] fand sich zunächst ein über- 10

17 *Heiderhoff*, Europäisches Privatrecht, 5. Aufl. 2020, Rn. 534; a.A. *Canaris*, AcP 200 (2000), 273, 362f.; *v. Wilmowsky*, EWS 2001, 201, 205ff. (wegen Förderung des Verbraucherschutzes).

18 Dazu oben § 4 Rn. 2ff.

19 Dazu oben § 3 Rn. 14ff.

20 Näher dazu *U. Huber*, ZEuP 2008, 709; *Loos*, in: Sagaert/Storme/Terryn, The Draft Common Frame of Reference: national and comparative perspectives, 2012, S. 453.

21 Vom 8.10.2008, KOM(2008) 614 endg.

greifender Ansatz, der u.a. auch die Verbrauchsgüterkauf-Richtlinie erfassen sollte.[22] In Art. 21–29 des Vorschlags war der Verbraucherkaufvertrag geregelt.[23] Hieran war nicht so sehr der Regelungsinhalt bemerkenswert, sondern vielmehr die Tatsache, dass der Vorschlag von der von der Verbrauchsgüterkauf-Richtlinie verfolgten Mindestharmonisierung nunmehr zur Vollharmonisierung überging. Die damit einhergehende Beschränkung der mitgliedstaatlichen Regelungsautonomie, die ohnehin kritisch gesehen wurde,[24] hätte im Kaufrechts besonders ausgeprägte Konsequenzen gehabt, da hier ein zentraler Bereich des Obligationenrechts betroffen wäre. Dies beträfe bereits die Regelungstechnik, jedenfalls für solche Mitgliedstaaten, die – wie Deutschland – eine weitgehende Integration der Richtlinienvorgaben in ihre Kodifikation betreiben: Eine Trennung zwischen Verbraucherrecht und allgemeinem Obligationenrecht wurde für diesen Fall als nahezu unvermeidbar eingestuft.[25]

11 Möglicherweise war es die teils stark ausgeprägte Abwehrhaltung einer Reihe von Mitgliedstaaten gegenüber dem Entwurf, die die Kommission eine Doppelstrategie verfolgen ließ, indem sie parallel zu den Arbeiten an der Horizontal-Richtlinie die Einführung eines Optionalen Instruments für das Europäische Vertragsrecht betrieb. Die damals für den Bereich Justiz, Grundrechte und Unionsbürgerschaft zuständige Kommissarin *Viviane Reding* hatte Anfang 2010 weitere Schritte hin zu einem Europäischen Vertragsrecht angekündigt.[26] Der Gemeinsame Referenzrahmen solle vollendet werden und in Form eines Rechtsakts in Kraft treten.[27] Dieses Projekt solle mindestens gleichrangig neben die Verabschiedung der geplanten Verbraucherrechte-Richtlinie treten. Auch in der Mitteilung „EUROPA 2020. Eine Strategie für intelligentes, nachhaltiges und integratives Wachstum“[28] hatte die Kommission angekündigt, dass sie

---

22 Dazu bereits oben § 3 Rn. 21ff. sowie unten § 34 Rn. 9ff.

23 Siehe dazu etwa *Jud*, in: Jud/Wendehorst (Hrsg.), Neuordnung des Verbraucherprivatrechts in Europa?, 2009, S. 119; *Twigg-Flesner*, in: Howells/Schulze (Hrsg.), Modernising and Harmonising Consumer Contract Law, 2009, S. 147; *Gsell*, in: Gsell/Herresthal (Hrsg.), Vollharmonisierung im Privatrecht, 2009, S. 219; *Loos*, ERPL 2010, 15.

24 Siehe die Stellungnahme des Deutschen Bundesrates vom 6.3.2009, BR-Drucks. 765/08(B), S. 4; ebenso *Reich*, ZEuP 2010, 7, 37 sowie *Riehm*, in: Gsell/Herresthal (Hrsg.), Vollharmonisierung im Privatrecht, 2009, S. 83, 111, die von einer unverhältnismäßigen Beschränkung mitgliedstaatlicher Autonomie durch den Ansatz des Richtlinienentwurfs ausgehen.

25 Näher *Loos*, in: Stürner (Hrsg.), Vollharmonisierung im Europäischen Verbraucherrecht?, 2010, S. 47, 65ff.

26 Rede vom 15.3.2010 auf den Consumer Days in Madrid, siehe *Reding*, SPEECH/10/91; ebenso bereits die Haltung der Kommissarin bei einer Anhörung vor dem Europäischen Parlament am 7.1.2010, CM \800797EN.doc, PE431.139v02-00.

27 *Reding*, CM\800797EN.doc, PE431.139v02-00, S. 7: „I want to make substantial progress in the work towards a European contract law [...]. I therefore intend to complete – with the help of academic expertise from across Europe – the work on the common frame of reference in the course of 2010, and to include it thereafter into a well-publicised legal instrument.“

28 KOM(2010) 2020 endg.

parallel zur Harmonisierung von Verbraucherschutzregeln auch „Vorarbeiten für ein fakultatives einheitliches europäisches Vertragsrecht“ anstrebe.[29]

4. Der Vorschlag für ein Gemeinsames Europäisches Kaufrecht

Einen wesentlichen Harmonisierungsschritt hätte die Umsetzung des Vorschlags für 12
ein Gemeinsames Europäisches Kaufrecht gebracht. Auf die Umstände und Zusammenhänge seines Entstehens und Scheiterns wurde bereits eingegangen.[30] Obwohl der Vorschlag nach der Sprachregelung der Kommission in dieser Form spätestens seit Ende 2014 nicht weiterverfolgt wird,[31] erfolgt an späterer Stelle eine Darstellung der wesentlichen kaufrechtlichen Regelungen.[32] Dies entspricht der Bedeutung des Vorschlags als Kondensat aus PECL, DCFR und Feasibility Study.

5. Die Genese der Richtlinie über vertragsrechtliche Aspekte des Warenkaufs

Literatur: *Bach*, Neue Richtlinien zum Verbrauchsgüterkauf und zu Verbraucherverträgen über digitale Inhalte, NJW 2019, 1705; *Helmig*, Die neuen Richtlinien zum europäischen Verbraucherkaufrecht. Überlegungen zum Kauf eines Fahrzeugs als Ware mit digitalem Inhalt, IWRZ 2019, 200; *Staudenmayer*, Kauf von Waren mit digitalen Elementen – Die Richtlinie zum Warenkauf, NJW 2019, 2889

a) Der Kommissionsvorschlag

Literatur: *Härting/Gössling*, Online-Kauf in der EU – Harmonisierung des Kaufgewährleistungsrechts. Was würde sich durch den Vorschlag der EU-Kommission v. 9.12.2015 wie verändern?, CR 2016, 165; *Lehmann*, A Question of Coherence: The Proposals on EU Contract Rules on Digital Content and Online Sales, Maastricht Journal of European and Comparative Law 2016, 752; *Maultzsch*, Der Entwurf für eine EU-Richtlinie über den Online-Warenhandel und andere Formen des Fernabsatzes von Waren, JZ 2016,

---

29 KOM(2010) 2020 endg., S. 25: „Die Kommission wird folgende Maßnahmen vorschlagen, um Binnenmarkthindernisse zu beseitigen: […] Maßnahmen, um Unternehmen und Verbrauchern Verträge mit Geschäftspartnern in anderen EU-Ländern zu erleichtern und zu verbilligen, u. a. durch harmonisierte Regeln für Verbraucherverträge, EU-weite Modell-Vertragsklauseln und Vorarbeiten für ein fakultatives einheitliches europäisches Vertragsrecht.“ Der zur Umsetzung des Stockholmer Programms des Rates von der Kommission erarbeitete Aktionsplan „Ein Raum der Freiheit, der Sicherheit und des Rechts für die Bürger Europas – Aktionsplan zur Umsetzung des Stockholmer Programms, KOM(2010) 171 endg. formuliert dies weniger deutlich, aber inhaltlich vergleichbar.

30 Oben § 3 Rn. 24 ff.

31 Im „Arbeitsprogramm 2015 – Ein neuer Start“ vom 16.12.2014, KOM(2014) 910 endg., kündigte die Kommission an, den Vorschlag in dieser Form nicht mehr aufrecht erhalten zu wollen, s. zum GEK in Anhang II unter Nr. 60: „Der Vorschlag wird geändert, um das Potenzial des elektronischen Handels im digitalen Binnenmarkt voll zur Entfaltung zu bringen.“

32 Unten Rn. 109 ff.

236; *Ostendorf*, Geplanter neuer Rechtsrahmen für Online-Warenhandel und Bereitstellung digitaler Inhalte im Europäischen Binnenmarkt, ZRP 2016, 69; *Schmidt-Kessel/Erler/Grimm/Kramme*, Die Richtlinienvorschläge der Kommission zu Digitalen Inhalten und Online-Handel, GPR 2016, 2 und 54; *Stiegler/Wawryka*, Umbruch der Gewährleistungsrechte beim Fernabsatzverkehr? Der Richtlinienvorschlag über vertragliche Aspekte des Online-Warenhandels, BB 2016, 903; *Stürner*, Zur Fortentwicklung des EU-Vertragsrechts: Der Richtlinienvorschlag zum Online-Warenhandel, JURA 2016, 884; *Wendland*, Ein neues europäisches Vertragsrecht für den Online-Handel? Die Richtlinienvorschläge der Kommission zu vertragsrechtlichen Aspekten der Bereitstellung digitaler Inhalte und des Online-Warenhandels, EuZW 2016, 126

13 Nach dem Scheitern des Vorschlags für ein Gemeinsames Europäisches Kaufrecht legte die Kommission am 6. Mai 2015 ihre „Strategie für einen digitalen Binnenmarkt für Europa" vor.[33] Darin kündigte sie für Online-Geschäfte eine Ausdehnung vollharmonisierender Regelungen an. Am 9. Dezember 2015 veröffentlichte die Kommission dann zwei Vorschläge für vollharmonisierende Richtlinien: den Vorschlag hinsichtlich der Bereitstellung digitaler Inhalte,[34] sowie den Vorschlag über bestimmte vertragsrechtliche Aspekte des Online-Warenhandels und anderer Formen des Fernabsatzes von Waren (im Folgenden: Fernabsatz-Kauf-RL-E).[35]

14 Inhaltlich bewegte sich der Vorschlag für eine Fernabsatz-Kauf-Richtlinie weitgehend auf bekanntem Terrain; man kann ihn als eine eher konventionelle Weiterentwicklung der Verbrauchsgüterkauf-Richtlinie unter Berücksichtigung der einschlägigen Rechtsprechung des EuGH werten.[36] Der Vorschlag setzte sehr punktuell an, was – vor allem wegen des vollharmonisierenden Ansatzes – die Gefahr der Fragmentierung der mitgliedstaatlichen Rechtsordnungen nach sich zog und damit entgegen der Zielrichtung der Harmonisierung im Ergebnis gerade keine einheitlichen Marktbedingungen geschaffen hätte. Das Fernabsatzgeschäft, insbesondere der Online-Kauf, sollte eine privilegierte Behandlung erfahren und wäre vom stationären Handel abgekoppelt worden.[37] Dahinter standen vornehmlich wirtschaftliche Erwägungen: Die Kommission möchte einen digitalen Binnenmarkt schaffen, weil sie hier – offenbar im Gegensatz zum stationären Handel – noch großes Wachstumspotential sieht.[38]

---

33 COM(2015) 192 final.

34 Vorschlag für eine Richtlinie des Europäischen Parlaments und des Rates über bestimmte vertragsrechtliche Aspekte der Bereitstellung digitaler Inhalte, COM(2015) 634 final; dazu unten § 23 Rn. 14 ff.

35 Vorschlag für eine Richtlinie des Europäischen Parlaments und des Rates über bestimmte vertragsrechtliche Aspekte des Online-Warenhandels und anderer Formen des Fernabsatzes von Waren, COM (2015) 635 final.

36 Dazu bereits *Stürner*, JURA 2016, 884.

37 Kritisch auch *Maultzsch*, JZ 2016, 236, 238.

38 ErwGr. Nr. 3 Fernabs-Kauf-RL-E: „Der elektronische Handel ist der wichtigste Wachstumsfaktor im digitalen Binnenmarkt. Sein Wachstumspotenzial wird jedoch bei weitem nicht voll genutzt. Um die Wettbewerbsfähigkeit Europas zu stärken und das Wachstum zu fördern, muss die Union schnell handeln und die Wirtschaftsteilnehmer dazu ermutigen, sich das volle Potenzial des digitalen Binnenmarkts zunutze zu machen."

Die Unterschiedlichkeit der rechtlichen Regeln der Mitgliedstaaten sieht sie dabei als Haupthindernis.[39] Dies verdeckt, dass solide empirische Grundlagen fehlen, die belegen würden, dass Verbraucher gerade durch rechtliche Unterschiede innerhalb des Binnenmarktes davon abgehalten würden, grenzüberschreitend Waren einzukaufen. Sprachbarrieren, fehlendes Vertrauen in die reibungslose Abwicklung des Kaufs sowie die Sorge vor Problemen bei der Durchsetzung von Gewährleistungsrechten werden eher den Ausschlag geben.

Unvermeidlich wären durch den gewählten Ansatz Abgrenzungsschwierigkeiten 15
entstanden, dies einerseits im Verhältnis zum Parallelvorschlag der Digitale-Inhalte-Richtlinie,[40] andererseits aber zum allgemeinen Zivilrecht, das teilweise harmonisiert, teilweise aber nicht harmonisiert ist.[41] Letzteres gilt für das allgemeine Vertragsrecht, das der Richtlinienvorschlag – wie bereits die VGKRL – bewusst ausklammerte (Art. 1 Abs. 4 Fernabs-Kauf-RL-E), und hier vor allem für Schadensersatzansprüche bei Vertragsverletzungen.[42] In diesem Zusammenhang wäre auch klärungsbedürftig gewesen, inwieweit das jeweilige autonome mitgliedstaatliche Deliktsrecht zur Anwendung hätte kommen können, etwa bei den sog. „Weiterfresserschäden".[43] Inhaltlich bestand ansonsten eine weitgehende Überschneidung mit der VGKRL; Art. 19 Abs. 1 Fernabs-Kauf-RL-E sah eine Änderung der VGKRL daher nur insoweit vor, als damit Fernabsatzverträge aus deren Anwendungsbereich ausgenommen werden sollten.

b) Die Änderungen in Parlament und Rat

Auch im Legislativverfahren betraf einer der Hauptkritikpunkte am Kommissionsvor- 16
schlag die Beschränkung auf Fernabsatzgeschäfte und sonstige Online-Verträge.[44] Sowohl Parlament als auch Rat forderten Kohärenz zwischen Verträgen, die im Fernabsatz geschlossen werden und jenen im klassischen Einzelhandel. Eine im Auftrag des Europäischen Parlaments durchgeführte Folgenabschätzung[45] kam zum Ergebnis, dass die Aufgabe der Beschränkung des Anwendungsbereichs auf Fernabsatz-

39 ErwGr. Nr. 6 und 7 Fernabs-Kauf-RL-E.

40 Dazu *Schmidt-Kessel/Erler/Grimm/Kramme*, GPR 2016, 2, 4f.

41 Näher *Schmidt-Kessel/Erler/Grimm/Kramme*, GPR 2016, 2, 5f.

42 Diese sind dem nationalen Recht vorbehalten, vgl. den Hinweis im Kommissionsvorschlag, COM (2015) 635 final, S. 4.

43 Dazu *Ostendorf*, ZRP 2016, 69, 71. Zur vergleichbaren Problematik im Rahmen des GEK bereits *Wendelstein*, GPR 2013, 70.

44 S. etwa *Lehmann*, Maastricht Journal of European and Comparative Law 2016, 752.

45 *European Parliamentary Research Service (EPRS)*, Online and other distance sales of goods. Impact assessment of substantial amendments, July 2017, PE 603.258, abrufbar unter https://www.europarl.europa.eu/RegData/etudes/STUD/2017/603258/EPRS_STU(2017)603258_EN.pdf [zuletzt abgerufen am 29.6.2020].

und andere Online-Verträge vorzugswürdig sei.[46] Daraufhin legte die Kommission am 31. Oktober 2017 eine Neufassung des Vorschlags vor,[47] die sich nunmehr auf den gesamten sachlichen Anwendungsbereich der Verbrauchsgüterkauf-Richtlinie erstreckte. Nach weiterer Abstimmung im Trilog wurde die Richtlinie (EU) 2019/771 des Europäischen Parlaments und des Rates vom 20. Mai 2019 über bestimmte vertragsrechtliche Aspekte des Warenkaufs, zur Änderung der VO (EU) 2017/2394 und der RL 2009/22/EG sowie zur Aufhebung der RL 1999/44/EG verabschiedet.[48] Die Warenkauf-Richtlinie ist bis zum 1. Juli 2021 von den Mitgliedstaaten umzusetzen; die entsprechenden Bestimmungen gelten ab dem 1. Januar 2022 (Art. 24 Warenkauf-RL). Die VGKRL wird obsolet und tritt zu diesem Zeitpunkt außer Kraft (Art. 23 Warenkauf-RL). Die Warenkauf-Richtlinie ist vollharmonisierend (Art. 4 Warenkauf-RL), doch räumt sie den Mitgliedstaaten an mehreren Stellen die Freiheit ein, das vorgegebene Schutzniveau zu überschreiten bzw. den sachlichen oder persönlichen Anwendungsbereich der Richtlinie zu erweitern.[49] Der am 10. Dezember 2020 vorgelegte Referentenentwurf zur Umsetzung der Warenkauf-Richtlinie sieht insbesondere eine Neudefinition des Begriffs der Sachmangelfreiheit (§ 434 BGB-E), die Einführung einer Aktualisierungsverpflichtung für Sachen mit digitalen Elementen (§ 475b Abs. 3–5 BGB-E), die Einführung von Regelungen für den Kauf von Sachen mit dauerhafter Bereitstellung von digitalen Elementen (§§ 475b, 475c, 477 Abs. 2 BGB-E) und die Verlängerung der Beweislastumkehr im Hinblick auf Mängel auf ein Jahr (§ 477 BGB-E) vor.[50]

III. Anwendungsbereich und Struktur der Warenkauf-Richtlinie

Literatur: *Bach*, Neue Richtlinien zum Verbrauchsgüterkauf und zu Verbraucherverträgen über digitale Inhalte, NJW 2019, 1705; *Helmig*, Die neuen Richtlinien zum europäischen Verbraucherkaufrecht. Überlegungen zum Kauf eines Fahrzeugs als Ware mit digitalem Inhalt, IWRZ 2019, 200; *Staudenmayer*, Kauf von Waren mit digitalen Elementen – Die Richtlinie zum Warenkauf, NJW 2019, 2889; *Zöchling-Jud*, Das neue Europäische Gewährleistungsrecht für den Warenhandel, GPR 2019, 115

---

46 *EPRS*, Online and other distance sales of goods, 2017, S. 32 ff., 105 f.

47 Geänderter Vorschlag für eine Richtlinie des Europäischen Parlaments und des Rates über bestimmte vertragsrechtliche Aspekte des Warenhandels, zur Änderung der Verordnung (EG) Nr. 2006/2004 des Europäischen Parlaments und des Rates und der Richtlinie 2009/22/EG des Europäischen Parlaments und des Rates sowie zur Aufhebung der Richtlinie 1999/44/EG des Europäischen Parlaments und des Rates, COM(2017) 637 final.

48 ABl. 2019, L 136, 28.

49 Zu dieser „gezielten Vollharmonisierung" oben § 2 Rn. 79; zu beiden Aspekten der überschießenden Umsetzung oben § 8 Rn. 88 ff.

50 Referentenentwurf eines Gesetzes zur Regelung des Verkaufs von Sachen mit digitalen Elementen und anderer Aspekte des Kaufvertrags vom 10.12.2020, S. 11 ff.

1. Sachlicher Anwendungsbereich

Die Warenkauf-Richtlinie regelt einzelne Aspekte von Kaufverträgen, insbesondere enthält sie Vorschriften über die Vertragsmäßigkeit der Waren, die Abhilfen im Falle einer Vertragswidrigkeit, die Modalitäten für die Inanspruchnahme dieser Abhilfen sowie über gewerbliche Garantien (Art. 1 Warenkauf-RL). Verträge über die Bereitstellung von digitalen Inhalten oder digitalen Dienstleistungen unterfallen nicht der Warenkauf-Richtlinie, sondern der Digitale-Inhalte-Richtlinie,[51] es sei denn, sie sind als Teil der Ware anzusehen (sog. Waren mit digitalen Elementen, Art. 2 Nr. 5 lit. b Warenkauf-RL) – letzteres wird nach der Zweifelsregelung des Art. 3 Abs. 3 Warenkauf-RL vermutet. 17

Der Kaufvertrag wird in Art. 2 Nr. 1 Warenkauf-RL definiert als „Vertrag, durch den der Verkäufer das Eigentum an Waren auf einen Verbraucher überträgt oder die Übertragung des Eigentums an dieser Ware auf den Verbraucher zusagt und der Verbraucher hierfür den Preis dafür zahlt oder dessen Zahlung zusagt". Die VGKRL hatte keine entsprechende Definition enthalten. Gleichwohl hatte der EuGH bereits hierzu entschieden, dass der Begriff des Kaufvertrags autonom und als solcher unionsweit einheitlich auszulegen sei.[52] Da die VGKRL Anleihen beim UN-Kaufrecht nimmt, lässt sich im Grundsatz dessen Vertragsbegriff verwenden, sodass die Warenveräußerung (ggf. mit Besitzverschaffung) gegen Zahlung eines Kaufpreises konstitutiv ist.[53] Eingeschlossen sind Verträge zur Bereitstellung von Waren, die noch hergestellt oder erzeugt werden müssen (nach deutscher Terminologie: Werklieferungsverträge, § 650 BGB), Art. 1 Abs. 4 VGKRL bzw. Art. 3 Abs. 2 Warenkauf-RL, aber eben nicht Verträge, bei denen ein Dienstleistungselement im Vordergrund steht (so bei Werkverträgen i. S. d. § 631 BGB).[54] Zu beachten ist, dass die VRRL in Art. 2 Nr. 5 eine etwas weitere Definition des Kaufvertrags enthält, die auch Verträge einschließt, die sowohl Waren als auch Dienstleistungen zum Gegenstand haben. Für solche gemischten Verträge kommen die in Art. 18 und 20 VRRL geregelten Bestimmungen zu Lieferung und Risikoübergang zum Tragen.[55] 18

Sprach die VGKRL noch von Verbrauchsgütern, so bezieht sich die Warenkauf-Richtlinie ohne inhaltliche Veränderung auf Waren, die als „bewegliche körperliche Gegenstände" definiert werden (Art. 2 Nr. 5 lit. a Warenkauf-RL). Wasser, Strom und 19

---

51 Dazu unten § 23 Rn. 16 ff.

52 EuGH, 7.9.2017, Rs. C-247/16 – *Schottelius*, NJW 2017, 3215, Rn. 32 unter Verweis auf EuGH, 18.10.2011, Rs. C-34/10 – *Brüstle*, EuZW 2011, 908, Rn. 26 (diese Entscheidung bezog sich auf die Auslegung des Begriffs „menschlicher Embryo" in der RL 98/44/EG über den rechtlichen Schutz biotechnologischer Erfindungen).

53 Siehe insoweit auch Art. IV A.-1:202 DCFR.

54 EuGH, 7.9.2017, Rs. C-247/16 – *Schottelius*, NJW 2017, 3215, Rn. 44 ff.

55 Dazu auch unten Rn. 46. Aus ErwGr. Nr. 11 und 38 Warenkauf-RL ergibt sich, dass die VRRL unberührt bleiben soll. Zu den gemischten Verträgen *Grunewald*, NJW 2020, 2361.

Gas werden ausgenommen, es sei denn, sie werden in einem begrenzten Volumen oder in einer bestimmten Menge zum Verkauf angeboten.[56]

2. Persönlicher Anwendungsbereich

20 Die Warenkauf-Richtlinie gilt für Kaufverträge über Waren, die zwischen einem Verkäufer und einem Verbraucher geschlossen wurden (sog. B2C-Verträge, Art. 3 Abs. 1 Warenkauf-RL). Der in Art. 2 Nr. 2 Warenkauf-RL verwendete Verbraucherbegriff bringt gegenüber dem sonstigen Richtlinienrecht keine Neuerungen. Demgegenüber findet der der VRRL zugrunde liegende Begriff des Unternehmers keine Verwendung, doch ist der in Art. 2 Nr. 3 Warenkauf-RL definierte Begriff des Verkäufers inhaltsgleich.

21 Hinsichtlich des Verbraucherbegriffs stellt es die Warenkauf-Richtlinie den Mitgliedstaaten frei, etwa auch Existenzgründer oder sogar kleine und mittlere Unternehmen (sog. KMU) in den Schutzbereich des umgesetzten Richtlinienrechts einzubeziehen (Erwägungsgrund Nr. 21 Warenkauf-RL). Auch können sie den Verbraucherbegriff insoweit ausdehnen, als das Schutzregime bei Verträgen mit doppelter Zwecksetzung (dual use[57]) in vollem Umfang zur Anwendung kommen kann (Erwägungsgrund Nr. 22 Warenkauf-RL). Anders als etwa Erwägungsgrund Nr. 17 VRRL geht die Warenkauf-Richtlinie damit von einem engeren Verbraucherbegriff aus.[58]

3. Struktur

22 Die Struktur der Warenkauf-Richtlinie entspricht weitgehend derjenigen der VGKRL.[59] In erster Linie regelt sie die Vertragsmäßigkeit der Ware und die Abhilfen für den Fall der negativen Abweichung, namentlich in erster Linie Nachbesserung bzw. Ersatzlieferung, nachrangig auch Minderung und Beendigung des Kaufvertrags. Vor allem hier wurden die einschlägigen Vorgaben erweitert und präzisiert, dies vielfach unter Einarbeitung der einschlägigen Rechtsprechung des EuGH. Neues bringen vor allem die Bestimmungen über die zur Zeit der VGKRL noch nicht als Regelungsproblem erkennbaren digitalen Inhalte, die mittlerweile vielfach Bestandteile von Waren sind.

IV. Die Vertragsmäßigkeit der Ware

Literatur: *Bach*, Neue Richtlinien zum Verbrauchsgüterkauf und zu Verbraucherverträgen über digitale Inhalte, NJW 2019, 1705; *Bach/Wöbbeking*, Das Haltbarkeitserfordernis der Warenkauf-RL als neuer Hebel für mehr Nachhaltigkeit?, NJW 2020, 2672; *Geiger-Wieske*, Das „Bastlerfahrzeug" und die Richt-

56 Inhaltsgleich Art. 1 Abs. 2 lit. b VGKRL sowie Art. 2 Nr. 3 VRRL.

57 Dazu bereits oben § 2 Rn. 28.

58 Ebenso die Digitale-Inhalte-RL, s. dazu unten § 23 Rn. 23 f.

59 Eine sehr hilfreiche Konkordanzentabelle findet sich in Anhang I zur Warenkauf-Richtlinie.

linien über digitale Verträge – Anforderungen an eine ausdrückliche Erklärung, GPR 2020, 76; *Helmig*, Die neuen Richtlinien zum europäischen Verbraucherkaufrecht. Überlegungen zum Kauf eines Fahrzeugs als Ware mit digitalem Inhalt, IWRZ 2019, 200; *Staudenmayer*, Kauf von Waren mit digitalen Elementen – Die Richtlinie zum Warenkauf, NJW 2019, 2889; *Zöchling-Jud*, Das neue Europäische Gewährleistungsrecht für den Warenhandel, GPR 2019, 115

1. Der Ansatz der Verbrauchsgüterkauf-Richtlinie

Nach der binnenmarktfinalen Zielsetzung der VGKRL sollten Verbraucher in allen Mitgliedstaaten einen einheitlichen Standard darüber vorfinden, was sie beim Kauf von Verbrauchsgütern erwarten können (Erwägungsgründe Nr. 7–9 VGKRL). Entsprechend sollte der Verkäufer immer dann haften, wenn die Ware nicht diesen Anforderungen entspricht. Art. 3 VGKRL führt zu diesem Zweck eine Garantiehaftung ein. 23

Art. 2 VGKRL definiert positiv die Vertragsmäßigkeit der Ware. Sie führt dazu eine gestufte Spezifikation ein, die vom Speziellen zum Allgemeinen geht. Der Richtliniengeber orientierte sich hierbei an Art. 35 CISG.[60] Dem entspricht § 434 BGB, auch wenn hier – negativ – der Mangel im Vordergrund steht. Privatautonome Beschaffenheitsvereinbarungen sind möglich und legen den Maßstab der Vertragsmäßigkeit mithin individuell fest. Liegt keine derartige Vereinbarung vor, so gilt die übliche Beschaffenheit als vereinbart (Art. 2 Abs. 2 lit. d VGKRL). Fraglich erscheint angesichts des verbraucherschützenden Zwecks der Richtlinie, inwieweit der Verkäufer im Ergebnis seine Haftung dadurch ausschließen oder vermindern kann, dass er die Beschaffenheitsvereinbarung sehr eng ausgestaltet. Etwa vorliegende Mängel müssen vor diesem Hintergrund hinreichend konkret beschrieben werden. „Gekauft wie besehen“ reicht wohl nicht aus.[61] Art. 2 Abs. 3 VGKRL lässt denn auch den Ausschluss der Haftung bezüglich solcher Mängel zu, die der Käufer kennt oder vernünftigerweise kennen musste. Dem entspricht § 442 BGB: Danach ist die Gewährleistung ausgeschlossen, wenn der Käufer den Mangel kennt. Beruht die Unkenntnis auf grober Fahrlässigkeit, können Mängelrechte nur geltend gemacht werden, wenn der Verkäufer den Mangel arglistig verschwiegen hat oder aber im Falle der Übernahme einer Garantie. 24

Die Richtschnur für die Vertragsmäßigkeit bilden die vernünftigen Erwartungen des Käufers (Art. 2 Abs. 2 lit. d VGKRL).[62] Es besteht hierbei ein objektiver Maßstab. 25

---

60 KOM(95) 520, S. 6, 13; *Grundmann*, AcP 202 (2002), 40, 45 ff.; *Staudenmayer*, ERPL 2001, 547, 553 Fn. 9.

61 *Staudenmayer*, NJW 1999, 2393.

62 Im Grünbuch über Verbrauchsgütergarantien und Kundendienst hatte die Kommission noch vorgeschlagen, die „berechtigten Erwartungen“ des Verbrauchers als Maßstab zu nehmen, KOM(93) 509 endg., S. 109 f. Dieser objektive Begriff der Vertragsmäßigkeit hätte eine deutliche Einschränkung der Vertragsfreiheit nach sich gezogen. Im Kommissionsvorschlag war dies dann auch nicht mehr enthalten, KOM(95) 520, S. 12. Generell sind die „berechtigten Erwartungen“ einer Partei im Unionsprivatrecht auch nicht als eigenständige Rechtsfigur anzusehen, siehe oben § 11 Rn. 33 f.

Vor allem werden öffentliche Äußerungen des Verkäufers, des Herstellers oder dessen Vertreters mit einbezogen, etwa durch Werbung. Damit spielen weitergehend als zuvor im deutschem Recht auch Umstände eine Rolle, die außerhalb des konkreten Vertragsschlusses liegen. Doch führt dies nicht automatisch zur Einbeziehung der gesamten Absatzkette, denn die Richtlinie bezieht sich ausdrücklich nur auf Äußerungen von solchen Akteuren, bei denen eine Zurechnung zur Sphäre des Verkäufers aufgrund der Autorität ihrer Urheber aus Verbrauchersicht plausibel erscheint.[63] Auch entfällt eine Bindung des Verkäufers an solche öffentlichen Äußerungen nach Art. 2 Abs. 4 VGKRL, wenn dieser nachweist, dass er die betreffende Äußerung nicht kannte oder kennen musste, dass die betreffende Äußerung bei Vertragsschluss bereits berichtigt war oder dass die Kaufentscheidung nicht durch die betreffende Äußerung beeinflusst sein konnte.

2. Die Kriterien der Warenkauf-Richtlinie

26 Ähnlich wie in der VGKRL nimmt auch in der Warenkauf-Richtlinie die Regelung der Vertragsmäßigkeit der Ware eine zentrale Stellung ein. Anders als in der VGKRL besteht allerdings keine dahingehende Vermutung mehr. Vielmehr beschreibt die Warenkauf-Richtlinie Standards, die der Verkäufer einzuhalten hat.

a) Die Vertragsmäßigkeit der Ware

27 Wie bereits die VGKRL verwendet auch die Warenkauf-Richtlinie eine Kombination aus objektiven und subjektiven Kriterien für die Vertragsmäßigkeit der Ware (Art. 5–9 Warenkauf-RL).

aa) Subjektive Elemente

28 Entscheidend für die Vertragsmäßigkeit ist zunächst eine wie auch immer geartete Abrede zwischen Verkäufer und Verbraucher (Art. 6 Warenkauf-RL). Der ursprüngliche Richtlinienvorschlag hatte noch eine Bestimmung dahin enthalten, dass hierbei auch eine Anknüpfung an vorvertragliche Erklärungen des Verkäufers erfolgen könne, sofern diese Vertragsbestandteil geworden sind.[64] Doch folgt bereits aus allgemeinen Grundsätzen des Vertragsrechts, dass solche vorvertraglichen Äußerungen Bindungswirkung entfalten, wenn sie Vertragsbestandteil werden. Die in Kraft getretene Fassung der Warenkauf-Richtlinie hat demgemäß auch keine entsprechende Regelung übernommen. Hinzuweisen ist noch auf Erwägungsgrund Nr. 32 a.E. Waren-

---

63 *Grundmann*, in: Grundmann/Bianca (Hrsg.), EU-Kaufrechts-Richtlinie, 2002, Art. 2 Rn. 29.

64 Art. 4 Abs. 1 lit. c Fernabs-Kauf-RL-E; siehe dazu *Stiegler/Wawryka*, BB 2016, 903, 905f.

kauf-RL. Danach soll eine vorvertragliche Erklärung, die Bestandteil des Kaufvertrags ist und die spezifische Angaben zur Haltbarkeit enthält, als Bestandteil der subjektiven Anforderungen an die Vertragsmäßigkeit gelten. Vertragsrechtlich wird damit letztlich eine Selbstverständlichkeit wiedergegeben.

Insbesondere setzt die Vertragsmäßigkeit nach Art. 6 lit. d Warenkauf-RL voraus, 29
dass die Waren die vertraglich geschuldeten Aktualisierungen erhalten. Dies betrifft Waren mit digitalen Elementen im Sinne von Art. 2 Nr. 5 lit. b Warenkauf-RL. Dabei kann es sich um sicherheitsrelevante Aktualisierungen handeln oder auch technische Neuerungen; geschuldet wird damit die Bereitstellung der vertraglich geschuldeten Updates während der gesamten Laufzeit des Vertrags. Sind diese fehlerhaft, unvollständig oder unterbleiben sie ganz, so ist aus diesem Grund die Ware insgesamt als vertragswidrig zu betrachten (Erwägungsgrund Nr. 28 Warenkauf-RL). Daraus lässt sich schließen, dass die Aktualisierungen keine bloße Nebenleistungspflicht darstellen, sondern vertragliche Hauptpflicht sind.

Eine Vertragswidrigkeit soll nicht bereits dann ausgeschlossen sein, wenn der 30
Verbraucher Kenntnis von der Vertragswidrigkeit hatte oder vernünftigerweise nicht in Unkenntnis darüber sein konnte, wie dies Art. 2 Abs. 3 VGRKL vorsah. Vielmehr muss der Verbraucher nunmehr nach Art. 7 Abs. 5 Warenkauf-RL eigens darüber in Kenntnis gesetzt werden, dass ein bestimmtes Merkmal der Waren vom objektiv geforderten Standard abweicht; zusätzlich muss er bei Vertragsschluss dieser Abweichung ausdrücklich und gesondert zugestimmt haben. Nur unter Einhaltung dieser Kautelen erlaubt die Richtlinie eine für den Verbraucher nachteilige vertragliche Abweichung von den gesetzten Standards (Art. 21 Abs. 1 Warenkauf-RL).[65]

bb) Objektive Elemente

Zusätzlich zu den subjektiven Kriterien müssen auch die in Art. 7 Warenkauf-RL ge- 31
nannten objektiven Voraussetzungen vorliegen. Letztere fungieren damit als Mindeststandards, die jede Ware – vorbehaltlich des eben genannten, ausdrücklichen Verzichts des Verbrauchers – erfüllen muss.[66] Insbesondere muss sich die Ware für die Zwecke eignen, für die Waren der gleichen Art in der Regel gebraucht werden (Art. 7 Abs. 1 lit. a Warenkauf-RL). Dies ist gegebenenfalls unter Berücksichtigung des bestehenden Unionsrechts und des nationalen Rechts, technischer Normen oder – in Ermangelung solcher technischer Normen – anwendbarer sektorspezifischer Verhaltenskodizes zu ermitteln, wie die Vorschrift ausdrücklich anführt. Diese Ergänzungen dürften letztlich deskriptiver Natur sein.

65 Näher *Geiger-Wieske*, GPR 2020, 76.
66 *Wendland*, EuZW 2016, 126, 129 f.

32 Überdies muss die Kaufsache hinsichtlich ihrer Menge, Qualität und sonstigen Merkmale (wie etwa ihrer Haltbarkeit,[67] Funktionalität, Kompatibilität und Sicherheit) dem entsprechen, was bei Waren der gleichen Art üblich ist und was der Verbraucher in Anbetracht der Art der Waren vernünftigerweise erwarten kann (Art. 7 Abs. 1 lit. d Warenkauf-RL). Bei der Ermittlung dieses Erwartungsstandards sind insbesondere auch öffentliche Erklärungen zu berücksichtigen, die von dem Verkäufer oder im Auftrag des Verkäufers oder einer anderen Person in vorhergehenden Gliedern der Vertragskette einschließlich des Herstellers, insbesondere in der Werbung oder auf dem Etikett, abgegeben wurden. Der Richtliniengeber macht damit deutlich, dass nunmehr Äußerungen entlang der gesamten Absatzkette erfasst sind. Doch kann sich der Verkäufer nach Art. 8 Abs. 2 Warenkauf-RL etwa durch den Nachweis entlasten, dass er eine solche Erklärung vernüftigerweise nicht kennen konnte. Die Exkulpationsgründe wurden im Wesentlichen unverändert aus der VGKRL übernommen. Ihnen könnte aber unter dem erweiteren Grundtatbestand nunmehr durchaus größere Bedeutung zukommen.

33 Zur Vertragsmäßigkeit der Ware gehört auch entsprechendes Zubehör wie Verpackung oder Montageanleitung (Art. 7 Abs. 1 lit. c Warenkauf-RL). Hat der Verkäufer dem Verbraucher vor Vertragsschluss eine Probe oder ein Muster zur Verfügung gestellt, so müssen die Waren hinsichtlich der Qualität und der Beschreibung dem entsprechen (Art. 7 Abs. 1 lit. b Warenkauf-RL).[68]

34 Ob die sehr weitgehenden objektiven Anforderungen an die Vertragsmäßigkeit der Ware vor allem in Art. 7 Warenkauf-RL noch substanziellen Raum für Parteivereinbarungen lassen, lässt sich durchaus bezweifeln. Sind sich etwa die Parteien einig, dass das verkaufte Auto deswegen nicht verkehrssicher sein muss, weil der Käufer es als Ersatzteillager verwenden möchte, so erscheint fraglich, ob dem nicht Art. 7 Abs. 1 lit. a Warenkauf-RL entgegensteht, denn Waren der gleichen Art (d. h. Autos) werden gewöhnlich im Straßenverkehr gebraucht. Die Norm müsste dahin ausgelegt werden, dass sie in diesem Fall die Ware „Bastelautos" betrifft. Um Rechtsunsicherheit vorzubeugen, müssten die Parteien im Zweifel eine Vereinbarung im Sinne des Art. 7 Abs. 5 Warenkauf-RL treffen.[69]

---

67 Der Begriff der „Haltbarkeit" eines Produkts ist nicht zu verwechseln mit dessen „Reparierbarkeit" – ein Recht auf Reparatur enthält die Warenkauf-RL (derzeit) gerade nicht, s. dazu kritisch *Kieninger*, ZEuP 2020, 264, 274 ff. Zu Wegen, Nachhaltigkeitaspekten über den Haltbarkeitsbegriff der Warenkauf-RL mehr Raum zu geben, *Bach/Wöbbeking*, NJW 2020, 2672; allgemein zur Nachhaltigkeit im Vertragsrecht oben § 2 Rn. 35 ff.

68 Es lässt sich darüber streiten, ob es sich hierbei nicht eher um ein subjektives Kriterium handelt – so hatte dies noch Art. 4 Abs. 1 lit. a Fernabs-Kauf-RL-E gesehen.

69 Vorzugswürdig wäre es gewesen, in Art. 7 Abs. 1 Warenkauf-RL in Anlehnung an die Formulierung in Art. 99 Abs. 2 GEK eine klarstellende Formulierung dahin aufzunehmen, dass die in Art. 7 Warenkauf-RL normierten objektiven Standards nur gelten, soweit die Parteien nichts Abweichendes vereinbart haben. Zur vergleichbaren Problematik im Fernabs-Kauf-RL-E bereits *Stürner*, JURA 2016, 884, 887. Von einer subsidiären Geltung der Art. 5–7 Fernabs-Kauf-RL-E ausgehend hingegen *Maultzsch*, JZ 2016, 236, 239.

cc) Insbesondere: Bereitstellung von Aktualisierungen

Eine echte Neuerung enthält die Warenkauf-RL in Art. 7 Abs. 3 und 4 hinsichtlich von Waren mit digitalen Elementen (Definition: Art. 2 Nr. 5 lit. b Warenkauf-RL). Diesbezüglich trifft den Verkäufer auch ohne entsprechende Vereinbarung (dann gilt Art. 6 lit. d Warenkauf-RL) eine Verpflichtung, den Verbraucher über jegliche Aktualisierungen, die für den Erhalt der Vertragsmäßigkeit dieser Waren erforderlich sind, zu informieren und diese jedenfalls während des Zeitraums bereitzustellen, den der Verbraucher aufgrund der Art und des Zwecks der Waren und der digitalen Elemente und unter Berücksichtigung der Umstände und der Art des Vertrags vernünftigerweise erwarten kann, wenn im Kaufvertrag die einmalige Bereitstellung des digitalen Inhalts oder der digitalen Dienstleistung vorgesehen ist (Art. 7 Abs. 3 lit. a Warenkauf-RL). Sieht der Kaufvertrag hingegen die fortlaufende Bereitstellung des digitalen Inhalts oder der digitalen Dienstleistung über einen Zeitraum vor, so erstreckt sich die Pflicht zur Bereitstellung von Aktualisierungen über die gesamte Periode, während derer der Verkäufer für die Vertragsmäßigkeit der Ware haftet (Art. 7 Abs. 3 lit. b Warenkauf-RL), das sind nach Art. 10 Abs. 2 Warenkauf-RL zwei Jahre.[70] 35

Während letzteres schlicht eine Konsequenz aus der entsprechenden Vereinbarung ist und sich damit mit der Privatautonomie rechtfertigen lässt, dehnt die nach lit. a bestehende Verpflichtung des Verkäufers zur fortlaufenden Bereitstellung von Aktualisierungen das vertragliche Pflichtenprogramm über dasjenige aus, was herkömmlicherweise aus einem Kaufvertrag folgte: die Verpflichtung zur Lieferung einer Kaufsache, die zum Zeitpunkt des Gefahrübergangs vertragsgemäß bzw. mangelfrei ist. Die Pflicht zur Bereitstellung von Aktualisierungen gibt dem Kaufvertrag demgegenüber ein echtes dauerschuldrechtliches Element. In der Tat hat bereits die bisher bestehende Pflicht zur Abhilfe bei Vertragswidrigkeit – nach deutscher Terminologie: Nacherfüllung – eine Abkehr vom Gedanken des Kaufvertrags als schlichtem Austauschvertrag gebracht.[71] Doch ließ sich der Anknüpfungspunkt für diese Verpflichtung des Verkäufers stets in der fehlenden Vertragsmäßigkeit der Ware zum Zeitpunkt des Gefahrübergangs finden. Bei den Waren mit digitalen Elementen fehlt dieser: Die Verpflichtung zur Bereitstellung von Aktualisierungen besteht schließlich auch dann, wenn die Kaufsache bei Gefahrübergang vollkommen vertragsgemäß war. 36

Die Richtlinie bietet hierfür eine doppelte Begründung: Zum einen unterliegt das digitale Umfeld der entsprechenden Waren einer permanenten Veränderung, wodurch deren Funktionsfähigkeit selbst beeinträchtigt werden könnte. Zum anderen aber verlassen Waren mit digitalen Elementen nie vollständig die Sphäre des Verkäufers, da der Verkäufer, ggf. über Dritte, die digitalen Elemente der Ware regelmäßig sogar aus der Entfernung aktualisieren kann (Erwägungsgrund Nr. 31 Warenkauf-RL). Damit wird auf den Zeitpunkt des Gefahrübergangs angespielt, der normalerweise 37

70 Dazu noch unten Rn. 103ff.

71 Dazu etwa *Kitz*, Die Dauerschuld im Kauf, 2004.

entscheidend ist für die Zuweisung von Verantwortung und Haftung im Kaufvertrag. Doch trägt die Parallele nicht unbedingt vollständig, da es auch bei Waren mit digitalen Elementen der Verbraucher ist, der darüber bestimmt, ob der Verkäufer irgendeine Art von Zugriff auf die Ware bekommt. Dass dieser auch remote erfolgen kann, ändert daran nichts; ebenso ließe sich vertreten, dass bei Waren ohne digitale Elemente ein solcher Zugriff des Verkäufers dadurch möglich ist, dass der Verbraucher die Ware etwa zur Nacherfüllung dem Verkäufer überlässt.

38 Während der Verkäufer im Fall der vertraglichen Vereinbarung von Aktualisierungen (Art. 6 lit. d Warenkauf-RL) ggf. auch solche Updates bereitstellen muss, die die Funktionalität des Produkts erweitern oder verbessern, besteht die objektive Pflicht des Verkäufers nach Art. 7 Abs. 3 Warenkauf-RL nur hinsichtlich solcher Aktualisierungen, die notwendig sind, damit diese Waren den nach Art. 6 und 7 Warenkauf-RL bestehenden Anforderungen an die Vertragsmäßigkeit weiterhin genügen. Der Verkäufer ist dann mithin regelmäßig nicht verpflichtet, verbesserte Versionen der digitalen Inhalte oder Dienstleistungen der Waren zur Verfügung zu stellen oder die Funktionen der Waren zu verbessern oder auszuweiten (Erwägungsgrund Nr. 30 Warenkauf-RL).

39 Da der Verkäufer dem Verbraucher die Aktualisierungen nicht aufdrängen kann, verpflichtet ihn die Warenkauf-Richtlinie lediglich zur Information und zur Bereitstellung der Updates, etwa durch Übersendung eines entsprechenden Links. Den Verbraucher trifft nun eine Obliegenheit, die Aktualisierung in angemessener Zeit auch zu installieren. Unterlässt er dies, so kann das zum Entfallen der Haftung des Verkäufers für eine etwaige Vertragswidrigkeit führen, die allein aus dem Fehlen der entsprechenden Aktualisierung resultiert. Darin kann man einen Anwendungsfall des Verbots eines venire contra factum proprium sehen.[72] Dies steht nach Art. 7 Abs. 4 Warenkauf-RL allerdings unter einer zweifachen Einschränkung:

40 Zum einen muss der Verkäufer den Verbraucher über die Verfügbarkeit der Aktualisierung und darüber, welche Folgen es hat, wenn der Verbraucher diese nicht installiert, informiert haben (lit. a). Ersteres ergibt sich bereits aus Art. 7 Abs. 3 Warenkauf-RL. Letzteres erweitert die danach bestehende Informationspflicht noch einmal. Eine gewisse Parallele besteht zur Belehrung über die Haftung für einen etwaigen Wertverlust der Waren nach Widerruf bei Fernabsatz- und Außergeschäftsraumverträgen (Art. 14 Abs. 2 S. 2 i. V. m. Art. 6 Abs. 1 lit. h VRRL).[73]

41 Zum anderen darf die Tatsache, dass der Verbraucher die Aktualisierung nicht oder unsachgemäß installiert hat, nicht auf eine mangelhafte dem Verbraucher bereitgestellte Installationsanleitung zurückzuführen sein (Art. 7 Abs. 4 lit. b Warenkauf-RL). Auch hierdurch wird die Informationspflicht des Verkäufers noch einmal erweitert: Die Information über das Bestehen des Updates sowie über den möglichen

---

72 Allgemein zum Verbot des Rechtsmissbrauchs im Unionsprivatrecht oben § 11 Rn. 43ff.

73 Siehe dazu § 14 Rn. 69ff.

Ausschluss der Haftung bei unterbliebener Installation genügt für sich genommen nicht; zusätzlich ist eine Installationsanleitung mitzuliefern, die wiederum als solche nicht mangelhaft sein darf.

dd) Unsachgemäße Montage oder Installierung

Art. 8 Warenkauf-RL umschreibt die durch unsachgemäße Montage oder Installierung verursachte Vertragswidrigkeit und knüpft damit an Art. 2 Abs. 5 VGKRL an. Nach dem klaren Wortlaut des Art. 8 Warenkauf-RL kommt es nicht darauf an, ob die Montage vertraglich vereinbart wurde oder auf einer nachträglichen Abrede der Parteien beruht; eingeschlossen sind damit wohl auch reine Gefälligkeitsmontagen. 42

ee) Rechte Dritter

Schließlich muss die Ware frei von Rechten Dritter sein, wenn ansonsten die Nutzung der Waren im Sinne der zuvor beschriebenen Anforderungen an die Vertragsmäßigkeit verhindert oder eingeschränkt wird (Art. 9 Warenkauf-RL).[74] 43

b) Maßgeblicher Zeitpunkt für die Feststellung der Vertragsmäßigkeit

Von zentraler Bedeutung für das Kaufrecht ist die Regelung des Gefahrübergangs. Von ihr hängt insbesondere ab, wer das Risiko von Verlust oder Beschädigung der Sache zu tragen hat. Im Grundsatz wird es folglich regelmäßig auf die Möglichkeit der Einflussnahme auf die Sache ankommen. Damit sollte die Gefahr mit der Übergabe der Sache an den Käufer übergehen, wie dies § 446 S. 1 BGB festlegt. Die Vorverlagerung des relevanten Zeitpunktes, die § 447 Abs. 1 BGB für den Versendungskauf enthält, erscheint insbesondere bei Verbraucherverträgen problematisch und wird daher durch § 475 Abs. 2 BGB wesentlich eingeschränkt. Dies steht im Einklang mit der VGKRL, die als maßgeblichen Zeitpunkt für die Feststellung der Vertragswidrigkeit die Lieferung der Sache festschreibt (Art. 3 Abs. 1, Art. 5 Abs. 1, 3 VGKRL). 44

Eine im Vergleich dazu deutlich detailreichere Regelung enthielt der Vorschlag der Fernabs-Kauf-RL in Art. 8. Sie betraf dem Wortlaut nach nur den Zeitpunkt, der für die Feststellung der Vertragswidrigkeit maßgeblich ist: Dies war im Regelfall die physische Inbesitznahme der Ware durch den Verbraucher oder einen von ihm beauftragten Dritten. Indessen vereinte die Norm Elemente aus Art. 105 GEK (maßgeblicher Zeitpunkt) und Art. 142 Abs. 1 GEK (Gefahrübergang). Implizit sollte damit offenbar auch der Gefahrübergang mitgeregelt werden. Dies bekräftigte auch Erwägungsgrund Nr. 24 Fernabs-Kauf-RL-E: Danach sollte zur Gewährleistung der Kohärenz zwischen 45

74 Kritisch zur weniger präzise formulierten Regelung in Art. 7 Fernabs-Kauf-RL-E *Maultzsch*, JZ 2016, 236, 240.

der Fernabs-Kauf-RL und der VRRL als Zeitpunkt für die Feststellung der Vertragsmäßigkeit der Waren der Zeitpunkt des Risikoübergangs angegeben werden.[75]

46 In der in Kraft getretenen Fassung der Warenkauf-Richtlinie findet sich eine entsprechende Regelung in Art. 10 Warenkauf-RL: Auch diese Norm regelt in vergleichbarer Art und Weise den Zeitraum, während dessen der Verkäufer für Vertragswidrigkeiten haftet. Entscheidend ist nach Art. 10 Abs. 1 Warenkauf-RL aber nunmehr der Zeitpunkt der Lieferung der Waren. Eine Definition dieses Begriffs enthält die Richtlinie gleichwohl nicht. Aus Erwägungsgrund Nr. 38 Warenkauf-RL erhellt, dass es sich hierbei um eine bewusste Regelungsabstinenz handelt, sodass insoweit mitgliedstaatliches Recht zum Tragen kommt. Für das deutsche Recht wäre somit § 269 BGB einschlägig. Insbesondere stellt der genannte Erwägungsgrund klar, dass der Verweis auf den Lieferzeitpunkt nicht die Vorschriften über den Risikoübergang in Art. 20 S. 1 VRRL berührt. Danach geht das Risiko für einen Verlust oder eine Beschädigung der Waren auf den Verbraucher über, wenn dieser oder ein von ihm bestimmter Dritter die Waren in Besitz genommen hat. Damit ist augenscheinlich eine Trennung zwischen Risikoübergang und Lieferzeitpunkt vollzogen. Doch dürfte es kaum möglich sein, das mitgliedstaatliche Recht hinsichtlich des Zeitpunktes des Lieferung so auszugestalten, dass beides auseinanderfällt. Denn Art. 18 Abs. 1 VRRL definiert die Lieferung der Ware als die Übertragung des physischen Besitzes an den Waren oder die Kontrolle über diese an den Verbraucher. Hauptzweck dieser Regelung ist die Festlegung des Zeitpunktes der Lieferung (unverzüglich, jedoch nicht später als dreißig Tage nach Vertragsabschluss), sodass die Regelungen über den Ort und die Modalitäten der Lieferung sowie für die Bestimmung der Bedingungen und des Zeitpunkts des Übergangs des Eigentums an den Waren weiterhin mitgliedstaatlichem Recht vorbehalten bleiben (Erwägungsgrund Nr. 51 VRRL).

47 Für den Fall, dass die Waren vom Verkäufer oder unter seiner Verantwortung montiert oder installiert werden, legte Art. 8 Abs. 2 S. 1 Fernabs-Kauf-RL-E den physischen Besitzerwerb auf den Zeitpunkt fest, zu dem die Montage oder Installierung abgeschlossen ist. Während sich diese Fiktion noch mit der tatsächlichen Einflussnahmemöglichkeit des Verkäufers auf die Ware rechtfertigen ließ, verschob S. 2 dieser Norm das Vertragsgleichgewicht stark zu Ungunsten des Verkäufers. Sie verlegte den relevanten Zeitpunkt trotz Übergabe der Waren an den Verbraucher auch für den Fall nach hinten, dass die Waren zur Montage oder Installierung durch den Verbraucher bestimmt sind. Der relevante Zeitpunkt wurde im Wege einer widerleglichen[76] Vermutung auf den Abschluss der Montage oder Installierung gelegt. Das sollte jedoch nur dann gelten, wenn diese innerhalb einer angemessenen Zeit erfolgt ist. Spätestens

75 So auch die Erläuterungen zu Art. 8 Fernabs-Kauf-RL-E, s. COM(2015) 635 final, S. 17. Anders indessen *Schmidt-Kessel/Erler/Grimm/Kramme*, GPR 2016, 54, 66 unter Verweis auf die Regelung des Art. 20 VRRL.

76 Vgl. auch ErwGr. Nr. 26 Fernabs-Kauf-RL-E; dazu *Stiegler/Wawryka*, BB 2016, 903, 907; *Ostendorf*, ZRP 2016, 69, 70.

30 Tage nach dem regulären Zeitpunkt (Art. 8 Abs. 1 Fernabs-Kauf-RL-E) sollte auch hier physischer Besitzerwerb anzunehmen sein. Faktisch wäre es für den Verkäufer kaum möglich gewesen, den Gegenbeweis anzutreten.[77]

Die in Kraft getretene Fassung der Warenkauf-Richtlinie hat diese Regelung denn auch nicht übernommen; das ist auch deswegen folgerichtig, weil sie nicht auf den physischen Besitzerwerb der Ware abstellt, sondern auf deren Lieferung. Erwägungsgrund Nr. 40 Warenkauf-RL enthält immerhin den Hinweis, dass die Waren in Fällen, in denen im Kaufvertrag vorgesehen ist, dass diese vom Verkäufer oder unter Verantwortung des Verkäufers montiert oder installiert werden, dann als an den Verbraucher geliefert betrachtet werden, wenn die Montage oder Installierung abgeschlossen ist. Das dürfte jedenfalls dann gelten, wenn der Verbraucher nicht in der Lage ist, die Waren zu verwenden oder Mängel zu erkennen, bevor die Montage oder Installierung abgeschlossen ist, wie der genannte Erwägungsgrund eingangs ausführt. 48

Keine ausdrückliche Regelung findet sich für den Fall, dass der Verbraucher die Ware nicht entgegennimmt. Das deutsche Recht sieht mit Eintreten des Annahmeverzugs den Gefahrübergang vor (§§ 446 S. 3, 475 Abs. 3 S. 2 BGB). Man kann das Richtlinienrecht wohl nur so verstehen, dass die physische Übergabe der Ware zwingend erforderlich ist, sodass § 446 S. 3 BGB im Falle des Annahmeverzugs nicht zur Anwendung gelangen dürfte.[78] 49

c) Beweislastumkehr

Kommt es damit aus Sicht der Warenkauf-Richtlinie für die Frage der Vertragsmäßigkeit der Ware auf den Zeitpunkt der Lieferung an, so stellt sich in der Praxis genau bezüglich dieses Punktes das Problem der Nachweispflicht: Regelmäßig wird es der Verbraucher sein, der sich auf eine Vertragswidrigkeit – nach deutscher Terminologie: Mangelhaftigkeit – der Ware beruft und Abhilfe fordert. Nach allgemeinen Grundsätzen obliegt es dann im Bestreitensfalle ihm nachzuweisen, dass die Ware nicht den vertraglichen oder gesetzlichen Anforderungen genügt, und dass das bereits zum Zeitpunkt der Lieferung der Fall war. Das wird in den seltensten Fällen unproblematisch gelingen. Nachdem die Durchschlagskraft der Richtlinie mit der Effektivität der durch sie gewährten Abhilfen steht und fällt, postuliert sie eine Beweislastumkehr: Nach Art. 11 Abs. 1 Warenkauf-RL wird bei Vertragswidrigkeiten, die innerhalb eines Jahres nach Lieferung der Waren offenbar werden, vermutet, dass sie bereits zu diesem Zeitpunkt bestanden haben. Insoweit muss der Verkäufer das Gegenteil beweisen. Die 50

77 Kritisch zu dieser Regelung *Stiegler/Wawryka*, BB 2016, 903, 907, die darin ein hohes Missbrauchspotential für den Verbraucher erblicken.
78 Noch zum Richtlinienvorschlag *Maultzsch*, JZ 2016, 236, 241.

Vermutung gilt nur dann nicht, wenn sie mit der Art der Waren oder der Art der Vertragswidrigkeit unvereinbar ist.

51 Diese Regelung knüpft an Art. 5 Abs. 3 VGKRL an, wonach eine Vermutung dafür besteht, dass die Vertragswidrigkeit bereits zum Zeitpunkt der Lieferung vorlag, wenn sie innerhalb von sechs Monaten nach Gefahrübergang offenbar wird. Im deutschen Recht setzt § 477 BGB (davor inhaltsgleich § 476 BGB a. F.) diese Vorgaben um. Nach früher überwiegender Ansicht, die vor allem vom BGH geteilt wurde,[79] betraf diese Vermutung nicht die Frage des Vorliegens des Mangels selbst, sondern nur die Frage des Zeitpunktes des Vorliegens; eine weitergehende Beweislastumkehr nach Gefahrübergang sei danach nicht vorgesehen.[80] Dass ein Mangel vorliegt, muss danach der Käufer beweisen. Dies bedeutet nach dieser Lesart, dass ein Sachmangel, der innerhalb der Sechs-Monatsfrist nach Gefahrübergang auftritt, die Vermutung nicht auslöst, dass dieser auf einem Grundmangel beruht, der seinerseits bereits bei Gefahrübergang vorlag.[81]

52 Der EuGH hat in der Rechtssache *Faber*[82] allerdings einer anderen Auslegung den Vorzug gegeben. Hiernach muss der Verbraucher den Beweis erbringen, dass das verkaufte Gut nicht vertragsgemäß ist und dass die fragliche Vertragswidrigkeit binnen sechs Monaten nach der Lieferung des Guts offenbar geworden ist. Der Verbraucher muss weder den Grund der Vertragswidrigkeit noch den Umstand beweisen, dass deren Ursprung dem Verkäufer zuzurechnen ist. Die Vermutung kann nur dann entkräftet werden, wenn der Verkäufer nachweist, dass der Grund oder Ursprung der Vertragswidrigkeit in einem Umstand liegt, der nach der Lieferung des Guts eingetreten ist.[83] Die restriktive Rechtsprechung des BGH stand nicht im Einklang hiermit und wurde in einer nachfolgenden Entscheidung aufgegeben.[84] Darin folgte der BGH den Vorgaben des EuGH aus der Rechtssache *Faber* im Wege der richtlinienkonformen Auslegung des § 476 BGB a. F. (nun: § 477 BGB).[85] Der Wortlaut dieser Norm deckt jedenfalls bei weitem Verständnis das zu erzielende Auslegungsergebnis.[86] Auch der Wille des Gesetzgebers steht dem nicht entgegen. Ausweislich der Gesetzesmaterialien wurde die Beweislastumkehr des § 476 BGB a. F. als abweichende Sonderregelung zu den allgemeinen Beweislastgrundsätzen gesehen; der Gesetzgeber war jedenfalls bestrebt, § 476 BGB a. F. so auszugestalten, dass diese Vorschrift mit Art. 5 Abs. 3 VGKRL vereinbar ist.[87] Ihre genaue Reichweite bleibt in der Gesetzesbegründung in-

---

79 BGHZ 159, 215 („Zahnriemen-Fall"); s.a. BGHZ 200, 1.

80 *Hondius*, in: Bianca/Grundmann, EU-Kaufrechts-Richtlinie, 2002, Art. 5 Rn. 20 f.

81 Anders allerdings bereits *Lorenz*, NJW 2004, 3020.

82 EuGH, 4.6.2015, Rs. C-497/13 – *Faber*, NJW 2015, 2237; s. dazu *Podszun*, EuCML 2015, 149; *Sagan/Scholl*, JZ 2016, 501; *Ruckteschler*, ZEuP 2016, 532; *Muthorst*, GPR 2017, 222.

83 EuGH, 4.6.2015, Rs. C-497/13 – *Faber*, NJW 2015, 2237, Rn. 69 ff. Zur Frage, welche Anforderungen an den „Entlastungsbeweis" zu stellen sind, *Sagan/Scholl*, JZ 2016, 501, 506 f.

84 BGHZ 212, 224, Rn. 36 ff.; dazu etwa *Gsell*, JZ 2017, 576; *Stürner*, JURA (JK) 2017, S. 359, § 476 BGB.

85 Siehe zu dieser Methodik bereits oben § 8 Rn. 40 ff.

86 BGHZ 212, 224, Rn. 40.

87 BT-Drucks. 14/6040, S. 81, 245.

dessen offen; es wird lediglich ausgeführt, § 476 BGB a. F. übernehme die Vermutung aus Art. 5 Abs. 3 VGKRL. Der auf diese Weise geäußerte generelle Umsetzungswille genügt jedoch nach der neueren Rechtsprechung des BGH für die Zulässigkeit einer richtlinienkonformen Rechtsanwendung.[88]

Mithin kommt dem Verbraucher nunmehr die Vermutungswirkung des § 477 BGB 53 auch dahin zugute, dass der binnen sechs Monaten nach Gefahrübergang zu Tage getretene mangelhafte Zustand zumindest im Ansatz schon bei Gefahrübergang vorgelegen hat. Damit wird der Käufer des Nachweises enthoben, dass ein erwiesenermaßen erst nach Gefahrübergang eingetretener akuter Mangel seine Ursache in einem latenten Mangel hat. Die von der Rechtsprechung des BGH zuvor vorgenommene Unterscheidung zwischen akutem Mangel und latentem Mangel wird damit obsolet. Ebenfalls ohne praktische Bedeutung ist die Frage, ob die Vermutungswirkung sich nur auf die Anfangsstufe eines später eingetretenen Mangels oder auch einen diesem vorgelagerten Grundmangel erstreckt, denn der vom EuGH in der Rechtssache *Faber* gewählte allgemeine Begriff („im Ansatz“) erfasst aufgrund seines weiten Bedeutungsgehalts beide Fallgestaltungen.[89] Folge ist vielfach eine jedenfalls faktische Haltbarkeitsgarantie für die ersten sechs Monate nach Gefahrübergang.[90]

Der Kommissionsvorschlag in Art. 8 Abs. 3 Fernabs-Kauf-RL-E hatte die in diesem 54 Sinne auszulegende Vermutung sogar auf die Zeit von zwei Jahren nach dem in Art. 8 Abs. 1 und 2 Fernabs-Kauf-RL-E festgelegten Zeitpunkt erstreckt. Diese Vermutung sollte im Grundsatz auch für gebrauchte Güter gelten[91] – für diese wäre es auf eine entsprechende Auslegung der Ausnahme des Art. 8 Abs. 3 Fernabs-Kauf-RL-E angekommen, die bei einer Unvereinbarkeit der Vermutung mit der Art der Ware oder der Art der Vertragswidrigkeit greifen sollte. Im Ergebnis hätte der Richtlinienvorschlag damit in vielen Fällen eine zweijährige Haltbarkeitsgarantie mit sich gebracht. Diese Privilegierung des Verbrauchers bei Fernabsatzkäufen im Gegensatz zu anderen Absatzformen erschien kaum gerechtfertigt, da die Qualität der Ware in keiner Weise von der Art des Vertriebs abhängt.[92]

Auch hinsichtlich der zeitlichen Reichweite der Beweislastumkehr regte sich Kri- 55 tik aus den Mitgliedstaaten, die in der nunmehr in Kraft getretenen Fassung der Warenkauf-Richtlinie darin ihren Ausdruck gefunden hat, dass die Vermutungsregelung nur ein Jahr lang nach der Lieferung greift (Art. 11 Abs. 1 Warenkauf-RL). Nachdem ei-

88 Etwa BGHZ 192, 148, Rn. 30 ff.; dazu oben § 8 Rn. 59 f.

89 Für Nachweise siehe BGHZ 212, 224, Rn. 49 ff.

90 So MüKo-BGB/*Lorenz*, 8. Aufl. 2019, § 477 Rn. 5 a. E.; *Hübner*, NJW 2015, 2241; *Ruckteschler*, ZEuP 2016, 538, 541.

91 Der Vorschlag für die Fernabs-Kauf-RL sah – anders als Art. 7 Abs. 1 UAbs. 2 VGKRL – keine Möglichkeit vor, für gebrauchte Güter zeitliche Beschränkungen der Haftung bis zu einem Jahr zu vereinbaren.

92 Zur Kritik am Kommissionsvorschlag *Stiegler/Wawryka*, BB 2016, 903, 907; *Stürner*, JURA 2016, 884, 889. Generell befürwortend dazu *Wendland*, EuZW 2016, 126, 130.

nige Mitgliedstaaten aber bereits bisher längere Fristen vorgesehen hatten, lässt Art. 11 Abs. 2 Warenkauf-RL ihnen die Freiheit, eine Frist von zwei Jahren ab Lieferung der Ware beizubehalten oder einzuführen.

56 Für Waren mit digitalen Elementen gelten die vorstehenden Regelungen entsprechend (Art. 11 Abs. 1 S. 2 Warenkauf-RL). Da solchen Verträgen ein Dauerschuldelement innewohnt,[93] wäre die schlichte Bezugnahme auf den Zeitpunkt der Lieferung indessen nicht sinnvoll. Sieht der Kaufvertrag die fortlaufende Bereitstellung des digitalen Inhalts oder der digitalen Dienstleistung über einen Zeitraum vor, so trägt bei einer Vertragswidrigkeit, die innerhalb von zwei Jahren nach Lieferung, bei entsprechender vertraglicher Vereinbarung auch darüber hinaus (Art. 10 Abs. 2 Warenkauf-RL), offenbar wird, der Verkäufer die Beweislast dafür, dass der digitale Inhalt oder die digitale Dienstleistung innerhalb des in dem angeführten Artikel genannten Zeitraums vertragsgemäß war (Art. 11 Abs. 3 Warenkauf-RL).

V. Konsequenzen der Vertragswidrigkeit

1. Exemplarische Umsetzungsdefizite der Verbrauchsgüterkauf-Richtlinie

Literatur: *Maultzsch*, Die kaufrechtlichen Neuregelungen zum Umfang der Nacherfüllung und zum Rückgriff des Verkäufers: Berlin locuta – causa finita?, ZfPW 2018, 1; *Unberath*, Die richtlinienkonforme Auslegung am Beispiel der Kaufrechtsrichtlinie, ZEuP 2005, 5; *G. Wagner*, Der Verbrauchsgüterkauf in den Händen des EuGH: Überzogener Verbraucherschutz oder ökonomische Realität?, ZEuP 2016, 87

57 Die folgenden Konstellationen beschreiben exemplarisch und ohne Anspruch auf Vollständigkeit die Einwirkungen des kaufrechtlichen Richtlinienrechts auf das nationale Privatrecht. Sie behalten daher ihre Relevanz, auch wenn sich der unmittelbare Regelungskontext verändert hat. Teilweise gehen Änderungen in der neuen Warenkauf-Richtlinie auf einschlägige Rechtsprechung des EuGH zurück. Für weitere Beispiele wird verwiesen auf die allgemeinen Ausführungen zur Methode des Unionsprivatrechts; hier finden sich weitere Anwendungsfälle aus dem Bereich des VGKRL,[94] insbesondere die beinahe schon klassisch gewordenen Rechtssachen *Quelle*[95] (betreffend den Nutzungsersatz bei Nachlieferung) und *Weber/Putz*[96] (betreffend u. a. die Erstattungsfähigkeit von Aus- bzw. Einbaukosten im Rahmen der Nachlieferung). Andere werden im Zusammenhang mit der Neufassung des Kaufrechts durch die Warenkauf-Richtlinie erläutert.

---

93 Siehe oben Rn. 35ff.

94 Siehe oben § 8 Rn. 43ff., 62ff.

95 EuGH, 17.4.2008, Rs. C-404/06 – *Quelle*, Slg. 2008, I-2685; dazu oben § 8 Rn. 43ff.

96 EuGH, 16.6.2011, verb. Rs. C-65/09 und C-87/09 – *Weber und Putz*, Slg. 2011, I-5257; dazu oben § 8 Rn. 62ff.

a) Das System der Rechtsbehelfe nach der VGKRL

Art. 3 Abs. 1 VGKRL postuliert eine Haftung des Verkäufers für jede Vertragswidrigkeit, die zum Zeitpunkt der Lieferung besteht. Diese ist verschuldensunabhängig ausgestaltet. Es bestehen folgende Rechte des Käufers (Art. 3 Abs. 2 VGKRL): (1) Nachbesserung oder Ersatzlieferung (Art. 3 Abs. 3 VGKRL), (2) angemessene Minderung des Kaufpreises (Art. 3 Abs. 5 VGKRL) oder (3) Vertragsauflösung (Art. 3 Abs. 5 und 6 VGKRL). Dieser Systematik liegt die grundlegende Entscheidung der Richtlinie für ein Recht des Verkäufers zur zweiten Andienung zugrunde, das im deutschen Recht so zuvor nur im Werkvertragsrecht bestanden hatte. Das Recht zur Minderung bzw. zur Vertragsauflösung ist daher in dem Sinne nachrangig ausgestaltet, dass „zunächst" (Art. 3 Abs. 3 VGKRL) Nachbesserung oder Ersatzlieferung verlangt werden muss. Daraus ergibt sich gleichzeitig, dass eine Selbstvornahme ohne Nacherfüllungsverlangen zu einem Verlust dieser Rechtsposition führt. Erst dann, wenn der Verkäufer nicht innerhalb einer angemessenen Frist Abhilfe geschaffen hat, kann der Verbraucher zur Minderung oder der Vertragsauflösung übergehen (Art. 3 Abs. 5 VGKRL). Gleiches gilt, wenn der Verbraucher weder Anspruch auf Nachbesserung noch auf Ersatzlieferung hat (weil diese unmöglich oder nur mit unverhältnismäßigem Aufwand möglich ist, Art. 3 Abs. 3 VGKRL), oder weil die Abhilfe nicht ohne erhebliche Unannehmlichkeiten für den Verbraucher möglich war. Die Vertragsauflösung wiederum steht unter einem Geringfügigkeitsvorbehalt (Art. 3 Abs. 6 VGKRL) und ist damit der Minderung jedenfalls ein Stück weit nachgelagert. 58

b) Rücktritt nur nach Fristsetzung?

Nach deutschem Recht ist für den Rücktritt eine Fristsetzung erforderlich (§§ 437 Nr. 2, 323 Abs. 1 BGB). Die VGKRL setzt indessen lediglich das Verstreichen einer angemessenen Frist voraus (Art. 3 Abs. 3 UAbs. 3 sowie Art. 3 Abs. 5 2. Spiegelstrich VGKRL). Sie gibt dem Verbraucher damit gerade das Recht, trotz eigener Ungenauigkeit noch gegen den Verkäufer vorgehen zu können – das Erfordernis der Fristsetzung dürfte ihm häufig nicht bekannt sein. Hat der Käufer nur einige Zeit verstreichen lassen bis zur Erklärung des Rücktritts, ohne zuvor eine Frist gesetzt zu haben, und hat er auch nicht durch nähere Qualifikation seines Verlangens wie „sofortige", „unverzügliche" oder „prompte" Mängelbeseitigung deutlich gemacht, dass er diese innerhalb eines bestimmbaren Zeitraums fordere,[97] so ist der Rücktritt – jenseits der Entbehrlichkeit 59

97 Nach BGH NJW 2009, 3153 (zu § 281 Abs. 1 BGB) genügt es für das Fristsetzungserfordernis, „wenn der Gläubiger durch das Verlangen nach sofortiger, unverzüglicher oder umgehender Leistung oder vergleichbare Formulierungen deutlich macht, dass dem Schuldner für die Erfüllung nur ein begrenzter (bestimmbarer) Zeitraum zur Verfügung steht". Ebenso zu § 323 Abs. 1 BGB BGH NJW 2015, 2564, Rn. 11; BGH NJW 2016, 3654, Rn. 25.

der Fristsetzung nach § 440 BGB und § 323 Abs. 2 BGB nach deutschem Recht nicht wirksam erklärt.

aa) Richtlinienverstoß bei B2C-Konstellation

60 Das Erfordernis des Setzens einer angemessenen Frist als Vorausetzung für einen Rücktritt vom Vertrag könnte allerdings gegen die Vorgaben der Verbrauchsgüterkauf-Richtlinie verstoßen.[98] Zweck der auf Unionsebene getroffenen Fristregelung ist es, dem Verkäufer die Möglichkeit einer zweiten Andienung zu geben. Diese ist nach der Systematik des Art. 3 Abs. 3 VGKRL vorrangig vor den anderen Abhilfemöglichkeiten. Es kommt für die Frage der Angemessenheit dieser Frist insbesondere darauf an, um welches Produkt es sich handelt und welchen Zeitraum der Rechtsverkehr als ausreichend ansieht. Dies kann je nach Kaufsache und Art des Mangels unterschiedlich zu bewerten sein. Das Interesse des Verkäufers an einer genügend lang bemessenen Nachbesserungszeit ist jedoch abzuwägen mit dem Interesse des Käufers, ein mangelfreies Produkt auch nutzen zu können. Es reicht also nach der VGKRL aus, wenn der Verbraucher die Beseitigung des Mangels verlangt, und dann eine angemessene Frist abwartet, bis er vom Vertrag zurücktritt.[99]

61 Fraglich ist, ob damit ein Umsetzungsmangel im deutschen Recht vorliegt. Denn hier wird das Setzen einer Frist in § 323 Abs. 1 BGB ausdrücklich angeordnet. Aus den Gesetzesmaterialien ergibt sich, dass der Gesetzgeber dies auch für richtlinienkonform hielt, da die Fristsetzung für beide Vertragspartner klare Verhältnisse schaffe.[100] Das bloße Verstreichenlassen eines angemessenen Zeitraums genügt danach nicht.[101] Der BGH scheint angesichts der geringen Anforderungen an die Fristsetzung nicht von einem Richtlinienverstoß auszugehen. Jedenfalls scheide eine richtlinienkonforme Rechtsanwendung deswegen aus, weil der Gesetzgeber den möglichen Richtlinienverstoß erkannt, sich aber dennoch bewusst für die in § 323 Abs. 1 BGB normierte Lösung entschieden habe.[102] Doch wird durch das Fristsetzungserfordernis in § 323 Abs. 1 BGB das Risiko, dass die Frist zu kurz und damit nicht angemessen war, auf

---

98 Die vom AG Hannover (BauR 2016, 1522) gestellt Vorlagefrage hat der EuGH nicht beantwortet, weil der streitgegenständliche Vertrag über die Sanierung eines Pools nicht als Vertrag „über die Lieferung herzustellender oder zu erzeugender Verbrauchsgüter" i. S. v. Art. 1 Abs. 4 VGKRL einzuordnen war, EuGH, 7.9.2017, Rs. C-247/16 – *Schottelius*, NJW 2017, 3215, Rn. 44ff.; dazu *Klocke*, GPR 2018, 90 sowie bereits oben Rn. 18.

99 BeckOK-BGB/*Faust*, 53. Edition (Stand 1.2.2020), § 437 Rn. 18 m. w. N.; *Herresthal*, in: Langenbucher, Europäisches Privat- und Wirtschaftsrecht, 4. Aufl. 2017, § 2 Rn. 179; *Heiderhoff*, Europäisches Privatrecht, 5. Aufl. 2020, Rn. 508.

100 Siehe BT-Drucks. 14/6040, S. 222: Der Verbraucher könne nach dem BGB die Frist selbst bestimmen und sei dadurch besser gestellt als von der VGKRL gefordert.

101 Siehe wiederum BGH NJW 2009, 3153 (zu § 281 Abs. 1 BGB).

102 BGH DAR 2020, 687, Rn. 45ff.

den Verbraucher abgewälzt. Dies bedeutet eine Schlechterstellung gegenüber dem bloßen Abwarten, das Art. 3 Abs. 3 VGKRL postuliert und somit einen Verstoß des nationalen Rechts gegen die Richtlinienvorgaben.[103] Ein nationales Gericht, das mit dem Problem eines Richtlinienverstoßes konfrontiert ist, muss alles ihm nach dem jeweils anwendbaren Recht methodisch Mögliche unternehmen, um die Vorgaben der Richtlinie umzusetzen.[104] Für das deutsche Recht folgt daraus die Verpflichtung zur richtlinienkonformen Auslegung und unter Umständen sogar zur richtlinienkonformen Rechtsfortbildung.[105] Vor diesem Hintergrund bestehen vorliegend mehrere Möglichkeiten.

bb) Richtlinienkonforme Rechtsanwendung

In Betracht kommt zunächst eine teleologische Reduktion des § 323 Abs. 1 BGB hin- **62**
sichtlich des Fristsetzungserfordernisses.[106] Im Ergebnis wäre dadurch den europarechtlichen Vorgaben Genüge getan. Der Eingriff in die Vorschrift wäre jedoch sehr tief, da deren klarer Wortlaut eine Fristsetzung erfordert und eine planwidrige Lücke nicht vorliegt, weil der Gesetzgeber wie gesehen davon ausging, dass § 323 BGB eine richtlinienkonforme Umsetzung bietet.[107]

Möglich erscheint daneben eine erweiternde Auslegung des § 440 BGB: Ein Fehl- **63**
schlagen der Nacherfüllung wäre danach immer dann anzunehmen, wenn der Verkäufer diese nicht innerhalb angemessener Frist vornimmt.[108] Hiergegen spricht jedoch, dass ein Fehlschlagen i. S. d. § 440 BGB – anders als im früheren § 11 Nr. 10b AGBG a. F. – nicht alle Fälle abdeckt, in denen die Nacherfüllung nicht erbracht wurde. Der Gesetzgeber des SchRModG hat in § 323 BGB ein differenziertes System geschaffen, das nicht unterlaufen werden darf.[109] Der ebenfalls in § 440 Abs. 1 BGB zu findenden Tatbestand der Unzumutbarkeit der Nacherfüllung trifft den Kern der Sache gleichermaßen nicht.[110]

---

103 Vgl. nur die Nachweise bei MüKo-BGB/*Lorenz*, 8. Aufl. 2019, Vor § 474 Rn. 24f. Aus der Rechtsprechung AG Köln, 28.1.2010, 137 C 436/09 – juris; LG Stuttgart, 8.2.2012, 13 S 160/11 – juris, dem folgend auch AG Brandenburg, 18.6.2012, 31 C 133/10 – juris Rn. 43, wohl obiter, da in casu eine Frist gesetzt wurde.

104 Zu den Voraussetzungen näher *Langenbucher*, in: Langenbucher, Europäisches Privat- und Wirtschaftsrecht, 4. Aufl. 2017, § 1 Rn. 84ff. sowie bereits oben § 8 Rn. 52ff.

105 BGH NJW 2009, 427 (Quelle).

106 *Canaris*, JZ 2001, 499, 510; so offenbar auch AG Köln, 28.1.2010, 137 C 436/09 – juris Rn. 23; nicht differenzierend LG Stuttgart, 8.2.2012, 13 S 160/11 – juris Rn. 19.

107 *Unberath*, ZEuP 2005, 3, 29f.

108 So BT-Drucks. 14/6040, S. 222. Dafür etwa BeckOGK-BGB/*Höpfner* (Stand 1.4.2020), § 440 Rn. 20 m.w.N.

109 So BeckOK-BGB/*Faust*, 53. Edition (Stand 1.2.2020), § 437 Rn. 19.1.

110 Zur Unzumutbarkeit einer Fristsetzung nach § 440 S. 1 Alt. 3 BGB s. BGH NJW 2017, 153.

64 Vorzugswürdig ist daher eine richtlinienkonforme (erweiternde) Auslegung des § 323 Abs. 2 Nr. 3 BGB.[111] Der generalklauselartige Wortlaut der Norm lässt diese Auslegung zu, obwohl er darauf hindeutet, dass hier überhaupt keine Frist abzuwarten ist (vgl. § 323 Abs. 2 Nr. 1 und 2 BGB). Hiergegen spricht zwar der historische Wille des Gesetzgebers, der das Fristsetzungserfordernis für richtlinienkonform hielt. Dieser ist aber überwindbar, da immerhin kein bewusster Verstoß gegen die Richtlinie vorlag, der Gesetzgeber diese vielmehr ordnungsgemäß umsetzen wollte.[112] Dies zeigt der Verweis auf eine mögliche richtlinienkonforme Auslegung in der Regierungsbegründung selbst.[113]

cc) Keine Ausdehnung auf die B2B-Konstellationen

65 Die Vorgaben der VGKRL erstrecken sich nur auf denjenigen Teil des mitgliedstaatlichen Vertragsrechts, der dem sachlichen Anwendungsbereich der Richtlinie unterfällt. Das sind nur Verträge, die zwischen Unternehmern und Verbrauchern geschlossen wurden (sog. B2C-Konstellation). Ein Kaufvertrag zwischen zwei Unternehmern (sog. B2B-Konstellation) ist davon nicht erfasst. Doch könnte für eine Gleichbehandlung beider Fallgruppen im deutschen Recht sprechen, dass ansonsten zwei bis auf die Verbrauchereigenschaft des Käufers identische Fälle unterschiedlich behandelt würden, weil ein- und dieselbe Norm – § 323 Abs. 3 Nr. 3 BGB[114] – im einen Fall teleologisch reduziert würde und im anderen Fall nicht. Es handelte sich dann um eine gespaltene Auslegung dieser Vorschrift. Daran könnte problematisch sein, dass auf diese Weise der gesetzgeberische Wille missachtet würde, nach dem das Konzept der VGKRL überschießend für alle Kaufverträge, auch solche zwischen Unternehmern, umgesetzt wurde: Der Vorrang der Nacherfüllung gilt nach §§ 440, 323 BGB ohne Unterschied sowohl für B2C-, als auch für B2B-Verträge. Es fragt sich daher, ob die Vorgaben der VGKRL diesem gesetzgeberischen Plan entsprechend auch im überschießend umgesetzten Teil des deutschen Rechts beachtet werden müssen. Zu unterscheiden ist hierbei eine unionsrechtliche und eine nationale Sichtweise.

(1) Unionsrechtliches Gebot der einheitlichen Auslegung?

66 Aus unionsrechtlicher Sicht ist eine richtlinienkonforme Auslegung hinsichtlich solcher Normen, die eine Richtlinie überschießend (d.h. außerhalb ihres Anwendungs-

---

111 BeckOK-BGB/*Faust*, 53. Edition (Stand 1.2.2020), § 437 Rn. 20; *Herresthal*, in: Langenbucher, Europäisches Privat- und Wirtschaftsrecht, 4. Aufl. 2017, § 2 Rn. 174; *Unberath*, ZEuP 2005, 3, 31; MüKo-BGB/*Lorenz*, 8. Aufl. 2019, Vor § 474 Rn. 25; s.a. *Jäger*, Überschießende Richtlinienumsetzung im Privatrecht, 2006, S. 157ff.

112 *Herresthal*, in: Langenbucher, Europäisches Privat- und Wirtschaftsrecht, 4. Aufl. 2017, § 2 Rn. 179.

113 BT-Drucks. 14/6040, S. 222; vgl. BeckOK-BGB/*Faust*, 53. Edition (Stand 1.2.2020), § 437 Rn. 20.

114 Bzw. § 323 Abs. 1 oder § 440 BGB, siehe Rn. 62f.

bereichs) umsetzen, nicht geboten. Zwar sieht der EuGH „ein offensichtliches Interesse" der EU, dass „jede Bestimmung des Gemeinschaftsrechts unabhängig davon, unter welchen Voraussetzungen sie angewandt werden soll, eine einheitliche Auslegung erhält, damit künftige unterschiedliche Auslegungen verhindert werden".[115] Daraus kann jedoch kein europarechtliches Gebot einer einheitlichen Auslegung abgeleitet werden, da es insoweit an einer entsprechenden Bindungswirkung der Richtlinie aus Art. 288 Abs. 3 AEUV fehlt.[116]

(2) Gebot zur einheitlichen Auslegung nach nationalem Recht?

Insoweit kann sich das Erfordernis einer einheitlichen Auslegung nur aus dem natio- 67
nalen Recht ergeben. Leitend ist die Frage, ob der Gesetzgeber auch im überschießenden Teil den Vorgaben der VGKRL nachkommen wollte. Damit kommt primär der historischen Auslegung entscheidende Bedeutung zu.[117] Beim Verbrauchsgüterkauf wurden in den §§ 474 ff. BGB spezifische Vorgaben für diese Geschäfte umgesetzt.[118] Ansonsten aber wollte der Gesetzgeber ein einheitliches Recht für alle Kaufverträge einführen und gerade keine Abkoppelung des Verbraucherrechts.[119] Eine einheitliche Auslegung vermeidet auch Wertungswidersprüche;[120] aus Gleichheitsgründen ist sie in der Regel vorzugswürdig.[121] Andererseits geht bereits die richtlinienkonforme Auslegung des § 323 Abs. 2 Nr. 3 BGB in Verbraucherfällen bis an die Grenze der richtlinienkonformen Auslegung. Auch ist zu beachten, dass die Richtlinie im überschießend umgesetzten Teil des mitgliedstaatlichen Rechts eine schwächere Vorrangwirkung entfaltet, sodass hier der Wille des Gesetzgebers zur Fristsetzung überwiegt.[122] Im Übrigen wäre dann auch das Fristsetzungserfordernis in § 323 Abs. 1 BGB nicht nur für Verbraucherkäufe, sondern für alle Käufe entwertet. Entscheidend gegen eine einheitliche Auslegung dürfte sprechen, dass sich ein entsprechender Wille des Gesetzgebers für diese Konstellation nicht ermitteln lässt. Offensichtlich ging der Gesetzgeber da-

---

115 EuGH, 18.10.1990, Rs. C-297/88 u. a. – *Dzodzi*, Slg. 1990, I-3763, Rn. 37.

116 Siehe auch EuGH, 16.3.2006, Rs. C-3/04 – *Poseidon Chartering*, Slg. 2005, I-2505. Zum Problemkreis der überschießenden Umsetzung von Richtlinienvorgaben und der Auslegung überschießend umsetzenden Rechts näher oben § 8 Rn. 88 ff.

117 *Langenbucher*, in: Langenbucher, Europäisches Privat- und Wirtschaftsrecht, 4. Aufl. 2017, § 1 Rn. 111 ff.

118 Daraus schließt MüKo-BGB/*Lorenz*, 8. Aufl. 2019, Vorbem. § 474 Rn. 4, dass eine gespaltene Auslegung im Bereich des allgemeinen Schuldrechts hingenommen werden kann.

119 BT-Drucks. 14/6040, S. 221.

120 *Grigoleit/Herresthal*, JZ 2003, 118, 119; *Berger*, JZ 2004, 276, 278. Für gespaltene Auslegung aber *Hommelhoff*, in: FS BGH, Band II, 2000, S. 889, 914.

121 *Langenbucher*, in: Langenbucher, Europäisches Privat- und Wirtschaftsrecht, 4. Aufl. 2017, § 1 Rn. 118.

122 So *Unberath*, ZEuP 2005, 3, 32; *Mayer/Schürnbrand*, JZ 2004, 545, 552; BeckOK-BGB/*Faust*, 53. Edition (Stand 1.2.2020), § 437 Rn. 21.

von aus, dass die getroffene Regelung richtlinienkonform ist. Es ist daher davon auszugehen, dass er das Fristsetzungserfordernis jedenfalls für Verträge zwischen Unternehmern hätte aufrechterhalten wollen, wäre ihm die Richtlinienwidrigkeit des § 323 Abs. 1 BGB für Verbraucherverträge bewusst gewesen.[123] Im Ergebnis sprechen daher die besseren Argumente hinsichtlich der Problematik des Fristsetzungserfordernisses für eine gespaltene Auslegung.

c) Der Erfüllungsort der Nacherfüllung

Literatur: *Augenhofer*, Der Nacherfüllungsort beim Verbrauchsgüterkauf. Bei dir oder bei mir? – Das sagt uns dann das Gericht, NJW 2019, 1988

68 Nach der Systematik des Kaufrechts muss der Käufer dem Verkäufer Gelegenheit zur Nacherfüllung geben; der Rücktritt ist als nachrangiges Recht ausgestaltet.[124] Doch fragt sich, wo der Erfüllungsort der Nacherfüllung liegt. Das BGB regelt die Frage nicht ausdrücklich. Möglich erscheint es, den Erfüllungsort der Nacherfüllung pauschal am Ort der bestimmungsgemäßen Ingebrauchnahme zu sehen, also regelmäßig am Sitz des Verbrauchers.[125] Für diese Sichtweise sprächen ganz generell Gesichtspunkte des Verbraucherschutzes. Nach einer anderen Ansicht kommt dem Erfüllungsort der Nacherfüllung keine eigenständige Bedeutung zu; er folgt daher schlicht dem Erfüllungsort der Primärleistungspflicht.[126] Parteivereinbarungen sind selbstverständlich zu berücksichtigen.

69 Nach Ansicht des BGH ist der Erfüllungsort der Nacherfüllung dagegen nach § 269 BGB zu bestimmen;[127] weder § 439 Abs. 1 noch Abs. 2 BGB enthielten vorrangige Regelungen zu dieser Frage. Folgt man dieser Ansicht, so stellt sich erneut die Frage der Europarechtskonformität der deutschen Regelung. Die Nacherfüllung muss nach Art. 3 Abs. 3 UAbs. 2 VGKRL ohne erhebliche Unannehmlichkeiten für den Verbraucher vonstatten gehen. Solche Unannehmlichkeiten können sowohl finanzieller Art sein, oder aber darin bestehen, dass der Verbraucher Zeit und Mühe aufwenden muss. Für diese Auslegung spricht auch der Gedanke des unionsrechtlichen effet utile. Eine Verpflichtung des Verbrauchers, die Kaufsache zum Zweck der Nacherfüllung stets zum Sitz des Verkäufers zu bringen, kann im Einzelfall einen erheblichen Aufwand verursachen. Damit dürfte in der schlichten Anwendung des § 269 Abs. 1 BGB auf die Verpflichtung zur Nacherfüllung vielfach ein Richtlinienverstoß liegen.

---

123 Vgl. BGHZ 195, 135, Rn. 20ff. (Granulat) zum vergleichbaren Fall hinsichtlich der Verpflichtung zur Übernahme der Kosten für den Ausbau der mangelhaften und den Einbau der mangelfreien Sache im Rahmen der Nachlieferung.

124 BGH NJW 2010, 1448.

125 OLG München (15. ZS) NJW 2006, 449, 450.

126 OLG München (20. ZS) NJW 2007, 3214, 3215.

127 BGHZ 189, 196.

Der EuGH hat die generelle Linie des BGH grundsätzlich für richtlinienkonform erachtet: Der Erfüllungsort der Nacherfüllung bestimmt sich nach dem jeweils anwendbaren mitgliedstaatlichen Recht.[128] Verbrauchern kann es grundsätzlich zugemutet werden, die gekaufte Ware an den Verkäufer zurückzusenden; dies gilt jedenfalls für „kompakte" Waren, da die VGKRL nur vor erheblichen, nicht aber vor jeglichen Unannehmlichkeiten schützt.[129] Anders ist dies bei besonders schweren, sperrigen oder zerbrechlichen Waren, wenn deren Beförderung an den Geschäftssitz des Verkäufers für den Durchschnittsverbraucher eine erhebliche Unannehmlichkeit darstellt.[130] Bei einem 5 x 6 m großen Partyzelt dürfte das der Fall sein.[131] **70**

Doch kann ein Richtlinienverstoß durch richtlinienkonforme Rechtsanwendung korrigiert werden.[132] In Betracht kommt eine richtlinienkonforme Auslegung des § 269 Abs. 1 BGB dahin, dass sich „aus der Natur des Schuldverhältnisses" hier etwas anderes ergibt, nämlich ein Erfüllungsort für die Nacherfüllung am Sitz des Verbrauchers. Diese Auslegung hält sich innerhalb des Wortlautes der Norm, sodass die Voraussetzungen einer Rechtsfortbildung nicht geprüft werden müssen. **71**

Eine nachgelagerte Frage betrifft die durch die Beförderung der Ware an den Sitz des Verkäufers entstehenden Kosten. Seit 2018 enthält § 475 Abs. 6 BGB für das deutsche Recht eine ausdrückliche Normierung des Anspruchs des Verbrauchers auf Leistung eines entsprechenden Vorschusses.[133] Unionsrechtlich wird das jedenfalls nicht im Regelfall verlangt, sondern nur dann, wenn „für den Verbraucher die Tatsache, dass er für diese Kosten in Vorleistung treten muss, keine Belastung darstellt, die ihn von der Geltendmachung seiner Rechte abhalten könnte";[134] bei der hier vorzunehmenden Einzelfallprüfung finden Berücksichtigung etwa „die Höhe der Transportkosten, der Wert des vertragswidrigen Verbrauchsgutes oder die rechtliche oder tatsächliche Möglichkeit des Verbrauchers [...], seine Rechte geltend zu machen, falls der Verkäufer die vom Verbraucher vorgestreckten Transportkosten nicht erstattet".[135] Viel gewonnen ist mit dieser Formulierung gegenüber dem Richtlinientext nicht.[136] Je- **72**

---

128 EuGH, 23.5.2019, Rs. C-52/18 – *Fülla*, NJW 2019, 2007; dazu *Felsch*, GPR 2020, 81; *Weller/Darasz*, ZEuP 2020, 952.

129 EuGH, 23.5.2019, Rs. C-52/18 – *Fülla*, NJW 2019, 2007, Rn. 40, 44.

130 EuGH, 23.5.2019, Rs. C-52/18 – *Fülla*, NJW 2019, 2007, Rn. 42f.

131 Dahin recht deutlich EuGH, 23.5.2019, Rs. C-52/18 – *Fülla*, NJW 2019, 2007, Rn. 65.

132 Hierauf weist der EuGH sehr deutlich hin: EuGH, 23.5.2019, Rs. C-52/18 – *Fülla*, NJW 2019, 2007, Rn. 47.

133 Der Anspruch auf Vorschuss wurde zuvor auf § 439 Abs. 2 BGB gestützt, s. BGHZ 189, 196, Rn. 37; BGH NJW 2017, 2758, Rn. 29 und dazu *Wendehorst*, NJW 2017, 2762; *Looschelders*, JR 2018, 560; *Riehm*, JuS 2018, 291; *Stürner*, JURA (JK) 2018, S. 98, § 439 BGB.

134 So EuGH, 23.5.2019, Rs. C-52/18 – *Fülla*, NJW 2019, 2007, Rn. 56.

135 EuGH, 23.5.2019, Rs. C-52/18 – *Fülla*, NJW 2019, 2007, Rn. 55.

136 S. auch *Augenhofer*, NJW 2019, 1988, 1989.

denfalls ist die verbraucherfreundlichere[137] Regelung des deutschen Rechts im Lichte der in Art. 8 Abs. 2 VGKRL postulierten Mindestharmonisierung unionsrechtskonform.

d) Verjährungsverkürzungen

73 Die Verbrauchsgüterkauf-Richtlinie begrenzt die Haftung des Verkäufers für Vertragswidrigkeiten durch zwei verschiedene Fristen: Nach Art. 5 Abs. 1 S. 1 VGKRL haftet der Verkäufer, wenn die Vertragswidrigkeit binnen zwei Jahren nach der Lieferung des Verbrauchsgutes offenbar wird. Das deutsche Recht hat diese Bestimmung nicht übernommen, sondern regelt die Haftungsperiode durch die Verjährungsnorm des § 438 BGB, was grundsätzlich im Einklang mit der Intention der Richtlinie steht. Art. 5 Abs. 1 S. 2 VGKRL erlaubt den Mitgliedstaaten aber, eine Frist vorzusehen, innerhalb deren die Verbraucher ihre Ansprüche geltend machen können, sofern diese Frist nicht vor Ablauf von zwei Jahren ab dem Zeitpunkt der Lieferung endet. Haftungshöchstdauer und Verjährung sind also funktional äquivalent. Art. 7 Abs. 1 UAbs. 2 VGKRL gestattet die Einführung einer Regelung, nach der sich Verkäufer und Verbraucher für gebrauchte Güter auf eine kürzere Haftungsdauer einigen können, die jedoch ein Jahr nicht unterschreiten darf. Im deutschen Recht wurde von dieser Möglichkeit in § 476 Abs. 2 BGB Gebrauch gemacht.

74 Darin liegt jedoch nach der Auffassung des EuGH ein Richtlinienverstoß.[138] Haftungshöchstdauer und Verjährung verfolgten unterschiedliche Zielrichtungen: Erstere beziehe sich auf den Zeitraum, in dem das Auftreten einer Vertragswidrigkeit der Kaufsache die in Art. 3 VGKRL vorgesehene Haftung des Verkäufers auslöse und somit zur Entstehung der Rechte führe, bei letzterer hingegen handele es sich um eine Verjährungsfrist, die dem Zeitraum entspreche, in dem der Verbraucher seine Rechte, die während der Haftungsdauer des Verkäufers entstanden seien, tatsächlich gegenüber diesem ausüben könne.[139] Daraus leitet der EuGH ab, dass die Dauer der Verjährungsfrist nicht von der Haftungsdauer des Verkäufers abhängt. Die Möglichkeit der Verkürzung der Haftungsdauer in Art. 7 Abs. 1 UAbs. 2 VGKRL beziehe sich bereits dem Wort-

---

137 Zu betonen ist, dass es sich hierbei um einen abrechenbaren Vorschuss handelt, sodass der Verbraucher eine ggf. anteilige Rückerstattungsverpflichtung trifft, wenn sich das Nacherfüllungsverlangen als (teilweise) unbegründet herausstellt; treffend daher *Wendehorst*, NJW 2017, 2762: der Vorschuss könne sich als „Danaergeschenk" erweisen.

138 EuGH, 13.7.2017, Rs. C-133/16 – *Ferenschild*, JZ 2018, 298, Rn. 33 ff. Ausgangspunkt war das belgische Recht. Dieses unterscheidet zwischen einer zweijährigen „Garantiefrist" und einer einjährigen „Verjährungsfrist". Erstere beginnt mit Lieferung und kann durch eine Vereinbarung für gebrauchte Güter auf eine Mindestdauer von einem Jahr verkürzt werden. Letztere beginnt an dem Tag, an dem die Vertragswidrigkeit vom Verbraucher festgestellt worden ist, wobei diese Frist nicht vor dem Ende der Garantiefrist ablaufen darf (EuGH a. a. O., Rn. 23 ff.). Die belgische Regelung ist damit verbraucherfreundlicher als das deutsche Recht: Die einjährige Verjährungsfrist wird nur dann im gleichen Maße wie § 476 Abs. 2 Alt. 2 BGB praktisch, wenn der Käufer am Tag der Lieferung die Vertragswidrigkeit feststellt.

139 EuGH, 13.7.2017, Rs. C-133/16 – *Ferenschild*, JZ 2018, 298, Rn. 34 f.

laut nach nur auf diese, nicht aber auf eine Verjährungsfrist, die nach mitgliedstaatlichem Recht möglicherweise bestehe.[140] Auf die teleologische Äquivalenz beider Institute geht der EuGH nicht ein.[141] Auch wenn diese Entscheidung kaum überzeugt, so führt sie doch zur Richtlinienwidrigkeit des § 476 Abs. 2 Alt. 2 BGB.[142]

Versucht man sich hier an einer richtlinienkonformen Rechtsanwendung, so wird 75
man eingestehen müssen, dass auch jenseits der Wortlautgrenze („von weniger als *einem* Jahr") trotz Anwendung der sehr weitgehenden Kriterien, die der BGH für die Rechtsfortbildung in solchen Fällen aufgestellt hat,[143] methodisch kaum überwindbare Probleme bestehen: Im Ergebnis würde § 476 Abs. 2 Alt. 2 BGB dadurch funktionslos. Auch mangelt es angesichts des klaren gesetzgeberischen Plans, für den Kauf gebrauchter Sachen eine Begrenzung des Zeitraums, während dessen der Verkäufer für Vertragswidrigkeiten im Sinne des Art. 3 Abs. 2 VGKRL haftet, auf ein Jahr zu implementieren, an einer planwidrigen Lücke.[144] Bis auf Weiteres bleibt die richtlinienwidrige Rechtslage damit bestehen.[145]

Käufern, die ihre Ansprüche wegen der durch § 476 Abs. 2 Alt. 2 BGB ermöglichten 76
Verjährungsverkürzung nicht durchsetzen können, bleibt bis zu einer gesetzgeberischen Neuregelung nur der Staatshaftungsanspruch. Der Regierungsentwurf eines Gesetzes für faire Verbraucherverträge vom 16. Dezember 2020[146] sieht die Streichung von § 476 Abs. 2 Alt. 2 BGB vor und erlaubt es den Parteien, bei gebrauchten Sachen eine Haftungsdauer von nicht weniger als einem Jahr zu vereinbaren, bekennt aber recht freimütig, dass mit der Umsetzung der Vorgaben aus dem *Ferenschild*-Urteil des EuGH auch bis zur Umsetzung der Warenkauf-Richtlinie zum 1. Januar 2022 gewartet werden könnte.[147]

---

140 EuGH, 13.7.2017, Rs. C-133/16 – *Ferenschild*, JZ 2018, 298, Rn. 43ff.

141 Zu recht kritisch *B. Köhler*, GPR 2018, 37, 39; MüKo-BGB/*Lorenz*, 8. Aufl. 2019, § 476 Rn. 25.

142 So nun auch BGH, 18.11.2020, VIII ZR 78/20 – juris Rn. 20ff.

143 Oben § 8 Rn. 49ff.

144 Ebenso BGH, 18.11.2020, VIII ZR 78/20 – juris Rn. 25ff. sowie bereits zuvor *B. Köhler*, GPR 2018, 37, 39; *Kulke*, MDR 2018, 1025, 1028f.; MüKo-BGB/*Lorenz*, 8. Aufl. 2019, § 476 Rn. 26; BeckOK-BGB/*Faust*, 54. Edition (Stand 1.5.2020), § 476 Rn. 4; BeckOGK-BGB/*Augenhofer* (Stand 15.4.2020), § 476 Rn. 67; OLG Celle DAR 2020, 89; LG Stuttgart BeckRS 2019, 30156, Rn. 62.

145 Für eine richtlinienkonforme Rechtsfortbildung hingegen *Leenen*, JZ 2018, 284, 288f.; jurisPK-BGB/*Ball*, 9. Aufl. 2020, § 476 Rn. 28f.; OLG Frankfurt DAR 2020, 89, 90; offen *Palandt/Weidenkaff*, 80. Aufl. 2021, § 476 Rn. 13. Methodisch nicht tragbar ist die Erwägung, § 476 Abs. 2 Alt. 2 BGB „unangewendet" zu lassen (dahin *Kulke*, MDR 2018, 1025, 1029): Die Berufung auf die scheinbare Parallele zur Nichtanwendung von § 622 Abs. 2 S. 2 BGB a. F. als Reaktion auf EuGH, 19.1.2010, Rs. C-555/07 – *Kücükdeveci*, Slg. 2010, I-365 lässt außer Acht, dass dort im Ergebnis der primärrechtliche Grundsatz des Verbots der Altersdiskriminierung maßgeblich war und nicht wie hier ein bloßer Richtlinienverstoß. Näher dazu oben § 7 Rn. 36ff.

146 Siehe https://www.bmjv.de/SharedDocs/Gesetzgebungsverfahren/DE/Faire_Verbrauchervertraege.html [abgerufen am 23.12.2020].

147 RegE eines Gesetzes für faire Verbraucherverträge vom 16.12.2020, S. 13. Siehe zu der entsprechenden Regelung der Warenkauf-RL unten Rn. 103ff.

e) Regelungsautonomie in Bezug auf den Schadensersatzanspruch

77 Dass das deutsche Recht den Schadensersatzanspruch nach §§ 434, 437 Nr. 3, 440, 280 Abs. 1 BGB letztlich verschuldensabhängig ausgestaltet (die Vermutung des § 280 Abs. 1 S. 2 BGB kann schließlich widerlegt werden), bedeutet indessen keinen Richtlinienverstoß, da die VGKRL insoweit keine Regelung trifft und mithin die Regelungsautonomie der Mitgliedstaaten nicht einschränkt.

2. Die Rechtsbehelfe des Käufers nach der Warenkauf-Richtlinie

a) Überblick

78 Wie die VGKRL sieht auch die Warenkauf-Richtlinie verschiedene Abhilfemöglichkeiten vor, wenn die Ware im Sinne der Art. 5–9 Warenkauf-RL nicht vertragsgemäß war. Dies sind weiterhin wie in Art. 13 Abs. 1 Warenkauf-RL genannt (1) die Herstellung des vertragsgemäßen Zustandes der Ware (Art. 13 Abs. 2 und 3, Art. 14 Warenkauf-RL), (2) die Minderung (Art. 13 Abs. 4, Art. 15 Warenkauf-RL) sowie (3) die Beendigung des Vertrags (Art. 13 Abs. 4 und 5, Art. 16 Warenkauf-RL); hinzu tritt das in Art. 13 Abs. 6 Warenkauf-RL geregelte Zurückbehaltungsrecht des Verbrauchers, dessen Modalitäten durch das mitgliedstaatliche Recht festgelegt werden.

79 Ansprüche auf Schadensersatz regelt auch die Warenkauf-Richtlinie nicht; insoweit gilt wiederum das Recht der Mitgliedstaaten (Art. 3 Abs. 6 Warenkauf-RL). Der Richtliniengeber versäumt es aber nicht, in Erwägungsgrund Nr. 61 Warenkauf-RL darauf hinzuweisen, dass aus unionsrechtlicher Sicht gerade auch die Haftung des Verkäufers für Schäden ein wesentliches Element von Kaufverträgen ist und Verbraucher daher einen Anspruch auf Entschädigung für alle Schäden haben sollten, die durch einen Verstoß des Verkäufers gegen diese Richtlinie entstanden sind, einschließlich solcher Schäden, die als Folge einer Vertragswidrigkeit entstanden sind. Eine einheitliche Regelung sei aber nicht erforderlich, da ein solcher Schadensersatzanspruch bereits in allen Mitgliedstaaten bestehe. Welche Vorgaben für das mitgliedstaatliche Recht sich hieraus über den effet utile der Richtlinie ableiten ließen, erscheint unklar. Nachdem der verfügende Teil des Rechtsaktes nur einen Ausschluss enthält, dürfte die Regelungsautonomie der Mitgliedstaaten hinsichtlich des Schadensersatzanspruchs unbeschränkt sein und auch etwa Regelungen erlauben, die den Verschuldensnachweis – anders als etwa § 280 Abs. 1 S. 2 BGB – dem Verbraucher aufbürden.

80 Der Vorschlag für eine Fernabsatz-Kauf-Richtlinie hatte eine Regelung zu mitwirkendem Verschulden des Verbrauchers enthalten: Soweit der Verbraucher selbst zur Vertragswidrigkeit der Waren beigetragen hatte, sollte er keinen Anspruch auf Abhilfe haben (Art. 9 Abs. 5 Fernabs-Kauf-RL-E). Daraus wäre wohl erhebliche Unsicherheit entstanden, da die Norm dem Wortlaut nach jeden Kausalbeitrag genügen hätte lassen.[148] Möglicherweise hätte also etwa eine unsachgemäße Montage ausgereicht, die teilweise auf eine fehlerhafte Montageanleitung zurückzuführen, aber gleichzeitig auf

---

148 So auch *Stiegler/Wawryka*, BB 2016, 903, 908.

eigene Versäumnisse des Verbrauchers zurückzuführen war. Keine Bedeutung sollte nach dem Wortlaut der vorgeschlagenen Vorschrift dem Umstand zukommen, dass der Verbraucher die Vertragswidrigkeit der Ware bei Gefahrübergang kannte. In der in Kraft getretenen Fassung der Warenkauf-Richtlinie wurde diese Vorschrift denn auch nicht übernommen; an ihre Stelle getreten ist eine Öffnungsklausel, wonach die Mitgliedstaaten regeln können, ob und in welchem Umfang ein Beitrag des Verbrauchers zu der Vertragswidrigkeit dessen Recht auf Abhilfe beeinträchtigt (Art. 13 Abs. 7 Warenkauf-RL). Auch hier dürfte letztlich der effet utile eine zu starke Berücksichtigung von mitwirkendem Verschulden des Verbrauchers verhindern.

b) Hierarchie der Abhilfen

Die VGKRL schreibt insoweit eine Hierarchie der Abhilfen vor, als Minderung und Ver- **81**
tragsbeendigung im Ergebnis nur bei Scheitern von Nachbesserung bzw. Nachlieferung gefordert werden können (Art. 3 Abs. 3 und Abs. 5 VGKRL); die Vertragsbeendigung wiederum ist bei geringfügiger Vertragswidrigkeit ausgeschlossen (Art. 3 Abs. 6 VGKRL). Die große Mehrzahl der Mitgliedstaaten hat diese Rangfolge übernommen; teilweise besteht jedoch eine freie Wahl der Verbraucher zwischen den einzelnen Abhilfen.[149] Diese im Rahmen der mindestharmonisierenden VGKRL mögliche Besserstellung des Verbrauchers ist unter der vollharmonisierenden Warenkauf-Richtlinie an sich ausgeschlossen: Die Herstellung des vertragsmäßigen Zustandes durch den Verkäufer ist hier zwingend vorrangig vor den anderen Rechtsbehelfen; erst bei ihrem Scheitern kommen die weiteren Abhilfen in Betracht (Art. 13 Abs. 4 Warenkauf-RL).

Eine Vertragsbeendigung wird auch künftig bei geringfügigen Vertragswidrigkei- **82**
ten nicht möglich sein (Art. 13 Abs. 5 S. 1 Warenkauf-RL).[150] Noch der Kommissionsvorschlag hatte die Streichung dieser Schwelle vorgesehen.[151] Die hierfür gegebene Begründung, es solle ein Anreiz für den Verkäufer geschaffen werden, frühzeitig Abhilfe zu schaffen,[152] vermochte kaum zu überzeugen. Gerade bei geringfügigen Mängeln werden Nachbesserung oder Ersatzlieferung aus Sicht des Verkäufers von vornherein unökonomisch sein, sodass auch die mögliche Vertragsbeendigung kaum Anreize setzen könnte. Vielmehr hätte die Regelung den Grundsatz der Vertragstreue unnötig ausgehöhlt. Überdies wäre der inhaltliche Gleichlauf, den die VGKRL mit dem CISG hatte, verlassen worden.[153]

---

149 COM(2015) 635 final, S. 6f.

150 Ebenso die Regelung in Art. 114 Abs. 2 GEK.

151 Dies wurde unterschiedlich beurteilt, positiv etwa *Wendland*, EuZW 2016, 126, 131; kritisch hingegen *Ostendorf*, ZRP 2016, 69, 70.

152 ErwGr. Nr. 29 Fernabs-Kauf-RL-E.

153 Siehe zum Ganzen etwa *Stürner*, Der Grundsatz der Verhältnismäßigkeit im Schuldvertragsrecht, 2010, S. 238ff.

c) Nachbesserung und Ersatzlieferung

83 Wie die VGKRL unterscheidet auch die Warenkauf-Richtlinie zwischen Nachbesserung und Ersatzlieferung. Unverändert soll der Verbraucher ein Wahlrecht zwischen diesen beiden erstrangigen Abhilfemöglichkeiten haben (Art. 13 Abs. 2 Warenkauf-RL).

aa) Überblick

84 Der Verkäufer kann gegen die vom Verbraucher verlangte Abhilfe wie bisher – neben der Unmöglichkeit[154] – einwenden, diese verursache verglichen mit der anderen Abhilfemöglichkeit unverhältnismäßig hohe Kosten. Die Leitparameter für diese nach Art. 13 Abs. 2 Warenkauf-RL insoweit vorzunehmende Abwägung aller relevanten Umstände sollen im Wesentlichen gegenüber dem alten Recht unverändert bleiben; zu berücksichtigen sind hinsichtlich dieser sog. relativen Unverhältnismäßigkeit insbesondere: (1) der Wert der Waren in vertragsgemäßem Zustand; (2) die Bedeutung der Vertragswidrigkeit sowie (3) der Umstand, ob die alternative Abhilfe ohne erhebliche Unannehmlichkeiten für den Verbraucher geleistet werden kann.

85 Die Nachbesserung oder Ersatzlieferung ist wie bisher auch für den Verbraucher unentgeltlich (Art. 14 Abs. 1 lit. a Warenkauf-RL). Der Verkäufer hat sie innerhalb einer angemessenen Frist zu erbringen; diese bestimmt sich ab dem Zeitpunkt, zu dem der Verbraucher den Verkäufer über die Vertragswidrigkeit unterrichtet hat (Art. 14 Abs. 1 lit. b Warenkauf-RL). Damit führt die Richtlinie keine mittelbare Rügeobliegenheit ein, wie sich aus Art. 12 Warenkauf-RL ergibt, die genau diese in die Regelungshoheit der Mitgliedstaaten stellt. Ist dies, wie im deutschen Recht, nicht der Fall, führt dies zu einem in diesem Fall zu tolerierenden, höheren Verbraucherschutzniveau (Erwägungsgrund Nr. 46 Warenkauf-RL). Offensichtlich ist es jedenfalls für den Fall der Nachbesserung nicht damit getan, wenn der Verbraucher den Unternehmer über die Vertragswidrigkeit informiert, wie dies Erwägungsgrund Nr. 50 Warenkauf-RL sagt. Hier wird vielfach eine physische Inbesitznahme der Sache durch den Verkäufer erforderlich sein.[155] Bei der Bestimmung der Angemessenheit der Frist sind nach Erwägungsgrund Nr. 55 Warenkauf-RL die Art und die Komplexität der Waren, die Art und Schwere der Vertragswidrigkeit sowie der für eine Nachbesserung oder Ersatzlieferung erforderliche Aufwand einzubeziehen. Die Richtlinie stellt es den Mitgliedstaaten frei, feste Fristen zu bestimmen, die für bestimmte Produktkategorien allgemein als angemessen gelten könnten. Gleichzeitig kann es nicht im Belieben des Verbrauchers stehen, das Recht des Verkäufers zur zweiten Andienung dadurch zu übergehen, dass er die Rückgabe der Sache verzögert, um sich dann auf einen nicht mehr

---

154 Nicht genannt wird die Rechtswidrigkeit der gewählten Art der Nacherfüllung, wie sie noch in Art. 11 Fernabs-Kauf-RL-E angeführt worden war.

155 Zur Frage des Erfüllungsortes für diese Nachbesserung unten Rn. 96.

angemessenen Zeitraum im Sinne des Art. 13 Abs. 4 lit. d Warenkauf-RL berufen zu können.

Die Nachbesserung oder Ersatzlieferung darf schließlich keine erheblichen Unannehmlichkeiten für den Verbraucher nach sich ziehen; hierbei sind die Art der Waren sowie der Zweck, für den der Verbraucher die Waren benötigt, zu berücksichtigen (Art. 14 Abs. 1 lit. c Warenkauf-RL). Diese Vorschrift entspricht im Wesentlichen der Vorgängernorm (Art. 3 Abs. 3 UAbs. 3 sowie Abs. 5 3. Spiegelstrich VGKRL).[156] Sanktionen für Verstöße gegen diese Vorgaben enthält die Richtlinie nur insoweit, als der Verbraucher dann unter Umständen auf Minderung oder Vertragsbeendigung übergehen kann (Art. 13 Abs. 4 lit. d Warenkauf-RL). Ansprüche auf Entschädigung bei der erfolgreichen, aber mit erheblichen Unannehmlichkeiten verbundenen Nachbesserung oder Ersatzlieferung hingegen bleiben dem Recht der Mitgliedstaaten überlassen (Erwägungsgrund Nr. 61 Warenkauf-RL).[157] Gleiches gilt für den Fall, dass die Nachbesserung oder Ersatzlieferung zu spät erfolgte. 86

bb) Absolute Unverhältnismäßigkeit

Keine Regelung fand sich bisher im Richtlinienrecht für die im deutschen Recht in § 439 Abs. 4 S. 3 HS. 2 BGB normierte sog. absolute Unverhältnismäßigkeit.[158] Danach kann der Verkäufer auch die verbliebene Art der Nacherfüllung wegen Unverhältnismäßigkeit verweigern, wenn die Voraussetzungen von § 439 Abs. 4 S. 1 und 2 BGB vorliegen. 87

Die VGKRL schweigt dazu; auch der Vorschlag der Fernabs-Kauf-Richtlinie enthielt keine diesbezügliche Regelung. Vor diesem Hintergrund stellte sich die Frage der Richtlinienwidrigkeit des deutschen Rechts:[159] Wenn es Zweck der VGKRL wäre, den Verkäufer in Bezug auf die verbleibende Art der Nacherfüllung erst bei Eintritt der Unmöglichkeit zu befreien, dann bedeutete die deutsche Umsetzung, die hierfür bereits die Grenze des Unverhältnismäßigkeit genügen lässt, jedenfalls für den Verbraucher eine Einschränkung seiner Rechte, wenn man davon ausgeht, dass für diesen die Nacherfüllung in einer der Varianten günstiger ist als Minderung oder Vertragsaufhebung.[160] In der Literatur wurden hierzu unterschiedliche Meinungen vertreten; der BGH schien es nicht von vornherein für ausgeschlossen zu erachten, dass der in der Richtlinie gebrauchte Begriff der Unmöglichkeit in ihr nicht definiert und dessen Aus- 88

156 Das deutsche Recht weist insoweit ein Umsetzungsdefizit auf, s. bereits oben § 8 Rn. 82.

157 Zur Regelung im bisherigen deutschen Recht bereits oben § 8 Rn. 83ff.

158 Siehe aber Art. 110 Abs. 3 lit. b GEK.

159 Dazu bereits oben § 8 Rn. 73ff.

160 Daran könnten jedenfalls bei Massengütern bereits Zweifel bestehen, soweit sich der Verbraucher ohne Probleme anderweitig eindecken kann. Sieht man die weiteren Rechtsbehelfe Minderung und Rücktritt vor diesem Hintergrund als verbraucherfreundlicher, so wäre § 439 Abs. 3 Satz 3 2. HS BGB ohne weiteres von Art. 8 Abs. 2 VGKRL gedeckt.

füllung daher dem nationalen Recht überlassen wird.[161] Es könne auch nicht angenommen werden, dass die Richtlinie nur in Fällen der physischen Unmöglichkeit einen Ausschluss der Nacherfüllungspflicht annehme; dies könne dazu führen, dass dem Verkäufer wirtschaftlich unsinnige Belastungen auferlegt würden.[162]

89 Auf ein entsprechendes Vorlageersuchen des BGH entschied der EuGH allerdings in den verb. Rechtssachen *Weber und Putz*,[163] dass die VGKRL einer absoluten Unverhältnismäßigkeit wie in § 439 Abs. 4 S. 3 HS. 2 BGB entgegenstehe. Nach Auffassung des BGH ist § 439 Abs. 4 S. 3 HS. 2 BGB daher für die Fälle des Verbrauchsgüterkaufs teleologisch zu reduzieren; die Norm ist einschränkend dahingehend anzuwenden, dass ein Verweigerungsrecht nicht besteht, wenn nur eine Art der Nacherfüllung möglich ist oder der Verkäufer die andere Art der Nacherfüllung zu Recht verweigert.[164] Auch wenn dieser Ansatz nicht vollständig überzeugt – ausreichend wäre es, den Maßstab der absoluten Unverhältnismäßigkeit so anzuheben, dass der unmöglichkeitsähnliche § 275 Abs. 2 BGB erfüllt ist –, so sprach seinerzeit das Schweigen des Vorschlags der Fernabs-Kauf-Richtlinie dafür, dass die alte Rechtslage unverändert bleiben soll, die absolute Unverhältnismäßigkeit damit richtlinienwidrig bleibt. Der Gesetzgeber hat nachfolgend mit der Einfügung des § 475 Abs. 4 S. 1 BGB zum 1. Januar 2018 reagiert:[165] Danach ist der Einwand der absoluten Unverhältnismäßigkeit für Verbraucherkaufverträge abgeschnitten.[166]

90 Demgegenüber enthält die Warenkauf-Richtlinie nunmehr in Art. 13 Abs. 3 Warenkauf-RL eine ausdrückliche Normierung des Einwands der absoluten Unverhältnismäßigkeit. Damit wird die in § 439 Abs. 4 BGB getroffene Lösung nunmehr im Ergebnis Bestandteil des Unionsrechts. Die Ausnahmevorschrift des § 475 Abs. 4 S. 1 BGB wird zukünftig in dieser Form nicht mehr aufrecht erhalten werden können.

cc) Rücknahmepflicht bei Ersatzlieferung

91 Leistet der Verkäufer Abhilfe durch eine Ersatzlieferung, so ist er verpflichtet, die nicht vertragsgemäßen Waren auf seine Kosten zurückzunehmen; der Verbraucher stellt ihm die Ware zu diesem Zweck zur Verfügung (Art. 14 Abs. 2 Warenkauf-RL). Der Richtlinienvorschlag hatte noch die Möglichkeit einer abweichenden Vereinbarung vorgesehen, nachdem der Verbraucher den Verkäufer über die Vertragswidrigkeit der Waren in Kenntnis gesetzt hat (Art. 10 Abs. 1 Fernabs-Kauf-RL-E). Dies ist

---

161 BGH NJW 2009, 1660, 1662 (Vorlage an den EuGH v. 16.2.2009, Rs. C-65/09 – *Gebr. Weber GmbH/Jürgen Wittmer*).
162 BGH NJW 2009, 1660, 1662.
163 EuGH, 16.6.2011, verb. Rs. C-65/09 und C-87/09 – *Weber und Putz*, Slg. 2011, I-5257.
164 BGH NJW 2012, 1073, Rn. 35.
165 Näher MüKo-BGB/*Lorenz*, 8. Aufl. 2019, § 475 Rn. 21 ff.
166 Dessen Richtlinienkonformität wird verschiedentlich bezweifelt, s. etwa *Georg*, NJW 2018, 199.

indessen nicht Teil der in Kraft getretenen Richtlinie geworden. Kommen dennoch Verkäufer und Verbraucher überein, dass die für den Verkäufer wertlose Sache endgültig beim Verbraucher verbleiben soll, wird dies als Abschluss eines Schenkungsvertrags zu werten sein. Eine Überwälzung der Rücksendekosten scheidet damit ebenso aus wie Vereinbarungen, die zwar nach Mitteilung der Vertragswidrigkeit getroffen wurden, die Rechtsposition des Verbrauchers jedoch indirekt einschränken, indem sie etwa die Ersatzlieferung an die Übernahme der Rücksendekosten durch den Verbraucher knüpfen.

dd) Kein Nutzungsersatz bei Ersatzlieferung

Wertersatz für die normale Verwendung der ersetzten Waren in der Zeit vor der Ersetzung schuldet der Verbraucher nicht (Art. 14 Abs. 4 Warenkauf-RL). Damit wird das *Quelle*-Urteil des EuGH umgesetzt.[167] Dem entspricht bereits § 475 Abs. 3 S. 1 BGB. Die Zuweisung der Kosten für die Nutzung zum Verkäufer erscheint generell dadurch gerechtfertigt, dass die Verantwortung für die Vertragswidrigkeit aus seiner Sphäre stammt. 92

ee) Aus- und Einbaukosten

Weitaus weniger klar liegt demgegenüber die in Art. 14 Abs. 3 Warenkauf-RL geregelte Übernahme der Aus- und Einbaukosten. Die Richtlinie übernimmt hier die tragende Aussage des erwähnten *Weber/Putz*-Urteils des EuGH. Danach hat der Verkäufer die vertragswidrige Ware nicht nur zurückzunehmen, sondern ist auch zum Ausbau der Ware verpflichtet, wenn diese vom Verbraucher entsprechend ihrer Beschaffenheit und ihrem Zweck montiert oder installiert worden ist. Überdies schuldet er die Montage und Installation der Ersatzware, jedenfalls aber die Übernahme der Kosten für beides. Im Ergebnis reichen die Pflichten des Verkäufers im Rahmen der Nacherfüllung damit weiter als die im Kaufvertrag vereinbarten primären Leistungspflichten, denn mit Aus- und Einbau werden dann auch Werkleistungen geschuldet. Die Rechtfertigung hierfür liegt wiederum in der Vertragswidrigkeit, die nicht notwendig vom Verkäufer zu vertreten ist, aber jedenfalls aus seinem Verantwortungsbereich stammt. Nach deutscher Dogmatik wären entsprechende Ansprüche grundsätzlich dem Schadensersatzrecht vorbehalten, das indessen grundsätzlich Verschulden voraussetzt. Der BGH hat sich indessen bei der Umsetzung der Vorgaben aus der *Weber/Putz*-Entscheidung auf eine sehr großzügige richtlinienkonforme Anwendung des § 439 Abs. 1 BGB gestützt.[168] Der deutsche Gesetzgeber hatte auf diese Rechtsprechung lange nicht 93

167 EuGH, 17.4.2008, Rs. C-404/06 – *Quelle*, Slg. 2008, I-2685. Siehe dazu bereits oben § 8 Rn. 43ff.

168 BGH NJW 2012, 1073, Rn. 54. Dazu bereits oben § 8 Rn. 62ff.

reagiert.[169] Erst zum 1. Januar 2018 war ein neuer § 439 Abs. 3 BGB eingefügt worden, der die Vorgaben des EuGH umsetzte.

94 Unklar bleibt nach der Formulierung von Art. 14 Abs. 3 Warenkauf-RL das Verhältnis zwischen Aus- und Einbaupflicht einerseits und Kostenübernahme durch den Verkäufer andererseits. Der Wortlaut („oder") legt ein Wahlrecht des Verbrauchers nahe. Wie aber kann sich der Verkäufer der Aus- und Einbaupflicht entledigen? Genügt etwa der Einwand, selbst keine entsprechenden Fertigkeiten zu besitzen oder müsste ggf. ein Fachbetrieb beauftragt werden? Die Formulierung der Erläuterung des Richtlinienvorschlags spricht indessen eher für ein Wahlrecht des Verkäufers.[170]

95 Keinen Niederschlag im Richtlinientext hat derjenige Teil der *Weber/Putz*-Entscheidung des EuGH gefunden, der sich mit einer Deckelung der durch Aus- und Einbau verursachten Kosten befasst. Danach schließt es Art. 3 Abs. 3 VGKRL nicht aus, dass der Anspruch des Verbrauchers auf Erstattung der Kosten für den Ausbau des mangelhaften Verbrauchsguts und den Einbau des als Ersatz gelieferten Verbrauchsguts in einem solchen Fall auf die Übernahme eines angemessenen Betrags durch den Verkäufer beschränkt wird.[171] Auch der Richtlinienvorschlag schwieg insoweit. Dies erschien kritikwürdig, da sich der Verkäufer danach nicht auf den Einwand der absoluten Unverhältnismäßigkeit berufen hätte können; demnach wären auch Ein- und Ausbaukosten zu erstatten gewesen, die ein Vielfaches des Warenwertes betragen könnten.[172] Doch dass auch die in Kraft getretene Warenkauf-Richtlinie nach wie vor keine Deckelung der Aus- bzw. Einbaukosten regelt, ist deswegen verzichtbar, weil mit Art. 13 Abs. 3 Warenkauf-RL nunmehr der Einwand der absoluten Unverhältnismäßigkeit erhoben werden kann, sodass eine Obergrenze für die vom Verkäufer zu leistenden Aufwendungen besteht.

ff) Der Erfüllungsort der Nacherfüllung

96 Keine Regelung trifft die Warenkauf-Richtlinie hinsichtlich des Erfüllungsortes der Nacherfüllung (Erwägungsgrund Nr. 56 Warenkauf-RL). Zur VGKRL hatte der EuGH

---

169 Im Referentenentwurf eines Gesetzes zur Umsetzung der Verbraucherrechterichtlinie, zur Änderung des Verbrauchsgüterkaufrechts und zur Änderung des Gesetzes zur Regelung der Wohnungsvermittlung des BMJ vom 19.9.2012 sollte die Austausch- und Kostenerstattungspflicht in §§ 474a, b BGB in das BGB integriert werden. Der Regierungsentwurf vom 19.12.2012 hat dies aber nicht weiter verfolgt.

170 COM(2015) 635 final, S. 18. Dafür auch *Maultzsch*, JZ 2016, 236, 243 m.w.N.

171 EuGH, 16.6.2011, verb. Rs. C-65/09 und C-87/09 – *Weber und Putz*, Slg. 2011, I-5257, Rn. 78.

172 Kritisch auch *Maultzsch*, JZ 2016, 236, 243. Eine Lösung hätte aus Sicht des Verkäufers darin liegen können, die Herstellung des vertragsmäßigen Zustandes insgesamt zu verweigern, sodass die subsidiären Rechtsbehelfe über Art. 9 Abs. 3 lit. d Fernabs-Kauf-RL-E zur Anwendung gelangen. Insbesondere die Beendigung des Vertrags durch den Verbraucher führt indessen lediglich zu einer Rückabwicklung der empfangenen Leistungen (Art. 13 Abs. 3 lit. a Fernabs-Kauf-RL-E), beinhaltet aber keinen Ersatzanspruch des Verbrauchers. Der Intention des Art. 10 Abs. 2 Fernabs-Kauf-RL-E hätte diese Sichtweise damit kaum entsprochen.

entschieden, dass es grundsätzlich Sache des jeweils anwendbaren mitgliedstaatlichen Rechts sei, diesen zu bestimmen – dies unter Beachtung der Vorgaben der Richtlinie, die dem Verbraucher keine erheblichen Unannehmlichkeiten auferlegen möchte.[173] Diese Maßgaben dürften auch unter neuem Recht fortgelten, da die Abhilfe auch unter Art. 14 Abs. 1 lit. c Warenkauf-RL ohne erhebliche Unannehmlichkeiten für den Verbraucher vonstatten gehen muss. Trotz Vollharmonisierung ist die Regelung des deutschen Rechts hinsichtlich des Kostenvorschusses in § 475 Abs. 6 BGB richtlinienkonform, da insoweit eine Bereichsausnahme der Warenkauf-Richtlinie vorliegt.[174]

d) Preisminderung

Art. 15 Warenkauf-RL enthält Vorgaben für die Berechnung der Preisminderung. Die 97
Vorschrift ist knapp, aber dabei detaillierter als Art. 3 Abs. 5 VGKRL, der lediglich die Voraussetzungen der Minderung, nicht aber ihre Durchführung regelte;[175] sie entspricht im Wesentlichen § 441 Abs. 3 S. 1 BGB.[176]

e) Vertragsbeendigung

Gleichrangig mit der Minderung steht schließlich das Recht des Verbrauchers auf Be- 98
endigung des Vertrags in Art. 16 Warenkauf-RL,[177] das wie bereits erwähnt unter dem Vorbehalt steht, dass die Vertragswidrigkeit nicht nur geringfügig ist (Art. 13 Abs. 5 S. 1 Warenkauf-RL). Es wird durch eine Erklärung an den Verkäufer ausgeübt, aus dem sich der Entschluss des Verbrauchers zur Beendigung des Kaufvertrags ergibt (Art. 16 Abs. 1 Warenkauf-RL). Wesentlich großzügiger war noch Art. 13 Abs. 1 Fernabs-Kauf-RL-E formuliert: Danach hätte eine „auf beliebige Weise abgegebene Mitteilung" genügen sollen; davon umfasst wäre mithin wohl auch die Rücksendung der Ware an den Verkäufer gewesen, solange nur eindeutig erkennbar gewesen wäre, dass nicht etwa die Herstellung des vertragsgemäßen Zustandes begehrt wurde, sondern Rückzahlung des Kaufpreises. Im Ergebnis wird man das auch im Rahmen des Art. 16 Abs. 1 Warenkauf-RL so sehen können, solange die von der Vorschrift bezweckte Rechtsklarheit nicht ausgehöhlt wird.

Wenig präzise formuliert ist die Vorschrift zur Teilbeendigung des Vertrags in 99
Art. 16 Abs. 2 Warenkauf-RL. Sie reflektiert offenbar den Grundsatz der Vertragserhal-

173 EuGH, 23.5.2019, Rs. C-52/18 – *Fülla*, NJW 2019, 2007; s. dazu oben Rn. 68 ff.

174 Siehe zur Regelung des deutschen Rechts oben Rn. 72.

175 Inhaltlich lehnt sie sich an Art. 120 Abs. 1 S. 2 GEK an.

176 So zur vergleichbaren Regelung im Verordnungsvorschlag *Stiegler/Wawryka*, BB 2016, 903, 908.

177 Terminologisch unglücklich ist die Verwendung des Begriffs „Recht auf Beendigung" in Art. 16 Abs. 1 Warenkauf-RL einerseits und des Begriffs „Anspruch auf Beendigung" in Art. 13 Abs. 4 und 5 Warenkauf-RL andererseits.

tung, lässt sich aber auch unter dem generellen Ziel der Nachhaltigkeit rechtfertigen: Die Rückabwicklung kann nur für denjenigen Teil der gelieferten Waren samt Zubehör begehrt werden, auf den sich die Vertragswidrigkeit bezieht. Voraussetzung für die Anwendbarkeit der Norm dürfte die Teilbarkeit der Warenlieferung sein. Als vergleichsweise unproblematisch erweisen sich dabei Fälle der quantitativen Teilbarkeit (Bsp.: fünf gleiche Pullover, einer hat ein Loch) oder der Kauf verschiedenartiger Waren (Bsp.: Bestellung von drei verschiedenen Büchern, eines ist fehlerhaft gebunden). Unklar bleibt indessen, ob eine Vertragsbeendigung auch dann möglich sein soll, wenn die Vertragswidrigkeit eines Teils der Ware dazu führt, dass der Verbraucher insgesamt kein Interesse mehr am Vertrag hat. Art. 13 Abs. 4 lit. d Warenkauf-RL bringt wohl keinen Ausweg: Zwar könnte hier darauf abgestellt werden, dass die Nacherfüllung erhebliche Unannehmlichkeiten für den Verbraucher bedeuten würde. Allerdings öffnet dies nur den Weg zur Vertragsbeendigung nach Art. 16 Warenkauf-RL, was die Anwendung des Absatzes 2 über den Teilrücktritt einschließt. In der in Kraft getretenen Fassung des Art. 16 Abs. 2 Warenkauf-RL wurde die Beschränkung auf einen Teilrücktritt noch dahin gelockert, dass diese nicht gilt, sofern vom Verbraucher nicht vernünftigerweise erwartet werden kann, dass er akzeptiert, nur die vertragsgemäßen Waren zu behalten. Hierüber lassen sich viele der Fälle abbilden, in denen ein Interessenfortfall des Verbrauchers vorliegt.

100 Art. 16 Abs. 3 Warenkauf-RL enthält schließlich eine Teilregelung der Rechtsfolgen bei Vertragsbeendigung. Es finden sich Anlehnungen an die Vorschriften der VRRL über die Rückabwicklung nach Verbraucherwiderruf (Art. 13, 14 VRRL), ohne jedoch die dortige Detailtiefe zu erreichen. Beide Parteien haben einander die empfangenen Leistungen zurückzugewähren: Zunächst hat der Verbraucher dem Verkäufer die Waren auf dessen Kosten zurückzugeben. Sobald dieser die Waren erhält oder der Verbraucher jedenfalls einen Nachweis erbringt, dass er die Waren zurückgesandt hat, hat der Verkäufer dem Verbraucher den für die Waren gezahlten Preis zu erstatten. Damit besteht ein Zurückbehaltungsrecht des Verkäufers hinsichtlich der Rückzahlung des Kaufpreises.[178] Die Modalitäten der Rückgabe und Erstattung liegen in der Regelungshoheit der Mitgliedstaaten. So kann hinsichtlich möglicher Verzugsansprüche § 286 BGB zur Anwendung kommen.[179] Auch die Frage der Erstattungsansprüche bei Beschädigung der Ware können im nationalen Recht geregelt werden.

101 Deutlich präzisere Vorgaben hatte noch der Richtlinienvorschlag enthalten. Danach sollte der Verkäufer den Kaufpreis unverzüglich, spätestens jedoch innerhalb von 14 Tagen nach Eingang der Mitteilung über die Vertragsbeendigung erstatten; auch hätte er die Erstattungskosten (Bankgebühren) tragen müssen (Art. 13 Abs. 3 lit. a Fernabs-Kauf-RL-E). Auch der Verbraucher sollte die Waren unverzüglich, spätestens jedoch in-

---

178 Vgl. die entsprechende Regelung für die Rückabwicklung nach Widerruf in Art. 13 Abs. 3 VRRL. Der Kommissionsvorschlag hatte hierzu geschwiegen.

179 So zum Kommissionsvorschlag *Stiegler/Wawryka*, BB 2016, 903, 909.

nerhalb von 14 Tagen nach Absendung der Mitteilung über die Vertragsbeendigung zurückgeben (Art. 13 Abs. 3 lit. c Fernabs-Kauf-RL-E). Bei Unmöglichkeit einer Rückgabe der Waren wegen Zerstörung oder Verlust sollte der Verbraucher auf denjenigen Geldwert haften, den die vertragswidrigen Waren zum (fiktiven) Zeitpunkt der Rückgabe gehabt hätten (Art. 13 Abs. 3 lit. c Fernabs-Kauf-RL-E). Dies sollte nicht gelten, wenn die Zerstörung oder der Verlust durch die Vertragswidrigkeit der Waren verursacht wurden. Dieses Rücktrittsfolgenregime wäre damit strenger gewesen als § 346 Abs. 3 S. 1 Nr. 3 BGB, wonach der Rücktrittsberechtigte nur bei Verletzung der eigenüblichen Sorgfalt haftet[180] und war daher zu Recht kritisiert worden.[181]

Der Verbraucher sollte nach dem Vorschlag der Fernabs-Kauf-RL weiterhin für einen eventuellen Wertverlust der Ware haften, dies aber nur insoweit, als dieser die Wertminderung durch normale Verwendung überstieg; dieser Betrag sollte gedeckelt sein durch den Kaufpreis (Art. 13 Abs. 3 lit. d Fernabs-Kauf-RL-E).[182] Unklar war diesbezüglich, ob dieser Wertverlust auf der Grundlage einer vertragsgemäßen Ware zu berechnen wäre oder unter Einbezug der durch die Vertragswidrigkeit verursachten Wertminderung. Letzteres erschien vorzugswürdig, da der Verbraucher von vornherein einen geringeren Nutzwert geleistet bekam. Es ließe sich hier der nach Art. 12 Fernabs-Kauf-RL-E geminderte Preis als Ausgangswert heranziehen, um auf dieser Grundlage den zusätzlichen Wertverlust zu ermitteln, der durch eine gesteigerte Verwendung verursacht wurde. Diese Regelung wäre damit über den bisherigen acquis communautaire hinausgegangen. Die zur parallel gelagerten Frage des Nutzungsersatzes bei Nacherfüllung ergangene *Quelle*-Entscheidung des EuGH[183] ist nicht unmittelbar einschlägig. Die VGKRL erfasst die Rechtsfolgen des Rücktritts nicht; Erwägungsgrund Nr. 15 VGKRL gestattet es den Mitgliedstaaten ausdrücklich, die Benutzung der vertragswidrigen Ware im Falle der Vertragsauflösung anspruchsmindernd zu berücksichtigen.[184] Auch aus der Sicht des deutschen Rechts erfordert der Gedanke der Systemkohärenz keine Gleichbehandlung von Rücktritt und Nachlieferung, dafür spricht jedenfalls die Neufassung von § 475 Abs. 3 S. 1 BGB.[185] Im Ergebnis schuldet der Verbraucher Nutzungsersatz aus § 346 Abs. 1 BGB (Wertersatz wegen der Gebrauchsvorteile (§ 100 BGB).[186] Der Vorschlag für die Fernabs-Kauf-RL hätte insoweit eine doppelte Einschränkung gebracht: einmal tat- 102

180 Zur Begründung des Rückspringens der Gefahr auf den Rücktrittsgegner im deutschen Recht PWW/*Stürner*, 15. Aufl. 2020, § 346 Rn. 17 ff.

181 *Maultzsch*, JZ 2016, 236, 244.

182 Diese Deckelung kann etwa bei „Schnäppchen“ eine Rolle spielen, in denen der Kaufpreis niedriger ist als der tatsächliche Wert der Ware.

183 EuGH, 17.4.2008, Rs. C-404/06 – *Quelle*, Slg. 2008, I-2685. Zum Problemkreis bereits oben § 8 Rn. 43 ff.

184 In diesem Sinne auch EuGH, 17.4.2008, Rs. C-404/06 – *Quelle*, Slg. 2008, I-2685, Rn. 38 f.

185 Zur weitergehenden Frage des Verhältnisses zwischen Rücktritt und Schadensersatz *Höpfner*, NJW 2010, 127, 129 f.

186 Siehe BGHZ 182, 241.

bestandlich, da eine normale Verwendung der Sache die Haftung ausgeschlossen hätte, und zum anderen auf der Rechtsfolgenseite, indem nur bis zur Höhe des Kaufpreises gehaftet würde. Art. 16 Abs. 3 S. 2 Warenkauf-RL belässt es demgegenüber bei dem Rechtszustand, der unter der VGKRL besteht.

f) Zeitliche Begrenzung der Verbraucherrechte

103 Sämtliche Ansprüche des Verbrauchers auf Abhilfe können nach Art. 10 Abs. 1 Warenkauf-RL nur insoweit geltend gemacht werden, als die Vertragswidrigkeit innerhalb von zwei Jahren nach dem Zeitpunkt der Lieferung der Ware offenbar wird. Es steht den Mitgliedstaaten frei, längere Fristen einzuführen oder beizubehalten (Art. 10 Abs. 3 Warenkauf-RL). Für gebrauchte Waren lässt Art. 10 Abs. 6 Warenkauf-RL den Mitgliedstaaten umgekehrt die Freiheit, eine vertragliche Verkürzung des Haftungszeitraums bzw. der Verjährungsfrist auf bis zu ein Jahr zu vereinbaren. Dies entspricht dem bisherigen Rechtszustand in Art. 7 Abs. 1 UAbs. 2 VGKRL. Der Vorschlag für die Fernabs-Kauf-RL hatte demgegenüber keine Möglichkeit vorgesehen, für gebrauchte Güter zeitliche Beschränkungen der Haftung zu vereinbaren.

104 Eine Sonderregelung enthält Art. 10 Abs. 2 Warenkauf-RL für Waren mit digitalen Elementen: Ist diesbezüglich im Kaufvertrag die fortlaufende Bereitstellung des digitalen Inhalts oder der digitalen Dienstleistung vereinbart, haftet der Verkäufer zwei Jahre lang für jede Vertragswidrigkeit, die insoweit auftritt. Bei Verträgen, deren Laufzeit diesen Zeitraum überschreiten, verlängert sich die Haftungsfrist entsprechend. Verspricht also der Verkäufer die Bereitstellung von Software-Updates für ein mobiles Navigationssystem oder eine Smartwatch für drei Jahre, und liefert er nach zwei Jahren und acht Monaten ein fehlerhaftes Patch, so liegt darin eine Vertragswidrigkeit (Art. 7 Abs. 3 lit. c Warenkauf-RL), hinsichtlich derer die in Art. 13 Warenkauf-RL genannten Abhilfen entstehen.

105 Es bleibt den Mitgliedstaaten hinsichtlich dieser Abhilfen unbenommen, alternativ zu einer Regelung über die Haftungshöchstdauer oder kumulativ zu ihr auch eine Verjährungsfrist einzuführen (Art. 10 Abs. 4 und 5 Warenkauf-RL). Diese darf die Rechts des Verbrauchers nicht verkürzen.[187] Dies entspricht im Ergebnis der Regelung des § 438 Abs. 1 lit. c BGB. Dort wird allerdings zwischen Nacherfüllung und Schadensersatz einerseits sowie Minderung und Rücktritt andererseits differenziert: Während nur erstere als Ansprüche (§ 194 BGB!) der Verjährung unterliegen (§ 438 Abs. 1 lit. c BGB), sind letztere Gestaltungsrechte; für sie bestehen in §§ 438 Abs. 4 S. 1, Abs. 5, 218 BGB besondere Vorschriften zur zeitlichen Beschränkung, die einen Gleichlauf zur Verjährung sicherstellen sollen.

---

187 Zur Ambivalenz der beiden Teile des Richtlinienvorschlags in Art. 14 Fernabs-Kauf-RL-E s. *Maultzsch*, JZ 2016, 236, 245.

3. Gewerbliche Garantien

In der Praxis kommt gewerblichen Garantien eine enorme Bedeutung zu. Über sie erhält der Verbraucher einen zusätzlichen Schuldner, etwa den Hersteller des Produkts oder einen dritten Anbieter. Auf diese Weise kann einerseits das Insolvenzrisiko des Verkäufers abgefangen werden, andererseits bietet die Garantie oft bessere Konditionen als die gesetzliche Gewährleistung, etwa hinsichtlich der Beweislastverteilung. Bereits Art. 6 VGKRL hielt einige Mindeststandards bereit. Daran knüpfte die VRRL an. Art. 2 Nr. 14 VRRL definiert die gewerbliche Garantie als „jede dem Verbraucher gegenüber zusätzlich zur gesetzlichen Gewährleistung eingegangene Verpflichtung des Unternehmers oder eines Herstellers (Garantiegebers), den Kaufpreis zu erstatten oder die Waren auszutauschen oder nachzubessern oder Dienstleistungen für sie zu erbringen, falls sie nicht diejenigen Eigenschaften aufweisen oder andere als die Mängelfreiheit betreffende Anforderungen nicht erfüllen, die in der Garantieerklärung oder der einschlägigen Werbung, wie sie bei oder vor dem Abschluss des Vertrags verfügbar war, beschrieben sind". In der VRRL finden sich vorvertragliche Informationspflichten hinsichtlich solcher Garantien (Art. 5 Abs. 1 lit. e; Art. 6 Abs. 1 lit. m VRRL). Diese ergänzen die Warenkauf-Richtlinie um inhaltliche Postulate, etwa dass in Fällen, in denen die gewerbliche Garantie für den Verbraucher weniger günstige Bedingungen als die einschlägige Werbung enthält, im Regelfall die günstigeren Bedingungen gelten sollten (Art. 17 Abs. 1 UAbs. 2 Warenkauf-RL). 106

Weiter stellt die Vorschrift klar, dass auch vorvertragliche Informationen des Verkäufers sowie vor Abschluss des Vertrags verfügbare Werbung den Garantiegeber binden (Art. 17 Abs. 1 Warenkauf-RL). Eine Reihe von Formanforderungen sind in Art. 17 Abs. 2 Warenlauf-RL geregelt, doch entfaltet die Garantieerklärung auch dann Bindungswirkung für den Garantiegeber, wenn er diese Form nicht einhält (Abs. 3). Art. 17 Abs. 4 Warenkauf-RL enthält schließlich eine Ausnahme zum Grundsatz der Vollharmonisierung: In Bezug auf gewerbliche Garantien ist es den Mitgliedstaaten gestattet, hinsichtlich der in der Richtlinie nicht geregelten Aspekte besondere Bestimmungen einzuführen, die etwa die Sprache betreffen können, in der die Garantieerklärung dem Verbraucher zur Verfügung gestellt werden muss. 107

4. Unternehmerregress

Auch bezüglich der in Art. 18 Warenkauf-RL normierten Regressansprüche des Verkäufers gegen Zwischenhändler oder Hersteller knüpft die Warenkauf-Richtlinie an die Vorgängerregelung in Art. 4 VGKRL an. Hierbei handelt es sich nicht um Verbraucherrecht im engeren Sinne, da sich der Rückgriff zwischen zwei Unternehmern abspielen wird. Art. 18 Warenkauf-RL orientiert sich in Aussage und Struktur eng an Art. 4 VGKRL. Neben der Klarstellung, dass die Regressansprüche auch hinsichtlich des Unterlassens gelten, Aktualisierungen für Waren mit digitalen Elementen nach Art. 7 Abs. 3 Warenkauf-RL zur Verfügung zu stellen, formuliert Art. 18 S. 1 Warenkauf-RL hinsichtlich des Anspruchsgegners nur allgemeiner, aber wohl ohne Unter- 108 schied in der Sache, dass dies jede Person in vorhergehenden Gliedern der Vertragskette sein kann. Art. 4 S. 1 VGKRL hatte noch auf den Hersteller, einen früheren Verkäufer innerhalb derselben Vertragskette oder eine andere Zwischenperson abgestellt.[188] Die Regressmöglichkeit soll mithin weiterhin gegenüber dem oder den innerhalb der Vertragskette Haftenden bestehen. Näheres hierzu bleibt den mitgliedstaatlichen Rechtsordnungen überlassen (Art. 18 S. 2 Warenkauf-RL). Dort kann etwa geregelt werden, dass andere Schuldner als der Garantiegeber in die gewerbliche Garantie einbezogen sind, soweit diese Bestimmungen den durch die Warenkauf-Richtlinie ansonsten gewährten Schutz nicht beeinträchtigen (Erwägungsgrund Nr. 62 Warenkauf-RL).

VI. Der Vorschlag für ein Gemeinsames Europäisches Kaufrecht

109 Anders als die Warenkauf-Richtlinie, die nur für einige wenige Aspekte des Verbraucherkaufvertrags gilt, sollte der derzeit nicht weiter verfolgte[189] Vorschlag für ein Gemeinsames Europäisches Kaufrecht Vorschriften über den gesamten Lebenszyklus des Vertrags bereithalten. Wegen dessen Bedeutung für die mögliche Fortentwicklung des Europäischen Vertragsrechts werden die wesentlichen Inhalte des Vorschlags in der Folge dargestellt.[190]

1. Der Anwendungsbereich des GEK

110 Die Frage des Anwendungsbereichs des GEK gehörte zu den umstrittensten Bereichen des Gesetzgebungsverfahrens.[191] Einerseits wäre ein möglichst breiter sachlicher und persönlicher Geltungsbereich notwendig und sinnvoll, um die erwünschte Rationalisierungswirkung zu erzielen. Andererseits erschien der Vorschlag noch nicht so ausgereift, dass mit ihm ein flächendeckendes Vertragsrecht verabschiedet werden könnte. Aus diesem Grund hatte sich das Europäische Parlament dafür ausgesprochen, den sachlichen Geltungsbereich zunächst auf Fernabsatzgeschäfte, insbesondere Online-Verträge, zu beschränken.[192]

188 In Art. 16 S. 1 Fernabs-Kauf-RL-E fand sich die Formulierung, dass das Handeln oder Unterlassen einer Person im Vorfeld des Vertragsschlusses zur Haftung des Verkäufers gegenüber dem Verbraucher führen müsse. Trotz dieser offeneren Formulierung war wohl auch hier keine Abweichung vom bisherigen Recht bezweckt.

189 Dazu oben Rn. 12 sowie § 3 Rn. 24 ff.

190 Siehe dazu bereits *Stürner*, in: Reithmann/Martiny, Internationales Vertragsrecht, 8. Aufl. 2015, Rn. 6.222 ff.

191 Oben § 3 Rn. 35 ff.

192 Siehe oben § 3 Rn. 32.

a) Sachlich

aa) Reichweite

Nach Art. 1 Abs. 1 S. 2 sowie Art. 5 GEK-VO sollte das GEK zur Anwendung kommen können bezüglich (a) des Kaufs beweglicher Sachen,[193] (b) der Bereitstellung digitaler Inhalte sowie (c) damit verbundener Dienstleistungen. Davon erfasst sind auch Verträge über noch herzustellende Waren, wie sich aus der Definition in Art. 2 lit. k GEK-VO ergibt. Die vom Europäischen Parlament angenommenen Änderungsvorschläge[194] sahen eine Einschränkung auf Fernabsatzverträge, insbesondere Online-Verträge, vor.[195] 111

Waren definiert Art. 2 lit. h GEK-VO als „bewegliche körperliche Gegenstände". Digitale Inhalte definiert Art. 2 lit. j GEK-VO als „Daten, die – gegebenenfalls auch nach Kundenspezifikationen – in digitaler Form hergestellt und bereitgestellt werden, darunter Video-, Audio-, Bild- oder schriftliche Inhalte, digitale Spiele, Software und digitale Inhalte, die eine Personalisierung bestehender Hardware oder Software ermöglichen".[196] Verbundene Dienstleistungen sind nach Art. 2 lit. m GEK-VO sämtliche Dienstleistungen „im Zusammenhang mit Waren oder digitalen Inhalten wie Montage, Installierung, Instandhaltung, Reparatur oder sonstige Handreichungen, die vom Verkäufer der Waren oder vom Lieferanten der digitalen Inhalte auf der Grundlage des Kaufvertrags, des Vertrags über die Bereitstellung digitaler Inhalte oder auf der Grundlage eines gesonderten Vertrags über verbundene Dienstleistungen erbracht werden, der zeitgleich mit dem Kaufvertrag oder dem Vertrag über die Bereitstellung digitaler Inhalte geschlossen wurde". 112

bb) Ausnahmen

Ausdrücklich vom Anwendungsbereich der GEK-VO ausgenommen sind zum einen Mischverträge, die neben dem Kauf von Waren, der Bereitstellung digitaler Inhalte und der Erbringung verbundener Dienstleistungen im Sinne von Art. 5 noch andere Elemente beinhalten (Art. 6 Abs. 1 GEK-VO).[197] Schwierig erscheint hier zum einen insbesondere die Abgrenzung zu bloßen Nebenleistungen.[198] Zum anderen nimmt Art. 6 Abs. 2 GEK-VO Verträge vom Anwendungsbereich aus, bei denen der Unterneh- 113

---

193 Art. 5 lit. a GEK-VO spricht nur vom Kauf. Dies könnte auch auf Grundstücke bezogen werden. Art. 1 Abs. 1 S. 2 GEK-VO spricht hingegen vom Kauf von Waren. Waren werden definiert in Art. 2 lit. h GEK-VO als „bewegliche körperliche Gegenstände".

194 Legislative Entschließung des Europäischen Parlaments vom 26. Februar 2014 zu dem Vorschlag für eine Verordnung des Europäischen Parlaments und des Rates über ein Gemeinsames Europäisches Kaufrecht, Oral P7_TA-PROV(2014)0159. Zu den Hintergründen bereits oben § 3 Rn. 32.

195 Abänderungen Nr. 1, 2, 26, 60 und 61.

196 Näher dazu *Pisuliński*, in: Moccia, The Making of European Private Law, 2013, S. 205.

197 Davon zu unterscheiden sind die sog. gemischten Verträge nach Art. 9 GEK, die vollständig von der Verordnung erfasst sind.

198 Näher *Mansel*, WM 2012, 1253, 1258 f.

mer dem Verbraucher einen Kredit in Form eines Zahlungsaufschubs, eines Darlehens oder einer vergleichbaren Finanzierungshilfe gewährt oder zu gewähren verspricht.

114 Weitere Ausnahmen vom sachlichen Geltungsbereich finden sich etwas versteckt in den Definitionen des Art. 2 GEK-VO: Hinsichtlich der Waren sind insbesondere Strom, Erdgas und Wasser ausgenommen (Art. 2 lit. h GEK-VO),[199] auch sind Verträge über Waren ausgenommen, die im Rahmen von Zwangsversteigerungen geschlossen werden oder sonst mit der Ausübung öffentlicher Gewalt verbunden sind (Art. 2 lit. k GEK-VO). Hinsichtlich der digitalen Inhalte gibt es ebenfalls eine Reihe von Ausnahmen (Art. 2 lit. j GEK-VO). Diese betreffen: i) elektronische Finanzdienstleistungen, einschließlich Online-Banking, ii) Rechts- oder Finanzberatungsleistungen, die in elektronischer Form erbracht werden, iii) elektronische Gesundheitsdienstleistungen, iv) elektronische Kommunikationsdienste und -netze mit den dazugehörigen Einrichtungen und Diensten, v) Glücksspiele, sowie vi) die Erstellung neuer digitaler Inhalte oder die Veränderung vorhandener digitaler Inhalte durch den Verbraucher. Hinsichtlich der verbundenen Dienstleistungen finden sich Ausnahmen in Art. 2 lit. m GEK-VO hinsichtlich i) Transportleistungen, ii) Schulungen, iii) Unterstützungsleistungen im Telekommunikationsbereich und iv) Finanzdienstleistungen.

b) Räumlich

aa) Grenzüberschreitende Verträge

115 Nach Art. 4 Abs. 1 GEK-VO sollte das Gemeinsame Kaufrecht nur für grenzübergreifende Verträge verwendet werden können.[200] Die Begründung wurde darin gesehen, dass hier für die Parteien zusätzliche Kosten entstehen, die sie vom Abschluss grenzübergreifender Verträge abzuhalten geeignet sind.[201] Das ist im Ansatzpunkt zweifelhaft, da der Rationalisierungseffekt des GEK massiv unterlaufen wird, wenn für den Heimatmarkt des Unternehmers, der zumeist das wichtigste Absatzgebiet sein wird, das GEK nicht zur Anwendung kommen kann. Dahinter standen wohl rechtspolitische Erwägungen: Die Kommission wollte den Eindruck vermeiden, als wolle sie in irgendeiner Weise in das nationale Zivilrecht eindringen. Das ist indessen kaum überzeugend, da sämtliche Richtlinien im Bereich des Verbraucherrechts auch und gerade für reine Inlandssachverhalte Geltung beanspruchen.[202]

116 Der grenzübergreifende Sachverhalt muss zum dem Zeitpunkt vorliegen, in dem die Verwendung des GEK vereinbart wird (Art. 4 Abs. 6 GEK-VO); nachträgliche Än-

199 Dies gilt allerdings dann nicht, wenn diese Gase (außer Erdgase) in einem begrenzten Volumen oder in einer bestimmten Menge zum Verkauf angeboten werden, Art. 2 lit. h ii) GEK-VO.

200 Wiederholt in Art. 1 Abs. 1 S. 2, Abs. 2 GEK-VO.

201 ErwGr. Nr. 13 GEK-VO.

202 Siehe *Basedow*, in: Gebauer, Gemeinsames Europäisches Kaufrecht – Anwendungsbereich und kollisionsrechtliche Einbettung, 2013, S. 3, 9 ff.; kritisch auch *Stadler*, AcP 212 (2012), 473, 484 ff. Siehe allgemein dazu § 8 Rn. 7.

derungen sind unerheblich. Er wird in Art. 4 Abs. 2 GEK-VO für Verträge zwischen Unternehmern so definiert, dass die Parteien des Kaufvertrags ihren gewöhnlichen Aufenthalt in verschiedenen Staaten haben, von denen mindestens einer ein EU-Mitgliedstaat ist; Zweigniederlassungen sind selbstständig zu rechnen.[203]

Für Verträge mit Verbrauchern muss nach Art. 4 Abs. 3 GEK-VO der Wohnsitz des Verbrauchers in einem anderen Staat sein als der Sitz der Unternehmers, und mindestens einer dieser Staaten muss ein Mitgliedstaat sein. Entscheidend ist dafür aber lediglich die (Liefer-)Anschrift des Verbrauchers. Der Unternehmer soll nicht kontrollieren müssen, ob die Angaben stimmen. Die bewusste Falschangabe des Verbrauchers kann also die Anwendbarkeit des GEK nach sich ziehen. Hierin besteht ein Unterschied zum Unternehmervertrag.[204] 117

bb) Drittstaatensachverhalte

Auch Verträge mit in Drittstaaten ansässigen Vertragspartnern wären somit vom Anwendungsbereich der GEK-VO erfasst, dies auch im B2C-Verhältnis unabhängig davon, ob der Verbraucher in einem Mitgliedstaat wohnt oder in einem Drittstaat.[205] 118

cc) Reine Inlandssachverhalte

Für die von der GEK-VO nicht erfassten reinen Inlandssachverhalte besteht indessen nach Art. 13 lit. a GEK-VO eine Option der Mitgliedstaaten, die Wahl des GEK auch hierfür zuzulassen.[206] 119

c) Persönlich

aa) B2C-Verträge

In persönlicher Hinsicht sollte das GEK zunächst Verwendung finden können bei Verträgen, bei denen der Verkäufer oder der Lieferant digitaler Inhalte ein Unternehmen ist (Art. 7 Abs. 1 S. 1 GEK-VO); hierfür hat sich die Kurzbezeichnung „B2C“ eingebürgert. Die umgekehrte Konstellation ist nicht erfasst, sodass ein Verbraucher nicht einem Unternehmer auf der Grundlage des GEK Waren verkaufen oder für ihn digitale Inhalte bereitstellen kann. Ebenfalls nicht erfasst sind Verträge zwischen Verbrau- 120

---

203 Zu den Implikationen dieser Regelung *Basedow*, in: Gebauer, Gemeinsames Europäisches Kaufrecht – Anwendungsbereich und kollisionsrechtliche Einbettung, 2013, S. 3, 12 ff.

204 Kritisch daher *Basedow*, in: Gebauer, Gemeinsames Europäisches Kaufrecht – Anwendungsbereich und kollisionsrechtliche Einbettung, 2013, S. 3, 6 f.

205 Zu den hiermit verbundenen kollisionsrechtlichen Implikationen näher unten Rn. 129 ff.

206 Auch daraus resultieren kollisionsrechtliche Probleme, siehe *Stürner*, in: Reithmann/Martiny, Internationales Vertragsrecht, 8. Aufl. 2015, Rn. 6.257 ff.

chern (C2C). Dies findet seinen Grund darin, dass Verbraucher nicht mit den Informationspflichten belastet werden sollen, die das GEK dem Verkäufer auferlegt.[207]

bb) B2B-Verträge

121 Das GEK sollte auch im unternehmerischen Rechtsverkehr zur Anwendung kommen können.[208] Dies setzte jedoch voraus, dass mindestens eine Partei ein kleines oder mittleres Unternehmen („KMU"; geläufig ist auch die englische Abkürzung „SME") ist (Art. 7 Abs. 1 S. 2 GEK-VO). Die übliche Bezeichnung „B2B" passt hier also nicht; korrekter müsste es „B2SME" heißen.[209] Eine Definition des KMU findet sich in Art. 7 Abs. 2 GEK-VO. Entscheidend sind (1) die Anzahl der Beschäftigten (weniger als 250) sowie (2) der Jahresumsatz (höchstens 50 Mio. €) bzw. die Jahresbilanzsumme (höchstens 43 Mio. €).[210] Diese Beschränkung erklärt sich daraus, dass KMU aus Sicht der Kommission im grenzüberschreitenden Rechtsverkehr besonders belastet sind, da sie häufig der Anwendung des Rechts ihres Geschäftspartners zustimmen und die Kosten der Rechtsermittlung tragen müssten.[211] Die Definition der KMU wirft indessen viele dogmatische (Bewertungszeitpunkt? Anwendbares Bilanzrecht?) und praktische Fragen auf (Vorlage des Jahresabschlusses des KMU erforderlich?).[212] Folgerichtig beinhaltete die Legislative Entschließung des Europäischen Parlaments eine Streichung dieser Einschränkung auf KMU.[213]

cc) Sonstige Verträge

122 Vom Anwendungsbereich der GEK-VO erfasst waren damit nach dem Kommissionsvorschlag folgende Kombinationen: B2C, SME2C, B2SME, SME2SME und SME2B. Verträge zwischen Unternehmern, die nicht mehr als KMU zu qualifizieren sind, sollten danach nicht dem GEK unterstellt werden können. Es sollte den Mitgliedstaaten aber freigestellt sein, den Anwendungsbereich für B2B-Geschäfte zu öffnen (Art. 13 lit. b GEK-VO).[214]

---

207 Näher *Stürner*, in: Reithmann/Martiny, Internationales Vertragsrecht, 8. Aufl. 2015, Rn. 6.273 ff.

208 Zu Einzelheiten *Ackermann*, in: Remien/Herrler/Limmer, Gemeinsames Europäisches Kaufrecht für die EU?, 2012, S. 49; *Beale*, in: Moccia, The Making of European Private Law, 2013, S. 65.

209 Aus Gründen der besseren Übersichtlichkeit wird im Folgenden jedoch in der Regel die Bezeichnung „B2B" verwendet.

210 Diese Definition entspricht der Empfehlung 2003/361/EG der Kommission vom 6. Mai 2003 betreffend die Definition der Kleinstunternehmen sowie der kleinen und mittleren Unternehmen, siehe ErwGr. Nr. 1 GEK-VO.

211 KOM(2011) 635 endg., S. 2.

212 Näher *Mansel*, WM 2012, 1253, 1260.

213 Abänderung Nr. 70 der Legislativen Entschließung (oben Rn. 111). Auch die Feasibility Study hatte die KMU nicht eigens erwähnt; danach war das optionale Instrument auf B2C- und B2B-Verträge anwendbar.

214 Zu den kollisionsrechtlichen Möglichkeiten, die dadurch eröffnet werden, *Stürner*, in: Reithmann/Martiny, Internationales Vertragsrecht, 8. Aufl. 2015, Rn. 6.265 ff.

d) Lückenfüllung

Literatur: *Gsell*, Der Verordnungsentwurf für ein Gemeinsames Europäisches Kaufrecht und die Problematik seiner Lücken, in: Remien/Herrler/Limmer, Gemeinsames Europäisches Kaufrecht für die EU?, 2012, S. 145; *Gsell*, Interne und externe Lücken des GEK – Die Rolle des EuGH und der mitgliedstaatlichen Gerichte bei der Lückenfüllung, in: Gebauer (Hrsg.), Gemeinsames Europäisches Kaufrecht – Anwendungsbereich und kollisionsrechtliche Einbettung, 2013, S. 105; *Karadayi Yalim*, Interpretation and Gap Filling in International Commercial Contracts, 2019; *Solomon*, Externe Lücken, allgemeines Kollisionsrecht und die Rolle der Parteiautonomie, in: Gebauer (Hrsg.), Gemeinsames Europäisches Kaufrecht – Anwendungsbereich und kollisionsrechtliche Einbettung, 2013, S. 129

aa) Das Postulat der einheitlichen Rechtsanwendung

Es ist ein wesentliches Anliegen des GEK, ein Instrument zur Verfügung zu stellen, das **123** in allen Mitgliedstaaten gleiche rechtliche Ausgangsbedingungen für diejenigen schafft, die es wählen. Es muss daher die einheitliche Anwendung der darin enthaltenen Regeln sichergestellt werden. Dieses Problem wird im Recht der EU im Wesentlichen über zwei Wege angegangen: Zum einen gilt das Postulat der autonomen Auslegung des jeweiligen EU-Rechtsakts, zum anderen legt Art. 267 AEUV ein Auslegungsmonopol des EuGH fest.[215] Problematisch wird dies dann, wenn das Regelwerk Lücken enthält. Man kann hier zwischen internen und externen Lücken unterscheiden.[216]

bb) Die Füllung interner Lücken

Zur Frage, wie mit Lücken im GEK umzugehen ist, enthält Art. 4 Abs. 2 GEK eine **124** ausdrückliche Regelung, die teilweise Art. 7 Abs. 2 CISG nachgebildet ist. Man kann diesbezüglich in Anlehnung an die Parallelproblematik beim UN-Kaufrecht von internen Lücken sprechen.[217] Sollten sich innerhalb des Anwendungsbereichs des GEK Lücken finden, die nicht aus dessen Bestimmungen selbst heraus gefüllt werden können, so wäre deren Füllung durch Anwendung des kollisionsrechtlich berufenen Rechts unzulässig. Vielmehr müsste auf die dem GEK „zugrunde liegenden Ziele und Grundsätze“ rekurriert werden. Sehr fraglich ist, ob darunter auch die verschiedenen Textstufen zu fassen sind, auf denen das GEK aufbaut, wie insbesondere der DCFR. Voraussetzung wäre jedenfalls, dass sich ein klarer Nachweis etwa in

---

215 Dazu am Beispiel der Richtlinie oben § 8 Rn. 19ff.

216 Dazu insbesondere *Gsell*, in: Remien/Herrler/Limmer, Gemeinsames Europäisches Kaufrecht für die EU?, 2012, S. 145; *Gsell*, in: Gebauer, Gemeinsames Europäisches Kaufrecht – Anwendungsbereich und kollisionsrechtliche Einbettung, 2013, S. 105; *Solomon*, in: Gebauer, Gemeinsames Europäisches Kaufrecht – Anwendungsbereich und kollisionsrechtliche Einbettung, 2013, S. 129. Zu den Methoden der Lückenfüllung etwa *Paal*, ZVglRWiss 110 (2011), 64.

217 Ein wichtiger Unterschied zum UN-Kaufrecht besteht indessen darin, dass das GEK zur Füllung solcher Lücken einen Rückgriff auf nationale Rechtsprinzipien nicht erlaubt, vgl. Art. 7 Abs. 2 CISG.

den Erwägungsgründen findet, dass im GEK auf das betreffende Vorgängerinstrument zurückgegriffen worden ist. Ansonsten erschiene der Rückgriff auf die von Wissenschaftlergruppen erarbeiteten Modellgesetze wie den DCFR methodisch äußerst fragwürdig. Als interne Lücken im GEK-Entwurf können etwa angesehen werden drittveranlasste Irrtümer, Vertragsstrafe oder Gründe für die Hemmung der Verjährung.[218]

cc) Die Füllung externer Lücken

125 Diejenigen Lücken im GEK, die nicht unter Art. 4 Abs. 2 GEK fallen, müssen auf andere Weise gefüllt werden. Die Existenz solcher Lücken wird in Erwägungsgrund Nr. 27 GEK-VO offen angesprochen. So sind etwa Fragen der Rechts- und Geschäftsfähigkeit, der Stellvertretung,[219] der Aufrechnung, der Abtretung,[220] des Eigentumsübergangs und der Mehrheit von Parteien, um nur einige zu nennen, nicht geregelt.[221] Bei diesen Fragen kann man von externen Lücken sprechen.

126 Auch hier könnte an eine Lückenfüllung durch Heranziehung europäischer Rechtsprinzipien gedacht werden, die einerseits dem acquis communautaire entnommen sind, andererseits wissenschaftlichen Modellgesetzen wie dem DCFR. Hiergegen sprechen die bereits erwähnten methodischen Bedenken. Der für einen solchen methodischen Schritt notwendige Wille des europäischen Gesetzgebers, Bezug zu nehmen auf solche „Normenspeicher“ ohne legislatorische Legitimation, ist jedenfalls aus dem vorliegenden Entwurf nicht zu entnehmen.

127 Die Tatsache, dass der Kommissionsvorschlag etwa die Abtretung, die Aufrechnung oder die Stellvertretung im GEK nicht normiert, obwohl insbesondere der DCFR entsprechende Regelungsvorschläge enthält, spricht gegen eine Einbeziehung dieser Normen „durch die Hintertür“ einer weit verstandenen internen Lücke. Damit muss zur Füllung externer Lücken wie beim UN-Kaufrecht auf das jeweils kollisionsrechtlich anwendbare einzelstaatliche Recht zurückgegriffen werden. Dies ist angesichts der „Vorschaltlösung“ das Recht desjenigen Mitgliedstaates, über dessen Recht die Einwahl in das GEK erfolgt ist.[222]

---

218 Weitere Beispiele bei *Mansel*, WM 2012, 1253, 1266. Zu den Schwierigkeiten bei der Abgrenzung zwischen internen und externen Lücken *Solomon*, in: Gebauer, Gemeinsames Europäisches Kaufrecht – Anwendungsbereich und kollisionsrechtliche Einbettung, 2013, S. 129, 134 ff.

219 Dazu eingehend *Kleinschmidt*, RabelsZ 75 (2011), 497.

220 Siehe die Feasibility Study, S. 6.

221 Weitere nicht geregelte Fragen sind: Beweislast, konkurrierende deliktische Haftung, Bereicherungshaftung, gesetzliche Verbote, Sittenwidrigkeit. Die Kommission bezeichnete diese Punkte lapidar als für grenzüberschreitende Verträge „weniger wichtig“, so die Mitteilung der Kommission vom 11. Oktober 2011, KOM(2011) 636 endg., S. 9. Abänderung Nr. 76 der Legislativen Entschließung des Europäischen Parlaments (oben Rn. 111) schlug die Einführung eines Art. 11a GEK-VO vor, in dem die vom sachlichen Geltungsbereich der GEK-VO nicht erfassten Bereiche aufgelistet werden.

222 Zu den hiermit verbundenen kollisionsrechtlichen Fragestellungen sogleich Rn. 128 ff.

2. Die Vereinbarung über die Geltung des GEK („Einwahl")

Die GEK-VO ist als optionales Instrument ausgestaltet. Anders als das UN-Kaufrecht, das dem Opt-out-Prinzip folgt, sollte das GEK also nicht ipso iure gelten, sobald seine Anwendungsvoraussetzungen greifen. Vielmehr bedürfte es einer parteilichen Geltungsvereinbarung. Diese kann auf verschiedene Art und Weise ausgestaltet werden. 128

a) Das Verhältnis zum Kollisionsrecht

Literatur: *Busch*, Kollisionsrechtliche Weichenstellungen für ein Optionales Instrument im Europäischen Vertragsrecht, EuZW 2011, 655; *Fornasier*, „28." versus „2. Regime" – Kollisionsrechtliche Aspekte eines optionalen europäischen Vertragsrechts, RabelsZ 76 (2012), 401; *Gebauer* (Hrsg.), Gemeinsames Europäisches Kaufrecht – Anwendungsbereich und kollisionsrechtliche Einbettung, 2013; *Kenny/Gillies/Devenney*, Absorbing the Private International Law Implications of a Common European Sales Law, Yearbook of Private International Law 13 (2011), 315; *Rösler*, Rechtswahl und optionales Vertragsrecht in der EU, EuZW 2011, 1; *Stadler*, Anwendungsvoraussetzungen und Anwendungsbereich des Common European Sales Law, AcP 212 (2012), 473; *Stürner*, Kollisionsrecht und Optionales Instrument: Aspekte einer noch ungeklärten Beziehung, GPR 2011, 236; *Wendelstein*, Ein gestörtes Zusammenspiel zwischen Europäischem IPR und dem GEK? – Probleme der Vorschaltlösung, GPR 2013, 70

Es fragt sich zunächst, ob das GEK im Wege der kollisionsrechtlichen Rechtswahl über die Rom I-VO gewählt werden könnte.[223] Dies würde voraussetzen, dass es sich bei den Regeln des GEK um materielles Vertragsrecht handelt, das als weitere Rechtsordnung neben die Kaufrechtsregime der Mitgliedstaaten tritt.[224] Der Kommissionsvorschlag hat dieser Variante eine deutliche Absage erteilt. Die Wahl des GEK auf der Grundlage von Art. 8 GEK-VO soll gerade keine Rechtswahl im Sinne des Art. 3 Rom I-VO sein; hierauf weisen Erwägungsgründe Nr. 9 und 10 GEK-VO ausdrücklich hin. 129

Auch der daneben denkbare einheitsrechtliche Ansatz nach dem Vorbild des UN-Kaufrechts, der auf einem nach Art. 23 Rom I-VO zulässigen Vorrang des GEK vor der Rom I-VO beruht,[225] musste indessen danach ausscheiden. Das ist angesichts der Vor- 130

---

223 Hier bestand im Vorfeld offenbar noch wenig Klarheit, siehe die Ausführungen der zuständigen Kommissarin *Reding* in einem Vortrag in Leuven am 3. Juni 2011, SPEECH/11/411, S. 7: „We are still discussing the details of how this optional instrument should look like, and notably what should be its exact private international law effects."

224 In der Diskussion wurde allgemein vom „28. Regime" gesprochen, vgl. *Basedow*, in: FS Säcker, 2011, S. 29; *Fleischer*, RabelsZ 76 (2012), 235; *Fornasier*, RabelsZ 76 (2012), 401; *Rühl*, Maastricht Journal of European and Comparative Law 19 (2012), 148; *Lehmann*, in: Gebauer, Gemeinsames Europäisches Kaufrecht – Anwendungsbereich und kollisionsrechtliche Einbettung, 2013, S. 67. Zum damaligen Zeitpunkt gab es noch keine Diskussion um einen möglichen Brexit, und der Beitritt Kroatiens (Mitgliedstaat seit 1.7.2013) war noch nicht vollzogen, sodass die EU 27 Mitgliedstaaten hatte.

225 Näher *Stürner*, GPR 2011, 236, 239.

züge dieses Ansatzes (Rechtssicherheit, einfache Anwendungsvoraussetzungen, Vorrang vor dem Kollisionsrecht) misslich.[226] Wohl aus kompetenziellen Gründen[227] verfolgte der Kommissionsvorschlag einen dritten Ansatz, die sog. Vorschaltlösung.

131 Danach sollte das GEK ausweislich des Erwägungsgrundes Nr. 8 GEK-VO in jedem Mitgliedstaat als „fakultative zweite Vertragsrechtsregelung" zur Verfügung stehen.[228] Das Kollisionsrecht wird nach diesem Ansatz nicht verdrängt, sondern „bleibt unberührt". Eine Vereinbarung über die Geltung des GEK erfolgt danach vom Boden des jeweils kollisionsrechtlich anwendbaren mitgliedstaatlichen Rechts. Dieser zweistufige Mechanismus (sog. Einwahl) ist im Folgenden darzustellen.

b) Opt-in-Mechanismus: die Einwahl

Literatur: *Gebauer*, Europäisches Vertragsrecht als Option – der Anwendungsbereich, die Wahl und die Lücken des Optionalen Instruments, GPR 2011, 227

aa) Der Normalfall

132 Erwägungsgrund Nr. 10 GEK-VO stellt ausdrücklich fest, dass die Vereinbarung des GEK keine kollisionsrechtliche Rechtswahl beinhaltet. Daher wird auch konsequent der Begriff der Wahl vermieden. Vielmehr ist von „Verwendung" die Rede (Art. 4 Abs. 1, Art. 8, Art. 11 GEK-VO).[229] Damit das GEK zwischen den Parteien zur Anwendung gelangt, ist zweierlei notwendig: Zunächst muss kollisionsrechtlich das Recht eines Mitgliedstaates zur Anwendung berufen werden. Dies kann über eine Rechtswahl nach Art. 3, 6 Abs. 2 Rom I-VO oder aber im Wege der objektiven Anknüpfung nach Art. 4 Rom I-VO erfolgen. Ergänzend ist Art. 12 Rom II-VO einschlägig, der das auf die Verletzung vorvertraglicher Informationspflichten anwendbare Recht regelt (Erwägungsgrund Nr. 10 GEK-VO). Erst auf dieser Grundlage kann die eigentliche Einwahl nach Art. 8 GEK-VO erfolgen. Wird das objektive Vertragsstatut nicht durch das Recht eines Mitgliedstaates gebildet, so resultiert daraus ein zweifaches Wahlerfordernis. Die daraus resultierende Fehleranfälligkeit und Praxisferne der Einwahl war kritikwürdig.

133 Die Einwahl nach Art. 8 GEK-VO ist wie folgt konzipiert: Erforderlich ist eine Vereinbarung zwischen den Parteien (Art. 8 Abs. 1 S. 1 GEK-VO). Deren Wirksamkeit rich-

226 Siehe dazu *Mansel*, WM 2012, 1253, 1261 f.; *Stürner*, GPR 2011, 236, 237 ff.; *Schulte-Nölke*, in: Schulze/Schulte-Nölke, European Private Law – Current Status and Perspectives, 2011, S. 89, 96, 103; Rauscher/*von Hein*, EuZPR/EuIPR, 4. Aufl. 2015, Art. 3 Rom I Rn. 58.

227 Dazu oben § 3 Rn. 27 ff.

228 Kritisch dazu *Schinkels*, in: Gebauer, Gemeinsames Europäisches Kaufrecht – Anwendungsbereich und kollisionsrechtliche Einbettung, 2013, S. 23, 26 ff.

229 Positiv zum Ansatz *Hesselink*, ERPL 2012, 195.

tet sich nach den Vorschriften des GEK selbst[230] sowie den speziellen Voraussetzung des Art. 8 Abs. 2 und 3 GEK-VO. In Verträgen zwischen Unternehmern und Verbrauchern hat der Unternehmer nach Art. 8 Abs. 1 S. 2 i.V.m. Art. 9 GEK-VO den Verbraucher vor Vertragsschluss auf die beabsichtigte Verwendung des GEK hinzuweisen. Dazu ist das in Anhang II zur GEK-VO enthaltene Informationsblatt zu verwenden. Bei elektronischen Vertragsschlüssen soll ein Hyperlink enthalten sein, über den der Text des GEK kostenfrei abgerufen werden kann. Weiter ist in Verbraucherverträgen eine ausdrückliche Zustimmung des Verbrauchers zur Verwendung des GEK erforderlich, die getrennt von der Zustimmung zum Vertrag selbst erklärt werden muss (Art. 8 Abs. 2 GEK-VO).[231] Bei Online-Verträgen wird dieses doppelte Einverständnis schlicht darin bestehen, dass der Verbraucher neben der Zustimmung zu den AGB des Unternehmers und weiteren Erklärungen, etwa zur Verwendung von Daten, ein weiteres Kontrollkästchen anklickt.[232]

bb) Fehler bei der Einwahl

Bei der Vereinbarung über die Verwendung des GEK können Fehler auftreten. So ist es etwa denkbar, dass die Parteien eines Kaufvertrags mit Verbindung zu einem Drittstaat direkt die Verwendung des GEK vereinbaren, ohne dass zuvor eine Rechtswahl zugunsten des Rechts eines Mitgliedstaates erklärt wird.[233] In dieser Einwahl nach Art. 8 GEK-VO dürfte nicht in jedem Fall zugleich auch die kollisionsrechtliche Rechtswahl des Rechts eines Mitgliedstaates (welches?) liegen,[234] sodass die Wirksamkeit der Vereinbarung des GEK davon abhängt, ob das (drittstaatliche) Kollisionsrecht seinerseits auf das Recht eines Mitgliedstaats verweist. 134

Auch hinsichtlich der Einwahl selbst sind Fehler möglich. Ausdrücklich geregelt ist der Fall, dass der Unternehmer die Übersendung des Informationsblatts nach Annex II GEK-VO unterlässt. Für diesen Fall sieht Art. 9 Abs. 1 GEK-VO vor, dass der Verbraucher erst dann an die Vereinbarung gebunden sein soll, wenn er das Informationsblatt erhalten und der Verwendung des GEK daraufhin ausdrücklich zugestimmt hat.[235] Für sonstige Fälle der unwirksamen Einwahl ist wie sonst auch das kollisions- 135

---

230 Zu den Regelungen über den Vertragsschluss im GEK *Stürner*, in: Reithmann/Martiny, Internationales Vertragsrecht, 8. Aufl. 2015, Rn. 6.276.

231 Das erinnert an die „doppia firma" des italienischen Rechts für AGB nach Art. 1341 Abs. 2 Codice civile; siehe dazu oben § 13 Rn. 21.

232 *Wendehorst*, in: Schulze (Hrsg.), Common European Sales Law – Commentary, 2012, Art. 8 VO Rn. 5f.

233 Dazu *Busch*, in: Gebauer, Gemeinsames Europäisches Kaufrecht – Anwendungsbereich und kollisionsrechtliche Einbettung, 2013, S. 89, 96ff.

234 *Mansel*, WM 2012, 1253, 1263.

235 Zu den verbleibenden Unklarheiten dieser Konstruktion näher *Wendehorst*, in: Schulze (Hrsg.), Common European Sales Law – Commentary, 2012, Art. 9 VO Rn. 5ff.

rechtlich berufene Recht auf den Kaufvertrag anwendbar. Ob dies auch dann gilt, wenn das Vertragsangebot eine Klausel enthält, dass ein Vertragsschluss unter dem Vorbehalt der wirksamen Vereinbarung der Geltung des GEK steht, erscheint zweifelhaft.[236]

3. Das materielle Kaufrecht im GEK

136 Der zentrale Teil IV des GEK regelt die Rechte und Pflichten der Parteien des Kaufvertrags.[237] Damit überschneidet er sich nur teilweise mit der Verbrauchsgüterkauf-Richtlinie. Einerseits hat das GEK einen weiteren sachlichen Anwendungsbereich als der acquis: So sind in der Verbrauchsgüterkauf-Richtlinie Fragen des Allgemeinen Obligationenrechts nicht geregelt; die Richtlinie gilt zudem nur für Verbraucherkäufe; schließlich sind Schadensersatzansprüche dort ebenfalls nicht geregelt. Andererseits ist das GEK wiederum enger, findet sich dort doch keine Vorschrift über den Verkäuferregress (Art. 4 VGKRL) oder über die Verbrauchergarantie (Art. 6 VGKRL). Eine Rügeobliegenheit besteht für Verbraucherkäufe nicht.[238]

a) Das Remedy-Konzept

137 Zentrale Bedeutung für jedes Vertragsrechtsregime kommt der Frage nach der Durchsetzbarkeit des Primäranspruchs zu.[239] Für das deutsche Recht etwa folgt die Klagbarkeit des Naturalerfüllungsanspruchs bereits aus diesem selbst (vgl. § 241 Abs. 1 BGB). Die Geltendmachung des Primäranspruchs ist kein Rechtsbehelf, der an gesonderte Voraussetzungen geknüpft ist, sondern selbstverständliche Regel. Er entsteht nicht erst im Falle der Nichterfüllung, sondern bereits mit der Obligation selbst.[240]

138 Anders das Common Law: Dort wird die Pflicht zur Naturalerfüllung jedenfalls außerhalb von Geldzahlungspflichten nicht als Bestandteil einer vertraglichen Verpflichtung angesehen, die per se klagbar wäre: Erst die Kombination aus materiellen Anspruchsvoraussetzungen und prozessualer Geltendmachung entscheidet darüber, ob die Naturalerfüllung im Einzelfall gewährt wird. Die Pflicht zur Naturalerfüllung resultiert auch nicht unmittelbar aus der vertraglichen Bindung, sondern wird als

236 Näher *Wendehorst*, in: Schulze (Hrsg.), Common European Sales Law – Commentary, 2012, Art. 8 VO Rn. 16f., die sich für eine analoge Anwendung von Art. 9 GEK-VO ausspricht.

237 Dazu *Lorenz*, AcP 212 (2012), 702; *Faust*, in: Schulte-Nölke/Zoll/Jansen/Schulze, Der Entwurf für ein optionales europäisches Kaufrecht, 2012, S. 251.

238 Anders für Verträge ohne Beteiligung eines Verbrauchers: Hier ist nach Art. 122 GEK eine Rügeobliegenheit vorgeschaltet (Nachbildung der Ausschlussfrist in Art. 39 CISG).

239 Dazu *Weller*, JZ 2008, 764, *Stürner*, ERPL 2011, 167; *Feltkamp/Vanbossele*, ERPL 2011, 873. Siehe ausführlich bereits oben § 18 Rn. 1ff.

240 Dazu umfassend *Weller*, Die Vertragstreue, 2009, S. 316ff., 371ff., 464ff.; vgl. weiter *Unberath*, Die Vertragsverletzung, 2007, S. 210ff.; aus vergleichender Perspektive *Zweigert/Kötz*, Einführung in die Rechtsvergleichung, 3. Aufl. 1996, § 35.

nach richterlichem Ermessen zu gewährender Rechtsbehelf (remedy) angesehen, der erst bei Erfüllung bestimmter Voraussetzungen, zu denen die Verletzung des vertraglichen Versprechens gehört, entsteht.[241]

Das GEK versucht sich in einem Kompromiss zwischen beiden Positionen. Einerseits bekennt sich das Regelwerk klar zum Naturalerfüllungsanspruch als Regel (Art. 110 Abs. 1 GEK) und neigt damit dem kontinentalen Modell zu.[242] Andererseits gestaltet es den Anspruch als „Abhilfe" aus[243] und folgt damit dem Vorbild des Common Law (Art. 106 Abs. 1 lit. a, 110 ff. GEK). Dieser Ansatz begünstigt tendenziell den Schuldner, da dem Gläubiger nicht schon der Beweis des Vertragsschlusses zur Geltendmachung der Naturalerfüllung genügt.[244] 139

Teil IV definiert zunächst den Zentralbegriff der Nichterfüllung als „jegliches Ausbleiben der Erfüllung der Verpflichtung, unabhängig davon, ob entschuldigt oder nicht" (Art. 87 Abs. 1 GEK). Beispielhaft werden dort sechs Fälle genannt, die als Nichterfüllung anzusehen sind (etwa Nichtlieferung, verspätete Lieferung oder nicht vertragsgemäße Lieferung). Weiter wird danach differenziert, ob die Nichterfüllung wesentlich ist oder nicht (Art. 87 Abs. 2 GEK), und ob sie entschuldigt ist (Art. 88 GEK).[245] Beides findet Vorbilder insbesondere in Art. 25 bzw. 79 CISG. Eine weitere Kategorie bildet diejenige der Unerheblichkeit der Vertragswidrigkeit: In solchen Fällen ist eine Vertragsbeendigung auch bei Verbraucherkäufen ausgeschlossen (Art. 114 Abs. 2 GEK). Art. 89 GEK enthält schließlich noch eine Regelung über die Vertragsanpassung bzw. -beendigung bei Änderung der Umstände. Bemerkenswert ist, dass das GEK zunächst eine Neuverhandlungspflicht der Parteien vorsieht (Art. 89 Abs. 1 S. 2 GEK).[246] 140

b) Verpflichtungen der Parteien

In den Kapiteln 10–13 des GEK werden nacheinander die Verpflichtung der Parteien und die Rechtsfolgen ihrer Nichterfüllung statuiert.[247] Zunächst kommen die Ver- 141

---

241 Vgl. *Sky Petroleum Ltd. v. V.I.P. Petroleum Ltd.* [1974] 1 WLR 576, 578 (ChD); *Zweigert/Kötz*, Einführung in die Rechtsvergleichung, 3. Aufl. 1996, § 35; *Smith*, Contract Theory, 2004, S. 398 ff.

242 Deutlich auch die Formulierung in Art. 89 Abs. 1 S. 1 GEK.

243 Dazu unten Rn. 144 ff.

244 Kritisch zum entsprechenden Konzept in PECL und DCFR bereits *Weller*, JZ 2008, 764, *Stürner*, ERPL 2011, 167. Vor einer Überbetonung dieser Unterschiede warnt indessen *U. Huber*, AcP 210 (2010), 319, 321 Fn. 2. Siehe dazu bereits oben § 18 Rn. 26 ff.

245 Eingehend dazu *Schopper*, in: Wendehorst/Zöchling-Jud, Am Vorabend eines Gemeinsamen Europäischen Kaufrechts, 2012, S. 107, 109 ff.

246 Siehe bereits Art. 6:111 PECL; ohne Neuverhandlungspflicht indessen Art. III.-1:110 DCFR.

247 *Kieninger*, in: Schulte-Nölke/Zoll/Jansen/Schulze, Der Entwurf für ein optionales europäisches Kaufrecht, 2012, S. 205; *Faust*, in: Remien/Herrler/Limmer, Gemeinsames Europäisches Kaufrecht für die EU?, 2012, S. 161, 176 ff.

pflichtungen des Verkäufers, dann gewissermaßen als Kehrseite die Abhilfemöglichkeiten des Käufers. Anschließend folgen die Verpflichtungen des Käufers und die Abhilfemöglichkeiten des Verkäufers.

aa) Verpflichtungen des Verkäufers

142 Von zentraler Bedeutung sind die Verpflichtungen des Verkäufers (Art. 91–105 GEK).[248] Seine Hauptleistungspflichten bestehen insbesondere darin, in vertragsgemäßer Weise die Waren zu liefern bzw. die digitalen Inhalte bereitzustellen und das Eigentum daran auf den Käufer zu übertragen (Art. 91 GEK). Dies kann grundsätzlich auch durch einen Dritten geschehen (Art. 92 GEK). Definiert werden weiterhin Ort, Art und Zeit der Lieferung (Art. 93–95 GEK) sowie die Vertragsmäßigkeit der Ware (Art. 99–105 GEK). Die Waren bzw. digitalen Inhalte müssen in Menge, Qualität und Art den Anforderungen des Vertrags entsprechen (Art. 99 Abs. 1 lit. a GEK). Parteivereinbarungen hierüber sind zulässig (Art. 99 Abs. 2 GEK; Einschränkungen allerdings in Abs. 3 für Verbraucherkaufverträge[249]). Nur soweit solche nicht vorliegen, treffen die Art. 100–102 GEK im Einzelnen nähere Festlegungen. Das GEK folgt damit dem subjektiven Fehlerbegriff. Art. 100 GEK ist nach dem Vorbild von Art. 35 Abs. 2 CISG strukturiert und enthält eine Reihe von Kriterien für die Bestimmung der Vertragsmäßigkeit, die kumulativ vorliegen müssen.[250] Bei Verträgen zwischen Unternehmern haftet der Verkäufer nicht für die Vertragswidrigkeit der Ware, wenn der Käufer diese zum Zeitpunkt des Vertragsschlusses kannte oder kennen musste (Art. 104 GEK).[251]

bb) Verpflichtungen des Käufers

143 Die Verpflichtungen des Käufers sind in Art. 123–130 GEK geregelt.[252] Hauptleistungspflichten sind die Zahlung des Preises (Art. 123 Abs. 1 lit. a, 124–128 GEK) sowie die Annahme der Waren bzw. digitalen Inhalte (Art. 123 Abs. 1 lit. b, 129–130 GEK).

---

248 *Gsell*, in: Schulte-Nölke/Zoll/Jansen/Schulze, Der Entwurf für ein optionales europäisches Kaufrecht, 2012, S. 229; *Faust*, in: Remien/Herrler/Limmer, Gemeinsames Europäisches Kaufrecht für die EU?, 2012, S. 161, 162 ff.; *Schopper*, in: Wendehorst/Zöchling-Jud, Am Vorabend eines Gemeinsamen Europäischen Kaufrechts, 2012, S. 107, 118 ff.; *Lorenz*, AcP 212 (2012), 702, 716 ff.; speziell zu den digitalen Inhalten *Loos/Helberger/Guibault/Mak*, ERPL 2011, 729 sowie *Zahn*, ZEuP 2014, 77.

249 Näher dazu *Gsell*, in: Schulte-Nölke/Zoll/Jansen/Schulze, Der Entwurf für ein optionales europäisches Kaufrecht, 2012, S. 229, 237 ff.

250 Näher dazu *Faust*, in: Remien/Herrler/Limmer, Gemeinsames Europäisches Kaufrecht für die EU?, 2012, S. 161, 164 ff.

251 Näher dazu, insbesondere zu den Unterschieden zu Art. 35 Abs. 3 CISG *Faust*, in: Remien/Herrler/Limmer, Gemeinsames Europäisches Kaufrecht für die EU?, 2012, S. 161, 179 ff.

252 Näher *Lorenz*, AcP 212 (2012), 702, 804 ff.

c) Rechtsfolgen von Verletzungen der Verpflichtungen

aa) Abhilfen des Käufers

Die Rechtsbehelfe („Abhilfen"[253]), die dem Käufer im Falle der Nichterfüllung durch den Verkäufer zustehen, sind in Art. 106–122 GEK geregelt.[254] Art. 106 Abs. 1 GEK listet sie überblicksartig auf: (a) Erfüllung; (b) Zurückbehaltungsrecht; (c) Vertragsbeendigung; (d) Minderung sowie (e) Schadensersatz.[255] Für den Fall der Entschuldigung der Nichterfüllung nach Art. 88 GEK sind Erfüllungs- und Schadensersatzansprüche ausgeschlossen (Art. 106 Abs. 4 GEK). Die Vertragsbeendigung setzt eine Wesentlichkeit der Nichterfüllung voraus (Art. 114 Abs. 1 i.V.m. Art. 87 Abs. 2 GEK). Bei Verbraucherkaufverträgen liegt die Schwelle etwas niedriger: Hier ist die Vertragsbeendigung lediglich bei unerheblicher Vertragswidrigkeit ausgeschlossen (Art. 114 Abs. 2 GEK).[256] 144

Das Erfüllungsverlangen des Käufers umfasst nach Art. 110 Abs. 2 GEK auch die „kostenlose Abhilfe im Falle einer nicht vertragsgemäßen Leistung" und damit die Nacherfüllung.[257] Ob dies ggf. auch den Ausbau der mangelhaften Sache und den Einbau der vertragsgemäßen Sache bzw. die Übernahme der Kosten hierfür im Sinne der Entscheidung der EuGH in der Sache *Weber und Putz*[258] umfasst, ist unklar. Wie die Verbrauchsgüterkauf-Richtlinie gibt auch das GEK dem Käufer ein Wahlrecht zwischen Reparatur und Ersatzlieferung (Art. 111 Abs. 1 GEK). Einschränkungen des Nacherfüllungsverlangens gelten bei Unmöglichkeit, Rechtswidrigkeit sowie absoluter (Art. 110 Abs. 3 lit. b GEK) und relativer Unverhältnismäßigkeit (Art. 111 Abs. 1 HS. 2 GEK). Unklar ist das Verhältnis von Art. 110 Abs. 3 zu Art. 89 GEK.[259] 145

Eine Sonderstellung nimmt die Heilung ein (Art. 109 GEK). Darunter wird das Recht des Verkäufers verstanden, bei vorzeitiger und nicht vertragsgemäßer Leistung erneut die Leistung anbieten zu dürfen. Allerdings soll dies nur dann gelten, wenn der 146

---

253 Kritisch zur Terminologie *Faust*, in: Remien/Herrler/Limmer, Gemeinsames Europäisches Kaufrecht für die EU?, 2012, S. 161, 176.

254 Siehe dazu *Faust*, in: Remien/Herrler/Limmer, Gemeinsames Europäisches Kaufrecht für die EU?, 2012, S. 161, 176 ff.; *Faust*, in: Schulte-Nölke/Zoll/Jansen/Schulze, Der Entwurf für ein optionales europäisches Kaufrecht, 2012, S. 251, 257 ff.; *Lorenz*, AcP 212 (2012), 702, 743 ff.

255 Art. 106 Abs. 2 und 3 GEK enthalten jeweils besondere Vorschriften für Verträge zwischen Unternehmern sowie für Verbraucherverträge.

256 Zur Auslegung des Begriffs der Unerheblichkeit, der demjenigen der Geringfügigkeit in Art. 3 Abs. 6 VGKRL entsprechen dürfte, *Stürner*, Der Grundsatz der Verhältnismäßigkeit im Schuldvertragsrecht, 2010, S. 238 ff. sowie bereits oben Rn. 98.

257 Näher *M. Weller*, GPR 2012, 173; *M.-Ph. Weller/Harms*, GPR 2012, 298; *Stempel*, EuZW 2013, 174; *R. Magnus*, in: FS U. Magnus, 2014, S. 615.

258 EuGH, 16.6.2011, verb. Rs. C-65/09 und C-87/09 – *Weber und Putz*, Slg. 2011, I-5257; dazu bereits oben Rn. 93 ff.

259 Siehe zur Abgrenzung der entsprechenden Vorgängernormen im DCFR bereits *Stürner*, ERPL 2011, 167, 184.

Käufer ein Unternehmer ist (Art. 106 Abs. 3 lit. a GEK). Für Verbraucherverträge kann ein Recht des Unternehmers auf Heilung auch nicht vereinbart werden (Art. 108 GEK).[260]

bb) Abhilfen des Verkäufers

147 Kommt der Käufer seinen Verpflichtungen nicht nach, so bestimmen sich die Rechte des Verkäufers nach den Art. 131–139 GEK.[261] Nach Art. 131 Abs. 1 GEK sind folgende Abhilfen statthaft: (a) Erfüllung; (b) Zurückbehaltungsrecht; (c) Vertragsbeendigung sowie (d) Schadensersatz- und Zinsansprüche. Die Vertragsbeendigung setzt allerdings eine Wesentlichkeit der Nichterfüllung voraus (Art. 134 i. V. m. Art. 87 Abs. 2 GEK).

d) Gefahrübergang

148 Besondere Regelungen über den Gefahrübergang treffen die Art. 140–146 GEK.[262] Sie orientieren sich im Wesentlichen an den Art. 66–70 CISG. Eine besondere Vorschrift für Verbraucherkaufverträge enthält Art. 142 GEK. Sie stellt auf den Zeitpunkt der Besitzerlangung durch den Verbraucher ab.

e) Schadensersatz und Zinsen

149 Teil VI regelt Schadensersatz und Zinsen (Art. 159–171 GEK).[263] Die Regelungssystematik, der das GEK ansonsten folgt, wird damit insoweit verlassen, als die Abhilfen bei Nichterfüllung ansonsten im jeweiligen Kontext geregelt werden. Art. 159 GEK enthält einen verschuldensunabhängigen Schadensersatzanspruch für die Nichterfüllung vertraglicher Verpflichtungen. Dieser ist ausgeschlossen, falls die Nichterfüllung entschuldigt (Def. Art. 88 Abs. 1 GEK) ist. Die Haftung besteht nur für voraussehbaren Verlust (Art. 161 GEK); sie wird eingeschränkt im Falle von Mitverschulden (Art. 162 GEK) und bei Verstößen gegen die Schadensminderungsobliegenheit (Art. 163 GEK[264]).

---

260 Kritisch dazu *Faust*, in: Remien/Herrler/Limmer, Gemeinsames Europäisches Kaufrecht für die EU?, 2012, S. 161, 184 f.

261 Näher *Lorenz*, AcP 212 (2012), 702, 813 ff.

262 Dazu *Schopper*, in: Wendehorst/Zöchling-Jud, Am Vorabend eines Gemeinsamen Europäischen Kaufrechts, 2012, S. 107, 141 ff.; *Faust*, in: Schulte-Nölke/Zoll/Jansen/Schulze, Der Entwurf für ein optionales europäisches Kaufrecht, 2012, S. 251, 272 f.; *Lorenz*, AcP 212 (2012), 702, 821 ff.

263 *Wendehorst*, in: Remien/Herrler/Limmer, Gemeinsames Europäisches Kaufrecht für die EU?, 2012, S. 189, 190 ff.; *B. Koch*, in: Wendehorst/Zöchling-Jud, Am Vorabend eines Gemeinsamen Europäischen Kaufrechts, 2012, S. 225; *Looschelders*, AcP 212 (2012), 581, 657 ff.

264 Speziell dazu *Keirse*, ERPL 2011, 951.

Nicht zweifelsfrei erscheint die Reichweite der Schadensersatzpflicht. Zugeschnitten sind die Vorschriften auf die Verletzung der Primärleistungspflicht (Art. 87 Abs. 1 GEK). Man wird allerdings davon ausgehen müssen, dass auch die Verletzung von Schutz- und Nebenpflichten eine Haftung auslösen kann, hierfür spricht die weite Formulierung des Art. 87 Abs. 1 lit. f. GEK.[265] Bei Verletzungen des Integritätsinteresses kann dies allerdings nur insoweit gelten, als diese vertraglich zu qualifizieren sind. 150

f) Rückabwicklung

Auch die Rückabwicklung nach Anfechtung und Beendigung des Vertrags regelt das GEK eigenständig (Teil VII, Art. 172–177 GEK) und nicht im Kontext der jeweiligen Vertragswidrigkeit.[266] Die Rückabwicklung nach Verbraucherwiderruf findet sich hingegen in Art. 43 ff. GEK. Nach Art. 176 GEK kann eine Anspruchsbegrenzung aus Billigkeitsgründen vorgenommen werden. Nicht geregelt sind etwa der Leistungsort für die Rückabwicklung[267] oder die Frage, wer die Kosten der Rückabwicklung zu tragen hat.[268] 151

g) Die Regelungen über verbundene Dienstleistungen

Besondere Regelungen über die mit dem Kaufvertrag verbundenen Dienstleistungen (Def. Art. 2 lit. m GEK-VO) finden sich in Teil V (Art. 147–158 GEK).[269] Dieser ist ähnlich strukturiert wie der vorhergehende Teil IV: Zunächst findet sich in Art. 147 Abs. 1 GEK ein pauschaler Verweis auf die Art. 87–90 GEK. In der Folge werden die Verpflichtungen des Dienstleisters und des Kunden sowie die entsprechenden Abhilfen beider Parteien bei Nichterfüllung durch den anderen Teil geregelt, letzteres in weiten Teilen durch Verweisungen auf die entsprechenden Vorschriften in Teil IV (Art. 155 Abs. 1, 157 GEK). 152

---

265 *Mansel*, WM 2012, 1309, 1312; zweifelnd *Wendehorst*, in: Remien/Herrler/Limmer, Gemeinsames Europäisches Kaufrecht für die EU?, 2012, S. 189, 193.

266 Dazu *Wendehorst*, in: Remien/Herrler/Limmer, Gemeinsames Europäisches Kaufrecht für die EU?, 2012, S. 189, 195 ff.; *B. Koch*, in: Wendehorst/Zöchling-Jud, Am Vorabend eines Gemeinsamen Europäischen Kaufrechts, 2012, S. 225, 241 ff.; *Looschelders*, AcP 212 (2012), 581, 671 ff.; *Mörsdorf/Brinkmann*, GPR 2013, 190.

267 Dazu *Sirena*, ERPL 2011, 977, 986.

268 Weitere Kritikpunkte bei *Wendehorst*, in: Remien/Herrler/Limmer, Gemeinsames Europäisches Kaufrecht für die EU?, 2012, S. 189, 197.

269 Dazu *Zoll*, in: Schulte-Nölke/Zoll/Jansen/Schulze, Der Entwurf für ein optionales europäisches Kaufrecht, 2012, S. 279; *Faber*, in: Wendehorst/Zöchling-Jud, Am Vorabend eines Gemeinsamen Europäischen Kaufrechts, 2012, S. 147; *Lorenz*, AcP 212 (2012), 702, 831 ff.

h) Verjährung

153 Teil VIII des GEK enthält einen eigenen Teil zur „Verjährung von Rechten".[270] Danach verjähren Rechte in zwei Jahren bzw. zehn oder dreißig Jahren (Art. 179 GEK). Die Frist beginnt zu dem Zeitpunkt, in dem der Gläubiger die anspruchsbegründenden Tatsachen kennt oder kennen müsste (Art. 180 Abs. 1 GEK). Die zehn- bzw. dreißigjährige Frist ist offenbar als Höchstfrist gemeint. Abweichende Vereinbarungen sind in Verbraucherverträgen unzulässig (Art. 186 Abs. 5 GEK). Zulässig ist die Verkürzung beider Verjährungsfristen bis zu einem Jahr durch Parteivereinbarung, Art. 186 Abs. 2 und 3 GEK. In Art. 181 Abs. 3 und 4 GEK ist die Hemmung der Verjährung geregelt, die auch durch Eröffnung eines Mediationsverfahrens bewirkt werden kann.

---

270 Dazu *Müller*, GPR 2012, 11; *Zöchling-Jud*, in: Wendehorst/Zöchling-Jud, Am Vorabend eines Gemeinsamen Europäischen Kaufrechts, 2012, S. 253; *Mansel*, WM 2012, 1309, 1313 f.; *Looschelders*, AcP 212 (2012), 581, 685 ff.; *Kleinschmidt*, AcP 213 (2013), 538; *Arroyo i Amayuelas/Vaquer*, ERCL 2013, 38.

§ 23 Vertragsrecht im digitalen Zeitalter

Literatur: *Auer*, Digitale Leistungen, ZfPW 2019, 130; *Grundmann* (Hrsg.), European Contract Law in the Digital Age, 2018; *Grundmann/Möslein* (Hrsg.), Vertragsrecht und Innovation, 2019; *Hacker*, Datenprivatrecht. Neue Technologien im Spannungsfeld von Datenschutzrecht und BGB, 2020; *Hennemann*, Interaktion und Partizipation. Dimensionen systemischer Bindung im Vertragsrecht, 2020; *Hoeren/Pinelli*, Daten im Rechtsverkehr – Überlegungen für ein allgemeines Datenvertragsrecht, JZ 2020, 879; *Kumkar*, Herausforderungen eines Gewährleistungsrechts im digitalen Zeitalter, ZfPW 2020, 306; *Lüttringhaus*, Das internationale Datenprivatrecht: Baustein des Wirtschaftskollisionsrechts des 21. Jahrhunderts – Ein Beitrag zum IPR der Haftung für Verstöße gegen die EU-Datenschutzgrundverordnung, ZVglRWiss 117 (2018), 50; *Schulze/Staudenmayer* (Hrsg.), Digital Revolution: Challenges for Contract Law in Practice, 2016

Systematische Übersicht

https://doi.org/10.1515/9783110718690-023

I. Digitale Inhalte als Gegenstand vertraglicher Rechte und Pflichten

1 Nach dem Scheitern des Vorschlags zur Einführung eines Gemeinsamen Europäischen Kaufrechts[1] konzentrierte sich die Kommission auf die Verbesserung des digitalen Binnenmarktes. Dort versprach man sich erhebliches Wachstumspotential.[2] Es wurde ein ganzes Bündel von Maßnahmen eingeleitet.[3] Im Kontext des Vertragsrechts kommt der Richtlinie (EU) 2019/770 über bestimmte vertragsrechtliche Aspekte der Bereitstellung digitaler Inhalte und digitaler Dienste (Digitale-Inhalte-Richtlinie) ganz besondere Bedeutung zu.[4]

1. Digitale Inhalte im Recht

2 Bereits die zunehmende Verbreitung des Internets Ende der 1990er-Jahre hatte auf Gemeinschaftsebene einen ersten Regelungsschub ausgelöst, genannt seien etwa die Fernabsatz-Richtlinie,[5] die E-Commerce-Richtlinie oder die Signatur-Richtlinie.[6] Während dies vor allem auf die digitale Kommunikation als Mittel zum Abschluss von Verträgen abzielte und für diese einen rechtlichen Rahmen bereitstellte, konzentrieren sich die jüngeren legislatorischen Aktivitäten auf digitale Inhalte als Gegenstand von Verträgen. Das ist an sich nicht neu: Bereits früher wurde etwa die rechtliche Einordnung von Verträgen zur Überlassung von Standard-Software diskutiert,[7] ohne dass sich hieraus ein Regelungsdesiderat ergeben hätte. Das hat sich seit einiger Zeit indessen insoweit geändert, als durch die massenhafte Verbreitung von Smartphones und die ubiquitäre und vielfach kostenlose Verfügbarkeit von Apps eine ganze Reihe klärungsbedürftiger Rechtsfragen entstand, für die ein Verweis auf die Rechtsprechung nicht mehr ausreichend erschien.

3 Was digitale Inhalte sind, definiert bereits Art. 2 Nr. 11 VRRL schlicht als „Daten, die in digitaler Form hergestellt und bereitgestellt werden“. Auch der Vorschlag eines Gemeinsamen Europäischen Kaufrechts enthält eine entsprechende Regelung.[8] Nach dessen Scheitern hat die Kommission wesentliche Inhalte in einen eigenständigen Rechtsakt überführt: die Digitale-Inhalte-Richtlinie, die Vorschriften über bestimmte Anforderungen an zwischen Unternehmern und Verbrauchern geschlossene Verträge

1 Dazu oben § 3 Rn. 24 ff.
2 Siehe die Strategie für einen digitalen Binnenmarkt vom 5. Mai 2015, COM(2015) 192 final.
3 Überblick bei *Wurster*, EuZW 2016, 443.
4 Dazu unten Rn. 14 ff.
5 Dazu § 13 Rn. 47 ff.
6 Zu beiden oben § 13 Rn. 63.
7 Grundlegend BGHZ 102, 135, 145: jedenfalls entsprechende Anwendung von Kaufrecht.
8 Dazu oben § 22 Rn. 112; siehe auch unten Rn. 20.

über die Bereitstellung digitaler Inhalte oder digitaler Dienstleistungen enthält (Art. 1 Digitale-Inhalte-RL).[9]

2. Daten als Gegenleistung

Literatur: *Hacker*, Daten als Gegenleistung: Rechtsgeschäfte im Spannungsfeld von DS-GVO und allgemeinem Vertragsrecht, ZfPW 2019, 148; *Langhanke*, Daten als Leistung. Eine rechtsvergleichende Untersuchung zu Deutschland, Österreich und der Schweiz, 2018; *Langhanke/Schmidt-Kessel*, Consumer Data as Consideration, EuCML 2015, 218; *Linardatos*, Daten als Gegenleistung im Vertrag: Modell der Richtlinie über digitale Inhalte, in: Specht-Riemenschneider/Werry/Werry (Hrsg.), Datenrecht in der Digitalisierung, 2020, S. 506; *Lohsse/Schulze/Staudenmayer* (Hrsg.), Data as Counterperformance – Contract Law 2.0?, 2020; *Mischau*, Daten als „Gegenleistung" im neuen Verbrauchervertragsrecht, ZEuP 2020, 335; *Pertot*, Die Auslegung des datenschutzrechtlichen Koppelungsverbots – Lockerung durch den Corte di Cassazione, GPR 2019, 54; *Riehm*, Freie Widerruflichkeit der Einwilligung und Struktur der Obligation – Daten als Gegenleistung?, in: Pertot (Hrsg.), Rechte an Daten, 2020, S. 175; *Scheuch*, Daten als Gegenstand von Leistung und Gegenleistung im UN-Kaufrecht, ZVglRWiss 118 (2019), 375; *Schmidt-Kessel/Grimm*, Unentgeltlich oder entgeltlich? – Der vertragliche Austausch von digitalen Inhalten gegen personenbezogene Daten, ZfPW 2016, 84; *Schwamberger*, Reichweite des datenschutzrechtlichen Koppelungsverbots nach alter und neuer Rechtslage, GPR 2019, 57

a) Persönliche Daten

Auf europäischer Ebene besteht mit der Datenschutz-Grundverordnung (DSGVO) eine Rahmenregelung zum rechtlichen Umgang mit Daten, die auch Relevanz für das Privatrecht besitzt. Insbesondere hat nach Art. 82 DSGVO jede Person, der wegen eines Verstoßes gegen diese Verordnung ein materieller oder immaterieller Schaden entstanden ist, Anspruch auf Schadenersatz gegen den Verantwortlichen oder gegen den Auftragsverarbeiter. Dieser Anspruch ist deliktischer Natur[10] und wird daher im Rahmen dieses Werkes nicht näher behandelt. 4

Nach deutscher Dogmatik handelt es sich beim Datenschutzrecht um eine Konkretisierung des Rechts auf informationelle Selbstbestimmung, das wiederum aus dem allgemeinen Persönlichkeitsrecht fließt. Es postuliert „unter den modernen Bedingungen der Datenverarbeitung den Schutz des Einzelnen gegen unbegrenzte Erhebung, Speicherung, Verwendung und Weitergabe seiner persönlichen Daten".[11] Daraus wird die Befugnis des Einzelnen abgeleitet, grundsätzlich selbst über die Preisgabe und Verwendung seiner persönlichen Daten zu bestimmen. Sehr konkret 5

9 Zu deren Entstehungsgeschichte bereits oben § 3 Rn. 42ff. und weiter unten Rn. 14f., zu ihrem Inhalt unten Rn. 16ff.

10 Siehe nur *Frenzel*, in: Paal/Pauly, DS-GVO/BDSG, 2. Aufl. 2018, Art. 82 DSGVO Rn. 1; *Kreße*, in: Sydow, Europäische Datenschutzgrundverordnung, 2. Aufl. 2018, Art. 82 Rn. 4. Zur Qualifikation datenschutzrechtlicher Ansprüche im Rahmen der Brüssel Ia-VO *Stürner/Wendelstein*, JZ 2018, 1083.

11 Grundlegend BVerfGE 65, 1, 41ff. (Volkszählungsurteil).

formulieren Art. 16 Abs. 1 AEUV und wortgleich Art. 8 Abs. 1 GRCh: „Jede Person hat das Recht auf Schutz der sie betreffenden personenbezogenen Daten." Diese Bestimmungen regeln das Verhältnis der Einzelnen zum Staat, doch kommt ihnen im Horizontalverhältnis mittelbare Bedeutung zu.[12]

6 Indessen kann daraus nicht abgeleitet werden, dass Daten ein nicht kommerzialisierbares Gut sind. In diese Richtung könnte etwa eine Aussage des Europäischen Datenschutzbeauftragten *Buttarelli* vom März 2017 verstanden werden, der in Bezug auf den Vorschlag der Kommission zur Digitale-Inhalte-Richtlinie folgendes ausführte:[13]

7 > "The EDPS supports the aim of the Commission's initiative, which is to enhance consumer rights. I consider this an opportunity to harness synergies between consumer and data protection law in the interests of the individual. The proposed directive should avoid unintentional interference with the data protection rights and obligations set down by the EU last year in the General Data Protection Regulation. *Individuals should not be required to disclose personal data in 'payment' for an online service. Rather, their rights and interests should be safeguarded by coherent application of up-to-date rules in the consumer and data protection area.*"[14]

8 In der Konsequenz wäre danach das Geschäftsmodell „App gegen Daten" obsolet. Dass dies weder den primärrechtlichen Vorgaben noch der Systematik der Rechtsakte des europäischen Sekundärrechts entspricht, wird nachfolgend ausgeführt.

b) Daten als Entgelt

9 Die Digitale-Inhalte-Richtlinie betrifft Verträge über die Bereitstellung digitaler Inhalte.[15] Sie geht zunächst von dem Normalfall aus, dass die digitalen Inhalte gegen Zahlung eines Preises bereitgestellt werden (Art. 3 Abs. 1 UAbs. 1 Digitale-Inhalte-RL), dieser verstanden als „Geld oder eine digitale Darstellung eines Werts, das bzw. die im Austausch für die Bereitstellung digitaler Inhalte oder digitaler Dienstleistungen geschuldet wird" (Art. 2 Nr. 7 Digitale-Inhalte-RL). Da das Geschäftsmodell vieler Anbieter von digitalen Inhalten jedoch gerade keine derartige Gegenleistung vorsieht, sondern diese vielmehr „gratis" bzw. „kostenlos"[16] bereitgestellt werden, stand der Richtliniengeber vor der Wahl, diese Art vertraglicher Abrede in das Regulierungskonzept mit aufzunehmen, die Regelung dem Recht der Mitgliedstaaten zu überlassen oder aber sie vollständig zu untersagen.

---

12 Siehe etwa zum „Recht auf Vergessenwerden" EuGH, 13.5.2014, Rs. C-131/12 – *Google Spain*, NJW 2014, 2257 Rn. 69, 74. Allgemein zur Horizontalwirkung von Unionsgrundrechten oben § 7 Rn. 34 ff.

13 Siehe die Pressemitteilung vom 15.3.2017, abrufbar unter https://edps.europa.eu/press-publications/press-news/press-releases/2017/edps-sees-opportunities-stronger-consumer-and-data_en [zuletzt abgerufen am 2.7.2020].

14 Hervorhebungen vom *Verf.*

15 Näher dazu sogleich Rn. 16 ff.

16 Die Werbung eines sozialen Netzwerks damit, es sei „kostenlos", verstößt nicht gegen das Wettbewerbsrecht, s. LG Berlin MMR 2018, 328, 330; bestätigt durch KG MMR 2020, 239.

Der Richtlinienvorschlag[17] bestimmte den Anwendungsbereich in Art. 3 Abs. 1 so, dass auch Verträge zur Bereitstellung digitaler Inhalte erfasst sein sollten, bei denen der Verbraucher „aktiv eine andere Gegenleistung als Geld in Form personenbezogener oder anderer Daten erbringt".[18] Eine Differenzierung nach Art der Gegenleistung würde nach Ansicht der Kommission „zu einer diskriminierenden Unterscheidung zwischen verschiedenen Geschäftsmodellen führen und Unternehmen einen ungerechtfertigten Anreiz bieten, digitale Inhalte vermehrt gegen Daten anzubieten" (Erwägungsgrund Nr. 13 Digitale-Inhalte-RL-E). Die daraus folgende Gleichsetzung von Daten als Entgelt stieß gerade hinsichtlich personenbezogener Daten auf Kritik und Widerspruch, bis hin zur eben zitierten, vollständigen Ablehnung einer solchen Kommerzialisierung von Daten durch den Europäischen Datenschutzbeauftragten. 10

Die in der verabschiedeten Fassung der Digitale-Inhalte-Richtlinie gefundene Formulierung schwächt den Zusammenhang zwischen Daten und der vertraglichen Leistungspflicht zwar ab, befindet sich aber inhaltlich auf der Linie des Entwurfs: Nach ihrem Art. 3 Abs. 1 UAbs. 2 gilt die Digitale-Inhalte-Richtlinie auch, „wenn der Unternehmer dem Verbraucher digitale Inhalte oder digitale Dienstleistungen bereitstellt oder deren Bereitstellung zusagt und der Verbraucher dem Unternehmer personenbezogene Daten bereitstellt oder deren Bereitstellung zusagt [...]." Obwohl sich aus der Norm nicht unmittelbar ein synallagmatischer Zusammenhang zwischen Leistung (der Bereitstellung von digitalen Inhalten durch den Unternehmer) und Gegenleistung (der Bereitstellung von Daten durch den Verbraucher) herstellen lässt, ist selbstverständlich genau dies gemeint.[19] Erwägungsgrund Nr. 24 Digitale-Inhalte-RL nimmt die weite Verbreitung derartiger Geschäftsmodelle auf und formuliert ein klares Desiderat: Mit der Richtlinie solle „sichergestellt werden, dass die Verbraucher im Zusammenhang mit solchen Geschäftsmodellen Anspruch auf vertragliche Rechtsbehelfe haben".[20] Gleichzeitig sichert sich der Richtliniengeber gegen eine zu starke Kommerzialisierung ab, indem im selben Erwägungsgrund auf den grundrechtlichen Schutz personenbezogener Daten hingewiesen wird, die daher nicht als Ware betrachtet werden könnten. 11

Das verschleiert die eigentlichen Probleme aus mehreren Gründen: Zum einen wird die Klarheit der Diktion – Daten sind keine Ware – jedenfalls in der deutschen Sprachfassung über eine Begriffswahl erreicht, die vom eigentlichen Problem wegführt. Waren sind nach der Definition in Art. 2 Nr. 5 Warenkauf-RL bewegliche Sache, 12

17 COM(2015) 634 endg.

18 Dazu noch unten Rn. 18f.

19 S. *Metzger*, JZ 2019, 577, 579; *Staudenmayer*, ZEuP 2019, 663, 669.

20 Von einer „bahnbrechenden Neuerung", die eine „neue Dimension der Anpassung des Privatrechts an den Übergang zur digitalen Wirtschaft" eröffne, spricht *Staudenmayer*, ZEuP 2019, 663, 669. Das ist angesichts der in allem mitgliedstaatlichen Rechtsordnungen allgemein akzeptierten Vertragsfreiheit allenfalls insoweit zutreffend, als nunmehr eine positivrechtliche Regelung (auch) auf Unionsebene besteht.

sodass Daten schon deswegen nicht als Ware betrachtet werden können. Die Unterscheidung zwischen Singular (Ware als kommerzialisierungsfähiges Objekt) und Plural (Waren als Verkaufsgegenstände) scheint hier wenig unterscheidungskräftig. Klarer ist etwa die englische Sprachfassung („personal data cannot be considered as a commodity“).[21] Zum anderen zeugt der genannte Erwägungsgrund Nr. 24 von einer inneren Widersprüchlichkeit: Wenn Daten etwas anderes sind als Geld (oder dessen digitale Darstellung) und überdies auch nicht als Ware anzusehen sind, sollten sie auch nicht als vertragliche Gegenleistung erbracht werden können. Da die Digitale-Inhalte-Richtlinie aber genau dies legitimiert,[22] kommt es ganz wesentlich auf die inhaltliche Ausgestaltung des rechtlichen Rahmens an, innerhalb dessen der Austausch von Leistung gegen Daten erfolgt. Diesbezüglich hat sich in der deutschen Literatur mittlerweile der Terminus „Datenschuldrecht“ herausgebildet.[23]

13 Der Grundrechtsschutz, der in Bezug auf Daten vor allem in Form des Datenschutzes durch die DSGVO bzw. mitgliedstaatliches Datenschutzrecht zu gewähren ist, läuft dieser schuldrechtlichen Betrachtung teilweise zuwider, da er im Grundsatz von der freien Disposition über Daten ausgeht. In Konkretisierung dessen formuliert Art. 7 Abs. 4 DSGVO sogar ein „Koppelungsverbot“, wonach die Freiwilligkeit bei der Erteilung der datenschutzrechtlichen Einwilligung dann fehlen soll, wenn die Inanspruchnahme einer vertraglichen Leistung faktisch zwingend mit der Zustimmung zur Datenverarbeitung verknüpft ist; Kriterien sind etwa ein „klares Ungleichgewicht“ zwischen Verarbeitendem und Datensubjekt (Erwägungsgrund Nr. 43 DSGVO).[24] Auf die damit verbundenen Probleme ist an späterer Stelle einzugehen.[25]

II. Die Digitale-Inhalte-Richtlinie

1. Entstehung und Hintergründe

Literatur: *Bach*, Neue Richtlinien zum Verbrauchsgüterkauf und zu Verbraucherverträgen über digitale Inhalte, NJW 2019, 1705; *Gsell*, Der europäische Richtlinienvorschlag zu bestimmten vertragsrecht-

---

21 Auch die französische Sprachfassung („les données à caractère personnel ne peuvent être considérées comme des marchandises“) unterscheidet sprachlich deutlicher (Defition Waren in Art. 2 Nr. 5 Warenkauf-RL: „bien“) als die deutsche.

22 Auch im Rahmen von § 312 Abs. 1 BGB ist anerkannt, dass die dort zur Anwendbarkeit der verbraucherschützenden Vorschriften geforderte „entgeltliche Leistung“ nicht in Geld bestehen muss, sodass insbesondere auch personenbezogene Daten ein Entgelt darstellen können, s. BT-Drucks. 17/13951, S. 72; s. weiter *Metzger*, AcP 216 (2016), 817, 845 f.; *Schmidt-Kessel/Grimm*, ZfPW 2017, 84; *Czajkowski/Müller-ter Jung*, CR 2018, 157, 160 f.; allgemein dazu auch *Sattler*, JZ 2017, 1036. Zum Ganzen bereits oben § 9 Rn. 14.

23 Etwa *Wendehorst*, NJW 2016, 2609, 2610; *Schmidt-Kessel/Grimm*, ZfPW 2017, 84, 102 ff.

24 Dazu *Pertot*, GPR 2019, 54; *Schwamberger*, GPR 2019, 57; *Kumkar*, ZfPW 2020, 306, 328 ff.; *Bunnenberg*, JZ 2020, 1088, 1095 ff.

25 Unten Rn. 37.

lichen Aspekten der Bereitstellung digitaler Inhalte, ZUM 2018, 75; *Helmig*, Die neuen Richtlinien zum europäischen Verbraucherkaufrecht. Überlegungen zum Kauf eines Fahrzeugs als Ware mit digitalem Inhalt, IWRZ 2019, 200; *Metzger*, Verträge über digitale Inhalte und digitale Dienstleistungen: Neuer BGB-Vertragstypus oder punktuelle Reform?, JZ 2019, 577; *Schulze*, Die Digitale-Inhalte-Richtlinie – Innovation und Kontinuität im europäischen Vertragsrecht, ZEuP 2019, 695; *Schulze/Staudenmayer* (Hrsg.), Digital Revolution: Challenges for Contract Law in Practice, 2016; *Spindler/Sein*, Die endgültige Richtlinie über Verträge über digitale Inhalte und Dienstleistungen, MMR 2019, 415; *Spindler/Sein*, Die Richtlinie über Verträge über digitale Inhalte – Gewährleistung, Haftung und Änderungen, MMR 2019, 488; *Staudenmayer*, Die Richtlinien zu den digitalen Verträgen, ZEuP 2019, 663; *Wendland*, Sonderprivatrecht für Digitale Güter: Die neue Europäische Digitale Inhalte-Richtlinie als Baustein eines Digitalen Vertragsrechts für Europa, ZVglRWiss 118 (2019), 191

Von zentraler Bedeutung für den digitalen Binnenmarkt ist die Richtlinie (EU) 2019/770 vom 20. Mai 2019 über bestimmte vertragsrechtliche Aspekte der Bereitstellung digitaler Inhalte und digitaler Dienstleistungen. Ihr vorangegangen war der Vorschlag für eine Richtlinie über bestimmte vertragsrechtliche Aspekte der Bereitstellung digitaler Inhalte.[26] Auch dieser Vorschlag beruft sich zur Legitimation auf die Verbesserung des Binnenmarktes. Regelrecht alarmistisch mutete es dabei an, wenn auf einschlägige Gesetzgebung in Großbritannien und den Niederlanden hingewiesen wurde, weswegen Eile geboten sei, um eine mögliche weitere Rechtsfragmentierung aufgrund neuer unterschiedlicher einzelstaatlicher Vorschriften zu verhindern.[27] Der langwierige Gesetzgebungsprozess wurde bereits erläutert.[28] Zentrale Streitpunkte waren neben der Behandlung von Daten als Gegenleistung etwa die Pflicht, Updates bereitzustellen oder die Frage nach der Regelung eines Schadensersatzanspruchs; auch die Abstimmung mit der parallel diskutierten Warenkauf-Richtlinie hatte Bedeutung.[29] Wie die Warenkauf-Richtlinie ist die Digitale-Inhalte-Richtlinie vollharmonisierend (Art. 4 Digitale-Inhalte-RL), doch räumt auch sie den Mitgliedstaaten in einer Reihe von Punkten die Freiheit ein, das vorgegebene Schutzniveau zu überschreiten bzw. den sachlichen oder persönlichen Anwendungsbereich der Richtlinie zu erweitern.[30] 14

Erstmals regelt das Unionsrecht damit Austauschgeschäfte, bei denen die Gegen- 15
leistung nicht in der Zahlung einer Geldsumme besteht, sondern in der Hingabe von Daten; sie greift ein tatsächlich mittlerweile sehr häufig anzutreffendes Phänomen auf.[31] Die Bedeutung der Nutzerdaten liegt für die Unternehmen darin, dass sich auf

26 COM(2015) 634 final.

27 Erläuterung zum Kommissionsvorschlag COM(2015) 634 final, S. 3.

28 Oben § 3 Rn. 42ff.

29 Dies betraf vor allem die Regelung von Waren mit digitalen Elemente, die schließlich der Warenkauf-RL zugeschlagen wurden, siehe dazu auch *Staudenmayer*, ZEuP 2019, 663, 666f. sowie oben § 22 Rn. 17.

30 Zu dieser „gezielten Vollharmonisierung" oben § 2 Rn. 79; zu beiden Aspekten der überschießenden Umsetzung oben § 8 Rn. 88ff.

31 Dazu bereits *Langhanke/Schmidt-Kessel*, EuCML 2015, 218.

sie gestützt Nachfragerprofile entwickeln lassen, denen enorme wirtschaftliche Bedeutung etwa für die Erstellung individualisierter Werbung zukommt. Aus Sicht der User liegt die Hemmschwelle zur Preisgabe derartiger Daten sehr niedrig, sodass diese oftmals recht freizügig übermittelt werden.

2. Der Anwendungsbereich der Digitale-Inhalte-Richtlinie

a) Sachlich

16 Die Richtlinie betrifft Verträge über die Bereitstellung digitaler Inhalte und digitaler Dienstleistungen an Verbraucher; sie regelt insbesondere die Anforderungen an die Vertragsmäßigkeit digitaler Inhalte und digitaler Dienstleistungen, die Abhilfen bei Vertragswidrigkeit oder nicht erfolgter Bereitstellung und deren Inanspruchnahme sowie Bestimmungen über die Änderung digitaler Inhalte und Dienstleistungen (Art. 1 Digitale-Inhalte-RL).

aa) Leistung und Gegenleistung

17 Der sachliche Anwendungsbereich wird in Art. 3 Abs. 1 Digitale-Inhalte-RL positiv so umschrieben, dass alle Verträge erfasst sind, auf deren Grundlage ein Unternehmer einem Verbraucher digitale Inhalte oder Dienstleistungen bereitstellt oder deren Bereitstellung zusagt und der Verbraucher einen Preis zahlt oder dessen Zahlung zusagt.[32]

18 Die Richtlinie gilt ebenfalls für den Fall, dass der Verbraucher als Gegenleistung keinen Preis zahlt, sondern personenbezogene Daten bereitstellt oder deren Bereitstellung zusagt.[33] Die noch im Richtlinienvorschlag enthaltene Beschränkung auf die „aktive“ Erbringung einer nicht in Geld bestehenden Gegenleistung war wenig überzeugend[34] und findet keine Entsprechung im verabschiedeten Richtlinientext. Keine im Sinne der Richtlinie relevante Gegenleistung stellt es hingegen dar, wenn die vom Verbraucher übermittelten Daten zur Erfüllung rechtlicher Bestimmungen erforderlich sind (Art. 3 Abs. 1 UAbs. 2 Digitale-Inhalte-RL). Dies gilt jedenfalls insoweit, als der Anbieter die ihm übermittelten Daten nur zu eben jenem Zweck verwendet.

19 Daraus kann geschlossen werden, dass ein abredewidriger kommerzieller Einsatz dieser Daten – quasi als Sanktion – den sachlichen Anwendungsbereich der Richtlinie eröffnet. Dies wirft jedoch eine Reihe von Problemen auf. Vor allem dürfte dem Verbraucher dieser Umstand in aller Regel nicht bekannt sein, sodass er seine für diesen

32 Erfasst werden auch Verträge, die nach Spezifikationen des Verbrauchers entwickelt wurden (Art. 3 Abs. 2 Digitale-Inhalte-RL).

33 Zu Daten als Gegenleistung bereits oben Rn. 4ff.

34 Es wäre kaum plausibel, wenn das schlichte Dulden einer Datenerhebung durch den Anbieter (etwa Sammeln von Geodaten) nicht in den sachlichen Anwendungsbereich der Richtlinie fiele. Nach ErwGr. Nr. 14 Digitale-Inhalte-RL-E sollte es genügen, wenn der Verbraucher dem Anbieter etwa durch eine individuelle Registrierung aktiv Zugang zu entsprechenden Daten verschafft.

Fall bestehenden Rechte nicht kennt. Davon abgesehen käme es erst mit dem Moment der zweckwidrigen Verwendung der Daten zu einer Geltung der Richtlinienvorgaben. Unklar wäre dann etwa, ob die nach Art. 5 Digitale-Inhalte-RL vom Anbieter geschuldete Bereitstellung der digitalen Inhalte als zum tatsächlichen Zeitpunkt erfolgt gilt, oder ob eine Fiktion dergestalt anzunehmen ist, dass erst bei Anwendbarkeit der Richtlinie (d. h. im Zeitpunkt der zweckwidrigen Verwendung) eine Bereitstellung als erfolgt anzusehen sein kann. Dies kann gravierende Konsequenzen nach sich ziehen, weil es für die Haftung des Anbieters (Art. 11 Abs. 1 Digitale-Inhalte-RL) und ebenso für die Abhilfe des Verbrauchers bei nicht erfolgter Bereitstellung (Art. 13 Abs. 1 Digitale-Inhalte-RL) in erster Linie auf eine zum Zeitpunkt der Bereitstellung bestehende Vertragswidrigkeit ankommt.

bb) Digitale Inhalte

Der Begriff der digitalen Inhalte wird in Art. 2 Nr. 1 Digitale-Inhalte-RL definiert. Er **20** entspricht der in Art. 2 Nr. 11 VRRL enthaltenen Definition und umfasst Daten, die in digitaler Form erstellt oder bereitgestellt werden.[35] Der Begriff ist sehr weit und technologieneutral, um zukünftige technische Weiterentwicklungen zu berücksichtigen. Erwägungsgrund Nr. 19 Digitale-Inhalte-RL nennt hier eine ganze Reihe von Beispielen (u. a. Software, Anwendungen oder Video-, Audio- und Musikdateien.[36] Die Art des Zugangs zu diesen digitalen Inhalten spielt keine Rolle.[37] Die Erstellung eines Persönlichkeitsgutachtens auf einer Partnervermittlungs-Website auf der Grundlage eines auf dieser Website durchgeführten Persönlichkeitstests ist jedenfalls keine Lieferung digitaler Inhalte.[38] Für die Umsetzung würde dies bedeuten, dass auch die mitgliedstaatlichen Gesetzgeber von einem einheitlichen Begriff ausgehen könnten. Die in § 312f Abs. 3 BGB enthaltene Definition könnte insoweit unverändert bleiben.[39]

cc) Bereichsausnahmen

Eine Reihe von Bereichsausnahmen, etwa für Finanzdienstleistungen und Glücks- **21** spieldienstleistungen, findet sich in Art. 3 Abs. 5 Digitale-Inhalte-RL. Bei gemischten

---

35 Zu digitalen Inhalten im Vorschlag eines Gemeinsamen europäischen Kaufrechts *Druschel*, GRUR Int 2015, 125 sowie oben § 22 Rn. 112.

36 Die noch in Art. 3 Abs. 1 des Kommissionsvorschlag enthaltene beispielhafte Aufzählung (dazu *Spindler*, MMR 2016, 147, 148 f.) wurde damit in den nicht tragenden Richtlinienteil verschoben. Zu Rabatten bei Kfz-Versicherungsverträgen mit digitaler Datenerhebung *Langhanke/Schmidt-Kessel*, EuCML 2015, 218 bei Fn. 11.

37 Einen Wandel hin zur „Access Economy" sieht darin *Staudenmayer*, ZEuP 2019, 663, 671.

38 EuGH, 8.10.2020, Rs. C-641/19 – *PE Digital*, ECLI:EU:C:2020:808, Rn. 44 f.

39 Zur insoweit anderen Ausgangslage unter dem Kommissionsvorschlag *Stürner*, JURA 2017, 171, 172. Siehe zur Umsetzung bereits oben § 21 Rn. 8.

Verträgen soll die Richtlinie für denjenigen Teil des Vertrags gelten, der die Bereitstellung digitaler Inhalte betrifft (Art. 3 Abs. 6 Digitale-Inhalte-RL).[40] Wie auch die Warenkauf-Richtlinie klammert die Digitale-Inhalte-RL allgemeine Fragen des Zustandekommens und der Wirksamkeit von Verträgen grundsätzlich aus, ebenso – anders als noch der Richtlinienvorschlag[41] – auch die Frage des Schadensersatzes (Art. 3 Abs. 10 Digitale-Inhalte-RL).

dd) Keine Beschränkung auf bestimmten Vertragstyp

22 Die Digitale-Inhalte-RL stellt mit den digitalen Inhalten das Bezugsobjekt der Vereinbarung in den Mittelpunkt des Regelungskonzepts und nicht, wie sonst, die hierauf bezogenen Rechte und Pflichten der Parteien.[42] Sie beschränkt sich mithin nicht auf einen bestimmten Vertragstyp, etwa den Kauf; sie führt auch nicht zwingend einen neuen Vertragstyp ein, sondern überlässt es den Mitgliedstaaten, welche „Rechtsform" solche Verträge haben (Erwägungsgrund Nr. 12 Digitale-Inhalte-RL). Mithin kann die Bereitstellung digitaler Inhalte im Rahmen verschiedener, bereits im nationalen Recht bestehender Vertragstypen erfolgen wie Kauf, aber auch Miete, Pacht, Dienst- oder Werkvertrag.[43] Dass dieser Ansatz gerade in Verbindung mit der Vollharmonisierung zu Problemen bei der Umsetzung in nationales Recht führt, geradezu systemsprengendes Potential hat, liegt auf der Hand: Würde ein neuer Vertragstyp normiert, etwa ein „Bereitstellungsvertrag", der nur für digitale Inhalte gilt, so stellten sich vielfältige Abgrenzungsprobleme zu den bestehenden Vertragstypen. Beließe man es aber bei letzteren, so fordert die Richtlinie Modifikationen bei jedem einzelnen Schuldverhältnis, in dessen Rahmen es zu einer Bereitstellung digitaler Inhalte kommen kann. Dies wiederum führt zu einer Vervielfachung von sich stark ähnelnden Regeln. Jedenfalls das deutsche Recht wird Schwierigkeiten haben, eine systemkohärente Umsetzung zu implementieren, die den Anforderungen der Richtlinie gerecht wird.[44] Der seit 3. November 2020 vorliegende Referentenentwurf eines Gesetzes zur Umsetzung der Richtlinie über bestimmte vertragsrechtliche Aspekte der Bereitstellung digitaler Inhalte und digitaler Dienstleistungen sieht eine Umsetzung im Wesentlichen in neu einzufügenden §§ 327–327u BGB vor.[45]

---

40 Auf das Verhältnis zu anderen Rechtsakten wird an späterer Stelle eingegangen, siehe unten Rn. 26f.; zum Verhältnis zur Warenkauf-RL oben § 22 Rn. 17.

41 Dazu unten Rn. 57.

42 Kritisch zu diesem Regelungsansatz *Faust*, Digitale Wirtschaft – Analoges Recht: Braucht das BGB ein Update?, Gutachten A für den Deutschen Juristentag, 2016, S. 5f.

43 *Staudenmayer*, ZEuP 2019, 663, 668.

44 Zu den verschiedenen Modellen *Metzger*, JZ 2019, 577, 578ff.; *Wendland*, in: Weller/Wendland, Digital Single Market – Bausteine eines Rechts in der Digitalen Welt, 2019, S. 71.

45 Siehe dazu bereits § 21 Rn. 8.

b) Persönlich

Auch die Digitale-Inhalte-RL erfasst nur Verträge zwischen Unternehmern und Verbrauchern.[46] Die Definition des Unternehmers[47] in Art. 2 Nr. 6 Digitale-Inhalte-RL stimmt inhaltlich mit derjenigen des Verkäufers in Art. 2 Abs. 3 Warenkauf-RL überein.[48] Der in Art. 2 Nr. 4 Digitale-Inhalte-RL definierte Verbraucherbegriff stimmt fast[49] wörtlich mit Art. 2 Nr. 1 VRRL überein. Nach Erwägungsgrund Nr. 16 Digitale-Inhalte-RL steht es den Mitgliedstaaten frei, das nationale Umsetzungsrecht insoweit weiter zu fassen und es etwa auf Existenzgründer, KMU oder auch auf Verträge zwischen Unternehmern auszudehnen. 23

Nicht eigens erwähnt werden die gerade bei digitalen Inhalten sicherlich nicht selten gegebenen Verträge mit doppelter Zwecksetzung.[50] Für solche Dual-use-Verträge findet sich in Erwägungsgrund Nr. 17 VRRL der Hinweis, dass die Verbrauchereigenschaft dann nicht entfällt, wenn der gewerbliche Zweck im Gesamtzusammenhang des Vertrags nicht überwiegt. Eine systematische Auslegung könnte hier angesichts des vergleichbaren Regelungskontextes durchaus zum Ergebnis kommen, dass diese Einschätzung auch für die Digitale-Inhalte-Richtlinie zutreffend sein könnte. Doch belehrt Erwägungsgrund Nr. 17 Digitale-Inhalte-RL den Rechtsanwender insoweit eines Besseren: Danach fallen Dual-use-Verträge nicht unter die Richtlinie; es steht den Mitgliedstaaten jedoch frei, die nationalen Umsetzungsvorschriften auch auf solche Verträge auszudehnen. Dieser zweigeteilte Verbraucherbegriff innerhalb des materiellen Unionsrechts erscheint nicht glücklich, zumal eine inhaltliche Differenzierung jedenfalls nicht auf der Hand liegt.[51] Ungeklärt ist, ob eine Verbrauchereigenschaft nach der Richtlinie auch dann entfällt, wenn der berufliche oder gewerbliche Anteil nur sehr geringfügig ist, wie das der EuGH in der Rechtssache *Gruber* für den Verbrauchergerichtsstand entschieden hatte.[52] Dies dürfte aus Gründen der Wertungsparallelität zu bejahen sein; auch wäre es kaum tragbar, ansonsten nicht zwei, 24

46 Kritisch dazu *Faust*, Digitale Wirtschaft – Analoges Recht: Braucht das BGB ein Update?, Gutachten A für den Deutschen Juristentag, 2016, S. 6.

47 Der Richtlinienvorschlag sprach – bei inhaltlichem Gleichlauf – noch von „Anbieter" statt Unternehmer.

48 Die Klarstellung in Art. 2 lit. c Fernabs-Kauf-RL-E, dass die Definition des Verkäufers nur für die von der Richtlinie erfassten Verträge gilt, erschien überflüssig. In Art. 2 Nr. 3 Digitale-Inhalte-RL-E fehlte diese Passage denn auch.

49 Warum hier eine unterschiedliche Formulierung gewählt wurde, ist nicht ersichtlich.

50 Dazu *Spindler*, MMR 2016, 147, 149. Ebenso liegen die Dinge bei der Warenkauf-RL, dazu oben § 22 Rn. 21. Allgemein zum Verbraucherbegriff oben § 2 Rn. 23 ff.

51 Siehe aber *Staudenmayer*, ZEuP 2019, 663, 674 f. mit dem Hinweis auf die deutlich höhere Kostenbelastung, die der erweiterte Verbraucherbegriff auf den Unternehmer nach sich ziehe, während die nach VRRL zu erfüllenden Informationspflichten generisch und damit vergleichsweise günstig zu erfüllen seien. Das überzeugt nicht, denn auch das nach der VRRL bestehende Widerrufsrecht zieht Kosten nach sich, die den Gewährleistungsrechten nach der Digitale-Inhalte-RL durchaus vergleichbar sind.

52 EuGH, 20.1.2005, Rs. C-464/01 – *Gruber*, Slg. 2005, I-439, Rn. 32 f. Siehe dazu § 2 Rn. 28.

sondern sogar drei unterschiedliche Verbraucherbegriffe im Unionsprivatrecht vorzuhalten.

c) Räumlich

25 Auch die Digitale-Inhalte-RL gilt nicht nur für grenzüberschreitende, sondern auch für rein nationale Verträge. Das steht wiederum in einem gewissen Gegensatz zu dem der Richtlinie zugrunde liegenden Anliegen, gerade das grenzüberschreitende Angebot digitaler Inhalte zu fördern.[53] Dennoch ist auch hier eine Geltung für sämtliche Verträge zu befürworten, da ansonsten Anbieter möglicherweise unterschiedliche Vertragsklauseln vorhalten müssten, je nachdem ob sie grenzüberschreitende oder rein nationale Verträge schließen. Gerade im Online-Bereich ist genau dies bei Vertragsschluss oft nicht erkennbar.

d) Das Verhältnis der Richtlinie zu anderen Rechtsakten

26 Die Digitale-Inhalte-Richtlinie weist an vielen Stellen Berührungspunkte mit anderen Regelungsgegenständen auf. Allen voran ist hier das Datenschutzrecht zu nennen. Nachdem die Digitale-Inhalte-Richtlinie personenbezogene Daten als Gegenleistung für die Bereitstellung digitaler Inhalte und Dienstleistungen grundsätzlich akzeptiert, liegt in solchen Fällen regelmäßig eine Datenverarbeitung vor (Art. 4 Nr. 2 DSGVO). Die hieraus resultierende datenschutzrechtliche Problematik wird von der Digitale-Inhalte-Richtlinie ausgeklammert; ihre Regelung bleibt insbesondere der DSGVO überlassen, wie Art. 3 Abs. 8 Digitale-Inhalte-RL ausdrücklich klarstellt.[54] Diese Vorschrift stellt weiter klar, dass im Fall von Widersprüchen die DSGVO den Vorrang haben soll. Abgrenzungsprobleme stellen sich insbesondere hinsichtlich der Frage, wie der Leistungsgegenstand „Daten" vertragsrechtlich betrachtet wird, sowie im Zusammenhang mit den vertragsrechtlichen Folgen eines möglichen Widerrufs der datenschutzrechtlichen Einwilligungserklärung.[55]

27 Keine Regelung findet sich in der Richtlinie hinsichtlich des sog. End-User Licence Agreement (EULA), das der Inhaber der Rechte an den digitalen Inhalten regelmäßig mit dem Verbraucher abschließt. Auch die Vorschriften über Urheberrechte und verwandte Schutzrechte bleiben nach Art. 3 Abs. 9 Digitale-Inhalte-RL unberührt.[56] Art. 3 Abs. 7 Digitale-Inhalte-RL schreibt schließlich für alle sonstigen Fälle von Kollisionen mit anderen sektor- oder gegenstandsspezifischen Unionsrechtsakten einen Vorrang jener Regelungen fest. Dies gilt insbesondere für die Warenkauf-Richt-

53 Kommissionsvorschlag COM(2015) 634 final, S. 5ff.; auch die ErwGr. Nr. 1 sowie 4 bis 7 Digitale-Inhalte-RL stellen ganz maßgeblich auf grenzüberschreitende Verträge ab.

54 Dazu *Schantz*, NJW 2016, 1841; *Spindler*, MMR 2016, 147.

55 Zu beiden Punkten unten Rn. 36f.

56 Dazu *Spindler*, MMR 2016, 147, 149.

linie, hinsichtlich derer Art. 3 Abs. 4 Digitale-Inhalte-RL festlegt, dass im Zweifel die kaufrechtlichen Regelungen Geltung erlangen, etwa wenn die verkaufte Waren auch digitale Inhalte umfasst, wie die Software in einer Waschmaschine.

3. Pflichten des Unternehmers

a) Bereitstellung der digitalen Inhalte

Die primäre Leistungspflicht des Unternehmers besteht in der im Regelfall unverzüglichen Bereitstellung digitaler Inhalte (Art. 5 Abs. 1 Digitale-Inhalte-RL). Dies erfordert vom Unternehmer, dass die vertraglich geschuldeten digitalen Inhalte dem Verbraucher oder einer von ihm zu diesem Zweck bestimmten körperlichen oder virtuellen Einrichtung bzw. jedes Mittel, das für den Zugang zu den digitalen Inhalten oder deren Herunterladen geeignet ist, zur Verfügung gestellt oder zugänglich gemacht worden ist. Wird die Bereitstellung einer digitalen Dienstleistung geschuldet, so ist diese dem Verbraucher oder einer von ihm zu diesem Zweck bestimmten körperlichen oder virtuellen Einrichtung zugänglich zu machen (Art. 5 Abs. 2 Digitale-Inhalte-RL). 28

b) Vertragsmäßigkeit der digitalen Inhalte

Die vertragliche Verpflichtung wird nur erfüllt, wenn die bereitgestellten Inhalte vertragsmäßig sind. Art. 6–9 Digitale-Inhalte-RL unterscheiden diesbezüglich wie auch Art. 5ff. Warenkauf-RL zwischen subjektiven und objektiven Kriterien. Zunächst bestimmen die vertraglichen Vereinbarungen, was geschuldet wird (Art. 7 lit. a Digitale-Inhalte-RL). Diese Regelung entspricht derjenigen in Art. 6 Warenkauf-RL.[57] Noch im Kommissionsvorschlag fand sich eine Ergänzung dahin, dass sich die Vertragsmäßigkeit auch an vorvertraglichen Informationspflichten messen lassen muss, die Bestandteil des Vertrags sind.[58] Diese systematisch missglückte Regelung fand zu Recht keinen Eingang in den verabschiedeten Richtlinientext: Erfüllt der Unternehmer die ihm obliegenden Informationspflichten, so werden sie regelmäßig auch ohne gesetzgeberische Anordnung jedenfalls durch konkludente Zustimmung des Verbrauchers Vertragsbestandteil. Erfüllt er sie aber nicht, so könnten sie allenfalls über einen entsprechend formulierten objektiven Begriff der Vertragsmäßigkeit Eingang in den Vertrag finden. 29

Weiterhin müssen sich die digitalen Inhalte für einen vom Verbraucher angestrebten Zweck eignen, den der Verbraucher dem Anbieter bei Vertragsschluss zur Kenntnis gebracht hat und dem der Anbieter zugestimmt hat (Art. 7 lit. b Digitale-In- 30

57 Siehe oben § 22 Rn. 28ff.

58 Art. 6 Abs. 1 lit. a Digitale-Inhalte-RL-E. Solche Pflichten waren im Richtlinienvorschlag nicht normiert, können sich aber etwa aus nationalen Normen ergeben, welche Art. 5 VRRL umsetzen.

halte-RL). Auch hierbei handelt es sich um eine schlichte privatautonome Vereinbarung. Es dürfte nach allgemeinen vertragsrechtlichen Prinzipien davon auszugehen sein, dass die Zustimmung des Anbieters auch konkludent erfolgen kann, etwa durch kommentarlose Bereitstellung der digitalen Inhalte. Daneben wird die Bereitstellung von „Anleitungen und Kundendienst" geschuldet, sofern dies den Anforderungen des Vertrags entspricht (lit. c); gleiches gilt für Aktualisierungen (lit. d). Wenn letzteres vertraglich nicht vereinbart wurde, greift insoweit Art. 8 Abs. 2 und 3 Digitale-Inhalte-RL.[59]

31 Wiederum als Mindeststandard und auch insoweit parallel zu Art. 7 Warenkauf-RL legt Art. 8 Abs. 1 Digitale-Inhalte-RL objektive Kriterien fest, denen die bereitgestellten digitalen Inhalte in jedem Fall entsprechen müssen. Zunächst müssen sie sich für die Zwecke eignen, für die digitale Inhalte derselben Art gewöhnlich genutzt werden (lit. a). Weiter müssen sie auch hinsichtlich der Quantität, den Eigenschaften und den Leistungsmerkmalen wie Funktionalität, Kompatibilität, Zugänglichkeit, Kontinuität und Sicherheit den üblichen Standards genügen (lit. b). Zusätzlich verleiht diese Vorschrift den „vernünftigen Erwartungen" des Verbrauchers an das Bestehen solcher Eigenschaften aufgrund öffentlicher Erklärungen des Unternehmers oder ihm zurechenbarer Personen unter der Maßgabe Relevanz, dass sich der Unternehmer insoweit nicht entlasten kann. Letzteres ist etwa im Falle eines Nachweises der Fall, dass der Unternehmer die betreffende öffentliche Erklärung, typischerweise in Form einer Werbung, nicht kannte und vernünftigerweise nicht kennen konnte (lit. b sublit. i).[60]

32 Der Richtlinienvorschlag hatte insoweit danach differenziert, ob die Bereitstellung gegen Zahlung eines Preises erfolgte oder gegen eine andere Leistung als Geld (Art. 6 Abs. 2 lit. a Digitale-Inhalte-RL-E). Hierbei war unklar, ob bei einer Gegenleistung in Geld höhere Anforderungen bestehen sollten als sonst. Das wäre intuitiv nachvollziehbar gewesen, da der Rechtsverkehr die Bereitstellung digitaler Inhalte gegen Überlassung persönlicher Daten in der Regel als „unentgeltlich" ansehen wird, hätte aber kaum der dem Vorschlag zugrunde liegenden Gleichwertigkeit von monetärer und nicht-monetärer Gegenleistung entsprochen. Die endgültige Richtlinienfassung enthält konsequenterweise keine diesbezügliche Unterscheidung mehr.

33 Digitale Inhalte und Dienstleistungen müssen mangels anderweitiger Vereinbarung in der zum Zeitpunkt des Vertragsschlusses neuesten verfügbaren Version bereitgestellt werden (Art. 8 Abs. 6 Digitale-Inhalte-RL); auch müssen sie frei von Rechten Dritter sein (Art. 10 Digitale-Inhalte-RL). Klarstellend legt Art. 8 Abs. 4 Digitale-Inhalte-RL fest, dass sich die Verpflichtung zur vertragsgemäßen Bereitstellung auf jede einzelne Lieferung bezieht, wenn eine fortlaufende Bereitstellung vereinbart ist.

---

59 Dazu *Kumkar*, ZfPW 2020, 306, 313 ff.

60 Nahezu inhaltsgleich lautet Art. 7 Abs. 1 lit. d, Abs. 2 Warenkauf-RL, dazu oben § 22 Rn. 32.

Angesichts der schnellen technischen Entwicklung kommt der Frage der Updates bei digitalen Inhalten und Dienstleistungen besondere Bedeutung zu. Vertragsrechtlich eindeutig ist der Fall bei einer entsprechenden Vereinbarung: Hier gehört die Bereitstellung von Aktualisierungen zum vertraglichen Pflichtenprogramm (Art. 7 lit. d Digitale-Inhalte-RL). In Ermangelung einer derartigen subjektiven Anforderung an die Vertragsmäßigkeit bezöge sich die Verpflichtung des Unternehmers im Wege des Umkehrschlusses an sich bei einer einmaligen Bereitstellung eines digitalen Inhalts nur auf diese eine Bereitstellung. Doch hat sich der Rechtsverkehr etwa bei Software oder Apps – jedenfalls bei sogenannten Sicherheitsupdates – auf eine permanente Aktualisierung ohne Mehrkosten oder gesonderte Vereinbarung eingestellt. Dies spiegeln Art. 8 Abs. 2 und 3 Digitale-Inhalte-RL wider, die cum grano salis Art. 7 Abs. 3 und 4 Warenkauf-RL entsprechen.[61] Handelt es sich um eine einmalige Bereitstellung, so spitzt sich alles auf die Frage zu, was die „vernünftigen Erwartungen" des Verbrauchers hinsichtlich der Bereitstellung von Updates sind. Der Unternehmer wird einer fortlaufenden Aktualisierungspflicht letztlich nur durch klare vertragliche Vereinbarungen entgehen können oder aber dadurch, dass er eine völlig neue Version der Software oder App auf den Markt bringt: Von Aktualisierung kann dann per definitionem nicht mehr gesprochen werden. 34

Werden die bereitgestellten digitalen Inhalte oder Dienstleistungen in die digitale Umgebung des Verbrauchers integriert, so ist auch jede hierdurch verursachte Vertragswidrigkeit als Vertragswidrigkeit der digitalen Inhalte anzusehen, wenn die Integration vom Unternehmer durchgeführt oder verantwortet wurde oder aber jedenfalls auf eine mangelhafte Anleitung des Unternehmers zurückzuführen ist (Art. 9 Digitale-Inhalte-RL). Hier soll es also nicht auf die Vertragswidrigkeit zum Zeitpunkt der Bereitstellung der digitalen Inhalte ankommen, sondern offenbar auf die Vervollständigung der Integration. Die digitale Umgebung definiert Art. 2 Nr. 9 Digitale-Inhalte-RL als Hardware, Software und Netzverbindungen aller Art, die vom Verbraucher für den Zugang zu oder die Nutzung von digitalen Inhalten oder Dienstleistungen verwendet werden. 35

4. Die Gegenleistung des Verbrauchers

Die Richtlinie geht davon aus, dass zwischen Unternehmer und Verbraucher ein synallagmatischer Vertrag geschlossen wird, der den Unternehmer zur Bereitstellung digitaler Inhalte oder Dienstleistungen verpflichtet, den Verbraucher aber zur Zahlung eines Preises (Art. 2 Nr. 7 Digitale-Inhalte-RL), oder zur Erbringung einer anderen Gegenleistung in Form von personenbezogenen Daten.[62] Klargestellt ist damit, dass der Vertrag bereits dann zustande kommt, wenn der Verbraucher sich dazu verpflichtet, 36

---

61 Dazu bereits oben § 22 Rn. 35 ff.

62 Vgl. zum Problemkreis „Daten als Entgelt" oben Rn. 9 ff.

dem Unternehmer entsprechende Daten zu überlassen, und nicht erst mit der Überlassung selbst.[63]

37 Ungeregelt blieb die Frage, welche vertragsrechtlichen Folgen der datenschutzrechtlich mögliche Widerruf der Einwilligung hinsichtlich der Überlassung persönlicher Daten zeitigt, der nach Art. 7 Abs. 3 DSGVO jederzeit möglich ist.[64] Die Regelung möglicher Konsequenzen, vorbehaltlich sonstiger unionaler Regelungen, etwa in der DSGVO, liegt damit in der Kompetenz des jeweiligen autonomen mitgliedstaatlichen Rechts.[65] Gestattet etwa das jeweils anwendbare Datenschutzrecht den freien Widerruf der Einwilligung zur Überlassung personenbezogener Daten, so folgt daraus regelmäßig eine Pflicht des Anbieters zur Löschung dieser Daten. Zivilrechtlich liegt im Verhalten des Verbrauchers allerdings eine Vertragsverletzung; der Anspruch des Anbieters auf Überlassung der Daten geht dadurch nicht unter. Der Widerruf der datenschutzrechtlichen Einwilligung durch den Verbraucher kann jedenfalls nicht als Vertragsbeendigung gewertet werden, da die digitalen Inhalte oder Dienstleistungen ordnungsgemäß bereitgestellt wurden (Art. 13 Digitale-Inhalte-RL) und auch keine Vertragswidrigkeit vorliegt (Art. 14 Digitale-Inhalte-RL). Die Richtlinie enthält keine Maßgaben zur Rechtsposition des Unternehmers, wenn sich der Verbraucher vertragswidrig verhält; es gelten insoweit die Vorschriften des jeweils anwendbaren nationalen Rechts. Überlegt wurde, ob dieses auch dem Unternehmer ein Widerrufsrecht zubilligen könnte.[66] Unabhängig davon könnte sich der datenschutzrechtliche Widerruf des Verbrauchers als Angebot zur Vertragsaufhebung einstufen lassen. Die Rechts-

---

63 Der ursprüngliche Richtlinienvorschlag hatte nicht hinreichend zwischen der Bereitstellung der Daten (Verfügungsebene) und der Verpflichtung hierzu getrennt, sodass unklar war, ob der Vertrag erst mit der Bereitstellung der Daten zustande kommen sollte oder bereits mit der Verpflichtung hierzu, die in der datenschutzrechtlich erforderlichen Einwilligung zu sehen wäre (dazu auch *Langhanke/Schmidt-Kessel*, EuCML 2015, 218, 220). Letzteres erschien nach vertragsrechtlichen Grundsätzen vorzugswürdig. Hiervon schien auch der Richtlinienvorschlag selbst auszugehen, indem jedenfalls indirekt eine Vorleistungspflicht des Anbieters normiert wurde: Besteht die Gegenleistung in Geld, so wird dieses im Austausch für *bereitgestellte* (nicht etwa für *bereitzustellende*) digitale Inhalte geschuldet (Art. 2 Nr. 6 Digitale-Inhalte-RL-E). Würde der Vertrag erst mit der Bewirkung der Gegenleistung geschlossen, so bestünde schon gar keine rechtliche Grundlage für die Bereitstellung der digitalen Inhalte. Nichts anderes kann gelten, wenn die Gegenleistung nicht in Geld, sondern in der Überlassung von Daten besteht (vgl. dazu *Spindler*, MMR 2016, 147, 150 nach Fn. 34).

64 Zur speziellen Problematik der datenschutzrechtlich nicht zulässigen Verfügung von Minderjährigen über ihre personenbezogenen Daten *Spindler*, MMR 2016, 147, 148 (Herausgabe der übermittelten Daten über Bereicherungsrecht). Vgl. auch *Faust*, Digitale Wirtschaft – Analoges Recht: Braucht das BGB ein Update?, Gutachten A für den Deutschen Juristentag, 2016, S. 8–12; *Langhanke/Schmidt-Kessel*, EuCML 2015, 218, 222.

65 So ausdrücklich ErwGr. Nr. 40 Digitale-Inhalte-RL, s. dazu *Staudenmayer*, ZEuP 2019, 663, 670.

66 So *Staudenmayer*, ZEuP 2019, 663, 670. Siehe auch *Schmidt-Kessel/Grimm*, ZfPW 2017, 84, 98; *Specht*, JZ 2017, 763, 768; *Kumkar*, ZfPW 2020, 306, 330 f., die sich für ein Kündigungsrecht des Unternehmers nach § 543 Abs. 2 Nr. 1 BGB aussprechen.

folgen im Falle der Annahme durch den Anbieter ergäben sich dann nach Maßgabe von Art. 17 Digitale-Inhalte-RL.

5. Rechtsfolgen von Vertragswidrigkeiten

Der Unternehmer haftet für jede nicht im Sinne des Art. 5 Digitale-Inhalte-RL erfolgte 38
Bereitstellung von digitalen Inhalten und Dienstleistungen (Art. 11 Digitale-Inhalte-RL). Die Richtlinie unterscheidet zwei verschiedene Abhilfetatbestände: einerseits die Abhilfe bei nicht erfolgter Bereitstellung (Art. 13 Digitale-Inhalte-RL), andererseits die Abhilfe wegen Vertragswidrigkeit (Art. 14 Digitale-Inhalte-RL). Dies nimmt die bereits in Art. 5 Digitale-Inhalte-RL (Pflicht zur Bereitstellung) und Art. 6 Digitale-Inhalte-RL (Pflicht zur Erfüllung der subjektiven und objektiven Anforderungen an die Vertragsmäßigkeit) getroffene Differenzierung auf.

a) Haftung des Unternehmers

Art. 11 Abs. 1 Digitale-Inhalte-RL stellt zunächst klar, dass der insoweit beweisbelaste- 39
te (Art. 12 Abs. 1 Digitale-Inhalte-RL) Unternehmer für jede nicht den Vorgaben des Art. 5 Digitale-Inhalte-RL entsprechende Bereitstellung der digitalen Inhalte und Dienstleistungen haftet. Davon erfasst sind die Fälle der unterbliebenen wie der verspäteten Bereitstellung. Die Rechtsfolge ergibt sich aus Art. 13 Digitale-Inhalte-RL.

Die Haftung des Unternehmers für Vertragswidrigkeiten nach den Art. 7–9 Digita- 40
le-Inhalte-RL, also für qualitative Negativabweichungen, regeln Art. 11 Abs. 2 und 3 Digitale-Inhalte-RL; sie unterscheiden dabei zwischen Verträgen, die eine nur einmalige Bereitstellung vorsehen und solchen, bei denen eine fortlaufende Bereitstellung geschuldet wird. Ein Verschulden ist jeweils nicht erforderlich, sodass den Unternehmer insoweit eine Garantiehaftung trifft. Entsprechende Beweislastregelungen finden sich in Art. 12 Abs. 2–5 Digitale-Inhalte-RL; die Rechtsfolgen von Vertragsverletzungen ergeben sich aus Art. 14 Digitale-Inhalte-RL.

Der Haftungszeitraum wird grundsätzlich vom mitgliedstaatlichen Recht fest- 41
gelegt. Im Falle der einmaligen Bereitstellung digitaler Inhalte und Dienstleistungen darf er nicht kürzer sein als zwei Jahre ab dem Zeitpunkt der Bereitstellung (Art. 11 Abs. 2 UAbs. 2 Digitale-Inhalte-RL). Auch hier trägt das Richtlinienrecht dem Umstand Rechnung, dass einige Mitgliedstaaten die Haftungsdauer nicht über solche Höchstfristen regeln, sondern über das Rechtsinstitut der Verjährung:[67] Eine etwaige Verjährungsfrist darf nicht so ausgestaltet sein, dass sie zu einer Verschlechterung der Verbraucherposition führt (Art. 11 Abs. 2 UAbs. 3 Digitale-Inhalte-RL).

Im Fall der vertraglich geschuldeten fortlaufenden Bereitstellung haftet der Un- 42
ternehmer für jede in diesem Zeitraum auftretende oder offenbar werdende Vertrags-

67 Zum Parallelfall in der Warenkauf-RL oben § 22 Rn. 73 ff., 103 ff.

widrigkeit (Art. 11 Abs. 3 UAbs. 1 Digitale-Inhalte-RL). Auch hier darf eine nach nationalem Recht etwa bestehende Verjährungsfrist nicht zu einer Verschlechterung der Rechtsstellung des Verbrauchers führen (Art. 11 Abs. 3 UAbs. 2 Digitale-Inhalte-RL).

b) Beweislast

43 Die Beweislast für die ordnungsgemäße Bereitstellung der digitalen Inhalte oder Dienstleistungen trägt nach Art. 12 Abs. 1 Digitale-Inhalte-RL grundsätzlich der Unternehmer. Mutatis mutandis gilt dies auch für Vertragsverletzungen: Handelt es sich um einen Vertrag über die einmalige Bereitstellung eines digitalen Inhalts oder Dienstleistung, so trägt der Unternehmer die Beweislast dafür, dass diese zum Zeitpunkt der Bereitstellung vertragsgemäß waren. Dies gilt hinsichtlich jeder Vertragswidrigkeit, die innerhalb eines Jahres nach Bereitstellung offenbar wird (Art. 12 Abs. 2 Digitale-Inhalte-RL).[68] Wird die fortlaufende Bereitstellung digitaler Inhalte oder Dienstleistungen geschuldet, trifft den Unternehmer hinsichtlich jeder innerhalb des relevanten Zeitraums offenbar werdenden Vertragswidrigkeit die Beweislast für die Vertragmäßigkeit (Art. 12 Abs. 3 Digitale-Inhalte-RL).[69]

44 Anderes gilt nur im Falle der Inkompatibilität zwischen digitalen Inhalten und der digitalen Umgebung des Verbrauchers, sofern der Anbieter den Verbraucher von diesen Anforderungen vor Vertragsschluss in Kenntnis gesetzt hat (Art. 12 Abs. 4 Digitale-Inhalte-RL). Daraus dürften sich entsprechende vorvertragliche Informationspflichten ergeben.[70]

45 Bemerkenswert ist die in Art. 12 Abs. 5 Digitale-Inhalte-RL normierte Pflicht des Verbrauchers zur Zusammenarbeit mit dem Anbieter zum Zwecke der Feststellung der Ursache für die Vertragswidrigkeit der digitalen Inhalte oder Dienstleistungen. Die Reichweite dieser Pflicht erscheint unklar. Verletzungen werden mit der Ausschaltung der Beweislastumkehr hinsichtlich der in Art. 11 Abs. 2 und 3 Digitale-Inhalte-RL genannten Fälle sanktioniert – dies aber nur dann, wenn der Verbraucher vor Vertragsschluss in klarer und verständlicher Weise über diese Rechtsfolge unterrichtet wurde.

c) Abhilfen des Verbrauchers

46 Die Haftung des Unternehmers nach Art. 11 Digitale-Inhalte-RL löst Abhilfen des Verbrauchers aus, die in Art. 13 und 14 Digitale-Inhalte-RL geregelt sind. Gemäß der Systematik der Richtlinie wird auch hierbei zwischen den Fällen der nicht erfolgten Bereitstellung (Art. 13 Digitale-Inhalte-RL) und dem Vorliegen von Vertragswidrigkeiten (Art. 14 Digitale-Inhalte-RL) unterschieden. In beiden Fällen erfolgt wie bereits in der

68 Zur vergleichbaren Regelung in Art. 11 Abs. 1 Warenkauf-RL oben § 22 Rn. 50 ff.
69 Auch hierzu enthält die Warenkauf-RL in Art. 11 Abs. 3 eine Parallelnorm, siehe oben § 22 Rn. 56.
70 *Spindler*, MMR 2016, 147, 153 zum Richtlinienvorschlag.

VGKRL eine gestufte Reaktion, die erst in letzter Konsequenz zu einer Vertragslösung des Verbrauchers führt.[71]

aa) Abhilfe bei nicht erfolgter Bereitstellung

Kommt der Unternehmer seiner vertraglichen Pflicht zur Bereitstellung digitaler Inhalte oder Dienstleistungen nicht nach, so erfolgt zunächst eine Leistungsaufforderung des Verbrauchers; bleibt der Unternehmer weiterhin säumig, so kann der Verbraucher den Vertrag beenden (Art. 13 Abs. 1 Digitale-Inhalte-RL). Das damit dem Unternehmer zugestandene Recht zur zweiten Andienung muss „unverzüglich" ausgeübt werden oder jedenfalls „innerhalb einer ausdrücklich zwischen den Vertragsparteien vereinbarten zusätzlichen Frist". Dies kann nur so verstanden werden, dass jede Leistung, die nicht unverzüglich erfolgt, sondern später, den Verbraucher nur dann nicht zur Vertragsbeendigung berechtigt, wenn er sich zuvor ausdrücklich auf eine abweichende Frist eingelassen hat. Damit liegt dieser Fall anders als das umstrittene Fristsetzungserfordernis, das § 323 Abs. 1 BGB für den Rücktritt festlegt.[72] 47

Abweichend hiervon ist der Verbraucher nach Art. 13 Abs. 2 Digitale-Inhalte-RL zur sofortigen Vertragsbeendigung berechtigt, wenn der Unternehmer zur Bereitstellung offensichtlich nicht bereit ist und dies ggf. auch erklärt hat (lit. a) oder wenn der Vertrag mit der Bereitstellung zu einem bestimmten Zeitpunkt steht und fällt, und dies so auch vereinbart wurde oder sich doch jedenfalls eindeutig aus den den Vertragsschluss begleitenden Umständen ergibt (lit. b). In beiden Fällen wäre ein Recht zur zweiten Andienung des Unternehmers evidentermaßen sinnlos. 48

bb) Abhilfen bei Vertragswidrigkeit

Sehr detailliert regelt Art. 14 Digitale-Inhalte-RL die Abhilfen des Verbrauchers bei Vertragswidrigkeit. Hierbei wird nach Abs. 1 unterschieden zwischen der unentgeltlichen Herstellung des vertragsmäßigen Zustandes (Abs. 2 und 3), sowie nachrangig der Minderung (Abs. 4 und 5) und der Vertragsbeendigung (Abs. 4 und 6 i. V. m. Art. 15 bis 17 Digitale-Inhalte-RL). Einen Schadensersatzanspruch enthält auch die Digitale-Inhalte-Richtlinie nicht. 49

(1) Unentgeltliche Herstellung

Als vorrangige Abhilfe gilt die unentgeltliche Herstellung des vertragsgemäßen Zustandes. Die Digitale-Inhalte-Richtlinie differenziert nicht zwischen Nachbesserung oder Ersatzlieferung. Der Anspruch scheidet aus bei Unmöglichkeit oder Unverhält- 50

71 Dazu bereits allgemein oben § 21 Rn. 42ff.; zum parallelen Ansatz der Warenkauf-RL § 22 Rn. 78ff.

72 Hierzu im Kontext der VGKRL oben § 22 Rn. 59ff.

nismäßigkeit (Art. 14 Abs. 2 Digitale-Inhalte-RL). Näher definiert wird nur die Unverhältnismäßigkeit, die (wenig geglückt) nicht als Einwand des Unternehmers ausgestaltet ist, sondern offenbar als negatives Tatbestandsmerkmal der Abhilfe. Unklar scheint etwa die Rechtslage, wenn der Unternehmer trotz objektiv vorliegender Unverhältnismäßigkeit „vertragsgemäße" digitale Inhalte bereitstellt – läge darin ein Angebot zum Abschluss eines neuen Vertrags? Die hierbei vorzunehmende Abwägung nimmt deutliche Anleihen bei der relativen Unverhältnismäßigkeit nach Art. 13 Abs. 2 Warenkauf-RL;[73] indessen ist sie (notwendig) als absolute Unverhältnismäßigkeit ausgestaltet. Zur Herstellung des vertragsgemäßen Zustandes hat der Unternehmer eine angemessene Frist gerechnet von der Mitteilung der Vertragswidrigkeit durch den Verbraucher; auch hat die Abhilfe ohne erhebliche Unannehmlichkeiten für den Verbraucher zu erfolgen (Art. 14 Abs. 3 Digitale-Inhalte-RL).

(2) Minderung des Preises

51 Die Minderung nach Art. 14 Abs. 4 Digitale-Inhalte-RL greift insbesondere bei Scheitern der Herstellung eines vertragsgemäßen Zustandes innerhalb angemessener Frist bzw. ohne erhebliche Unannehmlichkeiten. Diese Abhilfe steht dem Verbraucher nur dann offen, wenn die Gegenleistung des Verbrauchers in der Zahlung eines Preises besteht. Die Modalitäten der Berechnung, die Art. 14 Abs. 5 Digitale-Inhalte-RL festlegt, entsprechen – wie auch in Art. 15 Warenkauf-RL – im Wesentlichen denjenigen in § 441 Abs. 3 S. 1 BGB.

52 Die Richtlinie regelt ausdrücklich weder die Frage, wie die Preisminderung wirksam wird, noch deren Rechtsfolgen. Ein denkbarer Ansatz bestünde darin, das mitgliedstaatliche Recht anzuwenden (arg. Art. 3 Abs. 10 Digitale-Inhalte-RL). Doch widerspräche das dem vollharmonisierenden Ansatz der Richtlinie, der gerade auch die Abhilfen betrifft. Angesichts der in Art. 14 Abs. 4 Digitale-Inhalte-RL zum Ausdruck kommenden Parallelität von Minderung und Vertragsbeendigung liegt es nahe, eine Minderungserklärung im Sinne von Art. 15 Digitale-Inhalte-RL zu fordern. Auch lässt sich aus Art. 18 Abs. 1 Digitale-Inhalte-RL schließen, dass zur Preisminderung eine Erklärung des Verbrauchers notwendig ist. Aus dieser Norm ergibt sich überdies die Rückerstattungspflicht des Unternehmers hinsichtlich des zuviel gezahlten Betrags.

(3) Beendigung des Vertrags

53 Die Abhilfe der Vertragsbeendigung bei Vertragswidrigkeit erfolgt durch eine entsprechende Erklärung des Verbrauchers (Art. 15 Digitale-Inhalte-RL). Sie setzt – wie bei der Minderung auch – das Scheitern der unentgeltlichen Herstellung oder vergleich-

73 Dazu oben § 22 Rn. 84.

bare Umstände voraus (Art. 14 Abs. 4 Digitale-Inhalte-RL). Der Verbraucher hat mithin die Wahl, ob er gegen einen angepassten Preis am Vertrag festhält oder aber diesen beendet. Die Vertragsbeendigung steht allerdings unter dem Vorbehalt, dass die Vertragswidrigkeit nicht geringfügig ist, was im Ergebnis vermutet wird (Art. 14 Abs. 6 Digitale-Inhalte-RL).[74] Dies gilt allerdings nur für diejenigen Verträge, bei denen die Gegenleistung des Verbrauchers in der Zahlung eines Preises besteht. Im Umkehrschluss ergibt sich, dass eine Vertragsbeendigung bei allen anderen Verträgen im Sinne des Art. 3 Abs. 1 UAbs. 2 Digitale-Inhalte-RL bereits bei geringfügigen Vertragswidrigkeiten möglich ist.

Die Rechtsfolgen einer Beendigung des Vertrags regeln Art. 16 und 17 Digitale- 54
Inhalte-RL. Diese beiden Vorschriften differenzieren zwischen den Pflichten des Unternehmers und denen des Verbrauchers. Zunächst hat der Unternehmer dem Verbraucher alle im Rahmen des Vertrags gezahlten Beträge zurückzuerstatten. Davon umfasst ist zunächst der Preis, den der Verbraucher für die digitalen Inhalte und Dienstleistungen gezahlt hat. Bei Verträgen, die eine fortlaufende Bereitstellung vorsahen, erfolgt unter Umständen eine nur anteilige Rückerstattung (Art. 16 Abs. 1 Digitale-Inhalte-RL). Die Rückerstattung hat unverzüglich, jedenfalls aber innerhalb von 14 Tagen zu erfolgen; die Frist läuft ab dem Tag, an dem der Unternehmer über den Entschluss des Verbrauchers, den Vertrag zu beenden, in Kenntnis gesetzt wurde (Art. 18 Abs. 1 Digitale-Inhalte-RL). Eine Gebühr für die Rückerstattung darf nicht verlangt werden (Art. 18 Abs. 3 Digitale-Inhalte-RL).

Bestand die Gegenleistung nicht in der Zahlung eines Preises, so bemüht sich die 55
Richtlinie, hierfür die eigentlich geschuldete Rückerstattung angemessen zu umschreiben, indem sie den Unternehmer zur Herstellung eines status quo ante verpflichtet: Der Unternehmer darf die vom Verbraucher im Rahmen der Nutzung bereitgestellten Inhalte, die nicht personenbezogene Daten sind, grundsätzlich nicht mehr verwenden (Art. 16 Abs. 3 Digitale-Inhalte-RL); Ausnahmen bestehen etwa dann, wenn diese Inhalte nur mit der Nutzung der vom Unternehmer bereitgestellten digitalen Inhalte oder Dienstleistungen zusammenhängen (lit. b) oder wenn sie mit anderen Daten aggregiert und nur mit unverhältnismäßigem Aufwand disaggregiert werden können (lit. c). Jenseits dieser Ausnahmefälle hat der Unternehmer dem Verbraucher „auf dessen Ersuchen" alle diese Inhalte zur Verfügung zu stellen; der Verbraucher kann verlangen, sie „kostenfrei, ohne Behinderung durch den Unternehmer, innerhalb einer angemessenen Frist und in einem allgemein gebräuchlichen und maschinenlesbaren Format" zur Verfügung gestellt zu bekommen (Art. 16 Abs. 4 Digitale-Inhalt-RL). Systematisch nicht ganz zutreffend findet sich in Art. 16 Abs. 5 Digitale-

74 Damit wurde der im Richtlinienvorschlag enthaltene Ansatz nicht umgesetzt, wonach eine Vertragsbeendigung nur dann möglich wäre, wenn die Vertragswidrigkeit den Funktionsumfang, die Interoperabilität und anderen wesentliche Leistungsmerkmale der digitalen Inhalte (Zugänglichkeit, Kontinuität und ggf. Sicherheit) beeinträchtigte. Darin lag eine Art Wesentlichkeitsschwelle, die der bereits in der VGKRL enthaltene Geringfügigkeitsklausel funktional entsprach.

Inhalte-RL auch ein Recht des Unternehmers: Dieser darf nach Vertragsbeendigung ein etwa bestehendes Nutzerkonto des Verbrauchers sperren, jedenfalls aber den Zugang des Verbrauchers zu den bereitgestellten digitalen Inhalten und Dienstleistungen unterbinden.

56 Auch den Verbraucher treffen Pflichten im Zusammenhang mit der Beendigung des Vertrags (Art. 17 Digitale-Inhalte-RL). Er darf die ihm bereitgestellten digitalen Inhalte oder Dienstleistungen nicht weiter nutzen (Abs. 1). Erfolgte die Bereitstellung auf einem körperlichen Datenträger, so ist dieser auf Aufforderung des Unternehmers auf dessen Kosten zurückzuschicken (Abs. 2).[75] Ein Entgelt für die Nutzung der digitalen Inhalte vor Vertragsbeendigung schuldet der Verbraucher insoweit nicht, als die Vertragswidrigkeit bestand (Abs. 3).

cc) Keine Regelung des Schadensersatzanspruchs

57 Im Unterschied zum Vorschlag einer Fernabs-Kauf-RL enthielt der Vorschlag der Digitale-Inhalte-RL in Art. 14 einen verschuldensunabhängigen[76] Schadensersatzanspruch.[77] Dieser sollte im Falle der Nichteinhaltung des Vertrags[78] oder der Nichtleistung (wohl i.S.d. Art. 11 Digitale-Inhalte-RL-E) entstehen. Die Haftung sollte sich auf jede wirtschaftliche Schädigung der digitalen Umgebung des Verbrauchers erstrecken und im Grundsatz eine Wiederherstellung des status quo ante beinhalten. Weiteres bezüglich der Ausübung dieses Rechts sollten die Rechtsordnungen der Mitgliedstaaten regeln. Funktional erinnerte der so geregelte Schadensersatzanspruch an die Rechtsfigur des „Weiterfresserschadens“. Er fand ein normatives Vorbild in der Vorschrift des Art. 35a RatingVO,[79] wo allerdings ausdrücklich weitergehende Ersatzansprüche nach nationalem Recht zugelassen werden. Es erschien klärungsbedürftig, welcher Regelungsspielraum bestehen sollte, insbesondere ob weitergehende Ansprüche, die sich auf Schäden außerhalb der digitalen Umgebung des Verbrauchers beziehen, nach nationalem Recht möglich sein sollten, und ob diese an ein Verschulden des Unternehmers geknüpft werden können. Angesichts der damit verbundenen Probleme verzichtet die verabschiedete Fassung der Digitale-Inhalte-Richtlinie nun auf die Regelung eines Schadensersatzanspruchs. Nach Art. 3 Abs. 10 Digitale-Inhalte-RL gilt insoweit das mitgliedstaatliche Recht.

---

75 Nicht geregelt ist die Frage des Schicksals von etwa angefertigten Kopien. Art. 13 Abs. 2 lit. e sublit. ii Digitale-Inhalte-RL-E hatte eine Pflicht des Verbrauchers zu deren Löschung bzw. Unlesbarmachung postuliert. Derartiges enthält die in Kraft getretene Fassung nicht. Insoweit bleibt es bei der in Art. 17 Abs. 1 Digitale-Inhalte-RL geregelten Pflicht des Verbrauchers, die Nutzung dieser Inhalte zu unterlassen.

76 S. *Ostendorf*, ZRP 2016, 69, 71.

77 Speziell dazu *von Westphalen*, BB 2016, 1411; *Spindler*, MMR 2016, 219, 222f.

78 Sachlich dürfte hier kein Unterschied zur Vertragswidrigkeit bestehen.

79 Siehe dazu oben § 18 Rn. 61.

6. Änderung der digitalen Inhalte

Eine Sonderregelung für Verträge, die die Bereitstellung digitaler Inhalte oder Dienstleistungen während eines Zeitraums zum Gegenstand haben, enthält Art. 19 Digitale-Inhalte-RL. Diese Norm regelt die Möglichkeit des Unternehmers, Änderungen an den bereitzustellenden digitalen Inhalten oder Dienstleistungen vorzunehmen. Eine einseitige Änderung wäre vertragswidrig. Geht die Änderung über dasjenige hinaus, was zur Herstellung der Vertragsmäßigkeit im Sinne der Art. 7 und 8 Digitale-Inhalte-RL erforderlich ist, muss sie vom parteilichen Konsens umfasst sein; überdies bedarf sie eines triftigen Grundes (Art. 19 Abs. 1 lit. a Digitale-Inhalte-RL). Aus ihr dürfen für den Verbraucher keine zusätzlichen Kosten entstehen (lit. b) und der Unternehmer muss darüber klar und verständlich informieren (lit. c). Wird durch die Änderung der Zugang des Verbrauchers zu den digitalen Inhalten oder Dienstleistungen oder deren Nutzung beeinträchtigt, hat der Verbraucher das Recht zur Vertragsbeendigung innerhalb von 30 Tagen; ausgenommen sind geringfügige Änderungen (Art. 19 Abs. 2 Digitale-Inhalte-RL). Sowohl über die Änderung als auch das daraus resultierende Recht auf Vertragsbeendigung hat der Unternehmer den Verbraucher innerhalb einer angemessenen Frist vorab zu informieren (Art. 19 Abs. 1 lit. d Digitale-Inhalte-RL). Ist die Änderung für den Verbraucher ohne jeden Nachteil, weil der vertragsgemäße Zustand ohne weitere Kosten aufrecht erhalten wird, entfällt das Recht auf Vertragsbeendigung (Art. 19 Abs. 4 Digitale-Inhalte-RL). Auch über diese Konsequenz hat der Unternehmer den Verbraucher vorab zu informieren (Art. 19 Abs. 1 lit. d Digitale-Inhalte-RL). 58

7. Recht auf Beendigung langfristiger Verträge

Das noch im Vorschlag der Richtlinie (Art. 16 Digitale-Inhalte-RL-E) enthaltene Recht auf Beendigung langfristiger Verträge, wonach der Verbraucher mehr als zwölfmonatige oder unbefristete Verträge innerhalb einer Beendigungsfrist von 14 Tagen gerechnet ab Mitteilung jederzeit beenden darf, wurde nicht umgesetzt. 59

8. Rückgriff

Art. 20 Digitale-Inhalte-RL schließlich enthält das aus Art. 18 Warenkauf-RL bekannte Rückgriffsrecht entlang der Vertragskette, sodass der verschuldensunabhängig haftende Unternehmer den ihm durch die Abhilfe des Verbrauchers entstandenen Schaden seinerseits weiterreichen kann. Näheres bestimmt das mitgliedstaatliche Recht. 60

III. Die Regulierung der Plattform-Ökonomie

Literatur: *Busch*, Fairness und Transparenz in der Plattformökonomie. Der Vorschlag für eine EU-Verordnung über Online-Plattformen, IWRZ 2018, 147; *Busch/Dannemann/Schulte-Nölke/Wiewiórowska-*

Domagalska/Zoll, The ELI Model Rules on Online Platforms, EuCML 2020, 61; *Busch/Schulte-Nölke/Wiewiórowksa-Domagalski/Zoll*, The Rise of the Platform Economy: A New Challenge for EU Consumer Law?, EuCML 2016, 3; *Devolder* (Hrsg.), The Platform Economy. Unravelling the Legal Status of Online Intermediaries, 2019; *Lutzi*, Private International Law Online. Internet Regulation and Civil Liability in the EU, 2020; *Naumann/Rodenhausen*, Die P2B-Verordnung aus Unternehmenssicht: Herausforderungen für europäische Plattformen am Beispiel einer Hybrid-Online-Plattform, ZEuP 2020, 768; *Schweitzer*, Digitale Plattformen als private Gesetzgeber. Ein Perspektivwechsel für die europäische „Plattform-Regulierung", ZEuP 2019, 1

1. Der unternehmerische Bereich

61 Die sog. Plattform-Verordnung[80] regelt Rechtsbeziehungen zwischen Anbietern von Online-Vermittlungsdiensten und von Online-Suchdiensten und gewerblichen Nutzern, letztere verstanden als jede im Rahmen einer geschäftlichen oder beruflichen Tätigkeit handelnde Privatperson oder jede juristische Person, die über Online-Vermittlungsdienste und für Zwecke im Zusammenhang mit ihrer gewerblichen, geschäftlichen, handwerklichen oder beruflichen Tätigkeit Verbrauchern Waren oder Dienstleistungen anbietet (Art. 2 Nr. 1 Plattform-VO). Reflexartig schützt die Verordnung auch Verbraucher, wie Erwägungsgrund Nr. 3 Plattform-VO erläutert: Indem diese Transparenz und Vertrauen in die Online-Plattformwirtschaft in den Beziehungen zwischen den Unternehmen bringt, soll sie indirekt dazu beitragen, auch das Vertrauen der Verbraucher in die Online-Plattformwirtschaft zu erhöhen. Sie gilt seit dem 12. Juli 2020 (Art. 19 Abs. 2 Plattform-VO).

62 Für das Vertragsrecht hat die Verordnung nur indirekt Bedeutung, vor allem indem sie Vorgaben für die Ausgestaltung der AGB von Anbietern von Online-Vermittlungsdiensten macht (Art. 3, 7–9 Plattform-VO).[81] Bemerkenswert erscheint dabei, wie stark der Verordnungsgeber hierbei auf den Grundsatz von Treu und Glauben rekurriert, dies insbesondere zur Legitimation des Eingriffs in die unternehmerische Vertragsfreiheit (Art. 8 Plattform-VO).[82] Aus Sicht des deutschen Rechts liegt darin letztlich eine Selbstverständlichkeit, die bereits aus der zentralen Rolle des § 242 BGB folgt. Auch ist nach dem Modell des deutschen Rechts eine AGB-Kontrolle im unternehmerischen Geschäftsverkehr zwar eingeschränkt (§ 310 Abs. 1 BGB), aber doch gerade in der Auslegung des BGH in beträchtlichem Ausmaß möglich. Hieran wird immer wieder Kritik geäußert, weil diese vergleichsweise strenge AGB-Kontrol-

---

80 Verordnung (EU) 2019/1150 des Europäischen Parlaments und des Rates vom 20. Juni 2019 zur Förderung von Fairness und Transparenz für gewerbliche Nutzer von Online-Vermittlungsdiensten, ABl. L 186/57. Vorausgegangen war ein Vorschlag der Kommission vom 26.4.2018, COM(2018) 238 final.

81 Siehe dazu bereits oben § 16 Rn. 76f.

82 Dazu bereits oben § 11 Rn. 39.

le gerade im internationalen Geschäftsverkehr zur Abwahl deutschen Rechts führe.[83] Andere Mitgliedstaaten hingegen haben die Klausel-Richtlinie als reines Instrument des Verbraucherschutzes umgesetzt; für solche Rechtsordnungen bedarf eine Regelung wie Art. 8 Plattform-VO sicherlich der Rechtfertigung.

Neben diesen für die Anbieter von Online-Vermittlungsdiensten relevanten Be- 63
stimmungen enthält die Plattform-VO auch einige Regelungen für die Anbieter von Online-Suchmaschinen. Diese eher dem Wettbewerbsrecht zuzurechnenden Vorschriften betreffen zum einen die Transparenz von Rankings, nach der Definition in Art. 2 Nr. 8 Plattform-VO „die relative Hervorhebung von Waren und Dienstleistungen, die über Online-Vermittlungsdienste angeboten werden, oder die Relevanz, die Suchergebnissen von Online-Suchmaschinen zugemessen wird, wie von Anbietern von Online-Vermittlungsdiensten bzw. von Anbietern von Online-Suchmaschinen organisiert, dargestellt und kommuniziert, unabhängig von den für diese Darstellung, Organisation oder Kommunikation verwendeten technischen Mitteln“ in Art. 5 Plattform-VO.

Zum anderen sollen nach Art. 7 Abs. 2 Plattform-VO die Anbieter von Online- 64
Suchmaschinen jegliche etwaige differenzierte Behandlung von Waren und Dienstleistungen erläutern, die Verbrauchern über diese Online-Suchmaschinen einerseits entweder von diesem Anbieter selbst oder von Nutzern mit Unternehmenswebsite, die von diesem Anbieter kontrolliert werden, und andererseits von sonstigen Nutzern mit Unternehmenswebsite angeboten werden.

2. Transparenz für Verbraucher

Durch Art. 4 Nr. 5 der Richtlinie zur besseren Durchsetzung und Modernisierung der 65
Verbraucherschutzvorschriften der Union[84] wurde ein neuer Art. 6a in die VRRL eingefügt. Dieser schafft zusätzliche besondere Informationspflichten bei auf Online-Marktplätzen geschlossenen Verträgen. Nach seinem Absatz 1 informiert der Anbieter des Online-Marktplatzes den Verbraucher „in klarer, verständlicher und in einer den be-

---

83 Siehe kritisch *Leuschner*, JZ 2010, 875; *ders.*, ZIP 2015, 1045; *Berger*, NJW 2010, 465; *Dauner-Lieb/Axer*, ZIP 2010, 309; *Drygala*, JZ 2012, 983; positiv zur AGB-Kontrolle hingegen *von Westphalen*, BB 2010, 195; zum Diskussionsstand *Pfeiffer*, NJW 2017, 913, 917; monographisch zum Problemkreis *Wendland*, Vertragsfreiheit und Vertragsgerechtigkeit. Subjektive und objektive Gestaltungskräfte im Privatrecht am Beispiel der Inhaltskontrolle Allgemeiner Geschäftsbedingungen im unternehmerischen Geschäftsverkehr, 2019; *Lebrecht*, Richterliche Vertragsgerechtigkeitskontrolle im unternehmerischen Geschäftsverkehr. Eine Studie zum französischen und zum deutschen Recht, 2020. Doch gerade das häufig gewählte Schweizer Recht ist mitnichten kontrollfrei, s. *Rühl*, in: Dutta/Heinze, „Mehr Freiheit wagen“, 2018, S. 33, 40 ff. Für ein Sonderprivatrecht für Rechtsverhältnisse mit internationalem Bezug nach englischem Vorbild *Landbrecht*, RIW 2011, 291.

84 Richtlinie (EU) 2019/2161 des Europäischen Parlaments und des Rates vom 27. November 2019 zur Änderung der Richtlinie 93/13/EWG des Rates und der Richtlinien 98/6/EG, 2005/29/EG und 2011/83/EU des Europäischen Parlaments und des Rates zur besseren Durchsetzung und Modernisierung der Verbraucherschutzvorschriften der Union, ABl. L 328/7.

nutzten Fernkommunikationsmitteln angepassten Weise“ über die Parameter, auf deren Grundlage das Ranking der Angebote auf dem Online-Marktplatz generiert wird, darüber, ob es sich bei dem Drittanbieter um einen Unternehmer handelt oder nicht, gegebenenfalls darüber, dass die EU-Verbraucherrechte auf den Vertrag keine Anwendung finden und wie die vertraglichen Verpflichtungen zwischen dem Drittanbieter und dem Anbieter des Online-Marktplatzes aufgeteilt werden.

66 Diese Vorgaben stellen nur Mindestbestimmungen dar; die Mitgliedstaaten können nach Art. 6a Abs. 2 RL 2019/2161 zusätzliche Informationspflichten für Anbieter von Online-Marktplätzen vorsehen, sofern diese verhältnismäßig, nicht diskriminierend und aus Gründen des Verbraucherschutzes gerechtfertigt sind.

3. Legislativprojekte

67 Die Regulierung von Service-Dienstleistern wie Airbnb oder Uber stellt die Rechtsprechung vor immer größere Herausforderungen. Mehrfach hatte sich der EuGH mit der Frage zu befassen, ob solche Unternehmen als „Dienst der Informationsgesellschaft“ im Sinne der E-Commerce-Richtlinie einzustufen sind.[85] Wird sie bejaht, gilt das Herkunftslandprinzip nach Art. 3 Abs. 1 E-Commerce-RL, wonach eine Regulierung solcher Dienste deren Sitzstaat vorbehalten ist.

68 Die E-Commerce-Richtlinie wird derzeit überarbeitet; sie soll in einen Digital Services Act überführt werden. Im Europäischen Parlament fanden am 18. Februar 2020 die ersten Beratungen hierzu statt. Dieser Digital Services Act ist eines der Kernelemente der digitalen Agenda der Europäischen Kommission. Im Kern geht es um die Verantwortlichkeit und Haftung von Plattformen.[86] Die Kommission hat hierzu am 15. Dezember 2020 einen Legislativvorschlag vorgelegt.[87]

IV. Algorithmen als Vertragsersatz?

Literatur: *Expert Group on Liability and New Technologies*, New Technologies Formation, Liability for Artificial Intelligence and other Emerging Digital Technologies, 2019; *Graf von Westphalen*, Datenvertragsrecht – disruptive Technik – disruptives Recht. Kollisionsrecht und Haftungsrecht, IWRZ 2018, 9; *Hennemann*, Die personalisierte Vertragsanbahnung. Regulierungsbedarf für den digitalen Massenverkehr, AcP 219 (2019), 818; *Schuhmann*, Quo Vadis Contract Management? Conceptual Challenges Arising

85 Bejahend EuGH, 19.12.2019, Rs. C-390/18 – *Airbnb Ireland*, MMR 2020, 171; verneinend EuGH, 20.12.2017, Rs. C-434/15 – *Uber Spain*, ECLI:EU:C:2017:981; EuGH, 10.4.2018, Rs. C-320/16 – *Uber France*, ECLI:EU:C:2018:221.

86 Zum Legislativprozess https://ec.europa.eu/digital-single-market/en/digital-services-act-package; zur Haftung von Plattformen *G. Wagner*, GRUR 2020, 329 und 447; zum ELI-Projekt betreffend Plattformen *Busch/Dannemann/Schulte-Nölke/Wiewiórowska-Domagalska/Zoll*, EuCML 2020, 61.

87 Proposal for a Regulation of the European Parliament and of the Council on a Single Market For Digital Services (Digital Services Act) and amending Directive 2000/31/EC, COM(2020) 825 final.

from Contract Automation, ERCL 2020, 489; *T. Rademacher*, Wenn neue Technologien altes Recht durchsetzen: Dürfen wir es unmöglich machen, rechtswidrig zu handeln?, JZ 2019, 702; *Wagner/Eidenmüller*, In der Falle der Algorithmen? Abschöpfen von Konsumentenrente, Ausnutzen von Verhaltensanomalien und Manipulation von Präferenzen: Die Regulierung der dunklen Seite personalisierter Transaktionen, ZfPW 2019, 220

1. Smart Contracts

Literatur: *Allen*, Wrapped and Stacked: 'Smart Contracts' and the Interaction of Natural and Formal Language, ERCL 2018, 307; *Glatz*, Smart Contracts: Chancen und Herausforderungen algorithmischer Vertragsgestaltung, in: Breidenbach/Glatz (Hrsg.), Rechtshandbuch Legal Tech, 2018, S. 109; *Kuntz*, Konsens statt Recht? Überlegungen zu Chancen und Herausforderungen der Blockchain-Technologie aus juristischer Sicht, AcP 220 (2020), 51; *Linardatos*, Smart Contracts – einige klarstellende Bemerkungen, K&R 2018, 85; *Meyer*, Stopping the Unstoppable: Termination and Unwinding of Smart Contracts, EuCML 2020, 17; *Paal/Fries* (Hrsg.), Smart Contracts, 2019; *Savelyev*, Contract law 2.0: "Smart" contracts as the beginning of the end of classic contract law, (2017) 26(2) Information and Communications Technology Law 116; *A. Wilhelm*, Smart Contracts im Zivilrecht, WM 2020, 1807 (Teil 1) und 1849 (Teil 2)

a) Erscheinungsformen und technischer Hintergrund

Seit es Computer gibt, sucht man nach Möglichkeiten der automatisierten Rechts- 69
anwendung. Heute geht es unter der Chiffre Legal Tech (kurz für Legal Technology[88]) vor allem um die Verarbeitung großer Datenmengen in rechtlichen Abläufen. Juristische Arbeitsprozesse werden durch Algorithmen unterstützt oder gar ersetzt, Recht soll damit gleichsam ex machina[89] entstehen.[90] Etwa große Anwaltskanzleien sehen im Einsatz von Legal Tech Potential zur Optimierung der Verwaltung von Wissen, aber vor allem zur Vereinfachung der Vertragsgestaltung.[91] Im Kontext des Vertragsrechts interessieren vor allem die sog. Smart Contracts.[92] Nach einer verbreiteten Definition handelt es sich bei einem Smart Contract um ein Programm, das manipulationssicher gespeichert ist und bei Eintritt bestimmter Bedingungen vorher festgelegte Maßnahmen garantiert ausführt.[93] Dazu werden bestimmte vertragliche Pflichten und Rahmenbedingungen in eine Software eingespeist, die wiederum anhand weiterer Datenquellen solche Ereignisse erkennt, welche die festgelegten Rechtsfolgen auslösen sollen. Smart

88 Siehe https://de.wikipedia.org/wiki/Legal_Technology [zuletzt abgerufen am 23.12.2020].
89 Siehe *Raabe/Wacker/Oberle/Baumann/Funk*, Recht ex machina: Formalisierung des Rechts im Internet der Dienste, 2012, am Beispiel des Datenschutzrechts; vgl. auch *Günzl*, JZ 2019, 180.
90 Zur Kritik daran etwa *Kotsoglou*, JZ 2014, 451; Entgegnung *Engel*, JZ 2014, 1096; Schlusswort *Kotsoglou*, JZ 2014, 1100.
91 *Hartung/Bues/Halbleib*, Legal Tech – Die Digitalisierung des Rechtsmarkts, 2018.
92 Der Begriff geht wohl zurück auf *Nick Szabo*, Smart Contracts, 1994.
93 *Heckelmann*, NJW 2018, 504; *Allen*, ERCL 2018, 307, 313, jew. m.w.N.

Contracts sollen den Gang zu Gericht oder einer sonstigen Streitschlichtungsstelle überflüssig werden lassen, da durch sie die Rechtsanwendung und -durchsetzung bereits in das Vertragsgefüge integriert wurde, der Vertrag mithin „self-executing“ ist.

70 Dabei geht es einerseits um die Lösung des Vorleistungsproblems: Diejenige Vertragspartei, die vorleistungspflichtig ist, muss auf die Vertragstreue des anderen Teils vertrauen, lässt sich Sicherheiten bestellen, oder sie besteht auf der Einschaltung einer dritten Partei, etwa eines Notars,[94] als Treuhänder.[95] Der Smart Contract kann derlei Konstruktionen ersetzen. Andererseits versprechen Smart Contracts für in Vollzug gesetzte Dauerschuldverhältnisse eine effiziente Kontrolle der Vertragstreue der Parteien: Werden etwa vertraglich vereinbarte Ratenzahlungen nicht geleistet, greifen automatisch Sanktionen, ohne dass hierzu ein parteiliches Eingreifen nötig wäre. Solche Sanktionen können von einer Strafzahlung über die Einstellung der Gegenleistung bis hin zur Beendigung des Vertrags reichen. Auch die Zwangsvollstreckung könnte so letztlich überflüssig werden.

71 Objektivität und Fälschungssicherheit verspricht diesbezüglich der Einsatz der Distributed-Ledger-Technologie, auch Blockchain-Technologie genannt. Die Blockchain ist letztlich eine weltweit vernetzte Datenbank, die darin enthaltene Informationen auf allen beteiligten Servern spiegelt. Die große Zahl der beteiligten Rechner und die Art und Weise der Generierung und Validierung der zu speichernden Daten gewährleisten die Authentizität, Vollständigkeit und Unabänderbarkeit der in einem Datensatz („Block“) gespeicherten Informationen. Die vertragliche Abrede wird durch Hinzufügen eines mit der persönlichen Signatur versehenen Schlüssels an die Blockchain angehängt. Ihre Validierung wird durch die Vervielfältigung der Information auf weiteren Rechnern und die Anfügung eines Zeitstempels vollzogen. Dies geschieht durch das sog. Mining, also das Berechnen eines passenden Hashwerts und damit das Generieren und Anhängen eines Blocks an die Blockchain, das durch einzelne Mitglieder des Netzwerks vollzogen wird. Hierfür belohnt das Netzwerk die Miner, die meist über leistungsstarke Rechnerfarmen verfügen, mit einem bestimmten Betrag in der Kryptowährung der Blockchain. Da die Blockchain nicht nachträglich geändert werden kann, ist die in ihr enthaltene Information – jedenfalls in der Theorie – in hohem Maße vertrauenswürdig.[96] Fälschungen fallen auf, da sie nur dann akzeptiert werden, wenn über die Hälfte der Teilnehmer des Netzwerks sie nachvollziehen.[97]

72 Mit Ethereum steht seit 2013 ein System zur Verfügung, das sich als Architektur für das Ausführen von Smart Contracts in der Blockchain-Technologie bereits etabliert

---

94 Hierher gehören letztlich auch Finanzdienstleister im Bereich des E-Commerce wie PayPal; dazu BGHZ 217, 33 sowie BGH ZIP 2018, 226; ebenso für die „A-bis-z-Garantie“ auf dem Amazon Marketplace BGH MDR 2020, 717 (dazu *Schermaier*, JZ 2020, 997).

95 Dazu eingehend *Moes*, Vertragsgestaltung, 2020, § 14. Zur Treuhandfunktion des Smart Contracts *Glatz*, in: Breidenbach/Glatz, Rechtshandbuch Legal Tech, 2018, S. 109, 113 („Der Vertrag wird [...] zum Treuhänder“).

96 Siehe aber den Vorfall „the DAO“; dazu *Heckelmann*, NJW 2018, 504, 509 sowie unten § 32 Rn. 63.

97 Näher *Schrey*/*Thalhofer*, NJW 2017, 1431.

hat.[98] Als Zahlungsmittel bietet Ethereum die Kryptowährung Ether an, die neben Bitcoin zu den verbreitetsten ihrer Art zählt.[99] Doch ist der Anwendungsbereich solcher Smart Contracts bisher auf wenige Bereiche wie den Handel mit virtuellen Währungen und Wertpapieren beschränkt.[100] Eine gewisse Bekanntheit haben auch Initial Coin Offerings (ICOs) erlangt, eine Art digitales Crowdfunding.[101] Nichtsdestotrotz steht zu erwarten, dass die Verfügbarkeit der neuen Technologie über kurz oder lang auch Bereiche des alltäglichen Rechtsverkehrs erfassen wird.

b) Die Geltung europäischer Vorgaben für Smart Contracts

Als privatautonome Regelungsform sind Smart Contracts grundsätzlich auch unter 73
Unionsrecht zulässig.[102] Praktisch kommen sie dann in Betracht, wenn genau definierbare tatsächliche Ereignisse klare und bereits ex ante bestimmbare Rechtsfolge auslösen sollen. So ließen sich etwa die pauschalierten Entschädigungsansprüche nach der EU-Fluggastrechte-Verordnung[103] durchaus automatisiert abwickeln. Sind digitale Inhalte oder Dienstleistungen Gegenstand eines Smart Contract, so gelten insoweit die Vorgaben der Digitale-Inhalte-Richtlinie. Von dieser nicht erfasst werden generell Finanzdienstleistungen (Art. 3 Abs. 5 lit. e Digitale-Inhalte-RL); dies umfasst auch Transaktionen, bei denen Kryptowährungen wie Bitcoins eine Rolle spielen: Letztere sind keine digitalen Inhalte oder Dienstleistungen im Sinne der Richtlinie.[104] Haben Smart Contracts eine grenzüberschreitende Dimension, so kommt insoweit die Rom I-VO zur Anwendung.[105]

c) Regulierung auf nationaler Ebene

Explizite rechtliche Regelungen zu den Smart Contracts finden sich auch im deutschen 74
Recht nicht.[106] Der Koalitionsvertrag von CDU/CSU und SPD vom 12. März 2018 ließ ent-

---

98 Dahinter steht eine Stiftung Schweizer Rechts, s. *Martiny*, IPRax 2018, 553 Fn. 2.

99 Siehe https://coinmarketcap.com/.

100 *Kaulartz/Heckmann*, CR 2016, 618, 620 (Derivathandel).

101 Dazu *Glatz*, in: Blocher/Heckmann/Zech, DGRI Jahrbuch 2016, 2017, S. 81.

102 Zur Anerkennung der Privatautonomie im EU-Recht oben § 10 Rn. 1 ff.

103 Dazu unten § 28.

104 Vgl. ErwGr. Nr. 30 Digitale-Inhalte-RL. Zu dieser Bereichsausnahme *Omlor*, JuS 2019, 289, 290 ff.; *Spindler/Sein*, MMR 2019, 415, 419 sowie oben Rn. 21.

105 Dazu unten § 32 Rn. 59 ff.

106 Andere Länder haben bereits regulierend eingegriffen, so Liechtenstein (Gesetz über Token und VT-Dienstleister – TVTG vom 3.10.2019, das am 1.1.2020 in Kraft getreten ist) und Italien (Decreto-Legge vom 14.12.2018, n. 135, G.U. n. 290 vom 14.12.2018, koordiniert durch die Legge di conversione vom 11.2.2019, n. 12, G.U. n. 36 vom 12.2.2019); dazu *Schurr*, in: JbItalR 32 (2019), S. 157. Zur Regulierung in verschiedenen U. S.-Bundesstaaten *Rohr*, 67 Clev.St.L.Rev. 2019, 67, 71 u. 74 ff.; *Young*, 96 Wash.U.L. Rev. 2018, 649, 667 ff.

sprechende gesetzgeberische Schritte vermuten. Dort heißt es: „Wir erleichtern Verbraucherinnen und Verbrauchern die Rechtsdurchsetzung durch Digitalisierung, insbesondere bei smart contracts. Deshalb werden wir die Entwicklung der automatischen Vertragsentschädigung fördern und rechtssicher gestalten.“[107] Konkrete Schritte stehen allerdings derzeit noch aus. Ein im Zuge der Insolvenz von Air Berlin in den Bundestag eingebrachter Antrag der Fraktion Bündnis 90/Die Grünen vom 5. Dezember 2018 forderte die Bundesregierung u. a. auf, „das Entschädigungsverfahren nach der EU-Fluggastrechte-Verordnung so weit wie möglich zu automatisieren, indem sie die Informationspflichten der Fluggesellschaften konkretisiert und sicherstellt, dass die Fluggesellschaften den Reisenden im Falle einer Verspätung, Annullierung oder Nichtbeförderung unverzüglich im Flugzeug oder am Flughafen sowie auf elektronischem Wege mitteilen, ob und warum ein Anspruch auf Entschädigung besteht [...]“.[108]

75 Am 18. September 2019 wurde die Blockchain-Strategie der Bundesregierung veröffentlicht.[109] Darin kündigt sie an, sich mit den rechtlichen Rahmenbedingungen neuartiger Formen der Kooperation zu befassen. Wörtlich heißt es: „Weiterhin ermöglichen die Blockchain-Technologie und Smart Contracts neuartige Formen der Zusammenarbeit, die durch das Fehlen einer zentralen verantwortlichen Stelle und Smart-Contract-basierten Entscheidungsprozessen gekennzeichnet sind (DAO – Dezentrale Autonome Organisationen). Die Bundesregierung unterstützt die Entwicklung solcher digitalen Innovationen und wird sich mit den rechtlichen Rahmenbedingungen solcher Strukturen befassen.“[110] Potential sieht das Strategiepapier insbesondere in der Energiewirtschaft; dort soll ein Smart-Contract-Register geschaffen werden.[111]

2. Dynamic Pricing

76 Ein weiteres Phänomen der Digitalisierung ist das sog. Dynamic Pricing. Bei der dynamischen Preisanpassung wird der Preis mithilfe von Algorithmen ständig an die Marktsituation angepasst.[112] An sich ist das nichts Außergewöhnliches, sondern spiegelt letztlich nur das Wechselspiel von Angebot und Nachfrage wider.[113] Neu ist nur die durch den Einsatz von Algorithmen beliebig schnell und häufig änderbare Preisgestaltung. Dabei ist das Dynamic Pricing von der personalisierten Vertragsanbah-

---

107 Abrufbar unter https://www.bundesregierung.de/breg-de/themen/koalitionsvertrag-vom-12-maerz-2018-975210 [zuletzt abgerufen am 23.12.2020], dort S. 124 (Rn. 5825–5827).

108 BT-Drucks. 19/6277, unter Nr. II 4.

109 Blockchain-Strategie der Bundesregierung. Wir stellen die Weichen für die Token-Ökonomie, abrufbar unter https://www.bmwi.de/Redaktion/DE/Publikationen/Digitale-Welt/blockchain-strategie.html [zuletzt abgerufen am 23.12.2020].

110 Blockchain-Strategie der Bundesregierung, S. 14 unter 3.5.

111 Blockchain-Strategie der Bundesregierung, S. 15 unter 3.8.

112 Ausführlich *Hofmann*, WRP 2016, 1074; *Hennemann*, AcP 219 (2019), 818, 822 ff.

113 *Tietjen/Flöter*, GRUR-Prax 2017, 546.

nung abzugrenzen, bei der abhängig von der jeweiligen Person ein unterschiedlicher Preis für dasselbe Produkt verlangt wird.[114] Dennoch kommt es häufig auch zur Kombination von dynamischem und personalisiertem Preis.[115] Aus Sicht der Marktteilnehmer führt das zu einer Reduzierung der Markt- und Preistransparenz.[116]

Zwar ist ein Verkäufer grundsätzlich frei in der Preisbestimmung,[117] sofern keine 77
Wettbewerbsverstöße vorliegen, die über das UWG verboten sind.[118] Nach der dem UWG zugrunde liegenden Lauterkeits-Richtlinie[119] könnte die dynamische Preisbildung in den Fällen als „unlauter" im Sinne dieser Richtlinie gesehen werden, wenn die Preisänderung etwa erst dann stattfindet, nachdem ein Produkt schon in den digitalen Warenkorb gelegt worden ist.[120] Maßnahmen zur Förderung der Transparenz könnten möglicherweise auch mithilfe des Kartellrechts erfolgen. Hierzu wäre etwa die Einführung von Transparenztabellen denkbar, ähnlich wie dies in § 47k GWB für Kraftstoffe geschehen ist.

---

114 Siehe die Stellungnahme des Sachverständigenrates für Verbraucherfragen: *Zander-Hayat/Domurath/Groß*, Personalisierte Preise, SVRV Working Paper Nr. 2. 2016, S. 2.

115 Vgl. *Hennemann*, AcP 219 (2019), 818, 822.

116 Vgl. aus Sicht der Preisangabenverordnung *Wenglorz*, in: Fezer/Büscher/Obergfell, Lauterkeitsrecht, 3. Aufl. 2016, § 14 PAngV Rn. 81e.

117 Vgl. BGH NJW 2003, 2096, wonach ein Verkäufer den Preis zu jedem ihm sinnvoll erscheinenden Zeitpunkt nach Belieben erhöhen oder senken kann, sofern nicht Preisvorschriften entgegenstehen oder unlautere Begleitumstände herrschen.

118 Vgl *Micklitz/Namysłowska*, in: Spindler/Schuster, Recht der elektronischen Medien, 4. Aufl. 2019, § 5 UWG Rn. 130, die darin einen Verstoß gegen § 5 Abs. 1 Nr. 2 UWG sehen.

119 Richtlinie 2005/29/EG des Europäischen Parlaments und des Rates vom 11.5.2005, ABl. L 149 vom 11.6.2005.

120 Leitlinien zur Umsetzung/Anwendung der Richtlinie 2005/29/EG über die unlauteren Geschäftspraktiken vom 25.5.2016, SWD (2016) 163 final, S. 166f.

§ 24 Der Verbraucherkreditvertrag

Literatur: *Gsell/Schellhase*, Vollharmonisiertes Verbraucherkreditrecht – Ein Vorbild für die weitere europäische Angleichung des Verbrauchervertragsrechts?, JZ 2009, 20; *Harnos*, Schadensersatz wegen fehlerhafter Kreditwürdigkeitsprüfung, JZ 2017, 552; *Herresthal*, Unionsrechtliche Vorgaben zur Sanktionierung des Verstoßes gegen die Kreditwürdigkeitsprüfung, EuZW 2014, 497; *Janal/Marschner*, Fälle zum Verbraucherdarlehensrecht, JURA 2017, 367; *Piekenbrock*, Die geplante Umsetzung der Wohnimmobilienkreditvertragsrichtlinie, GPR 2015, 26; *Schäfer*, Wohnimmobilienkreditrichtlinie. Geschichte und Umsetzung im Verbraucherdarlehensrecht, VuR 2014, 207; *Riehm/Schreindorfer*, Das Harmonisierungskonzept der neuen Verbraucherkreditrichtlinie, GPR 2008, 244; *Wendehorst*, Das deutsche Umsetzungskonzept für die Verbraucherkreditrichtlinie, ZEuP 2011, 263; *Wösthoff*, Die Verbraucherkreditrichtlinie 2008/48/EG und deren Umsetzung ins deutsche Recht, 2011; *Zapf*, Die Wohnimmobilienkreditrichtlinie 2014/17/EU – Am Ziel einer langen Reise?, ZEuP 2016, 656; *Zhang*, Die vorvertraglichen Pflichten in der Verbraucherkredit-Richtlinie 2008/48/EG, Diss. HU Berlin 2014

Systematische Übersicht

I. Überblick

1 Der Konsultationsprozess zur Harmonisierung des Verbraucherkreditrechts begann bereits 1975; 1986 wurde dann die (erste) Verbraucherkredit-Richtlinie verabschiedet.[1] Aus Sicht des Binnenmarktes ist der Verbraucherkredit volkswirtschaftlich grundsätzlich erwünscht, sodass die Rechtsangleichung das Ziel verfolgte, Angebot und Nachfrage auf dem Kreditmarkt zu erhöhen.[2] Praktisch kommt der Materie sehr hohe Bedeutung zu: 50–65 % aller Verbraucher verfügen über einen Verbraucherkredit; das Kreditvolumen betrug 2001 in den damals 15 Mitgliedstaaten über 500 Mrd. € und damit mehr als 7 % des BIP.[3] 2008 waren es über 800 Mrd. €.[4] Die Umsetzung der Vorgaben erfolgte in Deutschland zunächst im VerbraucherkreditG, das dann im Zuge der Schuldrechtsmodernisierung in die §§ 491ff. BGB überführt wurde.

1 Richtlinie 87/102/EWG des Rates vom 22. Dezember 1986 zur Angleichung der Rechts- und Verwaltungsvorschriften der Mitgliedstaaten über den Verbraucherkredit, ABl. EG 1987 Nr. L 42/48.

2 *Scholz*, MDR 1988, 730f.

3 Vgl. KOM(2002), 443 endg., S. 2.

4 Pressemitteilung der EG-Kommission vom 16.1.2008 zur neuen Verbraucherkredit-RL.

https://doi.org/10.1515/9783110718690-024

Im September 2002 legte die Kommission einen Vorschlag zur Überarbeitung der Richtlinie vor,[5] da das Schutzniveau der Richtlinie nicht für ausreichend gehalten wurde und sich der Kreditmarkt zudem stark unterschiedlich entwickelte. Wie in anderen Bereichen auch wurde konstatiert, dass das von der Richtlinie verfolgte Konzept der Mindestharmonisierung zwar ein höheres, aber wiederum ungleiches Schutzniveau in den einzelnen Mitgliedstaaten herbeiführte. Kritisiert wurde daneben auch das Verbot des Aushandelns von Kreditverträgen außerhalb von Geschäftsräumen, das Art. 5 des Vorschlags enthielt.[6] Im Oktober 2004 legte die Kommission einen geänderten Vorschlag zur Überarbeitung der Verbraucherkredit-Richtlinie vor,[7] in dem dieses Verbot nicht mehr enthalten war – die Konstellation wurde von der damaligen Haustürwiderrufs-Richtlinie erfasst. Ein weiterer Änderungsvorschlag der Kommission folgte am 7. Oktober 2005.[8] Dieser sah neben der Stärkung der Informationspflichten durch ein europaweit einheitliches „Europäisches Kreditinformationsformblatt" auch eine vereinheitlichte Berechnung des effektiven Jahreszinses, ein Widerrufsrecht, das in Deutschland bereits zuvor galt, sowie stärkere Verbindlichkeit von Werbeangaben vor. Nach der Zustimmung in Rat und Parlament trat die neue Verbraucherkredit-Richtlinie[9] am 12. Mai 2010 in Kraft.[10] Anders als ihr Vorgängerrechtsakt ist sie nunmehr, einem allgemeinen Trend folgend, vollharmonisierend (Art. 22 Abs. 1 Verbraucherkredit-RL). Dieser Ansatz erscheint gerade im Hinblick auf das gleichzeitig zu erzielende, hohe Verbraucherschutzniveau problematisch, da der Wettbewerb verschiedener Anbieter auf diese Weise unterbunden bzw. eingefroren wird.[11] Das deutsche Umsetzungsgesetz trat am 11. Juni 2010 in Kraft.[12] Neben punktuellen Änderungen der §§ 491ff. BGB wurde die Umsetzung überwiegend in den Art. 247 §§ 1–17 EGBGB vorgenommen. 2

Hypothekenkredite sind vom Anwendungsbereich der Verbraucherkredit-Richtlinie ausgenommen (Art. 2 Abs. 2 lit. a–c Verbraucherkredit-RL); frühe Versuche, diesbezüglich eine Rechtsangleichung herbeizuführen,[13] waren am Widerstand der Mitgliedstaaten gescheitert.[14] Zwischenzeitlich versuchte die Kommission, im Wege einer 3

5 Vorschlag vom 11.9.2002 für eine Richtlinie zur Harmonisierung der Rechts- und Verwaltungsvorschriften der Mitgliedstaaten über den Verbraucherkredit, KOM(2002), 443 endg.

6 KOM(2002), 443 endg., S. 13f. Kritisch hierzu *Riefner*, VuR 2004, 85 sowie *Hoffmann*, BKR 2004, 308.

7 KOM(2004), 747 endg. Zu den nachfolgenden Entwicklungen *Bülow/Artz*, WM 2005, 1153.

8 KOM(2005) 483 (endg.).

9 Richtlinie 2008/48/EG des Europäischen Parlaments und des Rates vom 23. April 2008 über Verbraucherkreditverträge und zur Aufhebung der Richtlinie 87/102/EWG des Rates, ABl. EU 2008 Nr. L 133/66.

10 Dazu *Gsell/Schellhase*, JZ 2009, 20.

11 Allgemein zur Vollharmonisierung oben § 2 Rn. 71ff.

12 Dazu *Derleder*, NJW 2009, 3195, 3198.

13 Vorschlag für eine Richtlinie des Rates über die Niederlassungsfreiheit und den freien Dienstleistungsverkehr auf dem Gebiet des Hypothekarkredits vom 4.2.1985, KOM(84) 730 endg.

14 Zur Entwicklung *Schäfer*, VuR 2014, 207.

Empfehlung und damit unterhalb verbindlicher Vorschriften vorzugehen,[15] doch war dem kein großer praktischer Erfolg beschieden. Erst 2011 unternahm die Kommission einen neuen Anlauf und legte einen Richtlinienvorschlag vor,[16] der etwa auch aufsichts- und berufsrechtliche Aspekte des Hypothekarkredits regelte und einen Versuch darstellte, Lehren aus der Finanz- und Bankenkrise des Jahres 2008 zu ziehen. Dies ist insofern bemerkenswert, als die Kommission zuvor sehr deutlich bestrebt war, die auf dem englischen Immobilienmarkt verbreiteten und letztlich krisenauslösenden subprime loans europaweit salonfähig zu machen.

4 Nach zahlreichen Änderungen wurde die Richtlinie schließlich Anfang 2014 verabschiedet[17] und war bis zum 21. März 2016 in mitgliedstaatliches Recht umzusetzen (Art. 42 Abs. 1 Wohnimmobilienkredit-RL). Bemerkenswert ist, dass die Richtlinie anders als sonst bei verbraucherschützenden Rechtsakten jedenfalls im Grundsatz den Ansatz der Mindestharmonisierung verfolgt (Art. 2 Abs. 1 Wohnimmobilienkredit-RL). Nur punktuell verbietet sie strengere, d.h. stärker verbraucherschützende Regelungen: einerseits in Bezug auf die Bereitstellung vorvertraglicher Informationen mittels des „Europäischen standardisierten Merkblatts" (sog. ESIS-Merkblatt), andererseits hinsichtlich der Berechnung des effektiven Jahreszinses (Art. 2 Abs. 2 Wohnimmobilienkredit-RL). Auf diese Weise sollte verhindert werden, dass einzelne Mitgliedstaaten das Verbraucherschutzniveau wieder hätten absenken müssen (Erwägungsgrund Nr. 7 Wohnimmobilienkredit-RL).

5 Im deutschen Recht erfolgte die Umsetzung in den Vorschriften zu Verbraucherdarlehensverträgen der §§ 491 ff. BGB, die nunmehr in Allgemein-Verbraucherdarlehensverträge und Immobiliar-Verbraucherdarlehensverträge unterfallen (§ 491 Abs. 1 S. 2 BGB).

II. Wesentliche Regelungsbereiche

1. Gegenstand

6 Die Verbraucherkredit-Richtlinie erfasst Kreditverträge (Art. 2 Abs. 1 Verbraucherkredit-RL); das sind Verträge, bei dem ein Kreditgeber einem Verbraucher einen Kredit in Form eines Zahlungsaufschubs, eines Darlehens oder einer sonstigen ähnlichen Finanzierungshilfe gewährt oder zu gewähren verspricht (Art. 3 lit. c Verbraucherkre-

---

15 Empfehlung der Kommission vom 1.3.2001 über vorvertragliche Informationen, die Darlehensgeber, die wohnungswirtschaftliche Darlehen anbieten, den Verbrauchern zur Verfügung stellen müssen, KOM(2001) 477 endg.

16 Vorschlag vom 31.3.2011 für eine Richtlinie über Wohnimmobilienkreditverträge, KOM(2011) 142 endg.; dazu *Schäfer*, VuR 2014, 207, 209 ff.

17 Richtlinie 2014/17/EU des Europäischen Parlaments und des Rates vom 4. Februar 2014 über Wohnimmobilienkreditverträge für Verbraucher und zur Änderung der Richtlinien 2008/48/EG und 2013/36/EU und der Verordnung (EU) Nr. 1093/2010, ABl. EU 2014 Nr. L 60/34.

dit-RL). Der Regelungsbereich betrifft damit im deutschen Recht insbesondere die Vorschriften über Darlehen (§§ 491 ff. BGB), Ratenzahlung (§§ 499 ff. BGB), Teilzahlungskredit (§ 501 BGB) und auch Finanzierungsleasing (vgl. § 506 Abs. 2 BGB).

Wie andere verbraucherschützende Richtlinien auch setzt die Verbraucherkredit-Richtlinie sehr stark auf die Informationspflichten des Kreditgebers, um dem Verbraucher eine Entscheidung in Kenntnis der wesentlichen Parameter der aus dem Vertragsschluss entstehenden Verpflichtungen zu ermöglichen (Art. 4 ff. Verbraucherkredit-RL).[18] Auch der Kreditvertrag selbst muss eine Vielzahl zwingener Angaben enthalten, die in Art. 10 Abs. 2 Verbraucherkredit-RL aufgelistet sind, so etwa zum effektiven Jahreszins.[19] 7

Darüber hinaus verpflichtet Art. 8 Abs. 1 Verbraucherkredit-RL (Umsetzung im deutschen Recht in § 505a BGB) den Kreditgeber zur Bewertung der Kreditwürdigkeit des Verbrauchers. Nicht geregelt sind die Rechtsfolgen von Verstößen hiergegen. Art. 23 Verbraucherkredit-RL verlangt effektive Sanktionen. Für das deutsche Recht bestimmt § 505d Abs. 1 BGB die Herabsetzung des vertraglich vereinbarten Sollzinses auf den marktüblichen Zinssatz. Nicht richtlinienkonform ist hingegen eine mitgliedstaatliche Regelung, wonach ein Verstoß auf Antrag des Verbrauchers zur Nichtigkeit des Kreditvertrags und einer Pflicht des Verbrauchers zur Rückzahlung des Kapitalbetrags führt.[20] 8

Die Verbraucherkredit-Richtlinie von 1986 hatte es den Mitgliedstaaten freigestellt, in ihren Rechtsordnungen ein Widerrufsrecht vorzusehen – Deutschland hatte hiervon Gebrauch gemacht (§ 7 VerbrKrG; bereits seit 1974 hatte § 1b AbzG ein Widerrufsrecht enthalten). Der Grund hierfür lag darin, dass ein Widerruf einerseits als für den Verbraucher nicht unbedingt vorteilhaft eingeschätzt wurde, da die benötigte Liquiditätserhöhung wegen der Rückabwicklung dann gerade wegfallen würde. Für solche Kreditverträge, die in den besonders gefährlichen Haustürsituationen abgeschlossen werden, griff zudem der Schutz der (damaligen) Haustürwiderrufs-Richtlinie.[21] Art. 14 Abs. 1 Verbraucherkredit-RL (umgesetzt in § 495 Abs. 1 BGB) sieht demgegenüber ein allgemeines verbraucherschützendes Widerrufsrecht vor und begründet dies recht pauschal mit der Notwendigkeit, den unterschiedlichen Rechtszustand in den Mitgliedstaaten anzugleichen (Erwägungsgründe Nr. 9, 34 Verbraucherkredit-RL). Dessen ratio unterscheidet sich deutlich von derjenigen, die zur Rechtfertigung eines Widerrufsrechts für außerhalb von Geschäftsräumen geschlossenen 9

18 Allgemein zu den Informationspflichten bereits oben § 12.

19 Die Angabe einer Marge zwischen einem Mindest- und einem Höchstzinssatz entspricht dieser Vorgabe nicht, s. EuGH, 19.12.2019, Rs. C-290/19 – *Home Credit Slovakia*, ECLI:EU:C:2019:1130, Rn. 36; dazu *Piekenbrock*, GPR 2020, 133.

20 EuGH, 5.3.2020, Rs. C-679/18 – *OPR-Finance*, ECLI:EU:C:2020:167, Rn. 29 ff. mit Bezug auf eine entsprechende Regelung des tschechischen Rechts.

21 Die Haustür-RL war nicht etwa gegenüber der Verbraucherkredit-RL subsidiär ausgestaltet, s. EuGH, 13.12.2001, Rs. C-481/99 – *Heininger*, Slg. 2001, I-9945, Rn. 38 ff.; die dahingehende Vorschrift des damaligen § 5 Abs. 2 HWiG a. F. war richtlinienwidrig, s. oben § 8 Rn. 127.

Verträgen und Fernabsatzverträgen dient: Der Verbraucher muss im Falle des Verbraucherkreditvertrags nicht überrumpelt worden sein; auch ist kein Fernabsatzgeschäft notwendig. Vielmehr sichert das Widerrufsrecht eine Überlegensfrist, um ein Überdenken der Abschlussentscheidung und der daraus resultierenden, langfristigen Verpflichtung zu ermöglichen, deren finanzielles Ausmaß wegen der Komplexität mancher Verträge vielleicht vor Vertragsschluss nicht richtig eingeschätzt wurde.[22]

10 Die Wohnimmobilienkredit-Richtlinie gilt für Kreditverträge, die entweder durch eine Hypothek oder eine funktional vergleichbare Sicherheit oder durch ein Recht an Wohnimmobilien besichert sind sowie für Kreditverträge, die für den Erwerb oder die Erhaltung von Eigentumsrechten an einem Grundstück oder einem bestehenden oder geplanten Gebäude bestimmt sind (Art. 3 Abs. 1 Wohnimmobilienkredit-RL). Für diese enthält sie einen bunten Strauß verschiedener Regelungen, die unterschiedlichsten Rechtsbereichen zuzuordnen sind, insbesondere umfangreiche vorvertragliche Informationspflichten des Kreditgebers (Art. 10 ff. Wohnimmobilienkredit-RL), Vorgaben zur Berechnung des effektiven Jahreszinses (Art. 17 Wohnimmobilienkredit-RL), eine Verpflichtung zur Prüfung der Kreditwürdigkeit des Verbrauchers (Art. 18 ff. Wohnimmobilienkredit-RL), Standards für Beratungsdienstleistungen (Art. 22 Wohnimmobilienkredit-RL), zur vorzeitigen Rückzahlung der Kreditsumme durch den Verbraucher (Art. 25 Wohnimmobilienkredit-RL), zu Anforderungen an Kreditmittler und deren Vertreter sowie weitere aufsichtsrechtliche Bestimmungen (Art. 29 ff. Wohnimmobilienkredit-RL).

11 Wie die Verbraucherkredit-Richtlinie gesteht auch die Wohnimmobilienkredit-Richtlinie dem Verbraucher eine Überlegensfrist zu, innerhalb derer er sich ohne negative Konsequenzen von der vertraglichen Bindung lösen kann. Diese soll dem Verbraucher ausreichend Zeit geben, wie Art. 14 Abs. 6 UAbs. 1 Wohnimmobilienkredit-RL fürsorglich formuliert, um die Angebote zu vergleichen, ihre Auswirkungen zu bewerten und eine fundierte Entscheidung zu treffen. Allerdings bestehen hier in zweifacher Hinsicht deutliche Unterschiede zur Verbraucherkredit-Richtlinie: Zum einen beträgt die maßgebliche Frist beim Immobiliarkredit mindestens sieben Tage, zum anderen steht es den Mitgliedstaaten frei, ob es sich bei dieser Frist um eine Bedenkzeit vor Abschluss des Kreditvertrags oder um einen Zeitraum handelt, in dem nach Abschluss des Kreditvertrags ein Widerrufsrecht besteht, oder beides.

12 Der deutsche Gesetzgeber hat sich für eine Kombinationslösung entschieden: Im Regelfall besteht ein 14-tägiges Widerrufsrecht nach § 495 Abs. 1 BGB. Ist dieses nach § 495 Abs. 2 BGB ausgeschlossen, etwa bei notariell beurkundeten Verbraucherdarlehensverträgen (Nr. 2), so ist dem Verbraucher bei solchen Verträgen nach § 495 Abs. 3 BGB vor Vertragsschluss eine Bedenkzeit von zumindest sieben Tagen einzuräumen, während derer der Darlehensgeber an sein Angebot gebunden bleibt. Das Widerrufsrecht für Immobiliarkreditverträge ist freilich nicht neu: Als Reaktion auf das *Heinin-*

22 Zur Begründung des verbraucherschützenden Widerrufsrechts bereits oben § 14 Rn. 3 f.

ger-Urteil des EuGH[23] war der Anwendungsbereich des § 495 BGB a. F. entsprechend erweitert worden.[24]

2. Einzelne Problemfelder

a) Information über Widerrufsfrist

Zu den vom Kreditgeber zu übermittelnden Angaben gehört insbesondere die Information über das für solche Verträge bestehende Widerrufsrecht, die nach Art. 10 Abs. 2 lit. p Verbraucherkredit-RL „in klarer, prägnanter Form" im Kreditvertrag auf Papier oder auf einem anderen dauerhaften Datenträger zu geben ist. Diese Angaben sind erforderlich, damit der Verbraucher seine Rechte und Pflichten zur Kenntnis nehmen kann.[25] Dies umfasst im Lichte von Erwägungsgrund Nr. 31 Verbraucherkredit-RL und dem Grundsatz des effet utile nicht nur „das Bestehen oder Nichtbestehen eines Widerrufsrechts" und „die Frist ... für die Ausübung des Widerrufsrechts", sondern auch „die anderen Modalitäten für die Ausübung des Widerrufsrechts", was nach der Auslegung des EuGH auch die in Art. 14 Abs. 1 UAbs. 2 Verbraucherkredit-RL vorgesehenen Modalitäten für die Berechnung der Widerrufsfrist umfasst.[26] 13

Dem genügt die in den von vielen deutschen Banken und Sparkassen seit Juni 2010 standardmäßig verwendete Klausel, wonach die Widerrufsfrist erst zu laufen beginnt, nachdem der Darlehensnehmer alle Pflichtangaben nach § 492 Abs. 2 BGB erhalten hat,[27] nach Einschätzung des EuGH in der Rechtssache *JC* nicht. Dieser Sichtweise könnte zunächst entgegen gehalten werden, dass der Verweis auf Gesetzesrecht als solcher rechtskonform sein sollte. Doch geht es hier nicht um die Inhaltskontrolle dieser Klausel, sondern um ihren Informationsgehalt: Um den Fristlauf bestimmen zu können, ist einer Verweiskette durch BGB bzw. EGBGB zu folgen, was jedenfalls juristische Laien regelmäßig überfordern dürfte. Die im Vertrag gegebene Information soll gerade den Blick ins Gesetz überflüssig machen; der Inhalt der gesetzlichen Regeln muss in verständlicher Form erläutert werden.[28] Für den in der oben genannten Klausel enthal- 14

23 EuGH, 13.12.2001, Rs. C-481/99 – *Heininger*, Slg. 2001, I-9945, dazu oben § 8 Rn. 127.

24 Durch Aufhebung des Ausnahmetatbestands in § 491 Abs. 3 Nr. 1 BGB a.F. durch das OLGVertrÄndG vom 23.7.2002, BGBl. I, 2850 zum 1.8.2002.

25 EuGH, 9.11.2016, Rs. C-42/15 – *Home Credit Slovakia*, ECLI:EU:C:2016:842, Rn. 31; dazu *Piekenbrock*, GPR 2020, 133.

26 EuGH, 26.3.2020, Rs. C-66/19 – *JC*, ECLI:EU:C:2020:242, Rn. 34 ff.; dazu *Piekenbrock*, GPR 2020, 122.

27 Siehe die in der Entscheidung EuGH, 26.3.2020, Rs. C-66/19 – *JC*, ECLI:EU:C:2020:242, Rn. 14 zitierte Klausel: „Widerrufsrecht. Der Darlehnsnehmer kann seine Vertragserklärung innerhalb von 14 Tagen ohne Angabe von Gründen in Textform (z. B. Brief, Fax, E-Mail) widerrufen. Die Frist beginnt nach Abschluss des Vertrags, aber erst, nachdem der Darlehnsnehmer alle Pflichtangaben nach § 492 Abs. 2 BGB (z. B. Angaben zur Art des Darlehens, Angaben zum Nettodarlehensbetrag, Angabe zur Vertragslaufzeit) erhalten hat. ..."

28 EuGH, 26.4.2012, Rs. C-472/10 – *Invitel*, ECLI:EU:C:2012:242, Rn. 29; EuGH, 21.3.2013, Rs. C-92/11 – *RWE Vertrieb*, ECLI:EU:C:2013:180, Rn. 50.

tenen „Kaskadenverweis“ bedeutet dies, dass dieser nicht den Anforderungen des Art. 10 Abs. 2 Verbraucherkredit-RL entspricht, sodass die Widerrufsfrist nach Art. 14 Abs. 1 UAbs. 2 lit. b Verbraucherkredit-RL nicht zu laufen beginnen sollte.[29]

15 Pikant ist hierbei, dass der BGH in einer Entscheidung aus dem Jahr 2016 eine entsprechende Vertragsgestaltung in Immobiliarkreditverträgen für rechtmäßig erklärt hatte.[30] Eine Vorlage an den EuGH war dort und auch später nicht erwogen worden,[31] da die Verbraucherkredit-Richtlinie keine Anwendung auf Immobiliarkreditverträge finde; auch ergebe sich mit hinreichender Klarheit, dass in der Widerrufsinformation bei der Umschreibung der Bedingungen für das Anlaufen der Widerrufsfrist nicht sämtliche Informationen im Sinne des Art. 14 Abs. 1 S. 2 lit. b Verbraucherkredit-RL aufgelistet sein müssten.[32] Schließlich könne das deutsche Recht ohnehin nicht richtlinienkonform ausgelegt werden, sodass die Vorlagefrage letztlich hypothetisch bleibe, da ihr in Bezug auf das laufende Verfahren keine Entscheidungserheblichkeit zukommen könne.[33] Die Formulierung der Klausel stimmt nämlich wortgleich mit der entsprechenden Passage des vom Gesetzgeber selbst geschaffenen Musters für eine Widerrufsinformation für Verbraucherdarlehensverträge in der Anlage 6 zu Art. 247 § 6 Abs. 2 EGBGB a. F.[34] überein.

16 Die Vorlage an den EuGH erfolgte dann vom LG Saarbrücken.[35] Die in Luxemburg getroffene Entscheidung in der Rechtssache *JC* könnte in Deutschland eine Widerrufswelle auslösen, in deren Folge der BGH möglicherweise erneut über die Rechtsmäßigkeit der Klausel zu befinden hat. Es wird dann auf die Frage ankommen, ob die Vorgaben der Verbraucherkredit-Richtinie für das deutsche Recht auch dort zu befolgen sind, wo keine formelle Bindungswirkung besteht.[36] Für eine einheitliche Auslegung des § 492 BGB spricht ganz generell, dass der deutsche Gesetzgeber gerade in Abs. 2 der Norm Verbraucherdarlehensverträge nicht differenzierend behandelt. Methodisch stellt sich dann die Frage, ob das deutsche Recht richtlinienkonform ausgelegt werden kann. Das dürfte angesichts des klaren Wortlauts von Art. 247 § 6 EGBGB (nebst Anlage) ausgeschlossen sein, ebenso eine Rechtsfortbildung contra legem: Der Reformgesetzgeber[37] wollte mit dem in der Musterbelehrung enthaltenen Verweis auf

---

29 EuGH, 26.3.2020, Rs. C-66/19 – *JC*, ECLI:EU:C:2020:242, Rn. 43 ff. Siehe dazu *Herresthal*, ZIP 2020, 745; *Piekenbrock*, GPR 2020, 122.

30 BGHZ 213, 52, Rn. 18 ff.

31 BGH WM 2019, 864, Rn. 17; eingehend bereits OLG Stuttgart ECLI:DE:OLGSTUT:2019:0204.6U88.18.00, Rn. 15 ff.

32 So ECLI:DE:OLGSTUT:2019:0204.6U88.18.00, Rn. 23; ebenso BGH WM 2019, 864, Rn. 17.

33 So ECLI:DE:OLGSTUT:2019:0204.6U88.18.00, Rn. 18 ff.; ebenso BGH WM 2019, 864, Rn. 17.

34 Heute: Anlage 7.

35 LG Saarbrücken WM 2019, 1444.

36 Allgemein zu diesem Punkt oben § 8 Rn. 103 ff.

37 Durch das Gesetz zur Einführung einer Musterwiderrufsinformation für Verbraucherdarlehensverträge, zur Änderung der Vorschriften über das Widerrufsrecht bei Verbraucherdarlehensverträgen und zur Änderung des Darlehensvermittlungsrechts vom 24. Juli 2010, BGBl. I S. 977.

§ 492 Abs. 2 BGB eine klare und verständliche Gestaltung der Information über die Voraussetzungen für das Anlaufen der Widerrufsfrist mit Gesetzesrang vorgeben. Insbesondere ergibt sich aus der Gesetzesbegründung, dass der Gesetzgeber selbst eine Erläuterung anhand des um Beispiele ergänzten § 492 Abs. 2 BGB als mit den sonstigen gesetzlichen Vorgaben in Einklang stehend erachtete.[38] Damit fehlt es an der nach der Rechtsprechung des BGH konstitutiven Planwidrigkeit der Lücke; der hierfür notwendige (aber auch hinreichende[39]) generelle Umsetzungswille des Gesetzgebers[40] dürfte gerade nicht vorliegen.[41] In diesem Fall bliebe den betroffenen Kreditnehmern nur die Geltendmachung von Staatshaftungsansprüchen, deren Erfolgsaussichten allerdings zweifelhaft sind; schließlich hatte der BGH keinerlei Zweifel an der Auslegung der Verbraucherkredit-Richtlinie, sodass es an einem hinreichend qualifizierten Verstoß[42] gegen Richtlinienrecht fehlen dürfte.[43] Eine gesetzgeberische Reaktion steht bereits bevor: Am 18. November 2020 wurde der Regierungsentwurf eines entsprechenden Änderungsgesetzes vorgelegt. Darin wird die gesetzliche Musterwiderrufsinformation für Allgemein-Verbraucherdarlehensverträge in Anlage 7 zu Art. 247 § 6 Abs. 2 und § 12 Abs. 1 EGBGB ohne inhaltliche Änderungen der Pflichtangaben neu gefasst. Doch wird in der neuen Fassung der Kaskadenverweis hinsichtlich der Pflichtangaben dahin aufgelöst, dass die in Art. 247 §§ 6 bis 13 EGBGB geregelten Pflichtangaben gem. Art. 10 Verbraucherkredit-RL, soweit sie für ein Widerrufsrecht relevant sein können, nunmehr in der Widerrufsinformation selbst aufgelistet werden. Auch im Übrigen werden gesetzliche Querverweise vermieden.[44]

b) Leasing

Besonderer praktischer Beliebtheit erfreut sich das Leasing, das grob vereinfacht als atypischer Mietvertrag mit kaufvertraglichen Elementen beschrieben werden kann. Die ursprüngliche Verbraucherkredit-Richtlinie fand jedenfalls auf die Leasing-Variante Anwendung, bei der das Eigentum letztlich vereinbarungsgemäß auf den Leasingnehmer übergeht; anders war es nur, wenn die Gebrauchsnutzung im Vordergrund stand (Art. 2 Abs. 1 lit. b Verbraucherkredit-RL a. F.). Umstritten war die Geltung der Richtlinie dann, 17

38 BT-Drucks. 17/1394, S. 25f.
39 BGH NJW 2012, 1073, Rn. 30ff.
40 Siehe oben § 8 Rn. 59f.
41 In diesem Sinne hat nun auch der BGH entschieden: BGH BKR 2020, 253, Rn. 11ff.; dazu *Lühmann/Latta/Siemonsen-Grauer*, BKR 2020, 232, 234ff.; *Knoll/Nordholz*, NJW 2020, 1407. Ebenfalls gegen eine richtlinienkonforme Rechtsanwendung OLG Stuttgart BeckRS 2020, 10167 (Revision zugelassen).
42 Dazu unten § 36 Rn. 19ff.
43 *Herresthal*, ZIP 2020, 745, 754f.; *Lühmann/Latta/Siemonsen-Grauer*, BKR 2020, 232, 236.
44 RegE eines Gesetzes zur Änderung des Verbraucherdarlehensrechts zur Umsetzung der Urteile des Gerichtshofs der Europäischen Union vom 11. September 2019 in der Rechtssache C-383/18 und vom 26. März 2020 in der Rechtssache C-66/19, S. 16.

wenn der Kauf nur als Optionsrecht ausgestaltet war.[45] In diesem Fall sprach für die Anwendbarkeit der Verbraucherkredit-Richtlinie, dass der Verbraucher auch hier die Information aus Art. 4 Verbraucherkredit-RL a.F. benötigte, um sich Gedanken über die Ausübung des Optionsrechts machen zu können; zusätzlich ließ sich die Regelung zum Überziehungskredit aus Art. 6 Abs. 3 Verbraucherkredit-RL a.F.; auch hier besteht Informationsbedürfnis, obwohl bei Vertragsschluss noch nicht klar ist, ob der Dispo benötigt wird.[46]

18 Der deutsche Gesetzgeber hatte bei der Umsetzung in § 500 BGB a.F. nicht danach differenziert, ob eine Kaufoption besteht oder nicht. Allerdings bestand ein Umsetzungsdefizit, da etwa § 502 BGB a.F. mit den darin enthaltenen Informationspflichten nicht für das Leasing mit Eigentumserwerb galt, genauso wenig § 492 Abs. 1 Nr. 5 BGB a.F. mit der Angabe des effektiven Jahreszinses.[47] Daher war eine richtlinienkonforme Auslegung des § 500 BGB a.F. dahingehend vorzunehmen, dass das Leasing mit Kaufoption nicht hierunter fiel; insoweit waren die Vorschriften über Teilzahlungsgeschäfte (insb. § 501 S. 2 BGB a.F.) analog anzuwenden.[48]

19 Die neu gefasste Verbraucherkredit-Richtlinie enthält nun eine Bereichsausnahme für Miet- oder Leasingverträge, bei denen weder in dem Vertrag selbst noch in einem gesonderten Vertrag eine Verpflichtung zum Erwerb des Miet- bzw. Leasinggegenstands vorgesehen ist; von einer solchen Verpflichtung ist auszugehen, wenn der Kreditgeber darüber einseitig entscheidet (Art. 2 Abs. 2 lit. d Verbraucherkredit-RL). Eine Umsetzung dieser Maßgaben findet sich in § 506 Abs. 2 BGB, wonach die Vorschriften der §§ 491ff. BGB auch für das Finanzierungsleasing zur Anwendung kommen.[49]

c) Bürgschaft

20 Die Bürgschaft ist nach der Rechtsprechung des BGH als eine Form der Kreditsicherung kein Verbraucherkredit, mithin fehle es am Merkmal der Entgeltlichkeit.[50] Ein Widerrufsrecht sei auch entbehrlich; der Bürge sei durch das Schriftformerfordernis des § 766 BGB hinreichend geschützt. In der Literatur wurde diesbezüglich Kritik geäußert: Die Vergleichbarkeit mit dem Schuldbeitritt, für den das Bestehen eines Wi-

---

45 Für Anwendbarkeit der Verbraucherkredit-RL a.F. BGH NJW 1985, 1539 (noch zum AbzG); *Zahn*, DB 1994, 617; a. A. *v. Westphalen*, NJW 1993, 3225; zum Ganzen *Grundmann*, Europäisches Schuldvertragsrecht, 1999, S. 668.

46 *Grundmann*, Europäisches Schuldvertragsrecht, 1999, S. 668.

47 BGH NJW 2002, 133, 135; *Bülow*, NJW 2002, 1145, 1150.

48 MüKo-BGB/*Schürnbrand*, 5. Aufl. 2008, § 500 Rn. 3.

49 Leasingverträge mit Kilometerabrechnung fallen nicht unter § 506 Abs. 2 Nr. 3 BGB, OLG München BeckRS 2020, 13248, Rn. 20ff. (Revision zugelassen). Für Anwendung von § 506 Abs. 1 BGB auf reine Finanzierungsleasingverträge *Bülow*, WM 2014, WM 2014, 1414. Näher zum Ganzen BeckOK-BGB/*Möller*, 53. Edition (Stand 1.5.2019), § 506 Rn. 14ff.

50 BGHZ 138, 321, 326.

derrufsrechts vom BGH bejaht wird,[51] spreche für eine analoge Anwendbarkeit der Verbraucherschutzvorschriften auf die Bürgschaft; ein Widerrufsrecht solle dann bestehen, wenn der geschützte Vertrag ein Kreditvertrag ist.[52] Doch ist die Vergleichbarkeit nicht uneingeschränkt gegeben; so kann der Bürge (im Unterschied zum Schuldbeitretenden) dem Gläubiger die Einreden der §§ 768 ff. BGB entgegen halten.[53]

Unter der ersten Verbraucherkredit-Richtlinie war dem EuGH die Frage vorgelegt 21 worden, ob die Rechtsprechung des BGH europarechtskonform sei. In der Entscheidung *Berliner Kindl* hielt der EuGH die Richtlinie nicht für anwendbar auf Bürgschaftsverträge.[54] Er verwies dabei auf die Systematik der Richtlinie: Nach Anhang I Nr. 1 lit. vi Verbraucherkredit-RL a. F. müssen im Rahmen der Kreditvergabe auch Sicherheiten angegeben werden. Dies spreche dafür, dass der Richtliniengeber zwischen Kredit und Kreditsicherung trenne. Andererseits sei keine ausdrückliche Nennung der Bürgschaft erfolgt, so dass deren Einordnung als Sicherheit nicht zweifelsfrei sei. Aus dem Zweck der Richtlinie, dem Schutz des Verbrauchers, ergebe sich aber keine bürgenfreundliche Auslegung, da der Inhalt der Richtlinie dem Bürgen keine Vorteile bringe: Im Wesentlichen gehe es hier um die Information des Hauptschuldners über den Umfang seiner Verpflichtung. Das Interesse des Bürgen gehe aber vor allem dahin, über die Zahlungsfähigkeit des Hauptschuldners informiert zu werden. Ausdrücklich spielte bei der Argumentation die regelmäßig bestehende Akzessorietät der Bürgschaft zur Hauptschuld keine entscheidende Rolle.[55] Dies ist deswegen bemerkenswert, weil der EuGH im kurz zuvor entschiedenen Fall *Dietzinger*[56] hinsichtlich der Anwendbarkeit der Haustürwiderrufs-Richtlinie auf die Bürgschaft (unzutreffend) eben hierauf abgestellt hatte.[57]

Das hier vielfach zu Lasten des Bürgen befürchtete Schutzdefizit hätte sich jeden- 22 falls unter Geltung der ersten Verbraucherkredit-Richtlinie mittels einer über die Richtlinienvorgaben hinausgehenden Anwendung des deutschen Rechts auf Verbraucherbürgschaften beheben lassen, wie dies nach dem in Art. 15 Verbraucherkredit-RL a. F. postulierten Prinzip der Mindestharmonisierung möglich war.[58] Dagegen sprach aber jedenfalls nach der Schuldrechtsmodernisierung 2001, dass dem Reformgesetzgeber das Problem bekannt war, er die §§ 491, 499 BGB aber dennoch unverändert ge-

---

51 BGHZ 129, 371, 380; BGHZ 134, 94; BGH ZIP 2000, 1523.

52 Dafür etwa *Bülow/Artz*, Verbraucherprivatrecht, 6. Aufl. 2018, Rn. 325 ff.; *Holznagel*, JURA 2000, 582; *Tiedtke*, NJW 2001, 1027; *Zahn*, ZIP 2006, 1069.

53 Zur Abgrenzung von Bürgschaft und Schuldbeitritt *Rimmelspacher/Stürner*, Kreditsicherungsrecht, 3. Aufl. 2017, § 2 Rn. 99 und § 5 Rn. 4 f.

54 EuGH, 23.3.2000, Rs. C-208/98 – *Berliner Kindl*, Slg. 2000, I-1741, Rn. 25 ff.

55 EuGH, 23.3.2000, Rs. C-208/98 – *Berliner Kindl*, Slg. 2000, I-1741, Rn. 26.

56 EuGH, 17.3.1998, Rs. C-45/96 – *Dietzinger*, Slg. 1998, I-1199, Rn. 22.

57 Dazu oben § 13 Rn. 45.

58 Dafür *Holznagel*, JURA 2000, 582; *Tiedtke*, NJW 2001, 1027.

lassen hatte. Unabhängig davon ist die Schutzbedürftigkeit des Kreditnehmers eine andere als die des Bürgen.[59]

23 Die neue Verbraucherkredit-Richtlinie erfasst die Bürgschaft ebenfalls nicht ausdrücklich. Fraglich ist, ob der nationale Gesetzgeber nun aber wegen der in Art. 22 Abs. 1 Verbraucherkredit-RL postulierten Vollharmonisierung möglicherweise daran gehindert wäre, die Bürgschaft in den Regelungsbereich des jeweiligen nationalen Verbraucherkreditrechts miteinzubeziehen. Das hängt davon ab, ob die Vollharmonisierung auch eine negative Sperrwirkung entfaltet oder für diesen Bereich schlicht nicht gelten will. Nach Erwägungsgrund Nr. 10 Verbraucherkredit-RL soll sich die Verpflichtung der Mitgliedstaaten zur Umsetzung der Bestimmungen dieser Richtlinie nur auf den durch diese Begriffsbestimmungen festgelegten Bereich erstrecken. Sie soll die Mitgliedstaaten jedoch nicht daran hindern, nach Maßgabe des Gemeinschaftsrechts die Bestimmungen dieser Richtlinie auch auf Bereiche anzuwenden, die nicht in deren Geltungsbereich fallen. Nachdem die Begriffsbestimmungen des Art. 3 Verbraucherkredit-RL Bürgschaften weder direkt noch indirekt erfassen, ist eine Sperrwirkung demnach nicht anzunehmen.[60] Indessen lehnt die ganz herrschende Ansicht die Anwendung des § 491 BGB auf Bürgschaften ab:[61] Angesichts des unterschiedlichen Schutzbedürfnisses von Sicherungsgeber und Darlehensnehmer dürfte es im deutschen Recht an den Voraussetzungen einer Analogie fehlen.

59 Vgl. dazu aber *Zahn*, ZIP 2006, 1069.

60 Siehe BeckOK-BGB/*Möller*, 53. Edition (Stand 1.5.2019), § 491 Rn. 50.

61 Palandt/*Weidenkaff*, 80. Aufl. 2021, § 491 Rn. 11; Erman/*Nietsch*, 16. Aufl. 2020, § 491 Rn. 53; Staudinger/*Kessal-Wulf* (2012), § 491 Rn. 23; Staudinger/*Stürner* (2020), Vor § 765 Rn. 83 ff.; *Schürnbrand/Janal*, Examens-Repetitorium Verbraucherschutzrecht, 3. Aufl. 2018, Rn. 190. A. A. etwa *Bülow/Artz*, Verbraucherprivatrecht, 6. Aufl. 2018, Rn. 223 f., BeckOK-BGB/*Möller*, 54. Edition (Stand 1.5.2020), § 491 Rn. 49 f.

§ 25 Der Pauschalreisevertrag

Literatur: *Bergmann*, Das neue Reiserecht. Die Umsetzung der EU-Pauschalreiserichtlinie, 2018; *Chambellan*, Europäisierung des Reisevertragsrechts. Die Mängelrechte des Reisenden im deutsch-polnischen Rechtsvergleich, 2016; *Führich*, Die neue Pauschalreiserichtlinie – Inhalt und erste Überlegungen zur Umsetzung, NJW 2016, 1204; *Führich*, Das neue Pauschalreiserecht – Umsetzung der Pauschalreiserichtlinie (EU) 2015/2302 in deutsches Recht, NJW 2017, 2945; *Loos*, Precontractual information obligations for package travel contracts, EuCML 2016, 125; *Sonnentag*, Das neue Reisevertragsrecht, VersR 2018, 967; *Staudinger*, Zur Umsetzung der neuen Pauschalreiserichtlinie – Landläufige Irrtümer beim Upgrade der Einzelleistung als deutsche Pauschalreise, DAR 2017, 127

Systematische Übersicht

I. Regelungsdesiderat

1 Dem Tourismussektor – in der früher verwendeten und heute eher befremdlich anmutenden Begrifflichkeit: Fremdenverkehrssektor[1] – kommt in der EU hohe wirtschaftliche Bedeutung zu.[2] Nachdem hier zumeist Dienstleistungen eine Rolle spielen, besteht eine direkte Binnenmarktrelevanz – der Vertrag von Lissabon hat im Rahmen der internen Politiken und Maßnahmen der Union mit Art. 195 AEUV sogar einen eigenen Titel für den Tourismus geschaffen. Mit der Zunahme von Pauschalreisen entstand hier ein Regelungsdesiderat: Die Kommission konstatierte große Unterschiede in den Rechtsordnungen der Mitgliedstaaten, die den freien Dienstleistungsverkehr auf dem Gebiet der Pauschalreisen behinderten und zu Verzerrungen des Wettbewerbs zwischen den in den verschiedenen Mitgliedstaaten ansässigen Unternehmen des Reisegewerbes führten (Erwägungsgrund Nr. 3 Pauschalreise-RL a. F.). Auch würden Verbraucher abgehalten, Pauschalreisen bei Anbietern in anderen Mitgliedstaaten zu buchen (Erwägungsgrund Nr. 8 Pauschalreise-RL a. F.).

2 Die Begründung für den legislatorischen Eingriff folgt üblichen Mustern: Eine Harmonisierung des Pauschalreiserechts in der Gemeinschaft würde zu stärkerem Wachstum und erhöhter Produktivität anregen, was nicht nur den Verbrauchern zugute komme, die aufgrund dieser Regeln organisierte Pauschalreisen buchen, son-

1 Der Begriff wird in der Pauschalreise-RL a. F. durchweg verwendet, s. etwa ErwGr. Nr. 1.

2 So lag im Jahr 2018 der direkte Anteil des Reise- und Tourismussektors am Bruttoinlandsprodukt der EU-Mitgliedstaaten laut Fact Sheet des EU-Parlaments bei 3,9 %, unter Hinzurechnung der tourismusnahen Wirtschaftsbereichen sogar bei 10,3 %, s. https://www.europarl.europa.eu/factsheets/de/sheet/126/tourism.

https://doi.org/10.1515/9783110718690-025

dern auch Reisende aus Drittländern anziehen würde, denen die Vorteile aus garantierten Mindestleistungen bei Pauschalreisen ein Anreiz wären (Erwägungsgrund Nr. 7 Pauschalreise-RL a. F.).

3 Rechtsgrundlage für die Pauschalreise-Richtlinie vom 13. Juni 1990 war der damalige Art. 100a EGV, die allgemeine Binnenmarktkompetenz.[3] In Deutschland folgte die Umsetzung in den §§ 651a ff. BGB im Jahre 1994, doch bestand bereits vorher eine gesetzliche Regelung des Pauschalreisevertrags.

4 Mehr als 20 Jahre später galt der hierdurch geschaffene rechtliche Rahmen als unzureichend. Die darin geregelte klassische Pauschalreise, die aus einem vom Anbieter geschnürten Paket aus Beförderung und Unterkunft sowie gegebenenfalls auch weiteren touristischen Dienstleistungen bestand (Art. 2 Nr. 1 Pauschalreise-RL a. F.), tritt gegenüber anderen Angebotsformen zunehmend in den Hintergrund.[4] Auch konstatiert die Kommission weiterhin eine Rechtszersplitterung, was zu Verwerfungen am Markt führe und die Verbraucher davon abhalte, Pauschalreisen bei Anbietern in anderen Mitgliedstaaten nachzufragen (Erwägungsgrund Nr. 4 und 6 Pauschalreise-RL). Folgerichtig führt die Neufassung der Pauschalreise-Richtlinie eine Vollharmonisierung herbei (Art. 4 Pauschalreise-RL), dies wiederum in der abgeschwächten Form der „gezielten“ Vollharmonisierung, die den Mitgliedstaaten an geeigneten Stellen Regelungsspielräume eröffnet.[5] Das allgemeine Vertragsrecht der Mitgliedstaaten, das etwa die Wirksamkeit, das Zustandekommen oder die Wirkungen eines Vertrags betrifft, bleibt von der Richtlinie unberührt; Gleiches gilt für sämtliche Aspekte des allgemeinen Vertragsrechts, die in der Richtlinie nicht geregelt werden (Art. 1 Abs. 3 Pauschalreise-RL).

5 Die neu gefasste Pauschalreise-Richtlinie war bis zum 31. Dezember 2017 umzusetzen; die Umsetzungsnormen gelten seit dem 1. Juli 2018 (Art. 28 Pauschalreise-RL).

II. Der Pauschalreisevertrag

6 Von zentraler Bedeutung ist die Definition des Regelungsgegenstandes, des Pauschalreisevertrags. Die Pauschalreise-Richtlinie a. F. umschrieb die Pauschalreise in ihrem Art. 2 Nr. 1 als „im voraus festgelegte Verbindung von mindestens zwei der folgenden Dienstleistungen, die zu einem Gesamtpreis verkauft oder zum Verkauf angeboten wird, wenn diese Leistung länger als 24 Stunden dauert oder eine Übernachtung einschließt: a) Beförderung, b) Unterbringung, c) andere touristische Dienstleistungen, die nicht Nebenleistungen von Beförderung oder Unterbringung sind und einen be-

3 Heute Art. 114 AEUV, dazu allgemein oben § 6 Rn. 13 ff.
4 Dazu näher *Führich*, NJW 2016, 1204.
5 Dazu bereits oben § 2 Rn. 79.

trächtlichen Teil der Gesamtleistung ausmachen". Es muss also immer ein Paket an Reiseleistungen gebucht werden, wobei es unerheblich ist, wenn der Verbraucher die Leistungen selbst zusammenstellt.[6] Die eigentliche Reiseleistung muss dabei nicht notwendig vom Vertragspartner selbst erbracht werden; dessen Rolle kann sich auf die des Vermittlers beschränken (Definitionen in Art. 2 Nr. 2 und 3 Pauschalreise-RL a.F.).

Die neu gefasste Pauschalreise-Richtlinie behält dieses Grundgerüst im Wesentlichen bei, erweitert und präzisiert aber die Definition der Pauschalreise (Art. 2 Abs. 1 und 2; Art. 3 Nr. 1 bis 3 Pauschalreise-RL).[7] Neu ist nun die Kategorie der „verbundenen Reiseleistungen", das sind solche Reiseleistungen, bei denen Unternehmer den Reisenden beim Erwerb der Reiseleistung unterstützen und bei denen der Reisende mit verschiedenen Dienstleistern über verbundene Buchungsverfahren Verträge schließt, die ihrerseits nicht die Merkmale einer Pauschalreise aufweisen (Art. 19 mit Erwägungsgrund Nr. 9 Pauschalreise-RL). Die kollisionsrechtliche Durchsetzung des in Art. 17 und 19 Pauschalreise-RL normierten Insolvenzschutzes ist in Art. 46c EGBGB geregelt.[8] 7

In persönlicher Hinsicht erweitert die Neufassung den Anwendungsbereich nun dahin, dass nicht mehr ausschließlich Verbraucherverträge erfasst werden; die Richtlinie schützt „Reisende", da sich nicht immer leicht unterscheiden lasse, ob die Reise für private oder (auch) für geschäftliche Zwecke gebucht werde. Art. 3 Nr. 6 Pauschalreise-RL definiert den Reisenden als jede Person, die einen Pauschalreisevertrag schließen möchte oder die zu einer der Richtlinie unterliegenden Reise berechtigt ist. Davon erfasst ist also eine Geschäftsreisende, die zu beruflichen Zwecken eine Pauschalreise bucht, nicht aber dann, wenn ein Rahmenvertrag über die Erbringung von Geschäftsreisen besteht und die Reise hierüber gebucht wird (sog. Business Travel, s. Art. 2 Abs. 2 lit. c Pauschalreise-RL). 8

Wesentliche Bedeutung kommt weiterhin den vorvertraglichen Informationspflichten zu, die in der neu gefassten Pauschalreise-Richtlinie ausgeweitet wurden[9] und nun etwa auch Angaben zur ungefähren Zeit der Abreise und Rückreise erfordern (Art. 5 Abs. 1 lit. a sublit. ii Pauschalreise-RL). Diese Informationen werden integraler Bestandteil des Pauschalreisevertrags und können nur durch ausdrückliche Vereinbarung zwischen den Vertragsparteien geändert werden; nicht vor Vertragsschluss mitgeteilte Kosten trägt der Reisende nicht (Art. 6 Pauschalreise-RL). Die gesetzgeberische Intention – der informierte Vertragsschluss – und die Regelungssystematik gleichen hier derjenigen der Verbraucherrechte-Richtlinie.[10] 9

---

6 EuGH, 30.4.2002, Rs. C-400/00 – *Club-Tour*, Slg. 2002, I-4051.

7 Einzelheiten bei *Führich*, NJW 2016, 1204, 1206.

8 Dazu unten § 33 Rn. 9 ff.

9 Dazu *Loos*, EuCML 2016, 125.

10 Dazu bereits oben § 12 Rn. 1 ff.

10 Sonstige Sanktionen bei Verletzung der Informationspflichten enthält die Richtlinie nicht.[11] Insbesondere besteht hier kein Zusammenhang mit dem Lauf der Frist eines Widerrufsrechts: Auch ein solches enthält die Richtlinie nicht, sie erlaubt lediglich den Mitgliedstaaten, in ihrem Recht ein Widerrufsrecht für außerhalb von Geschäftsräumen geschlossenen Pauschalreiseverträgen einzuführen (Art. 12 Abs. 5 Pauschalreise-RL). Das deutsche Recht vollzieht dies in § 312 Abs. 7 BGB nach. Für außerhalb von Geschäftsräumen mit Verbrauchern geschlossene Pauschalreiseverträge i. S. d. § 651a BGB greift danach insbesondere auch § 312g Abs. 1 BGB. Das damit gegebene Widerrufsrecht ist nur dann ausgeschlossen, wenn die dem Vertragsschluss vorausgehenden mündlichen Verhandlungen auf Initiative des Verbrauchers geführt wurden.

III. Leistungsstörungen

1. Rücktritt vor Reisebeginn

11 Nach Art. 12 Abs. 1 Pauschalreise-RL kann der Reisende vor Beginn der Pauschalreise jederzeit vom Pauschalreisevertrag zurücktreten, schuldet dann aber gegebenenfalls die Zahlung einer angemessenen und vertretbaren Rücktrittsgebühr, wenn dies entsprechend vertraglich vereinbart wurde.

12 Eine solche Gebühr fällt nicht an, wenn der Rücktritt vor Reiseantritt deswegen erfolgt, weil am Bestimmungsort oder in dessen unmittelbarer Nähe unvermeidbare, außergewöhnliche Umstände auftreten, die die Durchführung der Pauschalreise oder die Beförderung von Personen an den Bestimmungsort erheblich beeinträchtigen. Der Begriff der „unvermeidbaren, außergewöhnlichen Umstände“ ersetzt den noch in der Vorgängerrichtlinie verwendeten Begriff der höheren Gewalt; Art. 3 Nr. 12 Pauschalreise-RL definiert diese in Übereinstimmung etwa mit der Fluggastrechte-Verordnung[12] als „eine Situation außerhalb der Kontrolle der Partei, die eine solche Situation geltend macht, deren Folgen sich auch dann nicht hätten vermeiden lassen, wenn alle zumutbaren Vorkehrungen getroffen worden wären“. Der Reisende hat dann Anspruch auf volle Erstattung aller für die Pauschalreise getätigten Zahlungen; eine zusätzliche Entschädigung kann er indessen nicht verlangen (Art. 12 Abs. 2 Pauschalreise-RL).

2. Vertragswidrigkeiten während der Reise

13 Hat die Reise begonnen, haftet der Reiseveranstalter für die Erbringung der in dem Pauschalreisevertrag enthaltenen Reiseleistungen; dies gilt für eigene Leistungen wie

---

11 Zum Sanktionsregime bei Verletzungen von Informationspflichten in Verbraucherverträgen oben § 12 Rn. 41 ff.

12 Dazu unten § 28 Rn. 7 ff.

für solche, die Dritte für ihn erbringen; mitgliedstaatliches Recht kann diese Haftung auch auf den Reisevermittler ausdehnen (Art. 13 Abs. 1 Pauschalreise-RL). Den Reisenden trifft eine Obliegenheit, jede von ihm bemerkte Vertragswidrigkeit dem Veranstalter unverzüglich mitzuteilen. Dem Reiseveranstalter wird so Gelegenheit geboten, Abhilfe zu schaffen, wenn dies nicht unmöglich oder mit unverhältnismäßig hohen Kosten verbunden ist (Art. 13 Abs. 3 Pauschalreise-RL). In diesem Fall hat der Reisende Anspruch auf eine Preisminderung bzw. auf Schadensersatz (Art. 14 Pauschalreise-RL).

Für die Abhilfe durch den Reiseveranstalter kann der Reisende eine Frist setzen 14
und nach erfolglosem Ablauf die Vertragswidrigkeit selbst beheben. Ist die Fristsetzung sinnlos, weil der Reiseveranstalter sich weigert, Abhilfe zu schaffen oder die Vertragswidrigkeit unverzüglich behoben werden muss, entfällt sie (Art. 13 Abs. 4 Pauschalreise-RL). Diese vom Kaufrecht abweichende Regelung, wo die Selbstvornahme gerade nicht zulässig ist,[13] erschließt sich aus der beschränkten zeitlichen Dauer der Reise: Hier verliert die Abhilfe mit Zeitablauf immer weiter an Sinnhaftigkeit. Dies erklärt auch die Verpflichtung des Reiseveranstalters, dem Reisenden angemessene andere Vorkehrungen zur Fortsetzung der Reise anzubieten, wenn die Abhilfe deswegen sinnlos wird, weil ein erheblicher Teil der Reiseleistungen nicht mehr vertragsgemäß erbracht werden kann; entsprechende Einbußen hinsichtlich der geschuldeten Qualität sind mit einer Preisminderung auszugleichen (Art. 13 Abs. 4 Pauschalreise-RL).

Ein Rücktritt des Reisenden ist nur dann möglich, wenn die Vertragswidrigkeit er- 15
hebliche Auswirkungen auf die Reiseleistungen hat und es der Reiseveranstalter versäumt hat, innerhalb der Frist Abhilfe zu schaffen. Eine Rücktrittsgebühr wird dann nicht fällig; zusätzlich entstehen ggf. Ansprüche auf Minderung und Schadensersatz (Art. 13 Abs. 6 und Art. 14 Pauschalreise-RL).

3. Schadensersatz

Während die Warenkauf-Richtlinie oder die Digitale-Inhalte-Richtlinie keinen Scha- 16
densersatzanspruch kennen und diese Rechtsfolge einer Vertragsverletzung dem Recht der Mitgliedstaaten überantworten, normiert Art. 14 Abs. 2 Pauschalreise-RL einen unverzüglich zu leistenden Anspruch gegen den Reiseveranstalter auf angemessenen Ersatz des Schadens, den der Reisende infolge der Vertragswidrigkeit erlitten hat. Dieser Anspruch ist verschuldensunabhängig. Der Reiseveranstalter kann sich allerdings durch den Nachweis entlasten, dass die Vertragswidrigkeit dem Reisenden selbst oder aber einem vertragsfremden Dritten zuzurechnen ist, wenn die Vertragswidrigkeit weder vorhersehbar noch vermeidbar war. Der Anspruch scheidet auch dann aus, wenn die Vertragswidrigkeit durch unvermeidbare, außergewöhnliche Umstände bedingt war (Art. 14 Abs. 3 Pauschalreise-RL).

---

13 Siehe oben § 22 Rn. 58.

17 Bereits die Pauschalreise-Richtlinie a. F. kannte in Art. 5 Abs. 2 einen vergleichbar strukturierten Schadensersatzanspruch. Diesbezüglich war unklar, ob auch immaterielle Schäden umfasst sein sollten, vor allem entgangene Urlaubsfreuden. Eine entsprechende Vorlagefrage hatte der EuGH im Fall *Leitner* zu entscheiden.[14] Der österreichischen Klägerin war während einer von dem beklagten Reiseunternehmen veranstalteten Pauschalreise in einem türkischen Hotel salmonellenverseuchtes Essen serviert worden. Sie erlitt eine Salmonellenvergiftung und verlangte nun Ersatz für entgangene Urlaubsfreuden. Das damals geltende österreichische Recht erkannte zwar „die mit der Enttäuschung verbundenen Unlustgefühle und Missempfindungen" als immaterielle Schäden an, enthielt aber für die hier vorliegende Konstellation keine Anspruchsgrundlage.[15]

18 Der EuGH bejahte die Ersatzpflicht und hielt auch entgangene Urlaubsfreuden für ersatzfähig. Ganz generell umfasse die Verpflichtung zum Schadensersatz auch immaterielle Schäden; die Umsetzung der Richtlinie in das nationale Recht könne damit nicht vorsehen, dass nur bezifferbare Schäden ersatzfähig sind.[16] Weiter führte das Gericht an, dass immaterielle Schäden nach dem Recht vieler Mitgliedstaaten ersatzfähig seien, sodass das Fehlen einer solchen Pflicht in anderen Staaten zu spürbaren Wettbewerbsverzerrungen führen würde. Dieses Argument hilft allerdings kaum weiter, solange die Pflicht zum Ersatz immaterieller Schäden nicht aus der Richtlinie selbst folgt; es hat eher zirkulären Charakter. Der EuGH führt in der Folge die Ratio der Richtlinie, insbesondere ihres Art. 5 an, der im Schutz der Verbraucher liege; für sie habe bei Urlaubsreisen der Schadensersatz wegen entgangener Urlaubsfreude besondere Bedeutung. Die Richtlinie erkenne einen grundsätzlichen Schadensersatzanspruch für Nicht-Körperschäden, darunter immaterielle Schäden, implizit dadurch an, dass nach ihrem Art. 5 Abs. 2 UAbs. 4 die Mitgliedstaaten zulassen können, dass bei Schäden, die nicht Körperschäden sind, die Entschädigung vertraglich beschränkt wird, soweit diese Beschränkung nicht unangemessen ist.[17] Daraus ergibt sich im Gegenschluss, dass der Schadensbegriff in Art. 5 Abs. 2 Pauschalreise-RL a. F. sowohl materielle als auch immaterielle Schadenspositionen umfasst.

19 Dies war in Deutschland bereits seit 1975 geltendes Recht und war in § 651f Abs. 2 BGB a. F. kodifiziert worden – Urlaubszeit wurde auf diese Weise kommerzialisiert. Allerdings gewährt diese Norm – heute § 651n Abs. 2 BGB – nur Ersatz für nutzlos aufgewandte Urlaubszeit und gerade keinen allgemeinen Anspruch auf Ersatz immaterieller Schäden. Nach der Systematik des damaligen deutschen Rechts konnte Schmerzensgeld nach § 847 BGB a. F. nur bei deliktischen Handlungen gewährt werden. Seit der Schuldrechtsmodernisierung besteht jedoch mit § 253 Abs. 2 BGB eine

---

14 EuGH, 12.3.2002, Rs. C-168/00 – *Leitner*, Slg. 2002, I-2631; hierzu *Tonner/Lindner*, NJW 2002, 1475.
15 EuGH, 12.3.2002, Rs. C-168/00 – *Leitner*, Slg. 2002, I-2631, Rn. 10.
16 EuGH, 12.3.2002, Rs. C-168/00 – *Leitner*, Slg. 2002, I-2631, Rn. 20 ff.
17 EuGH, 12.3.2002, Rs. C-168/00 – *Leitner*, Slg. 2002, I-2631, Rn. 23.

weitaus allgemeiner ausgestaltete Grundlage, sodass auch bei immateriellen Schäden in vertraglichen Beziehungen Schmerzensgeld zu leisten sein kann.

Die revidierte Pauschalreise-Richtlinie lässt die Rechtslage im Ergebnis unverändert: Erwägungsgrund Nr. 34 Pauschalreise-RL stellt lapidar klar, dass der Schadenersatz auch immaterielle Schäden umfassen sollte, wie beispielsweise entgangene Urlaubsfreuden infolge erheblicher Probleme bei der Erbringung der betreffenden Reiseleistungen. Im Normtext des Art. 14 Pauschalreise-RL selbst findet sich keine entsprechende Normierung, doch ist die Rechtslage auch angesichts der fortgeltenden *Leitner*-Rechtsprechung damit hinreichend klar. 20

§ 26 Der Timesharing-Vertrag

Literatur: *Busch*, Der Vorschlag der EU-Kommission für eine Reform der Timeshare-Richtlinie – ein richtiger Schritt auf dem Weg zur Überarbeitung des Verbraucheracquis?, GPR 2008, 13; *Dias Urbano de Sousa*, Das Timesharing an Ferienimmobilien in der EU, 1998; *Franzen*, Neue Regeln zum Timesharing. Das „Gesetz zur Modernisierung der Regelungen über Teilzeit-Wohnrechteverträge, Verträge über langfristige Urlaubsprodukte sowie Vermittlungsverträge und Tauschsystemverträge", NZM 2011, 217; *Friesen*, Rechtszersplitterung im Binnenmarkt. Zur Notwendigkeit einer Reform des § 481b II BGB, EuZW 2015, 381; *Friesen*, Auswirkungen der Richtlinie 2008/122/EG auf das Internationale Timesharingrecht in der EU, 2017; *Jehle*, Die Timesharing-Richtlinie der EU vom 26. Oktober 1994 und deren Umsetzung in den deutsprachigen Ländern, 2001; *Mäsch*, Licht und Schatten im Europäischen Verbraucherschutzrecht, EuZW 1995, 8; *Mäsch*, Das deutsche Timesharing-Recht nach dem neuen Teilzeit-Wohnrechte-Gesetz, DNotZ 1997, 180; *Schubert*, Neues bei den Teilzeit-Wohnrechten (Timesharing). Der Vorschlag der EU-Kommission für eine Reform der Richtlinie 94/47/EG, NZM 2007, 665; *Tonner*, Das Recht des Time-sharing an Ferienimmobilien, 1997

Systematische Übersicht

I. Entstehungsgeschichte und Hintergründe

1 Rechtsgrundlage für die Timesharing-Richtlinie von 1994[1] war der damalige Art. 100a EGV, die allgemeine Binnenmarktkompetenz.[2] Ihr Ziel war die Angleichung der Rechts- und Verwaltungsvorschriften der Mitgliedstaaten hinsichtlich von Verträgen, die unmittelbar oder mittelbar den Erwerb von Teilzeitnutzungsrechten an einer oder mehreren Immobilien („time-sharing") betreffen (Art. 1 Timesharing-RL a. F.).[3] Diesbezüglich sah die Kommission die Unterschiede, die zwischen den einzelstaatlichen Rechtsvorschriften für Timesharing-Verträge bestanden, als geeignet an, das ordnungsgemäße Funktionieren des Binnenmarktes zu behindern sowie Wettbewerbs-

---

1 Richtlinie 94/47/EG des Europäischen Parlaments und des Rates vom 26. Oktober 1994 zum Schutz der Erwerber im Hinblick auf bestimmte Aspekte von Verträgen über den Erwerb von Teilzeitnutzungsrechten an Immobilien, ABl. EG 1994 Nr. L 280/83. Hierzu *Mäsch*, EuZW 1995, 8.

2 S. dazu *Dias Urbano de Sousa*, Das Timesharing an Ferienimmobilien in der EU, 1998, S. 270. Allgemein zu dieser Kompetenzgrundlage oben § 6 Rn. 13 ff.

3 *Jehle*, Die Timesharing-Richtlinie der EU vom 26. Oktober 1994 und deren Umsetzung in den deutschsprachigen Ländern, 2001, S. 56; *Dias Urbano de Sousa*, Das Timesharing an Ferienimmobilien in der EU, 1998, S. 265.

https://doi.org/10.1515/9783110718690-026

verzerrungen und eine Abschottung der einzelstaatlichen Märkte zu bewirken (Erwägungsgrund Nr. 1 Timesharing-RL a. F.).

Allerdings erfolgte keine umfassende Regelung der Materie; vielmehr erfasst die Richtlinie nur bestimmte Aspekte des Vertragsabschlusses, namentlich die Information über die Vertragsinhalte und die Einzelheiten der Übermittlung dieser Information sowie die Verfahren und Einzelheiten des Rücktrittsrechts (Erwägungsgrund Nr. 2 Timesharing-RL a. F.).[4] Fragen der Zulässigkeit von Timesharing-Verträgen oder hinsichtlich ihres Inhalts oder ihrer Rechtsnatur regelt sie nicht (Erwägungsgrund Nr. 4 Timesharing-RL a. F.).[5] Im Kern handelt es sich um verbraucherschützende Regelungen.[6] Eine Umsetzung in Deutschland erfolgte im Teilzeit-Wohnrechte-Gesetz und damit zunächst außerhalb des BGB.[7] Erst die Schuldrechtsmodernisierung führte zu einer Reintegration der Vorschriften in den §§ 481–487 BGB. 2

Da sich der Markt für Teilzeitnutzungsrechte stetig weiterentwickelte und neue, ähnliche Urlaubsprodukte auf den Markt gebracht wurden, die von der Timesharing-RL a. F. sachlich nicht erfasst wurden, ergab sich die Notwendigkeit der Überarbeitung des Rechtsaktes (Erwägungsgrund Nr. 1 Timesharing-RL).[8] Dies geschah mit der Verabschiedung der Timesharing-Richtlinie vom 14. Januar 2009 über den Schutz der Verbraucher im Hinblick auf bestimmte Aspekte von Teilzeitnutzungsverträgen, Verträgen über langfristige Urlaubsprodukte sowie Wiederverkaufs- und Tauschverträgen.[9] Inhaltlich führte die Neufassung zu einer Erweiterung des Anwendungsbereichs, einer Vereinheitlichung und Verlängerung der Widerrufsfrist, einer Erweiterung des Anzahlungsverbots, einer Vereinfachung der Sprachenregelung sowie der Einführung allgemeiner Regelungen zur Beendigung akzessorischer Verträge.[10] 3

Während die Richtlinie von 1994 noch den Ansatz der Mindestharmonisierung verfolgte, bringt die Neufassung nun vollharmonisierende Regeln für den Verbraucherschutzes im Bereich Timesharing.[11] Doch können die Mitgliedstaaten nach Art. 1 Abs. 2 Timesharing-RL weiterhin bestimmte innerstaatliche Vorschriften anwenden, 4

---

4 *Jehle*, Die Timesharing-Richtlinie der EU vom 26. Oktober 1994 und deren Umsetzung in den deutschsprachigen Ländern, 2001, S. 54; *Dias Urbano de Sousa*, Das Timesharing an Ferienimmobilien in der EU, 1998, S. 265.

5 *Jehle*, Die Timesharing-Richtlinie der EU vom 26. Oktober 1994 und deren Umsetzung in den deutschsprachigen Ländern, 2001, S. 56.

6 *Dias Urbano de Sousa*, Das Timesharing an Ferienimmobilien in der EU, 1998, S. 265.

7 Näher *Mäsch*, DNotZ 1997, 180.

8 Dazu *Schubert*, NZM 2007, 665, 665 f.

9 Richtlinie 2008/122/EG des Europäischen Parlaments und des Rates vom 14. Januar 2009 über den Schutz der Verbraucher im Hinblick auf bestimmte Aspekte von Teilzeitnutzungsverträgen, Verträgen über langfristige Urlaubsprodukte sowie Wiederverkaufs- und Tauschverträgen, ABl. EU 2009 Nr. L 33/10. Siehe dazu *Busch*, GPR 2008, 13.

10 *Schubert*, NZM 2007, 665, 666 ff.; *Busch*, GPR 2008, 13 ff.

11 *Schubert*, NZM 2007, 665, 670; *Busch*, GPR 2008, 13, 16.

etwa die Rechtsvorschriften über allgemeine vertragsrechtliche Rechtsbehelfe (lit. a). Dahinter steht der legislative Ansatz der „gezielten Vollharmonisierung".[12]

5 Der deutsche Gesetzgeber hat die Richtlinienvorgaben in den §§ 481 bis 487 BGB umgesetzt,[13] die dabei nicht unerheblich verändert wurden.[14] Neben der Einbeziehung von Verträgen über langfristige Urlaubsprodukte nach § 481a BGB und der Regelung von Vermittlungs- und Tauschsystemverträgen nach § 481b BGB führte die Umsetzung auch zu Modifikationen der vorvertraglichen und vertraglichen Informationspflichten, des Widerrufsrechts sowie der Bestimmungen zum anwendbaren Recht. Insgesamt wurde der Anwendungsbereich des für Teilzeit-Wohnrechteverträge geltenden § 481 BGB nicht unerheblich erweitert.

II. Besonderheiten des Timesharing-Vertrags

6 Ein „Teilzeitnutzungsvertrag" ist nach der Definition in Art. 2 lit. a Timesharing-RL ein Vertrag mit einer Laufzeit von mehr als einem Jahr, mit dem der Verbraucher gegen Entgelt das Recht erwirbt, eine oder mehrere Übernachtungsunterkünfte für mehr als einen Nutzungszeitraum zu nutzen. § 481 Abs. 1 S. 1 BGB setzt diese Vorgaben um – die andere Bezeichnung (Teilzeit-Wohnrechtevertrag statt Teilzeitnutzungsvertrag) ist dabei inhaltlich ohne Auswirkungen. Weitere Definitionen finden sich hinsichtlich von Verträgen über ein langfristiges Urlaubsprodukt (Art. 2 Abs. 1 lit. b Timesharing-RL bzw. 481a BGB) sowie von Wiederverkaufs- und Tauschverträgen (Art. 2 Abs. 1 lit. c und d Timesharing-RL; in § 481b BGB als Vermittlungs- bzw. Tauschsystemvertrag bezeichnet).

7 Nach Art. 5 Abs. 1 der Timesharing-RL bzw. § 484 Abs. 1 BGB bedürfen diese Verträge der Schriftform; die elektronische Form steht dem grundsätzlich gleich (§ 126b BGB). Sie sind bei sonstiger Nichtigkeit (§ 483 Abs. 3 BGB) in der Sprache des Mitgliedstaats, in dem der Verbraucher seinen Wohnsitz hat oder dessen Staatsangehöriger der Verbraucher ist, abzufassen; bei mehreren Amtssprachen hat der Verbraucher die Wahl.

8 Der Gewerbetreibende hat dem Verbraucher rechtzeitig vor Eintritt einer vertraglichen Bindung nach Art. 4 Abs. 1 Timesharing-RL bzw. § 482 BGB durch Übermittlung der dort genannten Formblätter korrekte und ausreichende Informationen zum Vertragsinhalt zur Verfügung zu stellen.

---

12 Siehe die Begründung des Kommissionsvorschlags, KOM(2007) 303 endg., S. 9; dazu *Schubert*, NZM 2007, 665, 670. Zu einer Lesart, die Art. 1 Abs. 2 des Richtlinienentwurfs in den Zusammenhang mit dem etwa zeitgleich geplanten horizontalen Instrument (dazu oben § 3 Rn. 21ff.) stellt, sodass letztlich keine Ausnahmen von der Vollharmonisierung vorlägen, s. *Busch*, GPR 2008, 13, 16.

13 *Franzen*, NZM 2011, 217, 218.

14 *Franzen*, NZM 2011, 217, 218.

III. Rechte des Verbrauchers

Neben den Informationspflichten, die dem Prinzip des „informed consent" folgen,[15] gibt die neu gefasste Timesharing-Richtlinie in Art. 6 Abs. 1 dem Verbraucher das Recht, den Teilzeitnutzungsvertrag, den Vertrag über ein langfristiges Urlaubsprodukt, den Wiederverkaufs- oder den Tauschvertrag innerhalb von 14 Kalendertagen ohne Angabe von Gründen zu widerrufen. Dies setzt § 485 BGB durch einen Verweis auf das allgemeine verbraucherschützende Widerrufsrecht aus § 355 BGB um; hiervon ist insbesondere § 356a BGB mit erfasst.[16] Mit dem Widerruf werden die Verpflichtungen des Verbrauchers aus dem Vertrag beendet, ohne dass dadurch für den Verbraucher irgendwelche Kosten entstehen dürfen (Art. 8 Timesharing-RL bzw. § 357b BGB). Gleiches gilt für alle diesen Verträgen untergeordnete Tauschverträge oder sonstige akzessorische Verträge: Auch diese werden ohne Kosten für den Verbraucher automatisch beendet (Art. 11 Abs. 1 Timesharing-RL bzw. §§ 358–360 BGB). 9

Sämtliche verbraucherschützenden Rechte der Richtlinie sind unabdingbar (Art. 12 Abs. 1 Timesharing-RL bzw. 487 BGB). Dies gilt jedenfalls insoweit, als deutsches Recht auf den Timesharing-Vertrag Anwendung findet. Untersteht ein solcher Vertrag hingegen drittstaatlichem Recht, so darf Verbrauchern auch dann der Schutz, der ihnen durch diese Richtlinie in der von dem Mitgliedstaat des angerufenen Gerichts umgesetzten Form gewährt wird, nicht vorenthalten werden (Art. 12 Abs. 2 Timesharing-RL).[17] Dies gilt jedenfalls dann, wenn eine der betroffenen Immobilien im Hoheitsgebiet eines Mitgliedstaats belegen ist oder im Falle eines Vertrages, der sich nicht unmittelbar auf eine Immobilie bezieht, der Gewerbetreibende eine gewerbliche oder berufliche Tätigkeit in einem Mitgliedstaat ausübt oder diese Tätigkeit auf irgendeine Weise auf einen Mitgliedstaat ausrichtet und der Vertrag in den Bereich dieser Tätigkeit fällt (Art. 46b Abs. 4 EGBGB).[18] 10

---

15 Dazu oben § 12 Rn. 1ff.

16 S. nur BeckOGK-BGB/*Meier* (Stand 1.5.2020), § 485 Rn. 3 m.w.N.

17 *Leible/Leitner*, IPRax 2013, 37, 39ff.

18 *Staudinger*, NZM 2011, 601; *Leible/Leitner*, IPRax 2013, 37, 40 (dort auch zu Fragen der internationalen Zuständigkeit). S. noch unten § 33 zur kollisionsrechtlichen Durchsetzung von Richtlinienvorgaben.

§ 27 Der Handelsvertretervertrag

Literatur: *Eckert*, Das neue Recht der Handelsvertreter – Die Umsetzung der EG-Richtlinie in deutsches Recht, NZA 1990, 384; *Emde*, Die Handelsvertreter-Richtlinie 1986 und ihre Folgen, ZVertriebsR 2014, 218; *Emde/Valdini*, Die Handelsvertreter-Richtlinie, ZVertriebsR 2016, 353 und 2017, 3; *Fischer*, Der Handelsvertreter im deutschen und europäischen Recht, ZVglRWiss 101 (2002), 143; *Guski*, Der Ausgleichsanspruch des Handelsvertreters und seine Verwirkung: zur prinzipienorientierten Teleologie des Gemeinschaftsprivatrechts, GPR 2009, 286; *Heinicke*, Stolpersteine im grenzüberschreitenden Handelsvertreterrecht, ZVertriebsR 2013, 275; *S. Huber*, Distributionsgeschäfte, in: Kronke/Melis/Kuhn (Hrsg.), Handbuch Internationales Wirtschaftsrecht, 2. Aufl. 2017, Teil G; *Kindler*, Neues deutsches Handelsvertreterrecht aufgrund der EG-Richtlinie, RIW 1990, 358; *Kindler*, Umsetzung der EG-Richtlinie 653/86: Harmonisiertes Handelsvertreterrecht in der Bundesrepublik Deutschland und Italien?, Jahrbuch für Italienisches Recht Band 4 (1991), 25; *Müller*, Internationale Anwendbarkeit des handelsvertreterrechtlichen Ausgleichsanspruchs – Vom Intervall Ingmar und Unamar zum Dreiklang mit Agro, GPR 2017, 203; *Rohrßen*, Handelsvertreter als Ein- und Mehrfirmenvertreter sowie im Nebenberuf: Die Irrelevanz von Tätigkeitsort und -art (stationär, ambulant oder online), ZVertriebsR 2019, 153; *Sellhorst*, Die Umsetzung der Handelsvertreterrichtlinie, EWS 2001, 481; *Stempel*, Treu und Glauben im Unionsprivatrecht, 2016, S. 237–244, 279–280, 290–295; *Teichmann/Wauschkuhn*, Die Anwendung der zwingenden Vorschriften der §§ 84 ff. HGB auf Handelsvertreter und Vertragshändler im internationalen Kontext, ZVertriebsR 2012, 274; *Thume*, Der Provisionsanspruch des Handelsvertreters: Grenzen der Vertragsgestaltung, BB 2012, 975

Systematische Übersicht

I. Entstehungsgeschichte und Hintergründe

1 In Deutschland kann das Recht des Handelsvertreters auf eine lange Geschichte zurückblicken. Bereits das zum 1. Januar 1900 in Kraft getretene HGB enthielt Vorschriften zum Handlungsagenten, die diesen – anstelle des allgemeinen Dienst- bzw. Werkvertragsrechts – einem besonderen Rechtsregime unterstellten. Die auf Art. 57 Abs. 2 und die Binnenmarktklausel des Artikel 100 EWG gestützte Handelsvertreter-Richtlinie von 1986[1] orientiert sich deutlich am deutschen Recht.[2] Die Harmonisierung wird damit gerechtfertigt, dass die Unterschiede zwischen den einzelstaatlichen Rechtsvorschriften auf dem Gebiet der Handelsvertretungen die Wettbewerbsbedingungen und die Berufsausübung innerhalb der Gemeinschaft spürbar beeinflussen. Dies beein-

1 Richtlinie 86/653/EWG des Rates vom 18. Dezember 1986 zur Koordinierung der Rechtsvorschriften der Mitgliedstaaten betreffend die selbständigen Handelsvertreter, ABl. EG Nr. L 382 vom 31.12.1986, S. 17. Allgemein zur Kompetenzgrundlage oben § 6 Rn. 13 ff.

2 *Kindler*, RIW 1990, 358; eingehend zur Genese *Emde/Valdini*, ZVertriebsR 2016, 353.

https://doi.org/10.1515/9783110718690-027

trächtige den Umfang des Schutzes der Handelsvertreter sowie die Sicherheit im Handelsverkehr und erschwere den Abschluss und die Durchführung von Handelsvertreterverträgen zwischen einem Unternehmer und einem Handelsvertreter, die in verschiedenen Mitgliedstaaten niedergelassen sind (Erwägungsgründe Nr. 2 und 3 Handelsvertreter-RL).

Damit verfolgt die Richtlinie einen dreifachen Zweck: Sie soll die Interessen der Handelsvertreter gegenüber den Unternehmern schützen, die Sicherheit des Handelsverkehrs fördern und den Warenaustausch zwischen den Mitgliedstaaten erleichtern, indem die Rechtsordnungen der Mitgliedstaaten auf dem Gebiet der Handelsvertretungen angeglichen werden.[3] Als Handelsvertreter wird dabei angesehen, wer als selbstständiger[4] Gewerbetreibender ständig damit betraut ist,[5] für einen Unternehmer[6] den Verkauf oder den Ankauf von Waren zu vermitteln oder diese Geschäfte im Namen und für Rechnung des Unternehmers abzuschließen (Art. 1 Abs. 2 Handelsvertreter-RL). Keine konstitutive Bedeutung kommt dabei der Befugnis zu, die Preise der Waren, deren Verkauf für Rechnung des Unternehmers zu besorgen ist, zu ändern.[7] Die Richtlinie regelt Rechte und Pflichten der Parteien des Handelsvertretervertrags, Vergütungs- und Provisionsansprüche, Abschluss und Beendigung des Handelsvertretervertrages und hier insbesondere nachvertragliche Ausgleichsansprüche und Wettbewerbsverbote. Die Richtlinie ist insoweit mindestharmonisierend, als die Mitgliedstaaten strengere Vorschriften zum Schutze der Handelsvertreter einführen oder aufrecht erhalten dürfen.[8] 2

Der am 16. Juli 2015 veröffentlichte Evaluationsbericht der Kommission[9] bewertet die Richtlinie positiv und empfiehlt, sie unverändert beizubehalten. 3

II. Vertragliche Rechte und Pflichten

Die Handelsvertreter-Richtlinie normiert in Art. 3 Abs. 1 und 4 Abs. 1 für die Parteien des Handelsvertretervertrags die – zwingende, Art. 5 – wechselseitige Pflicht, sich 4

---

3 Siehe EuGH, 3.12.2015, Rs. C-338/14 – *Quenon K. SPRL/Beobank SA und Metlife Insurance SA*, EuZW 2016, 221, Rn. 23 m.N.

4 Zur Frage der Unabhängigkeit des Handelsvertreters EuGH, 21.11.2018, Rs. C-452/17 – *Zako SPRL/Sanidel SA*, ZVertriebsR 2019, 20.

5 Zu diesem Merkmal EuGH, 16.3.2006, Rs. C-3/04 – *Poseidon Chartering BV/Marianne Zeeschip VOF*, Slg. 2006, I-2505; dazu *Riehm*, GPR 2007, 134.

6 Es genügt dabei nicht, dass der Gewerbetreibende zwar für Rechnung eines Unternehmers, aber im eigenen Namen tätig wird, EuGH, 10.2.2004, Rs. C-85/03 – *Mavrona*, Slg. 2004, I-1578.

7 EuGH, 4.6.2020, Rs. C-828/18 – *Trendsetteuse*, ECLI:EU:C:2020:438, Rn. 29 ff.

8 *Emde/Valdini*, ZVertriebsR 2016, 353, 354. Zu diesem Harmonisierungskonzept oben § 2 Rn. 67 ff.

9 Commission Staff Working Document: Evaluation of the Council Directive on the Coordination of the Laws of the Member States Relating to Self-Employed Commercial Agents (Directive 86/653/EEC) / Refit Evaluation, SWD(2015) 146 final, S. 4.

nach den Geboten von Treu und Glauben zu verhalten.[10] Für beide Seiten bestehen diesbezüglich nähere Konkretisierungen, die allerdings keinesfalls abschließend sind. So hat der Handelsvertreter sich in angemessener Weise für die Vermittlung und gegebenenfalls den Abschluss der ihm anvertrauten Geschäfte einzusetzen; er ist dem Unternehmer rechenschaftspflichtig und ist weisungsgebunden (Art. 3 Abs. 2 Handelsvertreter-RL). Der Unternehmer wiederum muss dem Handelsvertreter die erforderlichen Unterlagen zur Verfügung stellen, die sich auf die betreffenden Waren beziehen, ihm die für die Ausführung des Handelsvertretervertrages erforderlichen Informationen geben und ihn insbesondere binnen angemessener Frist benachrichtigen, sobald er absieht, dass der Umfang der Geschäfte erheblich geringer sein wird, als der Handelsvertreter normalerweise hätte erwarten können und ihn schließlich binnen angemessener Frist von der Annahme oder Ablehnung und der Nichtausführung der vom Handelsvertreter vermittelten Geschäfte Kenntnis geben (Art. 4 Abs. 2 Handelsvertreter-RL). Dem übergreifenden Grundsatz von Treu und Glauben dürfte demgegenüber kaum ein eigenständiger Bedeutungsgehalt zukommen.[11]

5 Haben die Parteien keine Vergütungsvereinbarung geschlossen, so hat der Handelsvertreter Anspruch auf eine ortsübliche Vergütung und in Ermangelung einer Üblichkeit auf eine angemessene Vergütung (Art. 6 Abs. 1 Handelsvertreter-RL). Letzteres dürfte nur sehr selten vorkommen.[12] Ein Unterfall der Vergütung ist die Provision. Der Handelsvertreter hat unter den Voraussetzungen der Art. 7–11 Handelsvertreter-RL dahingehende Ansprüche, die im Wesentlichen dann entstehen, wenn der Geschäftsabschluss auf seine Tätigkeit zurückzuführen ist. Die Richtlinie verhält sich nicht näher zur Frage, welche Anforderungen an die damit zu fordernde Kausalität zu stellen sind. Insoweit besteht ein gewisser Gestaltungsspielraum mitgliedstaatlichen Rechts (vgl. § 87 HGB). Doch sind keine allzu strengen Anforderungen zu stellen, wie sich zum einen aus dem generellen Schutzgedanken zugunsten des Handelsvertreters ergibt, zum anderen aber auch daraus, dass die Richtlinie ausweislich Art. 8 Abs. 1 lit. a durchaus auch einen strengeren Maßstab kennt.[13]

III. Abschluss, Beendigung und nachvertragliche Pflichten

6 Art. 13–20 Handelsvertreter-RL befassen sich mit dem Abschluss, der Laufzeit, der Beendigung des Handelsvertretervertrags sowie den nachvertraglichen Pflichten der Parteien. Zum Schutz des Handelsvertreters gilt ein auf bestimmte Zeit geschlossener Vertrag, der nach Ende seiner Laufzeit von beiden Parteien fortgesetzt wird, als in einen auf unbestimmte Zeit geschlossenen Vertrag umgewandelt (Art. 14 Handelsver-

10 Zu Einzelheiten *Emde/Valdini*, ZVertriebsR 2017, 3.

11 Siehe dazu bereits oben § 11 Rn. 35ff.

12 *Emde/Valdini*, ZVertriebsR 2017, 3, 4.

13 *Emde/Valdini*, ZVertriebsR 2017, 3, 5.

treter-RL bzw. § 89 Abs. 3 S. 1 HGB). Auf unbestimmte Laufzeit geschlossene Verträge können von beiden Parteien unter Einhaltung einer Frist gekündigt werden. Diese unabdingbar ausgestaltete Frist verlängert sich – ähnlich wie im deutschen Arbeitsrecht[14] – mit jedem Jahr der Vertragsdauer (Art. 15 Handelsvertreter-RL). Auch hier steht der Schutz des wirtschaftlich schwächeren Handelsvertreters im Vordergrund.

Große praktische Bedeutung kommt daneben den nachvertraglichen Ausgleichs- 7
bzw. Schadensersatzansprüchen des Handelsvertreters (Art. 17–19 Handelsvertreter-RL) zu. Die Richtlinie stellt es den Mitgliedstaaten frei, welche Art von Ansprüchen sie normieren (Art. 17 Abs. 1 Handelsvertreter-RL).[15] Überwiegend findet sich hier eine Übernahme des in Deutschland bereits zuvor geltenden Ausgleichsmodells (Art. 17 Abs. 2 Handelsvertreter-RL bzw. § 89b HGB).[16] Nach der Rechtsprechung des EuGH sind solche nachvertraglichen Ausgleichsansprüche in dem Sinne international zwingend, als sie sich auch gegenüber einem zwischen den Parteien vereinbarten drittstaatlichen Recht durchsetzen.[17]

Schließlich enthält die Richtlinie eine Regelung zu nachvertraglichen Wett- 8
bewerbsabreden (Art. 20 Handelsvertreter-RL bzw. § 90a HGB). Diese stellt derartige für den Handelsvertreter äußerst einschneidende Abreden unter den dreifachen Vorbehalt, dass sie schriftlich abgefasst sind, dass sie sich auf den dem Handelsvertreter zugewiesenen Bezirk oder Kundenkreis sowie auf Warengattungen erstrecken, die gemäß dem Vertrag Gegenstand seiner Vertretung sind, sowie dass sie für maximal zwei Jahre nach Beendigung des Vertragsverhältnisses Geltung haben.

14 Vgl. insoweit § 622 Abs. 2 S. 1 BGB.

15 Auch eine Kumulation ist grundsätzlich möglich, soweit eine solche Regelung nicht zu einer doppelten Entschädigung des Handelsvertreters für den Verlust der Provisionen infolge der Beendigung des Handelsvertretervertrags führt, vgl. EuGH, 3.12.2015, Rs. C-338/14 – *Quenon K. SPRL/Beobank SA und Metlife Insurance SA*, EuZW 2016, 221; dazu *Emde*, EuZW 2016, 218; *Nagy*, GPR 2016, 185; *Guski*, GPR 2016, 279.

16 Näher *Emde/Valdini*, ZVertriebsR 2017, 3, 9. Diese Ansprüche bestehen auch dann, wenn die Kündigung während einer vertraglich vereinbarten Probezeit ausgesprochen wird, EuGH, 19.4.2018, Rs. C-645/16 – *Conseils et mise en relations (CMR) SARL/Demeures terre et tradition SARL*, EuZW 2018, 829. Aus dieser Entscheidung hat der BGH ein Analogieverbot hinsichtlich § 89b HGB abgeleitet, s. BGH WM 2020, 2386, Rn. 28 ff.

17 EuGH, 9.11.2000, Rs. C-381/98 – *Ingmar*, Slg. 2000, I-9305. Dazu näher unten § 32 Rn. 128.

§ 28 Beförderungsverträge

Literatur: *Karsten/Seidenspinner*, „Zum Vorteile des Verkehrsnutzers" – Zwanzig Jahre EU-Passagierrecht im Spannungsfeld zwischen international governance und europäischen Nutzerrechten, ZEuP 2010, 830; *Keiler*, Der Vorschlag für eine Änderung der Fluggastrechte-VO – Eine Analyse aus wissenschaftlicher Sicht, RRa 2013, 163; *Lienhard*, Europäisches Schuldrecht im Flugverkehr, GPR 2004, 259; *Richter/Monteiro*, Passagierrechte bei Flugverspätungen, GPR 2012, 199; *Rösler*, Billigfluglinien im EU-Wirtschaftsrecht – Marktordnungs-, Beihilfe- und Fluggastrecht, ZHR 170 (2006), 336; *Schindler/Bues*, Die Reform der FluggastrechteVO – Was lange währt, wird endlich gut?, ZLW 2014, 188; *Schmid*, Die Verordnung (EG) Nr 261/2004 – eine „Sagrada familia" des Fluggastrechts? Oder – Droht der Rückbau der Fluggastrechte durch den Europäischen Gerichtshof?, RRa 2008, 202; *Schmid/Hopperdietzel*, Die Fluggastrechte – eine Momentaufnahme, NJW 2010, 1905; *Schmid*, Die „Unvollendete": Zehn Jahre Fluggastrechte-Verordnung. Ausgewählte noch offene oder nicht befriedigend gelöste Rechtsfragen der VO (EG) Nr. 261/2004, NJW 2015, 513; *Staudinger/Schmidt-Bendun*, Neuregelung über Ausgleichs- und Unterstützungsleistungen für Fluggäste, NJW 2004, 1897; *Tonner*, Die EG-Verordnung über Ausgleichsleistungen bei Nichtbeförderung, Annullierung und großer Verspätung – ein wichtiger Beitrag des Rechts zur Qualitätssicherung im Luftverkehr, RRa 2004, 59; *B. Wagner*, Verbesserung der Fluggastrechte durch die Verordnung (EG) Nr 261/2004? Praktische Probleme aus Verbrauchersicht, VuR 2006, 337

Systematische Übersicht

I. Flugverkehr

1. Entstehungsgeschichte und Hintergründe

1 Eine praktisch sehr wichtige Regelung besteht im Bereich des Flugverkehrs, wo die Fluggastrechte-Verordnung[1] u.a. Ersatzansprüche gegen die Fluglinie bei Überbuchung und Verspätung eines Flugs regelt. Sie ersetzt die bereits seit 1991 geltende

1 Verordnung (EG) Nr. 261/2004 des Europäischen Parlaments und des Rates vom 11. Februar 2004 über eine gemeinsame Regelung für Ausgleichs- und Unterstützungsleistungen für Fluggäste im Fall der Nichtbeförderung und bei Annullierung oder großer Verspätung von Flügen und zur Aufhebung der Verordnung (EWG) Nr. 295/91, ABl. (EU) 2004 L 46/1.

https://doi.org/10.1515/9783110718690-028

Vorgängerverordnung,[2] die nach der Liberalisierung des Luftverkehrs im Gemeinsamen Markt gemeinsame Mindestnormen für Ausgleichsleistungen bei Nichtbeförderung festlegte. Ziel dieser Verordnung war es, im Rahmen eines sich verstärkenden Wettbewerbs im Luftverkehr die Qualität des Leistungsangebots der Luftfahrtunternehmen beizubehalten (Erwägungsgrund Nr. 4 VO 295/91). Die Neufassung wurde notwendig, da sich zeigte, dass die ergriffenen Maßnahmen nicht im erwünschten Maße gegriffen hatten: Trotz der Verpflichtung zu Ausgleichszahlungen sei die Zahl der gegen ihren Willen nicht beförderten Fluggäste immer noch zu hoch; dasselbe gelte für nicht angekündigte Annullierungen und große Verspätungen (Erwägungsgrund Nr. 3 Fluggastrechte-VO).

Die neue Verordnung wurde auf ex-Art. 80 Abs. 2 EG gestützt (heute Art. 100 Abs. 2 AEUV), erging also im Rahmen der gemeinsamen Verkehrspolitik. Sie trat am 17. Februar 2005 in Kraft. Ihr Anwendungsbereich wurde gegenüber der alten Regelung ausgeweitet; so werden nun neben Linienflügen auch Charterflüge erfasst. Auch greift die Verordnung in bestimmten Drittstaatenkonstellationen (Art. 3 Fluggastrechte-VO). Die auf der Grundlage der Pauschalreise-Richtlinie bestehenden Rechte[3] bleiben unberührt; die Fluggastrechte-Verordnung gilt nicht für Fälle, in denen eine Pauschalreise aus anderen Gründen als der Annullierung des Fluges nicht durchgeführt wird (Art. 3 Abs. 6 Fluggastrechte-VO). Ein 2013 von der Kommission vorgelegter Vorschlag zur Revision der Fluggastrechte-Verordnung[4] ist bisher nicht wesentlich fortgeschritten. Nach mehreren Jahren Stillstand wurde mittlerweile eine umfangreiche Studie zum Stand der Passagierrechte veröffentlicht.[5] Es bleibt abzuwarten, ob der Gesetzgebungsprozess dadurch den notwendigen Impuls erhält. 2

2. Der Flugreisevertrag

Die Fluggastrechte-Verordnung regelt die Rechte von Flugreisenden bei Nichtbeförderung gegen ihren Willen, Annullierung oder Verspätung des Flugs (Art. 1 Abs. 1 Fluggastrechte-VO). Sie gilt in erster Linie für Fluggäste, die ihren Flug von einem 3

2 Verordnung (EWG) Nr. 295/91 des Rates vom 4. Februar 1991 über eine gemeinsame Regelung für ein System von Ausgleichsleistungen bei Nichtbeförderung im Linienflugverkehr, ABl. EG Nr. L 36/5.

3 Dazu oben § 25 Rn. 11 ff. sowie unten Rn. 17.

4 Vorschlag vom 13. März 2013 für eine Verordnung des Europäischen Parlaments und des Rates zur Änderung der Verordnung (EG) Nr. 261/2004 über eine gemeinsame Regelung für Ausgleichs- und Unterstützungsleistungen für Fluggäste im Fall der Nichtbeförderung und bei Annullierung oder großer Verspätung von Flügen und der Verordnung (EG) Nr. 2027/97 über die Haftung von Luftfahrtunternehmen bei der Beförderung von Fluggästen und deren Gepäck im Luftverkehr, COM(2013) 130 final. S. dazu *Keiler*, RRa 2013, 163.

5 Study on the current level of protection of air passenger rights in the EU. Final report (Study contract no. MOVE/B5/2018 – 541), Stand: Januar 2020. Sie kann hier abgerufen werden: https://op.europa.eu/en/publication-detail/-/publication/f03df002-335c-11ea-ba6e-01aa75ed71a1 [zuletzt abgerufen am 23.12.2020].

Mitgliedstaat oder EWR-Staat aus antreten.[6] Flüge von Drittstaaten in die EU sind ebenfalls erfasst, wenn der Flug von einem in der EU ansässigen Flugunternehmen ausgeführt wird, es sei denn, Fluggäste haben in diesem Drittstaat Gegen- oder Ausgleichs- und Unterstützungsleistungen erhalten (Art. 3 Abs. 1 Fluggastrechte-VO). Nicht vom Anwendungsbereich der Verordnung erfasst sind hingegen solche Flüge aus Drittstaaten, die von drittstaatlichen Fluggesellschaften durchgeführt werden.

4 Anders als andere Verordnungen definiert die Fluggastrechte-Verordnung ihren Regelungsgegenstand – den Flugreisevertrag – nicht. Gleichwohl geht sie implizit davon aus, dass der Flug aufgrund einer Vertragsbeziehung angetreten wird. Dies ergibt sich etwa aus der Definition des „ausführenden Luftfahrtunternehmens" in Art. 2 lit. b Fluggastrechte-VO, das als Luftfahrtunternehmen bezeichnet wird, welches „im Rahmen eines Vertrags mit einem Fluggast oder im Namen einer anderen – juristischen oder natürlichen – Person, die mit dem betreffenden Fluggast in einer Vertragsbeziehung steht, einen Flug durchführt oder durchzuführen beabsichtigt".[7] Auch geht die Fluggastrechte-Verordnung ausweislich Art. 3 Abs. 5 S. 2 Fluggastrechte-VO davon aus, dass ein ausführendes Luftfahrtunternehmen, das in keiner Vertragsbeziehung mit dem Fluggast steht, Verpflichtungen im Rahmen dieser Verordnung erfüllt, wenn es im Namen der Person handelt, die in einer Vertragsbeziehung mit dem betreffenden Fluggast steht.[8] Das Zustandekommen und die Wirksamkeit des Beförderungsvertrags richten sich nach dem Vertragsstatut (Art. 5 Rom I-VO).[9] Ansprüche aus dem Vertrag können im besonderen Gerichtsstand des Erfüllungsortes geltend gemacht werden, auch wenn zwischen Fluggast und ausführendem Luftfahrtunternehmen kein Vertrag geschlossen wurde und der vom Luftfahrtunternehmen durchgeführte Flug in einem mit einem Dritten geschlossenen Pauschalreisevertrag, der auch eine Unterbringung einschloss, vorgesehen war.[10]

3. Leistungsstörungen

5 Die relevanten Leistungsstörungen sind Nichtbeförderung (Art. 4 Fluggastrechte-VO), Annullierung (Art. 5 Fluggastrechte-VO) oder Verspätung des Flugs (Art. 6 Fluggastrechte-VO).

---

6 Zur Auslegung des einschlägigen Art. 3 Abs. 1 lit. a Fluggastrechte-VO s. EuGH, 10.7.2008, Rs. C-173/07 – *Emirates/Schenkel*, NJW 2008, 2697; EuGH, 31.5.2018, Rs. C-537/17 – *Wegener/Royal Air Maroc*, NJW 2018, 2032. Zu Detailfragen näher *Mankowski*, in: Reithmann/Martiny, Internationales Vertragsrecht, 8. Aufl. 2015, Rn. 6.2123 ff.

7 Zur Konkretisierung dieses Begriffs bei Einsatz eines Subunternehmers durch Vermietung eines Flugzeugs mit Besatzung („wet lease") EuGH, 4.7.2018, Rs. C-532/17 – *Wirth*, NJW 2018, 2381; dazu *Foerster*, GPR 2020, 94; s. auch BGH NJW 2018, 1251.

8 EuGH, 13.2.2020, Rs. C-606/19 – *flightright*, ECLI:EU:C:2020:101, Rn. 34.

9 Näher unten § 32 Rn. 56.

10 EuGH, 26.3.2020, Rs. C-215/18 – *Primera Air Scandinavia*, ECLI:EU:C:2020:235, Rn. 39 ff.; näher zu diesem Gerichtsstand unten § 35 Rn. 74 ff.

a) Nichtbeförderung

Nachdem Flüge vielfach bewusst überbucht werden, um absehbare kurzfristige Stornierungen abfedern zu können, kann es vorkommen, dass nicht alle Fluggäste wie gebucht auch befördert werden können. Art. 4 Fluggastrechte-VO sieht für diesen Fall eine gestufte Reaktion des ausführenden Luftfahrtunternehmens vor: Dieses muss zunächst versuchen, einzelne Fluggäste zu einem freiwilligen Verzicht auf den Flug zu bewegen, dies verbunden mit einer späteren Beförderung, Unkostenerstattung und einem monetären Anreiz; Näheres regelt hier Art. 8 Fluggastrechte-VO. Finden sich keine oder nicht genügend Freiwillige, so kann einzelnen Fluggästen die Beförderung verweigert werden; in diesem Fall entstehen für diese Ersatzansprüche nach Art. 7–9 Fluggastrechte-VO. 6

b) Annullierung

Wird der gesamte Flug annulliert,[11] greift der Mechanismus des Art. 5 Fluggastrechte-VO. Das ausführende Luftfahrtunternehmen hat Fluggäste über eine mögliche anderweitige Beförderung zu informieren und zusätzlich Unterstützungsleistungen nach Art. 7 Fluggastrechte-VO zu erbringen, dazu unter Umständen auch Ausgleichs- und Betreuungsleistungen nach Art. 8 und 9 Fluggastrechte-VO. Von großer praktischer Bedeutung ist die Entlastungsmöglichkeit nach Art. 5 Abs. 3 Fluggastrechte-VO: Kann das ausführende Luftfahrtunternehmen nachweisen, dass die Annullierung auf außergewöhnliche Umstände zurückgeht, die sich auch dann nicht hätten vermeiden lassen, wenn alle zumutbaren Maßnahmen ergriffen worden wären, so ist es nicht verpflichtet, Ausgleichszahlungen gemäß Art. 7 Fluggastrechte-VO zu leisten. 7

Vom Begriff der außergewöhnlichen Umstände werden grundsätzlich alle Umstände erfasst, die das Luftfahrtunternehmen nicht kontrollieren kann, welcher Natur und Schwere sie auch sein mögen.[12] Zur Präzisierung kann Erwägungsgrund Nr. 14 Fluggastrechte-VO herangezogen werden. Von außergewöhnlichen Umständen kann insbesondere bei politischer Instabilität, mit der Durchführung des betreffenden Fluges nicht zu vereinbarenden Wetterbedingungen, Sicherheitsrisiken, unerwarteten Flugsicherheitsmängeln und den Betrieb eines ausführenden Luftfahrtunternehmens beeinträchtigenden Streiks auszugehen sein. Nach der Rechtsprechung des EuGH müssen solche Umstände auf ein Vorkommnis zurückgehen, das nicht Teil der norma- 8

11 Annullierung heißt Nichtdurchführung eines geplanten Fluges, für den zumindest ein Platz reserviert war, Art. 2 lit. l Fluggastrechte-VO. Davon umfasst ist der Fall, dass das Flugzeug gestartet ist, aber anschließend, aus welchen Gründen auch immer, zum Ausgangsflughafen zurückkehren musste, und die Fluggäste auf andere Flüge umgebucht wurden, s. EuGH, 13.10.2011, Rs. C-83/10 – *Sousa*, NJW 2011, 3776, Rn. 35.

12 EuGH, 31.1.2013, Rs. C-12/11 – *McDonagh*, EuZW 2013, 223, Rn. 29.

len Ausübung der Tätigkeit des betroffenen Luftfahrtunternehmens und aufgrund seiner Natur oder Ursache von diesem tatsächlich nicht zu beherrschen ist.[13]

9 Hierzu besteht umfangreiche Rechtsprechung, etwa zur Relevanz technischer Probleme,[14] zur Auswirkung von Streiks,[15] zum Ausfall von Computersystemen im Abfertigungsbereich,[16] zur Schließung des Luftraums[17] oder zur Kollision mit einem Vogel.[18] Klärungsbedürftig ist überdies, welche Maßnahmen für das Luftfahrtunternehmen zumutbar erscheinen; hierfür sind stets die Umstände des Einzelfalles maßgeblich.[19] Nicht ausreichend ist in jedem Fall, dass ein Luftfahrtunternehmen die gesetzlich vorgeschriebenen Mindesterfordernisse an Wartungsarbeiten an einem Flugzeug durchgeführt hat.[20]

c) Verspätung

10 Praktisch vielleicht die größte Bedeutung kommt den Flugverspätungen zu, die angesichts der Dichte des heutigen Flugverkehrs nahezu unvermeidlich erscheinen. Art. 6 Fluggastrechte-VO sieht dafür ein pauschalisiertes Raster vor, das in Abhän-

---

13 S. etwa EuGH, 22.12.2008, Rs. C-549/07 – *Wallentin-Herman*, NJW 2009, 347, Rn. 23; EuGH, 19.11.2009, Rs. C-402/07, C-432/07 – *Sturgeon und Böck*, NJW 2010, 43, Rn. 70; weitere Nachweise bei BGH NJW 2019, 1369, Rn. 11.

14 Diese können zu den unerwarteten Flugsicherheitsmängeln gezählt werden, wenn sie ein Vorkommnis betreffen, das nicht Teil der normalen Ausübung der Tätigkeit des betroffenen Luftfahrtunternehmens ist und auf Grund seiner Natur oder Ursache von ihm tatsächlich nicht zu beherrschen ist, vgl. EuGH, 22.12.2008, Rs. C-549/07 – *Wallentin-Herman*, NJW 2009, 347, Rn. 23, 34; EuGH, 19.11.2009, Rs. C-402/07, C-432/07 – *Sturgeon und Böck*, NJW 2010, 43, Rn. 70; EuGH, 17.9.2015, Rs. C-257/14 – *van der Lans*, NJW 2015, 3427, Rn. 36; EuGH, 4.4.2019, Rs. C-501/17 – *Germanwings*, ECLI:EU:C:2019:288, Rn. 20; EuGH 26.6.2019, Rs. C-159/18 – *Moens*, ECLI:EU:C:2019:535, Rn. 16; EuGH, 12.3.2020, Rs. C-832/18 – *Finnair*, NJW 2020, 1127, Rn. 38.

15 Die spontane Abwesenheit eines erheblichen Teils des Flugpersonals („wilder Streik“) fällt nicht unter den Begriff „außergewöhnliche Umstände“, wenn sie auf die überraschende Ankündigung von Umstrukturierungsplänen durch ein ausführendes Luftfahrtunternehmen zurückgeht und einem Aufruf folgt, der nicht von den Arbeitnehmervertretern des Unternehmens verbreitet wird, sondern spontan von den Arbeitnehmern selbst, die sich krank meldeten, s. EuGH, 17.4.2018, Rs. C-195/17 – *Krüsemann*, NJW 2018, 1592, 1595; anders ggf. bei betriebsfremdem Streik bei dem Dienstleister der Abfertigungssysteme, vgl. BGH NJW 2014, 3304, Rn. 10 ff. zum Fluglotsenstreik oder BGH NJW 2019, 300, Rn. 10 zum Streik der Mitarbeiter von Kontrollstellen.

16 BGH NJW 2019, 1369, Rn. 14 ff.

17 So nach dem Ausbruch des isländischen Vulkans Eyjafjallajökull, s. EuGH, 31.1.2013, Rs. C-12/11 – *McDonagh*, EuZW 2013, 223, Rn. 27 ff.

18 EuGH, 4.5.2017, Rs. C-315/15 – *Pešková*, NJW 2017, 2665, Rn. 24 f., wobei es unerheblich ist, ob diese Kollision tatsächlich Schäden am betroffenen Flugzeug hervorgerufen hat.

19 EuGH, 4.5.2017, Rs. C-315/15 – *Pešková*, NJW 2017, 2665, Rn. 30; daselbst Rn. 38 ff. finden sich Ausführungen zur Frage, welche Maßnahmen das Luftfahrtunternehmen zur Vermeidung von Vogelschlag ergreifen muss.

20 EuGH, 22.12.2008, Rs. C-549/07 – *Wallentin-Herman*, NJW 2009, 347, Rn. 38 ff.

gigkeit von der zu fliegenden Strecke eine zeitliche Toleranzschwelle vorsieht, bei deren Überschreitung Ausgleichsansprüche nach Art. 9 Fluggastrechte-VO entstehen, bei großen Verspätungen von mehr als fünf Stunden auch Betreuungsansprüche nach Art. 8 Fluggastrechte-VO.

In der Verordnung findet sich keine Definition des Begriffs des Verspätung. Nach der Rechtsprechung des EuGH ist ein Flug verspätet im Sinne von Art. 6 Fluggastrechte-VO, wenn er entsprechend der ursprünglichen Planung durchgeführt wird und sich die tatsächliche Abflugzeit gegenüber der planmäßigen Abflugzeit verzögert.[21] Aus praktischer Sicht ist angesichts vielfach langer Rollzeiten wichtig, dass der Begriff „Ankunftszeit", von dem das Ausmaß der Fluggästen entstandenen Verspätung abhängt, für den Zeitpunkt steht, zu dem mindestens eine der Flugzeugtüren geöffnet wird, sofern den Fluggästen in diesem Moment das Verlassen des Flugzeugs gestattet ist.[22] 11

Ein verspäteter Flug kann auch bei erheblicher Dauer der Verspätung nicht als annulliert angesehen werden, wenn er entsprechend der ursprünglichen Flugplanung des Luftfahrtunternehmens durchgeführt wird.[23] Nachdem Art. 6 Fluggastrechte-VO nicht auf Art. 7 Fluggastrechte-VO verweist, der die Ausgleichsansprüche regelt, könnte sich im Umkehrschluss ergeben, dass in diesem Fall eben nur Unterstützungs- und Betreuungsleistungen geschuldet werden. Doch hat der EuGH unter Bezugnahme auf Erwägungsgrund Nr. 15 Fluggastrechte-VO, wo der Begriff der großen Verspätung im Kontext der außergewöhnlichen Umstände genannt wird, den Schluss gezogen, dass der Gesetzgeber auch ihn mit dem Ausgleichsanspruch verknüpft hat.[24] Betrachtet man die Auswirkung auf die betroffenen Fluggäste, lässt sich ohnehin nicht danach unterscheiden, ob der eingetretene Zeitverlust durch Annulierung oder Verspätung eingetreten ist; eine unterschiedliche Behandlung wäre daher nicht zu rechtfertigen.[25] Unter Berücksichtigung des effet utile der Verordnung bedeutet dies, dass die Fluggäste verspäteter Flüge im Hinblick auf die Anwendung des Ausgleichsanspruchs den Fluggästen annullierter Flüge gleichgestellt werden können und somit den in Art. 7 Fluggastrechte-VO vorgesehenen Ausgleichsanspruch geltend machen können, wobei auch hier die Einschränkungen des Art. 5 Abs. 3 Fluggastrechte-VO gelten.[26] 12

Wird der Zielort nicht mit einem Direktflug erreicht, sondern über direkte Anschlussflüge (Art. 2 lit. h Fluggastrechte-VO), setzt die Verpflichtung des ausführenden Luftfahrtunternehmens zur Leistung einer Ausgleichszahlung wegen großer Ver- 13

21 EuGH, 19.11.2009, Rs. C-402/07, C-432/07 – *Sturgeon und Böck*, NJW 2010, 43, Rn. 32.
22 EuGH, 4.9.2014, Rs. C-452/13 – *Germanwings/Henning*, NJW 2015, 221, Rn. 25; dazu *Keiler*, GPR 2014, 258; ebenso EuGH, 1.10.2020, Rs. C-654/19 – *FP Passenger Service*, ECLI:EU:C:2020:770, Rn. 29ff.
23 EuGH, 19.11.2009, Rs. C-402/07, C-432/07 – *Sturgeon und Böck*, NJW 2010, 43, Rn. 34.
24 EuGH, 19.11.2009, Rs. C-402/07, C-432/07 – *Sturgeon und Böck*, NJW 2010, 43, Rn. 43, 62ff.
25 EuGH, 19.11.2009, Rs. C-402/07, C-432/07 – *Sturgeon und Böck*, NJW 2010, 43, Rn. 55ff.
26 EuGH, 19.11.2009, Rs. C-402/07, C-432/07 – *Sturgeon und Böck*, NJW 2010, 43, Rn. 69.

spätung nicht voraus, dass eine Abflugverspätung in der in Art. 6 Fluggastrechte-VO vorgesehenen Größenordnung zu verzeichnen war; vielmehr ist allein darauf abzustellen, ob der Zielort des letzten Fluges mit einer Verspätung gegenüber der planmäßigen Ankunftszeit von drei Stunden oder mehr erreicht worden ist.[27]

4. Rechtsfolgen

14 Die Fluggastrechte-Verordnung sieht im Wesentlichen drei verschiedene Kategorien von Rechtsfolgen bei Leistungsstörungen vor: einen Ausgleichsanspruch nach Art. 7 Fluggastrechte-VO, einen Anspruch auf Erstattung oder anderweitige Beförderung nach Art. 8 Fluggastrechte-VO sowie einen Anspruch auf Betreuungsleistungen nach Art. 9 Fluggastrechte-VO. Nach nationalem Recht bestehende Schadensersatzansprüche, die Fluggästen weitergehende Ansprüche geben, bleiben grundsätzlich unberührt, Art. 12 Fluggastrechte-VO.

a) Ausgleichsanspruch

15 Nach Art. 7 Fluggastrechte-VO erhalten Fluggäste unter den Voraussetzungen der Art. 4–6 Fluggastrechte-VO bei Nichtbeförderung und Annullierung des Flugs (und ebenso bei großer Verspätung[28]) Ausgleichszahlungen nach einem pauschalierten Stufensystem, deren Höhe sich nach der Entfernung des betreffenden Fluges richtet. Bemessungsgrundlage hierfür ist im Fall von Flugverbindungen mit Anschlussflügen nur die Entfernung zwischen dem Ort des ersten Abflugs und dem Endziel, die nach der Großkreismethode zu ermitteln ist, unabhängig von der tatsächlich zurückgelegten Flugstrecke.[29] Verlegt ein ausführendes Luftfahrtunternehmen einen Fluggast in eine niedrigere Klasse als die, für die der Flugschein erworben wurde, so entsteht ebenfalls ein Erstattungsanspruch, der allerdings nur anteilig und wiederum in Abhängigkeit von der Entfernung gewährt wird (Art. 10 Abs. 2 Fluggastrechte-VO).[30] Ein Ausgleichsanspruch steht auch einem Fluggast zu, der wegen der Annullierung eines Fluges eine Ausgleichszahlung erlangt und den ihm angebotenen Alternativflug akzeptiert hat und dieser wiederum ebenfalls eine relevante Verspätung aufweist, wenn das den Alternativflug ausführende Luftfahrtunternehmen dasselbe ist wie das des annullierten Fluges.[31] Keine Entschädigung wird dann geschuldet, wenn der An-

---

27 EuGH, 26.2.2013, Rs. C-11/11 – *Folkerts*, RRa 2013, 78, Rn. 35. Dies kann auch dann gelten, wenn der endgültige Zielort nach der zugrunde liegenden einheitlichen Buchung von einem Flughafen im Unionsgebiet mit direktem Anschlussflug über einen Drittstaat erreicht werden soll und er dort infolge einer Verspätung des ersten Fluges mit großer Verspätung eintrifft, s. BGH MDR 2019, 982.

28 Zur Gleichstellung beider Kategorien oben Rn. 12.

29 EuGH, 7.9.2017, Rs. C-559/16 – *Bossen*, EuZW 2017, 813, Rn. 25 ff.

30 Zu den Modalitäten näher EuGH, 22.6.2016, Rs. C-255/15 – *Mennens*, EuZW 2016, 622.

31 EuGH, 12.3.2020, Rs. C-832/18 – *Finnair*, NJW 2020, 1127, Rn. 28 ff.

schlussflug das Endziel ohne relevante Verspätung erreicht, auch wenn für einen Teilflug eine Umbuchung vorgenommen wurde.[32]

b) Anspruch auf Erstattung oder anderweitige Beförderung

Bei Nichtbeförderung oder Annulierung haben Fluggäste Anspruch auf Erstattung oder anderweitiger Beförderung nach Maßgabe des Art. 8 Fluggastrechte-VO; Fluggäste können hierbei zwischen den dort genannten Modalitäten (Erstattung, diese ggf. verbunden mit Rückflug, anderweite Beförderung, diese baldmöglichst oder später) wählen. Im Falle einer mehr als fünfstündigen Verspätung ist ebenfalls ein Erstattungsanspruch vorgesehen (Art. 6 Abs. 1 lit. c sublit. iii, Art. 8 Abs. 1 lit. a Fluggastrechte-VO). **16**

Auch Fluggäste, deren Flüge Bestandteil einer Pauschalreise sind, können Rechte nach Art. 8 Abs. 1 lit. a Fluggastrechte-VO geltend machen; eine Ausnahme gilt allerdings hinsichtlich des dort normierten Anspruchs auf Erstattung, sofern dieser sich aus der Pauschalreise-Richtlinie a. F. ergibt. Nach Art. 8 Abs. 2 Fluggastrechte-VO genügt bereits das Bestehen eines Erstattungsanspruchs aus der Pauschalreise-RL a. F., um auszuschließen, dass ein Fluggast, dessen Flug Bestandteil einer Pauschalreise ist, die Erstattung seiner Flugscheinkosten nach der Fluggastrechte-Verordnung von dem ausführenden Luftfahrtunternehmen verlangen kann.[33] Da die Fluggastrechte-Verordnung hinsichtlich der in ihren Art. 6 und 7 geregelten Ausgleichszahlungen keine der in Art. 8 Abs. 2 geregelten Ausnahmen enthält, können diese Ansprüche auch dann bestehen, wenn der von einem Fluggast erworbene Flug Bestandteil einer Pauschalreise ist, ohne dass dies Auswirkungen auf etwaige sich aus der Pauschalreise-RL a. F. ergebende Ansprüche hätte.[34] **17**

c) Anspruch auf Betreuungsleistungen

Bei Nichtbeförderung oder Annulierung sowie großer Flugverspätung haben Fluggäste Anspruch auf Betreuungsleistungen nach Art. 9 Fluggastrechte-VO. Im Einzelnen handelt es sich dabei um Mahlzeiten und Erfrischungen in angemessenem Verhältnis zur Wartezeit, je nach Aufenthaltsdauer auch Hotelunterbringung sowie Beförderung zwischen dem Flughafen und dem Ort der Unterbringung, dazu „wird den Fluggästen angeboten, unentgeltlich zwei Telefongespräche zu führen oder zwei Telexe oder Telefaxe oder E-Mails zu versenden" – eine Möglichkeit, die heute in Zeiten ubiquitär verfügbarer Kommunikationsmöglichkeiten wohl kaum noch Bedeutung haben dürfte. **18**

---

32 EuGH, 30.4.2020, Rs. C-191/19 – *Air Nostrum*, ECLI:EU:C:2020:339, Rn. 30 ff.

33 S. EuGH, 10.7.2019, Rs. C-163/18 – *Aegean Airlines*, ECLI:EU:C:2019:585, Rn. 31; dazu *Chr. Huber*, GPR 2020, 138.

34 EuGH, 26.3.2020, Rs. C-215/18 – *Primera Air Scandinavia*, ECLI:EU:C:2020:235, Rn. 34 ff.

d) Weitergehender Schadensersatz

19 Nach Art. 12 Fluggastrechte-VO bleiben weitergehende Schadensersatzansprüche des Fluggastes unberührt, allerdings kann die nach der Fluggastrechte-Verordnung gewährte Ausgleichsleistung auf einen solchen Schadensersatzanspruch angerechnet werden. Im Wesentlichen geht es dabei um nach dem jeweils anwendbaren nationalen Recht bestehende Schadensersatzansprüche.[35] Dabei sind nicht nur materielle, sondern auch immaterielle Schadenspositionen erfasst, da die Fluggastrechte-Verordnung keine entsprechende Differenzierung vorsieht.[36] Hingegen darf das nationale Recht nicht vorsehen, dass den Fluggästen, deren Flug verspätet war oder annulliert wurde, die Kosten erstattet werden, die ihnen aufgrund der Verletzung der diesem Unternehmen nach den Art. 8 und 9 Fluggastrechte-VO obliegenden Unterstützungs- und Betreuungspflichten entstanden sind. Dies ergibt sich bereits aus dem Wortlaut des Art. 12 Fluggastrechte-VO, der nur weitergehende Schadensersatzansprüche erfasst, sodass die genannten Kategorien abschließend von der Fluggastrechte-Verordnung geregelt werden.[37]

20 Die Bedeutung dieser weitergehenden Schadensersatzansprüche mindert sich jedoch wegen der durch Art. 12 Abs. 1 S. 2 Fluggastrechte-VO ermöglichten Vorteilsausgleichung, die etwa im deutschen Recht praktiziert wird, um eine Überkompensation zu vermeiden.[38] Daher sind nach der Fluggastrechte-Verordnung wegen großer Verspätung gewährte Ausgleichsansprüche auf Schadensersatzansprüche wegen Verletzung des Beförderungsvertrags aufgrund derselben großen Verspätung anzurechnen. Somit besteht eine Parallele zum Pauschalreiserecht, wo diesbezüglich ebenfalls eine Vorteilsausgleichung stattfindet.[39] Eine Verpflichtung zur Vorteilsausgleichung ergibt sich aus Art. 12 Abs. 1 S. 2 Fluggastrechte-VO indessen ebenso wenig wie Bedingungen für eine nach nationalem Recht vorzunehmende Anrechnung.[40]

e) Verpflichtung zur Information der Fluggäste über ihre Rechte

21 Schließlich normiert Art. 14 Fluggastrechte-VO die wohl jedem Flugreisenden bekannte Verpflichtung zur Information der Fluggäste über ihre Rechte. Ein ausführen-

---

35 Nach deutschem Recht können diese aus § 280 Abs. 1 BGB folgen, BGH NJW-RR 2010, 1641. Auch der Anspruch auf Rückzahlung eines Teils des Reisepreises wegen Minderung auf Grund großer Verspätung des Rückflugs nach § 651d BGB unterfällt Art. 12 Abs. 1 Fluggastrechte-VO, s. BGH NJW 2015, 553, 554; dazu *Kotzur/Krauß*, GPR 2015, 72.

36 EuGH, 13.10.2011, Rs. C-83/10 – *Sousa*, NJW 2011, 3776, Rn. 36ff. Zur entsprechenden Diskussion bei der Pauschalreise-RL oben § 25 Rn. 17ff.

37 EuGH, 13.10.2011, Rs. C-83/10 – *Sousa*, NJW 2011, 3776, Rn. 42f.; s. dazu *Richter/Monteiro*, GPR 2012, 199, 203.

38 BGH NJW 2015, 553; BGH MDR 2019, 1437.

39 S. Art. 14 Abs. 5 sowie ErwGr. Nr. 36 Pauschalreise-RL; Hinweis darauf in BGH MDR 2019, 1437.

40 S. EuGH, 29.7.2019, Rs. C-354/18 – *Rusu*, ECLI:EU:C:2019:637, Rn. 47 und dazu *Ungerer*, GPR 2020, 42.

des Luftfahrtunternehmen, das seinen Hinweispflichten aus Art. 14 Abs. 2 Fluggastrechte-VO nachgekommen ist, haftet grundsätzlich nicht auf der Grundlage des jeweils anwendbaren nationalen Rechts für die Kosten für die erstmalige Geltendmachung des Anspruchs durch einen vom Fluggast beauftragten Rechtsanwalt. Etwas anderes kann gelten, wenn die erteilten Hinweise lückenhaft, unverständlich oder sonst so unklar sind, dass der Fluggast nicht sicher erkennen kann, was er tun muss.[41]

II. Eisenbahnverkehr

Ein ähnliches Schutzdesiderat wie im Flugverkehr besteht auch hinsichtlich Bahnrei- 22
sender. Diesbezüglich gilt die Fahrgastrechte-Verordnung (Eisenbahnverkehr).[42] Darin wird insbesondere eine Haftung für Verspätungen, verpasste Anschlüsse und Zugausfälle normiert.

---

41 BGH NJW 2016, 2883.

42 Verordnung (EG) Nr. 1371/2007 des Europäischen Parlaments und des Rates vom 23. Oktober 2007 über die Rechte und Pflichten der Fahrgäste im Eisenbahnverkehr, ABl. EU 2007 Nr. L 315/14.

Dritter Teil: **Internationales Vertragsrecht**

§ 29 Die Rolle des Internationalen Privatrechts

Literatur: *Arnold* (Hrsg.), Grundfragen des Europäischen Kollisionsrechts, 2016; *Baur/Mansel* (Hrsg.), Systemwechsel im Europäischen Kollisionsrecht, 2002; *Bruinier*, Der Einfluss der Grundfreiheiten auf das Internationale Privatrecht, 2003; *Fallon/Lagarde/Poillot-Peruzzetto*, Quelle architecture pour un code européen de droit international privé?, 2011; *Funken*, Das Anerkennungsprinzip im internationalen Privatrecht, 2009; *von Hein/Rühl* (Hrsg.), Kohärenz im Internationalen Privat- und Verfahrensrecht der Europäischen Union, 2016; *Kreuzer*, Zu Stand und Perspektiven des Europäischen Internationalen Privatrechts, RabelsZ 70 (2006), 1; *Kroll-Ludwigs*, Die Rolle der Parteiautonomie im europäischen Kollisionsrecht, 2013; *Leible/Unberath* (Hrsg.), Brauchen wir eine Rom 0-Verordnung?, 2013; *Leifeld*, Das Anerkennungsprinzip im Kollisionsrechtssystem des internationalen Privatrechts, 2010; *Lüttringhaus*, Übergreifende Begrifflichkeiten im europäischen Zivilverfahrens- und Kollisionsrecht, RabelsZ 77 (2013), 31; *Mansel*, Anerkennung als Grundprinzip des Europäischen Rechtsraums, RabelsZ 70 (2006), 651; *Nehne*, Methodik und allgemeine Lehren des europäischen Internationalen Privatrechts, 2012; *Nietner*, Internationaler Entscheidungseinklang im europäischen Kollisionsrecht, 2016; *Nordmeier*, Stand, Perspektiven und Grenzen der Rechtslagenanerkennung im europäischen Rechtsraum anhand Entscheidungen mitgliedstaatlicher Gerichte, IPRax 2012, 31; *Rühl*, Die rechtsaktübergreifende Auslegung im europäischen Internationalen Privatrecht: Art. 6 der Rom I-VO und die Rechtsprechung des EuGH zu Art. 15 Brüssel I-VO, GPR 2013, 122; *Schaub*, Grundlagen und Entwicklungen des europäischen Kollisionsrechts, JZ 2005, 328; *Schilling*, Binnenmarktkollisionsrecht, 2006; *Sonnenberger*, Randbemerkungen zum Allgemeinen Teil eines europäisierten IPR, in: FS Kropholler, 2008, S. 227; *Sonnenberger*, Anerkennung statt Verweisung?, in: FS Spellenberg, 2010, S. 371; *Stürner*, Europäisierung des (Kollisions-)Rechts und nationaler ordre public, in: FS v. Hoffmann, 2011, S. 463; *Stürner*, Vom Nutzen des Internationalen Privatrechts in der juristischen Ausbildung, JURA 2018, 349; *Trüten*, Die Entwicklungen des Internationalen Privatrechts in der Europäischen Union. Auf dem Weg zu einem europäischen IPR-Gesetz, 2015; *M.-Ph. Weller*, Anknüpfungsprinzipien im Europäischen Kollisionsrecht: Abschied von der „klassischen" IPR-Dogmatik?, IPRax 2011, 429; *M. Weller* (Hrsg.), Europäisches Kollisionsrecht, 2016; *Wilke*, A Conceptual Analysis of European Private International Law. The General Issues in the EU and its Member States, 2019; *Würdinger*, Das Prinzip der Einheit der Schuldrechtsverordnungen im Europäischen Internationalen Privat- und Verfahrensrecht: eine methodologische Untersuchung über die praktische Konkordanz zwischen Brüssel I-VO, Rom I-VO und Rom II-VO, RabelsZ 75 (2011), 102; *Rupp e.a.* (Hrsg.), IPR zwischen Tradition und Innovation, 2019

Systematische Übersicht

https://doi.org/10.1515/9783110718690-029

I. Aufgabe und Funktion des Internationalen Privatrechts

1 Das Internationale Privatrecht (IPR) oder Kollisionsrecht bestimmt bei privatrechtlichen Sachverhalten mit Auslandsbezug, welche Rechtsordnung zur Anwendung berufen ist (Art. 3 EGBGB). Nach dieser richtet sich dann die Beurteilung der einschlägigen Rechtsfrage. Die Anwendung der IPR-Normen ist damit jeder Anwendung der Normen des materiellen Rechts – man spricht in diesem Kontext vom Sachrecht, um eine Unterscheidung vom Kollisionsrecht zu treffen – notwendig vorgeschaltet. Anders als es die typischen Fragestellungen in der juristischen Ausbildung vermuten lassen, kann es in der Praxis durchaus vorkommen, dass eine ausländische Rechtsordnung über Bestand und Umfang eines geltend gemachten Anspruchs entscheidet. So sehen sich Gerichte mit der Notwendigkeit konfrontiert, die einschlägigen Normen etwa des französischen, englischen oder auch chinesischen Rechts ermitteln und anwenden zu müssen. Prozessual gibt ihnen § 293 ZPO ein breites Ermessen hinsichtlich der Art und Weise des Vorgehens bei der Ermittlung der einschlägigen Rechtsregeln.[1]

2 So kann etwa ein Rechtsgutachten bei einem einschlägig ausgewiesenen Universitätsprofessor hinsichtlich der Frage eingeholt werden, ob nach italienischem Recht der gutgläubige Erwerb eines gestohlenen Fahrzeugs möglich ist. Fände deutsches Recht Anwendung, so wäre § 935 Abs. 1 BGB zu beachten. Im italienischen Recht findet sich hingegen keine ausdrückliche Einschränkung des Gutglaubenserwerbs bei abhanden gekommenen Sachen, vgl. Art. 1153ff. Codice civile. Allerdings schließt Art. 1156 Codice civile den gutgläubigen Erwerb bezüglich solcher beweglicher Sachen aus, die in öffentlichen Registern eingetragen sind. Das ist etwa bei Kfz der Fall.[2] Welches der beiden Rechtsregime nun im konkreten Fall zur Anwendung kommt, richtet sich aus deutscher Sicht nach Art. 43 EGBGB, der sog. lex rei sitae: Es entscheidet der Ort der Belegenheit der Sache zum Zeitpunkt der für den möglichen Rechtserwerb entscheidenden Vorgänge.

3 In Bezug auf die Normen des in Deutschland geltenden IPR hingegen gilt der Grundsatz iura novit curia: Gutachterliche Hilfe darf das Gericht diesbezüglich nicht in Anspruch nehmen. Zudem sind die IPR-Normen von Amts wegen anzuwenden, auch wenn sich keine Partei darauf beruft.

4 Wenn es damit Aufgabe des IPR ist, grenzüberschreitende Privatrechtskonflikte einer Rechtsordnung (oder auch mehreren) zuzuweisen, so folgt daraus zweierlei: Regeln des IPR werden erstens grundsätzlich dann notwendig, wenn es verschiedene Staaten gibt. Dies gilt aber zweitens nur dann und insoweit, als diese Staaten unterschiedliche Privatrechtsordnungen haben. Anders gewendet: Innerhalb des Geltungsbereichs von internationalem Einheitsrecht, wie es etwa in Form des UN-Kaufrechts

1 Dazu noch unten § 31 Rn. 11ff.

2 Zur besonderen Fragestellung, ob diese Norm auch dann greift, wenn das in Italien veräußerte Kfz in Deutschland registriert war *Stürner*, JbItalR 31 (2018), S. 133.

für derzeit 94 Staaten gilt,[3] sind IPR-Vorschriften überflüssig und kommen nicht zur Anwendung.[4] Umgekehrt bedeutet dies aber auch, dass Staaten ohne eine einheitliche Privatrechtsordnung ihrerseits interne Kollisionsregeln benötigen. So besitzt etwa in den USA jeder Bundesstaat ein eigenes Privatrecht. Im Falle von sog. interstate conflicts ist anhand interlokalen Kollisionsrechts zu entscheiden, welche Teilrechtsordnung zur Anwendung kommt. In Deutschland bestehen zwar kaum solche interlokalen Konflikte,[5] jedoch nimmt der Anteil grenzüberschreitender Sachverhalte und damit auch die Bedeutung des IPR stetig zu.[6]

II. Die besondere Methodik des IPR

Literatur: *Bader*, Koordinationsmethoden im Internationalen Privat- und Verfahrensrecht, 2019; *Berner*, Kollisionsrecht im Spannungsfeld von Kollisionsnormen, Hoheitsinteressen und wohlerworbenen Rechten, 2017, S. 131ff.; *Harms*, Neuauflage der Datumtheorie im Internationalen Privatrecht, 2019; *Lehmann*, Auf der Suche nach dem Sitz des Rechtsverhältnisses: Savigny und die Rom I-Verordnung, in: FS Spellenberg, 2010, S. 245; *Mansel*, Privatrechtsdogmatik und Internationales Privatrecht, in: FS Canaris, 2017, S. 739; *Nordmeier*, Stand, Perspektiven und Grenzen der Rechtslagenanerkennung im europäischen Rechtsraum anhand Entscheidungen mitgliedstaatlicher Gerichte, IPRax 2012, 31; *Schurig*, Das Fundament trägt noch, in: Mansel (Hrsg.), Internationales Privatrecht im 20. Jahrhundert, 2014, S. 5: *Schwemmer*, Anknüpfungsprinzipien im europäischen Kollisionsrecht. Integrationspolitische Zielsetzungen und das Prinzip der engsten Verbindung, 2018; *Sonnenberger*, Anerkennung statt Verweisung?, in: FS Spellenberg, 2010, S. 371; *M.-Ph. Weller*, Vom Staat zum Menschen: Die Methodentrias des Internationalen Privatrechts unserer Zeit, RabelsZ 81 (2017), 747; *Wilke*, A Conceptual Analysis of European Private International Law. The General Issues in the EU and its Member States, 2019

1. Das Verhältnis von IPR und Sachrecht

Da das IPR grundlegend andere Ziele verfolgt als das Sachrecht, hat sich auch eine ei- 5
gene Methodik entwickelt. Hieraus wiederum resultieren dem Sachrecht unbekannte Rechtstechniken und damit einhergehend neue Begrifflichkeiten. Während sachrechtliche Normen grundsätzlich Rechte und Pflichten im privaten Rechtsverkehr schaffen, umgrenzen oder beenden, lösen IPR-Normen in erster Linie Anwendungskonflikte zwischen verschiedenen Rechtsordnungen, indem sie eine räumlich-horizontale Zuweisung des fraglichen Sachverhaltes zu einer oder mehreren dieser Rechtsordnungen vornehmen. Dies bedingt auch unterschiedliche Fragestellungen in juristischen

3 Siehe die Nachweise oben § 2 Rn. 87f.

4 BGHZ 134, 201, 206 zum alten Recht. Im Ergebnis gilt dies auch für das Verhältnis zur Rom I-VO; zum Meinungsstand Rauscher/*von Hein*, EuZPR/EuIPR, 4. Aufl. 2016, Art. 25 Rom I-VO Rn. 5ff.; OLG Köln IHR 2018, 71, 74. Siehe dazu noch unten § 32 Rn. 10ff.

5 Siehe etwa zu dem in den neuen Bundesländern fortbestehenden Stockwerkseigentum die Kollisionsnorm des Art. 233 § 2b Abs. 1 S. 1 EGBGB.

6 Siehe zu den daraus resultierenden Anforderungen an Juristen *von Münch*, JURA 2016, 1.

Gutachten: Während im Privatrecht nach Ansprüchen gefragt wird, die die Beteiligten gegeneinander haben, geht es im IPR einzig um die vorgelagerte Klärung des anwendbaren Rechts, aus dem sich wiederum erst die Validität der geltend gemachten Forderungen zu ergeben hat. In der Rechtspraxis begegnet fast immer eine Kombination beider Fragestellungen, häufig verbunden mit der prozessualen Problematik der internationalen Zuständigkeit.

6 Anders als der Name vermuten ließe, ist das Internationale Privatrecht im Ausgangspunkt nationales Recht: Jede Rechtsordnung besitzt ihr eigenes Kollisionsrecht. Die darin gefundenen Regelungen können sich durchaus erheblich voneinander unterscheiden. Besonders deutlich zeigt sich dies im Bereich des Internationalen Verfahrensrechts: Eröffnen sich nach dem Recht verschiedener Staaten eine internationale Zuständigkeit der dortigen Gerichte für einen bestimmten grenzüberschreitenden Rechtsstreit, so steht dem Kläger die Wahl zwischen diesen verschiedenen Gerichtsständen offen: Es gibt keine übergeordnete Instanz im zwischenstaatlichen Bereich, die eine Zuweisung der Streitigkeit zu einem besimmten Gericht vornehmen könnte. Bei der Entscheidung für einen bestimmten Gerichtsstand – man spricht hier von Forum – wird sicherlich eine Rolle spielen, zu welchem Sachrecht das jeweils anwendbare IPR führt und welche Konsequenzen dies für den Prozessausgang haben könnte.

7 Die in diesem Sinne prozesstaktische Auswahl eines Forums wird allgemein als forum shopping bezeichnet. Zu dessen Unterbindung werden unterschiedliche Mittel bereitgehalten: In anglo-amerikanischen Rechtsordnungen steht dem Beklagten der Einwand des forum non conveniens zur Verfügung, mit dem geltend gemacht wird, dass ein anderer Gerichtsstand weitaus engere Verbindungen zum Streitgegenstand aufweist. Die kontinentaleuropäische Tradition geht hingegen eher dahin, die Gerichtsstände von vornherein enger zuzuschneiden, um so die Wahlmöglichkeiten zu verringern. Innerhalb der EU gilt mit der Brüssel Ia-VO ein für alle Mitgliedstaaten einheitliches Zuständigkeitssystem.[7] Diese Verordnung hat als eines ihrer Ziele, forum shopping zu verhindern, auch wenn dies nicht durchweg vollständig gelingt.

2. Eigenständigkeit der IPR-Methodik

a) *Savigny* und das Prinzip der engsten Verbindung

8 Angesichts der unterschiedlichen Aufgaben von Kollisionsrecht und Sachrecht erstaunt es nicht, dass das IPR eine eigenständige Methodik und Terminologie herausgebildet hat. Viele Begriffe und dogmatische Konzepte wurden im 19. Jahrhundert entwickelt. Als besonders einflussreich haben sich vor allem die Arbeiten von *Friedrich Carl von Savigny* (1779–1861) erwiesen. In dem 1849 erschienenen Band VIII des

7 Dazu näher unten § 35 Rn. 55ff.

monumentalen Werkes *System des heutigen Römischen Rechts* legte er den Grundstein für das moderne IPR. *Savigny* wandte sich darin ab von der bis dahin herrschenden gesetzesbezogenen Herangehensweise (sog. Statutenlehre), die den internationalen Geltungswillen auf einen Rechtsakt bezogen festlegte;[8] er sah stattdessen das Rechtsverhältnis als den zentralen Bezugspunkt des IPR an. Gegenstand der kollisionsrechtlichen Analyse war demnach nicht ein Gesetz (Statut), sondern etwa ein Vertrag, ein Eheverhältnis oder ein Testament. Diese Entwicklung lässt sich als „Kopernikanische Wende" im Kollisionsrecht bezeichnen (*Paul Heinrich Neuhaus*).[9]

Die Statutenlehre ging nicht vom zu beurteilenden Sachverhalt aus, sondern vom jeweils in einem Territorium geltenden Rechtsakt (dem statutum), und versuchte, dessen räumlichen Anwendungsbereich zu bestimmen. Hierzu wurde die Einteilung in statuta personalia (Rechtsakte mit Geltung für alle Bewohner eines Territoriums), statuta realia (Rechtsakte mit Geltung für alle im Territorium belegenen unbeweglichen Sachen) und statuta mixta (Rechtsakte mit Geltung für Rechtshandlungen im Territorium) verwendet.[10] **9**

Nach *Savigny* sollte die Aufgabe des Kollisionsrechts demgegenüber darin bestehen, „daß bei jedem Rechtsverhältniß dasjenige Rechtsgebiet ausgesucht werde, welchem dieses Rechtsverhältniß seiner eigenthümlichen Natur nach angehört oder unterworfen ist, (worin dasselbe seinen Sitz hat)".[11] Dies führt dazu, dass „der Richter dasjenige örtliche Recht anzuwenden hat, dem das streitige Rechtsverhältniß angehört, ohne Unterschied, ob dieses örtliche Recht das einheimische Recht dieses Richters, oder das Recht eines fremden Staates sein mag".[12] Dahinter steht das Postulat der Gleichwertigkeit aller Rechtsordnungen: Der Sitz des Rechtsverhältnisses wird für *Savigny* rein objektiv-territorial bestimmt und zunächst ohne Rücksicht auf das Ergebnis. Leitend für diese räumliche Zuordnung soll das Prinzip der engsten Verbindung sein und gerade nicht ein wie auch immer geartetes inhaltliches Kriterium. Diese sachorientierte Vorgehensweise soll Gewähr dafür bieten, dass „die Rechtsverhältnisse, in Fällen einer Collision der Gesetze, dieselbe Beurtheilung zu erwarten haben, ohne Unterschied, ob in diesem oder jenem Staate das Urtheil gesprochen werde".[13] Dahinter steht das Ideal des internationalen Entscheidungseinklangs: Ein Rechtsfall soll gleich entschieden werden, unabhängig davon, vor welchem Gericht **10**

---

8 Dies soll nicht verdecken, dass bereits zuvor Kritik an der Statutenlehre geübt worden war; zu nennen ist dabei vor allem *Carl Georg von Wächter*, AcP 24 (1841), 230 und AcP 25 (1842), 1, 161 und 361.

9 *Neuhaus*, RabelsZ 15 (1949/50), 364, 366.

10 Zur Entwicklung *Kegel/Schurig*, Internationales Privatrecht, 9. Aufl. 2004, § 3 III 2; *von Bar/Mankowski*, Internationales Privatrecht Band 1: Allgemeine Lehren, 2. Aufl. 2003, § 6 Rn. 10ff.; *Seif*, RabelsZ 65 (2001), 493, 495ff.

11 System des heutigen römischen Rechts, Band VIII, 1849, S. 108, 118.

12 System des heutigen römischen Rechts, Band VIII, 1849, S. 32.

13 System des heutigen römischen Rechts, Band VIII, 1849, S. 27, ebenso S. 129 (Hervorhebung im Original).

bzw. in welchem Staat der Streit ausgetragen wird. Auch wenn dies vielfach ein bloß theoretisches Postulat bleibt, zumal das IPR heute sehr viel politischer aufgeladen ist als früher,[14] so steht es sinnbildlich für die Universalität der Disziplin.

11 In der Tat hat sich die Kollisionsrechtswissenschaft – durchaus passend zum Sujet – weitaus transnationaler entwickelt und befruchtet als dies gerade im Privatrecht der Fall war, wo die großen Kodifikationen in gewisser Weise hemmende Wirkung entfaltet haben, da sie den Blick „nach innen" ziehen. Im IPR gab es in Deutschland bis weit in die 2. Hälfte des 20. Jahrhunderts nur rudimentäre positivrechtliche Regelungen, sodass die Rechtsentwicklung notwendig unter Rückgriff auf Rechtsprechung und Lehre erfolgte. Einflussreich war lange Zeit die französische Doktrin, daher haben sich Begriffe und Rechtsfiguren wie renvoi (Rück- und Weiterverweisung), dépeçage (unterschiedliche Anknüpfung zusammenhängender Sachfragen, etwa durch Teilrechtswahl), ordre public (öffentliche Ordnung) oder andere, die das Fach so exotisch erscheinen lassen, bis heute gehalten. Inhaltlich bilden diese Begriffe und andere die Besonderheiten des IPR ab: Das Nebeneinander zweier oder mehrerer Rechtsordnungen (die Kollision) macht den Einsatz besonderer Instrumentarien erforderlich, die das Sachrecht nicht benötigt.

12 Würde ein fiktiver Gesetzgeber mit der Aufgabe betraut, solche „Kollisionen" zu regeln, so wäre jedenfalls theoretisch ein System denkbar, das mit einer einzigen, generalklauselartig formulierten Kollisionsnorm auskommt: Das Rechtsverhältnis ist derjenigen Rechtsordnung zu unterstellen, mit der es – im Sinne *Savignys* – die engste räumliche Verbindung aufweist. Die damit erforderliche Einzelfallabwägung würde jedoch für erhebliche Rechtsunsicherheit sorgen. So ist es wenig überraschend, dass der Begriff der engsten Verbindung im heute geltenden IPR in Gesetzgebung und Rechtswissenschaft erheblich ausdifferenziert und für einzelne Rechtsverhältnisse konkretisiert wurde. Die im EGBGB enthaltenen Kollisionsnormen – ebenso verhält es sich grundsätzlich für die immer zahlreicher werdenden EU-Verordnungen zum IPR[15] – unterscheiden daher Hauptkategorien, etwa Verträge, außervertragliche Schuldverhältnisse, sachenrechtliche Rechtsverhältnisse etc., und Unterkategorien wie Beförderungsverträge, Verbraucherverträge und Versicherungsverträge, für die jeweils unterschiedliche Kriterien für die sogenannte Anknüpfung maßgeblich sind. Unter der Anknüpfung versteht man die Verbindung des in einer abstrakt-generellen Kollisionsnorm genannten Anknüpfungspunktes (etwa dem Wohnsitz oder gewöhnlichen Aufenthalt einer Person oder der Belegenheit einer Sache) mit der dort normierten Rechtsfolge, mithin die Bestimmung einer konkreten anwendbaren Rechtsordnung (etwa das Recht des Wohnsitzes des Verkäufers).

---

14 Dazu § 30 Rn. 9 ff.; zu *Savignys* Vermächtnis in der Rom I-VO *Lehmann*, in: FS Spellenberg, 2010, S. 245.

15 Das IPR ist damit in hohem Maße europäisiert, s. näher unten § 31.

Hinzu treten unselbstständige Kollisionsnormen wie die Art. 4–6 EGBGB, die allgemein geltende Sachprobleme für sämtliche Anknüpfungen regeln wie etwa die Reichweite der Verweisung,[16] die Unteranknüpfung bei Verweisung in Staaten ohne einheitliche Rechtsordnung[17] oder den sog. Vorbehalt des ordre public.[18] Ein Sachverhalt mit Auslandsbezug muss nun in diesem Normgeflecht verortet werden, man bezeichnet diesen Vorgang als Qualifikation.[19] Durch diese analytische Herangehensweise[20] kann es vorkommen, dass ein einheitlicher Lebenssachverhalt unterschiedlichen Kollisionsnormen unterfällt und sogar verschiedene Sachrechtsordnungen auf Teilaspekte des Falles anzuwenden sind. Im Extremfall kann es dabei zu Widersprüchen kommen, weil die zur Anwendung berufenen Rechtsordnungen inhaltlich nicht aufeinander abgestimmt sind. Weil ein solcher Rechtszustand nicht toleriert werden kann, hält das IPR verschiedene Institute bereit, mit deren Hilfe wiederum eine Synthese herbeigeführt werden kann, etwa die Anpassung, die Transposition oder die Substitution.[21] **13**

b) Verweisung, Anerkennung, Berücksichtigung

Auch heute haben die Rechtsakte des IPR das Ziel, in abstrakt-genereller Weise für die ihrem Regelungsbereich unterfallenden Sachverhalte dasjenige Sachrecht (oder diejenigen Sachrechte) zu bestimmen, zu welchem der Sachverhalt die engste Verbindung aufweist.[22] Dies geschieht in erster Linie durch eine Verweisung: Die der Anwendung jeder Sachnorm vorgeschaltete Kollisionsnorm bestimmt die maßgebliche (Teil-) Rechtsordnung, nach der sich dann die geltend gemachten Ansprüche bemessen. Ein Gegenmodell scheint dasjenige der Anerkennung zu bilden, wonach die nach ausländischem Recht bestehenden „Rechtslagen“ als solche, d. h. ohne inhaltliche Anwendung der lex causae (das auf die konkrete Rechtsfrage anwendbare Recht), akzeptiert („anerkannt“) werden. Weiterhin findet sich in verschiedenen Kollisionsnomen die Möglichkeit der „Berücksichtigung“ fremder Normen bzw. Gegebenheiten. Man kann das als „Methodentrias des IPR“ bezeichnen,[23] auch wenn darin vielleicht eine Überbetonung der Unterschiede liegt: Die Methode der Verweisung erweist sich als zentral; Anerkennung und Berücksichtigung treten eher flankierend hinzu. **14**

---

16 Dazu unten § 32 Rn. 88 ff.

17 Dazu unten § 32 Rn. 116 f.

18 Dazu unten § 32 Rn. 141 ff.

19 Dazu unten Rn. 36 ff.

20 Der Begriff geht zurück auf *Goldschmidt*, in: FS M. Wolff, 1952, S. 203, 208 ff.

21 Zur Anpassung unten Rn. 23 ff.; siehe weiter MüKo-BGB/*von Hein*, 8. Aufl. 2020, Einl. IPR Rn. 235 ff. Zum Begriff der Synthese *Neuhaus*, Die Grundbegriffe des Internationalen Privatrechts, 2. Aufl. 1976, § 57 I (S. 355).

22 Zum Prinzip der engsten Verbindung noch unten § 30 Rn. 8.

23 *M.-Ph. Weller*, RabelsZ 81 (2017), 747.

aa) Die Verweisung in eine (Sach-)Rechtsordnung

15 Die Kollisionsnormen sind in der Regel als Verweisungsnormen ausgestaltet;[24] sie verwenden hierbei bestimmte Systembegriffe, die sog. Anknüpfungspunkte, die für bestimmte Bereiche des Privatrechts, die Anknüpfungsgegenstände, in abstrakt-genereller Art und Weise bestimmen, welche Sachrechtsordnung zur Anwendung gelangen soll. So ist etwa bei einem grenzüberschreitenden Kaufvertrag (Anknüpfungsgegenstand) regelmäßig, d.h. dann, wenn die Parteien nichts anderes bestimmen, das Recht des Staates anwendbar, in dem der Verkäufer seinen gewöhnlichen Aufenthalt hat, Art. 4 Abs. 1 lit. a Rom I-VO (Anknüpfungspunkt). Unerheblich ist danach, wo die vertragliche Leistung zu erfüllen war oder gewesen wäre. Anders wird das anwendbare Recht dagegen etwa im Deliktsrecht bestimmt: Im Falle einer grenzüberschreitenden unerlaubten Handlung (Anknüpfungsgegenstand) ist nach Art. 4 Abs. 1 Rom II-VO das Recht am Ort des Schadenseintritts, hier als Ort der Rechts(guts)verletzung zu verstehen, einschlägig (Anknüpfungspunkt).

bb) Anerkennung (von Rechtslagen)

16 Neben solchen Verweisungsnormen kennt das IPR auch Normen, die eine Anerkennung von Rechtslagen zur Folge haben.[25] Dies darf nicht verwechselt werden mit der Anerkennung im prozessualen Sinne, wie sie etwa in Art. 36 Abs. 1 Brüssel Ia-VO normiert wird: Bei jenen geht es um die Erstreckung von Entscheidungswirkungen, die nach dem Recht des Urteilsstaates bestehen, auf den Anerkennungsstaat. Mithin liegt ein Hoheitsakt vor, dessen Reichweite durch den Akt der Anerkennung räumlich ausgedehnt wird.[26]

17 Ein Beispiel für eine „Rechtslagenanerkennung" findet sich im internationalen Sachenrecht in Art. 43 Abs. 2 EGBGB, wonach Rechte an einer Sache, die nach ausländischem Sachstatut wirksam begründet wurden, grundsätzlich im Inland Bestand haben.[27] Das neue Statut greift bis zur Grenze des ordre public in die bestehende Rechtslage nicht ein, sodass etwa der vom Recht des Herkunftsstaates bejahte Erwerb eines dinglichen Rechts immer dann auch vom neuen Statut akzeptiert wird, wenn der Tatbestand schon unter der Geltung des alten Statuts als abgeschlossen zu bewerten war.

---

24 Zu den Anknüpfungsprinzipien im europäischen IPR *M.-Ph. Weller*, IPRax 2011, 429; *ders.*, in: Arnold, Grundfragen des Europäischen Kollisionsrechts, 2016, S. 133.

25 Grundlegend *Mansel*, RabelsZ 70 (2006), 651; *Coester-Waltjen*, IPRax 2006, 392; *Funken*, Das Anerkennungsprinzip im internationalen Privatrecht, 2009; *Leifeld*, Das Anerkennungsprinzip im Kollisionsrechtssystem des internationalen Privatrechts, 2010; *Sonnenberger*, in: FS Spellenberg, 2010, S. 371; *Nordmeier*, IPRax 2012, 31.

26 Dazu bereits oben § 35 Rn. 67 ff.

27 Staudinger/*Mansel* (2015), Art. 43 EGBGB Rn. 1264 („Hinnahmetheorie").

18 Gleichermaßen besteht auf der Grundlage einschlägiger EuGH-Rechtsprechung[28] auch im internationalen Gesellschaftsrecht ein „Anerkennungsprinzip".[29] Gemeint ist damit indessen lediglich die Beachtung der unter ausländischem Recht im Ausland erworbenen Rechtsform und einer damit verbundenen Rechtsfähigkeit/Parteifähigkeit bei Betätigung (vom Ausland aus) im Inland. Der Begriff hat nicht die Geltung der sog. Sitztheorie, also die kollisionsrechtliche Anknüpfung der Gesellschaft nach dem Recht ihres tatsächlichen Verwaltungssitzes, zur Voraussetzung, ist aber in der zurückliegenden deutschen Praxis mit dieser Bedeutung bei Geltung der Sitztheorie im Inland gehandhabt worden. Faktisch hatte die aus der Niederlassungsfreiheit (Art. 49, 54 AEUV) resultierende Notwendigkeit einer Anerkennung von EU-Auslandsgesellschaften für diesen Bereich die Verdrängung der Sitztheorie durch die Gründungstheorie zur Folge, die an das Recht des Gründungsstaates anknüpfung und damit auch bei einem grenzüberschreitenden Wechsel des Verwaltungssitzes zu keinem Statutenwechsel führt. Hieraus erhellt auch ein grundlegender Zusammenhang: Kollisionsrechtlich führt die Gründungstheorie zu einer Verweisung in das Recht des Gründungsstaates der Gesellschaft. Das Anerkennungsprinzip wird damit auf einer Meta-Ebene praktisch: Es beeinflusst die Verweisung, fungiert aber nicht selbst als kollisionsrechtliches Prinzip.

19 Ähnlich liegen die Dinge im internationalen Namensrecht: Auch hier war es die Rechtsprechung des EuGH, die den Anstoß zu einer Neukonzeption des Kollisionsrechts gegeben hat.[30] Die Anwendung der in Art. 10 Abs. 1 EGBGB enthaltenen Anknüpfung an die Staatsangehörigkeit, die bei einem Umzug nach Deutschland von einem Staat mit liberalerem Namensrecht als das deutsche zu einem Konflikt etwa mit den Vorschriften hinsichtlich der Führung von Doppelnamen des Kindes (§ 1617 BGB) führen kann, war danach nicht mit der Personenfreizügigkeit (Art. 21 AEUV) vereinbar. Anders als beim internationalen Gesellschaftsrecht bestand die Reaktion des deutschen Rechts nicht darin, die kollisionsrechtliche Anknüpfung zu verändern und in Art. 10 EGBGB vom Staatsangehörigkeitsprinzip zu einer Registrierungsanknüpfung o. ä. überzugehen. Vielmehr hat der Gesetzgeber mit Art. 48 EGBGB eine eigenständige Namenswahlmöglichkeit geschaffen. Der Bereich des Kollisionsrechts im engeren Sinne wird damit freilich verlassen. Dies spiegelt die Besonderheit des Namensrechts wider, das statusrechtliche Implikationen aufweist. Doch scheint der EuGH aus Art. 21 AEUV ein allgemeines Prinzip der unionsweiten Anerkennung von Statusverhältnissen abzuleiten, die in einem Mitgliedstaat geschaffen worden sind.[31]

---

28 Grundlegend EuGH, 9.3.1999, Rs. C-212/97 – *Centros*, Slg. 1999, I-1459; s. die Nachzeichnung der Entwicklung bei Erman/*Stürner*, 16. Aufl. 2020, Anh. Art. 12 EGBGB Rn. 6ff.

29 Näher zur Diskussion MüKo-BGB/*Kindler*, 7. Aufl. 2018, IntGesR Rn. 316ff.

30 Etwa EuGH, 14.10.2008, Rs. C-353/06 – *Grunkin Paul*, NJW 2009, 135; siehe zur Entwicklung *Stürner*, in: Langenbucher, Europäisches Privat- und Wirtschaftsrecht, 4. Aufl. 2017, § 8 Rn. 114ff.

31 EuGH, 5.6.2018, Rs. C-673/16 – *Coman*, FamRZ 2018, 1063. Noch weitergehend *Werner*, ZEuP 2019, 810, der Art. 21 AEUV als Grundlage eines „ordre public européen" ansieht.

20 Gewisse Parallelen hierzu weist die Diskussion um ein „Herkunftslandprinzip“ auf, die vor allem im Zuge der Verabschiedung der E-Commerce-Richtlinie geführt wurde: Nach deren Art. 3 trägt jeder Mitgliedstaat dafür Sorge, dass die Dienste der Informationsgesellschaft, die von einem in seinem Hoheitsgebiet niedergelassenen Diensteanbieter erbracht werden, den in diesem Mitgliedstaat geltenden innerstaatlichen Vorschriften entsprechen, die in den koordinierten Bereich fallen. Für das IPR folgt daraus für sich genommen wenig:[32] Ein Herkunftslandprinzip als Anknüpfungskriterium gilt dort, wo es normiert wurde; doch lässt sich das angesichts der Vielgestaltigkeit der Kollisionsnormen gerade nicht verallgemeinern. Gegenbeispiele bietet etwa das Verbraucher-IPR, wo Art. 6 Rom I-VO letztlich gerade an das Bestimmungsland anknüpft.

cc) Die Berücksichtigung von *local data*

21 Hinzu treten noch sog. Berücksichtigungsnormen: Das sind solche Normen des Kollisionsrechts, die eine – von der durch die Verweisung bedingte Anwendung zu unterscheidende, im Ermessen des Rechtsanwenders stehende – Berücksichtigung einer fremden Sachnorm anordnen, die gerade nicht durch Verweisung berufen wurde.[33] So fordert Art. 17 Rom II-VO „faktisch und soweit angemessen“ die Berücksichtigung von Sicherheits- und Verhaltensregeln, die an dem Ort und zu dem Zeitpunkt des haftungsbegründenden Ereignisses in Kraft sind, wenn das haftungsbegründende Verhalten einer Person beurteilt werden soll. Im Bereich des Internationalen Vertragsrechts ermöglicht Art. 9 Abs. 3 Rom I-VO die „Berücksichtigung“ forumfremder Eingriffsnormen;[34] Art. 12 Abs. 2 Rom I-VO konzediert dann im Interesse der Verträglichkeit des Vertragsstatuts als umfassender (Art. 12 Abs. 1 Rom I-VO) lex causae mit der am Erfüllungsort herrschenden Rechtsordnung deren Berücksichtigungsfähigkeit für die Art und Weise der Erfüllung.[35]

22 Methodisch geht dieser Ansatz zurück auf die sog. Datumtheorie, die von *Jayme* im Anschluss an *Ehrenzweig* für das kontinentale IPR ausgearbeitet wurde[36] und die jüngst wieder wissenschaftliches Interesse erfährt.[37] Der Begriff der Theorie ist dabei etwas irreführend, denn im Ausgangspunkt verfolgte *Ehrenzweig* in Bezug auf das US-amerikanische Kollisionsrecht einen rein deskriptiven Ansatz: Ihm ging es darum aufzuzeigen, in welchem Umfang Gerichte rechtstatsächlich auf Rechtsregeln zurück-

---

32 Siehe dazu eingehend *Mankowski*, ZVglRWiss 100 (2001), 137; *Spindler*, RabelsZ 66 (2002), 633; *Thünken*, Das kollisionsrechtliche Herkunftslandprinzip, 2003.

33 Dazu MüKo-BGB/*von Hein*, 8. Aufl. 2020, Einl. IPR Rn. 291ff.

34 Dazu unten § 32 Rn. 131ff.

35 Dazu unten § 32 Rn. 89.

36 *Jayme*, in: GS Ehrenzweig, 1976, S. 37.

37 *Weller*, in: Gebauer/Mansel/Schulze (Hrsg.), Die Person im IPR, 2019, S. 53; *Harms*, Neuauflage der Datumtheorie im Internationalen Privatrecht, 2019.

greifen, die nicht dem eigentlich berufenen Sachrecht angehören, aber doch für den Fall faktische Bedeutung haben (die „local data") und ähnlich von Tatsachen Berücksichtigung finden müssen. Ein normatives Anliegen steht dahinter also nicht.[38] Die „Datumtheorie" hat im Kern eher sachrechtliche Natur; stets setzt sie eine „reguläre" kollisionsrechtliche Anknüpfung voraus, in deren Rahmen sie ggf. korrigierend oder ergänzend eingreifen kann.[39]

c) Angleichung bzw. Anpassung

Literatur: *Gössl*, Anpassung im EU-Kollisionsrecht, RabelsZ 82 (2018), 619

Aufgrund der analytischen Methode des IPR kann es vorkommen, dass Verweisungen ausgesprochen werden, die aufgrund der Wahl eines Anknüpfungspunktes einen einheitlichen Lebenssachverhalt verschiedenen Rechtsordnungen unterstellt. Daraus resultieren in Einzelfällen Anknüpfungsergebnisse, die nicht miteinander harmonieren oder gar zu einer Art Rechtsverweigerung führen. Derartige Disharmonie tritt einerseits als Normenmangel auf: Die einschlägigen Normen aller in Betracht kommenden Rechtsordnungen sind unanwendbar; es käme zu einem Ergebnis, das von keiner der beteiligten Rechtsordnungen gewollt ist. Denkbar ist andererseits eine Normenhäufung: Die anwendbaren Sachnormen widersprechen sich; das Ergebnis entspricht keiner der beiden Rechtsordnungen. 23

In solchen Fällen ist eine Auflösung des Widerspruchs auf materiellrechtlichem (Anpassung der Sachnormen durch Modifikation oder Neubildung) oder kollisionsrechtlichem Weg (Angleichung durch Einschränkung oder Erweiterung des Verweisungsumfanges) erforderlich.[40] Den Vorzug verdient die kollisionsrechtliche Angleichung, da sie in der Regel den geringeren Eingriff darstellt; die Entscheidung kann aber nur im Hinblick auf den konkret gegebenen Fall getroffen werden. 24

Das europäische Kollisionsrecht kennt keine ausdrücklichen Regelungen zur Angleichung. Allerdings bestehen Anhaltspunkte dafür, dass der „Rechtstransport" in ein neues Umfeld inhaltliche Modifikationen notwendig machen kann. Dies gilt insbesondere für die grenzüberschreitende Vollstreckung: Hier regelt Art. 54 Brüssel Ia-VO den Fall, dass eine Entscheidung eine Maßnahme oder Anordnung enthält, die im Recht des Vollstreckuntsstaates nicht bekannt ist. Da die Urteilsfreizügigkeit eine Durchsetzung auch für solche Titel erfordert, ist diese Maßnahme oder Anordnung soweit möglich an eine im Recht dieses Mitgliedstaats bekannte Maßnahme oder Anordnung anzupassen, mit der vergleichbare Wirkungen verbunden sind und die ähnliche 25

38 Deutlich *Reimann*, in: Der Einfluß deutscher Emigranten auf die Rechtsentwicklung in den USA und in Deutschland, 1993, S. 397, 414f.

39 Siehe etwa zu Art. 9 Abs. 3 Rom I-VO unten § 32 Rn. 131ff.

40 Vgl. allgemein dazu *Kropholler*, in: FS Ferid, 1978, S. 279.

Ziele und Interessen verfolgt; diese darf aber nicht dazu führen, dass Wirkungen entstehen, die über die im Recht des Ursprungsmitgliedstaats vorgesehenen Wirkungen hinausgehen.

26 Daraus kann man für das Kollisionsrecht immerhin ableiten, dass eine Anpassung grundsätzlich nicht ausgeschlossen ist. Auch hier ist grundsätzlich eine kollisionsrechtliche Anpassung vorzugswürdig.[41] Pauschale Lösungen verbieten sich; die Anpassung darf jedenfalls nicht den effet utile der einschlägigen Verordnungen berühren.

III. Die Bedeutung des IPR in den Phasen der Juristenausbildung

Literatur: *Cuniberti*, Should European Teachers Focus on European Private International Law?, in: von Hein/Kieninger/Rühl (Hrsg.), How European is European Private International Law? Sources, Court Practice, Academic Discourse, 2019, S. 355; *Kadner Graziano*, Private International Law in Legal Education in Europe and Selected Other Countries, in: von Hein/Kieninger/Rühl (Hrsg.), How European is European Private International Law? Sources, Court Practice, Academic Discourse, 2019, S. 333; *Stürner*, Vom Nutzen des Internationalen Privatrechts in der juristischen Ausbildung, JURA 2018, 349

27 Die teils exotisch anmutenden Begriffe und Institute und die universell ausgerichtete Denkweise des IPR eröffnen einen neuen Blick gerade auch auf die eigene Sachrechtsordnung. Auch wenn es zu Beginn schwer fallen mag, sich auf die fremde Dogmatik einzulassen, die von den immer wieder gerne zitierten „learned but eccentric professors"[42] mit Hingabe scheinbar immer weiter ausziseliert wird, so führt das im IPR geschärfte Systemdenken auch im Sachrecht zu neuen Verständnishorizonten. Schließlich hat kaum ein anderer Teil des Privatrechts eine ähnlich starke Europäisierung erfahren wie das IPR, sodass sich hier die Rechtsanwendung in einem Mehrebenensystem einüben lässt.

28 Dies spricht dafür, die Grundzüge des IPR bereits im Studium zu unterrichten. Denn es steht wie kaum ein anderes Fach für exemplarisches Lernen, das – ähnlich wie etwa der Allgemeine Teil des BGB – zunächst fremd und lebensfern anmutet, jedoch als ein übergreifendes Metasystem das gesamte Privatrecht abdeckt. Anders als viele Spezialmaterien, die man sich während der Berufstätigkeit mit dem im Studium erlangten Handwerkszeug zur Not auch „by doing" aneignen kann, erweist sich das IPR für eine solche „Spätgeburt" aus den eben beschriebenen Gründen als eher ungeeignet.[43] Idealerweise schließt sich das IPR an die Grundvorlesungen zu den einzel-

---

41 Näher *Gössl*, RabelsZ 82 (2018), 619, 626 ff.

42 Das Zitat stammt von *Prosser*, 51 Mich. L. Rev. 959, 971 (1953) und bezieht sich auf das US-amerikanische interlokale Kollisionsrecht. Siehe dazu aus neuerer Zeit wieder *Schaub*, JURA 2017, 611 unter Verweis auf *Leible*, ZVglRWiss 97 (1998), 286, 287.

43 Siehe auch *Weller*, in: Hobe/Marauhn (Hrsg.), Lehre des Internationalen Rechts – zeitgemäß?, 2017, S. 35; *ders.*, StudZR 2016, III, VI; *Pfeiffer*, IWRZ 2017, 3, 5; *Wichard*, IPRax 2017, 118, 119.

nen Gebieten des Privatrechts an, also im vierten, besser im fünften Semester. Doch folgen nicht alle Bundesländer dem, im Gegenteil.

1. Das IPR im Studium

Die Grundlagen für die Juristenausbildung finden sich im Deutschen Richtergesetz. In Bezug auf die internationalen Bezüge des Studiums verweist § 5a Abs. 2 S. 4 DRiG auf die Schwerpunktbereiche, die „der Ergänzung des Studiums, der Vertiefung der mit ihnen zusammenhängenden Pflichtfächer sowie der Vermittlung interdisziplinärer und internationaler Bezüge des Rechts" dienen sollen. 29

a) Pflichtfachbereich

Dennoch zählen einige Bundesländer das IPR zum Pflichtfachbereich.[44] Doch war diese nach dem oben Ausgeführten völlig richtige Weichenstellung akut bedroht: Ein von der Justizministerkonferenz im November 2014 eingesetzter Koordinierungsausschuss hatte in seinem Abschlussbericht zu „Harmonisierungsmöglichkeiten für die juristischen Prüfungen: Bewertung und Empfehlungen" vom Herbst 2016 vorgeschlagen, das IPR zusammen mit anderen Teilbereichen des Privatrechts wie dem AGG oder dem ProdHG zum Zwecke der Vereinheitlichung des curriculums aus dem Pflichtfachkanon zu streichen.[45] Nicht nur die Wissenschaft, sondern auch und gerade die Praxis äußerte teils massive Kritik.[46] Wie kaum ein anderes Fach steht das IPR als Querschnittsmaterie für Methodenkompetenz, und gerade nicht für Einzelwissen. Eine Streichung des IPR wäre angesichts der immer wieder angemahnten und postulierten Internationalisierung der Juristenausbildung[47] – deutlich vor allem der Bericht des Wissenschaftsrates von 2012[48] – geradezu ein Selbstwiderspruch. Das Gegenteil er- 30

44 Dies sind insbesondere Baden-Württemberg (§ 8 Abs. 2 Nr. 5 JAPrO BW), Nordrhein-Westfalen (§ 11 Abs. 2 Nr. 2 JAG NRW), Rheinland-Pfalz (Anlage A I Nr. 7 zu § 1 Abs. 2 Nr. 1 JAPO RP) und Bremen (§ 5 Abs. 1 Nr. 1 lit. f JAPG Bremen) sowie auch das Saarland (§ 8 Abs. 3 JAG Saarland) und Schleswig-Holstein (§ 3 Abs. 2 JAVO SH), wo die internationalen und europäischen Bezüge des Bürgerlichen Rechts auch Grundzüge des IPR umfassen.

45 Siehe den Bericht des Ausschusses der Konferenz der Justizministerinnen und Justizminister zur Koordinierung der Juristenausbildung (KOA), Harmonisierungsmöglichkeiten für die juristischen Prüfungen: Bewertung und Empfehlungen – Herbst 2016, Teilbericht: Harmonisierung und Begrenzung des Pflichtstoffs, S. 44, abrufbar unter https://www.justiz.nrw.de/JM/schwerpunkte/juristenausbildung/bericht_ausschuss/KOA-Bericht_November_2016.pdf [zuletzt abgerufen am 25.5.2020].

46 *Mansel/von Hein*, NJW-aktuell 2016, 17 (Heft 27); *Mansel/von Hein/Weller*, JZ 2016, 855; Stellungnahme des Deutschen Rates für Internationales Privatrecht, IPRax 2016, 619; *Schulze/Groß*, AnwBl 2016, 710; *Graf von Westphalen*, IWRZ 2016, 193, 194; *Pfeiffer*, IWRZ 2017, 3; *Baldus/Schmidt-Kessel*, GPR 2017, 2, 5 f.; *Schaub*, JURA 2017, 611; offener *Classen*, JZ 2016, 1051 f.; *Lege*, JZ 2017, 88.

47 Dazu auch *Stürner*, in: FS Müller-Graff, 2015, S. 1476.

48 Perspektiven der Rechtswissenschaft in Deutschland. Situation, Analysen, Empfehlungen, Drucks. 2558–12 vom 9.11.2012.

scheint richtig: die verpflichtende Vermittlung von Grundkenntnissen des IPR, insbesondere in Gestalt der Rom I-VO und der Rom II-VO.[49] Dies lässt sich in einer zweistündigen Vorlesung in der Mittelphase des Studiums bewerkstelligen.

31 In der nachfolgenden Fachdiskussion mit den Juristischen Fakultäten hat sich gezeigt, dass sich die wachsende Internationalisierung des Rechts und der Wirtschaftsbeziehungen auch im universitären curriculum widerspiegeln muss. Dem trägt der im November 2017 vorgelegte Bericht des Koordinierungsausschusses „Harmonisierungsmöglichkeiten für die juristischen Prüfungen: Austausch mit den juristischen Fakultäten" dadurch Rechnung, dass die Forderung der Streichung des IPR aus dem Pflichtfachkanon zurückgenommen wird.[50] Nach erneuter Prüfung im Lichte der verschiedenen Stellungnahmen von Fakultäten und Praxis kommt der Koordinierungsausschuss zur Einsicht, dass „[d]ie Ausbildung angehender Juristinnen und Juristen [...] auch die Grundlagen des anzuwendenden Rechts und der gerichtlichen Zuständigkeit bei grenzüberschreitenden Sachverhalten umfassen" sollte.[51] Diese begrüßenswerte Haltung wird zutreffend dahin präzisiert, dass im Wesentlichen die Verordnungen Rom I, Rom II und Brüssel Ia sowie die für deren Verständnis notwendigen allgemeinen Lehren zum Pflichtstoff zählen sollten. Leider entwertet der Koordinierungsausschuss diesen richtigen Schritt sogleich selbst, indem er die angesichts der vorgehenden Argumentation inhaltlich nur schwer nachvollziehbare Empfehlung ausspricht, es den Ländern freizustellen, ob sie das IPR in diesem Sinne zum Pflichtstoff hinzunehmen oder eben nicht. Viel ändern wird sich mithin nicht.

b) Schwerpunktstudium

32 Richtig ist, dass eine zweistündige Pflichtvorlesung in der frühen Mittelphase des Studiums kaum ausreichen wird, um mehr als ganz grundlegende Strukturen des IPR vermitteln zu können. Dessen eigentliche Domäne ist daher das universitäre Schwerpunktstudium.[52] Entsprechende Schwerpunktbereiche bieten auch soweit ersichtlich nahezu alle Juristischen Fakultäten in Deutschland an.[53] Vielfach bestehen dort Ver-

---

49 In diese Richtung auch *Rühl/von Hein*, RabelsZ 79 (2015) 701, 750.

50 Siehe den Bericht des Koordinierungsausschusses „Harmonisierungsmöglichkeiten für die juristischen Prüfungen: Austausch mit den juristischen Fakultäten" vom November 2017, Teilbericht: Harmonisierung und Begrenzung des Pflichtstoffs, S. 46 ff., abrufbar unter https://www.justiz.nrw/JM/schwerpunkte/juristenausbildung/bericht_ausschuss/KOA-Bericht_November_2017.pdf [zuletzt abgerufen am 25.5.2020]. Die Justizministerkonferenz vom 9.11.2017 hat diesen Bericht als sachgerechte Grundlage für die Begrenzung des Pflichtfachstoffes angesehen (siehe https://jm.rlp.de/fileadmin/mjv/Jumiko/I.01_Harmonisierung_jur_Pruefungen_Bericht_Koordinierungsausschuss_ohne_Abstimmungsergebnis.pdf [zuletzt abgerufen am 25.5.2020]).

51 KOA-Teilbericht: Harmonisierung und Begrenzung des Pflichtstoffs, November 2017, S. 47.

52 Dazu *Benicke*, in: Hobe/Marauhn, Lehre des Internationalen Rechts – zeitgemäß?, 2017, S. 49.

53 Siehe den KOA-Bericht Harmonisierungsmöglichkeiten für die juristischen Prüfungen: Bewertung und Empfehlungen, Herbst 2016, Teilbericht: Schwerpunktbereichsprüfung, S. 22 ff.

bindungen zur Rechtsvergleichung, zum Europäischen Privatrecht oder auch zum Völkerrecht.

2. Das IPR im Referendariat

Im Referendariat fristet das IPR derzeit eher ein Schattendasein. Nur ganz wenige 33
Bundesländer rechnen das Fach zum Pflichtstoff.[54] Auch die Möglichkeit, IPR als Wahlfach zu belegen, findet sich bei Weitem nicht überall.[55] Der erwähnte Bericht des Koordinierungsausschusses scheint indessen zu unterstellen, dass diesbezüglich Änderungsbedarf entstehen könnte: Die beschriebene Öffnungsklausel, die den Ländern eine Herausnahme des IPR aus dem Pflichtstoff gestattet, stellt diese in einen direkten Zusammenhang mit einer entsprechenden Aufnahme der Materie in eine Wahlfachausbildung und -prüfung im Vorbereitungsdienst und in der zweiten Staatsprüfung.[56]

IV. Das IPR in der Praxis

Dass dieses Plädoyer zugunsten des IPR als Teil des Pflichtstoffes in der juristischen 34
Ausbildung nicht lediglich pro domo aus der Sicht eines Spezialisten des Fachs gehalten wird, zeigt eine empirische Untersuchung zur Ermittlung und Anwendung ausländischen Rechts in der Praxis der Zivilgerichtsbarkeit.[57] In vielen der in diesem Rahmen mit Richterinnen und Richtern geführten Experteninterviews wurde eine mangelnde Vertrautheit mit dem IPR berichtet. Dies war besonders bei denjenigen Richterinnen und Richtern augenfällig, die vergleichsweise selten mit grenzüberschreitenden Sachverhalten in Berührung kamen. So verwundert es wenig, wenn eine Verankerung der Grundzüge des IPR im Pflichtfachbereich, und nicht nur als fakultatives Wahlfachangebot, in vielen Gesprächen für unbedingt notwendig erachtet wurde.[58] Ein Interviewpartner formulierte wie folgt: „Das Hauptproblem ist, dass man überhaupt den Zugang findet: Wie gehe ich da ran? Wie finde ich was? [...] Alle, die mal [...] Wahlfach IPR hatten, die können es eigentlich. [I]ch meine, in der Prüfungsordnung [in Baden-Württemberg] steht ja drin, dass die Grundbegriffe des IPR jeder können muss. Das

54 Baden-Württemberg (§ 51 Abs. 1 Nr. 5 JAPrO) und Nordrhein-Westfalen (§ 52 i. V. m. § 11 JAG NRW).
55 Baden-Württemberg (§ 51 Abs. 2 S. 2 Nr. 9 JAPrO), Bayern (§ 58 Abs. 3 Nr. 6 JAPO), Brandenburg (§ 27 Abs. 3 Nr. 7 lit. b BbgJAO), Mecklenburg-Vorpommern (§ 47 Nr. 9 JAPO M-V), Sachsen (§ 43 Abs. 3 Nr. 7 SächsJAPO) und Thüringen (§ 46 Abs. 3 S. 2 Nr. 1 und Nr. 6 ThürJAPO).
56 KOA-Teilbericht: Harmonisierung und Begrenzung des Pflichtstoffs, November 2017, S. 48.
57 *Stürner/Krauß*, Ausländisches Recht in deutschen Zivilverfahren. Eine rechtstatsächliche Untersuchung, 2018; zu den Ergebnissen auch *Stürner*, ZVglRWiss 117 (2018), 1.
58 Siehe *Stürner/Krauß*, Ausländisches Recht in deutschen Zivilverfahren. Eine rechtstatsächliche Untersuchung, 2018, Rn. 280 ff. und 413 ff.

finde ich eine sehr nützliche Bestimmung."[59] In einem anderen Interview wurde dies so ausgedrückt: „Was [Grundbegriffe des IPR] leisten können natürlich, ist das Problembewusstsein, dass es Fälle mit grenzüberschreitender Bedeutung gibt, und man kann vielleicht im Sinne juristischer Allgemeinbildung noch vermitteln, was es denn für andere Rechtsordnungen auf der Welt gibt, ganz abstrakt, wie die geprägt sind und wie sie sinngemäß funktionieren, als Grobraster."[60]

35 In der anwaltlichen Beratungspraxis dürfte das IPR eine noch größere Rolle spielen, denn dort muss im Sinne einer optimalen Interessenvertretung auch berücksichtigt werden, ob etwa eine Gerichtsstandsvereinbarung oder eine Rechtswahl der Mandantschaft Vorteile verschafft. Dies kann nicht leisten, wer zum ersten Mal in der Praxis mit Internationalem Privat- und Verfahrensrecht in Berührung kommt.

V. Die Legislativtechnik des IPR; Qualifikation

36 Im Ausgangspunkt kann jeder Sachnorm eine Kollisionsnorm zur Seite gestellt werden, um deren Anwendbarkeit bei grenzüberschreitenden Sachverhalten zu klären. Dies wäre jedoch kaum sinnvoll, da auf diese Weise eine sehr unübersichtliche Rechtslage entstünde. Das IPR rationalisiert daher, indem es ganze Gruppen von Normen (Rechtsverhältnisse) einer einheitlichen Anknüpfung unterstellt. Dies wird teilweise als Bündelung bezeichnet (*Schurig*).[61] So enthält die Rom I-VO – einschließlich technischer Vorschriften zum Inkrafttreten etc. – gerade einmal 29 Artikel, deckt aber das das gesamte vertragliche Schuldrecht ab.

37 Nachdem aber jede zu lösende Rechtsfrage unter den Anknüpfungsgegenstand einer bestimmten Kollisionsnorm – etwa als vertrags- oder deliktsrechtlich – subsumiert werden muss, hat in jedem Einzelfall eine Zuordnung zu erfolgen: Es muss entschieden werden, wie ein bestimmter Begriff einzuordnen, zu „qualifizieren" ist, ob er unter den Tatbestand einer Kollisionsnorm passt. Dieser Qualifikationsvorgang entscheidet mithin darüber, welche Kollisionsnorm Anwendung findet; er ist häufig von entscheidender Bedeutung für die Bestimmung des anwendbaren Rechts. Die einzelnen Kollisionsnormen sind zu diesem Zweck auszulegen. Da sie im Ausgangspunkt vor dem Hintergrund einer bestimmten Sachrechtsordnung zur Geltung gelangen sollen, entscheidet in erster Linie diese über die Reichweite der jeweiligen Anknüpfung. In diesem Zusammenhang lässt sich von einer Qualifikation nach der lex fori (dem Recht des Gerichtsstaats) sprechen. Doch darf man hierbei nicht stehen bleiben: Als Scharnier zwischen der heimischen und der ungeheuren Vielzahl der weltweit bestehenden (Teil-)Rechtsordnungen müssen die Kollisionsnormen auch offen genug sein,

---

59 *Stürner/Krauß*, Ausländisches Recht in deutschen Zivilverfahren. Eine rechtstatsächliche Untersuchung, 2018, Rn. 413.

60 Ebenda.

61 *Schurig*, Kollisionsnorm und Sachrecht, 1981, S. 89 ff.

um fremde Rechtsinstitute einordnen zu können. Die Qualifikation solcher Rechtsinstitute wird dabei funktional vorgenommen, sodass die betreffende Rechtsordnung Auskunft darüber geben kann, welchen Zweck das einzelne Institut verfolgt. Der materiellrechtliche Gehalt solcher Rechtsinstitute des fremden Rechts ist mit dem Ziel zu würdigen, den Bezug zu funktional entsprechenden Vorschriften des deutschen Sachrechts herzustellen, um damit dann die kollisionsrechtliche Einordnung bewirken zu können.[62] Besteht insofern Klarheit über die Reichweite der einzelnen Kollisionsnorm, kann die sich aus dem Sachverhalt ergebende Rechtsfrage unter sie subsumiert werden.[63]

Dies gilt im Grundsatz auch für das EU-IPR und insbesondere auch für das in der **38**
Rom I-VO geregelte Internationale Vertragsrecht. Da dieses aber Vorrang vor dem nationalen IPR hat, ist zunächst seine Anwendbarkeit durch Auslegung zu ermitteln. Auch hier ist dann zu qualifizieren: Die verschiedenen Verordnungen enthalten eine Vielzahl kollisionsrechtlicher Anknüpfungen. Die Auslegung einheitlicher Kollisionsnormen erfolgt nicht nach dem Maßstab der lex fori, sondern einheitlich nach dem Sinn und Zweck der Regelungen unter Beachtung ihres internationalen Charakters. Die Qualifikation erfolgt mithin autonom, also gerade losgelöst von einer bestimmten nationalen Rechtsordnung. Insoweit gelten keine Besonderheiten im Vergleich zur Auslegung anderen Sekundärrechts.[64]

---

62 Klassisch BGHZ 29, 137, 139: „Die dem deutschen Richter dabei obliegende Aufgabe ist es, die Vorschriften des ausländischen Rechts, insbesondere wenn sie eine dem deutschen Recht unbekannte Rechtsfigur enthält, nach ihrem Sinn und Zweck zu erfassen, ihre Bedeutung vom Standpunkt des ausländischen Rechts zu würdigen und sie mit Einrichtungen der deutschen Rechtsordnung zu vergleichen. Auf der so gewonnenen Grundlage ist sie den aus den Begriffen und Abgrenzungen der deutschen Rechtsordnung aufgebauten Merkmalen der deutschen Kollisionsnormen [...] zuzuordnen." Siehe weiter etwa BGH FamRZ 2010, 1528 zur Morgengabe.

63 Zur Qualifikation näher Erman/*Stürner*, 16. Aufl. 2020, Einl. Art. 3 EGBGB Rn. 58ff.

64 Dazu oben § 8 Rn. 19ff.

§ 30 Prinzipien des Internationalen Vertragsrechts

Literatur: *Arnold*, Gründe und Grenzen der Parteiautonomie im Europäischen Kollisionsrecht, in: Arnold (Hrsg.), Grundfragen des Europäischen Kollisionsrechts, 2016, S. 23; *Basedow*, Theorie der Rechtswahl oder Parteiautonomie als Grundlage des Internationalen Privatrechts, RabelsZ 75 (2011), 32; *Kroll-Ludwigs*, Die Rolle der Parteiautonomie im europäischen Kollisionsrecht, 2013; *Lagarde*, Le principe de proximité dans le droit international privé contemporain, Recueil des Cours, in: Recueil des Cours Vol. 196 (1986), S. 9; *Mansel*, Parteiautonomie, Rechtsgeschäftslehre der Rechtswahl und Allgemeiner Teil des europäischen Kollisionsrechts, in: Leible/Unberath (Hrsg.), Brauchen wir eine Rom 0-Verordnung?, 2013, S. 243; *Mansel*, Privatrechtsdogmatik und Internationales Privatrecht, in: FS Canaris II, 2017, S. 739; *Mills*, Party Autonomy in Private International Law, 2018; *Rühl*, Statut und Effizienz, 2011; *W.-H. Roth*, Öffentliche Interessen im internationalen Privatrechtsverkehr, AcP 220 (2020), 458

Systematische Übersicht

I. Parteiautonomie und ihre Grenzen

1. Rechtswahlfreiheit

1 Über die Frage, ob die Parteiautonomie als grundlegendes kollisionsrechtliches Anknüpfungsprinzip legitimiert werden kann, wird seit den Anfängen des modernen IPR diskutiert. In der Literatur sehen manche Stimmen die Parteiautonomie als kollisionsrechtliches Pendant zur Privatautonomie.[1] Die allgemeine Handlungsfreiheit (Art. 2 Abs. 1 GG) – bzw. in Binnenmarktfällen auch die Grundfreiheiten des AEUV – umfasse auch die kollisionsrechtliche Pateiautonomie. Dass jene weiter reicht als die Vertrags- oder Testierfreiheit, weil sie den Parteien die Möglichkeit eröffnet, die gesamte Rechtsordnung samt ihrer zwingenden Normen zu wechseln, und nicht nur die dispositiven Vorschriften abzubedingen, soll dem jedenfalls nicht grundsätzlich entgegenstehen.[2]

2 Andere ziehen den Parteiwillen als Legitimation heran,[3] wieder andere sehen darin den effizientesten Anknüpfungspunkt[4] oder schlicht die „Realität der interna-

---

1 Staudinger/*Looschelders* (2019), Einl. IPR Rn. 158; *Kroll-Ludwigs*, Die Rolle der Parteiautonomie im europäischen Kollisionsrecht, 2013, S. 171ff., 222ff.

2 *Kroll-Ludwigs*, Die Rolle der Parteiautonomie im europäischen Kollisionsrecht, 2013, S. 223f.

3 *Leible*, in: FS Jayme, Band I, 2004, S. 485; *Basedow*, RabelsZ 75 (2011), 32, 50ff.

4 *Rühl*, Statut und Effizienz, 2011, S. 347ff.; aus der Perspektive des Binnenmarktes auch *M.-Ph. Weller*, IPRax 2011, 429, 433.

https://doi.org/10.1515/9783110718690-030

tionalen Interessensituation".[5] Die Gegenposition wird von denjenigen Autoren markiert, die in der Rechtswahlfreiheit eine bloße „Verlegenheitslösung" sehen: Parteiautonomie könne es nur geben, wenn kein eindeutiges objektives Anknüpfungsmerkmal zur Verfügung stehe.[6] Dies kann heute wohl als überholt gelten; angesichts einer immer stärkeren Fokussierung auf das Individuum in vielen Bereichen des Rechts lässt sich die Parteiautonomie im Kollisionsrecht als ein „Mittel der Selbstzuordnung des Einzelnen zur einer Rechtsordnung" legitimieren.[7] Ob diese sogar naturrechtlich verankert werden kann,[8] erscheint hingegen jedenfalls nicht zwingend. Diese Diskussion kann an dieser Stelle nicht vertieft werden. Es ist jedenfalls zur Kenntnis zu nehmen, dass die Rechtswahlfreiheit im unionalen IPR mittlerweile eine sehr bedeutsame Rolle einnimmt und gerade im internationalen Vertragsrecht geradezu dominiert.[9]

Eine Zusammenstellung der Best Practices zur Rechtswahl findet sich in den Hague Principles on Choice of Law in International Commercial Contracts (2015). Dieses 3
Soft-Law-Instrument richtet sich zunächst an Staaten und hat insoweit den Charakter eines Modellgesetzes (trotz der gegenteiligen Aussage in Einl. I.8, s Einl. I.5 und I.9 sowie Preamble No. 2). Gleichzeitig richtet es sich auch an private Parteien, denen es durch die Bezugnahme auf die Principles die Möglichkeit gibt, diese zur Grundlage ihrer Rechtswahlvereinbarung zu machen, sofern die jeweilige lex fori dies zulässt.[10]

2. Rechtsgeschäftsähnliche Parteiautonomie?

Verschiedentlich wird auf die Zunahme von solchen Anknüpfungspunkten im EU-Kol- 4
lisionsrecht hingewiesen, die den Parteien eine „faktische Rechtswahlmöglichkeit" lassen, wie etwa die vermehrte Anknüpfung an den gewöhnlichen Aufenthalt, etwa im Familien- und Erbrecht, oder auch im Personenrecht. Dies wird als „rechtsgeschäftsähnliche Parteiautonomie"[11] oder „indirekte Parteiautonomie"[12] bezeichnet. Damit soll zum Ausdruck gebracht werden, dass derartige Anknüpfungskriterien verhältnismäßig leicht beeinflussbar sind, sodass sich Parallelen zur Rechtswahl er-

5 *Flessner*, Interessenjurisprudenz im internationalen Privatrecht, 1990, S. 98ff.

6 *Kegel/Schurig*, Internationales Privatrecht, 9. Aufl. 2004, § 18 I 1 c (S. 653) für das Schuldvertragsrecht.

7 So *Mansel*, in: Leible/Unberath (Hrsg.), Brauchen wir eine Rom 0-Verordnung?, 2013, S. 241, 262; zust. Staudinger/*Looschelders* (2019), Einl. IPR Rn. 159.

8 So *Basedow*, RabelsZ 75 (2011), 32, 50ff., 57 (die rechtstheoretische Begründung der Parteiautonomie im Internationalen Vertragsrecht liege „in einem vorstaatlichen subjektiven Recht des Einzelnen, sich durch private Willensäußerung einer bestimmten positiven Rechtsordnung zu unterstellen").

9 Siehe dazu unten § 32 Rn. 15ff.

10 Dazu *Martiny*, RabelsZ 79 (2015), 624, 632; *Basedow*, in: FS Schnyder, 2018, S. 3; *Rühl*, in: FS Kronke 2020, S. 485.

11 So *Weller/Benz/Thomale*, ZEuP 2017, 250.

12 So *Coester-Waltjen*, JZ 2017, 1073, 1074f. unter Gleichstellung von indirekter Parteiautonomie und Rechtswahl.

geben. Doch sollten die Kategorien sauber auseinander gehalten werden. Letztlich lässt sich nahezu jedes Anknüpfungskriterium beeinflussen, ohne dass hierdurch ein der Rechtswahl vergleichbarer Wechsel der Rechtsordnung herbeigeführt würde. Paradebeispiel ist die alternative Geltung des Ortsrechts für die Formgültigkeit des Rechtsgeschäfts (Art. 11 Abs. 1 Alt. 2 Rom I-VO).[13] Insofern ist dem Ruf nach einer Begrenzung „missbräuchlicher“ Ausübung solcher rechtsgeschäftsähnlicher Parteiautonomie[14] mit Zurückhaltung zu begegnen. Wenn der Gesetzgeber entsprechende Anknüpfungsmerkmale wählt, so ist dies grundsätzlich hinzunehmen: Die Ausnutzung eines kollisionsrechtlichen Gestaltungsspielraums als solche ist grundsätzlich legitim und verstößt daher nicht gegen den ordre public.[15] Dieser ist nicht schon in Fällen der Simulation berührt, wenn also der gewöhnliche Aufenthalt lediglich vorgetäuscht war.[16] Anders können die Dinge bei einer Gesetzesumgehung liegen.[17] Hier greifen die allgemeinen Beschränkungen, sodass im Ergebnis kein Unterschied zu den Fällen der kollisionsrechtlichen Rechtswahl besteht.[18]

3. (International) zwingendes Recht

5 Die Rechtswahlfreiheit nach Art. 3 Abs. 1 Rom I-VO erstreckt sich zunächst ohne Einschränkung auf alle (staatlichen) Rechtsordnungen; eine bestimmte Nähebeziehung zur gewählten Rechtsordung schreibt die Norm nicht vor.[19] Daraus folgt jedoch nicht, dass dem „an sich“ berufenen Statut ohne jede Einschränkung entkommen werden kann. Generell setzt sich das sog. international zwingende Recht einer Rechtsordnung, auch als Eingriffsnormen (overriding mandatory provisions, lois de police) bezeichnet, gegenüber dem durch Rechtswahl der Parteien bezeichneten Statut durch.[20]

6 Nach der Definition des Art. 9 Abs. 1 Rom I-VO handelt es sich bei Eingriffsnormen um „eine zwingende Vorschrift, deren Einhaltung von einem Staat als so entscheidend für die Wahrung seines öffentlichen Interesses, insbesondere seiner politischen, sozialen oder wirtschaftlichen Organisation, angesehen wird, dass sie ungeachtet des nach Maßgabe dieser Verordnung auf den Vertrag anzuwendenden Rechts auf alle Sachverhalte anzuwenden ist, die in ihren Anwendungsbereich fal-

---

13 Dazu unten § 32 Rn. 97 ff.

14 S. etwa den Diskussionsbeitrag von *Grünberger*, IPRax 2017, 147.

15 So i. E. auch *Weller/Benz/Thomale*, ZEuP 2017, 250, 269 ff. Zum ordre public näher unten § 32 Rn. 141 ff.

16 Zur rechtlichen Behandlung des sog. Insolvenztourismus *Stürner*, KTS 2017, 291, 293 ff.

17 Zur Unterscheidung zwischen Simulation und Gesetzesumgehung *Kegel/Schurig*, Internationales Privatrecht, 9. Aufl. 2004, § 14 VII 1 (S. 491 f.).

18 Zahlreiche Beispiele bei *Weller/Benz/Thomale*, ZEuP 2017, 250, 272 ff.

19 Anders etwa im internationalen Familien- oder Erbrecht: Dort wird nur die Wahl bestimmter Rechtsordnungen erlaubt, etwa des Heimatrechts der Ehegatten (Art. 22 Abs. 1 lit. b EuGüVO) oder des Erblassers (Art. 22 Abs. 1 EuErbVO).

20 Zu weiteren Grenzen der Rechtswahl unten § 32 Rn. 22.

len".[21] Für diese Vorschriften der lex fori gilt eine Sonderanknüpfung; auf diese Weise werden gewisse Bereiche, die im Sinne der jeweiligen nationalen Rechtsordnung als besonders wichtig für die Wahrung ihres öffentlichen Interesses empfunden werden, aus dem System der kollisionsrechtlichen Verweisung ausgenommen. Die Eingriffsnorm fungiert bereits als Ausnahme zur kollisionsrechtlichen Verweisung, sie verhindert diese im Ansatz. Mit der Anerkennung von Eingriffsnormen werden bestimmte Fallgruppen aus dem System der kollisionsrechtlichen Anknüpfungen gelöst und gleichsam internationalprivatrechtlich verselbstständigt.

Die vermehrte Berufung der lex fori wertet das eigene Recht gegenüber dem frem- **7**
den auf. Das Postulat der Gleichwertigkeit der Rechtsordnungen, das dem klassischen IPR zugrunde liegt, wird damit ein Stück weit aufgegeben. Gleiches gilt für den zunehmenden Rekurs auf einseitige Anknüpfungen, etwa in sog. Exklusivnormen, also Kollisionsnormen, die in erster Linie auf die lex fori verweisen.[22]

II. Das Prinzip der engsten Verbindung

Literatur: *Reuter*, Das Rechtsverhältnis im Internationalen Privatrecht bei Savigny, RabelsZ 81 (2017), 661

Das System der kollisionsrechtlichen Verweisungen folgt klassischerweise dem Krite- **8**
rium der Sachnähe. Die Rechtsakte des IPR haben das Ziel, in abstrakt-genereller Weise für die ihrem Regelungsbereich unterfallenden Sachverhalte dasjenige Sachrecht (oder diejenigen Sachrechte) zu bestimmen, zu welchem der Sachverhalt die engste Verbindung aufweist.[23] Es geht also um eine räumlich-horizontale Zuordnung eines Sachverhalts bzw. der mit ihm verbundenen Rechtsfrage zu einem Rechtssystem. Das von *Savigny* postulierte Prinzip der engsten Verbindung fungiert dabei als Leitmotiv. Die europäischen Verordnungen zum Kollisionsrecht nehmen im Ausgangspunkt – im Geiste *Savignys* – eine Einteilung der Rechtsverhältnisse in Gruppen oder Klassen vor, für die die jeweils passenden Anknüpfungsmerkmale nach dem Prinzip der engsten Verbindung festgelegt werden. Auf diese Weise erklärt sich etwa die Verweisung in das Recht des Lageortes für Verträge, die ein dingliches Recht an unbeweglichen Sachen zum Gegenstand haben (Art. 4 Abs. 1 lit. c Rom I-VO). Ohne solche näheren Konkretisierungen zeigt sich das Kriterium der engsten Verbindung in Ausweichklauseln, die an manchen Stellen für eine Auflockerung der Verweisungen sorgen (so etwa in Art. 4 Abs. 3, Art. 5 Abs. 3, Art. 8 Abs. 4 Rom I-VO oder Art. 4 Abs. 3 Rom II-VO).

---

21 Näher § 32 Rn. 122ff. Die anderen EU-Verordnungen zum IPR enthalten vergleichbare Regelungen zur Berücksichtigung von Eingriffsnormen, vgl. etwa Art. 16 Rom II-VO.

22 Dazu etwa *Stürner*, in: FS Kronke, 2020, S. 545.

23 Vgl. nur *von Hoffmann/Thorn*, Internationales Privatrecht, 9. Aufl. 2007, § 1 Rn. 3ff. Dazu auch bereits oben § 29 Rn. 8ff.

Auch die Auffangklauseln, die zur Anknüpfung von Rechtsverhältnissen herangezogen werden, für die typisiertere Kollisionsnormen nicht passen, beruhen regelmäßig auf dem Prinzip der engsten Verbindung (etwa Art. 4 Abs. 4 Rom I-VO).[24]

III. Politisiertes oder neutral-technisches IPR?

Literatur: *van den Eeckhout*, The instrumentalisation of private international law; quo vadis? Rethinking the neutrality of private international law in an era of globalisation and Europeanisation of private international law, in: Bergé/Francq/Gardenes Santiago (Hrsg.), Boundaries of European private international law/Les frontières de droit international privé européen/Las fronteras del derecho internacional privado europea, 2015, S. 387; *Gössl* (Hrsg.), Politik und Internationales Privatrecht, 2017; *Mankowski*, Interessenpolitik und europäisches Kollisionsrecht, 2011; *Muir Watt/Fernández Arroyo* (Hrsg.), Private International Law and Global Governance, 2015; *Stürner*, Politische Interessen und Internationales Privatrecht, in: FS Kronke, 2020, S. 545

9 In jüngerer Zeit sind Entwicklungen zu beobachten, die als Politisierung des Internationalen Privatrechts bezeichnet werden können.[25] Die eher technische Beschreibung der Anknüpfungen des IPR als Verwirklichung einer „engsten Verbindung" räumlich-horizontaler Natur vermag aber die Tatsache zu verdecken, dass handfeste rechtspolitische Interessen hinter zahlreichen kollisionsrechtlichen Verweisungen stehen. Die Postulate der Neutralität und Ergebnisblindheit des IPR lassen sich besonders dann hochhalten, wenn bereits die Wahl des Anknüpfungspunktes dafür sorgt, dass die anwendbare Sachrechtsordnung zu einem akzeptablen Ergebnis führt. So sind besonders die auf vertragliche und außervertragliche Schuldverhältnisse anwendbaren Rom I- und II-Verordnungen „Felder knallharter Interessenpolitik".[26] Die zentrale Frage nach dem richtigen Sitz des Rechtsverhältnisses lässt sich je nach Interessenlage eben höchst unterschiedlich beantworten. Zu welcher Rechtsordnung die engste Verbindung besteht, liegt durchaus im Auge des Betrachters. Angesichts der auch innerhalb der EU durchaus erheblichen Unterschiede im jeweiligen Sachrecht kommt der kollisionsrechtlichen Verweisung entscheidende Bedeutung zu. So liegt es auf der Hand, dass Interessenpolitik bereits auf der Ebene des IPR ansetzen muss. Dass Interessengruppen das Kollisionsrecht mehr als früher als rechtspolitisches Be-

24 Dazu noch unten § 32 Rn. 36. Vor allem im Bereich des Familienrechts finden sich Auffangklauseln, die auf die lex fori verweisen, s. etwa für das Scheidungsstatut in Art. 8 lit. d Rom III-VO oder das Unterhaltsstatut in Art. 15 EuUnthVO i. V. m. Art. 4 Abs. 2 HUnthProt 2007.

25 Dazu etwa *Mankowski*, Interessenpolitik und europäisches Kollisionsrecht, 2011; *Muir Watt/Fernández Arroyo* (Hrsg.), Private International Law and Global Governance, 2015; *Gössl e.a.* (Hrsg.), Politik und Internationales Privatrecht, 2017.

26 *Mankowski*, Interessenpolitik und europäisches Kollisionsrecht, 2011, S. 17 mit zahlreichen Beispielen. Zur vermehrten Bedeutung öffentlicher Interessen im IPR auch *W.-H. Roth*, AcP 220 (2020), 458.

tätigungsfeld entdeckt haben, mag an der zunehmenden Internationalisierung des Handels liegen oder aber auch schlicht daran, dass viele Bereiche des Kollisionsrechts noch vor nicht allzu langer Zeit nicht kodifiziert und in ihrer richterrechtlichen Ausprägung Lobbyarbeit weniger zugänglich waren als heute.

Besondere Bedeutung hat heute die globale Durchsetzung von menschenrechtsbezogenen Sorgfaltspflichten erlangt. Der weltweite Handel mit Gütern und Dienstleistungen ist – jenseits der WTO-Regeln – vergleichsweise schwach reguliert. Es gelten in der Regel die jeweils lokal gesetzten Standards etwa hinsichtlich Arbeitsschutz, Sicherheit und Entlohnung. Global tätige Unternehmen nutzen das dabei entstehende Rechtsgefälle durch Verlagerung ihrer Produktion aus. Kommt es in der Produktionsstätte zu Unglücksfällen, entnimmt das europäische IPR den Haftungsmaßstab regelmäßig dem Tatortrecht (lex loci delicti commissi, Art. 4 Abs. 1 Rom II-VO).[27] Eine in diesem Sinne faktische Bestimmung des anwendbaren Rechts kann letztlich zur Folge haben, dass Fehlverhalten sanktionslos bleibt. Verschiedentlich wird dem IPR in diesem Zusammenhang vorgeworfen, es beharre zu Unrecht auf seiner überkommenen Neutralität; vielmehr müsse es aktiv daran mitwirken, dass Missbrauch „privater Souveränität" zivilrechtlich verfolgt werden könne.[28] Als Konsequenz tritt man dafür ein, das vermeintlich besser zur Durchsetzung menschenrechtsbezogener Verhaltenspflichten geeignete Recht am Sitz des Unternehmens zur Anwendung zu berufen.[29] 10

Nun gibt es bereits internationale Standards hinsichtlich der menschenrechtsbezogenen Sorgfaltspflichten, etwa die UN Guiding Principles on Business and Human Rights (2011) oder die OECD Guidelines for Multinational Enterprises (2011). Doch entfalten jene kollisionsrechtlich allenfalls mittelbar Wirkung, da es sich bei diesen Instrumenten letztlich um Soft Law ohne direkte Bindungswirkung handelt. Wollte man also für heimische Unternehmen Sorgfaltspflichten mit weltweiter Wirkung festlegen, bliebe letztlich nur der Weg über das Sachrecht. Den dort zu normierenden unternehmerischen Sorgfaltspflichten müsste internationale Geltung dadurch zukommen, dass sie als Eingriffsnormen im Sinne des Art. 16 Rom II-VO anzusehen wären. Diesen Weg hat in der Tat der im Februar 2019 bekannt gewordene Entwurf eines Gesetzes zur Regelung menschenrechtlicher und umweltbezogener Sorgfaltspflichten in globalen Wertschöpfungsketten (Sorgfaltspflichtengesetz) aus dem Bundesministerium für wirtschaftliche Zusammenarbeit und Entwicklung (BMZ) beschritten. Die in diesem inoffiziellen Papier normierten unternehmerischen Pflichten sollen die zu beachtenden Sorgfaltsanforderungen zwingend und ohne Rücksicht auf das nach internationalem Privatrecht für das außervertragliche Schuldverhältnis maßgebende Recht regeln. Rechtstechnisch ist gegen diesen Weg solange nichts zu erinnern, als 11

27 Dazu bereits *Stürner*, in: FS Coester-Waltjen, 2015, S. 843, 848 ff.

28 *Muir Watt*, Transnational Legal Theory, 2011, 2 (3), 347.

29 S. etwa *Weller/Thomale*, ZGR 2017, 509, 523 ff.; *Thomale/Hübner*, JZ 2017, 385, 391 ff.

die praktische Wirksamkeit (effet utile[30]) der Rom II-VO nicht durch eine zu weite Abweichung von der Regelanknüpfung des Art. 4 Abs. 1 Rom II-VO berührt wird.[31] Doch zeigt sich auch insofern eine gewisse Abkehr vom Multilateralismus, als die Normierung von menschenrechtsbezogenen Verhaltensstandards gerade nicht der lex loci delicti commissi anvertraut wird, sondern jene insoweit als defizitär gekennzeichnet wird.

12 Ähnliche Entwicklungen könnten sich im Bereich der sog. Climate Change Litigation ergeben.[32]

13 Das Internationale Privatrecht eignet sich also durchaus zur Durchsetzung politischer Interessen und wird vermehrt zu diesem Zweck instrumentalisiert. Die Allseitigkeit kollisionsrechtlicher Normen wird dabei zugunsten einer immer stärker ausgeprägten Dominanz heimischen Rechts aufgegeben. Der jedenfalls im Ausgangspunkt multilateralistische Ansatz des klassischen Internationalen Privatrechts scheint auf dem Rückzug. Dem mag ein justizpolitischer Pragmatismus zugrunde liegen, der einen Gleichlauf von internationaler Zuständigkeit und anwendbarem Recht durchaus zu rechtfertigen vermag. Doch sollte dies stets auf kollisionsrechtsspezifischen Sachargumenten und Interessen beruhen und nicht aus der vielleicht nur tagespolitisch motivierten Überzeugung heraus geschehen, das eigene Recht sei das bessere.

---

30 Siehe noch § 31 Rn. 11 ff. Dieser Grundsatz gilt nicht nur für das EU-IPR, sondern durchzieht das gesamte Unionsrecht, dazu oben § 8 Rn. 2, 41.

31 Siehe dazu *G. Wagner*, RabelsZ 80 (2016), 717, 744 ff.; *Mansel*, ZGR 2018, 439, 470 ff.

32 Dazu *Lehmann/Eichel*, RabelsZ 83 (2019), 77; *Mankowski*, in: FS Schmehl, 2019, S. 557; *Kahl/Weller* (Hrsg.), Climate Change Litigation, 2020.

§ 31 Europäisches Internationales Vertragsrecht: Grundlagen

Literatur: *von Hein/Kieninger/Rühl* (Hrsg.), How European is European Private International Law? Sources, Court Practice, Academic Discourse, 2019; *Martiny*: Europäisches Internationales Schuldrecht – Feinarbeit an Rom I- und Rom II-Verordnungen, ZEuP 2018, 218; *Pfeiffer*, Rechtsvergleichung und Internationales Privatrecht in der Berliner Republik – national, europäisch, global, in: Duve/Rupper (Hrsg.), Rechtswissenschaft in der Berliner Republik, 2018, S. 147; *Schaub*, Gemeinsame Strukturelemente der europäischen Verordnungen zum Internationalen Privatrecht – Zugleich ein Beitrag zur Diskussion über IPR als Pflichtfach, JURA 2017, 611; *Stürner*, Internationales Privatrecht, in: Langenbucher, Europäisches Privat- und Wirtschaftsrecht, 4. Aufl. 2017, § 8 Rn. 29–56

Systematische Übersicht

I. IPR im Binnenmarkt

1 Für den Bereich der sog. justiziellen Zusammenarbeit bestand im EWG-Vertrag von 1957 noch keine Kompetenz zur Rechtsangleichung. Vielmehr oblag es den Mitgliedstaaten auf der Grundlage von Art. 220 EWGV in der damaligen Fassung, im Wege der intergouvernementalen Zusammenarbeit den Abbau von Förmlichkeiten für die gegenseitige Anerkennung und Vollstreckung richterlicher Entscheidungen und Schiedssprüchen zu betreiben. Nachdem im Jahre 1973 das Brüsseler Gerichtsstands- und Vollstreckungsübereinkommen (EuGVÜ) in Kraft getreten war,[1] wurde 1980 das Römische Schuldvertragsübereinkommen geschaffen (EVÜ),[2] das Kollisionsregeln für grenzüberschreitende Vertragsverhältnisse enthält. Im Zuge der Vergemeinschaftung der Kompetenz im Bereich der justiziellen Zusammenarbeit wurde durch den Vertrag von Amsterdam vom 2. Oktober 1997, in Kraft getreten am 1. Mai 1999, in Art. 81 Abs. 2 Buchst. c AEUV auch eine Kompetenz der EG für das IPR eingeführt.[3] Auf dieser

1 Das Übereinkommen enthält Vorschriften zur internationalen Zuständigkeit, der Anerkennung und Vollstreckung sowie zur Regelung von positiven Kompetenzkonflikten in Zivil- und Handelssachen. Es wurde im Jahre 2001 durch die Brüssel I-VO „vergemeinschaftet“.

2 Übereinkommen von Rom über das auf vertragliche Schuldverhältnisse anzuwendende Recht vom 19.6.1980, konsolidierte Fassung, ABl. 1998, C 27/34.

3 Dazu *Wilke*, A Conceptual Analysis of European Private International Law, 2019, S. 303 ff. Siehe allgemein zur justiziellen Zusammenarbeit *Stürner*, JURA 2015, 813 sowie unten § 35 Rn. 57 ff.

https://doi.org/10.1515/9783110718690-031

Grundlage wurde eine Reihe von Verordnungen auf dem Gebiet des IZVR und IPR erlassen, darunter auch die Rom I-VO das auf vertragliche Schuldverhältnisse anwendbare Recht.[4]

2 Diese Vielzahl von Rechtsakten des Europäischen Kollisionsrechts darf nicht darüber hinwegtäuschen, dass das Unionsrecht nicht die einzige Rechtsquelle des IPR ist. Im Grundsatz ist das IPR – anders als die Bezeichnung „international" vielleicht suggeriert – nationales Recht: Jeder Staat bestimmt selbst kraft seiner Souveränität, wie mit „Kollisionsfällen" umzugehen ist. Für das deutsche Recht finden sich die meisten Kollisionsnormen im Zweiten Kapitel des Einführungsgesetzes zum Bürgerlichen Gesetzbuch (Art. 3–48 EGBGB).[5] Das Verhältnis zu überstaatlichen IPR-Rechtsakten wird in Art. 3 EGBGB geregelt. Dort wird in Art. 3 Nr. 1 EGBGB der Vorrang der genannten EU-Verordnungen auf dem Gebiet des IPR normiert.[6] Auch völkerrechtliche Vereinbarungen mit kollisionsrechtlichem Inhalt gehen den Normen des EGBGB vor, soweit sie in innerstaatliches Recht umgesetzt worden sind (Art. 3 Nr. 2 EGBGB).

II. EU-Verordnungen mit kollisionsrechtlichem Inhalt

3 Folgende EU-Verordnungen enthalten kollisionsrechtliche Regelungen (in chronologischer Folge):
- für außervertragliche Schuldverhältnisse die Rom II-VO;[7]
- für vertragliche Schuldverhältnisse die Rom I-VO;[8]
- für Ehescheidungen die Rom III-VO;[9]
- für Unterhaltsansprüche die EuUnthVO[10] (in Verbindung mit dem Haager Unterhaltsprotokoll 2007);

4 Dazu sogleich Rn. 3. Zu den kollisionsrechtlichen Implikationen des Amsterdamer Vertrags *Baur/Mansel* (Hrsg.), Systemwechsel im Europäischen Kollisionsrecht, 2002.

5 Siehe weiter etwa Art. 91 ff. WG für Wechsel, Art. 60 ff. SchG für Schecks und früher auch Art. 7 ff. EGVVG a. F. für Versicherungsverträge (siehe nun Art. 7 Rom I-VO und dazu § 32 Rn. 57).

6 Dieser Vorschrift kommt allerdings nur deklaratorische Bedeutung zu, da sich der Vorrang der EU-Verordnungen bereits aus der Normenhierarchie ergibt: Nach Art. 288 Abs. 2 AEUV gelten Verordnungen direkt und unmittelbar in allen Mitgliedstaaten, siehe § 6 Rn. 4.

7 Verordnung (EG) Nr. 864/2007 des Europäischen Parlaments und des Rates vom 11.7.2007 über das auf außervertragliche Schuldverhältnisse anzuwendende Recht („Rom II"), ABl. EU 2007, L 199/40.

8 Verordnung (EG) Nr. 593/2008 des Europäischen Parlaments und des Rates vom 17.6.2008 über das auf vertragliche Schuldverhältnisse anzuwendende Recht (Rom I), ABl. EU 2008, L 177/6.

9 Verordnung (EU) Nr. 1259/2010 des Rates vom 20.12.2010 zur Durchführung einer Verstärkten Zusammenarbeit im Bereich des auf die Ehescheidung und Trennung ohne Auflösung des Ehebandes anzuwendenden Rechts, ABl. EU 2010, L 343/10.

10 Verordnung (EG) Nr. 4/2009 des Rates vom 18.12.2008 über die Zuständigkeit, das anwendbare Recht, die Anerkennung und Vollstreckung von Entscheidungen und die Zusammenarbeit in Unterhaltssachen, ABl. EU 2009, L 7/1.

- für Erb- und Nachlasssachen die EuErbVO;[11]
- für das Güterrecht die Verordnungen über das Güterrecht in ehelichen Gemeinschaften[12] und bei eingetragenen Lebenspartnerschaften;[13]
- für den Bereich des Insolvenzrechts enthalten die EuInsVO 2000[14] bzw. EuInsVO 2015[15] einige Sondervorschriften etwa für die Insolvenzaufrechnung.

III. Auslegung von EU-IPR

Für die Auslegung der Normen des EU-Kollisionsrechts bestehen keine Besonderheiten. 4
Auch hier gilt im Regelfall der Grundsatz der europäisch-autonomen Auslegung.[16] Diese sichert die Einheitlichkeit der Rechtsanwendung in allen Mitgliedstaaten; sie dient dem Ziel des einheitlichen Verweisungsergebnisses unabhängig vom angerufenen Gericht und damit letztlich der Rechtssicherheit. So ist etwa der Dienstleistungsvertrag (Art. 4 Abs. 1 lit. b Rom I-VO) keinesfalls im Sinne der deutschen Dogmatik des § 611 BGB zu verstehen. Vielmehr ergibt sich aus der europäisch-autonomen Auslegung, dass der weit verstandene Dienstleistungsbegriff jeden Vertrag umfasst, der auf Verrichtung einer Tätigkeit gegen Entgelt zielt, also auch Werkverträge i. S. d. § 631 BGB, Geschäftsbesorgungen o. ä.[17] Selbst der noch allgemeinere Begriff des Vertrags wird autonom bestimmt; der EuGH definiert ihn als jede freiwillig eingegangenen Verpflichtung.[18]

---

11 Verordnung (EU) Nr. 650/2012 des Europäischen Parlaments und des Rates vom 4.7.2012 über die Zuständigkeit, das anzuwendende Recht, die Anerkennung und Vollstreckung von Entscheidungen und die Annahme und Vollstreckung öffentlicher Urkunden in Erbsachen sowie zur Einführung eines Europäischen Nachlasszeugnisses, ABl. EU 2012, L 201/107.

12 Verordnung (EU) 2016/1103 des Rates vom 24.6.2016 zur Durchführung der Verstärkten Zusammenarbeit im Bereich der Zuständigkeit, des anzuwendenden Rechts und der Anerkennung und Vollstreckung von Entscheidungen in Fragen des ehelichen Güterstands, ABl. EU 2016, L 183/1.

13 Verordnung (EU) 2016/1104 des Rates vom 24.6.2016 zur Durchführung der Verstärkten Zusammenarbeit im Bereich der Zuständigkeit, des anzuwendenden Rechts und der Anerkennung und Vollstreckung von Entscheidungen in Fragen güterrechtlicher Wirkungen eingetragener Partnerschaften, ABl. EU 2016, L 183/30.

14 Verordnung (EG) Nr. 1346/2000 des Rates vom 29.5.2000 über Insolvenzverfahren, ABl. EG 2000, L 160/1.

15 Verordnung (EU) Nr. 2015/848 des Europäischen Parlaments und des Rates vom 20.5.2015 über Insolvenzverfahren (Neufassung), ABl. EU 2015, L 141/19.

16 Näher *Langenbucher*, in: Langenbucher, Europäisches Privat- und Wirtschaftsrecht, 4. Aufl. 2017, § 1 Rn. 5 ff. Zu den Besonderheiten des IPR etwa *Nehne*, Methodik und allgemeine Lehren des europäischen Internationalen Privatrechts, 2012, S. 40 ff.

17 So zu Art. 5 Nr. 1 lit. b Brüssel I-VO EuGH, 23.4.2009, Rs. C-533/07 – *Falco Privatstiftung*, Slg. 2009, I-3327, Rn. 29. Siehe dazu unten § 32 Rn. 31.

18 Ausgangspunkt ist wiederum das Recht der internationalen Zuständigkeit. Siehe die Nachweise bei MüKo-BGB/*Martiny*, 7. Aufl. 2018, Art. 1 Rom I-VO Rn. 7 ff. Zum Vertragsbegriff oben § 2 Rn. 11 ff. sowie unten § 32 Rn. 2 ff.

5 Rechtsprechung des EuGH zu den europäischen IPR-Verordnungen ist derzeit noch selten.[19] Vielfach kann auf Judikatur zum Verfahrensrecht, insbesondere zur Brüssel I-VO (bzw. das EuGVÜ), zurückgegriffen werden. Allerdings setzt dies voraus, dass die Systembegriffe einheitlich verwendet werden.[20] Dies ist nicht immer der Fall, sodass für jeden Begriff zu untersuchen ist, ob einschlägige Rechtsprechung übertragen werden kann. Der Verordnungsgeber selbst geht regelmäßig davon aus, dass eine Parallelität zwischen verfahrensrechtlichen und kollisionsrechtlichen Verordnungen besteht.[21]

6 Bei Zweifeln hinsichtlich der Auslegung steht den mitgliedstaatlichen Gerichten – wie sonst auch – das Vorabentscheidungsverfahren nach Art. 267 AEUV zur Verfügung.[22]

IV. Lücken

7 Das EU-Kollisionsrecht umfasst mittlerweile weite Bereiche des Privatrechts. Allerdings verbleiben auch weiterhin nicht-harmonisierte Bereiche. In diesen Residualzonen kommt in der Regel das jeweilige autonome mitgliedstaatliche IPR zur Anwendung.[23] Im Einzelnen geht es insbesondere um folgende Gebiete:

- Fragen der Rechts-, Geschäfts- und Handlungsfähigkeit (vgl. Art. 1 Abs. 2 lit. a Rom I-VO): Hier gilt neben Art. 13 Rom I-VO im Wesentlichen Art. 7 EGBGB.
- Das auf Schieds- und Gerichtsstandsvereinbarungen anwendbare Recht (Art. 1 Abs. 2 lit. e Rom I-VO): Während für letztere mit Art 25 Abs. 1 S. 1 Brüssel Ia-VO eine positivrechtliche Regelung besteht,[24] ist die Anknüpfung von Schiedsvereinbarungen ungeregelt und umstritten.[25]
- Das internationale Namensrecht: Hierfür besteht keine unionsrechtliche Regelung. Es gilt Art. 10 EGBGB; beachte daneben die Regelungen zur Angleichung in Art. 47, 48 EGBGB.
- Das internationale Stellvertretungsrecht (vgl. Art. 1 Abs. 2 lit. g Rom I-VO): Hier gilt Art. 8 EGBGB.

---

19 Siehe *Mansel/Thorn/Wagner*, IPRax 2020, 97, 118 ff.; *Mansel/Thorn/Wagner*, IPRax 2019, 85, 113 ff.; *Mansel/Thorn/Wagner*, IPRax 2018, 121, 148 ff.; *Mansel/Thorn/Wagner*, IPRax 2017, 1, 31 ff.; *Mansel/Thorn/Wagner*, IPRax 2016, 1, 30 ff.; *Mansel/Thorn/Wagner*, IPRax 2015, 1, 29 ff.

20 Siehe dazu unten § 32 Rn. 32 ff.

21 So etwa ErwGr. Nr. 7, 17 und 24 Rom I-VO, ErwGr. Nr. 7 Rom II-VO sowie ErwGr. Nr. 10 Rom III-VO.

22 Dazu unten § 35 Rn. 11 ff.

23 Zur künftigen Bedeutung nationaler IPR-Kodifkationen *Jayme*, IPRax 2017, 179.

24 Dazu unten § 35 Rn. 95 ff.

25 Zum Schiedsvereinbarungsstatut etwa *Stürner/Wendelstein*, IPRax 2014, 473 sowie unten § 32 Rn. 8.

- Die außervertragliche Haftung, die sich aus Schäden durch Kernenergie ergibt, sowie die außervertragliche Haftung wegen Persönlichkeitsverletzungen (vgl. Art. 1 Abs. 2 lit. f und g Rom II-VO): Hier gelten die Art. 38–42 EGBGB.
- Das internationale Sachenrecht hat ebenfalls keine unionsrechtliche Regelung erfahren: Hier gelten im Wesentlichen die Art. 43–46 EGBGB.
- Teile des internationalen Familienrechts, insbesondere das IPR der Eheschließung, Abstammung, Adoption, Vormundschaft, Betreuung, Pflegschaft: Hier gelten die Art. 13, 14, 17–24 EGBGB.
- Das internationale Gesellschaftsrecht (vgl. Art. 1 Abs. 2 lit. f Rom I-VO; Art. 1 Abs. 2 lit. d Rom II-VO): Hier besteht im deutschen Recht keine positivrechtliche Kollisionsnorm; es gelten die von der Rechtsprechung entwickelten Anknüpfungskriterien.[26]

Auch für diese Bereiche können indessen europäische Einflüsse bestehen, die ins- 8
besondere aus den Grundfreiheiten des AEUV resultieren.[27]

V. Weitere Entwicklungen: Schaffung einer „Rom 0-VO“?

Literatur: *Czepelak*, Would we like to have a European Code of Private International Law?, ERPL 2010, 705; *Heinze*, Bausteine eines Allgemeinen Teils des europäischen Internationalen Privatrechts, in: FS Kropholler, 2008, S. 105; *Kieninger*, Das Europäische IPR vor der Kodifikation?, in: FS von Hoffmann, 2011, S. 184; *Leible/Müller*, The Idea of a Rome 0 Regulation, Yearbook of Private International Law Vol. XIV (2012/2013), 137; *Leible/Unberath* (Hrsg.), Brauchen wir eine Rom 0-Verordnung?, 2013; *Michaels*, A Global Restatement of Private International Law?, in: FS Kronke, 2020, S. 387

Vor allem in der Wissenschaft wird seit einiger Zeit eine Diskussion um einen Europe- 9
an Code on Private International Law[28] oder eine Rom 0-VO[29] geführt. Darunter lassen sich zum einen die Bestrebungen fassen, die allen EU-Verordnungen zum IPR gemeinsamen Regelungspunkte in einem einzigen Rechtsakt zu konsolidieren, zum anderen aber auch diejenigen Stimmen, die eine umfassende Gesamtkodifikation befürworten.[30] Diese Diskussion hat auch in der Rechtspolitik Gehör gefunden: So hat der

---

26 Siehe dazu den Überblick bei *Stürner*, in: Langenbucher, Europäisches Privat- und Wirtschaftsrecht, 4. Aufl. 2017, § 8 Rn. 103 ff.

27 Überblick bei *Stürner*, in: Langenbucher, Europäisches Privat- und Wirtschaftsrecht, 4. Aufl. 2017, § 8 Rn. 98 ff. Eingehend dazu *Repasi*, Wirkungsweise des unionsrechtlichen Anwendungsvorrangs im autonomen IPR, 2018, S. 294 ff.

28 Siehe *Kramer*, European Private International Law: The way forward, Study PE 509.987, S. 77, 93 f., 101 f.; siehe weiter den „Embryon de Règlement portant Code europeén de droit international privé“ von *Lagarde*, veröffentlicht in RabelsZ 75 (2011), 673; *Fallon/Lagarde/Poillot-Peruzzetto*, Quelle architecture pour un code européen de droit international privé?, 2011.

29 *Leible/Unberath* (Hrsg.), Brauchen wir eine Rom 0-Verordnung?, 2013; *Wilke*, GPR 2012, 334.

30 Siehe die Nachweise bei MüKo-BGB/*von Hein*, 8. Aufl. 2020, Art. 3 EGBGB Rn. 69.

Rechtsausschuss des EU-Parlaments eine In-depth Analysis in Auftrag gegeben, die Ende 2012 unter dem Titel „Current gaps and future perspectives in European private international law: towards a code on private international law?" veröffentlicht wurde.[31] Die Autorin der Studie, *Xandra Kramer*, empfiehlt darin bei aller Sympathie für eine Gesamtkodifikation insgesamt ein eher schrittweises Vorgehen.[32] Die Kommission hat nachfolgend in ihrer Mitteilung zur EU-Justizagenda 2020 immerhin verlautbart, „die EU sollte prüfen, ob eine Kodifizierung der existierenden Rechtsinstrumente insbesondere für den Bereich des Kollisionsrechts nützlich sein könnte".[33]

10 Die Forderungen nach der Schaffung einer Rom 0-VO erscheinen nicht unbedingt zwingend. Die erwünschte Steigerung der Kohärenz durch eine derartige Bündelung der Instrumente des Allgemeinen Teils des IPR dürfte vielmehr andere Probleme nach sich ziehen, die insbesondere in der Abgrenzung der Rom 0-VO zu den dann zu modifizierenden Einzelverordnungen liegen würden.[34] Ein dahingehender politischer Wille ist derzeit ohnehin nicht erkennbar.[35]

VI. Praktische Wirksamkeit des EU-Kollisionsrechts

Literatur: *Beaumont*, When Should EU Private International Law Require that Foreign Law be Applied?, in: von Hein/Kieninger/Rühl (Hrsg.), How European is European Private International Law? Sources, Court Practice, Academic Discourse, 2019, S. 177; *Hellner*, The Application of European Private International Law by National Judges: Making the Job Easier, in: von Hein/Kieninger/Rühl (Hrsg.), How European is European Private International Law? Sources, Court Practice, Academic Discourse, 2019, S. 205; *Requejo Isidro*, The Application of European Private International Law and the Ascertainment of Foreign Law, in: von Hein/Kieninger/Rühl (Hrsg.), How European is European Private International Law? Sources, Court Practice, Academic Discourse, 2019, S. 139; *M. Stürner*, Effektivität des europäischen Kollisionsrechts und nationales Verfahrensrecht, in: FS Rolf Stürner, Band II, 2013, S. 1071; *Stürner/Krauß*, Ausländisches Recht in deutschen Zivilverfahren. Eine rechtstatsächliche Untersuchung, 2018; *Stürner*, Wie kann der Zugang zu ausländischem Recht in Zivilverfahren verbessert werden?, ZVglRWiss 117 (2018), 1; *Trautmann*, Europäisches Kollisionsrecht und ausländisches Recht im nationalen Zivilverfahren, 2011

31 Study PE 462.476 vom 14.12.2012 (Autorin: *Xandra Kramer*).
32 Study PE 462.476, S. 18.
33 Mitteilung „Die EU-Justizagenda für 2020 – Stärkung von Vertrauen, Mobilität und Wachstum in der Union" vom 1.3.2014, COM (2014) 144 final, S. 9.
34 Vor- und Nachteile abwägend MüKo-BGB/*von Hein*, 8. Aufl. 2020, Art. 3 EGBGB Rn. 70 ff. Zur Kompetenzfrage *Wilke*, A Conceptual Analysis of European Private International Law, 2019, S. 303 ff.
35 Zur Paralleldiskussion um eine „Brüssel 0-VO" *Stürner*, ZVglRWiss 219 (2020), 143, 164 ff.

1. Der effet utile

Die Verweisungsnormen des EU-Kollisionsrechts vereint unter anderem der Zweck, der Rechtspraxis eine möglichst hohe Sicherheit in Bezug auf das anwendbare Recht zu geben und damit den Ausgang von Rechtsstreitigkeiten vorhersehbar zu gestalten. Sie zielen darauf ab, unabhängig vom Forum für einen bestimmten Sachverhalt stets dasselbe Recht zu berufen.[36] Ob dies gelingt, hängt ganz wesentlich von der Art und Weise des prozessualen Umgangs mit den vereinheitlichten Kollisionsnormen ab. 11

Doch sind die prozessualen Rahmenbedingungen der Kollisionsrechtsanwendung bisher unvereinheitlicht.[37] Jeder Mitgliedstaat wendet sein autonomes Verfahrensrecht an, wenn es um die Ermittlung und Anwendung des vom vereinheitlichten Kollisionsrecht berufenen ausländischen Rechts geht.[38] Es können also Divergenzen bei der Rechtsanwendung entstehen.[39] Doch wie verhält sich dies zum Gedanken des effet utile, dem Postulat der praktischen Wirksamkeit von Normen des Unionsrechts, der das gesamte Richtlinien- und Verordnungsrecht durchzieht?[40] Die Ermittlung und Anwendung ausländischen Rechts steht damit im Spannungsfeld zwischen dem Postulat der Effektivität der Verweisungsnormen des europäischen Kollisionsrechts und der nationalen Verfahrensautonomie.[41] 12

Ein wesentlicher Gesichtspunkt besteht hierbei in dem praktischen Umgang der Gerichte mit dem Kollisionsrecht. Schon immer wurde die These verfochten, den Gerichten läge in der Anwendung des IPR eine Tendenz zum „Heimwärtsstreben" zugrunde, sie würden also stets versuchen, wenn irgend möglich das heimische Recht zur Anwendung zu bringen.[42] Dies liegt nicht unbedingt daran, dass dabei chauvinistische Tendenzen verfolgt würden. Vielmehr liegt im IPR ein zusätzlicher Prüfungs- 13

---

36 Sehr deutlich ErwGr. Nr. 6 zur Rom I-VO.

37 Vorschläge des Europäischen Parlaments, im Rahmen der Diskussion um die Rom II-VO auch den Umgang mit ausländischem Recht zu vereinheitlichen, hat die EU-Kommission nicht aufgenommen. Im Normtext findet sich diesbezüglich lediglich die Überprüfungsklausel des Art. 30 Abs. 1 S. 3 lit. i Rom II-VO wieder. Siehe zur Entwicklung *R. Wagner*, in: FS Kropholler, 2008, S. 715, 728; *Dickinson*, The Rome II Regulation, 2008, Rn. 14.67 ff.

38 Siehe insbesondere Art. 1 Abs. 3 Rom I-VO und Art. 1 Abs. 3 Rom II-VO. Zu den unterschiedlichen Ansätzen gibt es eine kaum noch zu überschauende Literatur. Siehe aus jüngerer Zeit vor allem die Beiträge in *Nishitani* (Hrsg.), Treatment of Foreign Law – Dynamics towards Convergence?, 2017; s. weiter etwa *Verhellen*, Journal of Private International Law 12 (2016), 281; *Þorláksson*, Journal of Private International Law 12 (2016), 301; *Wilke*, A Conceptual Analysis of European Private International Law, 2019, S. 236 ff.

39 Dazu *Kreuzer*, in: Jud/Rechberger/Reichelt, Kollisionsrecht in der Europäischen Union, S. 1, 9 („Geburtsfehler"); ähnlich *von Hein*, RabelsZ 73 (2009), 461, 506 f. („blind spot").

40 Zu diesem bereits oben § 8 Rn. 2, 41.

41 Dazu *Trautmann*, Europäisches Kollisionsrecht und ausländisches Recht im nationalen Zivilverfahren, 2011, S. 265 ff.; *M. Stürner*, in: FS Rolf Stürner, 2013, S. 1071.

42 Der Begriff wurde bereits von *Nussbaum*, Deutsches Internationales Privatrecht, 1932, S. 43 verwendet. Aus der ausländischen Literatur zum selbstverständlich auch dort bekannten „homeward trend" etwa *Fentiman*, Foreign Law in English Courts, 1998, S. 29 ff.

schritt, der Zeit und Mühe kostet. Führt die kollisionsrechtliche Anknüpfung zur Berufung einer ausländischen Rechtsordnung, so entsteht erheblicher weiterer Aufwand durch die Ermittlung der einschlägigen Rechtsvorschriften; deren Anwendung birgt schließlich mangels Erfahrung und Vertrautheit der Gerichte mit diesem Recht erhebliches Fehlerpotential.[43]

14 Leitstern für die Auslegung des europäischen Kollisionsrechts ist daher der Effektivitätsgrundsatz, wie der EuGH zum EU-Zivilprozessrecht judiziert hat.[44] Für das IPR kann nichts anderes gelten: Auch für diese sekundärrechtlichen Vorschriften ist die praktische Wirksamkeit zu gewährleisten.[45] Dieses Postulat ist nicht nur bei der Auslegung von Sekundärrecht Leitgedanke, sondern betrifft das Verhältnis des europäischen Rechts zum nationalen Recht überhaupt. Nachdem den europäischen Rechtsvorschriften in nahezu allen Fällen keine Verfahrensvorschriften zur Seite stehen,[46] kommt es für die Frage der praktischen Anwendung entscheidend auf die entsprechenden Vorschriften der mitgliedstaatlichen Rechtsordnungen an. Diese dürfen nach der ständigen Rechtsprechung des EuGH „nicht so ausgestaltet sein, dass sie die Ausübung der Rechte, die die Gemeinschaftsrechtsordnung einräumt, praktisch unmöglich machen oder übermäßig erschweren (Grundsatz der Effektivität)“.[47]

2. Verfahrensautonomie der Mitgliedstaaten?

15 Es fragt sich, inwieweit der Geltungsanspruch der europäischen Kollisionsnormen über das Postulat des effet utile auch auf das autonome nationale Verfahrensrecht einzuwirken imstande ist mit der Folge, dass die vermeintlich bestehende Regelungsautonomie der mitgliedstaatlichen Gesetzgeber Einschränkungen unterworfen ist. Der „heimliche König“ des IPR, um ein Wort *Gerhard Kegels* aufzugreifen,[48] wäre dann nicht mehr das Prozessrecht für Verfahren mit Auslandsbezug, sondern der europarechtliche Effektivitätsgrundsatz.

---

43 Eingehend zu den im Rahmen von § 293 ZPO zur Verfügung stehenden Möglichkeiten der Ermittlung ausländischen Rechts *Stürner/Krauß*, Ausländisches Recht in Zivilverfahren, 2018, Rn. 32 ff.; aus praktischer Sicht auch *Hellner*, in: von Hein/Kieninger/Rühl, How European is European Private International Law? 2019, S. 205.

44 Grundlegend EuGH, 8.11.2005, Rs. C-443/03 – *Leffler*, Slg. 2005, I-9611, Rn. 51; siehe dazu mit weiteren Nachweisen *Hess*, Europäisches Zivilprozessrecht, 2010, § 4 Rn. 69 ff.

45 Siehe etwa Rauscher/*von Hein*, EuZPR/EuIPR, 4. Aufl. 2016, Einl. Rom I-VO Rn. 62.

46 Ausnahmen betreffen insbesondere die Europäische Bagatellverordnung und die Europäische Mahnverordnung, dazu unten § 35 Rn. 69 f.

47 Siehe etwa EuGH, 16.3.2006, Rs. C-234/04 – *Kapferer/Schlank & Schick*, Slg. 2006, I-2585, Rn. 22; EuGH, 13.7.2006, verb. Rs. C-205/04 bis C-298/04 – *Manfredi*, Slg. 2006, I-6619, Rn. 62, jeweils m. w. N. Dies gilt insbesondere auch für das direkt anwendbare EU-Recht, vgl. etwa EuGH *Manfredi*, a. a. O. für das Kartellverbot des Art. 81 EG (nunmehr Art. 101 AEUV). Siehe dazu auch unten § 35 Rn. 4 ff.

48 *Kegel*, in: FS Nipperdey, 1965, S. 453, 462.

Die Effektivität der kollisionsrechtlichen Normen und das mit ihnen verfolgte Ziel des internationalen Entscheidungseinklangs hängen maßgeblich davon ab, welche Vorgehensweise das jeweils anwendbare autonome nationale Verfahrensrecht hinsichtlich der Einführung des ausländischen Rechts in den Prozess wählt und ob es die Ermittlung und Anwendung des berufenen Rechts auch tatsächlich gewährleistet. 16

Zunächst könnte der Standpunkt vertreten werden, den Mitgliedstaaten komme vollständige Regelungsautonomie hinsichtlich der Ausgestaltung derjenigen verfahrensrechtlichen Regeln zu, die die Ermittlung und Anwendung des kollisionsrechtlich berufenen Rechts betreffen. Stützen ließe sich eine solche Auslegung vordergründig auf die Regelungsabstinenz des europäischen Gesetzgebers. Jeder Sekundärrechtsakt, auch diejenigen auf dem Gebiet des Kollisionsrechts, bestimmt seinen sachlichen Anwendungsbereich selbst. So gilt etwa die Rom I-Verordnung nach ihrem Art. 1 Abs. 1 S. 1 für vertragliche Schuldverhältnisse in Zivil- und Handelssachen. Hiervon werden in Art. 1 Abs. 1 S. 2 und Abs. 2 zahlreiche Bereichsausnahmen gemacht. Die im vorliegenden Kontext wichtigste Ausnahme findet sich aber in Art. 1 Abs. 3 der Rom I-Verordnung: Danach gilt die Verordnung nicht für den Beweis und das Verfahren.[49] Diese Einschränkung ist Ausdruck des allgemeinen Lex-fori-Prinzips. Für die Frage der Ermittlung und Anwendung des berufenen Rechts resultiert daraus jedoch eine potentielle Einschränkung der praktischen Wirksamkeit der Verordnung.[50] 17

Im Rahmen der Entstehung der Rom II-Verordnung wurde denn auch genau dieser Punkt vom Europäischen Parlament in seiner Entschließung vom 6. Juli 2005 aufgeworfen. Vorgeschlagen wurde, die Parteien dann zu einer Mitteilung über das ihrer Meinung nach anwendbare Recht zu verpflichten, wenn der geltend gemachte Anspruch oder Gegenanspruch in den Anwendungsbereich der Rom II-VO fällt (Art. 12 des Parlamentsentwurfs). Daneben wurde eine Amtsermittlungspflicht des ausländischen Rechts aufgenommen (Art. 13 Abs. 1 S. 1 des Parlamentsentwurfs). Beide Punkte wurden aber im weiteren Gesetzgebungsverfahren nicht weiter verfolgt, um den Verordnungsvorschlag insgesamt nicht zu gefährden.[51] Geblieben ist lediglich die Überprüfungsklausel des Art. 30 Abs. 2 lit. i) Rom II-VO, wonach die Europäische Kommission über die „Auswirkungen der Art und Weise, in der mit ausländischem Recht in den verschiedenen Rechtsordnungen umgegangen wird, und darüber, inwieweit die Gerichte in den Mitgliedstaaten ausländisches Recht aufgrund dieser Verordnung in der Praxis anwenden", bis zum 20. August 2011 zu berichten hatte. Dieser Termin konnte nicht eingehalten werden. Die Kommission hat aber eine Studie zur Realität der Anwendung ausländischen Rechts in Auftrag gegeben, auch kooperiert sie mit der Haager Konferenz für Internationales Privatrecht unter dem Generalthema 18

---

49 Ebenso lautet Art. 1 Abs. 3 Rom II-VO für das IPR der außervertraglichen Schuldverhältnisse.

50 Siehe bereits oben Rn. 12.

51 Zum diesbezüglichen Ablauf des Gesetzgebungsverfahrens *R. Wagner*, in: FS Kropholler, 2008, S. 715, 728; *Dickinson*, The Rome II Regulation, 2008, Rn. 14.67 ff.; *J. Müller*, Die Behandlung ausländischen Rechts im Zivilverfahren, 2011, S. 18 ff.

„Access to Foreign Law in Civil and Commercial Matters". Diskutiert werden dabei Wege, wie der Zugang zum ausländischen Recht für die Rechtspraxis verbessert werden kann.[52]

19 Aus der Regelungsabstinenz des europäischen Gesetzgebers auf eine vollständige Freiheit der Mitgliedstaaten bei der Umsetzung der kollisionsrechtlichen Verweisung zu schließen, griffe jedoch zu kurz. Denn auf diese Weise wäre es den Mitgliedstaaten möglich, den Rechtsanwendungsbefehl faktisch über entsprechende verfahrensrechtliche Bestimmungen leerlaufen zu lassen. Zwar ist es in der Rechtsprechung des EuGH anerkannt, dass nationale Verfahrensgrundsätze auch dann Geltung beanspruchen können, wenn sie zu einer Einschränkung des Unionsrechts führen. Dies wurde etwa entschieden für die Rechtskraft[53] oder den Einwand des Rechtsmissbrauchs.[54] Grenze bleibt dabei aber stets der effet utile.[55] So ist in jedem Einzelfall im Wege einer Abwägung festzustellen, wie weit der Regelungsanspruch des betreffenden Rechtsaktes reicht.

20 Vor diesem Hintergrund ist festzuhalten, dass es eine vollständige Regelungsautonomie der Mitgliedstaaten im Bereich des Verfahrensrechts nicht geben kann.[56] Auch aus den Bereichsausnahmen, die in Art. 1 Abs. 3 der Rom I-VO und der Rom II-VO für das Verfahrensrecht enthalten sind, kann letztlich nichts anderes folgen.[57] Aus ihnen lässt sich nur ableiten, dass die beiden Verordnungen nicht positiv Regelungsansprüche bezüglich der Verfahrensrechte der Mitgliedstaaten erheben. Davon zu unterscheiden ist indessen der generelle Anspruch des EU-Rechts, effektiv angewandt zu werden. Wenn und soweit die Ziele der Vorhersehbarkeit kollisionsrechtlicher Anknüpfungen[58] sowie des internationalen Entscheidungseinklangs durch mitgliedstaatliche Verfahrensrechte gefährdet werden könnten, kommt eine vollständige „Immunisierung" über die Bereichsausnahmen nicht in Betracht. Diese sind vielmehr im Lichte des effet utile auszulegen.[59]

---

52 Dazu *Stürner/Krauß*, Ausländisches Recht in Zivilverfahren, 2018, Rn. 69 ff.

53 EuGH, 16.3.2006, Rs. C-234/04 – *Kapferer/Schlank & Schick*, Slg. 2006, I-2585, Rn. 20 f.; EuGH, 1.6.1999, Rs. C-126/97 – *Eco Swiss*, Slg. 1999, I-3055, Rn. 43 ff.

54 EuGH, 12.5.1998, Rs. C-378/96 – *Kefalas*, Slg. 1998, I-2843, Rn. 20 f.; vgl. weiter EuGH, 23.3.2000, Rs. C-373/97 – *Diamantis*, Slg. 2000, I-1705, Rn. 33 ff.; dazu auch *Thole*, ZZP 122 (2009), 423.

55 Siehe dazu näher oben § 11 Rn. 43 ff.

56 Ein beachtenswertes Plädoyer für eine parteiautonome Sicht auf die Ermittlung ausländischen Rechts findet sich indessen etwa bei *Beaumont*, in: von Hein/Kieninger/Rühl, How European is European Private International Law?, 2019, S. 177.

57 So aber *G. Wagner*, ZEuP 1999, 6, 39 f.

58 Siehe die ErwGr. Nr. 6 und 12 zur Rom I-VO; vgl. zum EVÜ EuGH, 6.10.2009, Rs. C-133/08 – *Intercontainer Interfrigo*, Slg. 2009, I-9687, Rn. 23, 44, 62.

59 Eingehend dazu *Trautmann*, Europäisches Kollisionsrecht und ausländisches Recht im nationalen Zivilverfahren, 2011, S. 285 ff.

3. Mögliche Problempunkte

Können also die in Art. 1 Abs. 3 Rom I- und Rom II-VO enthaltenen Bereichsausnahmen für das mitgliedstaatliche Verfahrensrecht dieses nicht vollständig von europarechtlichen Einflüssen freihalten, so gilt es nun, mögliche Konfliktpunkte zu identifizieren.[60] Der wohl wichtigste betrifft die Einführung ausländischen Rechts in das Verfahren und damit die Frage nach dem fakultativen Charakter des Kollisionsrechts. Hält man, wie dies in einigen Rechtsordnungen praktiziert wird, die Berufung zumindest einer der Parteien auf ausländisches Recht für eine Voraussetzung der kollisionsrechtlichen Prüfung, so scheint darin in vielen Fällen eine Negation der Kollisionsnormen zu liegen.[61] Dafür könnte auch die Rechtsprechung des EuGH zur Zulässigkeit der Einrede des forum non conveniens herangezogen werden.[62] Dort hat der EuGH entschieden, dass das nationale Verfahrensrecht eines Mitgliedstaates keine Ausnahmen zum Zuständigkeitssystem des EuGVÜ aufstellen könne. Die Situation bei der Einführung ausländischen Rechts scheint vergleichbar zu sein, führt doch ein zur Disposition der Parteien stehendes Kollisionsrecht ebenfalls zu möglichen Ausnahmen zum System der Verweisungen.[63] Die Parallele würde indessen nur dann tragen, wenn die Anwendung der europäischen Kollisionsnormen – wie die Zurückweisung einer Klage wegen forum non conveniens – im Ermessen des Gerichts stehen würde. Ein solches gerichtsfakultatives Kollisionsrecht[64] verstieße gegen die europäischen Vorgaben.[65] Ein Verstoß des parteifakultativen Kollisionsrechts gegen den effet utile ist demgegenüber nur schwer zu begründen. Zieht man die Entstehungsgeschichte der Rom II-VO heran, so spricht vieles dafür, dass der Verordnungsgeber bewusst Einschränkungen bezüglich der Effektivität der Kollisionsnormen in Kauf genommen hat.[66] Ob ausländisches Recht als Rechts- oder als Tatsachenfrage anzusehen ist, spielt aus europäischer Sicht dagegen keine Rolle. 21

---

60 Umfassende Analyse bei *Trautmann*, Europäisches Kollisionsrecht und ausländisches Recht im nationalen Zivilverfahren, 2011, S. 289–401.

61 Für einen Anwendungsvorrang europäischer Kollisionsnormen vor der kollisionsrechtlich qualifizierten Wahlmöglichkeit der Parteien *Hartenstein*, IPRax 2001, 477, 480; gegen ihn zu Recht mit verfahrensrechtlicher Qualifikation *Trautmann*, Europäisches Kollisionsrecht und ausländisches Recht im nationalen Zivilverfahren, 2011, S. 291 f.

62 EuGH, 1.3.2005, Rs. C-281/02 – *Owusu/Jackson*, Slg. 2005, I-1383.

63 Mit dieser Konsequenz *J. Müller*, Die Behandlung ausländischen Rechts im Zivilverfahren, 2011, S. 156 ff.

64 Ein dahingehendes Ermessen des Gerichts findet sich nur im französischen Recht, vgl. die Darstellung bei *Trautmann*, Europäisches Kollisionsrecht und ausländisches Recht im nationalen Zivilverfahren, 2011, S. 86 ff., 331

65 *Trautmann*, Europäisches Kollisionsrecht und ausländisches Recht im nationalen Zivilverfahren, 2011, S. 335; *G. Wagner*, ZEuP 1999, 6, 42 ff. (Verstoß gegen iura novit curia); aus ökonomischer Sicht ebenso *Rühl*, Statut und Effizienz, 2011, S. 390 f.

66 In diesem Sinne *Trautmann*, Europäisches Kollisionsrecht und ausländisches Recht im nationalen Zivilverfahren, 2011, S. 319 ff.; *Dickinson*, The Rome II Regulation, 2008, Rn. 14.70 ff.; *Briggs*, The conflict of laws, 2008, S. 34 f.; *Rühl*, Statut und Effizienz, 2011, S. 380 ff.

22 Eine Einschränkung ist allerdings zu machen. Parteifakultatives EU-Recht kann es dann nicht geben, wenn die betreffenden Vorschriften des Sekundärrechts den Schutz schwächerer Parteien bezwecken. Dies hat der EuGH insbesondere für die Klausel-Richtlinie mehrfach festgestellt.[67] Auf das europäische Kollisionsrecht übertragen heißt dies, dass etwa die Sonderanknüpfungen für Verbraucher, Arbeitnehmer und Versicherungsnehmer von Amts wegen zu berücksichtigen sind.[68] Prozessual bedeutet dies regelmäßig, dass das erkennende Gericht den Parteien einen Hinweis auf die kollisionsrechtliche Dimension des Falles geben muss.[69] Eine mitgliedstaatliche Verfahrensordnung, die es der solchermaßen belehrten Partei daraufhin gestattet, auf den ihr gewährten kollisionsrechtlichen Schutz zu verzichten, schränkt den effet utile allerdings nicht ein.[70]

23 Praktisch dürften sich aus dieser Einschränkung keine entscheidenden Veränderungen für die mitgliedstaatlichen Verfahrensrechte ergeben. Denn es ist zu bedenken, dass oftmals ein Gleichlauf zwischen internationaler Zuständigkeit und anwendbarem Recht besteht, sodass sich die Frage des ausländischen Rechts von vornherein nicht stellt.[71] Dieser Gleichlauf wird vom europäischen Kollisionsrecht auch insoweit begünstigt, als eine Rechtswahl zugunsten des Forums regelmäßig möglich ist, so explizit durch Art. 5 Abs. 1 lit. d Rom III-VO oder auch durch Art. 15 EuUnterhaltsVO i.V.m. Art. 7 HUnthProt 2007. In Verbraucher- und Arbeitssachen führt die objektive Anknüpfung regelmäßig zu einem Gleichlauf von Forum und Ius. Vielfach werden auch Rechtswahl und Forum parallel liegen; Erwägungsgrund Nr. 12 zur Rom I-VO begünstigt eine konkludente Rechtswahl zugunsten des forum prorogatum.[72]

24 Unproblematisch ist aus europäischer Sicht auch die Konsequenz des Verhandlungsgrundsatzes, dass einverständlich nicht vorgetragene Tatsachen, aus denen sich die grenzüberschreitende Dimension erst ergibt, zu einer praktischen Negierung des europäischen Kollisionsrechts führen.[73] Auch die Rechtsprechung des BGH, nach der das einverständliche Berufen auf die lex fori als konkludente Rechtswahl anzusehen

67 Siehe zu diesem Punkt bereits oben § 16 Rn. 51ff. sowie unten § 35 Rn. 8ff.

68 *Trautmann*, Europäisches Kollisionsrecht und ausländisches Recht im nationalen Zivilverfahren, 2011, S. 303ff.

69 So auch die Empfehlung des Berichts des Institut suisse de droit comparé, The Application of Foreign Law in Civil Matters in the EU Member States and its Perspectives for the Future – JLS/2009/JCIV/PR/0005/E4, 2011, Teil III, Punkt 7.1.

70 Siehe EuGH, 4.6.2009, Rs. C-243/08 – *Pannon*, Slg. 2009, I-4713, Rn. 32–35: Die Verpflichtung zur Klauselkontrolle von Amts wegen besteht dann nicht, wenn der Verbraucher nach einem gerichtlichen Hinweis die Missbräuchlichkeit und Unverbindlichkeit der Klausel nicht geltend machen möchte.

71 Siehe die Fallgruppen bei *J. Müller*, Die Behandlung ausländischen Rechts im Zivilverfahren, 2011, S. 63ff.

72 Dazu Rauscher/*von Hein*, EuZPR/EuIPR, 4. Aufl. 2016, Art. 3 Rom I-VO Rn. 20ff.

73 *Trautmann*, Europäisches Kollisionsrecht und ausländisches Recht im nationalen Zivilverfahren, 2011, S. 335ff.

ist,[74] erscheint bei prozessualer Qualifikation aus dem speziellen Blickwinkel des effet utile als zulässig.[75]

Als problematisch erweist sich aber aus unionsrechtlicher Sicht ein allzu rasches Ausweichen auf die lex fori bei Nichtermittelbarkeit des ausländischen Rechts. Unionsrechtlich geboten erscheint zunächst die Heranziehung einer der lex causae nächstverwandten Ersatzrechtsordnung und die Heranziehung subsidiärer Anknüpfungsnormen; nur auf diese Weise wird der Verweisung die größtmögliche Wirkung zuteil.[76] 25

Es lässt sich festhalten, dass die eingangs gemachte Feststellung, das mitgliedstaatliche Verfahrensrecht sei nicht immun gegen Einflüsse des europäischen Kollisionsrechts, bei genauerer Durchsicht der einzelnen Schritte zur Einführung des ausländischen Rechts in das Verfahren sowie dessen Ermittlung und Anwendung kaum zu nennenswerten Friktionen geführt hat. Die praktische Wirksamkeit des europäischen Kollisionsrechts wird nur an wenigen Stellen in einem Maße eingeschränkt, das eine unionsrechtskonforme Anwendung der nationalen Verfahrensvorschriften erforderlich werden lässt. 26

74 Nachweise unten § 32 Rn. 21.

75 Problematisch ist dies aber dann, wenn das Konsenserfordernis nicht ernst genug genommen wird, vgl. oben Rn. 13.

76 *Trautmann*, Europäisches Kollisionsrecht und ausländisches Recht im nationalen Zivilverfahren, 2011, S. 386ff.

§ 32 Die Rom I-VO

Literatur: *Guinchard* (Hrsg.), Rome I and Rome II in Practice, 2020; *Leible/Lehmann*, Die Verordnung über das auf vertragliche Schuldverhältnisse anzuwendende Recht („Rom I"), RIW 2008, 528; *U. Magnus*, Die Rom I-Verordnung, IPRax 2010, 27; *Mankowski*, Die Rom I-Verordnung: Änderungen im europäischen IPR für Schuldverträge, IHR 2008, 133; *Martiny*, Neues deutsches internationales Vertragsrecht, RIW 2009, 737; *Solomon*, Die Rom I-Verordnung in der deutschen ordentlichen Gerichtsbarkeit, ZVglRWiss 115 (2016), 586

Systematische Übersicht

https://doi.org/10.1515/9783110718690-032

I. Entstehungsgeschichte und Ziel

Die Rom I-VO vergemeinschaftete das Römische Übereinkommen über das auf Vertragsschuldverhältnisse anzuwendende Recht vom 18. Juni 1980 (EVÜ) und überführte es in eine EU-Verordnung. Ziel der Verordnung ist es, „den Ausgang von Rechtsstreitigkeiten vorhersehbarer zu machen und die Sicherheit in Bezug auf das anzuwendende Recht sowie den freien Verkehr gerichtlicher Entscheidungen zu fördern“; ihre Legitimation zieht sie mithin aus dem Postulat des „reibungslos funktionierenden Binnenmarkts“ (Erwägungsgrund Nr. 6 Rom I-VO).[1] Die Rom I-VO gilt nur für Verträge, die nach ihrem Inkrafttreten am 17. Dezember 2009 abgeschlossen wurden, Art. 28 Rom I-VO.[2] 1

II. Wesentliche Inhalte

1. Sachliche Reichweite

a) Vertragliche Schuldverhältnisse

Die Rom I-VO gilt für vertragliche Schuldverhältnisse in Zivil- und Handelssachen, die eine Verbindung zum Recht verschiedener Staaten haben (Art. 1 Abs. 1 S. 1 Rom I-VO). 2

---

1 Dazu Weller/*Nordmeier*, Europäisches Kollisionsrecht, 2016, S. 127 ff.; *Riesenhuber*, EU-Vertragsrecht, 2013, § 4.

2 Ursprünglich enthielt die Rom I-VO unterschiedliche Formulierungen in Art. 28 (wird „nach dem 17.12.2009“ angewandt) und Art. 29 Abs. 2 („gilt ab 17.12.2009“). Dieser offensichtliche Widerspruch machte eine entsprechende Änderung des Art. 28 Rom I-VO erforderlich.

Es besteht ein Gleichlauf mit der Rom II-VO und der Brüssel Ia-VO, dies betont Erwägungsgrund Nr. 7 Rom I-VO. Ausgeschlossen sind insbesondere[3] familien- und güterrechtliche Schuldverhältnisse (Art. 1 Abs. 2 lit. b, c Rom I-VO), Gesellschafts- und Vereinsrecht (Art. 1 Abs. 2 lit. f Rom I-VO), Stellvertretungsrecht (Art. 1 Abs. 2 lit. g Rom I-VO) sowie grundsätzlich auch Beweis- und Verfahrensfragen (Art. 1 Abs. 3 Rom I-VO, beachte aber Art. 18 Rom I-VO).

3 Der Begriff der vertraglichen Schuldverhältnisse ist autonom auszulegen, sodass dem Vertragsverständnis der mitgliedstaatlichen Rechtsordnungen in erster Linie keine Bedeutung zukommt. Nach der Rechtsprechung des EuGH kommt dem Merkmal der Freiwilligkeit des Eingehens einer Verpflichtung konstitutive Bedeutung zu.[4] Erforderlich ist das Entstehen einer „Sonderverbindung" rechtsgeschäftlicher Art gegenüber der anderen Partei durch die freiwillige Eingehung einer Verpflichtung.[5]

b) Insbesondere: die Abgrenzung von Vertrag und Delikt

4 Besondere Bedeutung kommt dem Verhältnis der Rom I-VO zur Rom II-VO zu. Beide Verordnungen sollen das Internationale Schuldrecht abdecken, wobei die Rom I-VO für vertragliche, die Rom II-VO für außervertragliche Schuldverhältnisse gilt. Während die Rom I-VO in Art. 2 Abs. 1 eine Definitionsnorm enthält, wonach die Verordnung sämtliche Folgen von unerlaubten Handlungen, ungerechtfertigten Bereicherung, Geschäftsführungen ohne Auftrag und eines Verschuldens bei Vertragsverhandlungen umfasst, fehlen in der Rom I-VO Hinweise darauf, was unter einem vertraglichen Schuldverhältnis zu verstehen ist. Der bereits erwähnte Erwägungsgrund Nr. 7 stellt den Bezug zur Brüssel Ia-VO her und betont hier einen inhaltlichen Gleichlauf der Rechtsakte. Daraus erhellt, dass auch der Vertragsbegriff identisch sein soll. Bereits erwähnt wurde, dass der Begriff des vertraglichen Schuldverhältnisses nach der Definition des EuGH eine freiwillig eingegangene Sonderverbindung voraussetzt.[6] Dies umfasst auch einseitige rechtsgeschäftliche Verpflichtungen, etwa aus Gewinnzusagen,[7] Auslobungen und Preisausschreiben oder Patronatserklärungen und sonstigen bestärkenden Leistungsversprechen.

---

3 Siehe im Einzelnen dazu Erman/*Stürner*, 16. Aufl. 2020, Art. 1 Rom I-VO Rn. 5ff.

4 Siehe insb. EuGH, 17.6.1992, Rs. C-26/91 – *Handte*, Slg. 1992, I-3967, Rn. 15; seither st. Rspr.; s. etwa EuGH, 14.3.2013, Rs. C-419/11 – *Česká spořitelna*, ECLI:EU:C:2013:165, Rn. 47; EuGH, 18.7.2013, Rs. C-147/12 – *ÖFAB*, ECLI:EU:C:2013:490, Rn. 33; EuGH, 21.4.2016, Rs. C-572/14 – *Austro-Mechan*, ECLI:EU:C:2016:286, Rn. 36; EuGH, 8.5.2019, Rs. C-25/18 – *Kerr/Postnov*, NJW 2019, 2991, Rn. 25 und öfter.

5 MüKo/*Martiny*, 8. Aufl. 2021, Art. 1 Rom I-VO Rn. 7; Staudinger/*Magnus* (2016), Art. 1 Rom I-VO Rn. 34.

6 Siehe oben Rn. 3.

7 EuGH, 20.1.2005, Rs. C-27/02 – *Engler*, Slg. 2005, I-481.

Nicht vertraglich zu qualifizieren[8] sind hingegen insbesondere die Ansprüche aus Verschulden bei Vertragsverhandlungen (culpa in contrahendo, Art. 1 Abs. 2 lit. i Rom I-VO), für die mit Art. 12 Rom II-VO eine eigene Anknüpfung besteht.[9] Auch Ansprüche aus Eigentümer-Besitzer-Verhältnis (§§ 987 ff. BGB) sind als außervertraglich zu bewerten, da hieraus ein verselbstständigtes gesetzliches Schuldverhältnis entsteht; gleiches gilt für die quasi-negatorischen Ansprüche aus § 1004 Abs. 1 S. 2 BGB analog und für Ansprüche aus der gesetzlich angeordneten Haftung nach Unternehmens- und Vermögensübernahme.[10] Auch die Ansprüche aus Vertrag mit Schutzwirkung für Dritte unterfallen nicht dem Vertragsstatut der Rom I-VO.[11] Anders sieht es hingegen für die Ansprüche des Dritten beim Vertrag zugunsten Dritter (§§ 328 ff. BGB) aus: Diese unterfallen klar der Rom I-VO.[12] 5

Hinsichtlich der außervertraglichen Schuldverhältnisse nimmt der EuGH eine Negativabgrenzung vor: Eine „unerlaubte Handlung oder Handlung, die einer unerlaubten Handlung gleichgestellt ist, oder Ansprüche aus einer solchen Handlung" in Art. 7 Nr. 2 Brüssel Ia-VO bezieht sich danach auf jede Klage, „mit der eine Schadenshaftung des Beklagten geltend gemacht wird und die nicht an einen ‚Vertrag oder Ansprüche aus einem Vertrag' im Sinne von [Art. 7 Nr. 1 lit. a Brüssel Ia-VO] anknüpft".[13] Eine Doppelqualifikation eines Schadensersatzanspruchs als vertraglich und deliktisch scheidet im europäischen Zuständigkeitsrecht demnach aus.[14] Hinreichend für die Qualifikation eines Schadensersatzanspruchs als vertraglich ist demnach nicht, dass zwischen den Parteien ein Vertrag existiert. Vielmehr betrifft eine Schadensersatzklage nur dann einen „Vertrag oder Ansprüche aus einem Vertrag" im Sinne von Art. 7 Nr. 1 Brüssel Ia-VO, wenn das vorgeworfene Verhalten als Verstoß gegen die vertraglich begründeten Verpflichtungen angesehen werden kann, wie sie sich anhand des Vertragsgegenstands ermitteln lassen.[15] Mit anderen Worten ist zu fragen, ob aus dem zu beurteilenden Geschehen ohne Vertragsabrede keine Schadenshaftung folgen würde[16] bzw. ob eine Auslegung des Vertrages unerlässlich erscheint, um 6

8 Siehe hierzu die Zusammenstellung bei Soergel/*Wendelstein*, 13. Aufl. 2019, Art. 1 Rom II-VO Rn. 42 ff.

9 Dazu unten Rn. 84 ff.

10 So OGH IPRax 2016, 541.

11 *Dutta*, IPRax 2009, 293; Soergel/*Wendelstein*, 13. Aufl. 2019, Art. 1 Rom II-VO Rn. 45 m.w.N. auch zur Gegenansicht; Erman/*Stürner*, 16. Aufl. 2020, Art. 1 Rom II-VO Rn. 2a; offen gelassen von BGH NJW 2020, 1514, Rn. 19.

12 Erman/*Stürner*, 16. Aufl. 2020, Art. 1 Rom I-VO Rn. 2.

13 EuGH, 27.9.1988, Rs. 189/87 – *Kalfelis*, Slg. 1988, 5565, Rn. 17; EuGH, 13.3.2014, Rs. C-548/12 – *Brogsitter*, ECLI:EU:C:2014:148, Rn. 20.

14 EuGH, 13.3.2014, Rs. C-548/12 – *Brogsitter*, ECLI:EU:C:2014:148, Rn. 27; vgl. dazu *Dornis*, GPR 2014, 352, 353; *Wendelstein*, ZEuP 2015, 624, 626; ferner *Klöpfer/Wendelstein*, JZ 2017, 99.

15 EuGH, 13.3.2014, Rs. C-548/12 – *Brogsitter*, ECLI:EU:C:2014:148, Rn. 24; EuGH, 14.7.2016, Rs. C-196/15 – *Granarolo*, ECLI:EU:C:2016:559, Rn. 21.

16 Dazu näher *Wendelstein* ZEuP 2015, 624 ff.

zu klären, ob das Verhalten des Anspruchsgegeners rechtmäßig oder widerrechtlich ist.[17]

7 Diese Grundsätze können im Lichte von Erwägungsgrund Nr. 7 Rom I-VO grundsätzlich auch auf die parallel gelagerte kollisionsrechtliche Fragestellung übertragen werden. Grenzfälle lassen sich im IPR über Ausweichklauseln (v. a. Art. 4 Abs. 3 Rom I-VO) sinnvoll lösen. Im Bereich der internationalen Zuständigkeit tritt der Konflikt deutlicher zutage, wie etwa die jüngste Rechtsprechung des EuGH zu deliktischen „Annexklagen" im Verbrauchergerichtsstand zeigt.[18]

c) Sonderproblem: Die Anwendung der Rom I-VO in Schiedsverfahren

Literatur: *Gößling*, Europäisches Kollisionsrecht und internationale Schiedsgerichtsbarkeit. Die Bedeutung der Rom I-Verordnung bei der Bestimmung des anwendbaren materiellen Rechts durch internationale Handelsschiedsgerichte mit Sitz in der EU, 2019

8 Kontrovers diskutiert wird die Frage der Anwendbarkeit der Rom I-VO für private Schiedsverfahren. Den normativen Ausgangspunkt bildet Art. 1 Abs. 2 lit. e Rom I-VO mit der darin begründeten Bereichsausnahme für Schieds- und Gerichtsstandvereinbarungen. Für beide bestehen eigene Regime, so für Schiedsverfahren im New Yorker UN-Übereinkommen über die Anerkennung und Vollstreckung von ausländischen Schiedssprüchen[19] sowie in den Prozessordnungen der Mitgliedstaaten (z. B. §§ 1029 ff. ZPO); für Gerichtsstandsvereinbarungen in Art. 25 Brüssel Ia-VO.[20] Auch wenn dort jeweils jedenfalls keine umfassenden Regelungen für das IPR der Schieds- und Gerichtsstandsvereinbarungen zu finden sind,[21] so rechtfertigt dies doch die Bereichsausnahme in der Rom I-VO, um Regelungskonflikte zwischen den verschiedenen Rechtsakten zu vermeiden.

9 Ganz anders gelagert ist jedoch die Frage nach der Geltung der Rom I-VO im Verfahren selbst. Niemand hegt wohl angesichts der Bereichsausnahme, die Art. 1 Abs. 2 lit. e Rom I-VO für Gerichtsstandsvereinbarungen enthält, Zweifel, dass die Rom I-VO in Verfahren vor staatlichen Gerichten gilt, doch wird genau diese Argumentation angesichts der dort ebenfalls enthaltenen Bereichsausnahme hinsichtlich Schiedsver-

17 EuGH, 13.3.2014, Rs. C-548/12 – *Brogsitter*, ECLI:EU:C:2014:148, Rn. 26.

18 EuGH, 2.4.2020, Rs. C-500/18 – *Reliantco*, WM 2020, 870, Rn. 67 ff.; dazu noch unten § 35 Rn. 89 ff.

19 Vom 10.6.1958, BGBl. II 1961, S. 122; vgl. OLG Hamm SchiedsVZ 2014, 38; BGH IPRax 2016, 63.

20 Dazu § 35 Rn. 95 ff.

21 Nach der Rechtsprechung des BGH (26.11.2020, I ZR 245/19 – juris Rn. 48 ff.) soll das Schiedsvereinbarungsstatut in entsprechender Anwendung von Art. V Abs. 1 lit. a UNÜ vorrangig dem von den Parteien gewählten Recht und hilfsweise dem Recht des Landes unterstehen, in dem der Schiedsspruch ergangen ist (str., s. etwa *Stürner/Wendelstein*, IPRax 2014, 473); zum Prorogationsstatut unten § 35 Rn. 97.

einbarungen für Schiedsverfahren insgesamt bemüht: Verbreitet wird hier die Geltung der Rom-Verordnungen abgelehnt.[22] Richtig ist, dass § 1051 ZPO eine besondere Kollisionsnorm enthält, die dem Schiedsgericht und auch den Parteien eine im Vergleich zu Art. 3 Abs. 1 Rom I-VO etwas größere Freiheit bei der Bestimmung des anwendbaren Rechts gibt.[23] Doch erscheint auch eine enge, nur auf das Schiedsvereinbarungsstatut bezogene Lesart der genannten Bereichsausnahme in der Rom I-VO möglich, sodass Sonderkollisionsnormen des autonomen nationalen Kollisionsrechts insoweit verdrängt wären.[24] Folgt man dem, so findet die Rom I-VO auch im Rahmen von Schiedsverfahren Anwendung.

2. Vorrang von Einheitsrecht

Literatur: *Basedow*, Internationales Einheitsprivatrecht im Zeitalter der Globalisierung, RabelsZ 81 (2017), 1

Einheitsrechtliche Regelungen machen die Anwendung von IPR (innerhalb ihres **10**
sachlichen Geltungsbereichs) überflüssig. Sie verwirklichen die Einheitlichkeit der Rechtsanwendung in größerem Umfang, als dies das IPR zu tun vermag.

a) UN-Kaufrecht

Das Wiener Einheitskaufrecht[25] regelt seinen Anwendungsbereich in den Art. 1ff. CISG **11**
selbst. Daher verdrängt es in seinem Anwendungsbereich nationale Regelungen und erübrigt insoweit auch den Rückgriff auf das Kollisionsrecht des jeweils befassten Gerichts und nationales Sachrecht. Die Rom I-VO tritt nach ihrem Art. 25 gegenüber dem internationalen Einheitsrecht zurück.[26] Das IPR ist mithin nur noch für die Lückenfüllung heranzuziehen (vgl. Art. 7 CISG). Ob und in welchem Umfang eine Lücke besteht, richtet sich nach dem UN-Kaufrecht selbst. Es wird allgemein zwischen internen und externen Lücken unterschieden: Interne Lücken liegen innerhalb des generellen Regelungsbereichs des CISG; sie sind durch das Einheitsrecht selbst zu füllen. Beispiele

---

22 Siehe etwa *von Hein*, in: Wilhelmi/Stürner, Post-M&A-Schiedsverfahren. Recht und Rechtsfindung jenseits gesetzlichen Rechts, 2019, S. 121; *Wolff*, in: Gössl e.a., Politik und Internationales Privatrecht, 2017, S. 53; *Hausmann*, in: FS von Hoffmann, 2011, S. 971.

23 Zur Regelung der Frage des anwendbaren Rechts in der DIS-SchGO *Pfeiffer*, IWRZ 2018, 213.

24 *Mankowski*, Interessenpolitik und europäisches Kollisionsrecht, 2011, S. 60ff.; *ders.*, in: FS von Hoffmann, 2011, S. 1012; *ders.*, RIW 2018, 1; *McGuire*, SchiedsVZ 2011, 257; *Ulfat*, in: Gössl e.a., Politik und Internationales Privatrecht, 2017, S. 37.

25 Dazu auch oben § 2 Rn. 87f. sowie § 29 Rn. 4.

26 Dies ist freilich nicht unumstritten, vgl. die Nachweise bei Rauscher/*von Hein*, EuZPR/EuIPR, 4. Aufl. 2016, Art. 25 Rom I-VO Rn. 5ff.

sind etwa Willensmängel des Erklärenden oder die Einigung durch sukzessiven Austausch von Angebot und Annahme. Für externe Lücken, also Rechtsfragen, die außerhalb des Regelungsbereichs des CISG liegen, besteht diese Möglichkeit nicht. Da das Einheitsrecht insoweit keinen Regelungsanspruch erhebt, greifen die allgemeinen Regeln, sodass wie sonst auch das kollisionsrechtlich berufene nationale Recht gilt. Beispiele hierfür sind insbesondere Verjährungsfragen, die Zinshöhe, die Aufrechnung,[27] dingliche Vertragswirkungen oder die Abtretung.

12 Sind die Anwendungsvoraussetzungen erfüllt, dann gilt das CISG ipso iure. Die Parteien können es allerdings – auch nachträglich – ganz oder teilweise abbedingen (Art. 6 CISG). Das muss jedoch hinreichend deutlich geschehen, beispielsweise durch Bezugnahme auf das Kaufrecht von BGB/HGB. Dagegen bedeutet etwa die Klausel „Es gilt deutsches Recht“ keinen Ausschluss, da auch das CISG deutsches Recht – und zwar die spezielle Regelung für internationale Handelskäufe – ist.

b) EU-Einheitskaufrecht

13 Ähnlich wie in Bezug auf das CISG käme auch einem EU-Einheitskaufrechts gegenüber dem EU-IPR Vorrang zu. Der Erwägungsgrund Nr. 14 Rom I-VO sollte insoweit als eine Art „Platzhalter“ fungieren.[28] Am 11. Oktober 2011, knapp zwei Jahre nach Inkrafttreten der Rom I-VO, hat die EU-Kommission den Vorschlag für eine Verordnung über ein Gemeinsames Europäisches Kaufrecht (GEK) vorgelegt.[29] Neben Kaufverträgen sollten auch die Bestellung digitaler Inhalte und die Erbringung verbundener Dienstleistungen erfasst werden; dies insbesondere, aber nicht nur, für Verbraucherverträge. Das Gemeinsame Kaufrecht war als optionales Instrument konzipiert. Es sollte also nur dann anwendbar sein, wenn die Parteien es wählten. Damit ließ es grundsätzlich die Geltung anderer europäischer Rechtsakte unberührt. Es ließ gleichzeitig das jeweilige autonome nationale Kaufrecht unberührt. Problematisch war das Verhältnis dieses Verordnungsvorschlags zum Kollisionsrecht.[30] Denn es handelte sich aus Sicht der Kommission im Gegensatz zum CISG nicht um Einheitsrecht, sondern nur um ein zu wählendes „2. Kaufrechtsregime“, das neben dem jeweiligen mitgliedstaatlichen Kaufrecht steht. Daher könnte das Kollisionsrecht nicht etwa verdrängt werden, sondern für die Wahl des GEK gelten. Die angestrebte Einheitlichkeit wäre deutlich geschmälert, wenn etwa die Sonderanknüpfung des Art. 6 Rom I-VO greifen würde. Genau dies wollte der Kommissionsvorschlag verhindern (siehe Erwä-

---

27 Anders dagegen für die sog. konventionsinterne Verrechnung, die dem CISG unterfällt, siehe BGHZ 202, 258; näher unten Rn. 108.

28 Zur Entwicklung *Herresthal*, in: Langenbucher, Europäisches Privat- und Wirtschaftsrecht, 4. Aufl. 2017, § 2 Rn. 3ff.

29 KOM(2011) 635 endg.; dazu bereits oben § 3 Rn. 24ff. sowie § 22 Rn. 109ff.

30 Dazu eingehend die Beiträge in *Gebauer* (Hrsg.), Gemeinsames Europäisches Kaufrecht – Anwendungsbereich und kollisionsrechtliche Einbettung, 2013; siehe zuvor bereits *Stürner*, GPR 2011, 237.

gungsgründe Nr. 10 und 12 GEK); das Ergebnis war allerdings sehr zweifelhaft. Wegen teils massiver Kritik aus Politik und Wissenschaft hat die Kommission mitgeteilt, den GEK-Vorschlag in dieser Form nicht mehr aufrecht erhalten zu wollen.[31] Damit ist der einheitsrechtliche Ansatz (vorerst) vom Tisch.

3. Struktur

Kern der Rom I-VO ist Kapitel II (Einheitliche Kollisionsnormen). Hier finden sich neben der Rechtswahl (Art. 3 Rom I-VO) und der allgemeinen Bestimmung des Vertragsstatuts bei objektiver Anknüpfung (Art. 4 Rom I-VO), die im Gegensatz zu Art. 28 EGBGB a.F. keine unitarische Anknüpfung enthält, zahlreiche Sonderanknüpfungen (u.a. Art. 6 Rom I-VO für Verbraucherverträge,[32] Art. 7 Rom I-VO für Versicherungsverträge und Art. 8 Rom I-VO für Individualarbeitsverträge). Es folgen Vorschriften der allgemeinen Rechtsgeschäftslehre (Einigung und materielle Wirksamkeit, Art. 10 Rom I-VO; Form, Art. 11 Rom I-VO; Rechts- und Geschäftsfähigkeit, Art. 13 Rom I-VO) sowie die Bestimmung der Reichweite des Vertragsstatuts (Art. 12 Rom I-VO). Am Ende des Kapitels stehen Regelungen über die Zession (Art. 14, 15 Rom I-VO), mehrfache Haftung (Art. 16 Rom I-VO), Aufrechnung (Art. 17 Rom I-VO) und Beweis (Art. 18 Rom I-VO). Das III. Kapitel enthält allgemeine Vorschriften, darunter den Ordre-public-Vorbehalt (Art. 21 Rom I-VO), Definitionsnormen (Art. 19, 21 Rom I-VO) sowie den Ausschluss der Gesamtverweisung (Art. 20 Rom I-VO). 14

III. Rechtswahl

Literatur: *Böhle*, Die Abwahl zwingenden Rechts vor staatlichen Gerichten in Inlandsfällen, ZEuP 2019, 72

1. Grundsatz und Gegenstand

Die Rechtswahlfreiheit nach Art. 3 Rom I-VO bildet eine Parallele zur rechtsgeschäftlichen Gestaltungsfreiheit (Abschluss- und Inhaltsfreiheit sowie Formfreiheit). Durch sie wird für das jeweilige Rechtsverhältnis die gesamte Rechtsordnung „gewechselt", dies gilt grundsätzlich auch für deren nicht-dispositive Normen.[33] Sondervorschriften hinsichtlich der Rechtswahl bestehen für Verbraucherverträge (Art. 6 Abs. 2 Rom II-VO 15

31 Arbeitsprogramm 2015 – Ein neuer Start vom 16. Dezember 2014, KOM(2014) 910 endg. Dort heißt es im Anhang II unter Nr. 60 zum GEK: „Der Vorschlag wird geändert, um das Potenzial des elektronischen Handels im digitalen Binnenmarkt voll zur Entfaltung zu bringen." Siehe dazu oben § 3 Rn. 30 ff.

32 Dazu unten Rn. 39 ff.

33 Zu Ausnahmen unten Rn. 22.

bzw. Art. 46b EGBGB)[34] sowie für Beförderungs-, Versicherungs- und Arbeitsverträge.[35] Die in Art. 3 Rom I-VO gewährte Rechtswahlfreiheit soll keinesfalls nur Verlegenheitslösung,[36] sondern vielmehr „einer der Ecksteine des Systems der Kollisionsnormen im Bereich der vertraglichen Schuldverhältnisse" sein (Erwägungsgrund Nr. 11 Rom I-VO).[37] Das EU-Kollisionsrecht nimmt damit ein praktisch weltweit anerkanntes Prinzip auf.[38] In der Systematik der Rom I-VO geht die subjektive Anknüpfung des Art. 3 der objektiven Anknüpfung in Art. 4 vor, wie sich aus der Natur der Sache, aber auch ausdrücklich aus Art. 4 Abs. 1 Rom I-VO ergibt.

16 Da die Rechtswahl frei ist, steht im Grundsatz jedes beliebige Recht zur Wahl. Dies schließt die Wahl eines neutralen Rechts ein, zu dem weder das Vertragsverhältnis noch die Parteien noch die Vertragsumstände eine Beziehung aufweisen. Häufig ist eine solche Wahl Ergebnis eines vernünftigen Kompromisses zwischen den nur so einigungsfähigen Vertragsparteien. Nicht selten ist etwa die Wahl Schweizer Rechts.[39] Wählbar ist jedes staatliche Recht.[40] Eine staatliches Recht gänzlich verdrängende Wahl eines nichtstaatlichen Klauselwerks (etwa der UNIDROIT Principles[41]) oder die Unterstellung des Vertrags unter die Grundsätze einer „Lex Mercatoria" oder die Ersetzung jeder Rechtsordnung durch eine „Billigkeitsklausel" ist nur bedingt anzuerkennen, und zwar regelmäßig nur in Form einer materiellrechtlichen Rechtswahl: Bei ihr wird die Rechtsordnung im Ergebnis nicht „gewechselt"; vielmehr ersetzt die parteiliche Vereinbarung nur das dispositive Recht der im Rahmen der objektiven Anknüpfung (Art. 4ff. Rom I-VO) berufenen Rechtsordnung. Zwar kann mittels einer Schiedsklausel einem Schiedsgericht die Begrenzung der Entscheidungsfindung auf solche Grundlagen aufgegeben werden (vgl. § 1051 Abs. 3 ZPO).[42] Doch besteht dann ein Risiko, dass für und über einen solchen Vertrag etwa bei Unwirksamkeit der Schiedsklausel Entscheidungen durch staatliche Gerichte getroffen werden. In diesem Fall tritt das nach Art. 4ff. Rom I-VO anwendbare Recht kraft seiner stets subsidiär vorhande-

---

34 Dazu unten Rn. 52ff. sowie § 33.

35 Dazu unten Rn. 56ff.

36 So *Kegel/Schurig*, Internationales Privatrecht, 9. Aufl. 2004, § 18 I 1c (S. 653).

37 Zur rechtstheoretischen Begründung der Parteiautonomie *Arnold*, in: ders., Grundfragen des Europäischen Kollisionsrechts, 2016, S. 23; *Maultzsch*, in: von Hein/Rühl (Hrsg.), Kohärenz im Internationalen Privat- und Verfahrensrecht der Europäischen Union, 2016, S. 153; *ders.*, RabelsZ 75 (2011), 60; *Kroll-Ludwigs*, Die Rolle der Parteiautonomie im europäischen Kollisionsrecht, 2013, S. 148ff. Siehe dazu bereits oben § 30 Rn. 1ff.

38 Überblick bei *von Bar/Mankowski*, Internationales Privatrecht Band 1: Allgemeine Lehren, 2. Aufl. 2003, S. 592ff.

39 Dies wird häufig von einer entsprechenden Gerichtsstands- oder Schiedsvereinbarung begleitet, s. dazu unten § 35 Rn. 95ff.

40 Dazu MüKo-BGB/*Martiny*, 8. Aufl. 2021, Art. 3 Rom I Rn. 29ff.; *Mankowski*, in: Schmidt-Kessel, Der Gemeinsame Referenzrahmen, 2009, S. 389, 394ff.; *Magnus*, IPRax 2010, 27, 33; offener *Leible/Wilke*, in: FS Kronke, 2020, S. 296.

41 Dazu oben § 2 Rn. 102.

42 Zur Frage der Bindung der Schiedsgerichte an die Rom I-VO bereits oben Rn. 9.

nen Geltung hinzu. Dies bedeutet im Ergebnis, das die Rechtswahl nur das dispositive Recht der auf diese Weise berufenen Rechtsordnung verdrängen kann und nicht auch das zwingende, mithin also nur materiellrechtliche und keine kollisionsrechtliche Wirkung entfaltet.

2. Die kollisionsrechtliche Wahl einer Rechtsordnung

a) Parteiwille

Entscheidend für die Rechtswahl ist ein entsprechender Parteiwille. Dieser muss sich ausdrücklich zeigen oder sich jedenfalls „eindeutig" aus den Bestimmungen des Vertrags oder aus den Umständen des Falles ergeben. Die damit angesprochene konkludente Rechtswahl hat gleiches Gewicht wie die ausdrückliche Rechtswahl. Ein irgendwie gearteter hypothetischer Parteiwille genügt nicht. Lässt sich ein realer Parteiwille also nicht mit der erforderlichen hinreichenden Sicherheit ermitteln, so scheidet Rechtswahl aus und es ist gem. Art. 4ff. Rom I-VO objektiv anzuknüpfen. 17

b) Ausdrückliche Rechtswahl

Unerheblich ist, ob die Rechtswahl im Rahmen einer Individualabrede oder als Rechtswahlklausel in AGB erfolgt, und sei es auch nachträglich (Art. 3 Abs. 2 Rom I-VO). Sie muss eine klare Vereinbarung des gewählten Rechts beinhalten. 18

c) Konkludente Rechtswahl

Problematischer sind in der Praxis die Fälle der stillschweigenden Rechtswahl. Art. 3 Abs. 1 S. 2 Rom I-VO formuliert zwar ein Eindeutigkeitserfordernis, doch sind bei der Betrachtung auch die Umstände des Falles mit einzubeziehen. Da ein mutmaßlicher Parteiwille nicht ausreicht, müssen die für ein bestimmtes Recht sprechenden Indizien so viel Gewicht haben, dass aus ihnen auf ein Erklärungsbewusstsein oder jedenfalls mindestens einen „Gestaltungswillen" der Parteien für die Anwendbarkeit dieser Rechtsordnung geschlossen werden kann. Für anfängliche konkludente Rechtswahl kann insbesondere sprechen, dass der Vertrag eine einheitliche Gerichtsstandsklausel enthält (Erwägungsgrund Nr. 12 Rom I-VO). Doch ergibt sich daraus kein Automatismus zugunsten der Rechtswahl, da Gerichtsstands- und Rechtswahlvereinbarungen unterschiedliche Funktion haben können.[43] Vergleichbares gilt für die Vereinbarung einer Schiedsklausel: Dieser kommt Indizwirkung in der Regel nur bei Wahl eines institutionellen Schiedsgerichts an einem institutionellen Schiedsplatz zu. 19

Daneben kann auch aus weiterem übereinstimmenden Verhalten der Parteien eines Vertrags ein entsprechender Rechtswahlwille erkennbar werden, so in der Ver- 20

43 Siehe mit Beispielen Erman/*Stürner*, 16. Aufl. 2020, Art. 3 Rom I-VO Rn. 15.

wendung von auf einer Rechtsordnung aufbauenden Formularen oder sonstiger Bezugnahme auf Vorschriften einer Rechtsordnung.[44] Wegen des Eindeutigkeitserfordernisses ist regelmäßig eine Gesamtbetrachtung des übereinstimmenden Verhaltens der Parteien erforderlich, die Elemente wie etwa die benutzte Sprache, die gemeinsame Herkunft oder die damit übereinstimmend benutzte Währung mit einbezieht.

21 Auch nachträgliches Parteiverhalten, insbesondere auch im Prozess, kann auf einen entsprechenden Rechtswahlwillen schließen lassen. Tragen die Parteien in einem Gerichtsverfahren also übereinstimmend zum Bestehen von Ansprüchen nach dem BGB vor, so kann dies auf eine nachträgliche Rechtswahl zugunsten des deutschen Rechts schließen lassen.[45] Dies gilt jedenfalls dann, wenn ein entsprechendes Erklärungsbewusstsein vorliegt, sodass irrtümliche oder rügelose Anführung deutscher Rechtsnormen, etwa durch unreflektierten Vortrag zum deutschen Recht trotz evidenten Auslandsbezugs, nicht als Betätigung eines Rechtswahlwillens zu werten ist.[46]

3. Grenzen der Rechtswahl

22 Eine äußere Grenze der so gewährten Parteiautonomie markieren die international zwingenden Normen des abgewählten Rechts (Eingriffsnormen, Art. 9 Abs. 1 Rom I-VO).[47] Konsequenterweise dürfen die Parteien auch ein neutrales Recht ohne Bezug zum Sachverhalt wählen. In diesem Fall kann allerdings von (einfach) zwingenden Regelungen der abgewählten Rechtsordnung nicht abgewichen werden (Art. 3 Abs. 3 Rom I-VO bzw. Art. 3 Abs. 4 Rom I-VO für das Verhältnis von Binnenmarktfällen zum Recht eines Drittstaates). Hier ist mithin im Ergebnis nur eine materiellrechtliche Rechtswahl möglich. Angesichts der überragenden Bedeutung der Parteiautonomie erscheint aber eine großzügige Auslegung des Begriffs der Internationalität angezeigt.[48]

4. Das Statut der Rechtswahlvereinbarung

23 Die Rechtswahl ist ein vom Hauptvertrag unabhängiger, eigenständiger kollisionsrechtlicher Vertrag und muss gültig sein. Auf das Zustandekommen und die Wirksamkeit der Einigung der Parteien über das anzuwendende Recht sind die Art. 10, 11, 13 Rom I-VO anzuwenden (Art. 3 Abs. 5 Rom I-VO). Das Zustandekommen der formlos

---

44 S. schon RGZ 95, 164, 165f.; BGH JZ 1963, 167; BGH NJW 1997, 399; BGH NJW 2001, 1936; BGH NJW 2013, 308.

45 S. etwa BGHZ 40, 320, 323f.; s. auch *Mansel*, ZVglRWiss 86 (1987), 1, 11.

46 Vgl OLG Köln NJW 1987, 1151, 1152; auch BGH NJW 1993, 1126.

47 Dazu unten Rn. 122ff. Zur Bedeutung der Rechtswahlfreiheit für die Grundfreiheitenbeschränkung *Herresthal*, in: Langenbucher, Europäisches Privat- und Wirtschaftsrecht, 4. Aufl. 2017, § 2 Rn. 71ff.

48 Eingehend *Böhle*, ZEuP 2019, 72, 79ff.; zur Anwendbarkeit von Art. 3 Abs. 3 Rom I-VO auf Zinsswap-Verträge *Dias*, ZEuP 2019, 615.

möglichen Rechtswahl unterliegt daher – sozusagen im Vorgriff – dem (hypothetischen) Vertragsstatut. Dabei ist nach Art. 10 Abs. 2 Rom I-VO zusätzlich zu dem Vertragsstatut auch das Recht am gewöhnlichen Aufenthaltsort einer Partei anzuwenden, wenn diese sich darauf beruft, sie habe dem Vertrag nicht zugestimmt und es nach den Umständen des Falles unbillig wäre, die Rechtswirkungen ihres Verhaltens allein nach dem Vertragsstatut zu beurteilen.

IV. Objektive Anknüpfung

Literatur: *Chukwuma Okoli*, Place of Performance. A Comparative Analysis, 2020; *Ferrari*, From Rome to Rome via Brussels: Remarks on the Law Applicable to Contractual Obligations Absent a Choice by the Parties (Article 4 of the Rome I Regulation), RabelsZ 73 (2009), 750; *Müller*, Objektive Anknüpfungsmomente für Schuldverhältnisse im europäischen IPR und IZVR, in: von Hein/Rühl (Hrsg.), Kohärenz im Internationalen Privat- und Verfahrensrecht der Europäischen Union, 2016, S. 243

1. Vertragstypenlehre, Art. 4 Abs. 1 Rom I-VO

Haben die Parteien keine wirksame Rechtswahl getroffen, so ist das Vertragsstatut ob- **24**
jektiv zu bestimmen. Liegt keiner der in Art. 5–8 Rom I-VO geregelten Vertragstypen vor,[49] so greift Art. 4 Rom I-VO.

a) Übersicht

Art. 4 Abs. 1 Rom I-VO differenziert zwischen verschiedenen Vertragstypen, die be- **25**
sonders häufig vorkommen, etwa Kauf beweglicher Sachen (lit. a), Dienstleistungen (lit. b)[50] oder Miete/Pacht (lit. c). In diesen Fällen weist der Vertrag die engsten Verbindungen zu dem Staat auf, in dem die Partei, welche die charakteristische Leistung zu erbringen hat, im Zeitpunkt des Vertragsabschlusses ihren gewöhnlichen Aufenthalt hat. Entscheidend ist also nicht der Erfüllungsort der jeweiligen Verpflichtung, sondern der Aufenthaltsort (Niederlassungsort) des Schuldners. Damit wird im Ergebnis an den gewöhnlichen Aufenthalt desjenigen Vertragspartners angeknüpft, der die vertragscharakteristische Leistung erbringt, also im Regelfall der Sachleistungsschuldner bzw. derjenige, der nicht das Entgelt erbringt.[51] Dies entspricht der interna-

---

49 Dazu unten Rn. 56 ff.

50 Darunter ist nach der Auslegung des EuGH eine Verpflichtung zur Durchführung einer bestimmten Tätigkeit gegen Entgelt zu verstehen, s. EuGH, 8.5.2019, Rs. C-25/18 – *Kerr*, ECLI:EU:C:2019:376, Rn. 36 ff.; EuGH, 3.10.2019, Rs. C-272/18 – *TVP*, ECLI:EU:C:2019:827, Rn. 46. Siehe dazu auch unten Rn. 31.

51 Näher zur Lehre von der vertragscharakteristischen Leistung *Wendelstein*, Kollisionsrechtliche Probleme der Telemedizin, 2012, S. 242 ff.

tional vorherrschenden Anknüpfung von Schuldverträgen. Gleichzeitig unterscheidet sich das verwendete Anknüpfungsmerkmal von demjenigen des Rechts der internationalen Zuständigkeit: Dort stellt der besondere Gerichtsstand des Art. 7 Nr. 1 Brüssel Ia-VO auf den Erfüllungsort ab.[52]

26 Soweit der Vertrag ein dingliches Recht an einem Grundstück oder ein Recht zur Nutzung eines Grundstücks zum Gegenstand hat, wird an das Recht des Staates angeknüpft, in dem das Grundstück belegen (lex rei sitae) ist (Art. 4 Abs. 1 lit. c Rom I-VO). Dies gilt etwa für Grundstückskauf und -miete, nicht dagegen für den Bauvertrag, der als Dienstvertrag anzusehen ist – dort gilt daher Art. 4 Abs. 1 lit. b Rom I-VO.[53]

27 Art. 4 Abs. 2 Rom I-VO beruft im Sinne einer Regelvermutung für Verträge, die nicht unter die Vertragstypen des Abs. 1 einzuordnen sind oder als gemischttypische Verträge Berührung zu mehr als einer Kataloggruppe der lit. a bis h haben, das Recht des gewöhnlichen Aufenthalts der Vertragspartei, die die für den Vertrag charakteristische Leistung zu erbringen hat. Erscheint die sich daraus ergebende Anknüpfung im Hinblick auf die Gesamtheit der Umstände des Falles als räumlich nicht richtig, treten diese Regeln über die Ausweichklausel des Art. 4 Abs. 3 Rom I-VO dann zurück, wenn sich aus der Gesamtbetrachtung eine „offensichtlich engere Verbindung" zu einem anderen als dem nach Abs. 1 oder 2 bestimmten Staat ergibt. Art. 4 Abs. 4 Rom I-VO schließlich hat die Funktion einer Auffangregelung, die die Verträge erfasst, die sich ihrer Struktur nach weder bei Abs. 1 noch bei Abs. 2 einordnen lassen und deshalb auch nicht von Abs. 3 mit Vorrang vor Abs. 4 erfasst werden.

b) Kaufverträge über bewegliche Sachen

28 Art. 4 Abs. 1 lit. a Rom I-VO erfasst grundsätzlich alle Arten des Mobiliarkaufs, auch den Verbraucherkaufvertrag, soweit er nicht unter Art. 6 Rom I-VO fällt.[54] Innerhalb des Anwendungsbereichs des UN-Kaufrechts treten die Anknüpfungen der Rom I-VO zurück, soweit das Einheitskaufrecht gem. Art. 1 Abs. 1 lit. a CISG von selbst als Einheitsrecht zur Anwendung kommt[55] oder wenn gem. Art. 1 Abs. 1 lit. b CISG Regeln des IPR zur Anwendung des Kaufrechts eines Vertragsstaats führen. Der Vorrang des CISG gilt im Ausgangspunkt auch bei einer Rechtswahlvereinbarung, sofern diese auf das Recht eines Staates verweist, der das UN-Kaufrecht in Kraft gesetzt hat. Dieser kann allenfalls durch Auslegung entnommen werden, dass das CISG nach dessen Art. 6 abbedungen werden sollte. Nur dort, wo das CISG (externe) Lücken aufweist (z. B. hinsicht-

52 Für Verwendung dieses Anknüpfungskriteriums auch im Rahmen der Anknüpfung von grenzüberschreitenden Handelsverträgen daher *Chukwuma Okoli*, Place of Performance. A Comparative Analysis, 2020. Zum Gerichtsstand des Erfüllungsortes näher unten § 35 Rn. 74 ff.

53 Zum weiten Verständnis der Dienstleistungen unten Rn. 31.

54 Siehe dazu unten Rn. 39 ff.

55 Siehe bereits oben Rn. 10 ff.

lich der Verjährung, der Zinshöhe, der Aufrechnung oder der Abtretung), ist das kollisionsrechtlich berufene Recht zur Lückenfüllung heranzuziehen.[56]

Außerhalb des Anwendungsbereichs des UN-Kaufrechts beruft Art. 4 Abs. 1 lit. a Rom I-VO für den Kauf beweglicher Sachen das Recht des gewöhnlichen Aufenthalts des Verkäufers, bei geschäftlichen Abschlüssen damit das Recht seiner Haupt- oder anderen Niederlassung. Dieses bestimmt als Vertragsstatut über die schuldrechtliche Seite des Kaufvertrags; die Erfüllung durch Eigentumsübertragung richtet sich hingegen nach dem Sachstatut (Art. 43 EGBGB). 29

Für den gewöhnlichen Aufenthalt des Verkäufers enthält die Rom I-VO keine eigene Definitionsnorm. Handelt es sich um eine natürliche Person, die nicht gewerblich handelt, ist sein „faktischer Lebensmittelpunkt" der gewöhnliche Aufenthalt; ist der Verkäufer hingegen gewerblich tätig oder juristische Person oder sonstige Handelsgesellschaft, so gilt Art. 19 Rom I-VO, sodass an den Sitz bzw. die Haupt- oder Zweigniederlassung anzuknüpfen ist, den er im Zeitpunkt des Vertragsschlusses hat (Art. 19 Abs. 3 Rom I-VO). Bei sog. Platzgeschäften, bei denen Vertragsabschluss und Erfüllung durch Zahlung und Eigentumsübertragung am selben Platz und zur selben Zeit stattfinden, kommt regelmäßig Art. 4 Abs. 3 Rom I-VO zur Anwendung, da die Verbindung zum Ort des Abschlusses wie Leistungsaustausches deutlich überwiegt.[57] 30

c) Dienstleistungsverträge

Diese unterliegen nach Art. 4 Abs. 1 lit. b Rom I-VO dem Recht, des Staates, in dem der „Dienstleister" seinen gewöhnlichen Aufenthalt hat. Der Begriff der Dienstleistung ist autonom auszulegen; er darf keinesfalls im Lichte des § 611 BGB verstanden werden sondern greift erheblich weiter. Ausgangsbegriff ist die Dienstleistung i. S. d. Art. 56, 57 Abs. 1 AEUV und der in der Dienstleistungs-Richtlinie geregelten Dienstleistungsfreiheit, sodass Verträge darunter fallen, die zur entgeltlichen wie auch unentgeltlichen Erbringung von gewerblichen, kaufmännischen, handwerklichen und freiberuflichen Tätigkeiten verpflichten. Erfasst sind also aus deutscher Sicht der Dienstvertrag (§ 611 BGB), Werkvertrag (§ 631 BGB), der Auftrag (§ 662 BGB) mit Unterarten wie den Geschäftsbesorgungsverträgen (§ 675 BGB) und Treuhandverträgen, aber auch Reiseverträge und Verwahrungsverträge, Maklerverträge, Kommissionsverträge, Finanzdienstleistungsverträge sowie Bauverträge (§ 650a BGB). Das gilt indessen nur insoweit, als nicht andere der in Art. 4 Abs. 1 Rom I-VO oder in den Art. 5 bis 8 Rom I-VO enthaltenen, spezielleren Anknüpfungsregelungen eingreifen. So fallen Vertriebsverträge unter Art. 4 Abs. 1 lit. f Rom I-VO, Franchiseverträge unter lit. e, Verträge über Finanzinstrumente innerhalb multilateraler Systeme unter lit. h, Finanz- 31

56 Dazu oben Rn. 11.

57 Erman/*Stürner*, 16. Aufl. 2020, Art. 4 Rom I-VO Rn. 12; Palandt/*Thorn*, 80. Aufl. 2021, Art. 4 Rom I-VO Rn. 6, 29.

dienstleistungsverträge mit Verbrauchern unter Art. 6 Rom I-VO, Beförderungsverträge unter Art. 5 Rom I-VO, Individualarbeitsverträge unter Art. 8 Rom I-VO und Versicherungsverträge ggf. unter Art. 7 Rom I-VO, sonst unter lit. b.[58]

d) Grundstücksbezogene Verträge

32 Schuldverträge, die den Erwerb oder die Übertragung eines dinglichen Rechts an einer unbeweglichen Sache (Grundstück oder grundstücksgleiches Recht, z. B. Erbbaurecht) zum Gegenstand haben (etwa Kaufvertrag, Schenkung, auch Bauträgervertrag), unterliegen bei Fehlen einer Rechtswahl nach Art. 4 Abs. 1 lit. c Rom I-VO dem Recht am Lageort des Grundstücks als naheliegendem Recht engster Verbindung. Gleiches gilt für Schuldverträge, die ein Recht zur Nutzung des Grundstücks betreffen (Miet- und Pachtverträge, Timesharing-Verträge), das keinen dinglichen Charakter hat. Grunderwerb oder Nutzung bzw Belastung müssen der wesentliche Vertragszweck sein, sodass etwa ein Bau- und Reparaturvertrag[59] oder ein Hausverwaltungsvertrag[60] nicht unter lit. c fallen.

33 Die regelmäßige Geltung der lex rei sitae rechtfertigt sich aus der engen faktischen Verbindung des Schuldvertrags mit dem rechtlichen Schicksal des Grundstücks, das stets durch die lex rei sitae bestimmt ist (Art. 43 EGBGB). Zwingende Vorschriften des deutschen Mietrechts setzen sich gegenüber einem ausländischen Mietstatut für eine im Inland belegene Sache ggf. als Eingriffsnormen (Art. 9 Abs. 1 Rom I-VO) durch, wenn sie nicht schon nach Art. 3 Abs. 3 Rom I-VO zu beachten sind. Art. 4 Abs. 1 lit. c Rom I-VO gilt nicht für den dinglichen Vollzug der ihm unterfallenden schuldrechtlichen Geschäfte; hierfür gilt wieder das Sachstatut.

2. Subsidiäre allgemeine Anknüpfung

34 Kann das anwendbare Recht nicht über Art. 4 Abs. 1 Rom I-VO bestimmt werden, weil entweder keine der Varianten erfüllt ist oder aber gleich mehrere, so greift die subsidiäre allgemeine Anknüpfung in Art. 4 Abs. 2 Rom I-VO. Diese stellt auf den gewöhnlichen Aufenthalt des vertragscharakteristisch Leistenden ab; hierin wird – wie bereits zuvor – die engste Verbindung gesehen.[61] Dem liegt die Einsicht zugrunde, dass es die Eigenart des jeweiligen Vertragsverhältnisses sein soll, die das anwendbare Recht determiniert, und nicht etwa äußere Umstände von eher zufälligem Charakter wie etwa der Abschlussort. Die subsidiäre Anknüpfung in Art. 4 Abs. 2 Rom I-VO erfasst grundsätzlich alle Schuldvertragstypen, bei denen sich eine charakteristi-

---

58 Siehe dazu die Zusammenstellung bei Erman/*Stürner*, 16. Aufl. 2020, Art. 4 Rom I-VO Rn. 14 ff.

59 BGH RIW 1999, 456.

60 Staudinger/*Magnus* (2016), Art. 4 Rom I-VO Rn. 348.

61 Vgl. BGH NJW 1987, 1141.

sche Leistung festlegen lässt. Relevant wird sie etwa bei Unternehmenskaufverträgen,[62] bei der Schenkung oder Miete beweglicher Sachen oder auch bei Bürgschafts- oder Lizenzverträgen.[63]

Charakteristische Leistung bei einem entgeltlichen Austauschvertrag ist dabei nicht die Geldleistung, sondern die den Vertrag einem Vertragstyp zuordnende, spezifische Sach-, Tätigkeits- oder Zeitleistung, z. B. bei Mietvertrag die Vermieterleistung. Bei unentgeltlichen Verträgen ist die Hauptleistung der leistungsverpflichteten Seite (z. B. Leihe), bei einseitig verpflichtenden Verträgen die Schuldnerleistung (z. B. Bürgenleistung) die charakteristische Leistung. Für den auf diese Weise maßgeblich werdenden gewöhnlichen Aufenthalt der leistungserbringenden Seite kann ggf. Art. 19 Rom I-VO herangezogen werden. 35

3. Auffangregel

Fehlt dem individuellen Vertrag die charakteristische Leistung, wie dies etwa beim Tauschvertrag der Fall ist, versagt die Anknüpfungsregel; für solche Fälle besteht mit Art. 4 Abs. 4 Rom I-VO eine Auffangvorschrift. Auf solche Vertragsverhältnisse ist das anwendbare Recht nach dem Kriterium der engsten Verbindung durch eine Gesamtabwägung der Berührungen des Falles mit einer Rechtsordnung zu ermitteln, in welcher Rechtsanwendungsinteressen zum Ausdruck kommen, vermittelt etwa durch Staatsangehörigkeit, gewöhnlichen Aufenthalt, Belegenheit, Zwecke, Gründungsort, Abschlussort, Auftreten in der Öffentlichkeit, Notwendigkeit der Mitwirkung öffentlicher Stellen. Ob das so gefundene Recht zur Gültigkeit des Vertrags führt oder nicht, sollte keine Bedeutung haben, da der Gedanke des favor contractus – anders als in Art. 11 Abs. 1 Rom I-VO – hier keinen Niederschlag gefunden hat. 36

4. Ausweichklausel

Art. 4 Abs. 3 Rom I-VO enthält eine Ausweichklausel für den Fall, dass der Vertrag eine offensichtlich engere Verbindung zu einem anderen Staat aufweist, also wenn die Anknüpfung an den gewöhnlichen Aufenthalt offensichtlich nicht das sachnächste Recht beruft (Bargeschäfte, die sofort vollzogen werden).[64] Die zu berücksichtigenden Umstände sind im Einzelnen umstritten. Dazu zählt jedenfalls die Beziehung zu anderen Vertragsverhältnissen (Akzessorietät). Umstritten ist, ob der gemeinsame gewöhnliche Aufenthalt der Parteien in einem anderen Land als dem, auf den eine der An- 37

62 Zur Einordnung Rauscher/*Thorn*, EuZPR/EuIPR, 4. Aufl. 2016, Art. 25 Rom I-VO Rn. 89.

63 Siehe dazu und zu weiteren Beispielen Rauscher/*Thorn*, EuZPR/EuIPR, 4. Aufl. 2016, Art. 25 Rom I-VO Rn. 90 ff.

64 Die Ausweichklausel ist nicht anwendbar, wenn das Vertragsstatut über Art. 4 Abs. 4 Rom I-VO ermitteln wurde, da in diesem Rahmen schon die engste Verbindung ermittelt wurde.

knüpfungen hinweist, für die engere Verbindung ausreicht.[65] Auf Umstände wie Abschlussort, Vertragssprache und Währung kann es nicht entscheidend ankommen.

38 Die Regelungssystematik des Art. 4 Rom I-VO schließt es allerdings aus, das über Abs. 4 gefundene Ergebnis noch durch Anwendung der Ausweichklausel des Abs. 3 in einem besonders gelagerten Fall zu überwinden: Eine danach erforderliche „offensichtlich engere Verbindung" als die für Abs. 4 erforderliche „engste Verbindung" ist bei korrekter Anwendung von Abs. 4 nicht begründbar.

V. Der Verbrauchervertrag im IPR

Literatur: *Dietrich*, Die situative Anwendung von Art. 17 Brüssel Ia-VO und Art. 6 Rom I-VO. Eine Untersuchung des kollisions- und zuständigkeitsrechtlichen Verbraucherschutzes unter Berücksichtigung US-amerikanischer Grundsätze, 2020; *Rühl*, Consumer Protection in Choice of Law, 44 Cornell Int'l L.J. 569 (2011); *Rühl*, Die rechtsaktübergreifende Auslegung im europäischen Internationalen Privatrecht: Art. 6 der Rom I-VO und die Rechtsprechung des EuGH zu Art. 15 Brüssel I-VO, GPR 2013, 122; *Scraback*, Ökonomische Analyse des Verbraucherschutzes im Internationalen Privat- und Zivilverfahrensrecht, GPR 2017, 234

1. Objektive Anknüpfung

a) Schutzzweck

39 Auf globalisierten Märkten stellen die Staatsgrenzen kaum noch Schranken für die Ausübung kommerzieller Tätigkeit dar; dies gilt in besonderem Maß für den EU-Binnemarkt, aber vielfach auch für drittstaatliche Anbieter. Aus Verbrauchersicht ist oft kaum zu unterscheiden, ob ein Vertrag Auslandsbezug hat oder nicht, man denke vor allem an Verträge, die über das Internet angebahnt oder abgewickelt werden. Hier kann ein Schutzdefizit entstehen, wenn Verbraucher nicht das ihnen bei Inlandsgeschäften vertraute Schutzniveau vorfinden, weil das Recht des Anbieters zur Anwendung kommt. Das ist selbstverständlich nicht bei jedem Auslandsgeschäft der Fall. Begibt sich etwa ein Verbraucher ins Ausland, um dort einzukaufen oder Dienstleistungen nachzufragen, besteht an sich kein Anlass, den abzuschließenden oder abgeschlossenen Vertrag einem anderen Recht zu unterstellen, als er nach allgemeinen Regeln (Art. 3, 4 Rom I-VO) untersteht.

40 Art. 6 Rom I-VO enthält eine Sondervorschrift für Verbraucher, die aus den genannten Gründen als besonders schutzwürdig eingestuft werden. Für sie gilt ihr Aufenthaltsrecht fort, sofern der Unternehmer entweder seine berufliche oder gewerbliche Tätigkeit im Aufenthaltsstaat des Verbrauchers ausübt (Art. 6 Abs. 1 lit. a Rom

65 Siehe BGH NJW 2015, 2581: Die Ehegatteninnengesellschaft wird akzessorisch zum Ehegüterstatut angeknüpft. Hierfür gilt nun allerdings die EuGüVO, s. Erman/*Stürner*, 16. Aufl. 2020, Art. 27 EuGüVO Rn. 3.

I-VO) oder seine Tätigkeit zumindest auf diesen Staat ausrichtet (Art. 6 Abs. 1 lit. b Rom I-VO). Vor allem die zweite Variante ist sehr weitreichend.

Erfasst sind mit der Ausnahme von Beförderungsverträgen und Versicherungsverträgen, soweit für sie die Regelung der Art. 5 und 7 Rom I-VO greift,[66] grundsätzlich alle Vertragstypen; weitere Bereichsausnahmen finden sich in Art. 6 Abs. 4 Rom I-VO. Darin werden etwa Verträge über die Erbringung von Dienstleistungen, die ausschließlich in einem anderen Staat als dem Staat des gewöhnlichen Aufenthalts des Verbrauchers erbracht werden müssen, ausgenommen (lit. b, z. B. Hotelbeherbergung im Ausland, Unterrichtskurse im Ausland, vom Sprachkurs bis zum Skikurs). Der Auslandsbezug ist hier so eindeutig, dass die Privilegierung der Verbraucher nicht zwingend veranlasst ist. 41

b) Tatbestandliche Voraussetzungen

Konstitutiv für die Anwendung des Verbraucherrechts ist das Vorliegen einer der beiden in Art. 6 Abs. 1 lit. a oder lit. b Rom I-VO erfassten Abschlussmodalitäten. Hierdurch soll die Anwendung des Umweltrechts des Verbrauchers auf die Tatbestände begrenzt werden, in denen der Verbraucher des Schutzes der ihm vertrauten Rechtsordnung bedürftig erscheint, weil ein entsprechendes Vertrauen unterstellt wird (Erwägungsgrund Nr. 25 Rom I-VO). Das ist regelmäßig dann der Fall, wenn der Unternehmer im Verbrauchersitzstaat berufliche oder gewerbliche Tätigkeit entfaltet. 42

aa) Ausübung unternehmerischer Tätigkeit im Verbraucherstaat

Der Abschlusstatbestand des lit. a verlangt als Ausübung typische Absatztätigkeit oder sonstige Unternehmertätigkeit im Staat des Verbrauchers. Das kann etwa durch die Abgabe eines ausdrücklichen Angebots oder einer Werbung in diesem Staat vorliegen.[67] Weiter bedarf es der Vornahme der zum Abschluss des Vertrags erforderlichen Rechtshandlungen des Verbrauchers in diesem Staat, etwa durch die Annahme des Angebots; ihre Absendung im Verbraucherstaat genügt, der Zugang kann außerhalb liegen. Lit. a ist ferner durch sonstige unternehmerische Präsenz im Verbraucherstaat erfüllt. 43

bb) Ausrichten der Unternehmertätigkeit auf den Verbraucherstaat

Lit. b ist durch den Verordnungsgeber bewusst weit gewählt worden (Erwägungsgrund Nr. 25 S. 2 Rom I-VO). Es bedarf dafür nicht der von lit. a erfassten Ausübung der Tätigkeit des Unternehmers im Staat des Verbrauchers, vielmehr genügt eine Aus- 44

66 Dazu unten Rn. 56 ff.

67 BGHZ 167, 83, 89 f.

richtung derart, dass das Zustandekommen des Vertragsschlusses dieser so ausgerichteten Tätigkeit des Unternehmers zugerechnet werden kann. Ausrichten bedeutet unternehmerische Aktivität (d. h. werbendes Tätigwerden), die in irgendeiner Weise auch auf den Verbraucherstaat gerichtet ist („direct by any means", „diriger par tout moyen"), mit dem Ziel eines Vertragsschlusses und der Durchführung dieses Vertrags.[68] Inhaltlich sind die Anforderungen in lit. b geringer als in lit. a, auch wenn die beiden Alternativen systematisch gleichrangig sind. Es bedarf aber der primären Aktivität des Unternehmers im Verhältnis zum Verbraucher. Geht der „Erstkontakt" von Letzterem aus, liegt lit. b nicht vor.[69]

45 Die Problematik des Ausrichtens wurde in der Vergangenheit intensiv für Konstellationen diskutiert, wo sich Verbraucher im Ausland aufhielten und dort Waren kauften, so etwa Teppiche auf einem türkischen Basar.[70] Weiter gehören hierher auch solche Verkaufsveranstaltungen („Kaffeefahrten"), bei denen der Unternehmer, der Vertragspartner des Verbrauchers wird, seine Unternehmertätigkeit im Staat des gewöhnlichen Aufenthalts des Verbrauchers ausübt, d. h. dort unmittelbar unternehmerisch tätig wird. Ein Ausrichten lässt sich auch für Warenkäufe bejahen, die von deutschen Verbrauchern im Ausland mit dort ansässigen Vertragspartnern abgeschlossen, jedoch erst nach der Rückkehr des Verbrauchers in den Verbraucherstaat (Deutschland) von einem im Verbraucherstaat ansässigen Lieferanten (auf Geheiß oder im Zusammenhang mit dem Vertragspartner) erfüllt werden. Im Regelfall wird das Ausrichten darin bestehen, dass der Unternehmer Werbung im Verbraucherstaat macht, wobei das Medium (Presse, Funk und Fernsehen, Postsendung, E-Mail, Soziale Medien) ohne primäre Bedeutung ist.

46 Zur Auslegung des Begriffs des Ausrichtens kann auf die Rechtsprechung des EuGH zum Verbrauchergerichtsstand in der Brüssel I-VO zurückgegriffen werden (vgl. Erwägungsgrund Nr. 24 Rom I-VO). Nach der Entscheidung in der Rechtssache *Pammer/Hotel Alpenhof*[71] ist zu prüfen, „ob vor einem möglichen Vertragsschluss mit dem Verbraucher aus [...] der gesamten Tätigkeit des Gewerbetreibenden hervorgeht, dass dieser mit Verbrauchern, die in einem oder mehreren Mitgliedstaaten, darunter dem Wohnsitzmitgliedstaat des Verbrauchers, wohnhaft sind, in dem Sinne Geschäfte zu tätigen beabsichtigte, dass er zu einem Vertragsschluss mit ihnen bereit war. Die

---

68 MüKo-BGB/*Martiny*, 8. Aufl. 2021, Art. 6 Rom I-VO Rn. 39 ff.; Staudinger/*Magnus* (2016), Art. 6 Rom I-VO Rn. 112; *Mankowski*, IPRax 2009, 238 f.

69 S. etwa BGH NJW 2009, 298: der Tourist nimmt aus freien Stücken den Kontakt auf; s. auch OLG Stuttgart IPRax 2016, 601, Rn. 40.

70 So etwa in LG Tübingen NJW 2005, 1513; KG NJW-RR 2009, 195; AG Würzburg NJW-RR 2015, 1149; OLG Stuttgart IPRax 2016, 601; siehe zum Problemkreis auch *Arnold*, IPRax 2016, 567; *Friesen*, VuR 2016, 174. Zur Falllösung siehe *Stürner*, in: Langenbucher, Europäisches Privat- und Wirtschaftsrecht, 4. Aufl. 2017, § 8 Rn. 39 ff. Hierher gehören auch die früher diskutierten „Gran-Canaria-Fälle", siehe oben § 8 Rn. 129 f.

71 EuGH, 7.12.2010, Rs. C-585/08 und C-144/09 – *Pammer/Hotel Alpenhof*, NJW 2011, 505, Rn. 92 f. Siehe dazu noch unten § 35 Rn. 86.

folgenden Gesichtspunkte, deren Aufzählung nicht erschöpfend ist, sind geeignet, Anhaltspunkte zu bilden, die die Feststellung erlauben, dass die Tätigkeit des Gewerbetreibenden auf den Wohnsitzmitgliedstaat des Verbrauchers ausgerichtet ist, nämlich der internationale Charakter der Tätigkeit, die Angabe von Anfahrtsbeschreibungen von anderen Mitgliedstaaten aus zu dem Ort, an dem der Gewerbetreibende niedergelassen ist, die Verwendung einer anderen Sprache oder Währung als der in dem Mitgliedstaat der Niederlassung des Gewerbetreibenden üblicherweise verwendeten Sprache oder Währung mit der Möglichkeit der Buchung und Buchungsbestätigung in dieser anderen Sprache, die Angabe von Telefonnummern mit internationaler Vorwahl, die Tätigung von Ausgaben für einen Internetreferenzierungsdienst, um in anderen Mitgliedstaaten wohnhaften Verbrauchern den Zugang zur Website des Gewerbetreibenden oder seines Vermittlers zu erleichtern, die Verwendung eines anderen Domänennamens oberster Stufe als desjenigen des Mitgliedstaats der Niederlassung des Gewerbetreibenden und die Erwähnung einer internationalen Kundschaft, die sich aus in verschiedenen Mitgliedstaaten wohnhaften Kunden zusammensetzt."[72] Keines dieser Merkmale genügt für sich genommen zur Erfüllung des Tatbestandsmerkmals des Ausrichtens. Vielmehr kommt es darauf an, ob in einer Gesamtschau der Umstände der Wille des Unternehmers zutage tritt, mit in einem bestimmten Staat ansässigen Verbrauchern Verträge zu schließen. Dass der Vertragsschluss nicht im Wege des Fernabsatzes erfolgt ist, spielt keine Rolle.[73]

Im Ergebnis dürfte es für Unternehmer schwierig sein, ihre Aktivität nicht prak- 47
tisch weltweit auszurichten, wenn sie eine englischsprachige Homepage verwenden. Erforderlich ist hier wohl ein ausdrücklicher „Disclaimer" und dessen konsequente Handhabung durch Nichtberücksichtigung von Bestellungen von Verbrauchern mit gewöhnlichem Aufenthalt in einem der „herausgenommenen" Staaten, soweit das ohne Verstoß gegen das Diskriminierungsverbot (Art. 18 AEUV) möglich ist.

cc) Insbesondere: Die Auswirkungen der Geoblocking-VO

Scheinbar gegenläufig zur Ausdehnung des Begriffs des Ausrichtens durch die Recht- 48
sprechung des EuGH steht auch die Verordnung (EU) 2018/302, die sog. Geoblocking-VO.[74] Nach ihrem Art. 3 Abs. 1 ist es einem Anbieter untersagt, den Zugang von Kunden zu der Online-Benutzeroberfläche des Anbieters aus Gründen der Staatsangehörigkeit, des Wohnsitzes oder des Ortes der Niederlassung des Kunden durch technische Mittel oder auf anderem Wege zu sperren oder zu beschränken. Nach Art. 4

72 EuGH, 7.12.2010, Rs. C-585/08 und C-144/09 – *Pammer/Hotel Alpenhof*, NJW 2011, 505, Rn. 93.

73 So wiederum zum Verbrauchergerichtsstand EuGH, 6.9.2012, Rs. C-190/11 – *Mühlleitner*, NJW 2012, 3225, Rn. 32ff.; Anschlussurteil: BGH WM 2013, 1234.

74 Zu deren privatrechtlichen Aspekten *Hoffmann/Bombe*, EuZW 2020, 131; zu den IPR-Problemen *Hoffmann*, JZ 2018, 918; *Martiny*, in: FS Kronke, 2020, S. 351.

Abs. 1 Geoblocking-VO darf ein Anbieter unter bestimmten Kautelen für den Zugang zu Waren oder Dienstleistungen keine unterschiedlichen AGB für den Zugang aus Gründen der Staatsangehörigkeit, des Wohnsitzes oder des Ortes der Niederlassung des Kunden anwenden. Art. 5 Abs. 1 Geoblocking-VO schließlich untersagt es einem Anbieter, im Rahmen der von ihm akzeptierten Zahlungsmethoden aufgrund der Staatsangehörigkeit, des Wohnsitzes oder des Ortes der Niederlassung des Kunden, des Standorts des Zahlungskontos, des Ortes der Niederlassung des Zahlungsdienstleisters oder des Ausstellungsorts des Zahlungsinstruments innerhalb der Union unterschiedliche Bedingungen für einen Zahlungsvorgang anzuwenden. Dass aus diesen Maßgaben indessen keine andere Beurteilung des Begriffs des „Ausrichtens" i. S. d. Art. 6 Abs. 1 lit. b Rom I-VO folgt, stellt Art. 1 Abs. 6 Geoblocking-VO ausdrücklich klar: Die Befolgung der Vorgaben aus Art. 3–5 Geoblocking-VO lässt für sich genommen nicht den Rückschluss zu, dass der Unternehmer seine Tätigkeiten auf den Verbraucherstaat ausrichtet.

49 Der darin liegende innere Widerspruch lässt sich wohl nicht für alle Fälle auflösen: Nimmt man die „Auslegungsregel" der Geoblocking-VO ernst, dürfte dies in manchen Fällen zur Einschränkungen des kollisionsrechtlichen Verbraucherschutzes führen. Räumt man aber Art. 6 Rom I-VO in der bisherigen Lesart Vorrang ein, so bedingt eine unternehmerische Orientierung an den Maßgaben aus Art. 3–5 Geoblocking-VO nicht selten die Erfüllung der Anforderungen, die an das „Ausrichten" der Aktivitäten auf den Verbraucherstaat gestellt werden. Die zeitliche Abfolge der beiden Verordnungen spricht recht klar für eine Beachtlichkeit der Auslegungsregel des Art. 1 Abs. 6 Geoblocking-VO.[75] Die darin liegende potentielle Beschränkung des Verbraucherschutzes mag man inhaltlich rechtfertigen können; befremdlich ist allein, dass sie nicht als solche offengelegt wird.[76]

dd) Keine analoge Anwendung von Art. 6 Rom I-VO

50 In Fällen, in denen ein Ausrichten in diesem Sinne nicht vorliegt, kommt eine analoge Anwendung des Art. 6 Abs. 1 Rom I-VO nicht in Betracht, da angesichts der Art. 3, 4 Rom I-VO schon keine Lücke vorliegt; überdies dürfte es sich jedenfalls wegen der sehr weiten Neufassung von lit. b um eine analogieunfähige Ausnahmevorschrift handeln.[77]

---

75 Als reine „Vorsichtsmaßnahme" gegen eine noch weitere Auslegung des Begriffs des Ausrichtens durch den EuGH sieht *Kohler* (ZEuP 2020, 253, 262) die Auslegungsregel des Art. 1 Abs. 6 Geoblocking-VO.

76 Kritisch deswegen, auch unter Hinweis auf die Kompetenzgrundlage (Art. 81 Abs. 2 statt Art. 114 AEUV), *Kohler*, ZEuP 2020, 253, 259 ff.; s. a. *Martiny*, in: FS Kronke, 2020, S. 351, 356 ff.; *Hoffmann*, JZ 2018, 918, 922 ff. Eingehend zum Problemkreis auch *Dietrich*, Die situative Anwendung von Art. 17 Brüssel Ia-VO und Art. 6 Rom I-VO, 2020, S. 137 ff.

77 Palandt/*Thorn*, 80. Aufl. 2021, Art. 6 Rom I Rn. 7 m. N.

ee) Kausalitätserfordernis?

Sehr umstritten ist schließlich, ob Art. 6 Abs. 1 Rom I-VO auch greift, wenn der Unternehmer seine Tätigkeit zwar auf den Sitzstaat des Verbrauchers ausgerichtet hat, der Vertragsschluss aber unabhängig hiervon zustande gekommen ist, etwa deswegen, weil der Verbraucher die in seiner Sprache abgefasste Webseite des Unternehmens überhaupt nicht zur Kenntnis genommen hat. Hier könnte es an einer Kausalität des „Ausrichtens“ der geschäftlichen Aktivität des Unternehmers auf den Sitzstaat des Verbrauchers für den Vertragsschluss fehlen. Wiederum zum Verbrauchergerichtsstand hat der EuGH ein solches Kausalitätserfordernis verneint.[78] Er hat dies wesentlich mit dem Wortlaut des Art. 15 Abs. 1 lit. c Brüssel I-VO begründet, der keine Kausalität voraussetze. Überdies werde der verbraucherschützende Zweck der Norm durch das Kausalitätserfordernis eingeschränkt, zumal schwierige Beweisprobleme entstünden. Die Kausalität könne aber ein Gesichtspunkt sein, der bei der Bestimmung des „Ausrichtens“ Berücksichtigung findet.[79] Hiergegen lässt sich mit dem BGH[80] anführen, dass diese Sichtweise zu einer ungerechtfertigten Bevorzugung des Verbrauchers führt, der sich ohne die Brücke des „Ausrichtens“ aus eigenem Antrieb in den Unternehmerstaat begibt und dort gleich einem Inländer Verträge schließt. Beweisproblemen ließe sich auch durch eine entsprechende Vermutung für das Vorliegen der Kausalität begegnen.[81] Im Rahmen des Art. 6 Abs. 1 Rom I-VO lässt sich weiter Erwägungsgrund Nr. 25 a. E. Rom I-VO anführen, der das Kausalitätserfordernis offen postuliert. Gleichzeitig würde dies entgegen Erwägungsgrund Nr. 24 Rom I-VO zu einer gespaltenen Auslegung beider Rechtsakte führen.[82] 51

2. Rechtswahl und Günstigkeitsvergleich

Nach Art. 6 Abs. 2 Rom I-VO ist auch für Verbraucherverträge eine Rechtswahl möglich. Wie die Regelung der Rechtswahl für Verbraucherverträge ausgestaltet sein sollte, war bis zum Schluss der Verhandlungen über die Verordnung umstritten. Zunächst hatten die Europäische Kommission und ein erheblicher Teil der Mitgliedstaaten gefordert, die Rechtswahlmöglichkeit bei Verbraucherverträgen gänzlich abzuschaffen. Damit waren insbesondere Deutschland, Luxemburg und Teile des Europäischen Parlaments nicht einverstanden. Ihnen ging es um einen gerechten Ausgleich der Interessen von Verbrauchern und Unternehmern. Vor allem kleine und mittelständische Unternehmen haben grundsätzlich keine Rechtsabteilung. Wäre in diesem Bereich die Rechtswahlmöglichkeit abgeschafft worden, so wären sie zu sehr belastet worden, da 52

---

78 EuGH, 17.10.2013, Rs. C-218/12 – *Emrek*, EuZW 2013, 943.

79 EuGH, 17.10.2013, Rs. C-218/12 – *Emrek*, EuZW 2013, 943, Rn. 26. Darin liegt ein Zirkelschluss, da es nur um eine Kausalität zwischen Ausrichten und Vertragsschluss gehen kann.

80 BGH EuZW 2012, 236.

81 Kritisch auch *Klöpfer/Wendelstein*, JZ 2014, 298; *Rühl*, IPRax 2014, 41.

82 Dazu auch unten § 35 Rn. 32ff.

dann bei jedem Verbrauchervertrag das Heimatrecht des Verbrauchers anwendbar gewesen wäre. Die Zulässigkeit der Rechtswahl in Verbraucherverträgen ist nicht selbstverständlich. So bestimmt etwa das Schweizer Recht, dass in Verträgen mit Verbrauchern eine Rechtswahl unwirksam ist (Art. 120 Abs. 2 IPRG). Denn regelmäßig führt die Rechtswahl dazu, dass eine für den Verbraucher weniger günstige Rechtsordnung zur Anwendung kommt. Die Rom I-VO hat diesen radikalen Weg nicht gewählt. Als Kompromiss wurde Art. 6 Abs. 2 Rom I-VO geschaffen. Zugunsten des Verbrauchers steht die Rechtswahl aber unter dem Vorbehalt, dass sie ihm nicht den Schutz entzieht, der ihm durch zwingende Vorschriften des ansonsten anwendbaren Rechts zuteil würde. Durchzuführen ist damit ein sog. Günstigkeitsvergleich zwischen den Vorschriften des gewählten Rechts und den Vorschriften des eigentlich (d.h. nach Art. 6 Abs. 1 Rom I-VO) anwendbaren Rechts.[83]

53 Dieser Günstigkeitsvergleich ist hinsichtlich nicht abdingbarer verbraucherschützender Normen des Staates des gewöhnlichen Aufenthalts des Verbrauchers durchzuführen. Dies betrifft also alle Normen vertragsrechtlichen Charakters (Vertragsabschluss, Bindung, Vertragsinhalt und Inhaltskontrolle), in denen entweder ausdrücklicher Konsumentenschutz geregelt wird, also nach deutschem Recht etwa die §§ 312ff. BGB, §§ 491ff. BGB, oder der Schutz schwächerer Vertragsparteien allgemein zum Ausdruck kommt. Hierzu zählen auch Regeln des allgemeinen Schuldrechts, etwa gläubigerbegünstigende Beweislastregelungen wie § 280 Abs. 1 S. 2 BGB, zwingende Bestimmungen des Reisevertragsrechts, auch richterrechtliche Regeln, nicht aber zwingende Bestimmungen, die andere Zielrichtungen verfolgen (z.B. außenwirtschaftliche oder devisenrechtliche Ziele); diese können aber ggf. als Eingriffsnormen über Art. 9 Rom I-VO zur Anwendung kommen.[84] Bleibt der verbraucherschützende Gehalt des gewählten Vertragsstatuts hinter dem Standard des Aufenthaltsrechts zurück, so greift die Sonderanknüpfung des Art. 6 Abs. 2 S. 2 Rom I-VO zugunsten des insoweit günstigeren Rechts des Verbrauchersitzstaates. Sie bezieht sich nur auf den konkreten Sachverhalt und das konkrete Anliegen des Verbrauchers (z.B. mangelnde Bindung, Unwirksamkeit einer Klausel, Schadensersatz) und greift nur insoweit, als die lex causae hinter dem günstigeren Verbrauchersitzrecht zurückbleibt.

54 Nach Art. 6 Abs. 2 S. 1 Rom I-VO kann der Unternehmer auch eine Rechtswahlklausel zugunsten des deutschen Rechts in seine AGB aufnehmen.[85] Deren Gültigkeit hängt zunächst davon ab, ob sie einer AGB-Kontrolle standhält. Diese richtet sich nach Art. 3 Abs. 5, 10 Abs. 1 Rom I-VO nach dem präsumtiven Vertragsstatut, also nach deutschem Recht. Umstritten ist dabei, ob auch insoweit ein Günstigkeitsvergleich vorzunehmen

83 S. für einen Beispielsfall *Stürner*, in: Langenbucher, Europäisches Privat- und Wirtschaftsrecht, 4. Aufl. 2017, § 8 Rn. 47f.

84 Dazu unten Rn. 122ff.

85 Zur Inhaltskontrolle von Gerichtsstands- und Schiedsvereinbarungen in AGB *Mäsch*, in: Langenbucher, Europäisches Privat- und Wirtschaftsrecht, 4. Aufl. 2017, § 9 Rn. 47ff.; s.a. *Eichel*, IPRax 2016, 305. Siehe dazu bereits oben § 16 Rn. 38, 70.

ist. Hiergegen dürfte sprechen, dass Art. 6 Abs. 2 S. 2 Rom I-VO den Verbraucher nur in Bezug auf das Ergebnis der Rechtswahl schützt, nicht aber die Rechtswahl selbst unter einen Günstigkeitsvorbehalt stellt, diese vielmehr insgesamt dem Regime des Art. 3 Rom I-VO unterstellt.[86] Auch enthält Art. 10 Abs. 2 Rom I-VO bereits eine besondere Schutzvorschrift. Ein Verstoß gegen § 305c BGB scheidet jedenfalls dann aus, wenn ein durchschnittlicher Verbraucher damit rechnen muss, dass ausländisches Recht zur Anwendung kommen könnte. Dies ist regelmäßig dann der Fall, wenn der Unternehmer ersichtlich seinen Sitz nicht im Wohnsitzstaat des Verbrauchers hat.[87] Auch eine unangemessene Benachteiligung nach § 307 Abs. 1 BGB scheidet im Regelfall bereits angesichts des über Art. 6 Abs. 2 S. 2 Rom I-VO bestehenden Schutzes aus.[88]

Allerdings sieht der EuGH Defizite hinsichtlich der Klarheit und Transparenz einer 55
Rechtswahlklausel[89] angesichts des „geringeren Informationsstands, den der Verbraucher gegenüber dem Gewerbetreibenden besitzt".[90] Eine Missbräuchlichkeit der Rechtswahlklausel im Sinne von Art. 3 Abs. 1, 5 Klausel-RL komme daher dann in Betracht, „sofern sie den Verbraucher in die Irre führt, indem sie ihm den Eindruck vermittelt, auf den Vertrag sei nur das Recht dieses Mitgliedstaats anwendbar, ohne ihn darüber zu unterrichten, dass er nach Art. 6 Abs. 2 der Rom I-Verordnung auch den Schutz der zwingenden Bestimmungen des Rechts genießt, das ohne diese Klausel anzuwenden wäre".[91] Im Ergebnis muss daher in der Rechtswahlklausel in der Regel darauf hingewiesen werden, dass der Verbraucher nach Art. 6 Abs. 2 Rom I-VO in jedem Falle auch den Schutz der zwingenden Vorschriften seines Wohnsitzstaates genießt.[92] Doch dürfte die EuGH-Entscheidung dem Verbraucher keine Vorteile bringen – die Rechtswahlvereinbarung wird er ohnehin praktisch nie zur Kenntnis nehmen („rationales Desinteresse").[93] So dürfte es aus Verbrauchersicht unerheblich sein, wenn die

---

86 Palandt/*Thorn*, 80. Aufl. 2021, Art. 3 Rom I Rn. 9; *Pfeiffer*, IPRax 2015, 320, 322; a. A. wohl BGH IPRax 2013, 557, Rn. 33; kritisch dazu *Pfeiffer*, LMK 2013, 343552.

87 Siehe etwa KG MMR 2013, 591 (Ryanair); LG Hamburg MMR 2012, 96, 98f. Einen Verstoß gegen § 305c BGB angenommen hat LG Hamburg IPRax 2015, 348: in Luxemburg ansässige Gesellschaft; Wahl englischen Rechts.

88 Für ein Gegenbeispiel BGH IPRax 2013, 557, Rn. 35ff. (für grenzüberschreitende Arzneimittelkaufverträge).

89 Vorlagebeschluss: OGH GRUR Int 2015, 722.

90 EuGH, 28.7.2016, Rs. C-191/15 – *Amazon*, ECLI:EU:C:2016:612, Rn. 68; s. dazu etwa *W.-H. Roth*, IPRax 2017, 449; *Rühl*, Common Market Law Review 2018, 201; *P. Huber*, in: FS Kronke, 2020, S. 215.

91 EuGH, 28.7.2016, Rs. C-191/15 – *Amazon*, ECLI:EU:C:2016:612, Rn. 71; ebenso EuGH, 3.10.2019, Rs. C-272/18 – *TVP*, ECLI:EU:C:2019:827, Rn. 55ff.

92 Die entsprechend formulierte Rechtswahlklausel (z. B. „Für den Vertrag gelten die zwingenden Vorschriften des Staates, in dem sich der Kunde gewöhnlich aufhält. Im Übrigen gilt luxemburgisches Recht.") muss allerdings wiederum dem Verständlichkeitsgebot des Art. 5 Klausel-RL genügen, was nach den Maßstäben des EuGH nicht ohne Weiteres der Fall sein dürfte – jedenfalls dann nicht, wenn das Günstigkeitsprinzip des Art. 6 Abs. 2 S. 2 Rom I-VO zum Ausdruck gebracht werden soll.

93 Eingehend dazu *Mankowski*, IPRax 2019, 208. Sehr deutlich gegen diesen Ansatz hat sich auch GA *Hogan* positioniert (Schlussanträge vom 21.3.2019, Rs. C-34/18 – *Tóth*, ECLI:EU:C:2019:245, Rn. 95ff.).

Rechtswahlklausel in den AGB einer Fluglinie mit dem Hinweis versehen ist, dass nach Art. 5 Abs. 2 UAbs. 2 Rom I-VO nicht jedes beliebige Recht gewählt werden darf.[94]

VI. Sonderkollisionsrecht für Beförderungs-, Versicherungs- und Arbeitsverträge

1. Beförderungsverträge

56 Art. 5 Rom I-VO regelt das Kollisionsrecht des Beförderungsvertrags. Abs. 1 enthält für den Güterbeförderungsvertrag eine Anknüpfung an den gewöhnlichen Aufenthalt des Beförderers, Abs. 2 regelt den Personenbeförderungsvertrag, für den grundsätzlich und zu dessen Schutz die Anknüpfung an den gewöhnliches Aufenthalt des Passagiers (zu befördernde Person), in zweiter Linie erst die Anknüpfung an den gewöhnlichen Aufenthalt des Beförderers (und damit an den Ort der charakteristischen Leistung) normiert worden ist. Eine Rechtswahl ist nach Maßgabe der lit. a-e möglich. Bei Fehlen einer Rechtswahl unterstellt die Ausweichklausel des Abs. 3 den Vertrag dem Recht des Staates, zu dem der Vertrag eine offensichtlich engere Verbindung hat als zu dem objektiv berufenen Recht. Soweit sie nicht als Pauschalreiseverträge i. S. v. Art. 6 Abs. 4 lit. b Rom I-VO als Verbraucherverträge zu behandeln sind, fallen Beförderungsverträge nicht unter Art. 6 Rom I-VO.

2. Versicherungsverträge

57 Eine weitere Sonderkollisionsnorm enthält Art. 7 Rom I-VO für Versicherungsverträge. Sie trifft eine grundlegende Unterscheidung zwischen Großrisiken und Rückversicherungsrisiken einerseits und Massenrisiken andererseits. Für erstere ergibt sich das anwendbare Recht nach den allgemeinen Kollisionsnormen der Art. 3, 4 Rom I-VO; nur für letztere greift Art. 7 Rom I-VO. Dessen Abs. 1 S. 1 regelt den Anwendungsbereich für direkt versicherte Großrisiken mit Belegenheit innerhalb und außerhalb von EU und EWR. Abs. 2 S. 1 lässt für Großrisiken die Rechtswahl i. S. v. Art. 3 Rom I-VO zu und normiert als Sekundäranknüpfung bei Fehlen wirksamer Rechtswahl das Recht des gewöhnlichen Aufenthalts des Versicherers. Abs. 3 lässt für bestimmte Risiken, so die Lebensversicherung, die Schadens- und die Haftpflichtversicherung, nur eingeschränkte Rechtswahl hinsichtlich des Rechts der Belegenheit des Risikos oder hinsichtlich des Rechts des gewöhnlichen Aufenthalts, zum Teil auch der Staatsangehörigkeit des Versicherungsnehmers zu und sieht für den Fall fehlender Rechtswahl die Maßgeblichkeit

---

In der darauf folgenden Entscheidung ging der EuGH auf diese Kritik nur indirekt ein, vgl. EuGH, 19.9.2019, Rs. C-34/18 – *Tóth*, ECLI:EU:C:2019:764, Rn. 65 ff.

94 Gegen eine entsprechende Verpflichtung denn auch OLG Frankfurt IPRax 2019, 241, Rn. 26 ff. Eine EuGH-Vorlage des AG Nürnberg (RRa 2019, 36; EuGH Rs. C-701/18 – *Geld-für-Flug GmbH ./. Ryanair Ltd.*, ABl. EU 2019 C-72/16) zur Frage nach der Ausgestaltung der Rechtswahlklauseln hat sich wegen eines Vergleichsschlusses der Parteien erledigt (vgl. die Mitteilung in NZV 2019, 139).

des Rechts der Belegenheit des Risikos vor. Abs. 4 gilt für Pflichtversicherungen; von der Öffnungsklausel in lit. b hat Deutschland in Art. 46d EGBGB Gebrauch gemacht, so dass insoweit für inländische Risiken die Maßgeblichkeit des deutschen Rechts angeordnet wird. Abs. 5 regelt den Fall von über mehrere Mitgliedstaaten gestreuten Risiken, Abs. 6 regelt die Risikobelegenheit.

3. Arbeitsverträge

Schließlich untersteht auch das Statut des Arbeitsvertrags und des Arbeitsverhältnis- 58
ses einer in Art. 8 Rom I-VO normierten Sonderregelung, in der die Interessen des Arbeitnehmers als der im Arbeitsverhältnis in der Regel „schwächeren Partei“ berücksichtigt werden sollen. Auch das Statut des Arbeitsvertrags kann durch Rechtswahl gem Art. 3 Rom I-VO bestimmt werden. Ähnlich strukturiert wie Art. 6 Abs. 2 Rom I-VO will Art. 8 Abs. 1 Rom I-VO verhindern, dass dem Arbeitnehmer durch Rechtswahl der Schutz entzogen wird, den ihm die zwingenden Bestimmungen des Rechts gewähren, das ohne eine Rechtswahl nach Abs. 2 als objektives Arbeitsvertragsstatut zur Anwendung käme (Erwägungsgrund Nr. 35 Rom I-VO). Sie bleiben grundsätzlich aufgrund eines Günstigkeitsvergleichs auch bei Geltung eines frei gewählten Vertragsstatuts anwendbar. Abs. 2 und 3 enthalten eine gestaffelte Regelung der objektiven Anknüpfung, die bei Fehlen einer Rechtswahl i. S. v. Abs. 1 Platz greifen kann. Die Regelungen sehen für zwei typische Fallgruppen des Arbeitsvertrags mit Auslandsberührung in Abs. 2 und 3 eine jeweils unterschiedliche objektive Anknüpfung vor. Abs. 2 knüpft an den gewöhnlichen Arbeitsort an, dessen Recht auch bei vorübergehender Entsendung weitergilt, enthält aber Differenzierungen im Verhältnis zum Vorläuferrecht. Abs. 3 betrifft den Arbeitnehmer mit wechselndem Auslandseinsatz. Für ihn gilt in der Regel im Interesse der Vermeidung laufenden Statutenwechsels das Recht am Ort der ihn einstellenden Niederlassung des Arbeitgebers, also die lex loci contractus. Abs. 4 kehrt in einer Ausweichklausel nach dem Muster von Art. 4 Abs. 3 Rom I-VO zum Prinzip der konkret engsten Verbindung zurück, das bei aus den Gesamtumständen folgender engerer Verbindung zu einem anderen Staat als dem, auf dessen Recht Art. 7 Abs. 2 oder 3 Rom I-VO verweisen, zur Anwendung kommt.

VII. Exkurs: Die Anknüpfung von Smart Contracts

Literatur: *Rühl*, Smart Contracts und anwendbares Recht, in: Brägelmann/Kaulartz (Hrsg.), Smart Contracts, 2019, S. 147

Eine recht neue Erscheinung sind die sog. Smart Contracts. In ihnen werden bestimm- 59
te vertragliche Pflichten und Rahmenbedingungen in eine Software eingespeist, die wiederum anhand weiterer Datenquellen solche Ereignisse erkennt, die die festgeleg-

ten Rechtsfolgen auslösen.[95] Kommt dabei die Blockchain-Technologie zum Einsatz, könnte man solchen Verträgen per se Auslandsbezug zusprechen, da sie praktisch weltweite Berührungspunkte aufweisen.[96] Diese Sichtweise ist nicht zwingend, wenn man die Blockchain als rein technisches Medium der Perpetuierung von Informationen ansieht, die dem Vertrag kein besonderes Gepräge gibt. In der Folge wird unabhängig davon ein wie auch immer gearteter Auslandsbezug unterstellt. Solche Smart Contracts bedürfen – wie grundsätzlich alle grenzüberschreitenden Verträge – einer kollisionsrechtlichen Anknüpfung.

1. Eine lex digitalis für Smart Contracts?

60 Teilweise wird vertreten, dass Smart Contracts einem eigenen Regelungsregime unterliegen, was sich einprägsam mit der Parole: „Code is law!" umschreiben lässt.[97] Beim Wort genommen würde dies bedeuten, dass die in der Software enthaltenen Anweisungen aus sich selbst heraus Gültigkeit erlangten und Vorrang vor dem jeweils anwendbaren Recht, ja Vorrang vor dem IPR erhielten.[98] Richtig ist, dass im scheinbar grenzenlosen Internet eine räumlich-horizontale Zuordnung zu einer staatlichen Rechtsordnung schwer fällt. Dies zeigen etwa die Schwierigkeiten bei der Bestimmung der internationalen Zuständigkeit und des anwendbaren Rechts bei Deliktsklagen wegen Persönlichkeitsverletzungen über soziale Netzwerke.[99] Geht es um eine Software, die den Smart Contract ausführt, fällt eine Lokalisierung schwer, da der Code – um in der klassischen Terminologie des IPR zu bleiben – „überall und nirgends seinen Sitz hat".[100]

61 Es ist anerkannt, dass Kollisionsrecht nur dann und nur insoweit greift, als kein vorrangiges Einheitsrecht besteht. Dies gilt auch im europäischen Regime der Rom I-VO, die insbesondere dem UN-Kaufrecht insofern Vorrang gewährt, als jenes nicht etwa kollisionsrechtlich zur Anwendung berufen wird, sondern ipso iure dann gilt,

---

95 Zur Definition oben § 23 Rn. 69.

96 Dahin *Rühl*, in: Brägelmann/Kaulartz, Smart Contracts, 2019, S. 147, 150, 154. Doch könnten dann zwingende Vorschriften des abgewählten Rechts allzu leicht umgangen werden, indem schlicht das Vertragswerk in der Blockchain abgelegt würde, ohne dass ansonsten irgendein Bezug zu einer ausländischen Rechtsordnung bestehen müsste (Art. 3 Abs. 3 und 4 Rom I-VO!).

97 *Athanassiou*, European Central Bank Working Paper Series Nr. 16 (October 2017), S. 38 ff. Der Begriff geht zurück auf *Lessig*, Code is Law: On Liberty in Cyberspace, Harvard Magazine, Januar/Februar 2000; siehe *Möslein*, ZHR 183 (2019), 254 mit Fn. 79.

98 Siehe dazu *Savelyev*, (2017) 26(2) Information and Communications Technology Law 116.

99 Siehe etwa EuGH, 25.10.2011 – verb. Rs. C-509/09 und C-161/10 – *eDate Advertising/Martinez*, Slg. 2011, I-10269; Überblick bei Erman/*Stürner*, 16. Aufl. 2020, Art. 40 EGBGB Rn. 18 ff.

100 So *Vigna/Casey*, The Age of Cryptocurrency: How Bitcoin and Digital Money Are Challenging the Global Economic Order, 2015, S. 66.

wenn die sachlichen Voraussetzungen von Art. 1 CISG erfüllt sind.[101] Der Vorrang des UN-Kaufrechts wird kollisionsrechtlich akzeptiert, weil der für das IPR konstitutive Konflikt zwischen verschiedenen Rechtsordnungen insoweit wegfällt. Dieser Zusammenhang gilt indessen nur für staatlich gesetztes Recht.[102] Nichtstaatliche Regelwerke werden von der Rom I-VO nicht als Einheitsrecht im genannten Sinne angesehen. Auch eine entsprechende parteiautonome Vereinbarung kann über dieses Defizit nicht hinweghelfen.[103] Vereinbaren die Parteien für ihren Vertrag etwa die Geltung der UNIDROIT-Principles of International Commercial Contracts (PICC), so hat diese Bestimmung nur materiellrechtliche Bedeutung im Rahmen des nach der anwendbaren Rechtsordnung Zulässigen. Die lex mercatoria verdrängt das Kollisionsrecht mithin nicht.[104]

Gleiches gilt für die sog. lex sportiva: Der internationale Spitzensport hat – **62**
mehr noch als der grenzüberschreitende Handelsverkehr – ein Interesse daran, nicht den normalen staatlichen Regeln unterworfen zu sein. Dies zeigt bereits die Existenz des Court of Arbitration for Sport (CAS) in Lausanne, der über Streitigkeiten zwischen Profisportlern und Verbänden entscheidet und nur einer eingeschränkten Kontrolle durch das Schweizerische Bundesgericht unterliegt. Teilweise finden sich Stimmen, wonach dessen Judikate zusammen mit den einschlägigen Statuten, etwa des IOC oder der FIFA, gleich der lex mercatoria eine eigene Rechtsordnung bilden und kollisionsrechtlich wählbar sein sollen.[105] Doch ist auch hier Skepsis angezeigt. Das Regelungsnetz der lex sportiva ist im besten Fall als lückenhaft zu bezeichnen. Der Fall der deutschen Eisschnellläuferin Claudia Pechstein hat diese Skepsis noch befördert: Zu schwer wiegt der Verdacht, die Welt des Sports befördere Ungleichheit.[106]

Erst recht müssen diese Überlegungen auch für eine wie auch immer aussehen- **63**
de lex digitalis gelten.[107] Ein eigenständiges Recht des Internet jenseits nationaler Rechtsordnungen hat sich noch viel weniger herausgebildet, als das bei der lex mer-

---

101 Siehe dazu bereits oben Rn. 10 ff.

102 Auch hierzu oben Rn. 16.

103 Der offener gestaltete Art. 3 Abs. 2 des ursprünglichen Entwurfs der Rom I-VO fand keinen Eingang in die verabschiedete Fassung, KOM(2005) 650 endg. Siehe dazu auch *Schinkels*, GPR 2007, 106 (zur Wählbarkeit der UNIDROIT Principles).

104 Zur möglicherweise abweichenden Beurteilung im Rahmen von Schiedsverfahren oben Rn. 8 f.

105 S. etwa *de Oliveira*, Int Sports Law J (2017), 101; zuvor bereits *Adolphsen*, in: Bumke/Röthel, Privates Recht, 2012, S. 93; *Adolphsen*, in: JbJZRWiss 2002, S. 281.

106 Der BGH hat in der Entscheidung im Fall *Pechstein* (BGHZ 210, 292) die in der Athletenvereinbarung befindliche Schiedsklausel für wirksam erachtet und so die Autonomie der Sportverbände gestärkt. Anders hingegen noch das OLG München (JZ 2015, 355) als Vorinstanz, das von einer Nichtigkeit der Schiedsklausel wegen Marktmissbrauchs (§ 19 GWB) ausging. Offenbar wollte der BGH eine so radikale Abkehr von der bisherigen Praxis nicht einleiten.

107 *Calliess*, Zeitschrift für Rechtssoziologie, 2002, Vol. 23(2), S. 185, 188.

catoria und auch der lex sportiva der Fall ist.[108] Die Prämisse, dass Smart Contracts fälschungssicher ausgestaltet sind und sich daher rechtliche Regelungen von vornherein als überflüssig erweisen, dürfte jedenfalls seit dem Angriff auf das Crowdfunding-Vehikel „The DAO" im Sommer 2016, bei dem Hacker eine Lücke im Ethereum-Programm zur Umleitung beträchtlicher virtueller Summen der Kryptowährung Ether nutzten,[109] als erschüttert gelten. Entgegen des Dogmas von der Unabänderlichkeit der Blockchain wurde diese Transaktion rückgängig gemacht.[110] Dieser Fall, der bis hinauf zur US-Börsenaufsicht SEC hohe Wellen geschlagen hat, verdeutlicht, dass der Code menschengemacht und daher fehleranfällig ist. Werden durch ihn rechtlich erhebliche Folgen intendiert und implementiert, unterliegt dies auch rechtlichen Regeln. Mit anderen Worten: Die Blockchain schafft keinen rechtsfreien Raum.[111]

64 Dass „die Computerprotokolle, die den dezentralen Netzwerken zugrunde liegen, [...] Transaktionen über beliebige Vermögenswerte möglich [machen], [...] es Maschinen [erlauben], autonom über Gelder zu verfügen, und [...] Menschen weltweit die Fähigkeit [verleihen], sich verbindliche Regeln zur Zusammenarbeit zu geben – ohne Mitwirkung von Intermediären wie Juristen, Buchhaltern, Banken, Gerichten oder überhaupt ohne auf einem bestimmten Rechtssystem zu beruhen",[112] wie behauptet wird, dürfte in der Allgemeinheit gerade nicht zutreffen.

65 Kehrt man zurück zur Idee eines „Code is law", so kann diese allenfalls dahin Aussagekraft entwickeln, als sie sich auf rein tatsächliche Umstände bezieht. Den im Code niedergelegten Vereinbarungen können allenfalls diejenigen materiellrechtlichen Wirkungen zukommen, die ihnen das jeweilige Vertragsstatut zubilligt. Geht man somit davon aus, dass die vertraglichen Vereinbarungen, soweit sie automatisiert und „self-executing" sind, die betreffenden Rechtsbeziehungen zwischen den

---

108 Das Konfliktlösungsverfahren von ICANN allein, das als Beleg für eine Autonomie der lex digitalis angeführt wird, mag aus rechtssoziologischer Sicht mit Gunter Teubner ein Beispiel für die Selbstregulierung des Internets und für das Entstehen einer globalen Zivilverfassung sein, vgl. *Teubner*, Globale Zivilverfassungen. Alternativen zu einer staatszentrierten Verfassungstheorie, Kursbuch 2004, Heft 155: Neue Rechtsordnungen, S. 81. Doch vertragsrechtlich bietet es wenig Anhalt für ein wie auch immer geartetes Einheitsrecht, das transnational bei Internetverträgen zur Anwendung gelangt und mithin Kollisionsrecht überflüssig macht.

109 Dazu *Allen*, ERCL 2018, 307, 339f.

110 Solche Vorkommnisse können zu einer „Hard Fork" führen, d.h. einer Abspaltung der Kryptowährung, so geschehen mit Bitcoin Cash und Bitcoin Gold. Dazu *Langenbucher*, AcP 218 (2018), 385, 403f.

111 *Athanassiou*, European Central Bank Working Paper Series Nr. 16 (October 2017), S. 38ff.; *Fries*, AnwBl 2018, 86, 87; *Martiny*, IPRax 2018, 553, 559 mit Fn. 109; *Rühl*, in: Brägelmann/Kaulartz, Smart Contracts, 2019, S. 147; *Möslein*, ZHR 183 (2019), 254, 270; *Schurr*, ZVglRWiss 118 (2019), 257, 281.

112 *Glatz*, in: Blocher/Heckmann/Zech, DGRI Jahrbuch 2016, 2017, S. 81 unter Berufung auf *Wood*, Ethereum: A Secure Decentralised Generalised Transaction Ledger, 2013, s. http://gavwood.com/paper.pdf.

Parteien vollständig und abschließend regeln, und damit keinerlei Rechtsdurchsetzung durch externe Stellen notwendig ist, stimmt die Aussage tatsächlich. Sie unterscheidet sich dann allerdings kaum von der auch sonst geltenden Annahme, dass Verträge im Rahmen des rechtlich Zulässigen die Vertragsbeziehungen der Parteien unter Verdrängung des dispositiven Rechts regeln. Paradigmatisch hierfür formuliert Art. 1103 Code civil:[113] „Les conventions légalement formées tiennent lieu de loi à ceux qui les ont faites." Die Frage nach staatlichem Recht und staatlicher Durchsetzung wird also möglicherweise faktisch irrelevant, aber nicht rechtlich.

2. Die Geltung der Rom I-VO

Art. 1 Rom I-VO legt fest, dass die Verordnung für vertragliche Schuldverhältnisse in 66
Zivil- und Handelssachen gilt. Vom Anwendungsbereich ausgenommen sind gesellschaftsrechtliche Fragen (Art. 1 Abs. 2 lit. f Rom I-VO). Es ließe sich zumindest in Erwägung ziehen, dass das Blockchain-Netzwerk insgesamt als Gesellschaft anzusehen ist,[114] sodass eine Anknüpfung außerhalb der Rom I-VO stattzufinden hätte. Stützen ließe sich dieser Gedanke auf den mehrpoligen Charakter des Netzwerks: Dieser könnte sich insoweit als prägend für den gesamten Smart Contract erweisen, als dessen Mechanismen der Validierung und Perpetuierung konstitutiv für die gesamte Abrede sind.

Doch liegt eine solche Qualifikation bei nüchterner Betrachtung eher fern. Zen- 67
trale Bedeutung für die Anwendbarkeit der Rom I-VO kommt dem Kriterium der freiwillig eingegangenen Verpflichtung zu.[115] Der Smart Contract beruht eben hierauf: Auch wenn bestimmte Rechtsfolgen automatisiert eintreten sollen und zu diesem Zweck ein entsprechender Programmcode im Blockchain-Netzwerk niedergelegt wird, so erweist sich doch gerade die Parteiabrede als prägend und nicht etwa der Validierungsmodus mit Hilfe der Distributed Ledger Technology: Diesem kommt letztlich nur ein informationstechnischer Gehalt zu und nicht so sehr ein rechtlicher. Gesellschaftsrechtlich zu qualifizieren wären allenfalls rechtliche Konstruktionen wie die Initial Coin Offerings, die über sog. Decentralized Autonomous Organisations (DAO) abgewickelt werden.[116]

---

113 Dazu bereits oben § 2 Rn. 11.

114 *Zimmermann*, IPRax 2018, 566, 567 f.

115 Siehe bereits oben Rn. 3.

116 Dazu *Zimmermann*, IPRax 2018, 566, 567 ff. (der jedoch in Ermangelung eines geeigneten Anknüpfungspunktes wie Sitz, Gründungsort oder Inkorporation der Gesellschaft akzessorisch an den jeweiligen Einzelvorgang anknüpfen will); *Langenbucher*, AcP 218 (2018), 385, 421 ff.; *Voshgmir*, Blockchains, Smart Contracts und das Dezentrale Web, 2016, S. 26 (abrufbar unter https://www.technologiestiftung-berlin.de/fileadmin/daten/media/publikationen/170130_BlockchainStudie.pdf).

3. Die Qualifikation von Smart Contracts

68 Auch bei Smart Contracts lässt sich jedenfalls rechtlich zwischen der Verpflichtungs- und der Erfüllungsebene unterscheiden.[117] Dass die Erfüllung einer vertraglichen Vereinbarung – das Öffnen eines Türschlosses, das Bestellen neuer Milch oder die Übertragung von Bitcoins als Vertragsstrafe für Verzug der anderen Seite – tatsächlich vollkommen automatisiert abläuft, ändert nichts daran, dass es sich im rechtlichen Sinne um die Ebene der Erfüllung handelt.[118] Aus Sicht der Rom I-VO gehören solche Vorgänge insgesamt zum Vertragsstatut (Art. 12 Rom I-VO).

69 Abzulehnen sind Ansätze, die den Smart Contract aufspalten in einen „smarten" und einen „analogen" Teil in dem Sinne, dass der smarte neben den analogen Teil tritt, diesen aber nicht ersetzt.[119] Für die kollisionsrechtliche Einordnung kann es hierauf nicht ankommen. Die Rom I-VO beruft für die rechtliche Beurteilung des Zustandekommens eines Vertrags das präsumtive Vertragsstatut (Art. 10 Rom I-VO). Unabhängig davon, wie man sachrechtlich den Vertragsschluss über ein Blockchain-Netzwerk beurteilt,[120] so gilt hierfür kollisionsrechtlich ein einziges Statut.[121] Es kommt damit für die kollisionsrechtliche Einordnung entscheidend auf den Inhalt des Smart Contracts an. Die Qualifikation *des* Smart Contracts als solchen kann es nicht geben.[122]

4. Rechtswahl

70 Damit ergibt sich zunächst recht zwanglos, dass eine parteiliche Rechtswahlvereinbarung Vorrang hat (Art. 3 Rom I-VO). Dies schließt die Geltung von Art. 3 Abs. 3 und 4 Rom I-VO mit ein; die (beabsichtigte) Niederlegung des Vertrags in der Blockchain als solche genügt nach der hier vertretenen Ansicht nicht, um dem Vertrag eine grenzüberschreitende Dimension zu geben.

---

117 Anders wohl *Glatz*, in: Blocher/Heckmann/Zech, DGRI Jahrbuch 2016, 2017, S. 81 (das Verpflichtungsgeschäft gehe im Verfügungsgeschäft völlig auf).

118 Hinweis auf den Unterschied zwischen dem verschwimmenden Unterschied zwischen executory und executed contract auch bei *Werbach/Cornell*, (2017) 67 Duke Law Review 313, 335.

119 *Martiny*, IPRax 2018, 553, 555; für Österreich *Smets/Kapeller*, ÖJZ 2018, 293. A. A. *Rühl*, in: Brägelmann/Kaulartz, Smart Contracts, 2019, S. 147, 153 (Smart Contracts seien nur dann Verträge i. S. d. Rom I-VO, „wenn ein Programmcode nicht nur zur Vertragsabwicklung, sondern auch zum Vertragsschluss eingesetzt wird und der Vertrag auch nur in der Form des Programmcodes existiert").

120 Wohl vorzugswürdig erscheint es regelmäßig, die Voraussetzungen des Vertragsschlusses „analog" zu prüfen; die Einspeisung in das Blockchain-Netzwerk fungiert dann als reine Invollzugsetzung vergleichbar einer Dokumentation; so auch *Bertram*, MDR 2018, 1416, 1419 f. Abgabe und Zugang einer Willenserklärung mithilfe des Blockchain-Netzwerks sind hingegen rechtlich nur schwer abzubilden, vgl. *Heckelmann*, NJW 2018, 504, 505 f.

121 Der rechtlich relevante Vertrag (als Willenskonsens) wird also unabhängig von seiner Dokumentation (in der Blockchain, auf Papier oder sonst) betrachtet, *Allen*, ERCL 2018, 307, 329.

122 So auch *Martiny*, IPRax 2018, 553, 560.

Eine andere Frage ist es, ob die Rechtswahl auch durch Dritte vorgegeben werden kann. Vorgeschlagen wird, dem Betreiber einer Plattform, über die der Smart Contract abgewickelt werden soll,[123] den Auftrag zur Rechtswahlvereinbarung zu geben, ja die Plattformbetreiber aufsichtsrechtlich dazu zu verpflichten, sich auf bestimmte Rechtsordnungen zu einigen, die dann für die Parteien über den Beitritt zur Plattform als Grundlage für die Rechtswahl dienen.[124] Das kann freilich allenfalls in einigen eng umrissenen Bereichen in Betracht kommen und auch dort nur für Plattformbetreiber, die einer bestimmten Jurisdiktion unterliegen, etwa der EU. Inhaltlich bleibt unklar, welchem Zweck diese Beschränkung der parteilichen Rechtswahlfreiheit dienen soll – eine Übereinstimmung von Code (also Vertragsdurchführungsbestimmungen) und Recht[125] ist schließlich nur dann erforderlich, wenn der Code gegen (international) zwingendes Recht der lex fori verstößt (Art. 3 Abs. 3 bzw. Art. 9 Abs. 1 Rom I-VO). Welche diese Rechtsordnung ist, aus deren Sicht sich vorrangiges Eingriffsrecht bestimmt, dürfte in vielen Fällen ex ante nicht feststehen. Allenfalls könnte eine ausschließliche Gerichtsstandsvereinbarung helfen. Dieser Gerichtsstand wiederum bestimmt sich maßgeblich nach den Parteiinteressen, die sich wiederum nicht abstrakt-generell bestimmen und dem Plattformbetreiber als Regulierungsauftrag aufgeben lassen. Die besseren Gründe sprechen daher nach wie vor dafür, die Rechtswahl nicht zu regulieren. Mit der Frage, ob nichtstaatliches Recht gewählt werden kann oder nicht,[126] hat dies nichts zu tun:[127] Der Code ist kein „Recht“, nicht einmal nichtstaatliches Recht. Der Code kann nur Regelungen innerhalb des Rahmens schaffen, den der dispositive Teil des jeweils berufenen Rechts absteckt. 71

5. Objektive Anknüpfung

Wird hingegen keine dahingehende Vereinbarung getroffen, so gilt es, den Smart Contract einem objektiv bestimmten Vertragsstatut zu unterstellen. Die Rom I-VO hält hier verschiedene Anknüpfungen je nach Vertragstyp bereit. Als Anknüpfungspunkt wird regelmäßig der Wohnsitz derjenigen Partei gewählt, die die für den jeweiligen Vertrag charakteristische Leistung erbringt. Geht es etwa um einen smarten Mietvertrag über Airbnb, so wird das Recht des Vermieters zur Anwendung berufen (Art. 4 Abs. 1 lit. b Rom I-VO). Praktische Bedeutung für die Smart Contracts könnten die in Art. 5-8 Rom I-VO enthaltenen Sonderanknüpfungen erlangen. So wird für Beförderungsverträge eine automatisierte Abwicklung dem Reisenden vom Beförderer ge- 72

123 Etwa Ethereum, dazu oben § 23 Rn. 72.

124 *Kuntz*, AcP 220 (2020), 51, 82ff. unter Hinweis auf die Richtlinie 98/26/EG über die Wirksamkeit von Abrechnungen in Zahlungs- sowie Wertpapierliefer- und -abrechnungssystemen.

125 So *Kuntz*, AcP 220 (2020), 51, 82; *Paech*, MLR 80 (2016), 1073, 1102.

126 Siehe dazu oben Rn. 16.

127 So aber *Kuntz*, AcP 220 (2020), 51, 86.

schuldeten Entschädigung bei Verspätung bzw. Ausfall der Beförderung diskutiert.[128] Rechtlicher Maßstab wäre dazu in erster Linie vorrangiges Einheitsrecht, etwa die Fluggastrechte-VO. Ansonsten greift die recht komplizierte Regelung des Art. 5 Rom I-VO.[129]

a) Ausgangspunkt

73 Die Lokalisierung des Smart Contracts wird damit außerhalb der räumlich kaum fassbaren Blockchain-Technologie vorgenommen und orientiert sich an der analogen Welt.[130] Die „smarte", also automatisierte Vertragserfüllung bzw. Sanktion für Pflichtverletzungen erweist sich als Erfüllung (Art. 12 Abs. 1 lit. a Rom I-VO) bzw. leistungssichernde Nebenpflicht (Art. 12 Abs. 1 lit. b Rom I-VO). Als problematisch erweist sich letztlich nur der Fall, dass der gewöhnliche Aufenthalt einer oder mehrerer Vertragsparteien unbekannt ist – ein Fall, der bei Smart Contracts häufiger vorkommen könnte: Die Anonymität oder doch jedenfalls Pseudonymität wird vielfach als besonderer Vorteil dieser Modalität wahrgenommen. Doch erweist sich dies in erster Linie als Beweisproblem; in Extremfällen kann mit Ausweichklauseln wie Art. 4 Abs. 4 Rom I-VO operiert werden.[131] Hier ließe sich etwa an das Recht der Plattform anknüpfen, über die der Smart Contract angebahnt wurde.

b) Verträge über Kryptowährung

74 Schwieriger gestaltet sich indessen die Anknüpfung dann, wenn der Leistungsaustausch selbst auf digitale Vorgänge gerichtet ist. Vielfach werden im Rahmen von Smart Contracts sogenannte Kryptowährungen, etwa Bitcoins oder Ether, ausgetauscht oder erst erworben. Der Umstand alleine, dass solche virtuellen Zahlungseinheiten verwendet werden, lässt die vertragliche Qualifikation noch nicht entfallen. Bitcoins und ähnliche Erscheinungen sind nach allgemeiner Ansicht keine handelbaren Wertpapiere, sodass die Rom I-VO auch auf hierauf bezogene Transaktionen anwendbar ist (Art. 1 Abs. 2 lit. d Rom I-VO).[132]

aa) Gegenleistung in Kryptowährung

75 Dies gilt zunächst für Verträge, bei denen die Gegenleistung in Form einer Kryptowährung erbracht wird. Man kann sich hier streiten, ob auf diese die regulären Anknüp-

---

128 Vgl. *Fries*, AnwBl 2018, 86; *Blocher*, AnwBl 2016, 612, 618. Siehe dazu oben § 23 Rn. 73 f.

129 Siehe oben Rn. 56.

130 Von einer „schuldvertragsakzessorischen" Anknüpfung der Blockchain-Netzwerke spricht *Zimmermann*, IPRax 2018, 566, 568.

131 *Rühl*, in: Brägelmann/Kaulartz, Smart Contracts, 2019, S. 147, 168.

132 *Martiny*, IPRax 2018, 553, 558, 560.

fungen des Art. 4 Abs. 1 Rom I-VO anzuwenden sind, oder aber – da die Gegenleistung nicht wie sonst in Geld zu erbringen ist – die subsidiäre Anknüpfung des Art. 4 Abs. 2 Rom I-VO, oder gar die Ausweichklausel des Art. 4 Abs. 4 Rom I-VO. Qualifiziert man solche Verträge als Tausch,[133] dann liegt Letzteres nahe.[134] Doch sprechen gute Gründe für eine Anwendung der präzisieren subsidiären Anknüpfung: Danach wird an den Wohnsitz derjenigen Partei angeknüpft, die die vertragscharakteristische Leistung zu erbringen hat. Das wird im Regelfall nicht die Pflicht zur Übertragung von Bitcoins sein.[135]

bb) Geld gegen Kryptowährung

Geht es hingegen um Verträge über den (derivativen) Erwerb von Bitcoins oder ande- 76
rer virtueller Währungseinheiten gegen Geld, so dürfte jedenfalls die kollisionsrechtliche Einordnung als Kauf ausscheiden, da es sich nicht um die Verpflichtung zur Übertragung beweglicher Sachen handelt (Art. 4 Abs. 1 lit. a Rom I-VO).[136] Insofern kommt es in zweiter Linie auf die subsidiäre Anknüpfung in Art. 4 Abs. 2 Rom I-VO an. Man könnte sich hier auf den Standpunkt stellen, dass diejenige Partei, die die Kryptowährung schuldet, die vertragscharakteristische Leistung erbringt, da sie gerade nicht als Geld eingeordnet wird.[137] Das entspricht der Einordnung der Bitcoins im deutschen Sachrecht: So hat das Kammergericht entschieden, ein Bitcoin sei weder eine Rechnungseinheit im Sinne von § 1 Abs. 11 KWG noch E-Geld nach der E-Geld-Richtlinie 2009/110/EG.[138]

cc) Kryptowährung gegen Kryptowährung

Wieder anders wäre es beim Tausch zweier virtueller Währungen (Bitcoin gegen 77
Ether): Hier bleibt nur die Ausweichklausel des Art. 4 Abs. 4 Rom I-VO. Das anwendbare Recht ist hier in einer Abwägung aller Umstände nach dem Prinzip der engsten Verbindung zu ermitteln.

---

133 *Langenbucher*, AcP 218 (2018), 385, 413 f.; *Schurr*, ZVglRWiss 118 (2019), 257, 282.

134 So *Martiny*, IPRax 2018, 553, 558, 561.

135 Einen Sonderfall bildet der Vertragsschluss über eine Plattform, s. *Martiny*, IPRax 2018, 552, 560 f.: Hier kann ggf. eine Sonderanknüpfung an das Recht erfolgen, dem die Plattform unterliegt.

136 Auch die Anwendung des CISG dürfte aus diesem Grund ausscheiden, *Martiny*, IPRax 2018, 553, 561.

137 *Martiny*, IPRax 2018, 552, 560; *Schurr*, ZVglRWiss 118 (2019), 257, 282.

138 KG EuZW 2019, 42.

6. Formstatut

78 Keine Besonderheiten gelten regelmäßig auch hinsichtlich des Formstatuts:[139] Zwar könnte gerade hier angesichts der Ubiquität der Blockchain auch von einer Indeterminierbarkeit der lex loci actus (Art. 11 Abs. 1 Alt. 2 Rom I-VO) ausgegangen werden. Doch würde diese Sichtweise außer Acht lassen, dass die unabänderliche Dokumentation des Vertragsprogramms in der Blockchain gerade nicht diejenige Form darstellt, auf die es rechtlich ankommt. Vielmehr dürften die verschiedenen Formerfordernisse – etwa Schriftform oder notarielle Beurkundung – in der Blockchain von vornherein nicht abzubilden sein, sodass deren Einhaltung daher ohnehin immer außerhalb des Netzwerks erfolgen muss.[140]

7. Virtuelle Sicherheiten

79 Verbreitet werden in Smart Contracts virtuelle Sicherheiten bestellt. Dies lässt für sich genommen die vertragliche Qualifikation nicht entfallen. Differenziert zu betrachten ist indessen die rechtliche Einordnung der Sicherheiten selbst. In Betracht kommt einerseits eine sachenrechtliche, andererseits eine immaterialgüterrechtliche Qualifikation. Das kann an dieser Stelle nicht vertieft werden.[141]

8. Vertragsstörungen

80 Vertragsstörungen sollten bei Smart Contracts per definitionem eigentlich nicht vorkommen. Doch sind Fälle denkbar, in denen die anwendbare Rechtsordnung dem Vertrag insgesamt die Gültigkeit versagt, etwa wegen Verstoßes gegen ein gesetzliches Verbot oder die guten Sitten. Sieht der „Smart Mietvertrag" etwa vor, dass das Türschloss bei Mietrückstand automatisch verschlossen wird, so dürfte die Rechtsordnung dieser Abrede – auf welcher Grundlage auch immer – die Anerkennung versagen.[142] Die damit entstehenden Ansprüche des Mieters, gerichtet zunächst auf Zutritt zur Wohnung, aber auch auf Änderung des Codes in der Blockchain, sodass zukünftig eine solche Vertragsstörung nicht mehr vorkommt, lassen sich vertraglich qualifizieren.[143]

81 Wieder anders liegen Fälle, in denen der Fehler in der Software liegt. Dies kann schlicht auf einen Fehler im Programmcode („Bug"), oder aber auch auf das manipu-

---

139 Dazu unten Rn. 97 ff.

140 *Heckelmann*, NJW 2018, 504, 507; *Bertram*, MDR 2018, 1416, 1418. Streit besteht allein darüber, ob der Smart Contract der Textform (§ 126b BGB) genügen kann, dafür *Heckelmann*, NJW 2018, 504, 507, dagegen *Bertram*, MDR 2018, 1416, 1418 f.

141 Näher dazu etwa *Martiny*, IPRax 2018, 552, 556 ff.

142 Zur „digitalen Eigenmacht" aus Sicht des Besitzschutzes *Kuschel*, AcP 220 (2020), 98.

143 Davon zu unterscheiden sind Ansprüche wegen Besitzstörung, die parallel dazu bestehen können. Diese unterstehen dem Sachstatut.

lative Einwirken Dritter zurückzuführen sein. Möglich ist selbstverständlich auch eine Kombination beider Faktoren. Dass sich solcherlei Szenarien als durchaus real erweisen, zeigen die Vorkommnisse rund um den bereits erwähnten Fall The DAO.

Doch erweist sich ein Programmcode, einmal verifiziert, seiner Natur und auch dem Selbstverständnis der Teilnehmer des Blockchain-Netzwerks nach, gerade als unabänderlich. Fehler sind per definitionem ausgeschlossen. Technisch soll eine Änderung nur dahin möglich sein, dass ein wie auch immer geänderter Programmcode an die Blockchain angefügt wird. Doch woraus ergibt sich ein darauf gerichteter Anspruch? **82**

Zu unterscheiden sind sicherlich Ansprüche gegen den Vertragspartner, die als Modalitäten der Vertragsdurchführung ebenfalls dem Vertragsstatut unterstehen (Art. 12 Abs. 1 Rom I-VO), von Ansprüchen gegen manipulative Dritte, die bereicherungs- oder deliktsrechtlicher Natur sein dürften und als solche dem Regime der Rom II-VO unterstehen. Schwierigkeiten bereitet hier – das sei an dieser Stelle zumindest angedeutet – die Bestimmung des maßgeblichen Erfolgsortes. **83**

VIII. Die kollisionsrechtliche Behandlung der culpa in contrahendo

Literatur: *Gomille*, Die Informationshaftung im europäischen Kollisionsrecht, JZ 2017, 289

Anders als im deutschen Recht wird die Haftung aus culpa in contrahendo (c.i.c.) im EU-IPR ausdrücklich als außervertragliches Schuldverhältnis angesehen und in der Rom II-VO geregelt. Die Verordnung folgt damit der Rechtsprechung des EuGH zum Deliktsgerichtsstand des Art. 7 Nr. 2 Brüssel Ia-VO, die den Anspruch aus c.i.c. jedenfalls dann deliktisch qualifiziert, wenn es nicht zum Vertragsschluss gekommen ist.[144] Art. 12 Abs. 1 Rom II-VO sieht allerdings eine akzessorische Anknüpfung an das (hypothetische) Vertragsstatut vor. Nur dann, wenn sich dieses nicht ermitteln lässt, kommt das Deliktsstatut zur Anwendung (Art. 12 Abs. 2 Rom II-VO). **84**

Die culpa in contrahendo ist nach Erwägungsgrund Nr. 30 Rom II-VO ein verordnungsautonomes Konzept, das die Verletzung von Aufklärungspflichten, den Abbruch von Vertragsverhandlungen und auch die Sachwalterhaftung und die Eigenhaftung von Vertretern erfasst, nicht aber die Verletzung von allgemeinen Schutzpflichten – diese unterfallen Art. 4 Abs. 1 Rom II-VO. Nur die Verletzungen von Sorgfaltspflichten, die auf den konkreten Vertragsschluss bezogen sind, sind bei autonomer Auslegung als culpa in contrahendo anzusehen, die Verletzung von Verkehrspflichten, die nur anlässlich des Vertragsschlusses eintreten, unterfallen der allgemeinen Anknüpfung des Art. 4 Rom II-VO.[145] **85**

144 EuGH, 17.9.2002, Rs. C-334/00 – *Tacconi*, IPRax 2003, 143.
145 Palandt/*Thorn*, 80. Aufl. 2021, Art. 12 Rom II Rn. 2.

86 Im Rahmen des Art. 12 Rom II-VO ist nach den einzelnen Schadenspositionen zu differenzieren. Bezogen auf die Körperschäden hilft Erwägungsgrund Nr. 30 S. 4 Rom II-VO. Danach unterfallen Körperschäden nicht der Anknüpfung des Art. 12 Rom II-VO, sondern dem allgemeinen Deliktsstatut aus Art. 4 Rom II-VO. Damit kommt es für die Bestimmung des anwendbaren Rechts auf den Ort des Schadenseintritts an, verstanden als den Ort, an dem die Rechtsgutsverletzung eingetreten ist. Zu beachten ist hier allerdings die Ausweichklausel des Art. 4 Abs. 3 Rom II-VO. Es könnte eine wesentlich engere Verbindung an das (präsumtive) Vertragsstatut oder das Statut der culpa in contrahendo gegeben sein. Der Wortlaut des Art. 4 Abs. 3 S. 2 Rom II-VO scheint gegen eine vertragsakzessorische Anknüpfung zu sprechen, da der Vertrag zum Zeitpunkt der unerlaubten Handlung noch nicht bestand. Vielmehr befand sich dieser gerade erst in der Anbahnungsphase. Schwieriger gestaltet sich hingegen die Beantwortung der Anschlussfrage, ob über Art. 4 Abs. 3 S. 3 Rom II-VO eine akzessorische Anknüpfung an das Statut der culpa in contrahendo (Art. 12 Rom II-VO) vorzunehmen ist. Eine solche ist jedenfalls über den Wortlaut des Art. 4 Abs. 3 S. 2 Rom II-VO nicht ausgeschlossen, da die Norm grundsätzlich eine akzessorische Anknüpfung an alle Arten von Rechtsverhältnissen ermöglicht. Allerdings würde eine derartige akzessorische Anknüpfung über Art. 12 Abs. 1 Rom II-VO in der Mehrheit der Fälle letztlich zu einer vertragsakzessorischen Anknüpfung des Deliktsstatuts führen, die jedoch nach dem Wortlaut des Art. 4 Abs. 3 S. 2 Rom II-VO („bereits bestehenden") gerade nicht möglich sein soll. Zudem würde über diesen Weg die vom europäischen Gesetzgeber gewollte Behandlung von Personenverletzungen nach Art. 4 Rom II-VO anstatt nach Art. 12 Rom II-VO[146] konterkariert. Im Ergebnis sprechen die besseren Gründe gegen eine akzessorische Anknüpfung an das Statut der culpa in contrahendo.

87 Auch hinsichtlich von Sachschäden in der Vertragsanbahnungsphase stellt sich zunächst die Frage nach deren Qualifikation. Zu untersuchen ist dabei, ob derartige Ansprüche dem Statut der culpa in contrahendo (Art. 12 Rom II-VO) oder dem Deliktsstatut (Art. 4 Rom II-VO) unterstehen. Ansprüche wegen Beschädigung einer Sache sind jedenfalls nicht durch Erwägungsgrund Nr. 30 zur Rom II-VO vom Statut der culpa in contrahendo ausgenommen. Ob daraus allerdings im Umkehrschluss hergeleitet werden muss, dass sie Art. 12 Rom II-VO unterstehen, ist überaus fraglich. Letztlich muss für die Qualifikation ausschlaggebend sein, welche Art von Interesse geschützt werden soll. Geht es lediglich um das Integritätsinteresse, erscheint eine Qualifikation als ausschließlich deliktisch und damit eine Zuordnung zu Art. 4 Rom II-VO sach- und interessengerecht.[147]

146 Vgl. ErwGr. Nr. 30 S. 4 zur Rom II-VO.

147 *Lüttringhaus*, RIW 2008, 193, 197; ähnlich auch *von Hein*, VersR 2007, 440, 450; *ders.*, GPR 2007, 54, 59; *G. Wagner*, IPRax 2008, 1, 13; *Wendelstein*, Kollisionsrechtliche Probleme der Telemedizin, 2012, S. 163.

IX. Die Reichweite des Vertragsstatuts

Grundsätzlich gilt das nach Art. 3ff. Rom I-VO bestimmte Vertragsstatut (die lex causae) für einen Schuldvertrag „von der Wiege bis zur Bahre" (*Kegel*), d.h. vom Zustandekommen bis zur Erfüllung (s. Art. 10, 12, 14 Rom I-VO). Diese Regeln kommen auch dort zur Anwendung, wo materielles Einheitsrecht (z.B. CISG) insoweit lückenhaft ist und daher ein Vertragsstatut zu bestimmen ist. Art. 12 Rom I-VO zählt beispielhaft („insbesondere") die Bereiche auf, in denen das Vertragsstatut Anwendung findet. Insbesondere vorvertragliche Verpflichtungen (culpa in contrahendo) unterfallen aber wie gesehen nicht dem Vertragsstatut. Sie unterfallen nicht der Rom I-VO (Art. 1 Abs. 2 lit. i Rom I-VO), sondern sind in Art. 12 Rom II-VO geregelt.[148] **88**

Das Vertragsstatut gilt für die Auslegung des Vertrages (Art. 12 Abs. 1 lit. a Rom I-VO), die eine Rechts- und keine Tatsachenfrage bildet. Es gilt weiter für die Erfüllung der vertraglich begründeten Verpflichtungen (Art. 12 Abs. 1 lit. b Rom I-VO). Dazu gehört insbesondere der Erfüllungsort. In Bezug auf die Art und Weise der Erfüllung und die vom Gläubiger im Fall mangelhafter Erfüllung zu treffenden Maßnahmen (sog. Erfüllungsmodalitäten, z.B. bei Regeln über die Geschäftszeit, Feiertage, über Untersuchungs- und Rügeobliegenheiten und über die Pflicht zur Aufbewahrung nicht angenommener Ware) ist das Recht des Staates, in dem die Erfüllung (tatsächlich) erfolgt, zu berücksichtigen (Art. 12 Abs. 2 Rom I-VO). „Berücksichtigen" bedeutet keinen steten Anwendungsvorrang, aber Anwendung in den Fällen, in denen (z.B. durch die örtliche Verknüpfung, vgl. auch Art. 46b Abs. 2 EGBGB) die Anwendung des Ortsrechts geboten erscheint.[149] Eigenständige Erfüllungshandlungen unterliegen ihrem eigenen Recht, die Übereignung z.B. der lex rei sitae. **89**

Das Vertragsstatut gilt auch für die Folgen (z.B. Rücktritt oder Schadensersatzansprüche) der vollständigen oder teilweisen Nichterfüllung dieser Verpflichtungen einschließlich der Schadensbemessung (Art. 12 Abs. 1 lit. c Rom I-VO). Hierher gehören insbesondere die Voraussetzungen (Mahnung, Fristsetzung, Wirksamkeit von Haftungsausschlüssen, Verschulden) und Folgen (auch Fälligkeits- und Verzugszinsen) von Leistungsstörungen (Pflichtverletzung, Unmöglichkeit, Verzug, Wegfall der Geschäftsgrundlage) und das Gewährleistungsrecht. **90**

Das Vertragsstatut gilt für die verschiedenen Arten des Erlöschens der Verpflichtungen sowie die (stets materiellrechtlich zu qualifizierende) Verjährung und die Folgen des Fristablaufs (Art. 12 Abs. 1 lit. d Rom I-VO). Das Vertragsstatut gilt schließlich für die Folgen der Nichtigkeit des Vertrages (Art. 12 Abs. 1 lit. e Rom I-VO), z.B. wegen Gesetzes- oder Sittenwidrigkeit. Zu den Folgen gehört auch die außervertragliche Leistungskondiktion: Art. 12 Abs. 1 lit. e Rom I-VO ist lex specialis zu Art. 10 Abs. 1 Rom II-VO. **91**

---

148 Siehe bereits oben Rn. 84ff.

149 Staudinger/*Magnus* (2016), Art. 12 Rom I-VO Rn. 35; zur Berücksichtigung als kollisionsrechtliche „Methode" oben § 29 Rn. 21f.

92 Das für den Vertrag maßgebende Recht gilt ebenfalls, soweit es um gesetzliche Vermutungen oder die Beweislast (z.B. für Verschulden in § 280 Abs. 1 BGB) geht, Art. 1 Abs. 3, 18 Rom I-VO. Die prozessuale Zulässigkeit einzelner Beweismittel unterliegt dagegen der lex fori.

X. Allgemeine Rechtsgeschäftslehre

1. Rechts-, Geschäfts- und Handlungsfähigkeit

93 Die Rom I-VO enthält keine eigene Kollisionsnorm zur Rechts-, Geschäfts- und Handlungsfähigkeit; diese bestimmt sich weiterhin nach dem autonomen nationalen Recht (Personalstatut, Art. 7 EGBGB). Art. 13 Rom I-VO enthält aber eine Ausnahme davon, die dem Verkehrsschutz geschuldet ist. Geschützt wird das Vertrauen auf eine nach dem Recht des Abschlussortes bestehende Rechts-, Geschäfts- oder Handlungsfähigkeit, deren Personalstatut einem anderen Recht unterliegt.

2. Vertragsschluss

94 Das (äußere) Zustandekommen des (Haupt-)Vertrages (z.B. eines Darlehensvertrages) richtet sich nach dem Recht, das anzuwenden wäre, wenn der Vertrag wirksam wäre (Art. 10 Rom I-VO). Hierbei geht es um den Zugang von Willenserklärungen, die Übereinstimmung von Angebot und Annahme. Auch vorkonsensuale Elemente (z.B. Bindungswirkung der Offerte) werden erfasst. Für den Rechtswahlvertrag, d.h. die Vereinbarung des anwendbaren Rechts, verweist Art. 3 Abs. 5 Rom I-VO auf diese Regelung, erklärt also die lex causae für anwendbar.

95 Ergibt sich aus den Umständen, dass es nicht gerechtfertigt wäre, die Wirkung des Verhaltens einer Partei nach dem in Art. 10 Abs. 1 Rom I-VO bezeichneten Recht (Vertragsstatut) zu bestimmen, so kann sich diese Partei für die Behauptung, sie habe dem Vertrag nicht zugestimmt, (kumulativ) auf das Recht des Staates ihres gewöhnlichen Aufenthaltsorts berufen (Art. 10 Abs. 2 Rom I-VO). Gemeint ist der rechtsgeschäftliche Erklärungswert vor allem von Schweigen (auch auf ein Bestätigungsschreiben). Das Widerrufsrecht des Verbrauchers gehört nicht hierher. Es unterliegt nach h.M. allein dem nach Art. 6 Rom I-VO, Art. 46b EGBGB bestimmten Vertragsstatut.

96 Die (innere) Wirksamkeit des Vertrages beurteilt sich nach dem Recht, das anzuwenden wäre, wenn der Vertrag oder die Bestimmung wirksam wäre (Art. 10 Abs. 1 Rom I-VO). Hierher gehören etwa Nichtigkeitsgründe (z.B. Sittenwidrigkeit) und die Anfechtung wegen Willensmängeln.

3. Form, Art. 11 Rom I-VO

97 Für die Form sieht Art. 11 Rom I-VO eine Sonderanknüpfung vor: Es handelt sich um eine kollisionsrechtliche Teilfrage.

a) Rechtsquellen

Die Form des Rechtsgeschäfts ist teilweise in einheitlichen Sachnormen geregelt. Das 98
ist insbesondere im UN-Kaufrecht der Fall. Dort gilt nach Art. 11 CISG grundsätzlich Formfreiheit. Für die Form von vertraglichen Schuldverhältnissen gilt ausschließlich Art. 11 Rom I-VO. Dessen Abs. 4 enthält eine Sondervorschrift für die Form von Verbrauchergeschäften.

b) Formstatut

Nach dem Formstatut richtet sich, ob etwa Schriftform oder notarielle Beurkundung 99
erforderlich und ob Heilung des Formmangels möglich ist. Es geht insbesondere um die Sicherung der Authentizität von Erklärungen. Formvorschriften lassen sich häufig schwer von Beweisvorschriften abgrenzen, welche der lex fori unterliegen. Nach französischem Recht muss für Geschäfte in Zivilsachen (nicht in Handelssachen) ab einem Gegenstandswert von 1500 € eine notarielle oder unterschriebene Privaturkunde angefertigt werden ("par écrit sous signature privée ou authentique"). Ein Zeugenbeweis ist grundsätzlich nicht zulässig.[150] Solche Vorschriften, die den Zeugenbeweis ab einem bestimmten Geschäftswert ausschließen, werden materiellrechtlich eingeordnet. Sie sind daher auch in Deutschland zu beachten, wenn sie lex causae und lex loci actus entsprechen.

c) Geschäftsrecht und Ortsform

Nach Art. 11 Abs. 1 Rom I-VO ist ein Rechtsgeschäft formgültig, wenn es die Former- 100
fordernisse des Rechts, das auf das seinen Gegenstand bildende Rechtsverhältnis (lex causae) anzuwenden ist, oder des Rechts des Staates erfüllt, in dem es vorgenommen wird (lex loci actus). Es kommt zu einer alternativen Anknüpfung; die Formgültigkeit wird begünstigt (favor negotii). Die lex causae (Wirkungsstatut) ist das nach den Vorschriften der Rom I-VO bestimmte Geschäftsrecht. Unterliegt etwa der Verkauf eines ausländischen Grundstücks deutschem Recht, so gilt auch § 311b Abs. 1 BGB einschließlich der Heilungsmöglichkeit.

Soll die Form des Geschäftsstatuts durch eine Beurkundung außerhalb seines 101
räumlichen Geltungsbereichs erfüllt werden (Substitution), so ist dafür eine Gleichwertigkeit des Beurkundungsvorgangs erforderlich. Bei ausländischer notarieller Beurkundung ist sie grundsätzlich im Bereich des sog. lateinischen Notariats[151] (z. B. durch einen schweizerischen Notar) zu bejahen.

---

150 Art. 1359 code civil, modifiziert durch Ordonnance n°2016–131 du 10 février 2016, zu lesen im Zusammenhang mit Décret n°80–533 du 15 juillet 1980 pris pour l'application de l'article 1341 du code civil.

151 Kennzeichnend für das lateinische Notariat ist die Ausübung der Beurkundungsfunktion durch den Notar als einen unabhängigen Träger eines öffentlichen Amtes auf dem Gebiet der vorsorgenden Rechtspflege (so die Formulierung in § 1 BNotO).

102 Ausreichend ist auch die Beachtung des Rechts des Abschlussortes, d. h. der Ortsform. Art. 11 Abs. 1 S. 1 Rom I-VO verweist unmittelbar auf die Sachvorschriften. Die Maßgeblichkeit der Ortsform ist für Schuldverträge abdingbar.[152] Ob die Parteien das mit der Wahl des Geschäftsrechtes gewollt haben, ist durch Auslegung zu ermitteln. Die Ortsform steht als Grundregel gleichrangig neben der Geschäftsform, sie genügt im Grundsatz also auch dann, wenn sie milder als die Geschäftsform ist, d. h. sie genügt auch als die einfachere Form.

d) Distanzgeschäft

103 Wird ein Vertrag zwischen Personen geschlossen, die sich in verschiedenen Staaten befinden, so handelt es sich um ein sog. Distanzgeschäft. Ein solcher Vertrag ist nach Art. 11 Abs. 2 Rom I-VO formgültig, wenn er die Formerfordernisse des Rechts, das auf das seinen Gegenstand bildende Rechtsverhältnis anzuwenden ist (lex causae), oder des Rechts eines dieser Staaten erfüllt. Es gibt also – dem Günstigkeitsprinzip entsprechend – zwei Abschlussorte und Formstatute.

e) Stellvertretung

104 Wird der Vertrag durch einen Vertreter geschlossen, so ist bei Anwendung der Abs. 1 und 2 des Art. 11 Rom I-VO der Staat maßgebend, in dem sich der Vertreter befindet (Art. 11 Abs. 2 Rom I-VO).

f) Verträge über dingliche Rechte, Grundstücksnutzung

105 Verträge, die ein dingliches Recht an einem Grundstück oder ein Recht zur Nutzung eines Grundstücks zum Gegenstand haben, unterliegen den zwingenden Formvorschriften des Staates, in dem das Grundstück belegen ist, sofern diese nach dem Recht dieses Staates ohne Rücksicht auf den Ort des Abschlusses des Vertrages und auf das Recht, dem er unterliegt, anzuwenden sind (Art. 11 Abs. 5 Rom I-VO). Hier sind schuldrechtliche Geschäfte gemeint. Nach h. M. kennt das deutsche Recht aber keine international zwingenden Formvorschriften, die sich stets durchsetzen; auch § 311b Abs. 1 BGB (Grundstückskauf) ist keine solche Vorschrift.[153]

4. Stellvertretung

106 Die Anknüpfung der (rechtsgeschäftlichen und organschaftlichen) Stellvertretung ist nicht in der Rom I-VO geregelt (Art. 1 Abs. 2 lit. g Rom I-VO). Es gilt das autonome na-

---

152 BGHZ 57, 337.

153 Erman/*Stürner*, 16. Aufl. 2020, Art. 11 Rom I-VO Rn. 13, 15. Zum ordre public unten Rn. 152.

tionale Recht. Für das deutsche Recht gilt insoweit Art. 8 EGBGB. Danach ist die Frage der Vertretungsmacht als Teilfrage selbstständig anzuknüpfen. Der sachliche Anwendungsbereich des Art. 8 EGBGB ist für die gewillkürte Stellvertretung eröffnet, mithin nicht für die gesetzliche, organschaftliche oder Prozessvertretung. Die Bereichsausnahme erfasst indes nur die Vertretungsmacht und ihre Wirkung gegenüber Dritten sowie die Voraussetzungen und Wirkungen der Rechtsscheinvollmacht. Das vertragliche Grundverhältnis zwischen Geschäftsherrn bzw. Vertretenem und dem Vertreter bestimmt sich hingegen nach den Art. 3ff. Rom I-VO.

5. Aufrechnung, Art. 17 Rom I-VO

Für die (stets materiellrechtlich zu qualifizierende) Aufrechnung enthält Art. 17 Rom I-VO eine eigene Regelung: Unterliegen die Forderungen unterschiedlichen Rechtsordnungen, so richtet sich die Aufrechnung nach dem Recht der Forderung, gegen die aufgerechnet wird, weil diese ja erlöschen soll (Passivforderung). Aufrechnungsstatut ist damit das Statut der Hauptforderung. Gilt für Aktiv- und Passivforderung das gleiche Recht, so findet dieses Anwendung. **107**

Diese Grundsätze kommen in Ermangelung einer spezielleren Regelung auch im Anwendungsbereich des UN-Kaufrechts zur Geltung: Dieses enthält keine ausdrücklichen Vorschriften über die Aufrechnung. Entscheidend ist demnach, ob es sich um eine Frage handelt, die „in diesem Übereinkommen geregelte Gegenstände" betrifft (Art. 7 Abs. 2 CISG), die in erster Linie durch Rückgriff auf die dem CISG zugrunde liegenden allgemeinen Grundsätze zu entscheiden ist (sog. „interne Lücke"), oder ob vielmehr eine „externe Lücke" vorliegt, die stets durch das kollisionsrechtlich berufene autonome nationale Recht zu füllen ist. Die bislang wohl h. M. ging im Ergebnis von Letzterem aus. Der BGH hat sich indessen einer Minderansicht angeschlossen, die das CISG jedenfalls für die Aufrechnung von (Geld-)Forderungen aus demselben Vertragsverhältnis heranziehen möchte, während sich die Aufrechnung im Übrigen nach dem jeweils anwendbaren unvereinheitlichten (nationalen) Recht beurteilen soll.[154] Begründet wird dies mit dem den Regelungen in Art. 88 Abs. 3, 84 Abs. 2 CISG zugrunde liegenden Rechtsgedanken und dem – unter anderem – in Art. 58 Abs. 1 S. 2, 81 Abs. 2 CISG verankerten Zug-um-Zug-Grundsatz. Folglich ist eine Verrechnung solcher Ansprüche erlaubt, sofern sie ausschließlich dem CISG unterliegen und auf Geldzahlung gerichtet sind (konventionsinterne Aufrechnung). Damit erlöschen die sich gegenüberstehenden, gegenseitigen Geldforderungen durch Verrechnung, soweit sie betragsmäßig übereinstimmen; zu einer Zwischenschaltung des IPR kommt es dann nicht. **108**

Über die Zulässigkeit und prozessuale Wirkung der Aufrechnung im Prozess bestimmt die lex fori,[155] in der Insolvenz das Insolvenzstatut (Art. 7 Abs. 2 lit. d EuIns- **109**

154 BGHZ 202, 258, s. dazu *P. Huber*, IPRax 2017, 268; *Stürner*, JURA (JK) 2015, S. 311, Art. 49 CISG.
155 BGHZ 38, 254, 258; BGHZ 60, 85, 87.

VO). Über die materiellrechtlichen Voraussetzungen der Aufrechnung bestimmt auch hier das nach Art. 17 Rom I-VO berufene Aufrechnungsstatut.[156]

6. Abtretung, Art. 14–16 Rom I-VO

Literatur: *Hübner*, Die Drittwirkungen der Abtretung im IPR. Ein weiterer Schritt zur Fortentwicklung des Europäischen Kollisionsrechts, ZEuP 2019, 41; *Labonté*, Forderungsabtretung International. Art. 14 Rom I-Verordnung und seine Reform, 2016; *Leible/Müller*, Die Anknüpfung der Drittwirkung der Forderungsabtretung nach der Rom I-Verordnung, IPRax 2012, 491; *C. Wendland*, Abtretungen und Verbraucherschutz unter der Rom I-Verordnung – Zessionsbedingte Neuanknüpfung von Verbrauchervertragsforderungen? ZVglRWiss 118 (2019), 422

110 Das IPR der Abtretung hat in Art. 14–16 Rom I-VO eine differenzierte Regelung erfahren. Art. 14 Rom I-VO bestimmt zunächst das im Fall der Zession anwendbare Recht und regelt die für die mit rechtsgeschäftlichem Forderungsübergang zusammenhängenden Problemstellungen. Darunter versteht sich jede Art der Übertragung von Forderungen einschließlich der Sicherungszession sowie die Übertragung von Pfand- und Sicherungsrechten an Forderungen (Art. 14 Abs. 3 Rom I-VO).[157] Die Legalzession hat in Art. 15 Rom I-VO eine eigenständige Kollisionsnorm erhalten. Art. 16 Rom I-VO schließlich regelt für beide Abtretungsformen im Wesentlichen das IPR des Gesamtschuldnerregresses. Regressstatut ist danach das Recht der Verpflichtung des den Regress betreibenden Schuldners gegenüber dem Gläubiger.

111 Art. 14 Abs. 1 Rom I-VO bestimmt als Recht des Verhältnisses zwischen Alt- und Neugläubiger das diesem Übertragungsvertrag zugrundeliegende Vertragsstatut (Art. 3ff. Rom I-VO). Diesem Recht untersteht nicht nur das Kausalgeschäft, also etwa der Forderungskauf, sondern auch das Übertragungsgeschäft, also die Abtretung selbst, die nach deutscher Dogmatik als Verfügungsgeschäft hiervon streng zu trennen ist.

112 Doch ergibt sich aus Erwägungsgrund Nr. 38 Rom I-VO, dass das über Art. 3ff. Rom I-VO bestimmte Recht des Übertragungsgeschäfts nur dieses vertragliche Verhältnis zwischen Alt- und Neugläubiger erfasst, ob also ein wirksamer Forderungskauf vorliegt, wie er zu erfüllen ist und wie sich die Abtretung als Vollzugsgeschäft der Forderungsübertragung vollzieht.

113 Ob und welche Wirkung die Übertragung der Forderung zwischen Alt- und Neugläubiger gegenüber Dritten hat, ist in Art. 14 Rom I-VO nicht ausdrücklich geregelt. Aus Sicht des EuGH kann die Norm auch keine analoge Anwendung finden, da eine

156 BGHZ 201, 252; dazu *Wendelstein*, IPRax 2016, 572.

157 Die Schuldübernahme wird dagegen nicht von Art. 14 Rom I-VO erfasst; dazu Erman/*Stürner*, 16. Aufl. 2020, Art. 14 Rom I-VO Rn. 11ff.

unbewusste Regelungslücke nicht vorliegt.[158] Bedeutung hat die Frage für die Wirkung von Globalabtretungen und Mehrfachabtretungen gegenüber betroffenen Dritten. Geht es somit um den Schutz von Dritten, der in der Regelung von Art. 14 Rom I-VO, die sich auf Neugläubiger, Altgläubiger und Schuldner bezieht, keinen Regelungsanhalt findet, ist auf die Verfügungswirkung, gegenüber welcher Drittschutz in Betracht kommen kann, abzustellen. Verfügt wird bei der Übertragung durch den Zedenten, sodass sein Verhalten Anknüpfungsgewicht hat. In einen Anknüpfungsgrundsatz umgesetzt, folgt daraus für das Zessionsstatut die grundsätzliche Maßgeblichkeit des Rechts des gewöhnlichen Aufenthalts des Zedenten im Zeitpunkt der Vornahme der mit Verfügungswirkung ausgestatteten Übertragungshandlung bzw. Übertragungserklärung.[159]

Der Vorschlag für eine Verordnung über das auf die Drittwirkung von Forderungs- **114**
übertragungen anzuwendende Recht[160] sieht in seinem Art. 4 einheitliche Kollisionsregeln für die Auswirkungen einer Forderungsübertragung auf Dritte vor. Die Regelanknüpfung beruft das Recht des gewöhnlichen Aufenthalts des Zedenten; im Ausnahmefall, etwa bei Forderungen aus einem Finanzinstrument, kommt das Recht der übertragenen Forderung zur Anwendung. Zedent und Zessionar können bei einer Verbriefung als das auf die Drittwirkung der Forderungsübertragung anzuwendende Recht das Recht der übertragenen Forderung wählen.[161] Der Ausgang des laufenden Gesetzgebungsverfahrens ist derzeit noch offen.

XI. Fragen des Allgemeinen Teils des IPR

1. Ausschluss des Renvoi, Art. 20 Rom I-VO

Alle Verweisungen in der Rom I-VO sind Sachnormverweisungen (Art. 20 Rom I-VO): **115**
Kollisionsrechtlich berufen ist damit nicht auch das IPR des betreffenden Rechts; Rück- und Weiterverweisungen sind ausgeschlossen. Dies entspricht einem generellen Ansatz im EU-Kollisionsrecht; einzig die EuErbVO enthält einen differenzierten Ansatz.[162] Innerhalb der Mitgliedstaaten folgt der Ausschluss des Renvoi der Natur der Sache und ist daher selbstverständlich. In einem einheitlichen Kollisionsrechtssystem wie der Rom I-VO kann es per se weder Rück- noch Weiterverweisungen geben: Die Anknüpfungen sind für alle gleich. Da die Rom I-VO aber allseitig wirkt (Art. 2 Rom I-VO), mithin auch Verweisungen auf Rechtsordnungen außerhalb des Kreises der

---

158 EuGH, 9.10.2019, Rs. C-548/18 – *BGL BNP Paribas*, NJW 2019, 3368, Rn. 24 ff.; Vorlage OLG Saarbrücken ZIP 2019, 437. Siehe dazu *Zahn*, GPR 2020, 218.

159 Eingehend dazu *Mankowski*, NIPR 2018, 26; in diese Richtung auch *Kieninger*, NJW 2019, 3353.

160 COM(2018) 96.

161 Zum Vorschlag *Hemler*, GPR 2018, 185; *Müller*, EuZW 2018, 522; *Hübner*, ZEuP 2019, 41; *Einsele*, IPRax 2019, 477.

162 Art. 34 EuErbVO.

EU-Mitgliedstaaten ausspricht, gilt der Ausschluss des Renvoi auch für Verweisungen auf drittstaatliches Recht. Damit wird zwar Komplexität reduziert, indem die Rechtspraxis nicht auch das ausländische Kollisionsrecht berücksichtigen muss.[163] Doch nimmt man damit eine Unschärfe in der kollisionsrechtlichen Systematik in Kauf, ein Abrücken vom Ideal des internationalen Entscheidungseinklangs:[164] Es entfällt die Rücksichtnahme auf die kollisionsrechtliche Einschätzung des drittstaatlichen Rechts. Auch wenn man in Rechnung stellt, dass die Rechtsfigur des Renvoi fast schon sinnbildlich steht für eine dogmatische Überzüchtung des IPR,[165] so spiegelt der fast völlige Verzicht doch eine allgemeine Tendenz im EU-Kollisionsrecht hin zu einem Eurozentrismus wider.

2. Unteranknüpfung bei Mehrrechtsstaaten, Art. 22 Rom I-VO

116 Manche Staaten vereinen mehrere Teilrechtsordnungen in sich, man spricht von territorialer Rechtsspaltung. Im Hinblick auf solche Mehrrechtsstaaten ist die Anwendbarkeit der Teilrechtsordnungen im Verhältnis zueinander zu klären. Das deutsche Kollisionsrecht beachtet eine solche Rechtsspaltung. Die maßgebliche Teilrechtsordnung wird nach Art. 4 Abs. 3 S. 1 EGBGB über eine Unteranknüpfung nach den Regeln des interlokalen Privatrechts des betreffenden Mehrrechtsstaates gefunden: Die Entscheidung darüber, welches die maßgebliche Teilrechtsordnung ist, wird damit dem Wirkungsstatut überantwortet. Dies gilt jedenfalls dann, wenn die Verweisungsnorm nicht von vornherein selbst die einschlägige Teilrechtsordnung bezeichnet, wie dies etwa bei einem Verweis auf einen konkreten Belegenheitsort der Fall sein kann. Dies erhöht den internationalen Entscheidungseinklang, gleichzeitig aber auch die Komplexität der Anknüpfung, da ein zweites Kollisionsrechtssystem zu beachten ist. Nur dann, wenn ein solches nicht besteht, wird die Teilrechtsordnung berufen, mit der der Sachverhalt am engsten verbunden ist (Art. 4 Abs. 3 S. 2 EGBGB).

117 Hiervon abweichend beruft Art. 22 Abs. 1 Rom I-VO direkt die jeweils territorial selbstständige Teilrechtsordnung; das ggf. bestehende interlokale Kollisionsrecht spielt mithin keine Rolle. Dies gilt sowohl für die Wahl des Vertragsstatuts als auch für den Fall seiner objektiven Anknüpfung. Unterstellen die Parteien also ihren Vertrag etwa englischem Recht, so gilt von vornherein nur diese Teilrechtsordnung. Ist nach Art. 4 ff. Rom I-VO anzuknüpfen, führt etwa bei einem Werkvertrag, der mit einem Unternehmer aus New York geschlossen wird, die Kollisionsnorm des Art. 4 Abs. 1 lit. b Rom I-VO direkt zum Recht von New York.

163 Siehe zu rechtspraktischen Aspekten des IPR bereits oben § 29 Rn. 1 ff., 34 f. sowie § 31 Rn. 11 ff.
164 Dazu *Nietner*, Internationaler Entscheidungseinklang im europäischen Kollisionsrecht, 2016.
165 Der Streit um die Sinnhaftigkeit des Renvoi kann an dieser Stelle nicht nachgezeichnet werden. Radikale Ablehnung der Rechtsfigur bei *Mäsch*, in: Arnold, Grundfragen des Europäischen Kollisionsrechts, 2016, S. 55; Gegenposition bei *Solomon*, in: Liber Amicorum Schurig, 2012, S. 237.

3. Die Anknüpfung von Vorfragen

Literatur: *Bernitt*, Die Anknüpfung von Vorfragen im europäischen Kollisionsrecht, 2010; *Gössl*, Die Vorfrage im Internationalen Privatrecht der EU, ZfRV 2011, 65; *Solomon*, Die Anknüpfung von Vorfragen im Europäischen Internationalen Privatrecht, in: FS Spellenberg, 2010, S. 355

Die deutsche Kollisionsrechtsdogmatik unterscheidet bei der Anknüpfung zwi- **118**
schen Haupt- und Vorfrage:[166] Die kollisionsrechtliche Einordnung einer Rechtsfrage (Hauptfrage) kann ihrerseits von der Anknüpfung eines präjudiziellen Rechtsverhältnisses abhängen (Vorfrage). Hier lässt sich weiter danach unterscheiden, in welchem Zusammenhang dieses Rechtsverhältnis zu prüfen ist: Wird das präjudizielle Rechtsverhältnis bereits im Tatbestand der Kollisionsnorm selbst aufgeworfen, so spricht man von einer Erstfrage (bzw. einer kollisionsrechtlichen Vorfrage oder Vorfrage i.w.S.). Ein Beispiel bildet der Begriff der „Ehe“, deren Bestehen eine Vorfrage für das Abstammungsstatut in Art. 19 Abs. 1 EGBGB ist. Eine Vorfrage kann sich aber auch – nach erfolgter Anknüpfung der Hauptfrage – in einer Sachnorm stellen. Dies ist dann der Fall, wenn die Norm des anwendbaren Sachrechts in ihrem Tatbestand das Bestehen oder Nichtbestehen eines Rechtsverhältnisses voraussetzt. Man spricht dann von einer materiellrechtlichen Vorfrage (bzw. Vorfrage i. e. S.). Solche Vorfragen können sich etwa stellen, wenn das Erbstatut das Bestehen einer Ehe für die Zuweisung eines Ehegattenerbteils voraussetzt.[167]

Zur Lösung der Vorfragenproblematik sind grundsätzlich zwei Wege denkbar:[168] **119**
Einerseits könnte das Statut der Hauptfrage auch zur Lösung der Vorfrage herangezogen werden (unselbstständige Anknüpfung). Andererseits schiene auch eine erneute kollisionsrechtliche Lösung denkbar, in der das auf die Vorfrage anwendbare Recht – unabhängig vom Statut der Hauptfrage – wiederum nach dem IPR der lex fori bestimmt wird (selbstständige Anknüpfung). Für die erste Lösung wird der Vorzug des internationalen Entscheidungseinklangs angeführt; die zweite gewährleistet hingegen die innere Einheitlichkeit der Anknüpfung in einer Rechtsordnung – der Vorfragensachverhalt kann schließlich in unterschiedlichen Zusammenhängen (Erbrecht, Unterhalt, Abstammung etc.) virulent werden. Aus diesem Grund wird in Deutschland letzterer Ansatz bevorzugt.[169]

---

166 Davon zu unterscheiden sind sog. Teilfragen, die eine eigenständige kollisionsrechtliche Behandlung erfahren und damit gleichsam von der Hauptfrage abgespalten werden (Bsp.: Rechts-, Geschäfts- und Handlungsfähigkeit; Formfragen; Stellvertretung).

167 Beispielsfall bei *Stürner/Wendelstein*, JURA 2014, 707.

168 Ein dritter Weg – die unmittelbare Beantwortung der Vorfrage aus den einschlägigen Sachnormen des Statuts der Hauptfrage – ist dagegen nicht gangbar, so aber OLG München IPRax 1988, 354, 356.

169 BGHZ 43, 213, 218ff.; *Kegel/Schurig*, Internationales Privatrecht, 9. Aufl. 2004, § 9 II (S. 376ff.); Erman/*Stürner*, 16. Aufl. 2020, Vor Art. 3 EGBGB Rn. 63; a. A. etwa *von Hoffmann/Thorn*, Internationales Privatrecht, 9. Aufl. 2007, § 6 Rn. 71.

120 In den Verordnung zum EU-Kollisionsrecht wird dazu kaum Stellung bezogen; einzig die Rom III-VO verhält sich zur Vorfragenanknüpfung. Erwägungsgrund Nr. 10 dieser Verordnung lautet: „Vorfragen wie die Rechts- und Handlungsfähigkeit und die Gültigkeit der Ehe und Fragen wie die güterrechtlichen Folgen der Ehescheidung oder der Trennung ohne Auflösung des Ehebandes, den Namen, die elterliche Verantwortung, die Unterhaltspflicht oder sonstige mögliche Nebenaspekte sollten nach den Kollisionsnormen geregelt werden, die in dem betreffenden teilnehmenden Mitgliedstaat anzuwenden sind.“ Damit wird eine selbstständige Anknüpfung von Vorfragen bevorzugt. Dies erscheint einmal aus Gründen der EU-internen Systemgerechtigkeit vorzugswürdig, zum anderen deswegen, weil bei unselbstständiger Anknüpfung der sachliche Anwendungsbereich der jeweiligen Verordnung im Ergebnis unzulässig ausgedehnt würde. Insoweit kann auch bei Kollisionsnormen in EU-Verordnungen grundsätzlich von einer selbstständigen Vorfragenanknüpfung ausgegangen werden.[170]

121 Damit sind auch diejenigen Vorfragen, die im Zusammenhang mit Schuldverträgen auftreten können, selbstständig anzuknüpfen; so etwa die Frage der Geschäftsfähigkeit (Art. 7 EGBGB), die Wirksamkeit der Eheschließung bei Zustimmungsbedürftigkeit eines Vertrags (Art. 13 EGBGB); lediglich der Verkehrsschutz gegenüber nicht hinreichend gegebener Geschäftsfähigkeit richtet sich (statt nach Art. 12 EGBGB) nach Art. 13 Rom I-VO.

4. Eingriffsnormen, Art. 9 Rom I-VO

Literatur: *Fetsch*, Eingriffsnormen und EG-Vertrag: die Pflicht zur Anwendung der Eingriffsnormen anderer EG-Staaten, 2001; *Franq*, Public Policy and Overriding Mandatory Rules as Mirrors of the EU System of Thought and Integration: On the ‚Europeanness‘ of Exceptions and Oddities, in: von Hein/Kieninger/Rühl (Hrsg.), How European is European Private International Law? Sources, Court Practice, Academic Discourse, 2019, S. 305; *Hauser*, Eingriffsnormen in der Rom I-Verordnung, 2012; *Hemler*, Die Methodik der „Eingriffsnorm“ im modernen Kollisionsrecht. Zugleich ein Beitrag zum Internationalen Öffentlichen Recht und zur Natur des ordre public, 2019; *Köhler*, Eingriffsnormen – Der „unfertige Teil“ des europäischen IPR, 2013; *Lüttringhaus*, Eingriffsnormen im internationalen Unionsprivat- und Prozessrecht: Von Ingmar zu Unamar, IPRax 2014, 146; *Maultzsch*, Forumsfremde Eingriffsnormen im Schuldvertragsrecht zwischen Macht- und Wertedenken, in: FS Kronke, 2020, S. 363; *Müller*, Internationale Anwendbarkeit des handelsvertreterrechtlichen Ausgleichsanspruchs – Vom Intervall Ingmar und Unamar zum Dreiklang mit Agro, GPR 2017, 203; *Remien*, Variationen zum Thema Eingriffsnormen nach Art. 9 Rom I-VO und Art. 16 Rom II-VO unter Berücksichtigung neuerer

170 *Bernitt*, Die Anknüpfung von Vorfragen im europäischen Kollisionsrecht, 2010, S. 145ff. (zur Rom II-VO); *Gössl*, ZfRV 2011, 65, 68ff.; *Nehne*, Methodik und allgemeine Lehren des europäischen Internationalen Privatrechts, 2012, S. 203ff.; *Wilke*, A Conceptual Analysis of European Private International Law, 2019, S. 121ff.; BGH NJW-RR 2015, 302 Rn. 12; i.E. auch EuGH, 28.7.2016, Rs. C-191/15 – *Amazon*, NJW 2016, 2727, Rn. 49.

Rechtsprechung zu Art. 7 Römer Übereinkommen, in: FS v. Hoffmann, 2011, S. 334; *Renner*, Ordre public und Eingriffsnormen: Konvergenzen und Divergenzen zwischen IPR und IZVR, in: von Hein/Rühl (Hrsg.), Kohärenz im Internationalen Privat- und Verfahrensrecht der Europäischen Union, 2016, S. 359; *Rentsch*, Krisenbewältigung durch Kollisionsrecht – Eingriffsnormen als integraler Bestandteil des europäischen Internationalen Privatrechts, in: Bauerschmidt/Fassbender et al. (Hrsg.), Konstitutionalisierung in Zeiten globaler Krisen, 2015, S. 255; *W.-H. Roth*, Öffentliche Interessen im internationalen Privatrechtsverkehr, AcP 220 (2020), 458; *Rühl*, Commercial agents, minimum harmonization and overriding mandatory provisions in the European Union: Unamar, Common Market Law Review 2016, 209; *Weller/Schulz*, Political Private International Law: How European are Overriding Mandatory Provisions and Public Policy Exceptions?, in: von Hein/Kieninger/Rühl (Hrsg.), How European is European Private International Law? Sources, Court Practice, Academic Discourse, 2019, S. 285

a) Inländische international zwingende Normen

Das System der kollisionsrechtlichen Anknüpfungen wird in gewisser Weise durchbrochen von einem – wie auch immer dogmatisch zu begründenden[171] – Vorrang der sog. Eingriffsnormen („lois de police“, „overriding mandatory provisions“). Dabei handelt es sich um international zwingende Vorschriften des Forumstaates, die unabhängig von dem für einen Schuldvertrag kollisionsrechtlich geltenden Recht (gewähltes Vertragsstatut und durch Rechtswahl nicht abzuwählende Bestimmungen des objektiv berufenen Vertragsstatuts) aus dessen Sicht den Sachverhalt wie andere Sachverhalte ohne Rücksicht auf das zur Anwendung auf den Vertrag berufene Recht international zwingend regeln. Dazu genügt es nicht, dass eine Norm schlicht zwingend, also nicht dispositiv ist; solche einfach zwingenden Vorschriften setzen sich nicht gegen das abweichende Vertragsstatut durch. Vielmehr muss gerade ein internationaler Geltungswille hinzutreten. Dies bringt die Definition in Art. 9 Abs. 1 Rom I-VO zum Ausdruck. Sie beruht auf der *Arblade*-Entscheidung des EuGH.[172] **122**

aa) Eingriffsnormen der lex fori

Nicht entscheidend ist hierfür, ob die Norm öffentlich-rechtlicher oder privatrechtlicher Natur ist; auch kommt es auf eine Strafbewehrung der Vorschrift oder ihre Durchsetzung von Amts wegen nicht an. In erster Linie ist der internationale Geltungswille einer Norm anhand ihres Wortlautes zu ermitteln;[173] auch die weiteren Auslegungskriterien, insbesondere der Zweck der Norm, sind anzulegen (z. B. § 89b HGB oder § 244 Abs. 1 BGB für die im Inland grundsätzlich immer auch in Euro zahlbare Fremdwährungsschuld). Handelt es sich um eine privatrechtliche Norm, muss **123**

171 Dazu unten Rn. 130.
172 EuGH, 23.11.1999, Rs. C-369/96 und C-376/96 – *Arblade*, Slg. 1999, I-8453, Rn. 30.
173 Z. B. § 185 Abs. 2 GWB, s. dazu BGH NJW-RR 2017, 492 – Baltic Cable, Rn. 17.

sie einem überindividuellen Zweck dienen; dies schließt freilich nicht aus, dass sie daneben auch der Regelung privat-individueller Interessen dient. Dies wurde etwa für den Ausgleichsanspruch des Handelsvertreters auf der Grundlage der Handelsvertreter-Richtlinie (in Deutschland: § 89b HGB) entschieden.[174]

124 Diskutieren lässt sich die Eingriffsnormqualität etwa für private Verbraucherschutzvorschriften oder die Bestimmungen über den Wohnraummieterschutz. Verbreitet werden diese Bestimmungen wegen des in ihnen zum Ausdruck kommenden Vorrangs des Individualschutzes nicht als Eingriffsnormen angesehen.[175] Dem ist inhaltlich beizupflichten, zumal hier über Art. 6 Rom I-VO[176] bzw. Art. 46b EGBGB[177] regelmäßig ein ausreichendes Schutzniveau besteht. Diese Sonderanknüpfungen würden umgangen, wenn man über Art. 9 Rom I-VO das heimische Verbraucherrecht in den Fällen anwenden würde, in denen diese strengen Voraussetzungen nicht erfüllt sind. Anders können die Dinge etwa liegen, wenn ein wettbewerbsschützender Charakter hinzutritt, wie dies etwa bei der Gewinnzusage i. S. d. § 661a BGB der Fall ist.[178] Auch die zwingenden Regelungen des AGG sind als Eingriffsrecht zu qualifizieren.[179]

125 Weist die Norm nicht Eingriffsnormqualität in diesem Sinne auf, kann ihr Regelungszweck aber Bestandteil des ordre public sein. Dies werden indessen höchst seltene Fälle sein: Wurde Eingriffsnormqualität abgelehnt, so kann dies als ein Indiz dafür angesehen werden, dass auch der ordre public nicht betroffen ist. Dies ergibt sich aus der Definition in Art. 9 Abs. 1 Rom I-VO, die als Positivierung des ordre public angesehen werden kann.[180]

126 Entscheidend ist die Einschätzung des jeweiligen Mitgliedstaates; das Unionsrecht selbst hat in Art. 9 Abs. 1 Rom I-VO (und ebenso etwa in Art. 16 Rom II-VO) nur einen recht losen Rahmen gesteckt. Die Grenze mitgliedstaatlicher Regelungsfreiheit dürfte jedenfalls dann erreicht sein, wenn die praktische Wirksamkeit (effet utile) der Verordnung beeinträchtigt wird.[181] So wäre eine Regelung wohl nicht mit dem Effektivitätsgrundsatz vereinbar, die einen ganzen Bereich (etwa die Haftung des Mutterkonzerns entlang der Lieferkette) qua Formulierung einer umfassenden Eingriffsnorm exklusiv dem deutschen Recht unterstellen würde.[182]

---

174 S. EuGH, 9.11.2000, Rs. C-381/98 – *Ingmar*, Slg. 2000, I-9305.

175 Siehe etwa BGH NJW 2006, 762.

176 Oben Rn. 39 ff.

177 Unten § 33.

178 Vgl. BGH NJW 2006, 230.

179 *Mansel*, in: FS Canaris, 2007, S. 807, 829; *Kocher*, in: FS Martiny, 2014, S. 411, 414 ff.; *Lüttringhaus*, Grenzüberschreitender Diskriminierungsschutz, 2010, S. 220 ff.; *Hoffmann/Bierlein*, ZEuP 2020, 47.

180 Näher BeckOGK-BGB/*Stürner* (Stand 1.5.2020), Art. 6 EGBGB Rn. 67 ff., 140 f.

181 Zur Notwendigkeit einer engen Auslegung des Art. 9 Abs. 1 Rom I-VO noch unten Rn. 130.

182 Dazu oben § 30 Rn. 10 f.

bb) Eingriffsnormen aus Richtlinienrecht

Ob auch aus Richtlinien der EU ohne eigene Kollisionsnorm eine international zwingende Geltung abgeleitet werden kann, ist umstritten. Die Normenhierarchie alleine kann hierfür nicht den Ausschlag geben, da Richtlinien stets der Umsetzung bedürfen (Art. 288 Abs. 3 AEUV).[183] So kann die Herkunft des verbraucherschützenden Widerrufsrechts aus EU-Richtlinienrecht nicht dessen Qualifikation als Eingriffsnorm gegenüber drittstaatlichem Recht rechtfertigen, da der Geltungsbefehl jedenfalls nicht auf Verträge mit Drittstaatenangehörigen zielt. Anders wurde dies teilweise für Verträge mit Angehörigen von EU-Staaten vertreten, in denen die betreffende Richtlinie nicht umgesetzt wurde (sog. Gran-Canaria-Fälle).[184] 127

In Bezug auf den Ausgleichsanspruch des Handelsvertreters, den Art. 17 Abs. 2 Handelsvertreter-RL statuiert, hat der EuGH in der Sache *Ingmar* eine international zwingende Geltung angenommen und dies mit dem Schutz des Handelsvertreters, der Wettbewerbsgleichheit und dem im Fall bestehenden „starken Gemeinschaftsbezug" begründet.[185] Im Ergebnis führte diese Einschätzung zu einer Bevorzugung des EU-Richtlinienrechts vor dem von den Parteien gewählten drittstaatlichen (im Fall: kalifornischen) Rechts, obwohl die Wahl dieses Rechts ihre Rechtfertigung durchaus im Sitz des Prinzipals in Kalifornien hätte finden können.[186] Bei EU-Binnensachverhalten ist daher größere Zurückhaltung geboten, wie der EuGH später in der Sache *Unamar* entschied; dies gilt jedenfalls dann, wenn auch im gewählten Recht die Bestimmungen der Handelsvertreter-Richtlinie korrekt umgesetzt worden sind. Doch auch in diesem Fall könnte die lex fori durch eine überschießende Umsetzung[187] ein höheres Schutzniveau vorsehen, was durch Auslegung der betreffenden Vorschriften zu klären wäre.[188] 128

cc) Durchsetzung von Eingriffsnormen

Die so definierten Eingriffsnormen der lex fori bleiben nach Art. 9 Abs. 2 Rom I-VO in ihrer Anwendung „unberührt" von der Verordnung, d. h. sie werden angewandt, auch wenn das Vertragsstatut nicht das deutsche Recht ist. Ob die Anwendung der Norm auf den konkreten Sachverhalt erforderlich ist, ist im Zweifelsfall, wenn die Geltung 129

---

183 Siehe oben § 8 Rn. 1ff.

184 Dazu bereits oben § 8 Rn. 129f.

185 EuGH, 9.11.2000, Rs. C-381/98 – *Ingmar*, Slg. 2000, I-9305, Rn. 21; ebenso EuGH, 17.10.2013, Rs. C-184/12 – *Unamar*, IPRax 2014, 174, Rn. 40. Siehe dazu auch oben § 27 Rn. 7.

186 Bei der umgekehrten Konstellation – Sitz des Handelsvertreters in Drittstaat, Sitz des Prinzipals in EU-Staat – besteht hingegen keine Pflicht der Mitgliedstaaten, den Schutz der Handelsvertreter-RL auch insoweit auszudehnen, EuGH, 16.2.2017, Rs. C-507/15 – *Agro*, ECLI:EU:C:2017:129, Rn. 33f.

187 Dazu oben § 8 Rn. 88ff.

188 EuGH, 17.10.2013, Rs. C-184/12 – *Unamar*, IPRax 2014, 174, Rn. 50ff.; dazu *Lüttringhaus*, IPRax 2014, 146; *Rühl*, CML Rev. 2016, 209.

nicht ausdrücklich angeordnet ist oder sich aus der ratio der Vorschrift ergibt, durch Gesamtabwägung unter Beachtung des Inlandsbezuges[189] und der Bedeutung und des Gewichts der von der Norm geschützten Interessen zu entscheiden.[190]

130 Streit besteht hinsichtlich der Dogmatik der Anknüpfung von Eingriffsnormen. Dies liegt vor allem daran, dass sich hier IPR und das sogenannte Internationale Öffentliche Recht berühren.[191] Unterschiedlich beurteilt wird die Frage, ob Art. 9 Rom I-VO ein eigenständiger kollisionsrechtlicher Gehalt zukommt oder nicht. Das wird verbreitet verneint,[192] sodass die Norm nur den Charakter einer Öffnungsklausel hat. Die Gegenansicht sieht indessen kollisionsrechtlichen Gehalt darin, dass die Ausnahme vom Vertragsstatut nur unter den in Abs. 1 normierten Voraussetzungen greift.[193] In der Sache sind die Unterschiede nicht so groß wie es scheinen mag. Letztlich geht es um die interessengerechte Bildung von Sonderkollisionsnormen, die legitimiert durch Art. 9 Abs. 1 und 2 Rom I-VO abweichend von der Regelanknüpfung einzelne Normen des Forumrechts zur Anwendung berufen. Diese kann man rein unional verorten[194] oder jedenfalls teilweise aus dem jeweiligen nationalen Recht.[195] Jedenfalls darf ihre Bildung nicht den effet utile der Rom I-VO untergraben. Der EuGH hat wiederholt darauf hingewiesen, dass Art. 9 Rom I-VO als Ausnahmevorschrift eng auszulegen ist.[196]

b) Ausländische international zwingende Normen

131 Die Berücksichtigung ausländischer international zwingender Normen ist nunmehr in Art. 9 Abs. 3 Rom I-VO gesetzlich geregelt. Diese Vorschrift ermöglicht die „Berücksichtigung" von Eingriffsnormen eines ausländischen Staates, wenn sie als Normen des Staates, in dem die durch den Vertrag begründeten Verpflichtungen erfüllt werden sollen oder erfüllt worden sind, die Erfüllung des Vertrags unrechtmäßig machen. Die Gerichte des Forumstaates haben nach Art. 9 Abs. 3 S. 2 Rom I-VO eine Befugnis zur Gesamtabwägung unter Einbeziehung einer Folgenprognose, wenn über das Ob und Wie der Anwendung oder Nichtanwendung der fremden Normen befunden wird. Dies ermöglicht eine flexible Handhabung fremder Eingriffsnormen, auf deren Grundlage der Erfüllung insoweit unrechtmäßiger Vertragsregelung und entsprechendem Erfüllungsverlangen einer Vertragspartei begegnet werden kann.

---

189 S. BGHZ 123, 391; BGH NJW 1997, 1699.

190 BGH NJW 2006, 762.

191 Dazu *Hemler*, Die Methodik der „Eingriffsnorm" im modernen Kollisionsrecht, 2019, S. 61 ff.

192 Z. B. *Mansel*, in: FS W.-H. Roth, 2015, S. 377, 378 f.

193 BeckOGK-BGB/*Maultzsch* (Stand 1.2.2020), Art. 9 Rom I-VO Rn. 7 ff.

194 So *Hemler*, Die Methodik der „Eingriffsnorm" im modernen Kollisionsrecht, 2019, S. 191 ff.

195 BeckOGK-BGB/*Maultzsch* (Stand 1.2.2020), Art. 9 Rom I-VO Rn. 11.

196 Siehe EuGH, 17.10.2013, Rs. C-184/12 – *Unamar*, IPRax 2014, 174, Rn. 49 (noch zum alten Recht); EuGH, 18.10.2016, Rs. C-135/15 – *Nikiforidis*, NJW 2017, 141, Rn. 44.

Der Begriff der drittstaatlichen Eingriffsnormen unterscheidet sich insoweit nicht von demjenigen der lex fori; ihre nach dem Recht des sie erlassenden Staates zu bemessende rechtliche Wirkung muss sein, einen sie missachtenden Vertrag oder doch dessen Erfüllung unrechtmäßig zu machen. Wenigstens müssen sie also gegen die Erfüllung einer das Ver- oder Gebot missachtenden Vertragsverpflichtung gerichtet sein. Dies können etwa Ein- und Ausführverbote sein. Zu beurteilen ist ihre Wirkung nach den Verhältnissen am Ort der rechtlichen oder auch der faktischen Erfüllung der unrechtmäßigen Leistung,[197] da am letzteren Platz der Rechtsnorm effektive Wirkung verliehen werden kann. Rechtsfolge ist zunächst die Unrechtmäßigkeit der Erfüllung, d.h. sie kann, soweit noch nicht geschehen, untersagt sein, mit der weiteren Folge, dass die nach dem maßgeblichen Vertragsstatut (Art. 12 Abs. 1 lit. c Rom I-VO) vorgesehenen Nichterfüllungskonsequenzen eintreten (Unmöglichkeit der Leistung mit den nach dem anzuwendenden Recht vorgesehenen Auswirkungen für die Gegenleistung und für die Gegenpartei) oder dass die sich nach Art. 12 Abs. 1 lit. e Rom I-VO ergebenden Folgen einer Nichtigkeit des Vertrags eintreten. 132

Ob den Eingriffsnormen des ausländischen Staates die Wirkung im Inland verliehen wird, bedarf der Abwägung durch das Gericht des Forumstaates (Art. 9 Abs. 3 S. 1: „kann"; S. 2 verlangt Abwägung). Um bloßes Ermessen geht es dabei indes nicht, sondern je nach Ergebnis der zu treffenden Abwägung, in die alle beachtlichen Gesichtspunkte (Zielrichtung der Eingriffsnorm, Schwere des Verbotsverstoßes, Umfang der Lieferung etc.) einfließen können, ist die sich daraus ergebende Entscheidung zu treffen, die regelmäßig in einer Beachtung der fremden Norm liegen wird.[198] 133

In struktureller Hinsicht bedingt dies eine Sonderanknüpfung der fremden Eingriffsnorm. Die Grundvoraussetzung der Anwendung der fremden Eingriffsnorm, ihre enge Verbindung zum Sachverhalt und der grundsätzliche Interessen- und Wertegleichklang aus der Sicht des Staats der Eingriffsnorm und des Forumstaates,[199] ist Inhalt von Art. 9 Abs. 3 S. 1 Rom I-VO. Differenzierung i. S. v. S. 2 ist möglich in Hinsicht auf die einzelnen Arten und Erscheinungsformen fremder Eingriffsnormen. Beispielhaft sei dazu ausgeführt, dass Aus- und Einfuhrverbote aus Gründen des Artenschutzes, des Schutzes von Kulturgütern oder auf der Basis der Friedenssicherung grundsätzlich eher zu akzeptieren und anzuwenden sind als entsprechende Verbote, die auf wirtschaftspolitischer, außenpolitischer oder justizpolitischer Grundlage des Staates der Eingriffsnorm gesetzt worden sind.[200] Zweifelhaft ist das etwa bei Vorschriften, die ersichtlich zum Schutze von Einzelpersonen erlassen wurden, auch wenn dahinter ein gesamtwirtschaftliches Interesse steht, wie dies etwa bei den in Italien als Reaktion auf die Corona-Krise im März 2020 erlassenen Gesetzesdekrete (z. B. „Heal Italy") teilweise der Fall war: Hier wurde etwa mit ausdrücklichem internationalem Gel- 134

---

197 *Mankowski*, IHR 2008, 133, 147.

198 S. auch BAGE 159, 69.

199 So für die Schweiz Art. 19 IPRG; s. dazu *Vischer*, RabelsZ 53 (1989), 438, 452ff.

200 S. Palandt/*Thorn*, 80. Aufl. 2021, Art. 9 Rom I-VO Rn. 13.

tungswillen angeordnet, dass eine Leistungsverpflichtung aus einem Pauschalreisevertrag als unmöglich angesehen wird, wenn sie eine Person trifft, die vom Coronavirus betroffen ist; etwa bereits geleistete Zahlungen sind rückzuerstatten.[201] Anders dürfte es dann aussehen, wenn solche Regelungen Exportverbote hinsichtlich von dringend benötigten Medizinprodukten aussprechen.[202]

135 Instruktiv ist auch ein vom LG[203] bzw. OLG Frankfurt[204] entschiedener Fall: Das Boykottgesetz Nr. 21/1964 des Staates Kuwait untersagt kuwaitischen Staatsbürgern den Abschluss und die Durchführung von Verträgen mit Bürgern des Staates Israel. Unter Berufung auf dieses Verbot weigerte sich Kuwait Airways, einen in Deutschland wohnhaften israelischen Staatsbürger trotz wirksamen Transportvertrages von Frankfurt nach Bangkok mit Zwischenstopp in Kuwait zu befördern. Dieser verlangt nun Erfüllung, hilfsweise Schadensersatz.[205]

136 Auf den Vertrag kommt zunächst bei objektiver Anknüpfung nach Art. 5 Abs. 2 UAbs. 1 Var. 1 Rom I-VO deutsches Recht zur Anwendung.[206] Der aus dem danach wirksam geschlossenen Vertrag resultierende Beförderungsanspruch könnte jedoch wegen Unmöglichkeit erloschen sein (§ 275 Abs. 1 BGB). In Betracht kommen könnte zunächst der Gesichtspunkt der rechtlichen Unmöglichkeit, weil die Beförderung durch das kuwaitische Boykottgesetz verboten war. Dazu müsste dieses aber überhaupt auf den Fall zur Anwendung berufen sein. Dies wiederum könnte allein über Art. 9 Abs. 3 Rom I-VO geschehen. Dazu müsste das Boykottgesetz zunächst als Eingriffsnorm angesehen werden können, weiter wäre erforderlich, dass Kuwait als Erfüllungsort im Sinne des Art. 9 Abs. 3 Rom I-VO anzusehen wäre, und schließlich wäre zu prüfen, ob das im Rahmen der Norm bestehende Ermessen dahin ausgeübt werden könnte, dieses aus deutscher Sicht untragbare kuwaitische Gesetz überhaupt zur Anwendung zu bringen. Während der erste Punkt sich noch im Ergebnis recht unproblematisch klären lässt, wenn man die oben entwickelten Maßstäbe zur Anwendung bringt, so wird der zweite schon schwieriger; scheitern muss die Anwendung des Boykottgesetzes jedoch jedenfalls hinsichtlich des dritten Punktes.

137 Das OLG Frankfurt konnte zwar vertretbar begründen, dass sich ein Erfüllungsort im Sinne des Art. 9 Abs. 3 Rom I-VO durch die in Kuwait vorgesehene Zwischenlandung begründen ließ: Dort habe eine „faktische Leistungsbewegung stattgefunden"

---

201 Art. 28 Decreto-legge, 2.3.2020, No. 9, Misure urgenti di sostegno per famiglie, lavoratori e imprese connesse all'emergenza epidemiologica da COVID-19, Gazzetta Ufficiale, Serie Generale No. 53 del 2.3.2020.

202 *Weller/Lieberknecht/Habrich*, NJW 2020, 1017.

203 LG Frankfurt JZ 2018, 153, Rn. 47 ff.; dazu *Mörsdorf*, JZ 2018, 156; *Freitag*, NJW 2018, 430.

204 OLG Frankfurt NJW 2018, 3591.

205 Zu dem dahinter (auch) stehenden politischen Anliegen der Klage s. *Mankowski*, RIW 2019, 180, 181.

206 Dazu Rn. 56. In casu scheint im Prozess eine konkludente Rechtswahl durch beiderseitige Bezugnahme auf deutsche Rechtsvorschriften vorgenommen worden zu sein, vgl. OLG Frankfurt NJW 2018, 3591, Rn. 20.

oder sei jedenfalls vorgesehen.[207] Doch wurde das in Art. 9 Abs. 3 S. 2 Rom I-VO normierte Ermessen richtigerweise dahin ausgeübt, dass das Boykottgesetz nicht zur Anwendung gelangte. Dieses habe zum einen keinen internationalisierungsfähigen Inhalt und unterscheide sich damit von einem UN-Embargo, dem ein allgemein internationaler Konsens zugrunde liege.[208] Zum anderen aber spricht entscheidend gegen die Berücksichtigung des Gesetzes, dass dieses letztlich ausschließlich diskriminatorische Ziele verfolgt, indem es Vereinbarungen mit Personen israelischer Staatsangehörigkeit für illegal erklärt. Dies widerspricht diametral dem EU-weit anerkannten Ideal der Nicht-Diskriminierung aufgrund der Staatsangehörigkeit (Art. 18 AEUV und Art. 21 Abs. 2 GRCh) sowie jedenfalls indirekt auch nationaler und ethnischer Herkunft (Art. 21 Abs. 1 GRCh), da mit hoher Wahrscheinlichkeit Menschen jüdischer Abstammung vom Gesetz erfasst sind.[209] Eine Berücksichtigung des Boykottgesetzes als drittstaatliche Eingriffsnorm kommt damit nicht in Betracht, sodass auch keine rechtliche Unmöglichkeit nach § 275 Abs. 1 BGB vorliegt.

Doch führt das Boykottgesetz jedenfalls faktisch dazu, dass der Flug für den Kläger nicht wie gebucht durchgeführt werden kann. Aller Voraussicht nach nämlich stünde der Beförderung ein unüberwindbares Leistungshindernis entgegen, da die Zollbehörden des Staates Kuwait dem Kläger beim Umstieg unter Anwendung des Boykottgesetzes die Durchreise verweigern würden.[210] Aus Sicht des deutschen Rechts tritt damit faktische Unmöglichkeit ein (§ 275 Abs. 1 BGB[211]). Das kuwaitische Boykottgesetz erlangt damit gewissermaßen durch die Hintertür des Sachrechts Geltung, obwohl die Berücksichtigung über Art. 9 Abs. 3 Rom I-VO wie gesehen gerade ausscheiden musste.[212] Ob dies möglich ist, lässt sich unterschiedlich beurteilen. **138**

Nach dem Wortlaut von Art. 9 Abs. 3 S. 1 Rom I-VO („... soweit diese ...") will die Norm abschließend regeln, wann fremde Eingriffsnormen zur Anwendung zu bringen sein können.[213] Das hat der EuGH in der Rechtssache *Nikiforidis* klargestellt, da andernfalls der in Erwägungsgrund Nr. 16 Rom I-VO postulierte Grundsatz der Rechts- **139**

---

207 OLG Frankfurt NJW 2018, 3591, Rn. 34.

208 OLG Frankfurt NJW 2018, 3591, Rn. 37f.

209 OLG Frankfurt NJW 2018, 3591, Rn. 39ff.

210 OLG Frankfurt NJW 2018, 3591, Rn. 44ff.; ebenso OLG München NJW-RR 2020, 1061.

211 Nichts anderes hätte sich im Ergebnis aus der Anwendung der §§ 21 Abs. 2 S. 3 i.V.m. 21a S. 2 LuftVG ergeben, auch wenn diese auf „Unzumutbarkeit der Beförderung" abstellen, s. den Hinweis von *Mankowski*, RIW 2019, 180, 183.

212 Ob sich etwas anderes daraus ergibt, dass es sich beim Beförderer um ein Staatsunternehmen handelt, wird unterschiedlich beurteilt, s. *Freitag*, NJW 2018, 430, 433 (die kuwaitische Eingriffsnorm stelle sich für diesen nicht als externes Leistungshindernis dar; das Verhalten des ihn kontrollierenden Alleingesellschafters Kuwait sei dem Beförderer zuzurechnen, weil der Staat Kuwait nicht aus der von ihm frei wählbaren Organisationsform privatrechtliche Vorteile ziehen dürfe). Das OLG Frankfurt hat sich dieser Argumentation indessen nicht angeschlossen (NJW 2018, 3591, Rn. 50ff.).

213 Dafür Palandt/*Thorn*, 80. Aufl. 2021, Art. 9 Rom I-VO Rn. 14; *Freitag*, IPRax 1998, 109, 115; so auch LG Hamburg RIW 2015, 458.

sicherheit und Vorhersehbarkeit des Verweisungssystems gefährdet wäre.[214] Eine davon zu trennende Frage ist jedoch, ob drittstaatliche Eingriffsnormen auf sachrechtlicher Ebene als faktische Gegebenheiten (local data) Berücksichtigung finden können. Dies ist zu bejahen. Art. 9 Abs. 3 Rom I-VO steht dem nicht entgegen, da sich der Regelungsgehalt der Rom I-VO im Kollisionsrecht erschöpft und keine Harmonisierung des Sachrechts bezweckt.[215] Insofern steht die Lösung des OLG Frankfurt im Kuwait-Fall im Einklang mit den Vorgaben der Rom I-VO.

140 Die Kritik hiergegen kann also allenfalls auf der Ebene des deutschen Rechts ansetzen: Wenn das Boykottgesetz auf der Ebene des Kollisionsrechts als diskriminierend gebrandmarkt und aus diesem Grund nicht zur Anwendung gebracht wurde, wie kann es dann sachrechtlich Wirkungen entfalten?[216] Auch wenn dieses Wertungsargument eine gewisse Überzeugungskraft hat, so führt es doch zu einer Abkoppelung des Rechts von den Tatsachen, deren Verklammerung § 275 BGB gerade bezweckt.[217] Auch wenn der Schuldner etwa vorsätzlich die verkaufte und zu übergebende Vase zerstört, um dadurch dem Gläubiger zu schaden, so tritt dennoch Unmöglichkeit ein, der Erfüllungsanspruch geht unter; die Konsequenzen des Verhaltens sind auf der Ebene des Schadensrechts zu beurteilen (§§ 275 Abs. 4, 280 ff. bzw. § 826 BGB). Würde man dieses missbilligende Verhalten von der Beurteilung ausschließen, führte dies in der Konsequenz zur Verurteilung des Schuldners zur Erbringung der Primärleistung. Es wäre dann am Vollstreckungsrecht, die Konsequenzen der Zerstörung der Vase zu beurteilen. Diesbezüglich verweist § 893 ZPO letztlich wieder auf das materielle Recht. Gewonnen ist damit also nicht viel. Auch wenn der Kuwait-Fall etwas anders liegt, da nicht endgültig feststeht, dass die Beförderung unmöglich ist,[218] so hätte die Verurteilung zur Erfüllung doch weitgehend symbolische Bedeutung. Auch hier erscheint es sachgerecht, auf die Ebene des Schadensersatzrechts auszuweichen (§§ 275 Abs. 4, 280 ff. BGB;[219] ggf. auch § 21 Abs. 2 AGG[220]). Der Fall zeigt gleichzeitig die Grenzen des (internationalen) Privatrechts auf: Adäquate Lösungen können hier nur auf politischer Ebene gefunden werden,[221] etwa dadurch, dass Kuwait Airways die Start- und Landerechte in Deutschland entzogen werden.[222]

---

214 EuGH, 18.10.2016, Rs. C-135/15 – *Nikiforidis*, NJW 2017, 141, Rn. 46 ff.

215 So ausdrücklich EuGH, 18.10.2016, Rs. C-135/15 – *Nikiforidis*, NJW 2017, 141, Rn. 51 ff.

216 *Weller/Lieberknecht*, JZ 2019, 317, 323 ff.

217 In diesem Sinne i.E. auch *Maultzsch*, in: FS Kronke, 2020, S. 363, 371 ff.

218 Kritisch aus diesem Grund *Mankowski*, RIW 2019, 180, 183.

219 Geht man davon aus, dass das Leistungshindernis von Anfang an bestand, greift § 311a Abs. 2 BGB.

220 In casu wegen Präklusion abgelehnt: OLG Frankfurt NJW 2018, 3591, Rn. 61 ff. Allgemein zum Schadensersatzanspruch nach § 21 AGG oben § 20 Rn. 24 ff.

221 Klar benannt von OLG Frankfurt NJW 2018, 3591, Rn. 60.

222 Als Rechtsgrundlage käme § 21 Abs. 1 S. 4 LuftVG in Betracht, vgl. *Mankowski*, RIW 2019, 180, 184.

5. Ordre public, Art. 21 Rom I-VO

Literatur: *Franq*, Public Policy and Overriding Mandatory Rules as Mirrors of the EU System of Thought and Integration: On the ‚Europeanness' of Exceptions and Oddities, in: von Hein/Kieninger/Rühl (Hrsg.), How European is European Private International Law? Sources, Court Practice, Academic Discourse, 2019, S. 305; *Grosser*, Der ordre public-Vorbehalt im Europäischen Kollisionsrecht, BLJ 2008, 9; *Reichelt*, Zur Kodifikation des Europäischen Kollisionsrechts – am Beispiel des ordre public, in: Reichelt (Hrsg.), Europäisches Gemeinschaftsrecht und IPR – Ein Beitrag zur Kodifikation der allgemeinen Grundsätze des Europäischen Kollisionsrechtes, 2007, S. 5; *Siehr*, Der ordre public im Zeichen der Europäischen Integration, in: FS v. Hoffmann, 2011, S. 424; *Stürner*, Europäisierung des (Kollisions-)Rechts und nationaler ordre public, in: FS v. Hoffmann, 2011, S. 463; *Stürner*, Der ordre public im Europäischen Kollisionsrecht, in: Arnold (Hrsg.), Grundfragen des Europäischen Kollisionsrechts, 2016, S. 87; *Thoma*, Die Europäisierung und die Vergemeinschaftung des nationalen ordre public, 2007; *Weller/Schulz*, Political Private International Law: How European are Overriding Mandatory Provisions and Public Policy Exceptions?, in: von Hein/Kieninger/Rühl (Hrsg.), How European is European Private International Law? Sources, Court Practice, Academic Discourse, 2019, S. 285

a) Wirkungsweise

Dem kollisionsrechtlichen ordre public kommt die Aufgabe zu, mit grundlegenden **141**
Rechtsprinzipien der lex fori unvereinbare Rechtsfolgen zu verhindern, die als Ergebnis der Anwendung des kollisionsrechtlich berufenen fremden Rechts entstehen würden. Die betreffende Norm, auf der die inkriminierte Rechtsfolge beruht, bleibt dann unangewendet. Der Vorbehalt des ordre public dient damit als „Sicherheitsnetz" im System der kollisionsrechtlichen Verweisungen. Verbreitet wird auch der auf *Zitelmann* zurückgehende Begriff der Vorbehaltsklausel verwendet.[223] Auch die Rom I-VO kennt mit Art. 21 eine solche Vorbehaltsklausel, die in ihrem Anwendungsbereich insbesondere Art. 6 EGBGB verdrängt. Inhaltlich bestehen jedoch keine grundlegenden Unterschiede.[224]

aa) Inhalt und Zielrichtung

Der ordre public dient dem Schutz der öffentlichen Interessen des Gerichtsstaates, **142**
nicht etwa dem Parteiinteresse. Auch Erwägungsgrund Nr. 37 S. 1 Rom I-VO sagt dies noch einmal ausdrücklich. Entgegen dem missverständlichen Wortlaut („kann") besteht daher kein Ermessensspielraum bei der Anwendung. Die Vorbehaltsklausel ist stets von Amts wegen zu berücksichtigen,[225] auch wenn diejenige Partei, die sich auf deren Anwendung beruft, eine Darlegungslast in Bezug auf die relevanten Tatsachen trifft.

---

223 *Zitelmann*, Internationales Privatrecht Band I, 1897, S. 317f.

224 S. Erman/*Stürner*, 16. Aufl. 2020, Art. 21 Rom I-VO Rn. 1; *U. Magnus*, IPRax 2010, 27, 42.

225 Erman/*Stürner*, 16. Aufl. 2020, Art. 21 Rom I-VO Rn. 2b; MüKo-BGB/*Martiny*, 8. Aufl. 2021, Art. 21 Rom I-VO Rn. 2; Staudinger/*Hausmann* (2016), Art. 21 Rom I-VO Rn. 23.

143 Art. 21 Rom I-VO greift nur in solchen Fällen, in denen das Ergebnis der Anwendung fremden Rechts zu einer offensichtlichen Unvereinbarkeit mit dem inländischen ordre public führen würde. Keinesfalls darf die Norm als allgemeine Ausweichklausel missverstanden werden, mit der als unpassend empfundene Anknüpfungen korrigiert werden könnten. Hierzu bestehen eigene Vorschriften wie etwa Art. 4 Abs. 3 Rom I-VO.[226] Auch sind vorrangig insbesondere Eingriffsnormen (Art. 9 Rom I-VO) zu berücksichtigen.[227]

144 Art. 21 Rom I-VO ist als offener Tatbestand ausgestaltet. Für den Rechtsanwender folgt daraus die Notwendigkeit einer Konkretisierung.[228] In der Rechtsprechung hat sich die Formel herausgebildet, dass ein Verstoß dann vorliegt, wenn „das Ergebnis der Anwendung des ausländischen Rechts zu den Grundgedanken der deutschen Regelungen und der in ihnen enthaltenen Gerechtigkeitsvorstellungen in so starkem Widerspruch steht, dass es nach inländischen Vorstellungen untragbar erscheint".[229] Es muss sich also um wesentliche Grundsätze, gleichsam den Kernbestand[230] der deutschen Rechtsordnung handeln, von der Rechtsprechung teilweise auch als „Substrat der geltenden Rechtsordnung" bezeichnet.[231] Nach dem klaren Wortlaut des Art. 21 Rom I-VO kommt es auf die öffentliche Ordnung des Forumstaates an. Auch wenn die Rom I-VO im Grundsatz europäisch-autonom auszulegen ist, so wurde doch im Rahmen der Vergemeinschaftung des internationalen Vertragsrechts kein europäischer ordre public geschaffen.[232] Der Sache nach gilt daher auch hier wie in Art. 6 S. 2 EGBGB, dass die Grundrechte maßgeblich den Inhalt des ordre public bestimmen.

145 Gleichwohl besteht in zweierlei Hinsicht ein deutlicher Einfluss europäischen Rechts: Zum einen ist festzustellen, dass die Grundwerte der deutschen Rechtsordnung von europäischen Werten beeinflusst oder gar überlagert werden (positive Funktion europäischer Werte). Dies betrifft etwa die EMRK oder die Grundrechtecharta. Insoweit kann von einer Europäisierung des ordre public gesprochen werden.[233] Zum anderen können europäische Werte indessen auch als Schranken des nationalen

---

226 Dazu oben Rn. 37f.

227 Zu diesen oben Rn. 122ff. Allgemein zur Konkurrenz zwischen Vorbehaltsklausel und anderen Kollisionsnormen BeckOGK-BGB/*Stürner* (Stand 1.5.2020), Art. 6 EGBGB Rn. 140ff.

228 Dazu BeckOGK-BGB/*Stürner* (Stand 1.5.2020), Art. 6 EGBGB Rn. 182ff.

229 BGHZ 50, 370, 375; BGH NJW 1979, 488, 489; BGHZ 75, 32, 43 (alle zu Art. 30 EGBGB a.F.); BGHZ 104, 240, 243; BGH NJW-RR 2000, 1372; BGHZ 147, 178, Rn. 45 (zu Art. 6 EGBGB); BGHZ 118, 312, 330 (zu § 328 Abs. 1 Nr. 4 ZPO).

230 So die amtliche Begründung BT-Drucks. 10/504, S. 42 (zu Art. 6 EGBGB), zit. etwa in BGH NJW 1998, 2452, 2453.

231 BGHZ 169, 240, 251, Rn. 37.

232 Ausführlich dazu BeckOGK-BGB/*Stürner* (Stand 1.5.2020), Art. 6 EGBGB Rn. 174, 202ff.

233 Dazu *Stürner*, in: FS v. Hoffmann, 2011, S. 463, 464ff., 473ff.; Staudinger/*Hausmann* (2016), Art. 21 Rom I-VO Rn. 13f.

ordre public fungieren (negative Funktion europäischer Werte): Die Anwendung der unter Anwendung nationaler Maßstäbe konkretisierten Vorbehaltsklausel darf mithin nicht dazu führen, dass diese europäischen Werte beeinträchtigt werden.[234] Daraus folgt, dass auch bei der Anwendung mitgliedstaatlichen Rechts Verstöße gegen den ordre public in Betracht kommen können. Allerdings ist hier Zurückhaltung geboten. Bei richtiger Rechtsanwendung ist aufgrund der gemeinsamen Rechtsüberzeugungen und der Geltung von EMRK und Grundrechtecharta faktisch nur sehr selten eine Anwendung des ordre public denkbar.

bb) Insbesondere: Richtlinien

Diskutiert wurde auch die Frage, ob der ordre public als Mittel zur Durchsetzung des 146
Richtlinieninhalts geeignet ist.[235] Teilweise wird der umgesetzte Richtlinieninhalt bereits wegen seines Ursprungs aus dem EU-Recht zu den unabdingbaren Grundsätzen des deutschen Rechts gezählt. Dafür spreche der Grundsatz der Unionstreue aus Art. 4 Abs. 3 EUV in der Form des vertikalen Rücksichtnahmegebots.[236] So ergebe sich eine Pflicht des Forumstaates, die nicht richtlinienkonforme lex causae unangewendet zu lassen. Dies stößt in doppelter Hinsicht auf Bedenken: Zum einen wird damit die Unionstreue letztlich um eine Facette angereichert, die aus Sicht der EU grundsätzlich nicht von den Mitgliedstaaten eingefordert wird, nämlich die horizontale Direktwirkung der Richtlinie.[237] Zum anderen geriete eine solche Sichtweise in Konflikt mit dem ebenfalls aus Art. 4 Abs. 3 EUV folgenden horizontalen Rücksichtnahmegebot:[238] Ein Mitgliedstaat soll sich nicht gegenüber einem anderen als Wächter über die korrekte Umsetzung von Richtlinien gerieren müssen. Hierfür bestehen

---

234 Grundlegend dazu EuGH, 28.3.2000, Rs. C-7/98 – *Krombach/Bamberski*, Slg. 2000, I-1935 (für den strukturell insoweit gleich gelagerten Anerkennungs-ordre-public).

235 Dafür im Grundsatz *Basedow*, in: FS Sonnenberger, 2004, S. 291, 307; NK-BGB/*Schulze*, 3. Aufl. 2016, Art. 6 EGBGB Rn. 15; *Iversen*, in: Brödermann/Iversen, Europäisches Gemeinschaftsrecht und Internationales Privatrecht, 1994, Rn. 1014ff.; (vorsichtig) zust. auch *Kropholler*, IPR, 6. Aufl. 2006, § 36 III 2 c sowie § 52 V 2.

236 Iversen, in: Brödermann/Iversen, Europäisches Gemeinschaftsrecht und Internationales Privatrecht, 1994, Rn. 1048ff.

237 *Michaels/Kamann*, JZ 1997, 601, 607. Abl. auch *Martiny*, in: FS Sonnenberger, 2004, S. 523, 538 m.w.N. Eine horizontale Direktwirkung wird teilweise vor allem dem *Mangold*-Urteil des EuGH entnommen (EuGH, 22.11.2005, Rs. C-144/04 – *Mangold*, Slg. 2005, I-9981, Rn. 65ff.), vgl. die Nachweise bei *Mörsdorf*, EuR 2009, 219, 232ff. Richtig erscheint dagegen die Annahme, die Entscheidung beruhe in erster Linie auf dem (damals ungeschriebenen) primärrechtlichen Diskriminierungsverbot, vgl. etwa *Riesenhuber*, in: ders., Das Allgemeine Gleichbehandlungsgesetz, 2007, S. 3, 27. Siehe zum Problemkreis oben § 7 Rn. 36ff., 67ff.

238 Die Mitgliedstaaten sind einander zur loyalen Zusammenarbeit verpflichtet, vgl. EuGH, 11.6.1991, Rs. C-251/89 – *Athanasopoulos*, Slg. 1991, I-2797, Rn. 57.

genuin unionsrechtliche Sanktionen; ihre Implementierung ist Aufgabe der EU-Kommission.[239]

147 Scheiden damit formal-unionsrechtliche Argumente aus, so bleiben für die Anwendung des ordre public nur solche Fallkonstellationen, in denen die Anwendung der lex causae – unabhängig vom Richtlinienverstoß – anstößige Ergebnisse liefert. Dies dürfte etwa im Fall eines vom Vertragsstatut nicht gewährten Widerrufsrechts abzulehnen sein: So erscheint es fraglich, ob die lediglich auf Vermögensschutz abzielenden Verbraucherschutznormen und im Speziellen die Möglichkeit der Lösung vom Vertrag durch Widerruf bereits zu den grundlegenden Wertungen des deutschen Rechts zählen. Ob der Inhalt einer Richtlinie zum ordre public gehört, ist damit im Einzelfall danach zu beurteilen, welcher Schutzzweck mit ihr verfolgt wird. Verbraucherschutz als solcher genügt jedenfalls solange nicht, als die Richtlinie selbst keine entsprechenden kollisionsrechtlichen Anordnungen trifft (arg. Art. 46b EGBGB).[240]

b) Folgen eines Verstoßes

148 Liegt ein Verstoß gegen den ordre public vor, zieht das die Unanwendbarkeit derjenigen Norm, aus der die anstößige Rechtsfolge folgt, für den konkreten Fall nach sich. Dies bedeutet indessen nicht, dass die Verweisung in das ausländische Recht insgesamt hinfällig sein soll.[241] Die Schranke des ordre public richtet sich von vornherein nur gegen das Ergebnis der Anwendung im konkreten Fall; es kann und darf keine konkrete Normenkontrolle in Bezug auf das berufene Recht erfolgen. Wenn die Verweisung aber bestehen bleiben soll, so müssen andere Wege gefunden werden, um eine Entscheidungsgrundlage für den Rechtsfall zu bekommen. Es gilt der Grundsatz des geringstmöglichen Eingriffs in das ausländische Recht: Die Verweisung soll möglichst nur soweit korrigiert werden, wie nötig ist, um den Verstoß gegen den deutschen ordre public zu verhindern.[242] Hierfür streitet letztlich auch das Postulat des effet utile der Rom I-VO.

149 Ist das Ergebnis nur in einem einzelnen Punkt anstößig, so ist zwar der ausländische Rechtssatz von seiner Anwendung im Inland ausgeschlossen, doch muss im Übrigen weiterhin die Verweisung befolgt und die ausländische lex causae angewendet werden. Die durch die Anwendung des ordre public entstandene Lücke wird also

---

239 *Mäsch*, Rechtswahlfreiheit und Verbraucherschutz, 1993, S. 129 (kein Mittel zur Disziplinierung von EG-Mitgliedstaaten); *Michaels/Kamann*, JZ 1997, 601, 607; MüKo-BGB/*von Hein*, 8. Aufl. 2020, Art. 6 EGBGB Rn. 177 ff.; *Wilderspin/Lewis*, Rev. crit. DIP 2002, 291, 294, 308 (es stehe einem Mitgliedstaat nicht zu, als Schulmeister gegenüber dem säumigen Staat aufzutreten); i. E. auch Rauscher/*Jakob/Picht*, EuZPR/EuIPR, 4. Aufl. 2016, Art. 26 Rom II-VO Rn. 14.

240 Dazu *Staudinger*, RIW 2000, 416. Siehe auch unten Rn. 159.

241 Staudinger/*Hausmann* (2016), Art. 21 Rom I-VO Rn. 30.

242 *Schwung*, RabelsZ 49 (1985), 407; Staudinger/*Hausmann* (2016), Art. 21 Rom I-VO Rn. 30.

in erster Linie mit ausländischem Recht gefüllt.[243] Der Rechtsfall ist zu entscheiden unter der hypothetischen Annahme, dass diejenige Rechtsnorm, die aus deutscher Sicht zu einem anstößigen Ergebnis führt, unangewendet bleibt.[244] Dies kann etwa dadurch geschehen, dass auf die der inkriminierten Vorschrift zugrunde liegende, allgemeine Norm zurückgegriffen wird. Alternativ kann die betreffende Norm „geltungserhaltend reduziert" werden. Dies kommt insbesondere in Betracht, wenn es um quantitativ zu bestimmende Rechtsfolgen geht, etwa das Zusprechen von Schadensersatz: Sind nach der lex causae „punitive damages" zuzusprechen, so fordert der ordre public eine Reduzierung der Höhe des Schadensersatzes auf eine Höhe, die nach dem Recht des Forums gerade noch angemessen erscheint, und nicht etwa auf die Höhe, die unter Anwendung deutschen Rechts zuzusprechen wäre.[245] Ist eine solche Lösung nicht möglich, so ist ein Ersatzrecht anzuwenden. Regelmäßig wird das die lex fori sein. Auch insoweit bestehen keine Besonderheiten.[246]

c) Einzelne Anwendungsbeispiele

Im Bereich des Vertragsrechts sind Verstöße gegen den ordre public sehr selten.[247] **150**
Dies liegt hier vor allem daran, dass die rechtskulturellen Unterschiede zwischen den einzelnen Rechtsordnungen weniger ausgeprägt sind als etwa im Familien- oder Erbrecht. Im Folgenden werden nur einige exemplarische Anwendungsfälle dargestellt.[248]

aa) Allgemeine Rechtsgeschäftslehre

Eine zu weite Abweichung der lex causae von den hiesigen Vorstellungen über die **151**
Rechts-, Geschäfts- und Handlungsfähigkeit kann den ordre public betreffen. Dies gilt sowohl dann, wenn eine übermäßige Einschränkung vorliegt, wie dies im Bereich des Familienrechts der Fall sein kann, etwa bei einer Ehevormundschaft über volljährige Frauen,[249] als auch dann, wenn das ausländische Recht zu großzügig ist, wenn es den aus deutscher Sicht Minderjährigen bereits die volle Geschäftsfähigkeit

---

243 Erman/*Stürner*, 16. Aufl. 2020, Art. 21 Rom I-VO Rn. 2; Staudinger/*Hausmann* (2016), Art. 21 Rom I-VO Rn. 30 f.

244 Staudinger/*Hausmann* (2016), Art. 21 Rom I-VO Rn. 30.

245 Vgl. BGHZ 44, 183, Rn. 37 ff. und Art. 26 Rom II-VO i.V.m. ErwGr. Nr. 32 (s. auch Art. 40 Abs. 3 EGBGB); Staudinger/*Hausmann* (2016), Art. 21 Rom I-VO Rn. 32.

246 Dazu BeckOGK-BGB/*Stürner* (Stand 1.5.2020), Art. 6 EGBGB Rn. 286 ff.

247 Allgemein zum Bedeutungsverlust des ordre public BeckOGK-BGB/*Stürner* (Stand 1.5.2020), Art. 6 EGBGB Rn. 66 ff.

248 Ausführliche Zusammenstellung der Kasuistik in BeckOGK-BGB/*Stürner* (Stand 1.2.2020), Art. 21 Rom I-VO Rn. 41 ff.

249 S. *Bock*, NJW 2012, 122, 123.

zubilligt.[250] Vorrangig zu beachten ist dabei allerdings die Regelung des Art. 13 Rom I-VO.

152 Formvorschriften des deutschen Rechts gehören grundsätzlich nicht zum ordre public. Dies wurde etwa für § 311b BGB entschieden.[251] Dies ergibt sich bereits daraus, dass diese Formvorschrift nicht einmal über Art. 11 Abs. 5 Rom I-VO durchgesetzt wird[252] – schließlich lässt das deutsche Recht selbst die Heilung von Formverstößen durch Eintragung zu. Kollisionsrechtlich wird diese Einschätzung durch die Alternativanknüpfung in Art. 11 Abs. 1 Rom I-VO bekräftigt: Die mildere Ortsformanknüpfung in Alt. 2, die eine bewusste gesetzgeberische Entscheidung darstellt, wäre oftmals wirkungslos, wenn sich die strengere Form des Geschäftsrechts jedenfalls über den ordre public durchsetzen würde.[253]

153 Nach § 194 Abs. 1 BGB unterliegen grundsätzlich alle Ansprüche der Verjährung. Hiervon sind nur wenige Ausnahmen zugelassen.[254] Vor diesem Hintergrund erscheint die Zugehörigkeit der Verjährbarkeit von Ansprüchen zum deutschen ordre public nicht selbstverständlich.[255] Ein Verstoß gegen ordre public liegt wegen § 202 BGB jedenfalls nicht schon deswegen vor, weil das ausländische Recht andere Verjährungsfristen kennt als das deutsche.[256] Gibt es in Einzelfällen inakzeptable Unterschiede, so kommt eine Reduzierung[257] oder Verlängerung[258] in Betracht. Bei Unverjährbarkeit[259] und ebenso bei fehlenden Hemmungs- oder Unterbrechungstatbeständen[260] wurde der ordre public für anwendbar gehalten. Gleichermaßen wurde hinsichtlich der Vorschrift des Art. 134 Abs. 1 Nr. 6 OR a.F. entschieden, wonach die Verjährung nicht zu laufen beginnt, „solange eine Forderung vor einem schweizerischen Gerichte nicht geltend gemacht werden kann".[261]

---

250 OLG Köln FamRZ 1997, 1240 (Eintritt der Volljährigkeit mit zehn Jahren nach Art. 1210 iran. ZGB).

251 OLG Stuttgart IPRspr. 1981 Nr. 12 (zu § 313 BGB a. F.); OLG Köln IPRspr. 1974 Nr. 15; Erman/*Stürner*, 16. Aufl. 2020, Art. 21 Rom I-VO Rn. 5; MüKo-BGB/*Spellenberg*, 8. Aufl. 2021, Art. 11 Rom I-VO Rn. 35.

252 So BT-Drucks. 10/504, S. 49 (zu Art. 6 EGBGB); RGZ 63, 18, 19f.; RGZ 121, 154, 156f.; KG OLGE 44 (1925), 152, 153; Staudinger/*Hausmann* (2016), Art. 21 Rom I-VO Rn. 27; dazu Staudinger/*Winkler v. Mohrenfels* (2019), Art. 11 EGBGB Rn. 53ff.

253 So OLG Stuttgart IPRspr. 1981 Nr. 12.

254 S. die Nachweise bei NK-BGB/*Mansel*/*Stürner*, 3. Aufl. 2016, § 194 BGB Rn. 28.

255 Ebenfalls zurückhaltend *Kegel*/*Schurig*, Internationales Privatrecht, 9. Aufl. 2004, § 17 VI 1 (S. 637); MüKo-BGB/*Spellenberg*, 8. Aufl. 2021, Art. 12 Rom I-VO Rn. 124.

256 RGZ 151, 193, 201; s. auch BGH IPRspr. 1956/57 Nr. 4; BGHZ 28, 376, 387; LG Saarbrücken IPRspr. 1960/61 Nr. 38 (dort allerdings schlichte Verwerfung der Einrede der Verjährung ohne Diskussion des ordre public); AG Traunstein IPRspr. 1973 Nr. 13; Staudinger/*Hausmann* (2016), Art. 21 Rom I-VO Rn. 25.

257 OLG München HRR 1938 Nr. 1020; s. dazu *Will*, RabelsZ 42 (1978), 211, 212.

258 LG Regensburg IPRspr. 1954/55 Nr. 120.

259 RGZ 106, 82, 84f.; krit. hierzu *Kegel*/*Schurig*, Internationales Privatrecht, 9. Aufl. 2004, § 17 VI 1 (S. 637).

260 LG Bremen IPRspr. 1952/53 Nr. 28.

261 Vgl. *Otte*, IPRax 1993, 209, 212ff. In der seit 1.1.2020 geltenden Fassung tritt die Hemmung ein, „solange eine Forderung aus objektiven Gründen vor keinem Gericht geltend gemacht werden kann".

Das Verbot des Rechtsmissbrauchs gehört zum ordre public.[262] Kennt eine Rechts- 154
ordnung keine Möglichkeit, der Durchsetzung eines Anspruchs den Missbrauchseinwand entgegenzusetzen, so kann darin ein Verstoß gegen den ordre public liegen.[263] Ähnlich wurde für den Fall entschieden, dass die lex causae – entgegen der Wertung des § 377 Abs. 5 HGB – die Erhebung der Mängelrüge auch dann verlangt, wenn der Verkäufer den Mangel arglistig verschwiegen hat.[264] Ähnlich liegen die Dinge hinsichtlich der kurzen kaufrechtlichen Verjährung (§ 438 Abs. 3 S. 1 BGB).

Auch die Möglichkeit der Lösung einer vertraglichen Bindung bei relevanten Wil- 155
lensmängeln durch Anfechtung wird zum ordre public gerechnet.[265] Kein Verstoß liegt indessen vor, wenn die lex causae lediglich strengere Anforderungen an die Anfechtung wegen Täuschung stellt.[266]

bb) Allgemeines Vertragsrecht

Die Grundannahme des deutschen Rechts, dass eine Haftung grundsätzlich Verschul- 156
den voraussetzt, gehört nicht zum ordre public. So wurde entschieden, dass eine verschuldensunabhängige Haftung des Frachtführers im Transportrecht keinen Verstoß gegen den deutschen ordre public begründet.[267] Haftungsausschlüsse, die jede Form der Fahrlässigkeit umfassen, verstoßen nicht gegen den ordre public, da auch dem deutschen Recht Haftungsbeschränkungen bekannt sind.[268]

Problematisch erscheinen vertragliche Verpflichtungen zur Zahlung von Schmier- 157
geld. Solche Vereinbarungen werden im inländischen Rechtsverkehr als sittenwidrig und nichtig angesehen (§ 138 Abs. 1 BGB).[269] In Bezug auf Auslandssachverhalte war die Rechtsprechung früher großzügig. So wurde ein Verstoß gegen den ordre public verneint bei der Verpflichtung zu Schmiergeldzahlungen zum Erhalt eines Hafenplat-

---

262 LG Frankfurt IPRax 1981, 165, 167 mit allerdings recht pauschaler kollisionsrechtlicher Prüfung (dazu *Horn*, IPRax 1981, 149, 154); *Goerke*, Kollisionsrechtliche Probleme internationaler Garantien, 1982, S. 124f.; s. auch Bundesgericht SZIER 2003, 259, 263.

263 Ebenso SozG Stuttgart FamRZ 1992, 234, 235 hinsichtlich der Verwirkung; Staudinger/*Hausmann* (2016), Art. 21 Rom I-VO Rn. 26; MüKo-BGB/*Martiny*, 8. Aufl. 2021, Art. 21 Rom I-VO Rn. 4; zurückhaltender *Hohloch*, in: FS Frank, 2008, S. 141, 157f.

264 RGZ 46, 193 (196); *Martiny*, in: Reithmann/Martiny, Internationales Vertragsrecht, 8. Aufl. 2015, Rn. 6.134.

265 RG IPRspr. 1928 Nr. 10; *Wahl*, RabelsZ 3 (1929), 775, 788f. (mit Differenzierungen zwischen Drohung, Täuschung und Irrtum); *Martiny*, in: Reithmann/Martiny, Internationales Vertragsrecht, 8. Aufl. 2015, Rn. 3.108; offengelassen von LAG Düsseldorf RIW 1987, 61; s. auch Staudinger/*Hausmann* (2016), Art. 21 Rom I-VO Rn. 26.

266 RG IPRspr. 1933 Nr. 16.

267 OLG Hamburg IPRspr. 1994 Nr. 167, S. 383 (Anerkennungs-ordre-public; dazu *Sieg*, RIW 1996, 198); OLG Köln IPRspr. 2007 Nr. 37, S. 107; Staudinger/*Hausmann* (2016), Art. 21 Rom I-VO Rn. 27.

268 So OLG Köln IPRspr. 2007 Nr. 37, S. 107 für §§ 634, 639 taiwanisches Zivilgesetzbuch unter Hinweis auf die Wertung des § 435 HGB; s. auch § 276 Abs. 3 BGB.

269 Dazu *Sethe*, WM 1998, 2309, 2325 m.N.

zes in Persien, allerdings auch unter Hinweis auf den schwachen Inlandsbezug.[270] Heute dürfte das angesichts internationaler Anstrengungen zur Korruptionsbekämpfung anders zu beurteilen sein.[271]

158 Das Verbot der Vereinbarung eines Erfolgshonorars in Anwaltsverträgen wurde früher verbreitet dem ordre public zugeordnet; in ihr wurde eine mit der Stellung des Rechtsanwalts als unabhängiges Organ der Rechtspflege unvereinbare wirtschaftliche Verknüpfung mit den Interessen des Mandanten gesehen.[272] Der Ordre-public-Verstoß konnte sich dabei auch auf die Höhe des Erfolgshonorars beziehen; diesbezüglich waren die Maßstäbe der deutschen Gebührentatbestände sowie der Arbeitsaufwand des Anwalts zu berücksichtigen.[273] Allerdings wurde dafür eine starke Inlandsbeziehung gefordert. Nachdem nunmehr auch das deutsche Recht Erfolgshonorarvereinbarungen nicht mehr völlig ablehnend gegenüber steht,[274] sondern sich über § 49b Abs. 2 S. 1 BRAO und § 4a Abs. 1 S. 1 RVG geöffnet hat, so schlägt dies auch auf den ordre public durch. Ein Verstoß wird vor diesem Hintergrund nur noch bei völlig unverhältnismäßig hohen Beteiligungen und starkem Inlandsbezug in Betracht kommen.[275] Ohnehin erscheint es vorzugswürdig, die genannten deutschen Regelungen als Eingriffsnormen nach Art. 9 Abs. 2 Rom I-VO anzusehen;[276] für diesen Fall kommt ein Rückgriff auf den ordre public ohnehin nicht mehr in Betracht.

159 Die Zugehörigkeit des Verbraucherwiderrufs bei Haustürgeschäften zum ordre public wurde vor allem im Zusammenhang mit den sog. Gran-Canaria-Fällen diskutiert. Vereinzelt stützten sich Instanzgerichte auf die Vorbehaltsklausel, um die Anwendung der durch Rechtswahl vereinbarten lex causae abzuwehren, die ein Widerrufsrecht nicht gewährte.[277] Ganz überwiegend wurde dies hingegen anders beurteilt.[278] Zu Recht: Wie insbesondere Art. 6 Rom I-VO zeigt, enthält das Kollisionsrecht selbst Schutzmechanismen für Verbraucherverträge; gleichermaßen ist noch auf Art. 46b EGBGB hinzuweisen. Die darin getroffene, differenzierende Regelung würde unterlaufen, wenn einer Ausdehnung der deutschen Widerrufsregelungen über den

---

270 OLG Hamburg IPRspr. 1979 Nr. 2 A.

271 Eingehend zum Problemkreis *M. Weller*, WiVerw 2014, 130.

272 BGHZ 51, 290, Rn. 30.

273 BGHZ 44, 183, Rn. 33ff.; Erman/*Stürner*, 16. Aufl. 2020, Art. 21 Rom I-VO Rn. 5.

274 Ausgangspunkt dieser Öffnung war BVerfGE 117, 163; darin wurde in dem ausnahmslosen Verbot von anwaltlichen Erfolgshonoraren ein Verstoß gegen Art. 12 Abs. 1 GG gesehen.

275 Vgl. BeckOK-BGB/*Spickhoff*, 53. Edition (Stand 1.2.2020), Art. 21 Rom I-VO Rn. 7; *Mankowski/Knöfel*, in: Reithmann/Martiny, Internationales Vertragsrecht, 8. Aufl. 2015, Rn. 6.715.

276 OLG Frankfurt a.M. NJW-RR 2000, 1367, 1369; *Mankowski/Knöfel*, in: Reithmann/Martiny, Internationales Vertragsrecht, 8. Aufl. 2015, Rn. 6.710 m.w.N.; Andeutungen auch bei BGH NJW 2003, 3486.

277 LG Bamberg NJW-RR 1990, 694, auch unter Verweis auf die Entscheidung des RG JW 1932, 591f., in der das Gesetz betreffend die Abzahlungsgeschäfte zum ordre public gerechnet wurde.

278 OLG Naumburg IPRspr. 1998 Nr. 30; OLG Düsseldorf NJW-RR 1995, 1396; LG Düsseldorf NJW 1991, 2220; OLG Hamm NJW-RR 1989, 496, 497; MüKo-BGB/*Martiny*, 8. Aufl. 2021, Art. 21 Rom I-VO Rn. 7.

ordre public das Wort geredet würde. Auch die weiteren Lösungsversuche der Gran-Canaria-Fälle erscheinen vor diesem Hintergrund jedenfalls aus heutiger Sicht problematisch.[279]

cc) Besondere Vertragstypen

Verträge über Spiel und Wette sind nach deutschem Recht als Naturalobligationen ausgestaltet; aus ihnen erwächst kein durchsetzbarer Erfüllungsanspruch. Diese Ausgestaltung soll vor der besonderen Gefährlichkeit solcher Verträge schützen. Verbreitet wird die mangelnde Durchsetzbarkeit solcher Forderungen daher dem ordre public zugerechnet mit der Folge, dass ausländische Rechtsvorschriften, aus denen die Verbindlichkeit eines Wettauftrags folgt, nicht anzuwenden sind.[280] 160

Liegt eine krasse finanzielle Überforderung des Bürgen vor, so kann in rein nationalen Fällen § 138 Abs. 1 BGB einschlägig sein.[281] Dass auch in grenzüberschreitenden Fällen die Knebelung des Bürgen eine Rolle spielen kann, hat der BGH für den Anerkennungs-ordre-public erkennen lassen. Voraussetzung hierfür sei, dass gerade in der Vollstreckung aus dem ausländischen Urteil eine Grundrechtsverletzung liege.[282] Überträgt man dies auf kollisionsrechtliche Fallkonstellationen, so stellt sich die Frage, ob ein deutsches Gericht etwa die Anwendung französischen Rechts unter Verweis auf den ordre public in Art. 21 Rom I-VO ablehnen darf (oder sogar muss), wenn der Bürge durch den französischem Recht unterstehenden Bürgschaftsvertrag in sittenwidriger Weise geknebelt wird.[283] Dies würde zunächst voraussetzen, dass der (deutsche) ordre public überhaupt betroffen ist. Denn nicht jeder Fall der Sittenwidrigkeit, in dem aus deutscher Sicht § 138 Abs. 1 BGB eingreifen würde, ist auch über den ordre public relevant.[284] Erforderlich ist ein Grundrechtseingriff, den die Anwendung des ausländischen Rechts nach sich ziehen würde.[285] Eine solche Fallkonstellation erscheint jedenfalls nicht ausgeschlossen;[286] die Anwendung der Vorbehaltsklausel 161

---

279 S. *Coester-Waltjen*, in: FS Lorenz, 1991, S. 297. Dazu auch bereits oben § 8 Rn. 129f.

280 RGZ 37, 266, 269; LG Mönchengladbach IPRspr. 1994 Nr. 6; OLG Hamm NJW-RR 1997, 1007, 1008 (Wertung des § 762 BGB); im Grundsatz auch *Martiny*, in: FS Lorenz, 2001, S. 375, 389 (allerdings mit deutlichen Einschränkungen etwa bei Börsentermingeschäften oder im Falle von staatlichen Genehmigungen); abl. *Roquette/Nordemann-Schiffel*, ZVglRWiss 99 (2000), 444, 446ff.

281 So die st. Rspr. des BGH im Anschluss an BVerfGE 89, 214, 231ff.

282 BGHZ 140, 395, Rn. 12 für ein französisches Urteil; dazu *G. Schulze*, IPRax 1999, 342.

283 S. dazu *Dörner*, in: FS Sandrock, 2000, S. 205, 212ff.

284 Vgl. nur BGHZ 118, 312, Rn. 61. Nach *Dörner*, in: FS Sandrock, 2000, S. 205, 215, ist ein Verstoß gegen den ordre public immer dann gegeben, wenn das ausländische Recht fremdbestimmte Bürgschaftsverpflichtungen in einer Weise zulässt, die nach deutschen Vorstellungen gegen Privatautonomie und Sozialstaatsprinzip verstoßen würden.

285 So BGHZ 104, 240, Rn. 20 für den Fall der Inanspruchnahme des Bürgen durch den Staat nach einer entschädigungslosen Enteignung.

286 Ebenso *v. Hoffmann/Thorn*, Internationales Privatrecht, 9. Aufl. 2007, § 6 Rn. 141.

würde nicht voraussetzen, dass zusätzlich auch europäische Grundwerte verletzt sind. Das Ergebnis der Anwendung des ordre public in einem solchen Fall wäre jedenfalls die Versagung der Wirksamkeit der Bürgschaft.[287]

162 Ein Widerspruch zum europäischen Recht liegt hierin regelmäßig nicht. Der Gläubiger, etwa eine Bank, kann sich zwar im Grundsatz auf die Verletzung seiner Dienstleistungsfreiheit aus Art. 56 AEUV berufen. Aber auch diese wird nicht schrankenlos gewährt. Es ist in der Rechtsprechung des EuGH anerkannt, dass der Grundrechtsschutz als Rechtfertigung für Eingriffe in Grundfreiheiten herangezogen werden kann.[288] Hier wird ein gewisser Gleichlauf zwischen Grundrechtsdogmatik und ordre public sichtbar: Die Anwendung des ordre public stellt potentiell eine Beeinträchtigung der Grundfreiheiten dar. Nachdem jedoch regelmäßig erst grundrechtsrelevante Vorgänge den ordre public auslösen, dürfte damit auch die Schwelle der Rechtfertigung eines Eingriffs in die betreffende Grundfreiheit erreicht sein.

163 Auch beim Handelsvertretervertrag wird der ordre public nur selten betroffen sein. Hinsichtlich der Vereinbarung eines nachvertraglichen Wettbewerbsverbots für einen GmbH-Geschäftsführer wurde ein Verstoß gegen den ordre public trotz weiten räumlichen und zeitlichen Geltungsbereiches verneint.[289] Auch wenn diese vertragliche Gestaltung Art. 12 GG berührt, so liegt doch eine Rechtfertigung in dem Interesse des durch das Verbot Begünstigten, die Arbeitserfolge nicht illoyal zu verwerten, sofern der Belastete dadurch nicht unangemessen benachteiligt wird.[290] Soweit die frühere Rechtsprechung des BGH den Ausgleichsanspruch des Handelsvertreters gem. § 89b HGB nicht zum deutschen ordre public zählte,[291] so ist nunmehr zu beachten, dass sich die aus der Umsetzung der Handelsvertreter-Richtlinie[292] ergebenden Ausgleichsansprüche in der Folge der *Ingmar*-Rechtsprechung des EuGH[293] jedenfalls gegenüber drittstaatlichem Recht[294] auch international durchsetzen und somit als Eingriffsnormen nach Art. 9 Abs. 2 Rom I-VO anzusehen sind.[295] Für den ordre public bleibt insoweit kein Raum mehr.

287 Näher *Dörner*, in: FS Sandrock, 2000, S. 205, 218.

288 S. für die Dienstleistungsfreiheit EuGH, 14.10.2004, Rs. C-36/02 – *Omega*, Slg. 2004, I-9609, Rn. 35. Zu dem darin liegenden Freiraum für die Mitgliedstaaten *Streinz*, AöR 135 (2010), 1, 19 ff.

289 OLG Celle NZG 2001, 131.

290 S. auch BGH NJW 1981, 1899: Kein Verstoß gegen den ordre public bei Anwendung iranischen Rechts auf Vertrag mit deutschem Handelsvertreter.

291 BGH NJW 1961, 1061.

292 Dazu oben § 27 Rn. 7.

293 EuGH, 9.11.2000, Rs. C-381/98 – *Ingmar*, Slg. 2000, I-9305; s. dazu bereits oben Rn. 128.

294 Strenger sind die Anforderungen bei EU-Binnensachverhalten, vgl. EuGH, 17.10.2013, Rs. C-184/12 – *Unamar*, IPRax 2014, 174, Rn. 50 ff. und dazu oben Rn. 128.

295 OLG München IPRax 2007, 322, 323 f. (zu Art. 34 EGBGB a. F.); Staudinger/*Magnus* (2016), Art. 9 Rom I-VO Rn. 164.

§ 33 Durchsetzung von Richtlinienvorgaben durch IPR

Literatur: *Friesen*, Auswirkungen der Richtlinie 2008/122/EG auf das Internationale Timesharingrecht in der EU, 2017

Systematische Übersicht

I. Allgemeines

Eine Sonderform des kollisionsrechtlichen Verbraucherschutzes enthält Art. 46b **1** EGBGB. Darin werden bestimmte verbraucherrechtliche Richtlinien gegenüber einer Rechtswahl durchgesetzt, wenn der Vertrag auf Grund einer Rechtswahl einem drittstaatlichen Recht und nicht dem Recht eines EU-Mitgliedstaats oder eines anderen EWR-Vertragsstaats unterliegt. Es geht also um die Durchsetzung umgesetzten sekundären Unionsrechts mit dem Ziel des Verbraucherschutzes. Art. 46b EGBGB setzt weder einen besonderen Vertragstyp noch eine besondere Vertragsgestaltung voraus. Die Vorschrift gilt für alle von den Richtlinien erfassten Vertragstypen, so z. B. auch für die Immobilienvermietung oder den Verkauf von Wertpapieren. Für Pauschalreiseverträge enthält Art. 46c EGBGB eine vergleichbare Vorschrift zur Durchsetzung der Standards der Pauschalreise-Richtlinie gegenüber drittstaatlichem Recht.

II. Durchsetzung von verbraucherschützenden Richtlinienstandards, Art. 46b EGBGB

1. Inhalt und Zweck

Art. 46b EGBGB hat das Ziel, für Verbraucher im europäischen Binnenmarkt einen **2** einheitlichen Mindeststandard an Verbraucherschutzvorschriften zu gewährleisten, indem die Norm die Geltung bestimmter Richtlinien gegen eine Abbedingung durch Wahl eines weniger strengen Drittstaatenrechts sichert.[1] Die Norm ist gegenüber Art. 6

1 Zur Entwicklung Erman/*Stürner*, 16. Aufl. 2020, Art. 46b EGBGB Rn. 1ff.

https://doi.org/10.1515/9783110718690-033

Rom I-VO vorrangig (Art. 23 Rom I-VO) – ursprüngliche Pläne, das Richtlinienkollisionsrecht im Zuge der Schaffung der Rom I-VO zu streichen, wurden nicht verwirklicht. Doch betrifft Art. 46b EGBGB nur den Bereich seiner Sonderanknüpfungen, das jeweilige Vertragsstatut ist über die Regelanknüpfung der Art. 3ff., Art. 6 Rom I-VO zu bestimmen.[2] Wenn im Rahmen von Art. 6 Abs. 1 Rom I-VO der Günstigkeitsvergleich zur Anwendung des günstigeren gewählten Drittstaatenrechts führt, ist ein Rückgriff auf Art. 46b Abs. 1 EGBGB versperrt. Dies entspricht dem Zweck der beiden Normen, dem Verbraucher auf kollisionsrechtlicher Ebene den größtmöglichen Schutz zu gewähren.

3 Überschneidungen mit Art. 9 Rom I-VO dürften im Regelfall nicht bestehen, da Verbraucherschutzrecht im Grundsatz keine international zwingende Geltung hat.[3] Jedenfalls ist Art. 46b EGBGB insofern als lex specialis anzusehen, da diese Norm gerade der Durchsetzung zwingenden Richtlinienrechts gegenüber drittstaatlichem Recht dient.

2. Tatbestand und Anwendungsbereich

4 Art. 46b Abs. 1 EGBGB erfasst grundsätzlich nicht nur bestimmte Vertragstypen, sondern Verträge aller Art. Einschränkungen ergeben sich allerdings indirekt durch die unterschiedlichen materiellrechtlichen Verbraucherschutzregeln, die der Umsetzung der in Abs. 3 genannten Richtlinien dienen. Ob alle oder nur bestimmte Vertragstypen erfasst werden, beurteilt sich nach der im Einzelfall betroffenen Richtlinie und deren Umsetzung.[4] Die Norm greift für Verbraucherverträge, in denen die Parteien das Recht eines Staates gewählt haben, der nicht der EU oder dem Abkommen über den EWR angehört.[5] In räumlicher Hinsicht muss ein enger Zusammenhang des Vertrags mit einem Staat der EU oder einem anderen EWR-Vertragsstaat bestehen. Der in Art. 46b Abs. 1 EGBGB generalklauselartig geforderte enge Zusammenhang wird in Abs. 2 durch ein Regelbeispiel mit zwei Varianten konkretisiert. Damit wird einerseits dem Gebot der Rechtssicherheit Rechnung getragen und andererseits eine hinreichende Flexibilität erreicht.[6] Zur Ermittlung des engen Zusammenhangs bestehen keine weitergehenden Vorgaben. Der Begriff ist autonom auszulegen; eine Orientierung an den parallel laufenden Anknüpfungskriterien von Art. 6 Rom I-VO erscheint sinnvoll.[7]

---

2 Für Timesharing-Verträge *Leible*, IPRax 2013, 37, 40ff.
3 S. oben Rn. 124.
4 *Freitag/Leible*, EWS 2000, 342, 344.
5 Beispiel LG München IPRspr. 2011, Nr. 25 – AGB nach dem Recht von Abu Dhabi.
6 *Freitag/Leible*, EWS 2000, 342, 345.
7 Dazu Erman/*Stürner*, 16. Aufl. 2020, Art. 46b EGBGB Rn. 14ff.

3. Rechtsfolgen

Liegen die Voraussetzungen des engen Zusammenhangs zu einem EU/EWR-Staat und der Rechtswahl eines Drittstaatenrechts vor, sind nach Art. 46b Abs. 1 EGBGB die im Gebiet dieses Staates geltenden Bestimmungen zur Umsetzung der in Abs. 3 genannten Verbraucherschutzrichtlinien „gleichwohl anzuwenden“ und zwar in „ihrer jeweils geltenden Fassung“. Im Gegensatz zu Art. 6 Rom I-VO, der die Anwendbarkeit aller verbraucherschützenden Normen regelt, bezieht sich Art. 46b Abs. 1 EGBGB nur auf die nach seiner Regelung durch Rechtswahl nicht abdingbare Anwendbarkeit der jeweiligen mitgliedstaatlichen Bestimmungen zur Umsetzung der in Abs. 3 aufgeführten Verbraucherschutzrichtlinien. Dennoch ist eine vorherige Umsetzung in nationales Recht erforderlich. Die Liste ist jeweils abschließend, lässt sich aber bei Bedarf erweitern oder umgestalten. So kann Art. 46b EGBGB in Zukunft auch der Umsetzung weiterer in Kraft gesetzter Richtlinien dienen, soweit hierfür unter der Rom I-VO überhaupt noch Bedarf ist. 5

Dem Wortlaut des Art. 46b EGBGB nach („sind anzuwenden“) ist – anders als in Art. 6 Abs. 2 S. 2 Rom I-VO[8] kein Günstigkeitsvergleich mit den verbraucherschützenden Normen des gewählten Vertragsstatuts oder des deutschen Rechts vorgesehen. Das nach Art. 46b Abs. 1 EGBGB maßgebliche Recht des jeweiligen EU- bzw. EWR-Staates ist demnach auch dann anzuwenden, wenn das gewählte Drittstaatenrecht oder auch das deutsche Umsetzungsrecht für den Verbraucher günstiger ist.[9] 6

Probleme ergeben sich, wenn auf ein Recht verwiesen wird, in dem die Umsetzung der entsprechenden Richtlinie verspätet oder zwar rechtzeitig, aber fehlerhaft erfolgt ist. Im Falle einer solchen Verweisung aus Art. 46b EGBGB auf ein in diesem Sinne zwar mitgliedstaatliches, aber richtlinienwidriges Recht ist vorrangig eine richtlinienkonforme Auslegung dieses Rechts vorzunehmen; scheitert diese, so verbleibt dem Verbraucher die Möglichkeit einer Staatshaftungsklage gegen den säumigen Mitgliedstaat.[10] 7

4. Sonderanknüpfung für Timesharing-Verträge, Art. 46b Abs. 4 EGBGB

Eine objektive Sonderanknüpfung verbraucherschützender Normen gleichen Umfangs wie nach Art. 46b Abs. 1 EGBGB enthält dessen Abs. 4 für Timesharing-Verträge nach § 481 Abs. 1 BGB sowie für Verträge über langfristige Urlaubsprodukte, Vermittlungsverträge und Tauschsystemverträge im Sinne der Timesharing-Richtlinie 2008/ 8

8 Oben Rn. 52ff.

9 Str., a. A. etwa Staudinger/*Magnus* (2016), Art. 46b EGBGB Rn. 54.

10 So auch Staudinger/*Magnus* (2016), Art. 46b EGBGB Rn. 53. Zu den Voraussetzungen des Staatshaftungsanspruchs unten § 36 Rn. 9ff.

122/EG. Schutzzweck ist die Durchsetzung des verbraucherschützenden Richtlinienrechts gegenüber der Wahl eines drittstaatlichen Rechts.[11]

III. Schutz der Richtlinienstandards bei Pauschalreiseverträgen, Art. 46c EGBGB

9 Art. 46c EGBGB regelt die kollisionsrechtliche Durchsetzung des in Art. 17 und 19 Pauschalreise-RL statuierten Insolvenzschutzes, der auch Informationspflichten bei verbundenen Reiseleistungen enthält; sie richtet sich an solche Unternehmen, welche nicht in einem Mitgliedstaat der EU bzw. des EWR niedergelassen sind, wenn sie ihre Tätigkeit auf einen oder mehrere Mitgliedstaaten ausrichten. Es handelt sich bei Art. 46c EGBGB nicht um Verbraucherkollisionsrecht im engeren Sinne. Vielmehr sind auch Geschäftsreisende einschließlich Angehöriger freier Berufe oder Selbstständiger sowie andere natürliche Personen in den Schutzbereich einbezogen (Erwägungsgrund Nr. 7 Pauschalreise-RL); die Richtlinie spricht allgemein von „Reisenden", nicht von Verbrauchern (Art. 3 Nr. 6 Pauschalreise-RL)[12] und definiert diese als jede Person, die auf der Grundlage dieser Richtlinie einen Vertrag schließen möchte oder die zu einer Reise auf der Grundlage eines im Rahmen dieser Richtlinie geschlossenen Vertrags berechtigt ist.[13] Insoweit ist die Überschrift des zweiten Unterabschnitts des siebten Kapitels richtlinienkonform zu korrigieren.[14]

10 Die von Art. 46c EGBGB erfassten Verträge unterfallen grundsätzlich auch dem Anwendungsbereich der Rom I-VO. Diesbezüglich statuiert Art. 23 Rom I-VO den Vorrang von Richtlinienkollisionsrecht. Die in Art. 46c Abs. 2 EGBGB geregelten Informationspflichten werden von Art. 12 Rom II-VO erfasst; auch hier besteht ein Vorrang des Richtlinienkollisionsrechts (Art. 27 Rom II-VO).

11 Art. 46c Abs. 1 EGBGB betrifft den Abschluss von Pauschalreiseverträgen durch den Reiseveranstalter selbst, der in einem Drittstaat ansässig ist. Hat er den Vertrag in einem EU- bzw. EWR-Staat entweder abgeschlossen bzw. angeboten (Nr. 1) oder hat er seine Tätigkeit jedenfalls darauf ausgerichtet (Nr. 2), so sind die Vorschriften des Staates anzuwenden, in dem der Vertragsschluss oder das Angebot erfolgte oder auf den die Tätigkeit ausgerichtet war, und die dieser zur Umsetzung von Art. 17 Pauschalreise-RL erlassen hat.[15] Diesbezüglich besteht eine inhaltliche Parallele zu Art. 46b Abs. 2 EGBGB und ebenso zu Art. 6 Abs. 1 lit. b Rom I-VO.

---

11 Näher Erman/*Stürner*, 16. Aufl. 2020, Art. 46b EGBGB Rn. 24 ff. Siehe zur Timesharing-RL bereits oben § 26.

12 Dazu oben § 25 Rn. 8.

13 *Tonner*, EuZW 2016, 95; *Führich*, NJW 2016, 1204; a. A. offenbar BeckOGK-BGB/*Förster* (Stand 1.4.2020), Art. 46c EGBGB Rn. 6, nach dem nur Verbraucher erfasst sein sollen.

14 Von einem Redaktionsversehen ausgehend *Staudinger*, in: Ferrari, Internationales Vertragsrecht, 3. Aufl. 2018, Art. 46c EGBGB Rn. 1.

15 Für Deutschland: § 651r BGB, vgl. RegE BT-Drucks. 18/10822, S. 91.

Nach vergleichbaren Kriterien regelt Art. 46c Abs. 2 EGBGB den Insolvenzschutz bei der Vermittlung verbundener Reiseleistungen, bei denen der Vermittler seine Niederlassung außerhalb der Mitgliedstaaten der EU bzw. des EWR hat. Hier sind die sachrechtlichen Vorschriften des Staates anzuwenden, in dem die Vermittlung erfolgte oder auf den die Vermittlungstätigkeit ausgerichtet ist, und die dieser zur Umsetzung des Art. 19 Abs. 1 i.V.m. Art. 17 und Art. 19 Abs. 3 Pauschalreise-RL erlassen hat.[16] 12

Art. 46c Abs. 3 EGBGB regelt schließlich nach wiederum analogen Kriterien die vorvertraglichen Informationspflichten des drittstaatlichen Reisevermittlers von verbundenen Reiseleistungen nach Art. 19 Abs. 2 Pauschalreise-RL und die Folgen der Nichterfüllung dieser Pflicht nach Art. 19 Abs. 3 Pauschalreise-RL. Hier sind die sachrechtlichen Vorschriften des Staates anzuwenden, auf den die Vermittlungstätigkeit ausgerichtet ist und die dieser zur Umsetzung des Art. 19 Abs. 2 und 3 Pauschalreise-RL erlassen hat.[17] 13

16 Für Deutschland: § 651w Abs. 3 und 4 BGB, vgl. RegE BT-Drucks. 18/10822, S. 94.

17 Für Deutschland: § 651w Abs. 2 und 4 BGB sowie Art. 251 EGBGB, vgl. RegE BT-Drucks. 18/10822, S. 96f.

Vierter Teil: Europäisches Vertragsrecht im Gesamtkontext

§ 34 Kohärenz und Systembildung im Europäischen Vertragsrecht

Literatur: *Cantero Gamito/Micklitz* (Hrsg.), The Role of the EU in Transnational Legal Ordering: Standards, Contracts and Codes, 2020; *Coester-Waltjen*, Einige Überlegungen zum Gebot der übergreifenden systematischen Auslegung nach Erwägungsgrund 7 Rom I-VO, IPRax 2020, 385; *Grundmann* (Hrsg.), Systembildung und Systemlücken in Kerngebieten des Europäischen Privatrechts – Gesellschaftsrecht, Arbeitsrecht, Schuldvertragsrecht, 2000; *Letto-Vanamo/Smits* (Hrsg.), Coherence and Fragmentation in European Private Law, 2012; *Micklitz*, The (Un)-Systematics of (Private) Law as an Element of European Culture, in: Helleringer/Purnhagen (Hrsg.), Towards a European Legal Culture, 2014, S. 81ff.; *Mödinger*, Bessere Rechtsetzung. Leistungsfähigkeit eines europäischen Konzepts, 2020; *L. Rademacher*, Kohärenz des Europäischen Privatrechts: Zusammenspiel vertraglicher und außervertraglicher Kräfte in einem Europäischen Zivilgesetzbuch, in: Behme e.a. (Hrsg.), Perspektiven einer europäischen Privatrechtswissenschaft, JbJZRWiss 2016, 2017, S. 41; *Riesenhuber*, System und Prinzipien des Europäischen Vertragsrechts, 2003; *Rühl*, Bessere und intelligente Rechtsetzung: Die Evaluation von Verordnungen zum Internationalen Privat- und Verfahrensrecht, ZVglRWiss 115 (2016), 499

Systematische Übersicht

https://doi.org/10.1515/9783110718690-034

I. Der fragmentarische Harmonisierungsansatz

1 Dieser vierte Teil versucht zusammenzuführen, was zuvor für Einzelfragen dargelegt wurde. Das Prinzip der begrenzten Einzelermächtigung, das den Europäischen Verträgen zugrunde liegt, hat seinen Ursprung im Subsidiaritätsprinzip und zieht seine Legitimation damit letztlich aus der Souveränität der Mitgliedstaaten. Dies führt zu einer Fülle von Einzelregelungen, die ihrerseits in vielen Fällen nicht hinreichend aufeinander abgestimmt sind. Doch wie viel inhaltliche Kohärenz ist zu verlangen? Muss man soweit gehen und das Unionsprivatrecht als (vorläufig noch: lückenhaftes) System begreifen?

1. Ein „pointillistisches" Gemälde

2 Es wurde bereits darauf hingewiesen, dass der AEUV keine Kompetenz zur Harmonisierung des Zivilrechts enthält.[1] Auch wenn die Binnenmarktklausel (Art. 114 AEUV), gerade auch im Zusammenspiel mit dem Gedanken des Verbraucherschutzes (Art. 169 AEUV), durchaus weitreichende Schritte zulassen würde, so hat sich doch die Brüsseler Gesetzgebung über die Jahrzehnte eher vorsichtig-tastend bewegt: durch punktuelle Rechtsangleichung an solchen Stellen, die als besonders bedeutsam für das Funktionieren des Binnenmarktes angesehen wurden. Vielfach standen unterschiedliche Generaldirektionen der Kommission für die privatrechtsbezogenen Legislativvorhaben Pate, was sich in unterschiedlichem Stil und Inhalt zeigt. Nicht wenige Vorhaben wurden im Rat verhindert oder zumindest auf ein weniger ambitioniertes Maß geschrumpft.

3 Es entstand als Ergebnis der Brüsseler Kompromissmaschinerie ein Rechtskorpus, der als solcher nicht unbedingt auf Kohärenz angelegt war. An metaphorischen Beschreibungen fehlt es nicht: Die europäischen Rechtsakte auf dem Gebiet des Privatrechts wurden als ein fragmentarisches[2] oder pointillistisches[3] Gebilde bezeichnet, als „Inseln im Meer des nationalen Rechts"[4], die sich mit zunehmender Harmonisierungsdichte zu einem „Archipel des europäischen Verbraucherrechts"[5] zusammenfügen und sogar „eine mehr oder weniger zusammenhängende *terra firma*"[6] ergeben. Diese Beschreibungen zeichnen an sich kein in erster Linie negatives Bild: Inseln im Meer scheinen zunächst positiv, Archipele damit erst recht. Nimmt man die Anspie-

1 Oben § 6 Rn. 1ff.
2 *Ulmer*, JZ 1992, 1, 6.
3 *Kötz*, RabelsZ 50 (1986), 1, 5; *Leible*, Wege zu einem Europäischen Privatrecht, Habil. 2001, S. 537; *Riesenhuber*, System und Prinzipien des Europäischen Vertragsrechts, 2003, S. 55ff.; *Leible*, NJW 2008, 2558, 2559.
4 *Rittner*, JZ 1995, 849, 851.
5 *Basedow*, AcP 200 (2000), 445, 453.
6 *Busch*, euvr 2013, 48.

lungen an die Stilrichtung des Pointillismus hinzu, die durch postimpressionistische Künstler wie Seurat, Signac oder Pissarro geprägt wurde, so scheint die Summe der Einzelpunkte bei genügend Abstand des Betrachters doch ein anerkennenswertes Gemälde zu ergeben. Insgesamt wäre eine solche Schlussfolgerung jedoch trügerisch, überwiegen doch insgesamt die kritischen Töne gegenüber dem fragmentarischen Regulierungsansatz.[7]

2. Kritik

Die Kritik gegenüber diesem Ansatz lässt sich dahin zusammenfassen, dass eine Rechtsordnung, so sehr sie auch noch im Entstehen begriffen sein mag, innere Widersprüche tunlichst vermeiden muss. Dahinter steht zum einen das Gleichheitspostulat, zum anderen aber der Grundsatz der Rechtssicherheit und Vorhersehbarkeit, dem im Binnenmarkt sicherlich große Bedeutung zukommt. 4

Die Kommission selbst war und ist sich dieses Mankos durchaus bewusst. In einer Zusammenfassung der aus den Reihen der sog. Stakeholder vorgetragenen Kritik heißt es wie folgt:[8] 5

> „Ebenfalls kritisiert wurde das Nebeneinander verschiedener legislativer Ansätze in ein und derselben Richtlinie. Dies führe zu Unstimmigkeiten im System der Richtlinie selbst. Als Beispiel hierfür wurden die unterschiedlichen Ansätze hinsichtlich des anwendbaren Rechts in Bezug auf Marketing und Verträge in der Richtlinie über den elektronischen Geschäftsverkehr genannt. Die mangelhafte Systematik der Richtlinie könne sich auch auf die nationalen Umsetzungsvorschriften auswirken. Dies sei beispielsweise bei der Handelsvertreter-Richtlinie der Fall, in der neben dem Begriff ‚Ausgleich' auch der Begriff ‚Schadensersatz' verwendet werde, wenn der betreffende Mitgliedstaat bei der Umsetzung beide Begriffe übernommen habe, statt sich durchgehend für einen von beiden zu entscheiden. In den einschlägigen Beiträgen wurde die Auffassung vertreten, dies führe in der Handels- und Rechtspraxis zu Rechtsunsicherheit. Weitere Kritikpunkte, die in vielen Beiträgen angesprochen wurden, betrafen die Verwendung abstrakter Rechtsbegriffe in Richtlinien. Dazu gehören grundlegende Begriffe wie ‚Vertrag', ‚Schaden' oder speziellere Begriffe wie ‚angemessene Vergütung', ‚betrügerische Verwendung' oder ‚dauerhafter Datenträger'." 6

Ein solches System wird auf Dauer die Akzeptanz in der Rechtspraxis verlieren. Es muss daher Ziel der Brüsseler Legislativorgane sein, Wege zu einer kohärenteren Regelsetzung zu finden. Dies gilt in erster Linie für die EU-Kommission, die das Initiativmonopol hat. 7

7 Etwa *Honsell*, ZIP 2008, 621, 622f.

8 Mitteilung der Kommission an das Europäische Parlament und den Rat – Ein kohärenteres Europäisches Vertragsrecht – Ein Aktionsplan, KOM(2003) 68 endg., unter Nr. 18.

II. Versuche einer kohärenteren Regelsetzung

8 So hat es seit etwa der Jahrhundertwende immer wieder Versuche gegeben, den fragmentarischen Ansatz durch einen eher systematischen zu ersetzen. Um im Bild zu bleiben: Befindet sich das Unionsprivatrecht tatsächlich auf dem Weg zu einer „terra firma"[9]? im Wesentlichen lassen sich drei Ansätze unterscheiden: (1) eine positive Harmonisierung, die nicht nur punktuell eingreift („horizontale Harmonisierung"), (2) die interne Kohärenzbildung („Toolbox-Ansatz") und (3) die optionale Harmonisierung. Die größte Herausforderung besteht wohl darin, die verschiedenen Rechtsakte so aufeinander abzustimmen, dass keine inneren Widersprüche und Inkohärenzen bestehen. Das gilt insbesondere für den Fall, dass neue Rechtsakte ältere nicht etwa aufheben, sondern lediglich eine neue Regelungsschicht darüber legen. Welche Implikationen eine solche Legistik haben kann, zeigt der Vorschlag für ein Gemeinsames Europäisches Kaufrecht.

1. Horizontale Harmonisierung

9 Am 8. Oktober 2008 legte die Kommission den Entwurf einer Richtlinie über Verbraucherrechte vor.[10] Dessen Ziel war „die Verwirklichung eines echten Binnenmarktes für Geschäfte zwischen Unternehmen und Verbrauchern, auf dem ein möglichst ausgewogenes Verhältnis zwischen einem hohen Verbraucherschutzniveau und wettbewerbsfähigen Unternehmen unter gleichzeitiger Wahrung des Subsidiaritätsprinzips gewährleistet ist".[11] Der Richtlinienentwurf fasste vier bestehende Richtlinien zusammen, die zum Kernbereich des Verbraucherschutz-acquis gerechnet werden können: Die Haustürwiderrufs-Richtlinie,[12] die Klausel-Richtlinie,[13] die Fernabsatz-Richtlinie[14] und die Verbrauchsgüterkauf-Richtlinie.[15] Im Wege eines sog. horizontalen Instruments sollten Unstimmigkeiten zwischen diesen Rechtsakten beseitigt, Regelungslücken gefüllt und gemeinsame Aspekte systematisch geregelt werden.[16]

10 Als Hauptkritikpunkt am bisherigen Rechtszustand nannte die Kommission die trotz bereits erfolgter Harmonisierung über die genannten vier Richtlinien nach wie

---

9 *Busch*, euvr 2013, 48.

10 KOM(2008) 614 endg.

11 KOM(2008) 614 endg., S. 2.

12 Richtlinie 85/577/EWG über außerhalb von Geschäftsräumen geschlossene Verträge vom 20. Dezember 1985, ABl. EG Nr. L 372, S. 31.

13 Richtlinie 93/13/EWG über missbräuchliche Klauseln in Verbraucherverträgen vom 5. April 1993, ABl. EG Nr. L 95, S. 29.

14 Richtlinie 97/7/EG über Vertragsabschlüsse im Fernabsatz vom 20. Mai 1997, ABl. EG Nr. L 144, S. 19.

15 Richtlinie 1999/44/EG über den Verbrauchsgüterkauf und Garantien für Verbrauchsgüter vom 25. Mai 1999, ABl. EG Nr. L 171, S. 12.

16 KOM(2008) 614 endg., S. 3.

vor zu konstatierende Rechtszersplitterung. Als Ursache hierfür machte sie das bis dahin verfolgte Konzept der Mindestharmonisierung aus. Dieses führe dazu, dass Unternehmen beim Angebot von Waren und Dienstleistungen im Binnenmarkt nach wie vor unterschiedliche Rechtsvorschriften beachten müssten; ein Umstand, der den grenzüberschreitenden Handel verteuere und diesen nachhaltig zu behindern geeignet sei.[17]

Der sog. Horizontalansatz des Vorschlags sollte durch Verschmelzung der ge- 11
nannten vier Richtlinien eine erhebliche Vereinfachung des acquis im Verbraucherschutz bringen, indem Gemeinsamkeiten systematisch geregelt und Überschneidungen und Unstimmigkeiten beseitigt würden. Solche Gemeinsamkeiten betreffen aus Sicht der Kommission etwa Definitionen, zentrale vorvertragliche Informationspflichten sowie einzelne Bestimmungen über die vertraglichen Aspekte von Kaufverträgen.[18]

Das Scheitern dieses Horizontalansatzes[19] hatte weniger damit zu tun, dass das 12
Regelungsanliegen der Kommission auf grundsätzliche Kritik gestoßen wäre. Vielmehr war es die Kombination mit dem in der Richtlinie verwirklichten Prinzip der Vollharmonisierung, das aus Sicht der Mitgliedstaaten nicht akzeptabel erschien.[20]

2. Toolbox-Ansatz

Nahezu parallel liegt die zweite Entwicklungslinie. Sie suchte eine erhöhte Kohärenz 13
weniger durch positives Setzen von Standards als eher im Wege von indirekten Handlungsanweisungen an die rechtspolitischen Akteure zu erreichen. Zentrales Instrument sollte der sog. Gemeinsame Referenzrahmen (DCFR) sein, „ein nicht verbindliches Paket von Grundprinzipien, Begriffsbestimmungen und Mustervorschriften [...], das von den Gesetzgebern auf Unionsebene herangezogen werden soll, um mehr Kohärenz und Qualität im Gesetzgebungsprozess zu gewährleisten“, wie es im Stockholmer Programm des Europäischen Rates heißt.[21] Einerseits könnte der Unionsgesetzgeber damit bei jeder Harmonisierungsmaßnahme auf einheitlich formulierte Definitionen zurückgreifen. Darüber hinaus ließen sich auf der Grundlage eines bereits bestehenden Regelwerks wie des DCFR auch ganze Rechtsakte konzipieren – hiervon leitet sich das Bild des „Werkzeugkastens“ („toolbox“) ab.[22] Richtigerweise

---

17 So wird im Grünbuch Die Überprüfung des gemeinschaftlichen Besitzstands im Verbraucherschutz, KOM(2006) 744 endg., S. 7 darauf hingewiesen, dass nur 19 % der Einzelhandelsunternehmen in der EU mit zumindest einem anderen Mitgliedstaat Handel betreiben und dort werben.

18 KOM(2008) 614 endg., S. 10.

19 Dazu bereits oben § 3 Rn. 21 ff.

20 Dazu zusammenfassend *Stürner*, in: ders. (Hrsg.), Vollharmonisierung im Verbraucherrecht?, 2010, S. 3.

21 Vom 10./11.12.2009 (Dok. Nr. 17024/09, S. 33).

22 *Von Bar/Clive/Schulte-Nölke*, DCFR 2008 Interim Edition, Introduction Nr. 76.

müsste dann aber von einem legistischen Baumarkt („DIY Store“) geprochen werden, da der DCFR im Ergebnis eher als ein Reservoir an Bausteinen für Rechtsinstrumente konzipiert ist und ihm damit insoweit die Funktion eines Normspeichers zukommt.[23] Auch dieses Konzept hat sich indessen nicht durchgesetzt, was nicht ausschließlich an der Qualität des DCFR lag.[24]

3. Optionale Harmonisierung

14 Schließlich lassen sich Versuche zu einer kohärenteren Regelsetzung auch dort beobachten, wo Rechtsakte autonomes nationales Recht nicht verdrängen, sondern neue Regeln bereithalten, die dem rechtssuchenden Publikum optional zur Verfügung stehen.

a) Im Verfahrensrecht

15 Im Europäischen Verfahrensrecht haben optionale Verordnungen eine gewisse Verbreitung gefunden. Zu nennen sind hier vor allem die Europäische Bagatellverordnung (Art. 1 S. 2 und Erwägungsgrund Nr. 8 EuBagatellVO) und die Europäische Mahnverordnung (Art. 1 Abs. 2 EuMahnVO). Auch wenn Art. 288 Abs. 2 AEUV Verordnungen unmittelbare Geltung zuschreibt, so liegt es doch in der Hand des Klägers, das europäische Bagatellverfahren nach Art. 4 Abs. 1 EuBagatellVO einzuleiten, die Forderung auf herkömmlichem Wege nach den Vorschriften des autonomen nationalen Verfahrensrechts beizutreiben (vertikale Optionalität) oder aber eine andere europäische Verfahrens- oder Vollstreckungsform zu wählen (horizontale Optionalität). Diese Optionalität kann als Kennzeichen der neueren Generation von prozessualen Verordnungen angesehen werden. Die EuBagatellVO steht damit auf derselben Stufe wie die EuMahnVO und die etwas früher in Kraft getretene EuVTVO.

16 Diese Optionalität hat den Vorteil der geringeren Invasivität in die Belange der Mitgliedstaaten. Dies hat eine (rechts)politische Dimension, aber auch eine rechtliche. Denn die Kompetenz des Art. 81 AEUV bezieht sich ausschließlich auf die grenzüberschreitende justizielle Zusammenarbeit. Ob davon das Erkenntnisverfahren auch für rein nationale Klagen erfasst wäre, erscheint nicht zweifelsfrei. Der Regelungsspielraum der Mitgliedstaaten wird durch optionale Instrumente jedenfalls nicht direkt eingeschränkt; deren Kompetenz, vergleichbare Regelungen zu schaffen, besteht fort. Es wird aber insoweit ein gewisser Anpassungsdruck ausgeübt, als mit steigender Akzeptanz eines optionalen Instruments beim „Rechtsnachfrager“, also den Teilnehmern am Wirtschaftsverkehr, das konkurrierende nationale Recht

---

23 *Ernst*, AcP 208 (2008), 248, 277; ähnlich *Herresthal*, in: Langenbucher, Europäisches Privat- und Wirtschaftsrecht, 4. Aufl. 2017, § 2 Rn. 4.

24 Zum Schicksal des DCFR bereits oben § 3 Rn. 14 ff.

unter Rechtfertigungsdruck gerät. Die Schaffung optionaler Instrumente zieht damit potenziell einen autonomen Nachvollzug auf mitgliedstaatlicher Ebene nach sich.

b) Im materiellen Privatrecht

Die Schaffung solcher „optionaler Instrumente" ist nicht auf den Bereich der Justiziellen Zusammenarbeit beschränkt. So wurden im Gesellschaftsrecht mit der Europäischen Wirtschaftlichen Interessenvereinigung (EWIV), der Societas Europaea (Europäische Aktiengesellschaft, SE) und der Societas Cooperativa Europaea (Europäische Genossenschaft, SCE) supranationale Gesellschaftsformen geschaffen, die die Geltung der herkömmlichen Gesellschaftsformen im Recht der Mitgliedstaaten nicht antasten, also kein verbindliches einheitliches Gesellschaftsrecht schaffen. 17

Auch der Vorschlag für ein Gemeinsames Europäisches Kaufrecht (GEK)[25] nimmt diese Regelungstechnik auf. Damit ist der Gedanke der Optionalität im Kernbereich des Privatrechts, dem Vertragsrecht, angekommen. Dass dieser Vorschlag aus politischen Gründen nicht weiterverfolgt wurde,[26] steht der rechtspolitischen Attraktivität dieses Harmonisierungsmodells grundsätzlich nicht entgegen. 18

4. Das Verhältnis unionaler Rechtsakte zueinander am Beispiel des GEK

Der Vorschlag für ein GEK hätte im Falle seiner Umsetzung eine zweite Spur des europäischen Verbrauchervertragsrechts eröffnet. Denn das GEK sollte sowohl das bestehende autonome nationale Kaufrecht als auch den bestehenden Verbraucher-acquis unberührt lassen. Das Verhältnis beider Harmonisierungswege erscheint damit klärungsbedürftig.[27] Ausgangspunkt des Vorschlags für ein GEK war das Bestreben der Kommission, vier zentrale Richtlinien im Bereich des Verbraucherrechts zu konsolidieren und in einer vollharmonisierenden Richtlinie neu zu fassen.[28] Dieser Versuch ist zwar weitgehend gescheitert; die im Oktober 2011 in Kraft getretene Verbraucherrechte-Richtlinie[29] beschränkt sich auf die Regelung des Widerrufs und der Informationspflichten bei Verträgen, die außerhalb von Geschäftsräumen bzw. im Fernabsatz 19

---

25 Vorschlag für eine Verordnung des Europäischen Parlaments und des Rates über ein Gemeinsames Europäisches Kaufrecht vom 11.10.2011, KOM(2011) 635 endg. Dazu § 3 Rn. 24ff.

26 Arbeitsprogramm 2015 – Ein neuer Start vom 16.12.2014, COM(2014) 910 final, Anhang II unter Nr. 60.

27 Eingehend dazu *Stürner*, in: Schulte-Nölke/Zoll/Jansen/Schulze, Der Entwurf für ein optionales europäisches Kaufrecht, 2012, S. 47; siehe auch *Tonner/Fangerow*, euvr 2012, 67; *Zöchling-Jud*, AcP 212 (2012), 550.

28 Dazu etwa die Beiträge in *Stürner* (Hrsg.), Vollharmonisierung im Europäischen Verbraucherrecht?, 2010.

29 Oben Rn. 9ff. sowie bereits § 3 Rn. 21ff. und § 9 Rn. 9ff.

geschlossen wurden. Dennoch stellt sich die Frage, welche Überschneidungen mit dem GEK-Vorschlag bestehen, der diese Punkte ebenfalls regelt.

a) Der Einfluss des Richtlinien-acquis auf das GEK

20 Nach der den Verordnungsvorschlag begleitenden Mitteilung der Kommission vom 11. Oktober 2011 ist der Verordnungsvorschlag „komplementär zu den bestehenden Regelungen des Verbraucherschutzes. Er greift diese Regelungen auf und übernimmt sie in ihrem Gehalt.“[30] Daraus folgt zumindest zweierlei: Einerseits sollte eine Parallelität zwischen den Regelungen des acquis und dem GEK bestehen. Andererseits gewönne damit die bisherige Rechtsprechung des EuGH Bedeutung für diejenigen Teile des GEK, die dem acquis entnommen sind.

b) Parallelen zum Verbraucher-acquis

21 Zwingendes Recht sollte in einer Rechtsordnung, die auf dem Grundsatz der Privatautonomie basiert, die Ausnahme darstellen.[31] Dies gilt umso mehr, als der Grundsatz der Privatautonomie auch im europäischen Privatrecht anerkannt ist.[32] Sehr deutlich sagt dies auch Art. 1 Abs. 1 GEK sowie Erwägungsgrund Nr. 30 GEK-VO.[33] Allerdings besteht das Verbrauchervertragsrecht ganz überwiegend aus zwingenden Regelungen. Dies ist im GEK nicht anders. Die Interessen von Unternehmern und Verbrauchern müssen dennoch sinnvoll ausbalanciert werden:[34] Enthält das GEK weniger zwingendes Recht, so könnten die auf diese Weise gesenkten Kosten in Form eines günstigeren Preises an den Verbraucher weitergegeben werden. Politisch dürfte eine solche Ausgestaltung freilich inakzeptabel sein; es besteht die Gefahr, dass Verbraucherschutzverbände pauschal vor der Wahl des optionalen Kaufrechts warnen. Es wäre kaum mit den bisherigen Harmonisierungsansätzen im Verbraucherrecht vereinbar, wenn der Unternehmer dem Verbraucher ein niedrigeres Schutzniveau „abkaufen“ könnte.[35]

---

30 Mitteilung der Kommission vom 11. Oktober 2011, KOM(2011) 636 endg., S. 12.

31 Allgemein zur Berechtigung zwingenden Rechts im Verbraucher-acquis *G. Wagner*, in: Eidenmüller/Faust/Grigoleit/Jansen/Wagner/Zimmermann, Revision des Verbraucher-acquis, 2011, S. 1.

32 Dies ergibt sich aus Art. 16 GRCh, siehe etwa *Ruffert*, in: Calliess/Ruffert, EUV/AEUV, 5. Aufl. 2016, Art. 16 EU-GRCharta Rn. 2 sowie *Riesenhuber*, EU-Vertragsrecht, 2013, § 2 Rn. 20. Dazu bereits oben § 10 Rn. 1ff.

33 Deutlich auch die Mitteilung der Kommission vom 11. Oktober 2011, KOM(2011) 636 endg., S. 8.

34 Hinweis auch bei *Lagarde*, in: Schulze/Schulte-Nölke, European Private Law – Current Status and Perspectives, 2011, S. 277f.

35 Für ein optionales Widerrufsrecht bei Fernabsatzgeschäften aber *G. Wagner*, in: Eidenmüller/Faust/Grigoleit/Jansen/Wagner/Zimmermann, Revision des Verbraucher-acquis, 2011, S. 1, 29f. sowie *Eidenmüller*, in: Eidenmüller/Faust/Grigoleit/Jansen/Wagner/Zimmermann, Revision des Verbraucher-acquis, 2011, S. 109, 134ff.

Der GEK-Vorschlag sagt für jeden einzelnen Normenkomplex ausdrücklich, welche Bestimmungen als Ausnahme von der grundsätzlichen Dispositivität jeder Norm zwingend sein sollen (Art. 1 Abs. 2 GEK). Bemerkenswert ist daran, dass auch solche Normen, die dem Schutz des Verbrauchers dienen, nicht bereits an dieser Stelle ganz generell als zwingend bezeichnet werden. Vielmehr statuiert der GEK jeweils, welche Teile zu Lasten des Verbrauchers nicht abdingbar sind. Damit soll ausweislich Erwägungsgrund Nr. 30 GEK-VO auf den Ausnahmecharakter des zwingenden Rechts hingewiesen werden. Dies geschieht teilweise kapitelweise, wie etwa für die vorvertraglichen Informationspflichten in Art. 22 GEK[36] oder für unangemessene AGB in Art. 81 GEK.[37] An vielen Stellen erfolgt die Regelung der Nicht-Abdingbarkeit aber in der jeweiligen Norm, in der jeweils gleichen Formulierung.[38] Zwingend für Verbraucherverträge sollten nach Art. 47 GEK insbesondere auch die Vorschriften in Kapitel 4 über das Widerrufsrecht sein. Insgesamt sollte, soweit ersichtlich, das Verbraucherschutzniveau im Vergleich zum acquis an keiner Stelle abgesenkt werden. 22

In einigen Bereichen des GEK-Vorschlags wurde die Stellung des Verbrauchers sogar gestärkt: So sollte die Widerrufsfrist für den Verbraucher nunmehr einheitlich vierzehn Tage (Art. 42 GEK) betragen; die Haustürwiderrufs-Richtlinie hatte noch lediglich sieben Tage als Mindestmaß festgelegt.[39] Im Bereich der Rechtsbehelfe war bemerkenswert, dass der Verordnungsvorschlag eine freie Wahl des Verbraucher-Käufers zwischen den vorhandenen Abhilfemöglichkeiten postulierte.[40] Die Verbrauchsgüterkauf-Richtlinie hingegen postuliert mit dem Erfordernis des erfolglosen Fristablaufs in Art. 3 Abs. 3 und 5 einen Vorrang der Nacherfüllung. Eine entsprechende Regelung fehlte jedoch im GEK-Vorschlag; Art. 114 Abs. 2 GEK schränkt das Recht zur Vertragsauflösung lediglich für den Fall ein, dass ein nur unerheblicher Mangel vorliegt. Ein weiteres Beispiel findet sich schließlich innerhalb der Abhilfemöglichkeiten des Verbrauchers bei Vorliegen eines Mangels: Verlangt der Verbrau- 23

---

36 Art. 22 GEK ist halbseitig zwingend; ebenso Art. 27, Art. 47 und – mit Einschränkungen – Art. 108 GEK.

37 Die Vorschriften über unfaire Vertragsbestimmungen sind auch für Verträge ohne Beteiligung von Verbrauchern zwingend. – Weitere Beispiele für einen kapitelweisen Ausschluss der Abdingbarkeit finden sich in Art. 171 GEK für den Zahlungsverzug durch Unternehmer und in Art. 177 GEK für die Vorschriften über die Rückabwicklung bei Verbraucherverträgen.

38 „Im Verhältnis zwischen einem Unternehmer und einem Verbraucher dürfen die Parteien die Anwendung dieses Artikels nicht zum Nachteil des Verbrauchers ausschließen, davon abweichen oder dessen Wirkungen abändern." Siehe z.B. Art. 10 Abs. 6, Art. 28 Abs. 3, Art. 29 Abs. 4, Art. 64 Abs. 2, Art. 69 Abs. 4, Art. 71 Abs. 2, Art. 72 Abs. 4, Art. 75 Abs. 4, Art. 77 Abs. 2, Art. 92 Abs. 3, Art. 99 Abs. 4, Art. 101 Abs. 2, Art. 102 Abs. 5, Art. 105 Abs. 5, Art. 135 Abs. 4, Art. 142 Abs. 5, Art. 148 Abs. 5, Art. 150 Abs. 3, Art. 158 Abs. 3, Art. 167 Abs. 5 sowie Art. 186 Abs. 5 GEK.

39 Art. 5 Abs. 1 Haustür-RL; siehe dazu auch § 14 Rn. 35ff. Zu weiteren Änderungen in diesem Bereich *Lehmann*, GPR 2011, 218, 223.

40 Dies hervorhebend die Mitteilung der Kommission vom 11. Oktober 2011, KOM(2011) 636 endg., S. 11. Dazu auch oben § 22 Rn. 81f.

cher-Käufer im Falle einer nicht vertragsgemäßen Leistung die Nacherfüllung,[41] so sollte ihm wie nach Art. 3 Abs. 3 VGKRL ein Wahlrecht zwischen Nachbesserung und Ersatzlieferung zustehen.[42] Nach Art. 111 Abs. 2 GEK hat der Verkäufer die Nacherfüllung in angemessener Frist vorzunehmen; diese darf aber 30 Tage nicht überschreiten. Nach der Verbrauchsgüterkauf-Richtlinie wäre aber unter Umständen auch eine Nacherfüllung nach mehr als einem Monat noch angemessen.[43]

c) Insbesondere: das Verhältnis zur Verbraucherrechte-Richtlinie

24 Auch soweit die Verbraucherrechte-Richtlinie vollharmonisierende Regelungen enthält, also insbesondere im Bereich der Informationspflichten und der Widerrufsrechte, aber auch die „sonstigen Verbraucherrechte" in Kapitel IV betreffend die Lieferung und den Gefahrübergang, könnte das GEK davon abweichende Regelungen enthalten.[44] Generell könnte aus der Parallelität der Regelungen ein Kompetenzproblem entstehen:[45] Soweit die genannten Bereiche bereits durch die Verbraucherrechte-Richtlinie vollharmonisiert sind, erscheint es zur Verwirklichung des Binnenmarktes im Sinne des Art. 114 AEUV jedenfalls nicht zwingend erforderlich, mit dem GEK ein weiteres, paralleles Rechtssetzungsinstrument in Kraft zu setzen. Denn die von der EU angestrebte Vereinheitlichung der Regeln im Binnenmarkt wäre in diesen Bereichen bereits erreicht.[46] Hier käme es darauf an, ob für Art. 114 AEUV der Rechtsakt insgesamt betrachtet und dessen Rolle für den Binnenmarkt auf globaler Ebene ermittelt wird oder ob auch einzelne Teile davon einer isolierten Betrachtung unterzogen werden können. Die Kommission hat offenbar erstere Herangehensweise gewählt.[47]

---

41 Der Begriff der Nacherfüllung taucht im GEK nicht auf. Vielmehr ist in Art. 110 GEK von der „Erfüllung der Verpflichtungen des Verkäufers" die Rede, die auch „die kostenlose Abhilfe im Falle einer nicht vertragsgemäßen Leistung [umfasst]".

42 Art. 111 GEK spricht – wohl ohne inhaltliche Unterschiede – von „Reparatur und Ersatzlieferung".

43 Weitere Beispiele sind die Kataloge missbräuchlicher Klauseln in Art. 84, 85 GEK, die gegenüber der lediglich indikativen Liste im Anhang zur Klausel-RL den Verbraucher weitergehend schützen, sowie die Regelung des Schadensersatzes in Art. 159 ff. GEK, die von der Verbrauchsgüterkauf-Richtlinie bislang nicht erfasst war – eine entsprechende Verpflichtung des Verkäufers kann sich damit nur aus dem jeweils anwendbaren Recht des Mitgliedstaates ergeben. Bislang für Verbraucherverträge im Richtlinienrecht nicht geregelt war die Pflicht, Verzugszinsen zu leisten, vgl. diesbezüglich Art. 168 GEK und dazu *Lehmann*, GPR 2011, 218, 224.

44 Vgl. aber Art. 25 VRRL, wonach Verbraucher nicht auf den durch die Richtlinie gewährten Schutz verzichten können.

45 Dazu auch bereits oben § 3 Rn. 27 ff. sowie § 6 Rn. 18 ff.

46 Siehe auch *Vogenauer*, ERCL 2010, 143, 176.

47 Dieses Problem hätte der Vorschlag des IMCO-Ausschusses vermieden, das GEK als Richtlinie zu erlassen und diejenigen Teile auszuklammern, die bereits in der VRRL geregelt sind (oben § 3 Rn. 32).

d) Jenseits des Verbraucherschutzes

Bei Verträgen ohne Beteiligung von Verbrauchern erscheint es sinnvoll und notwendig, eine sehr weitgehende Dispositivität der Normen des optionalen Kaufrechts vorzusehen. Genau dies ist auch geschehen. Es gilt die Grundregel des Art. 1 Abs. 2 GEK, wonach alle Normen dispositiv sind, soweit ihre zwingende Geltung nicht ausdrücklich angeordnet wird. Im B2B-Bereich sind nur wenige Vorschriften ausdrücklich nicht abdingbar, wie die Kontrolle unfairer AGB in Art. 86 i.V.m. 81 GEK[48] oder die Regelungen über die Haftung bei Zahlungsverzug in Art. 168ff. GEK.[49] Auch kann die Anfechtbarkeit wegen Täuschung, Drohung oder unfairer Ausnutzung nicht ausgeschlossen werden, Art. 56 Abs. 1 GEK.[50] 25

e) Das Verhältnis von GEK und CISG

Problematisch war schließlich auch das Verhältnis des GEK-Vorschlags zum bestehenden internationalen Einheitskaufrecht in Form des CISG. Das UN-Kaufrecht ist als materielles Einheitskaufrecht für Verträge zwischen Unternehmen konzipiert. Es ist nach Art. 1 CISG ipso iure in allen Vertragsstaaten anwendbar, sobald die Anwendungsvoraussetzungen vorliegen.[51] Insoweit kann es in bestimmten Konstellationen in Konkurrenz zum GEK treten.[52] Nach Erwägungsgrund Nr. 25 zur GEK-VO soll in der Wahl des GEK nach Art. 8 GEK-VO gleichzeitig die Abwahl des UN-Kaufrechts nach Art. 6 CISG liegen.[53] Plausibler als diese materiellrechtliche Lösung erscheint indessen jedenfalls in reinen Binnenfällen ein kollisionsrechtlicher Vorrang des GEK über Art. 25 Abs. 2 Rom I-VO (bzw. Art. 28 Abs. 2 Rom II-VO).[54] 26

III. Systembildung durch rechtsaktübergreifende Rechtsanwendung

Literatur: *Ackermann*, Sektorielles EU-Recht und allgemeine Privatrechtssystematik, ZEuP 2018, 741; *Crawford/Carruthers*, Connection and coherence between and among European instruments in the private international law of obligations, ICLQ 63 (2014), 1; *Lüttringhaus*, Übergreifende Begrifflichkeiten im europäischen Zivilverfahrens- und Kollisionsrecht. Grund und Grenzen der rechtsaktsübergreifen-

48 Hier ist der Prüfungsmaßstab im Vergleich zu B2C-Verträgen weniger streng.

49 Nicht aus der Feasibility Study übernommen wurde insbesondere die nicht dispositive Verpflichtung der Parteien, vorvertragliche Verhandlungen in Übereinstimmung mit dem Grundsatz von Treu und Glauben zu führen, Art. 27 Abs. 2 Feasibility Study.

50 Dispositiv ist aber im B2B-Bereich die Anfechtbarkeit wegen Irrtums, Art. 56 Abs. 2 GEK e contrario.

51 Vergleich der sachlichen Anwendungsbereiche von CISG und GEK bei *Hellwege*, IHR 2012, 180.

52 Zu den jeweiligen Vor- und Nachteilen *Hellwege*, IHR 2012, 221; siehe auch die Beiträge in *U. Magnus* (Hrsg.), CISG vs. Regional Sales Law Unification, 2012.

53 Kritisch dazu *Hesselink*, ERPL 2012, 195, 201f. (ultra vires, da das CISG selbst bestimme, wann eine Abwahl gültig sei). Befürwortend dagegen *Staudenmayer*, NJW 2011, 3491, 3495.

54 Zu Drittstaatenfällen *Mansel*, WM 2012, 1253, 1265.

den Auslegung, dargestellt am Beispiel vertraglicher und außervertraglicher Schuldverhältnisse, RabelsZ 77 (2013), 31; *Rühl*, Die rechtsaktübergreifende Auslegung im europäischen Internationalen Privatrecht: Art. 6 der Rom I-VO und die Rechtsprechung des EuGH zu Art. 15 Brüssel I-VO, GPR 2013, 122; *Wilke*, Dimensions of coherence in EU conflict-of-law rules, J. Priv. Int'l Law 2020, 163

1. Grundlagen

27 Wenn mithin die Systembildung durch Rechtssetzung vor allem aus politischen Gründen oftmals kaum realisierbar ist, stellt sich die Frage, welche Rolle die Rechtspraxis im Bestreben nach einer im Sinne des Gleichheitssatzes kohärenten Rechtsanwendung spielt. Dies betrifft in erster Linie den EuGH, der das Auslegungsmonopol bezüglich des Unionsrechts innehat.[55] Doch auch die mitgliedstaatlichen Gerichte trifft im Rahmen des dezentralen Vollzugs eine Verantwortung für die richtige Anwendung von Primär- und Sekundärrecht. Diese äußert sich in erster Linie darin, dass Gerichte als Träger öffentlicher Gewalt im Rahmen ihrer Zuständigkeiten für die effektive Durchsetzung der Vorgaben des Unionsrechts sorgen müssen;[56] hieraus resultiert insbesondere die Verpflichtung zur richtlinienkonformen Rechtsanwendung nationalen Rechts. Doch ist die praktische Wirksamkeit (effet utile) des gesamten Unionsrechts sicherzustellen, nicht nur einer einzelnen Bestimmung. Insofern tragen die mitgliedstaatlichen Gerichte auch Verantwortung hinsichtlich der Gesamtsystematik des Unionsrechts.

28 Aus Sicht der deutschen Rechtswissenschaft mag es naheliegen, die hier etablierten Begrifflichkeiten und Kategorien als Maßstab für das Unionsprivatrecht heranzuziehen. Namentlich *Grundmann*[57] und *Riesenhuber*[58] haben es unternommen, Ansätze einer Systembildung im Richtlinienrecht nachzuweisen. Im Anschluss vor allem an *Canaris*[59] wird dabei gewöhnlich zwischen dem äußeren und dem inneren System unterschieden: Ersteres kennzeichnet die formale Struktur einer Rechtsordnung; Ordnungsgesichtspunkte sind hier insbesondere die verschiedenen Rechtsquellen und deren Untergliederung. Letzteres bezieht sich auf die Einheitlichkeit und Widerspruchsfreiheit der materiellen Regelungen einer Rechtsordnung. Andere Rechtsordnungen, insbesondere diejenigen des Common Law, erheben von vornherein keinen derartigen Anspruch. Zugespitzt auf den Punkt bringt es das klassisch gewordene Diktum von *Oliver Wendell Holmes, Jr.*: „The life of the law has not been lo-

---

55 Dazu § 8 Rn. 19f. sowie § 35 Rn. 11ff.

56 Etwa EuGH, 19.1.2010, Rs. C-555/07 – *Kücükdeveci*, Slg. 2010, I-365, Rn. 47 mit Nachweisen zur früheren Rechtsprechung.

57 *Grundmann* (Hrsg.), Systembildung und Systemlücken in Kerngebieten des Europäischen Privatrechts, 2000.

58 *Riesenhuber*, System und Prinzipien des Europäischen Vertragsrechts, 2003.

59 *Canaris*, Systemdenken und Systembegriff in der Jurisprudenz, entwickelt am Beispiel des deutschen Privatrechts, 2. Aufl. 1983, S. 24ff.

gic: it has been experience."[60] Da das Unionsrecht zum einen fragmentarischer Natur und zum anderen vielen Rechtstraditionen verpflichtet ist, scheint der Anspruch, die Auslegung der Rechtsakte vor allem des Sekundärrechts an der Leitlinie eines inneren Systems vorzunehmen, nur schwer einzulösen[61] und vielleicht auch überhaupt nicht zielführend.[62]

2. Ein inneres System des Unionsrechts?

Nach der Rechtsprechung des EuGH ist zur Auslegung eines Rechtsaktes der EU das gesamte Unionsrecht heranzuziehen; es ist „jede Vorschrift des Gemeinschaftsrechts in ihrem Zusammenhang zu sehen und im Lichte des gesamten Gemeinschaftsrechts [...] auszulegen".[63] Die Intensität der damit angesprochenen systematischen Auslegung hängt jedoch wesentlich vom Grade der Harmonisierung im betreffenden Rechtsgebiet ab. Etwa im europäischen Arbeitsrecht werden Ansätze zu einer inneren Systembildung beobachtet.[64] Dies ist Mindestvoraussetzung für eine rechtsaktübergreifende, systematische Auslegung. Die Rechtsangleichung im Binnenmarkt erfolgte bislang grundsätzlich sektorspezifisch; auch verfolgt der Unionsgesetzgeber in den verschiedenen Rechtsakten teilweise unterschiedliche Regelungszwecke; vielfach wurde auch die mangelhafte Abstimmung untereinander moniert. Als gescheitert muss der Versuch betrachtet werden, einen gemeinsamen Referenzrahmen für das europäische Vertragsrecht zu schaffen. So ist das Systemdenken im europäischen Privatrecht insgesamt noch nicht sehr stark ausgeprägt.[65] Daher kann zur Auslegung oder Konkretisierung eines in einer Richtlinie enthaltenen Rechtsbegriffs nicht ohne weiteres ein anderer Sekundärrechtsakt herangezogen werden.[66] 29

Es ist für jeden einzelnen Bereich zu untersuchen, inwieweit Parallelen zwischen Rechtsakten bestehen, die eine systematische Auslegung tragen. Um im obigen Bild zu bleiben: Einzelne Rechtssetzungsinseln können nicht im Wege systematischer Auslegung zu einem einheitlichen Rechtsterritorium verbunden werden; ihnen liegt regelmäßig kein inneres System zugrunde. Um mit *Thomas Ackermann* zu sprechen:[67] „Sektorspezifische Regelungen des Unionsrechts sind der natürliche Feind des allgemeinen Privatrechtssystems." Wo es aber bereits eine Inselgruppe oder gar ein Ar- 30

60 *Holmes*, The Common Law, 1881, S. 1.

61 Siehe dazu aus rechtssoziologischer Sicht die Beiträge in *Helleringer/Purnhagen* (Hrsg.), Towards a European Legal Culture, 2014.

62 Dezidiert *Ackermann*, ZEuP 2018, 741, 768, 779.

63 EuGH, 6.10.1982, Rs. 283/81 – *CILFIT*, Slg. 1982, 3415, Rn. 20.

64 Vgl. *Riesenhuber*, Europäisches Arbeitsrecht, 2009, § 1 Rn. 44.

65 Ebenso *Langenbucher*, in: Langenbucher, Europäisches Privat- und Wirtschaftsrecht, 4. Aufl. 2017, § 1 Rn. 11; *Ackermann*, ZEuP 2018, 741, 745ff.

66 *Grigoleit*, AcP 210 (2010), 354, 395ff.; *Höpfner/Rüthers*, AcP 209 (2009), 1, 12f.

67 *Ackermann*, ZEuP 2018, 741, 758.

chipel von Sekundärrecht gibt, die inhaltlich dieselbe Zielrichtung (etwa Verbraucherschutz) verbindet, greift das eingangs zitierte Postulat des EuGH, wonach bei der Auslegung jedes Unionsrechtsaktes das gesamte Unionsrecht zu berücksichtigen ist.

31 Recht klar liegen etwa diejenigen Fälle, in denen der Unionsgesetzgeber bereits eine solche inhaltliche Abstimmung aufeinander vorgenommen hat wie etwa zwischen der Digitale-Inhalte-Richtlinie und der Warenkauf-Richtlinie. Auch die VRRL, auf die jene beiden Rechtsakte Bezug nehmen, wird sicherlich in die binnensystematische Auslegung einzubeziehen sein. Doch bereits hier zeigen sich Brüche, etwa hinsichtlich des Verbraucherbegriffs.[68] Weniger problematisch ist dabei das systematische Argument, wenn es nur negativ-absichernd verwendet wird. So hat der EuGH zur Klärung der Frage, ob das in der Haustürwiderrufs-Richtlinie[69] enthaltene verbraucherschützende Widerrufsrecht verbundene Verträge erfasst, auch die Verbraucherkredit-Richtlinie[70] herangezogen, die ebenfalls verbraucherschützend ist. Da jener Rechtsakt Vorschriften über verbundene Verträge enthält, die Haustürwiderrufs-Richtlinie jedoch nicht, ergebe sich im Umkehrschluss, dass eine dahingehende Regelung dort nicht bezweckt war.[71] Hinsichtlich der Frage, wie die Begriffe „Hauptgegenstand“ und „Preis“ im Sinne von Art. 4 Abs. 2 Klausel-RL zu verstehen sind, hat der EuGH hingegen eine systematische Einbeziehung des Begriffs der „Gesamtkosten des Kredits für den Verbraucher“ im Sinne von Art. 3 lit. g Verbraucherkredit-RL abgelehnt: Letzterer Begriff ist weit auszulegen, die Bereichsausnahme des Art. 4 Abs. 2 Klausel-RL hingegen eng.[72] Eine Bereitstellungsprovision kann nicht allein deshalb als eine Hauptleistung eines Hypothekendarlehensvertrags angesehen werden, weil sie in dessen Gesamtkosten enthalten ist.[73]

32 Als weitaus anspruchsvoller erweist sich das Nebeneinander dort, wo die Klammer des Verbraucherrechts fehlt oder doch nur stellenweise vorhanden ist. Insbesondere im Bereich des IPR und IZVR stellen sich immer wieder Problemfälle. So sollen die Brüssel Ia-VO und die Rom-Verordnungen einheitlich ausgelegt werden (Erwägungsgrund Nr. 7 Rom I-VO bzw. Rom II-VO).[74] Daher können die eigentlich deliktisch zu qualifizierenden Ansprüche aus culpa in contrahendo unter den Gerichtsstand des Verbrauchervertrags nach Art. 17 Brüssel Ia-VO fallen, um eine Kohärenz zwischen IPR und IZVR herzustellen.[75]

---

68 Dazu sogleich unten Rn. 41ff.

69 Heute abgelöst durch die VRRL; siehe dazu oben § 14 Rn. 105ff.

70 Dazu oben § 24.

71 EuGH, 25.10.2005, Rs. C-350/03 – *Schulte/Badenia*, Slg. 2005, I-9215, Rn. 76.

72 EuGH, 26.2.2015, Rs. C-143/13 – *Matei*, ECLI:EU:C:2015:127, Rn. 47ff.

73 EuGH, 16.7.2020, Rs. C-224/19 und C-259/19 – *Caixabank*, ECLI:EU:C:2020:578, Rn. 64.

74 Dazu *Crawford/Carruthers*, ICLQ 63 (2014), 1; *Coester-Waltjen*, IPRax 2020, 385; *Lüttringhaus*, RabelsZ 77 (2013), 31; *Rühl*, GPR 2013, 122; *Wilke*, J. Priv. Int'l Law 2020, 163.

75 EuGH, 2.4.2020, Rs. C-500/18 – *Reliantco*, WM 2020, 870, Rn. 72.

Doch zeigt sich selbst in gleich gelagerten Vorschriften, dass dies nicht immer möglich ist; als Beispiel sei die Frage genannt, ob der spezifische Verbraucherschutz in Art. 17–19 Brüssel Ia-VO bzw. in Art. 6 Rom I-VO eine Kausalität zwischen dem Ausrichten unternehmerischer Tätigkeit auf den Sitzstaat des Verbrauchers und dem konkreten Vertragsschluss voraussetzt oder nicht.[76] In anderen Fällen hat der EuGH explizit unterschiedliche Auslegungsweisen gewählt, so etwa hinsichtlich des Gerichtsstandes der unerlaubten Handlung in Art. 7 Nr. 2 Brüssel Ia-VO, der nicht notwendig kohärent mit den entsprechenden Begrifflichkeiten der Rom II-VO sein muss.[77] 33

Wegen des unterschiedlichen Regelungskontextes ist es daher nur im Einzelfall möglich, Auslegungsergebnisse aus dem materiellen Verbraucherrecht auf das IPR und IZVR zu übertragen. So hat es der EuGH abgelehnt, die Rechtsprechung zur Verpflichtung der Gerichte, in Bezug auf missbräuchliche Klauseln in Verbraucherverträgen eine Amtsprüfung vorzunehmen,[78] auf die Brüssel Ia-VO zu übertragen. Die entsprechende Vorlagefrage stellte sich im Kontext der Bescheinigung über die Vollstreckbarkeit nach Art. 42, 53 Brüssel Ia-VO, die ohne inhaltliche Prüfung vorgenommen wird. Das vorlegende Gericht stellte die Frage, ob das mit der Ausstellung der Bescheinigung betraute Gericht von Amts wegen den beklagten Verbraucher über einen möglichen Verstoß gegen die verbrauchergünstigen Zuständigkeitsregeln und damit über die Möglichkeit unterrichten kann oder sogar muss, der Anerkennung im Sinne von Art. 45 Abs. 1 lit. e Brüssel Ia-VO zu widersprechen. Wenn auch die Parallele zum Recht der Klauselkontrolle vor dem Hintergrund des in beiden Rechtsakten verfolgten Verbraucherschutzes vordergründig zu tragen scheint, so hebt der EuGH doch zu Recht auf die Unterschiede ab, die eine Übertragung verhindern: Die Brüssel Ia-VO hat ganz eigene Mechanismen, über die der Verbraucherschutz verwirklicht wird; eine richterrechtliche Ausweitung kommt insoweit nicht in Betracht.[79] 34

Andererseits hat der EuGH zur Auslegung des Begriffs „Pauschalreise“ in Art. 15 Abs. 3 Brüssel I-VO auf die Bestimmungen der Pauschalreise-Richtlinie[80] zurückgegriffen.[81] Da die Brüssel I-VO – und ebensowenig Art. 17 Brüssel Ia-VO – aber keine direkte Bezugnahme auf diesen Rechtsakt enthält, sah sich der EuGH zu einer mehrschrittigen Begründung veranlasst, die zunächst auf die Parallelvorschrift in Art. 6 Abs. 4 lit. b Rom I-VO rekurrierte. Der Grundsatz der einheitlichen Auslegung beider Rechtsakte gilt auch für den Begriff der Pauschalreise. Die Rom I-VO nimmt indessen direkten Bezug auf die Richtlinie 90/314/EWG, sodass der Rückschluss auf den verfah- 35

76 Siehe dazu oben § 32 Rn. 51.

77 EuGH, 16.1.2014, Rs. C-45/12 – *Kainz*, NJW 2014, 1166, Rn. 20, dazu sogleich unten Rn. 39.

78 S. etwa EuGH, 14.6.2012, Rs. C-618/10 – *Banco Español de Crédito*, ECLI:EU:C:2012:349, Rn. 39, 41 und 43; näher dazu unten § 35 Rn. 8 ff.

79 EuGH, 4.9.2019, Rs. C-347/18 – *Salvoni*, ECLI:EU:C:2019:661, Rn. 40 ff.

80 Zur Pauschalreise-RL oben § 25.

81 EuGH, 7.10.2010, verb. Rs. C-585/08 u. C-144/09 – *Pammer und Hotel Alpenhof*, NJW 2011, 505, Rn. 38 ff.

rensrechtlichen Kontext und die Bezugnahme auf die Pauschalreise-Richtlinie auch dort auf der Hand lag.

36 Noch schwieriger wird die rechtsaktsübergreifende Auslegung, wenn zusammenhängende Regelungskomplexe verlassen werden. So hat sich der EuGH mit der Frage befasst, ob die Einstufung einer Person als „Kleinanleger" im Sinne von Art. 4 Abs. 1 Nr. 12 der Richtlinie 2004/39 möglicherweise Rückwirkungen auf deren Verbrauchereigenschaft nach Art. 17 Brüssel Ia-VO oder Art. 2 lit. b Klausel-RL haben könnte. Dies wurde grundsätzlich verneint: Da für den Verbraucherbegriff jeweils bezogen auf einen Rechtsakt autonome Kriterien bestehen, ist der Rückgriff auf andere Rechtsbegriffe insoweit entbehrlich.[82] Auch dies zeigt, dass das Unionsprivatrecht von vornherein nicht den Anspruch erhebt, insgesamt kohärent zu sein: Diese Kategorie spielt allenfalls in bestimmten Regelungskontexten eine Rolle.

3. Einheitliche Systembegriffe im IPR und im EU-Privatrecht?

37 Trotz der recht weit fortgeschrittenen Harmonisierung und vielfacher dahingehender Bekenntnisse des Verordnungsgebers ist eine Systemkohärenz mithin noch immer eher die Ausnahme als die Regel. Dies gilt insbesondere dann, wenn man neben dem materiellen europäischen Privatrecht auch das Internationale Privat- und Verfahrensrecht mit einbezieht.[83]

a) Das Ideal einer einheitlichen Auslegung: Theorie und Praxis

38 Erwägungsgrund Nr. 7 zur Rom I-VO[84] erstreckt die Synchronisierung der materiellen Anwendungsbereiche auch auf die Brüssel I-VO.[85] So hat der EuGH wie gesehen den in Art. 15 Abs. 3 Brüssel I-VO verwendeten Begriff der „Pauschalreise" im Lichte des identischen Begriffs in Art. 6 Abs. 4 lit. b Rom I-VO ausgelegt.[86]

39 Allerdings gilt dies nicht uneingeschränkt: Die Bestimmungen der Brüssel I-VO sind mitnichten stets im Licht der Bestimmungen der Rom I-VO auszulegen. Die angestrebte Kohärenz zwischen den Rechtsakten kann nach einer Entscheidung des EuGH „keinesfalls zu einer Auslegung der Bestimmungen der Verordnung Nr. 44/2001 führen, die ihrer Systematik und ihren Zielsetzungen fremd ist".[87] In casu betraf dies die Auslegung des Deliktsgerichtsstandes (heute: Art. 7 Nr. 2 Brüssel Ia-VO) für eine Produkthaftungsklage. Der EuGH entschied, dass als zuständigkeitsbegründender Hand-

---

82 EuGH, 2.4.2020, Rs. C-500/18 – *Reliantco*, WM 2020, 870, Rn. 55f.

83 S.a. *Schaub*, JZ 2005, 328.

84 Ebenso ErwGr. Nr. 17 und 24 Rom I-VO sowie ErwGr. Nr. 7 Rom II-VO.

85 Erstaunlicherweise fehlt ein entsprechender Erwägungsgrund in der Brüssel Ia-VO.

86 EuGH, 7.10.2010, verb. Rs. C-585/08 u. C-144/09 – *Pammer und Hotel Alpenhof*, NJW 2011, 505, Rn. 39ff.; siehe bereits oben Rn. 35.

87 EuGH, 16.1.2014, Rs. C-45/13 – *Kainz*, NJW 2014, 1166, Rn. 20.

lungsort ausschließlich der Ort der Herstellung des Produkts in Betracht komme, da das betreffende Gericht eine besondere Nähe zu den relevanten Tatsachenfragen aufweise. Eine Parallele zur kollisionsrechtlichen Anknüpfung in Art. 5 Abs. 1 Rom I-VO, die in lit. b – subsidiär, aber immerhin – auch das Recht des Marktortes beruft, wurde nicht gezogen,[88] da die Wertungen des Zuständigkeitsrechts sich von denjenigen des IPR unterschieden. Richtig ist, dass ein Gleichlauf von internationaler Zuständigkeit und anwendbarem Recht nicht stets und um jeden Preis erzielt werden muss. Eine Lokalisierung des Handlungsortes in demjenigen Mitgliedstaat, in dem das fehlerhafte Produkt in den Verkehr gebracht wurde, wäre jedoch nicht zuletzt unter Rückgriff auf die Wertungen des Art. 5 Abs. 1 Rom II-VO nicht fernliegend gewesen.

Besonders deutlich wird dieses Verhältnis von internationaler Zuständigkeit und **40** anwendbarem Recht im Falle des Verbraucherschutzes.[89] Hier wurde bereits erläutert, dass Erwägungsgrund Nr. 25 a. E. Rom I-VO eine Kausalität zwischen Ausrichten der unternehmerischen Tätigkeit und dem konkreten Vertragsschluss fordert, damit das besondere Schutzregime des Art. 6 Rom I-VO greifen kann. Die Parallelproblematik bezüglich des weitgehend inhaltsgleich formulierten Verbrauchergerichtsstandes in Art. 17 Brüssel Ia-VO hat der EuGH indessen dahin entschieden, dass es auf die Kausalität gerade nicht ankomme.[90] Eine Bezugnahme auf die Rom I-VO erfolgte in dem betreffenden Urteil nicht. Eine mit diesen Vorgaben kohärente Auslegung des Art. 6 Abs. 1 Rom I-VO, die ausdrücklich von Erwägungsgrund Nr. 24 Rom I-VO gefordert wird, kann nur unter Preisgabe des in Erwägungsgrund Nr. 25 Rom I-VO postulierten Kausalitätserfordernisses vorgenommen werden.[91]

b) Der Verbraucherbegriff

Viele der EU-Rechtsakte auf dem Gebiet des Privatrechts richten sich zumindest auch **41** an Verbraucher. Der in solchen Rechtsakten verwendete Verbraucherbegriff ist europäisch-autonom auszulegen. Es kommt auf die konkrete Situation des Vertragsschlusses an: Der Vertrag darf nicht zu beruflichen oder gewerblichen Zwecken geschlossen worden sein.[92] Schwierigkeiten bereiten dabei Verträge mit gemischter Zwecksetzung. Kauft etwa ein Lehrer ein Notebook, das zur Unterrichtsvorbereitung ebenso genutzt werden soll wie für private Korrespondenz, so fragt sich, ob die in der Verbraucherrechte-Richtlinie enthaltenen Schutzpositionen greifen. Diese lässt es bei Verträgen mit doppelter Zwecksetzung („dual use") nach ihrem Erwägungsgrund Nr. 17 ausreichen, dass der gewerbliche Zweck nicht überwiegt. Überdies eröffnet die – ansonsten

---

88 Kritisch daher *Freitag*, LMK 2014, 355576.

89 Eingehend *Rühl*, GPR 2013, 122.

90 EuGH, 17.10.2013, Rs. C-218/12 – *Emrek*, EuZW 2013, 943; dazu bereits oben Rn. 33 sowie unten § 35 Rn. 87.

91 Kritisch daher *Klöpfer/Wendelstein*, JZ 2014, 298.

92 Zum Verbraucherbegriff bereits oben § 2 Rn. 23 ff.

vollharmonisierende – Richtlinie den Mitgliedstaaten die Möglichkeit, einen weiter ausgreifenden Verbraucherbegriff zu verwenden als die VRRL, insbesondere etwa bestimmte juristische Personen (etwa Idealvereine) einzubeziehen.[93]

42 Im Kontext des Verfahrensrechts (Art. 17 Brüssel Ia-VO) legt der EuGH den Verbraucherbegriff hingegen restriktiv aus. Ihm unterfallen nur Verträge, die eine Einzelperson zur Deckung ihres Eigenbedarfs zum privaten Verbrauch schließt. Anders ist dies bei Verträgen, deren Zweck in einer beruflichen oder gewerblichen Tätigkeit besteht, auch wenn diese erst für die Zukunft vorgesehen ist, weil die Tatsache, dass es sich um eine erst künftig aufzunehmende Tätigkeit handelt, nichts an ihrer beruflichen oder gewerblichen Natur ändert. Existenzgründer profitieren damit nicht von den Wohltaten des forum actoris.[94] Bei gemischten Geschäften soll es sich bei einem Vertragsgegenstand, der für einen teils beruflich-gewerblichen, teils nicht der beruflichen oder gewerblichen Tätigkeit zuzurechnenden Zweck bestimmt ist, um keine Verbrauchersache handeln. Anders ist es nur, wenn der beruflich-gewerbliche Zweck derart nebensächlich ist, dass er im Gesamtzusammenhang des betreffenden Geschäftes nur eine ganz untergeordnete Rolle spielt.[95]

43 Sehr fraglich erscheint wiederum, ob für Art. 6 Abs. 1 Rom I-VO der Verbraucherbegriff aus der Brüssel Ia-VO oder aber derjenige aus der Verbraucherrechte-Richtlinie gelten soll. Für ersteres spräche der bereits beschriebene[96] Gedanke des Gleichlaufs zwischen Rom I-VO und Brüssel Ia-VO; für letzteres hingegen der Gedanke des kollisionsrechtlichen Verbraucherschutzes, der eine restriktive Auslegung jedenfalls nicht zwingend erscheinen lässt.[97] Mithin besteht im europäischen Sekundärrecht kein einheitlicher Verbraucherbegriff. Stets ist der konkrete Vertrag mitsamt seinem europarechtlichen Kontext entscheidend.

c) Der Vertrag

44 Ein weiterer Zentralbegriff ist derjenige des Vertrags. Es wurde bereits erwähnt, dass der EuGH im Rahmen des Gerichtsstandes des Erfüllungsortes in Art. 7 Nr. 1 lit. a Brüssel Ia-VO den Vertrag als „freiwillig eingegangene Verpflichtung" definiert.[98]

---

93 ErwGr. Nr. 13 VRRL.

94 EuGH, 3.7.1997, Rs. C-269/95 – *Benincasa*, Slg. 1997, I-3767.

95 EuGH, 20.1.2005, Rs. C-464/01 – *Gruber*, Slg. 2005, I-439, Rn. 32f.; ebenso etwa BGH IPRax 2017, 570, Rn. 8.

96 Oben Rn. 38.

97 Zum Streitstand PWW/*Remien*, 15. Aufl. 2020, Art. 6 Rom I Rn. 5.

98 EuGH, 17.6.1992, Rs. C-26/91 – *Handte*, Slg. 1992, I-3967, Rn. 15; seither st. Rspr.; s. etwa EuGH, 14.3.2013, Rs. C-419/11 – *Česká spořitelna*, ECLI:EU:C:2013:165, Rn. 47; EuGH, 18.7.2013, Rs. C-147/12 – *ÖFAB*, ECLI:EU:C:2013:490, Rn. 33; EuGH, 21.4.2016, Rs. C-572/14 – *Austro-Mechan*, ECLI:EU:C:2016:286, Rn. 36; EuGH, 8.5.2019, Rs. C-25/18 – *Kerr/Postnov*, NJW 2019, 2991, Rn. 25; weitere Nachweise bei Rauscher/*Leible*, EuZPR/EuIPR, 5. Aufl. 2021, Art. 7 Brüssel Ia-VO Rn. 20. Siehe dazu bereits oben § 2 Rn. 14 sowie unten § 35 Rn. 75.

Die Verbraucherrechte-Richtlinie beschränkt sich darauf, einzelne Vertragstypen in ihren Eigenheiten zu definieren (Kaufvertrag, Dienstleistungsvertrag, Fernabsatzvertrag etc.),[99] schweigt aber zum Vertrag selbst. Schwierigkeiten bereitet hier bereits die Abgrenzung der einzelnen Vertragstypen. Nach Art. 2 Nr. 6 VRRL ist ein Dienstleistungsvertrag „jede[r] Vertrag, der kein Kaufvertrag ist und nach dem der Unternehmer eine Dienstleistung für den Verbraucher erbringt oder deren Erbringung zusagt und der Verbraucher hierfür den Preis zahlt oder dessen Zahlung zusagt". Der EuGH brachte dies ohne nähere Begründung auf die verkürzte Formel: Jeder Vertrag, der kein Kaufvertrag ist, ist ein Dienstvertrag.[100] Nach den oben skizzierten Grundsätzen dürften diese Begrifflichkeiten für das IPR und das IZVR keine direkte Bedeutung haben: Dort besteht eine eigene Systematik, die dem jeweils diesen Gebieten eigenen Regelungskontext folgt.

Wie wenig sich das Unionsprivatrecht um die Herausbildung übergreifender Be- 45
grifflichkeiten kümmert,[101] zeigt etwa der Vorschlag für eine Richtlinie über bestimmte Aspekte des Online-Warenhandels (Fernabs-Kauf-RL).[102] In Art. 2 lit. h Fernabs-Kauf-RL-E wurde der Vertrag als eine Vereinbarung definiert, „die darauf abzielt, Pflichten zu begründen oder andere rechtliche Wirkungen herbeizuführen". Dem liegt der inhaltsgleiche Art. 2 lit. a GEK zugrunde. Der sachlich viel enger als die Verbraucherrechte-Richtlinie gefasste Vorschlag der Fernabs-Kauf-RL griff ohne inhaltliche Rechtfertigung viel weiter aus.

Dieser Vertragsbegriff hätte verbindlich selbstverständlich nur für den Geltungs- 46
bereich der Richtlinie gegolten, also für den Kauf von Waren im Fernabsatz. Gleichwohl hätte er enorme Ausstrahlungswirkung gehabt, da sich die Mitgliedstaaten bei der Umsetzung der (vollharmonisierenden!) Richtlinie genau auf diesen Vertragsbegriff stützen müssen. Da es nahe gelegen hätte, außerhalb des Geltungsbereichs der Richtlinie keinen abweichenden Vertragsbegriff zu verwenden, hätte es zu Friktionen mit weiteren EU-Rechtsakten kommen können.[103] Die nun verabschiedete Fassung der Warenkauf-Richtlinie hat diesen weiten Vertragsbegriff aus guten Gründen nicht übernommen.[104] Es bleibt auch insoweit bei einer bereichsspezifischen Definition.

---

99 Art. 2 Nr. 5–8 VRRL.

100 EuGH, 12.3.2020, Rs. C-583/18 – *Verbraucherzentrale Berlin*, ECLI:EU:C:2020:199, Rn. 23; kritisch dazu *Wilke*, GPR 2020, 250.

101 Dazu eingehend *Kähler*, in: Arnold, Grundlagen eines europäischen Vertragsrechts, 2014, S. 79.

102 Vorschlag für eine Richtlinie des Europäischen Parlaments und des Rates über bestimmte vertragsrechtliche Aspekte des Online-Warenhandels und anderer Formen des Fernabsatzes von Waren, COM(2015) 635 final.

103 Hingegen für Gleichlauf des Begriffs des Verbrauchervertrags in EuVTVO und Brüssel Ia-VO EuGH, 5.12.2013, Rs. C-508/12 – *Vapenik*, NJW 2014, 841 (keine Geltung für C2C-Verträge); kritisch *Klöpfer/Ramić*, GPR 2014, 107; *Stadler*, IPRax 2015, 203.

104 Siehe dazu oben § 22 Rn. 18.

4. Rechtsaktübergreifende Auslegung am Beispiel des GEK-Vorschlags

47 Dem Vorschlag für ein Gemeinsames Europäisches Kaufrecht wäre im Falle seiner Umsetzung eine nicht zu unterschätzende Bedeutung für die binnensystematische Auslegung des Unionsrechts zugekommen. Trotz des Scheiterns dieser Initiative sollen in der Folge einige Kernpunkte genannt werden, die aus dem Erlass eines übergreifenden Rechtsaktes im Bereich des Vertragsrechts hätten folgen können.[105] Daran zeigt sich exemplarisch, welche Folgen eine horizontale Harmonisierung zeitigen kann, auch wenn sie lediglich als parteifakultative Option ausgestaltet ist.

a) Die Bedeutung der zum acquis ergangenen Judikatur des EuGH für das GEK

48 Soweit im GEK Vorschriften des Verbraucher-acquis rezipiert worden sind, wäre die zu diesen Vorschriften ergangene (und auch die künftige) Rechtsprechung des EuGH bei seiner Auslegung zu berücksichtigen. Hier könnten Abgrenzungsschwierigkeiten bei der Auslegung von solchen Vorschriften entstehen, die im Vergleich zum Vorbild im Richtlinientext Veränderungen erfahren haben. Ein Beispiel bietet der Verbraucherbegriff. Die Definition des Verbrauchers im GEK (Art. 2 lit. f GEK-VO) stimmt mit derjenigen in der VRRL überein; sie beruht auf dem traditionellen Verbraucherbegriff des acquis.[106] Es stünde daher zu erwarten, dass der EuGH insbesondere für Verträge mit gemischter Zwecksetzung an seiner bisherigen Rechtsprechung zum Verbraucherbegriff des EuGVÜ festhalten würde, wonach bereits ein teilweise gewerblicher Zweck des Vertrags die Verbrauchereigenschaft ausschließt.[107] Die VRRL enthält allerdings in Erwägungsgrund Nr. 17 die Maßgabe, dass bei Verträgen mit doppelter Zwecksetzung die Verbrauchereigenschaft dann nicht verloren wird, wenn der gewerbliche Zweck nicht überwiegt. Es fragt sich vor diesem Hintergrund, ob eine Übernahme dieses weiteren Verbraucherbegriffs durch den EuGH für die VRRL auch für das GEK Bedeutung erlangen würde.[108] Möglich wäre dies jedenfalls auch aus teleologischen Erwägungen heraus, denn anders als beim prozessualen Verbraucherschutz, wo der besondere Gerichtsstand für Verbrauchersachen eine tendenziell eng auszulegende Ausnahme darstellt,[109] steht der Verbraucherschutz beim GEK ganz im Vordergrund, zwingt also nicht zu einer restriktiven Auslegung.

---

105 Dazu bereits *Stürner*, in: Reithmann/Martiny, Internationales Vertragsrecht, 8. Aufl. 2015, Rn. 6.209 ff.

106 Siehe oben Rn. 41 ff.

107 EuGH, 20.1.2005, Rs. C-464/01 – *Gruber*, Slg. 2005, I-439, Rn. 38 ff.

108 Die Abänderung Nr. 5 der Legislativen Entschließung des Europäischen Parlaments (§ 22 Rn. 111) schlug denn auch die Änderung von Art. 2 lit. f GEK-VO sowie die Einführung eines ErwGr. Nr. 11a zur GEK-VO vor, die ErwGr. Nr. 17 VRRL rezipieren und erweitern. Hinzuweisen ist noch auf die wieder anders formulierten Verbraucherbegriffe in der Warenkauf-RL und in der Digitale-Inhalte-RL (§ 22 Rn. 21 sowie § 23 Rn. 23 f.).

109 Siehe EuGH, 20.1.2005, Rs. C-464/01 – *Gruber*, Slg. 2005, I-439, Rn. 32 f. m. w. N. und dazu unten § 35 Rn. 84.

Dies zeigt, dass sich die Auslegung der Normen des GEK an der Rechtsprechung des EuGH zu den Parallelnormen des Verbraucher-acquis zu orientieren hat, soweit das Regelungsumfeld vergleichbar ist.[110] Die Parallelität von VRRL und GEK führt dazu, dass eine wechselseitige Anpassung notwendig werden wird. Ansonsten droht die Gefahr der Versteinerung.[111] Will man diese aber vermeiden, droht Rechtsunsicherheit, da eine permanente Änderung zu erwarten steht. In diesem nur schlecht auflösbaren Zielkonflikt sind einfache Lösungen kaum sichtbar. Sollte der Vorschlag für ein GEK dereinst doch wieder aufgegriffen werden, müsste sich dieser Rechtsakt als weitere Evolutionsstufe des Europäischen Vertragsrechts so bruchlos in das europäische Rechtsumfeld einpassen lassen, dass Friktionen ausbleiben. Dies wiederum setzt eine bessere Abstimmung und Kohärenz der vielen Einzelrechtsakte voraus – wenigstens in Bezug auf Zentralbegriffe wie Vertrag oder Verbraucher. 49

b) Der Einfluss des GEK auf das sonstige Sekundärrecht

Das GEK sollte in der Rechtsform der Verordnung erlassen werden. Als solche würde das Europäische Kaufrecht die systematische Auslegung des Richtlinien- und auch des Verordnungsrechts beeinflussen. 50

aa) Die Auslegung von Richtlinien im Lichte anderer Sekundärrechtsakte

Nach der bereits erwähnten[112] Rechtsprechung des EuGH ist „jede Vorschrift des Gemeinschaftsrechts in ihrem Zusammenhang zu sehen und im Lichte des gesamten Gemeinschaftsrechts [...] auszulegen".[113] Die Intensität der damit angesprochenen systematischen Auslegung hängt allerdings wie gezeigt wesentlich vom Grad der Harmonisierung im betreffenden Rechtsgebiet ab. Die Systembildung könnte durch ein Gemeinsames Kaufrecht im Bereich des Vertragsrechts wesentlich vorangetrieben werden. Der Verordnungsvorschlag enthält Regelungen des allgemeinen Vertragsrechts, die zwar kaufrechtsbezogen sind, aber in diesem Bereich durchaus übergreifenden, kodifikatorischen Charakter haben. Zu berücksichtigen ist überdies, dass dem Kaufrecht für das gesamte Vertragsrecht zentrale Bedeutung zukommt.[114] Mit dem GEK oder einem vergleichbaren Rechtsakt hätte der EU-Gesetzgeber den sektorspezifischen Ansatz im Vertragsrecht (erstmals) verlassen und ein „horizontales" Regelwerk geschaffen. 51

---

110 Ähnlich *Gsell*, in: Gebauer, Gemeinsames Europäisches Kaufrecht – Anwendungsbereich und kollisionsrechtliche Einbettung, 2013, S. 105, 115 ff.

111 Näher *Doralt*, AcP 211 (2011), 1, 31 f.; *Stürner*, in: Schulte-Nölke/Zoll/Jansen/Schulze, Der Entwurf für ein optionales europäisches Kaufrecht, 2012, S. 47, 73 f.

112 Siehe oben Rn. 29.

113 EuGH, 6.10.1982, Rs. 283/81 – *CILFIT*, Slg. 1982, 3415, Rn. 20; weitere Nachweise bei *Riesenhuber*, in: Riesenhuber, Europäische Methodenlehre, 3. Aufl. 2015, § 10 Rn. 25.

114 Vgl. etwa *Grundmann*, AcP 202 (2002), 40 sowie oben § 22 Rn. 1 ff.

52 Dies zeigt auch ein Vergleich zum europäischen Gesellschaftsrecht: Hier hat der EuGH im Fall *Cartesio* festgestellt, dass es – trotz der Verordnung zur SE und einer Vielzahl gesellschaftsrechtlicher Richtlinien – noch keine hinreichende europarechtliche Basis für die unionsautonome Feststellung gibt, ob eine Gesellschaft besteht oder nicht (mit der Folge, dass darüber das jeweilige Gesellschaftsstatut zu bestimmen hat).[115] Ein „horizontales" Instrument, wie es das GEK wäre, fehlt im Gesellschaftsrecht derzeit.

bb) Auslegung anderer Sekundärrechtsakte im Lichte des GEK

53 Bejahte man den übergreifenden und systembildenden Charakter des GEK, so könnten und müssten insbesondere Generalklauseln in privatrechtlichen Richtlinien unter Bezugnahme auf das GEK ausgefüllt werden.[116] Vereinzelt war zu beobachten, dass in verschiedenen Schlussanträgen der Generalanwälte Bezug genommen wurde auf den DCFR und die PECL.[117] Auch wenn dies stets unter Hinweis auf den rein wissenschaftlichen Charakter dieser Instrumente geschehen ist,[118] so zeigt dies doch eine hohe Bereitschaft, in solchen Rechtsquellen einen Ausdruck gemeineuropäischer Rechtsüberzeugungen zu sehen. Träte ein Gemeinsames Kaufrecht als Sekundärrechtsakt in Kraft, so käme die normative Verbindlichkeit hinzu.

(1) Die Missbräuchlichkeit von Formularklauseln

54 Vielleicht die bedeutsamsten Auswirkungen könnten sich hinsichtlich der Klausel-Richtlinie ergeben.[119] Nach deren Art. 3 Abs. 1 ist eine Klausel dann als „mißbräuchlich anzusehen, wenn sie entgegen dem Gebot von Treu und Glauben zum Nachteil des Verbrauchers ein erhebliches und ungerechtfertigtes Mißverhältnis der vertraglichen Rechte und Pflichten der Vertragspartner verursacht". Der EuGH hat es – bis auf einzelne Ausnahmen[120] – stets abgelehnt, den Maßstab der Missbräuchlichkeit zu

115 EuGH, 16.12.2008, Rs. C-210/06 – *Cartesio*, Slg. 2008, I-9641, Rn. 109 ff.

116 Deutlich zurückhaltender aber *Herresthal*, in: Schulte-Nölke/Zoll/Jansen/Schulze, Der Entwurf für ein optionales europäisches Kaufrecht, 2012, S. 85, 143 ff. Allgemein zur Konkretisierung von Generalklauseln *Röthel*, Normkonkretisierung im Privatrecht, 2004, S. 29 ff.; *dies.*, in: Riesenhuber, Europäische Methodenlehre, 3. Aufl. 2015, § 11.

117 Siehe dazu bereits oben § 3 Rn. 18 (DCFR) und § 4 Rn. 13 (PECL).

118 Großzügiger offenbar *Martinek*, in: Staudinger-Eckpfeiler (2011), Teil A Rn. 111.

119 Dazu bereits *Stürner*, in: von Bar/Wudarski (Hrsg.), Deutschland und Polen in der Europäischen Rechtsgemeinschaft, 2012, S. 65.

120 Für Gerichtsstandsklauseln EuGH, 27.6.2000, Rs. C-240/98 bis C-244/98 – *Océano*, Slg. 2000, I-4941, Rn. 21; ähnlich für formularmäßige Schiedsvereinbarungen EuGH, 26.10.2006, Rs. C-168/05 – *Centro Móvil*, Slg. 2006, I-10421, Rn. 30; EuGH, 4.6.2009, Rs. C-243/08 – *Pannon*, Slg. 2009, I-4713, Rn. 29 ff.; EuGH, 6.10.2009, Rs. C-40/08 – *Asturcom*, Slg. 2009, I-9579, Rn. 32, 53. Zum Ganzen bereits oben § 16 Rn. 38.

konkretisieren.[121] Denn es fehlt bislang ein europarechtlicher Maßstab zur Feststellung des Missverhältnisses vertraglicher Rechte und Pflichten. Dieser ist folglich dem nationalen Recht zu entnehmen.

Anders wäre dies aber zu beurteilen, wenn mit dem GEK ein Sekundärrechts- 55
akt vorläge, in dem die vertraglichen Rechte und Pflichten in Bezug auf den Kaufvertrag umfassend, d.h. unter Einbezug grundlegender Aspekte der allgemeinen Rechtsgeschäftslehre, geregelt sind. Das Gemeinsame Kaufrecht verkörpert gemeinsame Rechtsgrundsätze des Unionsprivatrechts, denen auch dann Leitbildcharakter zukommt, wenn sie nicht direkt auf den Vertrag anwendbar sind. Das GEK wird zwar zu seiner Geltung von den Parteien gewählt werden müssen; Regelungen des dispositiven nationalen Rechts müssen hingegen durch Parteivereinbarung abbedungen werden. Die Bedeutung beider Normenkomplexe für die Konkretisierung des Missbrauchstatbestands ist jedoch insoweit vergleichbar, als sie Auskunft darüber geben, wie eine ausgeglichene Verteilung der vertraglichen Rechte und Pflichten nach den Vorstellungen des jeweiligen Normgebers aussehen soll, mit anderen Worten, wann ein erhebliches Ungleichgewicht der vertraglichen Rechte und Pflichten vorliegt. In beiden Fällen kommt den Regelungen Leitbildcharakter für die Klauselkontrolle zu.

Die Art. 84, 85 GEK enthalten Klauseln, die stets verpönt sind („Schwarze Liste“, 56
Art. 84 GEK) oder deren Unfairness vermutet wird (Art. 85 GEK, „Graue Liste“).[122] Diese wären zur Ausfüllung des Missbräuchlichkeitstatbestandes in Art. 3 Abs. 1 der Klausel-Richtlinie stets heranzuziehen. Im Ergebnis könnte dies dazu führen, dass die im Anhang der Klausel-Richtlinie enthaltene Graue Liste im Ergebnis insoweit aufgewertet wird, als sie durch die im GEK enthaltenen Klauseln ergänzt bzw. ersetzt wird. Bislang hat der EuGH der Grauen Liste zwar Hinweis- *und Beispiels*charakter zugemessen,[123] sie aber nur in Ausnahmefällen zur Klauselkontrolle herangezogen.[124] Dies könnte sich bei Inkrafttreten eines Rechtsaktes wie dem GEK dahin ändern, dass sämtliche verbotene Klauseln zur Konkretisierung des Begriffs der Missbräuchlichkeit herangezogen werden.

---

121 Siehe EuGH, 1.4.2004, Rs. C-237/02 – *Freiburger Kommunalbauten*, Slg. 2004, I-3403, Rn. 21ff.; ebenso EuGH, 26.10.2006, Rs. C-168/05 – *Centro Móvil*, Slg. 2006, I-10421, Rn. 22f.; EuGH, 4.6.2009, Rs. C-243/08 – *Pannon*, Slg. 2009, I-4713, Rn. 36ff.; EuGH, 9.11.2010, Rs. C-137/08 – *Pénzügyi*, RIW 2010, 876, Rn. 40ff. Auch dazu oben § 16 Rn. 33ff.

122 Siehe dazu auch oben § 16 Rn. 78ff.

123 EuGH, 7.5.2002, Rs. C-478/99 – *Kommission/Schweden*, Slg. 2002, I-4147, Rn. 22 (Hervorhebung durch den *Verf.*); ebenso etwa *Kieninger*, RabelsZ 73 (2009), 793, 800 sowie bereits oben § 16 Rn. 36ff.

124 Etwa in EuGH, 27.6.2000, Rs. C-240/98 bis C-244/98 – *Océano*, Slg. 2000, I-4941, Rn. 22.

(2) Die Auslegung unbestimmter Rechtsbegriffe

57 Ähnliche Erwägungen wie für die Generalklausel der Missbräuchlichkeit in der Klauselrichtlinie gelten auch für die in Richtlinien enthaltenen unbestimmten Rechtsbegriffe. Auch zu deren Auslegung könnten und müssten die Bestimmungen des GEK herangezogen werden. Beispielhaft sei der Begriff des Schadens in Art. 9 lit. a der Produkthaftungs-Richtlinie[125] oder in Art. 5 Abs. 2 der Pauschalreise-Richtlinie genannt. Im Fall *Leitner* hat der EuGH den Begriff des Schadens in der Pauschalreise-Richtlinie mit Selbstverständlichkeit dahingehend ausgelegt, dass auch Nichtvermögensschäden davon umfasst seien.[126] Diese angesichts der weitgehenden Regelungsabstinenz recht wagemutige Entscheidung wäre leichter gefallen, wenn der EuGH auf den Schadensbegriff des GEK zurückgreifen hätte können. Denn Art. 2 lit. c GEK-VO sagt klar, dass der Begriff des Verlustes immer auch „den immateriellen Verlust in Form erlittener Schmerzen und erlittenen Leids" umfasst.

58 Freilich ist davon auszugehen, dass der Schadensbegriff des GEK-Vorschlags maßgeblich von der *Leitner*-Entscheidung des EuGH beeinflusst wurde. Definiert wird in Art. 2 lit. c GEK zwar der Begriff „Verlust". Der englische Begriff „loss" könnte aber ebenso mit Schaden übersetzt werden. Bemerkenswert ist, dass Art. 2 (12) Feasibility Study den Begriff des immateriellen Schadens deutlich weiter zog und auch – anders als derjenige des DCFR – „loss of enjoyment" als Schadensposition umfasste. Der Verordnungsvorschlag distanzierte sich hiervon deutlich und nahm „andere Formen des immateriellen Verlustes wie Beeinträchtigungen der Lebensqualität oder entgangene Freude" vom Begriff des immateriellen Verlustes aus.

cc) Ausstrahlungswirkung auf das Verfahrensrecht

59 Möglich erscheint schließlich eine Ausstrahlungswirkung des GEK auf weitere Rechtsbereiche. So könnte etwa der Begriff des Erfüllungsortes in Art. 7 Nr. 1 Brüssel Ia-VO[127] anhand von Art. 93 GEK konkretisiert werden. Ähnliches könnte für die Prorogation in Art. 25 Brüssel Ia-VO gelten.[128] Der Begriff der „Vereinbarung" eines Gerichtsstandes ist verordnungsautonom, d. h. ohne Rückgriff auf die nationalen Rechtsordnungen auszulegen.[129] Angesichts der weitgehenden Regelungsabstinenz der Brüssel Ia-VO ist dessen Reichweite jedoch begrenzt; er beschränkt sich auf die Feststellung, dass ein Konsens der Parteien vorliegt. Geht es etwa um Fragen des wirksamen Abschlus-

---

125 Dazu EuGH, 10.5.2001, Rs. C-203/99 – *Veedfald*, Slg. 2001, I-3569, Rn. 25 ff., 32 f. (immaterielle Schäden werden nicht von der Produkthaftungs-Richtlinie erfasst).

126 EuGH, 12.3.2002, Rs. C-168/00 – *Leitner*, Slg. 2002, I-2631, Rn. 23. Siehe dazu oben § 25 Rn. 17 ff.

127 Zum Ganzen näher unten § 35 Rn. 74 ff.

128 Zu dieser unten § 35 Rn. 95 ff.

129 Vgl. EuGH, 10.3.1992, Rs. C-214/89 – *Powell Duffryn plc/Wolfgang Petereit*, Slg. 1992, I-1745, Rn. 13 f.

ses oder möglicher Willensmängel, ist die lex fori prorogati das berufene Statut. Die Existenz eines GEK würde demgegenüber jedenfalls im Ausgangspunkt für eine weiter reichende autonome Auslegung des Begriffs der Vereinbarung streiten; zumindest hinsichtlich der Frage der Willensmängel könnte auf darin getroffene Grundentscheidungen zurückgegriffen werden.[130]

5. Heranziehung von weiteren Instrumenten zur systematischen Auslegung?

Es wurde bereits erwähnt, dass einzelne Generalanwälte in ihren Schlussanträgen Bezug genommen haben auf den DCFR und die PECL.[131] Methodisch ist dies solange unproblematisch, als ein Hinweis auf den rein wissenschaftlichen Charakter dieser Instrumente erfolgt ist.[132] Die Bezugnahme auf formelle Rechtsquellen nicht-unionalen Ursprungs wie das UN-Kaufrecht ist bei strenger Betrachtung unzulässig.[133] Allenfalls kann dies im Rahmen der historisch-teleologischen Auslegung einer Vorschrift Berücksichtigung finden.[134] Immerhin sind nunmehr sämtliche EU-Mitgliedstaaten auch Vertragsstaaten des CISG: Das Vereinigte Königreich hat die EU verlassen, und Portugal hat am 7. August 2020 den Beitritt zum CISG erklärt. 60

IV. Eine gemeineuropäische Methodenlehre?

Literatur: *Baldus/Raff*, Unionsrechtliche Überformung mitgliedstaatlicher Methodik?, GPR 2016, 71; *von Bogdandy*, Deutsche Rechtswissenschaft im europäischen Rechtsraum, JZ 2011, 1; *Coendet*, Rechtsvergleichende Argumentation. Phänomenologie der Veränderung im rechtlichen Diskurs, 2012; *Fleischer*, Europäische Methodenlehre: Stand und Perspektiven, RabelsZ 75 (2011), 700; *Gómez*, The Harmonization of Contract Law through European Rules: a Law and Economics Perspective, ERCL 2008, 89; *Grundmann*, „Inter-Instrumental-Interpretation". Systembildung durch Auslegung im Europäischen Unionsrecht, RabelsZ 75 (2011), 882; *Grünberger*, Responsive Rechtsdogmatik – Eine Skizze, AcP 219 (2019), 924; *Henninger*, Europäisches Privatrecht und Methode, 2009, S. 323 ff.; *Kainer*, Privatrecht zwischen

130 Siehe den Vorschlag im Heidelberg Report von *Hess/Pfeiffer/Schlosser*, The Brussels I Regulation 44/2001, 2008, Rn. 327, de lege ferenda auf einen (politischen) Gemeinsamen Referenzrahmen Bezug zu nehmen.

131 Vgl. etwa GA *Trstenjak*, Schlussanträge vom 11.6.2008, Rs. C-275/07 – *Kommission/Italien*, Rn. 90 zur Akzessorietät der Zinsen zur Hauptforderung; hier erfolgt ein Verweis auf Art. III.-3:708 Abs. 1 DCFR. Weitere Nachweise bei *Basedow*, AcP 210 (2010), 157, 185 Fn. 103 sowie bereits oben Rn. 53.

132 Großzügiger offenbar *Martinek*, in: Staudinger-Eckpfeiler (2011), Teil A Rn. 111.

133 Dazu oben § 8 Rn. 27 ff. Siehe aber EuGH, 25.2.2010, Rs. C-381/08 – *Car Trim*, Slg. 2010, I-1255, Rn. 36 ff.: Art. 3 Abs. 1 CISG sei ein „Anhaltspunkt dafür, dass die Tatsache, dass die zu liefernde Ware zuvor hergestellt oder erzeugt werden muss, nichts an der Einstufung des fraglichen Vertrags als Kaufvertrag ändert".

134 Zur engen Verwandtschaft der VGKRL zum CISG *Grundmann*, AcP 202 (2002), 40, 45 ff. sowie oben § 22 Rn. 24, 82.

Richtlinien und Grundrechten – Zu den Grenzen richtlinienkonformer Auslegung und horizontalen Richtlinienwirkungen, GPR 2016, 262; *Kramer*, Die Methode bestimmt den Inhalt: eine weiterhin offene Grundsatzfrage des Unionsrechts, GPR 2015, 262; *Kramer*, Replik zu Riesenhuber, Methodendivergenzen ertragen, GPR 2016, 210; *Mansel*, Rechtsvergleichung und europäische Rechtseinheit, JZ 1991, 529; *Martens*, Methodenlehre des Unionsrechts, 2013; *Martens*, Methodenfragen und die Behandlung von Grundlagenstörungen im Europäischen Privatrecht, ZEuP 2017, 600; *Möllers*, Wie Juristen denken und arbeiten – Konsequenzen für die Rolle juristischer Methoden in der juristischen Ausbildung, ZfPW 2019, 94; *Pötters/Christensen*, Das Unionsrecht als Hybridform zwischen case law und Gesetzesrecht, JZ 2012, 289; *Riesenhuber* (Hrsg.), Europäische Methodenlehre, 3. Aufl. 2015; *Riesenhuber*, Auf dem Weg zu einem europäischen Privatrecht, in: Hopt/Tzouganatos (Hrsg.), Das Europäische Wirtschaftsrecht vor neuen Herausforderungen, 2014, S. 183; *Riesenhuber*, Methodendivergenzen ertragen!, GPR 2016, 158; *Riesenhuber*, Neue Methode und Dogmatik eines Rechts der Digitalisierung?, AcP 219 (2019), 892; *Roth*, Europäische Verfassung und europäische Methodenlehre, RabelsZ 75 (2011), 787; *Stürner*, Common Law, Civil Law und Europäisches Privatrecht. Zur Angleichung methodischer Grundsätze in den Gemeinschaftsrechtsordnungen, in: Tietze/McGuire e.a. (Hrsg.), Europäisches Privatrecht – Über die Verknüpfung von nationalem und Gemeinschaftsrecht, JbJZRWiss 2004, 2005, S. 79; *Wendehorst*, Methodennormen in kontinentaleuropäischen Kodifikationen, RabelsZ 75 (2011), 730

1. Noch einmal: Methodenlehre als nationale Domäne?

61 Es wurde bereits festgestellt, dass die Rechtsprechung des EuGH die nationalen Methodenlehren grundsätzlich unberührt lässt.[135] Zwar haben die mitgliedstaatlichen Gerichte bei der Rechtsanwendung alles zu tun, um die praktische Wirksamkeit des Unionsrechts zu gewährleisten. Doch liegt die Grenze der damit angesprochenen Verpflichtung zur richtlinienkonformen Rechtsanwendung in der jeweiligen nationalen Methodenlehre: Lässt diese etwa keine richtlinienkonforme Rechtsfortbildung contra legem zu, so folgt aus dem Unionsrecht auch keine Verpflichtung, diesen Ansatz zu ändern. Das kann man mit guten Gründen kritisieren.[136] Doch lässt sich der Ansatz des EuGH mit der mitgliedstaatlichen Autonomie und damit dem Souveränitätspostulat inhaltlich rechtfertigen.

62 Davon zu trennen ist die Frage, welche Methode die richtige ist. Nachdem sich die Methodenlehre über viele Jahrzehnte im Wesentlichen an den klassischen Methodencanones *Savignys* orientiert hatte,[137] ist in jüngerer Vergangenheit wieder mehr Bewegung in die Debatte gekommen. Vor allem die verfassungskonforme Auslegung und die richtlinienkonforme Rechtsanwendung lassen sich als neue Unterarten einer systematisch-teleologischen Auslegung sehen.[138] Doch auch sie sind gekennzeichnet durch

135 Siehe oben § 8 Rn. 52ff.

136 Siehe noch einmal *Kramer*, GPR 2015, 262; Gegenrede von *Riesenhuber*, GPR 2016, 158; Schlusswort *Kramer*, GPR 2016, 210.

137 Dazu bereits oben § 8 Rn. 40.

138 Auch dazu oben § 8 Rn. 42.

die Annahme, dass das Recht letztlich ein in sich geschlossenes (autopoietisches[139]) System ist, das sich durch Selbstreferenzialität und Widerspruchsfreiheit auszeichnet. Es wurde bereits aufgezeigt, dass hinsichtlich des Unionsprivatrechts durchaus Zweifel bestehen, ob dieser Anspruch eingelöst werden kann.[140] Vor diesem Hintergrund werden Forderungen nach einer offeneren Herangehensweise laut, die in Richtung einer Folgenorientiertheit gehen können, wie das etwa die ökonomische Analyse des Rechts tut,[141] oder doch außerrechtliche Faktoren jedenfalls berücksichtigt.[142]

Diese Debatte kann hier nicht nachgezeichnet werden.[143] Doch liegt der Darstellung in diesem Band im Wesentlichen die Annahme zugrunde, dass auch dem Unionsprivatrecht trotz seiner Lückenhaftigkeit ein gewisses Maß an Systemdenken inhärent ist. Auch wenn dieses noch immer weit davon entfernt ist, ein „inneres" System im beschriebenen Sinne zu bilden, so bildet es doch in erster Linie selbst das für die Auslegung entscheidende Referenzsystem.[144] Damit soll nicht gesagt werden, dass kontextbezogene, außerrechtliche Gesichtspunkte nicht mit in den hermeneutischen Vorgang einbezogen werden können. Doch müssen diese in der betreffenden Rechtsnorm ihren Niederschlag gefunden haben. 63

2. Spontanharmonisierung der Methodenlehre?

Dessen ungeachtet bilden sich indessen Indizien für eine Annäherung der nationalen Methodencanones jenseits der unionsrechtlichen Vorgaben heraus. Man könnte insoweit von einer Spontanharmonisierung der Methodenlehre in Europa sprechen.[145] 64

a) Der Befund: Annäherung von Common Law und Civil Law

Es ist eine Binsenweisheit rechtsvergleichend tätiger Juristen, dass verschiedene Rechtsordnungen für auftretende Probleme zumeist ähnliche Lösungen finden. Dies gilt in zunehmendem Maße für das englische Common Law und das kontinentale Civil Law, aus deren Reservoir das Europäische Privatrecht gespeist wird. Fast schon zum 65

---

139 So die Formulierung der Systemtheorie: *Luhmann*, Das Recht der Gesellschaft, 1993, S. 538ff.; *Teubner*, Recht als autopoetisches System, 1989.

140 Oben Rn. 29ff.

141 Dazu § 8 Rn. 35ff.

142 So etwa die „responsive Rechtsdogmatik", dazu *Grünberger*, AcP 219 (2019), 924 und öfter.

143 Eine Methodenlehre als Lehre von der Begründung (von Urteilen) entwickelt *Martens*, Methodenlehre des Unionsrechts, 2013, S. 72ff., 294ff.

144 Zu diesem „strictly legal point of view" etwa *Riesenhuber*, AcP 219 (2019), 892; *Lobinger*, AcP 216 (2016), 28; am Beispiel der Umsetzung der VGKRL in das BGB auch *Lobinger*, GPR 2008, 262.

145 Dazu bereits *Stürner*, in: JbJZRWiss 2004, S. 79.

rechtsvergleichenden Allgemeingut gehört daher die These von der langsamen Konvergenz der beiden Systeme.[146] Diese wurde vor allem für das materielle Recht belegt. Erwähnt sei hier nur die Lockerung der englischen doctrine of privity of contract und die Anerkennung, dass ein Vertrag auch Rechtswirkungen gegenüber Dritten entfalten kann.[147] Sie lässt sich aber auch für das Prozessrecht und ebenso im Bereich der juristischen Methodik nachweisen.

aa) Rechtssetzung

66 Die vielleicht bemerkenswerteste Annäherung des Common Law an das Kontinentalrecht hat sich in einem Gebiet vollzogen, das die Privatrechtsangleichung nur mittelbar betrifft: dem Verfahrensrecht. Die Unterschiede in der Ausgestaltung des Zivilprozesses hätten nicht größer sein können: Das adversary system des Common Law stand für strikte Parteiherrschaft; der Rechtsstreit wurde als eine Art Privateigentum der Parteien betrachtet.[148] Die Rolle des Richters beschränkte sich auf die eines neutralen Beobachters, der einen Sieger ermittelt im Kampf der Parteien, den Lord *Denning* einmal so beschrieben hat: „In litigation as in war. If one side makes a mistake, the other can take advantage of it. No holds are barred."[149] Das Prinzip der Mündlichkeit war so stark ausgeprägt, dass jedes Dokument, auf das sich die Parteien bezogen, in der Verhandlung vorgelesen werden musste.[150]

67 Auf dem Kontinent dominierten in unterschiedlichen Ausprägungen soziale Prozessauffassungen mit dem Richter als der für den Prozessfortgang bestimmenden zentralen Figur und den Anwälten als eher passiven Teilnehmern der Verhandlung. Für

---

146 *Merryman*, in: Cappelletti (Hrsg.), New Perspectives for a Common Law of Europe, 1978, wieder abgedruckt in: The Loneliness of the Comparative Lawyer, 1999, S. 17ff.; *Glenn* (1993) Rev.int.dr. comp. 559ff.; *Reimann*, in: *ders.* (Hrsg.), The Reception of Continental Ideas in the Common Law World 1820–1920, 1993, S. 7ff.; *Markesinis*, in: ders. (Hrsg.), The Gradual Convergence, 1994, S. 1, 2, 20, 30ff.; *Vranken*, Fundamentals of European Civil Law, 1997, S. 212ff.; vorsichtiger *Kötz*, ZEuP 1998, 493, 500ff. Dagegen insbesondere *Legrand*, 45 ICLQ 1996, 52, 55ff.; *ders.*, 60 MLR 1997, 44. Weitere Nachweise finden sich bei *Smits*, The Making of European Private Law, 2002, S. 103f. Aus amerikanischer Sicht bewegt sich das englische Recht hingegen vor allem Richtung des US-amerikanischen Common Law, vgl. *Levitsky*, 42 (1994) Am.J.Comp.L. 347, 380.

147 Seit dem Erlass des Contracts (Rights of Third Parties) Act 1999 ist der Vertrag zugunsten Dritter Bestandteil des englischen Rechts, das sich damit nun auf Augenhöhe mit den Rechtsordnungen des Civil Law befindet, die sämtlich diese Konstruktion kennen, vgl. *Palmer*, ERPL 11 (2003), 8, 10 und rechtsvergleichend *W. Lorenz*, in: Markesinis (Hrsg.), The Gradual Convergence, 1994, S. 65, 72ff. Bereits vorher hat die Rechtsprechung Schutzwirkungen eines Vertrags gegenüber Dritten anerkannt, vgl. *White v. Jones* [1995] 2 WLR 187, HL und hierzu *Zimmermann*, ZEuP 1996, 675.

148 *Jacob*, The Fabric of English Civil Justice, 1987, S. 8.

149 *Burmah Oil Co. Ltd. v. Governor and Co. of the Bank of England* [1979] 1 WLR 473, 484 (CA).

150 *Jacob*, The Fabric of English Civil Justice, 1987, S. 19f.

anglo-amerikanische Begriffe ist diese Aufgabenverteilung traditionell so fremd, dass sie schlagwortartig als „inquisitorisch“ bezeichnet wurde.[151]

Die unter der Leitung von Lord *Woolf* gestalteten und im Jahre 1999 in Kraft getretenen Civil Procedure Rules (CPR)[152] beschneiden das traditionelle adversary system, indem sie dem Gericht die Verantwortung für den Fortgang des Verfahrens zuweisen und es zu diesem Zweck mit einer weitreichenden Prozessleitungsmacht ausstatten.[153] „Ultimate responsibility for the control of litigation must move from the litigants and their legal advisors to the court“, so die Vorgabe von Lord *Woolf*.[154] Auch der Grundsatz der Mündlichkeit wurde eingeschränkt; die Parteien müssen nun das Verfahren umfangreich schriftlich vorbereiten.[155] Bei Verfahren bis zu einem Streitwert von £ 15.000 werden die Kosten ähnlich dem deutschen Gebührenrecht anhand einer Tabelle bereits vor Prozessbeginn festgelegt.[156] 68

Was in dem hier interessierenden Zusammenhang aber noch wichtiger ist: Die Umsetzung der Reform des Zivilprozesses erfolgte in Form einer Kodifikation.[157] Diese beschränkt sich nicht auf eine Zusammenfassung der bisherigen Regeln, sondern läutet einen radikalen Stilwechsel ein und ist in sich kohärent. Überdies wurden den CPR allgemeine Prinzipien vorangestellt, die von den Gerichten bei der Auslegung der Normen und bei der Ermessensausübung zu berücksichtigen sind. Auch das Common Law bringt generelle Rechtsgrundsätze hervor; diese kristallisieren sich langsam aus einer Vielzahl von Einzelentscheidungen heraus. Bemerkenswert ist aber der Umstand, dass die Prozessmaximen der CPR nicht nur eine Konsolidierung der bisherigen gefestigten Rechtsprechung darstellen, sondern dass der dem englischen Prozessrecht in der Form bisher unbekannte Grundsatz der Verhältnismäßigkeit gewissermaßen von oben verordnet wurde.[158] 69

bb) Annäherung in Stil und Methodik

Damit scheint aber ein Wandel eingeläutet, der tiefer geht als etwa die Anerkennung vertraglicher Drittwirkungen. Das englische Parlament drängt die einstigen Protago- 70

151 Vgl. die Nachweise bei *Kötz*, in: FS Zajtay, 1982, S. 277, 280 ff. Im Grundsatz besteht jedoch Einigkeit darüber, dass auch der deutsche Zivilprozess ein adversary system ist, vgl. dazu *Stürner*, ZVglRWiss 99 (2000), 310, 329 f. m. w. N.

152 Zu den CPR *Sobich*, JZ 1999, 775; *Stürner*, ZVglRWiss 99 (2000), 310; *Greger*, JZ 2002, 1020, 1026 ff.; *Andrews*, On Civil Processes, 2. Aufl. 2019, Rn. 1.08 ff., 2.01 ff.

153 Case management, rule 3.1 CPR. Vgl. dazu *Andrews*, On Civil Processes, 2. Aufl. 2019, Rn. 9.01 ff.

154 Access to Justice Final Report, 1996, S. 14. Ähnlich die Einschätzung von Richter *Lightman*: „The judges are the masters now.“ (1998) 17 CJQ 373, 389.

155 Pre-action protocols, statements of case, skeleton arguments und trial bundles. Vgl. dazu *Dreymüller*, ZVglRWiss 101 (2002), 471, 474 ff.

156 Für den sog. fast track: rule 46.2 (1) CPR.

157 Vgl. rule 1.1 (1) CPR; hierzu *Stürner*, ZVglRWiss 103 (2004), 349, 352 ff.

158 Ausführlich hierzu *Stürner*, ZVglRWiss 103 (2004), 349, 366 ff.

nisten der Rechtssetzung, die Richterschaft, durch ein dichter werdendes Netz aus formellen Gesetzen immer stärker aus der rechtsschöpferischen Verantwortung. Nun haben die Richter mit den Civil Procedure Rules ein Gesetz anzuwenden, das als Kodifikation ausgestaltet ist, Generalklauseln beinhaltet und sich somit offenbar an der für das Civil Law charakteristischen, deduktiven Rechtsfindungsmethode orientiert. Für den Bestand und die Entwicklung des Europäischen Privatrechts kann daraus jedenfalls abgeleitet werden, dass die „Angleichung von unten" weiter fortschreitet, und zwar im Bereich der Rechtssetzung und der Rechtsanwendung.

(1) Wandel in der Rechtssetzung

71 Wenn als Hauptcharakteristikum der Rechtssetzung im Civil Law die umfassende Regelung eines Rechtsgebiets in einem systematisch aufgebauten Gesetzbuch identifiziert wurde, so muss diese Erkenntnis relativiert werden. Das BGB regelt schon längst nicht mehr alle Teile des Zivilrechts. Wesentliche Bereiche, insbesondere das Verbraucherschutzrecht, wurden in der zweiten Hälfte des vergangenen Jahrhunderts ausgelagert und in Nebengesetzen niedergelegt. Europaweit konstatierte man einen allgemeinen Bedeutungsverlust der großen Kodifikationen, der unter dem Begriff der Dekodifikation zusammengefasst wurde.[159]

72 Auch wenn in Deutschland durch die Schuldrechtsreform dieser Entwicklung über die Integration verschiedener Nebengesetze in das BGB gegengesteuert wurde, so kann dies nicht verbergen, dass im Zeitalter sich immer schneller fortentwickelnder technischer Neuerungen das Rechtssetzungsinstrument der Kodifikation letztlich zu schwerfällig ist, um mit der Entwicklung Schritt halten zu können. Dies gilt unabhängig davon, ob diese Veränderung über EU-Richtlinien von außen vorgegeben wird oder nicht. Der Gesetzgeber ist mit der Aufgabe, neue Rechtsmaterien rasch, vielfach innerhalb einer Umsetzungsfrist, in das fragile System einer Kodifikation einzuordnen, schlicht überfordert. So wurde auch im Nachgang zur Schuldrechtsmodernisierung 2001 mit Recht bezweifelt, dass das modernisierte und „re-kodifizierte" BGB als Vorbild für ein Europäisches Zivilgesetzbuch taugen könne.[160]

73 Umgekehrt hat sich die Rechtssetzung durch Präjudizien in der Urform des Common Law als unfähig erwiesen, bei neu auftauchenden rechtlichen Problemen für ausreichende Rechtssicherheit zu sorgen, sodass eine Aktivität des Gesetzgebers zwingend erforderlich wurde. *Guido Calabresi* sprach daher mit Bezug auf das amerikanische Recht von einer „statutorification" des Common Law.[161]

---

159 Der Begriff geht zurück auf *Natalino Irti*, L'età della decodificazione, 3. Aufl. 1989. Zum Altern von Kodifikationen *Wieacker*, in: FS Boehmer, 1954, S. 34, 47ff.; *Kübler*, JZ 1969, 645; vgl. auch *Kötz*, 50 MLR 1987, 1ff.; *K. Schmidt*, Die Zukunft der Kodifikationsidee, 1985, S. 13ff., 47ff.

160 Vgl. z.B. *Lando*, RabelsZ 67 (2003), 231, 244f. („Irrgarten von Regeln"); *Dauner-Lieb*, NJW 2004, 1431, 1432.

161 *Calabresi*, A Common Law for the Age of Statutes, 1982, S. 1.

(2) Veränderung der Rechtsanwendung

Auch die Rechtsanwendung hat sich in beiden Rechtssystemen verändert. Bemerkenswert ist vor allem die Liberalisierung der Auslegungsmethoden im englischen Common Law.[162] Die Ursache für den lange praktizierten Formalismus bei der Auslegung liegt in der großen Bedeutung des Grundsatzes der Parlamentssouveränität. Nach dem klassischen Verfassungsverständnis, wie es *Dicey* geprägt hat, sind der Gesetzgebungskompetenz des Parlaments keine Grenzen gesetzt.[163] Ist ein Rechtsbereich durch statute geregelt, so kann ein Gericht keine hiervon abweichende Entscheidung mehr treffen. Die Auslegung erfolgte daher herkömmlicherweise stets streng nach dem Wortlaut;[164] jede erweiternde Auslegung wurde als „legislation" betrachtet[165] und käme einer Verletzung der Parlamentssouveränität gleich.[166] 74

In den letzten Jahrzehnten setzte sich – nicht zuletzt durch die fortwährenden Anstöße von Lord *Denning* – die Erkenntnis durch, dass sich eine Auslegung auch und gerade am Sinn und Zweck des Gesetzes auszurichten hat.[167] Diese Entwicklung wurde durch den Beitritt des Vereinigten Königreichs zu den Europäischen Gemeinschaften im Jahre 1973 beschleunigt: Die Auslegung von Richtlinien genauso wie die Auslegung der diese umsetzenden Normen darf sich nicht auf eine Interpretation des Wortlauts beschränken; vielmehr gilt der Grundsatz der unionsrechtskonformen Auslegung.[168] Lord *Denning* rechtfertigte diesen Ansatz mit bemerkenswertem Pragmatis- 75

---

162 Vgl. hierzu umfassend *Vogenauer*, Die Auslegung von Gesetzen in England und auf dem Kontinent, 2001, S. 665ff.

163 *Dicey*, Law of the Constitution, 1. Aufl. 1885, S. 39f. schreibt hierzu: „The principle of parliamentary sovereignty means neither more nor less than this, namely, that Parliament [...] has, under the English constitution, the right to make or unmake any law whatever; and, further, that no person or body is recognised by the law of England as having a right to override or set aside the legislation of Parliament."

164 Literal interpretation, vgl. *Zweigert/Kötz*, Einführung in die Rechtsvergleichung, 3. Aufl. 1996, § 18 III; *Fikentscher*, Methoden des Rechts in vergleichender Darstellung, Band II, 1975, S. 111ff.; *Bankowski/MacCormick*, in: MacCormick/Summers, Interpreting Statutes, 1991, S. 359, 365ff. Zu den weiteren traditionellen Auslegungsmethoden golden rule und mischief rule *Vogenauer*, Die Auslegung von Gesetzen in England und auf dem Kontinent, 2001, S. 676ff., 863ff.

165 Vgl. die Entscheidung des House of Lords in *James Buchanan & Co. Ltd. v. Babco Forwarding and Shipping (UK) Ltd.* [1978] AC 141, 156, wo Viscount *Dilhorne* sagte: „I know of no authority for the proposition that one consequence of this country joining the European Economic Community is that the courts of this country should now abandon principles as to construction long established in our law. The courts have rightly refused to encroach on the province of Parliament and *have refused to engage in legislation.*" [Hervorhebung vom *Verf.*]

166 Vgl. *Everling*, RabelsZ 50 (1986), 193, 209; *Levitsky*, 42 (1994) Am.J.Comp.L. 347, 349ff.

167 Purposive approach, vgl. *Carter v. Bradbeer* [1975] 1 WLR 1204, 1206f., HL (Lord *Diplock*); *James Buchanan & Co. Ltd. v. Babco Forwarding and Shipping (UK) Ltd.* [1977] QB 208, 213f., CA (Lord *Denning*); vgl. aber die hierauf ergangene Entscheidung des House of Lords, *James Buchanan & Co. Ltd. v. Babco Forwarding and Shipping (UK) Ltd.* [1978] AC 141.

168 Grundlegend EuGH, 13.11.1990, Rs. C-106/89 – *Marleasing*, Slg. 1990, I-4135; siehe dazu ausführlich oben § 8 Rn. 40ff.

mus: „Just as in Rome, you should do as Rome does. In the European Community, you should do as the European Court does.“[169]

76 Im Jahre 1992 schließlich fiel die letzte Bastion des genuin britischen Auslegungsformalismus: die exclusionary rule. In der berühmten Entscheidung *Pepper v. Hart*[170] erlaubte das House of Lords im Rahmen der historischen Auslegung erstmals die Hinzuziehung der Parlamentsprotokolle, der sogenannten Hansards, als Quelle für die Auslegung. Dieser Schritt war nahezu unvermeidlich geworden, nachdem die Rechtsprechung anerkannt hatte, dass die Konsultation der Entstehungsgeschichte des jeweiligen Sekundärrechtsakts zur richtlinienkonformen Auslegung zwingend erforderlich war.[171]

cc) Vermischung der Rechtsfindungsmethoden

77 Betrachtet man die Methoden der Rechtsfindung, so stellt man eine allmähliche Übernahme der eigentlich systemfremden Ansätze fest. Der englische Richter muss sich an die deduktive Arbeitsweise gewöhnen; der kontinentale Rechtsanwender an die induktive.

78 Die immer weiter steigende Zahl der Gesetze und insbesondere die Tatsache, dass die in nationales Recht umzusetzenden Richtlinien meist den Denkkategorien des Civil Law folgen und auslegungsbedürftige Generalklauseln enthalten, führt dazu, dass der im Common Law geschulte Rechtsanwender immer stärker an die deduktive Rechtsfindungsmethode herangeführt wird. Die Reform des englischen Prozessrechts zeigt, dass ein systematischer Aufbau sowie die Verwendung von Generalklauseln und allgemeinen Auslegungsprinzipien auch bei rein nationalen Rechtsmaterien hoffähig geworden sind. Es wird Zeit brauchen, bis dieser Wandel verinnerlicht ist. Noch scheinen sich die Richter bei jedem Urteil neu daran erinnern zu müssen, dass nun eine neue Ära angebrochen ist, in der „overriding principles“ zu beachten sind und nicht mehr altes Case Law.[172]

79 Umgekehrt ist die Rolle des Richters als Ersatzgesetzgeber im Civil Law von immer größerer Bedeutung.[173] Unabhängig von der formellen Geltung einer doctrine of binding precedent kommt in einem System, das mit Generalklauseln operiert, dem

---

169 *James Buchanan & Co. Ltd. v. Babco Forwarding and Shipping (UK) Ltd.* [1977] QB 208, 214 (CA).

170 *Pepper (Inspector of Taxes) v. Hart* [1992] 3 WLR 1032. Vgl. dazu *Vogenauer*, Die Auslegung von Gesetzen in England und auf dem Kontinent, 2001, S. 969 ff.

171 *Pickstone v. Freemans plc* [1989] 1 AC 66, 112, 121 f. In *Pepper v. Hart* wurde diese Entscheidung nicht umsonst als „a major inroad on the exclusionary rule“ bezeichnet, [1992] 3 WLR 1032, 1052 f. (Lord *Browne-Wilkinson*).

172 Nachweise bei *Stürner*, ZVglRWiss 103 (2004), 349, 356 ff.

173 Vgl. dazu *Berger*, Formalisierte oder „schleichende“ Kodifizierung des transnationalen Wirtschaftsrechts, 1996, S. 90 ff.; *ders.*, The Creeping Codification of the Lex Mercatoria, 1999, S. 95 ff.; *Kramer*, in: Assmann/Brüggemeier/Sethe (Hrsg.), Unterschiedliche Rechtskulturen – Konvergenz des Rechtsdenkens, 2001, S. 31, 36 ff.

Präjudiz für die Rechtspraxis fast ein höherer Stellenwert zu als der Norm selbst. Dies zeigt sich sehr deutlich in der praktischen Arbeitsweise eines Richters oder Rechtsanwalts. Fast jedes Urteil ist in Spezialzeitschriften veröffentlicht; systematische Datenbanken ermöglichen die Recherche nach Stichworten. Welcher praktisch tätige Jurist, der einem unbekannten Rechtsproblem nachgeht, wird also nicht seine Überlegungen mit einer Suche danach beginnen, ob der Fall bereits entschieden wurde? Ähnlich verfahren die Obergerichte. Von einer gefestigten Rechtsprechung wird in der Regel nicht abgewichen. Der BGH formulierte dies einmal wie folgt: „Ein Abgehen von der Kontinuität der Rechtsprechung kann nur ausnahmsweise hingenommen werden, wenn deutlich überwiegende oder sogar schlechthin zwingende Gründe dafür sprechen."[174]

Die Instanzgerichte folgen in aller Regel der ober- oder höchstgerichtlichen Recht- 80
sprechung; das Abweichen hiervon verpflichtet das Untergericht unter Umständen zur Zulassung von Berufung bzw. Revision.[175] Für den Rechtsanwalt ist die Kenntnis und Befolgung der ober- und höchstrichterlichen Rechtsprechung zur Vermeidung von Haftungsrisiken überlebensnotwendig: Nach der Rechtsprechung des BGH haftet ein Rechtsanwalt für Fehler, die auf Unkenntnis der Rechtsprechung beruhen.[176] Er hat sich daher grundsätzlich an der höchstrichterlichen Rechtsprechung zu orientieren und darf in der Regel auch auf ihren Fortbestand vertrauen.[177] Man kann also mit Fug und Recht von einer autoritativen Überzeugungskraft (persuasive authority) oder einer faktischen Bindungswirkung[178] der obergerichtlichen Urteile im kontinentalen Recht sprechen,[179] die ein Abweichen nur bei zwingenden sachlichen Gründen zulassen.[180] Ein solcher sachlicher Grund – und damit ist der Bogen zum Common Law gespannt – ist natürlich auch die mangelnde Vergleichbarkeit der Lebenssachverhalte. In der Rechtspraxis dominiert demzufolge eine dem Common Law ähnliche induktive Methode. Die Technik des distinguishing dürfte jedem Praktiker zumindest in ihrer Zielsetzung vertraut sein.

Richtig ist, dass dem Common Law nach wie vor die Idee der Rechtsordnung als 81
eines kohärenten, systematischen Ganzen eher fremd ist: „The Common Law is a historical development rather than a logical whole, and the fact that a particular doctrine

174 BGHZ (GrS) 85, 64, 66. Ausführlich zu Inhalt und Grenzen der Präjudizwirkung *Langenbucher*, Die Entwicklung und Auslegung von Richterrecht, 1996, S. 106ff., 126ff. sowie *Krebs*, AcP 195 (1995), 171, 182ff.

175 § 511 Abs. 2 Nr. 2, Abs. 4 S. 1 Nr. 2 Alt. 2 ZPO (Berufung) bzw. § 543 Abs. 2 S. 1 Nr. 2 Alt. 2 ZPO (Revision).

176 BGH NJW 1983, 1665; BGH NJW-RR 1993, 243, 245; BGH NJW 2001, 675, 678.

177 BGH NJW 1993, 3323, 3324.

178 Vgl. *Olzen*, JZ 1985, 155, 157.

179 Staudinger/*Honsell* (2018), Einl. BGB Rn. 224ff.

180 Staudinger/*Honsell* (2018), Einl. BGB Rn. 229; *Krebs*, AcP 195 (1995), 171, 182ff.; *Berger*, Formalisierte oder „schleichende" Kodifizierung des transnationalen Wirtschaftsrechts, 1996, S. 94.

does not logically accord with another or others is no ground for its rejection."[181] Dennoch lassen die vorangehenden Ausführungen den Schluss zu, dass Common Law und Civil Law in der Rechtswirklichkeit auch methodisch konvergieren.[182] Dem kommt für die Rechtsentwicklung in der EU auch nach dem Brexit durchaus Bedeutung zu.[183]

b) Der Beitrag der Methodenlehre zur Harmonisierung des EU-Privatrechts

82 Dieser Befund wirft die Frage auf, ob es als Substrat dieser Konvergenz oder als deren Katalysator auch eine genuin europäische Methodenlehre gibt. Dabei geht es ausschließlich um die Angleichung nicht-harmonisierten Rechts. Im Bereich des harmonisierten Rechts besteht eine Pflicht zur richtlinienkonformen Auslegung. Im Bereich eines Rechtsgebietes, das teilweise angeglichen ist, besteht hingegen ein Maßstab für die harmonisierende Auslegung. Die beschriebenen Anhaltspunkte für eine graduelle Konvergenz von Stil und Methode in Common Law und Civil Law und die zunehmenden Harmonisierungsbestrebungen auf europäischer Ebene, vor allem aber die Entstehung der VGKRL, haben etwa ab Mitte der 1990er Jahre das Interesse der Wissenschaft auf die Herausbildung einer europäischen Methodenlehre gelenkt. Auch wenn spätestens mit dem politischen Scheitern des DCFR dieser Impetus deutlich nachgelassen hat, soll die Diskussion hier nachgezeichnet werden.[184]

aa) Grundlagen

83 Die Forderungen nach einer einheitlichen europäischen Methodenlehre[185] als Grundlage für die europäische Privatrechtsvereinheitlichung finden in dieser Konvergenz eine zusätzliche Legitimation. Am Beginn dieser Methodenlehre steht die Anerkennung der Rechtsvergleichung als eigenständigem methodischem Instrument, die eine „europafreundliche" bzw. „international brauchbare" Auslegung[186] oder einen „kom-

---

181 *Best v. Samuel Fox & Co. Ltd.* (1952) AC 716, 727, HL (Lord Porter).

182 So auch *Vogenauer*, Die Auslegung von Gesetzen in England und auf dem Kontinent, 2001, S. 1295ff.; *Smits*, The Making of European Private Law, 2002, S. 94ff.; *Taupitz*, Europäische Rechtsvereinheitlichung heute und morgen, 1993, § 6; *Lordi*, (2002) 22 Journal of Law and Commerce, 1, 5; *Martens*, ZEuP 2017, 600, 601 (Common Law und Civil Law vereinen jeweils deduktive und induktive Vorgehensweise).

183 Siehe oben § 3 Rn. 52ff.

184 Zur Entwicklung des positiven Gemeinschaftsprivatrechts oben § 2 Rn. 10ff.

185 *Schulze*, ZfRV 1997, 183, 192ff.; *Berger*, ZEuP 2001, 4, 12ff.; *Flessner*, JZ 2002, 14, 16ff.; *Hahn*, ZfRV 2003, 163; *Brüggemeier*, in: Assmann/Brüggemeier/Sethe (Hrsg.), Unterschiedliche Rechtskulturen – Konvergenz des Rechtsdenkens, 2001, S. 1, 7f.

186 *Odersky*, ZEuP 1994, 1, 2ff.; *von Bar*, ZfRV 1994, 221, 230f.; *Berger*, ZEuP 2001, 4, 12ff.; vgl. auch *Gruber*, ZVglRWiss 101 (2002), 38, 40ff.

parativen Bewertungsansatz“ ermöglicht.[187] All diesen Auffassungen ist gemein, dass internationaler Urteilseinklang bereits in materiell-rechtlicher Hinsicht erzielt werden soll. Am Ende steht ein transnationales Präjudiziensystem, für dessen Geltung der allgemeine europarechtliche Gleichheitssatz als methodischer Ansatzpunkt herangezogen wird.[188]

bb) Einwände

Auch wenn eine solche transnationale Präjudizienlehre als Bestandteil eines gemein- **84**
europäischen Methodenansatzes sicherlich einer gewissen inneren Logik folgt, so scheint doch Zurückhaltung geboten – dies immer vor dem Hintergrund, dass eine Verpflichtung zur rechtsvergleichenden Auslegung im Bereich des nicht harmonisierten Rechts unionsrechtlich nicht geboten ist.[189]

Zunächst ist die rechtsvergleichende Auslegung auf beiden Seiten des Kanals **85**
noch nicht sehr verbreitet. Dabei scheinen die englischen Richter offener zu sein als die kontinentalen Kollegen. Dies gilt zumindest für die vergleichende Heranziehung des Rechts anderer Common-Law-Staaten. In jüngerer Vergangenheit wird aber durchaus auch einmal ein Blick über den Kanal geworfen, man denke etwa an das Urteil *White v. Jones*, in dem Lord *Goff* ausführlich von den Erfahrungen mit vertraglichen Drittwirkungen in anderen Ländern berichtete.[190] Systembedingt kommt die Rechtsvergleichung in England allerdings weniger bei der Auslegung, als vielmehr bei der richterlichen Rechtsfortbildung ins Spiel, bei der sich vor allem das House of Lords von Anregungen aus anderen Rechtssystemen inspirieren ließ.[191] Auch das schweizerische Bundesgericht tut sich durch rechtsvergleichende Arbeit hervor;[192] was nicht zuletzt mit der „Insellage“ der Eidgenossen und dem dadurch gesteigerten Anpassungsdruck zu tun hat.

---

187 *Flessner*, JZ 2002, 14, 18 ff.

188 *Berger*, ZEuP 2001, 4, 24 ff. Vgl. hierzu auch *Klöckner*, Grenzüberschreitende Bindung an zivilgerichtliche Präjudizien, 2006; *Henninger*, Europäisches Privatrecht und Methode, 2009, S. 357 ff.

189 Vgl. EuGH, 17.7.1997, Rs. C-28/95 – *Leur-Bloem*, Slg. 1997, I-4161, Rn. 32 f.; EuGH, 17.10.2013, Rs. C-184/12 – *Unamar*, IPRax 2014, 174, Rn. 31; *W.-H. Roth*, in: FG 50 Jahre BGH, Band II, 2000, S. 847, 865 f.; *Mayer/Schürnbrand*, JZ 2004, 545, 548 ff., jeweils m.w.N. auch zur Gegenansicht. Zur Rechtsvergleichung als Methode der Auslegung von Richtlinien oben § 8 Rn. 31 f.

190 [1995] 2 WLR 187, 194 f. 201 ff. Vgl. auch die rechtsvergleichenden Ausführungen in *Woolwich Equitable Building Society v. Inland Revenue Commissioners* [1993] AC 70, 174 ff., HL; *McFarlane v. Tayside Health Board* [1999] 4 All ER 961, 975 f., HL; *Greatorex v. Greatorex* [2000] 1 WLR 1970, QBD oder *Fairchild v. Glenhaven Funeral Services Ltd.* [2002] 3 All ER 305, 327 f., HL (Lord *Bingham*). Weitere Nachweise finden sich bei *von Bar*, ZfRV 1994, 221, 231 sowie bei *Örücü*, in: Drobnig/van Erp (Hrsg.), The Use of Comparative Law by the Courts, 1999, S. 253 ff.

191 *Stoll*, RabelsZ 68 (2004), 541, 543 f. weist zu Recht darauf hin, dass in einem Case-Law-System eine „unbefangenere“ Rechtsfortbildung möglich ist.

192 *Zweigert/Kötz*, Einführung in die Rechtsvergleichung, 3. Aufl. 1996, § 2 III. Einen Überblick über weitere europäische Länder gibt *von Bar*, ZfRV 1994, 221, 230 f.

86 Als eigenes methodisches Instrument ist die Rechtsvergleichung jedenfalls in Deutschland nicht vorbehaltlos anerkannt; in der Entscheidungspraxis der Gerichte spielt sie noch immer kaum eine Rolle.[193] Dies hat nicht zuletzt praktische Gründe, denn zur Heranziehung fremder Rechtsordnungen zwecks Lösung eines Rechtsproblems fehlt nicht nur den Richtern an den Instanzgerichten rechtsvergleichende Routine, Zugang zu Rechtsquellen und vor allem die nötige Zeit.[194] Zu befürchten ist, dass die oberflächliche Verwendung von rechtsvergleichenden Argumenten mehr Schaden als Nutzen bringt, wenn sie ohne die notwendige vertiefte Kenntnis des jeweiligen Rechtssystems erfolgt.[195] Auch die bruchlose Einfügung eines fremden Präjudizes in das eigene System dürfte oft Schwierigkeiten bereiten. Eine Verpflichtung zur Rechtsvergleichung besteht nach deutschem Verständnis nur in wenigen Fällen wie bei der Qualifikation im Internationalen Privatrecht, also bei der Frage, ob ein ausländisches Rechtsinstitut in den Regelungsbereich einer deutschen Kollisionsnorm fällt,[196] oder im Rahmen der Auslegung von internationalem Einheitsrecht.[197]

87 Es besteht auch keine Einigkeit über das methodische Fundament der Rechtsvergleichung als eigenständiger Auslegungsart.[198] Dies beginnt bereits bei der Frage, welche Rechtsordnungen für einen seriösen Vergleich herangezogen werden müssen.[199] Man kann den bisher bestehenden Konsens vorsichtig so formulieren, dass die Berücksichtigung rechtsvergleichender Argumente jedenfalls nicht schadet.[200]

88 Was bisher fehlt, ist die Absicherung der rechtsvereinheitlichenden Auslegung und der transnationalen Präjudizienlehre von oben. Weder PECL noch DCFR sind dafür geeignet: Nur ein demokratisch legitimiertes, verbindliches Regelwerk auf europäischer Ebene kann als Bezugmaßstab für eine rechtsvergleichende Auslegung

---

193 Vgl. *Kötz*, in: FG 50 Jahre BGH, Band II, 2000, S. 825ff.; *Gruber*, ZVglRWiss 101 (2002), 38ff.; *Drobnig*, in: Drobnig/van Erp (Hrsg.), The Use of Comparative Law by the Courts, 1999, S. 127ff.; *ders.*, RabelsZ 50 (1986), 610, 612ff. Vgl. auch den Versuch von *Markesinis*, den rechtsvergleichenden Einfluss auf die Rechtspraxis statistisch zu erfassen: *Markesinis*, Rechtsvergleichung in Theorie und Praxis, 2004, S. 75ff., insb. S. 105ff. Dagegen spielt die Rechtsvergleichung in der Rechtsprechung des EuGH eine weit größere Rolle, vgl. *Everling*, RabelsZ 50 (1986), 193, 211; *Rodríguez Iglesias*, NJW 1999, 1, 6ff.; dazu auch oben § 8 Rn. 31f.

194 *Zweigert*, RabelsZ 15 (1949/50), 5, 18; *Behrens*, RabelsZ 50 (1986), 19, 27; auch die Befürworter einer europäischen Methodenlehre gestehen dies ein, vgl. *von Bar*, ZfRV 1994, 221, 231; *Schulze*, ZfRV 1997, 183, 196; *Berger*, ZEuP 2001, 4, 13.

195 Vgl. *Rösler*, JuS 1999, 1186, 1189.

196 Vgl. grundlegend *Rabel*, RabelsZ 5 (1931), 241; *Drobnig*, RabelsZ 50 (1986), 610, 613; *Kegel/Schurig*, Internationales Privatrecht, 9. Aufl. 2004, S. 343ff. sowie aus der Rechtsprechung BGHZ 47, 324, 332. Zur Qualifikation im unionalen IPR oben § 29 Rn. 36ff.

197 Dazu *Kötz*, in: FG 50 Jahre BGH, Band II, 2000, S. 825, 828f.; *Mansel*, JZ 1991, 529, 531.

198 Vgl. *Örücü*, in: Harding/Örücü (Hrsg.), Comparative Law in the 21st Century, 2002, S. 1ff.; *Micklitz*, ZEuP 1998, 253, 268.

199 Vgl. *Berger*, ZEuP 2001, 4, 13; allgemein hierzu *Zweigert/Kötz*, Einführung in die Rechtsvergleichung, 3. Aufl. 1996, § 3 IV.

200 Vgl. *Drobnig*, RabelsZ 50 (1986), 610, 627.

dienen.[201] Der europarechtliche Gleichheitssatz verbietet zwar eine ungleiche Behandlung von wesentlich gleichen Sachverhalten, aber doch nur auf dem Gebiet, das bereits vereinheitlicht ist.[202] Eine rechtsvereinheitlichende Auslegung muss sich daher nach wie vor auf denjenigen Teilbereich des nationalen Rechts beschränken, der bereits harmonisiert ist.

Liegt in einem Rechtsstreit daher die Entscheidung eines Gerichts aus einem anderen Mitgliedstaat zu einem funktional vergleichbaren Rechtsproblem vor, so entfaltet dieses Urteil keine autoritative Begründungslast. Dagegen steht es dem erkennenden Gericht selbstverständlich frei, Anregungen aus anderen Rechtsordnungen im Rahmen der zulässigen Auslegung und Rechtsfortbildung zu berücksichtigen.[203] 89

---

201 Auf diese Schwäche der PECL weist auch *Riesenhuber*, Europäisches Vertragsrecht, 2. Aufl. 2006, Rn. 57 hin. Ähnlich *Schulze*, ZfRV 1997, 183, 197 („keine normative Grundlage"). Allgemein hierzu *van Gerven*, in: Harding/Örücü (Hrsg.), Comparative Law in the 21st Century, 2002, S. 155, 170 ff. Anders lägen die Dinge nur dann, wenn ein Rechtsakt wie etwa das GEK formell erlassen würde; dazu oben Rn. 50 ff.

202 Insoweit auch von *Berger*, ZEuP 2001, 4, 24 eingeräumt.

203 Vgl. *Odersky*, ZEuP 1994, 1, 2; ähnlich *W.-H. Roth*, in: FG 50 Jahre BGH, Band II, 2000, S. 847, 887 f. Dies gilt auch für den Fall der überschießenden Richtlinienumsetzung, vgl. *Mayer/Schürnbrand*, JZ 2004, 545, 550 und dazu bereits oben § 8 Rn. 97 ff.

§ 35 Gerichtliche Rechtsdurchsetzung von Unionsrecht

Literatur: *von Danwitz*, Die Aufgabe des Gerichtshofes bei der Entfaltung des europäischen Zivil- und Zivilverfahrensrechts, ZEuP 2010, 463; *Franklin* (Hrsg.), The Effectiveness and Application of EU and EEA Law in National Courts, 2018; *Gsell/Hau* (Hrsg.), Zivilgerichtsbarkeit und Europäisches Justizsystem, 2012; *Hess*, Europäisches Zivilprozessrecht, 2010, § 12; *Rösler*, Europäische Gerichtsbarkeit auf dem Gebiet des Zivilrechts, 2012; *Jestaedt*, Der „Europäische Verfassungsgerichtsverbund" in (Verfahrenskenn-)Zahlen Die Arbeitslast von BVerfG, EuGH und EGMR im Vergleich, JZ 2011, 872

Systematische Übersicht

https://doi.org/10.1515/9783110718690-035

I. Die Bedeutung der Rechtsdurchsetzung für subjektive Rechtspositionen

Nachdem bislang dargestellt wurde, mit welchen Mitteln die EU auf mitgliedstaatliches Recht auf dem Gebiet des Vertragsrechts einwirken kann und inwieweit die EU von diesen Möglichkeiten bereits Gebrauch gemacht hat oder noch machen könnte, soll nunmehr der Frage nachgegangen werden, auf welchem Weg ein Träger von Unionsrechten auf dem Gebiet des Vertragsrechts diese Rechte gerichtlich durchsetzen kann. Ohne eine Möglichkeit der Rechtsdurchsetzung wären Rechtspositionen unvollständig, die Rechtsordnung bliebe ohne praktischen Effekt. Auch wenn man das Ergebnis gerichtlicher Entscheidungen nach einem bekannten Sprichwort („Vor Gericht und auf Hoher See ist man in Gottes Hand“), das offenbar auch in Luxemburg bekannt ist,[1] nicht immer zutreffend voraussagen kann, so schafft doch das auf Unionsebene gewachsene Verfahrensrecht Strukturen, die eine grenzüberschreitende Forderungsdurchsetzung zumindest erleichtern sollen. **1**

Der Rechtsschutz auf der Ebene des europäischen Vertragsrechts ist zweispurig ausgestaltet: Zum einen wird der Rechtsschutz durch europäische Gerichte, insbesondere EuG und EuGH, zum anderen durch nationale Gerichte, die europäisches Recht oder nationales Recht mit europäischen Wurzeln anzuwenden haben, gewährleistet. Nach der ständigen Rechtsprechung des EuGH hat jedes mitgliedstaatliche Gericht innerhalb seiner Zuständigkeit die Aufgabe, für die volle Wirksamkeit der unionsrechtlichen Bestimmungen zu sorgen und die Rechte zu schützen, welche das Unionsrecht den EU-Bürgern zuschreibt.[2] Neuerdings wurde mit den verschiedenen Mechanismen der alternativen Streitschlichtung eine weitere Spur der Rechtsverfolgung eröffnet.[3] **2**

---

1 GA *Bobek*, Schlussanträge vom 19.10.2017, Rs. C-470/16 – *North East Pylon Pressure Campaign*, ECLI: EU:C:2017:781, Rn. 90 mit Fn. 41: „In conclusion, the separation or dividing up being proposed is to my mind conceptually odd. It would not only be additionally laborious for national judges to deal with costs applications, but, above all, it would generate unpredictability for litigants, thus potentially discouraging them from bringing any environmental claim at all. There is indeed the (I understand originally German) saying that 'in court and on the high seas, one is in the hands of God'. ['Vor Gericht und auf hoher See ist man in Gottes Hand.'] But I would assume that the effort of this Court, as, for that matter, of any other court, is to prove that saying wrong, not to confirm it."

2 EuGH, 15.10.1987, Rs. 222/86 – *Unectet*, Slg. 1987, 4097, 4117; EuGH, 19.11.1991, Rs. C-6/90 – *Francovich*, Slg. 1991, I-5357.

3 Dazu unten § 37.

3 Gerade auf dem Gebiet des Vertragsrechts ist der Rechtsschutz durch die jeweiligen nationalen Gerichte von besonderer Bedeutung, da die Vertragsparteien auf diesem Rechtsgebiet regelmäßig keine Möglichkeit haben, direkt vor den europäischen Gerichten zu klagen, da eine solche nur dann eröffnet ist, soweit es sich um Beschlüsse i. S. d. Art. 288 Abs. 4 AEUV handelt. Nachdem die EU auf dem Gebiet des Vertragsrechts aber ganz überwiegend nicht exekutiv, sondern legislativ tätig wird, existieren hier in aller Regel keine Entscheidungen der europäischen Organe an die Vertragsparteien, sodass nur selten ein Anlass und eine Möglichkeit besteht, im Wege einer Direktklage vor die europäischen Gerichte zu ziehen. Natürliche und juristische Personen haben nach Art. 263 Abs. 4 AEUV ohnehin nur eine eingeschränkte Klagebefugnis gegen Rechtsakte der EU. Streitigkeiten auf dem Gebiet des europäischen Vertragsrechts werden daher ganz überwiegend vor nationalen Gerichten geführt. Werden in einem solchen Verfahren Fragen der Gültigkeit und der Auslegung des europäischen Rechts entscheidungserheblich, muss oder kann das jeweilige nationale Gericht nach Maßgabe des Art. 267 AEUV diese Fragen dem EuGH zur Vorabentscheidung vorlegen. Dieses Vorabentscheidungsverfahren erlangt daher jedenfalls indirekt auch Bedeutung für den Individualrechtsschutz.[4]

II. Nationales Verfahrensrecht

Literatur: *Beka*, The Active Role of Courts in Consumer Litigation. Applying EU Law of the National Courts' Own Motion, 2018

1. Ausgangspunkt

4 Nachdem das Unionsrecht keinen ausgebildeten Instanzenzug kennt, ist es auf einen dezentralen Vollzug angewiesen. Insoweit tragen in erster Linie die mitgliedstaatlichen Gerichte die Verantwortung für die Implementierung von Unionsrecht; die Rolle des EuGH beschränkt sich hingegen auf dessen verbindliche Auslegung.[5] Man kann insoweit von einem Kooperationsverhältnis zwischen mitgliedstaatlichen Gerichten und EuGH sprechen,[6] auch wenn diese Bezeichnung verdeckt, dass das damit angesprochene wechselseitige Zusammenwirken zur Erreichung eines gemeinsamen Ziels auf sehr unterschiedlichen Ebenen stattfindet, mithin durchaus stark hierarchische Prägung hat.

---

4 *Schwarze/Wunderlich*, in: Schwarze, EU-Kommentar, 4. Aufl. 2019, Art. 267 AEUV Rn. 5; *Wegener*, in: Calliess/Ruffert, EUV/AEUV, 5. Aufl. 2016, Art. 267 AEUV Rn. 1.

5 EuGH, 4.7.2006, Rs. C-212/04 – *Adeneler*, Slg. 2006, I-6057, Rn. 40.

6 *Wegener*, in: Calliess/Ruffert, EUV/AEUV, 5. Aufl. 2016, Art. 267 AEUV Rn. 1.

2. Die Rolle des nationalen Verfahrensrechts

Nachdem das Unionsrecht auf dem Grundsatz des dezentralen Vollzugs beruht, erfolgt die Implementierung durch die mitgliedstaatlichen Gerichte und deren autonomes nationales Verfahrensrecht. Grenzen bestehen nach der Rechtsprechung des EuGH allerdings dort, wo die praktische Wirksamkeit eines EU-Rechtsaktes durch die Besonderheiten des jeweiligen Prozessrechts gefährdet wäre. 5

a) Verfahrensautonomie

Das Unionsrecht achtet die Verfahrensautonomie der Mitgliedstaaten. Dies bedeutet, 6 dass kein spezifisches Verfahrensregime für Sachverhalte mit Unionsbezug zur Anwendung kommt.[7] Je nach dessen Ausgestaltung kann es damit in den Mitgliedstaaten zu Unterschieden in der Rechtsdurchsetzung kommen. Dies kann zu Friktionen führen etwa im Bereich des Verbraucherrechts, wenn das zwingend ausgestaltete Schutzregime des EU-Rechts im Prozessrecht eines Mitgliedstaates insoweit kein Pendant findet, als dort der Beibringungsgrundsatz gilt, der die regelmäßig schwächere Position des Verbrauchers nicht berücksichtigt.

Nun gilt das Postulat der praktischen Wirksamkeit von Unionsrecht nicht nur hin- 7 sichtlich eines spezifischen Regelungskontextes, sondern für die gesamte mitgliedstaatliche Rechtsordnung. Mithin kann auch nationales Verfahrensrecht der praktischen Wirksamkeit von Richtlinien- und Verordnungsrecht entgegenstehen.[8]

b) Prüfung von Amts wegen statt Beibringungsgrundsatz?

Solche Konflikte treten insbesondere dort auf, wo nach mitgliedstaatlichem Verfah- 8 rensrecht der Beibringungsgrundsatz gilt oder dort, wo das Gericht nur eine eingeschränkte Prüfungskompetenz hat. Letzteres ist etwa im Mahnverfahren der Fall: Dort kommt es zunächst nur auf die Schlüssigkeit des Klägervortrags an.

Bereits mehrfach war dem EuGH die Frage vorgelegt worden, ob sich aus der 9 Klausel-Richtlinie eine Pflicht der nationalen Gerichte ergebe, in den nach dem jeweiligen autonomen nationalen Recht durchgeführten Mahnverfahren von Amts wegen die Missbräuchlichkeit von Formularklauseln in Verbraucherverträgen zu prüfen. Der EuGH hatte dies bejaht. In den relevanten Entscheidungen ging es jeweils um Verfahren, die bereits in Folge eines Einspruchs bzw. Widerspruchs in die kontradiktorische

7 *Schwarze/Wunderlich*, in: Schwarze, EU-Kommentar, 4. Aufl. 2019, Art. 267 AEUV Rn. 4; *Rösler*, Europäische Gerichtsbarkeit auf dem Gebiet des Zivilrechts, 2012, S. 230ff.

8 Zur Einschränkung des Grundsatzes der mitgliedstaatlichen Verfahrensautonomie durch den Effektivitäts- und den Äquivalenzgrundsatz *Rösler*, Europäische Gerichtsbarkeit auf dem Gebiet des Zivilrechts, 2012, S. 235f.

Phase übergegangen waren.[9] In der Sache *Banesto* hat der EuGH die Verpflichtung zur Amtsprüfung grundsätzlich auch für das Mahnverfahren bejaht. Dies gelte jedenfalls dann, wenn das Gericht „über sämtliche [für die Inhaltskontrolle notwendige] rechtlichen und sachlichen Grundlagen verfügt".[10] Dies soll auch für die Rechtmittelinstanz gelten, wenn der Richtlinienverstoß dort zum ersten Mal vorgetragen wird.[11] Diese Amtsprüfung erstreckt sich allerdings nur auf die unmittelbar streitgegenstandsbezogenen Klauseln.[12]

10 Generell kann die amtswegige Prüfung eines Verstoßes gegen EU-Verbraucherschutzvorschriften unionsrechtlich geboten sein.[13] So hat der EuGH zur VGKRL entschieden, dass eine amtswegige Minderung in Betracht zu ziehen ist, wenn die Vertragsauflösung wegen Geringfügigkeit des Mangels nicht in Betracht kommt, auch wenn der Verbraucher keine Minderung beantragt hat und nach dem Prozessrecht der lex fori keine Möglichkeit mehr hat, die Minderung noch geltend zu machen.[14] Dahinter steht allerdings eine Besonderheit des spanischen Verfahrensrechts; eine Verallgemeinerung erscheint nicht angezeigt.[15]

III. Sicherung der Einheitlichkeit der Auslegung

1. Vorabentscheidungsverfahren vor dem EuGH

Literatur: *Bruns*, Die Revision zum Europäischen Gerichtshof in Zivilsachen – akademische Zukunftsvision oder Gebot europäischer Justizgewährleistung?, JZ 2011, 325; *Clavora/Garber* (Hrsg.), Das Vorabentscheidungsverfahren in der Zivilgerichtsbarkeit, 2014; *Colneric*, Die Entlastung des EuGH, ZEuP 2020, 759; *Gsell/Hau* (Hrsg.), Zivilgerichtsbarkeit und Europäisches Justizsystem, 2012; *Hellwig*, Kritisches zur Kontrolle der Pflicht zur Vorlage an den EuGH, in: FS Müller-Graff, 2015, S. 416; *Kühling/Drechsler*, Alles „acte clair"? – Die Vorlage an den EuGH als Chance, NJW 2017, 2950; *Piekenbrock*, Vorlagen an den EuGH nach Art. 267 AEUV im Privatrecht, EuR 2011, 317; *Riesenhuber*, Aspekte der Fehlerkultur im Europarecht. Zusammenwirken von EuGH und nationalen Gerichten, IWRZ 2018, 243; *Rösler*, Europäische Gerichtsbarkeit auf dem Gebiet des Zivilrechts, 2012, S. 70 ff., 165 ff.

---

9 EuGH, 4.6.2009, Rs. C-243/08 – *Pannon*, Slg. 2009, I-4713, Rn. 32 (Gerichtsstandsvereinbarung in Mobilfunkvertrag); EuGH, 9.11.2010, Rs. C-137/08 – *Pénzügyi*, Slg. 2010, I-10847, Rn. 56 (Gerichtsstandsvereinbarung in Darlehensvertrag).

10 EuGH, 14.6.2012, Rs. C-618/10 – *Banco Español de Crédito*, EuZW 2012, 754, Rn. 53. Siehe dazu *Stürner*, ZEuP 2013, 671.

11 EuGH, 30.5.2013, Rs. C-397/11 – *Jőrös*, ECLI:EU:C:2013:340, Rn. 29 ff.

12 EuGH, 11.3.2020, Rs. C-511/17 – *Lintner*, ECLI:EU:C:2020:188, Rn. 30 ff.

13 Siehe die Nachweise in EuGH, 21.4.2016, Rs. C-377/14 – *Radlinger*, ECLI:EU:C:2016:283, Rn. 62. Zur Verbraucherkredit-RL auch EuGH, 5.3.2020, Rs. C-679/18 – *OPR-Finance*, ECLI:EU:C:2020:167, Rn. 18 ff.; dazu bereits oben § 16 Rn. 51 ff.

14 EuGH, 3.10.2013, Rs. C-32/12 – *Autociba*, EuZW 2013, 918, Rn. 34 ff.

15 Näher *Kern*, in: FS Müller-Graff, 2015, S. 400. Eingehend zu den Fallgruppen *Beka*, The Active Role of Courts in Consumer Litigation, 2018.

a) Funktionen des Vorabentscheidungsverfahrens nach Art. 267 AEUV; Auslegungsmonopol

Das Vorabentscheidungsverfahren nach Art. 267 AEUV ist das praktisch bedeutsamste Verfahren vor dem EuGH. So waren im Jahr 2018 von insgesamt 760 erledigten Rechtssachen 520 Vorabentscheidungsersuchen, was einem Anteil von rund 68 % entspricht.[16] Aber auch unabhängig von den Geschäftszahlen ist festzustellen, dass das Vorabentscheidungsverfahren eine herausragende Stellung einnimmt, da die zentralen Aussagen des Gerichtshofs zur Rechtsnatur, Auslegung und zum Vorrang des Unionsrechts regelmäßig im Rahmen dieser Verfahrensart getroffen werden.[17] 11

Die hohe praktische Relevanz des Vorabentscheidungsverfahrens resultiert nicht zuletzt aus dessen Funktion: So gelten weite Teile des europäischen Vertragsrechts unmittelbar in den Mitgliedstaaten. Dies gilt insbesondere für das sekundäre Unionsrecht, namentlich für Verordnungen (Art. 288 Abs. 2 S. 2 AEUV) und Beschlüsse (Art. 288 Abs. 4 AEUV). Auch Richtlinien können unter bestimmten Voraussetzungen unmittelbare Wirkungen in den Mitgliedstaaten entfalten.[18] Aus der Sicht des jeweiligen mitgliedstaatlichen Gerichts, welches wegen einer Vertragsstreitigkeit angerufen wurde, resultiert hieraus, dass es in gewissen Fällen nicht nur nationale, sondern auch unionsrechtliche Rechtsvorschriften bzw. Normen mit unionsrechtlichem Ursprung anzuwenden hat. 12

Um dem jeweiligen nationalen Gericht bei der Beantwortung der entscheidungserheblichen Rechtsfragen behilflich zu sein, aber auch um eine einheitliche Auslegung und Anwendung des Unionsrechts in den Mitgliedstaaten zu sichern,[19] statuiert Art. 267 AEUV ein Vorabentscheidungsverfahren vor dem EuGH, um dessen Auslegungsmonopol zu sichern. Neben dieser Funktion soll das Vorabentscheidungsverfahren aber indirekt auch die effektive Durchsetzung von unionsrechtlichen Individualrechten sicherstellen.[20] Diese Möglichkeit des indirekten Rechtsschutzes im Wege des Vorabentscheidungsverfahren als Zwischenverfahren ist für die Unionsbürger gerade auf dem Gebiet des Vertragsrechts von immenser Bedeutung. Insoweit besitzt das Vorabentscheidungsverfahren einen gewissen individualrechtsschützenden Akzent. 13

16 Vgl. dazu den Jahresbericht – Jahresüberblick des Gerichtshofs der Europäischen Union für das Jahr 2018, S. 43, abrufbar unter https://curia.europa.eu/jcms/upload/docs/application/pdf/2019-04/ra_pan_2018_de.pdf.

17 *Schima*, Das Vorabentscheidungsverfahren vor dem EuGH, 2. Aufl. 2004, S. 1f. m. w. N. Zur Arbeitsbelastung allgemein auch *Rösler*, Europäische Gerichtsbarkeit auf dem Gebiet des Zivilrechts, 2012, S. 70ff. Zur Entlastung des EuGH wurde vorgeschlagen, dem EuG nach Art. 256 Abs. 3 AEUV weitere Kompetenzen insbesondere im Rahmen des Vorabentscheidungsverfahrens zu übertragen, vgl. *Colneric*, ZEuP 2020, 759, 764ff.

18 Siehe dazu oben § 8 Rn. 117ff.

19 EuGH, 16.1.1974, Rs. 166/73 – *Rheinmühlen-Düsseldorf*, Slg. 1974, 33, Rn. 2.

20 *Haratsch/Koenig/Pechstein*, Europarecht, 12. Aufl. 2020, Rn. 584; *Schwarze/Wunderlich*, in: Schwarze, EU-Kommentar, 4. Aufl. 2019, Art. 267 AEUV Rn. 5; *Wegener*, in: Calliess/Ruffert, EUV/AEUV, 5. Aufl. 2016, Art. 267 AEUV Rn. 1.

Allerdings hat der Bürger keinen einklagbaren Anspruch auf Vorlage beim EuGH. Vielmehr kann er ein Vorabentscheidungsersuchen lediglich anregen, erzwingen kann er es nur eingeschränkt.[21] Insoweit lässt sich von einer Überprüfung der mitgliedstaatlichen Rechtsanwendung auf Unionsrechtskonformität anlässlich einer Individualstreitigkeit sprechen.

b) Ausgestaltung des Vorabentscheidungsverfahren als Zwischenverfahren

14 Im Rahmen des Vorabentscheidungsverfahrens wird der EuGH nicht als verkapptes europäisches Revisionsgericht tätig. Vielmehr ist das Vorabentscheidungsverfahren als gerichtliches Kooperationsverfahren ausgestaltet, welches der Parteiherrschaft entzogen ist. Das Vorabentscheidungsverfahren startet vor einem mitgliedstaatlichen Gericht, gelangt in einer Art Zwischenverfahren vor den EuGH und endet schließlich wiederum vor dem mitgliedstaatlichen Gericht. Das jeweilige nationale Prozessgericht setzt den Rechtsstreit nach § 148 ZPO aus,[22] formuliert die konkret aufgetretene Rechtsfrage abstrakt und übermittelt diese an den EuGH. Der EuGH ist darauf beschränkt, die Vorlagefrage zum Unionsrecht zu beantworten. Die eigentliche Anwendung des Unionsrechts auf den Einzelfall und vor allem die Auslegung und Anwendung des nationalen Privat- und Verfahrensrechts sind dabei allein dem nationalen Prozessgericht vorbehalten.[23]

15 Das Vorabentscheidungsverfahren ist in den Art. 93 bis 118 VerfO EuGH geregelt.[24] Verfahrenssprache ist die Sprache desjenigen innerstaatlichen Gerichts, das den EuGH angerufen hat (Art. 37 Abs. 3 S. 1 VerfO EuGH). Das zunächst schriftliche Verfahren ist nicht kontradiktorisch ausgestaltet; alle Beteiligten geben ihre Stellungnahmen und Erklärungen parallel ab.[25] Nach Art. 96 Abs. 2 VerfO EuGH folgt im Regelfall eine mündliche Verhandlung.[26] Üblicherweise wird die Entscheidung des EuGH durch Schlussanträge der Generalanwältinnen und Generalanwälte vorbereitet, die eine Empfehlung hinsichtlich der gestellten Vorlagefrage formulieren. Diese haben oft den Charakter von wissenschaftlichen Gutachten; hier wird auch einschlägige Literatur berücksichtigt. Ist der EuGH aber der Auffassung, dass eine Rechtssache keine neue Rechtsfrage aufwirft, so kann er nach Anhörung des Generalanwalts auf die Schlussanträge verzichten (Art. 20 Abs. 5 EuGH-Satzung).

---

21 Kritisch dazu *Bruns*, JZ 2011, 325, 331 ff. Dazu auch unten Rn. 41 ff.

22 Zöller/*Greger*, ZPO, 33. Aufl. 2020, § 148 Rn. 2, 3b; *Pechstein/Görlitz*, in: Frankfurter Kommentar zu EUV, GRC und AEUV, 2017, Art. 267 AEUV Rn. 103; *Piekenbrock*, EuR 2011, 317, 338; *Herdegen*, Europarecht, 21. Aufl. 2019, § 9 Rn. 29.

23 EuGH, 22.11.2005, Rs. C-144/04 – *Mangold*, Slg. 2005, I-9981, Rn. 32 ff.

24 Zu den wesentlichen Änderungen seit 2012 *Dittert*, EuZW 2013, 726; *Berrisch*, EuZW 2013, 881.

25 *Schwarze/Wunderlich*, in: Schwarze, EU-Kommentar, 4. Aufl. 2019, Art. 267 AEUV Rn. 59.

26 Zu Ausnahmen *Schwarze/Wunderlich*, in: Schwarze, EU-Kommentar, 4. Aufl. 2019, Art. 267 AEUV Rn. 62.

c) Vorlagevoraussetzungen

Die Vorlagevoraussetzungen haben nur zu einem kleinen Teil eine Regelung im AEUV erfahren. Im Wesentlichen ergeben sie sich hingegen aus der Rechtsprechung des EuGH. Zunächst muss eine Zuständigkeit des EuGH vorliegen;[27] sie ist auf dem Gebiet des Vertragsrechts grundsätzlich gegeben. Probleme können aber insoweit aus der Konkurrenz zur Nichtigkeitsklage nach Art. 263 Abs. 4 AEUV resultieren, da diese nach Art. 263 Abs. 6 AEUV im Gegensatz zum Vorabverfahren einer Frist von zwei Monaten unterliegt. Nach der Rechtsprechung des EuGH darf die Zweimonatsfrist des Art. 263 Abs. 6 AEUV nicht umgangen werden, wenn die Nichtigkeitsklage offensichtlich zulässig ist bzw. war.[28] 16

d) Systematik des Vorabentscheidungsverfahrens nach Art. 267 AEUV

Literatur: *Niestedt*, in: Gsell/Hau, Zivilgerichtsbarkeit und Europäisches Justizsystem, 2012, S. 22; *Obert*, Neues vom acte clair – Übersicht über ältere und aktuelle Rechtsprechung des EuGH, GPR 2019, 206

aa) Gegenstand des Vorabentscheidungsverfahrens

Gemäß Art. 267 Abs. 1 AEUV entscheidet der EuGH im Rahmen des Vorabentscheidungsverfahrens über die Auslegung der Verträge (lit. a) sowie über die Gültigkeit und die Auslegung der Handlungen der Organe (Art. 13 AEUV), Einrichtungen oder sonstigen Stellen der Union (lit. b). Verträge im Sinne des Art. 267 Abs. 1 lit. a AEUV sind die Bestimmungen des EUV und des AEUV einschließlich seiner Anhänge, der beigefügten Protokolle mit allen Änderungen sowie der Beitrittsverträge mit den neuen Mitgliedstaaten.[29] „Handlungen der Organe der Union" i. S. d. Art. 267 Abs. 1 lit. b AEUV meint das gesamte Sekundärrecht der EU. Beschränkungen ergeben sich lediglich aus der Begrenzung der Zuständigkeit des EuGH durch die Art. 275 und 276 AEUV.[30] Im Übrigen können Fragen zur Auslegung sämtlicher in Art. 288 Abs. 1 AEUV genannter Rechtsakte, d. h. zu Verordnungen, Richtlinien, Beschlüssen, Empfehlungen und Stellungnahmen, soweit sie Rechtswirkungen zeitigen, vorgelegt werden. Demgegenüber können nationale Rechtsregeln grundsätzlich nicht zum Gegenstand 17

---

27 *Haratsch/Koenig/Pechstein*, Europarecht, 12. Aufl. 2020, Rn. 585; *Herdegen*, Europarecht, 21. Aufl. 2019, § 9 Rn. 26.

28 EuGH, 9.3.1994, Rs. C-188/92 – *Textilwerke Deggendorf*, Slg. 1994, I-833. Siehe dazu *Niestedt*, in: Gsell/Hau, Zivilgerichtsbarkeit und Europäisches Justizsystem, 2012, S. 17; *Hau*, in: Gsell/Hau, Zivilgerichtsbarkeit und Europäisches Justizsystem, 2012, S. 83.

29 *Schwarze/Wunderlich*, in: Schwarze, EU-Kommentar, 4. Aufl. 2019, Art. 267 AEUV Rn. 9 f.

30 *Wegener*, in: Calliess/Ruffert, EUV/AEUV, 5. Aufl. 2016, Art. 267 AEUV Rn. 10.

eines Vorabentscheidungsverfahrens gemacht werden.[31] Häufig fragen vorlegende Gerichte nach der Vereinbarkeit nationaler Rechtsvorschriften mit dem Unionsrecht. Auch hier beschränkt sich die Entscheidungsbefugnis des EuGH auf die Auslegung des Unionsrechts selbst;[32] regelmäßig wird die Vorlagefrage in diesen Fällen durch den EuGH so umformuliert, dass keine Missverständnisse aufkommen.[33] Auch die Anwendung des vom EuGH autoritativ ausgelegten Unionsrechts obliegt weiterhin den nationalen Gerichten.[34]

18 Wegen der Rechtskraft der Urteile des EuGH sind auch dessen Entscheidungen nicht tauglicher Gegenstand einer Gültigkeitsvorlage. Umstritten ist, ob Urteile des EuGH zumindest Gegenstand einer Auslegungsvorlage sein können.[35]

bb) Vorlageberechtigte und -verpflichtete

19 Vorlageberechtigt bzw. -verpflichtet sind gemäß Art. 267 Abs. 2–4 AEUV lediglich mitgliedstaatliche Gerichte.[36] Unerheblich ist insoweit, ob es sich um unter- oder letztinstanzliche Gerichte handelt. Unterschiede ergeben sich hieraus lediglich für die Frage, ob eine Vorlagepflicht oder nur eine Vorlageberechtigung besteht.[37] Ausgeschlossen sind somit Vorlagen durch die Parteien des Rechtsstreits, durch Behörden und durch Gerichte von Drittstaaten oder internationalen Organisationen. Der Begriff „Gericht" ist EU-autonom auszulegen.[38] Nach der Rechtsprechung des EuGH ist für die Qualifikation einer Institution als Gericht erforderlich, dass sie auf gesetzlicher Grundlage eingerichtet wurde, dass ihre Gerichtsbarkeit einen ständigen und obligatorischen Charakter hat und dass sie einen Rechtsstreit auf der Grundlage eines rechtsstaatlich geordneten Verfahrens in richterlicher Unabhängigkeit[39] potentiell

31 So auch der EuGH in st. Rspr.: EuGH, 19.3.1964, Rs. 75/63 – *Unger*, Slg. 1964, 379, 398; EuGH, 12.10.1993, Rs. C-37/92 – *Vanacker und Lesage*, Slg. 1993, I-4947, Rn. 7; EuGH, 19.9.2006, Rs. C-506/04 – *Wilson*, Slg. 2006, I-8613, Rn. 34.

32 *Wegener*, in: Calliess/Ruffert, EUV/AEUV, 5. Aufl. 2016, Art. 267 AEUV Rn. 6.

33 EuGH, 15.7.1964, Rs. 6/64 – *Costa/E.N.E.L.*, Slg. 1964, 1259, 1268. Dies wird mit Formulierungen wie „Die erste Frage des vorlegenden Gerichts geht im Wesentlichen dahin, ob…" oder ähnlichen eingeleitet.

34 EuGH, 27.3.1963, verb. Rs. 28–30/62 – *Da Costa*, Slg. 1963, 63, 81.

35 Bejahend *Schwarze/Wunderlich*, in: Schwarze, EU-Kommentar, 4. Aufl. 2019, Art. 267 AEUV Rn. 11; ablehnend *Wegener*, in: Calliess/Ruffert, EUV/AEUV, 5. Aufl. 2016, Art. 267 AEUV Rn. 10.

36 Zum Begriff des „Gerichts" s. die Vorlage LG Erfurt ThürVBl 2020, 300, beim EuGH anhängig als Rs. C-276/20: Dort wurde die Unabhängigkeit und Unparteilichkeit deutscher Gerichte im Zusammenhang mit dem sog. Dieselskandal und einer (angenommenen) politischen Einflussnahme für so zweifelhaft gehalten, dass eine entsprechende Vorlagefrage formuliert wurde.

37 *Heiderhoff*, Europäisches Privatrecht, 5. Aufl. 2020, Rn. 141ff.

38 EuGH, 30.3.1993, Rs. C-24/92 – *Corbiau*, Slg. 1993, I-1277, Rn. 15; *Pechstein/Görlitz*, in: Frankfurter Kommentar zu EUV, GRC und AEUV, 2017, Art. 267 AEUV Rn. 38.

39 Dazu EuGH, 16.7.2020, Rs. C-658/18 – *UX*, ECLI:EU:C:2020:572, Rn. 42ff. (zum italienischen giudice di pace).

rechtskräftig entscheiden.[40] Nicht (mehr) vorausgesetzt wird nach der neueren Rechtsprechung des EuGH hingegen ein streitiges Verfahren.[41] Vorlageberechtigt sind daher jedenfalls die hier im Mittelpunkt des Interesses stehenden Zivilgerichte.

Während unterinstanzliche Gerichte grundsätzlich nicht zur Vorlage an den EuGH verpflichtet sind,[42] muss ein letztinstanzliches Gericht, d.h. ein Gericht, „dessen Entscheidungen selbst nicht mehr mit Rechtsmitteln des innerstaatlichen Rechts angefochten werden können", gemäß Art. 267 Abs. 3 AEUV vorlegen, wenn sich im konkreten Rechtsstreit eine Frage der Gültigkeit oder Auslegung des Unionsrechts stellt. Die früher in Art. 68 Abs. 1 EG a.F. bestehende Ausnahme hinsichtlich von Rechtsakten im Bereich der justiziellen Zusammenarbeit, die auf Art. 65 EG a.F. (nunmehr Art. 81 AEUV) beruhten – hier durfte nur das letztinstanzliche Gericht vorlegen[43] – wurde durch den Vertrag von Lissabon abgeschafft. 20

Das richtige Verständnis des soeben zitierten Halbsatzes des Art. 267 Abs. 3 AEUV ist nicht unumstritten. Probleme bereitet etwa die Beantwortung der Frage, ob auch ein Amtsgericht als letztinstanzliches Gericht anzusehen ist, wenn gegen seine Entscheidung die Berufung nicht statthaft ist, weil der Beschwerdegegenstand 500 € nicht übersteigt (§ 511 Abs. 2 Nr. 1 ZPO).[44] Diese Frage ist gerade in Verbrauchersachen, die tendenziell von niedrigen Streitwerten geprägt sind, durchaus von Bedeutung. Eine rechtlich vergleichbare Frage taucht auf, wenn ein Berufungsgericht nach § 522 Abs. 2, 3 ZPO entscheidet oder bei einem Streitwert bis 20.000 €[45] im Urteil die Revision nicht zulässt. 21

Im Wesentlichen stehen sich zwei Meinungen gegenüber: Nach einer Lesart ist darauf abzustellen, welches Gericht bei abstrakter Betrachtung die letzte mögliche Instanz sei.[46] Nach der herrschenden Gegenauffassung ist hingegen maßgebend, ob das 22

---

40 Vgl. insbesondere EuGH, 30.6.1966, Rs. 61/65 – *Vaassen-Göbbels*, Slg. 1966, 584; EuGH, 11.6.1987, Rs. 14/86 – *Pretore di Salò/X*, Slg. 1987, 2545, Rn. 7; EuGH, 17.10.1989, Rs. C-109/88 – *Danfoss*, Slg. 1989, 3199, Rn. 7f.; EuGH, 27.4.1994, Rs. C-393/92 – *Almelo*, Slg. 1994, I-1477, Rn. 21ff.; EuGH, 19.10.1995, Rs. C-111/94 – *Job Centre*, Slg. 1995, I-3361, Rn. 9; EuGH, 29.11.2001, Rs. C-17/00 – *De Coster*, Slg. 2001, I-9445, Rn. 10 und 12; EuGH, 21.3.2000, verb. Rs. C-110 bis 147/98 – *Gabalfrisa*, Slg. 2000, I-1577, Rn. 33; EuGH, 30.5.2002, Rs. C-516/99 – *Walter Schmid*, Slg. 2002, I-4573, Rn. 34ff.; EuGH, 27.4.2006, Rs. C-96/04 – *Niebüll*, Slg. 2006, I-3561, Rn. 12ff.

41 EuGH, 17.5.1994, Rs. C-18/93 – *Corsica Ferries*, Slg. 1994, I-1783, Rn. 12; EuGH, 19.10.1995, Rs. C-111/94 – *Job Centre*, Slg. 1995, I-3361, Rn. 9.

42 Eine Ausnahme soll nach der Rechtsprechung des EuGH dann bestehen, wenn das erkennende Gericht Zweifel an der Gültigkeit der entscheidungserheblichen EU-Norm hat, s. EuGH, 22.10.1987, Rs. 314/85 – *Foto-Frost*, Slg. 1987, I-4199.

43 Kritisch dazu wegen Rechtsschutzverkürzung *Hess*, RabelsZ 66 (2002), 471, 488ff.

44 Beschwerdegegenstand ist der Teil der Beschwer, der durch die Berufung beseitigt werden soll. Berechnungskriterien für den Beschwerdegegenstand sind die Beschwer des Klägers bzw. des Beklagten und der Berufungsantrag. Vgl. dazu nur Zöller/*Heßler*, ZPO, 33. Aufl. 2020, § 511 Rn. 13.

45 Vgl. dazu § 544 Abs. 2 Nr. 1 ZPO.

46 So etwa *Bleckmann*, Europarecht, 6. Aufl. 1997, Rn. 921; *Dauses*, Das Vorabentscheidungsverfahren nach Artikel 177 EG-Vertrag, 2. Aufl. 1995, S. 111.

Streitgericht *in concreto* die letzte mögliche Instanz für die Parteien ist.[47] Der Wortlaut des Art. 267 Abs. 3 AEUV ist insoweit wenig ergiebig, da der bereits zitierte Halbsatz sowohl das eine als auch das andere Verständnis zulässt.[48] Für eine konkrete Betrachtungsweise spricht jedoch, dass nur dann in jedem Verfahren, in dem Unionsrecht zur Anwendung gelangt, eine Überprüfung möglich ist, wenn ein vorlagepflichtiges Gericht erreichbar ist.[49] Dies ist gerade vor dem Hintergrund der Funktion des Vorabentscheidungsverfahrens, eine einheitliche Auslegung und Anwendung des Unionsrechts zu sichern, erstrebenswert. Auch der EuGH scheint einer konkreten Betrachtungsweise zuzuneigen. So findet sich in der Entscheidung *Costa/E.N.E.L.* die Aussage, „staatliche Gerichte, deren Entscheidung wie vorliegend nicht mehr mit Rechtsmitteln des innerstaatlichen Rechts angefochten werden können“, seien vorlagepflichtig.[50] Auch bei konkreter Betrachtungsweise ist es dem erstinstanzlichen Gericht bzw. dem Rechtsmittelgericht allerdings möglich, die Verantwortung für die Erfüllung der Vorlagepflicht weiterzureichen, indem es die Berufung bzw. die Revision nach § 511 Abs. 2 Nr. 2 ZPO bzw. § 543 Abs. 2 ZPO zulässt.

cc) Keine Vorlage bei fehlender Entscheidungserheblichkeit

23 Ein mitgliedstaatliches Gericht ist gemäß Art. 267 Abs. 2 AEUV nur dann zur Vorlage an den EuGH berechtigt bzw. verpflichtet, wenn die Entscheidung über die Vorlagefrage für den Erlass des Urteils erheblich ist.[51] Hintergrund dieser Einschränkung des Vorabentscheidungsverfahrens ist, dass der EuGH nicht mit lediglich hypothetischen Fragen beschäftigt werden soll. Schließlich stünden dem nicht nur prozessökonomische Gründe, sondern gerade auch der Sinn und Zweck des Vorabentscheidungsverfahrens entgegen. Dieses dient, wie dargelegt, der Sicherung einer einheitlichen Auslegung und Anwendung von Unionsrecht und damit der Sicherung der Rechtspflege. Dieser Zweck vermag die Erstreckung des Vorabentscheidungsverfahrens auf hypothetische Fragen nicht zu decken.[52]

---

47 *Heiderhoff*, Europäisches Privatrecht, 5. Aufl. 2020, Rn. 143; *Hess*, Europäisches Zivilprozessrecht, 2010, § 12 Rn. 26; *Schima*, Das Vorabentscheidungsverfahren vor dem EuGH, 2. Aufl. 2004, S. 59f.; *Piekenbrock*, EuR 2011, 317, 334.

48 Enger *Hess*, Europäisches Zivilprozessrecht, 2010, § 12 Rn. 26 mit Fn. 109, nach dem es bereits nach dem Wortlaut auf eine konkrete Betrachtungsweise ankommen soll.

49 *Schima*, Das Vorabentscheidungsverfahren vor dem EuGH, 2. Aufl. 2004, S. 59.

50 EuGH, 15.7.1964, Rs. 6/64 – *Costa/E.N.E.L.*, Slg. 1964, 1259, 1268; noch deutlicher EuGH, 4.6.2002, Rs. C-99/00 – *Lyckeskog*, Slg. 2002, I-4839, Rn. 14ff.

51 *Pechstein/Görlitz*, in: Frankfurter Kommentar zu EUV, GRC und AEUV, 2017, Art. 267 AEUV Rn. 54.

52 Vgl. EuGH, 26.3.2020, Rs. C-66/19 – *JC*, ECLI:EU:C:2020:242, Rn. 30; EuGH, 3.7.2019, Rs. C-242/18 – *UniCredit Leasing*, ECLI:EU:C:2019:558, Rn. 46; EuGH, 4.7.2006, Rs. C-212/04 – *Adeneler*, Slg. 2006, I-6057, Rn. 42; EuGH, 22.11.2005, Rs. C-144/04 – *Mangold*, Slg. 2005, I-9981, Rn. 36; EuGH, 22.11.1978, Rs. 93/78 – *Mattheus/Doego*, Slg. 1978, 2203.

Grundsätzlich ist es „allein Sache des mit dem Rechtsstreit befassten nationalen Gerichts, in dessen Verantwortungsbereich die zu erlassende gerichtliche Entscheidung fällt, im Hinblick auf die Besonderheiten der Rechtssache sowohl die Erforderlichkeit einer Vorabentscheidung zum Erlass seines Urteils als auch die Erheblichkeit der dem Gerichtshof vorgelegten Fragen zu beurteilen".[53] Anderenfalls müsste der EuGH die Erheblichkeit der Vorlagefrage anhand der jeweiligen lex causae nachprüfen, was wenig sachgerecht erschiene und auch nicht der Aufgabenzuweisung des Art. 267 AEUV entspräche: Der EuGH legt kein nationales Recht aus; hierfür sind ausschließlich die nationalen Gerichte zuständig.[54] Nur in Fällen, in denen die Vorabentscheidungsfrage offensichtlich unerheblich ist, weist der EuGH die Vorlage durch ein mitgliedstaatliches Gericht mangels Erforderlichkeit als unzulässig zurück.[55] Erforderlich i.S.d. Art. 267 Abs. 2 AEUV ist eine Entscheidung des EuGH bereits dann, wenn Zweifel an der Auslegung und/oder der Gültigkeit einer potentiell entscheidungserheblichen Unionsnorm bestehen. 24

dd) Ausnahmen von der Vorlagepflicht nach der Acte-clair-Doktrin

Nach der Rechtsprechung des EuGH besteht eine Vorlagepflicht eines letztinstanzlichen Gerichts trotz Erheblichkeit der Vorlagefrage nicht, wenn „bereits eine gesicherte Rechtsprechung des Gerichtshofes vorliegt, durch die die betreffende Rechtsfrage gelöst ist"[56] oder wenn die Antwort auf die Vorlagefrage offensichtlich ist.[57] Zur Feststellung der Offensichtlichkeit stellt der EuGH darauf ab, dass „die richtige Anwendung des Gemeinschaftsrechts derart offenkundig" sein muss, dass „keinerlei Raum für einen vernünftigen Zweifel an der Entscheidung der gestellten Frage bleibt": In diesem Fall liegt ein „acte clair" vor. Insbesondere der BGH rekurriert regelmäßig auf die Acte-clair-Doktrin, um eine an sich mögliche Vorlage zu vermeiden.[58] 25

---

53 So eine ständig wiederkehrende Formel, s. etwa EuGH, 18.10.1990, Rs. C-297/88 und C-197/89 – *Dzodzi*, Slg. 1990, I-3763, Rn. 33f.; EuGH, 13.3.2001, Rs. C-379/98 – *PreussenElektra*, Slg. 2001, I-2099, Rn. 38; EuGH, 9.7.2020, Rs. C-698/18 und C-699/18 – *SC Raiffeisen Bank*, ECLI:EU:C:2020:537, Rn. 46.

54 EuGH, 26.3.2020, Rs. C-66/19 – *JC*, ECLI:EU:C:2020:242, Rn. 31; EuGH, 3.7.2019, Rs. C-242/18 – *UniCredit Leasing*, ECLI:EU:C:2019:558, Rn. 47; EuGH, 16.2.2017, Rs. C-507/15 – *Agro*, ECLI:EU:C:2017:129, Rn. 23; EuGH, 16.7.2020, Rs. C-224/19 und C-259/19 – *Caixabank*, ECLI:EU:C:2020:578, Rn. 40. Siehe dazu bereits Rn. 17.

55 EuGH, 24.3.2011, Rs. C-194/10 – *Robert Nicolaus Abt*, Slg. 2011, I-39, Rn. 21; EuGH, 14.6.2012, Rs. C-618/10 – *Banco Español de Crédito*, EuZW 2012, 754, Rn. 79; EuGH, 9.7.2020, Rs. C-698/18 und C-699/18 – *SC Raiffeisen Bank*, ECLI:EU:C:2020:537, Rn. 46ff.

56 EuGH, 6.10.1982, Rs. 283/81 – *CILFIT*, Slg. 1982, 3415, Rn. 14.

57 EuGH, 6.10.1982, Rs. 283/81 – *CILFIT*, Slg. 1982, 3415, Rn. 16. Kritisch zu dieser Doktrin *Hess*, RabelsZ 66 (2002), 471, 493ff. (Beschränkung der Vorlagepflicht auf grundsätzliche Fragen).

58 Etwa BGH NJW 2005, 1045; BGHZ 110, 47, 68ff.

26 Diese Ausnahme von der Vorlagepflicht ist sinnvoll, da in diesen Fällen keine unterschiedliche Rechtsprechung in den verschiedenen Mitgliedstaaten droht.[59] Häufig wird sich jedoch das Problem stellen, dass die nationalen Gerichte von einer Offensichtlichkeit der Rechtsfrage ausgehen, ohne die Rechtslage (europarechtlich!) genau zu kennen. Die Beurteilung eines acte clair bedarf umfassender Kenntnis der gesamten Unionsrechtsordnung mitsamt der relevanten Auslegungsfragen.[60] Zusätzliche Schwierigkeiten bereitet der Umstand, dass zur Feststellung der Offenkundigkeit streng genommen nicht nur die deutsche Fassung eines Unionsrechtsakts zur Auslegung herangezogen werden darf. Vielmehr ist es nach der Rechtsprechung des EuGH erforderlich, alle 24 Amtssprachen im Rahmen der Auslegung zu berücksichtigen.[61] Zudem ermittelt der EuGH die Bedeutung einer Richtlinie oder einer Verordnung oft nach wertenden rechtsvergleichenden Grundsätzen, was ein einzelstaatliches Gericht kaum jemals beherrschen kann.[62]

27 Generell lässt sich eine Tendenz feststellen, dass letztinstanzliche Gerichte – wohl in der Überzeugung der Richtigkeit ihres gefundenen Auslegungsergebnisses – oft davor zurückschrecken, eine entscheidungserhebliche Frage des Unionsrechts dem EuGH vorzulegen. Vielmehr begründen sie eingehend die „offenkundige" Richtigkeit ihres Auslegungsergebnisses, sodass sich allein aufgrund des Argumentationsumfangs die Frage aufdrängt, ob wirklich von einer Offenkundigkeit des Ergebnisses ausgegangen werden kann.[63]

2. Sonderfragen

a) Vorlagepflicht im Falle der unveränderten Weitergeltung nationalen Rechts als richtlinienkonformes Recht

28 Die Vorlagepflicht besteht auch im Falle der unveränderten Weitergeltung nationalen Rechts als richtlinienkonformes Recht, etwa bei der „Umsetzung" einer Richtlinie durch eine im mitgliedstaatlichen Recht bereits bestehende Generalklausel. Es bleibt grundsätzlich den Mitgliedstaaten überlassen, auf welche Weise sie ihrer Umsetzungspflicht nach Art. 288 Abs. 3 AEUV nachkommen.[64] Es kommt also nicht darauf

---

59 *Piekenbrock*, EuR 2011, 317, 336, der eine teleologische Reduktion des Art. 267 AEUV vornehmen möchte.

60 *Kühling/Drechsler*, NJW 2017, 2950, 2952.

61 Vgl. EuGH, 17.7.1997, Rs. C-219/95 – *Ferriere Nord*, Slg. 1997, I-4411, Rn. 15; EuGH, 6.10.1982, Rs. 283/81 – *CILFIT*, Slg. 1982, 3415, Rn. 18f.

62 Zur Kritik eingehend *Hess*, Europäisches Zivilprozessrecht, 2010, § 12 Rn. 27ff.

63 *Heitsch*, EuGRZ 1997, 461; *Kühling/Drechsler*, NJW 2017, 2950, 2953. Festzustellen ist darüber hinaus auch eine Divergenz in der Vorlagehäufigkeit hinsichtlich der einzelnen Mitgliedstaaten, s. *Rösler*, Europäische Gerichtsbarkeit auf dem Gebiet des Zivilrechts, 2012, S. 165ff.

64 Zur Umsetzung von Richtlinien durch Generalklauseln siehe bereits oben § 8 Rn. 10ff.

an, ob die Vorlagefrage im Zusammenhang mit einem Gesetz entsteht, das gerade der Umsetzung der Richtlinie dient.

b) Vorlagerecht bzw. Vorlagepflicht bei überschießender Richtlinienumsetzung

Literatur: *Gsell*, in: Gsell/Hau, Zivilgerichtsbarkeit und Europäisches Justizsystem, 2012, S. 123

Unterschiedlich lässt sich die Frage beurteilen, ob ein Vorlageverfahren auch bezüglich Auslegungsfragen möglich ist, die sich hinsichtlich des überschießend umgesetzten Teils einer Richtlinie stellen. Erstreckt ein Mitgliedstaat die Vorgaben der Richtlinie über dessen (sachlichen, zeitlichen oder räumlich-persönlichen) Anwendungsbereich hinaus,[65] so wurde aus unionsrechtlicher Sicht der Rahmen des Art. 288 Abs. 3 AEUV verlassen. Mithin ließe sich argumentieren, dass auch das Vorlageverfahren ausscheiden müsse, da es letztlich nur um die Auslegung mitgliedstaatlichen Rechts geht. Doch lässt der EuGH die Vorlage grundsätzlich zu, wenn die Vorlagefrage die Auslegung von Unionsvorschriften in Fällen betrifft, in denen der betreffende Sachverhalt nicht unter das Unionsrecht und daher allein in die Zuständigkeit der Mitgliedstaaten fällt, aber diese Unionsvorschriften aufgrund eines Verweises im nationalen Recht auf ihren Inhalt galten.[66] Die Entscheidung über die Auslegung der Richtlinie muss für die Entscheidung des nationalen Rechtsstreits unmittelbar Bedeutung haben.[67] Die Literatur ist teils kritischer,[68] spricht sich aber wohl überwiegend und zu Recht für die Vorlagemöglichkeit aus.[69] 29

Dahinter stehen auch ganz pragmatische Erwägungen: Wie sollte der EuGH überprüfen, ob sich die Auslegungsfrage innerhalb oder außerhalb des Anwendungsbereichs der Richtlinie stellt? Es hinge wohl vielfach von der Formulierung des Vorlagebeschlusses ab, ob sich die genaue Lokalisierung der Rechtsfrage erkennen ließe. Letztlich geht es um die Frage der Entscheidungserheblichkeit der Rechtsfrage: Überlässt man deren Beantwortung für den Regelfall den mitgliedstaatlichen Gerichten, so kann für Auslegungsfragen, die sich im Zusammenhang mit überschießender 30

65 Zur Zulässigkeit bereits oben § 8 Rn. 88 ff.

66 EuGH, 26.3.2020, Rs. C-66/19 – *JC*, ECLI:EU:C:2020:242, Rn. 28; EuGH, 12.7.2012, Rs. C-602/10 – *Volksbank România*, ECLI:EU:C:2012:443, Rn. 86; EuGH, 7.1.2003, Rs. C-306/99 – *BIAO*, Slg. 2003, I-1, Rn. 88 ff.; hierzu *Luttermann*, JZ 2003, 413 sowie EuGH, 17.7.1997, Rs. C-28/95 – *Leur-Bloem*, Slg. 1997, I-4161, Rn. 30 ff. Ebenso der BGH, jüngst etwa BGH WM 2020, 1387, Rn. 53.

67 EuGH, 18.10.1990, Rs. C-297/88 und C-197/89 – *Dzodzi*, Slg. 1990, I-3763, Rn. 37; EuGH, 17.7.1997, Rs. C-130/95 – *Giloy*, Slg. 1997, I-4291 Rn. 22 ff. m. w. N.; s.a. *Büdenbender*, ZEuP 2004, 36, 53 ff.

68 *Habersack/Mayer*, JZ 1999, 913; *W.-H. Roth*, in: FS Drobnig, 1998, S. 135; *Franzen*, Privatrechtsangleichung durch die Europäische Gemeinschaft, 1999, S. 536.

69 *Drexl*, in: FS Heldrich, 2005, S. 67, 83 ff.; *Hess*, RabelsZ 66 (2002), 471, 484 ff.; *Heiderhoff*, Europäisches Privatrecht, 5. Aufl. 2020, Rn. 175; differenzierend *Gsell*, in: Gsell/Hau, Zivilgerichtsbarkeit und Europäisches Justizsystem, 2012, S. 123, 136 ff.

Richtlinienumsetzung ergeben, nichts anderes gelten: Die Entscheidung darüber obliegt grundsätzlich dem vorlegenden Gericht. Aus der Perspektive der mitgliedstaatlichen Rechtsordnung hat die Vorlagefrage unabhängig davon Bedeutung, ob sie sich innerhalb oder außerhalb des Anwendungsbereichs der Richtlinie stellt.

31 Auch aus Sicht des Unionsrechts besteht ein Interesse an der einheitlichen Rechtsanwendung – andernfalls bestünde die Gefahr einer uneinheitlichen Auslegungspraxis in den einzelnen mitgliedstaatlichen Rechtsordnungen. Das Interesse der EU an einer einheitlichen Anwendung der aus dem Unionsrecht übernommenen Bestimmungen und Begriffe besteht schließlich unabhängig davon, unter welchen Voraussetzungen sie angewandt werden sollen, um künftige Auslegungsunterschiede zu verhindern.[70]

c) Vorlagepflicht bei in Richtlinien enthaltenen Generalklauseln

Literatur: *Stürner*, in: von Bar/Wudarski, Deutschland und Polen in der Europäischen Rechtsgemeinschaft, 2011, S. 65

32 Besondere Schwierigkeiten bereitet die Beantwortung der Frage, ob eine Vorlagepflicht bzw. ein Vorlagerecht der mitgliedstaatlichen Gerichte auch in Fällen besteht, in denen eine Richtlinie neue Generalklauseln oder auch unbestimmte Rechtsbegriffe enthält. Enthält eine Richtlinie erstmalig eine Generalklausel, so kann diese – im Zusammenspiel mit dem entsprechenden Umsetzungsrecht – ohne Auslegung letztlich überhaupt nicht angewendet werden.[71] Die gleiche Problematik stellt sich bei unbestimmten Rechtsbegriffen, da auch diese vor der Anwendung der Konkretisierung bedürfen. In Folge der Auslegungsbedürftigkeit ist die Frage, in welchen Fällen eine Vorlageverpflichtung besteht, besonders dringlich. Das wohl prominenteste Beispiel einer in einer privatrechtlichen Richtlinie enthaltenen Generalklausel bildet wohl Art. 3 Klausel-RL, der in § 307 BGB umgesetzt wurde.[72]

33 Die wohl überwiegende Ansicht geht in der Tat davon aus, dass alle Zweifelsfragen bei der Ausfüllung von Generalklauseln die Vorlagepflicht an den EuGH auslösen.[73] Demgegenüber ist eine Gegenauffassung darum bemüht, die hierdurch her-

---

70 EuGH, 26.3.2020, Rs. C-66/19 – *JC*, ECLI:EU:C:2020:242, Rn. 29; EuGH, 19.10.2017, Rs. C-303/16 – *Solar Electric Martinique*, ECLI:EU:C:2017:773, Rn. 26; EuGH, 17.10.2013, Rs. C-184/12 – *Unamar*, IPRax 2014, 174, Rn. 31; EuGH, 17.7.1997, Rs. C-28/95 – *Leur-Bloem*, Slg. 1997, I-4161, Rn. 27, 32; EuGH, 17.7.1997, Rs. C-130/95 – *Giloy*, Slg. 1997, I-4291 Rn. 28.

71 Hierzu *Röthel*, Normkonkretisierung im Privatrecht, 2004, S. 353ff.

72 Zur Klauselkontrolle bereits oben § 16 Rn. 31ff.

73 *Coester*, in: FS Heinrichs, 1998, S. 99, 104; *Basedow*, Nationale Justiz und Europäisches Privatrecht. Eine Vernetzungsaufgabe, 2003, S. 9f.; *Müller-Graff*, Gemeinsames Privatrecht in der Europäischen Gemeinschaft, 2. Aufl. 1999, S. 9, 64; *Coester-Waltjen*, JURA 1997, 272, 275.

vorgerufene Vorlageflut einzudämmen.[74] So argumentiert etwa der auf *Roth*[75] zurückgehende Ansatz, dass der EuGH schon deshalb nicht anzurufen sei, weil diesem die Kompetenz zur Konkretisierung von Generalklauseln fehle: Die Rechtsform der Richtlinie räume den mitgliedstaatlichen Gesetzgebern gerade einen gewissen Umsetzungsspielraum ein. Diesen könne und dürfe der jeweilige mitgliedstaatliche Gesetzgeber nutzen, indem er eine im Vergleich zur Richtlinienregelung konkretere Norm schaffe oder schlicht die Generalklausel der Richtlinie in mitgliedstaatliches Recht transformiere und deren Auslegung den Gerichten überlasse. Gleich welchen Weg der jeweilige nationale Gesetzgeber beschreite, dürfe der durch den EU-Gesetzgeber eingeräumte Umsetzungsspielraum nicht wieder dadurch beseitigt werden, dass dem EuGH eine Kompetenz zur Auslegung der Generalklausel zugesprochen werde.[76] Dies gelte vor allem dann, wenn die Generalklausel in einer mindestharmonisierenden Richtlinie enthalten ist und sich die Auslegungsfrage in einem Rahmen stellt, der über das verlangte Schutzniveau hinausgeht: Hier bestehe jedenfalls keine Vorlagepflicht.[77]

Diskutieren lässt sich daneben, ob sich aus der Acte-clair-Doktrin Einschränkungen hinsichtlich der Vorlagepflicht bei Generalklauseln ergeben. Teils wird dies verneint.[78] Andere sehen eine Beschränkung der Vorlagepflicht dann, wenn die betreffende Richtlinie ihren Anwendungsbereich klar definiert und der Zweck der Generalklausel klar aus ihr hervorgeht, wie dies etwa Art. 3 Abs. 1 Klausel-RL tut.[79] 34

Der EuGH selbst agiert sehr zurückhaltend: Im Grundsatz überlässt er die Auslegung von Generalklauseln den Gerichten der Mitgliedstaaten.[80] Lediglich in Fällen, in denen eine Klausel unabhängig vom sonstigen Vertragsinhalt per se missbräuchlich ist, greift der EuGH selbst ein und spricht den Verstoß gegen Unionsrecht aus.[81] In der Regel nimmt der EuGH selbst keine Klauselkontrolle vor.[82] Ziel ist es, die Kriterien für die Inhaltskontrolle abstrakt festzulegen, die Anwendung dieser Kriterien im konkreten Einzelfall aber in die Hände des jeweiligen nationalen Gerichts zu geben. 35

---

74 Auch der BGH scheint davon auszugehen, dass letztlich keine Vorlagepflicht besteht, vgl. BGH NZM 2004, 734 und zuvor bereits BGH NJW-RR 1998, 1661, 1662. Dagegen etwa *Ulmer/Habersack*, in: Ulmer/Brandner/Hensen, AGB-Recht, 12. Aufl. 2016, Einl. Rn. 99ff.; *Ulmer*, BB 1998, 1865 („Rückfall in die EG-rechtliche Steinzeit").

75 *W.-H. Roth*, in: FS Drobnig, 1998, S. 135.

76 *W.-H. Roth*, in: FS Drobnig, 1998, S. 135, 141ff.

77 *Heiderhoff*, Europäisches Privatrecht, 5. Aufl. 2020, Rn. 162.

78 *Röthel*, Normkonkretisierung im Privatrecht, 2004, S. 384.

79 *Heiderhoff*, Europäisches Privatrecht, 5. Aufl. 2020, Rn. 163.

80 EuGH, 1.4.2004, Rs. C-237/02 – *Freiburger Kommunalbauten*, Slg. 2004, I-3403, Rn. 21ff.

81 EuGH, 27.6.2000, Rs. C-240/98 bis C-244/98 – *Océano*, Slg. 2000, I-4941, Rn. 21ff.; EuGH, 1.4.2004, Rs. C-237/02 – *Freiburger Kommunalbauten*, Slg. 2004, I-3403, Rn. 23.

82 EuGH, 4.6.2009, Rs. C-243/08 – *Pannon*, Slg. 2009, I-4713, Rn. 42; EuGH, 9.11.2010, Rs. C-137/08 – *Pénzügyi*, Slg. 2010, I-10847, Rn. 43f. Näher dazu bereits § 16 Rn. 34ff.

36 Der Gerichtshof ist in aller Regel nicht dazu befugt, Vertragsklauseln zu kontrollieren. Vielmehr obliegt diese Aufgabe im Grundsatz einzig dem jeweiligen nationalen Streitgericht. Korrespondierend mit dieser Aussage besteht bei der Anwendung von in Richtlinien enthaltenen Generalklauseln nur insoweit eine Vorlagepflicht bzw. ein Vorlagerecht der nationalen Gerichte, als es um die Auslegung der Generalklausel geht. Die Beschränkung der Kompetenz des EuGH folgt aus der Klausel-Richtlinie selbst. Wesentlicher Kontrollmaßstab zur Feststellung einer Missbräuchlichkeit ist die Frage, ob und inwiefern die jeweilige Vertragsklausel von der jeweiligen lex causae abweicht. Somit kann es überhaupt nicht darum gehen, ob Art. 3 Abs. 1 Klausel-RL EU-autonom, von der jeweiligen lex causae losgelöst, anhand eines wie auch immer festzulegenden Maßstabs von Treu und Glauben ausgelegt werden kann. Vielmehr muss im jeweiligen Einzelfall überprüft werden, inwieweit die konkrete Vertragsklausel vom Inhalt und Leitbild der durch die jeweilige mitgliedstaatliche Rechtsordnung geprägten lex causae abweicht. Dieses Verhältnis zwischen gesetzlichem Leitbild und konkreter Vertragsklausel hat in § 307 Abs. 2 BGB und – wenngleich nicht in dieser Deutlichkeit – auch in der Klausel-Richtlinie Ausdruck gefunden. Erforderlich für die Annahme einer Missbräuchlichkeit ist stets, dass die Klausel zum Nachteil des Verbrauchers so deutlich von der jeweiligen lex causae abweicht, dass die Abweichung treuwidrig erscheint.[83]

37 Aus alledem folgt, dass zur Feststellung der Missbräuchlichkeit einer Vertragsklausel stets ein Vergleich der Klausel mit der lex causae vorzunehmen ist. Diesen darf der EuGH nicht vornehmen, da es sich insoweit um eine Rechtsanwendungs- und nicht um eine Rechtsauslegungsfrage handelt,[84] sodass sich die Frage nach der Leistungsfähigkeit des Gerichts überhaupt nicht stellt. Bei diesem Vergleich geht es letztlich nicht mehr um die Auslegung der Richtlinie und damit um eine dem EuGH vorbehaltene Auslegung von Unionsrecht, sondern um die Auslegung und Anwendung der nationalen lex causae.[85] Hierfür fehlt dem EuGH aber die Kompetenz. In der Folge kann es allein aufgrund der Kompetenzverteilung zwischen Gerichtshof und nationalen Gerichten nur so sein, dass der EuGH die Kriterien für eine Inhaltskontrolle abstrakt festlegt, während die konkrete Anwendung dieser Kriterien und die sich unter Umständen anschließende Verwerfung der Vertragsklausel als missbräuchlich durch die nationalen Gerichte erfolgt.[86]

38 Für das Vorlageverfahren resultiert daraus, dass der EuGH immer dann im Wege eines Vorabentscheidungsverfahren angerufen werden kann bzw. angerufen werden muss, wenn es sich um eine Auslegungsfrage handelt. Demgegenüber hat eine Anru-

83 Jauernig/*Stadler*, BGB, 18. Aufl. 2021, § 307 Rn. 10.

84 *Heiderhoff*, Europäisches Privatrecht, 5. Aufl. 2020, Rn. 169.

85 EuGH, 1.4.2004, Rs. C-237/02 – *Freiburger Kommunalbauten*, Slg. 2004, I-3403, Rn. 21f.

86 So im Ergebnis auch EuGH, 4.6.2009, Rs. C-243/08 – *Pannon*, Slg. 2009, I-4713, Rn. 42; EuGH, 9.11.2010, Rs. C-137/08 – *Pénzügyi*, Slg. 2010, I-10847, Rn. 43f.

fung des EuGH zu unterbleiben, wenn es sich um eine Frage der konkreten Rechtsanwendung handelt.

Bevor überhaupt in eine Vertragsinhaltskontrolle eingestiegen werden kann, ist abstrakt festzustellen, welche Rechtsgüter oder Belange überhaupt in die anstehende Abwägung einzubeziehen sind. Im Anschluss müssen diese Interessen gewichtet und auf diesem Weg der abstrakte Abwägungsmaßstab festgelegt werden. Erst im Anschluss an diese Schritte kann man durch fallbezogene Abwägung ermitteln, welche grundsätzlich relevanten Umstände den zu entscheidenden Streitfall prägen, welches Gewicht diese angesichts der unter Umständen besonderen Begleitumstände besitzen. Hieraus ergibt sich, welche Belange gerade im Einzelfall überwiegen. 39

Beachtet man das soeben skizzierte Zusammenspiel der einzelnen Abwägungsvorgänge, erhellt sich das Konzept der Kompetenzverteilung zwischen staatlichen Gerichten und dem Gerichtshof. Die Kompetenzgrenze zwischen Rechtsauslegung und -anwendung verläuft entlang der Grenze zwischen abstraktem und konkretem Teil der Abwägung. Die Bestimmung dieser Grenze ist für jeden einzelnen Rechtsakt gesondert vorzunehmen.[87] Die Vorlagepraxis bezüglich der Klausel-Richtlinie zeigt, dass hinsichtlich der Auslegung der Missbräuchlichkeit i.S.d. Art. 3 Abs. 1 jedenfalls keine Vorlageflut über den EuGH hereingebrochen ist. Nur am Rande sei noch einmal darauf hingewiesen, dass eine autonome Auslegung des Art. 3 Abs. 1 Klausel-RL nach dem derzeitigen Stand des EU-Vertragsrechts sehr schwierig erscheint, da bislang kein dispositives Recht zur Verfügung steht, das den Begriff der Missbräuchlichkeit ausfüllen könnte.[88] 40

3. Rechtsschutz gegen Nichtvorlage

Wie gesehen besteht im Rahmen eines Zivilverfahrens kein Anspruch der Parteien auf Einleitung eines Vorlageverfahrens. Es fragt sich jedoch, welche Konsequenzen die Verletzung der Vorlagepflicht nach sich zieht. Wie zu zeigen sein wird, versprechen zivilprozessuale Rechtsbehelfe nur wenig Erfolg. Doch liegt nach der Rechtsprechung des BVerfG in der Nichtvorlage unter Umständen eine Verletzung des gesetzlichen Richters (Art. 101 Abs. 1 S. 2 GG), sodass Verfassungsbeschwerde erhoben werden kann.[89] In Betracht kommt auch eine Individualbeschwerde zum EGMR wegen Verletzung des Rechts auf ein faires Verfahren (Art. 6 Abs. 1 EMRK). Die Problematik sei an folgendem Beispielsfall erläutert: 41

87 *Röthel*, in: Riesenhuber, Europäische Methodenlehre, 3. Aufl. 2015, § 11 Rn. 12ff.; *Heiderhoff*, Europäisches Privatrecht, 5. Aufl. 2020, Rn. 168.

88 Näher dazu § 16 Rn. 34ff. Anders wäre dies dann zu beurteilen, wenn ein „horizontaler" Rechtsakt wie das GEK dereinst in Kraft träte, dazu § 34 Rn. 53ff.

89 BVerfGE 75, 223, 233ff.; BVerfGE 82, 159, 194f.; BVerfG NJW 2010, 3422 Rn. 88ff. (*Mangold*); BVerfG MMR 2010, 767; *Schwarze/Wunderlich*, in: Schwarze, EU-Kommentar, 4. Aufl. 2019, Art. 267 AEUV Rn. 54.

42 Unternehmer U benötigt Kredit. Er schließt mit der B-Bank einen Darlehensvertrag, für den sich der 25-jährige Sohn S des U, der als Webdesigner gut verdient, gegenüber der B schriftlich bis zum Höchstbetrag von 100.000 € verbürgt. Zur Abgabe der Erklärung war es im Hause der Eltern des S gekommen, nachdem ein Vertreter der B den U dort aufgesucht hatte. Als U die Raten nicht mehr bedienen kann, kündigt B den Kredit und nimmt S aus der Bürgschaft in Anspruch. S erklärt den Widerruf. Dennoch erhebt B gegen S Zahlungsklage. Das zuständige Landgericht weist die Klage unter Hinweis auf die einschlägige BGH-Rechtsprechung[90] ab: Es liege ein außerhalb von Geschäftsräumen geschlossenes Verbrauchergeschäft des S vor, sodass ein Widerrufsrecht nach §§ 312, 312b, 312g, 355 BGB bestehe. Der Prozessvertreter der B weist mehrfach darauf hin, dass dies nicht im Einklang mit der Rechtsprechung des EuGH stehe, der in der zur Haustürwiderrufs-Richtlinie ergangenen *Dietzinger*-Entscheidung verlangt hat, nicht nur der Bürge, sondern auch der Hauptschuldner müsse Verbraucher sein und die Hauptschuld aus einer Haustürsituation stammen.[91] Wenn die Rechtsprechung des BGH, der diese „doppelte Haustürsituation" nicht mehr verlange, unter der mindestharmonisierenden Haustürwiderrufs-Richtlinie noch zulässig war, so sei dies im Geltungsbereich der nunmehr vollharmonisierenden Verbraucherrechte-Richtlinie zumindest zweifelhaft.[92] Das Gericht müsse daher ein entsprechendes Vorabentscheidungsersuchen zum EuGH stellen. Welche Rechtsschutzmöglichkeiten stehen B offen, wenn das Gericht die Klage abweist, ohne den EuGH anzurufen und alle statthaften Rechtsmittel erfolglos bleiben?

a) Anhörungsrüge

43 In Erwägung zu ziehen wäre zunächst[93] die Anhörungsrüge nach § 321a ZPO.[94] Diese richtet sich gegen eine unanfechtbare Endentscheidung, wenn das Gericht den Anspruch der beschwerten Partei auf rechtliches Gehör in entscheidungserheblicher Weise verletzt hat. Ein Verstoß gegen die Vorlagepflicht nach Art. 267 Abs. 3 AEUV berührt jedoch weder das grundrechtsgleiche Recht aus Art. 103 Abs. 1 GG noch eine einfachgesetzliche Norm, die den Anspruch auf rechtliches Gehör sicherstellt (z.B. § 139 ZPO). Vielmehr betrifft dieser Verstoß unter Umständen das grundrechtsgleiche Recht auf den gesetzlichen Richter gem. Art. 101 Abs. 1 S. 2 GG. Fraglich ist mithin, ob § 321a ZPO Anwendung bei Verletzungen anderer Verfahrensgrundrechte findet. Das

---

90 BGH NJW 2006, 845; BGH NJW 2007, 2106; dazu bereits oben § 9 Rn. 15.

91 EuGH, 17.3.1998, Rs. C-45/96 – *Dietzinger*, Slg. 1998, I-1199, Rn. 22.

92 Siehe dazu oben § 13 Rn. 45.

93 Nicht erörtert werden hier die Möglichkeiten der Gegenvorstellung (dazu allg. Zöller/*Heßler*, ZPO, 33. Aufl. 2020, § 567 Rn. 23ff.) oder auch eine analoge Anwendung der Bestimmungen des Wiederaufnahmerechts (§§ 578 Abs. 1, 580 Nr. 6, 8 ZPO).

94 Eingehend *Poelzig*, ZZP 121 (2008), 233.

wird unterschiedlich beurteilt und wird an späterer Stelle zu behandeln sein.[95] In Betracht kommt allenfalls eine analoge Anwendung der Norm, die jedoch angesichts des klaren gesetzgeberischen Willens bei ihrer Schaffung methodisch nicht einfach zu begründen ist.

b) Verfassungsbeschwerde

Weiter kommt die Erhebung einer Verfassungsbeschwerde in Betracht.[96] Diese wäre begründet, wenn B durch die Nichtvorlage an den EuGH in ihrem grundrechtsgleichen Recht aus Art. 101 Abs. 1 S. 2 GG verletzt wäre. Dies setzt voraus, dass der EuGH als gesetzlicher Richter im Sinne dieser Verfassungsnorm anzusehen wäre. Die Voraussetzungen eines Vorabentscheidungsersuchens durch die mitgliedstaatlichen Gerichte ergeben sich aus Art. 267 AEUV. Ein Verstoß gegen Art. 101 Abs. 1 S. 2 GG käme dann in Betracht, wenn das letztinstanzliche Gericht nach Art. 267 Abs. 3 AEUV zur Vorlage an den EuGH verpflichtet gewesen wäre. Das ist hier durchaus fraglich. Denn ein Verstoß gegen Art. 101 Abs. 1 S. 2 GG liegt nicht schon bei jeder unberechtigten Nichtvorlage vor. Das BVerfG fordert vielmehr, dass die Auslegung und Anwendung des Art. 267 Abs. 3 AEUV „bei verständiger Würdigung der das GG bestimmenden Gedanken nicht mehr verständlich erscheint und offensichtlich unhaltbar ist".[97] Mithin geht es letztlich um Fälle der willkürlichen Nichtvorlage. 44

Im vorliegenden Fall besteht mit der *Dietzinger*-Entscheidung bereits ein einschlägiges Urteil. Da dessen Fortbestand unter der Verbraucherrechte-Richtlinie nicht gesichert erscheint, wäre eine Vorlage zum EuGH angezeigt. Allerdings besteht in der deutschen Literatur durchaus keine Einigkeit hierüber.[98] Schon deswegen kann von eine willkürlichen Nichtvorlage im Sinne einer offensichtlich unhaltbaren Auslegung des Art. 267 AEUV nicht gesprochen werden. 45

c) Unionsrechtliche Staatshaftung

Möglicherweise hat K gegenüber der Bundesrepublik Deutschland einen Anspruch auf Schadensersatz nach den Grundsätzen der unionsrechtlichen Staatshaftung. Ein hinreichend qualifizierter Verstoß gegen das Unionsrecht durch die mitgliedstaatlichen Gerichte kommt in Betracht bei einer offenkundig rechtswidrigen Normausle- 46

---

95 Unten § 36 Rn. 35 ff.

96 Dazu *Kokott/Henze/Sobotta*, JZ 2006, 633, 635 ff.

97 S. etwa BVerfGE 82, 159, 194 f.; BVerfG NJW 2010, 3422 Rn. 88 ff. (*Mangold*).

98 Für Vorlage *Stürner*, JURA 2015, 341, 346; ebenso Palandt/*Grüneberg*, 79. Aufl. 2020, § 312 Rn. 5; *Brennecke*, ZJS 2014, 236, 240; a. A. *Schürnbrand*, WM 2014, 1157, 1161.

gung oder bei einer offenkundig falschen Sachverhalts- oder Beweiswürdigung.[99] Hier kommt ein Verstoß gegen die Bestimmungen der Verbraucherrechte-Richtlinie durch offenkundig rechtswidrige Normauslegung in Betracht. Dies wäre dann der Fall, wenn die fragliche Entscheidung die einschlägige Rechtsprechung des Gerichtshofes offenkundig verkennt.[100] Das scheint hier fraglich: Nachdem die Verbraucherrechte-Richtlinie zahlreiche inhaltliche Änderungen gegenüber der Haustürwiderrufs-Richtlinie enthält, liegt eine relevante Zäsur vor, die durchaus gegen eine Fortgeltung der *Dietzinger*-Rechtsprechung spricht. Damit liegt wohl mangels offenkundig rechtswidriger Normauslegung kein hinreichend qualifizierter Verstoß gegen die Vorgaben der Verbraucherrechte-Richtlinie vor.

47 Ein Verstoß gegen Unionsrecht könnte ferner darin zu sehen sein, dass das Gericht als Teil der deutschen öffentlichen Gewalt seine Pflicht aus Art. 267 Abs. 3 AEUV verletzt hat, als letztinstanzliches Gericht den EuGH anzurufen. Nach der Rechtsprechung des EuGH ist die Verletzung der Vorlagepflicht ein Gesichtspunkt, der bei der Prüfung eines hinreichend qualifizierten Unionsrechtsverstoßes zu berücksichtigen ist.[101] Ein isolierter Verstoß gegen Art. 267 Abs. 3 AEUV – d. h. ohne dass zugleich die im Einzelfall materiell entscheidungserhebliche Vorschrift des Unionsrechts verletzt wurde – ist jedoch insbesondere im Hinblick darauf problematisch, dass die Verletzung der Vorlagepflicht kausal für den Schaden sein muss. Es lässt sich aber bei einem Verstoß gegen die Vorlagepflicht nicht feststellen, wie der EuGH im Fall einer Vorlage entschieden und wie das nationale Gericht die Vorgaben umgesetzt hätte, sodass der Kausalitätsnachweis kaum zu erbringen ist.[102] Letztlich gelänge dies bei Anlegen der herkömmlichen Maßstäbe nur dann, wenn sich nachträglich erweisen sollte, dass der EuGH auf Vorlage eines anderen Gerichts die Rechtsfrage im Sinne der klägerischen Argumentation entschieden hat.[103] Ein unionsrechtlicher Staatshaftungsanspruch scheidet mithin aus.

d) Rechtsschutz zum EuGH

48 Fraglich ist weiterhin, ob Rechtsschutz zum EuGH selbst gegeben ist. In Betracht kommt zunächst ein Vertragsverletzungsverfahren gem. Art. 19 Abs. 3 lit. a EUV, Art. 258 AEUV. Dieses kann indessen nicht durch die Parteien angestrengt werden.

---

99 EuGH, 13.6.2006, Rs. C-173/03 – *Traghetti Del Mediterraneo*, Slg. 2006, I-5177, Rn. 32ff., 37ff.; zu den Voraussetzungen des Staatshaftungsanspruchs bei judikativem Unrecht näher unten § 36 Rn. 22ff.

100 EuGH, 13.6.2006, Rs. C-173/03 – *Traghetti Del Mediterraneo*, Slg. 2006, I-5177, Rn. 43.

101 EuGH, 30.9.2003, Rs. C-224/01 – *Köbler*, Slg. 2003, I-10239, Rn. 118; eingehend dazu *Breuer*, Staatshaftung für judikatives Unrecht, 2011, S. 462ff.

102 *Haratsch/Koenig/Pechstein*, Europarecht, 12. Aufl. 2020, Rn. 664f.

103 Eine hier nicht zu vertiefende Frage geht dahin, ob im Sinne des europarechtlichen effet utile die Anforderungen an den Kausalitätsnachweis nicht zu lockern sein sollten: Der in der Nichtvorlage liegende Verstoß gegen Unionsrecht wird ja hierdurch im Rahmen des Staatshaftungsanspruchs geradezu perpetuiert.

Nur die Kommission im Falle der Aufsichtsklage (Art. 258 Abs. 2 AEUV) oder ein anderer Mitgliedstaat im Falle der Staatenklage (Art. 259 AEUV) können ein Vertragsverletzungsverfahren einleiten. Denkbar ist lediglich, dass die Parteien die Einleitung eines Vertragsverletzungsverfahrens durch die Kommission erzwingen können.

In Betracht kommt dazu eine Untätigkeitsklage gegen die Kommission gem. 49
Art. 19 Abs. 3 lit. a EUV, Art. 265 AEUV. Indessen würden die Parteien mit der Untätigkeitsklage die Vornahme einer Handlung (nämlich die Einleitung eines Vertragsverletzungsverfahrens) begehren, die sie nicht (nach den Maßstäben von Art. 263 Abs. 4 AEUV) unmittelbar und individuell betreffen würde. Daher wäre die Untätigkeitsklage mangels zulässigen Klagegegenstandes bereits unzulässig. Zudem wäre die Kommission nicht verpflichtet, ein Vertragsverletzungsverfahren einzuleiten, wie sich aus dem Wortlaut von Art. 258 Abs. 2 AEUV („kann") ergibt. Vielmehr verfügt sie über einen Ermessensspielraum im Rahmen ihrer Aufgabe, für die Anwendung des Unionsrechts Sorge zu tragen (Art. 17 Abs. 1 S. 2, 3 EUV).

Möglich wäre auch, mit einer Beschwerde an die Kommission die Verletzung der 50
Vorlagepflicht zu rügen, wobei jedoch wiederum der weite Ermessensspielraum der Kommission bezüglich der Einleitung eines Vertragsverletzungsverfahrens einer bindenden Beschwerde entgegensteht. Ähnlich ist dies auch bei einer Petition zum Europäischen Parlament gem. Art. 24 Abs. 2, 227 AEUV i. V. m. Art. 191 GO-EP und Art. 44 GRCh.

e) Individualbeschwerde zum EGMR

Zu denken wäre schließlich noch an eine Individualbeschwerde zum EGMR nach 51
Art. 34, 35 EMRK. Allerdings verlangt Art. 35 Abs. 1 EMRK die Erschöpfung aller innerstaatlichen Rechtsbehelfe, wozu auch die Verfassungsbeschwerde zählt. Möglicherweise stellt die Verletzung der Vorlagepflicht nach Art. 267 Abs. 3 AEUV einen Verstoß gegen das in Art. 6 Abs. 1 EMRK garantierte Recht auf ein faires Verfahren dar. Inhaltlich gelten hier sinngemäß die bei der Verfassungsbeschwerde angeführten Maßstäbe: Da eine willkürliche Nichtvorlage nicht vorliegt, hätte die Individualbeschwerde keine Aussicht auf Erfolg.

4. Reform des Gerichtssystems der EU

Literatur: *Hess*, Die Zukunft des Vorabentscheidungsverfahrens nach Art. 19 EUV und Art. 267 AEUV, in: Gsell/Hau (Hrsg.), Zivilgerichtsbarkeit und Europäisches Justizsystem, 2012, S. 181; *Riehm*, Pro und Contra Europäisches Fachgericht für Privatrecht, in: Gsell/Hau (Hrsg.), Zivilgerichtsbarkeit und Europäisches Justizsystem, 2012, S. 203; *Rösler*, Europäische Gerichtsbarkeit auf dem Gebiet des Zivilrechts, 2012, S. 275 ff.

Bereits die derzeitige, beschränkte Funktion des EuGH als Auslegungsinstanz und In- 52
tra-EU-Verfassungsgericht bringt das Gericht an die Grenzen seiner möglichen Auslastung. Eine mögliche Fortentwicklung des europäischen Privatrechts von einem „poin-

tillistischen“ Flickenteppich hin zu einem übergreifenden, systematischen Ganzen hätte massive Auswirkungen auf die Arbeitsteilung zwischen mitgliedstaatlichen Gerichten und EuGH. Sollten dem EuGH etwa durch Inkraftsetzung eines Instruments zum europäischen Vertragsrecht diesbezügliche Kompetenzen zur Auslegung zuwachsen, so zöge dies wohl zwingend eine grundlegende Reform des Gerichtssystems nach sich. Denn die uneinheitliche Vorlagepraxis könnte die zu erwartende Flut an zu klärenden Auslegungsfragen nicht sinnvoll kanalisieren.[104] Das System des Vorabentscheidungsverfahrens ist offensichtlich nicht auf eine solch breite Zuständigkeit des EuGH eingerichtet.[105] Aus Sicht des rechtssuchenden Publikums stellte sich die Lage ebenso unbefriedigend dar: Da die Klärung einer Rechtsfrage im Vorabentscheidungsverfahren nicht erzwungen werden kann, bliebe der Rechtsschutz lückenhaft.[106]

53 Der EuGH hat derzeit weder die Kapazität noch die notwendige fachliche Spezialisierung, ein oberstes Zivilgericht zu sein.[107] Eine Reform der europäischen Gerichtsbarkeit müsste an zwei Punkten ansetzen: Zum einen wäre an die Einrichtung von möglicherweise dezentralen Untergerichten oder zumindest an spezialisierte Kammern zu denken, die eine Zuständigkeit etwa für Zivil- und Handelsrecht, Kartellrecht oder Beihilfenrecht übernehmen.[108] Eine gewisse Stütze bietet Art. 257 AEUV, der eine Kompetenz zur Einrichtung von spezialisierten Fachgerichten enthält, „die für Entscheidungen im ersten Rechtszug über bestimmte Kategorien von Klagen zuständig sind, die auf besonderen Sachgebieten erhoben werden“. Zum anderen müsste der EuGH in einen europäischen Instanzenzug eingebettet werden, um einen effektiven Rechtsschutz zu garantieren. Immer wieder diskutiert wird auch eine Verschärfung der Zugangsbeschränkung, die über die Acte-clair-Doktrin[109] hinausgeht.[110]

54 Diese Idee ist keineswegs neu. Immer wieder wird die Zweiteilung der US-Gerichtsverfassung in Federal Courts (Bundesgerichte) und State Courts (Staatengerichte) genannt und eine mögliche Vorbildfunktion für die Reform der europäischen Gerichtsbarkeit betont.[111] Europäische Gerichte wären danach analog zur US-amerikanischen *federal question doctrine* zuständig für Fälle, in denen europäisches Recht streitentscheidend ist.[112] Es kann an dieser Stelle nur angedeutet werden, dass damit

---

104 *Basedow*, AcP 210 (2010), 157, 192f.; *Rösler*, Europäische Gerichtsbarkeit auf dem Gebiet des Zivilrechts, 2012, S. 165ff.

105 Die beschränkte Eignung des EuGH zur Klärung privatrechtlicher Sachverhalte betonend bereits *Kohler*, ZEuP 1995, 482; *Remien*, RabelsZ 66 (2002), 503, 528–529.

106 In diese Richtung auch *Basedow*, AcP 210 (2010), 157, 193.

107 *Jansen*, ZEuP 2010, 69, 101; *Basedow*, AcP 210 (2010), 157, 189ff.

108 *Rösler*, Europäische Gerichtsbarkeit auf dem Gebiet des Zivilrechts, 2012, S. 366ff., 387ff. Siehe demgegenüber den Vorschlag von *G. Hirsch*, ZRP 2000, 57, 59, der sich für die Einrichtung von „Europa-Senaten“ an den höchsten nationalen Gerichten ausgesprochen hat.

109 Dazu oben Rn. 25ff.

110 Dazu *Rösler*, Europäische Gerichtsbarkeit auf dem Gebiet des Zivilrechts, 2012, S. 315ff.

111 Vgl. etwa *Rehm*, in: FS Heldrich, 2005, S. 955, 967ff.

112 Skeptisch dazu *G. Wagner*, ZEuP 2008, 6, 21.

vielerlei Probleme verbunden wären, diese reichen von der fundamentalen Frage der Kompetenz zur Einrichtung dieser Gerichtsbarkeit bis hin zu eher organisatorischen Details wie dem Sitz solcher Gerichte und ihrer Besetzung.[113]

IV. Europäisches Zivilverfahrensrecht

Literatur: *Antomo/Burgschat*, Das Internationale Zivilverfahrensrecht in der juristischen Ausbildung und die revidierte EuGVVO, JURA 2016, 1143; *Hess*, Europäisches Zivilverfahrensrecht, 2010, § 6; *Stürner*, Die justizielle Zusammenarbeit im Privatrecht in der EU, JURA 2015, 813

Das Verfahrensrecht dient der Durchsetzung subjektiver Rechtspositionen. Auch **55** wenn das Recht der EU kein spefizisches Verfahrensrecht zur Verwirklichung von dem Unionsrecht entstammenden Ansprüchen hat,[114] so bestehen doch eine ganze Reihe von Rechtsakten, die die (grenzüberschreitende) Forderungsdurchsetzung zum Gegenstand haben, ohne dass dies speziell auf das materielle Unionsrecht selbst beschränkt wäre.

Andererseits gibt es aber auch Vorschriften des EU-Zivilverfahrensrechts, die gerade **56** der Verwirklichung von Unionsrecht dienen: Anzuführen wäre vor allem die Unterlassungsklagen-Richtlinie,[115] in deren Umsetzung das UKlaG ergangen ist,[116] die der prozessualen Durchsetzung des Verbots missbräuchlicher AGB aus der Klausel-Richtlinie dient.[117] Auch für das EU-Kartellrecht wird eine solche spezifische Flankierung durch Verfahrensrecht diskutiert. Auch hier geht es vor allem um Instrumente des kollektiven Rechtsschutzes.[118]

---

113 *Rehm*, in: FS Heldrich, 2005, S. 955, 970.

114 Siehe bereits oben Rn. 1ff.

115 Richtlinie 2009/22/EG des Europäischen Parlaments und des Rates vom 23. April 2009 über Unterlassungsklagen zum Schutz der Verbraucherinteressen, ABl. EU Nr. L 110 v. 1.5.2009, S. 30.

116 Siehe *Riesenhuber*, EU-Vertragsrecht, 2013, § 10 Rn. 46.

117 Deren Anwendungsbereich wurde durch die Verbandsklagen-Richtlinie 2020/1828 insoweit erweitert, als diese sowohl Unterlassungsentscheidungen als auch Abhilfeentscheidungen umfasst. Die in Umsetzung dieser Richtlinie ergangenen Rechtsvorschriften finden ab dem 25.6.2023 Anwendung.

118 S. das Weißbuch der EU-Kommission „Schadenersatzklagen wegen Verletzung des EG-Wettbewerbsrechts“ vom 2.4.2008, KOM(2008) 165 endg., S. 4ff.; Empfehlung der Kommission vom 11.6.2013 „Gemeinsame Grundsätze für kollektive Unterlassungs- und Schadensersatzverfahren in den Mitgliedstaaten bei Verletzung von durch Unionsrecht garantierten Rechten“, 2013/396/EU. Doch lässt sich hier nur schwer ein Konsens zwischen den Mitgliedstaaten hinsichtlich der Ausgestaltung solcher Instrumente des kollektiven Rechtsschutzes finden. Seit Ende 2014 gilt die Richtlinie 2014/104/EU vom 26. November 2014 über bestimmte Vorschriften für Schadensersatzklagen nach nationalem Recht wegen Zuwiderhandlungen gegen wettbewerbsrechtliche Bestimmungen der Mitgliedstaaten und der Europäischen Union, ABl. EU 2014, L 349/1. Zu Stand und Entwicklung des kollektiven Rechtsschutzes in Europa *Stadler/Jeuland/Smith* (Hrsg.), Collective and Mass litigation in Europe – Model Rules for Effective Dispute Resolution, 2020.

1. Grundlagen

57 Der reibungslosen justiziellen Zusammenarbeit bei grenzüberschreitenden Sachverhalten kommt im Binnenmarkt erhebliche Bedeutung zu. Art. 81 Abs. 1 S. 1 AEUV formuliert daher den Auftrag an die Union, eine justizielle Zusammenarbeit in Zivilsachen mit grenzüberschreitendem Bezug zu entwickeln. Die Grundfreiheiten erfordern den Abbau von Hindernissen für den grenzüberschreitenden Handel mit Waren und Dienstleistungen und für den freien Verkehr von Personen und Kapital. Ein Aspekt hiervon ist die Durchsetzung von Rechten im Klageweg. So kann eine im Recht der Mitgliedstaaten angelegte Erschwerung der Klagemöglichkeit für Angehörige anderer Mitgliedstaaten eine Beeinträchtigung der Grundfreiheiten darstellen. Dies kann etwa Hindernisse bei der Klageerhebung betreffen, wie sie in der Regelung des § 110 Abs. 1 S. 1 ZPO a. F. enthalten waren: Nach dieser Vorschrift hatten Angehörige fremder Staaten, die als Kläger auftraten, auf Verlangen des Beklagten eine Prozesskostensicherheit für den Fall der Klageabweisung zu hinterlegen. Der EuGH sah darin einen Verstoß gegen Primärrecht.[119]

58 Im Kontext des Art. 81 AEUV geht es jedoch nicht so sehr um den Abbau von Hindernissen für den grenzüberschreitenden Rechtsverkehr, welche die Rechtsordnungen der Mitgliedstaaten enthalten, sondern umgekehrt um dessen aktive Erleichterung durch den Erlass entsprechender Rechtsakte.[120] So enthält eine der ersten Verordnungen im Bereich der justiziellen Zusammenarbeit, die Brüssel I-VO (oder EuGVVO[121]), detaillierte Regelungen zur gerichtlichen Zuständigkeit. Auf diese Weise werden im Recht der verschiedenen Mitgliedstaaten möglicherweise bestehende, konkurrierende Gerichtsstände, die dazu führen können, dass gleichzeitig Klagen wegen derselben Sache anhängig gemacht werden, durch einheitliche Regelungen ersetzt; dies bewirkt eine Einschränkung des sog. forum shopping. Weiterhin enthält die Brüssel I-VO Vorschriften über die Anerkennung und Vollstreckung von Entscheidungen in anderen Mitgliedstaaten. Auch dieser Aspekt ist für den Binnenmarkt von Bedeutung. Hat etwa ein in Frankreich ansässiger Verkäufer erfolgreich Kaufpreisklage gegen einen in Deutschland wohnenden Käufer erhoben, so bringt ihm dieser gerichtliche Titel wenig, wenn er daraus nicht auch in Deutschland in das Vermögen des Käufers vollstrecken kann. Die Brüssel I-VO enthält insbesondere den Grundsatz, dass

---

119 EuGH, 1.7.1993, Rs. C-20/92 – *Hubbard*, Slg. 1993, I-3777 sowie EuGH, 7.4.2011, Rs. C-291/09 – *Guarnieri*, Slg. 2011, I-2685. Siehe weiter EuGH, 10.2.1994, Rs. C-398/92 – *Hatrex*, Slg. 1994, I-467 zum dinglichen Arrest sowie EuGH, 19.12.2012, Rs. C-325/11 – *Alder*, NJW 2013, 443 zur Zustellungsfiktion bei Auslandszustellungen (dazu *Stürner*, ZZP 126 [2013], 137).

120 Zu der daraus resultierenden Europäisierung des Zivilprozesses bereits *Coester-Waltjen*, JURA 2006, 914.

121 Verordnung (EG) Nr. 44/2001 des Rates vom 22.12.2000 über die gerichtliche Zuständigkeit und die Anerkennung und Vollstreckung von Entscheidungen in Zivil- und Handelssachen, ABl. 2001, L 12/1.

jeder Mitgliedstaat Urteile aus anderen Mitgliedstaaten anerkennt und im Grundsatz auch vollstreckt, wobei die Vollstreckbarerklärung nach der Neufassung der Brüssel I-VO (gebräuchlich ist die Bezeichnung Brüssel Ia-VO)[122] nunmehr entfällt und die Vollstreckung nur in ganz bestimmten Ausnahmefällen verhindert werden kann, nämlich dann, wenn der Schuldner in einem besonderen Verfahren Anerkennungsversagungsgründe geltend machen kann.[123]

Art. 81 Abs. 2 AEUV zählt die Kompetenzbereiche der EU abschließend auf.[124] Ein 59
Rechtsakt kann auch auf mehrere Kompetenzgrundlagen des Abs. 2 gestützt werden. Harmonisierungsmaßnahmen auf dem Gebiet des materiellen Zivilrechts können weiterhin nur auf die allgemeine Binnenmarktkompetenz des Art. 114 AEUV gestützt werden.[125] Nach Art. 81 AEUV können grundsätzlich auch Gründe jenseits des Binnenmarktes für eine Angleichung in Zivilsachen auf europäischer Ebene sprechen. Jedoch muss auch in diesen Fällen wegen des allgemeinen Subsidiaritätsprinzips des Art. 5 Abs. 1 i.V.m. Art. 3 EUV, welches Art. 69 AEUV für den Kontext der justiziellen Zusammenarbeit besonders betont, die Erforderlichkeit einer Harmonisierung festgestellt werden.[126] Im Folgenden werden die wichtigsten Kompetenzbereiche vorgestellt.[127] Von zentraler Bedeutung für das europäische Vertragsrecht ist die Frage der Durchsetzung von Ansprüchen, die auf vertraglicher Grundlage beruhen. Die entsprechenden Vorschriften zur internationalen Zuständigkeit werden im Überblick dargestellt.

2. Harmonisierung der Regeln für grenzüberschreitende Zivilprozesse

a) Effektiver Rechtsschutz

Zentral für den angestrebten Raum der Freiheit, der Sicherheit und des Rechts ist das 60
auch durch Art. 47 GRCh sowie Art. 67 Abs. 4 AEUV betonte Desiderat, dass allen Bürgern ein effektiver Zugang zur Justiz offensteht. Auf der Grundlage von Art. 81 Abs. 2 lit. e AEUV wurden bereits einige konkrete Maßnahmen ergriffen, die einen erleichterten Zugang zur Justiz verschaffen sollen.

---

122 Verordnung (EU) Nr. 1215/2012 des Europäischen Parlaments und des Rates vom 12.12.2012 über die gerichtliche Zuständigkeit und die Anerkennung und Vollstreckung von Entscheidungen in Zivil- und Handelssachen (Neufassung), ABl. 2012, L 351/1.

123 Siehe dazu unten Rn. 67 ff.

124 Streinz/*Leible*, EUV/AEUV, 3. Aufl. 2018, Art. 81 AEUV Rn. 19; *Rossi*, in: Calliess/Ruffert, EUV/AEUV, 5. Aufl. 2016, Art. 81 AEUV Rn. 7; *Frenz*, JURA 2012, 701, 704; a. A. *Hess*, in: Grabitz/Hilf/Nettesheim, Das Recht der Europäischen Union (Stand: September 2010), Art. 81 AEUV Rn. 38.

125 Dazu auch *Rossi*, in: Calliess/Ruffert, EUV/AEUV, 5. Aufl. 2016, Art. 81 AEUV Rn. 15. Zur Binnenmarktkompetenz oben § 6 Rn. 13 ff.

126 BVerfGE 123, 167, 415 (*Lissabon*); *Rosenau*/*Petrus*, in: Vedder/Heintschel von Heinegg, Europäisches Unionsrecht, 2. Aufl. 2018, Art. 81 AEUV Rn. 8.

127 Näher *Stürner*, in: Frankfurter Kommentar zu EUV, GRC und AEUV, 2017, Art. 81 AEUV Rn. 23 ff.

61 Die erste betrifft die sog. Prozesskostenhilfe-Richtlinie.[128] Diese garantiert natürlichen Personen, dass für sie der nach ihrem Heimatrecht einschlägige Prozesskostenhilfestandard auch bei grenzüberschreitenden Streitigkeiten gilt. Das hier verwirklichte Herkunftslandprinzip führt zwar nicht zu einer Angleichung der Prozesskostenhilfestandards in den Mitgliedstaaten, erlaubt aber eine grenzüberschreitende Verfahrensteilnahme, ohne dass mögliche Nachteile der jeweiligen lex fori für die ausländische Partei zum Tragen kämen.

62 Die zweite Maßnahme ist weniger auf die Schaffung solcher prozessualer Mindeststandards gerichtet, als vielmehr auf die Information über die in den Mitgliedstaaten bestehenden Verfahrensvorschriften. Zur Erleichterung des Zugangs zur Justiz wurden das Europäische Justizielle Netz in Zivil- und Handelssachen[129] sowie der Europäische Gerichtsatlas für Zivilsachen[130] eingerichtet. Im Gerichtsatlas finden sich in allen Amtssprachen der Union Informationen über die Gerichtssysteme der Mitgliedstaaten. Ferner sind dort Formulare abrufbar, die zur grenzüberschreitenden Forderungsdurchsetzung benötigt werden oder die zur Kommunikation zwischen Justizbehörden der verschiedenen Mitgliedstaaten benutzt werden können.

b) Zuständigkeiten und Vermeidung von Kompetenzkonflikten

63 Ein Kernbereich der justiziellen Zusammenarbeit betrifft die internationale Zuständigkeit für Zivilverfahren. Sie betrifft die Verteilung gerichtlicher Kompetenzen zwischen den Mitgliedstaaten. Diesbezüglich enthält Art. 81 Abs. 2 lit. c AEUV eine Kompetenz zur Rechtsangleichung. Es steht im Interesse des Rechtsverkehrs im Binnenmarkt, ein klares und vorhersehbares System der Zuständigkeiten zu haben, um Mehrfach- und Parallelverfahren möglichst zu verhindern. Hier existieren mit der Brüssel Ia-VO Regelungen für Zivil- und Handelssachen, mit der Brüssel IIa-VO für Ehesachen,[131] mit der EuInsVO für grenzüberschreitende Insolvenzverfahren,[132] mit der EuUnthVO für Un-

---

128 Richtlinie 2002/8/EG des Rates vom 27.1.2003 zur Verbesserung des Zugangs zum Recht bei Streitsachen mit grenzüberschreitendem Bezug durch Festlegung gemeinsamer Mindestvorschriften für die Prozesskostenhilfe in derartigen Streitsachen, ABl. 2003, L 26/41.

129 Siehe https://e-justice.europa.eu/content_european_judicial_network_in_civil_and_commercial_matters-21-de.do.

130 Siehe https://e-justice.europa.eu/content_european_judicial_atlas_in_civil_matters-321-de.do.

131 Verordnung (EG) Nr. 2201/2003 des Rates vom 27.11.2003 über die Zuständigkeit und die Anerkennung und Vollstreckung von Entscheidungen in Ehesachen und in Verfahren betreffend die elterliche Verantwortung und zur Aufhebung der Verordnung (EG) Nr. 1347/2000, ABl. 2003, L 338/1. Diese Verordnung wird ersetzt durch die Verordnung (EU) 2019/1111 des Rates vom 25. Juni 2019 über die Zuständigkeit, die Anerkennung und Vollstreckung von Entscheidungen in Ehesachen und in Verfahren betreffend die elterliche Verantwortung und über internationale Kindesentführungen, ABl. EU 2019, L 178/1.

132 Verordnung (EU) Nr. 2015/848 des Europäischen Parlaments und des Rates vom 20.5.2015 über Insolvenzverfahren (Neufassung), ABl. EU 2015, L 141/19.

terhaltsverfahren,[133] mit der EuErbVO für den Bereich der Erb- und Nachlasssachen[134] sowie mit der EuGüVO[135] bzw. der EuPartVO[136] für das Güterrecht. Es geht bei diesen Verordnungen folglich nicht um eine Zusammenarbeit der Gerichte im eigentlichen Sinne; vielmehr wird abstrakt-generell festgelegt, bei den Gerichten welches Mitgliedstaates Klagen in den genannten Bereichen erhoben werden können. Dadurch wird aber keineswegs für jeden Sachverhalt immer nur ein einziges Forum in einem Mitgliedstaat eröffnet.

Die generelle Regel ist, dass ein Gerichtsstand stets am Wohnsitz des Beklagten **64**
gegeben ist (actor sequitur forum rei), dies gilt auch für vertragliche Forderungen, Art. 4 Abs. 1 i. V. m. Art. 62, 63 Brüssel Ia-VO. Daneben existiert aber eine ganze Reihe weiterer, besonderer Gerichtsstände, welche die Vielfältigkeit der rechtlichen Zusammenhänge und die Besonderheiten der einzelnen Rechtsverhältnisse widerspiegelt. Dies gilt etwa in vertraglichen Streitigkeiten nach Art. 7 Nr. 2 Brüssel Ia-VO: Danach besteht eine internationale Zuständigkeit am Erfüllungsort.[137] Handelt es sich um Streitigkeiten zwischen Verbrauchern und Unternehmern, besteht unter bestimmten Voraussetzungen sogar ein halbzwingend ausgestalteter Sondergerichtsstand am Wohnsitz des Verbrauchers nach Art. 17 ff. Brüssel Ia-VO.[138] Wieder andere Gerichtsstände weichen aus Gründen der Sachnähe vom Wohnsitzgerichtsstand ab. So sind Klagen, die dingliche Rechte an Grundstücken betreffen, gemäß Art. 24 Nr. 1 Brüssel Ia-VO ausschließlich am Gericht desjenigen Bezirks zu erheben, in dem sich das fragliche Grundstück befindet. Möglich ist auch eine parteiautonome Vereinbarung des zuständigen Gerichts im Rahmen der sog. Prorogation nach Art. 25 Brüssel Ia-VO.

Es kann durchaus vorkommen, dass für ein und denselben Sachverhalt zwei oder **65**
sogar mehrere Gerichtsstände in Betracht kommen und an diesen auch Klage erhoben wird. In diesen Fällen entsteht die Notwendigkeit der Koordination von Parallelverfahren. Die Brüssel Ia-VO enthält daher wie die weiteren einschlägigen Verordnungen

---

133 Verordnung (EG) Nr. 4/2009 des Rates vom 18.12.2008 über die Zuständigkeit, das anwendbare Recht, die Anerkennung und Vollstreckung von Entscheidungen und die Zusammenarbeit in Unterhaltssachen, ABl. EU 2009, L 7/1.

134 Verordnung (EU) Nr. 650/2012 des Europäischen Parlaments und des Rates vom 4.7.2012 über die Zuständigkeit, das anzuwendende Recht, die Anerkennung und Vollstreckung von Entscheidungen und die Annahme und Vollstreckung öffentlicher Urkunden in Erbsachen sowie zur Einführung eines Europäischen Nachlasszeugnisses, ABl. EU 2012, L 201/107.

135 VO (EU) 2016/1103 des Rates zur Durchführung einer Verstärkten Zusammenarbeit im Bereich der Zuständigkeit, des anzuwendenden Rechts und der Anerkennung und Vollstreckung von Entscheidungen in Fragen des ehelichen Güterstands v. 24.6.2016, ABl. EU 2016 L 183, 1.

136 VO (EU) 2016/1104 des Rates zur Durchführung der Verstärkten Zusammenarbeit im Bereich der Zuständigkeit, des anzuwendenden Rechts und der Anerkennung und Vollstreckung von Entscheidungen in Fragen güterrechtlicher Wirkungen eingetragener Partnerschaften v. 24.6.2016, ABl. EU 2016 L 183, 30.

137 Siehe unten Rn. 74 ff.

138 Siehe unten Rn. 82 ff.

Vorschriften, die Kompetenzkonflikte lösen sollen. Im Interesse der Rechtsklarheit und Vorhersehbarkeit stützen sich alle Rechtsakte im Ausgangspunkt auf ein striktes Prioritätsprinzip (Art. 29 Brüssel Ia-VO). Dies hat zur Folge, dass das später angerufene Gericht nicht selbst über seine Kompetenz entscheiden kann, sondern das Verfahren so lange auszusetzen hat, bis das zuerst angerufene Gericht eine entsprechende Entscheidung getroffen hat, die wiederum für das Zweitgericht Bindungswirkung entfaltet.

66 Dieses Prioritätsprinzip kann dahin ausgenutzt werden, dass eine Partei, die eine Klage fürchtet, an einem bekannt langsam arbeitenden Gerichtsstand eine entsprechende Gegenklage (etwa eine negative Feststellungsklage des Inhalts, dass der geltend zu machende Anspruch nicht besteht) erhebt. Solche wegen der für die Erstklage typischerweise gewählten Gerichtsstaaten plastisch als italienische (oder früher auch belgische) Torpedos bezeichnete Klagen vermögen eine später erhobene Klage des Gegners für einen erheblichen Zeitraum zu blockieren. Den Einwand des Rechtsmissbrauchs hat der EuGH im Ergebnis nicht zugelassen.[139] Angesichts dieses unbefriedigenden Ergebnisses hat die Neufassung der Brüssel I-VO zumindest bei Vorliegen einer Gerichtsstandsvereinbarung das strikte Prioritätsprinzip modifiziert und dem prorogierten Gericht einen Zuständigkeitsvorrang eingeräumt: Das zuerst angerufene Gericht hat das Verfahren so lange auszusetzen, bis das vereinbarte Gericht über seine Zuständigkeit entschieden hat (Art. 31 Abs. 2 Brüssel Ia-VO).

c) Anerkennung und Vollstreckung von Entscheidungen zwischen den Mitgliedstaaten

67 Bei der Anerkennung und Vollstreckung von Entscheidungen zwischen den Mitgliedstaaten handelt es sich um einen der zentralen Bereiche der justiziellen Zusammenarbeit, da diese unmittelbar auf die Verwirklichung dieses in Art. 67 Abs. 4 AEUV genannten und von Art. 81 Abs. 1 AEUV wiederholten Grundsatzes gerichtet ist. Eine Reihe von Verordnungen wurde bereits auf der Grundlage von Art. 81 Abs. 2 lit. a AEUV (bzw. ihrer Vorgängernorm, Art. 65 lit. a 3. Spiegelstrich EG) erlassen. Diese Rechtsakte führen in aller Regel zu einer Erleichterung der Prozessführung in grenzüberschreitenden Streitigkeiten und zu einer Beschleunigung des Verfahrens insgesamt. Von erheblicher Bedeutung ist für die Parteien eines Zivilverfahrens in vielen Fällen weiterhin, ob eine Vollstreckung, also eine zwangsweise Durchsetzung der im Prozess erstrittenen und vom Gericht titulierten Forderung, auch in anderen Mitgliedstaaten problemlos möglich ist. Diesbezüglich bestehende Hindernisse sind geeignet, einen Forderungsinhaber von der gerichtlichen Geltendmachung seiner Forderung abzuhalten, da ihm ein Titel im Ergebnis nichts nutzt, wenn er ihn nicht oder nur mit

139 EuGH, 9.12.2003, Rs. C-116/02 – *Gasser*, Slg. 2003, I-14693.

erheblichem Aufwand vollstrecken kann. Art. 81 Abs. 2 lit. a AEUV schafft daher eine Kompetenz zur Rechtsvereinheitlichung in diesem Bereich.

Dahinter steht das Anerkennungsprinzip, das auch in Art. 81 Abs. 1 AEUV prominente Erwähnung gefunden hat. Eine ganze Reihe von Rechtsakten enthält entsprechende Regelungen, allen voran die Brüssel Ia-VO. Diese Verordnungen der „ersten Generation" verwirklichen das Anerkennungsprinzip jedoch nur mit Einschränkungen: So war auf der Grundlage der bis zum 10. Januar 2015 geltenden Brüssel I-VO in demjenigen Mitgliedstaat, in dem die Vollstreckung erfolgen sollte, ein besonderes Verfahren durchzuführen, mit dem Ziel, das ausländische Urteil für vollstreckbar zu erklären (sog. Exequatur-Verfahren). Darin konnte der Schuldner gewisse Einwände gegen die Vollstreckung vorbringen, etwa derart, dass ihm im Urteilsstaat kein rechtliches Gehör gewährt worden sei, oder dass die Anerkennung und Vollstreckung gegen den ordre public des Forumstaates verstößt. 68

Die „zweite Generation" zivilprozessualer Verordnungen verzichtet hingegen auf dieses Exequatur-Verfahren. Zuerst war es im Jahre 2004 die EuVTVO,[140] die unter bestimmten Umständen eine unionsweite Freizügigkeit für Titel über unbestrittene Forderungen schaffte. Ähnlich funktionieren auch die EuMahnVO,[141] die EuBagatell-VO,[142] sowie – mit Einschränkungen – die EuUnthVO und die EuErbVO. Auch die Verordnung über die gegenseitige Anerkennung von Schutzmaßnahmen in Zivilsachen[143] verzichtet auf ein Exequatur-Verfahren. Auch die seit dem 10. Januar 2015 anwendbare Brüssel Ia-VO kennt kein Exequatur-Verfahren mehr. Die zunächst von der Kommission geplante vollständige Abschaffung der Anerkennungsversagungsgründe[144] ließ sich indessen politisch nicht durchsetzen. Die Neufassung hat zwar das Exequaturverfahren abgeschafft, die bereits bestehenden Anerkennungsversagungsgründe jedoch vollständig beibehalten.[145] Diese werden auf einen entsprechenden Antrag des Vollstreckungsschuldners in einem gesonderten Verfahren überprüft.[146] 69

140 Verordnung (EG) Nr. 805/2004 des Europäischen Parlaments und des Rates vom 21.4.2004 zur Einführung eines Europäischen Vollstreckungstitels für unbestrittene Forderungen, ABl. 2004, L 143/15.

141 Verordnung (EG) Nr. 1896/2006 des Europäischen Parlaments und des Rates vom 12.12.2006 zur Einführung eines Europäischen Mahnverfahrens, ABl. 2006, L 399/1.

142 Verordnung (EG) Nr. 861/2007 des Europäischen Parlaments und des Rates vom 11.7.2007 zur Einführung eines europäischen Verfahrens für geringfügige Forderungen, ABl. 2007, L 199/1.

143 Verordnung (EU) Nr. 606/2013 des Europäischen Parlaments und des Rates über die gegenseitige Anerkennung von Schutzmaßnahmen in Zivilsachen, ABl. 2013, L 181/4.

144 Vorschlag für eine Verordnung des Europäischen Parlaments und des Rates über die gerichtliche Zuständigkeit und die Anerkennung und Vollstreckung von Entscheidungen in Zivil- und Handelssachen (Neufassung), KOM (2010) 748 endg.

145 Siehe dazu *Cadet*, EuZW 2013, 218; *Pohl*, IPRax 2013, 109; *Domej*, RabelsZ 78 (2014), 508; *Stürner*, DGVZ 2016, 215.

146 Siehe Art. 46 ff. i. V. m. Art. 45 Brüssel Ia-VO.

70 Eine Reihe von Rechtsakten der „zweiten Generation“ ist optional, der Gläubiger hat mithin ein Wahlrecht, ob er etwa ein europäisches Mahnverfahren einleitet oder auf das entsprechende Verfahren des jeweiligen nationalen Rechts zurückgreift.[147] Der Unterschied zeigt sich aber in der Vollstreckung in anderen Mitgliedstaaten: Während am Ende eines europäischen Mahnverfahrens ein Titel steht, der europaweit ohne weitere Zwischenschritte vollstreckbar ist (vgl. Art. 19 EuMahnVO), musste für den Vollstreckungsbescheid, der am Ende eines nach nationalem Recht durchgeführten Mahnverfahrens steht, jedenfalls bisher noch in jedem Mitgliedstaat, in dem eine Vollstreckung durchgeführt werden sollte, in einem Exequaturverfahren die Vollstreckbarkeitserklärung erwirkt werden. Die Abschaffung dieses Verfahrens in der Brüssel Ia-VO hat den Unterschied zwischen beiden Verfahren insoweit nivelliert; immerhin verbleibt das Risiko, dass der Schuldner mit dem Rechtsbehelf nach Art. 46 Brüssel Ia-VO die Vollstreckung zu verhindern versucht.

d) Allgemeine Harmonisierungskompetenz für Zivilverfahren

71 Bemerkenswert ist die in Art. 81 Abs. 2 lit. f AEUV enthaltene Kompetenz der EU zur Beseitigung von Hindernissen für die reibungslose Abwicklung von Zivilverfahren in der Union und die Förderung der Vereinbarkeit der in den Mitgliedstaaten geltenden zivilrechtlichen Verfahrensvorschriften. Bei unbefangener Betrachtungsweise ließe sich aus dem Wortlaut dieser Vorschrift eine sehr weitreichende Befugnis zur Harmonisierung der Verfahrensrechte aller Mitgliedstaaten ableiten. Denn die darin als Ziel genannte reibungslose Abwicklung von Zivilverfahren könnte letztlich nur auf der Grundlage eines einheitlichen europäischen Verfahrensrechts realisiert werden. Nur wenn jedes mitgliedstaatliche Gericht identische Verfahrensvorschriften anzuwenden hätte, wären alle denkbaren Hindernisse für ein reibungsloses Verfahren jenseits möglicher Auslegungsdivergenzen ausgeschlossen. Indessen besteht weitgehende Einigkeit darin, dass sich die Harmonisierung auf grenzüberschreitende Verfahren zu beschränken hat,[148] sodass die für rein innerstaatliche Verfahren geltenden Rechtsvorschriften der Mitgliedstaaten nicht angetastet werden können. Dementsprechend enthalten auch die Rechtsakte der „zweiten Generation“, insbesondere die EuVTVO, die EuMahnVO und die EuBagatellVO, nur Verfahrensvorschriften, die grenzüberschreitende Rechtsstreitigkeiten betreffen. Gleichwohl wurde damit eine Entwicklung angestoßen, die für die Herausbildung eines Europäischen Zivilverfahrens von hoher Bedeutung sein wird. Denn die genannten Rechtsakte haben zwar nur sektorielle Bedeutung, enthalten aber zumindest in Ansätzen den Plan eines Zivilverfahrens, und könnten damit als Vorbild zum einen für ein in Zukunft entstehendes europäisches

---

147 Zur Optionalität solcher Rechtsakte *Stürner*, in: EnzEuR, Band 3, 2. Aufl. 2021, § 23 Rn. 14 ff.
148 *Hess*, Europäisches Zivilprozessrecht, 2010, § 2 Rn. 26. Siehe auch *Stürner*, in: Frankfurter Kommentar zu EUV, GRC und AEUV, 2017, Art. 81 AEUV Rn. 17 ff.

Instrument im Bereich des Verfahrensrechts dienen, zum anderen aber den mitgliedstaatlichen Gesetzgebern als Modell bei möglichen Reformen ihrer eigenen Verfahrensrechte dienen und auf diese Weise eine autonome Harmonisierung herbeiführen.[149]

3. Insbesondere: die internationale Zuständigkeit für Forderungen aus Vertrag

a) Anwendbarkeit der Brüssel Ia-VO

Die Brüssel Ia-VO gilt für Zivil- und Handelssachen (Art. 1 Abs. 1 S. 1 Brüssel Ia-VO).[150] 72
Diese Begrifflichkeit ist autonom auszulegen,[151] doch hat sich anhand der vom EuGH entwickelten Abgrenzungskriterien eine nicht immer stringente Kasuistik herausgebildet.[152] So kann eine Rechtssache alternativ wegen der Natur der zwischen den Parteien bestehenden Rechtsbeziehungen oder wegen des Gegenstandes des Rechtsstreits vom Anwendungsbereich ausgeschlossen sein. Art. 1 Abs. 2 Brüssel Ia-VO enthält einen Ausnahmekatalog, der etwa Ehe- oder Statussachen betrifft. Die Verordnung gilt für alle Mitgliedstaaten mit Ausnahme von Dänemark (Erwägungsgrund Nr. 41 Brüssel Ia-VO). Irland beteiligt sich hingegen an der Verordnung (Erwägungsgrund Nr. 40 Brüssel Ia-VO). Nach dem Brexit gilt die Verordnung nicht mehr für das Vereinigte Königreich.[153] Die persönliche Anwendbarkeit setzt einen Wohnsitz des Beklagten im Hoheitsgebiet eines Mitgliedstaats voraus (Art. 4–6 Brüssel Ia-VO). Für Gesellschaften und juristische Personen genügen mehrere Kriterien: Sitz, Hauptverwaltung bzw. -niederlassung (Art. 63 Brüssel Ia-VO). Andernfalls gelten die unvereinheitlichten Regeln über die internationale Zuständigkeit (Art. 6 Abs. 2 Brüssel Ia-VO), es sei denn, es liegt einer der in Art. 6 Abs. 1 Brüssel Ia-VO genannten Fälle vor, in denen dem Wohnsitz des Beklagten keine Bedeutung zukommt. Dies betrifft insbesondere Verbraucherstreitigkeiten (Art. 18 Abs. 1 Brüssel Ia-VO), Fälle ausschließlicher internationaler Zuständigkeit (Art. 24 Brüssel Ia-VO) sowie Gerichtsstandsvereinbarungen (Art. 25 Brüssel Ia-VO).

b) Allgemeiner Gerichtsstand

Personen, die ihren Wohnsitz im Hoheitsgebiet eines Mitgliedstaats haben, sind ohne 73
Rücksicht auf ihre Staatsangehörigkeit vor den Gerichten dieses Mitgliedstaats zu verklagen (Art. 4 Abs. 1 Brüssel Ia-VO). Sie können vor den Gerichten eines anderen Mit-

---

149 *Stürner*, in: EnzEuR, Band 3, 2. Aufl. 2021, § 23 Rn. 103f.

150 Eingehend zum Anwendungsbereich der Brüssel Ia-VO *Stürner*, ZVglRWiss 119 (2020), 143.

151 EuGH, 14.10.1976, Rs. 29/76 – *LTU/Eurocontrol*, Slg. 1976, 1541; zu weiteren Urteilen *Freitag*, IPRax 2004, 305, 306f.

152 Dazu etwa *Kropholler/von Hein*, Europäisches Zivilprozessrecht, 9. Aufl. 2011, Art. 1 EuGVVO Rn. 6–10.

153 Dazu bereits oben § 3 Rn. 47ff.

gliedstaats nur unter den besonderen Voraussetzungen der Art. 7 ff. Brüssel Ia-VO verklagt werden (Art. 5 Abs. 1 Brüssel Ia-VO).

c) Der besondere Gerichtsstand des Erfüllungsortes

aa) Die Systematik des Art. 7 Nr. 1 Brüssel Ia-VO

74 Ein solcher besonderer Gerichtsstand, der die internationale Zuständigkeit abweichend vom Sitz des Beklagten festschreibt, ist Art. 7 Nr. 1 Brüssel Ia-VO. Sind dessen Voraussetzungen erfüllt, besteht ein Wahlrecht des Klägers zwischen dem allgemeinen und dem besonderen Gerichtsstand.[154]

75 Art. 7 Nr. 1 Brüssel Ia-VO setzt einen vertraglichen Anspruch voraus. Diesen wiederum definiert der EuGH als eine freiwillig eingegangene Verpflichtung. Hierbei ist der Klagegrund und nicht die Identität der Parteien maßgeblich;[155] es genügt eine Kette von aufeinander bezogenen freiwilligen Verpflichtungen. So ist Art. 7 Nr. 1 Brüssel Ia-VO einschlägig für die Klage eines Fluggastes gegen das ausführende Luftfahrtunternehmen auf Ausgleichsleistung, selbst wenn zwischen diesen Parteien kein Vertrag geschlossen wurde und der vom Luftfahrtunternehmen durchgeführte Flug in einem mit einem Dritten geschlossenen Pauschalreisevertrag, der auch eine Unterbringung einschloss, vorgesehen war.[156]

76 Die Systematik des Art. 7 Nr. 1 Brüssel Ia-VO sieht eine Unterteilung in Kauf- und Dienstverträge (lit. b) und sonstige Verträge (lit. a) vor. Für erstere wird der Erfüllungsort verordnungsautonom festgelegt. Maßgeblich ist zunächst der Ort, der im Vertrag bestimmt ist. Fehlt eine solche Bestimmung, so kommt es auf den Ort an, an dem der Käufer die Ware tatsächlich entgegen genommen und die tatsächliche Verfügungsgewalt über sie erlangt hat oder hätte erlangen müssen.[157] Dies führt zu einem einheitlichen Gerichtsstand für alle vertraglichen Verpflichtungen.

77 Für alle anderen Vertragstypen gilt über den ausdrücklichen Verweis in lit. c die Regelung der lit. a. Der Erfüllungsort wird dabei nicht autonom bestimmt, sondern unter Rückgriff auf die lex causae.[158] So unterfällt ein Lizenzvertrag nicht lit. b, sondern

---

154 Vgl. nur Musielak/Voit/*Stadler*, ZPO, 17. Aufl. 2020, Vor Art. 7 Brüssel Ia-VO; Geimer/Schütze/*Geimer*, Europäisches Zivilverfahrensrecht, 4. Aufl. 2020, Art. 7 EuGVVO Rn. 4.

155 S. EuGH, 7.3.2018, Rs. C-274/16, C-447/16 und C-448/16 – *flightright*, ECLI:EU:C:2018:160, Rn. 61 m.N. Zum Vertragsbegriff bereits § 34 Rn. 44.

156 EuGH, 26.3.2020, Rs. C-215/18 – *Primera Air Scandinavia*, ECLI:EU:C:2020:235, Rn. 39 ff. Anderes gilt indessen für den Verbrauchergerichtsstand nach Art. 17–19 Brüssel Ia-VO, der gerade eine Vertragsbeziehung zwischen klagendem Verbraucher und beklagtem Unternehmer voraussetzt (EuGH a.a.O., Rn. 57 ff.); s. dazu auch unten Rn. 82 ff.

157 EuGH, 25.2.2010, Rs. C-381/08 – *Car Trim*, Slg. 2010, I-1255, Rn. 59.

158 EuGH, 6.10.1976, Rs. 12/76 – *Tessili*, Slg. 1976, 1473, Rn. 13 ff.; EuGH, 15.1.1987, Rs. 286/85 – *Shenavai*, Slg. 1987, 239, Rn. 7; EuGH, 29.6.1994, Rs. 288/92 – *Custom Made Commercial*, Slg. 1994, I-2913, Rn. 26; EuGH, 28.9.1999, Rs. C-440/97 – *Concorde*, Slg. 1999, I-6307, Rn. 13.

lit.c i.V.m. lit.a.[159] Daran ist konstruktiv problematisch, dass innerhalb ein und derselben Vorschrift zwei grundverschiedene Bestimmungsweisen zur Ermittlung des Erfüllungsorts bestehen. Dies ist aber de lege lata hinzunehmen. Auch im Zuge der Revision der Brüssel I-VO wurden hieran keine Änderungen vorgenommen. Lit. a gilt weiterhin dann, wenn der Erfüllungsort außerhalb der Mitgliedstaaten liegt. Auch in diesem Fall ist die lex causae heranzuziehen.

Die materiellrechtlichen Regeln, welche den Erfüllungsort bestimmen, sind teilweise vereinheitlicht. Für den Kaufpreisanspruch gilt unter Umständen Art. 57 CISG. Danach ist der Kaufpreis am Niederlassungsort des Verkäufers zu zahlen. Die Lösung der Rechtsprechung, wonach diese einheitsrechtliche Regelung, welche zu einem Verkäufer- und Klägergerichtsstand führen kann, für Art. 7 Nr. 1 Brüssel Ia-VO herangezogen werden darf,[160] ist allerdings umstritten.[161] Für andere Fragen bestimmt Art. 31 CISG den Erfüllungsort. Im unvereinheitlichten deutschen Recht ist maßgebliche Vorschrift § 269 BGB; danach ist Erfüllungsort der Sitz des Schuldners. In einigen anderen Rechtsordnungen (England, Italien, Niederlande) ist der Erfüllungsort dagegen der Sitz des Gläubigers. 78

Möglich und im Rahmen des Art. 7 Nr. 1 Brüssel Ia-VO wirksam sind auch Erfüllungsortvereinbarungen, die ausdrücklich oder auch konkludent erfolgen können; besondere Formerfordernisse bestehen nicht. Der EuGH hat solche Vereinbarungen zunächst ohne Einschränkungen zugelassen,[162] dann aber dahin beschränkt, dass ein konkreter Bezug zum Vertrag bestehen muss.[163] Mithin sind abstrakte Erfüllungsortvereinbarungen nur dann wirksam, wenn die in Art. 25 Brüssel Ia-VO für Gerichtsstandsvereinbarungen geltenden Formvoraussetzungen[164] eingehalten werden. Eine in diesem Sinne abstrakte Vereinbarung über den Erfüllungsort wird damit im Ergebnis (auch) prozessual qualifiziert.[165] 79

bb) Die Bestimmung des Erfüllungsortes: Problemfälle

Problematisch ist die Abgrenzung zwischen beiden Vertragstypen vor allem bei Verträgen über die Lieferung herzustellender oder zu erzeugender Ware im Rahmen eines Versendungskaufes: Nach der Rechtsprechung des EuGH kommt es auf die für den Vertrag charakteristische Leistung an; besteht sie in der Lieferung eines Gegenstandes, so liegt der Verkauf einer beweglichen Sache vor. Wird die Ware erst hergestellt oder erzeugt, so ist zur Auslegung auf Unionsrecht und auch auf das CISG abzustel- 80

159 EuGH, 23.4.2009, Rs. C-533/07 – *Falco Privatstiftung*, Slg. 2009, I-3327.
160 EuGH, 29.6.1994, Rs. 288/92 – *Custom Made Commercial*, Slg. 1994, I-2913, Rn. 18ff.
161 S. dazu *Hau*, JZ 2008, 974.
162 EuGH, 17.1.1980, Rs. 56/79 – *Zelger/Salinitri*, Slg. 1980, 89, Rn. 4.
163 EuGH, 20.2.1997, Rs. C-106/95 – *MSG*, Slg. 1997, I-911, Rn. 31ff.
164 Dazu unten Rn. 95ff.
165 S. dazu *Stürner*, GPR 2013, 305, 311f.

len. Stellt der Verkäufer den Rohstoff, aus dem die Ware herzustellen ist, her, so liegt auch dann ein Vertrag über die Lieferung beweglicher Sachen vor, wenn der Käufer bestimmte Vorgaben zur Beschaffung, Verarbeitung und Lieferung macht. Zudem kann der Umstand, dass der Verkäufer für die Qualität und Vertragsmäßigkeit der Ware haftet, für einen Vertrag über den Verkauf beweglicher Sachen sprechen. Handelt es sich um einen Versendungskauf, ist zunächst der Ort maßgeblich, der im Vertrag als Lieferort bestimmt ist. Fehlt eine solche Bestimmung, so kommt es auf den Ort an, an dem der Käufer die Ware tatsächlich entgegen genommen und die tatsächliche Verfügungsgewalt über sie erlangt hat oder hätte erlangen müssen. Diese Auslegung vermeidet einen Rückgriff auf die lex causae und hat den Vorzug einer einfachen und vorhersehbaren Bestimmung des Erfüllungsortes.[166]

81 Weiterhin stellt sich das Problem, wie Dienstleistungen zu behandeln sind, die in mehreren Mitgliedstaaten erbracht werden. Für Klagen auf Ausgleichszahlungen nach der Fluggastrechte-Verordnung besteht eine Zuständigkeit des Gerichts nach Wahl des Klägers am Abflug- oder Ankunftsort und nicht etwa an der Hauptniederlassung des Fluganbieters.[167] Praktische Bedeutung erlangt diese Konstellation weiter bei Handelsvertreterverträgen. Auch hier ist nicht etwa lit. a anzuwenden. Vielmehr ist nach der Rechtsprechung des EuGH auf den Ort der hauptsächlichen Leistungserbringung abzustellen.[168] Die internationale Zuständigkeit des Gerichts an diesem Ort bezieht sich dann auf die Entscheidung über alle Klagen aus dem Vertrag und nicht nur auf denjenigen Teil, der in diesem Mitgliedstaat erbracht wird. Hilfsweise ist der Ort heranzuziehen, an dem der Dienstleister seine Tätigkeiten zur Erfüllung des Vertrags tatsächlich überwiegend vorgenommen hat, vorausgesetzt, die Erbringung der Dienstleistungen an diesem Ort widerspricht nicht dem Parteiwillen, wie er sich aus den Vertragsbestimmungen ergibt. Ergänzend zieht der EuGH dazu tatsächliche Aspekte der Rechtssache, insbesondere die an diesen Orten aufgewendete Zeit und die Bedeutung der dort ausgeübten Tätigkeit, heran. Subsidiär besteht eine internationale Zuständigkeit am Wohnsitz des Dienstleisters.

d) Der Verbrauchergerichtsstand

aa) Regelungsgehalt

82 Der Verbraucher wird – wie der Arbeitnehmer und der Versicherungsnehmer – als in aller Regel schwächere Partei angesehen (Erwägungsgrund Nr. 18 Brüssel Ia-VO). Daher wird er in Art. 17–19 Brüssel Ia-VO zuständigkeitsrechtlich privilegiert, was nach der Rechtsprechung des EuGH eine enge Auslegung notwendig macht.[169] Voraussetzung ist – anders als bei dem weiter formulierten Gerichtsstand des Erfüllungsortes in

166 EuGH, 25.2.2010, Rs. C-381/08 – *Car Trim*, Slg. 2010, I-1255, Rn. 53ff.
167 EuGH, 9.7.2009, Rs. C-204/08 – *Rehder*, NJW 2009, 2801.
168 EuGH, 11.3.2010, Rs. C-19/09 – *Wood Floor Solutions*, Slg. 2010, I-2121.
169 EuGH, 20.1.2005, Rs. C-464/01 – *Gruber*, Slg. 2005, I-439, Rn. 32 m. N.

Art. 7 Nr. 1 Brüssel Ia-VO[170] – das Bestehen einer Vertragsbeziehung zwischen klagendem Verbraucher und beklagtem Unternehmer.[171] Doch folgt daraus nicht zwingend, dass ausschließlich und stets vertragliche Ansprüche eingeklagt werden müssen.[172]

Der Verbraucherbegriff ist europäisch-autonom auszulegen.[173] Es kommt auf die konkrete Situation des Vertragsschlusses an, dieser darf nicht zu beruflichen oder gewerblichen Zwecken geschlossen worden sein. Wird der Anspruch abgetreten, so profitiert der Zessionar nach der Rechtsprechung des EuGH auch dann nicht vom Verbrauchergerichtsstand, wenn er selbst Verbraucher ist.[174] Denn es kommt gerade nicht auf eine abstrakte Schutzbedürftigkeit an, sondern darauf, ob diese hinsichtlich des Klägers gerade im Hinblick auf den konkreten Vertrag bzw. daraus resultierender Ansprüche besteht.[175] Dabei wird nicht vorausgesetzt, dass der Verbraucher im Rahmen dieses Vertrags in einer bestimmten Weise handelt.[176] Mithin spielt es keine Rolle, ob ein Privatanleger bei Differenzgeschäften Transaktionen in Millionenhöhe getätigt hat, ob diese Geschäfte besonders riskant waren, ob der Verbraucher besondere Kenntnisse oder Erfahrung auf dem Gebiet von Finanzinstrumenten hatte oder ob er die Transaktionen innerhalb eines relativ kurzen Zeitraums vorgenommen hat.[177] Unabhängig davon sind Verbände nie Verbraucher; auch Existenzgründer profitieren nicht von den Wohltaten des forum actoris.[178] **83**

Bei gemischten Geschäften soll es sich bei einem Vertragsgegenstand, der für einen teils beruflich-gewerblichen, teils nicht der beruflichen oder gewerblichen Tätigkeit zuzurechnenden Zweck bestimmt ist (sog. dual use), um keine Verbrauchersache handeln. Anders ist es nur, wenn der beruflich-gewerbliche Zweck derart nebensächlich ist, dass er im Gesamtzusammenhang des betreffenden Geschäftes nur eine ganz untergeordnete Rolle spielt.[179] Nach der Rechtsprechung handelt es sich um keine Verbrauchersache, wenn sich der Kunde so verhalten hat, dass sein Vertragspartner zu Recht den Eindruck gewinnen konnte, er handle zu beruflich-gewerblichen Zwecken. **84**

170 Siehe oben Rn. 75.

171 EuGH, 26.3.2020, Rs. C-215/18 – *Primera Air Scandinavia*, ECLI:EU:C:2020:235, Rn. 57 ff.

172 Dazu sogleich unten Rn. 89 ff.

173 Siehe dazu bereits § 2 Rn. 23 ff. sowie § 34 Rn. 41 ff.

174 EuGH, 25.1.2018, Rs. C-498/ 16 – *Schrems/Facebook*, ECLI:EU:C:2018:37, Rn. 45 ff.

175 *Stürner/Wendelstein*, JZ 2018, 1083, 1090 f., dort auch Nachweise zur Gegenansicht.

176 EuGH, 3.10.2019, Rs. C-208/18 – *Petruchová*, ECLI:EU:C:2019:825, Rn. 58.

177 EuGH, 2.4.2020, Rs. C-500/18 – *Reliantco*, WM 2020, 870, Rn. 53 f.; vgl. auch EuGH, 10.12.2020, Rs. C-774/19 – *Personal Exchange*, ECLI:EU:C:2020:1015, Rn. 32 ff. (für Pokerspieler).

178 EuGH, 3.7.1997, Rs. C-269/95 – *Benincasa*, Slg. 1997, I-3767, Rn. 17.

179 EuGH, 20.1.2005, Rs. C-464/01 – *Gruber*, Slg. 2005, I-439, Rn. 32 f.; EuGH, 25.1.2018, Rs. C-498/16 – *Schrems/Facebook*, ECLI:EU:C:2018:37, Rn. 32; EuGH, 14.2.2019, Rs. C-630/17 – *Milivojević*, ECLI:EU:C:2019:123, Rn. 91. Siehe zur abweichenden Sichtweise im Bereich des materiellen Rechts oben § 2 Rn. 28 sowie § 34 Rn. 41 f.

bb) Sachlicher Anwendungsbereich, insb. Ausrichten

85 Erfasst sind nach dem Zweck der Norm nur Verbraucherverträge, d. h. B2C-Geschäfte. Bilden ein Vertrag oder Ansprüche aus einem Vertrag, den eine Person, der Verbraucher, zu einem Zweck geschlossen hat, der nicht der beruflichen oder gewerblichen Tätigkeit dieser Person zugerechnet werden kann, den Gegenstand des Verfahrens, so bestimmt sich die Zuständigkeit nach Art. 17 Brüssel Ia-VO, wenn es sich um den Kauf beweglicher Sachen auf Teilzahlung (lit. a) oder ein in Raten zurückzuzahlendes Darlehen oder ein anderes Kreditgeschäft handelt, das zur Finanzierung eines Kaufs derartiger Sachen bestimmt ist (lit. b). In allen anderen Fällen greifen Art. 17–19 Brüssel Ia-VO, wenn der Unternehmer im Wohnsitzland des Verbrauchers eine berufliche oder gewerbliche Tätigkeit ausübt oder eine solche auf irgendeinem Wege auf diesen Mitgliedstaat oder auf mehrere Staaten, einschließlich dieses Mitgliedstaats, ausrichtet und der Vertrag in den Bereich dieser Tätigkeit fällt (lit. c).[180]

86 Abgrenzungsschwierigkeiten ergeben sich vor allem hinsichtlich lit. c. Der EuGH hält die Differenzierung danach, ob der Unternehmer eine „aktive" Website unterhielt, über die der Vertragsschluss zustande kommen könne, oder ob es sich lediglich um eine „passive" Website handelte, der Vertragsschluss also auf andere Weise als über die Website zustande kommt, nicht für entscheidend.[181] Für die Anwendbarkeit des Art. 17 Abs. 1 lit. c Brüssel Ia-VO sieht der EuGH als entscheidendes Merkmal an, ob der Gewerbetreibende bereits vor dem eigentlichen Vertragsschluss seinen Willen zum Ausdruck gebracht hat, Geschäftsbeziehungen zu Verbrauchern eines oder mehrerer anderer Mitgliedstaaten, darunter des Wohnsitzmitgliedstaats des Verbrauchers, herzustellen. Anhaltspunkte dafür können sich etwa aus dem internationalen Charakter der Tätigkeit des Gewerbetreibenden, der Angabe von Anfahrtsbeschreibungen von anderen Mitgliedstaaten aus zu dem Ort, an dem der Gewerbetreibende niedergelassen ist, oder der Verwendung einer anderen Sprache oder Währung als der in dem Mitgliedstaat der Niederlassung des Gewerbetreibenden üblicherweise verwendeten Sprache oder Währung mit der Möglichkeit der Buchung und Buchungsbestätigung in dieser anderen Sprache ergeben.[182] Es kommt jedenfalls nicht darauf an, ob der Vertragsschluss gerade im Fernabsatz erfolgt ist.[183]

87 Schließlich ist es für den Verbrauchergerichtsstand ohne Belang, dass der Unternehmer seine Tätigkeit zwar auf den Sitzstaat des Verbrauchers ausgerichtet hat, der Vertragsschluss aber unabhängig hiervon zustande gekommen ist (z. B. weil der Ver-

---

180 Ungeklärt ist die Frage, ob der grenzüberschreitende Bezug bereits bei Vertragsschluss vorliegen muss oder erst bei Klageerhebung, etwa weil der Verbraucher zwischenzeitlich umgezogen ist. S. dazu den Vorlagebeschluss BGH WM 2020, 1305.

181 EuGH, 7.12.2010, verb. Rs. C-585/08 und C-144/09 – *Pammer und Hotel Alpenhof*, NJW 2011, 505, Rn. 79.

182 EuGH, 7.12.2010, verb. Rs. C-585/08 und C-144/09 – *Pammer und Hotel Alpenhof*, NJW 2011, 505, Rn. 83, 93.

183 EuGH, 6.9.2012, Rs. C-190/11 – *Mühlleitner*, NJW 2012, 3225.

braucher die Webseite des Unternehmens nicht zur Kenntnis genommen hat). Hier fehlt es zwar an einer Kausalität des „Ausrichtens" der geschäftlichen Aktivität des Unternehmers auf den Sitzstaat des Verbrauchers für den Vertragsschluss, der EuGH sieht dieses Merkmal jedoch nicht als konstitutiv an.[184]

cc) Konsequenz: Zuständigkeitsprivilegierung

Liegen die Voraussetzungen des Art. 17 Brüssel Ia-VO vor, so kann die Klage eines 88
Verbrauchers gegen den Unternehmer entweder vor den Gerichten des Mitgliedstaats erhoben werden, in dessen Hoheitsgebiet dieser Vertragspartner seinen Wohnsitz hat, oder vor dem Gericht des Ortes, an dem der Verbraucher seinen Wohnsitz hat (Art. 18 Abs. 1 Brüssel Ia-VO). Die Klage des Unternehmers gegen den Verbraucher kann nur vor den Gerichten des Mitgliedstaats erhoben werden, in dessen Hoheitsgebiet der Verbraucher seinen Wohnsitz hat (Art. 18 Abs. 2 Brüssel Ia-VO). Hat der Vertragspartner des Verbrauchers im Hoheitsgebiet eines Mitgliedstaats keinen Wohnsitz, besitzt er aber in einem Mitgliedstaat eine Zweigniederlassung, Agentur oder sonstige Niederlassung, so wird er für Streitigkeiten aus ihrem Betrieb so behandelt, wie wenn er seinen Wohnsitz im Hoheitsgebiet dieses Staates hätte (Art. 17 Abs. 2 Brüssel Ia-VO).

e) Abgrenzung zum Gerichtsstand der unerlaubten Handlung

Für Klagen aus unerlaubter Handlung besteht mit Art. 7 Nr. 2 Brüssel Ia-VO ein wei- 89
terer besonderer Gerichtsstand. Eine Klage kann erhoben werden vor dem Gericht des Ortes, an dem das schädigende Ereignis eingetreten ist oder einzutreten droht. Eine Wahl zwischen Handlungs- und Erfolgsort ist nach der Rechtsprechung der EuGH zulässig,[185] was in gewissem Umfang forum shopping ermöglicht. Es fragt sich, ob insbesondere Vertragsverletzungen als unerlaubte Handlungen in diesem Sinne angesehen werden können. Aus Sicht des EuGH schließen sich Vertrags- und Deliktsgerichtsstand gegenseitig aus.[186] So wurde im Fall *Brogsitter* für eine Klage wegen zivilrechtlicher Haftung aus § 823 Abs. 2 BGB i. V. m. UWG, die nach deutschem Recht deliktsrechtlicher Natur ist, entschieden, dass sie gleichwohl an einen „Vertrag oder Ansprüche aus einem Vertrag" im Sinne von Art. 7 Nr. 1 lit. a Brüssel Ia-VO anknüpfe, wenn das vorgeworfene Verhalten als Verstoß gegen die vertraglichen Verpflichtun-

---

184 EuGH, 17.10.2013, Rs. C-218/12 – *Emrek*, EuZW 2013, 943, Rn. 21 ff.; dazu kritisch *Klöpfer/Wendelstein*, JZ 2014, 298. Siehe zum parallel gelagerten Problem bei Art. 6 Rom I-VO oben § 32 Rn. 51.

185 EuGH, 30.11.1976, Rs. 21/76 – *Bier/Mines de Potasse d'Alsace*, Slg. 1976, 1735, 1746 ff.; EuGH, 16.7.2009, Rs. C-189/08 – *Zuid-Chemie BV*, EuZW 2009, Rn. 23.

186 EuGH, 13.3.2014, Rs. C-548/12 – *Brogsitter*, NJW 2014, 1648, Rn. 20. Zum Vertragsbegriff des internationalen Verbraucherprozessrechts eingehend *Mankowski*, GPR 2020, 281.

gen angesehen werden kann, wie sie sich anhand des Vertragsgegenstands ermitteln lassen.[187]

90 Aus Sicht des EuGH muss eine Auslegung des zwischen den Parteien bestehenden Vertrags unerlässlich erscheinen, um zu klären, ob das vorgeworfene Verhalten rechtmäßig oder vielmehr widerrechtlich ist.[188] Dies ist dann der Fall, wenn die Klageanträge einen Ersatzanspruch zum Gegenstand haben, dessen Grund bei vernünftiger Betrachtungsweise in einem Verstoß gegen die Rechte und Pflichten aus dem zwischen den Parteien des Verfahrens bestehenden Vertrag gesehen werden kann, so dass dessen Berücksichtigung für die Entscheidung über die Klage zwingend erforderlich wäre.[189] Nach diesen Kriterien sind etwa auch Ansprüche gegen ein soziales Netzwerk wegen Datenschutzverstößen im Zusammenhang mit einem privaten Nutzerkonto als unerlaubte Handlungen einzuordnen, da diese sich unmittelbar aus gesetzlichen Vorgaben ergeben, mithin der Inhalt der vertraglich vereinbarten Nutzungsbestimmungen für ihr Bestehen und ihren Inhalt keine Relevanz hat.[190]

91 Doch hält der EuGH diese Rechtsprechung nicht konsistent durch: Stützt ein Verbraucher seine Klage auf einen deliktischen Haftungsgrund, so soll diese dennoch unter die Art. 17–19 Brüssel Ia-VO fallen, wenn sie untrennbar mit einem zwischen dem Verbraucher und dem Gewerbetreibenden tatsächlich geschlossenen Vertrag verbunden ist.[191] Das hat der EuGH für den Fall der Haftung wegen fehlerhafter vorvertraglicher Informationen entschieden. In der Rechtssache *Reliantco* ging es um einen „Kleinanleger", der mit der Beklagten einen Vertrag über finanzielle Differenzgeschäfte abgeschlossen hatte und nach Totalverlust der Anlagesumme – immerhin fast zwei Mio. Euro – auf Schadensersatz klagte.[192] Dem als schutzbedürftig eingestuften Ver-

187 EuGH, 13.3.2014, Rs. C-548/12 – *Brogsitter*, NJW 2014, 1648, Rn. 24.

188 EuGH, 13.3.2014, Rs. C-548/12 – *Brogsitter*, NJW 2014, 1648, Rn. 25; EuGH, 24.11.2020, Rs. C-59/19 – *Wikingerhof*, ECLI:EU:C:2020:950, Rn. 32.

189 Näher dazu *Wendelstein*, ZEuP 2015, 624. Der EuGH neigt hier zu eher aktionenrechtlichem Denken, so etwa in EuGH, 24.11.2020, Rs. C-59/19 – *Wikingerhof*, ECLI:EU:C:2020:950, Rn. 33 f.: Für die Abgrenzung von Vertrag und Delikt soll es darauf ankommen, ob sich der Kläger in seiner Klageschrift auf Vorschriften beruft, die der außervertraglichen Haftung zuzurechnen sind (hier: Wettbewerbsrecht). In diesem Fall ist der Gerichtsstand der unerlaubten Handlung in Art. 7 Nr. 2 Brüssel Ia-VO jedenfalls dann eröffnet, wenn es nicht unerlässlich erscheint, den Inhalt des mit dem Beklagten geschlossenen Vertrags zu prüfen, um zu beurteilen, ob das diesem vorgeworfene Verhalten rechtmäßig oder rechtswidrig ist. Hilfreich ist diese Abgrenzung schon deswegen nicht, weil sich der Kläger regelmäßig auf alle in Betracht kommenden Anspruchsgrundlagen berufen wird. Kritisch dazu auch *Wendelstein*, JZ 2021, 100, 101 f.

190 *Stürner/Wendelstein*, JZ 2018, 1083, 1085 ff. In der Entscheidung *Schrems II* (EuGH, 25.1.2018, Rs. C-498/ 16 – *Schrems/Facebook*, ECLI:EU:C:2018:37) ging der EuGH freilich – ohne dies zu problematisieren – nur auf den Verbrauchergerichtsstand ein.

191 EuGH, 2.4.2020, Rs. C-500/18 – *Reliantco*, WM 2020, 870, Rn. 67 ff. Noch weiter wohl Geimer/ Schütze/*Geimer*, Europäisches Zivilverfahrensrecht, 4. Aufl. 2020, Art. 17 EuGVVO Rn. 73 ff., der einen engen Zusammenhang konkurrierender außervertraglicher Anspruchsgrundlagen genügen lassen will, um diese kraft Sachzusammenhangs im Verbrauchergerichtsstand geltend machen zu können.

192 S. EuGH, 2.4.2020, Rs. C-500/18 – *Reliantco*, WM 2020, 870, Rn. 24 ff.

braucher sei es nicht zuzumuten, an mehreren Gerichtsständen Ansprüche einklagen zu müssen, die untrennbar verbunden sind.[193] Der EuGH unterstreicht zwar, dass ein Vertrag geschlossen sein muss, um in den Genuss des Verbrauchergerichtsstandes zu kommen. Dass der geltend gemachte Anspruch aus culpa in contrahendo der Rom II-VO untersteht und damit gerade nicht vertraglich zu qualifizieren ist, bilde aber keinen Hinderungsgrund, denn schließlich enthalte Art. 12 Abs. 1 Rom II-VO eine vertragsakzessorische Anknüpfung.[194] Mithin stärke diese „Annexkompetenz" für Klagen aus culpa in contrahendo die Kohärenz zwischen der Brüssel Ia-VO einerseits und der Rom II-VO andererseits, da für beide der beabsichtigte Vertrag maßgeblich sei.[195]

Dieses letzte Argument trägt nur im Ansatz: Die Kohärenz zwischen beiden Rechtsakten wird durch die Entscheidung kaum gefördert; vielmehr geht es um den Gleichlauf zwischen internationaler Zuständigkeit und anwendbarem Recht. Dieser Gesichtspunkt wiederum ist für die Zivil- und Handelssachen – anders als etwa für den Bereich der EuErbVO[196] – nicht unbedingt so zentral, dass er als Auslegungstopos herangezogen werden könnte.[197] Abgesehen davon erscheint klärungsbedürftig, wann ein deliktischer Anspruch so „untrennbar" mit dem Vertrag verbunden ist, dass er am Verbrauchergerichtsstand geltend gemacht werden kann.[198] Nach ständiger Rechtsprechung ist Art. 17 Brüssel Ia-VO als Ausnahmevorschrift eng auszulegen.[199] Die Norm setzt voraus, dass „ein Vertrag oder Ansprüche *aus* einem Vertrag ... den Gegenstand des Verfahrens" bilden. Der EuGH formuliert etwas leichthin offener, wenn es im Urteil heißt, die Norm finde „nur insoweit Anwendung [...], als die fragliche Klage *in Verbindung mit* einem Vertrag steht, der zwischen einem Verbraucher und einem Berufstätigen oder Gewerbetreibenden abgeschlossen wurde".[200] Das erklärt sich schlüssiger vor dem Hintergrund der offener formulierten anderen Sprachfassungen („in proceedings concerning a contract" bzw. „en matière de contrat"). Doch erklärt es nicht, warum der EuGH gerade in dieser Konstellation die „Annexklage" zulassen möchte, während dies in anderen Fällen – etwa in der Entscheidung *Brogsitter* – abgelehnt worden war. Auf jene Rechtsprechungslinie nimmt das Urteil *Reliantco* auch an keiner Stelle Bezug. Danach hätte geprüft werden müssen, ob eine Auslegung des Vertrags unerlässlich erscheint, um den Bestand der geltend 92

193 EuGH, 2.4.2020, Rs. C-500/18 – *Reliantco*, WM 2020, 870, Rn. 63.
194 EuGH, 2.4.2020, Rs. C-500/18 – *Reliantco*, WM 2020, 870, Rn. 71.
195 EuGH, 2.4.2020, Rs. C-500/18 – *Reliantco*, WM 2020, 870, Rn. 72.
196 ErwGr. Nr. 27 S. 1 EuErbVO.
197 Dazu auch *Dutta*, in: FS Kronke, 2020, S. 51.
198 Auch der BGH operiert mit ähnlichen Begrifflichkeiten, s. BGHZ 187, 156, Rn. 23; BGHZ 190, 28, Rn. 32, 43.
199 Vgl. EuGH, 20.1.2005, Rs. C-464/01 – *Gruber*, Slg. 2005, I-439, Rn. 32 m.N.
200 EuGH, 2.4.2020, Rs. C-500/18 – *Reliantco*, WM 2020, 870, Rn. 60.

gemachten Ansprüche zu klären.[201] Davon dürfte in der streitgegenständlichen Konstellation indessen gerade nicht ausgegangen werden können: Die vorvertraglichen Pflichten, deren Verletzung der Beklagten vorgeworfen werden, sind gesetzlicher Natur und bestehen auch dann, wenn es nicht zum Vertragsschluss gekommen sein sollte. So hätte der Verbrauchergerichtsstand unter Anwendung der *Brogsitter*-Grundsätze wohl nicht offengestanden, sondern allein der Gerichtsstand der unerlaubten Handlung aus Art. 7 Nr. 2 Brüssel Ia-VO. Insgesamt bleibt der Eindruck eines nicht immer konsistenten, kasuistischen Vorgehens, bei der Verbraucherschutzgedanken teils leitend sind, teils nicht.

f) Ausschließliche Zuständigkeiten

93 Art. 24 Brüssel Ia-VO zählt einige Fälle einer ausschließlichen Zuständigkeit auf, die ohne Rücksicht auf den Wohnsitz des Beklagten besteht. Für den Bereich vertraglicher Forderungen hat insbesondere der dingliche Gerichtsstand Bedeutung (Art. 24 Nr. 1 Brüssel Ia-VO). Für Klagen, welche dingliche Rechte an unbeweglichen Sachen sowie die Miete oder Pacht von unbeweglichen Sachen zum Gegenstand haben, sind danach die Gerichte des Mitgliedstaats zuständig, in dem die unbewegliche Sache belegen ist. Eine Klage auf Beseitigung bzw. Unterlassung der Beeinträchtigung eines dinglichen Rechts fällt nicht unter Art. 24 Nr. 1 Brüssel Ia-VO.[202]

94 Die ausschließliche Zuständigkeit umfasst nach dem EuGH alle Rechtsstreitigkeiten, die die Verpflichtungen des Vermieters und Mieters aus dem Mietvertrag betreffen, insbesondere über Bestehen und Auslegung von Mietverträgen, Dauer, Besitz, Mietzins oder Nebenkosten. Nicht dazu gehören nach einer noch zur Brüssel I-VO ergangenen Entscheidung des EuGH Ansprüche, die sich nur mittelbar auf die Nutzung der Ferienwohnung beziehen, insbesondere wegen entgangener Urlaubsfreude und Reisekosten.[203] Im Gegensatz zu dieser Rechtsprechung besteht nunmehr eine Ausnahme nach Art. 24 Nr. 1 S. 2 Brüssel Ia-VO: Danach sind für Klagen betreffend Miete oder Pacht unbeweglicher Sachen zum vorübergehenden privaten Gebrauch für höchstens sechs aufeinander folgende Monate auch die Gerichte des Mitgliedstaats zuständig, in dem der Beklagte seinen Wohnsitz hat, sofern der Mieter bzw. Pächter eine natürliche Person ist und der Eigentümer sowie der Mieter bzw. Pächter ihren Wohnsitz in demselben Mitgliedstaat haben. Geht es um eine Verbraucherstreitigkeit, so ist Art. 24 Nr. 1 Brüssel Ia-VO eng auszulegen.

---

201 Oben Rn. 89.

202 Wohl aber möglicherweise unter Art. 7 Nr. 2 Brüssel Ia-VO, s. EuGH, 18.5.2006, Rs. C-343/04 – *Land Oberösterreich ./. ČEZ*, Slg. 2006, I-4557 (AKW Temelin).

203 EuGH, 15.1.1985, Rs. 241/83 – *Rösler/Rottwinkel*, Slg. 1985, 99.

g) Gerichtsstandsvereinbarungen

aa) Rechtsnatur und anwendbares Recht

Parteiautonomie besteht nicht nur im materiellen Recht und im Kollisionsrecht, sondern auch im europäischen Zivilprozessrecht.[204] Art. 25 Brüssel Ia-VO ermöglicht daher den Abschluss von Gerichtsstandsvereinbarungen, durch die einerseits eine ansonsten bestehende Zuständigkeit ausgeschlossen (derogiert), andererseits aber ein anderes Gericht für zuständig erklärt (prorogiert) werden kann. Sie haben bei entsprechendem Parteiwillen ausschließliche Wirkung (Art. 25 Abs. 1 S. 2 Brüssel Ia-VO). Das prorogierte Gericht hat seine Zuständigkeit von Amts wegen zu prüfen. Wird ein nicht prorogiertes Gericht mit der Sache befasst, so hat der Beklagte den Einwand der Unzuständigkeit wegen Gerichtsstandsvereinbarung zu erheben. Ansonsten droht eine Begründung des Gerichtsstandes kraft rügeloser Einlassung (Art. 26 Brüssel Ia-VO). 95

Die Prorogation ist Ausdruck privatautonomer Gestaltungsfreiheit. Gleichwohl beinhaltet sie auch gewisse Risiken. Zumeist wird sich die verhandlungsstärkere Partei ein ihr günstiges Forum ausbedingen. Für den anderen Teil kann das darin liegende „Auswärtsspiel" erhebliche Nachteile mit sich bringen: Das Verfahren wird vor einem möglicherweise weit entfernten, fremden Gericht unter Anwendung von unbekanntem Verfahrensrecht durchgeführt; es entstehen zusätzliche Kosten durch ausländische Korrespondenzanwälte; der Zeit- und Kostenaufwand für die Teilnahme am ausländischen Verfahren ist hoch. Daher ist sicherzustellen, dass die Tragweite der Gerichtsstandsvereinbarung den Parteien auch bewusst ist. Hierfür bestehen formale und materielle Voraussetzungen. 96

Die wohl überwiegende Ansicht sieht die Gerichtsstandsvereinbarung als Prozessvertrag, da er ausschließlich prozessuale Wirkungen hat.[205] Demgegenüber wird vor allem mit Hinblick auf die vorprozessuale Prorogation betont, dass eine Gerichtsstandsvereinbarung keinerlei Wirkung entfalte, wenn sich keine Partei hierauf berufe. Diese Ansicht geht von einem materiellrechtlichen Vertrag über prozessuale Beziehungen aus.[206] Im Ergebnis besteht zwischen beiden Ansichten weitgehende Übereinstimmung darin, dass sich das Zustandekommen, also Fragen des wirksamen Abschlusses oder möglicher Willensmängel, nach materiellem Recht richtet.[207] Wie sich aus Art. 25 Abs. 1 S. 1 Brüssel I-VO ergibt („..., es sei denn, die Vereinbarung ist nach dem Recht dieses Mitgliedstaats materiell nichtig"), ist die lex fori prorogati das beru- 97

204 Es steht den Parteien daneben frei, durch Vereinbarung einer Schiedsklausel eine vollständige Derogation staatlicher Gerichte für bestimmte Streitigkeiten zu erreichen. Für die Schiedsgerichtsbarkeit enthält Art. 1 Abs. 2 lit. d Brüssel Ia-VO eine Bereichsausnahme. Zum Schiedsvereinbarungsstatut *Stürner/Wendelstein*, IPRax 2014, 473 sowie oben § 32 Rn. 8 f.

205 *Rosenberg/Schwab/Gottwald*, Zivilprozessrecht, 18. Aufl. 2018, § 37 Rn. 2; Zöller/*Schultzky*, ZPO, 33. Aufl. 2020, § 38 Rn. 4; *G. Wagner*, Prozessverträge, 1998, S. 346 ff., jeweils m. w. N.

206 BGHZ 49, 384, 386 f.

207 Zusammenfassend *Heinig*, Grenzen von Gerichtsstandsvereinbarungen im Europäischen Zivilprozessrecht, 2010, S. 75 ff.

fene Statut. Mit dieser Formulierung wird an die Lösung des Haager Gerichtsstandsübereinkommens aus dem Jahre 2005 angeknüpft, das in seinem Art. 5 Abs. 1 ebenfalls auf die lex fori prorogati verweist.[208] Hierbei handelt es sich ausweislich von Erwägungsgrund Nr. 20 Brüssel Ia-VO um eine Gesamtverweisung. Die grundsätzlich zu begrüßende Lösung ist aber nicht ohne Tücken, da die sachlich eigentlich einschlägige Rom I-VO Gerichtsstandsvereinbarungen in Art. 1 Abs. 2 lit. e gerade von ihrem Anwendungsbereich ausschließt. Mithin kommt das autonome nationale IPR des Mitgliedstaates zur Anwendung, dessen Gerichte prorogiert wurden. Ein wirklicher Fortschritt könnte nur erzielt werden, wenn der Anwendungsbereich der Rom I-VO auf die materielle Seite von Gerichtsstandsvereinbarungen ausgedehnt würde. Auch wurde zu Recht darauf hingewiesen, dass selbst ein auf diese Weise vereinheitlichtes Prorogationsstatut einen recht schmalen Anwendungsbereich hat, da Teilfragen wie Rechts- und Geschäftsfähigkeit sowie Stellvertretung nach wie vor ohnehin selbstständig angeknüpft werden und das europäische Kollisionsrecht (derzeit) keine einheitliche Verweisung für diese Fragen bereithält.[209] Die Form, die Zulässigkeit und die prozessualen Wirkungen unterliegen hingegen ohnehin dem Prozessrecht, d. h. der lex fori, hier Art. 25 Brüssel Ia-VO.

98 Gerichtsstandsvereinbarungen können im Rahmen eines (Haupt-)Vertrages oder getrennt davon erfolgen. Nach Art. 25 Abs. 5 Brüssel Ia-VO bleibt die Gerichtsstandsvereinbarung rechtlich selbstständig, sodass sie von einer etwaigen Unwirksamkeit des Hauptvertrages nicht berührt wird. Dies hat zur Folge, dass die Parteien um die Wirksamkeit des Vertrags vor dem prorogierten Gericht streiten müssen. Eine Gerichtsstandsklausel wirkt grundsätzlich nur inter partes, so dass der Zessionar grundsätzlich nicht am forum prorogatum Klage erheben kann.[210]

bb) Wirksamkeitsvoraussetzungen nach Art. 25 Brüssel Ia-VO

99 Nach der früheren Fassung der Brüssel I-VO musste mindestens eine Partei ihren Sitz/Wohnsitz im Hoheitsgebiet eines Mitgliedstaates haben (Art. 23 Abs. 1 S. 1 Brüssel I-VO). Die Neufassung verzichtet ausdrücklich hierauf („unabhängig von ihrem Wohnsitz“). Damit soll die Attraktivität der mitgliedstaatlichen Gerichte auch für Parteien aus Drittstaaten erhöht werden.[211] Es muss die Zuständigkeit der Gerichte eines Mitgliedstaats vereinbart werden (ansonsten gilt aus deutscher Sicht der strengere § 38 ZPO). Erforderlich ist daneben noch ein grenzüberschreitender Bezug, nicht notwendig ein Bezug zu einem anderen Mitgliedstaat (Erwägungsgrund Nr. 8 S. 1 Brüssel Ia-VO).[212]

---

208 Dazu *M. Weller*, ZZPInt 19 (2014), 251, 259 ff.

209 *Gebauer*, in: FS von Hoffmann, 2011, S. 577, 585 ff.

210 EuGH, 18.11.2020, Rs. C-519/19 – *Ryanair*, ECLI:EU:C:2020:933, Rn. 40 ff.

211 Dazu *U. Magnus*, in: FS von Hoffmann, 2011, S. 664, 672 f.; *M. Weller*, ZZPInt 19 (2014), 251, 254 ff.

212 EuGH, 1.3.2005, Rs. C-281/02 – *Owusu/Jackson*, Slg. 2005, I-1383.

Art. 25 Brüssel Ia-VO verlangt eine hinreichend bestimmte „Vereinbarung" der Parteien. Darin liegt ein verordnungsautonomer Begriff. Dafür, dass auch Elemente der materiellen Willenseinigung autonom zu bestimmen sind, spricht, dass der EuGH in Art. 25 Abs. 1 S. 3 lit. c Brüssel Ia-VO das Erfordernis einer Einigung enthalten sieht: Ein Handelsbrauch beinhaltet auch die materielle Einigung; hierfür spricht auch die Verwendung des Wortes „geschlossen".[213] Erst recht muss dies für die anderen Tatbestände auch gelten. Grundsätzlich kann für eine bereits entstandene oder eine künftige Streitigkeit eine Gerichtsstandsvereinbarung getroffen werden, sofern das ihr zugrunde liegende Rechtsverhältnis bestimmt genug ist. Dies gilt allerdings nicht für die in Art. 25 Abs. 4 Brüssel Ia-VO genannten Verträge, wonach die besonderen Voraussetzungen der Art. 15 (Versicherungssachen), 19 (Verbrauchersachen) und 23 (Arbeitsverträge) Brüssel Ia-VO zu beachten sind, die nur nachträgliche Gerichtsstandsvereinbarungen erlauben, sowie die ausschließlichen Gerichtsstände des Art. 24 Brüssel Ia-VO, die nicht abbedungen werden können. 100

Die in Art. 25 Abs. 1 S. 3 und Abs. 2 Brüssel Ia-VO aufgestellten Formerfordernisse verfolgen vor dem Hintergrund der potentiellen Nachteile, die eine Gerichtsstandsvereinbarung für eine der Parteien haben kann, eine Warnfunktion; sie sollen gewährleisten, dass die erforderliche Einigung der Parteien tatsächlich besteht. Die Vorschrift enthält – je nach Parteien der Vereinbarung – abgestufte Anforderungen an die Form. Im Grundsatz ist Schriftlichkeit erforderlich (lit. a Alt. 1), wobei die Bezugnahme auf AGB ausreicht, wenn dies im Vertragstext geschieht. Es genügt auch, wenn auf ein Angebot hingewiesen wird, das die Klausel enthält, nicht dagegen der bloße Abdruck auf der Rückseite von Geschäftspapier oder Rechnung. Hilfsweise genügt die sog. Halbschriftlichkeit (lit. a Alt. 2), also die mündliche Vereinbarung mit schriftlicher Bestätigung. Eine vorherige Willenseinigung ist mithin erforderlich; diese kann dann von jeder Partei (einseitig) schriftlich bestätigt werden. Insbesondere ist nicht erforderlich, dass der (von der Regelung benachteiligte!) Beklagte die Gerichtsstandsvereinbarung bestätigt. In beiden Fällen steht die elektronische Form der Schriftlichkeit gleich (Art. 25 Abs. 2 Brüssel Ia-VO). 101

Weiterhin genügt die Vereinbarung in einer Form, welche den Gepflogenheiten der Parteien entspricht (Art. 25 Abs. 1 S. 3 lit. b Brüssel Ia-VO). Dies setzt eine tatsächliche Übung voraus. Die Vorschrift bezweckt eine Erleichterung zum Schriftformerfordernis aus lit. a. Insbesondere innerhalb laufender Geschäftsbeziehungen soll eine leichtere Einbeziehung von Gerichtsstandsklauseln möglich werden. Schließlich kann die Vereinbarung auch in einer Form geschlossen werden, die einem in dieser Branche herrschenden Handelsbrauch entspricht, sofern die Parteien diesen Brauch kannten und dieser allgemein üblich ist (Art. 25 Abs. 1 S. 3 lit. c Brüssel Ia-VO). Hier kann Schweigen auf ein Bestätigungsschreiben, das die Gerichtsstandsvereinbarung erst- 102

---

213 EuGH, 16.3.1999, Rs. C-159/97 – *Trasporti Castelletti Spedizioni Internazionali SpA ./. Hugo Trumpy SpA*, Slg. 1999, I-1597, Rn. 17.

mals einführt, genügen.[214] Die Willenseinigung der Parteien wird in lit. c vermutet – insoweit besteht ein Unterschied zur Halbschriftlichkeit nach lit. a: Dort muss eine Willenseinigung der Parteien positiv vorliegen.

214 Dazu etwa *Stürner*, ZEuP 2012, 353.

§ 36 Staatshaftung

Literatur: *Breuer*, Staatshaftung für judikatives Unrecht. Eine Untersuchung zum deutschen Recht, zum Europa- und Völkerrecht, 2011; *Tietjen*, Das System eines gemeinschaftsrechtlichen Staatshaftungsrechts, 2010; *Otto*, Der unionsrechtliche Staatshaftungsanspruch, AL 2019, 116

Systematische Übersicht

I. Grundsätzliches

Der Staatshaftungsanspruch bildet in allen Rechtssystemen eine notwendige Komplettierung des Rechtsschutzes. Hält der Staat die ihm obliegenden Verpflichtungen nicht ein, so muss er im Rechtsweg dazu gezwungen werden können. Im deutschen Recht statuiert Art. 19 Abs. 4 GG eine entsprechende Garantie (Justizgewährungsanspruch). Doch nicht in allen Fällen genügt dies zur Herstellung des von der Rechtsordnung gewollten Zustandes. So mag es sein, dass sich das beanspruchte Ziel bereits durch Zeitablauf oder sonstwie erledigt hat. Gleichfalls kann es vorkommen, dass der Staat seiner Verpflichtung für den konkreten Fall gar nicht nachkommen kann: Angesprochen sind dabei vor allem die hier interessierenden Konstellationen der fehlerhaften oder unterbliebenen Richtlinienumsetzung. **1**

Nachdem eine Direktwirkung der Richtlinie zwischen Privaten ausscheidet,[1] ist in erster Linie eine richtlinienkonforme Rechtsanwendung vorzunehmen. Die regelmäßig mit dieser Aufgabe befassten Gerichte haben die Möglichkeiten der ihrem Rechtssystem zugrunde liegenden Methodenlehre vollständig auszuschöpfen. Doch besteht keine Verpflichtung, über diese hinauszugehen und etwa richtlinienkonforme Rechtsfortbildung zu betreiben, wo dies bei rein nationalen Sachverhalten nicht zulässig wäre.[2] Damit kann es Fälle geben, in denen der unionsrechtliche Rechts- **2**

1 Dazu oben § 8 Rn. 123ff.
2 Dazu oben § 8 Rn. 49ff.

https://doi.org/10.1515/9783110718690-036

anwendungsbefehl nicht oder nicht vollständig beachtet wird. Der eigentlich naheliegende Weg einer horizontalen Direktanwendung der Richtlinie begegnet – jedenfalls aus Sicht des EuGH – durchgreifenden Bedenken, da er zu Lasten der jeweils anderen Partei gehen würde, die sich auf ihre aus dem mitgliedstaatlichen Recht folgende Rechtsposition verlassen können soll. Das auf diese Weise entstehende Rechtsschutzdefizit wird über den unionsrechtlichen Staatshaftungsanspruch geschlossen.

3 Diesbezüglich sind zwei Adressaten denkbar: die Union selbst, oder aber die Mitgliedstaaten. Ersteres ist im vorliegenden Kontext des Privatrechts selten virulent, da im Wege des dezentralen Vollzugs von Unionsrechts zumeist die Mitgliedstaaten gegenüber den Bürgern auftreten. Doch besteht hier mit Art. 340 AEUV eine ausdrückliche Haftungsnorm, während solche Anspruchsgrundlagen für Staatshaftungsansprüche gegen die Mitgliedstaaten im jeweiligen autonomen Recht – ggf. durch unionsrechtskonforme Auslegung – zu ermitteln sind.

II. Haftung der Union

4 Staatshaftungsansprüche gegen die Union selbst sind ausdrücklich in Art. 340 AEUV geregelt. Die Norm unterscheidet vertragliche und außervertragliche Haftungsansprüche.

1. Vertragliche Haftung der Union

5 Art. 340 Abs. 1 AEUV normiert eine Haftung der Union und ihrer Organe für Verletzungen von vertraglichen Pflichten. Die Rechts- und Geschäftsfähigkeit der Union ergibt sich dabei aus Art. 47 sowie Art. 335 AEUV.[3] Art. 340 Abs. 1 AEUV enthält eine Klarstellung, dass sich Union oder Unionsorgane der Haftung für von ihnen geschlossene Verträge nicht aufgrund einer Besserstellung entziehen können.[4] Die Haftung richtet sich nach dem Recht des Staates, welches auch auf den Vertrag anzuwenden ist; dies bestimmt sich nach der Rom I-VO.[5] Nach gängiger Praxis der Unionsorgane wird bereits bei Vertragsschluss eine Rechtswahlvereinbarung getroffen.[6]

6 Ansprüche aus Geschäftsführung ohne Auftrag, culpa in contrahendo sowie ungerechtfertigter Bereicherung unterfallen nicht der vertraglichen Haftung gem.

3 *Terhechte*, in: Frankfurter Kommentar zu EUV, GRC und AEUV, 2017, Art. 340 AEUV Rn. 12.

4 *Berg*, in: Schwarze, EU-Kommentar, 4. Aufl. 2019, Art. 340 AEUV Rn. 5.

5 *Berg*, in: Schwarze, EU-Kommentar, 4. Aufl. 2019, Art. 340 AEUV Rn. 6.

6 Vgl. etwa EuGH, 1.6.1995, Rs. C-42/94 – *Heidemji Advies*, Slg. 1995, I-1471, Rn. 5; *Ruffert*, in: Calliess/Ruffert, EUV/AEUV, 5. Aufl. 2016, Art. 340 AEUV Rn. 4.

Art. 340 Abs. 1 AEUV; der früher bestehende Streit um Einordnung ist durch eindeutige Zuordnung in der Rom II-VO geklärt.[7]

2. Außervertragliche Haftung der Union

Die außervertragliche Haftung der Union umfasst Schäden, die außerhalb eines Vertrags durch Organe oder Bedienstete der EU in Ausübung ihrer Amtstätigkeit entstanden sind. Ihre Voraussetzungen ergeben sich aus Art. 340 Abs. 2 AEUV.[8] Organe sind alle in Art. 13 Abs. 1 EUV genannten sowie alle sonstigen auf Grundlage des EG-Vertrages geschaffenen und für die EU tätig werdenden Institutionen;[9] Bedienstete sind alle Beamten, Angestellten und Arbeiter der Union.[10] Die Haftung erstreckt sich auf Schäden, die in Ausübung der Amtstätigkeit entstanden sind, wenn das schadensbegründende Verhalten in einem unmittelbaren Zusammenhang mit der Wahrnehmung von Unionsaufgaben steht.[11] Auch muss das Handeln rechtswidrig sein; dies setzt nach der Rechtsprechung des EuGH einen hinreichend qualifizierten Rechtsverstoß gegen eine Norm voraus, die dem Schutz des Einzelnen dient.[12] Für rechtmäßiges Verhalten haftet die Union nicht.[13] 7

Der Anspruchsteller muss einen konkreten Schaden erlitten haben; er trägt hierfür die Beweislast.[14] Zur Schadensberechnung ist die Differenzhypothese anzuwenden;[15] es wird ein unmittelbarer Kausalzusammenhang zwischen Schutznormverstoß und Schaden gefordert.[16] Ein Verschulden ist hingegen keine Anspruchsvoraussetzung.[17] 8

---

7 *Berg*, in: Schwarze, EU-Kommentar, 4. Aufl. 2019, Art. 340 AEUV Rn. 6. Siehe dazu auch oben § 32 Rn. 84 ff.

8 Grundlegend bereits EuGH, 28.4.1971, Rs. C-4/69 – *Lütticke*, Slg. 1971, 325.

9 EuGH, 2.12.1992, Rs. C-370/89 – *Etroy*, Slg. 1992, I-6211, Rn. 16.

10 *Böhm*, in: Schulze/Zuleeg/Kadelbach, Europarecht – Handbuch für die deutsche Rechtspraxis, 3. Aufl. 2015, § 12 Rn. 13.

11 EuGH, 10.7.1969, Rs. C-9/69 – *Sayag*, Slg. 1969, 329, Rn. 5/11; *Terhechte*, in: Frankfurter Kommentar zu EUV, GRC und AEUV, 2017, Art. 340 AEUV Rn. 20.

12 EuGH, 10.12.2002, Rs. C-312/00 – *Camar und Tico*, Slg. 2002, I-11355, Rn. 53.

13 EuGH, 9.9.2008, verb. Rs. C-120/06 P und 121/06 P – *FIAMM*, Slg. 2008, I-6513, Rn. 175 f.; zu möglichen Entwicklungen *Berg*, in: Schwarze, EU-Kommentar, 4. Aufl. 2019, Art. 340 AEUV Rn. 52.

14 EuGH, 2.12.1971, Rs. C-5/71 – *Schöppenstedt*, Slg. 1971, 975, Rn. 9.

15 EuGH, 4.10.1979, Rs. C-238/78 – *Ireks-Arkady*, Slg. 1979, 2955, Rn. 13.

16 EuGH, 10.12.2002, Rs. C-312/00 P – *Camar und Tico*, Slg. 2002, I-11355, Rn. 53; EuG, 18.9.1995, Rs. T-168/94 – *Blackspur*, Slg. 1995, II-2627, Rn. 40.

17 *Böhm*, in: Schulze/Zuleeg/Kadelbach, Europarecht – Handbuch für die deutsche Rechtspraxis, 3. Aufl. 2015, § 12 Rn. 43.

III. Haftung der Mitgliedstaaten

9 Praktisch höhere Bedeutung kommt indessen in einem System des dezentralen Vollzugs von Unionsrecht der Haftung der Mitgliedstaaten zu.

1. Ratio

10 Nachdem eine horizontale Direktwirkung bei nicht umgesetzten Richtlinien ausscheidet, ist dem Einzelnen, der hierdurch Rechtsnachteile erleidet, ein Ausgleich zu geben. Dies geschieht durch den unionsrechtlichen Staatshaftungsanspruch.[18] Es beruhe auf dem Wesen der europäischen Verträge, so der EuGH, dass ein Mitgliedstaat für Schäden hafte, die dem Einzelnen durch dem Staat zuzurechnende Verstöße gegen das Gemeinschaftsrecht entstehen.[19] Ganz allgemein beruht die Haftung auf den Grundsätzen der praktischen Wirksamkeit des Unionsrechts (effet utile) und dem Grundsatz der Unionstreue aus Art. 4 Abs. 3 EUV. In normativer Hinsicht lassen sich auch die Art. 288, 340 AEUV sowie Art. 19 Abs. 1 UAbs. 2 EUV heranziehen.[20] Letztlich handelt es sich um richterrechtliche Rechtsfortbildung.[21]

11 Ob sich der Verstoß im Bereich des öffentlichen Rechts oder des Privatrechts ausgewirkt hat, ist unerheblich. Die genauen Voraussetzungen der Staatshaftung unterliegen dem jeweiligen mitgliedstaatlichen Recht; dieses muss aber ggf. modifiziert werden, sodass die praktische Wirksamkeit des Anspruchs nicht beeinträchtigt wird. In Deutschland ist der Amtshaftungsanspruch nach § 839 BGB i.V.m. Art. 34 GG sedes materiae. Da dieser aber ein Verschulden erfordert, müsste er (contra legem) modifiziert werden, da der unionsrechtliche Staatshaftungsanspruch gerade kein Verschulden voraussetzt. Der BGH geht daher von einem genuin unionsrechtlichen Haftungsanspruch aus.[22]

2. Voraussetzungen

12 Nach ständiger Rechtsprechung des EuGH müssen folgende Voraussetzungen vorliegen, damit eine Haftung des Mitgliedstaates für Verletzungen von Unionsrecht gegeben ist:[23]

---

18 Dazu etwa *Kling*, JURA 2005, 298.

19 Grundlegend EuGH, 19.11.1991, Rs. C-6/90 – *Francovich*, Slg. 1991, I-5357.

20 EuGH, 5.3.1996, verb. Rs. C-46/93 u. C-48/93 – *Brasserie du pêcheur/Factortame*, Slg. 1996, I-1029, Rn. 27.

21 *Ossenbühl/Cornils*, Staatshaftungsrecht, 6. Aufl. 2013, S. 597 ff.; *Breuer*, Staatshaftung für judikatives Unrecht, 2011, S. 382; *Tietjen*, Das System des gemeinschaftsrechtlichen Staatshaftungsrechts, 2010, S. 118 ff.

22 BGHZ 134, 30, 36.

23 Dazu auch *Haratsch/Koenig/Pechstein*, Europarecht, 12. Aufl. 2020, Rn. 649 ff.

- Verletzung einer europarechtlichen Norm durch einen Mitgliedstaat, etwa durch Nichtumsetzung einer Richtlinie (Verstoß gegen Art. 288 Abs. 3 AEUV). Dabei ist es unerheblich, welches Organ dieses Staates den Verstoß herbeigeführt hat.[24] Vielfach werden es Handlungen oder Unterlassungen der Exekutive sein, aber auch solche der Legislative[25] oder auch der Judikative[26] können eine Haftung auslösen.
- Die Norm soll dem Einzelnen Rechte verleihen, deren Inhalt bestimmbar ist. Es genügt dabei, wenn sich der geschützte Personenkreis im Wege der Auslegung ermitteln lässt.
- Es muss ein hinreichend qualifizierter Verstoß vorliegen:[27] Dies ist dann der Fall, wenn das handelnde Organ die Grenzen, die das EU-Recht setzt, offenkundig und erheblich überschritten hat.
- Der Rechtsverstoß hat in kausaler Weise einen Schaden verursacht.

Die Verjährung des unionsrechtlichen Staatshaftungsanspruchs richtet sich nach dem jeweils anwendbaren nationalen Recht. Eine Verjährungsfrist von drei Jahren ist angemessen, da sie nicht geeignet erscheint, die Ausübung der durch die Unionsrechtsordnung verliehenen Rechte praktisch unmöglich zu machen oder übermäßig zu erschweren.[28] Ein Mitgliedstaat kann sich gegenüber der von einem Einzelnen zur Wahrung der Rechte aus einer Richtlinie erhobenen Klage auf den Ablauf einer in diesem Sinne angemessenen Verjährungsfrist auch dann berufen, wenn er die Richtlinie nicht ordnungsgemäß umgesetzt hat, sofern er nicht durch sein Verhalten die Verspätung der Klage verursacht hat.[29] **13**

3. Privatrechtsrelevante Problemfelder

Die Bedeutung der Staatshaftung im Hinblick auf privatrechtliche Sachverhalte betrifft in erster Linie Fälle, in denen eine qualifizierte Verletzung einer EU-Norm vorliegt, die den Zweck der Privatrechtsangleichung zwischen den Mitgliedstaaten der **14**

24 EuGH, 5.3.1996, verb. Rs. C-46/93 u. C-48/93 – *Brasserie du pêcheur/Factortame*, Slg. 1996, I-1029, Rn. 32; EuGH, 30.9.2003, Rs. C-224/01 – *Köbler*, Slg. 2003, I-10239, Rn. 31.

25 EuGH, 8.10.1996, verb. Rs. C-178/94, C-179/94, C-188/94, C-189/94 u. C-190/94 – *Dillenkofer*, Slg. 1996, I-4845; EuGH, 15.6.1999, Rs. C-140/97 – *Rechberger*, Slg. 1999, I-3499. Dazu unten Rn. 16 ff.

26 EuGH, 30.9.2003, Rs. C-224/01 – *Köbler*, Slg. 2003, I-10239. Monographisch zu dieser Fallgruppe *Breuer*, Staatshaftung für judikatives Unrecht, 2011. Näher dazu unten Rn. 26 ff.

27 EuGH, 5.3.1996, Rs. C-46/93 und C-48/93 – *Brasserie du Pêcheur/Factortame*, Slg. 1996, I-1029, Rn. 51 ff.

28 EuGH, 24.3.2009, Rs. C-445/06 – *Danske Slagterier*, EuZW 2009, 334, Rn. 32; dazu *Armbrüster/Kämmerer*, NJW 2009, 3601.

29 EuGH, 19.5.2011, Rs. C-452/09 – *Iaia*, Slg. 2011, I-4043; dazu *Piekenbrock*, GPR 2012, 7.

EU verfolgt. Der Hauptanwendungsfall betrifft nicht oder unzureichend umgesetzte Richtlinien, die (auch) das Verhältnis zwischen Privaten regeln.[30]

a) Verletzung von Primärrecht

15 Denkbar sind aber auch Haftungsansprüche bei der Verletzung von Primärrecht. Auch Vorschriften des primären Unionsrechts werden vom EuGH regelmäßig als taugliche Schutznormen angesehen.[31] Doch besteht in der Regel ein Vorrang des Primärrechtsschutzes.[32] In Betracht kommt hier etwa ein Verstoß gegen Unionsgrundrechte, z. B. das Recht auf Eigentum.[33]

b) Defizite der legislativen Richtlinienumsetzung

16 Hinsichtlich der Haftung wegen Defiziten bei der Umsetzung von Richtlinien haben sich im Wesentlichen drei Fallgruppen herausgebildet: die Nichtumsetzung, die verspätete Umsetzung sowie die unvollständige Umsetzung.

aa) Nichtumsetzung

17 Bei Umsetzung von Richtlinien liegt ein offenkundiger und erheblicher Verstoß im Sinne der oben genannten Kriterien dann vor, wenn die Richtlinie gar nicht umgesetzt wurde.[34] Es handelt sich hierbei um den wohl klarsten Fall einer Verletzung von EU-Recht.

bb) Verspätete Umsetzung

18 Handelt es sich bloß um eine verspätete Umsetzung, so liegt letztlich nur ein temporärer Verstoß gegen Unionsrecht vor. Der Unterschied zur Nichtumsetzung zeigt sich bei Haftungsfolgen: Wird bei einem festgestellten Unionsrechtsverstoß eine Richtlinie rückwirkend umgesetzt und angewandt, so genügt dies grundsätzlich zur Schadenskompensation; der Anspruch beschränkt sich dann auf die Einbußen, die gerade aufgrund der verspäteten Umsetzung entstanden sind.[35]

---

30 *Müller-Graff*, in: Gebauer/Teichmann, EnzEuR Band 6, 2016, § 2 Rn. 26.

31 EuGH, 5.3.1996, verb. Rs. C-46/93 u. C-48/93 – *Brasserie du pêcheur/Factortame*, Slg. 1996, I-1029, Rn. 20 ff.

32 *Tietjen*, Das System des gemeinschaftsrechtlichen Staatshaftungsrechts, 2010, S. 188 f.

33 EuGH, 14.1.1987, Rs. 281/84 – *Zuckerfabrik Bedburg*, Slg. 1987, 49, Rn. 25 ff.

34 EuGH, 23.5.1996, Rs. C-5/94 – *Hedley Lomas*, Slg. 1996, I-2553, Rn. 31.

35 EuGH, 10.7.1997, Rs. C-373/95 – *Maso/INPS*, Slg. 1997, I-4051, Rn. 41.

cc) Unvollständige Umsetzung

Am schwierigsten ist der Fall zu beurteilen, dass der Mitgliedstaat zwar eine Umsetzung vorgenommen hat, dies aber nicht in einer Weise, die alle unionsrechtlichen Vorgaben berücksichtigt. Solche Verstöße kommen angesichts der Regelungsautonomie, die Art. 288 Abs. 3 AEUV den Mitgliedstaaten lässt, gerade im Privatrecht nicht selten vor. Hier kommt es hinsichtlich des Vorliegens eines qualifizierten Verstoßes maßgeblich auf die Bestimmtheit und Klarheit der verletzten Norm, den Umfang des eingeräumten Ermessensspielraums, die Vorsätzlichkeit des Verstoßes sowie die Entschuldbarkeit eines möglichen Rechtsirrtums an.[36] 19

Zu verneinen ist ein Verstoß, sofern eine EU-Richtlinie lediglich einen Katalog exemplarischer Klauseln enthält, welche von der Legislative der Mitgliedstaaten nach eigenem Ermessen umgesetzt werden können.[37] Hier gilt, dass die Verwirklichung der Zielsetzung einer Richtlinie den äußeren Rahmen der Umsetzungsmöglichkeiten bildet.[38] Ein Verstoß liegt dagegen vor, wenn die Inhalte einer Richtlinie mit weitem Ermessensspielraum der Allgemeinheit jedenfalls auf frei wählbarem Wege zugänglich gemacht werden sollen,[39] die Legislative dieser Verpflichtung allerdings nicht genügend nachkommt. 20

Im Kontext des Unionsprivatrechts kann eine solche Pflicht zur Ermöglichung der Kenntnisnahme gegeben sein, wenn dem Einzelnen durch eine Richtlinie privatrechtliche Ansprüche verliehen werden sollen.[40] Die unverbindlichen Inhalte der Richtlinie können dann ungeachtet einer Umsetzungspflicht im Rahmen einer unionsrechtskonformen Auslegung Bedeutung erlangen. Eine solche, unbestimmte Veröffentlichungspflicht vermag allerdings keine konkrete Pflicht der Mitgliedstaaten zu statuieren, womit dann allenfalls ein leichtes Verschulden der Legislative anzunehmen ist.[41] Es mangelt daher an der hinreichenden Qualifiziertheit des Verstoßes. Gleiches gilt dann, wenn der Mitgliedstaat annahm und auch annehmen durfte, dass er die Richtlinie richtig umgesetzt hat.[42] 21

---

36 EuGH, 4.7.2000, Rs. C-424/97 – *Haim*, Slg. 2000, I-5123, Rn. 43; *Herresthal*, in: Langenbucher, Europäisches Privat- und Wirtschaftsrecht, 4. Aufl. 2017, § 2 Rn. 127. Siehe zu Hintergründen und Beispielen oben § 8 Rn. 38 ff.

37 EuGH, 7.5.2002, Rs. C-478/99 – *Kommission/Königreich Schweden*, Slg. 2002, I-4147, Rn. 20 f.

38 EuGH, 17.6.1999, Rs. C-336/97 – *Kommission/Italien*, Slg. 1999, I-3771, Rn. 19.

39 EuGH, 7.5.2002, Rs. C-478/99 – *Kommission/Königreich Schweden*, Slg. 2002, I-4147, Rn. 22.

40 EuGH, 10.5.2001, Rs. C-144/99 – *Kommission/Niederlande*, Slg. 2001, I-3541, Rn. 17.

41 *Herresthal*, in: Langenbucher, Europäisches Privat- und Wirtschaftsrecht, 4. Aufl. 2017, § 2 Rn. 127.

42 *Heiderhoff*, Europäisches Privatrecht, 5. Aufl. 2020, Rn. 95.

c) Fehler der Judikative

Literatur: *Breuer*, Staatshaftung für judikatives Unrecht. Eine Untersuchung zum deutschen Recht, zum Europa- und Völkerrecht, 2011; *Stürner*, Staatshaftung für judikatives Unrecht, Anmerkung zu EuGH v. 30.9.2003 – Rs. C-224/01 (*Köbler*), ERPL 2005, 426

aa) Grundsätzliches

22 Auch Fehler der Judikative können Staatshaftungsansprüche auslösen. Dies hat der EuGH in der Entscheidung *Köbler* bestätigt.[43] Wenn zuvor nach den Urteilen *Francovich*,[44] *Brasserie du Pêcheur/Factortame*[45] und *Hedley Lomas*[46] feststand, dass ein Mitgliedstaat für gemeinschaftsrechtswidriges Handeln seiner Exekutiv- und Legislativorgane haftet, so war doch offen, ob dies ebenso für judikatives Unrecht zu gelten hatte.[47] Der EuGH hat – nicht weiter überraschend[48] – seine integrationsfreundliche Rechtsprechung auch auf Akte der nationalen Gerichte ausgedehnt und eine Haftung der Mitgliedstaaten für Verstöße gegen Gemeinschaftsrecht durch letztinstanzliche Gerichte im Grundsatz bejaht.

23 Das deutsche Recht nimmt hinsichtlich der Haftung für judikatives Unrecht eine eher restriktive Haltung ein, um die Unabhängigkeit der Justiz zu schützen. Dem dient insbesondere das Spruchrichterprivileg des § 839 Abs. 2 S. 1 BGB.[49] Nicht zuletzt vor diesem Hintergrund waren Befürchtungen geäußert worden, eine Ausdehnung des europarechtlichen Staatshaftungsanspruchs auf Handlungen der Judikative führten zu einer Aushöhlung der Rechtskraft der Entscheidungen letztinstanzlicher Gerichte, einer Schwächung der Autorität dieser Gerichte sowie zu unlösbaren Schwierigkeiten bei der Bestimmung eines für den Staatshaftungsanspruch zuständigen Gerichts.[50]

(1) Aushebelung der Rechtskraftwirkungen?

24 Gegen eine mitgliedstaatliche Haftung für Verstöße der Judikative gegen Gemeinschaftsrecht wurde vorgetragen, die Möglichkeit der Staatshaftungsklage führe zu einer Aushöhlung der Rechtskraft letztinstanzlicher Entscheidungen. Der EuGH stützte sich in der Entscheidung *Köbler* auf eine recht formale, aber nach deutschem

---

43 EuGH, 30.9.2003, Rs. C-224/01 – *Köbler*, Slg. 2003, I-10239.

44 EuGH, 19.11.1991, Rs. C-6/90 – *Francovich*, Slg. 1991, I-5357.

45 EuGH, 5.3.1996, Rs. C-46/93 und C-48/93 – *Brasserie du Pêcheur/Factortame*, Slg. 1996, I-1029.

46 EuGH, 23.5.1996, Rs. C-5/94 – *Hedley Lomas*, Slg. 1996, I-2553.

47 Vgl. hierzu die Nachweise bei *Kremer*, NJW 2004, 480.

48 Bereits im Urteil *Brasserie du Pêcheur/Factortame* (EuGH, 5.3.1996, verb. Rs. C-46/93 u. C-48/93, Slg. 1996, I-1029, Rn. 32), hatte der EuGH betont, dass es nicht darauf ankommen könne, welches innerstaatliche Organ die Rechtsverletzung begangen hat.

49 *Ehlers*, in: Schulze/Zuleeg/Kadelbach, Europarecht – Handbuch für die deutsche Rechtspraxis, 3. Aufl. 2015, § 11 Rn. 62.

50 Eingehend *Breuer*, Staatshaftung für judikatives Unrecht, 2011, S. 399 ff.

Verständnis durchaus tragfähige Argumentation, wonach das Ausgangsverfahren und der sich daran anschließende Staatshaftungsprozess verschiedene Streitgegenstände hätten; dies ergebe sich auch meist schon daraus, dass die Parteien nicht identisch seien. Nach der Rechtsprechung des BGH ist Streitgegenstand der „als Rechtsschutzbegehren oder Rechtsfolgenbehauptung verstandene eigenständige prozessuale Anspruch, der durch den Klageantrag (Rechtsfolge) und den Lebenssachverhalt (Klagegrund), aus dem der Kläger die begehrte Rechtsfolge herleitet, bestimmt wird".[51] Die Staatshaftungsklage gegen judikatives Unrecht hat nach dieser Definition zwangsläufig einen anderen Streitgegenstand als das vorangegangene Verfahren. Dies ergibt sich auch schon aus der bloßen Existenz des § 839 Abs. 2 BGB, der Staatshaftungsklagen gegen Gerichtsurteile dem Grundsatz nach zulässt.

Natürlich lässt damit auch ein erfolgreicher Staatshaftungsprozess die Bestands- 25
kraft der letztinstanzlichen Entscheidung unberührt. Wenn aber – wie im Fall *Köbler* – die Ausgangsklage auf Zahlung einer Geldsumme gerichtet war, so führt die erfolgreiche Staatshaftungsklage de facto doch zur Herbeiführung der ursprünglich begehrten, aber letztinstanzlich rechtskräftig abgewiesenen Rechtsfolge. Der EuGH postuliert damit eine Art europarechtliches „Dulde und liquidiere", wonach die unionsrechtswidrige Entscheidung zwar hinzunehmen ist, hierfür aber unter Umständen Entschädigung gefordert werden kann. In gewisser Weise wird so das ursprünglich geltend gemachte Klagebegehren kommerzialisiert.

(2) Schwächung der Autorität des Gerichts?

Es wurden weiter – vor allem von englischer Seite – auch Befürchtungen geäußert, die 26
Möglichkeit der Regressklage gegen europarechtswidrige Entscheidungen führe zur Schwächung der Autorität der letztinstanzlichen Gerichte und beeinträchtige die Unabhängigkeit der Richter.[52] Dem tritt der EuGH zu Recht entgegen. Die Existenz eines Instanzenzuges zeigt, dass ein Korrekturmechanismus für Fehlurteile in allen Rechtsordnungen akzeptiert ist und keineswegs die Autorität der Gerichte schwächt.[53] Für letztinstanzliche Gerichte kann nichts anderes gelten.[54] Probleme können nur dann entstehen, wenn der Staatshaftungsanspruch so ausgestaltet wird, dass er als europarechtliche Superrevisionsinstanz fungiert und damit das innerstaatliche Rechtsmittelsystem konterkariert. Diesbezüglich bleibt den Mitgliedstaaten jedoch durchaus ein gewisser Gestaltungsspielraum.

---

51 St. Rspr., vgl. BGH NJW 2004, 1252, 1253 m. w. N. sowie *Rosenberg/Schwab/Gottwald*, Zivilprozessrecht, 18. Aufl. 2018, § 93 Rn. 28 ff.

52 Dazu *Wattel*, CML Rev. 41 (2004), 177, 180 ff., der eine Prozesslawine befürchtet.

53 Vgl. dazu nur *Voßkuhle*, Rechtsschutz gegen den Richter, 1993, S. 168 ff., 276 f. m. w. N.

54 So auch *Wegener*, EuR 2002, 785, 792 f.; *ders.*, EuR 2004, 84, 88.

(3) Europarechtliche Argumente für die judikative Staatshaftung

27 Aller Kritik zum Trotz erweist sich die Haftung für judikatives Unrecht als notwendige Ergänzung zur Unionstreue; sie steht in der Tradition der Rechtsordnungen der EU-Mitgliedstaaten.[55] Auch nach der Rechtsprechung des Europäischen Gerichtshofs für Menschenrechte kann eine Verpflichtung der Vertragsstaaten der EMRK zum Schadensersatz nach Art. 41 EMRK gegeben sein, wenn ein Grundrecht durch eine Entscheidung eines letztinstanzlichen Gerichts verletzt wurde.[56] Trotzdem ist die Ausgangslage nicht ganz vergleichbar, denn in der EMRK wurde der Haftungsanspruch für Verletzungen von Grundrechten ausdrücklich festgeschrieben, nicht aber im EU-Primärrecht. Wenn der EuGH im Fall *Köbler* die Haftung für judikatives Unrecht postuliert hat, ging es um die Ermittlung mitgliedstaatlicher Verpflichtungen durch *Auslegung* von Primärrecht; die entsprechende Judikatur des EGMR betraf hingegen die *Anwendung* eines völkerrechtlichen Vertrags.[57]

bb) Fallgruppen

28 Im Falle der Nichtberücksichtigung einer EU-Vorschrift oder der EuGH-Rechtsprechung bei der Rechtsanwendung bedarf es eines besonders qualifizierten, d. h. offenkundigen Verstoßes der Judikative, was der EuGH selbst als Ausnahmefall ansieht.[58] Daraus darf jedoch nicht geschlossen werden, dass eine gesetzliche Beschränkung der Haftung auf vorsätzliche und grob fahrlässige, gleichwohl jedoch offenkundige Verstöße zulässig wäre.[59]

29 Handelt es sich dagegen um Folgefehler in einem letztinstanzlichen, rechtskräftigen Urteil aufgrund eines legislativen Verstoßes, so liegt bei rein formaler Betrachtung ein Verstoß des Gesetzgebers vor, der sich jedoch durch die Anwendung des betreffenden Gesetzes der Gerichte in einschlägigen Fällen zwangsläufig auf das Urteil niederschlägt. Hierin sieht der EuGH einen Verstoß des Gerichts, da dem Einzelnen nach der Ausschöpfung aller gerichtlichen Instanzen die Möglichkeit der Geltendmachung seiner subjektiven Rechte durch Inanspruchnahme des Staates offenstehen müsse.[60]

---

55 Eingehend *Breuer*, Staatshaftung für judikatives Unrecht, 2011, S. 406ff.

56 EGMR, 21.3.2000, ECHR 2000, 108 (*Dulaurans ./. Frankreich*). Der Kläger fühlte sich durch eine gegen ihn ergangene Entscheidung der französischen Cour de cassation in seinem Recht auf ein faires Verfahren aus Art. 6 Abs. 1 EMRK verletzt. Der EuGH weist im Urteil *Köbler* auf diese Entscheidung in Rn. 49 ausdrücklich hin.

57 *Wegener*, EuR 2004, 84, 86f.

58 EuGH, 30.9.2003, Rs. C-224/01 – *Köbler*, Slg. 2003, I-10239, Rn. 53ff.; siehe bereits oben § 34 Rn. 46f.

59 EuGH, 13.6.2006, Rs. C-173/03 – *Traghetti del Mediterraneo*, Slg. 2006, I-5177, Rn. 46; *Böhm*, in: Schulze/Zuleeg/Kadelbach, Europarecht – Handbuch für die deutsche Rechtspraxis, 3. Aufl. 2015, § 12 Rn. 115.

60 EuGH, 30.9.2003, Rs. C-224/01 – *Köbler*, Slg. 2003, I-10239, Rn. 34.

Keine Grundlage für einen unionsrechtlichen Staatshaftungsanspruch besteht dann, wenn ein nationales Gericht im Rahmen der richtlinienkonformen Rechtsfortbildung contra legem vorgeht:[61] Es befindet sich dann gerade im Einklang mit den Vorgaben des Unionsrechts. Allenfalls ließe sich erwägen, ob eine Verletzung nationalen Rechts darin liegen könnte, dass das Gericht in willkürlicher Weise unter Missachtung der nationalen Methodenlehre contra legem agiert hat. Rechtsgrundlage wäre dann aber der reguläre Amtshaftungsanspruch (§ 839 BGB i. V. m. Art. 34 GG) einschließlich des Spruchrichterprivilegs (§ 839 Abs. 2 BGB). 30

cc) Ausgestaltung im nationalen Recht

(1) Verfahrensautonomie der Mitgliedstaaten

Grundsätzlich besteht auch hinsichtlich der Ausgestaltung des Staatshaftungsanspruchs für judikatives Unrecht eine Verfahrensautonomie der Mitgliedstaaten. Doch erfährt diese eine Beschränkung durch das Äquivalenzgebot: Der unionsrechtliche Staatshaftungsanspruch darf nicht strenger ausgestaltet sein als ein entsprechender Anspruch im nationalen Recht.[62] Haftungsansprüche sind grundsätzlich auf letztinstanzliche Urteile beschränkt: Zunächst hat der Betroffene Rechtsschutz im Instanzenzug zu suchen;[63] es gilt der Grundsatz des Vorrangs des Primärrechtsschutzes vor dem Sekundärrechtsschutz.[64] 31

(2) Zuständigkeit

Die Frage der Zuständigkeit für den Staatshaftungsanspruch ist aus Sicht der Mitgliedstaaten heikel; der EuGH hat ihre Beantwortung den nationalen Rechtsordnungen überlassen.[65] Nach deutschem Recht ist für Amtshaftungsansprüche das Landgericht zuständig (Art. 34 S. 3 GG i. V. m. § 40 Abs. 2 S. 1 VwGO, § 71 Abs. 2 Nr. 2 GVG). Folge ist die nicht wenig delikate Situation, dass ein Landgericht etwa darüber entscheiden muss, ob das BVerwG oder der BGH hätten erkennen können, dass eine bestimmte Rechtsfrage dem EuGH hätte vorgelegt werden müssen. Dieser Umstand kann jedoch kaum vermieden werden. Da der deutsche Gesetzgeber ihn ausdrücklich so vorgesehen hat, besteht kein Anlass, die Zuständigkeit gerade für den europarechtlichen Staatshaftungsanspruch zu verändern. 32

---

61 Dafür *Schinkels*, JZ 2011, 394, 398; kritisch dazu *Heiderhoff*, Europäisches Privatrecht, 5. Aufl. 2020, Rn. 98.

62 EuGH, 26.1.2010, Rs. C-118/08 – *Transportes Urbanos*, Slg. 2010, I-635.

63 EuGH, 30.9.2003, Rs. C-224/01 – *Köbler*, Slg. 2003, I-10239, Rn. 34.

64 *Ruffert*, in: Calliess/Ruffert, EUV/AEUV, 5. Aufl. 2016, Art. 340 AEUV Rn. 52.

65 Dies hielt den EuGH aber nicht davon ab, im Fall *Köbler* selbst über die Voraussetzungen des Staatshaftungsanspruchs zu entscheiden. Kritisch hierzu *von Danwitz*, JZ 2004, 301, 303.

(3) Spruchrichterprivileg

33 Aus nationaler Sicht wünschenswert wäre der Fortbestand des im deutschen Recht in § 839 Abs. 2 BGB verankerten Spruchrichterprivilegs auch im Rahmen des europarechtlichen Staatshaftungsanspruchs. Die Haftung für judikatives Unrecht steht nach dieser Norm unter dem Vorbehalt, dass der betreffende Richter vorsätzlich gehandelt und gleichzeitig den Tatbestand eines Strafgesetzes verwirklicht hat. Eine Übertragung dieser Einschränkung auf den unionsrechtlichen Haftungsanspruch bezüglich judikativen Unrechts kommt nach der Rechtsprechung des EuGH aber nicht in Betracht.[66]

34 Gleichwohl ist die Anwendung des Staatshaftungsanspruchs den nationalen Gerichten vorbehalten. Die deutsche Rechtsprechung wendet hier nicht § 839 BGB an, sondern hat einen eigenständigen europarechtlichen Staatshaftungsanspruch entwickelt.[67] Bei dessen Prüfung können die Gerichte den vom EuGH aufgestellten Haftungsvoraussetzungen unterschiedliches Gewicht beimessen. Denkbar wäre es daher, eine Haftung im Grundsatz – ähnlich wie in § 839 Abs. 2 BGB gefordert – nur bei vorsätzlichen Verstößen zuzulassen. Hierbei ist jedoch neben dem Äquivalenzgrundsatz stets auch das europarechtliche Effektivitätsgebot im Auge zu behalten, nach dem die Geltendmachung des Staatshaftungsanspruchs durch das nationale Recht nicht übermäßig erschwert oder praktisch unmöglich gemacht werden darf.[68]

(4) Innerinstanzliche Korrektur?

35 Denkbar wäre es auch, zur Vermeidung von Staatshaftungsklagen wegen Verletzung von Unionsrecht einen innerinstanzlichen Rechtsbehelf zur gerichtlichen Selbstkorrektur zuzulassen.[69] Das deutsche Recht kennt mit § 321a ZPO für den Zivilprozess (der grundsätzlich auch für den Arbeits- und Verwaltungsprozess gilt[70]) eine solche Möglichkeit zur Korrektur bei Verletzungen des Grundrechts auf rechtliches Gehör durch nicht anfechtbare Entscheidungen. Diese sogenannte Anhörungsrüge wurde durch das ZPO-Reformgesetz mit Wirkung vom 1. Januar 2002 in die ZPO eingefügt; sie war eine Reaktion des Gesetzgebers auf die zunehmende Belastung des BVerfG durch Verfassungsbeschwerden wegen Verletzung des grundrechtsgleichen Rechts auf recht-

---

66 So auch *von Danwitz*, JZ 2004, 301, 302; *Frenz*, DVBl 2003, 1522, 1523 und bereits vorher *Deckert*, EuR 1997, 203, 226. Für Anwendung von § 839 Abs. 2 BGB aber etwa noch *Ossenbühl*, Staatshaftungsrecht, 5. Aufl. 1998, S. 514; *Wegener*, EuR 2002, 785, 793ff.

67 BGHZ 146, 153. Nach a. A. ist das nationale Staatshaftungsrecht lediglich europarechtskonform auszulegen, MüKo-BGB/*Papier*/*Shirvani*, 7. Aufl. 2017, § 839 Rn. 103.

68 St. Rspr., vgl. EuGH, 30.9.2003, Rs. C-224/01 – *Köbler*, Slg. 2003, I-10239, Rn. 58 m.w.N.

69 Dazu bereits *Stürner*, ERPL 2005, 426 sowie oben § 35 Rn. 43.

70 Vgl. für den Arbeitsgerichtsprozess §§ 46 Abs. 2, 64 Abs. 6, 72 Abs. 5 ArbGG. Für den Verwaltungsgerichtsprozess ergibt sich dies aus § 173 VwGO. Seit dem 1.1.2005 wurden mit dem § 78a ArbGG und § 152a VwGO ausdrückliche Parallelregelungen aufgenommen. Vgl. auch §§ 178a SGG, 29a FGG, 133a FGO, 71a GWB, 69a GKG sowie § 157a KostO.

liches Gehör aus Art. 103 Abs. 1 GG und konnte ihrem Wortlaut nach nur gegen erstinstanzliche Urteile erhoben werden.[71]

In einem Plenarbeschluss vom 30. April 2003[72] hat das BVerfG das fachgerichtliche Rechtsschutzsystem für Verletzungen rechtlichen Gehörs für unzureichend angesehen und dem Gesetzgeber bis zum 31. Dezember 2004 Zeit gegeben, insoweit Abhilfe zu schaffen. Das als Reaktion hierauf am 1. Januar 2005 in Kraft getretene sogenannte Anhörungsrügengesetz[73] erweitert zwar den Anwendungsbereich des § 321a ZPO auf alle Instanzen und auf den zuvor unanfechtbaren Zurückweisungsbeschluss nach § 522 Abs. 2 ZPO, gilt aber dem Wortlaut nach wie vorher nur für Verletzungen rechtlichen Gehörs.[74] Ein allgemeiner innerinstanzlicher Rechtsbehelf für Verletzungen von Verfahrensgrundrechten wurde hingegen nicht geschaffen, da das BVerfG dies nicht gefordert hatte. 36

Der Regelung des § 321a ZPO liegt indessen der allgemeine Rechtsgedanke zugrunde, dass Verstöße gegen Verfahrensgrundrechte bereits innerhalb einer Instanz geheilt werden sollen. Von einem Teil der Rechtsprechung und Lehre wurde daher bereits vor Inkrafttreten des Anhörungsrügengesetzes eine Anwendung auch auf das Berufungsverfahren befürwortet.[75] Auch der BGH hat sich für eine analoge Anwendung des § 321a ZPO auf die Verletzung des gesetzlichen Richters ausgesprochen.[76] Dafür spricht die Rechtsprechung des BVerfG, wonach Verstöße gegen Verfahrensgrundrechte durch Selbstkontrolle der Fachgerichte im Instanzenzug behoben werden sollen.[77] Dass das BVerfG im Plenarbeschluss vom 30. April 2003 einen Verstoß nur gegen das Rechtsstaatsprinzip i.V.m. Art. 103 Abs. 1 GG festgestellt hat, schließe eine analoge Anwendung des § 321a ZPO auf eine Verletzung des Anspruchs auf den gesetzlichen Richter nicht aus, da der Vorlagebeschluss auf eine behauptete Verletzung des Art. 103 Abs. 1 GG beschränkt gewesen sei.[78] Der BFH hat dagegen eine analoge Anwendung der Anhörungsrüge auf andere Verfahrensfehler abgelehnt.[79] Für diese Ansicht spricht, dass die Beschränkung dieser Vorschrift auf Gehörsverletzungen eine bewusste und ausdrücklich begründete Entscheidung des Gesetzgebers darstellt.[80] Ein solcher ausdrücklich erklärter Wille des Gesetzgebers muss bei der Rechtsanwen- 37

71 Im deutschen Strafprozess existierte mit § 33a StPO bereits zuvor ein vergleichbares Rechtsinstitut.

72 BVerfGE 107, 395; vgl. hierzu *Voßkuhle*, NJW 2003, 2193. Das BVerfG wiederholte die Aufforderung an den Gesetzgeber, Rechtsschutzlücken zu schließen, vgl. BVerfG NJW 2004, 1371.

73 Gesetz über die Rechtsbehelfe bei Verletzung des Anspruchs auf rechtliches Gehör (Anhörungsrügengesetz) vom 9.12.2004, BGBl I, S. 3220.

74 Vgl. BT-Drucks. 15/3706, S. 15.

75 Vgl. Brandenburgisches Verfassungsgericht NJW 2004, 1651; OLG Frankfurt a.M. NJW 2004, 165; OLG Jena NJW 2003, 3495; a.A. z.B. OLG Oldenburg NJW 2003, 149, 150.

76 BGH NJW 2006, 1978f.

77 BVerfGE 107, 395, 397.

78 BGH NJW 2006, 1978f.

79 BFH NJW 2005, 2639, 2640; BFH NJW 2006, 861.

80 Siehe die Regierungsbegründung BT-Drucks. 15/3706, S. 14.

dung berücksichtigt werden. Fehlt es damit an einer planwidrigen Regelungslücke als Voraussetzung für eine Analogie, so muss eine analoge Anwendung des § 321a ZPO auf die Verletzung des Rechts auf den gesetzlichen Richter gem. Art. 101 Abs. 1 S. 2 ausscheiden.[81]

38 Dennoch spricht viel dafür, § 321a ZPO analog auf alle Fälle der Verletzung von Verfahrensgrundrechten anzuwenden.[82] Die willkürliche Verletzung der Vorlagepflicht gem. Art. 267 Abs. 3 AEUV durch ein letztinstanzliches Gericht bedeutet nach deutschem Verständnis einen Verstoß gegen den Grundsatz des gesetzlichen Richters (Art. 101 Abs. 1 S. 2 GG).[83] Eine innerinstanzliche Korrektur der Rechtsverletzung könnte jedenfalls in Fällen wie *Köbler*, in denen der Verstoß letzten Endes auf der Verletzung der Vorlagepflicht beruht,[84] eine anschließende Staatshaftungsklage verhindern. Jedenfalls de lege ferenda wäre eine gesetzgeberische Korrektur zu befürworten.

d) Fehler der Exekutive

39 Schließlich besteht auch eine Haftung für Verletzungen von Unionsrechts durch die Exekutive. Dies setzt grundsätzlich voraus, dass dem handelnden Beamten bei seiner Entscheidung ein Ermessensspielraum zukommt.[85] Dies betrifft die unionsrechtswidrige Anwendung von ordnungsgemäß umgesetztem Recht bei der Rechtsanwendung,[86] aber auch die Anwendung von unionsrechtswidrigem nationalem Recht.[87]

e) Keine Haftung Privater für Verstöße gegen Unionsrecht

40 Der unionsrechtliche Anwendungsbefehl bezieht sich in erster Linie auf mitgliedstaatliches Handeln. Private können aus Richtlinien grundsätzlich gegenüber anderen Privaten keine Rechtsposition ableiten.[88] Reziprok kann daher niemand der Vorwurf gemacht werden, eine Rechtsposition auf der Grundlage unionsrechtswidrig umge-

---

81 Siehe dazu auch § 35 Rn. 43.

82 Eine Anwendung des § 321a ZPO auf andere Fälle der Verletzung von Verfahrensgrundrechten befürworten u.a. auch *G. Vollkommer*, Der ablehnbare Richter, 2002, S. 343ff.; *Lipp*, NJW 2002, 1700, 1702; *H.-F. Müller*, NJW 2002, 2743, 2747; dagegen z.B. *Voßkuhle*, NJW 2003, 2193, 2199 m.w.N.

83 So zuerst BVerfGE 73, 339, 366ff. (Solange II); BVerfG JZ 2001, 923, 924.

84 Der EuGH (30.9.2003, Rs. C-224/01 – *Köbler*, Slg. 2003, I-10239, Rn. 102) sah hier primär das Recht auf Arbeitnehmerfreizügigkeit und einschlägiges Sekundärrecht als die individualschützenden Normen an. Die Verletzung der Vorlagepflicht aus Art. 267 AEUV spielt aber bei der Prüfung der Offenkundigkeit eine wichtige Rolle.

85 *Terhechte*, in: Frankfurter Kommentar zu EUV, GRC und AEUV, 2017, Art. 340 AEUV Rn. 53.

86 *Böhm*, in: Schulz/Zuleeg/Kadelbach, Europarecht – Handbuch für die deutsche Rechtspraxis, 3. Aufl. 2015, § 12 Rn. 102.

87 EuGH, 22.6.1989, Rs. 103/88 – *Fratelli Costanzo*, Slg. 1989, 1839, Rn. 32ff.; EuGH, 20.3.1997, Rs. C-24/95 – *Alcan*, Slg. 1997, I-1591; EuGH, 23.5.1996, Rs. C-5/94 – *Hedley Lomas*, Slg. 1996, I-2553, Rn. 24ff.

88 Siehe oben § 8 Rn. 123ff.

setzten mitgliedstaatlichen Rechts durchgesetzt zu haben. Der unionsrechtliche Haftungsanspruch ist nicht auf Private anwendbar; der beabsichtigte Sanktionscharakter nur auf Mitgliedstaaten bezogen.[89]

Etwas anderes gilt selbstverständlich für solche Vorschriften des Unionsrechts, 41
die direkt zwischen Privaten anwendbar sind. So haftet ein Unternehmen ggf. dann, wenn es entgegen Art. 101 AEUV durch verbotene Preisabsprachen andere geschädigt hat.[90]

89 *Ruffert*, in: Calliess/Ruffert, EUV/AEUV, 5. Aufl. 2016, Art. 340 AEUV Rn. 52.
90 *Berg*, in: Schwarze, EU-Kommentar, 4. Aufl. 2019, Art. 340 AEUV Rn. 105ff.

§ 37 Exkurs: Außergerichtliche Rechtsdurchsetzung

Literatur: *Fries*, Verbraucherrechtsdurchsetzung, 2016; *Hidding*, Zugang zum Recht für Verbraucher, 2019; *Kleinschmidt*, Grenzüberschreitende Rechtsdurchsetzung und Gemeinsames Europäisches Kaufrecht, in: Kleinschmidt/Kronke/Raab/Robbers/Thorn (Hrsg.), Strukturelle Ungleichgewichtslagen in der internationalen Streitbeilegung, 2016, S. 91; *J. Kotzur*, Die außergerichtliche Realisierung grenzüberschreitender Verbraucherforderungen. Eine rechtsvergleichende Untersuchung zur Bedeutung der Verbraucherschlichtung, 2018; *Rühl*, Alternative and Online Dispute Resolution for Cross-Border Consumer Contracts: a Critical Evaluation of the European Legislature's Recent Efforts to Boost Competitiveness and Growth in the Internal Market, J Consum Policy (2015) 38:431; *Schmidt-Kessel* (Hrsg.), Alternative Streitschlichtung. Die Umsetzung der ADR-Richtlinie in Deutschland, 2015; *Stürner*, ADR and Adjudication by State Courts: Competitors or Complements?, GPR 2014, 122; *Stürner/Gascón Inchausti/Caponi* (Hrsg.), The Role of Consumer ADR in the Administration of Justice. New Trends in Access to Justice under EU Directive 2013/11, 2015; *Stürner*, Außergerichtliche Streitschlichtungsmechanismen als Mittel der Rechtsfindung und Rechtsdurchsetzung, in: Juristische Studiengesellschaft Karlsruhe (Hrsg.), Jahresband 2014, 2015, S. 63; *Stürner*, Wahrung oder Durchsetzung von Verbraucherrechten? Zur Rolle der Verbraucherstreitbeilegung im europäischen Justizraum, in: Hörnle/Möllers/Wagner (Hrsg.), Gerichte und ihre Äquivalente, 2020, S. 73; *Wiese*, Der kollisionsrechtliche Rahmen für die grenzüberschreitende Verbraucherstreitbeilegung, in: FS Kronke, 2020, S. 633

Systematische Übersicht

I. Rechtspolitischer Hintergrund

1 Gerade bei Verbraucheransprüchen stehen einer klageweisen Durchsetzung vielfach praktische Hindernisse entgegen:[1] Die Durchführung eines Verfahrens ist teuer; vor allem bei geringen Streitwerten kann das Kostenrisiko höher sein als die auf dem Spiel stehende Summe. Verfahren dauern teilweise lange. Generell treten Verbraucher

1 Siehe die Analyse von *Fries*, Verbraucherrechtsdurchsetzung, 2016, S. 30ff. Allgemein zur Klagelast *Hau*, ZZP 129 (2016), 133. Zum Folgenden bereits *Stürner*, in: Hörnle/Möllers/Wagner, Gerichte und ihre Äquivalente, 2020, S. 73.

https://doi.org/10.1515/9783110718690-037

meist nur sehr selten vor Gericht auf und scheuen die Komplexität des Systems. Auch wird vielfach das Gefühl der Unterlegenheit gegenüber dem vermeintlich stärkeren Unternehmer bestehen. All dies ist seit langer Zeit bekannt und hat auch auf europäischer Ebene bereits zu legislatorischer Aktivität geführt.[2] Diese beschränkt sich allerdings im Kern auf grenzüberschreitende Verfahren (Art. 81 Abs. 1 AEUV);[3] einen Eingriff in die Zivilverfahrensrechte der Mitgliedstaaten lässt die Kompetenzgrundlage nicht zu. Für die teilweise kaum in befriedigender Weise funktionierenden Justizapparate bietet der AEUV mithin keine ausreichende Reformbasis.

Daher verwundert es auf den ersten Blick nicht, dass sich die EU der Förderung 2
außergerichtlicher Streitschlichtung in Verbraucherstreitigkeiten zugewandt hat. Ziel ist ein flächendeckender, niedrigschwelliger Zugang zu alternativen Streitbeilegungsmechanismen. Doch geht es dabei auch um den Zugang zum Recht, oder werden in Wahrheit nur Interessen abgewogen? Der Vorwurf gegenüber der alternativen Streitschlichtung lautet, sie befördere eine Streitbeilegung um jeden Preis, ohne zwingend auf die rechtliche Fundiertheit der Parteipositionen Rücksicht zu nehmen. Besonders pointiert hat dies *Hazel Genn* formuliert:[4] "The outcome of mediation is not about *just* settlement it is *just about settlement.*" Dass der Gang zum Gericht nur die ultima ratio sein dürfe, und jede Art der alternativen Streitbeilegung vorzugswürdig,[5] dürfte in dieser Allgemeinheit gerade nicht zutreffen.[6]

Nun besteht eine ganze Bandbreite alternativer Streitschlichtungsformen, und 3
nicht auf jede von ihnen trifft dieser Vorwurf in voller Schärfe zu. Gerade die in Deutschland schon seit vielen Jahren etablierten Schlichtungseinrichtungen etwa im Versicherungs- oder Bankensektor zeichnen sich durch eine in den jeweiligen Verfahrensordnungen festgeschriebene Gesetzesbindung aus.[7] Allerdings zeigt sich an dieser Stelle ein Dilemma: Je rechtsnäher die alternative Streitschlichtung ablaufen soll, desto ähnlicher wird sie der Justiz. Doch wird sie damit nicht zur Konkurrenz, einem „justizähnlichen Verfahren zweiter Klasse“,[8] stellt sie dem Verbraucher gar ei-

---

2 Zu nennen ist insbesondere der Gerichtsstand für Verbraucherstreitigkeiten in Art. 17–19 Brüssel Ia-VO; siehe dazu bereits oben § 35 Rn. 82ff.

3 Zum Spielraum, den dieser Begriff lässt, näher *Stürner*, in: Frankfurter Kommentar zu EUV, GRC und AEUV, 2017, Art. 81 AEUV Rn. 17f.

4 *Genn*, Judging Civil Justice, 2009, S. 117.

5 Hierfür wird häufig BVerfG NJW-RR 2007, 1073, 1074 zitiert, s. etwa *Hirsch*, in: FS E. Lorenz, 2014, S. 159, 173. Kritisch dazu indessen *R. Stürner*, ZZP 127 (2014), 271, 325 Fn. 261; *H. Roth*, DRiZ 2015, 24, 27; *Leipold*, in: FS Klamaris, 2016, S. 443, 455ff.

6 Siehe bereits den Beitrag von *Fiss*, (1984) 93 Yale L.J. 1073 („Against Settlement“); dies aufgreifend *Eidenmüller/Engel*, (2014) 29 Ohio St. J. Disp. Resol. 261, 287ff. („Against False Settlement”); weiter *Caponi*, RabelsZ 79 (2015), 117, 122.

7 Näher unten Rn. 17ff.

8 *H. Roth*, JZ 2013, 637, 642 (dort als Polemik gekennzeichnet); ähnlich *ders.*, DRiZ 2015, 24 („Verbraucherschutz zweiter Klasse“).

ne „Schlichtungsfalle"[9]? Die Kennzeichnung als „Paralleluniversum" wird jedenfalls sowohl von Gegnern[10] als auch Befürwortern[11] der Verbraucherschlichtung verwendet.

II. Entwicklung

4 Bereits in einem Grünbuch der EU-Kommission vom 16. November 1993 mit dem Titel „Zugang der Verbraucher zum Recht und Beilegung von Rechtsstreitigkeiten der Verbraucher im Binnenmarkt"[12] wurde auf die Notwendigkeit der Stärkung außergerichtlicher Streitschlichtungsmechanismen im Bereich des Verbraucherrechts hingewiesen.[13] Dort war bereits von einer „Alternativ-Justiz"[14] die Rede und der „Schaffung einer freiwilligen Schiedsgerichtsbarkeit auf sektorbezogener oder regionaler Ebene"[15], die es nach dem Vorbild etwa der niederländischen Geschillencommissie zu erforschen gelte. Wenig später folgte dann der „Aktionsplan für den Zugang der Verbraucher zum Recht und die Beilegung von Rechtsstreitigkeiten der Verbraucher im Binnenmarkt",[16] bei dem die Förderung außergerichtlicher Verfahren – neben der Verbesserung des Zugangs zur Justiz – schon im Mittelpunkt steht.[17]

1. Unverbindliche Empfehlungen

5 Im Anschluss daran legte die Kommission im Jahre 1998 eine Empfehlung vor, die sich mit Anforderungen an eine ADR befasste.[18] Sie betrifft ausschließlich solche Verfahren, „die unabhängig von ihrer Bezeichnung durch die aktive Intervention eines Dritten, der eine Lösung vorschlägt oder vorschreibt, zu einer Beilegung der Streitigkeit führen" und regelt damit „keine Verfahren, die auf den einfachen Versuch beschränkt sind, eine Annäherung der Parteien zu erreichen, um sie zu überzeugen, eine einver-

---

9 *Eidenmüller/Engel*, ZIP 2013, 1704.

10 *H. Roth*, JZ 2013, 637, 644.

11 *Hirsch*, NJW 2013, 2088, 2089.

12 KOM(1993) 576 endg., dort auch zu vorherigen Initiativen.

13 KOM(1993) 576 endg., S. 93ff.

14 Allerdings wurde dieser Begriff offenbar als Übersetzung des englischen „alternative disputes resolution" [sic] eingeführt.

15 KOM(1993) 576 endg., S. 97.

16 KOM(1996) 13 endg. vom 14. Februar 1996.

17 KOM(1996) 13 endg., S. 13ff.

18 Empfehlung 98/257/EG der Kommission vom 30. März 1998 betreffend die Grundsätze für Einrichtungen, die für die außergerichtliche Beilegung von Verbraucherrechtsstreitigkeiten zuständig sind, ABl. L 115 vom 17.4.1998, S. 31.

nehmliche Lösung zu finden".[19] Mit Letzteren befasste sich dann eine weitere Empfehlung aus dem Jahre 2001.[20]

Entsprechend dieser unterschiedlichen Zielrichtung unterscheiden sich auch die in beiden Empfehlungen enthaltenen Grundsätze im Detail, wenn auch nicht grundlegend. Beide Dokumente sind ihrer Rechtsnatur nach unverbindlich (Art. 288 Abs. 5 AEUV). Sie sollten der Vereinfachung der Durchführung außergerichtlicher Verfahren zur Beilegung von Verbraucherrechtsstreitigkeiten dienen. Trotz ihrer graduell unterschiedlichen Zielrichtung stellen beide Empfehlungen wesentlich auf die Unabhängigkeit der mit der Streitbeilegung befassten Person oder Stelle ab, um eine unparteiische Entscheidung sicherzustellen. 6

2. Der Übergang zu verbindlicher Regelung

Im November 2011 legte die Kommission dann den Vorschlag einer Richtlinie zur alternativen Streitschlichtung in Verbraucherverträgen[21] (im Folgenden: ADR-Richtlinie) vor. Darin wird die Einführung eines rechtlichen Rahmens für außergerichtliche Streitschlichtung für Verbraucherverträge über Waren und Dienstleistungen vorgeschlagen.[22] Im Unterschied zu den beiden Empfehlungen von 1998 und 2001 handelt es sich bei der Richtlinie um einen verbindlichen Rechtsakt, der von den Mitgliedstaaten in nationales Recht umzusetzen ist (Art. 288 Abs. 3 AEUV). Dabei umfasst der Richtlinienvorschlag beide Modelle der Streitschlichtung, wie sie in den Empfehlungen geregelt worden sind. Flankiert wurde der Vorschlag einer ADR-Richtlinie vom Vorschlag einer Verordnung über Online-Streitbeilegung[23] (im Folgenden: ODR-Verordnung). 7

Zur Begründung für die Notwendigkeit der Rechtsakte verweist die Kommission in den Vorschlägen u.a. auf eine Eurobarometer-Untersuchung von 2011. Daraus geht hervor, dass fast jeder zweite Verbraucher in Europa bei einem Streitwert von bis zu 500 € keine gerichtliche Klage erheben würde.[24] Gleichzeitig meinten im Jahre 2010 8

19 Siehe die Erwägungsgründe der Empfehlung 98/257/EG.

20 Empfehlung 2001/310/EG der Kommission vom 4. April 2001 über die Grundsätze für an der einvernehmlichen Beilegung von Verbraucherrechtsstreitigkeiten beteiligte außergerichtliche Einrichtungen, ABl. L 109 vom 19.4.2001, S. 56.

21 Vorschlag vom 29.11.2011 für eine Richtlinie des Europäischen Parlaments und des Rates über Formen der alternativen Beilegung verbraucherrechtlicher Streitigkeiten und zur Änderung der Verordnung (EG) Nr. 2006/2004 und der Richtlinie 2009/22/EG (Richtlinie über alternative Streitbeilegung), KOM(2011) 793 endg.

22 Zu den Vorschlägen *Isermann/Berlin*, VuR 2012, 47; *Berlin/Creutzfeldt-Banda*, ZKM 2012, 57; *Becklein*, GPR 2012, 232; *Deutlmoser/Engel*, MMR 2012, 433; *Davies*, euvr 2012, 63.

23 Vorschlag vom 29.11.2011 für eine Verordnung des Europäischen Parlaments und des Rates über die Online-Beilegung verbraucherrechtlicher Streitigkeiten (Verordnung über Online-Streitbeilegung), KOM(2011) 794 endg.

24 43 %: Consumer Empowerment Survey, Eurobarometer Nr. 342, 2010, S. 217.

mehr als 20 % der europäischen Verbraucher, Anlass zu einer Beschwerde über ein gekauftes Produkt oder eine Dienstleistung zu haben.[25] Nur 16 % davon gehen indessen hiergegen vor, indem sie eine Verbraucherorganisation oder eine öffentliche Stelle aufsuchen oder vor Gericht gehen. Dem möchte die Kommission mit der Bereitstellung von einfachen und kostengünstigen Möglichkeiten zur Beilegung von Streitigkeiten entgegenwirken (Erwägungsgründe Nr. 2 und Nr. 6 zum Vorschlag der ADR-Richtlinie). Die Kommission erhofft sich dadurch eine Stärkung des Verbrauchervertrauens in den Binnenmarkt und die Setzung von Wachstumsimpulsen (Erwägungsgrund Nr. 4 zum Vorschlag der ADR-Richtlinie).

9 Der Rat nahm in einem Papier vom Mai 2012 Stellung zu den Vorschlägen;[26] der Binnenmarktausschuss des Europäischen Parlaments im Juni 2012.[27] Im Mai 2013 wurden dann beide Rechtsakte verabschiedet: die Richtlinie über alternative Streitbeilegung in Verbraucherangelegenheiten[28] sowie die Verordnung über Online-Streitbeilegung in Verbraucherangelegenheiten.[29]

10 Während die Vorschläge überwiegend nur in einschlägigen Fachkreisen ein Echo gefunden hatten,[30] löste vor allem die ADR-Richtlinie nach ihrem Inkrafttreten in der Fachliteratur eine teilweise heftig geführte Diskussion über die Rolle der Verbraucherschlichtung im Rechtsstaat aus.[31] Die politische Debatte in Deutschland hingegen hatte andere Fragen zum Gegenstand, etwa hinsichtlich der Verteilung der Gewährleistungsverantwortung für die Bereitstellung flächendeckenden Zugangs zur Schlichtung auf Bund und Länder. Die Sinnhaftigkeit der Verbraucher-ADR wurde nicht in Frage gestellt, man war gleichzeitig um eine möglichst schlanke Umsetzung der Richtlinienvorgaben bemüht. Am 1. April 2016 trat dann das Gesetz zur Umsetzung der Richtlinie über alternative Streitbeilegung in Verbraucherangelegenheiten und zur

---

25 21 %: Consumer Empowerment Survey, Eurobarometer Nr. 342, 2010, S. 169.

26 Ratsdokument (General Approach) vom 30.5.2012 Nr. 10622/12.

27 Berichtsentwurf des Binnenmarktausschusses vom 18.4.2012, IMCO Dokument Nr. PE487.749v01 (Berichterstatter: Louis Grech).

28 Richtlinie 2013/11/EU Europäischen Parlaments und des Rates vom 21. Mai 2013 über die alternative Beilegung verbraucherrechtlicher Streitigkeiten und zur Änderung der Verordnung (EG) Nr. 2006/2004 und der Richtlinie 2009/22/EG (Richtlinie über alternative Streitbeilegung in Verbraucherangelegenheiten), ABl. EU Nr. L 165/63 vom 18. Juni 2013.

29 Verordnung (EU) Nr. 524/2013 des Europäischen Parlaments und des Rates vom 21. Mai 2013 über die Online-Beilegung verbraucherrechtlicher Streitigkeiten und zur Änderung der Verordnung (EG) Nr. 2006/2004 und der Richtlinie 2009/22/EG (Verordnung über Online-Streitbeilegung in Verbraucherangelegenheiten), ABl. EU Nr. L 165/1 vom 18. Juni 2013.

30 S. die Nachweise in Rn. 7. Siehe aber die Beiträge in Bundesministerium für Ernährung, Landwirtschaft und Verbraucherschutz (Hrsg.), Alternative Streitbeilegung – Reden statt Klagen, 2013.

31 Siehe dazu etwa *Hirsch*, NJW 2013, 2088; *ders.*, in: FS E. Lorenz, 2014, S. 159; *H. Roth*, JZ 2013, 637; *Eidenmüller/Engel*, ZIP 2013, 1704; *G. Wagner*, ZKM 2013, 104; *ders.*, CML Rev. 51 (2014), 165; *Rühl*, RIW 2013, 737; *dies.*, ZRP 2014, 8; *dies.*, ZZP 127 (2014), 61; *Meller-Hannich/Höland/Krausbeck*, ZEuP 2014, 8 sowie die Beiträge in *Stürner/Gascón Inchausti/Caponi* (Hrsg.), The Role of Consumer ADR in the Administration of Justice, 2015.

Durchführung der Verordnung über Online-Streitbeilegung in Verbraucherangelegenheiten (VSBG)[32] in Kraft.

III. Wesentliche Ziele der ADR-Richtlinie

1. Flächendeckender Zugang zur Schlichtung für Verbraucher

Ziel der ADR-Richtlinie ist es, Verbrauchern zum Zwecke der Beilegung von Streitig- 11
keiten mit Unternehmern Zugang zu Streitbeilegungsstellen zu ermöglichen. Art. 5 der ADR-Richtlinie verpflichtet die Mitgliedstaaten daher, dafür Sorge zu tragen, dass sämtliche Streitigkeiten, die in den Anwendungsbereich der Richtlinie fallen, also vertragliche Ansprüche von Verbrauchern gegen Unternehmer im Bereich des Kauf- und Dienstleistungsrechts, einer den Mindestanforderungen der Richtlinie genügenden Streitschlichtungsstelle vorgelegt werden können.[33] Dies gilt jedenfalls dann, wenn der beteiligte Unternehmer seinen Sitz im Hoheitsgebiet dieses Mitgliedstaates hat. Für die Mitgliedstaaten erwächst daraus die Verpflichtung, ein flächendeckendes und branchenübergreifendes Netz solcher Streitschlichtungsstellen zu schaffen,[34] oder doch jedenfalls sicherzustellen, dass bestehende Einrichtungen den Standards der Richtlinie genügen.

2. Stärkung des Binnenmarktes

Durch die so bewirkte Gewährleistung des Zugangs zu einfachen, schnellen und 12
kostengünstigen Streitbeilegungsmechanismen, so die Intention der europäischen Rechtsakte, werde das Vertrauen der Verbraucher in den Binnenmarkt gestärkt[35] und die Bereitschaft geweckt, grenzüberschreitend Waren zu kaufen und Dienstleistungen nachzufragen.[36] Die Kommission begreift die Vorschriften zur alternativen Streitschlichtung „als einen der zwölf Hebel zur Förderung des Wachstums und des Vertrauens in den Binnenmarkt".[37]

---

32 Von 19.2.2016, BGBl. I, S. 254; Berichtigung BGBl. I, S. 1039. Zur Gesetzgebungsgeschichte *Röthemeyer*, in: Borowski/Röthemeyer/Steike, VSBG, 2016, Einl. Rn. 99ff.

33 Art. 5 Abs. 1 ADR-RL sowie ErwGr. Nr. 26: „[...] Verantwortung der Mitgliedstaaten [...], die vollständige Abdeckung durch und den Zugang zu AS-Stellen zu gewährleisten." Siehe bereits zuvor das Grünbuch „Zugang der Verbraucher zum Recht und Beilegung von Rechtsstreitigkeiten der Verbraucher im Binnenmarkt", KOM(1993) 576 endg. sowie den „Aktionsplan für den Zugang der Verbraucher zum Recht und die Beilegung von Rechtsstreitigkeiten der Verbraucher im Binnenmarkt", KOM(1996) 13 endg.

34 So ausdrücklich die Kommissionsbegründung, KOM(2011) 793 endg., S. 4.

35 ErwGr. Nr. 4, 11 und 15 ADR-RL.

36 ErwGr. Nr. 6 ADR-RL.

37 Mitteilung vom 13. April 2011 mit dem Titel „Binnenmarktakte – Zwölf Hebel zur Förderung von Wachstum und Vertrauen – ‚Gemeinsam für neues Wachstum'", wiederholt in ErwGr. Nr. 9 ADR-RL.

13 Diese Formulierungen dienen in erster Linie der Begründung der Kompetenz zum Erlass beider Rechtsakte. Denn es handelt sich dabei aus Sicht der Kommission nicht um Instrumente der justiziellen Zusammenarbeit nach Art. 81 AEUV, sondern vielmehr um Maßnahmen zur Förderung des Binnenmarktes im Sinne des Art. 114 AEUV. Daran kann man bezüglich der ADR-Richtlinie aus verschiedenen Gründen Zweifel haben:[38] So lassen sich ein Vorrang des auf grenzüberschreitende Sachverhalte beschränkten Art. 81 AEUV anführen, dessen Abs. 2 lit. g die Entwicklung von alternativen Methoden für die Beilegung von Streitigkeiten der Union als Teil der justiziellen Zusammenarbeit ansieht,[39] ein Verstoß gegen das Subsidiaritätsprinzip des Art. 5 EUV[40] sowie auch die begründete Vermutung, dass die Richtlinie gerade keine Verbesserung der Funktionsfähigkeit des Binnenmarktes erreichen wird.[41] Letzteres wird die Zukunft zeigen. Die Einschätzungsprärogative der Kommission ist jedenfalls denkbar weit; der EuGH greift praktisch nie ein.[42] Eine Nichtigkeitsklage wurde denn auch von keinem Mitgliedstaat erhoben. Die Subsidiaritätsrüge des Bundesrates[43] und einiger anderer Parlamente erreichte das erforderliche Quorum nicht.

3. Freiwilligkeit der Teilnahme an der Schlichtung

14 Dem somit für Verbraucher garantierten Zugang zu Schlichtungseinrichtungen steht indessen nicht unbedingt auch ein Anspruch auf Durchführung der Streitschlichtung gegenüber: Für den Unternehmer ist die Teilnahme aus europäischer Sicht ebenfalls freiwillig ausgestaltet – die Richtlinie billigt den Unternehmern ausdrücklich das Recht zu, die alternative Streitschlichtung abzulehnen (Erwägungsgrund Nr. 49 S. 1 ADR-RL). Mit dem Justizgewährungsanspruch ist diese Art der Streitschlichtung somit in keiner Weise vergleichbar.[44]

15 Die Gefahr, dass wegen dieser Freiwilligkeit das gesamte ADR-System leer läuft und damit folglich der Hauptzweck der Verbesserung des Binnenmarktes nicht erreicht werden kann, sieht auch die Richtlinie selbst. So fordert sie die Mitgliedstaaten ausdrücklich dazu auf, „Unternehmer so weit wie möglich [zu ermutigen], an [alternativen Streitschlichtungs]-Verfahren teilzunehmen“ (Erwägungsgrund Nr. 49 ADR-RL). Dies kann dadurch geschehen, dass nationale Rechtsvorschriften die Teilnahme an alternativen Streitschlichtungsverfahren für Unternehmer verpflichtend ausgestalten, oder aber „durch Anreize oder Sanktionen“.

---

38 Eingehend dazu *Rühl*, in: FS Wulf-Henning Roth, 2015, S. 459.

39 *Eidenmüller/Engel*, ZIP 2013, 1704, 1706 f.; *Engel*, NJW 2015, 1633, 1634.

40 *H. Roth*, JZ 2013, 637, 642.

41 *Meller-Hannich/Höland/Krausbeck*, ZEuP 2014, 8, 16. Dazu auch *Davies*, in: Hess/Bergström/Storskrubb (Hrsg.), EU Civil Justice – Current Issues and Future Outlook, 2016, S. 36.

42 Dazu bereits oben § 6 Rn. 10 ff.

43 BR-Drucks. 772/11 (Beschluss).

44 Zum Problemkreis auch *Greger*, in: FS Klamaris, 2016, S. 319; *Storskrubb*, ERPL 2016, 7.

Der Gesetzgeber des VSBG hat diese goldene Brücke indessen zu Recht nicht überschritten.[45] Auch der Antragsgegner hat nach § 15 Abs. 2 VSBG das Recht, am Verfahren nicht teilzunehmen oder später seine Mitwirkung zu beenden. Zwar gibt es rechtlich keine Gründe, die gegen einen Zwang zur Mitwirkung an außergerichtlichen Streitschlichtungsverfahren sprächen.[46] Dennoch erscheint die Freiwilligkeit der Teilnahme ganz wesentlich für die Akzeptanz eines möglichen Entscheidungsvorschlags, ja der Schlichtung insgesamt. Die etwa in Italien mit Zwangsschlichtung[47] gemachten Erfahrungen zeigen, dass Unternehmer das aufgezwungene Streitschlichtungsverfahren überwiegend dilatorisch behandeln.[48] Auch die Erfolglosigkeit der obligatorischen Schlichtung nach § 15a EGZPO lässt sich als Negativbeispiel anführen.[49] Das Ziel der raschen Streitbeilegung wird damit ins Gegenteil verkehrt.[50] 16

Die in Deutschland branchenbezogen sehr erfolgreich arbeitende Schlichtung zeigt, dass sich das Prinzip der Freiwilligkeit mit dem rechtspolitischen Desiderat großer Breitenwirkung durchaus verbinden lässt. Als Beispiel sei der Versicherungsombudsmann e.V. angeführt, der seit über fünfzehn Jahren außergerichtliche Streitschlichtung im privaten Versicherungssektor durchführt.[51] Es handelt sich dabei um einen privatrechtlichen Verein, der von den teilnehmenden Versicherungsunternehmen sowie vom Gesamtverband der Deutschen Versicherungswirtschaft e.V. (GDV) getragen wird. Nach eigenen Angaben sind über 95 % des deutschen Versicherungsmarktes im Privatkundengeschäft durch den Versicherungsombudsmann e.V. repräsentiert.[52] 17

---

45 Anders ist die Rechtslage in England, wo die mangelnde Bereitschaft, ein Mediationsverfahren durchzuführen (vgl. rule 1.4(2)(e) CPR), mit Kostennachteilen im Gerichtsverfahren einhergehen kann. Kritisch dazu *Genn*, Why the Privatisation of Civil Justice is a Rule of Law Issue, 36th F.A. Mann Lecture, 2012, S. 12ff.; s. auch *Stürner*, ZVglRWiss 103 (2004), 349, 364.

46 *Eidenmüller*, JZ 2015, 539, 544f., der allerdings eine gesetzliche Pflicht zur Durchführung eines Schlichtungsverfahrens für B2C-Streitigkeiten wegen des umfangreichen Schutzes des Verbrauchers durch das materielle Recht ablehnt. Zur rechtlichen Würdigung von Schlichtungsklauseln in solchen Fällen *Eidenmüller/Engel*, ZZP 128 (2015), 149, 156ff.

47 Siehe EuGH, 14.6.2017, Rs. C-75/16 – *Menini und Rampanelli*, ECLI:EU:C:2017:457; dazu *Kramme*, GPR 2018, 83.

48 *Padovini*, in: Jahrbuch für Italienisches Recht, Band 29 (2016), S. 47.

49 Aus anwaltlicher Sicht sind die Güteverhandlungen jedenfalls hinsichtlich der Gebühren weniger attraktiv als ein Gerichtsverfahren (für die Güteverhandlung entstehen 1,5 Verfahrensgebühren, § 17 Nr. 7a RVG, Nr. 2303 RVG-VV). Umgehen lässt sich die obligatorische Streitschlichtung ohnehin durch Einleitung eines Mahnverfahrens.

50 Anders aber das Schweizer Recht, das in Art. 197ff. ZPO für viele Verfahren einen obligatorischen Schlichtungsversuch vorsieht.

51 Die Einrichtung erfolgte zum 1. Oktober 2001. Detaillierte Informationen finden sich unter www.versicherungsombudsmann.de. Siehe dazu etwa *Hirsch*, VuR 2010, 298; *Benöhr/Hodges/Creutzfeldt-Banda*, in: Hodges/Benöhr/Creutzfeldt-Banda (Hrsg.), Consumer ADR in Europe, 2012, S. 90ff.

52 Siehe http://www.versicherungsombudsmann.de/Navigationsbaum/WirUeberUns/StellungDerMitglieder/index.html [14.8.2020].

18 Die Gründung des Vereins geschah allerdings nicht nur aus selbstlosen Motiven. Hintergrund war die Umsetzung der Versicherungsvermittler-Richtlinie,[53] deren Ziel es ist, im Interesse der Versicherungsnehmer die außergerichtliche Beilegung von Streitigkeiten zu fördern. In Umsetzung dieser Vorgaben wird durch § 214 VVG[54] die Anerkennung von privatrechtlich organisierten Schlichtungsstellen in Versicherungssachen ermöglicht. Die Beschwerde zum Versicherungsombudsmann kann nur von Verbrauchern erhoben und nur gegen einen Versicherer gerichtet werden, der Mitglied des Vereins Versicherungsombudsmann e.V. ist.[55]

19 Eine ähnliche Entwicklung lässt sich im Fluggastverkehr beobachten. Hier gilt seit dem 1. November 2013 das Gesetz zur Schlichtung im Luftverkehr.[56] Danach sollen die Schlichtungen in erster Linie durch privatrechtlich organisierte, von den Unternehmen getragene Schlichtungsstellen durchgeführt werden. Für diese Verfahren setzt das Gesetz gewisse Mindeststandards. Sollten Unternehmen solche freiwilligen privaten Schlichtungsstellen nicht einrichten, so werden sie einer subsidiären behördlichen Schlichtung beim Bundesamt für Justiz überantwortet. Auf diese Weise soll für sämtliche Ansprüche von Verbrauchern im Luftverkehrsbereich (etwa wegen Verspätung, Überbuchung oder Verlust des Reisegepäcks) bis zu einem Streitwert von 5000 € eine im Grundsatz kostenlose Schlichtungsmöglichkeit bestehen. Als Reaktion haben sich alle deutschen sowie auch zahlreiche internationale Flugunternehmen zum 1. November 2013 der Schlichtungsstelle für den öffentlichen Personenverkehr e.V. (söp) angeschlossen.[57]

20 Einen privatautonomen Zwang zur Schlichtung durch Unternehmer-AGB verhindert nunmehr der mit Inkrafttreten des VSBG eingeführte § 309 Nr. 14 BGB. Die ADR-Richtlinie verlangt dies freilich nicht: So statuiert zwar Art. 10 Abs. 1 ADR-RL zugunsten des Verbrauchers die Unverbindlichkeit von Schlichtungsvereinbarungen, wenn sie vor Entstehung der Streitigkeit getroffen wurden. Dies gilt allerdings nur für

---

53 Richtlinie 2002/92/EG des Europäischen Parlaments und des Rates vom 9. Dezember 2002, ABl. EG 2003, L 9, S. 3; Art. 11 der Richtlinie schreibt vor, dass die Mitgliedstaaten die Schaffung angemessener und wirksamer Beschwerde- und Abhilfeverfahren zur außergerichtlichen Beilegung von Streitigkeiten zwischen Versicherungsvermittlern und Kunden fördern; diese Förderung kann unter Rückgriff auf bestehende Stellen geschehen.

54 Früher: § 42k VVG a.F.

55 § 2 Abs. 1 VomVO. Die Beschränkung der möglichen Beschwerdegegner erklärt sich aus der Struktur dieser Einrichtung und hat in der Praxis bislang offenbar noch nicht zu Problemen geführt, vgl. MüKo-VVG/*Looschelders*, 2. Aufl. 2017, § 214 VVG Rn. 13. Siehe aber *Römer*, NVersZ 2002, 289, 290: Mitglied könne beispielsweise die Konzernmutter sein. Dies bedeute aber nicht notwendigerweise, dass auch alle Töchter Mitglied seien. Im Zweifel solle der Ombudsmann dann bei der Konzernmutter rückfragen, wie die Erklärung zum Beitritt aufzufassen sei, anstatt die Beschwerde als unzulässig zu bescheiden.

56 Vom 11. Juni 2013, BGBl. I, S. 1545.

57 Zu den durch die hiermit gegebene Mehrspurigkeit der Anspruchsdurchsetzung folgenden Kosten *Geier*, EuZW 2016, 773.

den Fall, dass die Schlichtungsklausel dem Verbraucher das Recht nimmt, die Gerichte zur Beilegung des Streitfalls anzurufen. Geht man davon aus, dass eine obligatorische Streitschlichtung den Zugang zu Gerichten nur dilatorisch und folglich jedenfalls nicht vollständig einschränkt, so erschiene eine vertragliche Schlichtungsvereinbarung nicht grundsätzlich ausgeschlossen.

Die Rechtsfolge könnte darin bestehen, dass dem Beklagten die Einrede der Schlichtungsvereinbarung analog § 1032 Abs. 1 ZPO zustünde mit der Folge einer Abweisung der Klage als (derzeit) unzulässig.[58] Rückt man die Schlichtung damit in die Nähe der Schiedsgerichtsbarkeit, so erschiene es konsequent, auf die Schlichtungsvereinbarung mit Verbrauchern auch die besondere Formvorschrift des § 1031 Abs. 5 ZPO anzuwenden.[59] 21

Führte die Schlichtung allerdings dazu, dass der Zugang zum gerichtlichen Rechtsschutz durch die vorgeschaltete Schlichtung mit solchen Belastungen verbunden ist, dass Verbraucher von seiner Inanspruchnahme bei vernünftiger Abwägung absehen würden, so läge darin auch außerhalb des § 309 Nr. 14 BGB eine unangemessene Benachteiligung.[60] 22

Mindestens aber muss der Unternehmer den Kunden ausreichend klar und verständlich darüber informieren, ob er an der Verbraucherschlichtung teilnimmt oder nicht (Art. 13 ADR-RL bzw. § 36 Abs. 1 Nr. 1 VSBG). Hierzu reicht es nicht aus, wenn auf der Webseite des Unternehmers verlautbart wird, die Bereitschaft zu einer Teilnahme an einem Streitbeilegungsverfahren vor einer Verbraucherschlichtungsstelle könne „im Einzelfall“ erklärt werden.[61] 23

4. Fehlende Verbindlichkeit des Resultats der Schlichtung

Die ADR-Richtlinie verhält sich nicht zu der Frage, welches Ergebnis im Rahmen der Schlichtung erzielt werden soll. Sie lässt den Mitgliedstaaten aber die Möglichkeit, auch solche Schlichtungsstellen einzurichten oder beizubehalten, die die Kompetenz zum Erlass einer bindenden Entscheidung haben (Art. 2 Abs. 4 ADR-RL) – diese Bindung kann durchaus auch nur einseitig für den Unternehmer bestehen. Es ist wohl jene Variante, die aus Sicht der Richtlinie vorzugswürdig erscheint, um jedenfalls das Recht des Verbrauchers auf Zugang zur Justiz nicht über Gebühr einzuschränken. 24

Damit muss das Verfahren nicht mit einer für eine oder beide Parteien bindenden Entscheidung beendet werden. Unter die von der Richtlinie erfassten ADR-Verfahren 25

58 So BGH NJW 1999, 647; BGH NJW-RR 2009, 637; weitere Nachweise bei *Unberath*, NJW 2011, 1320, 1321; *Friedrich*, SchiedsVZ 2007, 31, 32 mit Fn. 16–18.

59 Kritisch zur Anerkennung von Schlichtungsklauseln bereits *Prütting*, ZZP 99 (1986), 93.

60 MüKo-BGB/*Wurmnest*, 8. Aufl. 2019, § 307 Rn. 276ff.; eingehend *Friedrich*, SchiedsVZ 2007, 31, 34ff. Zur Unzulässigkeit einer Mediationsklausel in den AGB einer Rechtsschutzversicherung OLG Frankfurt GRUR 2015, 919.

61 BGH NJW 2019, 3588; dort auch zur Richtlinienkonformität des deutschen Rechts.

fällt damit ein bloßer Güteversuch wie in der Mediation, aber auch ein Vergleichsvorschlag durch den Schlichter oder sogar eine für eine oder beide Parteien bindende Entscheidung. Die ADR-Richtlinie geht ersichtlich vom Regelfall aus, dass die Streitschlichtungsstelle keine Entscheidungsbefugnis besitzt. Nicht nur die Teilnahme am Verfahren selbst, sondern auch die Akzeptanz eines eventuellen Einigungsvorschlags, der den Parteien am Ende des Verfahrens unterbreitet wird, unterliegt keinerlei Zwängen. Ist auch nur eine der Parteien nicht mit dem Vorschlag zufrieden, endet die Schlichtung ergebnislos.[62]

5. Insbesondere: grenzüberschreitende Schlichtung

26 Ein Hauptkritikpunkt an der ADR-Richtlinie betrifft die Regelung grenzüberschreitender Schlichtung.[63] Sie sollte eigentlich im Zentrum des Regelungsinteresses stehen, da die raison d'être des Rechtsakts, die Verbesserung des Binnenmarktes, entscheidend mit der Steigerung der Attraktivität der Schlichtung gerade bei grenzüberschreitenden Verträgen zusammenhängt. Indessen zeichnet sich die ADR-Richtlinie durch weitgehende Regelungsabstinenz zu diesem Aspekt aus.[64] Vielmehr geht sie von der freien Konkurrenz verschiedener ADR-Stellen im Binnenmarkt aus. Dies kann den von der ADR-Richtlinie so hoch gehaltenen Zugang zur Schlichtung insbesondere bei grenzüberschreitenden Verbraucherverträgen deutlich erschweren. Eine Privilegierung der Verbraucher, wie sie für gerichtliche Verfahren in Art. 17, 18 Brüssel Ia-VO statuiert wird, indem regelmäßig die Gerichte seines Wohnsitzstaates zuständig sind, gibt es nicht. Dies kann dazu führen, dass sich der Unternehmer regelmäßig nicht auf Schlichtung einlassen wird, die außerhalb seines Sitzstaates stattfinden soll. Ohnehin kann die Schlichtungsstelle ihre Zuständigkeit auf Streitigkeiten mit Unternehmern beschränken, die ihren Sitz im Inland haben (§ 4 Abs. 4 VSBG). Dies entspricht den Vorgaben der ADR-Richtlinie: Die Gewährleistungsverantwortung der Mitgliedstaaten für die flächendeckende Einrichtung von Schlichtungsstellen beschränkt sich auf Streitigkeiten mit Unternehmern, die ihren Sitz in diesem Mitgliedstaat haben (Art. 5 Abs. 1 ADR-RL).

27 Faktisch bewirkt die ADR-Richtlinie damit für die Verbraucherschlichtung geradezu eine Umkehrung der Verhältnisse im Vergleich zum gerichtlichen Rechtsschutz.[65] Auch wenn dies sicherlich weniger gravierende Konsequenzen hat, weil das Schlichtungsverfahren im Regelfall schriftlich durchgeführt wird und für den Ver-

---

62 Zur Bindungs- und Vollstreckungswirkung *Stürner*, in: FS Klamaris, 2016, S. 791.

63 Dazu auch *Rühl*, RIW 2013, 737; *J. Kotzur*, in: Stürner/Gascón Inchausti/Caponi (Hrsg.), The Role of Consumer ADR in the Administration of Justice, 2015, S. 59; *Gössl*, RIW 2016, 473.

64 Zu kollisionsrechtlichen Problemen *Wiese*, in: FS Kronke, 2020, S. 633.

65 Darstellung des Problems und Lösungsvorschlag hierzu bei *J. Kotzur*, Die außergerichtliche Realisierung grenzüberschreitender Verbraucherforderungen. Eine rechtsvergleichende Untersuchung zur Bedeutung der Verbraucherschlichtung, 2018, S. 117 ff.

braucher keinerlei Kosten anfallen, so bleibt doch bei im Ausland geführten Schlichtungsverfahren in vielen Fällen ein Nachteil für den Verbraucher hinsichtlich Sprache und kultureller Vertrautheit.

Die ODR-Verordnung vermag kaum Abhilfe zu schaffen. Die durch sie geschaffe- 28
ne Online-Schlichtungs-Plattform („OS-Plattform") fungiert lediglich als Vermittlung, sie führt keine Schlichtungen durch. Auch das VSBG ändert hieran wenig.[66] Es enthält in den §§ 38–40 VSBG nur eine Verpflichtung zur Zusammenarbeit inländischer mit ausländischen Streitbeilegungsstellen.

IV. Zielkonflikt: Niedrigschwelliger Zugang vs. hohe Schutzstandards

So ist es offensichtlich, dass die ADR-Richtlinie einen fast unlösbaren Zielkonflikt zu 29
lösen versucht: Einerseits sollen die Zugangshürden so gering wie möglich sein, um die Schlichtung im Binnenmarkt attraktiv zu gestalten. Folgerichtig zeichnet sich die Verbraucherschlichtung durch geringe Formalisierung, einen fehlenden Anwaltszwang, nicht bestehendes Kostenrisiko auf Verbraucherseite und eine kurze Verfahrensdauer aus. Andererseits soll die Schlichtung hohen Qualitätsstandards genügen, sie soll fair (idealerweise justizförmig) ablaufen, von unabhängigen und unparteiischen Personen durchgeführt werden, die (möglichst profunde) juristische Kenntnisse haben und ein Höchstmaß an Transparenz aufweisen. Dabei wurde die Entscheidung, wie weit eine Betonung eher auf Ersterem oder auf Letzterem liegt, durchaus auf die Mitgliedstaaten delegiert. Maßgebliche Bedeutung bei der Lösung des Zielkonflikts kommt der Frage zu, welche Rolle das materielle Verbraucherrecht im Rahmen der Streitschlichtung spielen soll: Stellt es lediglich einen von mehreren Parametern dar, die im Verfahren Beachtung finden, oder entfaltet es – wie im Gerichtsverfahren – eine strikte Bindungswirkung?

V. Rough Justice?

Die ADR-Richtlinie kann als Beleg dafür gewertet werden, dass das Verbraucherrecht 30
derart kompliziert geworden zu sein scheint, dass man damit Verbraucher und Justiz gleichermaßen überfordert. Abhilfe schaffen soll nun nicht etwa ein Neuansatz im materiellen Recht oder im Verfahrensrecht – Stichworte sind Reduzierung des „information overload", kollektiver Rechtsschutz, Bagatellverfahren oder grenzüberschreitende Forderungsdurchsetzung. Vielmehr verzichtet man mit der Einführung der ADR-Richtlinie auf die Durchsetzung des durch das Verbraucherrecht gesetzten Schutzstandards zugunsten eines Näherungswerts, der im Rahmen der Schlichtung

66 Dazu *J. Kotzur*, VuR 2015, 243.

regelmäßig nur erreicht wird. Dort bildet die Rechtslage nicht zwingend und jedenfalls nicht ausschließlich auch die Entscheidungsgrundlage. Vielmehr liegt dem dortigen Verfahren ein interessenbasierter Ansatz zugrunde, der deutlich weiter ausgreift als das strikt auf Anspruchsrelevanz der Tatsachen ausgerichtete Zivilverfahren. Die Rechtslage spielt aus Sicht der ADR-Richtlinie nur dort eine zwingende Rolle, wo die Entscheidung auch eine Bindungswirkung entfaltet. Im deutschen Recht soll der Schlichtungsvorschlag am geltenden Recht ausgerichtet sein und insbesondere die zwingenden Verbraucherschutzgesetze beachten (§ 18 Abs. 1 S. 2 VSBG).[67] In einem Raum der Freiheit, der Sicherheit und des Rechts befremdet ein solcher Ansatz etwas – dies umso mehr, wenn man sich vor Augen führt, dass das Problem hausgemacht ist: Das Verbraucherrecht, dessen Komplexität die Notwendigkeit der ADR-Richtlinie begründet, stammt ja ebenfalls aus der Brüsseler Gesetzgebungsmaschinerie.

67 Dazu näher *Stürner*, in: Hörnle/Möllers/Wagner, Gerichte und ihre Äquivalente, 2020, S. 73, 92ff.

Stichwortverzeichnis

Die **fetten Zahlen** verweisen auf die Paragraphen des Buches, die mageren Zahlen beziehen sich auf die Randnummern innerhalb der jeweiligen Paragraphen.

https://doi.org/10.1515/9783110718690-038

www.ingramcontent.com/pod-product-compliance
Lightning Source LLC
LaVergne TN
LVHW081353011026
849161LV00013BA/2804